Dipl.-Volksw. W. Heid
K. E. Gärtner
Dipl.-Kfm. A. Flügel
Steuerberater
64 Fulda, Vor dem Peterstor 16
Tel. 74025 + 74026

Schlegelberger

Handelsgesetzbuch

Schlegelberger

Handelsgesetzbuch

Kommentar von

Dr. Ernst Geßler
Ministerialdirektor a. D.,
Honorarprofessor an der
Universität Bonn

Dr. Wolfgang Hefermehl
ord. Professor an der Universität Heidelberg,
Honorarprofessor an den Universitäten
Mannheim und Salzburg

Dr. Wolfgang Hildebrandt
Justitiar der Preußischen Staatsbank
(Seehandlung) a. D., Berlin

Dr. Georg Schröder
Vorsitzender Richter
am Bundesarbeitsgericht

5., neubearbeitete Auflage

Band IV
§§ 343–372

Verlag Franz Vahlen München

Das Gesamtwerk ISBN 3 8006 0304 7
erscheint in 5 Bänden
Band IV ISBN 3 8006 0623 2

© 1976 Verlag Franz Vahlen GmbH, München
Satz und Druck der C. H. Beck'schen Buchdruckerei, Nördlingen

Inhaltsverzeichnis zu Band IV

Bearbeiterverzeichnis VII
Abkürzungsverzeichnis X

Drittes Buch. Handelsgeschäfte

Erster Abschnitt
Allgemeine Vorschriften .... §§ 343–372

Bearbeiterverzeichnis

In diesem Kommentar haben bearbeitet:

§§ 1–47a Dr. Wolfgang *Hildebrandt,* Justitiar der Preußischen Staatsbank (Seehandlung) a.D., unter Mitarbeit von Dr. Hans-Werner Steckhan

§§ 48–104 Dr. Georg *Schröder,* Vorsitzender Richter am Bundesarbeitsgericht

§§ 105–177 Ministerialdirektor a.D. Professor Dr. *Geßler*

§§ 335–342 Ministerialdirektor a.D. Professor Dr. *Geßler*

§§ 343–406 Professor Dr. *Hefermehl*

§§ 407–424 Dr. *Schröder,* Vorsitzender Richter am Bundesarbeitsgericht

§§ 425–460 mit Anhang Ministerialdirektor a.D. Professor Dr. *Geßler*

Zitiermethode für Band IV

§§ 343–372 Schlegelberger-Hefermehl

Abkürzungsverzeichnis

a. A.	anderer Ansicht
aaO.	am angegebenen Ort
ABGB	Allgemeines Bürgerliches Gesetzbuch (Österreich)
Abl.	Amtsblatt
abw.	abweichend
AbzG	Abzahlungsgesetz
AcP	Archiv für die civilistische Praxis
ADHGB	Allgemeines Deutsches Handelsgesetzbuch (von 1861)
ADSp.	Allgemeine Deutsche Spediteurbedingungen
a. E.	am Ende
AG	Aktiengesellschaft
AG-	Ausführungsgesetz
AGB	Allgemeine Geschäftsbedingungen
AGB (Banken)	Allgemeine Geschäftsbedingungen der privaten Kreditinstitute
AGB (DB)	Allgemeine Geschäftsbedingungen der Deutschen Bundesbank
AGB (Sp)	Allgemeine Geschäftsbedingungen der Sparkassen
AktG	Aktiengesetz
a. M.	anderer Meinung
ÄndG	Änderungsgesetz
Anh.	Anhang
Anl.	Anlage
Anm.	Anmerkung
AO	Reichsabgabenordnung
AP	Arbeitsrechtliche Praxis, Nachschlagewerk des Bundesarbeitsgerichts
ArchBürgR	Archiv für bürgerliches Recht
Aufl.	Auflage
AVO	Ausführungsverordnung
AW	Außenwirtschaft
AWD	Außenwirtschaftsdienst des Betriebs-Beraters 1958–1974
AWG	Außenwirtschaftsgesetz
BA.	Bank-Archiv
Bank-Betrieb	Bank-Betrieb, Zeitschrift für Bankpolitik und Bankpraxis (Jahr u. Seite)
BBankG.	Gesetz über die Deutsche Bundesbank vom 26. 7. 1957 (BGBl I, 745)
BAnz.	Bundesanzeiger
Baumbach-Duden	Handelsbuch, 20. Aufl. 1972
Baumbach/Hefermehl WG oder ScheckG	A. Baumbach-W. Hefermehl, Wechsel- und Scheckgesetz, Kurzkommentar, 11. Aufl., 1973
Baur SachR	F. Baur, Lehrbuch des Sachenrechts, 8. Aufl., 1975
BayObLG	Bayerisches Oberstes Landesgericht
BB	Der Betriebs-Berater
BdL	Bank deutscher Länder
Bek.	Bekanntmachung
BetrVG	Betriebsverfassungsgesetz
BeurkG	Beurkundungsgesetz
BFH	Bundesfinanzhof
BFB	Bankgeschäftliches Formularbuch, 18. Ausgabe, 1969

BFHE .... Amtliche Sammlung der Entscheidungen des BFG
BGB .... Bürgerliches Gesetzbuch
BGBl. .... Bundesgesetzblatt
BGH .... Bundesgerichtshof
BGHZ .... Entscheidungen des BGH in Zivilsachen
BKA .... Bundeskartellamt
BörsG .... Börsengesetz
BRAO .... Bundesrechtsanwaltsordnung
BRAGebO .... Bundesrechtsanwaltsgebührenordnung
BR-Drucks. .... Bundesrats-Drucksache
BT .... Besonderer Teil
BT-Drucks. .... Bundestags-Drucksache
BVerfG .... Bundesverfassungsgericht
BVerwG .... Bundesverwaltungsgericht

Capelle .... Handelsrecht, 15. Aufl. 1972
C.C. .... Code Civile
c.i.c. .... culpa in contrahendo

DB .... Der Betrieb
DDR .... Deutsche Demokratische Republik
Demelius .... Handelsgesetzbuch und handelsrechtliche Nebengesetze, 26. Aufl., Wien 1968
DepG .... Depotgesetz
Die AG .... Die Aktiengesellschaft
DIHT .... Deutscher Industrie- und Handelstag
Diss. .... Dissertation
DJ .... Deutsche Justiz
DJT .... Deutscher Juristentag
DJZ .... Deutsche Juristenzeitung
DM .... Deutsche Mark
DMBErgG .... DM-Bilanzergänzungsgesetz
DMBG .... DM-Bilanzgesetz
DNotZ .... Deutsche Notar-Zeitschrift
DÖV .... Die öffentliche Verwaltung
DPA .... Deutsches Patentamt
DR .... Deutsches Recht
DRiZ .... Deutsche Richterzeitung
DVO .... Durchführungsverordnung
Düringer-
Hachenburg .... Kommentar zum Handelsgesetzbuch, 3. Aufl. 1930ff.

EAG .... Einheitliches Gesetz über den Abschluß von internationalen Kaufverträgen vom 17. Juli 1973 (BGBl. II 885)
EG- .... Einführungsgesetz
EGÜbk .... Übereinkommen der Europäischen Gemeinschaft über die gerichtliche Zuständigkeit und die Vollstreckung gerichtlicher Entscheidungen in Zivil- und Handelssachen vom 27. 9. 1968 (BGBl. 1972 II 774)
EG .... Europäische Gemeinschaften
EGKS .... Europäische Gemeinschaft für Kohle und Stahl
eGmbH .... eingetragene Genossenschaft mit beschränkter Haftung
Ehrenberg .... Ehrenbergs Handbuch des gesamten Handelsrechts
Einf. .... Einführung
Einl. .... Einleitung

Abkürzungsverzeichnis

EKG	Einheitliches Gesetz über den internationalen Kauf beweglicher Sachen vom 17. Juli 1973 (BGBl. II 885)
Enn-Nipperdey	L. Enneccerus-Th. Kipp-M. Wolff, Lehrbuch des Bürgerlichen Rechts I. Bd. Allgemeiner Teil des Bürgerlichen Rechts 1. Halbband, 15. Aufl., 1959; 2. Halbband, 15. Aufl., 1960
Erl.	Erläuterungen
Erman/(Bearbeiter)	W. Erman, Handkommentar zum Bürgerlichen Gesetzbuch, bearbeitet von Arndt, Battes, Drees, Heckelmann, Hefermehl, Hense, Klingsporn, Küchenhoff, K. Küchenhoff, Marquordt, Ronke, Schlüter, Schopp, Schulze-Wenck; Seiler, Sirp, Weitnauer, Werner, H. P. Westermann, H. Westermann, 6. Aufl., 1975
ER	Einheitliche Richtlinien
Esser SchuldR	J. Esser, Schuldrecht, Lehrbuch, Bd. II, 4. Aufl., 1971
EuGH	Europäischer Gerichtshof
e. V.	eingetragener Verein
EWG	Europäische Wirtschaftsgemeinschaft
EWGV	Vertrag zur Gründung einer EWG
Fikentscher SchuldR	W. Fikentscher, Das Schuldrecht, 4. Aufl., 1973
FGG	Gesetz über die Angelegenheiten der freiwilligen Gerichtsbarkeit
Fn.	Fußnote
G	Gesetz
GATT	General Agreement on Tariffs and Trade
GBl.	Gesetzblatt
GBO	Grundbuchordnung
GebO	Gebührenordnung
GenG	Genossenschaftsgesetz
Ges.	Gesetz
GewO	Gewerbeordnung
GG	Grundgesetz
ggf.	gegebenenfalls
von Gierke	Handels- und Schiffahrtsrecht, 8. Aufl. 1958
GmbH	Gesellschaft mit beschränkter Haftung
GmbHG	GmbH-Gesetz
GmbHRdsch.	Rundschau für GmbH
Großkomm. HGB (Bearbeiter)	Handelsgesetzbuch Großkommentar. Begründet von Hermann Staub, weitergeführt von Mitgliedern des Reichsgerichts, 3. Aufl., neubearbeitet von Brüggemann, Canaris, Fischer, Helm, Ratz, Schulze-Osterloh, Schilling, P. Ulmer, Würdinger/Röhricht, 1967–1975
GRUR	Gewerblicher Rechtsschutz und Urheberrecht
GVBl.	Gesetz- und Verordnungsblatt
GVG	Gerichtsverfassungsgesetz
GWB	Gesetz gegen Wettbewerbsbeschränkungen
GZS	Großer Zivilsenat
HansRGZ	Hanseatische Rechts- und Gerichtszeitschrift
Heymann-Kötter	Handelsgesetzbuch, 21. Aufl. 1971
HEZ	Höchstrichterliche Entscheidungen in Zivilsachen
HGB	Handelsgesetzbuch
h. L.; h. M.	herrschende Lehre; herrschende Meinung
HRR	Höchstrichterliche Rechtsprechung
IC	s. Incoterms
i. d. F.	in der Fassung

i.d.R.	in der Regel
IHK	Industrie- und Handelskammer
IHK	Internationale Handelskammer
Incoterms	Internationale Regeln für die Auslegung handelsrechtlicher Vertragsformeln
IPR	Internationales Privatrecht
IWF	Internationaler Währungsfonds
IZH	Interzonenhandel
JEIA	Joint Export/Import Agency
JFG	Jahrbuch für Entscheidungen in Angelegenheiten der freiwilligen Gerichtsbarkeit
JhJb.	Iherings Jahrbücher
Joerges-Kühne	Joerges/Kühne, Außenwirtschaft und Interzonenverkehr, Loseblattausgabe
JR	Juristische Rundschau
JurAn.	Juristische Analysen
JuS	Juristische Schulung
JW	Juristische Wochenschrift
JWG	Jugendwohlfahrtsgesetz
JZ	Juristenzeitung
KAGG	Gesetz über Kapitalanlagegesellschaften
KG	Kammergericht; Kommanditgesellschaft
KGaA	Kommanditgesellschaft auf Aktien
KGJ	Jahrbuch der Entscheidungen des Kammergerichts
KO	Konkursordnung
KRG	Kontrollratsgesetz
krit.	kritisch
KStG	Körperschaftssteuergesetz
KWG	Gesetz über das Kreditwesen
Larenz AllgT	K. Larenz, Allgemeiner Teil des deutschen Bürgerlichen Rechts, 3. Aufl., 1975
Larenz SchuldR I, II	K. Larenz, Lehrbuch des Schuldrechts, Bd. I Allgemeiner Teil, 11. Aufl., 1976; Bd. II Besonderer Teil, 10. Aufl., 1972
LG	Landgericht
lit.	Buchstabe
LM	Lindenmaier-Möhring, Nachschlagewerk des BGH
LSA	Abkommen über den Lastschriftverkehr
LZ	Leipziger Zeitschrift
LZ-Bank	Landeszentralbank
MBdL	Mitteilungen der Bank deutscher Länder
MDR	Monatsschrift für deutsches Recht
MRG	Militärregierungsgesetz
MRVO	Verordnung der Militärregierung
Nachw.	Nachweise
NB	Neue Betriebswirtschaft
NdsRpfl.	Niedersächsischer Rechtspfleger
n.F.	neue Fassung; neue Folge
NJW	Neue Juristische Wochenschrift
NRW	Nordrhein-Westfalen

OEEC	Organization for Europeyn Economics Cooperation
ÖOGH	Oberster Gerichtshof (Österreich)
OGH	Oberster Gerichtshof für die britische Zone
OGH Wien	Oberster Gerichtshof Wien
OGHZ	Entscheidungen des Obersten Gerichtshofs für die britische Zone in Zivilsachen
OHG	Offene Handelsgesellschaft
ÖJZ	Österreichische Juristen-Zeitung
OLG	Oberlandesgericht
OLGE, OLGR	Die Rechtsprechung der Oberlandesgerichte auf dem Gebiet des Zivilrechts
OLGZ	Entscheidungen der Oberlandesgerichte in Zivilsachen (ab 1965)
OWiG	Gesetz über Ordnungswidrigkeiten
PA	Patentamt
Pal-(Bearbeiter)	Palandt, Bürgerliches Gesetzbuch, Kurz-Kommentar, bearbeitet von Bassenge, Danckelmann, Diederichsen, Heinrichs, Heldrich, Keidel, Putzo, Thomas, 35. Aufl., 1976
PatG	Patentgesetz
PSchO	Postscheckordnung
RabelsZ	Zeitschrift für ausländisches und internationales Privatrecht
RAnz.	Deutscher Reichsanzeiger
RBankG	Reichsbankgesetz
RdA	Runderlaß
Rdn.	Randnummer
Recht	Das Recht
RFH	Reichsfinanzhof
RG	Reichsgericht
RGBl.	Reichsgesetzblatt
RGR-Komm. z. HGB (Bearbeiter)	Kommentar zum Handelsgesetzbuch. Begründet von Hermann Staub, weitergeführt von Mitgliedern des Reichsgerichts. III. Bd. 2. Aufl., 1963 (R. v. Godin, P. Ratz)
RGSt	Entscheidungen des Reichsgerichts in Strafsachen
RGZ	Entscheidungen des Reichsgerichts in Zivilsachen
RHaftpflG	Reichshaftpflichtgesetz
RiW	Außenwirtschaftsdienst des Betriebs-Beraters bis 1957
RiW/AWD	Außenwirtschaftsdienst des Betriebs-Beraters ab 1975
RJA	Entscheidungen in Angelegenheiten der freiwilligen Gerichtsbarkeit und des Grundbuchrechts, zusammengestellt vom Reichsjustizamt
RJM	Reichsjustizminister
Rspr.	Rechtsprechung
RVO	Reichsversicherungsordnung
RWP-Blattei	Blattei-Handbuch Rechts- und Wirtschaftspraxis
SchG	Scheckgesetz
Schumann	Handelsrecht, 1954
Serick EV I, EV II, EV III, EV IV	R. Serick, Eigentumsvorbehalt und Sicherungsübertragung, Bd. I: Der einfache Eigentumsvorbehalt, 1963; Bd. II: Die einfache Sicherungsübertragung – 1. Teil, 1965; Bd. III: Die einfache Sicherungsübertragung – 2. Teil, 1970; Bd. IV: Verlängerungs- und Erweiterungsformen des Eigentumsvorbehalts und der Sicherungsübertragung – 1. Teil, 1976
SeuffA	Seufferts Archiv
SJZ	Süddeutsche Juristenzeitung
Soergel-Siebert	Bürgerliches Gesetzbuch, 10. Aufl. 1967ff.

sog. . . . . sogenannte
Sp. . . . . Spalte
StAnpG . . . . Steueranpassungsgesetz
Stanzl . . . . Handelsrechtliche Entscheidungen des OGH Wien
Staub . . . . Staubs Kommentar zum HGB, 14. Aufl. 1935
Staud-Coing . . . . Coing in J. v. Staudingers Kommentar zum Bürgerlichen Gesetzbuch, I. Bd., 11. Aufl., 1957
StGB . . . . Strafgesetzbuch
StPO . . . . Strafprozeßordnung
str. . . . . streitig
SZR . . . . Sonderziehungsrecht

Trade Terms . . . . Handelsübliche Vertragsformen ICC Document Nr. 16

u. a. . . . . und andere, unter anderem
u.U. . . . . unter Umständen
UWG . . . . Gesetz gegen den unlauteren Wettbewerb

VAG . . . . Versicherungsaufsichtsgesetz
VerglO . . . . Vergleichsordnung
VersR . . . . Versicherungsrecht
Verw. . . . . Verwaltung
Vfg. . . . . Verfügung
VG . . . . Verwaltungsgericht
VGH . . . . Verwaltungsgerichtshof
vgl. . . . . vergleiche
VglO . . . . Vergleichsordnung
VO . . . . Verordnung
VOBlBZ . . . . Verordnungsblatt für die britische Zone
Vorb. . . . . Vorbemerkung
VVaG . . . . Versicherungsverein auf Gegenseitigkeit
VVG . . . . Versicherungsvertragsgesetz
VW . . . . Vereinigtes Wirtschaftsgebiet
VwGO . . . . Verwaltungsgerichtsordnung

WährG . . . . Währungsgesetz
Warn. . . . . Warneyer, Die Rechtsprechung des Reichsgerichts
WEG . . . . Wohnungseigentumsgesetz
WG . . . . Wechselgesetz
Westermann . . . . H. Westermann, Lehrbuch des Sachenrechts, 5. Aufl., 1966
WiGBl. . . . . Gesetzblatt für das vereinigte Wirtschaftsgebiet
WM . . . . Wertpapier-Mitteilungen (Teil IV B)
Wpg. . . . . Die Wirtschaftsprüfung
Würdinger . . . . Handelsgesetzbuch, Großkommentar, Band I, 3. Aufl. 1967
WuW . . . . Wirtschaft und Wettbewerb

ZBlHR . . . . Zentralblatt für Handelsrecht
ZfV . . . . Zeitschrift für Versicherungswesen
ZKW . . . . Zeitschrift für das gesamte Kreditwesen
ZGR . . . . Zeitschrift für Unternehmens- und Gesellschaftsrecht
ZHR . . . . Zeitschrift für das gesamte Handelsrecht und Wirtschaftsrecht
ZKW . . . . Zeitschrift für das gesamte Kreditwesen
ZPO . . . . Zivilprozeßordnung
zust. . . . . zustimmend
ZVG . . . . Gesetz über die Zwangsversteigerung und Zwangsverwaltung
ZZP . . . . Zeitschrift für Zivilprozeß

Drittes Buch
HANDELSGESCHÄFTE

Einleitung

Während das erste und zweite Buch des Gesetzes in seiner heutigen Gestalt im wesentlichen das *Organisationsrecht* der Kaufleute und der handelsrechtlichen Personengesellschaften regeln, ist im dritten Buch das *Sonderrecht der kaufmännischen Betätigung*, die Rechtsordnung für die von einem Kaufmann in seinem Handelsgewerbe vorgenommenen Rechtshandlungen, die als *Handelsgeschäfte* bezeichnet werden, zusammengefaßt.

Der erste Abschnitt ist den *Allgemeinen Vorschriften* über Handelsgeschäfte vorbehalten. Sie passen das für Rechtsgeschäfte geltende Recht, wie es insbesondere im Bürgerlichen Gesetzbuch geregelt ist, an die Erfordernisse des Handelsverkehrs an. Es handelt sich um Ergänzungen und Abweichungen, die dem allgemeinen bürgerlichen Recht vorgehen, ihm aber seine ergänzende Funktion belassen. Zunächst wird in den §§ 343 bis 345 HGB der Anwendungsbereich des HGB umgrenzt. Daran schließen sich Vorschriften über die Maßgeblichkeit des Handelsbrauchs (§ 346 HGB), die kaufmännische Sorgfaltspflicht (§ 347 HGB), die Formfreiheit der Handelsgeschäfte (§§ 348 bis 351 HGB), über Zinsen, Vergütung und Erfüllung (§§ 352 bis 354; 358 bis 360 HGB) sowie über den erweiterten Schutz des guten Glaubens beim Erwerb von Waren und Wertpapieren (§§ 366, 367 HGB) an. Einige Vorschriften beziehen sich auf typische handelsrechtliche Erscheinungen, wie das *Kontokorrent* (§§ 355 bis 357 HGB), die *kaufmännischen Orderpapiere* (§§ 363 bis 365 HGB) sowie das kaufmännische *Zurückbehaltungsrecht* (§§ 369 bis 372 HGB).

Die weiteren sechs Abschnitte befassen sich mit besonderen Arten der kaufmännischen Betätigung, wie dem *Handelskauf* (§§ 373 bis 382 HGB), dem *Kommissions-* und *Speditionsgeschäft* (§§ 383 bis 415 HGB), letzteres ergänzt durch die ADSp, ferner das *Lagergeschäft* (§§ 416 bis 424 HGB), das *Frachtgeschäft* (§§ 425 bis 452 HGB) und das *Beförderungsrecht für Güter und Personen auf Eisenbahnen* des öffentlichen Verkehrs (§§ 433 bis 460 HGB), ergänzt durch die EVO.

Zur Erläuterung der handelsrechtlichen Sondervorschriften ist es nicht notwendig, zugleich das die Grundlage bildende Bürgerliche Recht eingehend darzustellen. Insoweit genügt grundsätzlich die Verweisung auf die einschlägigen Kommentare und Lehrbücher. Wohl aber ist es notwendig, auch handelsrechtliche Ergänzungsvorschriften anderer Gesetze, wie z. B. das Depotrecht, einzubeziehen sowie eigenständige Rechtsinstitute darzustellen, die sich in der Praxis entwickelt haben, und deren Geltung in starkem Maße auf Gewohnheitsrecht, Handelsbrauch oder Allgemeinen Geschäftsbedingungen und Formularverträgen beruht. Hierzu gehören insbesondere das *Girogeschäft* und das *Akkreditivgeschäft* sowie der *Eigentumsvorbehalt* in seinen vielfältigen Formen und die *Sicherungsübertragung*.

Der umfangreiche Stoff hat eine Aufteilung erforderlich gemacht. In Band IV werden die §§ 343 bis 372 erläutert und der *bankmäßige Zahlungsverkehr* dargestellt. Der Handelskauf (§§ 373 bis 382), das Recht der AGB, Eigentumsvorbehalt und Sicherungsübertragung folgen in Band V.

Erster Abschnitt
Allgemeine Vorschriften

343 Handelsgeschäfte sind alle Geschäfte eines Kaufmanns, die zum Betriebe seines Handelsgewerbes gehören.
Die in § 1 Abs. 2 bezeichneten Geschäfte sind auch dann Handelsgeschäfte, wenn sie von einem Kaufmann im Betriebe seines gewöhnlich auf andere Geschäfte gerichteten Handelsgewerbes geschlossen werden.

Inhalt

	Anm.		Anm.
I. Bedeutung der Vorschrift	1– 2	b) Betriebszugehörigkeit	14–15
II. Wesen des Handelsgeschäfts	3–27	c) Einzelfälle	16–18
1. Allgemeine Kennzeichnung	3	4. Geschäfte privaten Charakters	19–23
2. Persönliches Merkmal	4– 9	5. Zeitliche Voraussetzungen	24–27
3. Sachliches Merkmal	10–19	III. Handelsgeschäfte des § 343 Abs. 2	28–29
a) Begriff des Geschäfts	11–13		

I. Bedeutung der Vorschrift

Die Vorschriften des dritten Buches finden nur auf Geschäfte Anwendung, die *Handelsgeschäfte* sind. Hierbei genügt es meist, daß das Geschäft lediglich auf seiten einer der beteiligten Parteien ein Handelsgeschäft ist. Die Vorschriften finden dann, wie aus § 345 folgt, für *beide* Parteien gleichmäßig Anwendung. Auch Geschäfte zwischen Kaufleuten und Nichtkaufleuten sind deshalb weitgehend handelsrechtlichen Regeln unterworfen. Im einzelnen ist zu unterscheiden: Einige Vorschriften gelten für *alle einseitigen Handelsgeschäfte,* ohne daß es darauf ankommt, auf wessen Seite sie Handelsgeschäfte sind, so z.B. die Vorschriften über den Annahmeverzug des Käufers (§§ 373, 374) und den Fixhandelskauf (§ 376). Andere Vorschriften gelten für einseitige Handelsgeschäfte nur dann, wenn sie auf seiten einer *bestimmten Partei* Handelsgeschäfte sind, so z.B. die Vorschriften über die kaufmännische Sorgfaltspflicht (§ 347), die Vertragsstrafe, Bürgschaft und Formfreiheit (§§ 348ff.). Schließlich gibt es Vorschriften, die nur für *zweiseitige Handelsgeschäfte* gelten, bei denen auf seiten *beider* Parteien Handelsgeschäfte vorliegen müssen. Dies trifft für die kaufmännische Rügelast (§§ 377f.) und das kaufmännische Zurückbehaltungsrecht (§§ 369ff.) zu. Da die Anwendung der handelsrechtlichen Regeln des dritten Buches vom Vorliegen eines *Handelsgeschäfts* abhängig ist, mußte dieser Begriff vorab bestimmt werden. Das ist in § 343 geschehen. Danach sind Handelsgeschäfte alle Geschäfte eines Kaufmanns, die zum Betriebe seines Handelsgewerbes gehören. Um die Anwendung der Vorschriften über Handelsgeschäfte nach Möglichkeit in allen Bereichen des Handelsverkehrs sicherzustel-

§ 343 *1. Abschn.* *Drittes Buch. Handelsgeschäfte*

len, wird von allen Geschäften eines Kaufmanns im Zweifel angenommen, daß sie zum Betriebe seines Handelsgewerbes gehören (§ 344). Doch ist diese Vermutung *widerlegbar*. Gelingt der Beweis des Gegenteils, so können die Vorschriften des dritten Buches nicht angewendet werden. Im Vergleich zum früheren Handelsrecht zeigt sich, daß das Gesetz den Anwendungskreis der Vorschriften über Handelsgeschäfte weit gestalten will. So konnten nach Art. 275 ADHGB Verträge über Grundstücke keine Handelsgeschäfte sein, während sie es nach heutigem Recht sehr wohl sein können, obwohl sie nicht zu den Grundhandelsgeschäften des § 1 Abs. 2 gehören.

2 Außerhalb des dritten Buches kann die Frage, ob ein Geschäft als Handelsgeschäft anzusehen ist, namentlich in *prozessualer* Hinsicht erheblich sein. Die für den Abschluß eines *Schiedsvertrages* in § 1027 Abs. 1 ZPO *zwingend* vorgeschriebene Form, die nicht nur eine ausdrückliche und schriftliche, sondern auch in einer *besonderen Urkunde* getroffene Vereinbarung verlangt, gilt nach § 1027 Abs. 2 ZPO nicht, wenn der Schiedsvertrag für beide Seiten ein Handelsgeschäft ist und beide Parteien Vollkaufleute sind. Nach § 95 Ziffer 1 GVG sind die *Kammern für Handelssachen* für Klagen gegen einen Kaufmann aus beiderseitigen Handelsgeschäften zuständig.

II. Wesen des Handelsgeschäfts

1. Allgemeine Kennzeichnung

3 Die Grundvorschrift, nach der zu entscheiden ist, ob ein Handelsgeschäft vorliegt, ist in § 343 Abs. 1 enthalten. Handelsgeschäfte sind nur solche *Geschäfte* eines *Kaufmanns*, die zum *Betriebe seines Handelsgewerbes* gehören. Der Begriff des Handelsgeschäfts ist von einem *persönlichen* und einem *sachlichen* Merkmal bestimmt: Ein Kaufmann muß das Geschäft abschließen und dieses Geschäft muß zum Betriebe des Handelsgewerbes gehören, dessen Inhaber der Kaufmann ist. Die einzelnen Geschäfte müssen *in seinem Namen* geschlossen werden. Er trägt das unternehmerische Risiko.

2. Persönliches Merkmal

4 Nur Geschäfte eines *Kaufmanns* können Handelsgeschäfte sein. Wer Kaufmann ist, ergibt sich aus §§ 1 bis 7. Demgemäß betreiben, wenn auch das sachliche Merkmal gegeben ist (Anm. 10 ff.), Handelsgeschäfte: Kaufleute nach §§ 1 und 2, wozu auch die eingetragenen Inhaber eines land- oder forstwirtschaftlichen Unternehmens oder Nebengewerbes (§ 3 Abs. 2, 3) sowie Minderkaufleute gehören, deren Gewerbebetrieb nach Art oder Umfang einen in kaufmännischer Weise eingerichteten Geschäftsbetrieb nicht erfordert (§ 4). Allerdings finden zum Schutz der Minderkaufleute einige Vorschriften über Handelsgeschäfte auf sie keine Anwendung (vgl. § 351). Handelsgesellschaften sind nach § 6 Abs. 1 wie Kaufleute zu behandeln. Die von ihnen vorgenommenen Geschäfte sind also, wenn die sonstigen Voraussetzungen vorliegen, Handelsgeschäfte. Das gleiche gilt für die im § 33 erwähnten juristischen Personen und für die im § 36 genannten Unternehmen des Bundes, eines deutschen Landes oder eines inländischen Kommunalverbandes, soweit sie ein Handelsgewerbe betreiben. Bei den in Sondergesetzen geregelten Unternehmen des Bundes oder der Länder ist zu prüfen, ob von ihnen überhaupt ein Handelsgewerbe betrieben wird, oder ob etwa besondere gesetzliche Vorschriften die Anwendung der Vorschriften über Handelsgeschäfte verbieten. Die *Deutsche Bundespost* ist kein Kaufmann (§ 452 HGB; § 7 PostG vom 28. 7. 69 – BGBl I S. 1006); ihre Geschäfte sind mithin keine Handelsgeschäfte (RGZ 101, 282). Das folgt für die typisch postalischen Aufgaben schon aus ihrem hoheitlichen Charakter (BGHZ 16, 111; BGH NJW 64, 41). Auch die *Deutsche Bundesbahn* ist, da sie nach § 41 Abs. 1 des BundesbahnG vom 13. 12. 51 (BGBl I S. 955) kein Gewerbe betreibt, kein Kaufmann; ihre Geschäfte sind daher keine Handelsgeschäfte. Dies schließt indessen eine entsprechende Anwendung des § 366 auf Veräußerungsgeschäfte der Bundesbahn (§§ 73, 80 EVO) nicht aus (BGHZ 2, 50; vgl. § 366 Anm. 26). Auch die *Einfuhr- und Vorratsstellen* sind keine Kaufleute (BGHZ 36, 273). Dagegen besitzt die *Deutsche Bundesbank* nach § 1 Nr. 4 HGB Kaufmannseigenschaft; jedoch gelten für sie nach § 29 BundesbankG nicht die Vorschriften des HGB über das Handelsregister. – Eingetragene *Genossenschaften* gelten nach § 17 GenG als Kaufleute; ihre Geschäfte sind daher, wenn die übrigen Voraussetzungen gegeben sind, Handelsgeschäfte. Auch für den Versicherungsverein auf Gegenseitigkeit gelten nach § 16 VAG die Vorschriften des dritten Buches, soweit sich aus dem VAG und dem Wesen des Versicherungsvereins nichts anderes ergibt.

Ein Gewerbetreibender, der *zu Unrecht* im Handelsregister eingetragen ist, kann nicht **5** geltend machen, das von ihm betriebene Gewerbe sei kein Handelsgewerbe oder kein vollkaufmännisches Gewerbe (§ 4 Abs. 1). Alle Geschäfte eines solchen Kaufmanns kraft Eintragung sind deshalb, wenn sie zum Betrieb seines Gewerbes gehören, als *Handelsgeschäfte* anzusehen. Die von ihm geschlossenen Rechtsgeschäfte gelten nach § 344 Abs. 1 im Zweifel als zum Betrieb seines Handelsgewerbes gehörend. Auch wenn die Eintragung im Handelsregister später gelöscht wird, weil der Gewerbebetrieb kein Handelsgewerbe ist oder einen in kaufmännischer Weise eingerichteten Geschäftsbetrieb nicht erfordert, bleiben die vor der Löschung von dem Eingetragenen geschlossenen Geschäfte Handelsgeschäfte, vorausgesetzt, daß es sich nicht um private Geschäfte gehandelt hat, die nicht zum Betrieb seines Handelsgewerbes gehörten. Gibt der Eingetragene sein Gewerbe auf, so folgt aus §§ 5, 15 Abs. 1, daß er sich weiterhin gegenüber unwissenden Dritten als Kaufmann behandeln lassen muß, solange die Löschung, zu deren Anmeldung er nach §§ 15, 31 Abs. 2 verpflichtet ist, nicht eingetragen und bekanntgemacht worden ist.

Auch Personen, die weder Kaufmannseigenschaft nach §§ 1, 2, 3 Abs. 2 oder § 6 **6** besitzen, noch kraft Eintragung ihres Gewerbes nach § 5 als Kaufleute gelten (Anm. 5), müssen sich nach Treu und Glauben gegenüber *gutgläubigen* Dritten als Kaufleute behandeln lassen, wenn sie in zurechenbarer Weise den Rechtsschein, Kaufleute zu sein, durch ihr Verhalten im Rechtsverkehr erweckt haben (§ 5 Anm. 10 ff.). Liegen die Voraussetzungen für eine Haftung aus veranlaßtem Rechtsschein vor, so sind auch auf die Geschäfte eines *Scheinkaufmanns* die Vorschriften über Handelsgeschäfte anzuwenden. Das gilt insbesondere dann, wenn eine Nichtanwendung dieser Vorschriften den Vertragsgegner desjenigen, der sich im Geschäftsverkehr als Kaufmann ausgegeben hat, benachteiligen würde. In solchen Fällen muß der Nachteil, soweit nicht zwingende Vorschriften dem Vertrauensschutz vorgehen, durch die Anwendung der Vorschriften über Handelsgeschäfte ausgeglichen werden, obwohl wegen der fehlenden Kaufmanns-

7

§ 343 1. Abschn. *Drittes Buch. Handelsgeschäfte*

eigenschaft ein Handelsgeschäft auf seiten des Scheinkaufmanns nicht vorliegt. Zu beachten ist jedoch, daß, anders als im Fall des § 5, die Vorschriften über Handelsgeschäfte nur im Interesse des redlichen Geschäftsverkehrs *zu Gunsten* gutgläubiger Dritter anwendbar sind. Der Scheinkaufmann selbst kann sich zu seinem Vorteil auf diese Vorschriften nicht berufen (BGHZ 36, 273/277; Hueck ArchBürgR 43, 448 ff.; vgl. ferner § 352 Anm. 14; § 353 Anm. 2; § 354 Anm. 7). Wohl aber kann sich der *Dritte* stets auf die wahre Rechtslage berufen, den Scheinkaufmann also als Nichtkaufmann behandeln.

7 Bei Geschäften, die ein *Vertreter* vornimmt, kommt es auf die Kaufmannseigenschaft des *Vertretenen* an. Dies gilt auch, wenn das Geschäft von einem Vertreter ohne Vertretungsmacht geschlossen und später vom Vertretenen nach § 177 BGB genehmigt wird. Unterbleibt die Genehmigung, so liegt ein Handelsgeschäft nur vor, wenn der Vertreter ohne Vertretungsmacht die sachlichen Voraussetzungen der Kaufmannseigenschaft (§§ 1 ff.) erfüllt oder sich nach Rechtsscheingesichtspunkten als Kaufmann gegenüber gutgläubigen Dritten behandeln lassen muß (Anm. 6).

8 *Streitig* ist, ob der einzelne *Gesellschafter* einer Personenhandelsgesellschaft (OHG, KG) Kaufmann ist. Aus der Kaufmannseigenschaft der Gesellschaft nach § 6 Abs. 1 HGB folgt dies nicht. Es kommt darauf an, ob der Gesellschafter selbst ein *Handelsgewerbe* betreibt. Insoweit besteht ein Unterschied zum Einzelkaufmann. Der OHG-Gesellschafter betreibt zwar ein Handelsgewerbe, jedoch nur in gesamthänderischer Verbundenheit mit seinen Mitgesellschaftern. Nur in dieser Eigenschaft ist der einzelne Gesellschafter neben der OHG als *Kaufmann* anzusehen (Landwehr JZ 67, 198; Zöllner DB 64, 795; Baumbach/Duden HGB § 105 Anm. 1 J; Wagner, Die Kaufmannseigenschaft des OHG-Gesellschafters, Diss. Köln 1969; Reinhardt, Gesellschaftsrecht, Nr. 112 S. 158). Gesellschafter einer OHG handeln nur dann als *Kaufleute,* wenn sie die Geschäfte der Gesellschaft führen und sie vertreten, nicht aber, wenn sie Geschäfte mit der OHG oder ihren Mitgesellschaftern abschließen (Landwehr a.a.O.; Zöllner a.a.O.; a. M. Hueck, Das Recht der OHG, 4. Aufl. 1971, § 3 Fn. 8; Fischer in Großkomm. HGB § 105 Anm. 60 a; Heymann/Kötter HGB § 161 Anm. 2). Solche Geschäfte schließen sie nicht in ihrer Eigenschaft als Kaufleute ab. Es besteht auch kein Anlaß, die Gesellschafter in ihren Rechtsbeziehungen untereinander und zur Gesellschaft als Kaufleute zu behandeln (vgl. §§ 111, 110 Abs. 2 HGB). Für die Haftung nach außen gegenüber *Dritten* (§ 128 HGB) kommt es ohnehin nicht auf die Kaufmannseigenschaft des Gesellschafters an. – *Kommanditisten* sind nach BGH 45, 282/285 wegen ihres begrenzten unternehmerischen Risikos keine Kaufleute; sie werden es weder durch ihre Beteiligung an einer Personenhandelsgesellschaft, noch sind sie es, soweit sie Verträge mit der Gesellschaft oder den Gesellschaftern schließen. Auch wenn man annimmt, daß Kommanditisten ebenso wie OHG-Gesellschafter ein Handelsgewerbe in gesamthänderischer Verbundenheit mit ihren Mitgesellschaftern betreiben, schließen sie jedenfalls keine Geschäfte in ihrer Eigenschaft als Kaufleute ab.

9 Die Geschäfte eines *Nichtkaufmanns* unterliegen grundsätzlich nicht den Vorschriften über Handelsgeschäfte. Zu beachten ist jedoch, daß nach § 345 auf ein Rechtsgeschäft, das für einen der beiden Teile ein Handelsgeschäft ist, die Vorschriften über Handelsgeschäfte für *beide Teile* gleichmäßig zur Anwendung gelangen, soweit sich nicht aus diesen Vorschriften etwas anderes ergibt (Anm. 1). Auch auf Geschäfte eines Nichtkaufmanns mit einem Kaufmann können daher Vorschriften über Handelsgeschäfte anwendbar sein (z.B. §§ 373, 376).

3. Sachliches Merkmal

Das sachliche Merkmal eines Handelsgeschäfts liegt darin, daß es zum Betriebe des Handelsgewerbes eines Kaufmanns gehören muß. Damit ergeben sich *zwei Fragen:* Wann liegt ein „Geschäft" im Sinne des § 343 Abs. 1 vor, und welche Beziehung wird mit der Zugehörigkeit des Geschäfts zum Betriebe des Handelsgewerbes umschrieben? 10

a) Begriff des Geschäfts

Der Begriff *„Geschäft"* eines Kaufmanns ist in *weitem* Sinne zu verstehen. Es sind nicht nur Rechtsgeschäfte, von denen §§ 344 Abs. 1, 345 sprechen, und Willenserklärungen, sondern auch Rechtshandlungen, bei denen Rechtsfolgen nicht kraft des darauf gerichteten Willens, sondern kraft Gesetzes eintreten, so z.B. Willensäußerungen wie die Mahnung (§ 288 BGB), Aufforderungen oder Androhungen, ferner bloße Willensmitteilungen, wie die Anzeige von Mängeln. Der Begriff „Geschäft" ist jedoch nicht auf Willenserklärungen, Rechtsgeschäfte und Rechtshandlungen beschränkt (a.M. Düringer/Hachenburg/Werner § 343 Anm. 2; § 344 Anm. 6). Er umfaßt jedes *rechtserhebliche Verhalten* (RGZ 20, 194), so z.B. die Geschäftsführung ohne Auftrag, Duldung und Unterlassungen (§ 346), insbesondere das rechtserhebliche Schweigen eines Kaufmanns (§ 362); weiter die Absendung und Annahme von Waren (ROHG 10, 235; vgl. auch § 362 Abs. 2), die Vermischung und Verarbeitung von Sachen sowie Prozeßhandlungen usw. (M. Wolff in Berliner Festgabe für O. v. Gierke, 1910, Band 2, S. 117/147ff.; Ehrenberg Bd. II, S. 79f.). Gleichgültig ist, von wem die Initiative ausgeht. Ein Geschäft ist deshalb nicht nur die Abgabe, sondern auch der Empfang einer Willenserklärung; auch sie ist ein eigenes Geschäft des Kaufmanns. 11

Einen auf die Erzielung eines Gewinns oder wirtschaftlichen Erfolges gerichteten Willen setzt der Begriff „Geschäft" nicht voraus. Wohl aber setzt ein „Geschäft" zumindest ein *willentliches* Verhalten des Kaufmanns voraus. Ein Erfolg, der völlig unabhängig von seinem Willen eintritt, ist kein Geschäft (so auch von Godin in RGR-Komm. z. HGB Anm. 14). Aus diesem Grunde kann z.B. eine ungewollte Vermögensverschiebung, aus der sich *Bereicherungsansprüche* gegen den Kaufmann ergeben, nicht selbst ein Handelsgeschäft sein. Wohl aber kann als Geschäft die Handlung angesehen werden, die zu der Vermögensverschiebung geführt hat, z.B. die Zahlung an einen Nichtberechtigten (BGH BB 56, 833; vgl. auch § 352 Anm. 15; § 364 Anm. 11). Auch ist nicht schon jedes willentliche Verhalten eines Kaufmanns ein „Geschäft". Heymann/Kötter (HGB § 343 Anm. 1, S. 702f.) verlangen ein Verhalten, das nicht nur von einem rein faktischen Handlungswillen, sondern darüber hinaus „zumindest typisch von der Vorstellung der wirtschaftlichen Erheblichkeit seiner Folgen getragen wird". Man wird jedenfalls unter einer geschäftlichen Tätigkeit schon nach dem Sprachgebrauch nur eine Tätigkeit verstehen, die irgendeinen *wirtschaftlichen* Inhalt oder Bezug aufweist. 12

Umstritten ist, ob eine *unerlaubte Handlung* eines Kaufmanns Handelsgeschäft sein kann, so daß die entstehende Deliktsschuld eine Schuld aus einem Handelsgeschäft ist, auf welche die Vorschriften des 3. Buches anzuwenden sind. Die Frage ist nicht zu 13 verwechseln mit der Frage, ob eine Deliktsverbindlichkeit eine „im Betrieb eines Handelsgeschäfts begründete Verbindlichkeit" sein kann. Das ist ohne Zweifel zu bejahen und hat z.B. Bedeutung für die §§ 25 bis 28. Hier geht es dagegen um die Frage, ob auch ein *unrechtes* Verhalten ein „Geschäft" sein kann, das bei Betriebszugehörigkeit Handelsgeschäft ist. Die Frage wird überwiegend verneint (Düringer/Hachenburg/Werner Anm. 1; Ritter Anm. 4; M. Wolff in Berliner Festgabe für O.v. Gierke, 1910, Band 2, S. 148). Von der Qualifizierung eines Verhaltens als erlaubt oder unerlaubt hängt aber nicht die Beurteilung ab, ob ein *geschäftliches* Verhalten vorliegt. Wenn z.B. ein Kaufmann seinem Vertragspartner bei den Vertragsverhandlungen oder während einer vertraglichen Beziehung durch falsche Vorspiegelungen einen Schaden zufügt, so entfällt damit nicht der geschäftliche Charakter des Verhaltens insoweit, als der Tatbestand eines Delikts erfüllt ist (ebenso von Godin in RGR-Komm. z. HGB Anm. 14; Ehrenberg Bd. II S. 78f; Heymann/Kötter HGB § 343 Anm. 1 S. 107). Es ist eine einheitliche Behandlung aller Ansprüche geboten, die auf demselben Lebensstatbestand beruhen; eine künstliche Trennung wäre sachwidrig. Aber auch ein Verhalten, das nur deliktisch zu werten ist, kann ein „Geschäft" sein (Wieland S. 61 ff; Schumann, Handelsrecht, S. 284; a.M. Heymann/Kötter a.a.O.). Allerdings geht es zu weit, ein deliktisches Verhalten schon dann als „Geschäft" anzusehen, wenn es in der geschäftlichen Sphäre liegt (so Wieland a.a.O.). Dann wäre ein auf einer Geschäftsfahrt verschuldeter Verkehrsunfall ein „Geschäft". Anders liegt es bei einem Verhalten mit wirtschaftlichem Bezug. Erteilt z.B. ein Kaufmann eine Auskunft, so liegt ein Geschäft im Sinne des § 343 vor, unabhängig davon, ob die Auskunft richtig oder bewußt unrichtig erteilt war und daher den Kaufmann nach § 826 BGB zum Schadenersatz verpflichtet (RGZ 20, 194). Ebenso liegt es bei Wettbewerbshandlungen (RGZ 154, 336). Eine andere Frage ist es, ob ein unerlaubtes geschäftliches Verhalten eines Kaufmanns auch zum Betrieb seines Handelsgewerbes gehört und daher *Handelsgeschäft* ist, oder ob es sich um ein reines Privatgeschäft handelt. So kann z.B. die Auskunftserteilung seitens eines Kaufmanns nach Lage des Falles ein Privatgeschäft und nicht Handelsgeschäft sein. Für die Betriebszugehörigkeit einer geschäftlichen Handlung spricht jedoch die Vermutung des § 344, und zwar auch dann, wenn sie kein Rechtsgeschäft ist. Gewöhnlich wird eine unerlaubte Handlung kein „Geschäft" sein. Zusammenfassend ist somit festzustellen: Ob ein Verhalten rechtswirksam oder unwirksam, rechtmäßig oder unerlaubt, entgeltlich oder unentgeltlich (Anm. 16) ist, ist für die Beurteilung, ob es sich um ein „Geschäft" im Sinne des § 343 Abs. 1 handelt, ohne Bedeutung.

b) Zugehörigkeit des Geschäfts zum Betriebe des Handelsgewerbes

14 Handelsgeschäfte sind nur Geschäfte eines Kaufmanns, die *zum Betrieb seines Handelsgewerbes* gehören. Sie müssen in Beziehung zu dem Unternehmen des Kaufmanns stehen. Mit dem Ausdruck „Handelsgewerbe" ist kein selbständiges, sachliches Erfordernis neben dem persönlichen Merkmal der Kaufmannseigenschaft gemeint (ebenso von Godin in RGR-Komm. z. HGB Anm. 13). Handelsgewerbe ist das von dem Kaufmann betriebene Unternehmen. Liegt Kaufmannseigenschaft vor, so braucht nicht noch geprüft zu werden, ob der Tätigkeitsbereich des Kaufmanns tatsächlich ein Gewerbe oder Handelsgewerbe ist. Die Geschäfte eines *Formkaufmanns* (§ 6 Abs. 2) sind deshalb auch Handelsgeschäfte, wenn überhaupt kein Gewerbe betrieben wird, sondern ausschließlich *ideelle Zwecke* verfolgt werden (Schmidt in Großkomm. z. AktG § 3 Anm. 4; Scholz GmbHG § 13 Anm. 14; M. Wolff in Berliner Festgabe für O. v. Gierke, 1910, Band 2, S. 128 ff./135; J. v. Gierke S. 455; a.M. Schilling in Hachenburg, GmbHG § 13 Anm. 25). Aus § 3 AktG, § 13 Abs. 3 GmbHG und § 17 Abs. 2 GenG ergibt sich, daß es auf den Gegenstand des von dem Formkaufmann betriebenen Unternehmens grundsätzlich nicht ankommt. Auch das Gewerbe einer zu Unrecht in das Handelsregister eingetragenen Person gilt nach § 5 als Handelsgewerbe. Weiter kommt es auf das tatsächliche Vorliegen eines Handelsgewerbes bei einer Person nicht an, die nach § 15 Abs. 1 mit dem Einwand ausgeschlossen ist, sie betreibe das Gewerbe nicht mehr. Entsprechendes gilt für den *Scheinkaufmann* (Anm. 6).

Nicht jedes Geschäft, das ein Kaufmann schließt, ist ein Handelsgeschäft. Entscheidend ist die *Betriebszugehörigkeit*. Reine Privatgeschäfte eines Kaufmanns sind keine Handelsgeschäfte (Anm. 19 ff.). Der Begriff des Handelsgeschäfts beschränkt sich jedoch nicht auf die Geschäfte, die in dem Betrieb ständig vorkommen, oder die dem Betrieb sein Gepräge geben, wie z.B. bei einem Sägewerk der Ankauf, die Bearbeitung und die Weiterveräußerung des Holzes. Geschäfte eines Kaufmanns können auch Handelsgeschäfte sein, wenn es sich nicht um die für den Betrieb seines Handelsgewerbes üblichen und dafür typischen, sondern um *andere* Geschäfte handelt. Notwendig ist nur, daß das Geschäft noch mit dem Handelsgewerbe in *irgendeinem,* wenn auch nur entfernten *Zusammenhang* steht. Die Beziehung kann locker sein. Schon ein *mittelbarer* Zusammenhang genügt, solange das Geschäft nur irgendwie dem Interesse des Handelsgewerbes, der Erhaltung seiner Substanz oder der Erzielung von Gewinn dient (BGHZ 63, 32/35; BGH NJW 60, 1852; WM 76, 424; OLG Düsseldorf BB 55, 239; RG Warn 20 Nr. 99; 29 Nr. 38; Ratz in RGR-Komm. z. HGB Anm. 3; Düringer/Hachenburg/Werner Anm. 3;). Vorbereitungs- und Abwicklungsgeschäfte, bloße Hilfs- und Nebengeschäfte, sogar gänzlich ungewöhnliche Maßnahmen können deshalb Handelsgeschäfte sein (Anm. 16). Es kommt immer wieder vor, daß ein Kaufmann, um Forderungen zu retten, oder aus ähnlichen Gründen branchenfremde Geschäfte tätigen muß. Auch solche Geschäfte dienen seinem Handelsgewerbe, nämlich dem Zweck, die Substanz zu erhalten und Gewinne zu erzielen. Sie sind deshalb zu den Handelsgeschäften zu zählen. Bei der Prüfung, ob das Geschäft eines Kaufmanns zum Betrieb seines Handelsgewerbes gehört, entscheiden *objektive Kriterien*. Ein Kaufmann kann die Anwendung der Vorschriften über Handelsgeschäfte nicht willkürlich ausschließen, etwa durch eine allgemeine Klausel in seinen Geschäftsbedingungen, daß alle von ihm geschlossenen Geschäfte Privatgeschäfte seien. Allerdings steht es in seinem Belieben, ob er ein Geschäft im Betriebe seines Handelsgewerbes oder rein privat schließen will. Wählt er aber die erste Möglichkeit, so liegt ein Handelsgeschäft auch vor, wenn er seinem Geschäftspartner erklärt, er betrachte dieses Geschäft als Privatgeschäft. Eine solche Erklärung kann nur als *Indiz* gegen die Betriebszugehörigkeit zu werten sein. Auch ist es möglich, daß nach Lage des Falles davon auszugehen ist, daß die Parteien die Anwendung der Vorschriften über Handelsgeschäfte ausgeschlossen haben. Das ist zulässig, soweit nicht zwingende Vorschriften entgegenstehen. So können z.B. Kaufleute für die Rüge von Mängeln besondere, von § 377 abweichende Vereinbarungen treffen. Ebenso kann für die Übernahme einer Bürgschaft entgegen § 350 Schriftform vereinbart werden.

c) **Einzelfälle:** Zum Betriebe des Handelsgewerbes gehören zunächst die Geschäfte, die

§ 343 1. Abschn. *Drittes Buch. Handelsgeschäfte*

den Grundcharakter des Unternehmens bilden, bei einem Kaufmann nach § 1 Abs. 2 Ziff. 1 also die Anschaffung, Bearbeitung und Weiterveräußerung von Waren oder Wertpapieren. Weiter gehören dazu alle *Hilfs-* oder *Nebengeschäfte,* die der Betrieb mit sich bringt und die insbesondere die wirtschaftlichen Grundlagen für das Unternehmen schaffen und es fördern, wie z. B. der Bau eines Hauses (BGHZ 63, 32/35), die Aufnahme eines Kredits zum Kauf von Betriebsmitteln, die Beschaffung von Geschäftsräumen (RG SeuffA 63 Nr. 259; ROHG 10, 243) und Arbeitsgerät (ROHG 19, 354; 22, 329) oder die Einstellung von Hilfskräften (RGZ 1, 268; (ROHG 11, 56 und 387). Handelsgeschäfte sind auch *ungewöhnliche Geschäfte,* die dem Betriebe des Handelsgewerbes dienen sollen, wie z. B. vereinzelte Spekulations- oder Spielgeschäfte (RGZ 30, 191; 38, 240), Bürgschaften (BGH WM 76, 424; OLG Hamburg JW 27, 1109), die Unterzeichnung von Gefälligkeitswechseln (RG Warn 29 Nr. 38), der Kauf einer Erbschaft (RG JW 01, 261), der Ankauf unsicherer Forderungen (RG Gruchot 33, 1042) sowie ein Vergleich. Auch *unentgeltliche Geschäfte* können Handelsgeschäfte sein, wenn sie noch in Beziehung zu dem Gewerbebetrieb stehen, so z. B. wenn sich der Kaufmann als Gegenleistung geschäftliche Vorteile erhofft. Hierher gehören Gefälligkeiten (OLG Düsseldorf BB 55, 239; RG Warn 29 Nr. 38), Schenkungen (RGZ 26, 19; ROHG 16, 184), auch remuneratorische (RG Bolze 14 Nr. 265), der Erlaß einer Forderung (RGZ 29, 11) die Leihe (abw. ROHG 19, 354) oder die Übernahme eines unbesoldeten Aufsichtsratspostens (RGZ 19, 123).

17 Zum Betrieb des Handelsgewerbes gehören nicht nur die Geschäfte, die erst während seines Bestehen geschlossen werden, sondern auch solche, die den Betrieb lediglich *vorbereiten.* Allerdings sind sie nur Handelsgeschäfte, wenn derjenige, der sie vornimmt, zu diesem Zeitpunkt bereits *Kaufmann* ist oder jedenfalls wird (Anm. 25). Dann unterliegen Vorbereitungsgeschäfte auch den Vorschriften über Handelsgeschäfte, wenn es zur Eröffnung des Betriebs später nicht kommt (a.M. Ritter Anm. 6b). Handelsgeschäfte können deshalb z. B. der Ankauf von Grundstücken und Einrichtungsgegenständen sowie die Beschaffung von Waren, Räumen und Hilfskräften für ein *künftig* zu betreibendes Unternehmen sein (RG SeuffA 63 Nr. 259); ferner die Aufnahme eines Kredits zum Kauf eines Unternehmens (RG Recht 09 Nr. 2516; LZ 12, 911) oder der Erwerb eines auszuwertenden Patents (RG SeuffA 86 Nr. 119). Als Vorbereitungsgeschäft gehört zum Betrieb des Handelsgewerbes auch der *Erwerb eines Handelsgeschäfts,* das der Erwerber fortführen will (OGHZ 1, 62; RGZ 72, 434; 92, 228; RG SeuffA 63 Nr. 259; ROHG 15, 100). Der Erwerbsakt ist das erste Handelsgeschäft, das den Handelsbetrieb ermöglicht, sozusagen sein erstes Geschäft als Kaufmann (v. Godin in RGR-Komm. z. HGB Anm. 20). Es genügt, daß er mit dem Erwerb des Unternehmens die Kaufmannseigenschaft gewinnt (Anm. 25). Umgekehrt gehören zum Betrieb des Handelsgewerbes auch *Abwicklungsgeschäfte* (RG JW 03, 63), wie z. B. die Beendigung schwebender Geschäfte, die Abfindung eines ausscheidenden Gesellschafters (RGZ 102, 245; 154, 336), die Veräußerung von Geschäftsanteilen (RG LZ 09, 466) oder des ganzen Handelsgeschäfts als letzter Akt der gewerblichen Tätigkeit (OGHZ 1, 62; RG JW 99, 494; Recht 27 Nr. 2011).

18 Streitig ist, ob schon der *Abschluß des Gesellschaftsvertrages,* durch den eine OHG oder KG errichtet werden soll, ein *Handelsgeschäft* ist. Das wird überwiegend *verneint,* es sei den, daß die Vertragschließenden als Inhaber eines Handelsgewerbes bereits

Kaufleute sind und der Abschluß des Gesellschaftsvertrages zum Betrieb ihres Handelsgewerbes gehört (Weipert in RGR-Komm. z. HGB § 105 Anm. 82; Düringer/Hachenburg/Flechtheim § 105 Anm. 13; Ehrenberg Bd.II 1 S. 144; Zöllner DB 64, 795 zu III; Landwehr JZ 67, 198/204; Lieb DB 67, 759; Reinhardt, Gesellschaftsrecht, Nr. 112 S. 158). Ein Handelsgeschäft bejahen dagegen vor allem Hueck, Das Recht der OHG, 4. Aufl. 1971, § 3 Fn. 9; ferner von Godin in RGR-Komm. z. HGB, Anm. 19; Fischer in Großkomm. z. HGB § 105 Anm. 60a; Ritter Anm. 6b. Gegen die Annahme, daß schon der *Abschluß* des Gesellschaftsvertrages ein *Handelsgeschäft* ist, spricht zunächst der Gesichtspunkt, daß in diesem Zeitpunkt noch keine Handelsgesellschaft vorhanden ist, die Vertragsschließenden daher auch keine Kaufleute sein können. Im Vertragsschluß als solchem liegt noch kein Geschäftsbeginn im Sinne des § 123 Abs. 2 HGB. Durch die spätere Eintragung im Handelsregister oder durch den Beginn der Geschäfte wird ein zwischen Nichtkaufleuten geschlossener Gesellschaftsvertrag nicht nachträglich zum Handelsgeschäft. Nun gehören zum Betrieb eines Handelsgewerbes aber auch Geschäfte, die den Betrieb lediglich *vorbereiten* (Anm. 17). Das sind jedoch nur Geschäfte, die der Erfüllung des Geschäftszwecks dienen und daher auch bei Bestehen der Gesellschaft als Maßnahmen der Geschäftsführung zum Betrieb des Handelsgewerbes gehören. Der Gesellschaftsvertrag, den die Vertragsparteien als Individualpersonen abschließen, ist kein solches Vorbereitungsgeschäft. Gleiches gilt für eine *Änderung* des Gesellschaftsvertrages, mag sie auch in der Form eines Beschlusses der Gesellschafter geschehen. Ebenso ist die *Aufnahme* eines persönlich haftenden Gesellschafters in eine bestehende OHG oder KG kein Handelsgeschäft; wohl aber die Aufnahme eines *stillen* Gesellschafters für die Handelsgesellschaft und für den Stillen, wenn er bereits Kaufmann ist und der Abschluß des Gesellschaftsvertrages zum Betrieb seines Handelsgewerbes gehört. Ein Handelsgeschäft liegt ferner vor, wenn eine bestehende *Handelsgesellschaft* ihrerseits mit anderen Personen oder Handelsgesellschaften eine OHG errichtet. *Verneint* man für den Abschluß des Gesellschaftsvertrages ein Handelsgeschäft, so hat dies für den Fall Bedeutung, daß der Vertrag eine *Schiedsklausel* enthält. Sie ist ohne die Form des § 1027 Abs. 1 HGB (Anm. 2) nur wirksam, wenn die Vertragschließenden bereits *Kaufleute* sind. Trifft das nicht zu, so muß eine Schiedsklausel *ausdrücklich* und *schriftlich* vereinbart und entweder in einer besonderen Urkunde enthalten oder, wenn sie sich auf demselben Blatt wie der Hauptvertrag befindet, von diesem eindeutig abgesetzt und besonders unterschrieben sein (BGHZ 38, 155/162/165; Zöllner DB 64, 795 ff; Lieb DB 67, 759/763; Landwehr JZ 67, 198/204f.).

4. Geschäfte privaten Charakters

Keine Handelsgeschäfte sind die Geschäfte eines Kaufmanns, die ersichtlich nichts mit dem Handelsgewerbe zu tun haben, sondern zu rein *privaten* Zwecken geschlossen werden. Dem steht nicht entgegen, daß der Kaufmann die Geschäfte in seinen Geschäftsräumen geschlossen hat. Hierher gehören z. B. der Abschluß von Lebensversicherungen zugunsten der Angehörigen (RGZ 14, 235); anders wenn sie zu Gunsten des Geschäfts geschlossen werden. Weiter Bürgschaften für Verwandte (ROHG 15, 388; vgl. aber RG Bolze 15 Nr. 216; 19 Nr. 319; Rehm ZHR 74, 247/249), Schenkungen von Todes wegen (RGZ 18, 39/49), Provisionsversprechen für die Vermittlung der Ehe des Kaufmanns (RG Bolze 18 Nr. 251) sowie Handlungen des Kaufmanns in seiner Eigenschaft als Testamentsvollstrecker. Keine Handelsgeschäfte sind Geschäfte, die der Kaufmann als Vorstandsmitglied einer fremden, d. h. mit dem eigenen Unternehmen nicht im Zusammenhang stehenden, AG (RGZ 96, 57) oder GmbH (OLG Hamburg JW 27, 1109) vornimmt. Gleiches gilt für Geschäfte, die ein persönlich haftender Gesellschafter einer OHG mit seiner Gesellschaft schließt (RGZ 118, 295/303), oder für eine Bürgschaft, die er zur Sicherung einer Gesellschaftsschuld selbst übernimmt (RG JW 13, 436; RGZ 139, 252). Der persönlich haftende Gesellschafter einer Personenhandelsgesellschaft ist nur insoweit Kaufmann, als er zusammen mit seinen Mitgesellschaftern ein Handelsgewerbe betreibt (BGH NJW 60, 1852; § 343 Anm. 8; § 344 Anm. 2; § 350 Anm. 14). Handelsgeschäfte können deshalb nur Geschäfte sein, die er namens der OHG oder KG vornimmt. Anders liegt es, wenn das Geschäft mit der Gesellschaft zum Betrieb eines anderen Handelsgewerbes gehört, das der persönlich haftende Gesellschafter allein betreibt. Keine Handelsgeschäfte sind schließlich Anschaffungen für den privaten Bedarf, Verträge mit dem Arzt oder der Säuglingsschwester. Schenkungen sind keinesfalls stets Privatgeschäfte, sondern nur dann, wenn sie mit dem Betrieb des Handelsgewerbes in keinem Zusammenhang stehen (Anm. 15). Kein Handelsgeschäft liegt ferner vor, wenn ein Unternehmen der öffentlichen Hand, das wegen des Betriebs eines Handelsgewerbes Kaufmannseigenschaft besitzt (Anm. 4), mit *hoheitlichen* Aufgaben betraut wird. – *Gerichtsstandsvereinbarungen* sowie zuständigkeitsbegründende Vereinbarungen über den Erfüllungsort können seit dem Inkrafttreten der Prorogationsnovelle (1. 4. 1974) nicht mehr von Nichtkaufleuten und Minderkaufleuten des § 4 HGB, sondern nur von *Vollkaufleuten* getroffen werden, von ihnen jedoch nicht nur für Handels-, sondern auch für *Privatgeschäfte* (§ 38 Abs. 1, § 29 Abs. 2 ZPO; s. dazu § 351 Anm. 5). Im privaten Bereich sollte jedoch der Vollkaufmann denselben Schutz haben wie der Nichtkaufmann (Raisch, Festschrift für Ballerstedt, 1975, S. 443/448).

20 Bei *Handelsgesellschaften* (§ 6), seien sie Kapital- oder Personengesellschaften, sind „Privatgeschäfte" begrifflich ausgeschlossen. Alle Handlungen, die sie durch ihre Organe mit Wirkung nach außen vornehmen, sind Handelsgeschäfte (BGH NJW 60, 1852 = LM Nr. 1 zu § 406 HGB; Ehrenberg Bd. II, I S. 94; Meyer-Landrut in Großkomm. z. AktG § 3 Anm. 4; a. M. M. Wolff in Berliner Festgabe für O. v. Gierke, 1910, Band 2, S. 135 Anm. 29). Dies gilt auch bei Spenden für wohltätige Zwecke, bei sozialen Einrichtungen für die Belegschaft usw. Eine Handelsgesellschaft hat keine „Privatsphäre"; sie existiert nur, um ein Handelsgewerbe zu betreiben.

21 Auch ein Gewerbetreibender, der zu Unrecht im Handelsregister eingetragen ist, sich jedoch nach § 5 als *Kaufmann* behandeln lassen muß (Anm. 5), schließt keineswegs nur Handelsgeschäfte ab. Er braucht solche Geschäfte nicht als Handelsgeschäfte gegen sich gelten lassen, die für die Gegenpartei erkennbar nichts mit seinem Gewerbe zu tun haben. Entsprechendes gilt für eine Person, die sich nach Rechtsscheingesichtspunkten als Kaufmann behandeln lassen muß (Anm. 6).

22 Ein Geschäft kann im Einzelfall zum Teil für Zwecke des *Handelsbetriebes*, zum Teil für *private* Zwecke abgeschlossen sein. Lassen sich der betriebszugehörige und der private Teil jedoch nicht genau trennen, so ist es als eine rechtliche Einheit zu behandeln. Die Vorschriften über Handelsgeschäfte finden dann auf das ganze Geschäft Anwendung; der betriebszugehörige Charakter des Geschäfts hat im Interesse einer einheitlichen Behandlung den Vorrang.

Die Feststellung, ob ein von einem Kaufmann vorgenommenes Geschäft zum Betriebe 23
seines Handelsgewerbes gehört, wird durch die *Vermutungen* des § 344 erleichtert.
Diese können allerdings widerlegt werden. Hierfür reicht es indessen nicht aus, daß der
Kaufmann nachweislich den Willen hatte, ein privates Geschäft zu schließen. Dieser
Wille muß vielmehr dem Geschäftsgegner bei Vornahme des Geschäfts auch *erkennbar*
gewesen sein (§ 344 Anm. 11). Daraus ergibt sich umgekehrt, daß die Anwendung der
Vorschriften über Handelsgeschäfte nicht davon abhängig ist, daß der Geschäftsgegner
des Kaufmanns die Zugehörigkeit des Geschäfts zum Betrieb des Handelsgewerbes
erkennen konnte. Auch im übrigen brauchen die persönlichen oder sachlichen Kriterien
eines Handelsgeschäfts nicht erkennbar gewesen zu sein (von Godin in RGR-Komm. z.
HGB Anm. 15; Ritter Anm. 6 d, dd; M. Wolff in Berliner Festgabe für O.v.Gierke, 1910,
Band 2, S. 156 f.).

5. Zeitliche Voraussetzungen

Da ein Handelsgeschäft nur vorliegen kann, wenn das Geschäft von einem *Kaufmann* 24
vorgenommen wird, kommt es darauf an, wann der Handelnde die Kaufmannseigenschaft erworben oder verloren und zu welchem Zeitpunkt er das Geschäft vorgenommen
hat. Fallen die Kaufmannseigenschaft und die Geschäftsvornahme zeitlich auseinander,
so greift § 343 Abs. 1 *nicht* ein.

Ein Gewerbetreibender, der ein Handelsgewerbe im Sinne des § 1 Abs. 2 HGB be- 25
treibt, erlangt die Kaufmannseigenschaft schon durch den tatsächlichen *Betriebsbeginn*.
Hierfür genügen schon reine *Vorbereitungsgeschäfte* (§ 2 Anm. 13; von Godin in RGR-
Komm. z. HGB). Gleiches gilt nach § 123 Abs. 2 für die OHG und KG, sofern sie ein
Grundhandelsgewerbe im Sinne des § 1 Abs. 2 betreiben. Zur *Betriebszugehörigkeit* von
Vorbereitungsgeschäften vgl. Anm. 17. – Gewerbetreibende, die ein Handelsgewerbe im
Sinne des § 2 oder § 3 Abs. 2 betreiben, werden erst durch *Eintragung* im Handelsregister Kaufleute. Gleiches gilt für die AG, KGaA und GmbH; ihre Kaufmannseigenschaft
entsteht notwendig mit der Eintragung im Handelsregister (§§ 3, 219 AktG; § 13 Abs. 2
GmbHG). *Eingetragene Genossenschaften* gelten ebenfalls als Kaufleute (§ 17 Abs. 2
GenG). Aber auch Geschäfte, die *vor* der Eintragung im Namen der künftigen Gesellschaft vorgenommen werden, können Handelsgeschäfte sein. Zwischen Gründung und
Eintragung besteht eine *Vorgesellschaft*. Betreibt diese ein Grundhandelsgewerbe nach
§ 1 Abs. 2, so ist sie wie eine OHG zu behandeln, wenn die Gründer die Eintragung nicht
beabsichtigen (BGHZ 22, 240) oder die geschaffene Rechtsform mißbrauchen (BGHZ
20, 281/287). In diesem Fall sind die Geschäfte der Vorgesellschaft Handelsgeschäfte,
soweit sie zum Betrieb ihres Handelsgewerbes gehören. Für die Geschäfte eines Versicherungsvereins auf Gegenseitigkeit gelten nach §§ 15, 16 VAG die Vorschriften des 3.
Buches des HGB nicht erst mit der Eintragung, sondern schon mit der Erlaubnis des
Bundesaufsichtsamts.

Kaufleute im Sinne des § 1 Abs. 2 *verlieren* die Kaufmannseigenschaft nicht erst durch 26
Löschung der Firma im Handelsregister, sondern schon durch *endgültige Aufgabe* des
Gewerbebetriebs sowie durch eine Veränderung des Betriebs, welche die Voraussetzungen des § 1 Abs. 2 beseitigt. Solange jedoch die Eintragung im Handelsregister und der
Geschäftsbetrieb fortdauern, greift § 5 ein. Bis zu diesem Zeitpunkt sind betriebszugehö-

§ 343 1. Abschn. *Drittes Buch. Handelsgeschäfte*

rige Geschäfte Handelsgeschäfte, später nur noch unter dem Gesichtspunkt des Verkehrsschutzes (§ 15; Anm. 5, 6). – Kaufleute nach §§ 2, 3 Abs. 2 verlieren jedenfalls mit der Löschung im Handelsregister die Kaufmannseigenschaft. Rechtshandlungen nach der Löschung sind keine Handelsgeschäfte mehr. Ebenso liegt es bei einer AG, KGaA oder GmbH, deren Firma im Handelsregister gelöscht wird (§ 273 AktG). Nach dem Ende der Abwicklung oder nach der Veräußerung des Unternehmens sind keine Handelsgeschäfte mehr möglich (RG Recht 27 Nr. 2011).

27 Nur wenn der Handelnde bei *Vornahme des Geschäfts* Kaufmann ist, kann auf seiner Seite ein Handelsgeschäft vorliegen. Vorgenommen ist ein Geschäft im Sinne des § 343 Abs. 1, wenn es rechtswirksam geworden ist. Das ist bei *Willenserklärungen* grundsätzlich erst mit ihrem Zugang der Fall. Analog § 130 Abs. 2 BGB genügt es, wenn der Erklärende noch im Augenblick der Abgabe der Willenserklärung Kaufmann war (M.Wolff in Berliner Festgabe für O.v.Gierke, 1910, Band 2, S. 153 Anm. 22; a. M. Düringer/Hachenburg/Werner Anm. 2). Weiter kann eine Willenserklärung auch dann ein Handelsgeschäft des Erklärenden sein, wenn er noch nicht bei der Abgabe, wohl aber beim Zugang die Kaufmannseigenschaft besitzt. Für den *Empfänger* der Willenserklärung kommt es darauf an, daß er im Zeitpunkt des Zugangs Kaufmann ist. Bei *Verträgen* und anderen *zusammengesetzten Rechtsgeschäften* ist es nicht nötig, daß die Kaufmannseigenschaft sowohl bei der Abgabe des Antrags als auch beim Empfang der Annahmeerklärung bzw. beim Empfang des Antrags und bei der Abgabe der Annahmeerklärung vorlag. Es genügt, daß dies bei einer dieser Handlungen der Fall war (M. Wolff a.a.O. S. 153; Ehrenberg Bd. II, 1 S. 84).

III. Handelsgeschäfte des § 343 Abs. 2

28 Nach § 343 Abs. 2 sind *Grundhandelsgeschäfte* des § 1 Abs. 2 auch dann Handelsgeschäfte, wenn sie von einem Kaufmann im Betriebe seines gewöhnlich auf *andere* Geschäfte gerichteten Handelsgewerbes geschlossen werden. Diese Vorschrift wird mit Recht überwiegend als überflüssig und irreführend angesehen (von Godin in RGR-Komm. z. HGB; Baumbach/Duden Anm. 1 D; J.v. Gierke. S. 454; Ritter Anm. 12; Düringer/Hachenburg/Werner Anm. 4; Rehm ZHR 74, 248ff.; a.M. 3. Auflage Anm. 11, 12; Koenige/Teichmann/Koehler Anm. 5). Wie sich aus der Denkschrift zum Entwurf eines HGB S. 185 ergibt, wurde § 343 Abs. 2 „zur Vermeidung von Zweifeln" über die Auslegung des § 343 Abs. 1 beibehalten, obwohl schon der entsprechende Art. 272 Abs. 2 ADHGB als überflüssig erkannt worden war. Der Gesetzgeber wollte zumindest für die in § 1 Abs. 2 aufgezählten Grundhandelsgeschäfte sicherstellen, daß sie nicht nur dann als Handelsgeschäfte behandelt werden, wenn sie die typischen Geschäfte des betreffenden Handelsgewerbes bildeten. Auch wenn sie nur als Neben- und Hilfsgeschäfte abgeschlossen werden, sollen sie Handelsgeschäfte sein. Die Vorsorge des Gesetzgebers hat sich durch die sachgerechte Auslegung des § 343 Abs. 1 als unnötig erwiesen. Hilfs- und Nebengeschäfte gehören in jedem Fall zum Betrieb des Handelsgewerbes (Anm. 15). § 343 Abs. 2 ist dadurch überflüssig geworden.

29 Keinesfalls will § 343 Abs. 2 zum Ausdruck bringen, daß die Grundhandelsgeschäfte des § 1 Abs. 2 auch dann Handelsgeschäfte sind, wenn sie nicht zum Handelsgewerbe,

Erster Abschnitt. Allgemeine Vorschriften 1. Abschn. § 344

sondern zum *privaten* Lebensbereich des Kaufmanns gehören. Dann könnte dieser z. B. keine Waren oder Wertpapiere für den privaten Bedarf anschaffen, ohne den Vorschriften über Handelsgeschäfte zu unterliegen. Daß diese Annahme unrichtig ist, ergibt sich eindeutig aus § 344. Danach kann die Vermutung, daß ein Handelsgeschäft vorliegt, auch bei den Grundhandelsgeschäften des § 1 Abs. 2 widerlegt werden (ebenso J. v. Gierke S. 454).

344 Die von einem Kaufmanne vorgenommenen Rechtsgeschäfte gelten im Zweifel als zum Betriebe seines Handelsgewerbes gehörig.
Die von einem Kaufmanne gezeichneten Schuldscheine gelten als im Betriebe seines Handelsgewerbes gezeichnet, sofern nicht aus der Urkunde sich das Gegenteil ergibt.

Inhalt

	Anm.		Anm.
I. Bedeutung der Vorschrift	1–5	III. Vermutung des § 344 Abs. 2	13–18
1. Vermutungen	1	1. Schuldscheine eines Kaufmanns	13–15
2. Kaufmannseigenschaft	2–5	2. Widerlegung der Vermutung	16–18
II. Vermutung des § 344 Abs. 1	6–12	IV. Wirkungen	19
1. Geschäftsbegriff	6–7	V. Geltungsbereich	20
2. Widerlegung der Vermutung	8–12	VI. Steuerrechtliche Behandlung kaufmännischer Schuldscheine	21

I. Bedeutung der Vorschrift

1. Vermutungen

§ 344 ist eine *Ergänzungsvorschrift* zu § 343. Sie soll die Anwendung dieser Vorschrift erleichtern. Dieses Ziel wird durch zwei widerlegbare Tatsachenvermutungen erreicht. Sie beziehen sich beide auf die Betriebszugehörigkeit der von einem Kaufmann vorgenommenen Rechtsgeschäfte oder der von ihm gekennzeichneten Schuldscheine. Durch die Vermutungen soll der Nachweis erleichtert werden, ob das in § 343 Abs. 1 vorausgesetzte *sachliche* Merkmal der Betriebsangehörigkeit (§ 343 Anm. 13 bis 23) vorliegt. Der Beweis des Gegenteils bleibt jedoch möglich; doch gilt bei Schuldscheinen die Besonderheit, daß der Beweis nur auf Umstände gestützt werden kann, die sich aus dem Schuldschein selbst ergeben (§ 344 Abs. 2). Dagegen beziehen sich die Vermutungen des § 344 nicht auf das *persönliche* Merkmal der Handelsgeschäfte nach § 343 Abs. 1. Die Vermutungen setzen voraus, daß es sich um Geschäfte oder Schuldscheine *eines Kaufmanns* handelt. Fehlt es an der Kaufmannseigenschaft, so kann § 344 *nicht* angewendet werden. **1**

2. Kaufmannseigenschaft

§ 344 gilt nur für die Geschäfte eines *Kaufmanns* (§ 343 Anm. 4ff., 25f.). Es besteht keine Vermutung dafür, daß derjenige, der das Geschäft vorgenommen hat, Kaufmann ist. Daher muß vor einer Anwendung des § 344 festgestellt werden, ob überhaupt ein Kaufmann gehandelt hat. *Willensorgane* einer Kapitalgesellschaft sind selbst keine **2**

§ 344 1. Abschn.   *Drittes Buch. Handelsgeschäfte*

Kaufleute; nur die Handelsgesellschaften, für die sie handeln, besitzen Kaufmannseigenschaft (§ 6). Schließt ein Vorstandsmitglied einer AG oder der Geschäftsführer einer GmbH ein Geschäft ab, so muß zunächst festgestellt werden, ob sie als Organ für die AG oder GmbH gehandelt haben. Ob das Vorstandsmitglied (RG Warn 30 Nr. 206) oder der Geschäftsführer (RG JW 32, 50; OLG Hamburg JW 27, 1109) für die Gesellschaft oder für sich selbst gehandelt hat, ergibt sich nicht aus § 344. Die Gesellschafter einer OHG und die persönlich haftenden Gesellschafter einer KG sind zwar für ihre Person Kaufleute (§ 105 Anm. 29), jedoch nur in ihrer Eigenschaft als Gesellschafter, (§ 343 Anm. 8). Für die Frage, ob ein Gesellschafter-Kaufmann ein Geschäft für die Handelsgesellschaft (OHG, KG) geschlossen hat, ergibt sich aus § 344 ebensowenig, wie bei Geschäften, die von Organen einer Kapitalgesellschaft geschlossen werden. Ob ein Gesellschafter für sich oder als Organ der Gesellschaft gehandelt hat, entscheidet sich allein nach § 164 Abs. 1 Satz 2, Abs. 2 BGB (BGH NJW 60, 1852; RGZ 119, 67; ROHG 13, 288; 16, 380; 18, 226; von Godin in RGR-Komm. z. HGB Anm. 1; Heymann/Kötter HGB Anm. 1; Düringer/Hachenburg/Werner Anm. 1). Hat aber der Gesellschafter das Geschäft für die Handelsgesellschaft geschlossen, so liegt auch ein *Handelsgeschäft* vor, da eine Handelsgesellschaft nicht wie der Einzelkaufmann eine private Rechtssphäre besitzt (BGH aaO; Ehrenberg Bd. II, 1 S. 94). Die Vermutung des § 344 ist für die Geschäfte einer Handelsgesellschaft gegenstandslos (Anm. 5). Es spricht weder eine rechtliche noch eine tatsächliche Vermutung dafür, daß persönlich haftende Gesellschafter für die Gesellschaft handeln (a. M. Ritter Anm. 3). Das gilt selbst dann, wenn die Firma der Gesellschaft und der bürgerliche Name des Gesellschafters, von dem das Geschäft abgeschlossen wird, übereinstimmen (RGZ 17, 75; OLG Hamburg HansGZ 1915 Hauptblatt S. 103). § 344 hilft nicht weiter, wenn im Einzelfall zweifelhaft ist, ob ein Gesellschafter ein Geschäft für sich selbst oder als Willensorgan seiner Gesellschaft abgeschlossen hat.

3   Betreibt ein Kaufmann *mehrere* Handelsgewerbe, so läßt sich dem § 344 nicht entnehmen, auf welches Handelsgewerbe sich ein von ihm abgeschlossenes Geschäft bezieht (von Godin in RGR Komm. z. HGB Anm. 1; Heymann/Kötter HGB Anm. 1). Es ist daher in einem solchen Fall nach §§ 133, 157 BGB zu prüfen, zu welchem der beiden Handelsgewerbe das streitige Geschäft gehört. Betreibt eine Person zugleich ein *kaufmännisches* und ein *nicht kaufmännisches* Unternehmen, z. B. ein land-oder forstwirtschaftliches, so ist die Vermutung des § 344 anwendbar (von Godin in RGR Komm. z. HGB Anm. 1; Heymann/Kötter HGB Anm. 1; Ritter Anm. 2; a. M. Düringer/Hachenburg/Werner Anm. 1. Doch gilt dies nicht, wenn ein Nebengewerbe des § 3 Abs. 2 vorliegt (RG JW 30, 829) oder das einzelne Geschäft schon seiner Natur nach in den Bereich der Land- oder Forstwirtschaft fällt (Anm. 12).

4   § 344 gilt auch für oder gegen einen Gewerbetreibenden, der nach § 5 als Kaufmann gilt (RGZ 70, 30; OLG Hamburg JW 27, 1109; vgl. § 343 Anm. 5). Weiter gilt § 344 zwar nicht für, wohl aber gegen Personen, die nach § 15 Abs. 1 oder nach Rechtsscheingesichtspunkten nicht geltend machen können, daß sie keine Kaufleute sind (RGZ 65, 414; von Godin in RGR Komm. z. HGB Anm. 1). Der Kaufmannsbegriff in § 344 ist derselbe wie in § 343. Besonderheiten ergeben sich allein bei der Führung des Beweises des Gegenteils. Bei einem Kaufmann kraft Eintragung (§ 5) muß bewiesen werden, daß das Geschäft ersichtlich nicht zu dem von ihm betriebenen Gewerbe gehört. Greifen

dagegen § 15 Abs. 1 oder Rechtsscheingesichtspunkte ein, so muß nachgewiesen werden, daß das Geschäft auch dann erkennbar kein Handelsgeschäft sein würde, wenn die Person Kaufmann wäre (§ 343 Anm. 21).

Keine Bedeutung haben die Vermutungen des § 344 für die Geschäfte von *Handelsge-* 5 *sellschaften* (§ 6). Deren Geschäfte sind stets Handelsgeschäfte, da sie außerhalb ihrer selbst keine Privatsphäre haben (Anm. 2; BGH NJW 60, 1852; Düringer-Hachenburg-Werner Anm. 1; Ehrenberg Bd. II, 1 S. 93; Baumbach-Duden Anm. 2 A; vgl. auch § 343 Anm. 20). Die Bedeutung der Vermutung des § 344 beschränkt sich daher im wesentlichen auf *Einzelkaufleute,* ferner auf Unternehmen des Bundes, eines Landes oder eines inländischen Kommunalverbandes (§ 36), die ein Handelsgewerbe betreiben, sowie auf juristische Personen des § 33, die keine Handelsgesellschaften sind (Heymann-Kötter HGB Anm. 1).

II. Vermutung des § 344 Abs. 1

1. Geschäftsbegriff

Nach § 344 Abs. 1 gelten nur die von einem Kaufmann vorgenommenen *Rechtsge-* 6 *schäfte* im Zweifel als zum Betrieb seines Handelsgewerbes gehörend. Die Wortfassung des Abs. 1 könnte die Annahme rechtfertigen, nur bei Rechtsgeschäften eines Kaufmanns sei die Zugehörigkeit zu seinem Handelsgewerbe zu vermuten (so 3. Auflage Anm. 5). Mit Recht bezieht indessen die herrschende Meinung den § 344 Abs. 1 auf *alle Geschäfte* des § 343 (dort Anm. 11, 12; von Godin in RGR-Komm. z. HGB Anm. 2; Baumbach/Duden Anm. 2B). Der Geschäftsbegriff des § 343 besitzt daher vorgreifliche Bedeutung für § 344 (Heymann/Kötter HGB Anm. 2), der der Gleichsetzung jedoch nur bei engerer Auslegung des Geschäftsbegriffes des § 343 zustimmt; s. dort Anm. 11). Für die *weite* Auslegung spricht, daß kein Grund ersichtlich ist, warum nur bei Rechtsgeschäften, die ein Kaufmann vornimmt, ein Handelsgeschäft vermutet werden sollte. Gleiches muß vielmehr auch bei Willenserklärungen gelten, die keine Rechtsgeschäfte sind, ferner bei bloßen Willensmitteilungen und Willensäußerungen sowie allen anderen rechtserheblichen Handlungen, Duldungen oder Unterlassungen. Reine Tathandlungen (Realakte) können für ein kaufmännisches Gewerbe sogar kennzeichnend sein (§ 1 Abs. 2 Ziff. 1).

Der Begriff „Rechtsgeschäft" in § 344 Abs. 1 umfaßt hiernach alle Geschäfte im Sinne 7 des § 343 Abs. 1 (dort Anm. 10, 11). Die Vermutung gilt nicht nur für die *typischen* Handelsgeschäfte. Sie sind ohnehin grundsätzlich Handelsgeschäfte, so daß es der Vermutung des § 344 Abs. 1 überhaupt nicht bedarf. Die Vermutung hat deshalb vor allem Bedeutung für die *Hilfs- und Nebengeschäfte* sowie für *ungewöhnliche* Geschäfte eines Kaufmanns. Bei Geschäften, die offenkundig mit dem Handelsgewerbe nichts zu tun haben, ist die Vermutung des § 344 Abs. 1 widerlegt; eines Beweises des Gegenteils bedarf es nicht.

2. Widerlegung der Vermutung

Da nach § 344 Abs. 1 die von einem Kaufmann vorgenommenen Geschäfte nur *im* 8 *Zweifel* als zum Betrieb seines Handelsgewerbes gehörend gelten, kann die Vermutung

§ 344 1. Abschn.   *Drittes Buch. Handelsgeschäfte*

widerlegt werden. Ob ein Geschäft zum Betrieb eines Handelsgewerbes gehört, beurteilt sich nach *objektiven* Gesichtspunkten (§ 343 Anm. 14). Sind die Parteien sich darüber einig, daß das Geschäft nicht zum Betrieb des Handelsgewerbes gehört, so liegt darin ein Indiz gegen die Betriebszugehörigkeit des Geschäfts. Weiter kann die Vereinbarung den Sinn haben, daß trotz Betriebszugehörigkeit eine Anwendung der Vorschriften über Handelsgeschäfte im Einzelfall ausgeschlossen sein soll.

9 Bei der Frage, ob der *Beweis des Gegenteils* als geführt angesehen werden kann, ist von dem auszugehen, was bei § 343 (Anm. 14–23) über die Zugehörigkeit eines Geschäfts zum Betrieb eines Handelsgewerbes ausgeführt worden ist. Dort ist gesagt, daß der Zusammenhang des Geschäfts mit dem Betrieb des Handelsgewerbes ein entfernter, lockerer sein kann (BGHZ 63/32/35; BGH NJW 60, 1853). Für die Feststellung eines Handelsgeschäfts kann eine *mittelbare* Beziehung des Geschäfts zu dem betreffenden Handelsgewerbe genügen. Daraus ergibt sich, daß der Nachweis, das fragliche Geschäft habe keinen unmittelbaren Zusammenhang mit dem Handelsgewerbe des betreffenden Kaufmanns, nicht ausreicht, um die Vermutung des § 344 Abs. 1 zu entkräften. Unerheblich sind insbesondere Behauptungen folgender Art: das Handelsgewerbe sei auf ganz andere Geschäfte gerichtet; es handele sich um ein bloßes Hilfs-, Neben- oder Gelegenheitsgeschäft (RGZ 130, 235; Warn 29 Nr. 38; § 343 Anm. 16); das Geschäft habe nur der Vorbereitung oder der Abwicklung des Handelsgewerbes gedient (§ 343 Anm. 17); ein Entgelt sei nicht genommen worden (§ 343 Anm. 16). Widerlegt wird die Vermutung des § 344 Abs. 1 erst durch den Nachweis, daß das Geschäft ersichtlich *privater* Natur oder Ausdruck der *hoheitlichen* oder nur schlicht verwaltenden Tätigkeit des Staates oder anderer Körperschaften des öffentlichen Rechts ist (Anm. 11, 12; § 343 Anm. 23).

10 Die Vermutung des § 344 Abs. 1 greift ein, wenn nachgewiesen wird, daß ein *Geschäft* vorliegt, das von einem *Kaufmann* vorgenommen wurde. Eines weiteren Beweises der Zugehörigkeit des Geschäfts zum Betriebe des Handelsgewerbes bedarf es nicht. Vielmehr hat der Gegner den *Beweis des Gegenteils* zu erbringen. Hierfür genügt es nicht, daß lediglich Zweifel des Gerichts an der Betriebszugehörigkeit des Geschäfts erweckt werden. Es muß der volle Nachweis erbracht werden, daß kein Handelsgeschäft vorliegt.

11 Da sich die Zugehörigkeit eines Geschäfts zum Betriebe eines Handelsgewerbes allein nach *objektiven* Kriterien bestimmt (§ 343 Anm. 14), könnte zur Widerlegung der Vermutung bereits der Nachweis ausreichen, daß das Geschäft objektiv in keinem Zusammenhang mit dem Handelsgewerbe steht. Der das Handelsrecht beherrschende Gedanke des *Verkehrsschutzes* erfordert jedoch, daß auch der Gegenpartei des Kaufmanns bei der Vornahme des Geschäfts *erkennbar* war, daß das Geschäft nicht zum Betriebe des Handelsgewerbes gehört (BGH WM 76, 424; Ratz in RGR-Komm. z. HGB Anm. 4; J.v.Gierke S. 454; Ehrenberg Bd. II, 1 S. 91; a.M. Ritter Anm. 2). Wer als Kaufmann im Handelsverkehr Geschäfte abschließt und nicht zu erkennen gibt, daß das Geschäft entgegen der Vermutung des § 344 Abs. 1 seinen privaten Lebensbereich betrifft, muß sich gegenüber gutgläubigen Geschäftsgegnern so behandeln lassen, als gehöre das Geschäft zum Betriebe seines Handelsgewerbes. Vertrauensschutz ist gerechtfertigt, sofern nur der Geschäftsgegner annehmen muß, daß er mit einem *Kaufmann* Geschäfte schließt. Die Beweiserschwerung gilt im übrigen nur *zu Ungunsten* des

Kaufmanns. Beruft er sich selbst auf das Vorliegen eines Handelsgeschäfts, so kann er gegenüber dem Nachweis des Geschäftsgegners, daß es sich um ein Privatgeschäft handele, nicht geltend machen, das habe dieser nicht erkennen können (ebenso Wieland S. 67).

Die Vermutung des § 344 Abs. 1 ist demnach gewöhnlich erst widerlegt, wenn der **12** Kaufmann nachweist, daß der Geschäftsgegner sein Handeln zu *privaten* oder *hoheitlichen* Zwecken erkennen konnte. Dies gilt auch dann, wenn das Geschäft für das betreffende Handelsgewerbe *ungewöhnlich* ist. Es kommt allein darauf an, daß das Geschäft seiner Natur nach nicht ungeeignet ist, dem Betriebe eines Handelsgewerbes zu dienen (§ 343 Anm. 13 ff.). Der Beweis des Gegenteils kann mit allen zulässigen Beweismitteln geführt werden. Ob er erbracht ist, würdigt das Gericht frei (§ 286 ZPO). Der Umstand, daß der Kaufmann gegenüber der Gegenpartei nicht unter seiner Firma, sondern unter seinem *bürgerlichen Namen* aufgetreten ist, reicht in aller Regel nicht als Beweis des Gegenteils aus (RGZ 59, 213; SeuffA 84 Nr. 113; OLG Nürnberg BB 61, 1179; Düringer/Hachenburg/Werner Anm. 3). Dagegen ist ein Beweis des Gegenteils nicht erforderlich, wenn nach der Sachlage die Nichtzugehörigkeit des Geschäfts zum Betriebe des Handelsgewerbes *für jedermann offensichtlich* war (BGHZ 63, 32/33; RGZ 28, 315; Warn 29 Nr. 38; JW 01, 261; 02, 188; von Godin in RGR-Komm. z. HGB Anm. 3; s. auch § 291 ZPO). So beziehen sich familien- und erbrechtliche Geschäfte eines Kaufmanns meist offensichtlich auf seinen privaten Lebensbereich. Das schließt nicht aus, daß ein Erbschaftskauf Handelsgeschäft sein kann. § 344 Abs. 1 gilt ferner nicht, wenn ein Kaufmann für sich und seine Angehörigen *ärztliche* Leistungen in Anspruch nimmt. Ob Anschaffungen für den *Privatbedarf* des Kaufmanns offensichtlich keine Handelsgeschäfte sind, ist *Tatfrage*. Bei Mieten einer Säuglingswaage wird dies zu bejahen sein. Entstehen aber für den Geschäftsgegner nach dieser Richtung hin irgendwelche Zweifel, so muß der Kaufmann die Vermutung des § 344 Abs. 1 gegen sich gelten lassen, so z. B., wenn er private Ausgaben „über sein Geschäft laufen läßt".

III. Vermutung des § 344 Abs. 2

1. Schuldscheine eines Kaufmanns

Nach § 344 Abs. 2 gelten die von einem Kaufmann gezeichneten *Schuldscheine* als im **13** Betrieb seines Handelsgewerbes gezeichnet, sofern sich nicht aus der Urkunde das Gegenteil ergibt. Was unter dem Wort „Schuldscheine" zu verstehen ist, sagt das Gesetz hier ebensowenig wie im BGB, das in den §§ 371, 952 Abs. 1 den Begriff des Schuldscheins voraussetzt. Die Rechtsprechung (RGZ 116, 173; 120, 89) versteht unter einem Schuldschein eine vom Schuldner zum Zwecke des *Beweises* für das Bestehen einer Schuld ausgestellte Urkunde, und zwar eine nicht nur die Schuldverpflichtung *begründende,* sondern auch *bestätigende.* Für das Gesetz über die Ablösung öffentlicher Anleihen vom 16. Juli 1925 (RGBl I, 137, 348) war das weitere Erfordernis von der Rechtsprechung aufgestellt worden, daß der Schuldschein geeignet sein müsse, für sich allein den wesentlichen Inhalt der Schuldverpflichtung zu beweisen (RGZ 117, 60; 120, 89; 127, 171). Dieses Erfordernis der Einheit des Schuldscheins gilt jedoch für das Bürgerliche Recht und das Handelsrecht nicht (RGZ 131, 1/6; von Godin in RGR-Komm. z.

§ 344 1. Abschn. *Drittes Buch. Handelsgeschäfte*

HGB Anm. 9; a. M. RGZ 127, 171; 128, 89; Düringer/Hachenburg/Werner Anm. 2). Für die Anwendung des § 344 Abs. 2 genügt es, daß die Urkunde im allgemeinen eine Verpflichtung des Schuldners begründet oder bestätigt, mögen daneben für die Verpflichtungen im einzelnen auch noch andere Beweise, z. B. eine zweite Urkunde, heranzuziehen sein.

14 Die Schuldscheine werden in der Regel auf *Geld* lauten. Unter § 344 Abs. 2 fallen aber auch Schuldscheine über vertretbare und nicht vertretbare Sachen. Unerheblich ist, ob die im Schuldschein verbriefte Verpflichtung wirksam ist, ob der Rechtsgrund der Verpflichtung genannt ist (RG JW 01, 576; ROHG 12, 110; a. M. ROHG 20, 402), und ob der Schuldschein die Schuld begründet oder nur rechtsbezeugende Wirkung hat (M. Wolff ZHR 47, 248f.). Ist im Schuldschein auch die dem Schuldner vom Gläubiger versprochene *Gegenleistung* genannt, so gilt die Vermutung des § 344 Abs. 2 nur für die Schuld des Kaufmanns, der den Schuldschein gezeichnet hat; für die Gegenleistung gilt § 344 Abs. 1 (Düringer/Hachenburg/Werner Anm. 5). Im einzelnen gehören hierher Wechsel (RGZ 56, 198; ROHG 4, 53; 9, 174), Verpflichtungsscheine (RGZ 77, 56), Konnossemente, Lagerscheine, Schlußscheine, Anstellungsbriefe, Darlehensscheine, Hinterlegungsscheine, Bürgschaftsurkunden (RG JW 06, 87; ROHG 20, 204). Quittungen, die nur den Empfang einer Leistung bestätigen, sind keine Schuldscheine im Sinne des § 344 Abs. 2. Die Vermutung greift erst ein, wenn die Urkunde auch eine Verpflichtung zur Rückgabe des Empfangenen zum Ausdruck bringt. Es wird z. B. der Empfang einer Geldsumme „darlehenshalber" quittiert (von Godin in RGR Komm. z. HGB Anm. 11; Düringer/Hachenburg/Werner Anm. 2; Ehrenberg Bd. II, 1 S. 94; Ritter Anm. 4; vgl. auch RG JW 30, 624).

15 Schuldscheine dieser Art müssen, damit die Vermutung des § 344 Abs. 2 ausgelöst wird, *von einem Kaufmann gezeichnet* sein. Die Kaufmannseigenschaft muß bei der *Zeichnung* der Urkunde vorliegen. Auf den Zeitpunkt der Entstehung der Schuld kommt es nicht an, ebenso nicht auf den Zeitpunkt der Aushändigung der Urkunde, selbst wenn die Verpflichtung erst dadurch begründet wird (a. M. Ritter Anm. 4). Die Erfordernisse der Zeichnung richten sich nach § 126 BGB. Danach muß die Urkunde von dem Aussteller eigenhändig durch Namensunterschrift oder mittels gerichtlich oder notariell beglaubigter Handzeichnung unterzeichnet werden. Die Regel wird für Urkunden der hier fraglichen Art die Unterzeichnung mit der Firma sein. Wird mit dem bürgerlichen Namen unterzeichnet, so ist damit weder die Gültigkeit der Urkunde in Frage gestellt, noch ein Beweis dafür erbracht, daß die Urkunde nicht im Betrieb des Handelsgewerbes gezeichnet sei (Anm. 17). In den Fällen, in denen eine schriftliche Unterzeichnung nicht nötig ist, greift die Vermutung des § 344 Abs. 2 auch ohne Wahrung der Erfordernisse des § 126 BGB ein (Ritter Anm. 4; Düringer/Hachenburg/Werner Anm. 3; Ehrenberg Bd.II, 1 S. 95). Das gilt z.B., wenn eine im Wege der mechanischen Vervielfältigung hergestellte Namensunterschrift genügt (§ 793 Abs. 2 BGB, § 13 AktG, § 3 Abs. 1 VVG). Bei einfachen Schuldscheinen und Bürgschaftsurkunden eines Vollkaufmanns genügt die Unterstempelung, wenn sie unzweifelhaft von dem Kaufmann herrührt. Fehlt dagegen jede abschließende Zeichnung des Schuldscheins mit dem Namen oder der Firma des Kaufmanns, so findet § 344 Abs. 2 auch dann keine Anwendung, wenn unzweifelhaft ist, daß er die Urkunde ausgestellt hat. Wie überall, so kann auch hier der Kaufmann durch Vertreter, z. B. Prokuristen, Handlungsbevollmächtigte, handeln. Die

Erster Abschnitt. Allgemeine Vorschriften 1. Abschn. § 344

von solchen Hilfspersonen im Rahmen ihrer Vertretungsmacht gezeichneten Schuldscheine sind von dem Kaufmann gezeichnete Schuldscheine. Hat ein Vertreter ohne Vertretungsmacht den Schuldschein gezeichnet, so gilt § 344 Abs. 2, wenn der Kaufmann die Zeichnung genehmigt.

2. Widerlegung der Vermutung

Die für die von einem Kaufmann gezeichneten Schuldscheine nach § 344 Abs. 2 **16** vermutete Betriebszugehörigkeit gilt abweichend von § 344 Abs. 1 nicht im Zweifel, sondern *soweit sich nicht aus der Urkunde das Gegenteil ergibt.* Dadurch wird die für Schuldscheine eines Kaufmanns geltende Vermutung erheblich verstärkt. Ergibt sich aus der Urkunde über die Art der Schuld nichts, ist z. B. lediglich von 1000 DM die Rede, ohne daß der Schuldgrund erwähnt ist, so kann die Vermutung des § 344 Abs. 2 nicht widerlegt werden. Die Folge ist, daß die in der Urkunde erwähnte Verbindlichkeit als zum Betriebe des Handelsgewerbes gehörend angesehen werden muß. Die Bedeutung des § 344 Abs. 2 liegt in der *Erschwerung des Beweises des Gegenteils.* Um eine Fiktion oder eine unwiderlegliche Vermutung handelt es sich nicht (Düringer/Hachenburg/Werner Anm. 5; a. M. Staub/Koenige Anm. 12; M. Wolff ZHR 47, 252). Daß sich aus dem Schuldschein selbst nicht das Gegenteil ergibt, hat deshalb nicht derjenige zu beweisen, der sich auf § 344 Abs. 2 beruft; der Gegener muß die Vermutung widerlegen.

Im allgemeinen wird sich der Beweis des Gegenteils nur führen lassen, wenn der **17** Schuldgrund in der Urkunde angegeben ist, und dieser Schuldgrund keine Beziehung zu dem Handelsgewerbe des Kaufmanns, der den Schuldschein gezeichnet hat, aufweist. Daß der Schuldschein auf ein Geschäft hinweist, das im Rahmen des von dem Kaufmann betriebenen Handelsgewerbes ungewöhnlich wäre, genügt ebensowenig wie bei § 344 Abs. 1 (Anm. 9). Deutet der Inhalt des Schuldscheins mit Sicherheit auf ein *Privatgeschäft,* so wird dies meist zur Widerlegung der Vermutung genügen. Daß der Kaufmann auch Privatschulden in Geschäftsschulden umwandeln kann (RGZ 56, 196), steht nicht entgegen, solange keine Anhaltspunkte für einen solchen Ausnahmefall vorliegen (Düringer-Hachenburg-Werner Anm. 6). Ein Hinweis auf den *Schuldgrund* genügt nur dann zum Beweis des Gegenteils, wenn sich aus ihm allein oder in Verbindung mit dem sonstigen Urkundeninhalt das Vorliegen eines Privatgeschäfts ergibt. Das ist z. B. nicht der Fall, wenn ein Schuldschein nur die Angabe enthält: „Schulde für ein Klavier DM 10.000,- Mayer". Daß der zeichnende Kaufmann Weinhändler ist, darf zur Widerlegung der Vermutung nicht herangezogen werden, wenn es nicht aus dem Schuldschein selbst hervorgeht, z. B. aus der Firma. – Ein *Wechsel,* der Angaben über das Grundgeschäft enthält, ist nichtig (BGHZ 30, 315; RG JW 35, 1778; Baumbach-Hefermehl WG Art. 1 Anm. 4). Eine solche Bezugnahme ist mit der abstrakten Natur des Wechsels und dem Erfordernis der unbedingten Zahlungsanweisung unvereinbar. Trotz seiner Nichtigkeit ist jedoch der Wechsel als Schuldschein im Sinne des § 344 Abs. 2 anzusehen. Ergibt sich daher aus dem wechselrechtlich unzulässigen Hinweis auf das Grundgeschäft eindeutig, daß es nicht zum Betriebe des Handelsgewerbes eines Kaufmanns gehört, so ist der Beweis des Gegenteils geführt. Die Forderung aus dem Grundgeschäft und, falls der nichtige Wechsel in ein abstraktes Schuldversprechen umgedeutet werden kann (§ 140 BGB), aus dem Wechsel unterliegt nicht den Vorschriften über Handelsgeschäfte.

Die Art der Zeichnung des Schuldscheins, insbesondere die Unterzeichnung mit dem bürgerlichen Namen, kann für sich allein die Vermutung nicht entkräften (vgl. RGZ 59, 214; OLG Nürnberg BB 61, 1179; von Godin in RGR-Komm. z. HGB Anm. 2; a. M. M. Wolff ZHR 47, 250; Heymann/Kötter Anm. 3 a. E.). Anders liegt es, wenn in dem Schuldschein weitere Anhaltspunkte für den privaten Charakter enthalten sind, z. B. gleichzeitige Unterzeichnung durch die am Unternehmen nicht beteiligte Ehefrau des Kaufmanns oder ein Hinweis auf die Sicherungsübertragung von nicht geschäftsgebundenem Vermögen (OLG Nürnberg BB 61, 1179; Baumbach/Duden Anm. 2D). Da der Beweis des Gegenteils nur mit dem Inhalt der Urkunde geführt werden kann, kommt es, anders als in § 344 Abs. 1, nicht darauf an, ob der Geschäftsgegner des Kaufmanns die Nichtzugehörigkeit des Geschäfts zum Betrieb des Handelsgewerbes erkennen konnte. Das gilt auch bei Weitergabe des Schuldscheins an einen Dritten. Die Zeichnung mit der *Firma* spricht für eine Geschäftsverbindlichkeit (RGZ 56, 197), ebenso die Ausstellung des Schuldscheins auf einem Geschäftsbogen (OLG Nürnberg BB 61, 1179).

18 Die Vermutung des § 344 Abs. 2 beschränkt sich nicht auf den Schuldschein, sondern erstreckt sich auch auf die *verbriefte Schuld*. Deshalb kann auch die Betriebszugehörigkeit der Schuld nur mit dem *Inhalt* des Schuldscheins widerlegt werden. Ein sonstiger Nachweis, daß die verbriefte Schuld keine Beziehung zu dem Gewerbebetrieb des Kaufmanns habe, genügt nicht; denn ein Kaufmann kann auch Privatschulden auf sein Geschäft nehmen, was häufig durch Ausstellung eines Schuldscheins geschieht (RGZ 56, 196; OLG Nürnberg BB 61, 1179). Waren sich die Parteien allerdings bei der Ausstellung des Schuldscheins darüber einig, daß eine private Schuld vorliegt und daß sie auch durch Zeichnung des Schuldscheins nicht als Geschäftsschuld gelten sollte, so kann die Berufung auf die Vermutung des § 344 Abs. 2 unter dem Gesichtspunkt *unzulässiger Rechtsausübung* (§ 242 BGB) unbeachtlich sein (RGZ 56, 198; von Godin in RGR-Komm. z. HGB Anm. 14; M. Wolff ZHR 47, 252; a. M. Ritter Anm. 7). Die Berufung eines Dritten, der den Schuldschein erworben hat, auf die Vermutung des § 344 Abs. 2 ist aber nur dann unzulässig, wenn er die private Natur des Geschäfts und des Schuldscheins beim Erwerb gekannt hat (RGZ 56, 198). Bei einem *Wechsel* oder Scheck bestimmt sich die Zulässigkeit der Geltendmachung von Einreden gegenüber Dritten nach Art. 17 WG, Art. 21 SchG.

IV. Wirkungen

19 Beide *Vermutungen* wirken für und gegen den *Kaufmann*. Der Kaufmann kann sich Dritten gegenüber auf die Vermutung des § 344 berufen, Dritte können auf Grund der Vermutungen gegen den Kaufmann vorgehen. Etwas anderes gilt für Personen, die sich nach Rechtsscheingrundsätzen gegenüber gutgläubigen Geschäftspartnern als *Kaufleute* behandeln lassen müssen; sie können sich nicht zu ihren Gunsten auf die Vermutung des § 344 berufen. An die Widerlegung der Vermutung des § 344 Abs. 1 werden schärfere Anforderungen gestellt, wenn sich der Kaufmann auf das Nichtvorliegen eines Handelsgeschäfts beruft (Anm. 11). Die Partei, zu deren Gunsten die Vermutung des § 344 eingreift, hat nur deren Voraussetzungen darzulegen und notfalls zu beweisen. Für den Inhalt der Vermutungen ist sie nicht beweispflichtig (Anm. 10). Dem Gegner obliegt der Beweis des Gegenteils.

V. Geltungsbereich

Die *Vermutungen* sind nicht nur im Bereich des 3. Buches des HGB, sondern auch auf **20** *anderen Gebieten* von Bedeutung (M. Wolff ZHR 47, 255 ff.). Sie gelten im Rahmen der §§ 25 bis 28 für das Verhältnis des Gläubigers des bisherigen Inhabers zum neuen Erwerber (RGZ 59, 213/216), nicht dagegen für die Frage, welche Forderungen und Schulden im *Innenverhältnis* zwischen Veräußerer und Erwerber des Geschäfts auf diesen übergegangen sind (M. Wolff ZHR 47, 258; von Godin in RGR Komm. z. HGB Anm. 6). *Nicht* anwendbar ist § 344 für die Haftung eines in eine Handelsgesellschaft neu eintretenden Gesellschafters nach §§ 130, 173; die Schulden einer Handelsgesellschaft sind stets Geschäftsschulden, da sie keine Privatsphäre besitzt (Anm. 2; Heymann/Kötter HGB Anm. 1). Ein *stiller* Gesellschafter kann sich nicht auf § 344 berufen, um zu beweisen, daß ein Geschäft im Betrieb des Geschäftsinhabers geschlossen und er deshalb am Gewinn zu beteiligen sei (RGZ 92, 294). Wohl aber gilt die Vermutung des § 344 Abs. 1 für den Nachweis, daß eine Forderung nach § 196 Abs. 1 Nr. 1, Abs. 2 BGB in *vier* Jahren *verjährt,* weil die Leistung für den *Gewerbebetrieb* eines Schuldners erfolgt ist, der Kaufmann ist (BGHZ 63, 32, 33; RGZ 5, 274; 130, 87 und 235; ROHG 12, 232). § 344 ist auch für den Nachweis heranzuziehen, ob im Sinne des § 1431 BGB ein Geschäft vorliegt, das der Geschäftsbetrieb des das Gesamtgut nicht verwaltenden Ehegatten mit sich bringt (Heymann-Kötter HGB Anm. 1 a. E.; Ritter Anm. 2; a. M. von Godin in RGR-Komm. z. HGB Anm. 6; s. auch RGZ 127, 115; KG OLG 43, 356).

VI. Steuerrechtliche Behandlung kaufmännischer Schuldscheine

Kaufmännische Schuldscheine im Sinne des § 344 Abs. 2 können unter das *Wechsel-* **21** *steuergesetz* i. d. F. vom 24. 7. 59 (BGBl I, 537) fallen. Das trifft für gezogene und eigene Wechsel (§ 4 WStG) sowie für wechselähnliche Urkunden (§ 5 WStG) zu. Das sind:

a) Anweisungen über die Zahlung von Geld, die durch Indossament übertragen werden können oder auf den Inhaber lauten oder an jeden Inhaber bezahlt werden können;

b) Verpflichtungsscheine über die Zahlung von Geld, die durch Indossament übertragen werden können.

Es macht keinen Unterschied, ob die vorbezeichneten Urkunden als Briefe oder in anderer Form ausgestellt werden. Erfaßt werden vor allem die kaufmännische Anweisung und der kaufmännische Verpflichtungsschein (§ 363), wenn sie auf eine Geldleistung lauten. Eine Einschränkung enthält § 6 WStG für Schecks, gewisse Auslandswechsel und Platzanweisungen. Die Steuer beträgt DM 0,15 für je DM 100,- der Schuldscheinsumme oder einen Bruchteil dieses Betrages (§ 8 Abs. 1 WStG). Vgl. auch die DVO zum WStG i. d. F. vom 20. 4. 60 (BGBl. I, 274).

§ 345 1. Abschn. *Drittes Buch. Handelsgeschäfte*

345 Auf ein Rechtsgeschäft, das für einen der beiden Teile ein Handelsgeschäft ist, kommen die Vorschriften über Handelsgeschäfte für beide Teile gleichmäßig zur Anwendung, soweit nicht aus diesen Vorschriften sich ein anderes ergibt.

Bedeutung der Vorschrift

1   Ist ein Geschäft für *alle Beteiligten* ein Handelsgeschäft, so regeln die Vorschriften über Handelsgeschäfte die bei ihnen in Betracht kommenden Rechtsbeziehungen. Ebenso finden die Vorschriften über Handelsgeschäfte auf den Kaufmann Anwendung, auf dessen Seite ein Handelsgeschäft vorliegt. Dagegen bleibt die Frage offen, nach welchen Rechtsgrundsätzen der *andere Teil*, auf dessen Seite das geschlossene Geschäft kein Handelsgeschäft ist, zu behandeln ist. Diese Frage kann im einzelnen bei den einschlägigen Rechtsvorschriften, aber auch allgemein geregelt sein. Eine *allgemeine Regelung*, die Sondervorschriften nicht ausschließt, ist in § 345 enthalten. Danach finden auf *einseitige Handelsgeschäfte* die Vorschriften über Handelsgeschäfte für beide Teile gleichmäßig Anwendung, soweit sich nicht aus diesen Vorschriften etwas anderes ergibt. § 345 gilt für alle Geschäfte, bei denen mehrere Beteiligte möglich sind. Seine Anwendung ist nicht auf Verträge beschränkt, sondern erfaßt auch einseitige Rechtsgeschäfte und rechtsgeschäftsähnliche Handlungen wie Kündigungen, Mahnungen, Vertragsangebote. Voraussetzung dafür ist die Feststellung, daß es sich auf der einen Seite um ein *Handelsgeschäft* im Sinne der §§ 343, 344 handelt. Bei der Feststellung, ob ein Handelsgeschäft auf der einen Seite vorliegt, können die Vermutungen des § 344 Bedeutung gewinnen. Ist bei einem Geschäft auf der einen Seite ein Kaufmann beteiligt, so finden die Vorschriften über Handelsgeschäfte regelmäßig auf beide Teile Anwendung.

2   Von dem Grundsatz des § 345 sieht das HGB zahlreiche *Ausnahmen* vor, insbesondere im ersten Abschnitt des 3. Buches (Anm. 3). Maßgebend ist er jedoch in folgenden Vorschriften: § 352 Abs. 2 über die regelmäßige Zinshöhe von 5% bei im HGB ausgesprochenen Zinszahlungspflichten, §§ 355, 357 über das Kontokorrent, §§ 358 bis 361 über Zeit und Art der Leistung beim Gattungskauf sowie über das mutmaßlich geltende Gewicht, §§ 363 bis 365 über die kaufmännischen Orderpapiere, §§ 366, 367 über den erweiterten Schutz des guten Glaubens. Nach § 345 gilt das Recht der Handelsgeschäfte auch für den *Nichtkaufmann* bei den im HGB besonders geregelten Verträgen. Hierher gehören der Handelskauf, jedoch mit Ausnahme der §§ 377 bis 379, ferner das Kommissions- und Speditionsgeschäft, das Lagergeschäft, das Frachtgeschäft und die Beförderung von Gütern und Personen auf den Eisenbahnen. Auf diesen Gebieten gelten die Vorschriften über Handelsgeschäfte auch dann, wenn auf der anderen Seite kein Kaufmann beteiligt ist.

3   *Ausnahmen* von dem allgemeinen Grundsatz des § 345 sind im Gesetz dadurch gekennzeichnet, daß bestimmte Vorschriften auf *beiderseitige* Handelsgeschäfte beschränkt sind. Andere Vorschriften gelten nur, wenn gerade auf seiten eines bestimmten Beteiligten ein Handelsgeschäft vorliegt. Das ist insbesondere der Fall in den §§ 346–350, 352 I, 353, 354, 368, 369–372, 377–379, 391.

§ 346 Unter Kaufleuten ist in Ansehung der Bedeutung und Wirkung von Handlungen und Unterlassungen auf die im Handelsverkehre geltenden Gewohnheiten und Gebräuche Rücksicht zu nehmen.

Schrifttum: *Oertmann,* Rechtsordnung und Verkehrssitte, Leipzig 1914; *Hueck,* Normenverträge, Iherings Jahrbuch 1922, Band 73 S. 33 ff.; *Weynen,* Zur Frage der Feststellung von Handelsbräuchen, NJW 54, 628; *Gallois,* Handelsbräuche, Gewohnheitsrecht und Allgemeine Geschäftsbedingungen im Rechtsleben, JR 56, 45 ff.; *Haage,* Die Vertragsklauseln Cif, Fob ab Kai unter Berücksichtigung der Traderterms, Heidelberg 1956; *Eisemann,* Recht und Praxis des Dokumentenakkreditivs, Heidelberg 1963; *Raisch,* Geschichtliche Voraussetzungen, dogmatische Grundlagen und Sinnwandlung des Handelsrechts, 1965, S. 249 ff.; *Lüderitz,* Auslegung von Rechtsgeschäften, Karlsruhe 1966; *Esser,* Richterrecht, Gerichtsgebrauch und Gewohnheitsrecht, Festschrift Fritz v. Hippel, 1967, S. 95 ff.; *Götz,* Zum Schweigen im Rechtsverkehr, 1968; *J. Limbach,* Die Feststellung von Handelsbräuchen, Berliner Festschrift Ernst E. Hirsch, 1968, 77 ff.; *Dölle,* Bedeutung und Funktion der Bräuche im Einheitsgesetz über den internationalen Kauf beweglicher Sachen, Festgabe für Max Rheinstein, 1969, Band I, S. 447 ff.; *Wagner,* Zur Feststellung eines Handelsbrauchs, NJW 69, 1282 ff.; *H. J. Sonnenberger,* Verkehrssitten im Schuldvertrag, 1970, Münchener Universitätsschriften, Reihe der Juristischen Fakultät Band 12; *H. J. Pflug,* Schecksperre und Handelsbrauch, ZHR 135 (1971), 1 ff.; *Canaris,* Die Vertrauenshaftung im deutschen Privatrecht, 1971; *Schaumburg,* Umsatzsteuer und Handelsbrauch, NJW 1975, 1261 f.

Inhalt

	Anm.
1. Abschnitt. Grundlagen	1–49
I. Kennzeichnung des Handelsbrauchs	1
II. Abgrenzungen	2–7
1. Gewohnheitsrecht	2
2. Usancen	3
3. Anschauungen und Erfahrungssätze	4
4. Handelsüblichkeit	5
5. AGB	6
6. Wettbewerbsregeln	7
III. Entstehung und Feststellung von Handelsbräuchen	8–18
1. Tatsächliche Übung	8
2. Zeitablauf	9
3. Zustimmung	10–12
4. Erlöschen	13–14
5. Beweislast	15–16
6. Feststellung	17
7. Merkblatt des DIHT	18
IV. Rücksichtnahme auf Handelsbräuche	19–40
1. Rechtsgrundlagen	19
2. Bedeutung von Handlungen und Unterlassungen	20–21
a) Auslegung von Willenserklärungen	20
b) Auslegung von Verträgen	21
3. Wirkung von Handlungen und Unterlassungen	22
4. Unterschiede gegenüber den Interpretationsregeln des BGB	23–30
a) Erweiterung	24–25
b) Einschränkung	26–30

	Anm.
5. Zurechnung kraft Gesetzes	31–32
a) Normative Geltung	31
b) Willensmängel	32
6. Lokale Handelsbräuche	33–34
7. Ausländische und internationale Handelsbräuche	35–36
8. Geltungsausschluß	37–38
9. Geltungsschranken	39–40
V. Die Gebräuche im Geltungsbereich des Haager Kaufrechts	41–49
1. Grundgegebenheiten	41
2. Vereinbarte Gebräuche	42
3. Normative Gebräuche	43–48
4. Handelsübliche Ausdrücke, Klauseln oder Formulare	49
2. Abschnitt. Handelsbräuchliche Beurteilung von Handlungen und Unterlassungen	50–56
I. Handelsklauseln	50–54
1. Allgemeine Entwicklung	50
2. Bedeutung der Trade-Terms	51–52
3. Bedeutung der Incoterms	53–54
II. Text Incoterms 1953	55
III. Text Trade-Terms	56
IV. Typische Vertragsklauseln	57–93
1. Bedeutung	57
2. Einzelne Klauseln	58–93
Auf Abruf	58
Ab Werk, ab Lager, ab Schiff, ab Kai	59–60
Auf Besicht	61

§ 346 1. Abschn. *Drittes Buch. Handelsgeschäfte*

	Anm.		Anm.
Akkreditiv	62	VI. Kaufmännisches Bestätigungsschreiben	107–136
Arbitrage	63–64	1. Kennzeichnung	107–108
Baldmöglichst, so schnell wie möglich, umgehend, prompt	65	a) Zweck und Erscheinungsformen	107
Betriebsstörung vorbehalten	66	b) Rechtsfolgen	108
Bis zur Besserung	67	2. Grundlage des Bestätigungsschreibens	109–111
Circa	68	a) Vorangegangener Vertragsschluß	109
ETA-Meldung	69		
Ex Schiff	70	b) Form der Verhandlung	110
Fest	71	c) Abschluß durch Vertreter	111
Frachtfrei, frei, franko	72–73	3. Inhalt und Form des Bestätigungsschreibens	112–115
Freibleibend	74–75		
Gegenbestätigung	76	4. Absendung und Zugang des Bestätigungsschreibens	116–118
Höhere Gewalt	77		
Kasse	78	a) Zeitpunkt	116
Kasse gegen Dokumente	79	b) Zugang	117
Lieferungsmöglichkeit vorbehalten	80	c) Beweislast	118
Lieferzeit unverbindlich	81	5. Schweigen des Empfängers	119–121
Preise freibleibend	82–84	a) Rechtswirkungen	119
Selbstbelieferung	85–88	b) Begründung	120
Skonto	89	c) Geltungsumfang	121
Tel quel	90	6. Vertrauenstatbestand	122–128
Versand auf Rechnung und Gefahr	91	a) Ungewißheit	123–124
Verwirklichungsklauseln	92	b) Redlichkeit	125–127
Zwischenverkauf vorbehalten	93	c) Erhebliche Abweichungen	128
V. Die Wertung von Unterlassungen	94–106	7. Geltungsausschluß	129–133
1. Ausgangspunkt	94	a) Widerspruch	129
2. Gesetzliche Regelungen	95–97	b) Unverzüglich	130–131
a) Bürgerliches Recht	95	c) Verantwortlichkeit	132
b) Handelsrecht	96	d) Beweislast	133
c) Ausnahmetatbestände	97	8. Vermutung der Vollständigkeit und Richtigkeit	134
3. Schweigen als Ausdrucksmittel einer Willenserklärung	98	9. Willensmängel	135
4. Bestimmungsfaktoren	99–101	10. Geltungsbereich der Grundsätze	136
a) Handelsbrauch	99		
b) Treu und Glauben	100	VII. Andere kaufmännische Schreiben	137–145
c) Geschäftliche Beziehungen	101	1. Auftragsbestätigung	137
5. Einzelfälle	102–105	2. Kommissionskopien	138
a) Freibleibendes Angebot	102	3. Schlußnoten	139–140
b) Schweigen auf verspätete Annahme	103	a) Maklerschlußschein	139
		b) Sonstige Schlußscheine	140
c) Schweigen nach abschlußreifen Vorverhandlungen	104	4. Rechnungsvermerke	141
		5. Preislisten, Kataloge, Prospekte	142
d) Schweigen auf Änderungsangebot	105	6. Zusendung unbestellter Ware	143–144
6. Zusammenfassung	106	7. Domizilanzeigen	145

1. Abschnitt. Grundlagen

I. Kennzeichnung des Handelsbrauchs

1 *Handelsbräuche* (Handelssitten) sind die im Handelsverkehr tatsächlich geltenden Gewohnheiten und Gebräuche. § 359 verwendet den Ausdruck „Handelsgebrauch". Das BGB spricht in §§ 157, 242 von der „Verkehrssitte". Die für den engeren Bereich des

Handelsverkehrs geltende *kaufmännische Verkehrssitte* ist der Handelsbrauch (BGH NJW 66, 502; 69, 1293). Zur *Bildung* eines Handelsbrauchs bedarf es eines gewissen Zeitraums und einer auf der Zustimmung der Beteiligten beruhenden **tatsächlichen Übung** (BGH NJW 52, 257; RGZ 110, 48; 118, 140; Anm. 8). Die Beteiligten brauchen jedoch *nicht* der Überzeugung zu sein, eine Rechtsnorm (RGZ 55, 375/377) oder eine gesellschaftlich *verbindliche* Norm zu befolgen. Weder ein Rechtsgeltungswille noch eine Rechtsüberzeugung (opinio iuris) sind zur Entstehung eines Handelsbrauchs nötig. Ein Handelsbrauch ist deshalb *kein Gewohnheitsrecht* (Denkschrift zum Entwurf eines HGB S. 5; Sonnenberger a.a.O. Nr. 55, 122, 194 ff; Pflug ZHR 135, 1/15 ff; von Godin in RGR-Komm. z. HGB Anm. 1; a.M. RG JW 26, 555, wo es heißt: „Ein Handelsbrauch ist objektives Recht", in Wahrheit aber Handelsgewohnheitsrecht gemeint ist; Oertmann a.a.O. S. 25 ff; Raiser, Recht der AGB, 1935/1961, S. 83 ff.). Die rechtliche *Geltung* eines Handelsbrauchs beruht auf der *gesetzlichen* Verweisung des § 346. Danach sind bei Geschäften *unter Kaufleuten* Handelsbräuche zu berücksichtigen, ohne daß es einer darauf gerichteten Vereinbarung oder einer Bezugnahme bedarf. Durch § 346 gewinnt ein Handelsbrauch einen *normativen Effekt,* ist aber deshalb nicht selbst eine Rechtsnorm. Um durch § 346 bzw. §§ 157, 242 BGB rechtlich relevant zu werden, brauchen Handelsbräuche und Verkehrssitten auch nicht als lediglich gesellschaftlich verbindliche *Regeln* Normcharakter zu besitzen, die bei Nichtbefolgung zu Sanktionen gesellschaftlicher Art führen können (so J. Limbach a.a.O. s. 77/85 ff; folgend Wagner NJW 69, 1282; dagegen mit ausführlicher Begründung Pflug ZHR 135, 15 ff). Zwar können Handelsbräuche und Verkehrssitten zu *sozialen Normen* geworden sein, nach denen sich die Parteien so, wie sie sich tatsächlich im Verkehr verhalten, auch verhalten *sollen.* Es besteht jedoch kein Grund, nicht bereits *kollektiven Gewohnheiten,* als welche sich Handelsbräuche und Verkehrssitten darstellen und auf deren Beachtung die Beteiligten vertrauen, durch § 346 bzw. §§ 157, 242 BGB *rechtliche Relevanz* zu geben. Ebenso wie Handelsbräuche und Verkehrssitten zu sozial verbindlichen Sollensnormen werden können, können sie auch eine Vorstufe zur Bildung von *Gewohnheitsrecht* sein (Anm. 2; kritisch Sonnenberger a.a.O. Nr. 173).

II. Abgrenzungen

1. Gewohnheitsrecht

Vom Handelsbrauch als der Verkehrssitte im Handel ist das *Handelsgewohnheitsrecht* zu unterscheiden. Es entsteht gewöhnlich wie ein Handelsbrauch oder eine Verkehrssitte erst nach längerer gleichförmiger Übung, was nicht ausschließt, daß es auch ohne eine solche Übung zur Bildung von Gewohnheitsrecht kommen kann (BGH NJW 58, 709; Enn-Nipperdey AllgT § 39 II; Sonnenberger a.a.O. Nr. 194).

In dem Erfordernis der opinio iuris liegt der grundsätzliche Unterschied zu einem *Handelsbrauch,* der keine Rechtsnormqualität besitzt (Anm. 1; a.M. Raiser, Recht der AGB, S. 82/86, der Verkehrssitte und Gewohnheitsrecht gleichsetzt, nur mit dem Unterschied, daß dieses zwingend, jenes aber dispositiv sei; dazu kritisch Pflug ZHR 135 S. 15/31). Die entscheidende Voraussetzung für das Bestehen eines Gewohnheitsrechts ist die Überzeugung der Gemeinschaft, daß es sich um *Recht* handelt, und ihr *Wille,* es als

Recht gelten zu lassen (BGHZ 22, 317/328). Für den Bereich des Handelsverkehrs genügt es, daß die an ihm beteiligten Verkehrskreise den Rechtsgeltungswillen haben. Das Handelsgewohnheitsrecht ist eine neben dem geschriebenen Handelsrecht geltende gleichberechtigte Rechtsquelle (Art. 2 EG BGB). Doch gilt dies nur für bundeseinheitliches Gewohnheitsrecht; nur dieses kann sich unbeschränkt bilden. Regional beschränktes Gewohnheitsrecht, das dem geschriebenen Bundesrecht widerspricht, kann nicht entstehen, soweit die Gesetzgebungskompetenz des Bundes reicht (Art. 31 GG). Denn Landesgewohnheitsrecht kann keine weitere Wirkung haben als geschriebenes Landesrecht. Dagegen ist ein *örtlich begrenzter Handelsbrauch* ohne weiteres möglich (Denkschrift zum Entwurf eines HGB S. 5). Örtliches „Gewohnheitsrecht" kann deshalb nach § 346 beachtlich sein.

2. Usancen

3 Der Ausdruck „Usance" wird häufig gleichbedeutend mit Handelsbrauch verwendet (BGH NJW 52, 257). Im engeren Sinne versteht man unter den Usancen die *Vertragsbedingungen,* die vom Vorstand einer *Börse* oder eines Marktes als maßgeblich veröffentlicht werden (§ 50 Abs. 2, § 51 BörsG für den Börsenterminhandel). Usancen sind kein Handelsbrauch (Baumbach/Duden Anm. 1 A; Ritter Anm. 7), können jedoch bestehende Handelsbräuche wiedergeben. Ebensowenig sind sie objektives Recht. Sie sind auch für die zur Börse oder zum Markt zugelassenen Personen nicht als autonome Satzung bindend (a. M. Düringer/Hachenburg/Werner Anm. 10). Es handelt sich vielmehr um *Geschäftsbedingungen* (Anm. 6; glA Pflug ZHR 135, 1/29). Sie liegen den an der Börse abgeschlossenen Geschäften auch ohne ausdrückliche Vereinbarung zugrunde, falls keine abweichende Abmachung getroffen ist. Dies beruht darauf, daß allen an einer Börse zugelassenen oder dort tätigen Personen auf Grund langdauernder Übung bekannt ist, daß für Börsengeschäfte besondere Usancen gelten. Auch wenn deren Inhalt nicht notwendig Handelsbrauch sein muß, besteht doch ein Handelsbrauch, sie den Börsen- und Marktgeschäften zugrunde zu legen. Die Vertragserklärungen der Parteien sind nach § 346 bzw. §§ 157, 242 BGB dahin auszulegen, daß für das auf der Börse oder dem Markt geschlossene Geschäft die *Usancen* gelten sollen. Börsen- und Marktusancen werden also in ähnlicher Weise zum maßgebenden Inhalt eines Vertrages wie die Allgemeinen Geschäftsbedingungen der Banken, Versicherungen und Beförderungsunternehmen. Häufig geben die Usancen Handelsbräuche wieder, die bereits bei ihrer Veröffentlichung bestanden. Das braucht nicht bei jeder Einzelbestimmung der Fall zu sein. Allerdings begünstigt die tatsächliche einheitliche Befolgung der Usancen das Entstehen eines gleichlautenden Handelsbrauchs, zumal wenn sie nicht lediglich die Interessen einer Vertragspartei berücksichtigen, sondern eine für alle Beteiligten gerechte objektive Ordnung enthalten.

3. Anschauungen und Erfahrungssätze

4 Keine Handelsbräuche sind die *Anschauungen* und *Auffassungen,* die im Handelsverkehr herrschen, jedoch nicht zu einer tatsächlichen Übung geführt haben, wie sie der Handelsbrauch voraussetzt (Ritter Anm. 6; Koenige Teichmann/Koehler/Anm. 2). Zu denken ist an Ansichten, die über die von einem ordentlichen Kaufmann zu fordernde

Sorgfalt (§ 347) bestehen, oder darüber, was mit kaufmännischem Anstand oder mit den guten Sitten im Wettbewerb (§§ 138, 826 BGB; § 1 UWG) zu vereinbaren ist. Auch *Erfahrungssätze* innerhalb der Kaufmannschaft über typische Geschehensabläufe sind keine Handelsbräuche, soweit sich aus ihnen keine bestimmte Übung ergeben hat (Merkblatt des DIHT für die Feststellung von Handelsbräuchen Nr. 5 b; Anm. 18). Das schließt nicht aus, daß Auffassungen und Anschauungen, die sich im kaufmännischen Verkehr gebildet haben, bei der Auslegung der Willenserklärungen eines Kaufmanns herangezogen werden können (RGZ 83, 186; 97, 143; 106, 305). Bei einem Streit über die Verpflichtung eines Versicherers, die Versicherungsleistung zu erbringen, darf z.B. der Versicherungsnehmer, wenn der Versicherer nach längeren Auseinandersetzungen vorbehaltlos zahlt, davon ausgehen, daß die Angelegenheit nunmehr erledigt ist und eine Rückforderung nicht erfolgt, es sei denn, daß neue Tatsachen bekannt werden. Das ergibt sich aus dem Bedürfnis des Handelsverkehrs nach Klarheit und eindeutiger Entscheidung.

4. Handelsüblichkeit

Der Begriff des Handelsbrauchs deckt sich nicht vollständig mit dem der *Handelsüblichkeit* in § 1 Abs. 2 lit. d. ZugabeVO oder §§ 7 Abs. 1, 9 Ziff. 1 RabattG und dem der *Ortsüblichkeit* in § 9 Ziff. 1 RabattG. Zwar wird gewöhnlich nur das handelsüblich sein, was einer schon bestehenden geschäftlichen Übung entspricht. Das bedeutet jedoch nicht, daß dem Fortschritt auf dem Gebiet der Werbung der Weg versperrt ist. Deshalb kann z.B. auch eine erstmalige neuartige Nebenleistung als Zugabe zulässig sein. Es kommt nicht darauf an, ob sie in dieser Form schon von einer Vielzahl von Mitbewerbern gewährt wird, also Handelsbrauch ist, sondern darauf, ob sie sich im Rahmen *vernünftiger kaufmännischer Anschauungen* hält (BGH NJW 64, 1274; Der Wettbewerb 64, 9/10; Baumbach/Hefermehl, Wettbewerbs- und Warenzeichenrecht, 11. Aufl. § 1 ZugabeVO Anm. 83, 88).

5. Allgemeine Geschäftsbedingungen

Keine Handelsbräuche sind die von einem Kaufmann seinen Geschäften zuzugrundegelegten *allgemeinen Geschäftsbedingungen* (AGB). Bei ihnen handelt es sich um vorformulierte typische Vertragsbestimmungen, die grundsätzlich nur durch eine ausdrücklich oder konkludent getroffene Vereinbarung der Parteien Vertragsinhalt werden. Doch können sie mitunter bestehende Handelsbräuche enthalten. Ein Beispiel bietet der in Nr. 41 AGB (private Kreditinstitute) vorgesehene *Vorbehalt des Eingangs,* unter dem eine Bank den Gegenwert von *zum Einzug* eingereichten Wechseln und Schecks schon vor Eingang gutschreibt und der die Bank zur Zurückbelastung berechtigt, wenn sie am Verfalltag nicht eingelöst werden. Auch können Bestimmungen der AGB ganz oder teilweise durch längeren einheitlichen Gebrauch zum Handelsbrauch werden. Dafür ist jedoch die ungeteilte Zustimmung der beteiligten Verkehrskreise erforderlich (Anm. 1). Sie kann nicht angenommen werden, wenn die AGB einseitig die Interessen einer Vertragspartei begünstigen und vom Vertragsgegner nur widerwillig akzeptiert werden. Ein Handelsbrauch kann erst vorliegen, wenn davon auszugehen ist, daß die in den AGB getroffene Regelung auch ohne besondere Vereinbarung freiwillig befolgt werden würde. Von der Frage, ob oder inwieweit AGB Handelsbräuche enthalten, ist zu unterscheiden, ob sie etwa auch ohne ausdrückliche Bezugnahme kraft Handelsbrauchs oder Verkehrssitte gelten. Das ist der Fall bei den AGB im Bank-, Versicherungs- und Transportgewerbe (BGHZ 1, 83, 86; 12, 136, 141; 17, 1 für ADSp;). Hier hat sich die *Anwendung* der AGB auf Grund einer Vielzahl von Einzelgeschäften im Verlauf längerer Zeit zu der tatsächlichen Übung erhärtet, daß die Geschäftsbeteiligten mit dem Vorhandensein und der Geltung der Bedingungen rechnen. Über ihren Inhalt kann sich der Kunde jederzeit durch Einsichtnahme unterrichten. Nach diesem Handelsbrauch oder dieser Verkehrssitte sind deshalb Willenserklärungen von Personen, die Dienste dieser Gewerbezweige in Anspruch nehmen, auszulegen. Die Vertragserklärung des Kunden hat, wenn nicht ausdrücklich etwas anderes vereinbart wird, den objektiven Erklärungswert, daß er mit der Geltung der AGB für den Einzelvertrag einverstanden ist. Bei den AGB anderer Geschäftszweige kann dagegen nicht ohne weiteres angenommen werden, daß bereits ihre Anwendung allgemein gebilligter Handelsbrauch ist.

6. Wettbewerbsregeln

7   Keine Handelsbräuche sind *Wettbewerbsregeln*. Es sind Bestimmungen, die das Verhalten von Unternehmen im *Wettbewerb* regeln, um auf diese Weise einem den Grundsätzen des lauteren oder der Wirksamkeit eines leistungsgerechten Wettbewerbs zuwiderlaufenden Verhalten im Wettbewerb entgegenzuwirken und ein diesen Grundsätzen entsprechendes Verhalten im Wettbewerb anzuregen (§ 28 Abs. 2 GWB). Die Kartellbehörde kann die von einer Wirtschafts- oder Berufsvereinigung aufgestellten Wettbewerbsregeln in ein Register eintragen, was bewirkt, daß sie zum Gegenstand einer vertraglichen Bindung unter den Beteiligten gemacht werden können, ohne dem Kartelleinwand (§ 1 GWB) ausgesetzt zu sein (§ 29 GWB). Ebenso wie bei den AGB (Anm. 6) können auch *Handelsbräuche* in Wettbewerbsregeln aufgenommen werden, wenn dadurch ein den Grundsätzen des lauteren oder der Wirksamkeit eines leistungsgerechten Wettbewerbs entsprechendes Verhalten gefördert wird. Auch kann eine Wettbewerbsregel durch Anerkennung und tatsächliche Übung Handelsbrauch werden (vgl. Franzen im Gemeinschaftskommentar GWB, 3. Aufl., § 28 Anm. 11).

III. Entstehung und Feststellung von Handelsbräuchen

1. Tatsächliche Übung

8   Die Grundvoraussetzung für die Entstehung eines Handelsbrauchs ist eine *tatsächliche Übung*. Diese braucht sich nicht auf das gesamte Bundesgebiet zu erstrecken, sondern kann sich auf einen bestimmten Ort oder Bezirk beschränken. In einer Reihe von Vorschriften erkennt das HGB ausdrücklich *örtliche* Handelsbräuche an (vgl. §§ 59, 77, 94, 96, 99, 359, 380, 393, 394, 428). Da nach § 346 die *geltenden* Handelsbräuche zu berücksichtigen sind, kommt es bei *örtlichen* Bräuchen darauf an, ob die Handlung oder Unterlassung, deren Bedeutung und Wirkung zu beurteilen ist, im Geltungsbereich des örtlichen Handelsbrauchs vorgenommen worden oder bei einer Unterlassung vorzunehmen ist (BGH LM § 346 [B] HGB Nr. 7). Zur *Erstreckung* eines Handelsbrauchs auf

Handlungen außerhalb des örtlichen Geltungsbereichs vgl. Anm. 33. Neben den nationalen gelten *internationale* Handelsbräuche für den Bereich des Außenwirtschaftsverkehrs (Anm. 35 ff.). Häufig beschränkt sich ein Handelsbrauch auf *bestimmte* kaufmännische Gewerbezweige (Anm. 34). Zu verlangen ist, daß der Handelsbrauch gerade unter *Kaufleuten* gilt. Sonst handelt es sich um eine gewöhnliche *Verkehrssitte,* die nach §§ 157, 242 BGB und nicht nur unter den Voraussetzungen des § 346 beachtlich ist.

2. Zeitablauf

Die tatsächliche Übung muß grundsätzlich während eines *längeren Zeitraums* bestehen (BGH NJW 52, 257; RGZ 110, 48; 118, 140; RG JW 38, 859). Sonst kann nicht von einem feststehenden, allgemein bekannten und anerkannten Handelsbrauch ausgegangen werden. In besonders gelagerten Fällen kann sich ein Handelsbrauch auch in kürzerer Zeit bilden, z. B. bei wirtschaftlichen Umwälzungen, in Kriegszeiten (RG LZ 20, 439), auch bei seltenen Geschäften (OLG Hamburg MDR 63, 849) und insbesondere dann, wenn trotz der kurzen Dauer ungewöhnlich viele Geschäfte der fraglichen Art geschlossen werden (RG JW 38, 859). So hat z. B. der DIHT in der Zeit von 1972 bis 1974 die Entstehung eines Handelsbrauchs zwischen im Handelsregister eingetragenen Kaufleuten festgestellt, nach dem Preisvereinbarungen ohne Hinweis auf die Umsatzsteuer als *Nettopreise* zu verstehen sind (Schaumburg/Heide NJW 75, 1261 f.; OLG Köln NJW 71, 894 (Raum Köln ab Oktober 1969); Kuhn NJW 69, 261. Dort gilt dies nur zwischen *inländischen* Unternehmen. Aus dem Erfordernis der tatsächlichen Übung folgt, daß ein Handelsbrauch *erlischt,* wenn der Verkehr ihn nicht mehr beachtet (Anm. 13). Kommt ein Handelsbrauch jedoch nur deshalb längere Zeit nicht zur Anwendung, weil die ihm unterliegenden Geschäfte wegen besonderer Umstände, z. B. wegen eines staatlichen Eingriffs, nicht geschlossen werden können, so geht er nicht unter. Er ist für die nach Wiederaufleben des Geschäftszweigs geschlossenen Geschäfte sofort wieder wirksam. Das gilt nur dann nicht, wenn diese mit Rücksicht auf zwischenzeitlich eingetretene Änderungen in völlig anderer Weise als früher abgewickelt werden (BGH NJW 52, 257).

3. Zustimmung

Ein Handelsbrauch kann nur dann entstehen, wenn er der *Überzeugung der beteiligten kaufmännischen Verkehrskreise entspricht,* sie ihm also zustimmen (so BGH NJW 52, 257; RGZ 110, 48; 118, 140; 135, 345; RG JW 38, 859; OLG München BB 55, 748; von Godin in RGR-Komm. z. HGB Anm. 6; Baumbach/Duden HGB 21. Aufl., Anm. 2 A; a. M. OLG Hamburg MDR 63, 849). Nicht jede *übliche* Verhaltensweise mehrerer Kaufleute ist damit schon ein Handelsbrauch. So darf es sich niemals um eine einseitige Übung handeln, die nur von den an ihr interessierten Kaufleuten auf einer Vertragsseite beachtet wird, bei Kaufverträgen z. B. nur von den Verkäufern, der die Käuferseite aber überwiegend widerspricht und die Anerkennung verweigert. Deshalb sind bei der Feststellung von Handelsbräuchen grundsätzlich beide Seiten zu hören (Merkblatt des DIHT Nr. 19; abgedruckt Anm. 18). Die Anerkennung der beteiligten Verkehrskreise muß *freiwillig* erfolgen. Solange sich eine Partei nur widerwillig *wirtschaftlicher Macht* fügt, kann sich ein Handelsbrauch nicht bilden (Anm. 6). Eine auf dem Diktat der mächtigen Partei beruhende Übung ist niemals ein Handelsbrauch, für den das Signum der *Freiwilligkeit* unerläßlich ist. Nur wenn davon ausgegangen werden kann, daß an einer bestehenden Übung auch ohne eine ausdrückliche oder konkludente Vereinbarung auf Grund *beiderseitiger Billigung* festgehalten wird, ist das Bestehen eines Handelsbrauchs möglich. Vereinzelte Widersprüche schaden nicht, wenn nur die Beteiligten in der überwiegenden Mehrheit die tatsächliche Übung billigen. Die Feststellung, ob die Beteiligten der tatsächlichen Übung auch *zugestimmt* haben, kann bei einer Umfrage schwierig sein. Besteht eine tatsächliche Übung, ohne daß Umstände hervorgetreten sind, die auf ein erzwungenes oder sich wirtschaftlicher Macht fügendes Verhalten hindeuten, so ist sie *widerlegbares Indiz* für die Zustimmung zur tatsächlichen Übung (Wagner NJW 69, 1282 f.; Pflug AcP 135, 1/48). Der Entstehung eines Handelsbrauchs steht *nicht* entgegen, daß über ihn noch keine Rechtsprechung vorliegt (BGH WM 75, 831/832). Häufig wird dies jedoch der Fall sein.

11 Erkennt ein deutlich abgegrenzter Teil der Kaufleute auf einer Vertragsseite die Übung *nicht* an, so schließt dies nicht aus, daß sie trotzdem für die Beziehungen der *übrigen Kaufleute* dieser Vertragspartei zur Gegenpartei als *Handelsbrauch* gilt. Erkennen z. B. ausländische Lieferanten eine im Inland gebräuchliche Übung der Käufer nicht an, so hindert das nicht die Bildung eines entsprechenden Handelsbrauchs, der im Verhältnis der Käufer zu inländischen Lieferanten gilt. Es kommt dann darauf an, ob sich auch die ausländischen Lieferanten dem nationalen Handelsbrauch unterworfen haben (abw. OLG München BB 55, 748). Dagegen wäre ein Handelsbrauch, der sich auf „erstrangige Unternehmen" eines bestimmten Geschäftszweiges beschränkt, *nicht* anzuerkennen, weil diese Gruppe nicht eindeutig abzugrenzen ist. Es fehlt in einem solchen Fall an der notwendigen *allgemeinen Anerkennung* (RGZ 135, 345; Sonnenberger a.a.O. Nr. 71 ff.). Die Anerkennung (Zustimmung) der beteiligten Verkehrskreise ist nicht allein deshalb zu verneinen, weil der Handelsbrauch vorwiegend den Interessen einer Vertragspartei dient (RG JW 39, 859). Das ist bei vielen Handelsbräuchen der Fall. Auch derartige Übungen sind nach § 346 unter Kaufleuten zu beachten, wenn sich die benachteiligte Seite *freiwillig* mit ihnen abgefunden hat. Allerdings wird sich eine Übung, die einen gerechten Interessenausgleich zwischen *beiden* Vertragsparteien anstrebt, eher durch *beiderseitige* Anerkennung zum Handelsbrauch entwickeln können.

12 Zu den Voraussetzungen eines Handelsbrauchs gehört es nicht, daß er mit *zwingendem Recht* und mit den Grundsätzen von *Treu und Glauben* im Einklang steht. Auch ein *Mißbrauch* kann Handelsbrauch sein (Ritter § 346 Anm. 3 c). Aber zwingendes Recht und Treu und Glauben setzen der Anwendung eines Handelsbrauchs oder einer Verkehrssitte Grenzen. Sie sind dann *nicht* zu berücksichtigen (Anm. 39).

4. Erlöschen

13 Handelsbräuche erlöschen, wenn sie von einer rechtlich beachtlichen Minderheit *nicht mehr befolgt* oder *nicht mehr anerkannt* werden. Sie erlöschen dagegen nicht, wenn sie in die AGB einer Vertragspartei aufgenommen werden, oder sich die beteiligten Verkehrskreise vertraglich verpflichten, sie anzuwenden (a. M. BKartA WRP 62, 327). Das Fortbestehen setzt lediglich voraus, daß auch weiterhin davon auszugehen ist, alle Beteiligten würden der Übung, zu deren Befolgung sie sich verpflichtet haben, auch *freiwillig* zustimmen. Dem steht nicht entgegen, daß sich Handelsbräuche, die nicht in AGB oder auf sonstige Weise festgelegt worden sind, frei fortentwickeln können. Ein in AGB niedergelegter Handelsbrauch erlischt als solcher erst dann, wenn sich die tatsächlichen Verhältnisse soweit geändert haben, daß es zu der vereinbarten Übung auf Grund freiwilliger Anerkennung der beteiligten Verkehrskreise nicht mehr kommen würde.

Ein Vertrag, in dem sich Kaufleute zur Einhaltung eines bestehenden Handelsbrauchs verpflichten, ist grundsätzlich nach § 1 GWB unwirksam, seine Befolgung nach § 38 Abs. 1 GWB eine Ordnungswidrigkeit (BKartA WRP 62, 327). Durch die Vereinbarung soll ein Abweichen vom Handelsbrauch, das sonst zulässig wäre (Anm. 37), ausgeschlossen werden. Eine andere Beurteilung greift nur dann Platz, wenn durch die Vereinbarung Verhaltensweisen verhütet werden sollen, die einem den Grundsätzen des lauteren oder der Wirksamkeit leistungsgerechten Wettbewerbs zuwiderlaufenden Verhalten entgegenwirken (Baumbach/Hefermehl, Wettbewerbs- und Warenzeichenrecht, 8. Aufl., § 1 GWB Anm. 36, 37), oder wenn es sich um eine eingetragene *Wettbewerbsregel* handelt (§§ 28, 29 GWB; BGH WuW/E BGH 451; BKartA WRP 62, 327). 14

5. Beweislast

Wer sich auf einen Handelsbrauch beruft, behauptet eine Tatsache, die er *beweisen* 15 muß (BGH LM Nr. 1 zu § 346 (F) HGB; DB 62, 197; v. Godin Anm. 13; Baumbach/Duden HGB 11. Aufl., Anm. 2 B; auch ÖOGH, abgedr. bei Stanzl Bd. I Nr. 134 zu § 346). § 293 ZPO gilt nicht. Der Beweis kann auf jede zulässige Art geführt werden (§ 286 ZPO). Gewöhnlich wird ein Gutachten der zuständigen Industrie- und Handelskammer eingeholt (Anm. 17). Auch die von Fachverbänden veröffentlichten Zusammenstellungen von Handelsbräuchen können herangezogen werden, vorausgesetzt, daß sie tatsächlich Handelsbräuche wiedergeben und nicht nur den Versuch enthalten, Geschäftsbedingungen einer Vertragspartei einseitig durchzusetzen (Gallois NJW 54, 1312; OLG Stuttgart NJW 53, 1635 für die „Tegernseer-Gebräuche" des Holzhandels; OLG München NJW 55, 1926; BB 59, 506; Weynen NJW 54, 628; Gerig NJW 55, 1910). Nach § 114 GVG können die *Kammern für Handelssachen* über das Bestehen von Handelsbräuchen auf Grund eigener Sachkunde entscheiden, wenn sie dazu ohne Einholung eines Gutachtens in der Lage sind (BGH LM Nr. 1 zu § 87 b HGB). Der Berufungsrichter kann die Feststellungen der Kammer für Handelssachen nachprüfen (RGZ 10, 92; 44, 34; RG JW 94, 20), braucht es aber nicht zu tun (RGZ 110, 48).

Die Entscheidung, *ob* ein Handelsbrauch vorliegt, liegt auf *tatsächlichem Gebiet* und 16 kann deshalb in der Revisionsinstanz nicht nachgeprüft werden (BGH LM Nr. 1 zu § 284 BGB; Nr. 1 zu § 346 (F) HGB; Nr. 4 zu § 346 (B) HGB; DB 62, 197; RG Warn 19 Nr. 131; ÖOGH, abgedr. bei Stanzl Bd. II Nr. 589 zu § 346). Bestehende Handelsbräuche sind aber auch keine „sonstigen Vorschriften" im Sinne des § 549 ZPO, auf deren Verletzung, insbesondere falsche Auslegung, die Revision gestützt werden könnte (Stein/Jonas/Pohle § 549 ZPO Anm. II 3; Rosenberg § 140 III 1 a; Baumbach/Lauterbach § 549 ZPO Anm. 4 A; a. M. Wieczorek ZPO § 549 H II b). Das gilt auch dann, wenn sich der Geltungsbereich des Handelsbrauchs über den Bezirk eines Berufungsgerichts hinaus erstreckt. Mit der Verletzung einer bloßen Verkehrssitte kann die Revision nicht begründet werden (a. M. v. Godin Anm. 13; Baumbach/Duden Anm. 2 C). Dage-

§ 346   1. Abschn.   *Drittes Buch. Handelsgeschäfte*

gen ist die *Anwendung* des in der Tatsacheninstanz festgestellten Handelsbrauchs auf den konkreten Fall, insbesondere die Auslegung handelsüblicher Erklärungen (RGZ 119, 123), eine *Rechtsfrage* (arg. §§ 133, 157; § 346 HGB), deren Entscheidung in der Revisionsinstanz überprüft werden kann. Die Nachprüfung ist allerdings darauf beschränkt, ob die Auslegung denk- und erfahrungsgesetzlich (RG JW 22, 707) möglich ist, den gesetzlichen Auslegungsregeln nicht widerspricht und alle wesentlichen Tatsachen berücksichtigt (RGZ 169, 124). Die Auslegung von *A G B* kann dagegen das Revisionsgericht wie die Auslegung von gesetzlichen Vorschriften frei überprüfen, vorausgesetzt, daß ihre Geltung über den Bezirk eines OLG hinausreicht (BGHZ 6, 376; 8, 56; BGH LM Nr. 15 zu § 549 ZPO; RGZ 81, 117; 115, 126; 124, 332; 144, 301; 153, 62).

6. Feststellung

17   Handelsbräuche beruhen auf einer Verhaltensweise, die im Handelsverkehr unter Kaufleuten *tatsächlich üblich* ist. Dieser Nachweis läßt sich namentlich durch ein *Gutachten* der zuständigen Industrie- und Handelskammer führen. Zu den vornehmlichen Aufgaben dieser Körperschaften gehört es, die Behörden durch Gutachten und Berichte zu unterstützen (§ 1 Abs. 1 G zur vorläufigen Regelung des Rechts der IHK vom 18. 12. 56 – BGBl I 920); BGH BB 76, 480; Böshagen NJW 56, 695; Gallois NJW 54, 1312. Gutachten und Veröffentlichungen der Industrie- und Handelskammern, die das Bestehen von Handelsbräuchen feststellen, kommt keine konstitutive Bedeutung zu. Sie sind lediglich Beweismittel und können durch den Nachweis entkräftet werden, daß sich ein Handelsbrauch des in ihnen festgestellten Inhalts tatsächlich nicht gebildet hat oder wieder aufgegeben ist. Das gleiche gilt, wenn die IHK nicht einen Handelsbrauch festgestellt, sondern eigene Rechtsansichten in dem Gutachten vertreten hat (BGH LM Nr. 3 zu § 346 (B) HGB). Das Gericht muß daher mit den ihm zur Verfügung stehenden Möglichkeiten prüfen, ob ein Gutachten der IHK logisch und wissenschaftlich einwandfrei begründet ist; seine Würdigung kann, wenn sie verfahrensmäßig fehlerfrei getroffen ist, nicht vom Revisionsgericht nachgeprüft werden. Keinesfalls werden Allgemeine Geschäftsbedingungen, die der Öffentlichkeit bekannt gegeben werden, dadurch zum Handelsbrauch (Anm. 6). Das kann erst der Fall sein, wenn sie durch eine *ständige Übung* der beteiligten kaufmännischen Verkehrskreise zum Handelsbrauch erwachsen sind. Um ein objektives Verfahren bei der Erstattung von Gutachten sicherzustellen, hat der DIHT ein „Merkblatt für die Feststellung von Handelsbräuchen" herausgegeben, das im folgenden abgedruckt wird (OLG Hamburg MDR 63, 849; zur früheren Lage vgl. 3. Auflage Anm. 13–16).

Merkblatt des Deutschen Industrie- und Handelstages (DIHT) für die Feststellung von Handelsbräuchen, 1957

I. Einführung

18   Es kann nicht Aufgabe eines Merkblattes sein, Regeln aufzustellen, deren Beachtung die Lösung sämtlicher Feststellungsfälle ermöglicht. Zudem bedürfen zahlreiche materiellrechtliche Probleme im Bereich von Handelsbrauch und Verkehrssitte noch endgültiger Klärung durch Rechtsprechung und Rechtslehre.

Die Feststellung von Handelsbräuchen kann nicht schematisch, sondern immer nur unter sorgfältiger und sachkundiger Berücksichtigung der besonderen Umstände des Einzelfalles erfolgen. Es können daher nur allgemeine Leitsätze zusammengefaßt werden, die sich aus der Praxis der Industrie- und Handelskammern herausgebildet und in ihrer Anwendung bewährt haben. Zugleich soll das *Merkblatt* dem Gericht und den Prozeßbeteiligten einen Überblick darüber geben, wie die Kammern bei der Feststellung eines Handelsbrauchs vorgehen.

Das Merkblatt geht davon aus, daß die Entscheidung materiellrechtlicher Fragen, die bei Handelsbräuchen allgemein auftreten oder sich im Einzelfalle im Zusammenhang mit den getroffenen Feststellungen ergeben, Aufgabe des mit der Sache befaßten Richters sein muß. Dieser ist in geeigneter Form von den Kammern auf alle Umstände, die für die materiellrechtliche Entscheidung von Bedeutung sein könnten, hinzuweisen. Eine Stellungnahme zu materiellrechtlichen Fragen ist daher im Merkblatt nur insoweit bezogen, als sie unmittelbar das Feststellungsverfahren beeinflußt.

II. Wesen des Handelsbrauchs

Begriffsbestimmung

(1) Unter Handelsbräuchen versteht man die „Gewohnheiten und Gebräuche" des § 346 HGB. Sie sind tatsächliche Übungen, die sich für Geschäftsvorgänge vergleichbarer Art innerhalb eines Ortes, eines Bezirkes oder auch im ganzen Bundesgebiet gebildet haben; sie können sich ändern oder auch erlöschen. Sie werden daher im Einzelfall festgestellt und können weder „festgelegt" noch „in Kraft gesetzt", „vereinheitlicht" oder „aufgehoben" werden. Es handelt sich um ein konkretes Verhalten der beteiligten Verkehrskreise in regelmäßigen Geschäftsverkehr, auf das nach § 346 HGB Rücksicht zu nehmen ist, falls seine Bedeutung für gleichartige Vertragsverhältnisse bei Fehlen anderweitiger Vereinbarungen von den beteiligten Verkehrskreisen anerkannt ist. Wenn einer Handhabung von einem beachtenswerten Teil der Verkehrskreise wiederholt ausdrücklich widersprochen ist, kann ein Handelsbrauch im Sinne von § 346 HGB trotz Feststellung der tatsächlichen Übung nicht angenommen werden.

(2) Handelsbräuche dienen nicht nur zur Auslegung einer Erklärung (z. B. handelsübliche Vertragsklauseln), sondern ersetzen auch eine im Vertrag nicht vorhandene Erklärung (Vervollständigung des Vertragsinhalts; Ausfüllung einer Vertragslücke). Eine Rücksichtnahme auf Handelsbräuche ist auch dann geboten, wenn die Vertragspartner sie im Einzelfall nicht kennen. Das „Rücksichtnehmen" bedeutet, daß ein Handelsbrauch für das Gericht keine ohne weiteres bindende Norm ist; vielmehr können im Einzelfall besondere Umstände die Berufung auf den Handelsbrauch als sittenwidrig, mißbräuchlich oder aus sonstigen Gründen unzulässig erscheinen lassen.

(3) Handelsbräuche kommen in Betracht unter Vollkaufleuten, unter Umständen mit Einschluß der Minderkaufleute. Sie unterscheiden sich ihrem Wesen nach nicht von der Verkehrssitte der §§ 157 und 242 BGB, die sich auch auf Nichtkaufleute bezieht.

(4) Im Zusammenhang mit § 346 HGB sollte zur Vermeidung von Mißverständnissen nur das Wort „Handelsbrauch" Verwendung finden; werden die Begriffe „Handelsübung", „Handelsgepflogenheit", „handelsüblich" oder auch „üblich" benutzt, so soll ihre Bedeutung ersichtlich gemacht werden.

(5) Von einer tatsächlichen Übung ist zu unterscheiden:

a) eine bloße Verkehrsauffassung oder Rechtsauffassung (z. B. Antwort der Befragten: „Der Fall ist zwar praktisch bei mir noch nicht vorgekommen, aber ich würde die Handhabung in dieser oder jener Weise für richtig oder zweckmäßig halten");

b) ein regelmäßiger, natürlicher Geschehensablauf (z. B. die Tatsache des Schwundes bei bestimmten Gütern, die tatsächliche, erfahrungsgemäße Wertminderung durch Gebrauch u. dgl.). Solche Tatsachen sind erst Gegenstand eines Handelsbrauches, wenn man sie z. B. bei der Abrechnung in bestimmter Höhe ohne weiteren konkreten Nachweis üblicherweise gelten läßt.

Dauer der Übung

(6) Eine bestimmte Mindestdauer einer tatsächlichen Übung kann für das Entstehen eines Handelsbrauches nicht gefordert werden. Es muß sich jedoch um eine beiderseitige ständige gleichmäßige Anwendung durch Kaufleute in einer Vielzahl von vergleichbaren Fällen handeln, die

deshalb als Regel angesehen werden kann. Bei besonders häufiger Anwendung kann die zeitliche Dauer geringer sein.

Generalisierung

(7) Gegenstand des festzustellenden Handelsbrauchs kann nicht der Einzelfall in seiner konkreten Ausgestaltung sein. Aus dem Einzelfall muß vielmehr der für gleichartige Geschäfte typische Gehalt herausgestellt werden. Die Verallgemeinerung darf jedoch nicht zu weit gehen, damit die Vergleichbarkeit der Fälle gewährleistet bleibt.

In jedem Falle muß Klarheit darüber herrschen, innerhalb welcher Geschäftszweige und zwischen welchen Wirtschaftsstufen der Handelsbrauch bestehen soll.

Abgrenzung vom Vertrag

(8) Für die Feststellung eines Handelsbrauches (bzw. einer Verkehrssitte nach BGB) ist nur dann Raum, wenn und soweit der Inhalt des Vertrages, auch im Wege der Auslegung, nichts Ausreichendes über die strittige Frage ergibt.

Persönlicher Bereich

(9) Ein Handelsbrauch kann sich nur innerhalb derjenigen Verkehrskreise entwickeln, in denen Geschäfte der betreffenden Art üblich sind. Im Verhältnis zu einem nicht zu diesen Verkehrskreisen gehörenden Vertragspartner wird sich daher im allgemeinen ein in den regelmäßig beteiligten Verkehrskreisen bestehender Handelsbrauch nicht anwenden lassen.

Eine besonders vorsichtige und zurückhaltende Prüfung empfiehlt sich, wenn zwischen Kaufleuten eines bestimmten Geschäftszweiges und Kaufleuten unterschiedlicher Abnehmerkreise, mit denen regelmäßig nur einmal ein Geschäft getätigt wird, ein Handelsbrauch festgestellt werden soll (z.B. ein Fabrikant liefert an Bäcker, Metzger, Textileinzelhändler usw. nur einmal in ihrem Berufsleben eine Ladeneinrichtung). Das gleiche gilt, soweit im Verkehr zwischen Kaufleuten und Privatverbrauchern eine Verkehrssitte in Frage steht, die sich auf Geschäfte bezieht, die normalerweise nur einmal im Leben getätigt werden, z.B. die Anschaffung eines Schlafzimmers.

(10) Ebenso wie sich ein Handelsbrauch örtlich beschränkt bilden kann, ist es auch möglich, daß er nur innerhalb einer bestimmten Gruppe von Gewerbetreibenden besteht, während für andere Teile dieser Handelsbrauch nicht gilt. Es muß sich dann aber um einen nach objektiven Maßstäben klar abgrenzbaren Kreis handeln (z.B. Handelsbrauch möglich zwar innerhalb der „Großbanken und ihrer Kundschaft", nicht „der angesehenen Kunsthändler und ihrer Kundschaft").

Handelsbrauch und Gesetz

(11) Es ist nicht Aufgabe der Kammer, die rechtliche Auswirkung des festgestellten Handelsbrauchs auf den konkreten Sachverhalt zu beurteilen. Dennoch ist es auch für die Bearbeitung der gerichtlichen Anfrage wichtig zu wissen, daß in manchen Fällen eine tatsächliche Übung keine rechtliche Wirkung haben kann, z.B. wenn sie mit zwingenden Vorschriften des Gesetzes in Widerspruch steht. Dann wird sich ein entsprechender Hinweis an das Gericht empfehlen, weil sich in diesem Falle Feststellungen durch die Kammer erübrigen.

In der in Rechtsprechung und Schrifttum nicht eindeutig geklärten Frage
„Wirkt ein Handelsbrauch ohne weiteres auch gegenüber dispositivem Recht?"
sowie bei den Fragen
„Ist der behauptete Handelsbrauch ein Mißbrauch" (Beispiel: Eigentumsvorbehalt als Handelsbrauch mißbräuchlich, weil gegen allgemeine Rechtssicherheit verstoßend?) oder
„Verstößt die Anwendung des Handelsbrauchs im konkreten Einzelfall gegen Treu und Glauben?"
empfiehlt sich ebenfalls ein Hinweis an das Gericht, verbunden mit der Mitteilung des Ergebnisses der getroffenen Feststellungen.

Handelsbrauch und allgemeine Geschäftsbedingungen

(12) Von Verbänden und anderen Zusammenschlüssen aufgestellte Geschäftsbedingungen sind als solche nicht ohne weiteres Handelsbrauch. Häufig wird jedoch versucht, auf diese Weise einen Handelsbrauch zu schaffen. Ist die Einführung einzelner Bestimmungen solcher Geschäftsbedin-

gungen oder in Ausnahmefällen sogar der Bedingungen in ihrer Gesamtheit in dem Maße gelungen, daß die Anwendung zu einer tatsächlichen, anerkannten Übung geworden ist, so werden sie als Handelsbrauch anzusehen sein. Geschäftsbedingungen „in toto" haben sich in der Praxis sehr selten als Handelsbräuche erwiesen. Es empfiehlt sich daher, nicht nur danach zu fragen, ob die Geschäftsbedingungen in ihrer Gesamtheit auch ohne ausdrückliche Vereinbarung als Vertragsinhalt gelten, sondern auch festzustellen, ob die betreffende Einzelbedingung Handelsbrauch ist, sofern die letztere Feststellung nicht überhaupt genügt.

(13) Wenn eine bestimmte Regelung ständig *vereinbart* wird, so ist damit die Regelung selbst noch nicht ohne weiteres als Handelsbrauch anzusehen. Man könnte vielmehr sogar aus einer häufigeren Vereinbarung schließen, daß sie nicht als Handelsbrauch gilt, da sie sonst nicht ausdrücklich vereinbart zu werden brauchte. Immerhin schließt die ständige Vereinbarung aber nicht aus, daß sich die Regelung neben der üblichen Vereinbarung auch als Handelsbrauch eingebürgert hat, weil die Regelung ständig tatsächlich geübt worden ist.

(14) Zu unterscheiden hiervon sind die Fälle, in denen Geschäftsbedingungen bei besonders häufig vorkommenden Geschäftstypen in ihrer Gesamtheit als vereinbarter Vertragsinhalt gelten *können;* das setzt im allgemeinen aber voraus, daß der Vertragspartner annehmen mußte, daß der andere nur zu seinen Geschäftsbedingungen abschließen wollte (Beispiel: Beförderungsbedingungen bei der Bundesbahn; Versicherungsbedingungen der betreffenden Versicherungsgesellschaft; Banken).

III. Feststellungsverfahren

Feststellungsorgane

(15) Die Feststellung von Handelsbräuchen gehört zu den besonderen Aufgaben der Industrie- und Handelskammern. Sie sind hierzu befähigt, weil sie als unterste regionale Gliederung der Gesamtwirtschaft in unmittelbarer Fühlung mit den Kaufleuten die verschiedensten Gewerbegruppen betreuen, dadurch einen umfassenden Überblick besitzen und deshalb am ehesten die Gewähr bieten, einseitige Interessen einzelner Firmen oder Gruppen auszuschalten. Die Feststellung von Handelsbräuchen durch Befragung eines Sachverständigen durch das Gericht wird regelmäßig nicht zweckmäßig sein, weil dieser zwar technische Sachkenntnisse besitzt, nicht aber die den Industrie- und Handelskammern gegebene Möglichkeit einer umfassenden Befragung der Verkehrskreise über tatsächliche Gebräuche hat.

Vorbereitung der Befragung

(16) Um zu prüfen, welche Verkehrskreise in Frage kommen, wird es häufig nötig sein, technische Vorfragen zu klären, damit nicht durch Befragung falscher oder nur zum Teil zutreffender Kreise ein unrichtiges Bild entsteht. Unter Umständen ist es daher erforderlich, Sachkundige (der Kammer nahestehende Kaufleute, vereidigte Sachverständige u. dgl.) darüber zu hören, in welcher Art von Betrieben die betreffenden Artikel hergestellt, gehandelt oder gebraucht werden bzw. die in Rede stehenden Geschäftsvorgänge vorkommen.

(17) Da Feststellungen sowohl über einen zu spezialisierten Einzelfall als auch über einen zu stark verallgemeinernden Tatbestand zu falschen Ergebnissen führen können [vgl. Ziff. (7)], empfiehlt sich eine Überprüfung des Gerichtsersuchens auch in dieser Richtung und eventuell eine Anfrage an das Gericht, für welchen Sachverhalt und für welchen Verkehrskreis der Brauch festgestellt werden soll.

(18) Falls der Beweisbeschluß nicht bereits ein geschlossenes Bild über den Gegenstand der Befragung, die Verkehrskreise usw. ergibt, müssen die Gerichtsakten angefordert werden.

(19) Regelmäßig müssen die Verkehrskreise beider Beteiligten gefragt werden. Handelt es sich um mehrere Wirtschaftsstufen, so müssen alle in Frage kommenden Wirtschaftsstufen (Hersteller, Großhändler, Handelsvertreter, Einzelhandel, Versandhandel, Gaststätten, ambulantes Gewerbe usw.). in die Umfrage einbezogen werden. Ist eine Wirtschaftsstufe im Kammerbezirk nicht oder unzureichend vertreten, so muß geprüft werden, ob entweder von vornherein oder nach dem Ergebnis der Umfrage bei den übrigen Firmen eventuell andere Kammern eingeschaltet werden müssen (siehe Ziff. 22 ff.). Innerhalb der verschiedenen Wirtschaftsstufen empfiehlt es sich, nach

§ 346   1. Abschn.   *Drittes Buch. Handelsgeschäfte*

Firmengröße zu streuen. Die Zahl der zu Befragenden sollte nicht zu klein gewählt werden. Die sorgfältige Auswahl der zu befragenden Firmen ist von entscheidender Bedeutung für die Richtigkeit des Ergebnisses.

(20) Da es bei der Feststellung von Handelsbräuchen vor allem auf die unmittelbare Mitteilung des Gewerbetreibenden über seine eigene Handhabung ankommt, sollte das Schwergewicht auf die unmittelbare Firmenbefragung gelegt werden. Ob es sich neben oder nach Abschluß der Firmenumfrage empfiehlt, auch örtliche und überörtliche *Verbände* zu fragen, muß von Fall zu Fall entschieden werden. Bei Verbandswünschen ist, auch wenn sie wirtschaftspolitisch berechtigt sind, zu prüfen, ob sie sich bereits als Handelsbrauch durchgesetzt haben und ob kartellrechtliche Bedenken bestehen.

(21) Im Handelsregister eingetragene *Handwerker* und solche Handwerker, die gleichzeitig ein Handelsgeschäft oder dergleichen betreiben, können ebenfalls unmittelbar von der Industrie- und Handelskammer befragt werden. Um auch weitere Handwerkskreise zu erfassen, wenden sich die Industrie- und Handelskammern zweckmäßigerweise an die Organisationen des Handwerks (Handwerkskammern, Innungen, Kreishandwerkerschaften usw.).

Verfügt die Kammer auf dem betreffenden Sachgebiet über vereidigte Sachverständige, so wird auch deren Befragung tunlich sein.

Einbeziehung anderer Kammern

(22) Im allgemeinen ist davon auszugehen, daß der Handelsbrauch am Sitz der befragten Industrie- und Handelskammer oder innerhalb des Kammerbezirks festgestellt werden soll. In der Regel erübrigt sich daher die Inanspruchnahme anderer Kammern.

(23) Ist die Zahl der einschlägigen Firmen am Ort der Kammer oder im Kammerbezirk zu gering, so wird sich durch eine Befragung der bezirklichen Verkehrskreise ein Handelsbrauch in diesem Bezirk nicht feststellen lassen. Es ist jedoch möglich, daß sich auf überbezirklicher Ebene ein Handelsbrauch gebildet hat, der auch für den Bezirk der befragten Kammer gilt. Das müßte dann durch zusätzliche Befragung anderer Kammern – entweder durch das Gericht oder mit dessen Einvernehmen durch die zunächst befragte Kammer – festgestellt werden.

(24) Läßt sich bereits vor der Umfrage im Kammerbezirk oder nach deren Ergebnis erkennen, daß sich daraus ein eindeutiges Bild nicht gewinnen läßt, oder besteht die Befürchtung, daß die eingeholten Auskünfte von interessierter Seite „gesteuert" sind, so müssen gegebenenfalls auch andere Kammern um geeignete Feststellungen gebeten werden. Dabei ist jedoch sorgfältig zu überlegen, an welche Kammern sich von Gericht befragte Kammer wendet. Je nach Lage der Sache können das unmittelbar benachbarte Kammern oder auch solche sein, in deren Bezirk sich hauptsächlich die in Frage kommenden Geschäftsvorgänge abspielen, die betreffende Wirtschaftsstufe stark vertreten ist oder bei denen aus sonstigen Gründen mit besonderen Erfahrungen zu rechnen ist. Von einer Einschaltung des Deutschen Industrie- und Handelstages (bzw. der Länderarbeitsgemeinschaften) sollte nur Gebrauch gemacht werden, wenn sich tatsächlich die Streuung der Umfrage über das Bundesgebiet (bzw. das Land) als notwendig erweist. Ob eine solche Einbeziehung anderer Kammern ohne vorherige Abstimmung mit dem Gericht erfolgen soll, hängt davon ab, ob die Ausdehnung der Umfrage nur zur Absicherung des Ergebnisses im eigenen Kammerbezirk dienen soll oder ob ohne sie (z. B. wegen Fehlens einschlägiger Verkehrskreise oder Wirtschaftsstufen) am Ort der befragten Kammer ein Ergebnis überhaupt nicht zu erzielen ist.

(25) Läßt sich aus der Anfrage des Gerichts ohne weiteres erkennen, daß zweifellos nur ein Handelsbrauch in einem anderen Bezirk in Frage kommt, so wird sich im Interesse der Parteien ein entsprechender Hinweis an das Gericht unter Rückgabe der Akten empfehlen.

Verwendung vorhandenen Materials

(26) Hat die befragte Kammer bereits in derselben Frage vor kurzem Feststellungen für ein Gericht getroffen, so wird sie sich im allgemeinen darauf beschränken können, dem Gericht das damals gefundene Ergebnis zu übermitteln. Liegt die Umfrage bereits einige Jahre zurück, so muß mit Rücksicht auf die inzwischen möglicherweise eingetretene Entwicklung eine erneute kurze Anfrage (eventuell Stichproben) an die betreffenden Firmen dahingehend gerichtet werden, ob die damalige Auskunft noch zutrifft. Auf noch weiter zurückliegende Umfragen wird nur mit größter

Zurückhaltung zurückgegriffen werden können. Eine neue vollständige Umfrage wird dann meistens nicht zu vermeiden sein. – Mit gleicher Vorsicht wird auch die vorher erfolgte Feststellung von Handelsbräuchen anderer Kammern zu verwerten sein, obwohl solche Feststellungen (Fallsammlung des Deutschen Industrie- und Handelstages; vgl. Ziff. 35) wertvolle Hinweise für die Arbeit der eigenen Kammer geben können.

Formulierung der Anfrage

(27) Im Regelfalle sollte die Beweisfrage des gerichtlichen Beweisbeschlusses den Befragten im Wortlaut vorgelegt werden. Wenn die Frage nicht aus sich heraus verständlich ist, muß sie entweder (unter exakter Beibehaltung des Inhaltes) verständlicher formuliert werden oder es muß aus dem Akteninhalt eine Erläuterung beigefügt werden. Dabei ist mit äußerster Vorsicht vorzugehen, weil unbedingt vermieden werden muß, daß durch eine von der Kammer gegebene Erläuterung der Sachverhalt verändert wird. Gleichzeitig muß verhindert werden, daß durch die Wiedergabe des konkreten Tatbestandes die Befragten gefühlsmäßig zu einer Entscheidung des Rechtsstreites bestimmt werden, statt daß sie sich auf eine Berichterstattung über die praktische Handhabung in der Branche beschränken. Da die Feststellung eines „Handelsbrauches" schon eine Auswertung der tatsächlichen Einzelfeststellungen bedeutet, man diese Auswertung aber nicht den einzelnen Befragten überlassen sollte, wird man möglichst nicht nach „Handelsbrauch" oder „Handelsüblichkeit" fragen, sondern um Auskunft bitten, ob die befragte Firma die behauptete Übung selbst handhabt oder als üblich kennt.

Beispiel für Anfragen der Kammer:

(28) 1. a) Werden von Ihnen als Großhändler in Damenoberbekleidungsstoffen die gelieferten Stoffballen sofort auf Webfehler untersucht und bei Beanstandung innerhalb von drei Tagen nach Erhalt gerügt?
   b) Wird über diese Frage üblicherweise eine Vereinbarung getroffen?
   c) Gilt diese dreitägige Frist auch dann, wenn keine ausdrückliche Vereinbarung hierüber getroffen worden ist?
2. Wenn Sie die behauptete Übung nicht selbst handhaben: Ist sie nach Ihrer Kenntnis in den einschlägigen Geschäftskreisen üblich?

IV. Kammergutachten

Inhalt und Form der Kammeräußerung

(29) Die Äußerung der Kammer gegenüber dem Gericht ist eine Zusammenfassung ihrer Ermittlungen verbunden mit der Feststellung, ob ein Handelsbrauch besteht oder nicht. Insoweit ist sie zugleich ein Gutachten.

(30) Bei der Ermittlung handelsüblicher Fristen, Mengenbestimmungen und dergleichen kann die Befragung ergeben, daß eine übereinstimmende tatsächliche Übung hinsichtlich der Fristen oder der Mengen nicht besteht, daß jedoch die Über- bzw. Unterschreitung einer bestimmten Mindest- oder Höchstfrist (bzw. -menge) der allgemeinen Übung widerspricht. Es würde dann falsch sein, das Bestehen eines Handelsbrauches überhaupt zu verneinen, weil damit die Prozeßentscheidung möglicherweise unrichtig würde. Vielmehr wird ein solches Feststellungsergebnis dem Gericht durch die Kammer mitzuteilen und dabei zu bemerken sein, daß wenigstens ein bestimmter Teil der behaupteten Übung von allen Befragten als üblich bezeichnet wird. (Wenn z. B. ein Teil der Befragten eine dreitägige, der andere Teil eine fünftägige Rügepflicht als üblich bezeichnet, so kann als Handelsbrauch jedenfalls festgestellt werden, daß nach fünf Tagen nicht mehr gerügt werden kann. Entsprechendes gilt, wenn ein Teil der Firmen eine Untersuchung von 1% der verpackten Ware für ausreichend hält, ein anderer Teil regelmäßig 2% untersucht.)

(31) Sofern sich bei Feststellung einer tatsächlichen Übung ergibt, daß ein wesentlicher Teil der Befragten der Handhabung zwar nicht widersprochen hat, sie aber als nicht ordnungsmäßig empfindet, so wird das Gericht bei Übermittlung des Feststellungsergebnisses hierüber zu unterrichten sein.

§ 346 1. Abschn. *Drittes Buch. Handelsgeschäfte*

(32) Die Äußerung der Kammer soll klar und bei möglichst knapper Darstellung doch erschöpfend sein. Aus den Eingangs- oder Schlußsätzen (möglichst auch schon aus dem „Betreff") der Kammeräußerung muß klar hervorgehen, von welcher Fragestellung die Kammer ausgegangen ist, damit das Gericht und die Parteien erkennen können, ob die Feststellungen der Kammer und deren Ergebnis wirklich die Beweisfrage richtig und vollständig treffen.

(33) Es empfiehlt sich häufig, dem Gericht anzugeben, auf welche Kreise sich die Umfrage der Kammer erstreckt hat und möglicherweise auch, welches etwa unterschiedliche Ergebnis die Umfrage in den einzelnen Wirtschaftsstufen, Geschäftszweigen usw. gehabt hat. Soweit Auskünfte von Fachverbänden im Gutachten verwertet werden, sind sie regelmäßig als solche zu bezeichnen. Da die Feststellung über das Bestehen oder Nichtbestehen eines Handelsbrauches normalerweise nur im Kammerbezirk getroffen worden ist, muß dem Gericht mitgeteilt werden, daß der Handelsbrauch „im Bezirk der IHK ..." bestehe bzw. nicht bestehe. – Hat sich die Einschaltung anderer Kammern aus den erwähnten Gründen als notwendig erwiesen, so ist auch das in den anderen Bezirken ermittelte Ergebnis anzugeben.

(34) Wenn im Einzelfalle der festgestellte Brauch nicht ohne weiteres verständlich erscheinen kann, wird es zweckmäßig sein, anzugeben, was zu der Entstehung des Handelsbrauchs geführt hat.

(35) Eine Erörterung der Rechtslage durch die Kammer muß grundsätzlich unterbleiben. Immerhin wird es aber der befragten Kammer nicht zu verdenken sein, wenn diese z. B. darauf aufmerksam macht, daß sich die Entscheidung der Beweisfrage möglicherweise aus einer bestehenden, im Prozeß aber noch nicht erörterten Rechtsvorschrift ergibt.

(36) Bei der von der Kammer zu treffenden Schlußfolgerung über das Bestehen eines Handelsbrauches ist ein strenger Maßstab anzulegen. Eine rein zahlenmäßige Gegenüberstellung der Auskünfte wird im allgemeinen nicht zweckmäßig sein, da die Antworten der befragten Firmen z. B. hinsichtlich ihrer besonderen Marktübersicht gewertet werden müssen. Es wäre daher bedenklich, bestimmte v. H.-Sätze bejahender Stimmen (Etwa 80 oder 70% oder ähnliche Zahlen) als alleinige Grundlage für die Feststellung eines Handelsbrauchs zu verwenden. Gegebenenfalls ist dem Gericht gegenüber darauf hinzuweisen, daß die Entwicklung zwar in Richtung einer allgemein werdenden Übung zu gehen scheine, sich die behauptete Übung aber zur Zeit noch nicht zu einem Handelsbrauch verdichtet habe. Wenn der Kammer bekannt ist, daß bereits andere Kammern (oder auch Gerichte), unabhängig von der jetzigen Anfrage des örtlichen Gerichtes, zu derselben Fragestellung genommen haben, so empfiehlt es sich, dies in der Äußerung der befragten Kammer zu erwähnen.

Überprüfung des Ergebnisses

(37) In manchen Fällen kann es zweckmäßig sein, das Ergebnis des durchgearbeiteten Materials vor der Herausgabe an das Gericht nochmals einer besonderen Prüfung zu unterziehen. In welcher Weise dies geschieht, ob etwa durch Einschaltung von Sachverständigen oder dadurch, daß den Befragten ein Entwurf zugesandt wird, muß der einzelnen Kammer überlassen bleiben.

Sammlung von Handelsbrauch-Feststellungen

(38) Es empfiehlt sich, von jeder Feststellung über einen Handelsbrauch dem Deutschen Industrie- und Handelstag zur Ergänzung seiner Fall-Sammlung Kenntnis zu geben und das Ergebnis der Feststellung in geeigneten Fällen auch in dem Mitteilungsblatt der Kammer bekanntzugeben. Dadurch können alle Kammern in bei ihnen vorkommenden Fällen von den Erfahrungen und Feststellungen anderer Kammern (in dem oben angegebenen eingeschränkten Umfang) Nutzen ziehen. Bei Fall-Sammlungen über Handelsbräuche ist aber zu beachten, daß die örtlich getroffenen Feststellungen durchaus nicht ohne weiteres für andere Kammerbezirke gelten. [s. Ziff. (24)] und außerdem alle Handelsbrauch-Feststellungen zeitlich bald überholt sein können. Von einer allgemeinen Publizierung von Fall-Sammlungen (durch Buch oder Broschüre) sollte aus diesem Grunde, aber auch zur Vermeidung der Erstarrung von Handelsbräuchen, abgesehen werden.

Handelsbrauch-Feststellungen für Firmen

(39) Gutachten der Industrie- und Handelskammern über das Bestehen oder Nichtbestehen von Handelsbräuchen sollten grundsätzlich nur gegenüber Gerichten und Behörden erstattet werden. Anträge von Firmen an die Kammer, Feststellungen über das Vorhandensein eines Handelsbrauches zu treffen, müssen daher im allgemeinen abgelehnt werden. Es können aber den Firmen bereits

vorhandene Gutachten der eigenen oder einer anderen Kammer bekanntgegeben werden, wobei auf die Gefahren bei der Verwertung von Feststellungen an anderen Orten und zu früheren Zeitpunkten hinzuweisen ist. Häufig wird die gemeinsame Bitte von Bezirksfirmen an die Kammer auf Erstattung eines Handelsbrauch-Gutachtens damit begründet, daß die strittige Frage nicht rechtshängig werde oder ihre Klarstellung gerade zur Vermeidung eines Prozesses dienen solle. Selbst in solchen Fällen wird kein eigentliches umfassendes Kammergutachten zu erstellen sein, sondern die Kammer kann sich im Interesse ihrer Bezirksfirmen und gewissermaßen in deren Auftrag in den einschlägigen Geschäftskreisen erkundigen, um das Ergebnis den anfragenden Firmen für deren eigene Entscheidung zur Verfügung zu stellen. Solche Erkundigungen erfolgen zweckmäßigerweise neutral, d. h. ohne Firmennennung. Es muß dabei seitens der Kammer deutlich gemacht werden, daß damit einem etwa später auf Anforderung des Gerichtes zu erstattenden Gutachten weder vorgegriffen werden kann noch soll.

IV. Rücksichtnahme auf Handelsbräuche

1. Rechtsgrundlagen

Nach § 346 ist unter Kaufleuten in Ansehung der *Bedeutung* und *Wirkung* von Handlungen und Unterlassungen auf *Handelsbräuche,* also auf die kaufmännische Verkehrssitte (Anm. 1) Rücksicht zu nehmen. § 346 ist im Bereich des Handelsrechts das Gegenstück zu den §§ 133, 157, 242 BGB, die wie folgt lauten: **19**

§ 133 BGB. Bei der Auslegung einer Willenserklärung ist der wirkliche Wille zu erforschen und nicht an dem buchstäblichen Sinne des Ausdrucks zu haften.
§ 157 BGB. Verträge sind so auszulegen, wie Treu und Glauben mit Rücksicht auf die Verkehrssitte es erfordern.
§ 242 BGB. Der Schuldner ist verpflichtet, die Leistung so zu bewirken, wie Treu und Glauben mit Rücksicht auf die Verkehrssitte es erfordern.

Im folgenden sind zunächst der Wirkungsbereich dieser Vorschriften und ihr Verhältnis zueinander zu klären.

2. Bedeutung von Handlungen und Unterlassungen

Wenn § 346 die Beachtung von Handelsbräuchen für die *Bedeutung* von Handlungen und Unterlassungen vorschreibt, so umfaßt er damit den gesamten Wirkungsbereich der §§ 133, 157, 242 BGB. Er gilt daher: **20**

a) für die **Auslegung von Willenserklärungen** eines Kaufmanns. Sie richtet sich in erster Linie nach § 133 BGB, der auf den *wirklichen Willen* des Erklärenden abstellt, wie er in dem tatsächlich Erklärten, dem Erklärungstatbestand (Soergel/Hefermehl BGB § 133 Anm. 1) zum Ausdruck gekommen ist. Er ist nicht mit dem Erklärungsakt identisch, sondern umfaßt die Begleitumstände, deren Heranziehung erst die Auslegung des Inhalts der Willenserklärung ergibt (Soergel/Hefermehl BGB vor § 116 Anm. 5). Erst die Gesamtumstände ergeben den wirklichen Willen des Erklärenden. Daneben ist für die Auslegung von Willenserklärungen, die Handelsgeschäfte sind (Anm. 23), § 157 BGB maßgebend, der sich nicht nur auf Verträge bezieht (BGHZ 21, 328; RGZ 169, 124; Larenz AllgT § 19 II S. 284 f.; Erman/Hefermehl § 157 Rdz. 2). Willenserklärungen sind demnach so auszulegen, wie Treu und Glauben mit Rücksicht auf die *Verkehrssitte* es erfordern. Ergänzend verweist § 346 auf die *kaufmännische* Verkehrssitte (Handelsbrauch). Für die Bedeutung einer empfangsbedürftigen Willenserklärung kommt es demnach darauf an, wie sie vom *Empfänger* nach Treu und Glauben und mit Rücksicht auf die kaufmännische oder, falls eine solche nicht besteht, allgemeine Verkehrssitte verstanden werden mußte. Der Empfänger kann sich demnach nicht auf den Wortlaut der Erklärung verlassen. Der rechtlich relevante Wille ist aber auch kein psychologischer, sondern ein *normativ* zu ermittelnder Wille. Es ist der vom Empfänger aus dem Erklärungstatbestand in seiner Gesamtheit zu entnehmende Wille des Erklärenden, gleichviel, ob dieser wirklich seinem inneren Willen entspricht oder nicht. § 157 BGB wird insoweit durch § 346 nicht berührt.

21 b) für die **Auslegung von Verträgen**, die ein Kaufmann als Handelsgeschäfte abschließt. Auch hierbei sind Handelsbräuche bzw. allgemeine Verkehrssitten sowie Treu und Glauben zu berücksichtigen (§§ 157, 242 BGB, § 346 HGB). Handelsbrauch und Verkehrssitte ermöglichen es auch, im Wege *ergänzender* Auslegung *Lücken* eines Vertrages zu schließen, deren sich die Parteien nicht bewußt geworden sind, insbesondere bestehende Verpflichtungen zu ergänzen (BGHZ 9, 273; 12, 337/342; 23, 282; NJW 52, 257; 69, 1293; Larenz AllgT § 29 I S. 466 ff.; Erman/Hefermehl § 157 Anm. 12, 16 ff.). Durch ergänzende Vertragsauslegung soll ermittelt werden, wie die Parteien bei redlichem Verhalten die offen gebliebenen Punkte geregelt haben würden, wenn sie sich zu einer Regelung entschlossen hätten. Dabei geht es ebenfalls nicht um eine psychologische Willenserforschung, sondern eine gerechte *Interessenabwägung,* die von den im Vertrag getroffenen Regelungen beider Parteien auszugehen hat (ähnlich Sonnenberger a. a. O. Nr. 130). Nur soweit der Vertrag *Lücken* aufweist, kommt eine *ergänzende* Auslegung in Betracht. Sie darf niemals zu einer Korrektur der von den Parteien gewollten Regelung, insbesondere nicht zu einer Erweiterung des Vertragsgegenstandes führen (BGHZ 9, 273). – Hat sich ein Handelsbrauch erst *nach* Vertragsschluß gebildet, so kann er nicht zur Auslegung der früher liegenden Erklärungen der Parteien verwendet werden. Er kann aber u. Umst., insbesondere bei langdauernden Vertragsverhältnissen, für eine Vertragsergänzung oder für die Frage, wie die geschuldete Leistung zu bewirken ist, von Bedeutung sein (RG JW 38, 859; Warn 16 Nr. 69).

3. Wirkung von Handlungen und Unterlassungen

22 Wie in § 242 BGB ist ein *Handelsbrauch* als ergänzende Verkehrssitte neben Treu und Glauben auch für die Bestimmung des *Inhalts der geschuldeten Leistung* zu berücksichtigen. Insoweit setzt § 346 die vorherige *Auslegung* nach §§ 133, 157 BGB, 346 HGB voraus (Anm. 20; BGHZ 16, 8). Erst wenn festgestellt ist, welche rechtliche Regelung die Parteien nach ihrem Willen getroffen haben, ist zu ermitteln, wie sie ihre Rechte auszuüben und ihre Pflichten zu erfüllen haben. Im einzelnen bestimmen § 242 BGB und § 346 HGB den *Inhalt* des Vertrages, wozu insbesondere Art, Zeit und Ort der Leistung sowie die Grenzen zulässiger Rechtsausübung gehören. Die ergänzende Wirkung des Handelsbrauchs auf den Vertragsinhalt ist in einer Reihe von Vorschriften des HGB *besonders angeordnet* (z. B. §§ 59, 77, 94, 96, 99, 359, 393, 394, 428). § 346 geht insoweit über § 242 BGB hinaus, als zu den Wirkungen von Handelsgeschäften auch die *Rechtsfolgen* von Verträgen gehören. Auch für sie gewinnt ein Handelsbrauch Bedeutung, z. B. dafür,

Erster Abschnitt. Allgemeine Vorschriften 1. Abschn. § 346

ob der Verkäufer bei einer Vertragsverletzung des Käufers nach § 326 BGB ohne Nachfristsetzung vom Vertrag zurücktreten kann (BGH LM § 346 (B) HGB Nr. 7).

4. Unterschiede gegenüber den Interpretationsregeln des BGB

§ 346 weist hinsichtlich der Berücksichtigung der Verkehrssitten im Vergleich mit 23 §§ 133, 157, 242 BGB eine *Erweiterung* und eine *Einschränkung* auf. Eine Erweiterung insofern, als nicht nur Willenserklärungen, Verträge und Leistungen der kaufmännischen Verkehrssitte unterworfen sind, sondern schlechthin alle Handlungen und Unterlassungen, und zwar hinsichtlich sowohl ihrer *Bedeutung* als auch ihrer *Wirkungen* (BGH LM § 346 (B) HGB Nr. 4). Eine Einschränkung insofern, als die kaufmännische Verkehrssitte nur „unter Kaufleuten" Berücksichtigung finden soll.

a) Die *Erweiterung* dient dazu, jedes Tun und Lassen des Kaufmanns der kaufmännischen Verkehrssitte zu unterstellen. Deshalb hat der Gesetzgeber des HGB davon abgesehen, die Beachtung der Verkehrssitte getrennt für Willenserklärungen, Verträge und Leistungen vorzuschreiben. Im übrigen ist der Unterschied gering. Einmal ist der Kreis der Handlungen und Unterlassungen, die nicht Willenserklärungen, Verträge oder Leistungen sind, beschränkt. Zum anderen erfaßt das die Verkehrssitte im bürgerlichen wie im Handelsrecht beherrschende Prinzip von Treu und Glauben auch nach bürgerlichem Recht alle rechtserheblichen Handlungen und Unterlassungen. Die Handlung oder Unterlassung muß ferner ein *Handels*geschäft sein; nur auf diese Geschäfte finden die Vorschriften des dritten Buches des HGB Anwendung. Als Handelsgeschäft kommt jedes geschäftliche Verhalten eines Kaufmanns in Betracht (§ 343 Anm. 11–13); auch unerlaubte Handlungen sind nicht ausgeschlossen (§ 343 Anm. 13). Entscheidend ist, daß es sich um ein Geschäft handelt, das mit dem Betrieb des Handelsgewerbes des Kaufmanns in irgendeinem Zusammenhang steht (§ 343 Anm. 14 ff.). Ist das der Fall, so findet für die Bedeutung und Wirkung des Handelsgeschäfts § 346 Anwendung. So kann z.B. der Sinn einer *Auskunft*, die ein Kaufmann im Betrieb seines Handelsgewerbes erteilt, unter Heranziehung von Handelsbräuchen zu ermitteln sein, auch wenn die falsche Auskunftserteilung eine unerlaubte Handlung darstellt (§ 347 Anm. 34; a.M. Düringer/Hachenburg/Werner Anm. 9). Da auch die *Wirkung* von Handlungen und Unterlassungen über den Anwendungsbereich des § 242 BGB hinaus unter Berücksichtigung von Verkehrssitten zu bestimmen ist, kann auf Grund des Handelsbrauchs eine Handlung oder Unterlassung, die keine Willenserklärung ist, als solche gelten. So besitzt das *Schweigen* auf ein kaufmännisches *Bestätigungsschreiben* die Rechtswirkung einer *zustimmenden* Willenserklärung, ohne daß es auf einen entsprechenden Willen des Kaufmanns ankommt (Anm. 120).

Die Berücksichtigung eines Handelsbrauchs setzt nach § 346 grundsätzlich voraus, 25 daß zwar nicht notwendig *vertragliche*, so doch wenigstens bestimmte *tatsächliche, rechtlich erhebliche Beziehungen* zwischen den Parteien bestehen. Sonst kommen eine Auslegung und Ergänzung ihrer Erklärungen und die nähere Bestimmung der geschuldeten Leistungen nicht in Betracht (OLG Düsseldorf BB 62, 577). Dabei ist zu beachten, daß sich nach Treu und Glauben mit Rücksicht auf Handelsbräuche und die allgemeine Verkehrssitte auch ohne Bestehen eines wirksamen Hauptvertrages *Rechtspflichten* ergeben können. Das trifft z.B. bei der Haftung für Verschulden bei den Vertragsver-

§ 346   1. Abschn.   *Drittes Buch. Handelsgeschäfte*

handlungen zu (BGH NJW 62, 32). Erforderlich ist in jedem Fall ein rechtlich erhebliches tatsächliches Vertrauensverhältnis zwischen den Parteien. Sonst kann der Umstand, daß beim Bestehen einer rechtlichen oder tatsächlichen Beziehung ein Handelsbrauch eingreifen würde, Rechte und Pflichten nicht begründen.

26 b) Die **Einschränkung,** die § 346 gegenüber §§ 133, 157, 242 BGB aufweist, liegt darin, daß er nur *unter Kaufleuten* gilt. Notwendig ist ein *beiderseitiges* Handelsgeschäft (§ 345 Anm. 3). Es genügt demnach nicht, daß zwei Kaufleute beteiligt sind, jedoch nur auf seiten eines von ihnen ein Handelsgeschäft vorliegt (RGZ 49, 161; RG Warn 30 Nr. 134, S. 270; Düringer/Hachenburg/Werner Anm. 12). Wenn ein Geschäft überhaupt nichts mit dem Handelsgewerbe eines Kaufmanns zu tun hat, ist es nicht gerechtfertigt, Handelsbräuche darauf anzuwenden, die dem Kaufmann meist unbekannt sein werden. Er steht dann nicht besser oder schlechter als ein Nichtkaufmann. Wann beide Seiten Kaufleute sind ergibt sich aus §§ 1–7.

27 Grundsätzlich soll der *Kaufmann* im Sinne der §§ 1–3 und 6 dem Handelsbrauch unterworfen sein. § 346 gilt insbesondere auch für die durch § 1 dem Handelsrecht unterworfenen Minderkaufleute, deren Gewerbebetrieb nach Art oder Umfang einen in kaufmännischer Weise eingerichteten Geschäftsbetrieb nicht erfordert (Warenhandwerker und Kleingewerbetreibende). Es ist jedoch zu beachten, daß es Handelsbräuche gibt, die sich ersichtlich nur auf Vollkaufleute beziehen. Daher muß im Einzelfall stets festgestellt werden, ob der betreffende Handelsbrauch auch für Minderkaufleute (§ 4) gilt oder sich der Minderkaufmann dem Handelsbrauch unterworfen hat (RG JW 07, 149; Düringer/Hackenburg/Werner Anm. 12; Ritter Anm. 3a; Koenige/Teichmann/Koehler Anm. 1). Ein Gewerbetreibender, der nach § 5 *kraft Eintragung* als Kaufmann gilt, kann sich nach § 346 auf Handelsbräuche berufen und muß sie gegen sich gelten lassen. Wer sich lediglich nach Rechtsscheingesichtspunkten als Kaufmann behandeln lassen muß, kann sich auf das Bestehen eines Handelsbrauchs nicht zu seinen Gunsten berufen; nur zu seinen Ungunsten muß er ihn gegen sich gelten lassen. Sein Geschäftsgegner kann den Scheinkaufmann aber auch als *Nichtkaufmann* behandeln, auf dessen Verhalten Handelsbräuche keine Anwendung finden (343 Anm. 6).

28 Ein *Nichtkaufmann* ist an Handelsbräuche nicht gebunden. Er untersteht nach §§ 157, 242 BGB der *allgemeinen Verkehrssitte.* Es gibt jedoch Fälle, in denen die Grenzen von Verkehrssitte und Handelsbrauch flüssig sind (vgl. RG HRR 29, Nr. 1990; Warn 30 Nr. 134 S. 270). Die Entwicklung des modernen Geschäftsverkehrs, der jeden in irgendeiner Weise als Käufer oder Verkäufer oder als Benutzer der vom Handel und Verkehr ausgebildeten Einrichtungen in seinen Bann zieht, bringt es mit sich, daß kaufmännische Gepflogenheiten auch dem Nichtkaufmann weitgehend bekannt werden und er sich auf sie einläßt mit der Wirkung, daß die kaufmännische Verkehrssitte zur allgemeinen Verkehrssitte wird. In diesen Fällen muß auch der Nichtkaufmann die zur allgemeinen Verkehrssitte gewordenen Handelsbräuche gegen sich gelten lassen, selbst wenn er im Einzelfall nachweisen könnte, daß ihm gerade diese allgemeine Verkehrssitte nicht bekannt war (RGZ 49, 161; JW 27, 764; Düringer/Hachenburg/Werner Anm. 12; Baumbach/Duden Anm. 1C; Ritter Anm. 3a). Für §§ 157, 242 BGB kommt es ebenso wenig wie für § 346 auf die *Kenntnis* vom Bestehen der Verkehrssitte oder des Handelsbrauchs an (Anm. 31).

Unter besonderen Umständen können auch echte Handelsbräuche, die an sich nur **29** gelten, wenn auf beiden Seiten Kaufleute stehen, zugunsten oder zuungunsten von *Nichtkaufleuten* anwendbar sein. Das ist möglich, wenn dem Nichtkaufmann das Bestehen des Handelsbrauchs *bekannt* ist. Die Einschränkung des § 346 beruht darauf, daß Nichtkaufleuten im allgemeinen Handelsbräuche unbekannt sein werden. Weiß jedoch ein Nichtkaufmann, daß sein Geschäftsgegner seine Erklärungen in einem bestimmten, im Handelsverkehr typischen Sinne auffaßt, so können u. Umst. seine Erklärungen nach der ihm bekannten kaufmännischen Verkehrssitte ausgelegt und näher bestimmt werden. In vielen Fällen genügt es allerdings noch nicht, daß dem Nichtkaufmann der Handelsbrauch nur bekannt war. Seine Handlung oder Unterlassung muß für den Vertragsgegner auch den Inhalt haben, daß er sich dem an sich für ihn nicht gültigen Handelsbrauch *unterwirft*. An dieser Voraussetzung aber wird es häufig fehlen, wenn dem Vertragsgegner bekannt ist, daß er mit einem Nichtkaufmann abschließt. In Ausnahmefällen kann ein Handelsbrauch aber für einen Nichtkaufmann sogar dann Bedeutung erlangen, wenn er ihn *nicht kennt*. Es muß dann jedoch anzunehmen sein, daß der Nichtkaufmann sich auch einem ihm unbekannten Handelsbrauch unterwerfen wollte (RG JW 27, 764). Schließt ein Nichtkaufmann ein Geschäft in einem Handelszweig mit einem Kaufmann in einer Weise ab, wie es in Branchenkreisen üblich ist, so werden sich die Pflichten des Kaufmanns nach dem Handelsbrauch seines Geschäftszweiges richten und daher die getroffenen Vereinbarungen *zugunsten* des Nichtkaufmanns auszulegen sein (BGH NJW 52, 257). In der Regel wird § 346 aber nur dann anwendbar sein, wenn der Nichtkaufmann ein Geschäft abschließt, das gewöhnlich *nur Kaufleuten vorbehalten* ist, z. B. ein bedeutendes Großhandelsgeschäft (RG JW 14, 673/674), ein Geschäft in der Filmbranche (BGH NJW 52, 257) oder ein Geschäft des Güterkraftverkehrs (BGH LM GüKG Nr. 37). In diesen Fällen wird man im redlichen Verkehr davon auszugehen haben, daß sich ein Nichtkaufmann, der derartige Geschäfte tätigt, zuvor eingehend über die bestehenden Handelsbräuche informiert hat. Gleiches kann gelten, wenn ein Nichtkaufmann kaufmännische *Klauseln* verwendet, die im bürgerlichen Rechtsverkehr völlig ungebräuchlich sind. Abgesehen von diesen Fällen, in denen der Nichtkaufmann bestehende Handelsbräuche kennt, sich typischer Klauseln bedient oder Geschäfte schließt, die Kaufleuten vorbehalten sind, ist an dem Grundsatz festzuhalten, daß Handelsbräuche nur auf *Kaufleute* untereinander Anwendung finden.

30 Besonders zu erwähnen ist in diesem Zusammenhang die Rechtslage beim *Schweigen auf ein kaufmännisches Bestätigungsschreiben*. Es wird nach Treu und Glauben kraft Handelsbrauchs gewöhnlich als *Zustimmung* zu dem bestätigten Vertragsinhalt gewertet, und zwar auch dann, wenn das Bestätigungsschreiben von dem mündlich oder fernmündlich Vereinbarten abweicht (s. im einzelnen Anm. 119 ff.). Diese strenge Wirkung wurde von der Rechtsprechung zunächst auf den vollkaufmännischen Geschäftsverkehr beschränkt (RG JW 07, 149) und später auch auf Minderkaufleute ausgedehnt. Sie läßt sie heute auch eingreifen, wenn der Empfänger des Bestätigungsschreibens (BGH NJW 64, 1223; RG LZ 29, 1032; JW 31, 522) oder sein Absender (BGHZ 40, 42/44; BGH WM 55, 1285) nicht die Kaufmannseigenschaft hat. Voraussetzung dafür ist, daß der Minderkaufmann oder Nichtkaufmann wie ein Kaufmann am Geschäftsverkehr teilnimmt und erwarten kann, daß ihm gegenüber nach kaufmännischer Sitte verfahren wird (BGHZ 40, 42/44; BGH WM 55, 1285; 64, 652; 70, 877; 75, 831; s. Anm. 136).

§ 346 1. Abschn. *Drittes Buch. Handelsgeschäfte*

5. Zurechnung kraft Gesetzes

a) Normative Wirkung

31 Besteht ein *Handelsbrauch,* so hat dies zur Folge, daß er auch ohne besondere Bezugnahme *Inhalt* der Vereinbarungen der Parteien wird. Die Geltung eines Handelsbrauchs im kaufmännischen Verkehr oder einer Verkehrssitte im allgemeinen Rechtsverkehr beruht nicht auf dem Willen der Parteien, sondern auf dem *Gesetz* (§§ 157, 242 BGB, § 346 HGB). *Verkehrssitte* und *Handelsbrauch* gelten daher auch, ohne daß die Parteien *Kenntnis* von ihnen hatten und sich ihnen *unterwerfen* wollten (BGH LM Nr. 1 zu § 157 (B) BGB; BGH GRUR 57, 86; RGZ 95, 124 und 242; 97, 218; RG JW 07, 149; 22, 706; 26, 1325; 27, 764; HRR 29 Nr. 321; Düringer/Hachenburg/Werner Anm. 9; vgl. auch ÖOGH, abgedr. bei Stanzl Bd. II Nr. 589 zu § 346; a. M. RG JW 94, 20). Jeder Kaufmann muß es sich gefallen lassen, daß seine Erklärungen so verstanden werden, wie sie nach dem zur Zeit des Vertragsschlusses herrschenden Handelsbrauch aufzufassen sind. Wenn er handelsübliche Klauseln verwendet oder Erklärungen abgibt, die handelsüblich oder verkehrsüblich in einem bestimmten Sinne verstanden werden, muß er sie gegen sich so gelten lassen, wie sie im Verkehr verstanden werden. Etwas anderes gilt nur, wenn er die Geltung des Handelsbrauchs ausdrücklich oder konkludent *ausgeschlossen* hat (Anm. 37). Hierfür genügt es, daß die Gegenseite eindeutig erkennen konnte, daß der Kaufmann seine Erklärung in einem bestimmten, vom Handelsbrauch abweichenden Sinne verstand. In diesem Fall hat die Erklärung nicht den objektiven Erklärungswert, den ihm der Handelsbrauch beimißt. Dagegen würde die Behauptung, der Erklärende oder beide Parteien hätten den Handelsbrauch nicht gekannt, nicht genügen. Sie müssen vielmehr wegen dieser Unkenntnis Vereinbarungen getroffen haben, die vom Handelsbrauch abweichen. Hat sich ein echter Handelsbrauch noch nicht gebildet, sondern besteht lediglich eine *Übung* (Anm. 1), so braucht der Erklärende sie nur gegen sich gelten zu lassen, wenn er sie gekannt hat, und die Gegenseite seine Erklärungen der Übung gemäß auffaßte. Gleiches gilt, wenn der Erklärende zu erkennen gegeben hat, daß er sich einer möglicherweise bestehenden Übung auch ohne Kenntnis unterwerfen wolle (RGZ 75, 341; RG JW 38, 859).

b) Willensmängel

32 Weicht der innere Wille des Kaufmanns von seiner nach einem Handelsbrauch auszulegenden oder zu ergänzenden Erklärung ab, so können die Voraussetzungen für eine *Irrtumsanfechtung* nach § 119 BGB gegeben sein (RG JW 26, 1325; 27, 764). Ein Handelsbrauch führt ebenso wie eine Verkehrssitte zur *Auslegung* der Willenserklärung, schließt aber eine Anfechtung wegen Irrtums nicht aus, vorausgesetzt, daß der Erklärende sich falsche Vorstellungen über den Vertragsinhalt gemacht hat. Etwas anderes gilt nur, wenn nach Handelsbrauch oder Verkehrssitte die Berücksichtigung eines abweichenden inneren Willens gerade ausgeschlossen sein soll (Soergel/Hefermehl § 119 Bem. 47; Erman/Hefermehl § 157 Rdz. 8; einschränkend von Godin in RGR-Komm. z. HGB Anm. 2; weitergehend Soergel/Siebert/Knopp § 157 Rdz. 88, 91 f). Eine Anfechtung ist ausgeschlossen, wenn der Handelsbrauch oder die Verkehrssitte mit Rücksicht auf Treu und Glauben nicht zur Auslegung oder Ergänzung einer Willenserklärung,

sondern zur *Fiktion* einer bestimmten Erklärung führen soll. Das ist beim Schweigen auf ein kaufmännisches Bestätigungsschreiben der Fall (Anm. 128). Dort kommt wegen Fehlens einer echten Willenserklärung eine Anwendung des § 119 BGB jedenfalls insoweit nicht in Betracht, als die aus Treu und Glauben und der Verkehrssitte abzuleitende Fiktion des Einverständnisses reicht, z. B. sich der Empfänger über die Bedeutung seines Schweigens geirrt hat (BGHZ 11, 1/5; 20, 149/154; BGH NJW 69, 1711; 72, 45; s. im einzelnen Anm. 135).

6. Lokale Handelsbräuche

Hat ein Handelsbrauch nur *örtlich beschränkte Geltung,* so fragt es sich, ob er auch **33** für Geschäfte gelten kann, an denen ein Kaufmann beteiligt ist, der seine Niederlassung außerhalb des Geltungsbereichs des örtlichen Handelsbrauchs hat. Sind *beide* Kaufleute im örtlichen Geltungsbereich eines Handelsbrauchs tätig und schließen sie dort ein Geschäft ab, so ist die Anwendung des örtlichen Handelsbrauchs nicht zweifelhaft (BGH LM § 157 (B) Nr. 1; RG Recht 03 Nr. 3058). § 346 geht davon aus, daß ein Handelsbrauch nur für und gegen diejenigen Kaufleute wirksam ist, die ihn kennen und daher ihr Verhalten nach ihm einrichten können. Die Anwendung eines Handelsbrauchs, der nur eine örtlich beschränkte Geltung hat, setzt daher grundsätzlich voraus, daß *beide* Kaufleute am selben Ort ihre geschäftliche Niederlassung haben. Das Tun und Lassen *auswärtiger* Kaufleute läßt sich deshalb nur dann nach einem örtlichen Handelsbrauch auslegen und ergänzen, wenn sich aus ihrem Verhalten ergibt, daß sie sich einem möglicherweise bestehenden örtlichen Handelsbrauch auch ohne dessen Kenntnis oder gerade, weil sie ihn kennen, *unterwerfen* wollen (glA Ratz in RGR-Komm. z. HGB § 346 Anm. 36, 56). Ob das zutrifft, läßt sich nur nach Lage des Falles entscheiden; allgemein gültige Regeln bestehen nicht. Es darf jedenfalls nicht davon ohne weiteres ausgegangen werden, daß sich ein auswärtiger Kaufmann einem örtlichen Handelsbrauch unterwirft (RGZ 97, 215/218; RG SeuffA 82 Nr. 177; OGHZ 4, 247/248; Baumbach/Duden § 346 Anm. 1 C; a. M. Düringer/Hachenburg/Werner Anm. 9; Ritter Anm. 8). Für die Wirkung von Handlungen und Unterlassungen sind nicht ausnahmslos die Handelsbräuche maßgebend, die an dem Ort der Handlung oder Unterlassung gelten (BGH LM § 157 (B) Nr. 1; § 346 HGB (B) Nr. 7; ferner BGHZ 6, 127/134; RGZ 53, 59/67; OLG Hamburg SeuffA 50 Nr. 256). Auch für die nähere Bestimmung und Ausgestaltung einer *Erfüllungspflicht* gilt nicht ohne weiteres der am *Erfüllungsort* bestehende Handelsbrauch (ROHG 6, 78; KG DJZ 19, 438; a. M. RG Recht 07 Nr. 1414; vgl. auch ROHG 7, 9; RGZ 17, 31; 38, 196; LZ 08, 938). Es muß vielmehr ein genügend zuverlässiger Anhaltspunkt für die Annahme vorliegen, daß sich ein auswärtiger Kaufmann dem örtlichen Handelsbrauch, der für die andere Seite gilt, unterworfen hat. Ein Indiz dafür kann es sein, daß sich der *Schwerpunkt* des Vertrages an einem bestimmten Ort befindet und es aus diesem Grunde – ähnlich wie beim Vertragsstatut im internationalen Privatrecht – sachgerecht ist, das gesamte Vertragsverhältnis dem lokalen Handelsbrauch des Schwerpunkt-Ortes zu unterstellen (BGH LM § 346 (B) Nr. 7; BB 1976, 480; RGZ 97, 215/218; RG JW 28, 3110; HRR 29 Nr. 321; OLG Hamburg SeuffA 50 Nr. 256; Soergel/Siebert/Knopp § 157 Anm. 28; s. auch BGHZ 6, 127/134). So wird es bei Geschäften, die auf *Messen* und *Märkten* geschlossen werden, gewöhnlich auf die dort herrschenden Handelsbräuche ankommen (RG JW 22, 706; 28, 3109). Ebenso bei einem Abschluß auf einem Haupthandelsplatz im Vergleich zu kleineren Plätzen (Enneccerus/Nipperdey AllgT[15] § 206 III 1 Fn. 35). Ob ein Geschäft nach seinem Grundcharakter, insbesondere seiner Bedeutung und Wirkung einem örtlich beschränkten Gebiet angehört, läßt sich nur nach den Umständen des *Einzelfalls* entscheiden. Häufig wird der Schwerpunkt eines Vertrages dort liegen, wo die Hauptverpflichtung zu erfüllen ist, so daß die dort geltenden Handelsbräuche Geltung erlangen können. Anders als bei der Feststellung des anzuwendenden Rechts kommt indessen der Frage, wo der *Schwerpunkt* eines Vertrages liegt, im Rahmen des § 346 keine überragende Bedeutung zu. Wenn sich die Parteien auch darüber einig sind, daß ihre Beziehungen irgendeiner Rechtsordnung unterliegen müssen, so braucht doch keine Einigung darüber zu bestehen, daß daneben auch die dort geltenden Handelsbräuche maßgebend sein sollen. Es kommt vielmehr im Einzelfall darauf an, ob einerseits der auswärtige Vertragspartner den lokalen Handelsbrauch kannte (RGZ 53, 59/62; KG DJZ 19, 438) oder jedenfalls mit ihm rechnen mußte, und andererseits der am Ort ansässige Vertragspartner davon ausgehen durfte, sein Vertragspartner kenne den Handelsbrauch oder rechne mit ihm. Dem entspricht im Kern die für die *normative* Geltung von Handelsbräuchen im Haager Kaufrecht (Anm. 41 ff.) getroffene Regelung, die darauf abstellt, ob *vernünftige* Personen in der *gleichen* Lage wie die Parteien die Anwendung der Bräuche gewöhnlich annehmen (Art. 9 Abs. 2 EKG; Art. 13 EAG). Die Maßgeblichkeit eines örtlichen Handelsbrauchs kann sich ferner aus *besonderen Umständen* ergeben, z. B. daraus, daß eine Partei auf die Schlußnote eines am Ort ansässigen Maklers hin *schweigt,* die die Klausel „Hamburger freundschaftliche Arbitrage und Schiedsgericht" enthält und dadurch für den Empfänger deutlich erkennbar auf mögliche Handelsbräuche Bezug nimmt; widerspricht er nicht, so ist davon auszugehen, daß er sich den örtlichen Handelsbräuchen unterworfen hat (OGHZ 4, 247/248). Keinesfalls ist demnach ein örtlicher Handelsbrauch ohne weiteres auch außerhalb seines Geltungsbereichs maßgebend. Das ergibt sich aus einer Vielzahl von Einzelvorschriften des HGB, die die Anwendbarkeit eines örtlichen Handelsbrauchs ausdrücklich vorschreiben (§§ 59, 77, 94, 96, 99, 359, 380, 393, 394, 428). Das wäre überflüssig, wenn ihre Geltung schon aus § 346 folgt.

34 Nach den gleichen Grundsätzen ist zu verfahren, wenn ein Handelsbrauch nicht lokale Geltung besitzt, sondern sich auf bestimmte kaufmännische *Berufsgruppen* beschränkt. Auch dann kann sich ein der Gruppe nicht angehörender Kaufmann dem Handelsbrauch ausdrücklich oder konkludent unterwerfen (für Nichtkaufleute s. Anm. 32).

7. Ausländische und internationale Handelsbräuche

35 a) Die Grundsätze für lokale Handelsbräuche (Anm. 33) gelten gewöhnlich auch für *ausländische*. Auch hier muß festgestellt werden, daß sich der inländische Kaufmann ihnen unterwerfen wollte (ROHG 6, 78; 12, 287; RG JW 28, 3109; Düringer/Hachenburg/Werner Anm. 9; abweichend offenbar ROHG 11, 85; RGZ 95, 242; RG JW 14, 673; a. M. von Godin in RGR-Komm. z. HGB Anm. 12; Ritter Anm. 8). Eine positive Kenntnis vom Inhalt des ausländischen Handelsbrauchs ist allerdings *nicht* erforderlich (a. M. ROHG 6, 78; 12, 287). Sie ist aber ein sicheres Anzeichen für den Unterwerfungswillen (RGZ 95, 242; RG JW 28, 3109). Es genügt, wenn sich feststellen läßt, daß sich

Erster Abschnitt. Allgemeine Vorschriften   1. Abschn.   § 346

der Kaufmann allen im Ausland möglicherweise bestehenden Handelsbräuchen unterwerfen wollte, auch wenn sie ihm unbekannt waren. Besonderes gilt bei der Verwendung bestimmter international gebräuchlicher Handelsklauseln, *Trade-Terms,* die keine einheitliche, sondern eine nach dem jeweiligen nationalen Handelsbrauch unterschiedliche Bedeutung haben (z. B. die CIF-, FOB-Klausel usw.). Um die Frage, nach welchem nationalen Handelsbrauch sich die Bedeutung der Klausel im Einzelfall bemißt, eindeutig entscheiden zu können, haben sich *internationale* Handelsbräuche gebildet (vgl. dazu Anm. 36). Gilt im Inland die gleiche Handelssitte wie im Ausland, so greift § 346 in jedem Falle ein. Ein ausländischer Kaufmann, der nicht nur vorübergehend im Inland Geschäfte macht, muß sich die nötige Kenntnis über die Handelsbräuche am Ort seiner Tätigkeit verschaffen (RG Recht 28 Nr. 2487); er kann sich nicht auf seine heimischen Bräuche berufen.

b) Besondere Bedeutung haben die *internationalen* Handelsbräuche, deren Geltung **36** nicht auf ein Land beschränkt ist, sondern sich auf *mehrere Länder* oder auf die ganze Welt erstreckt. Ein Kaufmann, der sich im internationalen Handelsverkehr typischer Erklärungen und Klauseln bedient, muß grundsätzlich ihre Bedeutung gegen sich gelten lassen. Er kann sich nicht darauf berufen, daß er sie nicht kannte oder sich ihnen nicht unterwerfen wollte; denn sie gelten auch für das Inland. Von einem *internationalen Handelsbrauch* kann indessen nur gesprochen werden, wenn er in *mehreren* Staaten gleichmäßig befolgt und anerkannt wird. Sonst können nur unterschiedliche *nationale* Handelsbräuche vorliegen, mögen sie sich auch auf den gleichen Gegenstand beziehen. Wird z. B. eine internationale Handelsklausel im Ausland kraft Handelsbrauchs anders als im Inland ausgelegt, so ist nach allgemeinen Regeln zu entscheiden, ob sich der inländische Kaufmann diesem ausländischen Handelsbrauch unterworfen hat (Anm. 35). Wird einer internationalen Klausel nach ausländischem Recht eine abweichende Bedeutung beigemessen oder kann sie nach ihm keine Anwendung finden, weil sie gegen zwingendes Recht verstößt, so kommt es darauf an, welches nationale Recht auf den betreffenden Vertrag anzuwenden ist. Keine internationalen Handelsbräuche liegen den *Incoterms* 1953 zugrunde (Anm. 54). Bei ihnen handelt es sich um *Geschäftsbedingungen,* die Kaufleute nach Belieben ihren Geschäften kraft Vereinbarung zugrundelegen können. Die in den Incoterms steckenden sog. Basisklauseln haben in den verschiedenen Ländern jeweils verschiedene Bedeutung. Sie werden als *Trade-Terms* bezeichnet (Anm. 56). – Die *internationale Zuständigkeit* bestimmt sich in Europa nach dem EG-Übereinkommen vom 27. 9. 1968 (BGBl 1972 II 774), das am 1. 2. 1973 in Kraft getreten ist (BGBl 1973 I 26).

8. Geltungsausschluß

Die Parteien sind auch bei Unkenntnis und ohne Unterwerfungswillen an Handels- **37** brauch und Verkehrssitte gebunden, soweit diese kraft ihres örtlichen oder sachlichen Geltungsbereichs auf sie Anwendung finden (Anm. 31 ff). Die Vertragsparteien können aber die Geltung des Handelsbrauchs für die Auslegung, Ergänzung und nähere Bestimmung ihrer Erklärungen *ausschließen.* Das kann für den Einzelfall, aber auch durch eine abweichende Regelung in den allgemeinen Geschäftsbedingungen geschehen. Sie können ausdrücklich vereinbaren, daß die Erklärung anders als nach der Verkehrssitte

§ 346 1. Abschn. *Drittes Buch. Handelsgeschäfte*

verstanden werden solle oder daß die Leistung in besonders vereinbarter Art zu erfolgen habe. Sie können bestimmte ihnen bekannte Handelsbräuche ausdrücklich oder jedenfalls unzweideutig für nicht maßgebend erklären (BGHZ 6, 127/135; LM Nr. 1 zu § 284 BGB; Nr. 1 zu § 157 (B) BGB; BGH GRUR 57, 85; RGZ 114, 12; RG JW 26, 1325; 28, 3109). Das ist namentlich der Fall, wenn die Parteien eine Frage so eingehend geregelt haben, daß daneben für die Berücksichtigung eines Handelsbrauchs kein Raum mehr ist. Es genügt, daß nur ein Vertragspartner der Geltung des Handelsbrauchs widerspricht oder zumindest eindeutig erkennen läßt, daß er etwas von ihm Abweichendes erklären will (BGH BB 56, 868; RG JW 26, 1325). Die Maßgeblichkeit des Handelsbrauchs kann auch im Wege *ergänzender* Vertragsauslegung entfallen, wenn anzunehmen ist, daß die Parteien bei Kenntnis der wirklichen Sachlage die Anwendung des Handelsbrauchs ausgeschlossen haben würden. Doch gilt dies nicht bei häufig verwendeten *typischen Klauseln*, z. B. bei der Zahlungsbedingung „netto Kasse gegen Rechnung und Verladepapiere". Ihr typischer Erklärungsinhalt kann durch eine ergänzende Vertragsauslegung nur unter ganz besonderen Umständen beseitigt werden. Das Gebot der Rechtssicherheit im Handelsverkehr verlangt, daß für typische, immer wiederkehrende Klauseln feste Regeln ohne Rücksicht auf den Einzelfall festgesetzt werden (BGHZ 14, 61; 23, 131/136).

38 Das gilt insbesondere dann, wenn sich solche Klauseln in für den Handelsverkehr bestimmten *Urkunden* befinden (Soergel/Siebert/Knopp § 157 Anm. 42, 47). Wohl können die Parteien eine *abweichende* Auslegung von Handelsklauseln *vereinbaren*, und zwar auch mit Wirkung gegenüber Dritten. Der Sinngehalt von Handelsklauseln darf im Handelsverkehr nicht versteinern (zutr. Lüderitz, Auslegung von Rechtsgeschäften, S. 235/244).

9. Geltungsschranken

39 a) *Zwingendes Recht* geht der Berücksichtigung eines Handelsbrauchs nach § 346 oder einer Verkehrssitte (§§ 157, 242 BGB) stets vor (RGZ 103, 147; 112, 321). Denn Handelsbrauch und Verkehrssitte sind keine Rechtsnormen (Anm. 1). Dagegen hat ein Handelsbrauch gegenüber *nachgiebigem Recht* grundsätzlich den Vorrang (BGH LM § 675 BGB Nr. 3 für § 384 Abs. 3 HGB; LM § 346 (B) HGB Nr. 4, 7; RGZ 112, 149/151; Enn/Nipperdey § 41 III; Soergel/Siebert/Knopp § 157 BGB Anm. 43; Erman/Hefermehl § 157 Rdz 9; Sonnenberger a. a. O. Nr. 120, 139 ff; Gierke/Sandrock § 3 III § 3 III 1 S. 40). Es folgt dies daraus, daß Handelsbräuche, die als kollektive Gewohnheiten der Kaufleute den Vertragsinhalt bestimmen und ergänzen, der individuell getroffenen Vertragsregelung näher stehen als allgemeine Rechtsnormen. Ebenso wie dispositives Recht durch eine ausdrücklich oder konkludent getroffene Vereinbarung verdrängt werden kann, ist das auch durch einen ohne Vereinbarung nach § 346 zur Anwendung gelangenden Handelsbrauch möglich (a. M. OLG München BB 56, 94). Doch gilt dies nicht gegenüber Rechtsnormen, die einem gerechten Interessenausgleich oder dem besonderen Schutz einer Partei dienen sollen (BGH LM § 346 (B) HGB Nr. 4; RGZ 135, 345; OLG Celle BB 61, 1341; Gallois NJW 54, 295). Widerspricht ein Handelsbrauch Vorschriften nachgiebigen Rechts, die nicht lediglich aus Zweckmäßigkeitserwägungen, sondern zu Verwirklichung eines in der Natur der Sache liegenden Gerechtigkeitsgedankens gesetzt wurden, so wird er grundsätzlich als *mißbräuchlich* (§ 242 BGB) anzusehen und aus diesem Grunde unbeachtlich sein (Anm. 40). Im allgemeinen ist von der *Vorrangigkeit* eines Handelsbrauchs gegenüber nachgiebigem Recht auszugehen.

b) Auch Handelsbrauch und Verkehrssitte unterstehen dem Grundsatz von *Treu und* **40** *Glauben* als höherrangigem Prinzip (Larenz, Methodenlehre der Rechtswissenschaft, 1960, S. 219). Sie sind unbeachtlich, wenn sie gegen Treu und Glauben verstoßen (BGH LM § 346 (B) Nr. 4, 7); RGZ 101, 75; 103, 147; 114, 13; 125, 79; RG JW 22, 488; 24, 814; 32, 586; OLG München BB 55, 748; 56, 94; OLG Hamburg HRR 30 Nr. 2086; Enn/Nipperdey § 41 II 5; Sonnenberger a. a. O. Nr. 141). Etwas anderes ergibt sich auch nicht aus der Fassung des § 346, der im Gegensatz zu den §§ 157, 242 BGB die Maßgeblichkeit von Treu und Glauben neben der Verkehrssitte nicht ausdrücklich hervorhebt. Abgesehen davon kann ein mit Treu und Glauben vereinbarer Handelsbrauch doch im Einzelfall nicht anwendbar sein. Dann wird jedoch nicht der Handelsbrauch als gegen Treu und Glauben verstoßend gewertet, sondern das Verhalten der Partei gemäß dem Handelsbrauch löst auf der Gegenseite den Einwand unzulässiger Rechtsausübung (§ 242 BGB) aus. Das kann z.B. der Fall sein, wenn ein Kaufmann erkennt, daß sein Vertragspartner von dem Handelsbrauch oder der Verkehrssitte nichts weiß, und diese Unkenntnis zu seinem Vorteil ausnutzt. In solchen Fällen widerspräche es Treu und Glauben, wenn sich der mißbräuchlich handelnde Kaufmann zu seinem Nutzen auf den an sich einwandfreien Handelsbrauch stützen könnte (Düringer/Hachenburg/Werner Anm. 11).

V. Die Gebräuche im Geltungsbereich des Haager Kaufrechts

1. Grundgegebenheiten

Im Geltungsbereich der *Einheitlichen Gesetze* über den *Abschluß* von internationalen **41** Kaufverträgen – EAG – und über den internationalen *Kauf* beweglicher Sachen – EKG – beide vom 17. Juli 1973 (BGBl II 885), sind die Vertragsparteien, gleichviel, ob sie Kaufleute sind (Art. 7 EKG), sowohl an die von ihnen *vereinbarten* als auch an die *normativen* Gebräuche gebunden (Art. 9 EKG, Art. 11 EAG). Die beiden auf internationalen Übereinkommen beruhenden Gesetze, die in der Bundesrepublik Deutschland seit dem 16. April 1974 gelten, sind auf den Abschluß von Kaufverträgen zwischen Parteien anzuwenden, die ihre Niederlassung im Gebiet *verschiedener Staaten* haben, wenn nach dem Vertrag die verkaufte Sache aus dem Gebiet eines Staates in das eines anderen befördert werden soll, wenn Angebot und Annahme im Gebiet verschiedener Staaten vorgenommen worden sind und wenn die Lieferung der Sache im Gebiet eines anderen als desjenigen Staates zu bewirken ist, in dem Angebot und Annahme erfolgen (Art. 1 EKG, Art. 1 EAG).

2. Vereinbarte Gebräuche

Dem Grundsatz der *Parteiautonomie* entspricht es, daß Gebräuche, auf die sich die **42** Parteien ausdrücklich oder stillschweigend bezogen haben, gegenüber den Vorschriften des internationalen Kaufrechts *vorrangig* sind. Das bestimmt Art. 9 Abs. 1 EKG für den

§ 346 1. Abschn.   *Drittes Buch. Handelsgeschäfte*

Kauf beweglicher Sachen ausdrücklich und folgt für den Vertragsabschluß aus Art. 2 EAG. Diese Regelung besitzt für das deutsche Recht keine besondere Bedeutung, da nach § 346 HGB und §§ 157, 242 BGB Handelsbrauch und Verkehrssitte auch ohne einen darauf gerichteten Willen der Parteien *normative* Kraft entfalten. Zum *Begriff* der Gebräuche s. Anm. 45. Auch *Gepflogenheiten,* die keine Gebräuche sind, sich jedoch zwischen den Parteien gebildet haben, sind für sie bindend. Widersprechen die Gepflogenheiten einem Handelsbrauch, so gehen sie ihm vor.

3. Normative Gebräuche

43 a) Die Vertragsparteien sind auch an Gebräuche gebunden, auf die sie sich nicht ausdrücklich oder stillschweigend bezogen haben (Anm. 42), von denen aber **vernünftige Personen in der gleichen Lage** gewöhnlich annehmen, daß sie auf ihren Vertrag anzuwenden seien (Art. 9 Abs. 2 Satz 1 EKG). *Widersprechen* die Gebräuche den Vorschriften des Gesetzes, so haben sie den Vorrang, wenn nicht das Gegenteil dem Willen der Parteien entspricht (Art. 9 Abs. 2 Satz 2 EKG). Auch für das *Zustandekommen* eines Kaufvertrages bestimmt Art. 2 EAG, daß die Vorschriften des Gesetzes nicht anzuwenden sind, soweit sich aus den Gebräuchen eine andere Regelung ergibt.

44 b) Der **Vorrang normativer Gebräuche** entspricht sachlich im wesentlichen dem deutschen Recht (§ 346 HGB). Da es für die Anwendung des internationalen Kaufrechts nicht auf die Kaufmannseigenschaft ankommt (Art. 7 EKG), besteht kein Unterschied zwischen *Handelsbrauch* (§ 346 HGB) und *Verkehrssitte* (§§ 157, 242 BGB). Das kann in personaler Hinsicht zu einer weitergehenden Anwendung der Gebräuche im Geltungsbereich des Haager Kaufrechts führen.

45 c) „Gebräuche" im Sinne von Art. 9 EKG und Art. 2 EAG sind ebenso wie die Handelsbräuche (§ 346 HGB) und die Verkehrssitten (§§ 157, 242 BGB) **kollektive Übungen** (Anm. 1). Während nach deutschem Recht für das Zustandekommen eines Handelsbrauchs auf die *Zustimmung* der Beteiligten abgestellt wird, auf deren Vorliegen jedoch, wenn die Übung von ihnen *freiwillig* während eines gewissen Zeitraums ständig befolgt wird, zu schließen ist (Anm. 10), kommt es nach Art. 9 Abs. 2 EKG darauf an, daß *vernünftige Personen* in der *gleichen Lage* gewöhnlich annehmen, sie seien auf ihren Vertrag anzuwenden. Die Nuancierung fällt indessen praktisch nicht ins Gewicht (Mertens/Rehbinder, Internationales Kaufrecht, 1975, Art. 9 EKG Rdn. 6). Das Vertrauen vernünftiger Parteien auf die Anwendung der Gebräuche gründet sich auf ihre ständige Befolgung in einem bestimmten Geschäftsbereich. Der Standpunkt „vernünftiger" Personen in der gleichen Lage stellt jedoch keine allgemein feststehende Ordnung dar, sondern verändert sich mit einem Wandel der die Vernünftigkeit tragenden Vorstellungen. Die Vernünftigkeit ist demnach *kein absoluter Maßstab* (Sonnenberger, Verkehrssitten im Schuldvertrag, 1970, Nr. 186 ff.). Daher ist das vom Richter festgestellte Bestehen einer ständigen Übung in einem bestimmten Verkehrsbereich zugleich das maßgebliche Indiz dafür, daß „vernünftige" Personen die Regeln in der gleichen Lage praktizieren.

46 d) Die **normative Geltung** der Gebräuche gründet sich unmittelbar auf Art. 9 Abs. 2 EKG und Art. 13 EAG. Auf einen *Unterwerfungswillen* oder die *Kenntnis* der Beteiligten

Erster Abschnitt. Allgemeine Vorschriften 1. Abschn. § 346

im Einzelfall kommt es *nicht* an. Doch können der Verbindlichkeit eines Brauches *nationale* Gültigkeitserfordernisse entgegenstehen (Dölle a. a. O. in Festschrift Rheinstein I, 1960, S. 447/449). Doch zählen zu solchen Erfordernissen nicht Vorschriften über *Willensmängel* und *Geschäftsfähigkeit,* da die Geltung normativer Bräuche nicht den Willen der betroffenen Vertragsparteien erfordert (Schlechtriem Art. 13 EAG Rdn. 4).

e) Die Geltung von Gebräuchen, die *verständige Personen* anzuwenden pflegen, setzt 47 voraus, daß diese sich **in der gleichen Lage** befinden wie die Vertragsparteien. Es kommt daher darauf an, welchen Geltungsbereich ein Gebrauch in *persönlicher, sachlicher* und *räumlicher* Hinsicht besitzt. Bräuche, die zwischen Herstellern und Händlern innerhalb der Wirtschaftsstufen gelten, sind nicht ohne weiteres auch für die Endverbraucherstufe maßgebend. Bräuche, die nicht gelten, weil sich die Vertragsparteien nicht in gleicher Lage befinden, können aber nach Art. 9 Abs. 1 EKG durch *Bezugnahme* für die Parteien verbindlich werden oder als eine sich zwischen ihnen gebildete *Gepflogenheit* verbindlich sein. Auch Bedingungen und Regeln, die noch nicht zu normativen Bräuchen geworden sind oder bei denen dies zweifelhaft ist, können durch *Vereinbarung* zwischen ihnen Geltung erlangen. In allen diesen Fällen erübrigt sich die Feststellung, *ob* ein Handelsbrauch vorliegt und welchen *Geltungsbereich* er besitzt.

f) Zu den *vorrangigen* Gebräuchen zählen nicht nur *internationale,* sondern auch **natio-** 48 **nale** und **lokale** Gebräuche, denen nur eine Vertragsseite unterworfen ist (Mertens/Rehbinder a. a. O. Rdn. 20; Schlechtriem a. a. O. Art. 13 EAG Rdn. 8; Dölle a. a. O. S. 451; a. M. Jokela, Scand. Studies 1966 S. 94, der die Anwendbarkeit nach kollisionsrechtlichen Regeln bestimmt). Einige Vorschriften nehmen ohnehin auf lokale Handelsbräuche Bezug, so Art. 38 Abs. 4 EKG für die Untersuchung der Ware und Art. 94 EKG für den Selbsthilfeverkauf. Die Erstreckung des Geltungsbereichs eines nationalen oder lokalen Gebrauchs auf das Vertragsverhältnis schlechthin und damit auf *beide* Vertragsteile bestimmt sich, ohne daß es vorab der Anwendung kollisionsrechtlicher Regeln bedarf, nach Art. 9 Abs. 2 Satz 1 EKG. Es kommt darauf an, ob *vernünftige Personen,* die sich in der gleichen Lage wie die Vertragspartner befinden (Anm. 47), die Anwendbarkeit des national oder lokal beschränkten Brauches gewöhnlich annehmen. Damit erübrigt sich die Feststellung eines besonderen Unterwerfungswillens (Anm. 46). Auch ist für die Relevanz eines Handelsbrauchs nicht stets der Erklärungs- bzw. Erfüllungsort maßgebend (BGH LM § 346 (B) HGB Nr. 7). Bezieht sich der Handelsbrauch nur auf die Handlungen und das Verhalten *eines* Vertragspartners, so ist er grundsätzlich nur von dem zu beachten, für den er Geltung besitzt. Soweit sich der Handelsbrauch auch auf den anderen Vertragspartner auswirkt, muß dieser das hinnehmen, wenn er den Handelsbrauch kannte oder vernünftigerweise mit ihm rechnen mußte (Schlechtriem a. a. O. Art. 13 EAG Rdn. 8). Betrifft der Handelsbrauch *beide* Vertragspartner, so wird bei der Ermittlung, ob der Brauch von „vernünftigen Personen" in der gleichen Lage gewöhnlich angewendet wird, wie auch sonst darauf abzustellen sein, wo sich der *Schwerpunkt* des Vertrages befindet, z. B. bei Abschlüssen auf Messen und Märkten (Anm. 33) oder Abschlüssen durch Agenten am Geltungsort des Handelsbrauchs (RGZ 38, 193/196). Das entspricht den deutschen Rechtsgrundsätzen, nach denen es jedoch im Unterschied zu Art. 9 Abs. 2 EKG noch auf den Unterwerfungswillen ankommt (Anm. 33). Läßt sich

§ 346 1. Abschn. *Drittes Buch. Handelsgeschäfte*

nach der Auffassung der „Vernünftigen" das Vertragsverhältnis nicht auf einen bestimmten Ort und die dort geltenden Gebräuche festlegen, so kann sich jede Partei auf die an ihrem Niederlassungsort geltenden Bräuche insoweit beziehen, als sie sich miteinander vereinbaren lassen. Ist das nicht der Fall, so kann sich keine Vertragspartei auf den an ihrem Niederlassungsort geltenden Handelsbrauch berufen. Maßgebend sind daher allein die Vorschriften des *einheitlichen* Kaufrechts (Schlechtriem a. a. O. Art. 13 EAG Rdn. 13), vorausgesetzt, daß nicht beide Parteien ihre Niederlassung am gleichen Ort des Handelsbrauchs haben (Art. 1 Abs. 1 EKG, Art. 1 EAG).

4. Handelsübliche Ausdrücke, Klauseln oder Formulare

49 Ausdrücke, Klauseln oder Formulare, die die Vertragsparteien vereinbarungsgemäß verwenden oder zu verwenden pflegen, sind stets für sie bindend (Art. 9 Abs. 1 EKG). Gleiches gilt, wenn es sich um *normative* Gebräuche handelt (Art. 9 Abs. 2 EKG). Sonst kommt es darauf an, ob es sich um *handelsübliche* Ausdrücke, Klauseln oder Formulare handelt. Handelsüblichkeit setzt voraus, daß die Ausdrücke, Klauseln oder Formulare nicht nur von einzelnen Vertragsparteien, sondern *allgemein* in einem bestimmten Geschäftszweig oder für bestimmte Geschäfte üblicherweise verwendet werden. Die *Auslegung* handelsüblicher Ausdrücke, Klauseln oder Formulare bestimmt sich nach dem *Sinn,* den ihnen die beteiligten Handelskreise üblicherweise beilegen (Art. 9 Abs. 3 EKG).

2. Abschnitt. Handelsbräuchliche Beurteilung von Handlungen und Unterlassungen

I. Handelsklauseln

1. Allgemeine Entwicklung

50 Die Beurteilung kaufmännischer Handlungen nach den im Handelsverkehr geltenden Gewohnheiten und Gebräuchen hat besondere Bedeutung für die im Handel üblichen Ausdrücke und Formeln, die den Inhalt von Verträgen näher bestimmen, die sog. *Klauseln.* Seit langem haben sich bestimmte Formeln und Abkürzungen, insbesondere Vertragsklauseln, eingebürgert, die im In- und Ausland jedoch häufig unterschiedlich verstanden und interpretiert werden. Schon über die Kernbedeutung der Klauseln besteht keine restlose Einigkeit, um so mehr gilt das für die sich aus ihnen ergebenden einzelnen Verpflichtungen. Das führt zu Mißverständnissen und Streitigkeiten im internationalen Warenverkehr. Um diesen Zustand zu beseitigen, gab die Internationale Handelskammer (IHK) in Paris erstmals im Jahre 1923 ein Handbuch heraus, das die *Auslegung* von sechs Vertragsformeln in 13 Staaten enthielt, die sog. *Trade-Terms.* Es handelte sich um die Formeln: FOB, FAS, Franko Waggon, Franko Bestimmungsort, CIF und C & F. Die Sammlung, die 1929 auf die Auslegung der erwähnten sechs Formeln in 35 Ländern und später noch auf die Auslegung von vier weiteren Formeln erstreckt wurde, genügte indessen nicht zur Herstellung der angestrebten Rechtssicherheit, weil die Klauseln in den einzelnen Ländern je nach den dort geltenden Handelsbräuchen unterschiedlich ausgelegt werden. Um dem starken Bedürfnis nach einer Vereinheitlichung der Auslegung zu entsprechen, veröffentlichte der Ausschuß für handelsübliche Vertragsformeln der IHK im Jahre 1936 unter der Bezeichnung *Incoterms* (International Commercial Terms) internationale Regeln für eine einheitliche Auslegung von zunächst elf, später neun handelsüblichen Vertragsformeln (IHK Drucksache Nr. 92). Sie wurden von einer *revidierten* Fassung, den *Incoterms 1953,* abgelöst, die noch heute maßgebend sind (Anm. 55).

2. Bedeutung der *Trade-Terms*

a) Zehn Basisklauseln

Auskunft über ihre Bedeutung in 18 Staaten gibt das ICC Dokument Nr. 16 der IHK **51** *„Trade-Terms* – Handelsübliche Vertragsformeln – Synoptische Tabellen mit Anmerkungen", 1955 (Text: Anm. 56). Den Tabellen läßt sich der Grad der Übereinstimmung und Abweichung in der Auslegung von zehn Klauseln in den verschiedenen Staaten entnehmen. Es sind dies: Ägypten, Australien, Belgien, Deutschland, Dänemark, Frankreich, Großbritannien, Italien, Jugoslawien, Kanada, Marokko, Niederlande, Norwegen, Österreich, Schweden, Schweiz, Südafrika, USA.

b) Rechtsnatur

Die *Trade-Terms* sind *nicht* generell als nationale oder internationale *Handelsbräuche* **52** zu qualifizieren. Es handelt sich vielmehr um *Verhaltensregeln,* die von den Vertragsparteien im Geschäftsverkehr eingehalten werden sollen (Sonnenberger a. a. O. Nr. 61 S. 79 bezeichnet sie als „Rechtsbefehle"). Ob und inwieweit es sich bei den *Trade-Terms* um die Wiedergabe bestehender Gebräuche handelt, läßt sich nur im Hinblick auf die einzelne Basisklausel beurteilen. Um festzustellen, welcher *nationale* Handelsbrauch den Inhalt einer benutzten Basisklausel im Einzelfall bestimmt, haben sich internationale Handelsbräuche gebildet. Danach kann sich jeder Vertragsteil für seine Verpflichtung auf die an seinem Sitz nach nationalem Handelsbrauch geltende Auslegung der Klausel berufen. Ein Übersee-Kaufgeschäft kann daher trotz Verwendung derselben Klausel durch beide Parteien unterschiedlichen *Trade-Terms* und damit unterschiedlichen Handelsbräuchen unterliegen. Etwas anderes gilt nach internationalem Handelsbrauch nur, wenn der Vertrag eine *Schiedsklausel* enthält. Dann entscheidet der am Ort des Schiedsgericht gültige Handelsbrauch über die Bedeutung der Klausel.

3. Bedeutung der *Incoterms*

a) Neun bzw. elf Lieferklauseln

Die *Incoterms* 1936 (abgedruckt 2. Auflage) enthielten elf, die *Incoterms* 1953 enthal- **53** ten *neun* Lieferklauseln. Die Frei-Klauseln „Frei benannter Verschiffungshafen" und „Frei benannter Bestimmungsort" wurden nicht mehr aufgenommen. Die neun Klauseln sind: Ab Werk; Frei Waggon; Frei Längsseite Seeschiff; Frei an Bord; Kosten und Fracht; Kosten, Versicherung, Fracht; Frachtfrei; Ab Schiff und Ab Kai. Auf dem XXI Kongreß der IHK in Montreal (1967) wurden noch internationale Regeln für die einheitliche Auslegung zweier weiterer Lieferklauseln aufgenommen und veröffentlich. Es sind die Klauseln „Geliefert Grenze" und „Geliefert". Diese beiden Klauseln stehen aus technischen Gründen nicht auf einer Stufe mit den im folgenden abgedruckten Incoterms und sind daher in der Form eines Nachtrages zu diesen gedruckt. Der Originaltext der Incoterms ist in englischer Sprache verfaßt; der *deutsche* Text ist eine Übersetzung.

b) Rechtsnatur

54 Die auf den *Trade-Terms* aufbauenden *Incoterms* 1953 geben ebenso wie jene keine allgemein gültigen Handelsbräuche wieder (Anm. 52; OLG München NJW 58, 426; Sonnenberger a. a. O. § 2 Nr. 61 Fn. 91). Es sind *Geschäftsbedingungen,* die für die Parteien nur gelten, wenn sie ihre Anwendung im Kaufvertrag *vereinbart* haben. Die Parteien können die sich aus den Lieferklauseln ergebenden Verpflichtungen abändern; solche Sonderabreden sind *vorrangig.* Sind die *Incoterms* nicht vereinbart worden, so ist auf die *Trade-Terms,* also die *nationalen* verkehrsüblichen Vertragsformeln zurückzugehen (Haage, Das Abladegeschäft, 4. Aufl., 1958, S. 128 f.; Beyer, Recht der Internationalen Wirtschaft 54/55, 20; Eisemann, Recht der Internationalen Wirtschaft 54/55, 114; Ficker, RabelsZ 56, 367; vgl. OLG Hamburg MDR 64, 601). Im folgenden sind zunächst die *Incoterms* 1953 in deutscher Fassung abgedruckt. Sie beziehen sich auf das kaufmännische Liefergeschäft und gelten nur im Verhältnis zwischen Käufer und Verkäufer. Das im Beförderungsvertrag geregelte Verhältnis zum Verfrachter oder Frachtführer wird durch die Incoterms nicht berührt. Von den *Trade-Terms* werden auf der Grundlage der Drucksache Nr. 16 IHK die *acht* Basisklauseln abgedruckt (Anm. 56), für die sich eine feste Auslegung in Deutschland gebildet hat.

II. Incoterms 1953
(Internationale Regeln für die Auslegung handelsüblicher Vertragsformeln)

55 Einleitung

1. Die „Incoterms" verfolgen den Zweck, eine Reihe internationaler Regeln in Aussenhandelsverträgen zur Auslegung der hauptsächlich verwendeten Vertragsformeln zur freiwilligen Benutzung durch solche Firmen zu bieten, welche die Sicherheit einheitlicher internationaler Regeln der Unsicherheit der verschiedenartigen Auslegung der gleichen Formeln in den verschiedenen Ländern vorziehen.

2. Den vertragschließenden Parteien sind die unterschiedlichen Handelsbräuche in ihren Ländern oft nicht bekannt. Die verschiedenartige Auslegung ist eine ständige Ursache von Reibungen im internationalen Handel, und sie führt zu Mißverständnissen, Streitigkeiten sowie zur Anrufung der Gerichte mit dem damit verbundenen großen Aufwand an Zeit und Kosten. Um den Kaufleuten ein Mittel zur Beseitigung der Hauptursachen für diese Hemmnisse zu verschaffen, hatte die Internationale Handelskammer zunächst im Jahre 1936 eine Reihe internationaler Regeln zur Auslegung der handelsüblichen Vertragsformeln herausgegeben, die unter dem Namen „Incoterms 1936" bekannt geworden sind. Im Jahre 1953 hat es sich als notwendig erwiesen, eine Neufassung dieser „Incoterms" vorzunehmen, um eine dem heutigen Stande angepaßte Reihe von Regeln zu haben, die im großen und ganzen mit der gegenwärtigen Praxis der Mehrheit der internationalen Geschäftswelt übereinstimmen. Die Incoterms selbst sind in der gegenwärtigen Auflage unverändert wiedergegeben. Diese Neuauflage wurde jedoch zum Anlaß genommen, einen Nachtrag, der zwei zusätzliche bis jetzt separat veröffentlichte Definitionen enthält, beizufügen.

3. Die Schwierigkeiten für den Importeur wie für den Exporteur beruhen im wesentlichen auf drei Umständen. Erstens auf der Ungewißheit, welches Landesrecht auf die abgeschlossenen Verträge Anwendung findet, zweitens auf dem Mangel an ausreichenden Informationen und drittens auf der unterschiedlichen Auslegung. Diese Handelshemmnisse können durch die Verwendung der „Incoterms" erheblich verringert werden.

Revisionsgrundlage

4. Bei der Ausarbeitung dieser Regeln hat sich der Ausschuß der Internationalen Handelskammer für handelsübliche Vertragsformeln von folgenden Grundsätzen leiten lassen:

a) Ziel dieser Regeln ist es, die Verpflichtungen der Vertragspartner möglichst klar und genau zu bestimmen;

b) Als Grundlage für diese Regeln dienten die weitgehend auf einen gemeinsamen Nenner gebrachten Gepflogenheiten des internationalen Handels, um eine möglichst weite Anwendung der Regeln zu ermöglichen. Die Neufassung geht von den „Incoterms 1936" aus, so daß die mit den „Incoterms 1936" bereits vertrauten Außenhandelsfirmen nunmehr ohne weiteres auch die „Incoterms 1953" anwenden können.

Es ist vorgeschlagen worden, in die „Incoterms" wünschenswerte Verbesserungen der gegenwärtigen Praxis aufzunehmen. Der Ausschuß hat jedoch hierzu folgende Bedenken geäußert: (ba) Regeln, die sich in jahrelanger Praxis als zweckdienlich entwickelt haben, sind im allgemeinen besser als theoretische Verbesserungsvorschläge und (bb) das Hauptziel liegt in der Schaffung von einheitlichen internationalen Regeln, die eine weitverbreitete Anwendung finden. Würde dieses Ziel erreicht, so wäre damit ein großer Schritt vorwärts getan, und es wäre dann noch immer Gelegenheit, nach und nach Verbesserungen vorzunehmen.

c) Bei größeren Unterschieden in der gegenwärtigen Praxis ist man von dem Grundsatz ausgegangen, daß auf Grund der „Incoterms 1953" abgeschlossene Verträge die Mindestverpflichtungen des Verkäufers festlegen. Es steht den Vertragspartnern frei, gegebenenfalls in ihren Verträgen über die in diesen Regeln enthaltenen Bestimmungen hinauszugehen.

In dieser Beziehung wird besonders auf die Bestimmungen des Artikels A. 5 der CIF-Formel hinsichtlich der Versicherung hingewiesen.

Berücksichtigung des besonderen Handelsbrauchs oder der Hafenusancen

5. In einigen Punkten hat es sich als unmöglich erwiesen, eine unbedingt maßgebende Regel aufzustellen. In diesen Fällen bestimmen die Regeln, daß die Entscheidung dem besonderen Handelsbrauch oder den Hafenusancen überlassen wird. Wenn es auch nicht möglich gewesen ist, solche Verweisungen völlig zu vermeiden, so war man doch bestrebt, sie auf ein Mindestmaß zu beschränken.

Sonderbestimmungen in Einzelverträgen

6. Sonderbestimmungen in einzelnen Verträgen zwischen den Parteien gehen den Vorschriften dieser Regeln vor.

7. Es steht den Parteien frei, die „Incoterms 1953" als allgemeine Grundlage für ihre Verträge festzusetzen; sie können aber auch den Bedürfnissen ihres Gewerbes, den Zeitumständen oder ihren persönlichen Wünschen entsprechend Änderungen oder Zusätze vereinbaren. Es kann zum Beispiel vorkommen, daß eine Firma von ihrem Lieferanten bei einem CIF-Vertrag verlangt, daß nicht nur die Seeversicherung, sondern auch die Versicherung gegen Kriegsgefahr von diesem gedeckt werden soll. In diesem Fall kann der Käufer die Formel „Incoterms 1953 CIF zuzüglich Versicherung gegen Kriegsgefahr" vorschreiben. Der Verkäufer wird dann seinen Preis auf dieser Grundlage angeben.

Abweichungen bei C & F- und CIF-Geschäften

8. Die Firmen sollten außerordentlich vorsichtig sein, wenn sie in ihren Kaufverträgen irgendwelche Abweichungen von den C & F und CIF Formeln vereinbaren, wie z. B. „C & F und CIF verzollt und Zoll bezahlt" oder ähnliche Fassungen. Die Hinzufügung eines Wortes oder auch nur eines Buchstabens zu den Formeln C & F und CIF kann zuweilen gänzlich unerwartete Folgen haben und das Wesen des Vertrages ändern. Es kann vorkommen, daß ein Gericht mit Rücksicht auf solche Zusätze das Vorliegen eines C & F- bzw. eines CIF-Geschäfts überhaupt verneint. In solchen Fällen ist es stets sicherer, ausdrücklich im Vertrag zu bestimmen, welche Pflichten und Kosten jede Partei übernehmen soll.

„Incoterms" und Beförderungsvertrag

9. Die Firmen, die in ihren Verträgen auf diese Regeln Bezug nehmen, dürfen nicht außer acht lassen, daß diese Regeln nur im Verhältnis zwischen Käufer und Verkäufer gelten. Das im Beförderungsvertrag geregelte Verhältnis zwischen einer Vertragspartei und dem Frachtführer wird durch diese Bestimmungen weder unmittelbar noch mittelbar berührt.

Definition des Begriffes „Konnossement"

10. Der in diesen Regeln verwendete Ausdruck „Konnossement" bezieht sich auf ein Bord-Konnossement, das von dem Frachtführer

oder in seinem Auftrage ausgestellt worden ist und sowohl den abgeschlossenen Beförderungsvertrag als auch die Verbringung der Waren an Bord des Schiffes beurkundet.

11. Konnossemente können mit den Vermerken „Fracht im voraus bezahlt" oder „Fracht zahlbar am Bestimmungsort" ausgestellt werden.

Im ersteren Falle ist das Dokument gewöhnlich erst verfügbar, wenn die Fracht bezahlt ist.

Firmen, die vorliegende Regeln anwenden wollen, werden gebeten, in ihren Verträgen anzugeben, daß diese auf Grund der Bestimmungen der „Incoterms 1953" abgeschlossen werden.

1. – Ex Works

| Ex works (Ex factory, ex mill, ex plantation, ex warehouse, etc.) | A l'Usine (à la mine, ex magasin, en magasin, etc.) | Ab Werk (ab Fabrik, ab Mühle, ab Grube, ab Pflanzung, ab Lagerhaus usw.) |

A. Der Verkäufer hat:

1. die Ware in Übereinstimmung mit dem Kaufvertrag zu liefern und zugleich alle vertragsgemäßen Belege hierfür zu erbringen.

2. dem Käufer die Ware zu der vertraglich vereinbarten Zeit an dem benannten Lieferungsort oder an dem für die Lieferung solcher Ware üblichen Ort zur Verladung auf das vom Käufer zu beschaffende Beförderungsmittel zur Verfügung zu stellen.

3. auf eigene Kosten gegebenenfalls für die notwendige Verpackung zu sorgen, damit der Käufer die Ware übernehmen kann.

4. den Käufer innerhalb einer angemessenen Frist von dem Zeitpunkt zu benachrichtigen, in dem die Ware zur Verfügung gestellt wird.

5. die durch die Zurverfügungstellung der Ware für den Käufer bedingten Kosten des Prüfens (wie der Qualitätsprüfung, des Messens, Wiegens und Zählens) zu tragen.

6. alle Kosten und Gefahren der Ware zu tragen, bis sie innerhalb der vertraglich vereinbarten Zeit dem Käufer zur Verfügung gestellt worden ist, vorausgesetzt, daß die Ware in geeigneter Weise konkretisiert, d.h. als der für den Käufer bestimmte Gegenstand abgesondert oder auf irgendeine andere Art kenntlich gemacht worden ist.

7. dem Käufer auf dessen Verlangen, Gefahr und Kosten bei der Beschaffung irgendwelcher Dokumente, die in dem Liefer- und/oder Ursprungsland ausgestellt werden und die der Käufer zur Ausfuhr und/oder Einfuhr (und gegebenenfalls zur Durchfuhr durch ein drittes Land) benötigt, jede Hilfe zu gewähren.

B. Der Käufer hat:

1. die Ware abzunehmen, sobald sie an dem vertraglich vereinbarten Ort und innerhalb der vertraglich vereinbarten Frist zu seiner Verfügung gestellt worden ist, und den Preis vertragsgemäß zu zahlen.

2. alle Kosten und Gefahren der Ware von dem Zeitpunkt an zu tragen, in dem sie auf diese Weise zu seiner Verfügung gestellt worden ist, vorausgesetzt, daß die Ware in geeigneter Weise konkretisiert, d.h. als der für den Käufer bestimmte Gegenstand abgesondert oder auf irgendeine andere Art kenntlich gemacht worden ist.

3. alle Zollgebühren und Abgaben zu tragen, die auf Grund der Ausfuhr erhoben werden.

4. wenn er sich eine Frist für die Abnahme der Ware und/oder die Wahl des Lieferortes vorbehalten hat und nicht rechtzeitig Anweisungen erteilt, die sich hieraus ergebenden Mehrkosten und alle die Ware betreffenden Gefahren vom Ablauf der vereinbarten Frist an zu tragen, vorausgesetzt, daß die Ware in geeigneter Weise konkretisiert, d.h. als der für den Käufer bestimmte Gegenstand abgesondert oder auf irgendeine andere Art kenntlich gemacht worden ist.

5. alle Kosten für die Ausstellung und Beschaffung der oben in Artikel A. 7 erwähnten Dokumente zu tragen, einschließlich der Kosten für die Ursprungszeugnisse, die Ausfuhrbewilligung und die Konsulatsgebühren.

2. F.O.R., F.O.T

F.O.R. (free on rail) ...
(named departure point)
F.O.T. (free on truck) ...
(named departure point) In
America (U.S.):
F.O.B. ... (named point)

Franco wagon ... (point de départ convenu)

Frei (franko) Waggon (... Abgangsort)

A. Der Verkäufer hat:

1. die Ware in Übereinstimmung mit dem Kaufvertrag zu liefern und zugleich alle vertragsgemäßen Belege zu erbringen.

2. wenn es sich um Ware handelt, die entweder eine volle Waggonladung ausmacht oder genügend Gewicht für die Beanspruchung besonderer Mengentarife für Waggonladungen aufweist, rechtzeitig einen Waggon geeigneter Art und Größe zu beschaffen, der gegebenenfalls mit Planen zu versehen ist, und ihn auf seine Kosten zum vereinbarten Termin oder innerhalb der vereinbarten Frist zu beladen, wobei er sich bei der Bestellung des Waggons und bei der Beladung an die Vorschriften der Abgangsstation halten muß.

3. wenn es sich um eine Ladung handelt, die entweder keine volle Waggonladung ergibt oder nicht genügend Gewicht zur Beanspruchung besonderer Mengentarife für Waggonladungen aufweist, die Ware zu dem vereinbarten Termin oder innerhalb der festgesetzten Frist der Eisenbahn entweder an der Abgangsstation oder einem von der Eisenbahn gestellten Fahrzeug zu übergeben, wenn die Anfuhr zur Bahn im Frachtsatz mit einbegriffen ist, sofern er nicht nach den Vorschriften der Abgangsstation selbst die Ware in den Waggon zu verladen hat.

Gibt es am Versandort mehrere Bahnhöfe, so kann der Verkäufer den ihm am besten zusagenden Bahnhof auswählen, sofern dieser Bahnhof üblicherweise Waren für den vom Käufer benannten Bestimmungsort annimmt, es sei denn, der Käufer hat sich die Wahl des Abgangsbahnhofs vorbehalten.

4. alle Kosten und Gefahren der Ware bis zu dem Zeitpunkt zu tragen, in dem der beladene Waggon oder, in dem gemäß Artikel A. 3 vorgesehenen Fall, die Ware der Eisenbahn ausgehändigt worden ist, vorbehaltlich jedoch der Bestimmungen des nachstehenden Artikels B. 5.

5. auf eigene Kosten für die übliche Verpackung der Ware zu sorgen, sofern es nicht Handelsbrauch ist, die Ware unverpackt zu versenden.

B. Der Käufer hat:

1. dem Verkäufer rechtzeitig die für den Versand notwendigen Anweisungen zu erteilen.

2. die Ware von dem Zeitpunkt an abzunehmen, in dem sie der Eisenbahn übergeben worden ist, und den Preis vertragsgemäß zu zahlen.

3. alle Kosten und Gefahren der Ware (mit Einschluß der etwa erforderlichen Kosten für die Miete der Planen) von dem Zeitpunkt an zu tragen, in dem der beladene Waggon oder, in dem unter Artikel A.3 vorgesehenen Fall, von dem Zeitpunkt an, in dem die Ware der Eisenbahn ausgehändigt worden ist.

4. alle Zollgebühren und Abgaben zu tragen, die auf Grund der Ausfuhr erhoben werden.

5. wenn er sich eine Frist zur Erteilung der Versandanweisungen an den Verkäufer und/oder die Wahl des Verladeortes vorbehalten hat und nicht rechtzeitig Anweisungen erteilt, die sich hieraus ergebenden Mehrkosten und alle die Ware betreffenden Gefahren vom Ablauf der vereinbarten Frist an zu tragen, vorausgesetzt, daß die Ware in geeigneter Weise konkretisiert, d. h. als der für den Käufer bestimmte Gegenstand abgesondert oder auf irgendeine andere Art kenntlich gemacht worden ist.

6. alle Kosten und Gebühren für die Ausstellung und Beschaffung der in den Artikeln A. 9. und A. 10. erwähnten Dokumente zu tragen, einschließlich der Kosten der Ursprungszeugnisse und der Konsulatsgebühren.

§ 346 1. Abschn.   *Drittes Buch. Handelsgeschäfte*

6. die durch die Verladung der Ware oder durch ihre Aushändigung an die Eisenbahn bedingten Kosten des Prüfens (wie der Qualitätsprüfung, des Messens, Wiegens und Zählens) zu tragen.

7. den Käufer unverzüglich zu benachrichtigen, daß die Ware verladen oder der Eisenbahn ausgehändigt worden ist.

8. auf eigene Kosten dem Käufer das übliche Versanddokument zu beschaffen, falls dies dem Handelsbrauch entspricht.

9. dem Käufer auf dessen Verlangen und auf dessen Kosten das Ursprungszeugnis zu besorgen (siehe B. 6.).

10. dem Käufer auf dessen Verlangen, Gefahr und Kosten bei der Beschaffung von Dokumenten, die in dem Versand- und/oder Ursprungsland ausgestellt werden und die der Käufer zur Ausfuhr und/oder Einfuhr (sowie gegebenenfalls zur Durchfuhr durch ein drittes Land) benötigt, jede Hilfe zu gewähren.

3. – F.A.S.

F.A.S. (free alongside ship) .... (named port of shipment)
In America (U.S.):
F.A.S. vessel .... (namend port)

F.A.S. (franco le long, du navire) .... (port d'embarquement convenu)

F.A.S. (Frei Längsseite Seeschiffs oder Binnenschiffs) .... (benannter Verschiffungshafen)

A. Der Verkäufer hat:

1. die Ware in Übereinstimmung mit dem Kaufvertrag zu liefern und zugleich alle vertragsgemäßen Belege hierfür zu erbringen.

2. die Ware zu dem vereinbarten Zeitpunkt oder in der vereinbarten Frist dem Hafenbrauch entsprechend an den vom Käufer benannten Ladeplatz in dem benannten Verschiffungshafen Längsseite Schiff zu liefern und dem Käufer unverzüglich mitzuteilen, daß die Ware Längsseite Schiff geliefert worden ist.

3. dem Käufer auf dessen Verlangen, Gefahr und Kosten bei der Beschaffung aller für die Ausfuhr der Ware erforderlichen Bewilligungen oder sonstiger amtlicher Bescheinigungen jede Hilfe zu gewähren.

4. alle Kosten und Gefahren der Ware bis zu dem Zeitpunkt zu tragen, in dem sie tatsächlich Längsseite Schiff in dem benannten Verschiffungshafen geliefert worden ist, einschließlich der Kosten aller für die Lieferung der Ware

B. Der Käufer hat:

1. dem Verkäufer rechtzeitig den Namen, den Ladeplatz sowie den Zeitpunkt der Lieferung an das Schiff bekanntzugeben.

2. alle Kosten und Gefahren der Ware von dem Zeitpunkt an zu tragen, in dem die Ware tatsächlich Längsseite Schiff in dem benannten Verschiffungshafen zu dem vereinbarten Termin oder innerhalb der festgesetzten Frist geliefert worden ist, und den Preis vertragsgemäß zu zahlen.

3. alle zusätzlich entstehenden Kosten zu tragen, wenn das von ihm benannte Schiff nicht rechtzeitig eintrifft oder die Ware nicht übernehmen kann oder schon vor der festgesetzten Zeit keine Ladung mehr annimmt, sowie alle Gefahren für die Ware von dem Zeitpunkt an zu tragen, in dem sie der Verkäufer zur Verfügung des Käufers gestellt hat, vorausgesetzt, daß die Ware in geeigneter Weise konkretisiert, d. h. als der für den Käufer bestimmte Gegenstand abge-

Längsseite Schiff erforderlichen Formalitäten, jedoch vorbehaltlich der Bestimmungen der nachstehenden Artikel B. 3. und B. 4.

5. auf eigene Kosten für die übliche Verpackung der Waren zu sorgen, sofern es nicht Handelsbrauch ist, die Ware unverpackt zu verschiffen.

6. die durch die Lieferung der Ware Längsseite Schiff bedingten Kosten des Prüfens (wie der Qualitätsprüfung, des Messens, Wiegens und Zählens) zu tragen.

7. auf eigene Kosten das zum Nachweis der Lieferung der Ware Längsseite des benannten Schiffes übliche reine Dokument zu besorgen.

8. dem Käufer auf dessen Verlangen und Kosten das Ursprungszeugnis zu beschaffen (siehe B. 5.).

9. dem Käufer auf dessen Verlangen, Gefahr und Kosten neben dem im Artikel A. 8. genannten Dokument bei der Beschaffung aller im Verschiffungs- und/oder Ursprungslande ausgestellten Dokumente (mit Ausnehme des Konnossements und/oder der Konsulatspapiere), die der Käufer zur Einfuhr der Ware in das Bestimmungsland (und gegebenenfalls zur Durchfuhr durch ein drittes Land) benötigt, jede Hilfe zu gewähren.

sondert oder auf irgendeine andere Art kenntlich gemacht worden ist.

4. wenn er das Schiff nicht rechtzeitig bezeichnet oder wenn er sich eine Frist für die Abnahme der Ware und/oder die Wahl des Verschiffungshafens vorbehalten hat und nicht rechtzeitig Anweisungen erteilt, die sich hieraus ergebenden Mehrkosten und alle die Ware betreffenden Gefahren von dem Zeitpunkt an zu tragen, in dem die für die Lieferung festgesetzte Frist abläuft, vorausgesetzt, daß die Ware in geeigneter Weise konkretisiert, d. h. als der für den Käufer bestimmte Gegenstand abgesondert oder auf irgendeine andere Art kenntlich gemacht worden ist.

5. alle Kosten und Gebühren für die Beschaffung der oben in den Artikeln A. 3., A. 8. und A. 9. genannten Dokumente zu tragen.

4. – F.O.B.

F.O.B. (free on board) .... (named port of shipment)
In America (U.S.):
F.O.B. vessel .... (named port)

F.O.B. .... (port d'embarquement convenu)

F.O.B. .... (benannter Verschiffungshafen)

A. Der Verkäufer hat:

1. die Ware in Übereinstimmung mit dem Kaufvertrag zu liefern und zugleich alle vertragsgemäßen Belege hierfür zu erbringen.

2. die Ware an Bord des vom Käufer angegebenen Seeschiffes im vereinbarten Verschiffungshafen zu dem vereinbarten Zeitpunkt oder innerhalb der vereinbarten Frist dem Hafenbrauch entsprechend zu liefern und dem Käufer unverzüglich mitzuteilen, daß die Ware an Bord des Seeschiffes geliefert worden ist.

3. auf eigene Kosten und Gefahr die Ausfuhrbewilligung oder jede andere amtliche Bescheinigung zu beschaffen, die für die Ausfuhr der Ware erforderlich ist.

4. alle Kosten und Gefahren der Ware bis zu dem Zeitpunkt zu tragen, in dem die Ware im

B. Der Käufer hat:

1. auf eigene Kosten ein Seeschiff zu chartern oder den notwendigen Schiffsraum zu beschaffen und dem Verkäufer rechtzeitig den Namen und den Ladeplatz des Schiffes sowie den Zeitpunkt der Lieferung zum Schiff bekanntzugeben.

2. alle Kosten und Gefahren für die Ware von dem Zeitpunkt an zu tragen, in dem die Ware im vereinbarten Verschiffungshafen die Reling des Schiffes tatsächlich überschritten hat, sowie den Preis vertragsgemäß zu zahlen.

3. alle zusätzlich entstehenden Kosten zu tragen, wenn das von ihm benannte Schiff zu dem festgesetzten Zeitpunkt oder bis zum Ende der vereinbarten Frist nicht eintrifft oder die Ware nicht übernehmen kann oder bereits vor dem

vereinbarten Verschiffungshafen die Reling des Schiffes tatsächlich überschritten hat, einschließlich aller mit der Ausfuhr zusammenhängenden Gebühren, Abgaben und Kosten sowie auch die Kosten aller Formalitäten, die für die Verbringung der Ware an Bord erforderlich sind, vorbehaltlich jedoch der Bestimmungen der nachfolgenden Artikel B. 3. und B. 4.

5. auf eigene Kosten für die übliche Verpackung der Ware zu sorgen, sofern es nicht Handelsbrauch ist, die Ware unverpackt zu verschiffen.

6. die durch die Lieferung der Ware bedingten Kosten des Prüfens (wie der Qualitätsprüfung, des Messens, Wiegens und Zählens) zu tragen.

7. auf eigene Kosten das zum Nachweis der Lieferung der Ware an Bord des benannten Schiffes übliche reine Dokument zu beschaffen.

8. dem Käufer auf dessen Verlangen und Kosten das Ursprungszeugnis zu beschaffen (siehe B. 6.).

9. dem Käufer auf dessen Verlangen, Gefahr und Kosten neben dem im vorhergehenden Artikel genannten Dokument bei der Beschaffung des Konnossements und aller im Verschiffungs- und/oder Ursprungsland auszustellenden Dokumente, die der Käufer zur Einfuhr der Ware in das Bestimmungsland (und gegebenenfalls zur Durchfuhr durch ein drittes Land) benötigt, jede Hilfe zu gewähren.

vereinbarten Zeitpunkt oder vor Ablauf der festgesetzten Frist keine Ladung mehr annimmt, sowie alle die Ware betreffenden Gefahren von dem Ablauf der vereinbarten Frist an zu tragen, vorausgesetzt, daß die Ware in geeigneter Weise konkretisiert, d. h. als der für den Käufer bestimmte Gegenstand abgesondert oder auf irgendeine andere Art kenntlich gemacht worden ist.

4. wenn er das Schiff nicht rechtzeitig bezeichnet oder wenn er sich eine Frist für die Abnahme der Ware und/oder die Wahl des Verschiffungshafens vorbehalten hat und nicht rechtzeitig genaue Anweisungen erteilt, alle sich hieraus ergebenden Mehrkosten sowie alle die Ware betreffenden Gefahren von dem Zeitpunkt an zu tragen, in dem die für die Lieferung festgesetzte Frist abläuft, vorausgesetzt, daß die Ware in geeigneter Weise konkretisiert, d. h. als der für den Käufer bestimmte Gegenstand abgesondert oder auf irgendeine andere Art kenntlich gemacht worden ist.

5. die Kosten und Gebühren für die Beschaffung eines Konnossements zu tragen, falls dies gemäß vorstehendem Artikel A. 9. verlangt worden ist.

6. alle Kosten und Gebühren für die Beschaffung der oben in den Artikeln A. 8. und A. 9. erwähnten Dokumente zu tragen, einschließlich der Kosten der Ursprungszeugnisse und der Konsulatspapiere.

5. – C. & F.

C. & F. (cost and freight) ... named port of destination)

C. & F. (coût et fret).... (port de destination convenu)

C. & F. (Kosten und Fracht) (benannter Bestimmungshafen)

A. Der Verkäufer hat:

1. die Ware in Übereinstimmung mit dem Kaufvertrag zu liefern und zugleich alle vertragsgemäßen Belege hierfür zu erbringen.

2. den Vertrag für die Beförderung der Ware auf eigene Rechnung auf dem üblichen Wege zu den üblichen Bedingungen bis zum vereinbarten Bestimmungshafen in einem Seeschiff (Segelschiffe ausgenommen) der Bauart, die normalerweise für die Beförderung der im Vertrag genannten Ware verwendet wird, abzuschließen sowie die Fracht und alle Ausladungskosten im Entladungshafen zu tragen, die von regulären Schiff-

B. Der Käufer hat:

1. die von dem Verkäufer beschafften Dokumente bei ihrer Einreichung anzunehmen, wenn sie sich in Übereinstimmung mit dem Kaufvertrag befinden, und den Preis vertragsgemäß zu zahlen.

2. die Ware im vereinbarten Bestimmungshafen abzunehmen und mit Ausnahme der Fracht alle während des Seetransportes bis zur Ankunft im Bestimmungshafen entstehenden Kosten zu tragen, ebenso die Kosten für die Löschung, die Leichterung und die Verbringung an Land, sofern diese Kosten nicht in der Fracht mit einbe-

fahrtsgesellschaften schon bei der Verladung im Verschiffungshafen erhoben werden sollten.

3. auf eigene Kosten und Gefahr die Ausfuhrbewilligung oder sonstige amtliche Bescheinigungen zu beschaffen, die für die Ausfuhr der Ware erforderlich sind.

4. die Ware auf eigene Kosten zum vereinbarten Zeitpunkt oder innerhalb der vereinbarten Frist oder, falls weder ein Zeitpunkt noch eine Frist vereinbart wurde, innerhalb einer angemessenen Frist an Bord des Schiffes im Verschiffungshafen zu verladen und den Käufer unverzüglich von der Verladung an Bord des Schiffes zu benachrichtigen.

5. alle Gefahren für die Ware bis zu dem Zeitpunkt zu tragen, in dem sie im Verschiffungshafen die Reling des Schiffes tatsächlich überschritten hat, vorbehaltlich jedoch der Bestimmungen des nachstehenden Artikels B. 4.

6. unverzüglich auf eigene Kosten dem Käufer ein reines begebbares Konnossement für den vereinbarten Bestimmungshafen sowie eine Rechnung über die verschiffte Ware zu beschaffen. Das Konnossement muß über die vertraglich vereinbarte Ware lauten, ein innerhalb der für die Verschiffung vereinbarten Frist liegendes Datum tragen und durch Indossierung oder anderweitig die Lieferung an die Order des Käufers oder dessen vereinbarten Vertreters ermöglichen. Das Konnossement muß aus einem vollvollständigen Satz von „An Bord" (on board)- oder „verschifft" (shipped)-Konnossementen bestehen. Lautet das Konnossement „empfangen zur Verschiffung" (received for shipment), so muß die Reederei zusätzlich einen unterschriebenen Vermerk anbringen, der besagt, daß sich die Ware tatsächlich an Bord befindet; dieser Vermerk muß ein Datum tragen, das innerhalb der für die Verschiffung vereinbarten Zeit liegt. Wenn das Konnossement einen Hinweis auf den Chartervertrag enthält, so muß der Verkäufer außerdem noch ein Exemplar dieser Urkunde beschaffen.

Anmerkung: Ein Konnossement wird als „rein" bezeichnet, wenn es keine zusätzlichen Klauseln enthält, die ausdrücklich den Zustand der Ware oder der Verpackung als mangelhaft bezeichnen.

Folgende Klauseln sind bei einem reinen Konnossement zulässig: a) Klauseln, die nicht ausdrücklich besagen, daß die Ware oder ihre Verpackung sich in einem unbefriedigenden Zustand befindet, z.B. „gebrauchte Kisten", „gebrauchte Fässer" usw.; b) Klauseln, die begriffen sind oder nicht von der Schiffahrtsgesellschaft zusammen mit der Fracht erhoben worden sind.

Anmerkung: Beim Verkauf der Ware „C. & F. landed" gehen die Kosten für die Löschung, die Leichterung und die Verbringung an Land zu Lasten des Verkäufers.

3. alle Gefahren der Ware von dem Zeitpunkt an zu tragen, in dem die Ware im Verschiffungshafen die Reling des Schiffes tatsächlich überschritten hat.

4. wenn er sich eine Frist für die Verschiffung der Ware und/oder die Wahl des Bestimmungshafens vorbehalten hat und nicht rechtzeitig seine Anweisungen erteilt, alle zusätzlich entstehenden Kosten sowie sämtliche Gefahren vom Ablauf der für die Verschiffung festgesetzten Frist an zu tragen, vorausgesetzt, daß die Ware in geeigneter Weise konkretisiert, d. h. als der für den Käufer bestimmte Gegenstand abgesondert oder auf irgendeine andere Art kenntlich gemacht worden ist.

5. die Kosten und Gebühren für die Beschaffung des Ursprungszeugnisses und der Konsulatspapiere zu tragen.

6. alle Kosten und Gebühren für die Beschaffung der oben in Artikel A.11. erwähnten Dokumente zu tragen.

7. die Zollgebühren und alle sonstigen bei der Einfuhr und für die Einfuhr zu entrichtenden Abgaben zu zahlen.

8. auf eigene Rechnung und Gefahr alle Einfuhrbewilligungen, Bescheinigungen oder dergleichen zu beschaffen, die er zur Einfuhr der Ware am Bestimmungsort benötigt.

tonen, daß der Frachtführer für die der Ware oder ihrer Verpackung innewohnenden Gefahren nicht haftet; c) Klauseln, mit denen der Frachtführer zum Ausdruck bringt, daß ihm der Inhalt, die Gewichte, die Abmessungen, die Qualität oder die technischen Einzelheiten der Ware nicht bekannt sind.

7. auf seine Kosten für die übliche Verpackung der Ware zu sorgen, sofern es nicht Handelsbrauch ist, die Ware unverpackt zu verschiffen.

8. die durch die Verladung der Ware bedingten Kosten des Prüfens (wie der Qualitätsprüfung, des Messens, Wiegens und Zählens) zu tragen.

9. alle für die Ware bis zu ihrer Verladung erhobenen Abgaben und Gebühren zu tragen, einschließlich aller Steuern, Abgaben und Gebühren, die mit der Ausfuhr zusammenhängen, sowie die Kosten der zur Verbringung an Bord erforderlichen Formalitäten.

10. dem Käufer auf dessen Verlangen und Kosten (siehe B.5.) das Ursprungszeugnis sowie die Konsulatsfaktura zu beschaffen.

11. dem Käufer auf dessen Verlangen, Gefahr und Kosten neben den im vorhergehenden Artikel genannten Dokumenten bei der Beschaffung aller im Verschiffungs- und/oder Ursprungslande auszustellenden Dokumente, die der Käufer zur Einfuhr der Ware in das Bestimmungsland (und gegebenenfalls zur Durchfuhr durch ein drittes Land) benötigt, jede Hilfe zu gewähren.

6. – C.I.F.

C.I.F. (cost, insurance, freight) .... (named port of destination)

C.I.F., C.A.F. (coût, assurance, fret) .... (port de destination convenu) (1)

C.I.F. (Kosten, Versicherung, Fracht) .... (benannter Bestimmungshafen) (1)

A. Der Verkäufer hat:

1. die Ware in Übereinstimmung mit dem Kaufvertrag zu liefern und zugleich alle vertragsgemäßen Belege hierfür zu erbringen.

2. den Vertrag über die Beförderung der Ware auf eigene Rechnung auf dem üblichen Wege zu den üblichen Bedingungen bis zum vereinbarten Bestimmungshafen in einem Seeschiff (Segelschiffe ausgenommen) der Bauart, die normalerweise für die Beförderung der im Vertrag genannten Ware verwendet wird, abzuschließen sowie die Fracht und alle Auslaadungskosten im Entladungshafen zu tragen, die von regulären Schiffahrtsgesellschaften schon bei der Verladung im Verschiffungshafen erhoben werden sollten.

B. Der Käufer hat:

1. die von dem Verkäufer beschafften Dokumente bei ihrer Einreichung anzunehmen, wenn sie sich in Übereinstimmung mit dem Kaufvertrag befinden, und den Preis vertragsgemäß zu zahlen.

2. die Ware im vereinbarten Bestimmungshafen abzunehmen und mit Ausnahme der Fracht und der Seeversicherung alle während des Seetransportes bis zur Ankunft im Bestimmungshafen entstehenden Kosten zu tragen, ebenso wie die Kosten für die Löschung, die Leichterung und die Verbringung an Land, sofern diese Kosten nicht in der Fracht mit einbegriffen sind oder von der Schiffahrtsgesellschaft zusammen mit der Fracht erhoben worden sind.

Erster Abschnitt. Allgemeine Vorschriften 1. Abschn. § 346

3. auf eigene Kosten und Gefahr die Ausfuhrbewilligung oder sonstige amtliche Bescheinigungen zu beschaffen, die für die Ausfuhr der Ware erforderlich sind.

4. die Ware auf eigene Kosten zum vereinbarten Zeitpunkt oder innerhalb der vereinbarten Frist oder, falls weder ein Zeitpunkt noch eine Frist vereinbart wurde, innerhalb einer angemessenen Frist, an Bord des Schiffes im Verschiffungshafen zu verladen und den Käufer unverzüglich von der Verladung an Bord des Schiffes zu benachrichtigen.

5. auf eigene Kosten eine übertragbare Seeversicherungspolice gegen die durch den Vertrag bedingten Beförderungsgefahren zu beschaffen. Dieser Vertrag muß bei zuverlässigen Versicherern oder Versicherungsgesellschaften auf der Grundlage der F.P.A.-Bedingungen gemäß Anhang*) abgeschlossen werden und soll den CIF-Preis zuzüglich 100% decken. Die Versicherung ist, wenn möglich, in der Währung des Vertrages abzuschließen**).

Sofern nichts anderes vereinbart ist, soll das Transportrisiko nicht die besonderen Risiken decken, die nur in einzelnen Geschäftszweigen üblich sind oder gegen die sich der Käufer besonders schützen will. Zu den besonderen Risiken, die im Vertrage zwischen Käufer und Verkäufer besonders berücksichtigt werden müßten, gehören Diebstahl, Plünderung, Auslaufen, Bruch, Absplittern, Schiffsschweiß, Berührung mit anderen Ladungen sowie sonstige Gefahren, die in bestimmten Branchen auftreten können.

Auf Verlangen des Käufers muß der Verkäufer auf Kosten des Käufers die Versicherung gegen Kriegsgefahr in der Vertragswährung decken, sofern dies möglich ist.

Wenn die Versicherung gegen Kriegsgefahr gedeckt worden ist, muß der Käufer deren Kosten tragen (siehe A. 5.).

Anmerkung: Beim Verkauf der Ware „CIF landed" gehen die Kosten für die Löschung, die Leichterung und die Verbringung an Land zu Lasten des Verkäufers.

3. alle Gefahren der Ware von dem Zeitpunkt an zu tragen, in dem die Ware im Verschiffungshafen die Reling des Schiffes tatsächlich überschritten hat.

4. wenn er sich eine Frist für die Verschiffung der Ware und/oder die Wahl des Bestimmungshafens vorbehalten hat und nicht rechtzeitig seine Anweisungen erteilt, alle zusätzlich entstehenden Kosten sowie sämtliche Gefahren vom Ablauf der für die Verschiffung festgesetzten Frist an zu tragen, vorausgesetzt, daß die Ware in geeigneter Weise konkretisiert, d. h. als der für den Käufer bestimmte Gegenstand abgesondert oder auf irgendeine andere Art kenntlich gemacht worden ist.

5. die Kosten und Gebühren für die Beschaffung des Ursprungszeugnisses und der Konsulatspapiere zu tragen.

6. alle Kosten und Gebühren für die Beschaffung der oben in Artikel A. 12 erwähnten Dokumente zu tragen.

7. die Zollgebühren und alle sonstigen bei der Einfuhr und für die Einfuhr zu entrichtenden Abgaben zu zahlen.

8. auf eigene Rechnung und Gefahr alle Einfuhrbewilligungen, Bescheinigungen oder dergleichen zu beschaffen, die er zur Einfuhr der Ware am Bestimmungsort benötigt.

---

*) Die in Teil I des Anhanges enthaltene, in Zusammenarbeit mit der International Union of Marine Insurance aufgestellte Liste führt Versicherungsbedingungen auf, die hinsichtlich der wesentlichen Garantien in der Handelspraxis als untereinander gleichwertig gelten können.
Teil II des Anhanges enthält als Beispiel den vollen Wortlaut einer der in Teil I aufgeführten Versicherungsbedingungen, und zwar die „Institute Cargo Clauses, F.P.A." vom 11. Februar 1946.

**) CIF A. 5. sieht eine Mindestversicherungsleistung hinsichtlich der Bedingungen (F.P.A.) und der Zeitdauer (von Haus zu Haus) vor, wie sie in Teil I des Anhangs aufgeführt sind. Die „Incoterms 1953" beruhen auf dem Grundsatz, daß in Punkten, in denen größere Unterschiede in der Praxis bestehen, der vertraglich vereinbarte Preis Mindestverpflichtungen für den Verkäufer entspricht. Wünscht der Käufer die vertraglichen Mindestverpflichtungen des Verkäufers zu erweitern, so muß er genau angeben, daß der Vertrag auf den „Incoterms 1953" einschließlich der Zusätze beruht, die er für erforderlich hält.
Wünscht er z.B. eine WA-Versicherung an Stelle der FPA-Versicherung, so muß der Vertrag lauten: „Incoterms 1953 CIF mit WA-Versicherung."

6. alle Gefahren zu tragen bis zu dem Zeitpunkt, in dem die Ware im Verschiffungshafen tatsächlich die Reling des Schiffes überschritten hat, vorbehaltlich jedoch der Bestimmungen des nachstehenden Artikels B. 4.

7. Unverzüglich auf eigene Kosten dem Käufer ein reines begebbares Konnossement auf den vereinbarten Bestimmungshafen sowie eine Rechnung über die verschiffte Ware und den Versicherungsschein zu beschaffen oder, falls der Versicherungsschein zur Zeit der Vorlage der Dokumente nicht verfügbar sein sollte, ein von den Versicherern ausgestelltes Versicherungszertifikat zu beschaffen, das dem Inhaber die gleichen Rechte wie der Besitz des Versicherungsscheines gewährt und das die wesentlichen Bestimmungen des Versicherungsscheines enthält. Das Konnossement muß für die verkaufte Ware ausgestellt worden sein, ein innerhalb der für die Verschiffung vereinbarten Frist liegendes Datum tragen und durch Indossierung oder auf andere Art die Lieferung an die Order des Käufers oder seines vereinbarten Vertreters ermöglichen. Das Konnossement muß aus einem vollständigen Satz von „An Bord" (on board)- oder „verschifft" (shipped)-Konnossementen bestehen. Lautet das Konnossement „empfangen zur Verschiffung" (received for shipment), so muß die Reederei zusätzlich einen unterschriebenen Vermerk anbringen, der besagt, daß sich die Ware tatsächlich an Bord befindet; dieser Vermerk muß ein Datum tragen, das innerhalb der für die Verschiffung vereinbarten Zeit liegt. Wenn das Konnossement einen Hinweis auf den Chartervertrag enthält, so muß der Verkäufer außerdem noch ein Exemplar dieser Urkunde beschaffen.

Anmerkung: Ein Konnossement wird als „rein" bezeichnet, wenn es keine zusätzlichen Klauseln enthält, die ausdrücklich den Zustand der Ware oder der Verpackung als mangelhaft bezeichnen.

Folgende Klauseln sind bei einem reinen Konnossement zulässig: a) Klauseln, die nicht ausdrücklich besagen, daß die Ware oder ihre Verpackung sich in einem unbefriedigenden Zustand befindet, z.B. „gebrauchte Kisten", „gebrauchte Fässer" usw.; b) Klauseln, die betonen, daß der Frachtführer für die der Ware oder ihrer Verpackung innewohnenden Gefahren nicht haftet; c) Klauseln, mit denen der Frachtführer zum Ausdruck bringt, daß ihm der Inhalt, die Gewichte, die Abmessungen, die Qualität oder die technischen Einzelheiten der Ware nicht bekannt sind.

8. auf eigene Kosten für die übliche Verpackung der Ware zu sorgen, sofern es nicht Handelsbrauch ist, die Ware unverpackt zu verschiffen.

9. die durch die Verladung der Ware bedingten Kosten des Prüfens (wie der Qualitätsprüfung, des Messens, Wiegens und Zählens) zu tragen.

10. alle für die Ware bis zu ihrer Verladung erhobenen Abgaben und Gebühren zu tragen, einschließlich aller Steuern, Abgaben und Gebühren, die mit der Ausfuhr zusammenhängen sowie auch die Kosten der zur Verbringung an Bord erforderlichen Formalitäten.

11. dem Käufer auf dessen Verlangen und Kosten (siehe B.5.) das Ursprungszeugnis sowie die Konsulatsfaktura zu beschaffen.

12. dem Käufer auf dessen Verlangen, Gefahr und Kosten neben den im vorhergehenden Artikel genannten Dokumenten bei der Beschaffung aller im Verschiffungs- und/oder Ursprungslande auszustellenden Dokumente, die der Käufer zur Einfuhr der Ware in das Bestimmungsland (und gegebenenfalls zur Durchfuhr durch ein drittes Land) benötigt, jede Hilfe zu gewähren.

7. – Freight or Carriage Paid to

Freight or Carriage Paid to .... (named point of destination)

Fret ou Port payé jusqu'à ... (point de destination convenu)

Frachtfrei .... (benannter Bestimmungsort)

A. Der Verkäufer hat:

1. die Ware in Übereinstimmung mit dem Kaufvertrag zu liefern und zugleich alle vertragsgemäßen Belege hierfür zu erbringen.

2. die Ware auf eigene Kosten zum vereinbarten Zeitpunkt oder innerhalb der vereinbarten Frist nach dem vereinbarten Ablieferungsplatz am Bestimmungsort zu senden. Wenn der Ablieferungsplatz nicht vereinbart worden ist oder nicht durch den Handelsbrauch festliegt, so darf der Verkäufer den ihm am besten zusagenden Ablieferungsplatz am Bestimmungsort auswählen.

3. alle Gefahren der Ware bis zu ihrer fristgemäßen Übergabe an den ersten Frachtführer zu tragen, vorbehaltlich jedoch der Bestimmungen des nachstehenden Artikels B 3.

B. Der Käufer hat:

1. die Ware am Ablieferungsplatz im Bestimmungsort abzunehmen, den Preis vertragsgemäß zu zahlen und alle Kosten von dem Zeitpunkt an zu tragen, in dem die Ware am Ablieferungsplatz eingetroffen ist.

2. alle Gefahren für die Ware von dem Zeitpunkt an zu tragen, in dem sie dem ersten Frachtführer gemäß Artikel A. 3 übergeben worden ist.

3. wenn er sich eine Frist für den Abruf der Ware und/oder die Wahl des Bestimmungsortes vorbehalten hat und nicht rechtzeitig Anweisungen erteilt, alle sich hieraus ergebenden Mehrkosten und sämtliche Gefahren vom Ablauf der vereinbarten Frist an zu tragen, vorausgesetzt, daß die Ware in geeigneter Weise kon-

4. den Käufer unverzüglich zu benachrichtigen, daß die Ware dem ersten Frachtführer übergeben worden ist.

5. auf eigene Kosten für die übliche Verpackung der Ware zu sorgen, sofern es nicht Handelsbrauch ist, die Ware unverpackt zu versenden.

6. die durch die Verladung der Ware oder durch ihre Übergabe an den ersten Frachtführer bedingten Kosten des Prüfens (wie der Qualitätsprüfung, des Messens, Wiegens und Zählens) zu tragen.

7. auf eigene Kosten dem Käufer das übliche Versanddokument zu beschaffen, sofern dies dem Handelsbrauch entspricht.

8. auf eigene Rechnung und Gefahr alle Ausfuhrbewilligungen oder sonstige behördliche für die Ausfuhr der Ware erforderliche Lizenzen zu beschaffen und alle für die Ware im Versandlande zu entrichtenden Abgaben einschließlich der Ausfuhrabgaben sowie die Kosten der zur Verladung der Ware erforderlichen Formalitäten zu tragen.

9. dem Käufer auf dessen Verlangen und auf dessen Kosten (siehe B. 4) das Ursprungszeugnis und die Konsulatsfaktura zu beschaffen.

10. dem Käufer auf dessen Verlangen, Gefahr und Kosten neben den im vorhergehenden Artikel genannten Unterlagen bei Beschaffung der sonstigen Dokumente, die im Verlade- und/oder Ursprungsland ausgestellt werden und die der Käufer zur Einfuhr der Ware in das Bestimmungsland (und gegebenenfalls zur Durchfuhr durch ein drittes Land) benötigt, Hilfe zu gewähren.

kretisiert, d. h. als der für den Käufer bestimmte Gegenstand abgesondert oder auf irgendeine andere Art kenntlich gemacht worden ist.

4. alle Kosten und Gebühren für die Beschaffung der oben in den Artikeln A. 9 und A. 10 genannten Dokumente zu tragen, einschließlich der Kosten des Ursprungszeugnisses sowie der Konsulatsgebühren.

5. alle Zollgebühren und sonstigen Abgaben zu tragen, die bei der Einfuhr oder für die Einfuhr zu entrichten sind.

8. – Ex Ship

Ex Ship .... (named port)   Ex Ship (ex .... nom du navire) ... (port convenu)   ab Schiff (ab .... Name des Schiffes) .... (benannter Hafen)

A. Der Verkäufer hat:

1. die Ware in Übereinstimmung mit dem Kaufvertrag zu liefern und zugleich alle vertragsgemäßen Belege hierfür zu erbringen.

2. dem Käufer die Ware tatsächlich innerhalb der vertraglich vereinbarten Frist an Bord des Schiffes an dem üblichen Löschungsort in dem benannten Hafen zur Verfügung zu stellen, so

B. Der Käufer hat:

1. die Ware anzunehmen, sobald sie gemäß den Bestimmungen des Artikels A. 2 zu seiner Verfügung gestellt worden ist, und den Preis vertragsgemäß zu zahlen.

2. alle die Ware betreffenden Kosten und Gefahren von dem Zeitpunkt an zu tragen, in dem sie tatsächlich gemäß A. 2 zu seiner Verfügung

daß sie mit dem ihrer Natur entsprechenden Entladegerät von Bord genommen werden kann.

3. alle die Ware betreffenden Gefahren und Kosten bis zu dem Zeitpunkt zu tragen, in dem die Ware tatsächlich dem Käufer gemäß Artikel A.2 zur Verfügung gestellt worden ist, vorausgesetzt, daß die Ware in geeigneter Weise konkretisiert, d. h. als der für den Käufer bestimmte Gegenstand abgesondert oder auf irgendeine andere Art kenntlich gemacht worden ist.

4. auf eigene Kosten für die übliche Verpackung der Ware zu sorgen, sofern es nicht Handelsbrauch ist, die Ware unverpackt zu versenden.

5. die durch die Zurverfügungstellung der Ware für den Käufer gemäß Artikel A.2 bedingten Kosten des Prüfens (wie der Qualitätsprüfung, des Messens, Wiegens und Zählens) zu tragen.

6. den Käufer unverzüglich auf eigene Kosten über das voraussichtliche Ankunftsdatum des benannten Schiffes zu unterrichten und ihm rechtzeitig das Konnossement oder den Auslieferungsauftrag (delivery order) und/oder alle übrigen Dokumente zu beschaffen, die der Käufer zur Übernahme der Ware benötigt.

7. dem Käufer auf dessen Verlangen und Kosten (siehe B.3) das Ursprungszeugnis und die Konsulatsfaktura zu besorgen.

8. dem Käufer auf dessen Verlangen, Gefahr und Kosten neben den im vorhergehenden Artikel genannten Unterlagen bei der Beschaffung der sonstigen Dokumente, die im Verlade- und/oder Ursprungsland ausgestellt werden und die der Käufer zur Einfuhr der Ware in das Bestimmungsland (und gegebenenfalls zur Durchfuhr durch ein drittes Land) benötigt, jede Hilfe zu gewähren.

gestellt worden ist, vorausgesetzt, daß die Ware in geeigneter Weise konkretisiert, d.h. als der für den Käufer bestimmte Gegenstand abgesondert oder auf irgendeine Art kenntlich gemacht worden ist.

3. alle vom Verkäufer entrichteten Ausgaben und Gebühren zu tragen, die bei der Beschaffung irgendwelcher der in den Artikeln A.7 und A.8 genannten Dokumente entstehen.

4. auf eigene Kosten und Gefahr alle Bewilligungen oder ähnliche Dokumente zu beschaffen, die für das Löschen und/oder für die Einfuhr der Ware erforderlich sind.

5. alle Kosten und Gebühren der Verzollung, alle Zölle sowie alle sonstigen Abgaben und Steuern zu tragen, die beim Löschen oder durch das Löschen und/oder bei der Einfuhr oder durch die Einfuhr der Ware entstehen.

9. – Ex Quay

Ex Quay .... (named port)   A Quay .... (port convenu)   Ab Kai .... (benannter Hafen)

A. Der Verkäufer hat:

1. die Ware in Übereinstimmung mit dem Kaufvertrag zu liefern und zugleich alle vertragsgemäßen Belege hierfür zu erbringen.

2. die Ware am Kai des benannten Hafens zum vereinbarten Zeitpunkt zur Verfügung des Käufers zu stellen.

3. auf eigene Kosten und Gefahr die Einfuhrbewilligung zu beschaffen und die Kosten aller

B. Der Käufer hat:

1. die Ware abzunehmen, sobald sie gemäß den Bestimmungen des Artikels A.2 zu seiner Verfügung gestellt worden ist, und den Preis vertragsgemäß zu zahlen.

2. alle die Ware betreffenden Kosten und Gefahren von dem Zeitpunkt an zu tragen, in dem sie tatsächlich gemäß Artikel A.2 zu seiner Verfügung gestellt worden ist, vorausgesetzt,

Einfuhrabgaben oder Steuern einschließlich der Verzollungskosten sowie einschließlich aller anderen Abgaben, Gebühren oder Steuern zu tragen, die bei der Einfuhr oder für die Einfuhr der Ware sowie für deren Übergabe an den Käufer zu entrichten sind.

4. auf eigene Kosten für die übliche Behandlung und Verpackung der Ware unter Berücksichtigung ihrer Beschaffenheit und ihrer Ab-Kai-Lieferung zu sorgen.

5. die durch die Zurverfügungstellung der Ware für den Käufer gemäß Artikel A.2 bedingten Kosten des Prüfens (wie der Qualitätsprüfung, des Messens, des Wiegens und des Zählens) zu tragen.

6. alle Kosten und Gefahren für die Ware zu tragen, bis sie gemäß Artikel A.2 tatsächlich zur Verfügung des Käufers gestellt worden ist, vorausgesetzt, daß die Ware in geeigneter Weise konkretisiert d.h. als der für den Käufer bestimmte Gegenstand abgesondert oder auf irgendeine andere Art kenntlich gemacht worden ist.

7. auf eigene Kosten den Auslieferungsauftrag (delivery order) und/oder alle anderen Dokumente zu beschaffen, die der Käufer zur Übernahme der Ware und zu deren Abtransport vom Kai benötigt.

daß die Ware in geeigneter Weise konkretisiert, d.h. als der für den Käufer bestimmte Gegenstand abgesondert oder auf irgendeine andere Art kenntlich gemacht worden ist.

Ergänzender Nachtrag

(Internationale Regeln für die einheitliche Auslegung der Vertragsklauseln)

Allgemeine Grundsätze und Definitionen

a) In Übereinstimmung mit dem Grundsatz, von dem sich die Internationale Handelskammer bei der Definition von handelsüblichen Vertragsklauseln stets hat leiten lassen, ist es das Ziel dieser Regeln, so klar verständlich und genau wie möglich die Verpflichtungen von Verkäufer und Käufer zu bestimmen.

In einigen Punkten hat es sich als unmöglich erwiesen, eine unbedingt maßgebende Regelung zu schaffen. In diesem Fall sehen die Regeln vor, daß die Entscheidung den allgemeinen Handelsbräuchen oder den besonderen Gepflogenheiten des betreffenden Handelszweiges überlassen wird.

Um Mißverständnisse und Streitigkeiten zu vermeiden, wird dem Verkäufer und dem Käufer daher empfohlen, bei den Vertragsverhandlungen sowohl die allgemeinen als auch die besonderen Handelsbräuche nicht außer acht zu lassen.

b) Es steht den Parteien frei, diese Regeln als allgemeine Grundlage für ihren Vertrag festzusetzen; sie können aber auch dem besonderen Handelszweig, den Zeitumständen oder ihren persönlichen Wünschen entsprechende Änderungen oder Ergänzungen vereinbaren.

Die in dem zwischen Verkäufer und Käufer abgeschlossenen eigentlichen Vertrag vorgesehenen Sonderbestimmungen gehen diesen Regeln vor, soweit sie mit ihnen unvereinbar sind oder in Widerspruch stehen.

c) Einige im Binnenhandel allgemein verwandte Abkürzungen werden im internationalen Handel u.U. falsch ausgelegt. Um Mißverständnisse zu vermeiden, wird daher empfohlen, diese Abkürzungen nicht zu verwenden.

d) Kaufleute, die in ihren Verträgen auf diese Regeln Bezug nehmen, dürfen nicht außer acht lassen, daß die Regeln nur für die Beziehungen zwischen Verkäufer und Käufer gelten.

e) In diesen Regeln müssen mangels ausdrücklicher anderer Vereinbarung im Kaufvertrag alle vom Verkäufer dem Käufer zur Verfügung gestellten Transportpapiere rein sein.

f) Mangels einer eindeutigen und ausdrücklichen gegenteiligen Vereinbarung im Kaufvertrag ist nach diesen Regeln der Verkäufer nicht verpflichtet, eine zugunsten des Käufers geltende Versicherungspolice zu beschaffen.

Unter bestimmten Umständen jedoch, wie sie z.B. in Art. A 5 dieser Regeln in bezug auf die Klausel „Geliefert Grenze" vorgesehen sind, kann es im Interesse der Parteien liegen, gemeinsam zu entscheiden, welche Verpflichtungen gegebenenfalls Verkäufer oder Käufer im Hinblick auf die Versicherung der Ware vom Abgangsort im Versandland bis zum endgültigen vom Käufer gewählten Bestimmungsort übernehmen sollen.

g) In den vorliegenden Regeln haben die folgenden Ausdrücke, soweit der Text im Zusammenhang nichts anderes ergibt, die ihnen hier gegebene Bedeutung:

„Versandland" bedeutet das Land, von dem aus der Verkäufer die Ware an den benannten Lieferort an der Grenze bzw. im Einfuhrland durch Frachtführer oder mit eigenen Beförderungsmitteln zu versenden hat.

„Kosten" bedeutet alle direkten und indirekten Kosten, Gebühren und Ausgaben, die den Parteien bei der Erfüllung ihrer Verpflichtungen entstehen und in Übereinstimmung mit diesen Regeln von den Parteien übernommen und gezahlt werden.

Geliefert Grenze ...
(benannter Lieferort an der Grenze) (1)

A. Der Verkäufer hat:

1. Die Ware in Übereinstimmung mit dem Kaufvertrag zu liefern und zugleich alle im Kaufvertrag vorgesehenen Belege hierfür zu erbringen;

2. auf eigene Kosten und Gefahr

a) Dem Käufer die Ware an dem benannten Lieferort an der Grenze[1] zu dem vertraglich vereinbarten Zeitpunkt oder innerhalb der vertraglich vereinbarten Frist zur Verfügung zu stellen, und ihm zugleich das übliche Transportpapier bzw. den Dock-, Lager- oder Lieferschein o. ä. zu besorgen und durch Indossament oder auf anderem Wege die Lieferung der Ware an den Käufer oder an dessen Order am benannten Lieferort an der Grenze sicherzustellen; der Verkäufer hat ferner eine Ausfuhrgenehmigung und alle sonstigen Dokumente zu besorgen, die absolut zu diesem Zeitpunkt am Lieferort benötigt werden, damit der Käufer, wie in Art. B.1 und 2 vorgesehen, die Ware zwecks späterer Bewegung abnehmen kann.

Die dem Käufer so zur Verfügung gestellte Ware muß abgesondert oder als die für den

B. Der Käufer hat:

1. die Ware, sobald sie ihm vom Verkäufer am benannten Lieferort an der Grenze ordnungsgemäß zur Verfügung gestellt wurde, abzunehmen, und ist für jede spätere Bewegung der Ware verantwortlich;

2. auf eigene Kosten allen Zoll- und sonstigen Formalitäten zu entsprechen, die am benannten Lieferort an der Grenze oder anderswo zum Zeitpunkt oder aufgrund des Eingangs der Ware in das angrenzende Land oder sonstiger Bewegung der Ware, nachdem diese ihm ordnungsgemäß zur Verfügung gestellt worden ist, zu erfüllen sind;

3. alle direkten oder indirekten Kosten für Löschung, Aus- oder Abladung der Ware beim Eintreffen am benannten Lieferort an der Grenze zu tragen und zu zahlen, insoweit als diese Kosten nicht in Übereinstimmung mit Art. A.7 vom Verkäufer zu zahlen sind;

4. alle Gefahren der Ware zu übernehmen sowie alle sonstigen Kosten zu zahlen, einschließlich Zollkosten und -gebühren, die in dieser Hinsicht von dem Zeitpunkt an entstehen, in dem die Ware ihm am benannten Lieferort an der Grenze ordnungsgemäß zur Verfügung gestellt worden ist;

---

(1) Um Mißverständnisse zu vermeiden, wird den Vertragspartnern empfohlen, bei Verwendung dieser Vertragsklausel das Wort „Grenze" genau zu bestimmen, und zwar durch Angabe der beiden durch diese Grenze getrennten Länder, und ferner auch den benannten Lieferort. Z.B. „Geliefert französisch-italienische Grenze (Modane)".

Käufer bestimmte Ware kenntlich gemacht werden;

b) alle zu diesem Zweck evtl. erforderlichen Formalitäten zu erfüllen und alle Zollkosten und -gebühren, Inlandsteuern, Verbrauchssteuern, statistische Abgaben und dergl. zu zahlen, die im Versandland oder sonstwo erhoben werden, und die er aufgrund der Erfüllung seiner Verpflichtungen bis zum Zeitpunkt der Zurverfügungstellung der Ware an den Käufer in Übereinstimmung mit Art. A. 2 a) zu übernehmen hat;

3. alle Gefahren der Ware zu übernehmen bis zu dem Zeitpunkt, in dem er seine Verpflichtungen gemäß Art. A. 2 a) erfüllt hat;

4. auf eigene Kosten und Gefahr außer den in Art. A. 2 a) vorgesehenen Dokumenten, Devisengenehmigungen sowie sonstige ähnliche amtliche Bescheinigungen zu beschaffen, die für die Zollabfertigung der Ware zur Ausfuhr an den benannten Lieferort an der Grenze erforderlich sind, sowie alle sonstigen Dokumente, die er für die Versendung der Ware an diesen Ort, gegebenenfalls zum Zweck des Transits durch ein oder mehrere Drittländer und für die Zurverfügungstellung an den Käufer in Übereinstimmung mit diesen Regeln benötigt;

5. zu üblichen Bedingungen auf eigene Kosten und Gefahr die Beförderung der Ware (einschließlich des Transits durch ein oder mehrere Drittländer, falls erforderlich) zu dem benannten Lieferort an der Grenze zu übernehmen und die Fracht- oder sonstigen Transportkosten bis zu diesem Ort zu tragen und zu zahlen; vorbehaltlich der Bestimmungen in Art. A. 6 und 7 hat er ferner alle sonstigen direkten oder indirekten Kosten für jede weitere Bewegung der Ware bis zu dem Zeitpunkt zu tragen und zu zahlen, in dem sie dem Käufer am benannten Lieferort an der Grenze ordnungsgemäß zur Verfügung gestellt wird. Vorbehaltlich der Bestimmungen in Art. 6 und 7 steht es dem Verkäufer jedoch frei, auf eigene Kosten und Gefahr eigene Transportmittel zu benutzen, vorausgesetzt, daß er bei Ausübung dieses Rechts alle anderen in diesen Regeln enthaltenen Verpflichtungen erfüllt.

Ist im Kaufvertrag kein bestimmter Ort (z. B. Bahnstation, Mole, Kai, Dock, Lagerhaus oder dergl.) in dem benannten Lieferort an der Grenze benannt bzw. aufgrund der Bestimmungen des Frachtführers sowie der Zollbehörden oder sonstiger zuständiger Stellen vorgeschrieben, so kann der Verkäufer, wenn mehrere Orte

5. wenn er die Ware, sobald diese ihm ordnungsgemäß zur Verfügung gestellt worden ist, nicht abnimmt, alle aufgrund der Nichtabnahme dem Verkäufer oder Käufer entstandenen zusätzlichen Kosten zu zahlen und alle Gefahren der Ware zu tragen; Voraussetzung ist jedoch, daß die Ware abgesondert oder auf irgendeine andere Art als die für den Käufer bestimmte Ware kenntlich gemacht worden ist;

6. auf eigene Kosten und Gefahr Einfuhrlizenzen, Devisengenehmigungen Zulassungen oder sonstige Dokumente zu beschaffen, die im Einfuhrland oder anderswo ausgestellt werden und die er im Zusammenhang mit der späteren Bewegung der Ware benötigt von dem Zeitpunkt an, in dem die Ware ordnungsgemäß am benannten Lieferort an der Grenze zur Verfügung gestellt worden ist;

7. alle zusätzlichen Kosten zu tragen und zu zahlen, die dem Verkäufer u. U. hinsichtlich der Beschaffung eines Durchfrachttransportpapiers in Übereinstimmung mit Art. A. 6 entstehen;

8. auf Verlangen des Verkäufers, jedoch auf seine eigenen Kosten, dem Verkäufer Einfuhrlizenzen, Devisengenehmigungen, Zulassungen und sonstige Dokumente oder beglaubigte Abschriften davon zur Verfügung zu stellen, und zwar ausschließlich für die Beschaffung des in Art. A. 6 vorgesehenen Durchfrachttransportpapiers;

9. dem Verkäufer, auf dessen Verlangen, die Anschrift des endgültigen Bestimmungsortes der Ware im Einfuhrland bekanntzugeben, falls der Verkäufer diese Angabe für die Beantragung der in Art. A. 4 und 6 vorgesehenen Genehmigungen und sonstigen Dokumente benötigt;

10. die dem Verkäufer entstandenen Kosten für die Beschaffung der u. U. im Kaufvertrag vorgesehenen Bescheinigung neutraler Sachverständiger hinsichtlich der Übereinstimmung der Ware mit dem Kaufvertrag zu tragen und zu zahlen;

11. alle Kosten zu tragen und zu zahlen, die dem Verkäufer u. U. bei oder im Zusammenhang mit seinen Bemühungen entstehen, dem Käufer bei der Beschaffung der in Art. A. 12 vorgesehenen Dokumente behilflich zu sein.

zur Auswahl stehen, denjenigen auswählen, der ihm am besten zusagt; Voraussetzung ist, daß dort eine Zollstation sowie sonstige Einrichtungen vorhanden sind, die den Parteien die ordnungsgemäße Erfüllung ihrer Verpflichtungen in Übereinstimmung mit diesen Regeln ermöglichen (1). Der vom Verkäufer gewählte Ort muß dem Käufer angezeigt werden (2). Dieser Ort gilt alsdann für die Anwendung dieser Regeln als der Ort in dem benannten Lieferort an der Grenze, an dem die Ware dem Käufer zur Verfügung zu stellen ist und die Gefahr der Ware auf den Käufer übergeht;

6. dem Käufer, auf dessen Verlangen und Gefahr, ein Durchfrachttransportpapier zu besorgen, das normalerweise im Versandland zu beschaffen ist und das sich auf den Transport der Ware zu üblichen Bedingungen vom Abgangsort im Versandland bis zu dem endgültigen vom Käufer benannten Bestimmungsort im Einfuhrland bezieht. Voraussetzung dabei ist, daß die Beschaffung dieses Dokuments nicht als Übernahme weiterer Verpflichtungen, Gefahren oder Kosten gilt, die über die von ihm in Übereinstimmung mit diesen Regeln normalerweise zu erfüllenden, zu übernehmenden bzw. zu zahlenden hinausgehen;

7. wenn es erforderlich oder üblich ist, die Ware beim Eintreffen am benannten Lieferort an der Grenze zu löschen oder aus- bzw. abzuladen, die Entladungs- oder Löschkosten zu übernehmen und zu zahlen (einschliesslich der Kosten für Leichterung und Handhabung).

Entschließt sich der Verkäufer, für die Beförderung der Ware zu dem benannten Lieferort seine eigenen Transportmittel zu benutzen, so hat er alle direkten oder indirekten Kosten für die im vorhergehenden Absatz genannten erforderlichen oder üblichen Vorgänge zu tragen und zu zahlen;

8. auf eigene Kosten dem Käufer anzuzeigen, daß die Ware an den benannten Lieferort an der Grenze abgesandt worden ist. Diese Benachrichtigung muß so rechtzeitig erfolgen, daß der Käufer alle für die Abnahme der Ware normalerweise erforderlichen Maßnahmen treffen kann (3);

---

(1) Befinden sich am benannten Lieferort an der Grenze zwei Zollstationen verschiedener Nationalität, so wird den Parteien empfohlen, entweder die vereinbarte Zollstation anzugeben, oder dem Verkäufer die Wahl zu lassen.
(2) Vgl. Art. A. 8.
(3) Diese Benachrichtigung des Verkäufers an den Käufer kann per Luftpostbrief erfolgen, der an den Käufer an dessen im Kaufvertrag genannten Sitz adressiert ist. Ist die Ware jedoch per Luftfracht versandt worden oder ist die Entfernung zwischen dem Abgangsort im Versandland und dem benannten Lieferort an der Grenze klein bzw. ist der Sitz des Verkäufers von dem des Käufers so weit entfernt, daß die Übermittlung der per Brief gesandten Benachrichtigung unangemessen verzögert wird, so ist der Verkäufer verpflichtet, diese Benachrichtigung per Kabel, Telegramm oder Fernschreiben zu übermitteln.

9. auf eigene Kosten für Verpackung zu sorgen, die für den Transport der der vertraglichen Warenbeschreibung entsprechenden Ware zu dem benannten Lieferort üblich ist, sofern es in dem betreffenden Handelszweig nicht üblich ist, die der vertraglichen Warenbeschreibung entsprechende Ware unverpackt zu befördern;

10. alle direkten oder indirekten Kosten zu tragen und zu zahlen für Prüfungen, wie Messen, Wiegen und Zählen sowie für Qualitätsanalysen, die u. U. erforderlich sind, damit er die Beförderung der Ware zu dem benannten Lieferort an der Grenze durchführen und die Ware dem Käufer an diesem Ort zur Verfügung stellen kann;

11. zuzüglich der von ihm in Übereinstimmung mit den vorhergehenden Artikeln zu tragenden und zu zahlenden Kosten alle sonstigen direkten oder indirekten Kosten zu tragen und zu zahlen, die bei Erfüllung seiner Verpflichtung entstehen, die Ware dem Käufer am benannten Lieferort an der Grenze zur Verfügung zu stellen;

12. dem Käufer, auf dessen Verlangen, Kosten und Gefahr, in angemessenem Umfang Hilfe zu leisten zur Beschaffung aller Dokumente – außer den bereits erwähnten –, die im Versandland und/oder im Ursprungsland beschafft werden können und die der Käufer für die in Art. B. 2 und 6 vorgesehenen Zwecke u. U. benötigt.

Geliefert ...
(benannter Bestimmungsort im Einfuhrland) verzollt

A. Der Verkäufer hat:

1. die Ware in Übereinstimmung mit dem Kaufvertrag zu liefern und zugleich alle im Kaufvertrag vorgesehenen Belege hierfür zu erbringen;

2. auf eigene Kosten und Gefahr

a) dem Käufer die Ware an dem benannten Bestimmungsort im Einfuhrland zu dem vertraglich vereinbarten Zeitpunkt oder innerhalb der vertraglich vereinbarten Frist verzollt zur Verfügung zu stellen und ihm zugleich das übliche Transportpapier, bzw. den Dock-, Lager- oder Lieferschein o. ä. zu besorgen und durch Indossament oder auf anderem Wege die Lieferung der Ware an den Käufer oder an dessen Order am benannten Bestimmungsort im Einfuhrland sicherzustellen; der Verkäufer hat fer-

B. Der Käufer hat:

1. die Ware, sobald sie ihm vom Verkäufer am benannten Bestimmungsort ordnungsgemäß zur Verfügung gestellt wurde, abzunehmen, und ist für jede spätere Bewegung der Ware verantwortlich;

2. alle direkten oder indirekten Kosten für Löschung, Aus- oder Abladung der Ware beim Eintreffen am benannten Bestimmungsort zu tragen und zu zahlen, insoweit als diese Kosten nicht in Übereinstimmung mit Art. A. 6 vom Verkäufer zu zahlen sind;

3. alle Gefahren der Ware zu übernehmen sowie alle sonstigen Kosten zu zahlen, die in dieser Hinsicht von dem Zeitpunkt an entstehen, in dem ihm die Ware in Übereinstimmung mit

Erster Abschnitt. Allgemeine Vorschriften **1. Abschn. § 346**

ner alle sonstigen Dokumente zu besorgen, die absolut zu diesem Zeitpunkt am Bestimmungsort benötigt werden, damit der Käufer, wie in Art. B. 1 vorgesehen, die Ware abnehmen kann.

Die dem Käufer so zur Verfügung gestellte Ware muß abgesondert oder als die für den Käufer bestimmte Ware kenntlich gemacht werden;

b) die Einfuhrgenehmigung bzw. Zulassung zu beschaffen, alle Einfuhrzölle oder -abgaben zu tragen, einschließlich der Kosten für die Zollabfertigung sowie alle Steuern und Gebühren oder Abgaben, die am benannten Bestimmungsort zum Zeitpunkt der Einfuhr der Ware zu zahlen sind, insoweit als diese Zahlungen erforderlich sind, damit der Verkäufer dem Käufer die Ware verzollt am Bestimmungsort zur Verfügung stellen kann;

c) alle zu diesem Zweck u. U. erforderlichen Formalitäten zu erfüllen;

3. alle Gefahren der Ware zu übernehmen bis zu dem Zeitpunkt, in dem der Verkäufer seine Verpflichtungen in Übereinstimmung mit Art. A. 2 a) erfüllt hat;

4. auf eigene Kosten und Gefahr außer den in Art. A. 2 a) vorgesehenen Dokumenten, Ausfuhrgenehmigungen oder Zulassungen, Devisengenehmigungen, Bescheinigungen, Konsulatsfakturen sowie sonstige amtliche Dokumente zu beschaffen, die er für die Versendung der Ware, Ausfuhr vom Versandland, gegebenenfalls zum Zweck des Transit durch ein oder mehrere Drittländer, zur Einfuhr in das Land, in dem sich der benannte Bestimmungsort befindet und für die Zurverfügungstellung an den Käufer an diesem Ort benötigt;

5. zu üblichen Bedingungen auf eigene Kosten und Gefahr die Beförderung der Ware vom Abgangsort im Versandland zu dem benannten Bestimmungsort zu übernehmen und die Fracht- und sonstigen Transportkosten bis zu diesem Ort zu tragen und zu zahlen; vorbehaltlich der Bestimmungen in Art. A. 6 hat er ferner alle sonstigen direkten oder indirekten Kosten für jede weitere Bewegung der Ware bis zu dem Zeitpunkt zu tragen und zu zahlen, an dem sie dem Käufer am benannten Bestimmungsort ordnungsgemäß zur Verfügung gestellt wird. Es steht dem Verkäufer jedoch frei, auf eigene Kosten und Gefahr eigene Transportmittel zu benutzen, vorausgesetzt, daß er bei Ausübung dieses Rechts alle anderen in diesen Regeln enthaltenen Verpflichtungen erfüllt.

Art. A. 2 a) am benannten Bestimmungsort ordnungsgemäß zur Verfügung gestellt worden ist;

4. wenn er die Ware, sobald diese ihm ordnungsgemäss zur Verfügung gestellt worden ist, nicht abnimmt, alle aufgrund der Nichtabnahme dem Verkäufer oder Käufer entstandenen zusätzlichen Kosten zu zahlen und alle Gefahren der Ware zu tragen; Voraussetzung ist jedoch, daß die Ware abgesondert oder auf irgendeine andere Art als die für den Käufer bestimmte Ware kenntlich gemacht worden ist;

5. dem Verkäufer, auf dessen Verlangen, die Anschrift des endgültigen Bestimmungsortes der Ware im Einfuhrland bekanntzugeben, falls der Verkäufer diese Angabe für die Beantragung der in Art. A. 2 b) vorgesehenen Dokumente benötigt;

6. die dem Verkäufer entstandenen Kosten für die Beschaffung der u. U. im Kaufvertrag vorgesehenen Bescheinigung von neutralen Sachverständigen hinsichtlich der Übereinstimmung der Ware mit dem Kaufvertrag zu tragen und zu zahlen.

7. dem Verkäufer, auf dessen Verlangen, Kosten und Gefahr, in angemessenem Umfang Hilfe zur Beschaffung aller Dokumente zu leisten, die im Einfuhrland ausgestellt werden und die der Verkäufer zum Zweck der Zurverfügungstellung der Ware an den Käufer in Übereinstimmung mit diesen Regeln u. U. benötigt.

§ 346 1. Abschn.   *Drittes Buch. Handelsgeschäfte*

Ist in dem Kaufvertrag kein bestimmter Ort (z. B. Bahnstation, Mole, Kai, Dock, Lagerhaus oder dgl.) in dem benannten Bestimmungsort im Einfuhrland benannt bzw. aufgrund der Bestimmungen des Frachtführers sowie der Zollbehörden oder einer anderen zuständigen Stelle vorgeschrieben, so kann der Verkäufer, wenn mehrere Orte zur Auswahl stehen, denjenigen auswählen, der ihm am besten zusagt; Voraussetzung ist, daß dort eine Zollstation und sonstige Einrichtungen vorhanden sind, die den Parteien die ordnungsgemäße Erfüllung ihrer Verpflichtungen in Übereinstimmung mit diesen Regeln ermöglichen. Der vom Verkäufer gewählte Ort muß dem Käufer angezeigt werden (1). Dieser Ort gilt alsdann für die Anwendung dieser Regeln als der Ort in dem benannten Bestimmungsort, an dem die Ware dem Käufer zur Verfügung zu stellen ist und die Gefahr der Ware auf ihn übergeht;

6. wenn es erforderlich oder üblich ist, die Ware beim Eintreffen am benannten Bestimmungsort zu löschen bzw. aus- oder abzuladen, damit sie dem Käufer an diesem Ort verzollt zur Verfügung gestellt werden kann, die Löschungs- oder Entladungskosten zu tragen und zu zahlen, einschließlich der Kosten für Leichterung, Verbringung an Land, Einlagerung und Handhabung.

7. auf eigene Kosten dem Käufer anzuzeigen, daß die Ware dem ersten Frachtführer zwecks Beförderung an den benannten Bestimmungsort ausgehändigt wurde, bzw. daß sie mit den eigenen Transportmitteln des Verkäufers an diesen Bestimmungsort versandt wurde. Diese Benachrichtigung muß so rechtzeitig erfolgen, daß der Käufer alle für die Abnahme der Ware normalerweise erforderlichen Maßnahmen treffen kann (2);

8. auf eigene Kosten für Verpackung zu sorgen, die für den Transport der der vertraglichen Warenbeschreibung entsprechenden Ware zu dem benannten Bestimmungsort üblich ist, sofern es in dem betreffenden Handelszweig nicht üblich ist, die der vertraglichen Warenbeschreibung entsprechende Ware unverpackt zu befördern;

---

(1) Vgl. A. Art. 7.
(2) Diese Benachrichtigung des Verkäufers an den Käufer kann per Luftpostbrief erfolgen, der an den Käufer an dessen im Kaufvertrag genannten Sitz adressiert ist. Ist die Ware jedoch per Luftfracht versandt worden oder ist die Entfernung zwischen dem Abgangsort im Versandland und dem benannten Bestimmungsort klein bzw. ist der Sitz der Verkäufers von dem des Käufers so weit entfernt, daß die Übermittlung der per Brief gesandten Benachrichtigung unangemessen verzögert wird, so ist der Verkäufer verpflichtet, diese Benachrichtigung per Kabel, Telegramm oder Fernschreiben zu übermitteln.

9. alle direkten oder indirekten Kosten zu tragen und zu zahlen für Prüfungen, wie Messen, Wiegen und Zählen sowie für Qualitätsanalysen, die u.U. erforderlich sind, damit er die Beförderung der Ware zu dem benannten Bestimmungsort durchführen und die Ware dem Käufer an diesem Ort zur Verfügung stellen kann;

10. zuzüglich der von ihm in Übereinstimmung mit Art. A.1 bis einschliesslich A.9 zu tragenden und zu zahlenden Kosten, alle sonstigen direkten oder indirekten Kosten zu tragen und zu zahlen, die bei Erfüllung seiner Verpflichtung entstehen, die Ware in Übereinstimmung mit diesen Regeln dem Käufer am benannten Bestimmungsort zur Verfügung zu stellen.

III. Trade-Terms

1. – Ab Werk

A. Der Verkäufer hat:

1. die vertragsgemäße Ware zu liefern und sie dem Käufer zur vereinbarten Zeit am vereinbarten Ort an der Stelle zur Verfügung zu stellen, die üblicherweise für die Lieferung solcher Ware und zu ihrer Verladung in die vom Käufer zu stellenden Beförderungsmittel vorgesehen ist;

2. den Käufer schriftlich zu benachrichtigen, daß die Ware zu seiner Verfügung steht;

3. die Ware in einer ihrer Art entsprechenden Verpackung zu liefern, und zwar so, daß sie für die Abholung durch den Käufer geeignet ist;

4. die durch die Zurverfügungstellung der Ware bedingten Kosten des Prüfens (wie der Qualitätsprüfung, des Messens, Wiegens und Zählens) zu tragen;

5. alle Gefahren und Kosten der Ware zu tragen, bis sie vom Werk abgenommen ist;

6. dem Käufer auf dessen Verlangen, Gefahr und Kosten bei der Beschaffung oder bei dem Versuch der Beschaffung der Dokumente, die in dem Ursprungs- und/oder Belieferungslande ausgestellt werden und die der Käufer zur Ausfuhr und/oder Einfuhr benötigt, jede Hilfe zu gewähren.

B. Der Käufer hat:

1. die Ware abzunehmen, sobald sie am vereinbarten Ort und zur vereinbarten Zeit zu seiner Verfügung gestellt worden ist;

2. alle Gefahren und Kosten der Ware von dem Zeitpunkt an zu tragen, an dem er sie abgenommen hat. Etwas anderes gilt nur dann, wenn der Käufer sich in Annahmeverzug befindet. In diesem Falle geht die Gefahr auf den Käufer über, vorausgesetzt, daß die Ware in geeigneter Weise als der für den Käufer bestimmte Gegenstand individualisiert worden ist;

3. die Kosten und Ausgaben für die Beschaffung oder für den Versuch der Beschaffung jeglicher der unter Artikel A 6 genannten Dokumente zu tragen;

4. alle Zollgebühren und Abgaben zu tragen, die auf Grund der Ausfuhr erhoben werden.

2. – F.O.R. – F.O.T. Frei(franko)Waggon

A. Der Verkäufer hat:

1. alle erforderlichen Maßnahmen zu treffen, um die Ware am vereinbarten Versandort und

B. Der Käufer hat:

1. dem Verkäufer rechtzeitig den Bestimmungsort der Ware anzugeben;

zur vereinbarten Zeit nach Maßgabe der am Abgangsbahnhof bestehenden Vorschriften in den Waggon zu verladen;

2. wenn die Ware eine volle Waggonladung ergibt:

a) rechtzeitig den der Art der Ware und ihrer Beförderung zum Bestimmungsort entsprechenden Waggonraum anzufordern,

b) sie auf eigene Kosten innerhalb der vereinbarten Frist in einen innerhalb des Bahnhofsbereichs zu seiner Verfügung gestellten Waggon zu verladen,

c) dem Käufer gegenüber für jede Verzögerung bei der Verladung zu haften, die durch die Nichtgestellung der Waggons entsteht, es sei denn, daß die Verzögerung nicht auf Fahrlässigkeit des Verkäufers beruht;

3. wenn die Ware keine volle Waggonladung ergibt, sie rechtzeitig, anstatt sie selbst zu verladen, der Frachtannahme auf der Abgangsstation zu übergeben, sofern er nicht nach den Vorschriften der Abgangsstation selbst in den Waggon zu verladen hat;

4. Planen zu stellen, sofern sie zum Schutz der Ware erforderlich sind;

5. die Kosten für die Gestellung dieser Planen zu tragen;

6. den Käufer unverzüglich zu benachrichtigen, daß die Ware verladen oder der Eisenbahn ausgehändigt worden ist;

7. auf eigene Kosten, sofern es die Art der Ware erfordert, für die übliche Verpackung entsprechend den Vorschriften der Abgangsstation zu sorgen und, falls keine Verpackung notwendig ist, alle üblichen Maßnahmen zu ergreifen, damit die Ware in gutem Zustand am Bestimmungsort eintrifft;

8. die Kosten für die Wiederinstandsetzung von Verpackungen durch die Eisenbahn zu tragen, wenn sie nach deren Ansicht mangelhaft sind, sofern er die Gefahr trägt. Andernfalls trägt der Käufer die Kosten. War etwa die Verpackung bei der Versendung mangelhaft, so hat der Verkäufer die Wiederherstellungskosten zu tragen;

9. die durch die Verladung der Ware oder durch ihre Aushändigung an die Eisenbahn bedingten Kosten des Prüfens (wie der Qualitätsprüfung, des Messens, Wiegens und Zählens) zu tragen;

10. dem Käufer für alle Beträge zu haften, die er als Zuschlag oder Entschädigung wegen unrichtiger, ungenauer oder unvollständiger Angaben zu entrichten haben sollte;

2. alle Gefahren und Beförderungskosten der Ware (Fracht nebst den während des Transports entstehenden Ausgaben) von dem Zeitpunkt an zu tragen, an dem der Verkäufer die Ware dem Spediteur oder der Eisenbahn übergeben hat;

3. alle Kosten und Ausgaben für die Beschaffung oder für den Versuch der Beschaffung der unter Artikel A 13 erwähnten Dokumente zu tragen;

4. wenn er sich eine Frist für die Verladung der Ware und/oder die Wahl des Verladeortes vorbehalten hat und nicht rechtzeitig Anweisungen erteilt, die sich hieraus ergebenden Mehrkosten und alle Gefahren der Ware vom Ablauf der vereinbarten Frist an zu tragen, stets vorausgesetzt, daß die Ware in geeigneter Weise konkretisiert, d. h. als der für den Käufer bestimmte Gegenstand abgesondert oder auf irgendeine andere Art kenntlich gemacht worden ist.

11. ein Frachtbriefduplikat zu beschaffen. Dieses Dokument darf keine Vorbehalte aufweisen, sofern es sich nicht um unbedeutende oder durch Handelsbrauch zugelassene Vorbehalte handelt;

12. alle Gefahren der Ware zu tragen, bis er sie dem Spediteur oder der Eisenbahn übergeben hat;

13. dem Käufer auf dessen Verlangen und Kosten bei Beschaffung oder bei dem Versuch der Beschaffung der Dokumente, die im Ursprungs- und/oder Versandland ausgestellt werden und die der Käufer zur Aus-, Ein- oder Durchfuhr durch ein anderes Land benötigt, jede Hilfe zu gewähren.

3. – F.A.S. ... Benannter Verschiffungshafen

A. Der Verkäufer hat:

1. die Ware im angegebenen Verschiffungshafen in einer dem Hafenbrauch entsprechenden Weise zum vereinbarten Zeitpunkt oder innerhalb der vereinbarten Frist Längsseite des von dem Käufer (nach den Bestimmungen des Artikels B 2) benannten Schiffes zu liefern;

2. alle Kosten der Ware (einschließlich etwaiger Leichterungskosten) bis zu dem Zeitpunkt zu tragen, in dem sie Längsseite Schiff geliefert worden ist, vorbehaltlich jedoch der Bestimmungen der Artikel B 4 und 5;

3. auf eigene Kosten für die übliche Herrichtung und Verpackung der Ware unter Berücksichtigung ihrer Art und Beförderung auf dem Seewege zu sorgen;

4. dem Käufer auf eigene Kosten das zum Nachweis der Lieferung der Ware übliche „reine" Dokument zu beschaffen;

5. die durch die Lieferung der Ware im Verschiffungshafen bedingten Kosten des Prüfens (wie der Qualitätsprüfung, des Messens, Wiegens und Zählens) zu tragen;

6. alle Gefahren der Ware bis zu dem Zeitpunkt zu tragen, in dem sie vom Frachtführer tatsächlich übernommen worden ist, das heißt, bei Lieferung an das Schiff, wenn die Ware vom Greifer erfaßt wurde, oder bei der Übergabe an den Frachtführer an Land, sobald er sie tatsächlich übernommen hat;

7. dem Käufer auf dessen Verlangen und Kosten das Ursprungszeugnis und die Konsulatsfaktura zu beschaffen;

B. Der Käufer hat:

1. ein Schiff zu chartern oder den erforderlichen Schiffsraum zu stellen und die Kosten zu zahlen;

2. dem Verkäufer rechtzeitig den Namen, die Abfahrtszeit, den Ladeplatz sowie den Zeitpunkt der Lieferung an das Schiff bekanntzugeben;

3. alle Kosten und Gefahren der Ware von dem Zeitpunkt an zu tragen, in dem sie vom Frachtführer tatsächlich übernommen worden ist, das heißt bei Lieferung an das Schiff, wenn die Ware vom Greifer erfaßt wurde, oder bei Übergabe an den Frachtführer an Land, sobald er sie tatsächlich übernommen hat;

4. Kosten und Gefahr zu tragen, wenn er die Ware nicht rechtzeitig abnimmt, z.B. bei Verspätung des Schiffes;

5. wenn er das Schiff nicht rechtzeitig bezeichnet oder wenn er sich eine Frist für die Abnahme der Ware und/oder die Wahl des Verschiffungshafens vorbehalten hat und nicht rechtzeitig genaue Anweisungen erteilt, die sich hieraus ergebenden Mehrkosten und alle die Ware betreffenden Gefahren vom vereinbarten Zeitpunkt oder vom Ablauf der vereinbarten Frist an zu tragen, stets vorausgesetzt, daß die Ware in geeigneter Weise konkretisiert, d.h. als der für den Käufer bestimmte Gegenstand abgesondert oder auf irgendeine andere Art kenntlich gemacht worden ist;

6. die Kosten und Augaben für die Beschaffung der in den Artikeln A 7 und 8 erwähnten Dokumente zu tragen.

8. dem Käufer auf dessen Verlangen, Gefahr und Kosten neben den im vorangehenden Artikel erwähnten Dokumenten bei der Beschaffung oder bei dem Versuch der Beschaffung aller sonstigen im Ursprungs- und/oder Verschiffungsland auszustellenden Dokumente (einschließlich der Ausfuhrbewilligung), die der Käufer zur Ausfuhr der Ware oder zu ihrer Einfuhr in das Bestimmungsland oder zu ihrer Durchfuhr durch ein anderes Land benötigt, jede Hilfe zu gewähren. Aber alle etwaigen Kosten der Ausfuhrbewilligung gehen zu Lasten des Verkäufers.

4. – F.O.B. Seeschiff ... (Benannter Verschiffungshafen)

A. Der Verkäufer hat:

1. die Ware an Bord des vom Käufer (nach den Bestimmungen des Artikels B 2) benannten Schiffes im vereinbarten Bestimmungs- (muß richtig heißen: Verschiffungs-)hafen zum vereinbarten Zeitpunkt oder innerhalb der vereinbarten Frist entsprechend dem Hafenbrauch zu liefern;

2. auf eigene Kosten für die handelsübliche Herrichtung und Verpackung der Ware unter Berücksichtigung ihrer Art und ihrer Beförderung auf dem Seewege zu sorgen;

3. alle Kosten der Ware bis zu dem Zeitpunkt zu tragen, in dem sie im Verschiffungshafen die Reling des Schiffes tatsächlich überschritten hat, vorbehaltlich jedoch der Bestimmungen der Artikel B 6 und 7. Die Verladekosten, die einen integrierenden Bestandteil der Fracht bilden, gehen zu Lasten des Käufers;

4. den Käufer auf eigene Kosten so von der Anbordlieferung der Ware oder gegebenenfalls der Auslieferung an den Frachtführer zu unterrichten, daß der Käufer die Ware versichern kann. Auch wenn nicht vereinbart, entspricht es gutem kaufmännischen Brauch, den Käufer zu unterrichten;

5. auf eigene Kosten das übliche „reine" Dokument zu beschaffen, und zwar als Nachweis der Lieferung der Ware an Bord des Schiffes oder gegebenenfalls ihrer Aushändigung am Land an den Frachtführer „zur Verschiffung". Der Frachtvertrag betrifft den Verkäufer nicht, wenn er nicht im Auftrage des Käufers handelt. Er hat nur das handelsübliche Dokument (Steuermanns- oder Kaiempfangsschein) zu beschaffen; seine Verpflichtung endet in dem Zeitpunkt, in dem die Ware die Schiffsreling überschritten hat;

B. Der Käufer hat:

1. auf eigene Kosten ein Schiff zu chartern oder den erforderlichen Schiffsraum zu stellen;

2. dem Verkäufer rechtzeitig den Namen, die Abfahrtszeit, den Ladeplatz sowie den Zeitpunkt der Lieferung an Bord des Schiffes bekanntzugeben;

3. alle Kosten und Gefahren der Ware von dem Zeitpunkt an zu tragen, in dem sie tatsächlich die Reling des Schiffes im Verschiffungshafen überschritten hat, vorbehaltlich jedoch der Bestimmungen der Artikel B 6 und 7;

4. alle im Verschiffungshafen entstehenden Überliegekosten zu tragen, sofern nicht die Verzögerung dem Verkäufer zuzurechnen ist;

5. auf seine Kosten das Konnossement zu beschaffen;

6. wenn das von ihm benannte Schiff nicht rechtzeitig eintrifft oder die Ware nicht übernehmen kann oder vor dem für die Anbordlieferung vorgesehenen Zeitpunkt keine Ladung mehr annimmt, die hieraus entstehenden Mehrkosten und alle Gefahren der Ware von dem Zeitpunkt an zu tragen, in dem der Verkäufer ihm die Ware zur Verfügung gestellt hat, stets vorausgesetzt, daß die Ware in geeigneter Weise konkretisiert, d. h. als der für den Käufer bestimmte Gegenstand abgesondert oder auf irgendeine andere Art kenntlich gemacht worden ist;

7. wenn er das Schiff nicht rechtzeitig bezeichnet oder wenn er sich eine Frist für die Abnahme der Ware und/oder die Wahl des Verschiffungshafens vorbehalten hat und nicht rechtzeitig genaue Anweisungen erteilt, die sich hieraus ergebenden Mehrkosten und alle die Ware betreffenden Gefahren von dem für die Lieferung ver-

6. die durch die Lieferung der Ware an Bord im Verschiffungshafen bedingten Kosten des Prüfens (wie der Qualitätsprüfung, des Messens, Wiegens und Zählens) zu tragen;

7. alle Gebühren und Abgaben zu tragen, die für die Verbringung der Ware an Bord des Schiffes zu entrichten sind;

8. alle Gefahren der Ware bis zu dem Zeitpunkt zu tragen, in dem sie tatsächlich die Reling des Schiffes überschritten hat, vorbehaltlich jedoch der Bestimmungen der Artikel B 6 und 7;

9. dem Käufer auf dessen Verlangen und Kosten das Ursprungszeugnis und die Konsulatsfaktura zu beschaffen;

10. dem Käufer auf dessen Verlangen, Kosten und Gefahr neben den im vorangehenden Artikel erwähnten Dokumenten bei der Beschaffung oder dem Versuch der Beschaffung aller sonstigen im Ursprungs- und/oder Verschiffungslande auszustellenden Dokumente (einschließlich der Ausfuhrbewilligung), die der Käufer zur Ausfuhr der Ware oder zu ihrer Einfuhr in das Bestimmungsland oder zu ihrer Durchfuhr durch ein anderes Land benötigt, jede Hilfe zu gewähren. Die (etwaigen) Kosten der Ausfuhrbewilligung gehen jedoch zu Lasten des Verkäufers.

einbarten Zeitpunkt oder vom Ablauf der hierfür vereinbarten Frist an zu tragen, stets vorausgesetzt, daß die Ware in geeigneter Weise konkretisiert, d.h. als der für den Käufer bestimmte Gegenstand abgesondert oder auf irgendeine andere Art kenntlich gemacht worden ist;

8. die Kosten und Ausgaben für die Beschaffung oder für den Versuch der Beschaffung der in den Artikeln A 9 und 10 erwähnten Dokumente zu tragen. Der Käufer hat dem Verkäufer Beträge zu vergüten, die dieser bei der Beschaffung von Dokumenten verauslagt hat, die nicht für die Verbringung der Ware an Bord unerläßlich waren.

5. – C. & F. ... Bestimmungshafen

A. Der Verkäufer hat:

Beförderungsvertrag

1. auf eigene Rechnung den Vertrag für die Beförderung der Ware zu den üblichen Bedingungen bis zum Bestimmungshafen auf einem Seeschiff (ausgenommen Segelschiffe) der Bauart, die gewöhnlich für die Beförderung der im Vertrag genannten Ware zur Verwendung kommt, abzuschließen;
– erst die Zustimmung des Käufers einzuholen, wenn er ein benanntes Schiff durch ein anderes Schiff ersetzen will, insbesondere beim Vorliegen höherer Gewalt;

2. die Ware auf dem üblichen Wege zu versenden, sofern kein anderer in dem Vertrag vereinbart ist. Im allgemeinen genügt es für den Verkäufer, einen schnellen und sicheren Weg zu wählen, das heißt, die Sorgfalt eines ordentlichen Kaufmanns walten zu lassen;

3. auf eigene Kosten vom Frachtführer ein Seekonnossement üblicher Art (einschließlich eines

B. Der Käufer hat:

Verladung der Ware

1. wenn Verschiffung vereinbart ist, alle Gefahren der Ware von dem Zeitpunkt an zu tragen, in dem sie im Verschiffungshafen die Reling des Schiffes überschritten hat;
– wenn Verladung vereinbart ist, so geht die Gefahr über, sobald die Ware dem Schiffseigner zur Verschiffung übergeben worden ist;

2. wenn er sich eine Frist für die Verschiffung der Ware und/oder die Wahl des Bestimmungshafens vorbehalten hat und dem Verkäufer nicht rechtzeitig Anweisungen erteilt, alle sich hieraus ergebenden Mehrkosten und Gefahren der Ware von dem vereinbarten Zeitpunkt oder von dem Ablauf der vereinbarten Frist an zu tragen, stets vorausgesetzt, daß die Ware in geeigneter Weise konkretisiert, d. h. als der für den Käufer bestimmte Gegenstand abgesondert oder auf irgendeine andere Art kenntlich gemacht worden ist;

„Umlade"- oder eines „Durch"-Konnossements) zu beschaffen, das rein und übertragbar ist und den Abschluß eines Beförderungsvertrages beweist, der sich ausschließlich auf die verkaufte Ware bezieht. Der Verkäufer kann ein Übernahme-Konnossement oder ein „Kai-Konnossement" oder ein „Umlade-Konnossement" vorlegen. Auch Teilkonnossemente sind zulässig. Will der Käufer nur ein „Bordkonnossement" gelten lassen, so hat er dies im Vertrag zu vereinbaren

Verladung der Ware

4. die Ware auf eigene Kosten an Bord des Schiffes unter Beachtung der amtlichen Bestimmungen und des Hafenbrauchs zu verladen

5. die Ware zu dem vereinbarten Zeitpunkt oder innerhalb der im Kaufvertrag genannten Frist, oder falls weder ein Zeitpunkt noch eine Frist vereinbart wurde, innerhalb einer angemessenen Frist zu verladen. Der Verkäufer darf die Ware in Teilladungen versenden

6. auf eigene Kosten für die handelsübliche Herrichtung und Verpackung der Ware unter Berücksichtigung ihrer Art und der einzuhaltenden Route zu sorgen, so daß sie vorbehaltlich der Ware selbst innewohnender Gefahren (Verderb, Auslaufen, Änderungen im Volumen oder Gewicht) in handelsfähigem Zustand im Bestimmungshafen eintreffen kann

7. die durch die Verladung der Ware bedingten Kosten des Prüfens (wie der Qualitätsprüfung, des Messens, Wiegens und Zählens) zu tragen

8. den Käufer unverzüglich zu benachrichtigen, daß die Ware an Bord des Schiffes verladen worden ist

9. die gegebenenfalls im Verschiffungshafen entstehenden Überliegekosten zu tragen

10. auf eigene Gefahr und Kosten alle Ausfuhrbewilligungen oder ähnliche Dokumente zu beschaffen, die für den Export der Ware erforderlich sind, sowie alle für die Ware bis zu ihrer Verladung erhobenen Abgaben und Gebühren einschließlich der Ausfuhrzölle und -abgaben zu zahlen

11. alle Gefahren der Ware bis zu dem Zeitpunkt zu tragen, in dem sie im Verschiffungshafen die Reling des Schiffes überschritten hat, sofern ein Übernahme-Konnossement angenommen wurde. In diesem Fall geht die Gefahr in dem Zeitpunkt über, in dem die Ware dem Frachtführer übergeben worden ist

3. die Kosten und Gebühren für die Beschaffung oder den Versuch der Beschaffung der in den Artikeln A 12 und 13 erwähnten Dokumente zu tragen

Übergabe der Dokumente – Zahlung des Preises

4. alle Dokumente bei Vorlage anzunehmen, wenn sie mit dem Kaufvertrag und/oder mit dem Handelsbrauch übereinstimmen, und den geschuldeten Betrag vertragsgemäß zu bezahlen

5. diese Zahlung entsprechend dem Kaufvertrag bereits vor dem tatsächlichen Empfang und der Prüfung der Ware und sogar vor Ankunft des Schiffes im Bestimmungshafen oder auf der Reede des Bestimmungshafens zu leisten

6. einen auf dem Konnossement – sei es durch Gummistempel oder schriftlich – angebrachten Vermerk „Fracht bezahlt" oder ähnlichen Hinweis als genügenden Beweis für die Bezahlung der Fracht durch den Verkäufer anzuerkennen

7. den nicht vom Verkäufer entrichteten Teil der eigentlichen Fracht zu bezahlen, vorbehaltlich jedoch einer späteren Absetzung dieses Betrages von der Rechnungssumme, sofern nicht der Verkäufer bereits selbst die unbezahlte Fracht in seiner Rechnung berücksichtigt hat

Pflichten bei Ankunft des Schiffes

8. die Ware im Bestimmungshafen abzunehmen und die Kosten für die Löschung einschließlich der Leichterung und der Kaigebühren zu tragen, sofern diese Kosten nicht in der Fracht mit einbegriffen sind

9. alle Kosten der Ware ausschließlich der eigentlichen Fracht zu tragen, die während des Seetransports (infolge von hierbei auftretenden Erschwernissen wie Umladung, Abweichungen von der Route, Aufsuchen von Nothäfen, Zuschläge zu Lagerhauskosten, Rückfracht usw.) bis zum Eintreffen im Bestimmungshafen entstehen, sowie evtl. Überliegegelder in diesem Hafen zu zahlen

10. die Ware bei Ankunft im Bestimmungshafen zu prüfen und, falls diese Prüfung nicht zufriedenstellend ausfällt, seine Rügen innerhalb einer angemessenen Frist schriftlich zu erheben

11. auf eigene Gefahr und Kosten alle Einfuhrbewilligungen oder ähnliche Dokumente zu beschaffen, die er für die Einfuhr der Ware benötigt

12. dem Käufer auf dessen Kosten das Ursprungszeugnis und die Konsulatsfaktura zu beschaffen

13. dem Käufer auf dessen Verlangen, Gefahr und Kosten neben den im vorhergehenden Artikel genannten Dokumenten bei der Beschaffung oder beim Versuch der Beschaffung aller sonstigen im Verschiffungs- und/oder Ursprungslande auszustellenden Dokumente, die der Käufer zur Einfuhr der Ware in das Bestimmungsland und gegebenenfalls zur Durchfuhr durch ein drittes Land benötigt, jede Hilfe zu gewähren

Einreichung der Dokumente

14. dem Käufer in gehöriger Form einzureichen:

a) den vollständigen Satz der Konnossemente und gegebenenfalls, wenn sich das Konnossement auf einen Chartervertrag bezieht, eine beglaubigte Abschrift des Chartervertrages,

b) die Rechnung, das Ursprungszeugnis, die Konsulatsfaktura und gegebenenfalls

c) alle sonstigen in den zwischen Verkäufer und Käufer getroffenen Abmachungen ausdrücklich vorgesehenen Dokumente wie Gewichts-, Inhalts- oder Qualitätsbescheinigungen.

12. alle Kosten der Zollabfertigung, den Zoll sowie alle sonstigen bei der Einfuhr und für die Einfuhr zu entrichtenden Abgaben (innerstaatliche Steuern, Akzisen, Gebühren für statistische Zwecke, Einfuhrgebühren, weitere Kosten in Verbindung mit der Zollabfertigung usw.) zu tragen.

6. – C.I.F. ... Bestimmungshafen

A. Der Verkäufer hat:

Beförderungsvertrag

1. auf eigene Rechnung den Vertrag für die Beförderung der Ware zu den üblichen Bedingungen bis zum Bestimmungshafen auf einem Seeschiff (ausgenommen Segelschiff) der Bauart, die gewöhnlich für die Beförderung der im Vertrag genannten Ware zur Verwendung kommt, abzuschließen
– erst die Zustimmung des Käufers einzuholen, wenn er ein benanntes Schiff durch ein anderes Schiff ersetzen will, insbesondere beim Vorliegen höherer Gewalt

2. die Ware auf dem üblichen Weg zu versenden, sofern kein anderer in dem Vertrag vereinbart ist. Im allgemeinen genügt der Verkäufer seinen Verpflichtungen, wenn er einen schnellen und sicheren Weg wählt, d.h. die Sorgfalt eines ordentlichen Kaufmanns walten läßt

3. auf eigene Kosten vom Frachtführer ein Seekonnossement üblicher Art (einschließlich eines „Umlade"- oder eines „Durch"-Konnossements) zu beschaffen, das rein und übertragbar

B. Der Käufer hat:

Verladung der Ware

1. wenn Verschiffung vereinbart ist, alle Gefahren der Ware von dem Zeitpunkt an zu tragen, in dem sie im Verschiffungshafen die Reling des Schiffes überschritten hat. Ist Verladung vereinbart, so geht die Gefahr über, sobald die Ware dem Schiffseigner zur Verschiffung übergeben worden ist

2. wenn er sich eine Frist für die Verschiffung der Ware und/oder die Wahl des Bestimmungshafens vorbehalten hat und dem Verkäufer nicht rechtzeitig Anweisungen erteilt, alle sich hieraus ergebenden Mehrkosten und Gefahren der Ware von dem vereinbarten Zeitpunkt oder von dem Ablauf der vereinbarten Frist an zu tragen, stets vorausgesetzt, daß die Ware in geeigneter Weise konkretisiert, d.h. als der für den Käufer bestimmte Gegenstand abgesondert oder auf irgendeine andere Art kenntlich gemacht worden ist

3. die Kosten und Gebühren für die Beschaffung oder den Versuch der Beschaffung der in den

ist und den Abschluß eines Beförderungsvertrages beweist, der sich ausschließlich auf die verkaufte Ware bezieht. Der Verkäufer kann ein Übernahme-Konnossement oder ein „Kai-Konnossement" oder ein „Umladekonnossement" vorlegen. Will der Käufer nur ein Bordkonnossement gelten lassen, so hat er dies im Vertrag zu vereinbaren. Auch Teilkonnossemente sind zulässig

Verladung der Ware

4. die Ware auf eigene Kosten an Bord des Schiffes unter Beachtung der amtlichen Bestimmungen und des Hafenbrauchs zu verladen

5. die Ware zu dem vereinbarten Zeitpunkt oder innerhalb der im Kaufvertrag genannten Frist, oder falls weder ein Zeitpunkt noch eine Frist vereinbart wurde, innerhalb einer angemessenen Frist zu verladen. Der Verkäufer darf die Ware in Teilladungen versenden

6. auf eigene Kosten für die handelsübliche Herrichtung und Verpackung der Ware unter Berücksichtigung ihrer Art und der einzuhaltenden Route zu sorgen, so daß sie vorbehaltlich der Ware selbst innewohnender Gefahren (Verderb, Auslaufen, Änderungen im Volumen oder Gewicht) in handelsfähigem Zustand im Bestimmungshafen eintreffen kann

7. die durch die Verladung der Ware bedingten Kosten des Prüfens (wie der Qualitätsprüfung, des Messens, Wiegens und Zählens) zu tragen

8. den Käufer unverzüglich zu benachrichtigen, daß die Ware an Bord des Schiffes verladen worden ist

9. die gegebenenfalls im Verschiffungshafen entstehenden Überliegekosten zu tragen

10. auf eigene Gefahr und Kosten alle Ausfuhrbewilligungen oder ähnlichen Dokumente zu beschaffen, die für den Export der Ware erforderlich sind, sowie alle für die Ware bis zu ihrer Verladung erhobenen Abgaben und Gebühren einschließlich der Ausfuhrzölle und -abgaben zu zahlen

11. alle Gefahren der Ware bis zu dem Zeitpunkt zu tragen, in dem sie im Verschiffungshafen die Reling des Schiffes überschritten hat, sofern nicht ein Übernahme-Konnossement angenommen wurde. In diesem Falle geht die Gefahr in dem Zeitpunkt über, in dem die Ware dem Frachtführer übergeben worden ist

12. dem Käufer auf dessen Kosten das Ursprungszeugnis und die Konsulatsfaktura zu beschaffen

Artikeln A. 12. und 13. erwähnten Dokumente zu tragen

Versicherungsvertrag

4. die zusätzlichen Kosten der Versicherung gegen solche Risiken zu tragen, deren Deckung er von dem Verkäufer verlangt hat, und die nicht in den Risiken enthalten sind, deren Deckung dem Verkäufer nach den Artikeln A. 14. und A. 15. obliegt

Übergabe der Dokumente. Zahlung des Preises

5. alle Dokumente bei Vorlage anzunehmen, wenn sie mit dem Kaufvertrag und/oder mit dem Handelsbrauch übereinstimmen, und den geschuldeten Betrag vertragsgemäß zu bezahlen

6. diese Zahlung entsprechend dem Kaufvertrag bereits vor dem tatsächlichen Empfang und der Prüfung der Ware und sogar vor Ankunft des Schiffes im Bestimmungshafen oder auf der Reede des Bestimmungshafens zu leisten

7. einen auf dem Konnossement – sei es durch Gummistempel oder schriftlich – angebrachten Vermerk „Fracht bezahlt" oder ähnlichen Hinweis als genügenden Beweis für die Bezahlung der Fracht durch den Verkäufer anzuerkennen

8. den nicht vom Verkäufer entrichteten Teil der eigentlichen Fracht zu bezahlen, vorbehaltlich jedoch einer späteren Absetzung dieses Betrages von der Rechnungssumme, sofern nicht der Verkäufer bereits selbst die unbezahlte Fracht in seiner Rechnung berücksichtigt hat

Pflichten bei Ankunft des Schiffes

9. die Ware im Bestimmungshafen abzunehmen und die Kosten für die Löschung einschließlich der Leichterung und der Kaigebühren zu tragen, sofern diese Kosten nicht in der Fracht mit einbegriffen sind

10. alle Kosten der Ware ausschließlich der eigentlichen Fracht zu tragen, die während des Seetransports (infolge von hierbei auftretenden Erschwernissen wie Umladung, Abweichungen von der Route, Aufsuchen von Nothäfen, Zuschlägen zu Lagerhauskosten, Rückfracht usw.) bis zum Eintreffen im Bestimmungshafen entstehen, sowie evtl. Überliegegelder in diesem Hafen zu zahlen

11. die Ware bei Ankunft im Bestimmungshafen zu prüfen und, falls diese Prüfung nicht zufriedenstellend ausfällt, seine Rügen innerhalb einer angemessenen Frist schriftlich zu erheben

13. dem Käufer auf dessen Verlangen, Gefahr und Kosten neben den im vorhergehenden Artikel genannten Dokumenten bei der Beschaffung oder beim Versuch der Beschaffung aller sonstigen im Verschiffungs- und/oder Ursprungslande auszustellenden Dokumente, die der Käufer zur Einfuhr der Ware in das Bestimmungsland und gegebenenfalls zur Durchfuhr durch ein drittes Land benötigt, jede Hilfe zu gewähren

Versicherungsvertrag

14. auf eigene Kosten eine übertragbare Seeversicherung gegen die Transportrisiken abzuschließen, welche die Ware von dem Zeitpunkt an deckt, in dem sie vom Seefrachtführer übernommen worden ist, bis zu dem Zeitpunkt, in dem sie im Bestimmungshafen auf dem Kai ausgeladen oder gegebenenfalls in diesem Hafen auf ein anderes vom Käufer zu charterndes Schiff umgeladen worden ist

15. Es gibt so viele verschiedene Warenarten, Handelsbräuche und Wünsche der Abnehmer, daß eine allgemeine Antwort auf die Frage, bei welchen Versicherern und zu welchen Bedingungen die Ware zu versichern ist, nicht möglich ist. Die Versicherungsbedingungen müssen daher vertraglich geregelt werden. Im allgemeinen genügt eine FPA-Versicherung nicht

16. die Versicherung, sofern in angemessener Weise möglich, in der Währung des Kaufvertrages abzuschließen sowie den vereinbarten CIF-Preis zuzüglich 10% als der etwaigen Gewinnspanne zu decken, vorbehaltlich eines anderen Handelsbrauchs in einer bestimmten Branche

Einreichung der Dokumente

17. dem Käufer in gehöriger Form einzureichen:

a) den vollständigen Satz der Konnossemente und gegebenenfalls, wenn sich das Konnossement auf einen Chartervertrag bezieht, eine beglaubigte Abschrift des Chartervertrages,

b) den Versicherungsschein oder, falls er bei Vorlage der Dokumente nicht verfügbar sein sollte, ein Versicherungszertifikat, das dem Inhaber die gleichen Rechte wie der Besitz des Versicherungsscheins gewährt und die wesentlichen Bestimmungen des Versicherungsscheins enthält,

c) die Rechnung, das Ursprungszeugnis, die Konsulatsfaktura und gegebenenfalls,

12. auf eigene Gefahr und Kosten alle Einfuhrbewilligungen oder ähnliche Dokumente zu beschaffen, die er für die Einfuhr der Ware benötigt;

13. alle Kosten der Zollabfertigung, den Zoll sowie alle sonstigen bei der Einfuhr und für die Einfuhr zu entrichtenden Abgaben (innerstaatliche Steuern, Akzisen, Gebühren für statistische Zwecke, Einfuhrgebühren, weitere Kosten in Verbindung mit der Zollabfertigung usw.) zu tragen.

§ 346 1. Abschn. *Drittes Buch. Handelsgeschäfte*

d) alle sonstigen in den zwischen Verkäufer und Käufer getroffenen Abmachungen ausdrücklich vorgesehenen Dokumente wie Gewichts-, Inhalts- oder Qualitätsbescheinigungen.

7. – Ab Schiff ... benannter Hafen

A. Der Verkäufer hat:

1. die vertraglich vereinbarte Ware zu liefern und sie dem Käufer zum vereinbarten Zeitpunkt oder innerhalb der vereinbarten Frist zur Verfügung zu stellen. Der Verkäufer ist nicht verpflichtet, die Ware an die Reling des Schiffes zu bringen. Der Käufer muß vielmehr die Ware aus dem Schiff abnehmen, so wie sie das Schiff herausgibt

2. rechtzeitig das Schiff zu benennen, damit der Käufer weiß, wann er mit seiner Ankunft rechnen kann. Der Verkäufer muß dem Käufer rechtzeitig die Dokumente andienen. Alles weitere hat der Käufer zu tun. Dieser muß sich erkundigen, wann das Schiff ankommt und wann er die Ware „ab Schiff" übernehmen kann

3. auf seine Kosten für die handelsübliche Herrichtung und Verpackung der Ware zu sorgen, so daß der Käufer die Ware dem Hafenbrauch entsprechend abnehmen kann

4. die durch die Zurverfügungstellung der Ware bedingten Kosten des Prüfens (wie der Qualitätsprüfung, des Messens, Wiegens und Zählens) zu tragen

5. Der Gefahr- und Kostenübergang vollzieht sich noch nicht in dem Zeitpunkt, in dem das Schiff mit der Ware im Bestimmungshafen liegt. Bei einem „ex ship"-Geschäft gelten die gleichen Grundsätze wie bei einem Geschäft „ab Lager". Der Kosten- und Gefahrübergang vollzieht sich erst, wenn die Ware vom Lager oder aus dem Schiff abgenommen wird. Anders liegt es nur dann, wenn der Käufer in Annahmeverzug ist. Von diesem Zeitpunkt an trägt er Kosten und Gefahr

6. auf Kosten des Käufers das Ursprungszeugnis und die Konsulatsfaktura zu beschaffen

7. dem Käufer auf dessen Verlangen, Gefahr und Kosten neben den im vorhergehenden Artikel genannten Unterlagen bei der Beschaffung oder beim Versuch der Beschaffung aller sonstigen im Verschiffungs- und/oder Ursprungslande auszustellenden Dokumente, die der Käufer zur Einfuhr der Ware in das Bestimmungsland und gegebenenfalls zur Durchfuhr durch ein drittes Land benötigt, jede Hilfe zu gewähren

B. Der Käufer hat:

1. die Ware an der Reling des Schiffes abzunehmen, sobald der Verkäufer alles Erforderliche getan hat, um die Ware zur Verfügung des Käufers zu stellen

2. alle Kosten und Gefahren der Ware von dem Zeitpunkt an zu tragen, in dem sie in Übereinstimmung mit Artikel A. 1. zu seiner Verfügung gestellt worden ist, stets vorausgesetzt, daß die Ware in geeigneter Weise konkretisiert, d. h. als der für den Käufer bestimmte Gegenstand abgesondert oder auf irgendeine andere Art kenntlich gemacht worden ist

3. wenn das Schiff nicht am Kai anlegen kann, auf eigene Kosten für die Leichterung zur Löschung der Ware zu sorgen

4. alle Kosten und Ausgaben für die Beschaffung oder den Versuch der Beschaffung der in den Artikeln A. 6. und A. 7. erwähnten Dokumente zu tragen

5. auf eigene Kosten und Gefahr alle Bewilligungen oder ähnliche Dokumente zu beschaffen, die er zur Entladung und/oder Einfuhr der Ware benötigt

6. alle Kosten der Zollabfertigung, den Zoll sowie alle sonstigen bei der Entladung und für die Entladung und/oder die Einfuhr zu entrichtenden Gebühren und Abgaben zu tragen

8. – Ab Kai ... benannter Einfuhrhafen

A. Der Verkäufer hat:

1. die Ware nur auf den Kai zu liefern. Mit der Einfuhr hat er nichts zu tun. Den Zoll hat daher der Käufer zu tragen. Dieser hat ferner auch auf seine Kosten die Einfuhrbewilligung zu besorgen

2. die Ware am Kai des benannten Hafens zum vereinbarten Zeitpunkt oder innerhalb der vereinbarten Frist dem Hafenbrauch entsprechend zur Verfügung des Käufers zu stellen

3. auf seine Kosten für die handelsübliche Herrichtung und Verpackung der Ware unter Berücksichtigung ihrer Beschaffenheit und ihrer Ab-Kai-Lieferung zu sorgen

4. die durch die Ab-Kai-Lieferung der Ware bedingten Kosten des Prüfens (wie der Qualitätsprüfung, des Messens, Wiegens und Zählens) zu tragen

5. die Gefahr geht in dem Zeitpunkt auf den Käufer über, in dem er die Ware vom Kai abnimmt. Befindet sich der Käufer mit der Abnahme in Verzug, so trägt er alle Kosten und Gefahren. Die „Konzentration", d.h. die Beschränkung des Kaufvertrages auf eine bestimmte Ware, tritt ein durch Absendung der Verladeanzeige oder der Konnossemente. Geht die Ware nach diesem Zeitpunkt verloren, so kann der Käufer keine Ersatzlieferung verlangen. Da er im Gegensatz zum C.I.F.-Geschäft nicht die Transportgefahr trägt, so braucht er, falls die Ware untergeht, keine Zahlung zu leisten. Nimmt er beschädigte Ware oder Teillieferungen an, so ermäßigt sich seine Gegenleistung entsprechend

6. auf seine Kosten nur diejenigen Dokumente zu stellen, die für die Lieferung der Ware ab Kai im vereinbarten Hafen erforderlich sind. Der Käufer hat auf seine Kosten alle diejenigen Dokumente zu beschaffen, die er benötigt, um die Ware vom Kai abzuholen (zum Beispiel die Einfuhrbewilligung), oder an denen er aus irgendeinem anderen Grund interessiert ist (zum Beispiel das Ursprungszeugnis)

7. dem Käufer auf dessen Verlangen, Gefahr und Kosten neben den im vorangehenden Artikel genannten Unterlagen bei der Beschaffung oder bei dem Versuch der Beschaffung aller sonstigen im Ursprungs- und/oder Verschiffungslande auszustellenden Dokumente, die der Käufer gegebenenfalls benötigt, jede Hilfe zu gewähren.

B. Der Käufer hat:

1. die Ware dem Hafenbrauch entsprechend abzunehmen, sobald sie gemäß den Bestimmungen des Artikels A.2., jeoch unter Berücksichtigung der Vorschriften des Artikels B.3., zu seiner Verfügung gestellt worden ist

2. Der Gefahrübergang vollzieht sich nicht bereits durch das Aufsetzen der Ware auf den Kai, sondern erst durch das Absetzen der Ware vom Kai. Die Kosten sind in der Weise zu verteilen, daß der Verkäufer alle diejenigen zu tragen hat, die aufzuwenden sind, um die Ware auf den Kai zu bringen, während die mit der Abnahme der Ware vom Kai zusammenhängenden Kosten vom Käufer zu tragen sind

3. Kosten (Kaigebühren) und Gefahr zu tragen, wenn er in Annahmeverzug gerät, d.h. die Ware nicht rechtzeitig vom Kai abnimmt, auch dann, wenn ihn kein Verschulden trifft

4. alle Kosten und Gebühren zu tragen, die dem Verkäufer gegebenenfalls bei der Beschaffung oder bei dem Versuch der Beschaffung der in Artikel A.7. erwähnten Dokumente entstehen.

IV. Typische Vertragsklauseln

1. Bedeutung

57 Die Auslegung typischer, immer wiederkehrender Vertragsklauseln richtet sich gemäß § 346 nach den im Handel geltenden Gewohnheiten und Gebräuchen. Demgegenüber tritt eine Berücksichtigung der Umstände des Einzelfalls und des sonst bei einer ergänzenden Auslegung vermutlichen Parteiwillens zurück. Die Rechtssicherheit des Handelsverkehrs verlangt, daß für typische Vertragsklauseln *feste Regeln* gelten, auf die sich nicht nur die Vertragspartner müssen verlassen können, mögen sich daraus auch im Einzelfall gewisse Härten ergeben (BGHZ 14, 61/62). Für eine ergänzende Auslegung besteht kein Raum (BGHZ 23, 131, 135 f.). Abweichungen von einem feststehenden Begriff lassen sich nur unter besonders schwerwiegenden Umständen möglicherweise rechtfertigen (BGH aaO). Sind typische Handelsklauseln in Verträgen enthalten, die gewöhnlich unter Einschaltung *Dritter*, z. B. von Kreditinstituten, durchgeführt werden, so kommt ihrem handelsüblichen Sinn der Vorrang vor den Umständen des Einzelfalls zu (BGHZ 23, 131/137 für die Klausel „netto Kasse gegen Rechnung und Verladepapiere"; dazu Anm. 78; BGH MDR 72, 1028; DB 64, 652). Nur wenn sich beide Parteien über eine bestimmte, vom Handelsbrauch abweichende Bedeutung der Klausel *einig* waren, ist diese Bedeutung maßgebend (Soergel/Siebert/Knopp § 157 BGB Anm. 47; OLG München BB 61, 696). Doch gilt das nicht, wenn durch die von den Parteien gewollte Bedeutung der Klausel Interessen *Dritter* beeinträchtigt werden, die beiden Parteien schon bei Vertragsschluß bekannt waren. Eine umfassende Übersicht über zahlreiche Handelsklauseln findet sich bei Ritter Anm. 11. Im folgenden wird auf die Bedeutung einiger heute im Handelsverkehr oft verwendeter Handelsklauseln näher eingegangen (vgl. auch Lüderitz a.a.O. S. 243 ff.).

2. Einzelne Klauseln

58 Auf Abruf. Ist eine Ware auf Abruf verkauft worden, so muß, wenn keine Frist vereinbart wurde, in *angemessener Zeit* abgerufen werden. Das gilt auch bei der Klausel „Kauf auf Abruf nach (ohne) Bedarf", Naumburg OLG 20, 166. Die Länge der Zeit bestimmt sich nach Treu und Glauben unter Berücksichtigung eines Handelsbrauchs oder einer Verkehrssitte. Eine unangemessene Verzögerung beseitigt das Recht des Käufers, durch Abruf den Zeitpunkt der *Fälligkeit* der beiderseitigen Leistungen zu bestimmen. Der Verkäufer kann dann sofort auf Zahlung Zug um Zug gegen Lieferung klagen. Statt dessen kann er auch wegen Zahlungsverzugs die Rechte aus § 326 BGB ausüben; dann muß er jedoch grundsätzlich mahnen und eine Nachfrist setzen, wenn er seine Leistung nicht mehr erbringen will (RGZ 94, 18). Anders liegt es, wenn die Leistungsverpflichtung des Verkäufers nach dem Vertrag bei Versäumung der Abrufsfrist „ohne weitere Erinnerung" fortfallen sollte (RG LZ 19, 967). – Die Klausel „Lieferung auf Abruf" kann nicht nur besagen, daß der Käufer den Zeitpunkt der Lieferung innerhalb einer angemessenen Frist zu bestimmen hat; sie kann auch als Umschreibung für den Eintritt einer bestimmten Bedingung dienen, z. B. daß sich der Käufer die Mittel zur Bezahlung des Kaufpreises durch ein anderes Geschäft verschafft (OLG Nürnberg BB 61, 696). – Zur Versäumung einer vertraglichen Abrufsfrist beim Kauf mit Wahlrecht s. BGH BB 60, 264.

Ab Werk, ab Lager, ab Schiff, ab Kai (Incoterms Nr. 1, 8, 9; Trade Terms Nr. 1, 7, 8; **59** Text: Anm). 56. Eine Versendungspflicht wird durch die Klausel für den Verkäufer nicht begründet. Der Verkäufer ist nur verpflichtet, die Ware an dem vereinbarten Ort dem Käufer zur Verfügung zu stellen. Wird dem Käufer die „ab Werk", „ab Kai" oder „ab Schiff" angediente Ware *übergeben,* so geht nach § 446 BGB die Gefahr auf ihn über. Durch Abnahme vom Kai gilt die Ware nach internationalem Handelsbrauch als *genehmigt,* insbesondere auch eine verspätete Abladung (Schiedsspruch der Hamburger freundschaftlichen Arbitrage vom 1. 9. 69 – HSG E 4a Nr. 3; abgedruckt bei Straatmann/Ulmer aaO). Zur Klausel „ab Kai" s. auch Haage BB 56, 195. – Ist der Standort des Werkes zugleich der Erfüllungsort und hat der Verkäufer auf Verlangen des Käufers die *Versendung* übernommen, so geht nach § 447 BGB schon mit der Übergabe an die Versendungsperson die Gefahr auf den Käufer über. Durch die Klausel „ab Werk" oder „ab Lager" wird jedoch der Standort des Werkes noch nicht zum Erfüllungsort. Bei Lieferung der Ware *von einem anderen Ort als dem Erfüllungsort* geht daher nicht ohne weiteres entsprechend § 447 BGB die Gefahr auf den Käufer über (RGZ 111, 23; 106, 212/213). Die Klausel „ab Werk" in der Auftragsbestätigung reicht dafür *nicht* aus (OLG Hamburg HEZ 1, 75 für einen Fall, bei dem beide Parteien ihren Sitz am Erfüllungsort hatten). Der Verkäufer kann nicht einseitig den Übergang der Gefahr durch eine Versendung von einem anderen Ort als dem Erfüllungsort herbeiführen (vor § 373 Anm. 40, 41). Es bedarf einer besonderen *Vereinbarung.* Sie braucht jedoch nicht ausdrücklich zu geschehen, sondern kann sich aus der Abwicklung früherer Lieferverträge ergeben, bei denen der Käufer mit einer Lieferung „ab Werk" einverstanden war oder jedenfalls wußte, daß der Verkäufer ab Werk auf Gefahr des Käufers liefern wollte und diese Bedingung zu den Versandbedingungen gehörte, die der Käufer widerspruchslos hingenommen hat (BGH NJW 65, 1324/1325). – Bei der Klausel *„netto ab Werk"* werden die *Frachtkosten* vom Herstellungswerk des Verkäufers berechnet, auch wenn der Käufer mit einem näher gelegenen Werk rechnete, sowie dann, wenn der Verkäufer im Einzelfall die Ware bei einem noch entfernter gelegenen Werk herstellen ließ, OLG Stuttgart BB 66, 675.

Bei einem Verkauf „ab Lager Hamburg" muß der Käufer die gekaufte Ware am **60** Ablieferungsort untersuchen, es sei denn, daß für ihn dort die Untersuchung nicht zumutbar ist, z.B. bei Fehlen von Fachleuten (Schiedsspruch der Hamburger freundschaftlichen Arbitrage vom 4. 3. 69 – HSG E 6b Nr. 30; abgedruckt bei Straatmann/Ulmer). Anders aber, wenn der Verkäufer trotz dieser Klausel die Ware an das Lager des Käufers transportiert hat, ohne ihm zuvor Gelegenheit zur Untersuchung zu geben (Schiedsspruch vom 15. 3. 1973 – HSG 6 6b Nr. 54; abgedruckt bei Straatmann/Ulmer). – Bei Verkauf „ab Lager" hat der Käufer auch die Absetzkosten zu tragen (Schiedsspruch vom 10. 2. 67 – HSG J 2 Nr. 4; abgedruckt bei Straatmann/Ulmer).

Auf Besicht begründet für den Käufer der Ware ein besonderes Risiko. Auch einen **61** verdeckten Mangel kann er später nur rügen, wenn er die gekaufte Ware am vereinbarten Übernahmeort sorgfältig untersucht hat (Schiedsspruch der Hamburger freundschaftlichen Arbitrage vom 14. 6. 1973; HSG E 7a Nr. 2; abgedruckt bei Straatmann/Ulmer). Nur wenn der Verkäufer die *vertragsgemäße* Ware geliefert hat, wird die Freizeichnungsklausel „auf Besicht" zu Ungunsten des Käufers relevant. Durch die

§ 346 1. Abschn. *Drittes Buch. Handelsgeschäfte*

Andienung einer beliebigen nicht vertraglich geschuldeten Ware kann sich der Verkäufer nicht von seinen Verpflichtungen befreien (Schiedsspruch der Hamburger freundschaftlichen Arbitrage vom 30. 7. 1959; HSG E 7 a Nr. 1; abgedruckt bei Straatmann/Ulmer).

62 **Akkreditiv.** Die Klausel „Zahlung gegen Akkreditiv" oder „Kassa gegen Akkreditiv" (Anhang nach § 365 Anm. 238) begründet für den Käufer eine *Vorleistungspflicht*. Er hat zunächst das Akkreditiv zu stellen. Der Verkäufer kann sich darauf verlassen, daß er fristgemäß von einer Bank Zahlung erhält, wenn er ihr die akkreditivgerechten *Dokumente* andient. Erst die ordnungsgemäße Stellung des Akkreditivs gibt dem Käufer den Anspruch auf Lieferung der Ware (RGZ 102, 155; BGH WM 55, 765; OLG Düsseldorf DB 73, 2294; Anh. nach § 365 Anm. 247 ff.).

63 **Arbitrage.** Der Vereinbarung von Arbitrage unter Kaufleuten wurde früher lediglich die Bedeutung beigelegt, daß streitige Fragen *tatsächlicher Art,* etwa das Vorliegen von Qualitätsmängeln, von Schiedsgutachtern geklärt werden sollen (RG Warn 25 Nr. 15; vgl. dazu BGHZ 6, 335; 9, 138/143). Ein Schiedsvertrag im Sinne der §§ 1025 ff. ZPO wurde grundsätzlich nicht angenommen, es sei denn, daß die dem Schiedsmann gestellten Aufgaben das Gegenteil klar erkennen ließen (BGHZ 6, 338). Etwas anderes wird heute bei der Vereinbarung *Hamburger* oder *Bremer Arbitrage* angenommen. Nach § 20 Nr. 1 der „Platzusancen für den hamburgischen Warenhandel" (Bekanntmachung der Handelskammer vom 17. Oktober 1927 – Amtl. Anz. S. 1215), die insoweit örtlichen Handelsbrauch wiedergeben (BGH NJW 60, 1296), ist unter Arbitrage „die Entscheidung von Streitigkeiten im Schiedswege unter Ausschluß der ordentlichen Gerichte nicht nur über Qualitätsfragen, sondern auch über alle anderen aus dem Geschäfte entstehenden Streitpunkte, insbesondere auch über Rechtsfragen, zu verstehen, es sei denn, daß in dem Vertrage ausdrücklich etwas anderes vereinbart ist". Die Vereinbarung „Hamburger Arbitrage" enthält demnach einen *Schiedsvertrag* (BGH NJW 60, 1296; OGHZ 4, 247; RG HRR 29 Nr. 321; OLG Hamburg HansRZ 26, 181; OLG 33, 136; vgl. auch BB 51, 709). Tatsächliche Streitigkeiten können durch ein vorgeschaltetes selbständiges Schiedsgutachtenverfahren geklärt werden (BGH a.a.O.). Erst wenn das Gutachten nicht befolgt wird, kommt es zur Durchführung des Schiedsgerichtsverfahren (§ 20 Nr. 7). Bei Vereinbarung „Hamburger freundschaftlicher Arbitrage" steht dem Schiedsgericht abweichend vom Regelfall nicht nur die vorläufige, sondern die endgültige Entscheidung über die Frage zu, ob ein rechtsgültiger Schiedsvertrag und damit seine eigene Zuständigkeit besteht (BGH MDR 52, 487; BB 55, 552; RG Warn 34 Nr. 42; OLG Hamburg MDR 47, 133; vgl. auch MDR 58, 610; für Berliner Arbitrage KG JW 24, 1182; dazu Baumbach/Lauterbach/Albers ZPO 33. Aufl., § 1025 Anm. 2 D). Zur Benennung der Schiedsrichter bei Hamburger Arbitrage vgl. BGH NJW 60, 1296; zur Entscheidung über die Ablehnung von Schiedsrichtern durch die Handelskammer Hamburg, OLG Hamburg MDR 50, 560. Über die Zuständigkeit besonderer Schiedsgerichte bei Verwendung der Klausel „Hamburger (freundschaftliche) Arbitrage" vgl. OLG Hamburg HansRZ 27, 389; HRR 34 Nr. 1049; MDR 58, 610. Zur Anwendung Hamburger Arbitrage auf auswärtige Kaufleute vgl. OGHZ 4, 247; RG HRR 29 Nr. 321; Anm. 33. Im übrigen wird auf die Sammlung von Schiedssprüchen des Schiedsgerichts „Hamburger freundschaftliche Arbitrage" bei Straatmann/Ulmer, Handelsrechtliche Schiedsgerichts-Praxis, 1975, verwiesen.

Als Schiedsgerichtsvereinbarung muß die Arbitrageklausel nach § 1027 Abs. 1 ZPO **64** ausdrücklich und schriftlich in *besonderer Urkunde* getroffen werden, um verbindlich zu sein, es sei denn, daß der Schiedsvertrag ein beiderseitiges Handelsgeschäft von Vollkaufleuten ist (§ 1027 Abs. 2 ZPO). Dann ist auch eine *formlos* getroffene Schiedsgerichtsabrede wirksam, sie kann also insbesondere durch die Anerkennung allgemeiner Geschäftsbedingungen wirksam vereinbart werden. Bedeutsam bleibt auch in diesem Falle die Bestimmung des § 1025 Abs. 2 ZPO, nach der ein Schiedsvertrag unwirksam ist, wenn eine Partei ihre wirtschaftliche oder soziale Überlegenheit ausgenutzt hat, um die andere zum Abschluß des Schiedsvertrages oder zur Annahme unter ungleichen Bedingungen zu bestimmen.

Baldmöglichst, so schnell wie möglich, umgehend, prompt als Lieferungs- oder Zah- **65** lungsbedingung besagen, daß dem Schuldner zwar eine angemessene kurze *Lieferfrist* eingeräumt ist, jedoch mit der Maßgabe, daß er alle für ihn zumutbaren Anstrengungen machen muß, um seiner Verpflichtung *möglichst schnell* nachzukommen. Unter Berücksichtigung der gesamten Umstände ist im Einzelfall zu prüfen, ob und inwieweit bei der Beurteilung, ob rechtzeitig erfüllt worden ist, gewisse Nachsicht geübt werden kann (RGZ 92, 210). „Lieferung so schnell wie möglich" kann aber auch bedeuten, daß die Leistungszeit in das Belieben des Schuldners gestellt sein soll. Das besagt nicht, daß der Verkäufer die Lieferzeit willkürlich bestimmen darf; er muß sie vielmehr nach *billigem Ermessen* bestimmen (OLG München BB 54, 116). Trifft er eine solche Bestimmung nicht, so braucht zum Eintritt der Verzugsfolgen die Leistungszeit jedenfalls bei Handelsgeschäften nicht erst durch Richterspruch bestimmt zu werden; die *Mahnung* genügt (OLG München a.a.O.; a.M. RGZ 64, 114). Ob der Schuldner von seinem Ermessen den richtigen Gebrauch gemacht hat, kann im Leistungsprozeß nachgeprüft werden (RGZ 90, 27/30; a.M. RGZ 64, 114).

Betriebsstörung vorbehalten, z.B. durch Nichtbelieferung oder Streik, befreit den **66** Verkäufer nur, wenn der Betrieb ohne sein Verschulden so gestört worden ist, daß seine Lieferungsmöglichkeiten stark beeinträchtigt sind (RG LZ 18, 377). Kann der Betriebsablauf trotz Fehlens von Rohstoffen noch aufrechterhalten werden, weil ihm einzelne Kunden Rohstoffe zur Verarbeitung für sie zur Verfügung stellen, so schließt dies eine Störung des Betriebs nicht aus (RG JW 22, 158). Zur Auslegung der Klausel „Betriebsstörungen ermächtigen den Verkäufer zu entsprechender Hinausschiebung der Leistungen" s. RGZ 94, 81.

Bis zur Besserung („Besserungsschein") bedeutet, daß die Schuld so lange *gestundet* **67** ist, bis der Schuldner ohne Gefährdung seiner wirtschaftlichen Existenz zur Zahlung in der Lage ist (RGZ 94, 290/291; RG Recht 10 Nr. 284). Doch können Treu und Glauben (§ 242 BGB) dem Schuldner auch ohne dahingehende Vereinbarung gebieten, von sich aus *Teil* zahlungen anzubieten (RG aaO). Der Gläubiger, der seine Forderung einklagt, muß beweisen, daß eine Besserung der Vermögensverhältnisse eingetreten ist. Hat jedoch der Schuldner nach geraumer Zeit noch nicht gezahlt, so hat er nachzuweisen, daß er auch jetzt noch zu Teilzahlungen ohne Gefährdung seiner Existenz nicht in der Lage ist. Es kommt dann darauf an, ob ihm nach Treu und Glauben gleichwohl eine Zahlung zugemutet werden kann. Haben sich die Vermögensverhältnisse des Schuldners *gebessert,* so wird die *Fälligkeit* der Schuld durch eine nachträgliche Verschlechterung

§ 346 1. Abschn. *Drittes Buch. Handelsgeschäfte*

nicht wieder beseitigt (RGZ 42, 152; OLG Hamburg HRR 32 Nr. 2). Eine *Geschäftsaufgabe* bewirkt das Ende jeder mit einem Besserungsschein gewährten Stundung (OLG München SeuffA 68 Nr. 96).

68 Cirka (Zirka) als vereinbarte Klausel gibt dem Verkäufer eine nach billigem Ermessen und Handelsbrauch zu bemessende *Spanne,* innerhalb deren er mehr oder weniger als vereinbart liefern darf (BGH LM § 157 [Ge] Nr. 2; OLG Hamburg SeuffA 50 Nr. 256; KG OLG 38, 222). Beim *Akkreditivgeschäft* wird nach Art. 34 lit.a der Einheitlichen Richtlinien und Gebräuche für Dokumentenakkreditive (Revision 1974) eine Abweichung von 10% nach unten und oben für zulässig erklärt. Ist „Hamburger freundschaftliche Arbitrage" vereinbart worden, so können bei der Mengenangabe „circa" nach § 5 der Platzusancen für den hamburgischen Warenhandel 5% mehr oder weniger geliefert werden. Beträgt die Fehlmenge mehr als 5%, so darf der Käufer die Lieferung als *Teillieferung* ansehen; die Franchise berechnet sich dann handelsbräuchlich nicht nach der insgesamt kontrahierten Menge, sondern nur nach der ausstehenden Teilmenge (Schiedgericht der Hamburger freundschaftlichen Arbitrage vom 24. 12. 1963; HSG J 6 Nr. 2; abgedruckt bei Straatmann/Ulmer). – Sind „ca. 25 bis 30 to" Zinklegierung verkauft, so kann sich auf Grund der Circa-Klausel für den Verkäufer das Recht ergeben, in gewissem Umfang mehr als die Höchstmenge von 30 to oder weniger als die Mindestmenge von 25 to zu liefern (BGH LM § 157 [Ge] Nr. 2). – Welche Überschreitung der *Verladezeit* beim Überseekauf noch durch die Circa-Klausel gedeckt ist, bestimmt sich nach dem Einzelvertrag (BGH LM § 346 [B] Nr. 3). Die Auslegung kann ergeben, daß sich die Klausel je nachdem auf Abladung, Verschiffung oder Segelung, also auf durchaus verschiedene und jeweils nur einzelne Zeitpunkte bezieht; dabei können für den Zeitraum Warenart und besondere Umstände des Geschäfts Bedeutung erlangen. – Die Cirka-Klausel kommt dem Verkäufer auch zugute, wenn er den Vertrag nicht erfüllt; er haftet dem Käufer dann mangels eines abweichenden Handelsbrauchs nur auf die Mindestmenge, während er wegen der Höchstmenge nicht in Anspruch genommen werden kann, soweit die zu liefernde Menge in seinem Belieben steht (RG JW 17, 971 mit zust. Anm. von Hachenburg; a.M. Königsberg DRZ 35 Nr. 207). War dagegen eine Partie *bestimmter Größe* verkauft und sicherte sich der Verkäufer durch die Cirka-Klausel nur dagegen, daß sie kleiner oder größer als verkauft ausfallen konnte, so kann eine Verpflichtung zur Lieferung der ganzen Partie bestehen (OLG Hamburg SeuffA 50 Nr. 256).

69 ETA-Meldung (exspected or estimated time of arrival); ETB-Meldung (exspected time of berthing). Durch die Meldung der voraussichtlichen Ladebereitschaft wird dem Ablader (Befrachter) die Vorbereitung für die Abladung erleichtert; die Anzeige der Ladebereitschaft nach § 567 HGB wird durch sie nicht ersetzt (Liesecke, Seehandelsrecht, 2. Aufl., § 567 Anm. 6). Ein *Fixgeschäft* braucht nicht vorzuliegen (Celle MDR 54, 422; 73, 412). Kommen zur „ETA-Klausel" jedoch noch andere Umstände hinzu, wie z.B. Lieferung starken Preisschwankungen unterliegender Ware, so kann ein Fixgeschäft anzunehmen sein (BGH NJW 59, 933).

70 Ex Schiff mit Angabe des Bestimmungshafens besagt, daß dieser der *Erfüllungsort* ist und die *Gefahr* hier übergeht. Das gilt auch dann, wenn im Vertrag bestimmt ist, daß die Ware an einen anderen Ort weiterverladen werden soll. Der Verkäufer hat seine Verpflichtungen mit der Umladung der Ware am Bestimmungshafen erfüllt; der Käufer hat die Ware dort zu übernehmen. Würde durch die Weiterverladungsklausel der andere Ort zum Erfüllungsort, so käme der Klausel „ex Schiff" mit dem benannten Bestimmungshafen keine Bedeutung mehr zu (Schiedsspruch der Hamburger freundschaftlichen Arbitrage vom 15. 2. 1971; HSG J 2 Nr. 6; abgedruckt bei Straatmann/Ulmer).

Fest in Verbindung mit einer *Zeitbestimmung* bedeutet, daß der Verkäufer nur bis zum Ablauf der bestimmten Zeit an sein Verkaufsangebot gebunden ist. – Wird ein *Festpreis* vereinbart, so wird die Klausel „Preise freibleibend" (Anm.82) hinfällig (RGZ 101, 75; 102, 228). **71**

Frachtfrei, frei, franko mit Angabe des Bestimmungsorts sind *Kostenklauseln*. Sie besagen, daß der Verkäufer entgegen § 448 BGB die Kosten des *Transports* bis zu dem benannten Bahnhof oder Hafen trägt. Dagegen fallen die Kosten des *Entladens* und des *weiteren* Transports vom Bahnhof oder Hafen zum Empfänger dem Käufer zur Last, falls nicht Lieferung „frachtfrei Haus", „frei Haus" oder „franko Haus" vereinbart wurde. Die Klauseln „frachtfrei", „frei" oder „franko" verlagern nicht den Erfüllungsan den Bestimmungsort, sondern beziehen sich grundsätzlich nur auf die Transportkosten (§ 269 Abs. 3 BGB; RGZ 106, 214; 114, 408; RG LZ 20, 701; OLG München NJW 58, 426). Die *Gefahr* geht demnach erst auf den Empfänger über, wenn er die Ware am Bestimmungsort tatsächlich abnimmt, oder bei Vorliegen der Voraussetzungen des § 447 BGB mit der Übergabe an die Transportperson zur Versendung. Ein einheitlicher Handelsbrauch, nach dem der Verkäufer auch die *Gefahr* bis zum benannten Bestimmungsort trägt, hat sich in der Bundesrepublik Deutschland bisher nicht gebildet. Allein die Klausel „frei und franko" (nicht „frachtfrei") kann in bestimmten Kreisen bedeuten, daß der Verkäufer die Gefahr bis zu dem in Verbindung mit der Klausel genannten Ort trägt (Ratz in Großkomm. z. HGB § 346 Anm. 150). Anders liegt es bei der *F. O. B.-Klausel* (RGZ 106, 212; Deutsche Trade-Terms Nr. 4A 8; B 3; Text: Anm. 56). Für die Klausel *„frei (franko) Waggon"* (Trade-Terms Nr. 2; Incoterms Nr. 2; Text: Anm. 55; ferner RGZ 103, 129; ÖOGH bei Stanzl Bd. I Nr. 159 zu § 346). Hier trägt der Verkäufer die Gefahr in der Regel bis zur ordnungsgemäßen Verladung im Waggon. Bei späterer Umleitung der bereits auf dem Transport befindlichen Ware an einen anderen als den urprünglichen Käufer gilt § 447 BGB für den späteren Käufer nicht schon ab dem Verladungszeitpunkt; die Klausel kann als bloße Spesenklausel aufzufassen sein (BGHZ 50, 32/36). **72**

Ein Gefahrübergang nach § 447 setzt voraus, daß die Ware dem Spediteur oder Frachtführer zum Zweck der *Versendung* (nicht nur zur Einlagerung) übergeben wird. Lagert der Spediteur die Ware *vorübergehend* ein, so hindert das den Gefahrübergang nicht, wenn der Spediteur dafür sachlich gerechtfertigte Gründe hat, z.B. weil der Transport zeitweise nicht möglich ist. – Die Klausel „unfrei" ist keine verbindliche Handelsklausel; sie bringt nur zum Ausdruck, daß die gesetzliche Kostenregelung des § 448 BGB *nicht* abbedungen ist (OLG Köln BB 73, 496). – Zur sog. *erweiterten* (unechten) FOB-Klausel, bei der der Verkäufer auch für die Verschiffung zu sorgen hat, s. Haage, Das Abladegeschäft, s. 94. **73**

Freibleibend (sine obligo, unverbindlich) kann verschiedene Bedeutungen haben. Im Zweifel bezieht sich die Klausel auf das *Angebot* des Verkäufers. Dann wird sich der **74**

Verkäufer selten nur ein Widerrufsrecht bis zum Eingang der Annahmeerklärung des Käufers vorbehalten wollen. Bei bloßem Widerrufsvorbehalt erlischt die Befugnis zum Widerruf mit dem Zugang der Annahmeerklärung des Vertragsgegners (RG JW 11, 643). Gewöhnlich liegt in einem freibleibenden „Angebot" nur eine *Aufforderung* an den Empfänger, seinerseits ein Angebot zu machen, das der freibleibend Anbietende nach seiner Wahl annehmen oder ablehnen kann. Lehnt er nicht innerhalb einer Frist ab, in der eine Antwort auf ein Angebot regelmäßig zu erwarten ist (§ 147 Abs. 2 BGB), so ist sein Schweigen als *Annahme* zu werten (RGZ 102, 229; RG JW 21, 393; Anm. 102). Dieselbe Wirkung besitzt die Klausel „freibleibend, Zwischenverkauf vorbehalten" (RG SeuffA 80, 44); sie besagt nicht, daß der Verkäufer nur bei einem Zwischenverkauf das Angebot des Käufers ablehnen kann. Anders ist die Klausel „Zwischenverkauf vorbehalten" ohne den Zusatz „freibleibend" zu beurteilen (Anm. 93). Hier liegt ein auflösend bedingtes Angebot des Verkäufers vor, das hinfällig wird, wenn er die angebotene Ware vor dem Eintreffen der Annahmeerklärung des Käufers verkauft hat; dafür trifft den Verkäufer die Beweislast (Ratz in Großkomm. z. HGB, 3. Aufl., Anm. 139a).

75 Die „Freibleibend"-Klausel kann sich auch auf den geschlossenen *Vertrag* selbst beziehen und bedeutet, daß dem Verkäufer ein *Rücktrittsrecht* zusteht (RGZ 105, 368; RG JW 21, 65; 22, 23). Sind keine bestimmten, ein Rücktrittsrecht begründenden Tatsachen vereinbart, so richtet es sich nach Treu und Glauben. Eine Vertragsänderung ist aufgrund der Klausel nicht möglich; sie würde Rücktritt bedeuten (RG Warn. Rspr. 22 Nr. 61). – Im Zweifel wird die einem „Angebot" zugefügte Klausel „freibleibend" nicht Inhalt des Vertrages (RGZ 102, 228; Warn 25 Nr. 14), sondern betrifft nur das Angebot (Anm. 74). Der Verkäufer muß daher bei Verwendung der Klausel „Freibleibend" für den Empfänger deutlich machen, worauf sich die Freizeichnung beziehen soll. Das können der *Vertrag* schlechthin, aber auch der *Preis* oder einzelne *Konditionen* sein. Die Klausel kann bedeuten, daß die *Folgen* verspäteter Lieferung ausgeschlossen sein sollen, z.B. wenn sich der Verkäufer bei einem Gattungskauf die Ware trotz aller Bemühungen nicht beschaffen kann oder nicht rechtzeitig beliefert wird (RG JW 21, 1235; Anm. 80). Lagen die Gründe für die spätere Nichtbelieferung schon bei Vertragsschluß objektiv vor, so ist dies unbeachtlich, wenn der Verkäufer sie bei Beachtung der nötigen Sorgfalt nicht erkennen konnte (RG HRR 30 Nr. 1040). Zur Klausel *„Preise freibleibend"* s. Anm. 82. Auch kann die Klausel besagen, daß dem Verkäufer die nähere Bestimmung der gesamten Leistung oder einzelner Leistungsmodalitäten, wie Zeit, Ort, Art oder Umfang der Lieferung, nach billigem Ermessen vorbehalten sein soll (§ 315 BGB; RGZ 104, 114 und 306; 105, 371). Welche Bedeutung der Freizeichnung zukommt, bestimmt sich, soweit kein Handelsbrauch besteht, nach den Umständen des Einzelfalls. Die Berufung auf eine Freizeichnung setzt stets voraus, daß sich der Verkäufer seinerseits nach Treu und Glauben verhält. Er muß dem Käufer rechtzeitig davon Mitteilung machen, ob ein Fall eingetreten ist, der ihn von einer Leistungspflicht befreit (glA Ratz in Großkomm. z. HGB, 3. Aufl., Anm. 142). Er darf den Käufer vor allem nicht unnötigerweise im unklaren lassen, ob es zu einer Erfüllung des Vertrages kommt oder nicht. Verletzt der Verkäufer die sich für ihn aus § 242 BGB ergebenden Aufklärungs- und Mitteilungspflichten, so verwirkt er die Freizeichnung. Er kann aus dem Gesichtspunkt positiver Vertragsverletzung zum Schadenersatz verpflichtet sein; ferner können dem Käufer die Rechte aus § 326 BGB zustehen.

Erster Abschnitt. Allgemeine Vorschriften 1. Abschn. § 346

Gegenbestätigung. Enthält ein kaufmännisches *Bestätigungsschreiben* die Bitte um **76** „Gegenbestätigung", so ist das Schweigen des Empfängers gewöhnlich nicht als Zustimmung zu werten, es sei denn, daß sich auf Grund besonderer Umstände im Einzelfall etwas anderes ergibt (BGH NJW 64, 1269/1270; RGZ 106, 414; 104, 201; s. auch Anm. 94 ff.). – „Gegenbestätigung der Ablader vorbehalten" gibt dem Verkäufer für den Fall nicht rechtzeitiger Lieferungsmöglichkeit ein *Rücktrittsrecht.* Dieses Recht kann der Verkäufer aber nach dem Ablauf der Lieferzeit nicht mehr geltend machen, wenn er bei dem Käufer den Eindruck einer rechtzeitigen Abwicklungsbereitschaft hervorgerufen hat (OLG Hamburg HansRGZ 36 B 369).

Höhere Gewalt bedeutet als vereinbarte Klausel, daß der Verkäufer bei behördlichem **77** Eingreifen oder unwiderstehlicher Naturgewalt von der Pflicht zur Lieferung befreit ist. Wer den Schutz der „höhere-Gewalt-Klausel" in Anspruch nimmt, muß sich bei Eintritt der Voraussetzungen, deren Vorliegen er im Streitfall beweisen muß, *unverzüglich* darauf berufen. Bei *Gattungskäufen* befreit die Klausel den Verkäufer auch dann, wenn er alles für ihn Zumutbare getan hat, um seine Lieferpflicht zu erfüllen, insbesondere wenn er sich bei einem Lieferanten eingedeckt hat, der infolge höherer Gewalt nicht leisten kann, und die Ware anderweit nur unter beträchtlichen Schwierigkeiten zu erhalten ist (OLG Hamburg HRR 28 Nr. 1215). – Die „Selbstbelieferungsklausel" befreit den Verkäufer nicht nur in Fällen höherer Gewalt. Sie befreit ihn auch von der Pflicht, anderweitige Beschaffung zu versuchen, wenn er von seinem Lieferanten, mit dem er ein kongruentes Deckungsgeschäft abgeschlossen hat, im Stich gelassen wird (BGHZ 49, 388/391/393; s. dazu Anm. 85).

Kasse bedeutet zunächst in der Form von „Zahlung Kasse", „sofortige Kasse", „netto **78** Kasse" oder „Kasse gegen Dokumente", daß ohne Abzug eines Skontos (Anm. 89) zu zahlen ist. Ferner enthält die Klausel in der Regel ein *Barzahlungsversprechen,* beschränkt sich demnach nicht auf Fälligkeit und Skonto. Der Käufer hat in bar oder einer der Barzahlung gleichkommenden Weise (mittels Überweisung oder Schecks) zu leisten. Er ist daher *nicht* zur *Aufrechnung* oder *Zurückbehaltung* befugt (BGHZ 14, 61/62; 23, 131/135; LM § 346 [Ef] Nr. 7; WM 76, 331, 332; OLG Hamburg MDR 53, 240). Diese Rechtsfolge ist unabhängig davon, ob den Käufer wie bei der Klausel „Kasse gegen Dokumente" (Anm. 79) hinsichtlich des Kaufpreises eine Vorleistungspflicht trifft. Der in der Kassa-Klausel steckende Aufrechnungsverzicht bleibt grundsätzlich auch bei Zahlungsunfähigkeit des Käufers wirksam (BGHZ 14, 61; 23, 131/136). Gleiches gilt, wenn der Verkäufer die Ware entgegen der Klausel „Kasse gegen Dokumente" ohne vorherige Übergabe von Dokumenten ausgehändigt hat.

Kasse gegen Dokumente u. ä. bedeutet, daß der Käufer außer zur *Barzahlung* (Anm. **79** 78) auch zur *Vorleistung* verpflichtet ist (Anh. nach § 365 Anm. 238). Das gilt auch für die Klausel „Kasse gegen Verladepapiere," mag auch der Käufer bei Erhalt von Traditionspapieren besser dastehen (BGH MDR 53, 240). Der Käufer muß, anders als etwa bei der Klausel „Kasse gegen Empfänger", nicht erst Zug um Zug gegen Aushändigung der Ware, sondern schon gegen Übergabe der ordnungsgemäßen *Dokumente* zahlen (BGHZ 14, 61; 23, 135). Ist die Ware schon am Bestimmungsort eingetroffen, so darf der Käufer im Dokumentengeschäft die angekommene, ihm aber noch nicht ausgehändigte Ware grundsätzlich nicht auf ihre Beschaffenheit hin untersuchen (BGHZ 41, 215;

§ 346 1. Abschn. *Drittes Buch. Handelsgeschäfte*

Anh. nach § 365 Anm. 248; a.M. RG JW 32, 587). Nur bei Vorliegen besonderer Umstände kann die Berufung des Verkäufers auf die Vorleistungspflicht des Käufers ohne vorherige Untersuchung der Ware einen *Rechtsmißbrauch* darstellen (BGHZ 41, 215/220 für die Klausel „Kassa gegen Dokumente bei Ankunft des Dampfers"; AWD 62, 52 mit Anm. v. Grimm; s. auch Anh. nach § 365 Anm. 238). Da der Käufer schon gegen Vorlage der ordnungsgemäßen Dokumente und nicht erst gegen Aushändigung der Ware zu zahlen hat, trägt er – anders als beim gewöhnlichen Kaufvertrag – die *Beweislast* dafür, daß eine andere als die gekaufte Ware geliefert worden ist (RGZ 106, 299; RG HRR 26 Nr. 1513); der Verkäufer hat nur die Ordnungsmäßigkeit der Dokumente darzulegen und zu beweisen. – Bei der Klausel „netto Kasse gegen Auslieferung der Ware und Rechnung" handelt es sich um ein Zug-um-Zug-Geschäft. Anders als im Dokumentengeschäft braucht der Käufer nicht vorzuleisten, und der Verkäufer kann die Untersuchung der Ware nicht von der Vorauszahlung des Kaufpreises abhängig machen. Der Käufer kann die Zahlung verweigern, wenn er vor oder bei Abnahme der Ware Mängel feststellt; dies gilt auch dann, wenn der Käufer die Ware gegen den Willen des Verkäufers untersucht hat (Schiedsspruch der Hamburger freundschaftlichen Arbitrage vom 30. 8. 1965; HSG J 5 e Nr. 1 bei Straatmann/Ulmer).

80 **Lieferungsmöglichkeit vorbehalten.** Bei einer Freizeichnungsklausel dieses oder ähnlichen Wortlauts muß sich der Verkäufer darum *bemühen,* die Ware unter Anstrengung nach Treu und Glauben zu beschaffen. Muß er sich zu einem *höheren Preis* eindecken, so kann er sich auf die Freizeichnung nur berufen, wenn er nachweist, daß ihm die Beschaffung der Ware zu diesem Preis nicht zuzumuten ist (BGH LM § 157 BGB [Gf] Nr. 4; § 346 [Ea] Nr. 12; RG JW 21, 1235). Die Klausel reicht demnach nicht so weit wie die Klausel „freibleibend", bei der der Verkäufer an sein Angebot nicht gebunden ist (Anm.74), oder die „Selbstbelieferungsklausel" (BGHZ 49, 388/392; dazu Anm.85). Auch wenn der Verkäufer sich die „Liefermöglichkeit oder Lieferfähigkeit vorbehalten" hat, ist er wegen culpa in contrahendo dem Käufer schadenersatzpflichtig, wenn er ihm verschwiegen hat, daß schon konkrete Anhaltspunkte für die Unmöglichkeit der Belieferung bestehen (RGZ 97, 325; 132, 310). Die inhaltlich vage Klausel darf dem Verkäufer nicht eine Handhabe zu leeren Verprechungen bieten (RG LZ 21, 258). Reicht die vorhandene Menge nicht aus, so sind zuerst die Kunden zu beliefern, die ohne Vorbehalt gekauft haben; danach in der Reihenfolge der Bestellungen, kein späterer Auftrag darf vor einem früheren erledigt werden (RGZ 104, 116). Im Obst- und Gemüsehandel soll nach Handelsbrauch die Klausel „Mißernte vorbehalten" zu einer quotenmäßigen Befriedigung der Käufer führen (RGZ 84, 125). Im übrigen ist es Auslegungsfrage, welche rechtliche Bedeutung der Klausel „Lieferungsmöglichkeit vorbehalten" zukommt. Sie kann den Vertrag im ganzen aufschiebend bedingen (RGZ 104, 100), kann aber auch als auflösende Bedingung gewollt sein oder ein Rücktrittsrecht für den Verkäufer begründen (RG LZ 23, 210; JW 22, 23 mit Anm. von Dove; JW 21, 625).

81 **Lieferzeit unverbindlich.** Diese Klausel befreit den Verkäufer nur, wenn die vertragsgemäß rechtzeitige Lieferung wegen unvorhergesehener unverschuldeter Hindernisse nur unter Aufwand unzumutbarer Opfer möglich ist. Die Beweislast dafür trifft den Verkäufer (RGZ 104, 114; 105, 371; 132, 310; RG DRZ 34 Nr. 81). – Die Freizeichnungsklausel *„Schadensersatzansprüche wegen Nichterfüllung oder verspäteter Erfül-*

lung sind ausgeschlossen" umfaßt jede Verzögerung der Lieferzeit. Der Verkäufer will sich für jeden Fall des Eintritts eines Verzögerungsschadens in dem gesetzlich zulässigen Umfang (§ 276 Abs. 2 BGB) von der Haftung freizeichnen (RGZ 168, 321/329), also auch für den Fall, daß die Lieferung unterbleibt, weil sich der Verkäufer hierzu nicht für verpflichtet hält (BGH LM § 242 HGB [Cd] Nr. 47). Die Berufung auf diese weitgehende Freizeichnung verstößt *nicht* gegen Treu und Glauben, wenn der Verkäufer die Lieferung aus sachlichen Gründen unterläßt, ohne daß ihm dies als grobes Verschulden anzurechnen ist (BGH a.a.O.).

Preise freibleibend als Vertragsklausel hat gewöhnlich die Bedeutung, daß der Verkäufer den Kaufpreis nach billigem Ermessen (§ 315 BGB) so bestimmen darf, daß er mit dem jeweiligen Börsen- oder Marktpreis und der Wirtschaftslage zur Zeit der Lieferung übereinstimmt (BGHZ 1, 354; OGHZ 4, 165/168; RGZ 103, 414; 104, 306). Ist im Kaufvertrag schon ein Preis angegeben, jedoch mit der Klausel „Preis freibleibend", so handelt es sich um einen Mindestpreis, den der Verkäufer, wenn sich die allgemeinen Preisverhältnisse zu seinen Ungunsten verändern, in entsprechendem Umfang bis zur Lieferung anheben darf (RGZ 103, 416; 104, 307). Nicht darf er die Lieferung verweigern oder hinauszögern, es sei denn, daß der Vertrag mit der Klausel „Lieferungsmöglichkeit vorbehalten" oder „Lieferzeit unverbindlich" (Anm. 81) geschlossen wurde. Sinkt der Markt- oder Börsenpreis, so ist der Verkäufer grundsätzlich *nicht* verpflichtet, den Kaufpreis herabzusetzen (BGH JZ 54, 356 mit Anm. Duden); etwas anderes kann für langfristig laufende Verträge gelten (BGH JZ 57, 56 für Stromabnahmeverträge). Hat der Verkäufer auf Grund der Klausel „Preise freibleibend" den Preis einmal erhöht, so ist, falls die Parteien nichts anderes vereinbart haben, der Preisvorbehalt erschöpft und der Kaufpreis endgültig festgelegt (RGZ 104, 170/171; OGHZ 4, 172/174; einschränkend Baumbach/Duden Anm. 5, der darauf abstellt, aus welchen Gründen sich die Lieferzeit abermals verzögert hat). Aber gegen das Recht des Verkäufers, bis zum Zeitpunkt der tatsächlichen Lieferung seine Preise wiederholt zu erhöhen, spricht, daß die Klausel „Preise freibleibend" den Verkäufer ohnehin einseitig begünstigt und daher *eng* auszulegen ist; der Käufer muß sich auf den auf Grund des Vorbehalts erhöhten Preis verlassen können. **82**

Die Klausel „Preise freibleibend" kann nach Lage des Falles auch bedeuten, daß der geschlossene Vertrag für den Verkäufer nicht bindend sein soll und er einen Abschluß eines *neuen Vertrages* zu einem erhöhten Preis anbieten darf. Dann handelt es sich um einen Rücktrittsvorbehalt (Anm. 75). Der Käufer kann das neue Angebot annehmen oder ablehnen. Nach BGHZ 1, 353 ist bei beiderseitigen Handelsgeschäften der Käufer verpflichtet, auf dieses Angebot unverzüglich zu antworten, widrigenfalls sein *Schweigen* als *Annahme* des neuen Angebots anzusehen ist (Anm. 100; kritisch Flume AllgT II § 35 II 4; Canaris, Vertrauenshaftung, § 20, 5 S. 224 ff.). – Zur Klausel „Angebot freibleibend" s. Anm. 74. **83**

Gegen § 3 WährG verstoßen Preisvorbehalte solange nicht, als sie nicht den Wert der Leistung an bestimmte Faktoren anknüpfen und keine automatische Anpassung vorsehen (BGH BB 58, 1220; Anh. zu § 361 Anm. 46; Dürkes, Wertsicherungsklauseln, 8. Aufl., D. 50 ff; ferner Duden, Veröffentlichungen des Instituts für Energierecht Nr. 7/8 S. 90 ff.). **84**

85 Selbstbelieferung. Hat sich der Verkäufer die „richtige und rechtzeitige Selbstbelieferung" vorbehalten, so wird er nicht erst bei höherer Gewalt (Anm. 77), sondern grundsätzlich schon dann von seiner Lieferpflicht *frei,* wenn ihn sein eigener vertraglich bereits gebundener Lieferant im Stich läßt, gleichviel, ob dieser das rechtlich zu vertreten hat oder nicht (BGHZ 49, 388 = WM 68, 510; OGHZ 1, 178; OLG Hamburg HEZ 1, 127 und DB 55, 917 unter Feststellung eines entsprechenden Handelsbrauchs; OLG Celle BB 74, 200). Auch bei *Gattungskäufen* befreit die Klausel den Verkäufer vom ganzen Lieferrisiko. Voraussetzung ist jedoch, daß der Verkäufer, worauf der Ausdruck „Selbstbelieferung" hinweist, mit einem bestimmten Lieferanten bereits ein kongruentes Deckungsgeschäft abgeschlossen hat, das ihn in die Lage versetzt, den eigenen Käufer zu beliefern. Die Lieferpflichten des Lieferanten müssen mindestens die gleichen sein wie die des Verkäufers gegenüber dem Käufer, und das Deckungsgeschäft muß die gleiche Sicherheit bieten, wie sie der Käufer nach dem Vertrage zu erhalten hofft (RGZ 97, 328). Dafür trägt der Verkäufer die *Beweislast.* Er muß auch nachweisen, daß er von seinem Lieferanten gerade wegen der für seinen Käufer bestimmten Waren im Stich gelassen wurde (BGHZ 49, 388/395); sonst könnte er sich wegen eines unerfüllt gebliebenen Deckungsgeschäfts von allen seinen Verkaufsgeschäften befreien. Lagen schon bei *Abschluß* des Deckungsgeschäfts bestimmte Umstände vor, die eine Belieferung als zweifelhaft erscheinen lassen, so macht er sich wegen culpa in contrahendo gegenüber dem Käufer schadenersatzpflichtig, wenn er sie bei Vertragsschluß schuldhaft verschwiegen hat (RGZ 97, 325; OHGZ 1, 178/181).

86 Ferner können den Verkäufer nach Lage des Falles gewisse *Nebenpflichten* treffen. So hat der Verkäufer dem Käufer stets unverzüglich *anzuzeigen,* wenn er erfährt, daß er nicht beliefert wird (OLG Celle BB 74, 200). Auch kann der Verkäufer nach Lage des Falles verpflichtet sein, dem Käufer seinen Schadenersatzanspruch wegen Nichterfüllung gegen den Lieferanten abzutreten, wenn dieser die Lieferung ohne zureichenden Grund verweigert und der Käufer deshalb nicht vom Verkäufer beliefert wird (OLG Hamburg DB 55, 917 unter Bezugnahme auf Nr. 366 Mitt. der IHK Hamburg 1951, Heft 5).

87 Ein *Handelsbrauch,* nach dem ein Verkäufer, der mit Selbstbelieferungsklausel verkauft, seinem Abnehmer grundsätzlich zur Lieferung verpflichtet bleibt, sich jedoch von seiner Schadenersatzpflicht wegen Nichterfüllung durch *Abtretung* seiner eigenen Ansprüche gegen seinen Lieferanten befreien kann, besteht nur für die Beziehungen zwischen in Hamburg ansässigen Vertragsparteien (BGH LM § 249 BGB [D] Nr. 11). Für *Hamburg* muß nach ständiger Rechtsprechung der Schiedsgerichte der Verkäufer, der sich auf die Klausel „richtige und rechtzeitige Selbstbelieferung vorbehalten" beruft, einen kongruenten Deckungsvertrag vorlegen und seine Ansprüche gegen den Vorlieferer *abtreten* (Schiedsspruch der Hamburger freundschaftlichen Arbitrage vom 11. 3. 1964; HSG B 5 Nr. 1, abgedruckt bei Straatmann/Ulmer aaO; Mathies/Grimm/Sieveking, Die Geschäftsbedingungen des Warenvereins der Hamburger Börse e. V., 3. Aufl., 1967, § 38 Nr. 9 ff./13; s. auch Heynen RiW 56, 81 ff.). Nach OLG Celle BB 74, 200/201 handelt es sich insoweit um *Nebenpflichten,* deren Geltung im Einzelfall nach Treu und Glauben mit Rücksicht auf die Verkehrssitte (§ 242 BGB) ausgeschlossen sein kann, z. B. aus Wettbewerbsgründen.

88 Wird in den Lieferbedingungen die Selbstbelieferungsklausel räumlich unter dem

Stichwort „Lieferzeit" aufgeführt, so dient dies nicht der besseren Übersicht, sondern beschränkt zugleich die *Tragweite* der Klausel auf den durch das Stichwort gekennzeichneten Bereich. Eine Freizeichnung ist dann nur für eine Überschreitung der Lieferzeit vereinbart und betrifft daher nur die Folgen unpünktlicher Lieferung (BGHZ 24, 39/42; dazu Hefermehl MDR 58, 918 Anm). – Einen Ausschluß der *Sachmängelhaftung* enthält die Selbstbelieferungsklausel niemals (OLG Hamburg MDR, 601). Steht diese Klausel in den AGB des Verkäufers, widerspricht jedoch den individuell mit dem Käufer getroffenen Vereinbarungen, nach denen der Verkäufer grundsätzlich für die Erfüllung seiner Lieferpflicht einstehen muß, so kann sich der Verkäufer nicht auf sie berufen, um seine Haftung auszuschließen.

Skonto unter Angabe des Prozentsatzes (1½, 2 oder 3%) berechtigt den Käufer, bei **89** pünktlicher Zahlung einen entsprechenden Abzug vom Rechnungspreis zu machen. Je nachdem, ob sofort oder innerhalb einer bestimmten Frist, z. B. eines Monats, zu zahlen ist, ist es üblich, den Skontosatz abzustufen. Die Klausel „netto Kasse 2% Skonto" besagt, daß der Käufer bei sofortiger Barzahlung 2% vom Kaufpreis abziehen darf, jedoch bei Ausnutzung des Zahlungsziels den Kaufpreis ohne Abzug „netto" zu zahlen hat. Bei der Ankündigung oder Gewährung von Preisnachlässen im Einzelverkauf von Waren des täglichen Bedarfs an den letzten Verbraucher sind die Beschränkungen des *Rabattgesetzes* vom 25. November 1933 (RGBl I, 1011) i. d. F. der Gesetze vom 21. 7. 54 (BGBl I, 212) und 11. März 1957 (BGBl I 172) und der Entscheidung des Bundesverfassungsgerichts vom 11. April 1967 (BGBl I, 626) zu beachten (s. dazu Baumbach/Hefermehl, Wettbewerbs- und Warenzeichenrecht, 11. Aufl. 1974, Band I S. 1405 ff.).

Tel quel (Telle quelle) besagt, daß auch die geringwertigste Qualität der ausbedungenen Gattung noch als vertragsgemäß gilt, solange die Ware noch als Handelsware und nicht als Ausschuß anzusehen ist (BGH LM § 346 [D] Nr. 5; RGZ 19, 30; RG JW 38, 2411). Ist „laut Muster tel quel" verkauft, so ist eine dem Muster entsprechende Warengattung zu liefern (BGH aaO). Gewährleistungsansprüche des Käufers sind durch die Klausel „tel quel" ausgeschlossen, es sei denn, daß der Verkäufer die Mängel arglistig verschwiegen hat (§ 476 BGB). Eine Haftung für *zugesicherte* Eigenschaften wird durch die Klausel *nicht* ausgeschlossen (BGH aaO). **90**

Versand auf Rechnung und Gefahr des Empfängers bedeutet nicht, daß der Käufer **91** damit auch die Gefahr für das Transportmittel übernimmt (LG Berlin JW 37, 331).

Verwirkungsklauseln vgl. § 348 Anm. 5. **92**

Zwischenverkauf vorbehalten. Ein Angebot des Verkäufers mit dieser Klausel ist **93** bindend und annahmefähig, falls der Verkäufer die Ware nicht vor der Annahmeerklärung des Käufers anderweitig verkauft (OLG Hamburg BB 60, 383; KG JR Rspr 25 Nr. 261; s. auch Anm. 74). Bis zur Annahme ist das Angebot durch die zwischenzeitliche Verfügung auflösend bedingt.

V. Die Wertung von Unterlassungen

Schrifttum: *Krause,* Schweigen im Rechtsverkehr, 1933; *Zunft,* Anfechtbarkeit des Schweigens auf kaufmännisches Bestätigungsschreiben, NJW 59, 276 ff.; *Kuchinke,* Zur Dogmatik des Bestätigungsschreibens, JZ 65, 167 ff.; *Fabricius,* Schweigen als Willenserklärung, JuS 66, 1 ff., 50 ff.; *Diederichsen,* Der Vertragsschluß durch kaufmännisches Bestätigungsschreiben, JuS 66, 129 ff. *Bydlinski,* Privatautonomie und objektive Grundlagen des verpflichtenden Rechtsgeschäfts, 1967; *Götz,* Zum Schweigen im rechtsgeschäftlichen Verkehr, 1968; *Haberkorn,* Schweigen auf kaufmännisches Bestätigungsschreiben, MDR 68, 108 ff.; *Götz/Huhn,* Das kaufmännische Bestätigungsschreiben, 1969; *Schmidt-Salzer,* Auftragsbestätigung, Bestätigungsschreiben und kollidierende Allgemeine Geschäftsbedingungen, BB 71, 591 ff.; *Schlechtriem,* Die Kollision von Standardbedingungen beim Vertragsschluß, in Festschrift für E. Wahl, 1973, S. 67 ff.

94 1. Ausgangspunkt

Unter Kaufleuten sind nach § 346 nicht nur Handlungen, sondern auch *Unterlassungen* nach den im Handelsverkehr geltenden Gewohnheiten und Gebräuchen zu beurteilen. Eine häufig vorkommende Unterlassung im Rechtsverkehr ist das *Schweigen* einer Person auf Willenserklärungen und Mitteilungen einer anderen. Da ein Kaufmann durch die Fülle der Geschäfte dauernd zur Abgabe von Erklärungen veranlaßt wird, fragt es sich, ob sein Schweigen *Erklärungsbedeutung* besitzt. Für die Beurteilung der Bedeutung und der Wirkungen des Schweigens kommt es jedoch nicht allein darauf an, ob es durch einen *Handelsbrauch* typisiert ist. So weisen einige Vorschriften des bürgerlichen Rechts und des Handelsrechts dem Schweigen eine bestimmte Erklärungsbedeutung zu, und zwar eine *Zustimmung* oder eine *Ablehnung.* Auch kann die Rechtsfolge des Schweigens in einer *Schadenersatzpflicht* bestehen. Von diesen gesetzlichen Regelungen ist auszugehen.

2. Gesetzliche Regelungen

95 a) Bürgerliches Recht

Das *Schweigen* gilt in den Fällen des § 416 Abs. 1 Satz 2, § 516 Abs. 2 Satz 2 und § 496 Satz 2 BGB als *Zustimmung,* in den Fällen des § 108 Abs. 2 Satz 2, § 177 Abs. 2 Satz 2 und § 415 Abs. 2 Satz 2 BGB als *Ablehnung.* – Nach § 151 BGB kommt ein Vertrag zwar nicht durch Schweigen zustande, aber die dafür nötige Annahme braucht nicht gegenüber dem Antragenden erklärt zu werden, wenn eine solche Erklärung nach der Verkehrssitte nicht zu erwarten ist oder der Antragende auf sie verzichtet hat (§ 362 Anm. 3). – Unter den Voraussetzungen der §§ 663 BGB und 44 BRAnwO macht sich schadenersatzpflichtig, wer die Nichtannahme eines Auftrags nicht unverzüglich dem Auftraggeber mitteilt.

96 b) Handelsrecht

Für *Handelsgeschäfte* bestimmt § 362, daß Kaufleute, deren Gewerbebetrieb die Besorgung von Geschäften für andere mit sich bringt, auf Anträge von Personen, mit denen sie in *Geschäftsverbindung* stehen, *unverzüglich antworten* müssen, andernfalls Schweigen als *Annahme* gilt und nicht wie nach § 663 BGB eine Schadenersatzpflicht auslöst. Gleiches gilt, wenn ein Kaufmann sich zur Geschäftsbesorgung gegenüber einem anderen erboten hat. Weiter ist nach §§ 75 h, 91 a HGB das Schweigen des unbefugt *Vertretenen* und nach § 386 Abs. 1 HGB das Schweigen des Kommittenten auf eine ihm vom Kommissionär angezeigte Abweichung von der Preisbestimmung als Genehmigung anzusehen.

c) Ausnahmetatbestände 97

Bei den *gesetzlich* geregelten Fällen des Schweigens handelt es sich, wie schon aus ihrer Aufnahme in das BGB oder HGB ergibt, um *Ausnahmen*. Sie lassen sich nicht zu dem Satz verallgemeinern: „qui tacet, consentire videtur". Denn das Schweigen ist das Gegenstück einer „Erklärung" und kann aus diesem Grunde keine Willenserklärung sein, die auf Zustimmung oder Ablehnung eines Angebots gerichtet ist. Das schließt nicht aus, daß auch ein Schweigen zum Ausdrucksmittel einer Willenserklärung (Flume, AllgT II § 5, 2: „Erklärungszeichen") werden kann. Dann müssen aber *besondere Umstände* vorliegen, die es rechtfertigen, ein Schweigen als Willenserklärung zu deuten. Von dieser Grunderkenntnis ist auch im *Handelsverkehr* auszugehen, wenn auch hier eher einem Schweigen die Bedeutung einer Willenserklärung beigemessen werden kann.

3. Schweigen als Ausdrucksmittel einer Willenserklärung 98

Für eine Willenserklärung ist es unerheblich, mit welchen *Ausdrucksmitteln* (Zeichen) der auf die Herbeiführung einer bestimmten Rechtsfolge gerichtete Wille zur Kenntnis anderer gelangt. Eine Erklärung kann *ausdrücklich* oder *schlüssig* (konkludent) geschehen, je nachdem, ob sie das rechtlich Gewollte unmittelbar enthält oder sich das Gewollte erst mittelbar aus anderen Gegebenheiten erschließen läßt. Da das bloße Schweigen keine Erklärung ist, müssen besondere Umstände vorliegen, die ihm diese Bedeutung verleihen (Flume AllgT II § 5, 2; Sonnenberger a.a.O. S. 205 ff.). Um eine *Willenserklärung* zu manifestieren, müssen die für ihre Existenz notwendigen äußeren und inneren Merkmale vorliegen. So kann durch eine *Vereinbarung* dem Schweigen die Bedeutung einer Willenserklärung zukommen, sei es einer zustimmenden, sei es einer ablehnenden (Larenz AllgT § 10 IV a). Es liegt dann nicht etwa eine „stillschweigende", sondern eine ausdrückliche Willenserklärung vor. Aber auch wenn keine das Schweigen zum Erklärungsmittel machende Vereinbarung getroffen worden ist, kann ein Sachverhalt vorliegen, der darauf schließen läßt, daß das Schweigen als Mittel zur Erklärung eines bestimmten Geschäftswillens dient. Dann liegt eine „stillschweigende", konkludente oder schlüssige Willenserklärung vor, vorausgesetzt, daß dafür auch die nötigen *subjektiven* Voraussetzungen gegeben sind. Zu ihnen gehört nach herrschender Meinung außer dem Handlungs- bzw. Mitteilungswillen das sog. *Erklärungsbewußtsein*. Der Schweigende muß wissen, daß er durch sein Schweigen den Willen zur Hervorrufung einer bestimmten Rechtsfolge äußert. Je nachdem, ob man das Erklärungsbewußtsein verlangt, verkleinert oder vergrößert sich die Spannweite der Willenserklärung. Aber auch dann, wenn keine Willenserklärung vorliegt, kann das Unterlassen einer Erklärung *rechtlich relevant* sein, sei es, daß eine Scheinerklärung als Willenserklärung *fingiert* wird, sei es, daß sie den Schweigenden zum Ersatz des einem anderen entstandenen *Vertrauensschadens* verpflichtet. Der *äußere* Tatbestand einer Willenserklärung, der das Schweigen als In-Geltung-Setzen eines bestimmten Geschäftswillens erkennen läßt, muß auch in diesen Fällen stets vorliegen. Besondere Bedeutung als Bestimmungsfaktor einer Willenserklärung kommt einem *Handelbrauch* (§ 346) oder einer *Verkehrssitte* (§§ 157, 242 BGB) zu.

4. Bestimmungsfaktoren

99 a) Handelsbrauch

Dem Schweigen eines Kaufmanns kann die Bedeutung einer auf *Zustimmung* gerichteten Willenserklärung beigelegt werden, wenn ein entsprechender *Handelsbrauch* besteht. So gilt unter Kaufleuten das Schweigen auf ein *Bestätigungsschreiben,* das vom vorher Vereinbarten abweicht, kraft typisierenden Handelsbrauchs als *Einverständnis* mit seinem Inhalt, der dadurch zum Vertragsinhalt wird (Anm. 120). Die Rechtswirkungen des Schweigens treten ohne einen darauf gerichteten *Willen* des Empfängers ein, so daß eine Willenserklärung nicht vorzuliegen braucht. Dieser wichtigste Fall eines rechtlich relevanten Schweigens wird besonders behandelt (Anm. 107 ff.).

100 b) Treu und Glauben

Die Rechtsprechung wertet im Handels- und im Privatverkehr das Schweigen auf ein Vertragsangebot ausnahmsweise dann als *Annahme,* wenn der Antragende nach Lage des Einzelfalls unter Berücksichtigung von Treu und Glauben (§ 242 BGB) mit einer Ablehnung nicht zu rechnen brauchte und für den Fall der Ablehnung eine ausdrückliche Ablehnungserklärung erwarten durfte (BGHZ 1, 353/355; 18, 212/216; 40, 42; 44, 325; BGH LM § 157 BGB [Gb] Nr. 4; § 346 [D] Nr. 7b, 12, 16; ÖOG bei Stanzl Bd. I Nr. 150 zu § 346). Ein solcher Grundsatz wird im Schrifttum überwiegend abgelehnt (Flume AllgT II § 5 II 2 b, § 10, 3 b, § 35 II und AcP 161, 66 ff.; Canaris a.a.O. § 20 I, 5 S. 224). Dagegen spricht einmal, daß ein mit Treu und Glauben unvereinbares Schweigen nicht deshalb schon als Ausdruck einer Zustimmung anzusehen ist, zum anderen die Rechtsfolgen einer Nicht-Beantwortung nicht die einer Zustimmung zu sein brauchen, sondern bei schuldhafter Verletzung einer Mitteilungspflicht gewöhnlich in einer Verpflichtung zum Ersatz des Vertrauensschadens, sei es wegen culpa in contrahendo bei den Vertragsverhandlungen, sei es wegen positiver Vertragsverletzung nach Vertragsschluß, bestehen. Keinesfalls stimmt der Schweigende der Auslegung seines Verhaltens zu, die die andere Partei ihm gibt, wenn es nicht durch besondere Umstände den Charakter eines *Erklärungsakts* erlangt hat. Sonst vermag nur ein *Handelsbrauch* oder eine Verkehrssitte dem Schweigen die Bedeutung einer Zustimmung zu verleihen, und zwar auch gegen seinen Willen (Anm. 99). Das folgt aus § 346, der nicht nur für die Bedeutung, sondern auch für die *Wirkung* einer Unterlassung zu berücksichtigen ist. Ein Handelsbrauch kann typisierende und *normierende* Kraft besitzen (Anm. 31).

c) Geschäftliche Beziehungen

101 Besteht zwischen den Parteien eine *Geschäftsverbindung,* so ist dies allein noch kein Grund, das Schweigen einer Partei auf ein Vertragsangebot der anderen als Zustimmung zu werten. Einseitig kann eine Partei nicht unter Erklärungszwang gesetzt werden. Wohl aber kann nach Lage des Falles der Umstand, daß zwischen den Parteien eine Geschäfts-

Erster Abschnitt. Allgemeine Vorschriften 1. Abschn. § 346

verbindung besteht oder *Vertragsverhandlungen* schweben, ein *Ansatzpunkt* dafür sein, das Schweigen als Erklärung eines rechtsgeschäftlichen Willens zu deuten. Dabei kommt es stets auf die besonderen Umstände des Einzelfalls an. Sind z. B. wiederholt Verträge dadurch zustandegekommen, daß die eine Partei auf Vertragsangebote der anderen geschwiegen hat, so kann zwischen ihnen das Schweigen zum Ausdrucksmittel einer Zustimmung geworden sein, so daß einem Vertragsangebot widersprochen werden muß, um eine Annahme auszuschließen (Flume AllgT II § 35 II 4).

5. Einzelfälle

a) „Freibleibendes Angebot"

Wer eine Ware mit der Klausel „freibleibend" anbietet, schließt dadurch gewöhnlich **102** eine *Bindung* an sein Angebot aus (Anm. 75). Es liegt dann meist nur eine *Aufforderung* an den Empfänger vor, seinerseits ein Angebot zu machen. Geht dem freibleibend anbietenden Verkäufer eine als Angebot zu wertende Annahmeerklärung des Käufers zu, so ist sein Schweigen als *Annahme* anzusehen. Wer zur Angabe von Angeboten für eine bei ihm vorhandene Ware auffordert, muß ihm zugehende Kaufangebote, die seiner Aufforderung genau entsprechen, *ablehnen,* wenn er sie nicht annehmen will; sonst kommt ein Kaufvertrag zustande (RGZ 102, 227/229; 103, 213; RG JW 21, 393; 26, 2674; Warn 25 Nr. 14). Daß dem Schweigen des freibleibend Anbietenden auf ein Angebot die Bedeutung der Annahme zuzumessen ist, wird häufig schon auf Grund Handelsbrauchs oder Verkehrssitte zu bejahen sein. Canaris (Vertrauenshaftung § 20, 4 S. 223) wendet die für das Schweigen auf kaufmännisches Bestätigungsschreiben geltenden Grundsätzen analog an (Anm. 119). Die Ablehnungserklärung muß ebenso wie nach § 147 Abs. 2 BGB dem anderen Teil spätestens bis zu dem Zeitpunkt zugehen, in dem der Antragende den Eingang der Antwort regelmäßig erwarten kann. Flume (AllgT II § 35 I 3 c) verlangt unverzüglichen Widerspruch, weil bei dem Vorbehalt „freibleibend" mehr als nur eine „Aufforderung zur Offerte" vorliege. Die Wertung des Schweigens als Annahme setzt voraus, daß es sich um ein *gewöhnliches* Geschäft des Handelsverkehrs handelt. Bei außergewöhnlichen Geschäften wird es noch einer *Annahme* des freibleibend Anbietenden bedürfen (Warn 19 Nr. 131). Gleiches gilt, wenn der Empfänger das freibleibende „Angebot" nur mit Änderungen „annimmt". Verlangt er z.B. sofortige Lieferung, so kommt der Kaufvertrag nur zustande, wenn der freibleibend Anbietende auf das Angebot hin unverzüglich liefert (RGZ 103, 312). Nur bei völliger Identität des Angebots mit dem „Angebot" des freibleibend Anbietenden hat dessen Schweigen die Bedeutung der Zustimmung. – Zur Klausel „Preise freibleibend" s. Anm. 82.

b) **Schweigen auf verspätete Annahme** **103**

Bei einem nur *formal neuen Angebot,* das in einer *verspäteten* Annahme eines Vertragsangebots liegt (§ 150 Abs. 1 BGB), liegt eine *Einigung* zwischen den Parteien vor. Das Schweigen des Empfängers auf eine verspätete Annahme ist deshalb nach Treu und Glauben als *Annahme* anzusehen, falls nicht Umstände vorliegen, die die Möglichkeit einer Sinnesänderung des ursprünglichen Antragenden nahelegen (BGH LM § 150 BGB Nr. 1; § 151 Nr. 2; RGZ 103, 13; RG HRR 29, 1559; Larenz AllgT § 33 II, 1; Flume AllgT II § 35, 2 mit extensiver Anwendung des § 149 BGB). Das Schweigen auf eine *modifizierte Auftragsbestätigung,* die einen sachlich neuen Antrag enthält (§ 150 Abs. 2 BGB), stellt dagegen *keine Zustimmung* dar (Anm. 137).

104 **c) Schweigen nach abschlußreifen Vorverhandlungen**

Haben die Vertragsverhandlungen einen Punkt erreicht, an dem beide Verhandlungspartner mit einem Abschluß fest rechnen durften, so kann in der Nichtbeantwortung des Angebots eine *Annahmeerklärung* des Empfängers gesehen werden (BGH LM § 151 BGB Nr. 2). Ein solches „Angebot" steht nach Lage des Falles schon einem kaufmännischen Bestätigungsschreiben gleich (Flume AllgT II § 35 II, 4 Fn 71), jedenfalls wird ein Schweigen auf ein Angebot, das auf Grund einverständlicher und alle wichtigen Punkte betreffender Vorverhandlungen ergeht, nicht anders als das Schweigen auf eine *verspätete* Annahme zu werten sein. Der Empfänger muß deshalb, wenn er nicht einverstanden ist, *unverzüglich widersprechen.* Sonst hat sein Schweigen die Bedeutung der Annahme, falls nicht nach den Umständen des Falles der Empfänger eine solche Annahmeerklärung durch Schweigen ausschließen wollte oder mit einer inzwischen eingetretenen Änderung seiner Willensbindung zu rechnen ist (BGH LM § 151 BGB Nr. 2). – Ein grundloser *Abbruch* der Vertragsverhandlungen verpflichtet zum Ersatz des *Vertrauensschadens,* wenn die die Verhandlungen abbrechende Partei zuvor durch ihr Verhalten das Vertrauen geweckt oder genährt hatte, daß der Vertrag mit Sicherheit zustande kommen werde (BGH NJW 75, 43/44; 75, 1774).

105 **d) Schweigen auf ein Änderungsangebot**

Wer nachträglich die Änderung eines schon *bindend* gewordenen Vertrages dem Vertragsgegner anbietet, kann in dessen Schweigen in der Regel *keine Zustimmung* erblicken, zumal dann nicht, wenn der bestehende Vertrag zum Nachteil des Empfängers der Offerte geändert werden soll (BGH LM § 150 BGB Nr. 7, 7b) oder der Antragende ausdrücklich um eine schriftliche Bestätigung gebeten hatte.

106 **6. Zusammenfassung**

Auch im *Handelsverkehr* hängt es von der Lage des Einzelfalls ab, ob das Schweigen eines Kaufmanns von einem anderen als eine Willenserklärung bestimmten Inhalts, insbesondere als Zustimmung zu einem Vertragsangebot aufgefaßt werden kann. Doch können Handelsbräuche und das Bestehen geschäftlicher Beziehungen von einem Kaufmann häufiger nach Treu und Glauben eine ausdrückliche Antwort verlangen als im allgemeinen bürgerlichen Rechtsverkehr. Das ist namentlich bei einer *Geschäftsverbindung* der Fall, die beim Geschäftspartner ein besonderes Vertrauen hervorrufen kann. Bezweckt eine Partei mit einer schriftlichen Mitteilung ersichtlich eine *Klarstellung* der Sach- und Rechtslage, so wird von einem Kaufmann daher eine rechtzeitige Antwort zu verlangen sein, wenn er anderer Ansicht ist. Das gilt vor allem bei kaufmännischen Bestätigungsschreiben (Anm. 107 ff.), Makler-Schlußscheinen (Anm. 139) oder Abrechnungen (§ 355 Anm. 46).

VI. Kaufmännisches Bestätigungsschreiben

Schrifttum: s. die Angaben zu V

1. Kennzeichnung

a) Zweck und Erscheinungsformen

Im Handelsverkehr ist es *üblich,* Vertragsabschlüsse, die das Ergebnis mündlich, **107** fernmündlich, telegraphisch oder fernschriftlich geführter Vertragsverhandlungen sind, *schriftlich zu bestätigen.* Durch ein Bestätigungsschreiben, das eine Vertragspartei an die andere richtet, sollen der genaue *Inhalt* eines geschlossenen Vertrages zu Beweiszwecken festgelegt und Irrtümer und Mißverständnisse, die sich häufig bei solchen Verhandlungen ergeben und zu späteren Streitigkeiten führen, ausgeräumt werden. Die Übung, die aus dem Bedürfnis nach Klarheit und Sicherheit im kaufmännischen Verkehr erwachsen ist und dem Interesse *beider* Vertragspartner dient, bedeutet nicht, daß bei Fehlen eines Bestätigungsschreibens ein wirksamer Vertrag nicht zustandegekommen ist. Gültigkeitserfordernis eines Vertrages ist ein Bestätigungsschreiben nur, wenn die Parteien *vereinbart* haben, daß ein Vertrag zwischen ihnen erst durch die *Bestätigung* zustandekommen soll (BGH NJW 64, 1269; RG JW 24, 405). Dann handelt es sich um ein *konstitutives* Bestätigungsschreiben. Gewöhnlich dient ein Bestätigungsschreiben als *Beweismittel* für einen bereits geschlossenen Vertrag. Problemlos ist das Schreiben, wenn in ihm das wirklich Vereinbarte niedergelegt ist; das ist die ideale Bestätigung. Weicht das Schreiben vom Inhalt des vorher mündlich oder fernmündlich Vereinbarten ab, so kann ein deklaratorisches Bestätigungsschreiben *konstitutive* Wirkung erlangen, wenn der Empfänger ihm *nicht* unverzüglich *widerspricht.* Auf dieser rechtserzeugenden Wirkung beruht die besondere Bedeutung des Bestätigungsschreibens in der kaufmännischen Praxis.

b) Rechtsfolgen

Weicht ein Bestätigungsschreiben, das der Bestätigende in der Überzeugung von seiner **108** Richtigkeit abgesandt hat, vom Ergebnis der vorherigen mündlichen Vertragsverhandlungen ab, so trifft im redlichen Geschäftsverkehr unter Kaufleuten (Anm. 136) den Empfänger grundsätzlich die *Obliegenheit, unverzüglich zu widersprechen,* wenn er nicht mit dem Inhalt des Schreibens einverstanden ist. Das ist *Handelsbrauch* (Anm. 120). Schweigt der Empfänger, so kann sich der redliche Absender darauf verlassen, daß der Vertrag so, wie er ihn bestätigt hat, geschlossen ist und abgewickelt wird. Die *normative* Wirkung des Schweigens besteht darin, daß ihm die rechtliche Bedeutung der *Zustimmung* des Empfängers beigemessen wird (BGHZ 1, 187/189; 11, 1/4; 18, 212/216; 20, 142/149; 40, 42/46; 54, 236/240; BGH NJW 68, 899; WM 75, 831; Anm. 31). Der Inhalt des Vertrages bestimmt sich nach dem Inhalt des Bestätigungsschreibens. Diese Rechtsfolge tritt ein, ohne daß es auf einen darauf gerichteten *Willen* des Empfängers ankommt.

§ 346 1. Abschn. *Drittes Buch. Handelsgeschäfte*

2. Grundlage des Bestätigungsschreibens

a) Vorangegangener Vertragsschluß

109 Nur wenn zwischen den Parteien Vertragsverhandlungen stattgefunden haben, die zu einem wirklichen oder vermeintlichen *Vertragsschluß* geführt haben, kann der Absender eines Bestätigungsschreibens nach Treu und Glauben mit einer Billigung durch den Empfänger rechnen (BGH NJW 74, 991; WM 70, 1314; NJW 63, 1922/1925). Ein vorangegangener Vertragsschluß – nicht notwendig ein wirksamer (Anm. 119) – bildet die Grundvoraussetzung für ein relevantes kaufmännisches Bestätigungsschreiben. Darin liegt der wesentliche Unterschied zu einer *Auftragsbestätigung* (Anm. 137).

b) Form der Verhandlung

110 Die Vertragsverhandlungen können *mündlich* oder *fernmündlich,* telegraphisch oder fernschriftlich geführt worden sein (BGH LM § 346 [Ea] HGB Nr. 8, 9, 12). Kein Raum für ein kaufmännisches Bestätigungsschreiben besteht gewöhnlich, wenn ein Vertrag *schriftlich* geschlossen wurde oder auch nur ein schriftliches Angebot vorliegt (OLG Hamm DB 68, 795). Der BGH hat die Zulässigkeit eines Bestätigungsschreibens für den Fall bejaht, daß eine *fernmündliche* Vertragsofferte *schriftlich* angenommen worden war; dann soll der Antragende noch durch ein Bestätigungsschreiben, das den Vertragsinhalt festlegt, die Unsicherheit beseitigen können, ob schon durch die schriftliche Annahme der Vertrag zustandegekommen ist oder sie sich als eine vom Antrag abweichende Annahme und daher nach § 150 Abs. 2 BGB als neuer Antrag darstellt (BGHZ 54, 236; kritisch Lieb Anm. JZ 71, 135 ff.; Medicus, Bürgerliches Recht, 7. Auflage., § 4 III S. 25). Aber bei Übereinstimmung von Antrag und Annahme ist der Vertrag geschlossen, bei Nichtübereinstimmung ein Vertrag nicht zustandegekommen. Ein Bestätigungsschreiben, das den Empfänger bei Nicht-Einverständnis zum Widerspruch nötigt, wäre nur gerechtfertigt, wenn das Antwortschreiben *nicht vollständig* war, so daß der Antragende über die Auffassung des Gegners im Zweifel sein konnte. Bei vorausgegangenen *schriftlichen* Vertragserklärungen kann Raum für ein Bestätigungsschreiben sein, wenn in Anbetracht eines umfangreichen Schriftwechsels eine *Zusammenfassung* des endgültigen Vertragstextes geboten ist oder von den Parteien *mißverständliche Ausdrücke* oder Klauseln verwendet worden sind (Schlechtriem, Festschrift für Wahl, 1973, S. 67/68). Widersprechen sich Angebot und Annahme, so verstößt es gegen Treu und Glauben, wenn eine Partei mittels Bestätigungsschreibens ihren Vertragstext der anderen Partei aufzuzwingen sucht. Das gilt insbesondere auch dann, wenn die Parteien in ihrem Schriftwechsel jeweils auf ihre eigenen, voneinander abweichenden Allgemeinen Geschäftsbedingungen verwiesen haben (Anm. 123; Schlechtriem a.a.O. S. 78 f.). Das Bestätigungsschreiben darf nicht als Mittel zur Herbeiführung eines nicht geschlossenen Vertrages mißbraucht werden (Anm. 125). Der Zweck eines Bestätigungsschreibens besteht lediglich darin, den Inhalt des Vereinbarten zu präzisieren und in regelungsbedürftigen Nebenpunkten zu ergänzen.

c) Abschluß durch Vertreter

111 Die vorangegangenen Vertragsverhandlungen brauchen nicht zu einem *wirksamen* Vertragsschluß geführt zu haben, der die Parteien verpflichtet hat (BGH LM § 346 [Ea]

HGB Nr. 8, 9, 17). Daher kann das Schweigen des Empfängers auf ein Bestätigungsschreiben auch dann als *Zustimmung* zu der bestätigten Vertragsfassung gelten, wenn für den Empfänger ein *unbefugter Vertreter* oder ein *Geschäftsunfähiger* gehandelt hat (BGHZ 20, 149/162; BGH NJW 64, 1951; 65, 965/966; BGH LM § 346 (Ea) Nr. 11 [Abgrenzung von Aufforderung nach § 177 Abs. 2 BGB]; RGZ 103, 98/401; RG JW 38, 1902 Nr. 44; LG Hannover BB 69, 329).

3. Inhalt und Form des Bestätigungsschreibens

Um seinen Zweck zu erfüllen (Anm. 107), muß ein Bestätigungsschreiben das Ergebnis vorausgegangener Vertragsverhandlungen *verbindlich* festlegen (BGHZ 54, 236/239; BGH LM § 346 [Ea] HGB Nr. 8, 9, 12). Es genügt nicht, daß in dem Schreiben nur Behauptungen über rein tatsächliche Ereignisse enthalten sind, etwa über Äußerungen, die die eine Partei gemacht haben soll und die andere Partei für spätere Streitfälle niederlegen will. Ein Bestätigungsschreiben muß auf eine ernstliche Vertragsverhandlung Bezug nehmen, die wenigstens aus der Sicht des gutgläubig Bestätigenden zu einem gültigen **Vertragsschluß** geführt hat. Der behauptete Vertragsschluß muß wiedergegeben sein, sonst kann der Absender das Schweigen des Empfängers nach Treu und Glauben nicht als Zustimmung zu einem bestimmten Vertragsinhalt auffassen. Ein Bestätigungsschreiben liegt nicht vor, wenn es keine Feststellungen über den Vertragsschluß, sondern nur eine diesbezügliche Frage enthält; das Schweigen des Empfängers kann dann grundsätzlich nicht als Bejahung der Frage gewertet werden. Die getroffene Vereinbarung muß als *endgültig geschlossen* bestätigt werden. Gibt ein Kaufmann in einem Bestätigungsschreiben zwar eine Vereinbarung als zwischen den Parteien getroffen wieder, bringt er aber zugleich zum Ausdruck, die Verpflichtungen des Gegners genügten ihm nicht, und verlangt er zusätzliche Leistungen, so kommt durch Schweigen des Empfängers ein Vertrag des behaupteten Inhalts nicht zustande (BGH NJW 72, 820). Auch läßt sich das Schweigen des Empfängers grundsätzlich nicht als eine konkludente Annahme des Angebots auffassen, ohne daß eine Annahmeerklärung dem Antragenden nach § 151 BGB zuzugehen braucht (Anm. 119; BGHZ 18, 212/216).

Der behauptete Vertragsschluß muß in einem Bestätigungsschreiben **eindeutig wiedergegeben** sein (BGH NJW 64, 1223/1224; 72, 820). Der Bestätigende braucht jedoch den Vertragsschluß nicht wörtlich zu bestätigen; es genügt, daß das Schreiben das Ergebnis der Verhandlungen nach seinem wesentlichen Inhalt wiedergibt (BGH LM § 346 [Ea] Nr. 8/9). Ein als „Auftragsbestätigung" bezeichnetes Schreiben kann seinem Inhalt nach ein kaufmännisches Bestätigungsschreiben sein (Anm. 137; BGH LM § 346 [Ea] HGB Nr. 12). Das Schreiben muß nicht stets frühere mündliche oder fernmündliche Abreden ausdrücklich erwähnen oder in Bezug nehmen (BGHZ 54, 236/239). Haben die Parteien z.B. nur *eine* fernmündliche Unterredung an dem Tage geführt, an dem das Schreiben abgesandt wurde, so kann sich das Schreiben nur auf das Ferngespräch beziehen (BGH NJW 74, 991). Nur muß das Schreiben auch nach seinem äußeren Eindruck dazu bestimmt sein, die vorausgegangenen Vertragsverhandlungen nach ihrem wesentlichen Inhalt wiederzugeben (BGH LM § 346 [Ea] HGB Nr. 8/9, 12). Eine vom Absender oder einem vollmachtlosen Vertreter des Empfängers an diesen adressierte Vertragsurkunde kann ein Bestätigungsschreiben darstellen (BGH NJW 65, 965).

114 Das Vertrauen des Bestätigenden ist nur schutzwürdig, wenn er selbst einen *eindeutigen* Vertrauenstatbestand gesetzt hat. An der Eindeutigkeit fehlt es, wenn der Absender eines abweichende Bedingungen enthaltenden Schreibens eine **Gegenbestätigung** des Empfängers verlangt. Bleibt sie aus, so kann der Absender nicht ohne weiteres mit einer Zustimmung des Empfängers zum Inhalt seines Schreibens rechnen (BGH NJW 64, 1269/1270 für eine in die Form einer Bestellung gekleidete Bestätigung mit ausdrücklicher Bitte um Auftragsbestätigung). Die Abweichung wird daher nicht Vertragsinhalt; es gilt das *mündlich* Vereinbarte. – Kann der Empfänger ohne Verschulden der Ansicht sein, der Inhalt des Bestätigungsschreibens decke sich mit den vorangegangenen Verhandlungen, so braucht er nicht zu widersprechen; der Absender hätte sich deutlicher ausdrücken können (RGZ 97, 195). – Enthält ein Bestätigungsschreiben den Zusatz, daß noch eine endgültige maßgebliche Bestätigung *nachfolge,* so ist das Schweigen des Empfängers auf das erste Schreiben grundsätzlich ohne Bedeutung (BGH LM § 346 [D] HGB Nr. 6). Nur besondere Umstände können nach Lage des Falles zu einer anderen Beurteilung führen, z. B. dann, wenn die verlangte Gegenbestätigung erkennbar nur dazu dienen sollte, dem Bestätigenden einen Beweis für den Zugang seines Schreibens zu verschaffen (RGZ 106, 414/416).

115 *Eindeutig* ist ein Bestätigungsschreiben *nicht,* wenn es Angaben in *unüblicher* Form enthält, z. B. am Rand oder auf der Rückseite, die der Empfänger aus diesem Grunde nicht bemerkt (RG JW 32, 1465). Allgemeine Geschäftsbedingungen, die bei den Verhandlungen nicht zur Sprache gekommen sind, werden nicht schon dadurch zum Vertragsinhalt, daß sie auf der Rückseite des widerspruchslos hingenommenen Bestätigungsschreibens abgedruckt oder ihm beigefügt werden (RG JW 25, 779; SeuffA 83 Nr. 202). Die bloße Erwähnung zu einem Punkt, ohne daß im Bestätigungsschreiben ausdrücklich auf die AGB Bezug genommen wird, reicht auch nicht aus, wenn die AGB beiliegen und dies in dem Schreiben erwähnt wird (OLG Düsseldorf NJW 65, 762). Nur wenn der Absender im Bestätigungsschreiben ausdrücklich auf seine AGB Bezug genommen hat, sind sie bei Schweigen des Empfängers als genehmigt anzusehen (BGHZ 7, 187; BGH LM § 346 [Ea] HGB Nr. 12, 10). Das soll sogar dann gelten, wenn die Bedingungen dem Schreiben nicht beigefügt und dem Vertragsgegner auch sonst nicht bekannt waren (BGHZ 7, 187/190). Dadurch wird das nachträgliche Einfügen der AGB in einen geschlossenen Vertrag übermäßig begünstigt; auch fragt es sich, ob eine solche bewußte Ergänzung des mündlich Vereinbarten noch eine Widerspruchsobliegenheit für den Empfänger begründen kann (Anm. 128).

4. Absendung und Zugang des Bestätigungsschreibens

116 a) Das Bestätigungsschreiben muß grundsätzlich zeitlich **in unmittelbarem Anschluß** an die Vertragsverhandlungen abgesendet werden, so daß der Empfänger mit dem Eintreffen rechnen kann (BGH NJW 64, 1223/1224; BGH LM § 346 [D] HGB Nr. 14; Krause, Schweigen im Rechtsverkehr, S. 130). Das verlangen Treu und Glauben. – Auch wenn zwischen den Parteien bereits Streitigkeiten über den Inhalt des Vertrages entstanden sind, kann die eine Seite nicht mehr die andere durch ein „Bestätigungsschreiben" auf die eigene Ansicht festnageln.

117 b) Das Bestätigungsschreiben ist zwar keine auf Hervorbringung von Rechtsfolgen gerichtete Willenserklärung, sondern eine Rechtshandlung. Als solche muß sie dem

Empfänger, um eine Widerspruchsobliegenheit zu begründen, jedoch ebenfalls zumindest **zugegangen** sein (§ 130 BGB). Das Bestätigungsschreiben muß in verkehrsüblicher Art in die tatsächliche Verfügungsgewalt des Empfängers oder eines anderen, der ihn in der Empfangnahme von Schreiben vertreten konnte, gelangt sein und ihm in dieser Weise die Möglichkeit der Kenntnisnahme verschafft haben (RGZ 50, 191/194). Nicht ist es erforderlich, daß der Empfänger von dem Schreiben auch Kenntnis genommen hat. Die Rechtsfolge des Einverständnisses kraft Schweigens kann schon eintreten, wenn der Empfänger das Schreiben ungelesen in die Tasche steckt (RGZ 54, 182; RG Gruchot 55, 888; KG JW 28, 1608), erst nach Rückkehr von einer Reise widerspricht (RGZ 105, 389) oder wenn das Schreiben im Betrieb des Empfängers nach dem Zugang verschwindet oder unterschlagen wird (BGHZ 20, 149/152). Besteht Gesamtvertretung, so genügt der Zugang des Schreibens an einen der Gesamtvertreter der Gesellschaft (BGHZ 20, 149/152; RG JW 27, 1675; KG JW 28, 1607; dieser Zugang wird der Gesellschaft zugerechnet.

c) Der Absender ist **beweispflichtig** dafür, daß ein ordnungsgemäß verfaßtes Bestätigungsschreiben dem Empfänger zugegangen ist (BGH NJW 62, 104; BGH LM § 346 [Ea] HGB Nr. 17). Es gibt keinen Beweis des ersten Anscheins, daß ein Bestätigungsschreiben nach Einlieferung bei der Post dem Empfänger zugegangen ist, auch nicht bei einer Einschreibesendung (BGHZ 24, 308; NJW 64, 1176). Ist dem Absender der Nachweis des Zugangs gelungen, z.B. bei Einschreiben gegen Rückschein, so hat der Empfänger seinerseits nachzuweisen, daß er rechtzeitig widersprochen hat (BGH NJW 62, 104).

118

5. Schweigen des Empfängers

a) Rechtswirkungen

Geht dem Vertragspartner nach Abschluß der Vertragsverhandlungen ein Bestätigungsschreiben zu, so ist er im kaufmännischen Geschäftsverkehr gehalten, **unverzüglich zu widersprechen**, wenn er den ihm bestätigten Vertragsinhalt nicht gegen sich gelten lassen will. Widerspricht er nicht, so wird sein Schweigen als Ausdruck seines Einverständnisses angesehen (BGHZ 7, 187/189; 11, 1/4; 18, 212/216; 20, 149; 40, 42/46; 54, 236/240; BGH NJW 68, 899; WM 75, 831). Enthält das Bestätigungsschreiben gegenüber dem mündlich Vereinbarten abändernde oder ergänzende Bestimmungen, so kommt der Vertrag zu den abweichenden Bedingungen zustande. Gleiches gilt, wenn ein in Wahrheit noch nicht wirksam geschlossener Vertrag bestätigt wird. Der Bestätigende nahm irrtümlich an, sein Vertreter habe den Vertrag bereits geschlossen oder der Vertreter des Empfängers sei allein zum Vertragsschluß berechtigt gewesen. Ein Gesamtvertreter hat z.B. ohne Ermächtigung oder Zustimmung mit einem Dritten für seine Gesellschaft einen unwirksamen Vertrag als Einzelvertreter geschlossen (§ 28 Abs. 2 BGB; § 78 Abs. 2 Satz 2 AktG; BGHZ 20, 149/153). In diesen Fällen liegt im Bestätigungsschreiben ein bedingter Vertragsantrag für den Fall, daß ein Vertrag vorher wider Erwarten noch nicht zustandegekommen ist. Schweigt der Empfänger auf das Bestätigungsschreiben des Geschäftsgegners, so gilt der Vertrag als mit dem bestätigten Inhalt geschlossen, obwohl ein vollmachtloser Vertreter die Verhandlungen geführt und den Vertrag abgeschlossen hat (BGH NJW 64, 1951; 65, 965; BB 67, 902; OLG

119

§ 346 1. Abschn.   *Drittes Buch. Handelsgeschäfte*

Karlsruhe BB 76, 665; RG JW 38, 1902 Nr. 44). Das Schweigen des Empfängers kann auch dann zu einem wirksamen Vertragsschluß führen, wenn für ihn bei der Verhandlung ein *Geschäftsunfähiger* gehandelt hat (BGHZ 20, 149; BGH NJW 64, 1951; RGZ 103, 98/401; RG JW 38, 1902). Zu den Voraussetzungen und Grenzen der Zurechnung s. Anm. 122 ff.

b) Begründung

120   Streitig ist, worauf sich die rechtlichen Folgen des Schweigens auf ein kaufmännisches Bestätigungsschreiben gründen. Nach der Rechtsprechung beruhen sie auf einem entsprechenden *Handelsbrauch* im redlichen Geschäftsverkehr unter Kaufleuten (BGHZ 40, 42/46; BGH WM 75, 831), nicht dagegen auf einer zustimmenden Willenserklärung des Empfängers (BGHZ 11, 1/5; 20, 149/153 ff.). Der Empfänger eines Bestätigungsschreibens wird nach Treu und Glauben mit Rücksicht auf die Anschauungen des Verkehrs für verpflichtet gehalten, dem Inhalt des Schreibens zu widersprechen, „wenn es nicht als genehmigt angesehen werden soll" (BGHZ 20, 149/153; 40, 42/48). Dem ist insoweit zu folgen, als es Handelsbrauch ist, Vertragsverhandlungen zu *bestätigen* und bei Abweichungen vom Vereinbarten zu *widersprechen* und die Unterlassung des gebotenen Widerspruchs typischerweise als *Einverständnis* zu werten. Aber damit ist noch nicht die *normative* Wirkung erklärt, daß das Schweigen des Empfängers als *Zustimmung* zum Inhalt des Bestätigungsschreibens gilt, ohne daß es auf den Willen des Empfängers ankommt. Flume (AllgT II § 36, 5 ff.) betrachtet das Schweigen des Empfängers auf ein kaufmännisches Bestätigungsschreiben nicht als „Erklärung", sondern als „Nicht-Erklären" (ebenso Sonnenberger, Verkehrssitten im Schuldvertrag, Nr. 168 S. 222), jedoch gelte der Inhalt des unwidersprochen gebliebenen Bestätigungsschreibens nach Rechtswissenschaft und Rechtsprechung als rechtliche Regelung vergleichbar der gesetzlichen des § 362, ohne daß es dafür weiterer Begründungen bedürfe. Das ist eine apodiktische Feststellung. Auch ist das Schweigen auf ein kaufmännisches Bestätigungsschreiben kein bloßes „Nicht-Erklären", sondern hat *kraft Handelsbrauchs* die Bedeutung eines typischerweise auf *Zustimmung* gerichteten Erklärungsakts. Seine dogmatische Einordnung hängt von der Spannweite der Willenserklärung ab. Wollte der Empfänger durch Nichtbeantwortung zum Ausdruck bringen, er sei mit dem Inhalt des Schreibens einverstanden, so liegt eine Willenserklärung vor (Canaris a.a.O. S. 207/208; Larenz AllgT § 33 IV; Kuchinke JZ 65, 169; Diederichsen a.a.O. S. 133; Fischer ZHR 125, 208; s. auch § 362 Anm. 2). Fehlt ihm das Erklärungsbewußtsein, so liegt nach herrschender Meinung in dem Schweigen keine Willenserklärung, aber es wird im Interesse des redlichen Geschäftsverkehrs als Einverständnis mit dem Inhalt des Bestätigungsschreibens fingiert. Das Schweigen wird wie eine Willenserklärung behandelt (Staudinger/Coing vor § 116 BGB Bem. 3 f.). Andere erklären die auf eine Erfüllungspflicht gehende Rechtsfolge des Schweigens mit den Grundsätzen der *Rechtsscheinhaftung* (Diederichsen JuS 66, 129; Canaris, a.a.O., S. 206 ff.; Larenz AllgT § 33 IV). Auch fragt es sich, ob der Grundsatz, daß das Schweigen auf kaufmännisches Bestätigungsschreiben im Handelsverkehr als Zustimmung des Empfängers gilt, nicht bereits *gewohnheitsrechtlich* Geltung besitzt. Die normative Wirkung des Schweigens folgt jedenfalls aus § 346, der bestimmt, daß ein Handelsbrauch nicht nur für die Auslegung, sondern auch für die *Wirkung* eines Unterlassens zu berücksichtigen ist. Die Rechtsfolge, daß der Vertragsinhalt sich nach dem Inhalt des Bestätigungsschreibens bestimmt, tritt daher — nicht anders als im Fall des § 362 — ohne einen entsprechenden Willen des Empfängers ein. Zur Beurteilung von Willensmängeln s. Anm. 135.

c) Geltungsumfang

121 Hat der Empfänger auf ein relevantes kaufmännisches Bestätigungsschreiben geschwiegen, so bestimmt sich der Vertragsinhalt nach dem Inhalt des Bestätigungsschreibens. Hieraus folgt nicht, daß sämtliche Einwendungen gegen den Vertrag ausgeschlossen sind. Der Einwendungsausschluß bestimmt sich vielmehr nach dem *Zweck* des Bestätigungsschreibens (zutr. Canaris a.a.O. § 19 II, 3). Dieses soll den genauen Inhalt eines zwischen dem Bestätigenden und dem Empfänger geschlossenen Vertrages festlegen und Mißverständnisse ausräumen (Anm. 112 ff.). Hierauf beschränkt sich der Einwendungsausschluß. Nicht dagegen werden Gültigkeitsmängel geheilt, wenn der Vertrag nach §§ 134, 138 BGB oder wegen Geschäftsunfähigkeit eine der Parteien nichtig ist. Wohl aber bezieht sich der Ausschluß auf den Einwand, daß ein wirksamer Vertrag wegen Dissenses oder mangelnder Vertretungsmacht nicht zustandegekommen oder wegen Irrtums nach § 119 BGB anfechtbar sei. Eine Anfechtung des Vertrags wegen *arglistiger Täuschung* oder *Drohung* (§ 123 BGB) bleibt jedoch auch nach der Nichtbeantwortung eines Bestätigungsschreibens zulässig. Auf die Beseitigung dieser Anfechtungsgründe richtet sich nicht der Zweck eines kaufmännischen Bestätigungsschreibens. Mit der Nichtigkeit des Vertrages wird zwangsläufig auch das Bestätigungsschreiben, das sich auf ihn bezieht, gegenstandslos. — Zur Behandlung von *Willensmängeln* hinsichtlich des Bestätigungsschreibens s. Anm. 135

6. Vertrauenstatbestand

122 Weicht ein Bestätigungsschreiben von den getroffenen Vereinbarungen ab, so ist der Bestätigende nur schutzwürdig, wenn er nach *Treu und Glauben* (§ 242 BGB) das Schweigen des Empfängers als *Einverständnis* auffassen konnte. Sonst hat das Bestätigungsschreiben keine konstitutive Wirkung.

a) Ungewißheit

123 Ein Vertrauensschutz scheidet von vornherein aus, wenn der Empfänger den Vertragsschluß gegenüber dem Absender von einer *schriftlichen Annahmeerklärung* abhängig gemacht hat (BGH NJW 70, 2104). In der Nichtbeantwortung eines Bestätigungsschreibens kann der Bestätigende ferner keine Zustimmung erblicken, wenn der Empfänger schon vorher seinen abweichenden Standpunkt klar und unmißverständlich zum Ausdruck gebracht hat. Das kann z. B. durch Übersendung eines eigenen Bestätigungsschreibens geschehen. Die Rechtswirkungen des Schweigens auf kaufmännisches Bestätigungsschreiben treten in der Regel *nicht* ein, wenn beide Parteien die vorausgegangenen Vertragsverhandlungen *gleichzeitig in verschiedenem Sinne* bestätigen, sich ihre Schreiben also kreuzen (BGH BB 61, 954; OLG Hamburg HEZ 3, 54; OLG Stuttgart BB 62, 349). Dann wird gewöhnlich keine Partei aus dem Schweigen der Gegenpartei einen von ihrem Schreiben abweichenden Schluß ziehen können. Der Vertrag ist zu den vorher vereinbarten Bedingungen zustandegekommen, und zwar nach Lage des Falles mit den

Zusätzen, in denen beide Parteien übereinstimmen. – War vorher noch *kein Vertrag* geschlossen worden oder handelte es sich um ein *konstitutives* Bestätigungsschreiben, so kommt auch durch Schweigen beider Parteien kein Vertrag zustande. Nur wenn der Inhalt der sich kreuzenden Bestätigungsschreiben nicht zueinander in unvereinbarem Gegensatz stehen sollte, kann in besonders gelagerten Fällen eine Partei aus dem Schweigen der anderen entnehmen, daß sie sich ihrem abweichenden Schreiben unterworfen hat. So mußte der Käufer einem Bestätigungsschreiben des Verkäufers widersprechen, das einen von den Parteien bisher nicht erörterten Vorbehalt der Gegenbestätigung des Lieferanten enthielt, weil der Inhalt des vom Käufer übersandten Schlußscheins (Anm. 139 f.), der sich mit dem Bestätigungsschreiben des Verkäufers kreuzte und einen solchen Vorbehalt nicht enthielt, mit dem Inhalt des Bestätigungsschreibens nicht schlechthin unvereinbar gewesen wäre (BGH BB 61, 954 und Hepp BB 64, 371 unter ausführlicher Wiedergabe des Urteils). – Beim Verkauf eines gebrauchten Kraftfahrzeugs wurde für den Fall ein Widerspruch für nötig erachtet, daß eines der sich kreuzenden und nicht in unvereinbarem Gegensatz stehenden Bestätigungsschreiben eine zusätzliche Klausel enthielt, in der die Gewährleistung ausgeschlossen wurde, weil der Käufer mit einer solchen üblichen Klausel rechnen mußte (BGH NJW 66, 1070; kritisch Medicus, Bürgerliches Recht, § 4 III 2 f.).

124 Der Absender eines Bestätigungsschreibens kann nach Treu und Glauben das Schweigen des Empfängers *nicht* als Zustimmung verstehen, wenn dieser dem deutschen Handelsbrauch nicht unterliegt, z.B. ein Empfänger in London oder in Amsterdam, weil nach englischem und niederländischem Recht Schweigen auf Bestätigungsschreiben nicht als Zustimmung gilt (BGH NJW 72, 391/394; Soergel/Kegel, BGB, 10. Aufl., vor Art. 7 EGBGB Nr. 196, 197). Anders kann es liegen, wenn im Lande des ausländischen Empfängers die gleichen Bräuche gelten oder es sich um einen deutschen Kaufmann im Ausland handelt, der den Handelsbrauch kennen mußte (BGB NJW 71, 323/325).

b) **Redlichkeit**

125 Der Bestätigende muß bei der Absendung des Bestätigungsschreibens davon ausgehen, daß die Vereinbarungen, die er bestätigt, auch getroffen worden sind. Er handelt unredlich, wenn er das Bestätigungsschreiben als Mittel zur nachträglichen *Änderung* eines geschlossenen Vertrages oder zur *Begründung* eines noch nicht zustandegekommenen Vertrages mißbraucht. Den Empfänger trifft daher keine Obliegenheit zum Widerspruch, wenn der Absender den Inhalt des Vereinbarten bewußt *falsch* oder *entstellt* wiedergibt (BGHZ 7, 189/190; 11, 1/4; 40, 42/45; BGH WM 55, 1284; NJW 74, 991), z.B. erstmalig eine Maklerprovision einfügt (OLG Düsseldorf BB 70, 595) oder Klauseln, mit denen der Empfänger nicht zu rechnen braucht. Bei einer bewußt falschen Bestätigung des wesentlichen Teils des Verhandelten gilt das Schweigen auch für den zutreffend bestätigten Teil *nicht* als Zustimmung (BGH LM § 346 [D] HGB Nr. 14).

126 Bestätigt ein *Vertreter,* die Verhandlungen, die er auch geführt hat, *bewußt unrichtig,* so muß sich der Vertretene dessen Kenntnis zurechnen lassen (BGHZ 40, 42/46; BGH WM 55, 1284). Auch wenn der Vertreter nicht selbst bestätigt, sondern durch falsche Information bewirkt, daß der Vertretene ein vom tatsächlich Vereinbarten abweichendes Bestätigungsschreiben absendet, kann dieser sich analog § 166 Abs. 1 BGB nicht auf eigene Unkenntnis berufen (BGHZ 40, 42/46; a.M. RGZ 129/348). Sonst wäre der mißbräuchlichen Verwendung von Bestätigungsschreiben Tür und Tor geöffnet. Eine andere Beurteilung soll Platz greifen, wenn der Empfänger des Bestätigungsschreibens durch sein *eigenes* Verhalten Anlaß zu der Annahme gegeben hatte, ein Vertrag sei zustandegekommen; dann soll er der Möglichkeit, daß der Vertretene mit der Billigung seines Schreibens rechnet, auch durch Widerspruch begegnen, wenn dem Vertreter des Absenders *Arglist* zur Last fällt (BGHZ 11, 1/4). Dem ist nicht zu folgen. Grundlage der Wirkungen eines Bestätigungsschreibens sind *Treu und Glauben*. Arglist des Absenders oder seines Vertreters schließt eine Obliegenheit des Empfängers, zu widersprechen, grundsätzlich aus.

Bei einem *konstitutiven* Bestätigungsschreiben (Anm. 107) kann der Absender neue **127** Bedingungen in sein Schreiben aufnehmen, von denen bei den Vertragsverhandlungen noch keine Rede war. Maßgebend für den Vertragsschluß sind nicht diese Bedingungen, sondern ist das Bestätigungsschreiben selbst. Der Bestätigende muß jedoch in diesem Fall auf erhebliche *Abweichungen* vom mündlich Verhandelten *ausdrücklich hinweisen*, insbesondere dann, wenn der Vertragstext umfangreich und nicht übersichtlich gegliedert ist (RGZ 95, 50; 97, 191; BGH LM § 150 BGB Nr. 2; § 346 [D] HGB Nr. 6).

c) Erhebliche Abweichungen

Entfernt sich der Inhalt eines Bestätigungsschreibens so weit von dem vorher mündlich **128** Abgesprochenen, daß der Absender vernünftigerweise nicht mit einer Billigung durch den Empfänger rechnen kann, so entfällt ein Vertrauensschutz (BGHZ 7, 187/190; 11, 1/4; 18, 212/216; 40, 42/46; 54, 236/242; Canaris a.a.O. § 19 II S. 208; Flume AllgT II § 36, 4; Lieb Anm. JZ 71, 136). In einem solchen Fall wird der Absender gewöhnlich *unredlich* sein (Anm. 125). Aber auch wenn sich die Unredlichkeit des Absenders nicht nachweisen läßt, wofür der Empfänger beweispflichtig ist, würde dieser nicht gebunden sein, wenn er das Schreiben nicht beantwortet hat. Es fehlt bereits *objektiv* an einem Vertrauenstatbestand, der es rechtfertigt, den Empfänger unter Erklärungszwang zu stellen. Änderungen, die das Vereinbarte in sein Gegenteil verkehren oder für den Empfänger unzumutbar sind, werden auch durch sein Schweigen nicht bindend. Anders liegt es bei *Ergänzungen* des Vertragsinhalts in Nebenpunkten und Richtigstellungen, mit denen der Empfänger rechnen muß und die ihm daher zuzumuten sind. Sie entsprechen der Funktion des Bestätigungsschreibens (Anm. 107). Auch wenn sie vom Absender bewußt vorgenommen werden, kann er nach Treu und Glauben davon ausgehen, daß ein Nichtwiderspruch des Empfängers Ausdruck des Einverständnisses ist (BGH LM § 346 [Ea] Nr. 12 = WM 68, 401/402; OLG Düsseldorf DB 63, 929). Die Rechtsprechung hat eine Widerspruchsobliegenheit des Empfängers auch bejaht, wenn der Absender erstmals auf seine Allgemeinen Geschäftsbedingungen im Bestätigungsschreiben Bezug nimmt. Als zulässig wurde es angesehen, erst durch ein Bestätigungsschreiben mit beigefügten AGB den Vorbehalt termingerechter *Selbstbelieferung* (BGHZ 49, 388) oder eine Einschränkung der Gewährleistung in den Vertrag einzufügen. Indessen fragt es sich, ob es überhaupt gerechtfertigt ist, den Empfänger auch für die Geltung der AGB des Absenders durch ein Bestätigungsschreiben unter Erklärungszwang zu setzen (kritisch Lieb Anm. JZ 74, 137). Das ist jedenfalls nur insoweit vertretbar, als der Empfänger mit der Geltung von AGB rechnen muß, ihre Bestimmungen nicht im Widerspruch zum Inhalt des Vereinbarten stehen und für den Empfänger nach Lage des Falles *zumutbar* sind. Stillschweigen gegenüber Bestätigungen einzelner Lieferungen mit aufgedruckten AGB genügt nicht, um einen langjährigen Bezugsvertrag zum Nachteil des Beziehers zu ergänzen (OLG Karlsruhe DB 66, 935). In jedem Fall unterliegen die AGB der Richtigkeitskontrolle (BGHZ 41, 151, 154; 48, 264, 269; 63, 256, 258).

7. Geltungsausschluß

a) Widerspruch

129 Die Rechtswirkungen eines dem Empfänger zugegangenen und rechtlich relevanten (Anm. 122 ff.) Bestätigungsschreibens treten *nicht* ein, wenn ihm *unverzüglich widersprochen* wird. Erst auf dem Unterlassen des Widerspruchs beruht die Geltung des Bestätigungsschreibens. Ein Widerspruch ist nicht nur erforderlich, wenn das Bestätigungsschreiben von den vorangegangenen Vertragsverhandlungen *inhaltlich* abweicht. Eine Obliegenheit zum Widerspruch kann den Empfänger auch treffen, wenn das Geschäft von einem *unbefugten* Vertreter oder einem *Geschäftsunfähigen* geschlossen wurde (BGHZ 20, 149; LM § 346 [Ea] HGB Nr. 11; Anm. 111). Aus der Erklärung des Empfängers muß eindeutig hervorgehen, daß er mit dem Inhalt des Bestätigungsschreibens nicht einverstanden ist. Formerfordernisse bestehen nicht. Ein Widerspruch kann darin liegen, daß der Empfänger das Bestätigungsschreiben mit Änderungen zurückschickt. (RG Gruchot 55, 888). Ferner liegt ein Widerspruch vor, wenn der Empfänger unverzüglich ein inhaltlich abweichendes Bestätigungsschreiben an den Absender des ersten Schreibens sendet (OLG Hamburg BB 55, 847). Da Bestätigungsschreiben *abschließende* Mitteilungen sind, kann jedoch nicht ohne weiteres angenommen werden, daß der Absender des Erstschreibens sich einem abweichenden Schreiben des Empfängers beugt, wenn er nicht antwortet. Zur Beurteilung sich *kreuzender* Bestätigungsschreiben s. Anm. 123.

b) „Unverzüglich"

130 „Unverzüglich" heißt, daß der Empfänger wie bei der Anfechtung (§ 121 Abs. 1 BGB) *ohne schuldhaftes Zögern* widersprechen muß, jedoch nicht nach Kenntnis, sondern nach dem *Zugang* des Bestätigungsschreibens. Ob ein Widerspruch gegenüber dem abwesenden Bestätigenden „unverzüglich" ist, bestimmt sich nach den Umständen des Einzelfalls (BGH LM § 346 [D] Nr. 7b, 13; BGH NJW 62, 104 und 246; BB 64, 371; RGZ 105, 389/390). Bei der Bemessung der Überlegungsfrist ist zu beachten, daß Geschäfte im Handelsverkehr möglichst schnell abzuwickeln sind. Eine Bedenkzeit von *ein* bis *zwei* Tagen wird gewöhnlich angemessen sein. Bei einem besonders *eilbedürftigen* Geschäft kann u. U. schon ein Widerspruch nach kürzerer Zeit verspätet sein und die Vermutung des Einverständnisses nicht mehr abwenden. Liegen besondere Umstände vor, so kann aber auch ein längeres Zuwarten noch gerechtfertigt sein, z. B. wenn es sich um ein ungewöhnliches Geschäft handelt. Die Länge der Überlegungsfrist hängt demnach stets vom Einzelfall ab. So hält BGH LM § 346 (Ea) HGB Nr. 5 eine Frist von *drei* Tagen noch für rechtzeitig, BGH LM § 346 (Ea) HGB Nr. 10 jedoch eine Frist von *acht* Tagen auf alle Fälle für verspätet. Der *nicht rechtzeitige* Widerspruch steht einer Nichtbeantwortung des Bestätigungsschreibens gleich (BGHZ 11, 1/3 f.; 18, 212/216; BGH LM § 346 [D] HGB Nr. 8).

Schickt eine Partei, längere Zeit *nachdem* ihr das Bestätigungsschreiben zugegangen **131**
ist, ihrerseits eine abweichende „Bestätigung", so können auf sie die für das Schweigen
auf Bestätigungsschreiben geltenden Grundsätze keine Anwendung finden. In der zweiten Bestätigung liegt ein Antrag auf *Änderung* eines bereits geschlossenen Vertrages, der
durch ein Schweigen des Empfängers grundsätzlich *nicht* angenommen wird (BGH LM
§ 346 [D] Nr. 7 b; s. auch Anm. 105).

c) Verantwortlichkeit

Ist es dem Empfänger *unmöglich,* dem ihm zugegangenen (Anm. 117) Bestätigungs- **132**
schreiben rechtzeitig zu widersprechen, so erlangt es keine Geltung. Die Rechtsfolgen des
Schweigens beruhen auf Treu und Glauben und sollen den Absender des Bestätigungsschreibens nicht einseitig begünstigen. Auch wenn man bei der Beurteilung der „Unverzüglichkeit" wie in § 121 Abs. 1 BGB auf ein *Verschulden* abstellt (Flume AllgT § 36,
7; Kuchinke JZ 65, 277; a. M. Canaris a.a.O. § 19 II, 2 S. 209) hat dies nicht zur Folge,
daß *Unkenntnis* oder gar Nichtlesen des Bestätigungsschreibens die Rechtsfolge des
Schweigens ausschließt. Das widerspräche dem Gebot kaufmännischer Sorgfalt. Die
Risiken seines Geschäftsbetriebs muß der Empfänger tragen. Verantwortlich für die
Folgen des Schweigens ist daher der Empfänger auch, wenn er zur Zeit des Eingangs des
Bestätigungsschreibens *verreist* war (RGZ 105, 389; BGH LM § 346 [Ea] HGB Nr. 10)
oder das Schreiben ihm von einem Angestellten nicht vorgelegt wurde (BGH NJW 64,
1951). Das sind Organisationsmängel, die der Kaufmann bei Anwendung der gebotenen
Sorgfalt verhüten kann. Wußte der Empfänger jedoch nicht, daß sein Vertreter, der die
Verhandlungen geführt hat, *geschäftsunfähig* war (Anm. 111), so kann er sich auf Grund
später erlangter Kenntnis auf die Nichtigkeit des Vertrages trotz seines Schweigens
berufen. Doch kann wegen culpa in contrahendo eine Verpflichtung zum Ersatz des dem
Vertragspartner erwachsenen Vertrauensschadens bestehen.

d) Beweislast

Steht fest, daß dem Empfänger ein rechtlich relevantes Bestätigungsschreiben zuge- **133**
gangen ist (Anm. 112 ff.), wofür der Bestätigende die Beweislast trägt, so muß der
Empfänger, um die Vermutung seines Einverständnisses abzuwenden, seinerseits nachweisen, daß er rechtzeitig widersprochen hat (RGZ 114, 282; BGH LM § 346 [D] HGB
Nr. 8; § 346 [Ea] Nr. 17). Ist der Widerruf nicht rechtzeitig erfolgt, so steht dies einem
völligen Schweigen des Empfängers gleich. Der Inhalt des Bestätigungsschreibens gilt.

8. Vermutung der Vollständigkeit und Richtigkeit

Das kaufmännische Bestätigungsschreiben hat die Bedeutung einer *Beweisurkunde.* **134**
Vollständigkeit und Richtigkeit werden *vermutet* (BGH LM § 346 [Ea] Nr. 6). Weder
die Vermutung noch die rechtserzeugende Kraft des Schweigens schließen den Nachweis
aus, daß über den Inhalt des Bestätigungsschreibens hinaus noch andere *ergänzende,* in
dem Schreiben nicht enthaltene *mündliche Vereinbarungen* getroffen worden sind (BGH
NJW 64, 589). Bis zum Beweis des Gegenteils gilt nur der Inhalt des Bestätigungsschreibens als vereinbarter Vertragsinhalt (RGZ 68, 15). Auf *ergänzende* Abreden kann sich
der Empfänger, der geschwiegen hat, nur berufen, wenn das Bestätigungsschreiben den
fraglichen Punkt *nicht abschließend* geregelt hat. Auch darf die Berücksichtigung einer

§ 346   1. Abschn.   *Drittes Buch. Handelsgeschäfte*

ergänzenden Nebenabrede nicht in klarem Widerspruch zum sonstigen Inhalt des Bestätigungsschreibens stehen. Allein der Umstand, daß das Bestätigungsschreiben als vollständig und richtig vermutet wird, steht jedoch der Berücksichtigung mündlicher Nebenabreden *nicht* entgegen.

9. Willensmängel

135 Streitig ist, ob der Empfänger eines kaufmännischen Bestätigungsschreibens, der ihm nicht unverzüglich widersprochen hat (Anm. 129 f.), wegen eines *Willensmangels* anfechten kann. Die Frage wird bei einem Schweigen, das auf *arglistiger Täuschung* oder Drohung beruht, nicht bedeutsam, da hier ohnehin die Rechtswirkungen des Schweigens nicht eintreten (Anm. 125). Wohl aber stellt sich die Frage einer Anfechtung bei einem *Irrtum* des Empfängers. Da die Rechtswirkungen des Schweigens auf ein kaufmännisches Bestätigungsschreiben unabhängig vom Willen des Empfängers eintreten, ist eine Irrtumsanfechtung von vornherein insoweit ausgeschlossen, als die aus Handelsbrauch und Treu und Glauben abzuleitende Fiktion des Einverständnisses reicht (Anm. 119 ff.). Der Empfänger kann ein Geschäft nicht wegen Irrtums über die rechtliche *Bedeutung seines Schweigens* anfechten, also darüber, daß das ohne unverzüglichen Widerspruch hingenommene Bestätigungsschreiben für den Inhalt des Vertrages maßgebend ist (BGHZ 11, 1/5; 20, 149/154; BGH NJW 69, 1711; 72, 45; Canaris a.a.O. § 19 II, 2, 3; Flume AllgT II § 36, 7; Hanau AcP 165, 250; Krause a.a.O. S. 137). Für die Zubilligung eines Anfechtungsrechts ist erst Raum, wenn der Empfänger durch sein Schweigen die Zustimmung zum Inhalt des Bestätigungsschreibens zum Ausdruck bringen wollte. Nur dann wäre der Irrtum für sein Schweigen kausal; er hat z.B. geschwiegen, weil er den Inhalt des Schreibens mißverstanden hat. Dann ließe sich eine Anfechtung wegen Irrtums entsprechend § 119 BGB rechtfertigen, vorausgesetzt, daß dies nicht dem Sinn der Geltung des Bestätigungsschreibens bei Schweigen des Empfängers widerspricht. Bestätigungsschreiben sollen Mißverständnisse und Unstimmigkeiten, die sich bei mündlichen oder fernmündlichen Verhandlungen leicht einschleichen, beseitigen. Den Empfänger trifft die Obliegenheit, solche Schreiben mit der gebotenen Sorgfalt zu lesen und auf ihre Übereinstimmung mit dem Vereinbarten zu prüfen. Unterläßt er dies, so kann er die durch sein Schweigen eingetretene Rechtsfolge nicht wieder dadurch beseitigen, daß er sich auf einen Irrtum über den Inhalt des Bestätigungsschreibens beruft (BGH NJW 72, 45; Diederichsen JuS 66, 129/137; Flume AllgT II § 36, 7; Enn-Nipperdey AllgT § 153 IV B 2 mit Nachweisen). Der Absender muß sich insoweit darauf verlassen können, daß das Geschäft, so wie er es bestätigt hat, abgewickelt wird. Anders läge es bei einem Mißverständnis, das der Empfänger auch bei Anwendung der gebotenen Sorgfalt nicht vermeiden konnte. Dann kann er das durch sein Schweigen gemäß dem Inhalt des Bestätigungsschreibens zustandegekommene Rechtsgeschäft anfechten (Krause, Schweigen im Rechtsverkehr, S. 132 ff.; Flume AllgT II § 36, 7; von Godin in RGR-Komm. z. HGB § 346 Anm. 16 h, S. 48).

10. Geltungsbereich der Grundsätze

136 Die strengen Rechtswirkungen, die kraft Handelsbrauchs beim Schweigen auf ein kaufmännisches Bestätigungsschreiben eintreten (Anm. 119 ff.) gelten für den redlichen Geschäftsverkehr unter *Kaufleuten*. Während anfangs diese Rechtswirkungen nur unter

Vollkaufleuten angenommen wurden (RG JW 07, 149), hat die Rechtsprechung später in den Geltungsbereich des Handelsbrauchs bei Vorliegen besonderer Umstände auch Personen einbezogen, die keine Vollkaufleute sind (BGHZ 11, 1/3). Der Empfänger des Schreibens muß dann wie ein Kaufmann in größerem Umfang am Geschäftsleben teilnehmen, so daß von ihm erwartet werden kann, daß nach kaufmännischer Übung verfahren wird (BGH WM 63, 892; 64, 652; 70, 877). Diese Voraussetzungen können namentlich bei *Minderkaufleuten* (BGHZ 11, 1/3 – Schrotthändler) und Personen vorliegen, die nur aus formalen Gründen die Kaufmannseigenschaft nicht besitzen, z. B. bei einem nicht in das Handelsregister eingetragenen Grundstücksmakler (BGHZ 40, 42 = WM 63, 892) oder einem Gutsbsitzer (RG Gruchot 71, 253); offen gelassen bei einem Rechtsanwalt in eigener Sache (RG JW 31, 522/524), bejaht aber für einen Rechtsanwalt als Verwalter des Nachlasses eines Kaufmanns, der gegenüber einem anderen Kaufmann eine von diesem mit dem Erblasser getroffene Absprache bestätigt (BGH BB 76, 664). Aus dem zunächst auf Vollkaufleute begrenzten Handelsbrauch ist eine Verkehrssitte geworden, die auf bestimmte *Nichtkaufleute* als Empfänger eines Bestätigungsschreibens Anwendung finden kann. Dabei kommt es weniger darauf an, ob die Verhandlungspartner oder die für sie handelnden Personen den Handelsbrauch kennen oder kennen müssen, wie dies meist bei Behörden (BGH NJW 64, 1223) oder bei Rechtsanwälten zutrifft, sondern darauf, ob im Einzelfall das Bewußtsein der *Verbindlichkeit* dieses Handelsbrauchs angenommen werden kann (BGH WM 75, 831/832). Dieses Bewußtsein kann auch *Kaufleuten* fehlen, die mit außerhalb des kaufmännischen Lebens stehenden Privatleuten verhandelt haben und von ihnen ein Bestätigungsschreiben erhalten; sie unterliegen dann nicht dem Erklärungszwang (BGH a.a.O. im Anschluß an Diederichsen JuS 66, 129/138; a.M. Flume AllgT II § 36, 2). Auf die behördliche Tätigkeit der *Gemeinden* lassen sich daher die für Bestätigungsschreiben geltenden Grundsätze nicht ohne weiteres übertragen (BGH NJW 64, 1223). Ein Nichtkaufmann kann seine Behandlung als Kaufmann auch dann *nicht* beanspruchen, wenn er bei Verhandlungen mit einem Kaufmann in einer Rechtssache durch einen Rechtsanwalt vertreten ist, z. B. bei Regulierungsverhandlungen zwischen dem Geschädigten und dem Haftpflichtversicherer (BGH WM 75, 831/832). Außerhalb des kaufmännischen Geschäftsverkehrs kann das Schweigen eines Verhandlungspartners nur in Ausnahmefällen und mit großer Zurückhaltung als Einverständnis gewertet werden. Im übrigen ist es möglich, daß ein Handelsbrauch nur von Voll-, nicht aber von Minderkaufleuten eine positive Antwort verlangt (BGH LM § 157 BGB [Gb] Nr. 4). – Nicht ausgeschlossen ist es, daß die für echte Bestätigungsschreiben geltenden Grundsätze auf *Schreiben anderer Art* Anwendung finden, die vorausgegangene Verhandlungen oder Vertragsschlüsse zusammenfassen (BGH WM 55, 1285; 62, 301).

VII. Andere kaufmännische Schreiben

1. Auftragsbestätigung

137 Von einem echten Bestätigungsschreiben, das einen *vorausgegangenen Vertragsschluß* bestätigt, ist die *Auftragsbestätigung* zu unterscheiden. Durch sie wird die *Annahme* eines Vertragsangebots oder ein bloßes Angebot in das Gewand einer „Bestätigung"

§ 346 1. Abschn.   *Drittes Buch. Handelsgeschäfte*

gekleidet. Die Grundsätze über das Schweigen auf ein kaufmännisches Schreiben sind auf die Nichtbeantwortung einer Auftragsbestätigung *nicht* anwendbar. Da kein Vertragsschluß bestätigt wird, kann der Absender nicht auf das Einverständnis des Empfängers schließen, wenn dieser schweigt. Das gilt insbesondere bei einer *modifizierten* Auftragsbestätigung, die nach § 150 Abs. 2 BGB als *neues Angebot* anzusehen ist und erst zu einem Vertragsschluß führen soll (BGHZ 18, 212/216; 61, 282/285; BGH LM § 159 BGB Nr. 2, 6; Erman/Hefermehl § 150 Rdz. 6). Ist ein Schreiben, dem Vertragsverhandlungen vorangegangen sind, als „Auftragsbestätigung" bezeichnet worden, so braucht dies der Annahme eines Bestätigungsschreibens nicht entgegenzustehen, weil im kaufmännischen Verkehr auf die Richtigkeit einer Bezeichnung nicht der entscheidende Wert gelegt werde (BGHZ 54, 236, 239; LM § 346 [Ea] HGB Nr. 16, 17; kritisch Lieb Anm. JZ 71, 135 ff.) Dann muß aber für den Empfänger des Schreibens eindeutig erkennbar gewesen sein, daß es sich trotz unrichtiger Bezeichnung um ein *Bestätigungsschreiben* gehandelt hat. Nur dann läßt sich nach Lage des Falles ein Vertrauensschutz für den Absender rechtfertigen. Für das Vorliegen eines Bestätigungsschreibens ist der *Absender* beweispflichtig. Er muß im Streitfall nachweisen, daß ein Vertragsschluß vorausgegangen ist und das als „Auftragsbestätigung" bezeichnete Schreiben in Wahrheit ein Bestätigungsschreiben ist.

138   **2. Kommissionskopien**

Kommissionskopien (Kommissionsnoten, Orderkopien) händigt der Vertreter dem Kunden, mit dem er selbst verhandelt hat, *sofort nach Abschluß des Vertrages* aus. Solche Kopien dienen zum Beweis der mündlichen Vereinbarung. Der Kunde kann davon ausgehen, daß in der Kopie nur das mündlich Besprochene enthalten ist (Ratz in Großkomm. z. HGB § 346 Anm. 124). Sein Schweigen gilt daher gewöhnlich *nicht* als Billigung, wenn die Kopie wider Erwarten doch vom mündlich Vereinbarten abweicht (RG Bolze XXIII Nr. 349; JW 01, 621; OLG Stuttgart Recht 09 Nr. 1399; a. M. OLG München 41, 244; OLG Königsberg Recht 33 Nr. 163). Die gegenteilige Meinung läßt sich unter Kaufleuten nur bei Vorliegen eines entsprechenden Handelsbrauchs rechtfertigen. Nur wenn die Kommissionskopie im Einzelfall die rechtliche Bedeutung eines *Bestätigungsschreibens* hat, weil sie z. B. dem Käufer erst später vom Verkäufer zugesandt wird, kann in der Nichtbeantwortung eine Zustimmung zum abweichenden Inhalt des Schreibens liegen. Weiter dann, wenn es sich nicht um eine einseitig hergestellte Kommissionskopie, sondern um eine Durchschrift des von *beiden* Parteien unterzeichneten Vertrages oder um einen vom Käufer unterschriebenen Bestellschein (RG Warn 22 Nr. 93; KG JW 26, 1676) handelt. Unterzeichnet der Käufer eine Kommissionskopie, so hängt es von den Umständen des Einzelfalls ab, ob er damit die inhaltliche Richtigkeit oder nur den Empfang bestätigt.

3. Schlußnoten

139   **a) Maklerschlußschein**

Die Beweiskraft einer Schlußnote, die ein *Handelsmäkler* nach Abschluß des Geschäfts jeder Partei zu übersenden verpflichtet ist (§ 94 HGB), erschöpft sich darin, daß der Makler das Geschäft zu den in der Schlußnote angegebenen Bedingungen *als zustan-*

de gekommen ansieht, erstreckt sich jedoch nicht darauf, daß das Geschäft auch tatsächlich so geschlossen ist. Beantwortet aber eine Partei die ihr vom Makler übersandte Schlußnote nicht, so kann ihr Schweigen nach Lage des Falles, insbesondere dann, wenn es sich um einen Kaufmann handelt, als *Einverständnis* mit dem Zustandekommen des Geschäfts zu den in der Schlußnote genannten Bedingungen angesehen werden (BGH LM § 346 [D] Nr. 6, 13; RGZ 59, 350; 90, 168; 105, 205; 123, 99; OLG Hamburg BB 55, 847). Um die Wirkung der Zustimmung auszuschließen, muß die Partei unverzüglich nach Erhalt der Schlußnote gegenüber der anderen Partei, nicht gegenüber dem Mäkler widersprechen (RGZ 105, 205). Hat ein Mäkler jedoch für eine Partei als ihr Beauftragter auch die Verkaufsverhandlungen geführt, so muß sie es nach Treu und Glauben hinnehmen, wenn der Widerspruch gegen die Schlußnote nicht unmittelbar an sie gerichtet worden ist (BGH LM § 346 [D] HGB Nr. 13). – Enthält eine Schlußnote den Hinweis, daß die in ihr genannten Bedingungen noch nicht endgültig seien, sondern sich der Verkäufer noch eine Verkaufsbestätigung vorbehalte, so kommt der Kaufvertrag, wenn der Käufer auf beide Schreiben schweigt, nicht schon mit der schweigenden Hinnahme der Schlußnote, sondern erst des Bestätigungsschreibens des Verkäufers zustande; dessen Inhalt ist für das Vertragsverhältnis maßgebend (BGH LM § 346 [D] HGB Nr. 6). – Ist in der Schlußnote einer Partei vorbehalten worden, ihre eigenen Geschäftsbedingungen „nachzuschieben", und übersendet diese Partei der anderen alsbald ihre Bedingungen, so geht deren Inhalt der Schlußnote vor; die andere Partei hat kein besonderes Widerspruchsrecht, wenn der Inhalt der Bedingungen durchaus *üblich* ist (Schiedsspruch der Hamburger freundschaftlichen Arbitrage vom 5. 11. 68 – HSG D 1 b Nr. 8 – abgedruckt bei Straatmann/Ulmer a.a.O.). – Haben beide Parteien auf die ihnen zugegangene Schlußnote geschwiegen, so kann ein *Dissens* nur vorliegen, wenn der Inhalt der Schlußnote des Mäklers *mehrdeutig* ist (Schiedsspruch des Waren-Vereins der Hamburger Börse e.V. vom 23. 6. 65 – HSG D 1 b Nr. 6 – abgedruckt bei Straatmann/Ulmer a.a.O.).

b) Sonstige Schlußscheine

Was für Maklerschlußscheine gilt (Anm. 139) gilt grundsätzlich auch für Schlußscheine anderer kaufmännischer Vermittler. – Sendet eine *Partei* der anderen über einen bereits geschlossenen Vertrag einen Schlußschein, der die vereinbarten Bedingungen enthält, so sind die für das Schweigen auf Bestätigungsschreiben geltenden Grundsätze anwendbar. Widerspricht die andere Partei einer Abweichung vom Vereinbarten nicht rechtzeitig, so bestimmt sich der Vertragsinhalt nach dem Inhalt des Schlußscheins (RG JW 24, 405; OLG Hamburg 37, 12). Haben die Parteien einen Vertrag durch Austausch von Schlußscheinen geschlossen, so liegt in der Zusendung eines abweichenden Bestätigungsschreibens ein Antrag auf Änderung eines bereits geschlossenen Vertrages, der durch das Schweigen des Empfängers grundsätzlich nicht zustandekommt (RG HansRGZ 1932 B 356).

4. Rechnungsvermerke

Eine Rechnung (Faktura) ist kein Bestätigungsschreiben. Sie bezieht sich grundsätzlich nur auf die Berechnung und das Verlangen der Vergütung auf Grund eines geschlossenen

§ 346 1. Abschn. *Drittes Buch. Handelsgeschäfte*

Vertrages, dient aber nicht dazu, das Ergebnis vorangegangener Vertragsverhandlungen schriftlich zusammenzufassen. Der Empfänger einer Rechnung ist daher *nicht* verpflichtet, einseitigen Vermerken, die nicht in die Rechnung gehören, zu widersprechen (BGH BB 59, 826/827). In der widerspruchslosen Entgegennahme einer Rechnung, die Bestimmungen enthält, die von dem vorher abgesprochenen Vertrag abweichen, kann ein Einverständnis des Empfängers *nicht* gesehen werden (BGH BB 59, 826; RGZ 52, 133; 57, 408; 59, 350; 65, 329/331; Ratz in Großkomm. z. HGB § 346 Anm. 134). Das gilt insbesondere, wenn in der Rechnung ein anderer Erfüllungsort oder Gerichtsstand vermerkt ist, erstmals auf die eigenen Geschäftsbedingungen Bezug genommen wird oder sonstige für den Empfänger *ungünstige* Klauseln eingefügt werden sollen. Aus dem Zweck einer Rechnung, die kein Bestätigungsschreiben ist, folgt ferner, daß der Empfänger auch nicht mit einem Angebot der anderen Partei rechnen kann, den zwischen ihnen bereits bestehenden Vertrag zu ändern. Das schließt die Annahme einer Zustimmung des Empfängers von vornherein aus (BGH LM § 346 [D] HGB Nr. 7 b). Anders liegt es, wenn in die Rechnung neue Bestimmungen aufgenommen worden sind, die für den Empfänger *günstig* sind, z.B. ein Preisnachlaß, eine Stundung, eine frachtfreie Zusendung. Bei solchen Bestimmungen kann der Übersender der Rechnung mit einem Einverständnis rechnen (RGZ 95, 120; Ritter Anm. 10k). Dagegen braucht der Käufer Klauseln, die erstmals in der Rechnung enthalten sind, nicht schon deshalb gegen sich gelten zu lassen, weil er mit deren Aufnahme in den Vertrag wegen ihrer Üblichkeit hätte rechnen müssen. Er kann vielmehr gewöhnlich davon ausgehen, daß der Verkäufer auf ihre Vereinbarung verzichtet hat. Anders liegt es nur, wenn die betreffende Klausel einem *Handelsbrauch* entspricht und deshalb nach § 346 unter Kaufleuten kraft Gesetzes gilt. Die bloße Handelsüblichkeit genügt noch nicht (a. M. Ritter Anm. 10k; ROHG 1, 128; 6, 167). Enthält die Rechnung des Verkäufers erstmals einen *Eigentumsvorbehalt,* so wird dieser grundsätzlich nicht nachträglich zum Inhalt des schuldrechtlichen Kaufvertrages. Dagegen kann der Eigentumsvorbehalt in der Rechnung den Übergang des Eigentums hindern, wenn sie dem Käufer nicht später zugeht, als die Ware bei ihm eintrifft. Denn die Eigentumsübertragung setzt das Fortbestehen der Einigung bis zur Übergabe der Ware voraus. Wohl aber kommt es zur Verhinderung des Eigentumsübergangs auch darauf an, ob der Käufer mit dem Nachschieben des Eigentumsvorbehalts durch einen Vermerk auf der Rechnung rechnen konnte (BGH NJW 53, 217; KG JW 29, 2164; OLG München JW 32, 1668; Serick, Eigentumsvorbehalt I, § 5 II 4b); das aber wird im Hinblick auf das vertragswidrige Verhalten des Verkäufers nicht ohne weiteres angenommen werden können. Fehlt es aber an einem wirksamen Zugang der Vorbehaltserklärung, so wird der Käufer unbedingter Eigentümer der Ware. – Wenn es auch grundsätzlich ausgeschlossen ist, eine *Rechnung* als Bestätigung eines geschlossenen Kaufvertrages aufzufassen mit der Folge, daß das Schweigen des Käufers als Zustimmung zum Inhalt der Bestätigung gilt, so liegt es doch anders, wenn die Rechnung dem Käufer zugleich mit dem von ihm verlangten Bestätigungsschreiben des Verkäufers zugesandt wird und die Angaben auf der Rechnung mit dem Inhalt des Bestätigungsschreibens eine *Einheit* bilden (RG 57, 408/411). – Werden während einer längeren Geschäftsverbindung den Rechnungen laufend noch die allgemeinen Geschäftsbedingungen oder andere Bedingungen beigefügt, die vorher nicht vereinbart waren, so können unter Umständen künftige Anträge oder Annahmen im Sinne dieser Bedingun-

gen auszulegen sein; den Käufer trifft dann die Obliegenheit, der Geltung der neu eingeführten Bedingungen zu widersprechen, wenn er mit ihnen nicht einverstanden ist.
— Ist für eine gekaufte Ware noch kein Preis vereinbart worden, wird gewöhnlich noch kein Kaufvertrag geschlossen sein, es sei denn, daß der Verkäufer den Preis nach billigem Ermessen bestimmen soll (§ 316 BGB). Dann muß ein Kaufmann als Käufer dem in der Rechnung verlangten Preis unverzüglich widersprechen, wenn er mit ihm nicht einverstanden ist. Sonst verliert er das Recht, sich auf die Unbilligkeit der Preisbestimmung (§ 315 BGB) zu berufen (ROHG 3, 114; Ritter Anm. 10g; a.M. ROHG 13, 342).

5. Preislisten, Kataloge, Prospekte

In der *Zusendung* von Preislisten, Katalogen und Prospekten liegt grundsätzlich *kein* **142** *Vertragsangebot*, sondern nur die Aufforderung, ein Angebot zu machen. Wird nach einer Preisliste, einem Katalog oder einem Prospekt *bestellt*, so gelten, wenn der Besteller nichts Abweichendes erklärt hat und ein Vertrag zustandegekommen ist, die in ihnen enthaltenen Vermerke über die Ware, den Preis, die Zahlung und den Versand. Dagegen reicht ein Hinweis auf die AGB des Verkäufers *nicht* aus, um sie zum Vertragsinhalt zu machen. Preislisten, Kataloge und Prospekte sollen den Kunden zwar über Ware und Preis näher informieren, sind aber nicht der passende Ort, auf AGB, insbesondere Klauseln über einen vom Gesetz abweichenden Erfüllungsort und Gerichtsstand, hinzuweisen, um deren Geltung für den Vertrag zu bewirken. Der Kunde kann solche Hinweise, mit denen er billigerweise nicht zu rechnen braucht, unbeachtet lassen (RG JW 01, 621; OLG Rostock SeuffA 64 Nr. 184 S. 390; von Godin in RGR-Komm. z. HGB § 346 Anm. 16b; Baumbach/Duden § 346 Anm. 4; Ritter Anm. 10e; a.M. OLG Naumburg Rspr 17, 68; OLG Stuttgart Recht 15 Nr. 1726. — Einem *Lieferschein* kommt auch unter Vollkaufleuten nicht ohne weiteres die Bedeutung eines Vertragsantrags zu. Doch kann es anders liegen, wenn dem Verkäufer zugleich mit dem Lieferschein *unbestellte Ware* zugesandt wird (BGH BB 59, 826; Anm. 143).

6. Zusendung unbestellter Ware

Bei Zusendung unbestellter Ware bedeutet das Schweigen des Empfängers regelmäßig **143** auch dann *keine Annahme* des in der Zusendung liegenden Vertragsantrags, wenn der Antragende für die Rücksendung eine Frist gesetzt hat, nach deren Ablauf er die Ware als angenommen betrachte. Etwas anderes kann im Handelsverkehr gelten, wenn zwischen den Beteiligten eine dauernde *Geschäftsverbindung* besteht (RGZ 48, 175), oder wenn einem Kaufmann zusammen mit bestellten auch unbestellte Waren zugehen (RG 19, 966; Staudinger/Coing § 146 BGB Anm. 8; vgl. auch § 378 Anm. 9). Auch kann sich eine Obliegenheit zur Aufklärung nach Treu und Glauben ergeben, wenn der Empfänger aus mehrfachen unbestellten Lieferungen entnehmen muß, daß sich der Absender in einem Irrtum befindet.

Ein *Verwahrungs-* oder *Besichtigungsvertrag* kommt bei Zusendung unbestellter **144** Ware grundsätzlich nicht zustande (ebenso v. Godin § 347 Anm. 14). Hierauf ist der Wille der Beteiligten nicht gerichtet. Eine Verwahrungspflicht kraft Gesetzes ist nur in § 362 Abs. 2 und in § 379 vorgesehen. Der Empfänger haftet deshalb für die unbestellte, jedoch in seinem Besitz befindliche Ware nur nach den §§ 987 ff. BGB. Der Haftungsmaßstab bestimmt sich analog § 300 BGB. Ein Kaufmann, der unbestellte Ware verwahrt, haftet daher nur für Vorsatz und gröbliche Verletzung der Sorgfalt eines ordentlichen Kaufmanns (Staudinger/Coing § 146 BGB Anm. 8; Planck/Siber vor § 275 BGB Anm. I 4c; vgl. auch § 347 Anm. 31, 32). Für die Aufbewahrung kann der Kaufmann bei Handelsgeschäften *Lagergeld* nach den ortsüblichen Sätzen verlangen (§ 354). — Zeigt der Empfänger allerdings, daß er die Ware behalten will, z.B. durch Weiterverkauf, Verarbeitung, Einstellen ins Verkaufslager, so kommt dadurch regelmäßig ein Vertrag nach § 151 BGB zustande. — Zur *wettbewerbsrechtlichen* Beurteilung der Zusendung unbestellter Ware vgl. BGH GRUR 59, 277 (Künstlerpostkarten); 60, 382 (Verbandsstoffe); Baumbach/Hefermehl, Wettberwerbs- und Warenzeichenrecht, 11. Aufl., UWG § 1 Anm. 47 ff.

7. Domizilanzeigen

145 Banken, die einen Wechsel *diskontieren,* pflegen beim Akzeptanten anzufragen, ob der Wechsel „in Ordnung" geht. Schweigt *der* Namensträger auf eine solche Anfrage, so liegt darin *keine Genehmigung* (BGHZ 47, 110/113; BGH Art. 7 WG Nr. 1, 2, 3; WM 63, 637; 69, 788; Baumbach/Hefermehl, Wechsel- und Scheckgesetz, 11. Aufl., Art. 7 WG Anm. 6). Es fehlt gewöhnlich schon am Tatbestand einer Willenserklärung (Canaris, Vertrauenshaftung, S. 243 f.), jedenfalls kann die Bank aus dem Schweigen des Namensträger nicht schließen, daß dieser dadurch seine Genehmigung und damit seine Haftung begründen will (arg. § 177 Abs. 2 BGB; Baumbach/Hefermehl a.a.O.). Daran ändert nichts, daß der Namensträger die Fälschung kannte. Auch wenn der Namensträger *Kunde* der anfragenden Bank ist, gilt sein Schweigen nicht als Genehmigung; Nr. 15 AGB (Banken), wonach Erinnerungen gegen Anzeigen unverzüglich erhoben werden müssen und die Unterlassung rechtzeitiger Erinnerung als Genehmigung gilt, trifft den Fall nicht. Diese Bestimmung bezieht sich auf Anzeigen, die dem Bankkunden in dieser seiner Eigenschaft zugehen (BGH WM 63, 637; Baumbach/Hefermehl a.a.O. Anm. 13). Domizilanzeigen werden jedoch *jedem* Namensträger gemacht, ohne Unterschied, ob Kunde der Bank oder einer ihrer Filialen ist. Wohl aber kann bei Vorliegen besonderer Umstände eine Berufung auf den Fälschungseinwand nach § 242 BGB ausgeschlossen sein, z.B. wenn dem Namensträger die Fälschung bekannt war, er bereits gefälschte Wechsel eingelöst hat und wußte, daß noch weitere Falschwechsel im Umlauf waren (BGHZ 47, 110/113). Auch kann der Namensträger der Bank wegen bedingt vorsätzlicher sittenwidriger Schadenszufügung nach § 826 BGB für den Schaden haften, den sie durch das Vertrauen auf die Echtheit der Unterschrift erlitten hat (BGH NJW 63, 148/150; WM 67, 340; 69, 788; Baumbach/Hefermehl a.a.O. Anm. 11). Gegen die Annahme einer Haftung aus veranlaßtem *Rechtsschein* (so Canaris, Vertrauenshaftung, S. 243 ff; JuS 71, 441/445) spricht in der Regel, daß das Schweigen nicht den Schein einer Genehmigung der Fälschung hervorruft (Baumbach/Hefermehl a.a.O. Anm. 10; glA Liesecke, WM 72, 1202/1207).

347 Wer aus einem Geschäfte, das auf seiner Seite ein Handelsgeschäft ist, einem anderen zur Sorgfalt verpflichtet ist, hat für die Sorgfalt eines ordentlichen Kaufmanns einzustehen.

Unberührt bleiben die Vorschriften des Bürgerlichen Gesetzbuches, nach welchen der Schuldner in bestimmten Fällen nur grobe Fahrlässigkeit zu vertreten oder nur für diejenige Sorgfalt einzustehen hat, welche er in eigenen Angelegenheiten anzuwenden pflegt.

Inhalt

	Anm.
I. Bedeutung der Vorschrift	1– 5
1. Rechtliche Einordnung	1– 2
2. Voraussetzungen	3– 5
a) Handelsgeschäft	4
b) Verpflichtung zur Sorgfalt	5
II. Anwendungsbereich	6–11
III. Schuldformen	12–19
1. Vorsatz	12–13
2. Fahrlässigkeit	14–19
IV. Sorgfalt des ordentlichen Kaufmanns	20–24
V. Einzelfragen	25–28
VI. Fälle minderer Sorgfalt	29–32
VII. Haftung für Rat oder Auskunft	33–54
1. Grundlagen	33–34
a) Rechtlicher Ausgangspunkt	33
b) Haftungsgründe	34
2. Auskunft als vertragliche Nebenleistung	35

	Anm.
3. Selbständiger Auskunftsvertrag	36–41
a) Die Problematik	36
b) Entgeltlichkeit	37
c) Vertragliche oder vorvertragliche Beziehung	38
d) Geschäftsverbindung	39
e) Einmaliger Auskunftskontakt	40
f) Drittbezogenheit	41
4. Haftung aus Inanspruchnahme von Vertrauen	42
5. Verschulden	43–45
6. Schadensberechnung	46–48
a) Vertraglicher Schadenersatzanspruch	46
b) Gesetzlicher Schadenersatzanspruch	47
c) Schadensbegrenzung	48
7. Freizeichnung	49–55
a) Haftungsausschluß der Banken	50
b) Grenzen des Haftungsausschlusses	51–55

I. Bedeutung der Vorschrift

1. Rechtliche Einordnung

Nach § 276 Abs. 1 Satz 2 BGB handelt fahrlässig, wer *die im Verkehr erforderliche* **1** *Sorgfalt außer acht läßt.* Hierbei ist nach einer vor allem von der Rechtsprechung vertretenen Auffassung von einem *objektiven* Maßstab auszugehen. Es kommt darauf an, was der normale und redliche Verkehr unter Berücksichtigung der jeweiligen Verhältnisse erfordert (RGZ 95, 17; 119, 397/400; BGH LM BGB § 276 [Ce] Nr. 2). Einen *persönlichen* Vorwurf setzt die zivilrechtliche Haftung einer schuldfähigen Person (§§ 827, 828 BGB) nicht voraus. Ein subjektives Moment gewinnt nur insoweit Bedeutung, als es auf die *typischen* Fähigkeiten und Kenntnisse bestimmter *Menschengruppen* ankommt (Larenz, Schuldrecht, 11. Aufl. 1975, § 20 III). Die Zugehörigkeit zu einer besonderen Menschen-, insbesondere Berufsgruppe bestimmt das Maß der erforderlichen Sorgfalt. Schon hieraus folgt, daß ein *Kaufmann* bei seinen Handelsgeschäften für die *Sorgfalt eines ordentlichen Kaufmanns* einzustehen hat. § 347 Abs. 1, der diesen

§ 347 1. Abschn. *Drittes Buch. Handelsgeschäfte*

Rechtsgedanken zum Ausdruck bringt, hat lediglich klarstellende Bedeutung. Dem Begriff der Fahrlässigkeit wird für den Bereich des Handelsverkehrs ein *konkreter Inhalt* gegeben (Denkschrift zum Entwurf eines HGB S. 208). Gewöhnlich wird der typisierte Fahrlässigkeitsmaßstab die Haftung eines Kaufmanns im Vergleich zu anderen Personen verschärfen. Die größere Sachkunde des Kaufmanns rechtfertigt es, höhere Anforderungen an seine Aufmerksamkeit zu stellen. Auch kann bei Kaufleuten – je nach der Art ihres Tätigkeitsbereiches – eine weitere individualisierende Typisierung in Betracht kommen. Nicht nur der fahrlässig, sondern auch der *vorsätzlich* Handelnde verstößt gegen eine ihm obliegende Sorgfaltspflicht.

2 *Haftungsmilderungen,* die das BGB für bestimmte Fälle anordnet, indem es den Schuldner nur für *grobe Fahrlässigkeit* (z.B. bei Annahmeverzug, § 300 BGB) oder nur für die *Sorgfalt in eigenen Angelegenheiten* (z.B. bei Gesellschaftern, § 708 BGB) haften läßt, gelten auch für *Kaufleute* (§ 347 Abs. 2; anders Art. 282 ADHGB). Aus § 347 folgt nicht, daß ein Kaufmann bei seinen Handelsgeschäften nur haftet, wenn ihm die Verletzung einer Sorgfaltspflicht zur Last fällt. Soweit sich aus dem BGB oder aus Sondergesetzen eine *gesteigerte* Haftung ergibt, trifft diese auch den Kaufmann.

2. Voraussetzungen

3 Nach § 347 Abs. 1 hat derjenige, der aus einem auf seiner Seite vorliegenden Handelsgeschäft einem anderen zur Sorgfalt verpflichtet ist, für die Sorgfalt eines *ordentlichen Kaufmanns* einzustehen. Die Anwendung der Vorschrift hängt demnach von *zwei* Voraussetzungen ab:

4 a) Es muß ein Geschäft vorliegen, das auf seiten des zur Sorgfalt Verpflichteten ein *Handelsgeschäft* ist, also das Geschäft eines *Kaufmanns,* das zum Betriebe seines Handelsgewerbes gehört (§§ 343, 344). Diese Voraussetzungen liegen nicht nur bei den typischen Hauptgeschäften des von einem Kaufmann betriebenen Handelsgewerbes vor, sondern auch bei Hilfs- und Nebengeschäften, bei ungewöhnlichen Maßnahmen sowie bei Vorbereitungs- und Abwicklungsgeschäften (§ 343 Anm. 15 ff.). So hat ein Kaufmann, der ein Handelsgeschäft erwirbt, bei der Anmeldung des Inhaberwechsels zum Handelsregister für die Sorgfalt eines ordentlichen Kaufmanns einzustehen (RGZ 131, 12; a.M. Düringer/Hachenburg/Werner Anm. 6). Liegt kein Handelsgeschäft, sondern ein *Privatgeschäft* vor (§ 343 Anm. 19 ff.), so ist es nicht angebracht, von einem Kaufmann mehr Sorgfalt zu verlangen als von anderen Personen. Willensorgane juristischer Personen sind *für ihre Person* keine Kaufleute; ihre eigene Verantwortlichkeit kann deshalb nicht nach § 347 bemessen werden. Aus diesem Grunde sind Organpersonen durch Einzelvorschriften besondere Sorgfaltspflichten auferlegt worden, die ihrer Rechtsstellung entsprechen. Vorstands- und Aufsichtsratsmitglieder einer AG haben die Sorgfalt eines ordentlichen und gewissenhaften Geschäftsleiters anzuwenden (§§ 93, 116 AktG). Geschäftsführer einer GmbH und Vorstands- oder Aufsichtsratsmitglieder einer Genossenschaft stehen für die Sorgfalt eines ordentlichen Geschäftsmannes ein (§ 43 GmbHG; §§ 34 Abs. 1, 41 Abs. 1 GenG).

5 b) Das Handelsgeschäft muß den Kaufmann *zur Sorgfalt verpflichten.* § 347 ist keine besondere Haftungsgrundlage für den Handelsverkehr. Die Vorschrift ist erst anwendbar, wenn feststeht, daß im Einzelfall ein den Kaufmann zur Sorgfalt verpflichtendes

Geschäft vorliegt. Diese Frage bestimmt sich nach anderen Vorschriften, insbesondere nach bürgerlichem Recht (Anm. 6 ff.). § 347 betrifft nur den *Haftungsmaßstab,* der an das Verhalten eines Kaufmanns anzulegen ist, den eine Sorgfaltspflicht trifft. Er bestimmt nicht das „Ob", sondern das „Wie" dieser Sorgfalt. Als Schuldner hat ein Kaufmann nach § 276 Abs. 1 Satz 1 BGB Vorsatz und Fahrlässigkeit zu vertreten, also jede Schuld. Welche *Rechtsfolgen* sich aus einem vorsätzlichen oder fahrlässigen Verhalten ergeben, sagt § 276 BGB ebensowenig wie § 347 (BGHZ 11, 83).

II. Anwendungsbereich

Die Anwendung des § 347 Abs. 1 setzt voraus, daß ein Kaufmann durch ein *Handelsgeschäft* einem anderen *zur Sorgfalt verpflichtet* ist (Anm. 5). Hauptgegenstand des Geschäfts braucht die Sorgfaltspflicht nicht zu sein. Als *Schuldner* ist der Kaufmann für eine Pflichtverletzung grundsätzlich nur verantwortlich, wenn er sie zu *vertreten* hat. Soweit nichts anderes bestimmt ist, hat der Schuldner nach § 276 Abs. 1 Satz 1 BGB *Vorsatz* und *Fahrlässigkeit* zu vertreten. Den Vorsatzbegriff bestimmt das Gesetz nicht (Anm. 12, 13). Die Haftung wegen Vorsatzes kann dem Schuldner nach § 276 Abs. 2 BGB nicht im voraus erlassen werden. *Fahrlässig handelt* nach § 276 Abs. 1 Satz 2 BGB, *wer die im Verkehr erforderliche Sorgfalt außer acht läßt.* Die Vorschrift setzt das Bestehen einer Verbindlichkeit nicht voraus und gilt daher auch für die Haftung aus unerlaubter Handlung. Nach § 276 Abs. 1 Satz 3 BGB sind auf Schuldpflichtverletzungen auch die für unerlaubte Handlungen geltenden Vorschriften über die allgemeine Verschuldensfähigkeit (§§ 827, 828 BGB) anzuwenden. Diese Vorschriften lauten:

6

§ 276 BGB. Der Schuldner hat, sofern nicht ein anderes bestimmt ist, Vorsatz und Fahrlässigkeit zu vertreten. Fahrlässig handelt, wer die im Verkehr erforderliche Sorgfalt außer acht läßt. Die Vorschriften der §§ 827, 828 finden Anwendung.

Die Haftung wegen Vorsatzes kann dem Schuldner nicht im voraus erlassen werden.

§ 827 BGB. Wer im Zustande der Bewußtlosigkeit oder in einem die freie Willensbestimmung ausschließenden Zustande krankhafter Störung der Geistestätigkeit einem anderen Schaden zufügt, ist für den Schaden nicht verantwortlich. Hat er sich durch geistige Getränke oder ähnliche Mittel in einen vorübergehenden Zustand dieser Art versetzt, so ist er für einen Schaden, den er in diesem Zustande widerrechtlich verursacht, in gleicher Weise verantwortlich, wie wenn ihm Fahrlässigkeit zur Last fiele; die Verantwortlichkeit tritt nicht ein, wenn er ohne Verschulden in den Zustand geraten ist.

§ 828 BGB. Wer nicht das siebente Lebensjahr vollendet hat, ist für einen Schaden, den er einem anderen zufügt, nicht verantwortlich.

Wer das siebente, aber nicht das achtzehnte Lebensjahr vollendet hat, ist für einen Schaden, den er einem anderen zufügt, nicht verantwortlich, wenn er bei der Begehung der schädigenden Handlung nicht die zur Erkenntnis der Verantwortlichkeit erforderliche Einsicht hat. Das gleiche gilt von einem Taubstummen.

Die wichtigsten Tatbestände, bei denen der *Schuldner* für die vorsätzliche oder fahrlässige Verletzung einer Verpflichtung einzustehen hat, sind die *Leistungsstörungen.* Hierzu gehört nicht nur die gesetzlich geregelte Haftung für Unmöglichkeit der Leistung (§§ 280, 325 BGB) oder Verzug (§§ 286, 326 BGB), sondern auch die gewohnheitsrechtlich anerkannte Haftung für positive Forderungsverletzungen (BGHZ 11, 80/83; 16, 4/11). Aber nicht erst ein Vertragsschluß, schon der Eintritt in Vertragsverhandlungen begründet ein zwar nicht rechtsgeschäftliches, jedoch *gesetzliches* Schuldverhältnis,

7

§ 347 1. Abschn. *Drittes Buch. Handelsgeschäfte*

das die Beteiligten zur Beobachtung der im Verkehr erforderlichen Sorgfalt verpflichtet (BGHZ 6, 330/333; 15, 204; RGZ 120, 251; Ballerstedt AcP 151, 505 ff.). Soweit das Geschäft für den Schuldner ein Handelsgeschäft im Sinne der §§ 343, 344 ist (Anm. 4), wird der in § 276 Abs. 1 Satz 2 BGB aufgestellte Fahrlässigkeitsbegriff durch § 347 konkretisiert. Dies gilt auch bei der Haftung für culpa in contrahendo (BGH LM HGB § 347 Nr. 1).

8 Der Fahrlässigkeitsmaßstab des § 347 gibt nicht nur darüber Auskunft, was ein Kaufmann als *Schuldner* zu vertreten hat. Er gilt auch im Fall des § 324 BGB, wenn zu entscheiden ist, ob ein Kaufmann als *Gläubiger* die Unmöglichkeit der Leistung zu vertreten hat, vorausgesetzt, daß es sich um ein Handelsgeschäft des Gläubigers handelt.

9 § 347 gilt ferner für *Obliegenheiten,* die den Kaufmann zwar nicht gegenüber einem Berechtigten verpflichten, ihn aber doch zu einem bestimmten Verhalten veranlassen, um Nachteile zu vermeiden. So ist die Anfechtung einer Willenserklärung wegen Irrtums, die nach § 121 BGB ohne schuldhaftes Zögern erfolgen muß, als schuldhaft verspätet anzusehen, wenn ein ordentlicher Kaufmann schneller angefochten hätte. Ein Kaufmann kann bei Handelsgeschäften keine Schadenersatzansprüche geltend machen, wenn er als ordentlicher Kaufmann die Anfechtbarkeit der Willenserklärung seines Gegners (§ 122 Abs. 2 BGB), dessen mangelnde Vertretungsmacht (§ 179 Abs. 3 Satz 1 BGB) oder die Unmöglichkeit der gegnerischen Leistung (§ 307 Abs. 1 Satz 2 BGB) hätte erkennen können. Einem Kaufmann steht kein Amtshaftungsanspruch zu, wenn ein ordentlicher Kaufmann ein Rechtsmittel (§ 839 Abs. 3 BGB) eingelegt hätte (RGZ 131, 12). Der Schadenersatzanspruch eines Kaufmanns mindert sich nach § 254 BGB, wenn ein ordentlicher Kaufmann den Schaden ganz oder teilweise vermieden hätte. Dem Wortlaut nach verlangt § 347, daß der Kaufmann *einem anderen* zur Sorgfalt verpflichtet ist. Die Vorschrift muß jedoch entsprechend auch gelten, wenn den Kaufmann nur ein Verschulden gegen sich selbst trifft, wie dies für Obliegenheitsverletzungen typisch ist. Auf die Sorgfalt eines ordentlichen Kaufmanns ist auch abzustellen, wenn sich ein Kaufmann auf einen ihm gegenüber veranlaßten *Rechtsschein* beruft. Ob ein Verhalten als grob fahrlässig im Sinne des § 932 Abs. 2 BGB anzusehen ist, bestimmt sich nach der Sorgfalt eines ordentlichen Kaufmanns (§ 366 Anm. 33 ff.). Gleiches gilt für den Gutglaubensschutz nach § 142 Abs. 2 BGB. Auch unabhängig von diesen gesetzlich geregelten Fällen des Vertrauensschutzes bestimmt sich die Frage, ob ein Kaufmann im Handelsverkehr unter dem Gesichtspunkt eines ihm gegenüber veranlaßten Rechtsscheins zu schützen ist, nach der Sorgfalt eines ordentlichen Kaufmanns.

10 Der Fahrlässigkeitsmaßstab des § 347 Abs. 1 gilt schließlich auch für die Verantwortlichkeit eines Kaufmanns aus dem Gesichtspunkt der *unerlaubten Handlung* (a. M. Düringer/Hachenburg/Werner Anm. 11). Allerdings muß ein *Handelsgeschäft* vorliegen. Das ist bei unerlaubten Handlungen eines Kaufmanns der Fall, wenn sie in irgendeiner Beziehung zum Betrieb seines Handelsgewerbes stehen, also irgendwie der Erzielung von Gewinn oder der Förderung und Erhaltung des Unternehmens dienen sollen (§ 343 Anm. 12, 14). Gegen eine Anwendung des § 347 bei unerlaubten Handlungen eines Kaufmanns könnte lediglich sprechen, daß diese Vorschrift das Bestehen einer Sorgfaltspflicht voraussetzt. Der in § 276 Abs. 1 Satz 2 BGB aufgestellte Fahrlässigkeitsbegriff ist indessen nicht auf einen „Schuldner" bezogen und gilt nach herrschender Meinung für das gesamte bürgerliche Recht, insbesondere für unerlaubte Handlungen. Gleiches muß dann auch für § 347 gelten, der den Fahrlässigkeitsmaßstab lediglich, wie es der Auslegung des § 276 Abs. 1 BGB entspricht, auf den *Kaufmann* typisiert (Anm. 1).

Keine Anwendung findet § 347 überall dort, wo es gerade auf die *persönliche* (individuelle) Fähigkeit eines Kaufmanns zum sorgfältigen Verhalten ankommt, so insbesondere nicht bei der Feststellung *strafrechtlicher* Fahrlässigkeit. **11**

III. Schuldformen

1. Vorsatz

Ebenso wie nach bürgerlichem Recht setzt vorsätzliches Handeln auch im Handelsverkehr voraus, daß der Kaufmann den Erfolg nicht nur vorhergesehen, sondern seinen Eintritt auch gebilligt, ihn also *gewollt* hat. Vorsatz verlangt die Kenntnis und das Wollen des Erfolges. Er umfaßt die *absichtliche* Herbeiführung des Erfolges, beschränkt sich jedoch nicht auf sie (BGHZ 8, 387/393; RGZ 62, 139; 63, 148; 157, 368). Der Erfolg braucht nicht das erstrebte Endziel zu sein. Vorsätzlich herbeigeführt ist auch ein unerwünschter Erfolg, den sich der Handelnde als *notwendig mit der Tat verbunden* vorgestellt hat. Auch ein *bedingter* Vorsatz genügt, der vorliegt, wenn der Handelnde den Erfolg nur als mögliche Folge seines Handelns vorausgesehen, jedoch für den Fall seines Eintritts ihn billigend in Kauf genommen hat (BGHZ 8, 387/393; RGZ 68, 437; 76, 318). Dagegen reicht es nicht aus, daß der Handelnde die Möglichkeit des Erfolgseintritts voraussah, aber darauf vertraute, er werde nicht eintreten. Dann kann nur *Fahrlässigkeit* vorliegen (Anm. 14 ff.). **12**

Neben der Kenntnis aller Tatumstände gehört zum Vorsatz als Schuldform auch das *Bewußtsein der Rechtswidrigkeit*. Der Vorsatz ist deshalb auch ausgeschlossen, wenn der Handelnde irrtümlich die tatsächlichen Voraussetzungen für das Vorliegen eines Rechtfertigungsgrundes angenommen oder sein Handeln trotz Kenntnis aller Umstände als rechtmäßig angesehen hat (BGH LM BGB § 823 [Hb] Nr. 2; MDR 58, 488; RGZ 68, 431/437; 72, 4/6; 84, 188/194; 119, 265/267; 159, 211/227; Weitnauer VersR 61, 1057 ff.; Mayer-Maly AcP 170 [1970], 133/137 f.). Der Vorsatz umfaßt den Tat- und den Rechtsvorsatz. Doch liegt *Fahrlässigkeit vor,* wenn der Rechtsirrtum für den Handelnden vermeidbar war. In Anlehnung an die im Strafrecht heute vorherrschende Schuldtheorie (BGHSt 2, 194; jetzt § 17 StGB), wird vereinzelt heute auch für das Zivilrecht angenommen, daß ein Verbotsirrtum nicht den Vorsatz (BAG 1, 69/79; BB 64, 304/306; Enneccerus/Nipperdey II S. 1302), sondern nur, falls er unvermeidbar war, die Schuld ausschließe. Dieser Auffassung kann für das Zivilrecht, das als Vermögens- und Haftungsrecht wirtschaftliche Schäden unter gerechter Verteilung der Risiken auszugleichen, nicht aber wie das Strafrecht die sittliche und sozialschädliche *Schuld* des Täters zu ahnden hat, nicht gefolgt werden. Die Verschiedenheit des Vorsatzbegriffs im Zivil- und Strafrecht ist sachlich gerechtfertigt. Aus § 231 BGB läßt sich entnehmen, daß bei einem Irrtum über die tatsächlichen Voraussetzungen eines Rechtfertigungsgrundes nur Fahrlässigkeit in Betracht kommt. Auch zeigen §§ 276, 823 Abs. 1 BGB, daß der Vorsatz im Zivilrecht als eine *Schuldform* neben der Fahrlässigkeit anzusehen ist (Larenz, Schuldrecht I § 20 II; Esser, Schuldrecht I § 37 III; Erman/Battes § 276 Rdz 10 ff. Weitnauer VersR 61, 1057 ff.; 53, 101 ff.; 70, 585 ff.; Baumbach/Hefermehl, Wettbewerbs- und **13**

Warenzeichenrecht, 11. Aufl. 1974, Einl UWG Anm 312). Praktische Bedeutung kommt der Streitfrage nur zu, wenn der Handelnde kraft Gesetzes oder vertraglichen Haftungsausschlusses nur für Vorsatz haftet. Das ist nach § 823 Abs. 2 BGB der Fall, wenn der Tatbestand eines Schutzgesetzes sich mit dem Vorsatz begnügt, wie es bei vielen strafrechtlichen Schutzgesetzen zutrifft. Folgt man für § 823 Abs. 2 BGB der Schuldtheorie (BGH NJW 62, 910; Wiethölter JZ 63, 205 ff.), so führt dies zu einer dem Sinn des § 823 Abs. 2 BGB widersprechenden *Haftungserweiterung* (Esser, Schuldrecht I, § 37 III, 2; Weitnauer JZ 63, 631 ff.; Baumann AcP 155 [1956], 495/511). Es besteht kein Anlaß, die Einheitlichkeit des Vorsatzbegriffs in § 823 BGB aufzugeben. Die zivilrechtliche Haftung setzt daher in § 823 Abs. 2 BGB neben der vollen Verwirklichung des Straftatbestands in objektiver und subjektiver Hinsicht Verschulden im zivilrechtlichen Sinne voraus. Der Täter muß bewußt rechtswidrig gehandelt haben. − In § 826 BGB bezieht sich der Vorsatz nur auf die *Schadenszufügung*. Das Handeln gegen die guten Sitten erfordert nicht das Bewußtsein der Sittenwidrigkeit; es genügt, daß der Täter die *Tatumstände* kennt, aus denen sich die Sittenwidrigkeit der Schadenszufügung ergibt (st. Rspr.; BGHZ 2, 94; RGZ 123, 271/278).

2. Fahrlässigkeit

14 Fahrlässigkeit liegt vor, wenn der Täter den Erfolg trotz seiner Voraussehbarkeit nicht vorhersah oder ihn zwar vorhersah, ihn aber nicht billigend in Kauf nahm, sondern darauf vertraute, er werde nicht eintreten. Fahrlässig handelt er auch, wenn er über Tatumstände, tatsächliche Voraussetzungen eines Rechtfertigungsgrundes oder bei Kenntnis aller Tatumstände über die Rechtswidrigkeit seiner Tat irrt, obwohl der Irrtum vermeidbar war (Anm. 13). Der Vorwurf der Fahrlässigkeit geht nach § 276 Abs. 1 Satz 2 BGB dahin, daß der Täter es an der *im Verkehr erforderlichen Sorgfalt* hat fehlen lassen. In diesem Sinne ist auch § 347 zu verstehen, der für Handelsgeschäfte eines Kaufmanns die *Sorgfalt eines ordentlichen Kaufmanns* verlangt und dadurch den Haftungsmaßstab des § 276 Abs. 1 Satz 2 BGB *typisiert* (Anm. 16).

15 Ob der Täter die erforderliche Sorgfalt außer acht gelassen hat, ist nach *objektiven* Gesichtspunkten zu bestimmen (BGHZ 24, 21/27; LM BGB § 828 Nr. 1; RGZ 127, 315; 152, 140). Anders als im Strafrecht kommt es nicht auf die persönlichen Verhältnisse des Täters an, insbesondere nicht auf seine Fähigkeit, den Erfolg vorauszusehen (Larenz, Schuldrecht I § 20 III; a. M. Enneccerus/Nipperdey S. 1321 ff.; Nipperdey NJW 57, 1777). Entscheidend ist vielmehr, wie sich ein verständiger Mensch in dieser Lage verhalten hätte. Hätte auch er den Erfolg nicht vermeiden können, scheidet ein Fahrlässigkeitsvorwurf aus. Die bloße Tatsache, daß sich das Verhalten des Täters später als falsch erweist, kann ihm nicht als Schuld angerechnet werden. Der objektivierte Fahrlässigkeitsbegriff führt zu einer Verschärfung der zivilrechtlichen Haftung gegenüber einem rein subjektiven. Eine Erleichterung ergibt sich daraus nicht. Trotz des objektivierten Fahrlässigkeitsmaßstabes handelt der Täter auch dann fahrlässig, wenn er seine besonderen persönlichen Kenntnisse und Fähigkeiten nicht zur Vermeidung des Erfolges einsetzt. Die verschärfte Haftung ist für den Bereich des Zivilrechts sachgerecht. Hier geht es im Gegensatz zur strafrechtlichen Wertung nicht um die Frage, ob dem Täter ein persönlicher Schuldvorwurf gemacht werden kann, sondern um eine gerechte Schadensverteilung (Soergel/R. Schmidt § 276 BGB Anm. 17 ff.). Oft werden der objekti-

vierte und der subjektive Fahrlässigkeitsbegriff zum gleichen Ergebnis führen. Wer eine Aufgabe übernimmt, die seine Fähigkeiten übersteigt, dem ist schon deswegen ein persönlicher Schuldvorwurf zu machen. Unterschiede können sich deshalb praktisch nur ergeben, wenn der Täter nach seinen persönlichen Fähigkeiten nicht in der Lage war, seine eigene Unfähigkeit richtig einzuschätzen (Larenz Schuldrecht I § 20 III). Diese Ausweitung der Haftung entspricht jedoch der Interessenlage. Die Haftungsbefreiung für Minderjährige und Geisteskranke nach §§ 827, 828 BGB, die nach § 276 Abs. 1 Satz 3 BGB auch im Rahmen einer schuldrechtlichen Beziehung gilt, stellt demgegenüber eine Ausnahme dar, die dadurch gerechtfertigt ist, daß der Schutz dieser Personen gegenüber dem Schutz des Verkehrs den Vorrang verdient. Die *Objektivierung* des Fahrlässigkeitsbegriffs macht ihn daher auch nicht zu einem bloßen Merkmal der Rechtswidrigkeit eines Verhaltens. Aus § 276 Abs. 1 Satz 2 BGB ergibt sich weiter, daß es nicht auf die im Verkehr lediglich *übliche* Sorgfalt ankommt, die möglicherweise infolge eingetretener Mißstände sehr gering sein kann, sondern auf die *erforderliche* Sorgfalt (RGZ 102, 49; 128, 44; 138, 325; 163, 134). Niemand kann sich damit entschuldigen, daß andere Menschen ebenso sorglos wie er handeln.

Die im Verkehr erforderliche Sorgfalt kann nicht schlechthin nach den Fähigkeiten des „ordentlichen Durchschnittsmenschen" bestimmt werden. Gehört der Täter einer bestimmten *Berufs- oder Menschengruppe* an oder übernimmt er Aufgaben, die einer solchen Gruppe zugehörenden Personen obliegen, so ist entscheidend, welche Sorgfalt ein ordentlicher und gewissenhafter Angehöriger dieser Berufsgruppe beobachtet haben würde (RGZ 95, 17; 119, 400; 163, 208; BGH 39, 281, 283). Wer es übernimmt, einem anderen eine Leistung zu erbringen, die typische Berufserfahrungen voraussetzt, muß dafür einstehen, daß er diese Erfahrungen, Kenntnisse und Fähigkeiten auch tatsächlich besitzt (Anm. 15). Die Zugehörigkeit zu einer bestimmten Berufsgruppe wird das Maß der erforderlichen Sorgfalt gewöhnlich für das Gebiet, auf das sich die besonderen Kenntnisse beziehen, steigern. Auch auf Gebieten, die nicht beruflich typisiert sind, bestimmt sich die allgemein im Verkehr erforderliche Sorgfalt nach *objektiven* Verhaltensregeln und nicht nach dem Vorstellungsbild eines „ordentlichen und verständigen Durchschnittsmenschen" (Deutsch, Haftungsrecht, 1. Band, Allg. Lehren, 1976, S. 282 ff.; Larenz, Schuldrecht I § 20 III). **16**

Bei der *Differenzierung* nach typischen Berufsgruppen ist *gleichförmig* zu verfahren. Sonst wird die grundsätzliche Geltung eines objektivierten Fahrlässigkeitsmaßstabes in Frage gestellt (Deutsch, Fahrlässigkeit und erforderliche Sorgfalt, 1963, S. 140 ff.). Es darf nicht innerhalb eines typischen Berufsbildes wieder in gut und schlecht ausgebildete Angehörige unterteilt werden mit der Folge, daß letztere nur ein geringeres Maß an Sorgfalt aufzubringen haben (RGZ 119, 400). Wie weit bei der Bildung von Menschengruppen gegangen werden darf, bestimmt sich nach der Verkehrsanschauung. Die Objektivierung des Fahrlässigkeitsmaßstabes dient den schutzwürdigen Interessen des Verkehrs. Nur soweit der Verkehr typische Berufsuntergruppen unterscheidet, an deren Lebensverhältnisse, insbesondere Fähigkeiten und Kenntnisse, er unterschiedliche Anforderungen zu stellen gewohnt ist, darf die Unterscheidung bei der Bestimmung der im Verkehr erforderlichen Sorgfalt berücksichtigt werden. Die Bestimmung der erforderlichen Sorgfalt nach den durchschnittlichen Fähigkeiten einer bestimmten Berufsgruppe schließt nicht aus, daß besondere Kenntnisse und Fähigkeiten, die über das in der **17**

§ 347 1. Abschn. *Drittes Buch. Handelsgeschäfte*

betreffenden Gruppe übliche Wissen und Können hinausgehen, dem Täter in Rechnung gestellt werden. Er hat dann nach Lage des Falles auch seine außergewöhnlichen Kenntnisse zur Vermeidung rechtswidriger Erfolge einzusetzen. Der objektivierte und typisierte Fahrlässigkeitsmaßstab soll im Interesse des Verkehrs nur ein *Mindestmaß* an Sorgfalt gewährleisten.

18 Die Rechtsprechung hat bei der Bestimmung der erforderlichen Sorgfalt auch auf die *Lebensstellung* des Täters Rücksicht genommen. Für Menschen, die geschäftlich unerfahren sind, können andere Maßstäbe gelten, als für erfahrene Menschen (BGHZ 33, 293/301; RGZ 95, 18; 113, 425; 152, 133; SeuffA 96 Nr. 14). Weiter können *Alter* und *Geschlecht* des Täters Bedeutung gewinnen (BGH LM BGB § 828 Nr. 1; JZ 54, 297; RGZ 68, 423; RG Warn 1911 Nr. 269; Gruchot 65, 76). Die an Jugendliche zu stellenden Anforderungen werden häufig geringer als für Erwachsene sein. Diese Differenzierungen sind für den allgemeinen bürgerlich-rechtlichen Rechtsverkehr angebracht, vorausgesetzt, daß auch der Verkehr sein Vertrauen gegenüber diesen Personengruppen verschieden bemißt. Bringt er ihnen geringeres Vertrauen als anderen Menschen entgegen, so verdient dies Berücksichtigung (s. aber Anm. 21).

19 Die Objektivierung des Fahrlässigkeitsbegriffs schließt nicht aus, das Maß der erforderlichen Sorgfalt im Einzelfall für ein konkretes Geschäft verschieden zu bemessen. So verlangen besonders *gefährliche* Geschäfte naturgemäß auch erhöhte Aufmerksamkeit (Anm. 23). Doch kann nach Lage des Falles eine Fahrlässigkeit näher liegen, wenn eine Person bei einfachen Aufgaben versagt, als wenn es sich um ein schwieriges Geschäft handelt. Die Anforderungen an die Sorgfalt einer Person, die für eine Beratung auf die *Information Dritter* angewiesen ist, hängt davon ab, wieweit das schutzwürdige *Vertrauen* des Beratenden auf die Richtigkeit des Rats reicht, und welche Nachforschungen dieser daher redlicherweise verlangen kann (BGH LM § 676 BGB Nr. 14).

IV. Sorgfalt des ordentlichen Kaufmanns

20 Nach § 347 hat der Kaufmann bei seinen Handelsgeschäften die Sorgfalt eines ordentlichen Kaufmanns anzuwenden. Es handelt sich wie in § 276 Abs. 1 Satz 2 BGB um einen *typisierten* Fahrlässigkeitsbegriff (vgl. §§ 429, 497, 511, 559 Abs. 2, 606). Für den Vorwurf der Fahrlässigkeit ist nicht entscheidend, welche Sorgfalt der betreffende Kaufmann nach seinen persönlichen Kenntnissen und Fähigkeiten aufbringen konnte, sondern wie sich ein ordentlicher und gewissenhafter *Kaufmann* in seiner Lage verhalten hätte. Es fragt sich jedoch, ob mit der Sorgfalt eines ordentlichen Kaufmannes das Mindest- und Höchstmaß an Sorgfalt für alle Bereiche kaufmännischer Betätigung festgelegt ist. Dafür scheint zu sprechen, daß das HGB für eine Reihe kaufmännischer *Spezialberufe* die erforderliche Sorgfalt näher konkretisiert hat. So stellen § 429 auf die Sorgfalt eines ordentlichen Frachtführers, § 497 auf die eines ordentlichen Reeders und §§ 559 Abs. 2, 606 auf die Sorgfalt eines ordentlichen Verfrachters ab. Diesen Vorschriften kommt indessen nicht die Bedeutung zu, daß bei anderen typischen gewerblichen Betätigungen das Maß der erforderlichen Sorgfalt nicht nach den besonderen Erfordernissen und Fachkenntnissen, die der betreffende Geschäftszweig verlangt, näher bestimmt werden darf (RGZ 64, 257 für Lagerhalter). Soweit der Verkehr den Angehörigen eines kaufmännischen Spezialberufs gerade wegen ihrer besonderen Kenntnisse ein

gesteigertes Vertrauen entgegenbringt und deshalb mit höherer Sorgfalt rechnet, ist dies auch im Rahmen des § 347 zu beachten.

Durch § 347 wird bei Handelsgeschäften ein *Mindestmaß* an Sorgfalt gewährleistet. **21** Für dieses Mindestmaß hat *jeder* Kaufmann einzustehen. Er kann sich nicht darauf berufen, daß er *geringere Fachkenntnisse* als seine Berufsgenossen habe. Deshalb darf nicht zwischen den „Gruppen" der besonders und der weniger qualifizierten Kaufleute unterschieden werden (RGZ 119, 400 für § 511). Der Fahrlässigkeitsbegriff würde dadurch wieder in verkehrsfeindlicher Weise subjektiviert. *Besondere Fachkenntnisse* eines einzelnen Kaufmanns können zu einer *Verschärfung* des Haftungsmaßstabes führen. Ein Großkaufmann hat deshalb für eine besondere Sachkunde auf seinen Tätigkeitsgebieten einzustehen (RGZ 105, 389). Eine im Rahmen des § 276 Abs. 1 Satz 2 BGB von der Rechtsprechung zugelassene Differenzierung nach Lebensalter, Geschlecht und Lebensstellung schließt § 347 aus (ähnlich Deutsch, Fahrlässigkeit und erforderliche Sorgfalt, 1963, S. 142; Anm. 18). Ein Kaufmann hat bei allen Geschäften, die sich auf den Betrieb seines Handelsgewerbes beziehen, mindestens die Sorgfalt eines ordentlichen Kaufmanns anzuwenden. Es ist insoweit gleichgültig, ob er alt oder jung, männlichen oder weiblichen Geschlechts ist, ob er in ländlichen oder großstädtischen Verhältnissen lebt (von Godin in RGR-Komm. z. HGB Anm. 9; Düringer/Hachenburg/Werner Anm. 5; Ritter Anm. 1). In RGZ 95, 18 wurde zwar für die Bemessung der erforderlichen Sorgfalt berücksichtigt, „daß der Beklagte dem Kreise kleinerer oder mittlerer Besitzer und Gewerbetreibender auf dem platten Lande angehört"; zugleich wurde aber betont, daß es sich nicht um den handelsmäßigen Verkehr zwischen Kaufleuten handele, sondern um Privatgeschäfte. Wohl aber kann *zuungunsten* eines Kaufmanns berücksichtigt werden, daß er in großstädtischen Verhältnissen tätig ist und deshalb mehr Sorgfalt als ein ordentlicher Durchschnittskaufmann anzuwenden pflegt.

Auf die Sorgfalt eines ordentlichen Kaufmanns ist auch im Rahmen des § 254 BGB **22** abzustellen (Anm. 9). Bei der Abwägung der Schwere des *beiderseitigen* Verschuldens sind auch die persönlichen Fähigkeiten zu berücksichtigen (RG Warn 1911 Nr. 269; Larenz Schuldrecht I § 20 III S. 234). Bei Handelsgeschäften gilt jedoch nur der objektivierte Fahrlässigkeitsmaßstab des § 347.

§ 347 schließt eine Differenzierung nach der *Art des Handelsgeschäfts* nicht aus. **23** Risikoreiche Handelsgeschäfte, wie z. B. der Handel mit Wertpapieren (RGZ 50, 169 ff; 87, 141; 95, 17), die Einlösung von Schecks durch die bezogene Bank (Anm. 27) oder ausgesprochen ungewöhnliche Geschäfte, wie z. B. der Ankauf von Verrechnungsschecks gegen bar (BGHZ 5, 285/290; 26, 268; RGZ 103, 89) können eine gesteigerte Sorgfalt verlangen. Sie hat jeder ordentliche Kaufmann in der gleichen Lage aufzubringen. Doch kann unter außergewöhnlich *ungünstigen* Umständen einen Kaufmann auch dann kein Fahrlässigkeitsvorwurf treffen, wenn man sein Verhalten an der Sorgfalt eines ordentlichen Kaufmanns mißt. Das kann z. B. in Kriegszeiten der Fall sein. Doch können gerade auch die unsicheren Verhältnisse von einem Kaufmann besondere Sorgfalt und ein Abweichen von seinem in normalen Zeiten beobachteten Verhalten verlangen (ROHG 15, 177; BGHZ 6, 55; 13, 127; 22, 304; LM BGB § 662 Nr. 5 für die Sorgfaltspflicht einer Bank beim Scheckeinzug vor dem Zusammenbruch im Jahre 1945).

Bedient sich der Kaufmann bei einem Handelsgeschäft einer *Hilfsperson*, für die er **24**

§ 347 1. Abschn.   *Drittes Buch. Handelsgeschäfte*

nach § 278 BGB verantwortlich ist, so kommt es nicht darauf an, ob auch sie Kaufmannseigenschaft besitzt. Um eine persönliche Erfolgshaftung zu vermeiden, ist nicht die Sorgfalt maßgebend, die die Hilfsperson, etwa ein Lehrling, aufzuwenden hat. Vielmehr hat der Kaufmann als Geschäftsherr nach § 347 für die Sorgfalt eines ordentlichen Kaufmannes einzustehen (BGHZ 31, 358/367; NJW 64, 2058).

V. Einzelfragen

25 Gewisse Pflichten sind für *alle Kaufleute* die gleichen: Die Pflicht zur sorgfältigen Behandlung aller Ein- und Ausgänge (RG JW 27, 1708); die Pflicht zur kaufmännischen Buchführung; die Pflicht, dafür zu sorgen, daß am Fernsprecher abgegebene Erklärungen Dritter der Geschäftsleitung übermittelt werden; die Pflicht, nach Möglichkeit eine unbefugte Benutzung von Firmenbriefbogen oder Firmenstempeln zu verhindern (RG JW 27, 262; 34, 3196); die Pflicht, wichtige Sendungen, insbesondere solche mit Urkunden und Wertgegenständen, eingeschrieben (RG SeuffA 52 Nr. 95) und ausreichend versichert (RGZ 50, 177; RG SeuffA 81 Nr. 218) zu verschicken. *Schriftliche Mitteilungen muß der Kaufmann lesen* (RGZ 54, 182). Er hat dafür zu sorgen, daß sie ihm zu Gesicht kommen und nicht verlegt werden (RG JW 98, 609). Wenn er abwesend ist, muß er für die Erledigung der eingehenden Post Sorge zu tragen (RGZ 54, 119; 105, 389; RG JW 91, 355; 27, 1708). Telefonische und telegrafische Abmachungen von einiger Bedeutung muß der Kaufmann in der Regel schriftlich bestätigen. Hat ein Kaufmann Grund zu der Annahme, daß ein von ihm abgesandtes Telegramm nicht angekommen ist, so muß er es wiederholen (ROHG 23, 375). Erkennbar eilige Angelegenheiten hat er sofort zu erledigen (RGZ 54, 117; RG JW 04, 200). Dabei muß er gegebenenfalls telefonieren oder telegraphieren (RGZ 87, 141). Mitteilungen des Registergerichts, die sein Unternehmen betreffen, hat der Kaufmann sorgfältig zu lesen (RGZ 131, 12; OLG Nürnberg BB 64, 529).

26 Besondere Pflichten können für Kaufleute in *bestimmten Geschäftszweigen* gelten. Jeder Kaufmann hat sich nach Möglichkeit über die gesetzlichen Vorschriften, die sein Gewerbe betreffen, zu unterrichten (BGH NJW 64, 2058; RGSt 53, 4). Ein Lagerhalter muß für die Lagerung von Gemälden geeignete Räume aussuchen (RGZ 65, 113). Ein Kaufmann, dem eine staatliche Lenkungsstelle Waren der gelenkten Wirtschaft zum Verkauf an einen zum Kauf bereiten Großhändler zuweist, hat dessen Weisungen telefonisch einzuholen (BGH LM HGB § 347 Nr. 1).

27 Die Anforderungen an die Sorgfalt der *Banken* sind wegen der besonderen Risiken, die mit Bankgeschäften verbunden sind, und wegen des zwischen Kunden und Bank bestehenden gegenseitigen Vertrauensverhältnisses streng. Von ihrer Sorgfaltspflicht können sich die Banken nur in begrenztem Maße freizeichnen. So hat z.B. zwar nach Nr. 10 der Bedingungen für den Scheckverkehr der Kontoinhaber alle Folgen und Nachteile des Abhandenkommens, der mißbräuchlichen Verwendung sowie der Fälschung und Verfälschung von Schecks zu tragen; das befreit jedoch die Bank nicht, die auf sie gezogenen Schecks bei der Vorlage sorgfältig zu prüfen (BGH WM 69, 240; 71, 474; RGZ 161, 174/181; Baumbach/Hefermehl, Wechsel- und Scheckgesetz, 11. Aufl., Art. 3 SchG Anm. 9). Dabei ist jedoch zu berücksichtigen, daß der Massenverkehr mit Schecks schnelle Abwicklung erfordert, und der Bankangestellte, der den Scheck zu prüfen hat, kein berufsmäßiger Schriftsachverständiger ist (BGH WM 71, 474); bei der

Prüfung, ob eine Unterschrift von der hinterlegten Unterschriftsprobe abweicht, kommt es daher darauf an, ob es sich bei den Abweichungen um *charakteristische* Abweichungen handelt, die ins Auge springen. Die Bank darf ihrem Kunden den gezahlten Scheckbetrag nicht in Rechnung stellen, wenn ein ordentlicher Bankkaufmann die Fälschung auch bei oberflächlicher Prüfung hätte erkennen müssen, so z. B., wenn der Scheck vom Aussteller nicht durch Unterschrift bestätigte Streichungen aufweist (RGZ 92, 54). Bei Verdachtsmomenten muß die Bank beim Scheckaussteller zurückfragen. Zur Sorgfaltspflicht der Bank bei Hereinnahme eines Verrechnungsschecks vgl. BGHZ 5, 285/290; 26, 268; RGZ 103, 89; Baumbach/Hefermehl a. a. O. Art. 39 SchG Anm. 9 ff.). – Beim *Dokumentenakkreditiv* darf die Akkreditivbank nach dem Grundsatz der Dokumentenstrenge Zahlungen nur leisten, wenn die vorgelegten Urkunden den Anforderungen des Akkreditivauftrages genau entsprechen (BGH LM BGB § 780 Nr. 1, 2; § 665 Nr. 3; RGZ 107, 229; Anhang zu § 365 Anm. 181). Zu einer Abweichung ist sie nur befugt, wenn sie auch ohne Hinzuziehung von Fachkennern einwandfrei feststellen kann, daß die Abweichung unerheblich und unschädlich ist. Übersieht die Bank, daß die Dokumente gefälscht sind, obwohl sie die Fälschung bei Anwendung der erforderlichen Sorgfalt hätte erkennen können, so hat sie keinen Anspruch auf Erstattung des gezahlten Akkreditivbetrages (RGZ 106, 26; KG JW 24, 2048). Bei Anlage eines *neuen Kontos* darf sich die Bank nicht mit den Angaben des Antragstellers über seine Person begnügen. Sie muß sich anhand der Personalpapiere über deren Richtigkeit vergewissern (RGZ 152, 262). Einen Kontokorrentkunden muß die Bank auf rechtliche Bedenken aufmerksam machen, die sie gegen einen Auftrag des Kunden hat oder bei Anwendung der Sorgfalt eines ordentlichen Kaufmanns haben muß (BGHZ 23, 222/227). – Zur Haftung der Bank bei *Auskunftserteilung* s. Anm. 33 ff.

28 Wer die *Beweislast* für das Vorliegen eines Verschuldens zu tragen hat, bestimmt sich nach der jeweiligen Haftungsgrundlage. Im Rahmen eines Schuldverhältnisses hat der Schuldner nach § 282 BGB nicht nur nachzuweisen, daß ein von ihm zu vertretender Umstand nicht kausal für die *Unmöglichkeit* seiner Leistung ist. Er hat auch zu beweisen, daß ein ursächlich gewordener Umstand von ihm *nicht schuldhaft* herbeigeführt wurde (RGZ 101, 153; 107, 18). Für den *Schuldnerverzug* folgt aus § 285 BGB, daß sich der Schuldner zu entlasten hat. Auch bei der *positiven Forderungsverletzung* trifft den Schuldner in Analogie zu § 282 BGB die Beweislast, wenn sich aus der Sachlage der Schluß rechtfertigt, daß er die ihm obliegende Sorgfaltspflicht verletzt hat und die Schadensursache aus seinem Gefahrenkreis hervorgegangen ist (so für Dienst-, insbesondere Werkverträge BGHZ 3, 174; 8, 239/241; 23, 288; 27, 236/238; 28, 251/254). Die *Umkehr der Beweislast* rechtfertigt sich aus der Schwierigkeit der Beweislage, in der sich der Geschädigte befindet. Für ihn sind die Vorgänge im Herrschafts- und Organisationsbereich des Schuldners nicht erkennbar und aufdeckbar. Gleiches hat in solchen Fällen auch für die Haftung wegen *culpa in contrahendo* und *unerlaubter Handlung* zu gelten, bei denen sonst grundsätzlich der Geschädigte das Verschulden des Schädigers nachzuweisen hat (BGHZ 51, 91/106; 59, 172; NJW 68, 247; Weitnauer, Festschrift Larenz, 1973, S. 905 ff; Larenz, Schuldrecht I § 24 I S. 304 f.). Auch bei § 121 BGB (RGZ 57, 362), § 179 Abs. 3, § 254 BGB (BGH NJW 51, 110) und § 324 BGB muß nachgewiesen werden, daß den Gegner ein Verschulden trifft. Bei typischen Geschehensabläufen kann jedoch ein Erfahrungssatz für ein Verschulden oder für das Nichtvorliegen eines Ver-

§ 347 1. Abschn. *Drittes Buch. Handelsgeschäfte*

schuldens sprechen. Dann hat der Gegner den Beweis des ersten Anscheins zu widerlegen. Hierfür genügt es, daß der Erfahrungssatz selbst oder sein Eingreifen in dem betreffenden Einzelfall widerlegt wird (BGHZ 8, 239). In besonderen Fällen kann schließlich aus der Tatsache, daß die nicht beweisbelastete Partei für ihre Unschuld keine Angaben macht oder Beweismittel benennt, obwohl ihr das im Falle ihrer Schuldlosigkeit leicht möglich und zumutbar ist, auf ihr *Verschulden* geschlossen werden (BGH NJW 62, 2149; Hefermehl GRUR 63, 274 Anm.).

VI. Die Fälle der minderen Sorgfalt

29   Nach § 347 Abs. 2 bleiben die Vorschriften des Bürgerlichen Gesetzbuches, nach denen der Schuldner in bestimmten Fällen nur *grobe* Fahrlässigkeit zu vertreten oder nur für diejenige Sorgfalt einzustehen hat, die er in *eigenen* Angelegenheiten anzuwenden pflegt, unberührt. Soweit also das bürgerliche Recht Haftungserleichterungen kennt, kommen sie auch dem Kaufmann zugute, wobei es gleichgültig bleibt, ob eigene Handlungen oder Handlungen seiner Erfüllungsgehilfen in Frage stehen (RGZ 65, 20).

30   a) Nur für *grobe Fahrlässigkeit,* d. h. für eine außergewöhnliche Vernachlässigung der im Verkehr erforderlichen Sorgfalt und Nichtbeachtung dessen, was jedermann hätte einleuchten müssen (BGHZ 10, 16 und 74; RGZ 141, 131), wird gehaftet: nach § 300 I BGB, wenn der Gläubiger im Verzuge der Annahme ist, nach §§ 521, 523 BGB bei Schenkungen, nach § 599 BGB bei der Leihe, nach § 680 BGB bei Geschäftsführung ohne Auftrag, wenn sie die Abwendung einer dem Geschäftsherrn drohenden dringenden Gefahr bezweckt, nach § 723 BGB, wenn ein Recht zur vorzeitigen Kündigung der Gesellschaft aus wichtigem Grunde in Frage steht, nach § 912 BGB beim Überbau und nach § 968 BGB beim Fund. Der Begriff der groben Fahrlässigkeit spielt ferner eine Rolle bei der Sachmängelhaftung im Kauf- und Mietrecht (§§ 460, 539 BGB) und beim gutgläubigen Eigentumserwerb (§ 932 BGB).

31   b) Nur für *Sorgfalt wie in eigenen Angelegenheiten* wird nach § 690 BGB beim Verwahrungsvertrag gehaftet, wenn die Aufbewahrung unentgeltlich übernommen wird. Eine solche Übernahme liegt jedoch nicht vor, wenn einem Kaufmann unbestellte Ware in das Geschäft geliefert wird; dadurch kommt noch kein Verwahrungsvertrag zustande. Ferner haften Gesellschafter einer bürgerlich-rechtlichen Gesellschaft bei der Erfüllung ihrer gesellschaftlichen Verpflichtungen nach § 708 BGB nur für diligentia quam in suis. Die begrenzte Haftung gilt jedoch nur für den vermögensrechtlichen Bereich, nicht für die Erfüllung von Gesellschafterpflichten als Kraftfahrer im Straßenverkehr (BGHZ 46, 317). Auch kann die Haftungsminderung in ihrem Geltungsbereich *abbedungen* werden. Entsprechende Haftungsbestimmungen, die das BGB im Familien- und Erbrecht kennt, sind für das Handelsrecht ohne Interesse. Wer nur für diejenige Sorgfalt einzustehen hat, die er in eigenen Angelegenheiten anzuwenden pflegt, ist von der Haftung wegen *grober Fahrlässigkeit* nach der ausdrücklichen Vorschrift des § 277 BGB *nicht befreit.* Er muß, selbst wenn er auch in eigenen Angelegenheiten ohne jede Sorgfalt handelt, mindestens soviel Sorgfalt wahren, daß ihm der Vorwurf, grob fahrlässig gehandelt zu haben, erspart bleibt.

32   Die nach bürgerlichem Recht geltenden Haftungserleichterungen kommen nach § 347 Abs. 2 dem *Kaufmann* auch zugute, wenn ein Handelsgeschäft vorliegt. Haftet er

nur für *grobe Fahrlässigkeit,* so kommt es darauf an, ob er die Sorgfalt eines ordentlichen Kaufmanns in außergewöhnlichem Maße verletzt hat. An dem typisierten Fahrlässigkeitsmaßstab des § 347 ist insoweit festzuhalten. Gleiches gilt bei der Haftung für diligentia quam in suis. Hier wird jedoch erheblich, welche Sorgfalt der Kaufmann in seinen eigenen Privatangelegenheiten, also nicht bei Handelsgeschäften, anzuwenden pflegt. Ob aber das in § 277 BGB genannte Mindestmaß an Sorgfalt eingehalten wurde, bestimmt sich danach, ob die Sorgfalt eines ordentlichen Kaufmanns in ungewöhnlicher Weise außer acht gelassen wurde. Die *Rechtsfolgen,* die eine Verletzung der Sorgfaltspflichten nach sich zieht, bestimmen sich nach bürgerlichem Recht. Soweit sich die geminderten Sorgfaltspflichten aus einer schuldrechtlichen Beziehung ergeben, kommt nach § 278 BGB eine Haftung für Erfüllungsgehilfen und gesetzliche Vertreter in Betracht. Wird für grobe Fahrlässigkeit gehaftet, so muß das Verschulden der Erfüllungsgehilfen ein grobes sein; bei der Haftung für die Sorgfalt in eigenen Angelegenheiten ist für die Anwendung des § 278 BGB das Maß der Sorgfalt nach dem Geschäftsherrn, nicht nach den Hilfspersonen zu bestimmen. § 347 Abs. 2 läßt ausdrücklich nur die im BGB vorgesehenen Haftungserleichterungen unberührt. Gleiches muß aber für die in anderen Gesetzen vorgesehenen Milderungen gelten, so z. B. für die Prospekthaftung nach § 45 BörsenG. Aber auch gesetzlich festgelegte Haftungserschwerungen z. B. §§ 287, 848, 279, 678, 701 BGB, § 1 RHaftpflG vom 7. 6. 1871 – RGBl. 207 –, § 1 SachschadG vom 29. 4. 40 i. d. F. vom 16. 7. 57 – BGBl I, 710 –, § 7 StVG vom 19. 12. 52 – BGBl I, 837 –, §§ 33, 44 LuftVG vom 10. 1. 1959 – BGBl I, 9, sind auf Kaufleute anzuwenden.

VII. Haftung für Rat oder Auskunft

Schrifttum: *Pikart,* Die neuere Rechtsprechung des BGH zur Haftung für Ratschläge und Auskünfte, WM 66, 698 ff.; *Wintterlin,* Die Haftung für fahrlässige Irreführung im englischen Delikts- und Vertragsrecht unter vergleichbarer Berücksichtigung des deutschen und nordamerikanischen Rechts, 1968; *Liesecke,* Die Haftungsausschlüsse der Kreditinstitute nach den Allgemeinen Geschäftsbedingungen in der Praxis, WM 70, 502 ff.; *Nißl,* Die Haftung des Experten für Vermögensschäden Dritter – bedingt durch unrichtige Gutachten, Diss. München 1971; *Canaris,* Die Vertrauenshaftung im deutschen Privatrecht, München 1971; *Gaede,* Die vertragliche Haftung der Banken für Kreditauskünfte, NJW 72, 926 ff.; *Lorenz,* Das Problem der Haftung für primäre Vermögensschäden bei der Erteilung einer unrichtigen Auskunft, Festschrift für Larenz, 1973, S. 575 ff.; *Paul,* Auskunftshaftung in der neueren Rechtsprechung, Diss. Frankfurt a. M. 1973; *Musielak,* Haftung für Rat, Auskunft und Gutachten, 1974; *Müller-Graf,* Auswirkungen einer laufenden Geschäftsverbindung im amerikanischen und deutschem Recht, 1974; *Hopt,* Der Kapitalanlegerschutz im Recht der Banken, 1975; *Lutter,* Zur Haftung der Emissionsgehilfen im grauen Kapitalmarkt, Festschrift für Bärmann, 1975, S. 605 ff.; *Scheerer,* Probleme der Haftung der Kreditinstitute für die Erteilung von Auskünften in Deutschland und Frankreich unter besonderer Berücksichtigung der Haftungsfreizeichnungsklauseln, Festschrift für Bärmann, 1975, S. 801 ff.; *Müller-Graf,* Die Geschäftsverbindung als Schutzpflichtverhältnis, JZ 1976, 153 ff.

1. Grundlagen

a) Rechtlicher Ausgangspunkt

Auszugehen ist von § 676 BGB, der wie folgt lautet: **33**

§ 676 BGB. Wer einem anderen einen Rat oder eine Empfehlung erteilt, ist, unbeschadet der sich aus einem Vertragsverhältnis oder einer unerlaubten Handlung ergebenden Verantwortlichkeit, zum Ersatze des aus der Befolgung des Rates oder der Empfehlung entstehenden Schadens nicht verpflichtet.

Die Unrichtigkeit eines *Rats* oder einer *Empfehlung* begründet danach als solche *keine Ersatzpflicht,* gleichviel, ob sie entgeltlich oder unentgeltlich erteilt wird. Dasselbe gilt für eine *Auskunft* (RGZ 148, 286/293). Das Gesetz erwähnt sie zwar nicht besonders, aber Rat und Empfehlung enthalten gewöhnlich eine Auskunft. Der Unterschied liegt lediglich darin, daß Rat und Empfehlung darauf zielen, den Adressaten in einem bestimmten Sinne zu beeinflussen, während eine Auskunft wertneutral ist und sich auf die sachbezogene Auskunft beschränkt. Die besondere Betonung der *Unverbindlichkeit* eines Rats, einer Empfehlung oder einer ihnen gleichzusetzenden Auskunft beruht auf dem Gedanken, daß Ratschläge, Empfehlungen und Auskünfte häufig aus Gefälligkeit oder Freundschaft erteilt werden und jede Kommunikation gehemmt wäre, wenn man als Rat- oder Auskunftgeber mit einer möglichen Ersatzpflicht rechnen müßte. Der im Interesse des Auskunftgebers liegende Grundsatz der Unverbindlichkeit beachtet indessen nicht, daß auch die Interessen des *Auskunftsempfängers,* der auf die Richtigkeit einer Auskunft vertraut und dadurch Schaden erleidet, schutzwürdig sein können. Das gilt insbesondere, wenn sich der Anfragende an eine Person oder Stelle gewandt hat, die *berufsmäßig* Auskunft erteilt. Die *restriktive* Haftungstendenz, die § 676 BGB zum Ausdruck bringt, ist zumindest in seiner Allgemeinheit fragwürdig.

b) Haftungsgründe

34 Eine Haftung für unrichtige Auskunft setzt einen besonderen *Haftungstatbestand* voraus. § 676 BGB nennt die Haftung aus einem „Vertragsverhältnis" oder „unerlaubter Handlung". Die *deliktische* Haftung ist jedoch bei unmittelbaren Vermögensschäden, um die es sich bei falschen Auskünften meist handeln wird, unzureichend. Sie setzt voraus, daß der Auskunftgeber durch Betrug (§ 823 Abs. 2 BGB, § 263 StGB) oder in sittenwidriger Weise den Auskunftsempfänger *vorsätzlich geschädigt* hat (§ 826 BGB). Diese Voraussetzungen werden nicht nur selten erfüllt, sondern auch schwer nachweisbar sein. Auf *vertraglicher* Grundlage läßt sich der Schutz des Auskunftsempfängers auch bei *fahrlässig* erteilten unrichtigen Auskünften erreichen. In Betracht kommt eine Haftung aus *selbständigem* Auskunftsvertrag, der sich auf die Auskunftserteilung beschränkt. Ein solcher Vertrag kann neben einem nicht auf Auskunftserteilung gerichteten Vertrag oder vorvertraglichen Beziehungen, aber auch unabhängig von solchen Verbindungen erteilt werden. Es sind dies Fälle des „einmaligen Auskunftskontakts" (Lorenz aaO S. 589 zu d). Liegt ein selbständiger Auskunftsvertrag *nicht* vor, so kann eine *vertragliche* Haftung aus der Verletzung einer *Nebenpflicht,* sei es im Rahmen eines bestehenden Vertrages unter dem Gesichtspunkt der positiven Vertragsverletzung, sei es im Rahmen vorvertraglicher Beziehungen eine *gesetzliche* Haftung unter dem Gesichtspunkt der culpa in contrahendo in Betracht kommen. Schwierigkeiten bereitet jedoch die Feststellung des für die vertragliche Haftung notwendigen *rechtsgeschäftlichen* Bindungswillens (Anm. 36). Um zu einer Haftung des Auskunftgebers bei fahrlässig erteilten unrichtigen Auskünften zu gelangen, hat die Rechtsprechung häufig bei bestimmten Sachlagen das Zustandekommen *stillschweigender* Auskunfts- oder Haftungsverträge auch bei Fehlen eines rechtsgeschäftlichen Bindungswillens angenommen (Anm. 40). Aber dieser Weg ist für die Begründung einer Auskunftspflicht falsch und zudem unzureichend (Anm. 42). Im folgenden werden die rechtlichen Ansatzpunkte für eine Auskunftshaftung im einzelnen dargelegt, wobei der Ausdruck „Auskunft" auch für Rat

Erster Abschnitt. Allgemeine Vorschriften **1. Abschn. § 347**

und Empfehlung verwendet wird, es sei denn, daß der Unterscheidung Bedeutung zukommt.

2. Auskunft als vertragliche Nebenleistung

Die Erteilung eines Rats oder einer Auskunft kann als *Nebenleistung* im Rahmen eines **35** auf eine andere Hauptleistung gerichteten Vertrages, z. B. eines Kauf- oder Werkvertrages oder eines Bankvertrages Gegenstand *vertraglicher* Verpflichtung sein (BGH LM BGB § 276 [H] Nr. 5; § 276 [Hb] Nr. 15; § 459 Abs. 1 Nr. 5). Auskunfts-Nebenpflichten können im Hauptvertrag ausdrücklich festgelegt sein, sich aber auch aus § 242 BGB in Ergänzung des Vertrages ergeben. Damit eröffnet sich ein weites Feld möglicher *vertraglicher* Haftung. Ob und in welchem Umfang sich aus § 242 BGB Auskunfts-Nebenpflichten ergeben, ist unter *Auslegung* des einzelnen Hauptvertrages unter Berücksichtigung etwaiger Handelsbräuche zu ermitteln. Wird dem Käufer bei der Bestellung eines bestimmten Modells einer Maschine vom Vertreter der Lieferfirma erklärt, die Maschine könne im Betrieb des Käufers an einem bestimmten Platz aufgestellt werden, so kann in der Raterteilung, die den Käufer zum Kaufabschluß veranlaßt, die Übernahme einer selbständigen Nebenverpflichtung liegen, die den Verkäufer unabhängig von der Haftung wegen Sachmängeln (§ 463 BGB) zum Schadenersatz wegen positiver Vertragsverletzung verpflichtet, wenn er die Verpflichtung durch einen falschen Rat schuldhaft verletzt (BGH NJW 62, 1196). *Banken* müssen ihre Kunden, denen sie ihre Dienste zur Verfügung stellen, sorgfältig beraten (Anm. 43). Ist eine Bank mit der Auslieferung von Dokumenten gegen Einholung des Akzeptes des Empfängers beauftragt (§ 365 Anh Anm. 194 ff.), so ist sie ohne eine besondere Anfrage gewöhnlich nicht verpflichtet, über die ihr bekannten Vermögensverhältnisse des Empfängers und etwaige Bedenken gegen seine Kreditwürdigkeit Mitteilung zu machen (BGH WM 60, 1322).

3. Selbständiger Auskunftsvertrag

a) Die Problematik

Eine Auskunftserteilung oder Beratung kann für sich allein *Hauptgegenstand* eines **36** diesbezüglichen Vertrages sein, sei es eines unentgeltlichen Auftragsvertrages, sei es eines entgeltlichen Werk-, seltener Dienstvertrages. Aus dem Auskunftsvertrag folgt dann, daß der Auftraggeber für eine schuldhaft erteilte unrichtige Auskunft einzustehen hat. Die entscheidende Frage ist, ob sich die Parteien durch einen über eine unverbindliche Rat- oder Auskunftserteilung hinausgehenden Auskunfts- oder Beratungsvertrag *rechtlich* verpflichten wollten. Sicherlich kann ein solcher Vertrag von den Parteien ausdrücklich geschlossen werden, so z. B., wenn eine Auskunft bei einer Auskunftei (RGZ 115, 122), einem Reisebüro (LG Köln NJW 59, 818), einem Steuerberater (RGZ 67, 394), einem Rechtsanwalt (BGH NJW 72, 1044), einem Wirtschaftsprüfer (BGH WM 75, 763) oder einer Bank (BGH LM BGB § 157 [Ga] Nr. 3; § 676 Nr. 12) eingeholt wird. Ein *selbständiger* Auskunftsvertrag kann auch *konkludent* geschlossen werden, wenn sich aus den Umständen ergibt, daß beide Parteien die Auskunft zum Gegenstand einer vertraglichen Pflicht machen wollten. Aber die Feststellung eines solchen Vertrages stößt auf Schwierigkeiten. Bittet der Anfragende um eine Auskunft, so kann darin zwar das

§ 347 1. Abschn. *Drittes Buch. Handelsgeschäfte*

Angebot auf Abschluß eines selbständigen Auskunftsvertrages liegen; wird daraufhin die Auskunft erteilt, so reicht dies jedoch für eine *Annahme* des Vertragsangebots *nicht* aus. Zum einen ist die Erteilung einer Auskunft *keine Willenserklärung* (RGZ 157, 228/233; 162, 129/154), sondern die Mitteilung einer Tatsache oder eines Werturteils. Zum anderen bringt § 676 BGB klar zum Ausdruck, daß die Auskunftserteilung als solche noch keine Annahme darstellt. Es müssen daher *besondere Umstände* vorliegen, die den Schluß auf eine *rechtsgeschäftliche* Annahmeerklärung zulassen. Die Rechtsprechung hat, wenn die Parteien nicht ausdrücklich einen Auskunfts- oder Beratungsvertrag geschlossen haben, häufig das Zustandekommen eines *stillschweigenden* Auskunfts- oder Haftungsvertrages angenommen. Aus gewissen Umständen wurde gefolgert, daß der Wille der Parteien auf die Begründung einer *vertraglichen* Auskunftspflicht gerichtet oder jedenfalls ein „vertragsähnliches Vertrauensverhältnis" entstanden war.

b) **Entgeltlichkeit**

37   Ein Anzeichen für eine *vertragliche* Bindung ist es, wenn für eine Auskunft oder einen Rat der Auskunftsempfänger ein Entgelt zahlen muß (BGH WM 65, 287; Pikart WM 66, 699). Da man gewöhnlich für eine unverbindliche Auskunft kein Entgelt zahlt, läßt sich bei Verlangen eines Entgelts darauf zu schließen, daß der Auskunftgeber für die Richtigkeit der Auskunft einstehen will. Meist wird ein *Werkvertrag* vorliegen. Die Haftung für eine schuldhaft (§ 276) erteilte falsche Auskunft folgt dann, wenn nicht aus § 635 BGB, so jedenfalls aus dem Gesichtspunkt positiver Vertragsverletzung. Der Anspruch aus § 635 BGB unterliegt der kurzen Verjährung (§ 638 BGB).

c) **Vertragliche oder vorvertragliche Beziehung**

38   Nimmt ein *Verkäufer* die Stellung einer *Vertrauensperson* ein und wird er von einem nicht genügend fachkundigen Käufer als Berater und Vertrauensperson angesehen, so kann die Erteilung eines Rats oder einer Auskunft entweder als Verpflichtung aus einem *selbständigen* Auskunftsvertrag oder bei einer Geschäftseinheit als *Nebenleistung* zum Kaufvertrag (Anm. 35) angesehen werden (BGH LM BGB § 459 Abs. 1 Nr. 5 = NJW 58, 866; LM BGB § 276 [H] Nr. 5). Für einen *selbständigen* Verpflichtungswillen spricht es, daß die Rat- oder Auskunftserteilung vom Zustandekommen eines Kaufvertrags unabhängig ist, daß sie über das Maß des Üblichen hinausgeht, insbesondere nicht mehr im Rahmen der typischen Leistungen des Verkäufers liegt, ferner daß für sie eine besondere Vergütung angesetzt oder im Preis einkalkuliert ist. Ist die Selbständigkeit zu verneinen, so kann sich eine Haftung für schuldhaft unrichtige Auskunft oder Raterteilung aus der Verletzung einer *unselbständigen* Nebenpflicht ergeben, sei es unter dem Titel der positiven Vertragsverletzung oder bei vorvertraglichen Beziehungen unter dem der culpa in contrahendo.

d) **Geschäftsverbindung**

39   Eine rechtliche, wenn auch gewöhnlich keine vertragliche Verpflichtung zur Erteilung einer richtigen Auskunft, eines Rats oder einer Benachrichtigung kann sich ferner aus einer laufenden Geschäftsverbindung ergeben (BGHZ 13, 198/200; 21, 102/107; 49, 167; BGH LM BGB § 157 [Ga] Nr. 3; BGH WM 56, 1056; RGZ 27, 118/121; 101, 297/301; 126, 50/52; RG JW 30, 2928; Canaris Großkomm. HGB Anh. § 357

Anm. 44). Eine Geschäftsverbindung erschöpft sich nicht im Abschluß und der Erfüllung einzelner Geschäfte, sondern begründet als ganzes ein *Vertrauensverhältnis,* das in erhöhtem Maße von Treu und Glauben beherrscht wird und daher Handlungen, die sonst unverbindlich sind, einen *rechtlichen Inhalt* geben kann, wie dies z. B. § 362 zeigt. Es besteht ein *gesetzliches* Schuldverhältnis (Anm. 42), in dem jede Partei sich darauf verläßt, daß die andere Auskünfte mit der erforderlichen Sorgfalt erteilt und für ein Versehen einsteht. Die Geschäftsverbindung braucht nicht schon längere Zeit bestanden zu haben; doch muß sie auf Dauer gerichtet sein. Aus dem Bestehen einer Geschäftsverbindung läßt sich noch nicht ableiten, daß einer Bank eine allgemeine Belehrungspflicht gegenüber ihren Kunden obliegt (BGH WM 66, 619; 67, 1077/1078). Sie ist regelmäßig nicht verpflichtet, ihre Kunden auf das Risiko von Geschäften hinzuweisen, die sie vornehmen. Soweit aber eine Bank Auskünfte erteilt, müssen sie richtig und vollständig sein, wenn auch Auskünfte über andere Bankkunden im Hinblick auf das Bankgeheimnis vorsichtig gefaßt sein dürfen (BGH WM 61, 510; 71, 817/818; s. auch Anm. 50). Zur Aufklärungspflicht einer Bank über die Bonität für einen Kunden gekaufte ausländische Investmentanteile s. BGH WM 1976, 630.

e) Einmaliger Auskunftskontakt

Nicht nur bei Auskünften, die im Zusammenhang mit einem auf eine andere Leistung gehenden Vertrag, einer vorvertraglichen Beziehung oder einer Geschäftsverbindung stehen (Anm. 39), sondern auch bei *einmaligen* Auskunftskontakten hat die Rechtsprechung eine Haftung des Auskunftgebers für fahrlässig erteilte unrichtige Auskünfte bejaht, und zwar entweder unter Annahme eines *stillschweigend* zustandegekommenen *Auskunftsvertrages* oder eines *vertragsähnlichen* Vertrauensverhältnisses. Die Haftung setzt voraus, daß zum einen die Auskunft für den Auskunftsempfänger von erheblicher Bedeutung war und er sie zur Grundlage wesentlicher Entschlüsse und Maßnahmen machen wollte, zum anderen für den Auftraggeber die Bedeutung und der Zweck der Auskunft entweder bekannt oder *objektiv erkennbar* war. Es sind dies vor allem die Fälle, in denen der Auskunftgeber die Auskunft auf Grund seines *Berufs,* seiner *Sachkunde* oder deshalb erteilt, weil ein *eigenes wirtschaftliches Interesse* im Spiel ist. Einschlägig sind für die Auskunft eines *Wirtschaftstreuhänders:* BGHZ 7, 371/374; BGH NJW 73, 321/700 (Anm. von Lammel); eines *Wirtschaftsprüfers:* BGH WM 75, 763; BGH NJW 73, 321/700 (Anm. von Lammel); eines *Steuerberaters:* BGH LM BGB § 676 Nr. 5; eines *Rechtsanwalts:* BGH NJW 72, 678 und 1044; RG JW 18, 90; 20, 889; 28, 1134; einer *Bank:* BGH NJW 70, 1737; 73, 456; eines *Effektenvermittlers:* BGH WM 75, 1003; eines *Kunsthändlers:* BGH WM 69, 36; eines *Futtermittelhändlers:* BGH LM § 676 Nr. 14. Ein Auskunftsvertrag soll durch die *Auskunft* zustandekommen, ohne daß schon eine vertragliche Beziehung oder eine Geschäftsverbindung zu bestehen braucht und ohne daß es darauf ankommt, ob die Auskunft entgeltlich oder unentgeltlich erteilt wird (BGH NJW 58, 1080 WM 1965, 287 m. w. Nachw.; s. Anm. 42).

f) Drittbezogenheit

Grundsätzlich hat die Rechtsprechung eine Haftung aus stillschweigend geschlossenem Auskunftsvertrag oder aus vertragsähnlichem Verhältnis nur angenommen, wenn Auskunftgeber und Auskunftsempfänger *unmittelbar* in geschäftliche Verbindung getreten sind. Ein zu einer Kaufverhandlung hinzugezogener *Kunsthändler* veranlaßt durch eine unrichtige Auskunft über den Wert von Gemälden den Käufer zum Kaufabschluß (BGH WM 69, 36). – Ein *Rechtsanwalt,* der zu einer *Kreditverhandlung* seines Mandanten mit einem Gläubiger herangezogen wird, macht diesem gegenüber unrichtige Angaben über die Kreditwürdigkeit seines Mandanten und veranlaßt dadurch dessen Gläubiger, von Sicherungsmaßnahmen abzusehen (BGH NJW 72, 678). – Der *Steuerberater* einer Firma wird zu Kreditverhandlungen, die sie mit einem Dritten führt, hinzugezogen und sichert ihm die Kreditwürdigkeit der Firma zu (BGH LM BGB § 676 Nr. 5). In diesen Fällen *unmittelbaren* Kontakts ist eine Haftung des Auskunftgebers für jede Fahrlässigkeit bejaht worden. Auch wer auf Veranlassung eines Kunden einem *Dritten* eine wichtige *Bescheinigung* zugehen läßt, haftet ihm, wenn er die Bescheinigung schuldhaft *unrichtig ausgestellt* und der Dritte auf die Richtigkeit *vertraut* hat, für den dadurch entstandenen Schaden (BGH NJW 73, 321). Hier fehlt es zwar an einem unmittelbaren Kontakt, doch begründet die für den Auftraggeber erkennbare Drittbezogenheit der Auskunft eine *vertragsähnliche* Haftung gegenüber dem bestimmungsgemäßen Empfänger der Bescheinigung. Soweit ausnahmsweise die Haftung des Auskunftgebers gegenüber einem Vertrauenden auch dann bejaht worden ist, wenn die Auskunft nicht ihm, sondern einem *anderen* erteilt worden ist, muß die Auskunft auch *für den Dritten bestimmt* und der Auskunftgeber sich bewußt gewesen sein, daß sie für weite Kreise von besonderer Bedeutung ist und u. U. als Grundlage entscheidender Vermögensdispositionen dient (BGH WM 65, 287; 66, 1148; 76, 498, 499). Eine vertragsähnliche Haftung für eine Auskunft „gegenüber jedem, den es angeht" ist zwar als möglich angesehen, jedoch gewöhnlich verneint worden (BGHZ 12, 105/109; BGH WM 66, 918; NJW 70, 1737; 73, 321). Die Auskunft einer Bank an eine andere Bank, die im Auftrage eines ihrer Kunden anfragt, ist jedenfalls keine solche weitreichende Auskunft „an alle, die es angeht", insbesondere keine an den interessierten Kunden der anderen Bank (BGH WM 76, 498, 499; OLG Karlsruhe WM 67, 1257; OLG Stuttgart WM 68, 950; Liesecke WM 70, 502, 511); es entstehen daher keine vertragsähnlichen Pflichten der die Auskunft erteilenden Bank gegenüber dem Kunden der anfragenden Bank.

4. Haftung aus Inanspruchnahme und Gewährung von Vertrauen

42   Die Begründung der Haftung für unrichtige Auskunft mit der Annahme eines „stillschweigend" geschlossenen *Annahmevertrages* ist mit Recht auf Kritik gestoßen (Larenz aaO S. 575/615 ff.; Canaris in Großkomm. HGB Anh. § 357 Anm. 43 ff.; Erman/Hauss BGB § 676 Rdz. 1, 4, 5). Die *vertragliche* Konstruktion ist verfehlt, wenn ein rechtsgeschäftlicher Bindungswille nicht vorliegt, sondern fingiert werden muß, um zu einer sachgerechten Haftung zu gelangen. Auch geht es gewöhnlich nicht darum, eine Verpflichtung zur Auskunftserteilung, sondern eine *Haftung* für eine schuldhaft unrichtig erteilte Auskunft zu begründen. Eine vom rechtsgeschäftlichen Bindungswillen des Auskunftgebers abhängige vertragliche Haftungsübernahme reicht ferner für den Vertrauensschutz des Auskunftsempfängers nicht aus. Notwendig ist eine an *objektiven* Merkmalen ausgerichtete Haftung des Auskunftgebers für schuldhaft unrichtige Auskunfterteilung, wenn das Vertrauen des Auskunftsempfängers auf die Richtigkeit und

Vollständigkeit der Auskunft *schutzwürdig* ist. Vorsichtiger sprechen deshalb einige Urteile von einer „vertragsähnlichen" Haftung und deuten damit an, daß es sich in Wahrheit um eine *gesetzliche* Haftung handelt (BGH NJW 70, 1737; 73, 32r u. 456). Sie findet ihre Rechtfertigung in der Anlehnung an die heute allgemein anerkannte gesetzliche Vertrauenshaftung wegen *culpa in contrahendo,* die für den Fall der öffentlichen Bestellung oder des öffentlichen Sich-Erbietens zur Besorgung von Geschäften in § 663 BGB ausdrücklich vorgesehen ist. Grundlage der Vertrauenshaftung bei *Auskünften* ist das Verhalten des *Auskunftgebers,* der auf Grund seines Berufs, seiner Fachkunde oder Erfahrung im geschäftlichen Verkehr eine Gewähr für die Richtigkeit seiner Auskünfte bietet und in dieser Funktion einem anderen eine Auskunft erteilt, auf deren Richtigkeit dieser *vertraut* hat, wobei es gleichgültig ist, ob die Initiative von ihm oder vom Auskunftgeber ausgegangen ist. Durch die Kontaktaufnahme entsteht zwischen dem Auskunftsuchenden und dem Auskunftgeber ein *gesetzliches* Schuldverhältnis, das zwar keine Leistungspflicht zur Auskunftserteilung, wohl aber eine *Verhaltenspflicht* dahingehend begründet, daß eine Auskunft, wenn sie erteilt wird, mit der im Verkehr gebotenen Sorgfalt zu erteilen ist (zum „Schuldverhältnis ohne Leistungspflicht" s. Larenz, Schuldrecht I § 9 S. 93 ff.). Wäre der Auskunftgeber zugleich der voraussichtliche Vertragspartner, z. B. als Verkäufer oder Darlehensnehmer, so würde er, wenn er fahrlässig eine falsche Auskunft erteilt, wegen culpa in contrahendo zum Schadenersatz verpflichtet sein, und zwar unabhängig davon, ob es zum Vertragsschluß kommt oder nicht. Dann aber ist es sachgerecht, eine für die Erteilung von Auskünften als *kompetent* geltende Person oder Stelle im Hinblick auf das von ihr in Anspruch genommene *Vertrauen* auch dann für die Richtigkeit einer Auskunft haften zu lassen, wenn sie selbst nicht der künftige Vertragspartner ist, sondern sich auf die Erteilung der Auskunft beschränkt. Bei Eröffnung von *Vertragsverhandlungen* kann die Haftung wegen culpa in contrahendo auch einen *Stellvertreter* oder Makler treffen, wenn er die Verhandlung maßgeblich im eigenen Interesse geführt hat (BGH LM BGB § 276 [Fa] Nr. 14, § 278 Nr. 40, 49; Canaris Großkomm. HGB Anh. § 357 Anm. 18). Für die Unrichtigkeit einer Auskunft kann der Auskunftgeber auch gegenüber einem *Dritten* haften (Anm. 41), wenn die Zweckbestimmung der Auskunft für den Auskunftgeber erkennbar war, so daß er das ihn möglicherweise treffende Haftungsrisiko übersehen konnte (Larenz aaO S. 619). In den Schutzbereich des gesetzlichen Schuldverhältnisses ist jedoch nicht jeder an der Auskunft Interessierte einbezogen. Das Haftungsrisiko muß für den Auskunftgeber überschaubar sein (Canaris Großkomm. HGB Anh. § 357 Anm. 45). – Erkennt eine Bank nachträglich, daß eine von ihr erteilte Auskunft *unrichtig* war, so ergibt sich für sie aus vorangegangenem Tun die Verpflichtung, den Auskunftsempfänger unverzüglich zu unterrichten.

5. Verschulden

a) Im Gegensatz zur Haftung aus *Garantievertrag* (§ 349 Anm. 18) hat der Auskunftgeber bei *vertraglichen* oder vertragsähnlichen *gesetzlichen* Auskunftspflichten für *Vorsatz* und *Fahrlässigkeit* einzustehen. Für juristische Personen ergibt sich die Haftung aus § 31 BGB, soweit verfassungsmäßige Vertreter (§§ 30, 31 BGB) und ihnen gleichgestellte leitende Angestellte für sie gehandelt haben. Als *Kaufmann* hat der Auftraggeber bei

§ 347 1. Abschn.　　*Drittes Buch. Handelsgeschäfte*

Handelsgeschäften (§ 343 Anm. 3 ff.) die Sorgfalt eines ordentlichen Kaufmanns anzuwenden (§ 347). Banken stehen dem Kunden nach bestem Willen zu allen bankmäßigen Auskünften und Raterteilungen zur Verfügung (Nr. 10 AGB Banken), ohne deshalb zur Auskunfts- oder Raterteilung verpflichtet zu sein. Sie verletzen ihre Sorgfaltspflicht, wenn sie Kunden unsichere Wertpapiere ohne nähere Prüfung oder gar gegen besseres Wissen zum Ankauf empfehlen. Bei einer Auskunft über *Bankkunden* muß der Anfragende aber damit rechnen, daß die Bank wegen des Bankgeheimnisses sich in einer Konfliktlage befindet und daher ihre Auskünfte so vorsichtig abfaßt, daß sie besondere Beachtung dahin verdienen, was in ihnen nicht gesagt ist (BGH WM 61, 510; 71, 817/818). Es ist von einer Bank nicht zu verlangen, daß sie erschöpfende Mitteilungen über alle ihr bekannten Verhältnisse eines Kunden gibt, die für den Anfragenden möglicherweise von Bedeutung sein können. Auch muß sie nicht offenlegen, in welcher genauen Höhe sie selbst ihrem Kunden Kredit gewährt und welche Sicherheiten er ihr im einzelnen eingeräumt hat. Doch darf eine Bank, wenn sie im Rahmen einer vertraglichen oder vertragsähnlichen Beziehung eine Auskunft über einen Kunden gibt, wesentliche Tatsachen, die ungünstige Schlüsse auf den Kunden zulassen, nicht verschweigen. Die Auskunft darf den Empfänger niemals irreführen (RGZ 139, 105; Warn Rspr 30 Nr. 95). Das ist z. B. der Fall, wenn der Bank bekannt ist, daß ihr Kunde ungedeckte Schecks verwendet (BGH WM 62, 1111) oder sich andere geschäftliche Unehrlichkeiten hat zuschulden kommen lassen. Weiß eine Bank, daß der Kunde kein nennenswertes eigenes Vermögen hat (BGH WM 56, 1056), daß er überschuldet ist (BGH WM 57, 545), daß sein Unternehmen nicht befriedigend arbeitet (RG JW 34, 995), daß er zu dessen Leitung ungeeignet ist (RG JW 22, 1390) oder daß sein Grundbesitz hoch belastet ist, so darf sie ihn nicht als unbedenklich kreditwürdig bezeichnen. Das gilt insbesondere, wenn sie selbst alle vorhandenen Sicherheiten an sich gezogen hat (RGZ 139, 103). Glaubt eine Bank, nachteilige Umstände über einen ihrer Kunden mit Rücksicht auf das Bankgeheimnis nicht mitteilen zu dürfen, so muß sie die *Auskunft verweigern,* auch wenn dadurch ein ungünstiges Licht auf die wirtschaftlichen Verhältnisse ihres Kunden fällt (RGZ 139, 103/106). Sie darf auch nicht den Anschein erwecken, als sei sie genau unterrichtet, wenn sie nur einen unzureichenden Einblick hat; sie muß dann die Auskunft nur mit einem entsprechenden Vorbehalt geben oder muß sie überhaupt ablehnen (BGH WM 62, 1111). Zur Auskunftspflicht der *Banken* s. Schütz, BFB, 18. Ausgabe, S. 201 ff.; Canaris Großkomm. HGB Anh. § 357 Anm. 43 ff.). – Zur Sorgfaltspflicht bei Abhängigkeit von der Information *Dritter* s. Anm. 19.

44　b) Für das Verschulden eines *Erfüllungsgehilfen* hat der Auskunftgeber nach § 278 BGB einzustehen. Vertretungsmacht braucht der Erfüllungsgehilfe nicht zu haben, weil die Auskunft als solche eine tatsächliche Mitteilung ist (BGH LM BGB [Ga] Nr. 3; RGZ 131, 246; 157, 228/233). Es genügt, daß die Auskunft im Rahmen der ihm übertragenen Befugnisse liegt (BGH WM 55, 213/215). Unzureichende Kenntnisse des Erfüllungsgehilfen gehen grundsätzlich zu Lasten des *Auskunftgebers.* Bei einer unerlaubten Handlung folgt die Haftung des Geschäftsherrn für einen Verrichtungsgehilfen nach § 831 BGB. Er hat daher die Möglichkeit, sich zu entlasten. Ein Verschulden der juristischen Person stellt es jedoch dar, wenn ihre Organe oder verfassungsmäßigen Vertreter den Geschäftsbetrieb nicht ordnungsgemäß eingerichtet und überwacht haben (BGH WM 56, 1056/1058).

c) Ein *Mitverschulden* des Auftraggebers ist gemäß § 254 BGB zu berücksichtigen. Im **45** allgemeinen wird aber der Auskunftgeber, der seine Sorgfaltspflicht verletzt hat, gegenüber dem Schadenersatzanspruch des Geschädigten nach Treu und Glauben (§ 242 BGB) nicht geltend machen können, diesen treffe ein Mitverschulden, weil er der Auskunft vertraut und dadurch einen Mangel an Sorgfalt gezeigt habe (BGH LM BGB § 276 [Hb] Nr. 15; BGH WM 65, 287/288). Doch liegt es anders, wenn Umstände vorlagen, die den Auskunftsempfänger zu besonderer Vorsicht veranlassen mußten, z. B. weil die Auskunft erkennbar unvollständig war oder wegen der Höhe des vom Auskunftsempfänger an einen Dritten zu gewährenden Kredits die Einholung einer zweiten Auskunft nötig gewesen wäre (Lorenz aaO S. 619). Auch kann bei hohen Krediten im Hinblick auf § 254 Abs. 2 Satz 1 BGB ein Mitverschulden des Auskunftsempfängers darin liegen, daß er es unterlassen hat, einen Kreditversicherungsvertrag abzuschließen.

6. Schadensberechnung

a) Vertraglicher Schadenersatzanspruch

Bestand für den Auskunftgeber eine *vertragliche* Verpflichtung zur Auskunfts- oder **46** Raterteilung, so muß er, wenn er schuldhaft eine falsche Auskunft oder einen falschen Rat erteilt hat, dem Auskunftsempfänger den dadurch entstandenen *Schaden* ersetzen. Er muß ihn nach § 249 BGB so stellen, wie er stehen würde, wenn er eine *richtige* Auskunft oder einen richtigen Rat erteilt hätte (BGHZ 49, 167/174 für die unrichtige Beantwortung einer Scheckanfrage; Erman/Hauss BGB § 676 Rdz. 13; Pikart WM 66, 698/704). Zur Ermittlung des Schadensumfangs ist daher *hypothetisch* zu prüfen, wie sich der Auskunftsempfänger verhalten hätte, wenn ihm eine richtige und vollständige Auskunft erteilt worden wäre. Hat die unrichtige Auskunft den Auskunftsempfänger dazu veranlaßt, einen ungünstigen Vertrag abzuschließen, z.B. eine wertlose Beteiligung zu kaufen oder einem Kreditunwürdigen ein Darlehen zu gewähren, so liegt der Schaden schon im *Abschluß* des Vertrages, den er bei Erteilung einer richtigen Auskunft nicht geschlossen hätte. Dabei ist zu unterscheiden, ob der Vertrag mit dem Auskunftgeber oder einem Dritten geschlossen wurde. Hat z.B. ein Verkäufer durch schuldhaft falsche Auskunft einen Käufer zum Kauf einer Maschine veranlaßt, die sich entgegen der Auskunft nicht in dessen Betrieb aufstellen läßt, so kann er, auch wenn die Voraussetzungen für eine Anfechtung des Kaufvertrages wegen arglistiger Täuschung (§ 123 BGB) nicht vorlagen, verlangen, daß der Verkäufer keine Rechte aus dem Kaufvertrag herleitet (BGH LM BGB § 276 [H] Nr. 5; BGH NJW 68, 986). Die Haftung besteht unabhängig von den kaufrechtlichen Gewährleistungsvorschriften (BGH LM BGB § 276 [Hb] Nr. 15). Sie ist auch dann nicht ausgeschlossen, wenn die falschen Angaben des Verkäufers sich auf *Eigenschaften* der Kaufsache bezogen und dem Käufer nach § 463 BGB ein Anspruch auf Schadenersatz wegen Nichterfüllung zusteht (BGH LM BGB § 459 Abs. 1 Nr. 5). – Hat der Auskunftsempfänger einen ungünstigen Vertrag mit einem *Dritten* geschlossen, den er ohne die falsche Auskunft nicht geschlossen haben würde, so kann er vom Auskunftgeber verlangen, so gestellt zu werden, wie wenn er den Vertrag nicht geschlossen hätte, z.B. unter dem Titel des Schadenersatzes die erbrachte Gegenleistung oder das ausgezahlte Darlehen verlangen. Hätte der Auskunftsempfänger den Vertrag mit dem Dritten auch geschlossen, wenn ihm eine *richtige* Auskunft erteilt worden wäre, so kann er zwar nicht den Abschlußschaden, wohl aber den Ersatz anderer Schäden verlangen, die er nicht erlitten hätte, wenn die Auskunft richtig und vollständig gewesen wäre.

b) **Gesetzlicher Schadenersatzanspruch**

47 Haftet der Auskunftgeber für eine unrichtig erteilte Auskunft gesetzlich aus dem Gesichtspunkt des Verschuldens bei den Vertragsverhandlungen oder dem der Inanspruchnahme von *Vertrauen* (Anm. 42), so kann der Auskunftsempfänger ebenso wie bei einer deliktischen Haftung nach § 826 BGB oder wegen Betruges nach § 823 Abs. 2 BGB, § 263 StGB (BGH WM 64, 381/382) nur verlangen, so gestellt zu werden, wie wenn ihm *keine Auskunft* erteilt worden wäre (BGH WM 75, 1002; Erman/Hauss BGB § 676 Rdz. 13). Der *negative* Vertrauensschaden kann bei hypothetischer Betrachtung sowohl im *Abschluß* eines nachteiligen als auch im *Nichtabschluß* eines günstigen Vertrages liegen, vorausgesetzt, daß der Auskunftsempfänger im Vertrauen auf die Richtigkeit der Auskunft gehandelt hat (Kausalität). Er kann nicht den durch Abschluß eines Vertrages erlittenen Schaden ersetzt verlangen, wenn er den Vertrag auch ohne die unrichtige Auskunft geschlossen hätte. Er hat aber auch nicht wie bei einem vertraglichen Schadenersatzanspruch (Anm. 46) einen Anspruch auf Ersatz des Erfüllungsinteresses eines auf Grund unrichtiger Auskunft mit dem Auskunftgeber als Vertragspartner, z.B. als Verkäufer, geschlossenen Vertrages. Zur Schadensberechnung bei einer Haftung wegen *culpa in contrahendo* s. RGZ 159, 34/55. Für *fahrlässig* falsche Auskünfte über *Sacheigenschaften* besteht keine Haftung aus culpa in contrahendo. Die §§ 459 ff. BGB enthalten eine besondere Ordnung, da der Verkäufer für die Brauchbarkeit der Sache und zugesicherte Eigenschaften auch ohne Verschulden (§§ 462, 463 Satz 1 BGB), dafür aber für nicht zugesicherte Eigenschaften nur dann auf Schadenersatz haftet, wenn sie arglistig verschwiegen oder vorgespiegelt worden sind (BGHZ 60, 320, 322). Entsprechendes gilt für die Gewährleistung beim *Werkvertrag* (BGH WM 76, 791).

c) **Schadensbegrenzung**

48 Weder die Haftung auf das Erfüllungsinteresse bei *vertraglicher* noch die Haftung auf das negative Interesse bei *gesetzlicher* Auskunftshaftung sind der Höhe nach begrenzt. Eine Begrenzung der Haftung kann sich jedoch im Einzelfall aus dem *Inhalt* und *Zweck* einer Auskunft sowie aus der *Schutzwürdigkeit* des Vertrauens des Auskunftsempfängers ergeben. Dieser Gesichtspunkt kann für Schäden Bedeutung gewinnen, die für den Auskunftgeber nicht kalkulierbar waren, und mit denen er daher nicht zu rechnen brauchte. Auch kann sich eine Schadensminderung aus dem Gesichtspunkt des *Mitverschuldens* des Auskunftsempfängers nach § 254 BGB ergeben (Anm. 45).

7. **Freizeichnung**

49 Die Haftung für fahrlässig erteilte unrichtige Auskünfte und Ratschläge kann den Auskunftgeber unübersehbaren Risiken aussetzen, so daß Banken, Sparkassen, Auskunfteien, Reisebüros und andere Stellen bestrebt sind, ihre Haftung für Auskünfte und Ratschläge auszuschließen, zumal sie häufig von ihnen unentgeltlich oder nur gegen ein geringes Entgelt erteilt werden. Der Haftungsausschluß kann entweder *individuell* vereinbart oder sich bei nach Maßgabe der AGB erteilten Auskünften aus *Freizeichnungsklauseln* ergeben. Diese können sich auf Tatsachen und Werturteile beziehen.

a) Haftungsausschluß der Banken

50 Nach Nr. 10 Satz 1 AGB Banken steht die Bank ihren Kunden nach bestem Wissen zu allen *bankmäßigen Auskünften* und *Raterteilungen* zur Verfügung. *Mündlich* erteilte Auskünfte, die sich auf Kreditwürdigkeit und Zahlungsunfähigkeit beziehen, sollen nach Nr. 10 Satz 2 AGB jedoch nur vorbehaltlich *schriftlicher Bestätigung* gelten. Die Rechtsprechung hat jedoch anerkannt, daß eine mündlich erteilte Kreditauskunft nicht ihren Charakter als solche einbüßt und daher ebenfalls zur Haftung gemäß Nr. 10 AGB führt (BGH NJW 72, 1200; WM 70, 632/633; 56, 1056). Die Schriftform-Klausel hat aber für den Fall Bedeutung, daß eine mündlich erteilte Auskunft schriftlich in anderer Fassung bestätigt wird; dann ist die Schriftform maßgebend (Schütz BFB, 18. Aufl., S. 205). Auskünfte und Ratschläge werden von der Bank nach Nr. 10 Satz 3 AGB unter *Ausschluß der Haftung* erteilt, soweit dies im Rahmen der Rechtsordnung zulässig ist (s. auch Nr. 7 AGB Sparkassen; abgedruckt Anh § 365 Anm. 10, 11). Die Freizeichnung erstreckt sich nach Nr. 10 Satz 4 AGB auch auf eine *unterlassene* Auskunft oder Raterteilung. Nr. 10 AGB Banken gilt auch für Auskünfte der Bank gegenüber einem *Nichtkunden,* der sich nach der Kreditwürdigkeit eines ihrer Kunden erkundigt (BGH NJW 72, 1200). Durch die Klausel „ohne unser Obligo" in einer Auskunft oder Empfehlung der Bank wird die Freizeichnung gemäß Nr. 10 AGB der Banken *wiederholt,* um deren Geltung unabhängig von der Unterwerfung unter die AGB, z.B. auch gegenüber einem Nichtkunden, sicherzustellen (BGH NJW 70, 1737). Es gelten daher für diese Klausel auch die *Grenzen* der Freizeichnung gemäß § 242 BGB (Anm. 31 ff.).

b) Grenzen des Haftungsausschlusses

51 Jede Freizeichnung ist nur innerhalb der Grenzen der Rechtsordnung *wirksam.* Das ist evident. Die Bedeutung des Hinweises darauf in Nr. 10 Satz 3 AGB Banken liegt darin, daß die Freizeichnungsmöglichkeiten in vollem Umfang ausgenutzt werden, soweit die *Rechtsordnung* nicht Grenzen setzt. Im Interesse der Bankkunden läge es, die Freizeichnung nicht in globaler Form vorzusehen, sondern die Fälle des Haftungsausschlusses zu konkretisieren.

52 Von vornherein steht fest, daß eine Haftung für den *eigenen Vorsatz,* bei juristischen Personen die Haftung für den Vorsatz ihrer verfassungsmäßig berufenen Vertreter (§§ 30, 31 BGB) und ihnen gleichzustellenden leitenden Angestellten, z.B. Filialleiter, nach § 276 Abs. 2 BGB *nicht* ausgeschlossen werden kann. Aber auch dann, wenn verfassungsmäßige Vertreter oder leitende Angestellte vorsätzlich oder *grobfahrlässig* eine falsche Auskunft oder einen falschen Rat erteilen, ist ein genereller Haftungsausschluß nach § 242 BGB *unwirksam* (BGHZ 20, 164/167 für § 54a Nr. 2 ADSp). Das gilt auch für die Freizeichnung nach Nr. 10 AGB Banken (BGH WM 72, 583/585; 74, 685/686).

53 Die Haftung für *vorsätzlich* falsche Auskünfte von *Angestellten*, die als *Erfüllungsgehilfen* tätig geworden sind, kann grundsätzlich ausgeschlossen werden (§ 278 Satz 2 BGB; BGH WM 70, 632/633). Doch kann die Berufung auf den Haftungsausschluß eine *unzulässige Rechtsausübung* darstellen. Das ist der Fall, wenn verfassungsmäßige Vertreter, leitende, aber auch *andere* Bankangestellte nicht nur vorsätzlich, sondern auch *fahrlässig* falsche Angaben zum Vorteil der Bank gemacht haben, und diese später den

Vorteil zu Lasten des Auskunftsempfängers für sich auszunutzen sucht (BGHZ 13, 198/201; 49, 169/172; BGH WM 62, 1220/1221; 70, 632/633 und 1021; 73, 635). Ein Bankangestellter hat z. B. die wirtschaftliche Lage eines verschuldeten Kunden bewußt günstig beurteilt, um den Anfrager zu veranlassen, dem Kunden Kredit zu gewähren oder sich an dessen Unternehmen zu beteiligen, damit die Bank aus den zufließenden Mitteln ihre eigenen Forderungen abdecken kann. Aber auch ohne Erlangung solcher Vorteile kann eine Berufung auf Nr. 10 Satz 3 AGB unzulässig sein, so z.B. wenn ein nicht leitender Angestellter die Auskunft wegen eines besonderen *wirtschaftlichen Interesses* der Bank *vorsätzlich falsch* erteilt hat, etwa zur Förderung eines bestimmten Geschäfts mit einem ihrer Kunden oder wegen eines von der Bank gewährten Kredits (BGH NJW 72, 1200). Auch die an sich *zulässige* Freizeichnung für *vorsätzliches* Handeln eines nicht leitenden Angestellten findet in solchen Fällen ihre sachgerechte Begrenzung. Die Berufung auf den Haftungsausschluß ist jedoch nicht schon dann nach § 242 BGB unzulässig, wenn die unrichtige Auskunft, die der Angestellte erteilt hat, dem Geschäftsherrn lediglich günstig ist; er muß diesen Vorteil auch *vorsätzlich* durch eine falsche Auskunft ihm zuwenden (BGH BB 62, 1307).

54 Die Freizeichnung in Nr. 10 Satz 3 AGB bezieht sich auf Auskünfte und Raterteilungen, nicht auf Verpflichtungen, die der Bank aus einer mit dem Kunden bestehenden *Geschäftsverbindung* erwachsen (BGH WM 76, 474; Liesecke WM 70, 502, 510 ff.), insbesondere nicht auf die sich aus § 242 ergebende *Schutzpflicht, die Interessen des Kunden zu wahren* (BGH WM 76, 474; Liesecke WM 70, 502, 510 ff.). Ohne besonderen Anlaß braucht eine Bank zwar nicht zu prüfen, ob sich einzelne Maßnahmen des Geschäftsführers einer GmbH im Rechtsverkehr mit ihr noch im Rahmen einer pflichtgemäßen Geschäftsführung halten; drängt sich aber der Verdacht auf, daß der Geschäftsführer seine Befugnis zum Nachteil der Gesellschaft mißbraucht, so ist sie verpflichtet, durch geeignete, sich in zumutbarem Rahmen haltende Maßnahmen die Interessen der GmbH als ihres Kunden wahrzunehmen (BGH WM 57, 28; 76, 474).

55 *Fernmündliche* Scheckbestätigungen im Verkehr der *Kreditinstitute untereinander* fallen nicht unter die Freizeichnungsklausel in Nr. 10 Satz 3 AGB Banken und Nr. 7 AGB Sparkassen (BGHZ 49, 167).

Einleitung zu den §§ 348–351 HGB

1 Das bürgerliche Recht schützt den Schuldner weitgehend gegen Übereilung und Geschäftsunkunde, indem es bei besonders gefahrvollen Geschäften entweder die Entstehung der Verbindlichkeit von der Einhaltung gewisser Formen abhängig macht oder die Durchsetzung einer bereits entstandenen Verbindlichkeit einschränkt. Der weitgehende Schuldnerschutz des bürgerlichen Rechts würde sich im Handelsverkehr nachteilig auswirken. Vor allem würde die Sicherheit des Handelsverkehrs darunter leiden. Ferner kann man von einem Kaufmann erwarten, daß er erfahren genug ist, die Risiken gewisser Geschäfte zu erkennen, die Tragweite seiner Erklärungen richtig würdigt und die nötige Geschäftsgewandtheit besitzt, sich selbst zu schützen. Das Handelsrecht setzt daher für *Vollkaufleute* einzelne Schutzvorschriften des bürgerlichen Rechts in den §§ 349–350 außer Kraft.

1. Nach § 348 ist die *richterliche Herabsetzung* einer unverhältnismäßig hohen Vertragsstrafe ausgeschlossen, wenn sie von einem Kaufmann im Betrieb seines Handelsgewerbes versprochen ist (§ 343 BGB).

2. Nach § 349 ist bei Bürgschaft und Kreditauftrag die *Einrede der Vorausklage* ausgeschlossen (§§ 771, 778 BGB), wenn die Bürgschaft für den Bürgen oder der Kreditauftrag für den Auftraggeber ein Handelsgeschäft ist.

3. Nach § 350 bedürfen die Bürgschaftserklärung sowie ein Schuldanerkenntnis oder Schuldversprechen *keiner Schriftform* (§§ 766, 780, 781 BGB), wenn die Bürgschaft auf seiten des Bürgen, das Anerkenntnis oder Versprechen auf seiten des Schuldners Handelsgeschäft ist.

Nicht anwendbar sind die Sondervorschriften des HGB über Vertragsstrafe, Bürgschaft, Kreditauftrag, Schuldanerkenntnis und Schuldversprechen auf Personen, deren Gewerbebetrieb nach Art und Umfang einen in kaufmännischer Weise eingerichteten Geschäftsbetrieb nicht erfordert. Es sind die *Minderkaufleute* des § 4. Für sie gelten in vollem Umfang der Formzwang und die sonstigen Schutzvorschriften des bürgerlichen Rechts (§ 351).

Die *Befreiung vom Formzwang* des bürgerlichen Rechts (§ 350), die den Handelsverkehr erleichtern soll, hat praktisch keine große Bedeutung. Wer begnügt sich wohl im Wirtschaftsleben mit einer mündlichen Bürgschaft, einem mündlichen Schuldanerkenntnis oder Schuldversprechen, mögen diese Geschäfte auch unter den Voraussetzungen des § 350 formlos gültig sein? Jeder vorsichtige Geschäftsmann wird, um ein sicheres Beweismittel in der Hand zu haben, es vorziehen, seine Abmachungen *schriftlich* festzulegen. Bedeutung kann § 350 für die Umdeutung formnichtiger Wechselerklärungen erlangen. – Die *Einrede der Vorausklage* wird auch im bürgerlichen Rechtsverkehr in der Regel durch Vereinbarung einer selbstschuldnerischen Bürgschaft (§ 773 Abs. 1 Ziffer 1 BGB) ausgeschlossen. – § 348 soll aus allgemeinen handelspolitischen Erwägungen die volle Strenge vertraglicher Strafverpflichtungen aufrechterhalten.

348 Eine Vertragsstrafe, die von einem Kaufmann im Betriebe seines Handelsgewerbes versprochen ist, kann nicht auf Grund der Vorschriften des § 343 des Bürgerlichen Gesetzbuches herabgesetzt werden.

Schrifttum: *Meyer-Cording,* Die Vereinsstrafe, 1967; *v. Brunn,* Zur Vereinbarung pauschalierter Schadenssummen in Formularverträgen, NJW 67, 712f.; *Zugehör,* Pauschalierter Schadenersatz, NJW 67, 1895 ff.; *Beuthin,* Die richterliche Kontrolle von Vereinsstrafen und Vertragsstrafen, BB Beilage 12/1968; *Belke,* Die Strafzinsen im Kreditgewerbe – ihre Begrenzung aus dem Zinseszinsverbot und ihr Verhältnis zu den gesetzlichen Verzugsfolgen, BB 68, 1219 ff.; *Belke,* Die Schadenspauschalierung in AGB, DB 69, 559 ff.; 603 ff.; *Flume,* Die Vereinsstrafe, Festschrift für Bötticher, 1969, S. 101 ff.; *Bötticher,* Wesen und Arten der Vertragsstrafe sowie deren Kontrolle, ZfA 70, 1 ff.; *Löwisch-Württemberger,* Vertragsstrafe und Betriebsstrafe im Arbeitsrecht, JuS 1970, 261 ff.; *Horschitz,* Vereinsstrafe-Betriebsstrafe-Vertragsstrafe – dargestellt am Beispiel des deutschen Lizenzfußballspielers, 1970; *H. P. Westermann,* Zur Legitimität der Verbandsgerichtsbarkeit, JZ 72, 537 ff.; *Lindacher,* Phänomenologie der „Vertragsstrafe", 1972; *Weitnauer,* Vereinsstrafe, Vertragsstrafe und Betriebsstrafe, Festschrift für Reinhardt, 1972, S. 179 ff.; *Schlechtriem,* Richterliche Kontrolle von Schadenspauschalierungen und Vertragsstrafen, 1973 (Freiburger Rechts- und Staatswissenschaftliche Abhandlungen, Band 35); *Beuthin,* Pauschalierter Schadensersatz und Ver-

§ 348 1. Abschn. *Drittes Buch. Handelsgeschäfte*

tragsstrafe, Festschrift für Larenz, 1973, S. 495 ff.; *Bruder*, Keine Vereinsstrafgewalt des DFB über Lizenzspieler (Bundesligaspieler)? MDR 1973, 897 ff.; *Knütel*, Verfallsbereinigung, nachträglicher Verfall und Unmöglichkeit bei der Vertragsstrafe, AcP 175 (1975), 44 ff.; *Kleine-Möller*, Die Vertragsstrafe im Bauvertrag, BB 1976, 442 ff.

Inhalt

	Anm.		Anm.
I. Wesen der Vertragsstrafe	1–12	2. Herabsetzbarkeit nach § 343 BGB	21–22
1. Unselbständiges Strafversprechen	1– 4	3. Bedeutung des § 348 HGB	23
2. Rechtsfolgen	5–10	IV. Die Voraussetzungen für den Ausschluß der Strafherabsetzung	24–28
3. Selbständiges Strafversprechen	11	1. Kaufmannseigenschaft des Versprechenden	24–26
4. Dispositives Recht	12	2. Versprechen im Betriebe des Handelsgewerbes	27
II. Abgrenzungen	13–19	V. Wirkungen des Ausschlusses	28–30
1. Reugeld	13	1. Keine richterliche Herabsetzung	28
2. Draufgabe	14	2. Dispositives Recht	29
3. Verfallklausel	15	3. Formularmäßige Strafklauseln	30
4. Schadenersatz-Pauschalierung	16	VI. Sonstige Schranken	31–32
5. Garantievertrag	17	1. Nichtigkeit der Vertragsstrafe	31
6. Vereinsstrafe	18	2. Willensmängel	32
7. Öffentliche Strafe	19		
III. Richterliche Kontrolle der Vertragsstrafe	20–23		
1. Bestimmung der Strafhöhe	20		

I. Wesen der Vertragsstrafe

1. Unselbständiges Strafversprechen

1 a) Die in den §§ 339 bis 345 BGB geregelte *Vertragsstrafe* bezweckt, den Schuldner zur ordnungsgemäßen Erfüllung seiner Verpflichtung anzuhalten. Für ein solches Druckmittel besteht ein schutzwürdiges Interesse des Gläubigers. Daneben kann die Strafsanktion aber dem Gläubiger auch einen Ersatz für den ihm durch die Nichterfüllung oder die nicht gehörige oder nicht rechtzeitige Erfüllung entstehenden *Schaden* bieten, ohne daß er Entstehung und Höhe eines Schadens darzulegen und zu beweisen braucht (BGHZ 63, 256/259; RGZ 103, 99; Mot. II 275). Der Schuldner kann nicht einwenden, dem Gläubiger sei kein Schaden entstanden (BGH LM BGB § 339 Nr. 14). Die Vertragsstrafe hat daher außer der präventiv *pönalen* auch eine repressiv *schadenersatzrechtliche* Funktion (Larenz, Schuldrecht 11. Aufl. I § 24 II; Staudinger/Kaduk § 339 BGB Anm. 10 f.; Erman/H. P. Westermann vor §§ 339 ff. Rdz. 2; Palandt/Heinrichs vor § 339 Anm. 1; Schlechtriem aaO S. 55 ff.; a. M. Lindacher aaO S. 55 ff., der den bifunktionalen Charakter verneint und die Vertragsstrafe ausschließlich als Institut der Realerfüllungssicherung ansieht).

2 Durch eine Vertragsstrafe läßt sich *jedes schutzwürdige Interesse* des Gläubigers schützen, insbesondere auch die Ausgleichsfähigkeit immaterieller Schäden (§ 253 BGB) erreichen. Gewöhnlich wird als Vertragsstrafe ein *Geldbetrag* geschuldet sein; sie kann aber auch in einer anderen Vermögensleistung bestehen (§ 342 BGB), z. B. einem Erlaß oder einer Stundung (RGZ 68, 41; v. Godin in RGR-Komm. z. HGB § 348 Anm. 2; Heymann/Kötter § 348 Anm. 1). Kennzeichnend für das unselbständige Strafversprechen als Sicherungsmittel ist ihre *Akzessorietät*. Sie ist vom Bestehen einer rechtswirksamen Hauptverbindlichkeit abhängig, die dadurch gesichert wird. Die Hauptverbindlichkeit kann auf ein *Tun* oder – vor allem im Wettbewerbsrecht, – auf ein *Unterlassen* gehen. Besteht keine wirksame Hauptverbindlichkeit, wird sie später *aufgehoben* oder die Erfüllung dem Schuldner, ohne dies vertreten zu müssen, *unmöglich,* so entfällt der Anspruch auf die Vertragsstrafe. Das gilt bei Unmöglichkeit sogar dann, wenn die Strafe bereits *verwirkt* ist (BGH LM BGB § 339 Nr. 2; Knütel AcP 175 [1975], 44/72 ff.; kritisch Lindacher aaO § 16 Fn. 18, der die Geltendmachung einer verwirkten Strafe nur unter dem Gesichtspunkt unzulässiger Rechtsausübung im Einzelfall scheitern läßt).

b) Für die **Verwirkung** der Vertragsstrafe gilt folgendes: Besteht die Leistung in einem **3** *positiven Tun,* so ist die Strafe verwirkt, wenn der Schuldner in *Verzug* gerät oder ihm die Leistung in einer von ihm zu vertretenden Weise *unmöglich* geworden ist (§ 339 Satz 1 BGB). Das gilt auch, wenn die Leistung terminiert war (Lindacher aaO S. 87; a.M. Knütel AcP 175 [1975], 70), vorausgesetzt, daß der Schuldner die Unmöglichkeit *zu vertreten* hat. Wurde in einem Bierbezugsvertrag eine Vertragsstrafe für den Fall der *Schließung* der Gastwirtschaft vereinbart, so hat der Gastwirt, der sein Grundstück an die Gemeinde veräußert, die Strafe auch dann *verwirkt,* wenn er eine Enteignung abwenden wollte (BGH LM BGB § 339 Nr. 14, 36); er kann gegenüber dem Vertragsstrafenanspruch nicht einwenden, der Brauerei sei kein Schaden entstanden, weil der Bierbezug auch bei einer Enteignung beendet worden wäre (Anm. 1). – Die Parteien können der Vertragsstrafe eine *garantieähnliche* Funktion geben, so daß sie auch verwirkt, wenn die Leistung aus Gründen unterbleibt, die vom Willen des Schuldners unabhängig sind oder die er jedenfalls nicht verschuldet hat (BGH NJW 58, 1483; Larenz, Schuldrecht I § 24 II S. 306; Beuthin aaO S. 495/500; a.M. Lindacher aaO S. 91 f., der stets Verschulden verlangt).

Besteht die Leistung in einem *Unterlassen,* so tritt die Verwirkung mit der *Zuwider-* **4** *handlung* ein (§ 339 Satz 2 BGB). Gemeint ist auch hier eine *schuldhafte* Zuwiderhandlung des Schuldners (arg. § 339 Satz 1 BGB; BGH NJW 72, 1893/2264; OLG Frankfurt BB 74, 1315; Larenz aaO; Palandt/Heinrichs § 339 Anm. 3; Esser/Schmidt, Schuldrecht I 1 § 16 III Fn. 37; a.M. früher BGH LM BGB § 407 Nr. 3; NJW 71, 1126; RGZ 147, 233; 95, 199; 55, 78). Doch ist das Verschulden ebenso wie bei einer auf positives Tun gerichteten Leistung keine zwingende Voraussetzung. Die Parteien können vereinbaren, daß die Strafe ähnlich einem Garantieversprechen auch bei einer unverschuldeten Zuwiderhandlung zu zahlen ist (BGH NJW 72, 1893).

2. Rechtsfolgen

Die Rechtsfolgen der Strafverwirkung, insbesondere ihr Verhältnis zum Anspruch auf **5** Erfüllung oder Schadenersatz wegen Nichterfüllung, bestimmen sich nach §§ 340, 341 BGB.

a) Hat der Schuldner die Strafe für den Fall versprochen, daß er eine Verbindlichkeit **6** *nicht erfüllt,* so kann der Gläubiger die verwirkte *Strafe statt der Erfüllung* verlangen (§ 340 Abs. 1 Satz 1 BGB). Erklärt er dies dem Schuldner, so ist der Erfüllungsanspruch ausgeschlossen (§ 340 Abs. 1 Satz 2 BGB). Ob tatsächlich für den Gläubiger ein Schaden entstanden ist, ist ohne Belang. Da kein Erfüllungsanspruch mehr besteht, kann der

Gläubiger nicht mehr wegen Nichterfüllung der Verbindlichkeit zurücktreten; nur aus anderen Gründen könnte ein Rücktrittsrecht ausgeübt werden. Hat der Gläubiger nur wegen einer einzelnen Rate die verwirkte Strafe verlangt, so ist das Rücktrittsrecht nur insoweit ausgeschlossen, nicht aber wegen Nichterfüllung später fällig werdender Raten.

7 Verlangt der Gläubiger bei Verwirkung der Strafe zunächst *Erfüllung,* so schließt dies, wenn der Anspruch nicht durchgesetzt werden kann, das Verlangen der Strafe nicht aus. Bis dahin kann der Schuldner noch den Strafanspruch durch das Angebot der Primärleistung beseitigen (Knütel AcP 175, [1975] 44/62 ff.; Larenz, Schuldrecht I § 24 II a).

8 b) Kann der Gläubiger *Schadenersatz wegen Nichterfüllung* verlangen, so wird dieser Anspruch nicht dadurch ausgeschlossen, daß er die verwirkte Strafe als *Mindestbetrag* des Schadens und darüber hinaus Ersatz des weitergehenden Schadens verlangt (§ 340 Abs. 2 BGB). Dem Gläubiger steht neben der Strafe der ungekürzte Schadensersatzanspruch zu (RGZ 94, 203/207). Vom Zeitpunkt der Strafverwirkung hat der Schuldner nach der Rechtsprechung des BGH auch *Verzugszinsen* zu zahlen, ohne daß auf sie die Strafe anzurechnen ist; sonst könnte der Schuldner, der seine Schuld nicht erfüllt, das Kapital für sich nutzen und die verwirkte Strafe zu seinem Vorteil allmählich ausgleichen (BGH LM BGB § 341 Nr. 2). Doch ist die Nichtanrechnung nur für den Fall gerechtfertigt, daß die Vertragsstrafe bei Eintritt des Straffalls insgesamt verfallen ist, nicht dagegen, wenn erst künftig gemäß der Verzugsdauer ansteigende Strafzinsen anfallen (zutr. Belke BB 68, 1219/1226 ff.). Auch bei dem Verzugsschaden, der über die Verzugszinsen *hinausgeht,* ist eine Anrechnung geboten (von BGH aaO offen gelassen). – Ferner ist ein Schadenersatzanspruch stets ausgeschlossen, wenn als Strafe eine *andere* Leistung als die einer Geldsumme versprochen wurde.

9 c) Hat der Schuldner die Strafe für den Fall versprochen, daß er seine Verbindlichkeit *nicht in gehöriger Weise,* z.B. mangelhaft oder nicht rechtzeitig erfüllt, so kann der Gläubiger die verwirkte Strafe *neben der Erfüllung* verlangen (§ 341 Abs. 1 BGB). Nimmt er jedoch die Leistung als Erfüllung an, so muß er sich das Recht, die Strafe zu verlangen, *bei der Annahme vorbehalten* (§ 342 BGB). Die Gleichzeitigkeit ist wesentlich. Ein schon vorher gemachter Vorbehalt muß deshalb bei Annahme der Erfüllung nochmals *erkennbar geäußert* werden (BGHZ 33, 236/238). Nur dann bedarf es dieses Vorbehalts nicht, wenn der Gläubiger die Leistung bereits eingeklagt hat und den Rechtsstreit noch bei Annahme betreibt; in diesem Fall steht das Betreiben dem Vorbehalt bei Annahme gleich (BGHZ 62, 328; a.M. RG JW 11, 400 Nr. 8).

10 d) Eine Sonderregelung besteht für *Handlungsgehilfen,* die sich für den Fall der Verletzung einer Wettbewerbsabrede zur Zahlung einer Strafe verpflichtet haben. Gegen sie kann der Arbeitgeber bei einem Wettbewerbsverstoß nach § 75 c Abs. 1 einen Anspruch nur gemäß § 340 BGB geltend machen. Bei einem auch ohne Karenzentschädigung verbindlichen Wettbewerbsverbot kann der Arbeitgeber nach § 75 c Abs. 2 *nur die Strafe* verlangen.

3. „Selbständiges" Strafversprechen

11 Als „selbständig" bezeichnet man ein Strafversprechen, wenn jemand eine Strafe für ein Verhalten (Tun oder Unterlassen) verspricht, zu dem er rechtlich *nicht verpflichtet* ist

(RGZ 85, 242; 95, 201; Bötticher ZFA 70, 1/15 ff.; Larenz, Schuldrecht I § 24 II b). Eine Hauptverbindlichkeit, auf deren Erfüllung geklagt werden kann, ist hier zwar nicht vorhanden, jedoch bewirkt die Strafsanktion, daß der Versprechende zu einem bestimmten Verhalten – wenn auch nur mittelbar – rechtlich verpflichtet ist, die Strafe somit ebenfalls akzessorische Natur besitzt (Esser/Schmidt, Schuldrecht I 1 § 16 III 3.2; Lindacher aaO S. 66 ff., der ein „selbständiges Strafgedinge" daher verneint). Im Kern besteht kein Unterschied zwischen einem selbständigen und einem unselbständigen Strafversprechen; beide sind rechtlich relevant. Eine „selbständige" Vertragsstrafe liegt z.B. vor, wenn ein Antragsempfänger für den Fall der Nichtannahme des Antrags innerhalb bestimmter Frist die Zahlung einer Strafe verspricht (RGZ 95, 201/203). Auch das Verhalten eines *Dritten,* zu dem dieser gesetzlich nicht verpflichtet ist, kann durch eine Vertragsstrafe gesichert werden. Ist das Versprechen einer Leistung gesetzlich unwirksam, so gilt dies auch für ein selbständiges Strafversprechen (§ 344 BGB); sonst ließe sich das gesetzliche Gebot oder Verbot leicht umgehen. Auch eine „selbständige" Vertragsstrafe kann nach § 343 Abs. 2 BGB durch Urteil auf einen *angemessenen* Betrag herabgesetzt werden, es sei denn, daß der Versprechende Vollkaufmann ist (§ 348 HGB). Ferner können noch andere für das unselbständige Strafversprechen geltende Vorschriften *entsprechend* anwendbar sein (RG HRR 29 Nr. 1204). So folgt aus § 339 BGB, daß auch eine „selbständige" Vertragsstrafe nur verwirkt ist, wenn den Versprechenden ein *Verschulden* trifft (RGZ 95, 201/203).

4. Dispositives Recht

Die §§ 340, 341 BGB enthalten keine zwingende Regelung der Rechtsfolgen (BGH **12** LM BGB § 339 Nr. 2; RG HRR 34 Nr. 1349; von Godin in RGR-Komm. z. HGB § 348 Anm. 31; Erman/H. P. Westermann § 340 Anm. 1; Palandt/Heinrichs zu § 340). Wird die sofortige Fälligkeit der verwirkten Vertragsstrafe vereinbart, so liegt darin nur eine Präzisierung des § 339 BGB; daraus läßt sich noch nicht entnehmen, daß auch § 341 Abs. 3 BGB abgedungen wurde, wonach sich der Gläubiger, der eine nicht gehörige Erfüllung als Erfüllung annimmt, sich das Verlangen der Strafe bei Annahme vorbehalten muß. Der Grundsatz der *Abdingbarkeit* der §§ 340, 341 BGB gilt jedoch uneingeschränkt nur für *individuell* getroffene Vereinbarungen. Durch Allgemeine Geschäftsbedingungen und Formularverträge läßt sich die den Gläubiger ohnehin begünstigende gesetzliche Regelung nicht zum Nachteil des Schuldners abdingen. So kann § 340 Abs. 2 BGB, wonach bei Nichterfüllung die verwirkte Strafe auf den Schadenersatzanspruch wegen Nichterfüllung anzurechnen ist, *nicht* in Allgemeinen Geschäftsbedingungen und Formularverträgen abgedungen werden (BGHZ 63, 256/260).

II. Abgrenzungen

1. Reugeld

Um *Reugeld* handelt es sich, wenn sich der Schuldner durch eine Leistung von seiner **13** Verbindlichkeit befreien kann. Der Unterschied zur Vertragsstrafe besteht darin, daß nicht der Gläubiger unter Fortbestand des Vertrages die verwirkte Strafe statt der Erfüllung verlangen, sondern der *Schuldner* gegen Zahlung des Reugelds vom Vertrage

§ 348 1. Abschn. *Drittes Buch. Handelsgeschäfte*

zurücktreten kann (§ 359 BGB). Für eine richterliche Herabsetzung nach § 343 BGB besteht kein Raum; wohl aber kann die Vereinbarung eines Reugeldes im Einzelfall gegen § 138 BGB verstoßen. Im Börsenterminhandel kommt es häufig vor, daß sich der Käufer oder Verkäufer zur Vermeidung oder Begrenzung des Risikos bei Fehlspekulation ein Rücktrittsrecht gegen Zahlung eines Reugelds vorbehält. Über solche Vor- und Rückprämiengeschäfte (vgl. RGZ 136, 106; ROHG 19, 4; von Godin in RGR-Komm. z. HGB Anh. zu § 348).

2. Draufgabe

14 Die *Draufgabe* ist weder Vertragsstrafe noch im Zweifel Reugeld (§ 336 Abs. 2 BGB). Sie gilt als Zeichen des Vertragsschlusses (Beweisfunktion) und ist nach § 337 BGB im Zweifel auf die Leistung des Schuldners anzurechnen oder bei Vertragserfüllung sowie bei Nichtigkeit oder Aufhebung des Vertrages zurückzugeben. Nur wenn der Schuldner die Unmöglichkeit der geschuldeten Leistung zu vertreten hat, darf der Gläubiger die Draufgabe behalten; verlangt der Gläubiger Schadenersatz wegen Nichterfüllung, so ist die Draufgabe im Zweifel anzurechnen (§ 338 BGB).

3. Verfallklausel

15 Während eine Vertragsstrafe dem Gläubiger einen *zusätzlichen* Anspruch gegen den Schuldner auf Zahlung einer Geldsumme oder eine andere Leistung gibt, führt die *Verfallklausel* (kassatorische Klausel) zu einem *Rechtsverlust* des Schuldners. Sie kann *zwei* verschiedene Bedeutungen haben: Es kann vereinbart sein, daß der Schuldner *die gesamten Rechte* aus dem Vertrage verlieren soll, wenn er seine Verbindlichkeit nicht erfüllt. In diesem Fall ist die Verfallklausel als *Rücktrittsvorbehalt* zugunsten des Gläugers anzusehen (§ 360 BGB). Es bedarf einer Rücktrittserklärung des Gläubigers. § 360 BGB enthält jedoch keine zwingende Regelung. Die Parteien können die Verfall- oder Verwirkungsklausel als *Strafversprechen* ausgestalten, so daß der Schuldner, wenn er seine Verpflichtung verletzt, *automatisch* seine gesamten Rechte verwirkt oder ein einzelnes Recht verliert (vgl. §§ 1149, 1229 BGB, § 49 SchiffsG). Es wird z. B. häufig bei Abzahlungsgeschäften und Ratenvergleichen vereinbart, daß die ganze Restschuld fällig sein soll, sobald der Käufer eine seiner Verpflichtungen nicht erfüllt (vgl. aber § 4 Abs. 2 AbzG), oder der Verkäufer bei nicht rechtzeitiger Lieferung einen Teil seines Kaufpreisanspruchs verlieren soll. Auch im Versicherungsrecht kommen Verfallklauseln häufig vor. In diesen Fällen bewirkt die Verfallklausel, daß der Schuldner im Augenblick der Nichterfüllung ein Recht verliert, ohne daß es noch einer besonderen Handlung des Gläubigers bedarf (für die Vollstreckung vgl. RGZ 134, 156; KG JFG 11, 35 ff.). § 360 BGB kann dann nicht angewendet werden. Wohl aber ist eine *analoge* Anwendung der Vorschriften über die Vertragsstrafe geboten, weil sich die Verfallklausel für den Schuldner, der seine vertragliche Verpflichtung verletzt, ebenso als Vermögensnachteil auswirkt, als hätte er eine zusätzliche Leistung versprochen (BGH LM § 339 Nr. 6, 16; Bötticher ZFA 1, 39 f.; Erman/H. P. Westermann vor §§ 339–354 Rdz. 8). Wesentlich ist daher ein *Verschulden* des Schuldners. Auch ist § 343 BGB analog anzuwenden; anders bei versicherungsrechtlichen Vertragsklauseln (§§ 6 VVG, 7 AKB), wo die Rechtsprechung es im Interesse der Rechtssicherheit vorzieht, die Verwirkungsfolge

nach § 242 BGB einzuschränken (RGZ 145, 31; 152, 258; BGH VersR 72, 363 f.; OLG Düsseldorf VersR 73, 1157 ff; Knütel AcP 175 [1975], 44/63 ff.). – Zur Möglichkeit der *Kombination* von Vertragsstrafe und Reugeld s. Lindacher aaO S. 196 f.

4. Schadenersatz-Pauschalierung

Vereinbarungen über Voraussetzungen und Höhe des bei einer Vertragsverletzung zu leistenden Schadenersatzes dienen dazu, Streitigkeiten über solche Ansprüche im voraus auszuräumen. Der Gläubiger kann die Schadenspauschale verlangen, ohne daß er nachzuweisen braucht, daß ihm in dieser Höhe tatsächlich ein Schaden entstanden ist. Das kann sich je nachdem zugunsten des Gläubigers oder des Schuldners auswirken. Die Abgrenzung zwischen Vertragsstrafe und Schadenspauschale ist schwierig, weil diese auch auf den Schuldner einen Erfüllungszwang ausüben, jene aber ebenfalls eine Schadensregelung enthalten kann. Begrifflich ist eine Unterscheidung daher nicht möglich (Larenz, Schuldrecht I § 24 III; Belke aaO S. 562). Man sucht daher nach dem Gewicht der Funktionen zu unterscheiden. Dient die Zahlung des versprochenen Betrages vor allem dazu, auf den Schuldner einen möglichst wirkungsvollen Erfüllungszwang auszuüben, so soll es sich um eine *Vertragsstrafe* handeln, dagegen um eine *Schadenspauschale,* wenn sie der vereinfachenden Schadensliquidierung dient (BGHZ 49, 84; BGH NJW 70, 29; 66, 2208). Hat z.B. der Auftraggeber, wenn er seine vertraglichen Pflichten verletzt, einem Makler ohne Nachweis eines Schadens die Gesamtprovision zu zahlen, so soll regelmäßig ein Vertragsstrafe-Versprechen vorliegen (BGHZ 49, 84). Kann ein Verkäufer bei einem schuldhaften Vertragsverstoß des Käufers 20% des Verkaufspreises als entgangenen Gewinn fordern, so ist eine Schadenspauschale gemeint (BGH LM BGB § 138 [Bb] Nr. 26). Nach Lindacher (aaO S. 179 ff.) liegt eine Vertragsstrafe nur dann vor, wenn die Strafsanktion nicht mehr am wahrscheinlichen Schaden orientiert ist und sich daher nicht mehr „schadenersatzrechtlich" qualifizieren läßt (s. auch Anm 1). Die Bedeutung der Unterscheidung liegt darin, daß die Vertragsstrafe, falls sie nicht von einem Vollkaufmann versprochen wurde, nach § 343 BGB herabgesetzt werden kann, die Abrede über die Schadenspauschale aber nur der Kontrolle der Allgemeinen Geschäftsbedingungen und Formularverträge nach §§ 138, 242 BGB unterliegt. Geht man von der Doppelfunktion der Vertragsstrafe aus, so ist eine exakte Abgrenzung zwischen Vertragsstrafe und Schadenspauschale nicht möglich. Dann aber ist es sachgerecht, Schadenersatz-Pauschalierungen wie Strafversprechen zu behandeln und zum Schutz des Schuldners § 343 BGB analog anzuwenden (ebenso Esser/Schmidt, Schuldrecht I § 16 III 3.1; Schlechtriem aaO S. 57 ff.). Demgegenüber nimmt Larenz (Schuldrecht I § 24 II c) im Anschluß an Beuthin (aaO S. 504 ff.) keine Vertragsstrafe, sondern eine Schadenspauschale an, die jedoch nur insoweit zulässig ist, als sie sich im Rahmen einer Schadenersatzregelung hält. Ist die Pauschale weder an dem tatsächlichen noch dem gewöhnlich zu erwartenden, typischen Schaden orientiert, so ist die Abrede unwirksam. Der Gläubiger muß danach im Streitfall den ihm *tatsächlich* entstandenen Schaden nachweisen.

5. Garantievertrag

Der *Garantievertrag* (§ 349 Anm. 18 ff.) verpflichtet den Garanten, für einen bestimmten Erfolg einzustehen. Er dient häufig der Sicherung der Leistung eines dritten

§ 348   1. Abschn.   *Drittes Buch. Handelsgeschäfte*

Schuldners und steht insoweit der Bürgschaft nahe (§ 349 Anm. 28). Doch kann der Garant auch für seine *eigene* Leistung die Gewähr übernehmen, wenn der gewährleistete Erfolg über die bloße Vertragsmäßigkeit der Leistung hinausgeht. Die Abgrenzung zur *Vertragsstrafe* ist dann schwierig. Eine Vertragsstrafe liegt vor, wenn die „Garantie" den Zweck hat, die Ansprüche des Gläubigers durch Druck auf den Schuldner zu sichern und den Gläubiger vom Nachweis eines Schadens zu befreien. Anders als bei garantievertraglicher Verpflichtung braucht dann ein Schaden nicht eingetreten zu sein, um den vertraglichen Strafanspruch auszulösen (BGH NJW 58, 1483).

6. Vereinsstrafe

18 *Vereinsstrafen,* die von den zuständigen Verwaltungsträgern eines rechtsfähigen oder nicht rechtsfähigen Vereins auf Grund der *Satzung* gegen Mitglieder wegen Verletzung ihrer mitgliedschaftlichen Pflichten verhängt werden, sind nach Auffassung der Rechtsprechung und eines großen Teils des Schrifttums keine Vertragsstrafen im Sinne der §§ 339 ff. BGB (BGHZ 21, 370/372 ff.; 29, 355; 47, 381; RGZ 49, 150/155; OLG Hamburg JW 38, 2300; Soergel/Schultze-v. Lasaulx § 25 Anm. 16; Staudinger/Coing AllgT § 25 Anm. 10; Palandt/Heinrichs vor § 339 Anm. 2 d; eingehend Meyer-Cording aaO S. 43 ff.). Sie beruhen nicht auf dem Koordinationsprinzip des Vertrages, sondern auf der Subordination der Mitglieder unter die Vereinsgewalt. Sie erfüllen auch nicht wie die Vertragsstrafe die Funktion des Schadenersatzes, sondern dienen als Mittel zur Wahrung der Vereinsdisziplin. Ob sie in der Satzung als „Vertragsstrafen" bezeichnet sind, ist unerheblich. Die Verhängung einer Vereinsstrafe wird danach als ein Akt der *autonomen Disziplinargewalt* des Vereins angesehen, der sich das Mitglied durch seinen Beitritt unterworfen hat. Diese aus soziologischer Sicht zutreffende Betrachtung schließt indessen nicht aus, auch die Grundlage einer Vereinsstrafe in einem *Vertrage* zu erblicken, wenn auch einem Vertrage mit besonderen Eigenarten (von Tuhr AllgT I S. 515; Flume in Festschrift Bötticher, 1969, S. 101/123 ff.; Bötticher ZFA 70, 3/14; Reinhardt, Gesellschaftsrecht, 1973, Nr. 343 ff.; Weitnauer in Festschrift Reinhardt, 1972, S. 179/185 ff.). Von der streitigen Frage, ob die Feststellung der Satzung und der Eintritt in einen Verein durch Antrag und Aufnahme vertraglicher oder vereinsautonomer Natur ist, sollte die Anwendung der §§ 339 ff. BGB nicht abhängig sein; eine *analoge* Anwendung ist geboten (Esser/Schmidt, Schuldrecht I 1 § 16 III 3.2; Weitnauer aaO S. 188; Enneccerus/Lehmann, Schuldrecht § 37 I). Demgegenüber ist für die Rechtsprechung die von ihr anerkannte autonome Natur der Vereinsstrafe ein Mittel, die gerichtliche Kontrolle von Vereinsstrafen und - beschlüssen *einzuschränken.* Die Gerichte können weder die Angemessenheit noch die Höhe der Straffestsetzung durch die Vereinsorgane nachprüfen. Ihre Prüfung beschränkt sich darauf, ob die Strafe überhaupt in der Satzung eine ausreichende Stütze hat, ob bei ihrer Verhängung die das Verfahren betreffenden Satzungsvorschriften eingehalten wurden, insbesondere dem Bestraften rechtliches Gehör gewährt worden ist, und ob die Bestrafung nicht offenbar unbillig, gesetz- oder sittenwidrig ist (BGHZ 21, 370/372 ff.; BGH LM BGB § 25 Nr. 11 und § 39 Nr. 3, 4). Auch wenn die Satzung die Festsetzung der Vereinsstrafe durch ein Schiedsgericht für unanfechtbar erklärt, ist eine gerichtliche Nachprüfung zulässig. Eine entgegenstehende Bestimmung der Satzung ist nichtig (BGHZ 29, 354). Die richterliche Nachprüfung kann allerdings erst stattfinden, wenn die Entscheidung des Vereins vorliegt. Das bestrafte Mitglied braucht sich nicht dem Instanzenzug des Vereins zu unterwerfen. Hat sich jedoch das Mitglied eines Rechtsbehelfs bedient, den die Satzung des Vereins bei Strafen vorsieht, so kann der *Verein* die Strafe nicht einklagen, bevor die Vereinsinstanzen erschöpft sind und eine endgültige Entscheidung des Vereins vorliegt (BGHZ 21, 372; RGZ 151, 231). – Zur Rechtsnatur von *Betriebsstrafen* s. Weitnauer aaO S. 179/186ff.; Zöllner, Betriebsjustiz, ZZP 83, 365 ff.

7. Öffentliche Strafe

Im Gegensatz zur Vertragsstrafe, die sich auf ein Rechtsgeschäft gründet, beruht die öffentliche Strafe unmittelbar auf *Gesetz*. Nur der Gesetzgeber kann für ein staatlich mißbilligtes Verhalten eine öffentliche Strafe androhen. Handlungen, die mit einer öffentlichen Strafe bedroht sind, können jedoch auch unter eine privatrechtliche Vertragsstrafe gestellt werden, wenn die Voraussetzungen für ihre Zulässigkeit gegeben sind (BGHZ 21, 370/374; RG Warn 1937 Nr. 127; RG ZAkDR 37, 655; § 348 Anm. 2). Dabei ist kein entscheidendes Gewicht auf die Wahl des Ausdrucks zu legen. Auch eine „Buße" oder eine „Strafe" kann eine *private* Vertragsstrafe sein (a. M. KG JW 26, 1600). Die Unbestimmtheit der Höhe der vorgesehenen Strafe steht der Annahme einer Vertragsstrafe nicht entgegen.

19

III. Richterliche Kontrolle der Vertragsstrafe

1. Bestimmung der Strafhöhe

Gewöhnlich werden die Parteien selbst die *Höhe* der Vertragsstrafe festlegen. Doch können sie die Bestimmung nach § 317 Abs. 1 BGB auch einem *Dritten* überlassen, der sie im Zweifel nach *billigem Ermessen* zu treffen hat. Die von ihm getroffene Bestimmung ist dann nicht verbindlich, wenn sie *offenbar unbillig* ist. In diesem Fall erfolgt die Bestimmung nach § 319 Abs. 1 BGB durch richterliches Urteil. Auch dem *Gläubiger* kann die Bestimmung der Strafhöhe überlassen werden (Lindacher aaO S. 82); es besteht die richterliche Kontrolle nach § 315 Abs. 3 BGB. Doch kann eine solche Abrede nach § 138 Abs. 1 BGB *nichtig* sein, wenn sie den Schuldner in zu starkem Maße dem Gläubigerwillen ausliefert (Staudinger/Kaduk vor § 339 BGB Anm. 45; Larenz, Schuldrecht I § 24 II a halten die Abrede stets für nichtig).

20

2. Herabsetzbarkeit nach § 343 BGB

Die den Parteien gewährte Vertragsfreiheit, durch Festlegung einer *Strafe* auf den Schuldner einen Druck zur ordnungsgemäßen Erfüllung auszuüben und dadurch zugleich für den Fall, daß der Schuldner seiner Verpflichtung nicht nachkommt, die Schadensliquidierung zu vereinfachen, dient dem Interesse des Gläubigers, ist aber dem Schuldner zuzumuten, solange die vereinbarte Strafe nicht erheblich über den dem Gläubiger tatsächlich entstandenen Schaden hinausgeht. Um den Schuldner gegen einen solchen institutionellen Mißbrauch der Vertragsstrafe zu schützen, kann der Schuldner die Herabsetzung der Strafe durch den Richter beantragen.

21

§ 348 1. Abschn. *Drittes Buch. Handelsgeschäfte*

§ 343 BGB lautet:
Ist eine verwirkte Strafe unverhältnismäßig hoch, so kann sie auf Antrag des Schuldners durch Urteil auf den angemessenen Betrag herabgesetzt werden. Bei der Beurteilung der Angemessenheit ist jedes berechtigte Interesse des Gläubigers, nicht bloß das Vermögensinteresse, in Betracht zu ziehen. Nach der Entrichtung der Strafe ist die Herabsetzung ausgeschlossen.
Das gleiche gilt auch außer den Fällen der §§ 339, 342, wenn jemand eine Strafe für den Fall verspricht, daß er eine Handlung vornimmt oder unterläßt.

22 Die Vorschrift ist *zwingend*. Sie gilt für unselbständige und selbständige Strafversprechen. Zwar kann ein Strafversprechen auch wegen Verstoßes gegen die guten Sitten nach § 138 Abs. 1 BGB *nichtig* sein. Aber dieser Schutz ist zu schwach, weil die unangemessene Höhe der Strafe noch nicht den Sittenverstoß zu begründen braucht und sich die Beurteilung zeitlich auf den Vertragsschluß bezieht, das Mißverhältnis zwischen Strafe und Schaden sich aber später ergeben kann. Es kommt hinzu, daß die sachgerechte Lösung bei einer unverhältnismäßig hohen Vertragsstrafe nicht die Nichtigkeit, sondern die Herabsetzung auf den angemessenen Betrag ist.

3. Bedeutung des § 348 HGB

23 Im Handelsverkehr hat der Gesetzgeber einen besonderen Schutz des Schuldners, wie ihn § 343 BGB in Form einer Herabsetzung der Strafe durch den Richter vorsieht (Anm. 21), nicht für nötig erachtet, wenn die Strafe von einem *Vollkaufmann* im Betriebe seines Handelsgewerbes versprochen wird. Die Vertragsstrafe soll den Gläubiger in verstärktem Maße dagegen schützen, daß der Schuldner seine Verbindlichkeit nicht oder nicht gehörig erfüllt. § 348 schließt daher die Anwendung des § 343 BGB aus. Dem Ausschluß liegt der Gedanke zugrunde, daß ein selbständiger Kaufmann, der sich zur Leistung einer Vertragsstrafe verpflichtet, die Tragweite seines Strafversprechens richtig würdigt. § 348 ist daher eine Ausnahmevorschrift zu § 343 BGB für den Handelsverkehr; im übrigen gelten jedoch sämtliche Vorschriften des BGB über die Vertragsstrafe in vollem Umfang auch für das Handelsrecht (vgl. Anm. 1).

IV. Die Voraussetzungen für den Ausschluß der Strafherabsetzung

1. Kaufmannseigenschaft des Versprechenden

24 Der Versprechende *muß* Kaufmann sein. Die Kaufmannseigenschaft kann auf §§ 1, 2, 3 Abs. 2, 3 oder auf § 6 beruhen. Auch wer nach § 5 kraft Eintragung im Handelsregister als Kaufmann gilt, kann eine Herabsetzung nicht verlangen. Wohl aber muß der Kaufmann ein *Vollhandelsgewerbe* betreiben (§ 351). Auf Personen, deren Gewerbebetriebe nicht über den Umfang eines in kaufmännischer Weise eingerichteten Geschäftsbetriebs hinausgeht (§ 4), findet § 348 keine Anwendung. Streitig ist, ob eine Strafherabsetzung auch dann ausgeschlossen ist, wenn der Versprechende keine Kaufmannseigenschaft besitzt, aber im Rechtsverkehr als Vollkaufmann aufgetreten ist und sich Dritten gegenüber nach Treu und Glauben als solcher behandeln lassen muß (§ 5 Anm. 7ff.). Zwei geschützte Interessen stoßen hier zusammen: Der Schutz des Nichtkaufmanns, der auf die Herabsetzbarkeit der versprochenen Strafe nach § 343 BGB an sich nicht durch Rechtsgeschäft verzichten kann, und der Schutz des auf die Kaufmannseigenschaft des Versprechenden vertrauenden gutgläubigen Dritten. Der Vorrang dürfte im Interesse des

Handelsverkehrs dem Schutz des gutgläubigen Dritten einzuräumen sein, der davon ausgehen kann, daß die vom Schuldner versprochene Strafe *nicht* herabgesetzt werden kann (OLG Hamburg JW 1927, 1109; von Godin in RGR-Komm. z. HGB Anm. 27; Lindacher a.a.O. S. 144; a.M. Hueck ArchBürgR 43, 451 wegen des zwingenden Charakters des § 343; Canaris, Vertrauenshaftung, § 16 I S. 181, weil es dem Schutzzweck des § 343 widerspräche, wenn ein Nichtkaufmann durch einfache Erklärung auf den Schutz verzichten könne; Ritter Anm. 1 zu § 348, der eine Strafherabsetzung nur dann nicht zulassen will, wenn das Verlangen den besonderen Umständen nach gegen die guten Sitten verstößt, ähnlich v. Gierke/Sandrock, Handels- und Wirtschaftsrecht, 9. Aufl., § 12 III 2 S. 167; Düringer/Hachenburg/Werner § 348 Anm. 27). BGHZ 5, 131 läßt die Frage, ob § 348 anzuwenden ist, wenn der Versprechende im Rechtsverkehr als Kaufmann aufgetreten ist, offen, erkennt aber an, daß unter besonderen Umständen die Herabsetzung einer vereinbarten Vertragsstrafe auch ausgeschlossen sein kann, wenn die Voraussetzungen des § 348 nicht gegeben sind. Dies wird dann angenommen, wenn der Versprechende eines Schutzes vor unbedachtem Handeln nicht bedarf und es dem Sinn des Gesetzes und der Gerechtigkeit widerspricht, die Berufung auf § 343 BGB zu gestatten. In dem vom BGH entschiedenen Falle hatte der Gesellschafter einer GmbH eine Vertragsstrafe zur Sicherung eines der Gesellschaft auferlegten Wettbewerbsverbots versprochen.

Der Versprechensempfänger braucht nicht Kaufmann zu sein.

25 Da die Strafe von einem Kaufmann versprochen sein muß, muß die Kaufmannseigenschaft *zur Zeit der Abgabe des Strafversprechens* bestehen (BGHZ 5, 136; RG Warn 20 Nr. 99; HRR 32 Nr. 1045; von Godin in RGR-Komm. z. HGB § 348 Anm. 27; Baumbach/Duden § 348 Anm. 2 A). Auf den Zeitpunkt der Strafverwirkung kommt es *nicht* an. Eine Strafherabsetzung nach § 343 BGB wird nicht dadurch ausgeschlossen, daß der Versprechende *nach* Abgabe des Versprechens Kaufmann geworden ist. Eine Herabsetzung der Strafe bleibt jedoch unzulässig, wenn ein Kaufmann *nach* Abgabe des Strafversprechens seine Kaufmannseigenschaft verliert oder ein Nichtkaufmann die Schuld übernimmt (RG JW 08, 148; Ritter Anm. 1 zu § 348; Düringer/Hachenburg/Werner § 348 Anm. 27; a.M. von Godin aaO). Hat sich ein Kaufmann für die Strafschuld eines Nichtkaufmanns verbürgt, so wirkt die Herabsetzung der Vertragsstrafe auch für ihn; er kann selbst auf Herabsetzung der Vertragsstrafe klagen (§ 768 BGB analog). Einem Nichtkaufmann, der sich für die Strafschuld eines Kaufmanns verbürgt hat, kommt der soziale Schutz des § 343 BGB zugute. Sind in der Satzung einer Aktiengesellschaft für den Fall nicht rechtzeitiger Einzahlung Vertragsstrafen festgesetzt (§ 54 Abs. 2 AktG), so kommt es für den Ausschluß der Strafherabsetzung darauf an, ob der Aktionär bei Übernahme oder bei Erwerb der Aktie Vollkaufmann war.

26 Ist die Kaufmannseigenschaft des Schuldners streitig, so trägt der Gläubiger hierfür die *Beweislast*. Beruft sich der Schuldner auf den Ausnahmetatbestand des § 351, so muß er nachweisen, daß er Kleingewerbetreibender oder Handwerker im Sinne des § 4 ist (RG DRZ 1932, 331).

2. Versprechen im Betriebe des Handelsgewerbes

27 Im Betriebe seines Handelsgewerbes muß der Kaufmann die Strafe versprochen haben (§ 343 Anm. 8, 9). Die Betriebszugehörigkeit wird nach § 344 vermutet. Wird das

§ 348 1. Abschn. *Drittes Buch. Handelsgeschäfte*

Strafversprechen schriftlich erklärt, so muß sich die Nichtzugehörigkeit zum Handelsgewerbe aus der Urkunde selbst ergeben (§ 344 Abs. 2). Auch wenn ein Kaufmann sein Geschäft veräußert, handelt er noch im Betriebe seines Handelsgewerbes. Verpflichtet er sich zur Zahlung einer Vertragsstrafe für den Fall, daß er ein Wettbewerbsverbot verletzt, so kann die Strafe nicht herabgesetzt werden (RGZ 70, 349; 112, 366). Verspricht der Vorstand einer Aktiengesellschaft in seinem Anstellungsvertrag eine Strafe, so ist eine Herabsetzung nach § 343 BGB zulässig, auch wenn der Vorstand neben seiner Tätigkeit als Vorstand ein Handelsgewerbe betreibt (RG HRR 30 Nr. 1602).

V. Wirkungen des Ausschlusses

1. Keine richterliche Herabsetzung

28   Liegen die Voraussetzungen zu IV (Anm. 24 ff.) vor, so genießt der *Kaufmann* nicht den Schutz des § 343 BGB. Eine unverhältnismäßig hohe Vertragsstrafe kann, gleichviel, ob es sich um eine unselbständige oder selbständige handelt, nicht nach § 343 BGB durch Urteil herabgesetzt werden. Wohl aber muß auch das Strafversprechen eines Vollkaufmanns nach §§ 157, 242 BGB dahin *ausgelegt* werden, welchen Inhalt es besitzt (zutr. Lindacher aaO S. 141 f.). Hat sich der Schuldner „für jeden Fall einer Zuwiderhandlung" zur Zahlung einer Strafe verpflichtet, so braucht dies nicht zu bedeuten, daß *gleichartige* Verstöße jeweils eine erneute Sanktion auslösen. Mehrere gleichartige Einzelhandlungen können zu *einem* Fall der Zuwiderhandlung zusammengefaßt werden, und zwar auch dann, wenn die Handlungen fahrlässig begangen worden sind (BGH NJW 60, 2332; für Wettbewerbsverstöße s. Baumbach/Hefermehl, Wettbewerbs- und Warenzeichenrecht, 11. Aufl., Band I Einl UWG Anm. 319). Zur Beurteilung von *Einheitsstrafen* s. Lindacher aaO S. 142 f.

2. Dispositives Recht

29   § 348 sieht den Ausschluß richterlicher Strafherabsetzung *nicht zwingend* vor. Auch wenn der Versprechende Vollkaufmann ist, können die Parteien vereinbaren, daß eine unverhältnismäßig hohe Strafe entsprechend § 343 BGB herabgesetzt werden kann (ebenso von Godin in RGR-Komm. z. HGB § 348 Anm. 30). – Unbenommen bleibt es dem Gläubiger, auf eine bereits *verwirkte* Vertragsstrafe zu verzichten. Streitig ist, ob der Schuldner einseitig durch ein Angebot der Leistung den Verfall *bereinigen* kann, bis der Gläubiger den Strafanspruch geltend macht (bejahend Knütel AcP 175 [1975] 44 ff.; a. M. Düringer/Hachenburg/Werner Anm. 15.

3. Formularmäßige Strafklauseln

30   Vertragsstrafen und Schadenspauschalierungen können nicht nur individuell ausgehandelt, sondern auch in Allgemeinen Geschäftsbedingungen und Formularverträgen einseitig festgelegt werden (BGHZ 63, 256/260; Lindacher aaO S. 203 ff.). Dann unterliegen sie aber der *Inhaltskontrolle* nach § 242 BGB. Diesen Schutz genießt auch der Vollkaufmann. Eine übermäßig hohe Vertragsstrafe kann daher auf das *zulässige Maß*

Erster Abschnitt. Allgemeine Vorschriften 1. Abschn. § 348

zurückgeführt werden (LG Frankfurt NJW 75, 1519). Das bedeutet im Ergebnis eine entsprechende Anwendung des § 343 BGB. Dem steht § 348 HGB nicht entgegen, der eine richterliche Herabsetzung unangemessen überhöhter Strafen nur ausschließt, wenn sie individuell vereinbart worden sind.

VI. Sonstige Schranken

1. Nichtigkeit der Vertragsstrafe

Wenn auch die von einem Vollkaufmann im Betriebe seines Handelsgewerbes versprochene Vertragsstrafe nicht nach § 343 BGB auf einen angemessenen Betrag herabgesetzt werden kann, so schließt dies nicht aus, daß das Strafversprechen aus anderen Gründen nicht durchsetzbar ist (s. auch Anm. 32). So kann ein Strafversprechen wegen gesetzlicher Unwirksamkeit des Hauptversprechens (§ 344 BGB), Verstoßes gegen die guten Sitten (§ 138 Abs. 1 BGB), Wuchers (§ 138 Abs. 2 BGB) oder wegen Formmangels, z. B. bei Grundstückskäufen (§§ 313, 134 BGB) *nichtig* sein (RGZ 85, 101; 152, 260; SeuffA 81 Nr. 83; Ritter § 348 Anm. 2; Düringer/Hachenburg/Werner § 348 Anm. 3; von Gierke § 56 VIII). Die *kartellrechtliche* Zulässigkeit des Strafversprechens hängt nicht von der Höhe der Vertragsstrafe ab (BGHZ 52, 55/58). Die unverhältnismäßige Höhe der Strafe rechtfertigt als solche auch noch nicht die Annahme eines Verstoßes gegen die guten Sitten, da insoweit § 343 BGB eine Herabsetzung auf den angemessenen Betrag vorsieht, eine Anwendung dieser Vorschrift aber für den Vollkaufmann durch § 348 ausgeschlossen ist. Wohl aber kann ein Strafversprechen nach § 138 Abs. 1 BGB nichtig sein, wenn zur Unverhältnismäßigkeit der Strafhöhe *weitere Umstände* hinzutreten, die die wirtschaftliche Bewegungsfreiheit des Schuldners in unzumutbarer Weise beeinträchtigen, insbesondere seine wirtschaftliche Existenz gefährden oder gar vernichten (RGZ 85, 101; 114, 307; Soergel/Hefermehl § 138 BGB Anm. 51). Abzustellen ist dabei auf den Zeitpunkt des Vertragsschlusses. Ob die Nichtigkeit der Strafabrede die Nichtigkeit des *ganzen* Vertrages nach sich zieht, richtet sich nach § 139 BGB.

31

2. Willensmängel

Auch ein Vollkaufmann, der sich zur Zahlung einer Vertragsstrafe verpflichtet hat, kann sich auf für die Gültigkeit seines Versprechens relevante Willensmängel berufen, z. B. seine Verpflichtungserklärung wegen arglistiger Täuschung nach § 123 BGB oder wegen Geschäftsirrtums nach § 119 BGB anfechten. § 348 HGB hindert auch nicht, eine Vertragsstrafe nach den Grundsätzen über das Fehlen oder den Wegfall der *Geschäftsgrundlage* zu ermäßigen, wenn sich z. B. beide Parteien in gleicher Weise über den Wert des Vertragsobjekts geirrt haben und deshalb das Festhalten an der Strafe in der vereinbarten Höhe *Treu und Glauben* (§ 242 BGB) widerspricht (BGH NJW 54, 988; DB 61, 1690; Lindacher aaO S. 141). Das führt dann zu einer richterlichen *Anpassung* der Strafhöhe auf den angemessenen Betrag. – Zur *Inhaltskontrolle* von Vertragsstrafen in Allgemeinen Geschäftsbedingungen und Formularverträgen s. Anm. 30.

32

VII. Verhältnis zum Abzahlungsrecht

33 Hat ein Abzahlungskäufer wegen Nichterfüllung der ihm obliegenden Verpflichtungen eine Vertragsstrafe verwirkt, so kann sie nach § 4 Abs. 1 AbzG auf seinen Antrag vom Gericht durch Urteil auf einen angemessenen Betrag herabgesetzt werden, wenn sie unverhältnismäßig hoch ist. Doch ist § 4 AbzG nicht anwendbar, wenn der Abzahlungskäufer als Kaufmann im Handelsregister eingetragen ist (§ 8 AbzG); ob der als Kaufmann Eingetragene wirklich ein vollkaufmännisches Handelsgewerbe betreibt, ist nach § 5 gleichgültig. In diesen Fällen bleibt es somit bei der Regelung des § 348, der eine Herabsetzung ausschließt.

34 Dagegen läßt sich die Anwendung des Abzahlungsgesetzes nicht wegen der fehlenden sozialen Schutzbedürftigkeit eines Käufers im Einzelfall ausschließen (BGHZ 15, 241). Der Gesetzgeber hat nur den *eingetragenen* Kaufleuten als Käufer den sozialen Schutz versagt und dadurch eine klare Abgrenzung geschaffen. Auch ein *nicht eingetragener* Vollkaufmann, der im Rahmen eines Abzahlungsgeschäfts ein Strafversprechen abgegeben hat, ist geschützt und durch § 348 *nicht gehindert,* nach § 4 Abs. 1 AbzG die *Herabsetzung* einer unverhältnismäßig hohen Vertragsstrafe *zu verlangen* (ebenso Ostler/Weidner, AbzG 1971, § 4 Anm. 12; Erman/Weitnauer BGB § 4 AbzG Rdz. 3; Düringer/Hachenburg/Werner § 348 Anm. 28; Ritter § 348 HGB Anm. 3).

35 Die von einem eingetragenen Kaufmann *außerhalb seines Handelsgewerbes* versprochenen Vertragsstrafen können nach § 343 BGB stets herabgesetzt werden. § 8 AbzG steht nicht entgegen.

---

349 Dem Bürgen steht, wenn die Bürgschaft für ihn ein Handelsgeschäft ist, die Einrede der Vorausklage nicht zu. Das gleiche gilt unter der bezeichneten Voraussetzung für denjenigen, welcher aus einem Kreditauftrag als Bürge haftet.

Inhalt

	Anm.
I. Wesen der Bürgschaft	1– 3
II. Arten der Bürgschaft	4–12
1. Nachbürgschaft	4
2. Rückbürgschaft	5
3. Ausfallbürgschaft	6
4. Kreditbürgschaft	7–10
a) Kennzeichnung	7
b) Inhalt	8
c) Übertragung	9
d) Kündigung	10
5. Kontokorrentbürgschaft	11
6. Wechselbürgschaft	12
III. Bürgschaftsverwandte Verträge	13–17
1. Schuldübernahme	13–14
2. Schuldbeitritt	15–17
IV. Selbständiger Garantievertrag	18–35
1. Kennzeichnung	18–20
a) Grundstruktur	18
b) Sicherungszweck	19
c) Sicherungsinteresse	20
2. Arten der Garantie	21–24
a) Leistungsgarantien	22
b) Eigenschaftsgarantien	23
c) Sonstige Garantien	24
3. Selbständige und unselbständige Garantien	25–27
a) Unselbständige Garantiezusagen	25
b) Selbständige Garantieverträge	26–27
4. Garantie und Bürgschaft	28–29
a) Ausgangspunkt	28
b) Abgrenzung	29

	Anm.		Anm.
5. Rechtsgrundsätze	30–35	2. Voraussetzungen für den Ausschluß der Einrede der Vorausklage	39–42
a) Einsatzpunkt	30	a) Kaufmannseigenschaft des Bürgen	39–41
b) Zustandekommen	31		
c) Erfüllungsanspruch	32	b) Verbürgung im Betrieb des Handelsgewerbes	42
d) Einwendungsausschluß	33		
e) Übergang des Garantieanspruchs	34	3. Wirkungen des Einredeausschlusses	43–44
f) Erfüllung der Garantiepflicht	35		
V. Bedeutung des § 349 HGB	36–44		
1. Im allgemeinen	36–38	4. Kreditauftrag	45

I. Wesen der Bürgschaft

Die in §§ 765–778 BGB geregelte *Bürgschaft* ist eine Form der Interzession, d. h. der **1** Verpflichtung in fremdem Interesse. Der Bürge verpflichtet sich *gegenüber dem Gläubiger eines Dritten* – dem Hauptschuldner –, für die Erfüllung der Verbindlichkeit des Hauptschuldners einzustehen (§ 765 Abs. 1 BGB). *Zweck* der Bürgschaft ist es, den Gläubiger gegen die *Leistungsunfähigkeit* des Schuldners zu sichern. Als eine Nebenschuld ist die Bürgschaftsverpflichtung daher von der Entstehung und dem Fortbestehen einer wirksamen Hauptschuld *abhängig*. Außer seinen eigenen Einwendungen und Einreden kann der Bürge auch die des Hauptschuldners geltend machen (§§ 767, 768 Abs. 1 Satz 1 BGB). Ein Einredeverzicht des Hauptschuldners hat keine Wirkung gegenüber dem Bürgen (§ 786 Abs. 2 BGB). Solange dem Hauptschuldner ein Anfechtungsrecht zusteht oder er sich durch Aufrechnung befreien kann, kann der Bürge die Leistung verweigern (§ 770 BGB).

Das Erfordernis der *Akzessorietät* unterscheidet die Bürgschaft vom *Garantievertrag*, **2** durch den der Gläubiger unabhängig von der Verpflichtung des Hauptschuldners gesichert werden kann (Anm. 28 ff.). *Grenzen* der Akzessorietät können sich bei der Bürgschaft allein aus ihrem Zweck, den Gläubiger gegen eine Zahlungsunfähigkeit des Hauptschuldners zu *sichern*, ergeben. Beim Tod des Hauptschuldners kann der Bürge nicht die Einrede der beschränkten Erbenhaftung erheben (§ 768 Abs. 1 Satz 2 BGB); anders nur, wenn die Bürgschaft erst nach dem Erbfall und dem Eintritt der beschränkten Erbenhaftung übernommen worden ist. Ein Zwangsvergleich im Konkurs- oder gerichtlichen Vergleichsverfahren berührt *nicht* die Haftung des Bürgen (§ 193 KO, § 82 Abs. 2 VerglO); auch gegenüber vertraglichen Freistellungsansprüchen des Bürgen ist der Vergleichsschuldner befreit (BGHZ 55, 117). Bei einer Bürgschaft zur Sicherung einer Unterhaltpflicht des Hauptschuldners kann sich der Bürge nicht darauf berufen, daß dessen Verpflichtung wegen Veränderung der Einkommens- und Vermögenslage ganz oder teilweise entfallen ist (RGZ 163, 99). Auch ein Wegfall der Geschäftsgrundlage, der zu einer Anpassung der Schuld an die veränderten wirtschaftlichen Verhältnisse führt, wirkt nicht zugunsten des Bürgen. Bejaht wurde jedoch die Berufung des Bürgen auf eine Herabsetzung oder Stundung der Hauptschuld im Vertragshilfeverfahren (BGHZ 6, 385/387 f.; kritisch Larenz, Schuldrecht II § 64 I). Beruht es auf den *persönlichen* Verhältnissen des Hauptschuldners, daß dieser vom Gläubiger nicht mehr in Anspruch genommen werden kann, so ist dies nach dem Zweck der Bürgschaft kein

Grund, auch den Bürgen zu befreien. Ist die Hauptschuld durch einen territorial begrenzten Enteignungseingriff eines fremden Staates erloschen, so erlischt entgegen dem Grundsatz der Akzessorietät nicht die Bürgschaftsverpflichtung (BGHZ 32, 97).

3 Der Bürgschaftsvertrag ist ein einseitig verpflichtender Vertrag, der nur die Haftung des *Bürgen* begründet. Er wird zwischen dem *Bürgen* und dem *Gläubiger* des Hauptschuldners geschlossen, ohne daß es einer Mitwirkung des Hauptschuldners bedarf. Dieser kann aber *bevollmächtigt* werden, im Namen des Bürgen mit dem Gläubiger den Bürgschaftsvertrag zu schließen. Zum Schutz des Bürgen vor Übereilung ist eine *schriftliche* Erteilung der Bürgschaftserklärung notwendig (§ 766 Satz 1 BGB); eine *Ausnahme* vom Formzwang ist für den *Vollkaufmann* vorgesehen, der sich im Betriebe seines Handelsgewerbes verbürgt (§§ 350, 351 HGB). Aus der Verbürgungserklärung müssen der Verbürgungswille, die Person des Gläubigers und die zu sichernde Forderung eindeutig hervorgehen. Auch für eine *bedingte* oder *künftige* Forderung ist eine Verbürgung zulässig; hierauf beruht die *Kreditbürgschaft* (Anm. 8 ff.). Nur für eine *fremde,* nicht für eine eigene Schuld kann man sich verbürgen. Hauptschuldner und Bürge müssen *verschiedene* Personen sein. Doch kann sich der Gesellschafter einer Personenhandelsgesellschaft, auch wenn man davon ausgeht, daß Gesellschafts- und Gesellschafterschuld identisch sind, für eine Gesellschaftsschuld verbürgen (RGZ 139, 252); das ist von Bedeutung für die Verjährung (§ 159 HGB) sowie den Zwangsvergleich, der zwar die persönliche Haftung des Gesellschafters (§ 211 Abs. 2 KO), nicht aber die Haftung des Bürgen beschränkt (§ 193 Satz 2 KO). – Zur *Rechtsprechung* des BGH zur Bürgschaft s. Mormann WM 63, 930 ff.; 74, 964 ff.

II. Arten der Bürgschaft

1. Nachbürgschaft

4 Die Nachbürgschaft ist eine Bürgschaft, die *für einen Bürgen* übernommen wird. Der Nachbürgschaftsvertrag wird geschlossen zwischen dem Nachbürgen und dem Gläubiger des Vorbürgen. „Hauptschuldner" ist bei der Nachbürgschaft der *Vorbürge*. Die Verpflichtung des Nachbürgen ist vom Bestand der Vorbürgenschuld, mittelbar demnach auch vom Bestand der Hauptschuld abhängig. Dem Nachbürgen stehen sowohl die Einreden des Vorbürgen als auch des Hauptschuldners zu. Befriedigt der Nachbürge den Gläubiger, so geht nach § 774 Abs. 1 BGB dessen Forderung gegen den Hauptschuldner auf den *Nachbürgen* über (RGZ 83, 342; 146, 70); er erlangt damit nach §§ 412, 401 BGB aber auch die Rechte des Gläubigers gegen den Vorbürgen (OLG Köln WM 76, 24; Erman/H. H. Seiler vor § 765 Rdz. 17; Larenz, Schuldrecht II § 64 III, 2; RGRK Mormann § 765 Rdz. 22; a. M. RGZ 83, 342, wonach die Rechte erlöschen).

2. Rückbürgschaft

5 Die Rückbürgschaft ist eine Bürgschaft, die *für den Hauptschuldner* übernommen wird, jedoch nicht gegenüber dem Gläubiger, sondern *gegenüber dem Bürgen* als künftigem Gläubiger der Rückgriffsforderung gegen den Hauptschuldner (BGH LM BGB § 766 Nr. 15). Gläubiger des Rückbürgen ist der Bürge, nicht der Hauptschuldner (RGZ

146, 67). Befriedigt der Rückbürge den Bürgen, so geht die Forderung des Gläubigers gegen den Hauptschuldner auf ihn nicht kraft Gesetzes über. Da die Rückbürgschaft als solche in keiner unmittelbaren Beziehung zur Hauptbürgschaft steht, ist für den Übergang der Forderung eine besondere *Abtretung* nötig (RGZ 146, 67/70; Palandt/Thomas vor § 765 Anm. 18; a.M. RGRK Mormann § 765 Rdz. 23; Erman/H. H. Seiler vor § 765 Rdz. 18).

3. Ausfallbürgschaft

Die Ausfallbürgschaft (Schadlosbürgschaft) ist eine Bürgschaft, die gegenüber dem Gläubiger *für den Hauptschuldner* übernommen wird, jedoch *nur für den Ausfall,* den der Gläubiger an seiner Forderung erleidet. Der Ausfallbürge kann vom Gläubiger nur für den Betrag in Anspruch genommen werden, den er vom Hauptschuldner nicht erhalten konnte. Die Darlegung des Ausfalls gehört zur Klagebegründung (RGZ 75, 186; 145, 167/169); es bedarf nicht erst einer einredeweisen Geltendmachung, wie dies bei der normalen Bürgschaft mit der Einrede der Vorausklage der Fall ist (Anm. 37). Soweit der Gläubiger den Ausfall selbst *verschuldet* hat, z.B. bei der Verwertung von Sicherheiten, kann er den Ausfallbürgen *nicht* in Anspruch nehmen (RGZ 145, 167/169; BGH WM 58, 218). Der Ausfallbürge hat jedoch keinen Anspruch, wenn der Gläubiger das unterläßt. *Selbstschuldnerische* Bürgschaft (Anm. 37) und Ausfallbürgschaft sind in der Regel Gegensätze. Doch gilt dies nicht ausnahmslos. Da für den Eintritt der Haftung aus Ausfallbürgschaft nur notwendig ist, daß der Gläubiger einen bestimmten Ausfall (z.B. mit einer Hypothek) erlitten hat, kann der Gläubiger sich sofort an den Bürgen halten, ohne zuvor noch gegen den Hauptschuldner vorzugehen (RG JW 14, 350; WarnR 16 Nr. 50; 19 Nr. 166). Die Bürgschaft aus einem *Zwangsvergleich* ist kraft Gesetzes Ausfallbürgschaft, falls absonderungsberechtigte Gläubiger beteiligt sind (§ 194 KO).

4. Kreditbürgschaft

a) Kennzeichnung

Die Kreditbürgschaft soll einen *laufenden Kredit* sichern. Ihre Zulässigkeit beruht auf § 765 Abs. 2 BGB, der eine Bürgschaft auch für *künftige* Verbindlichkeiten ermöglicht. Ihre Wirksamkeit setzt jedoch voraus, daß die Hauptverbindlichkeit *bestimmbar* ist. Diesem Erfordernis ist genügt, wenn die Bürgschaft für alle bestehenden und künftig noch entstehenden Forderungen des Gläubigers gegen den Hauptschuldner – z.B. zwischen Bank und Kunde – aus ihrer *Geschäftsverbindung* übernommen wird (RGZ 97, 162; RG LZ 32, 1424; RG Warn 1913 Nr. 289). Eine Bürgschaft für alle nur irgendwie denkbaren künftigen Verbindlichkeiten des Kunden *ohne jede sachliche Begrenzung* kann dagegen *nicht* übernommen werden (BGHZ 25, 318/319; WM 74, 1129, 76, 422). Unwirksam ist eine Bürgschaft, die zur Sicherstellung aller gegenwärtigen und künftigen Forderungen einer Bank aus laufender Rechnung, Wechseln, gewährten und noch zu gewährenden Krediten oder aus einem sonstigen, auch *außerhalb* der Geschäftsverbindung liegenden Rechtsgrund übernommen wird. In diesem Fall hält sich die mögliche Hauptschuld nicht mehr in einem bestimmbaren Rahmen; das Schriftformerfordernis des § 766 BGB verlöre seine Bedeutung. Hat sich ein Bürge in einem Formularvertrag für alle gegenwärtigen und künftigen Forderungen einer Bank gegen einen Kunden verbürgt, so ist jedoch die Bürgschaft trotz der unzulässigen weiten Fassung gültig, wenn sie sich einschränkend dahin auslegen läßt, daß sie nur Forderungen aus dem *bankmäßigen Geschäftsverkehr* sichern soll (BGH NJW 65, 965). Dem Sicherungsbedürfnis der Bank ist genügt, wenn alle bereits bestehenden und künftigen Verbindlichkeiten des Hauptschuldners „aus der bankmäßigen Geschäftsverbindung" durch die Bürgschaft gesichert sind. – Zur Weitergeltung einer Kreditbürgschaftsverpflichtung für die Erben des Bürgen s. BGH WM 1976, 808.

b) Inhalt

8 Eine Bürgschaftsverpflichtung für einen noch einzuräumenden Kredit kann auf *zweifache* Weise eingegangen werden: Entweder so, daß nur die Bürgschaftsverpflichtung auf einen bestimmten Betrag beschränkt wird, während der Kredit, auch wenn für ihn dieselbe Höhe angegeben wird, dennoch nicht nach oben oder unten beschränkt, sondern nur nach unten in seinem *Mindestbetrag* bestimmt ist, oder aber so, daß die Kreditforderungen des Gläubigers selbst immer nur die verbürgte Summe betragen und sie nicht übersteigen dürfen (RGZ 136, 178/182 ff.; BGH WM 56, 885). Ist nur die *Bürgschaftsverpflichtung* nach oben beschränkt, nicht auch das Kreditverhältnis, dem sie zugute kommen soll, so bildet die *Gesamtheit* der dem Gläubiger aus diesem Kreditverhältnis erwachsenen Forderungen die einheitliche Schuld, für die zu einem Teilwert der Bürge haftet. Die Bank braucht in diesem Fall nicht den Kredit mit etwaigen Rückzahlungen zu verrechnen, sondern kann weitere Kredite gewähren, für die der Bürge einzustehen hat (OLG Köln JW 39, 99; BGH BB 59, 305; Stötter DB 68, 603). Ist dagegen auch die *Kredithöhe* begrenzt, so haftet der Bürge nicht, wenn die Bank dem Kunden einen höheren Kredit gewährt. Den Vertrags- und Bürgschaftsgegenstand bestimmen die Forderungen des Gläubigers in zeitlicher Reihenfolge. Erreicht der Kredit nicht mehr den festgesetzten Höchstbetrag, so ist die Bürgschaft insoweit erloschen (RG HRR 34 Nr. 1446). Welchen *Inhalt* die Kreditbürgschaft im Einzelfall hat, ist Auslegungsfrage (RGZ 136, 178/183). Eine Vermutung dahingehend, daß Bürgschaft und Hauptschuld begrenzt sind, besteht nicht (a. M. RG JW 17, 811). In jedem Fall entsteht die Bürgschaftsverpflichtung erst mit der *Entstehung* der Forderung des Gläubigers gegen den Hauptschuldner.

c) Übertragung

9 Überträgt eine Bank ihre Geschäftsverbindung an eine andere Bank und tritt sie ihre Ansprüche aus *bestehenden* Kreditverhältnissen ab, so erstreckt sich eine der abtretenden Bank gegenüber übernommene Kreditbürgschaft nicht ohne weiteres auf die Kredite, die nunmehr die die Geschäftsverbindung fortsetzende Bank dem Kunden gewährt. Anders läge es, wenn schon bei Übernahme der Bürgschaft vereinbart wurde, sie solle auch zugunsten eines das Kreditverhältnis fortsetzenden Nachfolgers des Kreditgebers gelten. Ob das vereinbart wurde, ist im Einzelfall durch Auslegung zu ermitteln, wobei auch das spätere Verhalten des Bürgen Bedeutung gewinnen kann (BGHZ 26, 142). Die Verpflichtung des Kreditbürgen geht auf seine *Erben* über, und zwar auch für Kredite, die erst nach dem Erbfall gewährt worden sind (RG Warn 1911 Nr. 236).

Erster Abschnitt. Allgemeine Vorschriften 1. Abschn. § 349

d) Kündigung

Gewöhnlich wird eine Kreditbürgschaft nur für einen *bestimmten* Zeitraum eingegangen. Eine auf *unbestimmte* Zeit eingegangene Bürgschaft kann der Bürge unter Einhaltung einer angemessenen, die Interessen des Gläubigers und des Hauptschuldners berücksichtigenden Frist kündigen (BGH WM 59, 855; OLG Nürnberg WM 70, 297; OLG Hamburg MDR 71, 845). Soweit der Bürge bereits haftet, wird die Haftung durch die ex nunc wirkende Kündigung nicht berührt. Analog § 610 BGB ist dem Bürgen auch das Recht zuzubilligen, die Bürgschaft zu *widerrufen,* wenn sich die Vermögensverhältnisse des Hauptschuldners sich derartig verschlechtert haben, daß der Rückgriffsanspruch gefährdet ist (RG Warn 1913 Nr. 283; BGH BB 59, 866).

5. Kontokorrentbürgschaft (§ 356 Anm. 20). Eine Bürgschaft kann sich auf den künftigen *Kontokorrentsaldo* beschränken. Ihre Zulässigkeit folgt aus § 765 Abs. 2 BGB. Das Bestimmtheitserfordernis (Anm. 7) ist gewahrt. Die gemäß der Kontokorrentabrede in das Kontokorrent aufgenommenen Forderungen bestimmen den Haftungsbereich genügend; es sind nur Ansprüche aus der bankmäßigen Geschäftsverbindung. Solche Kontokorrentbürgschaften sind jedoch weniger üblich. Die Banken bevorzugen die Kreditbürgschaft (Anm. 7), die ohnehin den Kontokorrentsaldo umfaßt. Sie verlangen eine Bürgschaft für alle Ansprüche aus der bankmäßigen Geschäftsverbindung einschließlich der Forderungen aus laufender Rechnung und sonst gewährter Kredite. Werden *alle* Ansprüche und Leistungen kontokorrentmäßig abgewickelt, so deckt sich der Kontokorrentsaldo mit der Bürgschaftsschuld.

6. Wechselbürgschaft

Sie ist *keine echte Bürgschaft* im zivilrechtlichen Sinne (Art. 30 ff. WG). Es fehlt ihr die Akzessorietät. Der Wechselbürge übernimmt eine abstrakte Haftung nach Wechselrecht, deren Rechtsfolgen erschöpfend im Wechselgesetz geregelt sind (Baumbach/Hefermehl, Wechsel- und Scheckgesetz, 11. Aufl. 1973, Art. 30 Anm. 1). Der Wechselbürge haftet in der gleichen Weise wie derjenige, für den er sich verbürgt hat. – Aus dem gleichen Grunde ist auch die *Scheckbürgschaft* (Art. 25 ff. SchG) keine Bürgschaft im Sinne der §§ 765 ff. BGB.

III. Bürgschaftsverwandte Verträge

1. Schuldübernahme

Die *befreiende* Schuldübernahme (§§ 414–419 BGB) unterscheidet sich grundsätzlich von der Bürgschaft. Der Schuldübernehmer will nicht für die Schuld eines anderen einstehen; er übernimmt vielmehr die Schuld an der Stelle des bisherigen Schuldners. Dieser wird daher frei.

Die Schuldübernahme kann durch *Vertrag* des Übernehmers mit dem Gläubiger ohne Mitwirkung des Schuldners (§ 414 BGB) oder mit dem Schuldner unter Genehmigung des Gläubigers (§ 415 BGB) geschlossen werden. Es bedarf stets der *Zustimmung* des Gläubigers zu einer befreienden Schuldübernahme (Ausnahme § 41 Abs. 2 AktG für die

AG, die für sie im Gründungsstadium eingegangene Verpflichtungen übernimmt. Die Schuldübernahme wirkt hier **ohne Zustimmung des Gläubigers** befreiend, wenn sie binnen dreier Monate seit Eintragung vereinbart und dem Gläubiger von der AG oder dem Schuldner mitgeteilt wurde. Bei Sacheinlagen und Sachübernahmen ist Schuldübernahme durch die AG nach § 41 Abs. 3 AktG ausgeschlossen. Im Gegensatz zum Bürgschaftsvertrag kann der Schuldübernahmevertrag *formlos* geschlossen werden. – Ist der Vertrag zwischen dem Übernehmer und dem Schuldner geschlossen worden und erteilt der Gläubiger die Genehmigung nicht oder weigert er sich, sie zu erteilen, so ist nach § 415 Abs. 3 BGB im Zweifel der Übernehmer dem Schuldner gegenüber verpflichtet, den Gläubiger rechtzeitig zu befriedigen. Die an der Genehmigung des Gläubigers gescheiterte privative Schuldübernahme besitzt rechtliche Bedeutung nur als Erfüllungsübernahme (§ 329 BGB).

2. Schuldbeitritt

15 Der Schuldbeitritt (Schuldmitübernahme) führt zu einem Eintritt des Mitübernehmers in ein bestehendes Schuldverhältnis und begründet eine eigene Schuld *neben* der des Schuldners (RGZ 148, 66; 153, 244); beide haften als *Gesamtschuldner*. Er ist im Gesetz nicht geregelt. Von der Bürgschaft unterscheidet er sich grundsätzlich. Der Bürge will für eine fremde Schuld einstehen, der Schuldmitübernehmer dagegen eine Schuld als eigene und selbständige begründen. Während eine selbstschuldnerische Bürgenschuld stets von dem Bestand der Hauptschuld abhängig ist, ist die Schuld des Mitübernehmers nur in der Entstehung von der Urschuld abhängig, *nicht* aber in ihrem *Fortbestehen* und Umfang. § 766 BGB, der für die Erteilung der Bürgschaftserklärung die Schriftform verlangt, ist auf den Schuldbeitritt weder unmittelbar noch entsprechend anwendbar (seit RGZ 59, 233 st.Rspr.). Auch die Formvorschrift des § 780 BGB ist unanwendbar, da der Schuldübernehmer keine abstrakte Verbindlichkeit eingeht, sondern eine Schuld übernimmt, die von ihrem Schuldgrund abhängig ist.

16 Trotz des scharfen rechtlichen Unterschieds zwischen Bürgschaft und Schuldbeitritt kann die Abgrenzung im Einzelfall schwierig sein. Eine klare Abgrenzung ist jedoch im Hinblick auf die Anwendung der Formvorschrift des § 766 BGB wichtig. Für die Abgrenzung ist der Wortlaut *nicht* entscheidend, wohl aber kann es auf die *Interessenlage* ankommen. Hat der Beitretende die Schuld überwiegend aus persönlichem (verwandtschaftlichem, freundschaftlichem, ideellem) Interesse für den Hauptschuldner übernommen, so wird eher eine selbstschuldnerische Bürgschaft anzunehmen sein. Liegt dagegen ein *eigenes, unmittelbares und sachliches Interesse* des Schuldübernehmers an der Erfüllung des Hauptvertrages vor, und kommen ihm die Vorteile aus dem fremden Vertragsverhältnis wirtschaftlich ganz oder teilweise zugute, so ist eher Schuldbeitritt gegeben (RGZ 71, 113/118; 90, 417). Ein nur mittelbares wirtschaftliches Interesse genügt nicht (st.Rspr. RGZ 90, 417; OLG Köln MDR 57, 674). Auch die Unterscheidung nach dem Vorliegen eines eigenen, unmittelbaren und sachlichen Interesses bietet noch kein sicheres Kriterium für die Abgrenzung. Es bildet nur ein für die Auslegung wichtiges Moment, neben dem auch der Wortlaut der Erklärung sowie die Interessenlage der Beteiligten zu berücksichtigen sind (BGH LM BGB § 133 [B] Nr. 7; § 765 Nr. 15). Ist die Interessenlage nicht klar erkennbar und liegen auch keine besonderen Umstände vor, die den übereinstimmenden Willen der Parteien, eine selbständige, von der Ver-

pflichtung des Schuldners unabhängige Haftung zu begründen, erkennen lassen, so wird gewöhnlich nicht Schuldbeitritt, sondern Bürgschaft anzunehmen sein, die für den Schuldner eine schwächere Haftung auslöst (BGHZ 6, 397; RGZ 64, 319; 90, 415). Möglich ist eine *Verbindung* zwischen Bürgschaft und selbständiger Schuldübernahme, so z.B. bei Verzicht des Bürgen auf Einreden, die dem Hauptschuldner gegen den Gläubiger zustehen (§ 768 BGB; RGZ 153, 338).

Der Schuldbeitritt wird ebenso wie der befreiende Schuldübernahmevertrag in der Regel zwischen Gläubiger und Übernehmer geschlossen werden. Der Vertrag, der *keiner Form* bedarf, kann aber auch zwischen Schuldübernehmer und ursprünglichem Schuldner ohne Zustimmung des Gläubigers geschlossen werden. Das folgt aus § 328 BGB (RGZ 65, 166). Verspricht jemand einem Schuldner, dessen Gläubiger zu befriedigen, so ist ein solches Versprechen im Zweifel als Erfüllungsübernahme aufzufassen (§ 329 BGB). Im einzelnen finden auf den Schuldbeitritt die §§ 414 ff. sinngemäß Anwendung. **17**

IV. Garantievertrag

Schrifttum: *Stammler,* Der Garantievertrag, AcP 69 (1886), 1 ff; *Bär,* Zum Rechtsbegriff der Garantie, insbesondere im Bankgeschäft, Diss. Zürich, 1963; *von Caemmerer,* Bankgarantien im Außenhandel, Festschrift für Otto Riese, 1964, S. 294 ff.; *Boetius,* Der Garantievertrag, Diss. München 1966; *Tengelmann,* Gewährleistung und Garantie und deren Fristen beim Kauf, NJW 66, 2195 ff.; *Kübler,* Feststellung und Garantie, 1967; *Pawlowski,* Feststellung und Garantie, JZ 68, 401 ff.; *Stötter,* Das Garantieversprechen, DB 71, 2145 ff.; *Kleiner,* Die Abgrenzung der Garantie von der Bürgschaft und anderen Vertragstypen, Diss. Zürich 1972; Bergström/Schultsz/Käser, Garantieverträge im Handelsverkehr, 1972; *Pleyer,* Die Bankgarantie im zwischenstaatlichen Handel, WM Sonderbeilage Nr. 2/1972; *von Westfalen,* Rechtsprobleme der Exportfinanzierung, 1975; *Zahn,* Zahlung und Zahlungssicherung im Außenhandel, 5. Aufl. 1976, S. 245 ff. – Zur *Bankgarantie* s. auch Anhang nach § 365 V.

1. Kennzeichnung

a) Grundstruktur

Der Garantie- oder Gewährschaftsvertrag ist ein selbständiger Vertrag, durch den sich jemand – der Garant – gegenüber einem anderen – dem Garantieempfänger – verpflichtet, für den Eintritt eines bestimmten möglichen *Erfolges* einzustehen oder die Gefahr eines noch nicht entstandenen *Schadens* ganz oder teilweise zu übernehmen (RGZ 61, 157/160; 90, 415/416; 146, 120/123; BGH NJW 58, 1483). Vor allem die Gefahren, die jemand aus einem Unternehmen erwachsen, können Gegenstand einer Garantie sein. Stets muß es sich um ein *künftiges Risiko,* das der Garant zu decken sich verpflichtet, handeln. Es muß ein Zustand der *Ungewißheit* bestehen. Der Nichteintritt eines Schadens, von dem die Parteien wissen, daß er bereits eingetreten ist, läßt sich nicht garantieren (RGZ 90, 415/416). **18**

b) Sicherungszweck

Kennzeichnend für den Garantievertrag ist ebenso wie für die Bürgschaft und den Versicherungsvertrag der von den Vertragsparteien verfolgte Sicherungszweck. Er gibt dem Garantievertrag sein Gepräge. Dieser begründet daher nicht wie die Gutschrift im Überweisungsverkehr eine abstrakte, sondern eine vom Sicherungszweck bestimmte **19** *kausale* Schuld (BGH WM 60, 18; RGZ 146, 120/122). Die Verpflichtung des Garanten geht nicht auf die Herbeiführung des garantierten Erfolges oder die Verhinderung des Schadenseintritts, sondern auf *Schadloshaltung* für den Fall, daß der garantierte Erfolg nicht eintritt oder der Schaden, für den die Gewähr übernommen wurde, entsteht. Die Garantieverpflichtung stellt somit eine für den Garantiefall *vereinbarte Ersatzpflicht* dar, die in der Regel auf eine Geldzahlung gerichtet ist.

c) Sicherungsinteresse

20 Garantien sollen ein *wirtschaftliches Interesse* des Begünstigten sichern (Larenz, Schuldrecht II § 62 III; Boetius aaO § 6 S. 17 ff.). Auf welches Interesse sich ein Garantieversprechen erstreckt, ist durch *Auslegung* des einzelnen Garantievertrages jeweils zu ermitteln. Hat z. B. der bauleitende Architekt die Einhaltung einer bestimmten Baukostensumme garantiert, so liegt darin einmal die Verpflichtung, daß die Bausumme nicht überschritten werde, zum anderen aber auch die weitere Verpflichtung, persönlich dafür einzustehen, also bei eintretender Überschreitung den Unterschied ohne Rücksicht auf sein Verschulden persönlich zu tragen (RGZ 137, 83/85; RG SeuffA 75, 16). In diesem Fall kann sich die Gewähr darauf beschränken, daß der Architekt das Bauwerk, wie es durch den Plan, die Kostenaufstellungen und die sonstigen Unterlagen des Bauauftrags umschrieben wird, für die ausgesetzte Bausumme erstellen werde; sie kann aber auch besagen, der Architekt wolle die Gefahr von Veränderungen tragen und für den Erfolg einstehen, daß der Bauherr für die Bausumme das Bauwerk erhält, das er braucht (BGH LM BGB § 765 Nr. 4). Ob der Garant *frei* wird, wenn der Garantiefall durch den Garantieempfänger herbeigeführt wurde, hängt von der *Auslegung* des einzelnen Vertrages ebenso ab, wie die Frage, ob dem Bauherrn durch die Veränderungen anrechenbare Vorteile zugewachsen sind (BGH aaO).

2. Arten der Garantie

21 Unter dem Gesichtspunkt des Risikos, das eine Garantie decken soll, schälen sich zwei große Gruppen von Garantien heraus: die Leistungsgarantien mit zahlreichen Unterarten und die Eigenschaftsgarantien (Boetius aaO S. 2 ff.; 17 ff.). Es bleibt ein Rest sonstiger Garantien, die sich nicht unter einem einheitlichen Ordnungsgesichtspunkt, sondern nur als einzelne erfassen lassen.

22 a) Leistungsgarantien. Der Garant übernimmt die Haftung dafür, daß eine bestimmte *Leistung* einem anderen – meist einem Gläubiger – erbracht wird, z. B. der Verkäufer vertragsgemäß liefert (Lieferungsgarantie), der Käufer rechtzeitig zahlt (Zahlungsgarantie), eine abgetretene Forderung rechtzeitig eingeht (BGH WM 61, 204/206) oder ein Bieter, dem bei einer Ausschreibung der Zuschlag erteilt wird, seine mit dem Angebot verbundenen Pflichten erfüllt (Bietungsgarantie). Eine der wichtigsten Typen der Leistungsgarantie ist die *Bankgarantie,* der für die Durchführung von Außenhandelsgeschäften besondere Bedeutung zukommt (§ 365 Anh Anm. 274 ff.). Zu den Leistungsgarantien gehören Garantien für die Zahlungsfähigkeit des Schuldners (RGZ 90, 415), für die Einlösung von *Wechselakzepten* (BGH WM 59, 881) oder von *Schecks* (BGH WM 56, 1293; 59, 113), insbesondere die *Scheckkarten*-Garantie (BGH NJW 75, 1168; Baumbach/Hefermehl, Wechselgesetz und Scheckgesetz, 11. Aufl., Art. 4 SchG Anh).

Erster Abschnitt. Allgemeine Vorschriften 1. Abschn. § 349

b) **Eigenschaftsgarantien.** Der Garant übernimmt die Haftung dafür, daß eine Ware oder 23
ein Werk bestimmte Merkmale aufweist, die im Verkehr für ihre Würdigung von
Bedeutung sind, wie z.B. ihre stoffliche Zusammensetzung, Herstellungsart, Qualität
und ihre Wirkungen. Sichert nicht ein Dritter, sondern der *Schuldner* selbst Eigenschaften der Ware oder des Werkes zu, so wird es sich meist um *unselbständige* Garantiezusagen im Rahmen eines Kauf- oder Werkvertrages, nicht aber um selbständige Eigen-Garantieverträge handeln. Zur Abgrenzung s. Anm. 25.

c) **Sonstige Garantien,** die nicht auf Leistungen oder Eigenschaften (Anm. 23) bezogen 24
sind, können Risiken unterschiedlichster Art decken. *Ausbietungsgarantien* gewährleisten, daß ein Gläubiger in einer Zwangsversteigerung keinen Verlust erleidet (RG JW 35, 3031); *Baupreisgarantien,* daß die Baukostensumme eingehalten wird (BGH NJW 60, 1567), z.B. durch die Bezeichnung eines Pauschalpreises als Festpreis in einem VOB-Vertrag (BGH BauR 74, 347); *Bilanzgarantien,* daß die Ertrags- und finanzielle Lage der Gesellschaft zum Bilanzstichtag richtig und vollständig wiedergegeben, Rückstellungen in ausreichendem Maße gebildet und den steuerrechtlichen Erfordernissen Rechnung getragen wurde. Gewährleistet werden können bei Grundstücken oder Unternehmen ein bestimmter Ertrag, Wechsel- und Aktienkurse (RG JW 21, 229; ROHG SeuffA 32 Nr. 73). Zu erwähnen sind *Dividendengarantien* in Form von Rentabilitäts- und Rentengarantien sowie Garantien für die Richtigkeit von Erklärungen, Auskünften und Werbeangaben.

3. Selbständige und unselbständige Garantien

a) **Unselbständige Garantiezusagen**

Mitunter werden als „Garantieverträge" auch Gewährleistungsabreden bezeichnet, 25
die *Teile des Hauptvertrages* sind. Der Verkäufer sichert z.B. dem Käufer ausdrücklich
oder konkludent bestimmte *Eigenschaften* der Kaufsache zu und verpflichtet sich, für
alle Folgen bei ihrem Fehlen einzustehen, auch wenn ihn kein Verschulden trifft. Solche
im Rahmen eines Kauf-, Werklieferungs- oder reinen Werkvertrages, seltener eines
Dienstvertrages, gemachten Garantiezusagen sind keine echten Garantieverträge, da
ihnen das Kriterium der *Selbständigkeit* fehlt (BGHZ 65, 107/109; BGH WM 71, 174;
72, 140; 73, 411; 75, 1201; RGZ 90, 415/416; 137, 82; 146, 120/123). Es sind
gewöhnliche Zusicherungen *vertragsgemäßer* Leistung; für sie gilt das Recht des Hauptvertrages, den sie ausgestalten. Wird z.B. eine *Eigenschaft* der Kaufsache (§ 459 Abs. 2
BGB) oder des Werkes (§ 633 Abs. 1 BGB) zugesichert, so besteht eine vertragliche
Haftung auf Schadenersatz (§§ 463, 635 BGB). Für die Ansprüche gilt die *kurze* Verjährung (§§ 477, 638 BGB). Die Zusicherung kann aber auch dahin gehen, daß bei einem
Werkvertrag das Werk die zugesicherten Eigenschaften *unbedingt* hat, der Unternehmer
für ihr Fehlen entgegen § 635 BGB auch *ohne* Verschulden haftet. Ferner können die
Verjährungsfristen für die Geltendmachung von Gewährleistungsansprüchen *verlängert*
sein (RGZ 65, 119; 91, 305; BGH NJW 65, 148). Alles das sind *unselbständige*
Garantiezusagen, die Bestandteil des Hauptvertrages und nach ihm und den einschlägigen gesetzlichen Vorschriften zu beurteilen sind. Hat ein Verkäufer für bestimmte
Eigenschaften der Kaufsache die *Garantie* übernommen (§ 349 Anm. 23), so schließt
dies, wenn seine Garantieerklärung *unrichtig* war, nicht aus, daß er unabhängig von den

§ 349   1. Abschn.   *Drittes Buch. Handelsgeschäfte*

kaufrechtlichen Gewährleistungsvorschriften aus Beratungsvertrag oder culpa in contrahendo dem Käufer auf *Schadenersatz* haftet, wenn er *schuldhaft,* d. h. unter Verletzung seiner vertraglichen oder vorvertraglichen Sorgfaltspflicht, Unrichtiges behauptet hat (BGH LM BGB § 276 [Hb] Nr. 15). Hatte die Garantieerklärung den Käufer letztlich zum Kaufabschluß veranlaßt, so kann er vom Verkäufer das *negative Interesse* verlangen, d. h. so gestellt zu werden, wie er stehen würde, wenn ihm die Zusicherung *nicht* erteilt worden wäre (zur Schadensberechnung bei unrichtiger Auskunft s. § 347 Anm. 46).

b) Selbständige Garantieverträge

26   Die Annahme einer *selbständigen Eigengarantie* setzt voraus, daß der garantierte Erfolg ein *anderer* und *weitergehender* als die bloße *Vertragsmäßigkeit* der Ware oder des Werkes ist (BGHZ 65, 107/110; BGH WM 73, 411; 75, 1201/1202; RGZ 165, 41/46). Ob die Parteien einen über die normalen Vertragsrisiken hinausgehenden wirtschaftlichen Erfolg garantieren wollten, läßt sich nur nach den Umständen des *einzelnen Falls* beurteilen. Die Grenzen sind fließend. Um eine *selbständige* Garantie handelt es sich z. B. wenn eine Gewähr für den Fall übernommen wird, daß eine zur Zeit des Gefahrübergangs vorhandene Eigenschaft auch in *Zukunft* vorhanden oder eine bei Gefahrübergang nicht vorhandene Eigenschaft später vorhanden ist (RGZ 52, 429; 146, 120/125; 148, 295) oder eine Zusicherung auf jeden Fall gelten soll (Tengelmann NJW 66, 2195/2198). Zusicherungen, daß ein bestimmter Zustand oder Erfolg *künftig* vorhanden ist, eintritt oder fortdauert, können nur Gegenstand eines *selbständigen* Garantievertrages sein, für den andere Regeln als die gesetzlichen Gewährleistungsvorschriften gelten. Ein selbständiger Garantievertrag liegt auch vor, wenn nicht die Gewährleistungsfrist des § 477 BGB verlängert, sondern mit materieller Wirkung eine *Garantiefrist* vorgesehen ist, bei der die gesetzliche sechsmonatige Verjährungsfrist erst mit der Entdeckung eines Mangels während der Garantiezeit beginnt (RGZ 65, 119; 91, 305; 128, 211; kritisch Tengelmann NJW 66, 2195/2199 f.). Die Haftung auf Schadenersatz wegen Nichterfüllung nach § 463 BGB setzt das Fehlen zugesicherter *Eigenschaften* voraus, so daß die Spannweite des Eigenschaftsbegriffs erheblich werden kann. Wird beim Kauf eines Unternehmens dem Käufer zugesichert, daß andere als die in der *Bilanz* ausgewiesene Verbindlichkeiten *nicht bestehen* und die gebildeten Rückstellungen ausreichen, so liegt eine *selbständige* Garantie vor, da sie sich auf die Zukunft bezieht – ein Grunderfordernis des Garantievertrages (Anm. 1). Zur Abgrenzung *unselbständiger* Garantiezusagen und *selbständiger* Eigengarantien wird auf die Vorbemerkungen zum Handelskauf (§§ 373 ff. HGB) und die Ausführungen zu § 377 verwiesen.

27   Zusicherungen *Dritter,* die nicht Vertragsparteien sind (Fremdgarantien), können – wenn auf die Zukunft gerichtet – nur *selbständige* Garantien sein.

4. Garantie und Bürgschaft

a) Ausgangspunkt

28   Die Frage, ob Bürgschaft oder Garantie vorliegt, wird akut, wenn ein *Dritter* für die Schuld eines anderen einsteht. Das ist der gemeinsame Tatbestand. Der *rechtliche* Unterschied besteht darin, daß die in §§ 765 ff. BGB geregelte Bürgschaft eine vom

Bestand und Umfang der Hauptschuld *abhängige* Schuld begründet (Anm. 1). Dem Bürgen stehen gegenüber dem Gläubiger alle Einwendungen und Einreden des Hauptschuldners zu (§ 767 Abs. 1 Satz 1, § 768 BGB). In der *Akzessorietät* liegt der besondere Schutz für den Bürgen; er zeigt zugleich, daß eine Bürgschaft vorwiegend im Interesse des *Schuldners* übernommen wird. Demgegenüber begründet der Garantievertrag eine *selbständige,* von der Verpflichtung des Schuldners von vornherein und fortdauernd *unabhängige* Schuld, durch die der Garant dem Gläubiger das *volle Risiko* für den Eingang der Zahlung abnimmt, ihn demnach nicht nur gegen eine Zahlungsunfähigkeit des Schuldners sichert. Hierin liegt der besondere Wert einer *Zahlungsgarantie* für den Gläubiger. Der auf der Akzessorietät beruhende rechtliche Unterschied schließt indessen nicht aus, daß sich beide Institute sehr nahe kommen können. Ebenso wie der Bürge auf einzelne Einreden des Hauptschuldners verzichten kann (BGH LM BGB § 767 Nr. 2), ohne daß dadurch der Rechtscharakter einer Bürgschaft zu entfallen braucht, kann eine Zahlungsgarantie in eine mehr oder weniger starke *Abhängigkeit* zur Hauptschuld gebracht werden, wodurch sie *bürgschaftsähnlich* wird (Kleiner aaO S. 30f.). Aus dieser Sicht ist die Forderungsgarantie kein Gegenbegriff zur Bürgschaft, sondern ein *Oberbegriff,* der *alle* Fälle deckt, in denen jemand einem Gläubiger Ersatz für die Nichtleistung des Schuldners verspricht (Heck, Grundriß des Schuldrechts, 1929, § 126 zu 3). Es besteht dann kein Grund, den Garantievertrag auf die Vereinbarung einer nicht-akzessorischen Garantiepflicht begrifflich zu beschränken. Die Übergänge zwischen Garantie und Bürgschaft werden sonst leicht übersehen und die Frage, ob und inwieweit Vorschriften des Bürgschaftsrechts sinngemäß auch zugunsten eines Garanten anwendbar sind, bleibt unbeantwortet (zutr. von Caemmerer in Festschrift Riese, 1964, S. 295/305 ff. für Bankgarantien im Außenhandel; BGH WM 75, 348/349 für § 401 BGB; s. auch Anhang zu § 365 Anm. 274ff.).

b) Abgrenzung

Was die Vertragschließenden gewollt haben, wenn ein Dritter für die Schuld eines **29** anderen gegenüber dem Gläubiger die Haftung übernimmt, läßt sich nicht immer schon aus der Wahl des *Ausdrucks* schließen. Worte wie „aufkommen", „einstehen", „sich verbürgen", „garantieren", „Gewähr" oder „Garantie" können bei Übernahme einer Bürgschaft ebenso wie bei Übernahme einer Garantie verwendet werden. Die Erklärung „ich stehe hinter dem Schuldner und hafte mit meinem ganzen Vermögen" kann Bürgschaft oder Garantie sein (RGZ 140, 218). Die Grenze wird sich dann nur unter Berücksichtigung des von den Parteien verfolgten *Zwecks* ziehen lassen. *Im Zweifel* wird eine Erklärung, für die Erfüllung der Verpflichtung eines anderen aufzukommen, als *Bürgschaftserklärung* auszulegen sein (RGZ 90, 415/417; BGH WM 55, 265; 62, 576f.; 67, 341; 75, 348/349; BGH LM BGB § 765 Nr. 13; Mormann WM 62, 930/932). Ob ein Grundverhältnis zwischen Hauptschuldner und Bürge besteht, ist für die Annahme einer Bürgschaft gleichgültig (RGZ 59, 10/11). Nur wenn die Umstände klar ergeben, daß die Vertragschließenden eine weitgehend *selbständige,* von der Hauptschuld unabhängige Verpflichtung begründen wollen, mit der sich eine Anwendung der §§ 767ff. BGB nicht vereinbaren läßt, ist ein *Garantievertrag* anzunehmen. Wird die Haftung auch für den Fall übernommen, daß die Hauptforderung *nicht besteht* oder *unwirksam* ist, so liegt Garantie vor. Gleiches gilt, wenn ein „Bürge" auf alle Einwen-

§ 349 1. Abschn. *Drittes Buch. Handelsgeschäfte*

dungen und Einreden des Hauptschuldners verzichtet (RGZ 153, 338; 163, 99; Boetius aaO S. 43). Schwieriger ist die Abgrenzung, wenn die Forderung zwar besteht, aber für die *Leistungsfähigkeit* des Schuldners die Haftung übernommen wird. Einen Anhaltspunkt für das Vorliegen einer selbständigen Garantie kann das *eigene sachliche Interesse* des Haftenden an der Erfüllung der Hauptschuld sein (BGH LM BGB § 765 Nr. 1; WM 75, 348/349). Ergeben jedoch die Erklärungen der Parteien zur Genüge, daß von ihnen ein Garantievertrag *gewollt* war, so läßt sich sein Zustandekommen nicht deshalb verneinen, weil ein Eigeninteresse des Haftenden nicht erkennbar ist und bei vernünftiger Betrachtung kein Grund für eine so weitgehende eigene Risikobelastung besteht (BGH WM 64, 61/62). Auch bei einem Eigeninteresse kann der Wille der Parteien nur auf die Begründung einer Bürgschaftsverpflichtung, umgekehrt bei Fehlen eines Eigeninteresses auf Begründung einer Garantieverpflichtung gerichtet sein, so z. B. die Garantie „auf erstes Anfordern" (BGH NJW 63, 450; Anh. nach § 365 Anm. 295). Bei der Beurteilung, ob Bürgschaft oder Garantie vorliegt, kommt es darauf an, woran den Parteien im Zeitpunkt des Vertragsschlusses gelegen war. Künftige Ereignisse sind nur insoweit zu berücksichtigen, als sie im Bewußtsein der Parteien als möglich oder unmöglich erfaßt waren. Verbürgt sich jemand selbstschuldnerisch für alle Ansprüche, die einer Bank aus der Geschäftsverbindung gegen einen Kunden zustehen, mit der Maßgabe, daß er sich nicht auf einen *privaten Vergleich* zwischen den Hauptparteien berufen kann, so handelt es sich um eine *Forderungsgarantie* (OLG Frankfurt BB 75, 985), jedoch liegen nicht zwei Schuldverträge, ein Bürgschafts- und ein Garantievertrag, sondern ein *einheitlicher* bürgschaftsähnlicher Garantievertrag vor, der kraft Vereinbarung inhaltlich teilweise akzessorisch sein kann (zutr. Marwede Anm. BB 75, 985 ff.). Verpflichtet sich der Garant, für einen noch nicht eingetretenen *Schaden* einzustehen, so kommt es darauf an, ob man für den Schaden schlechthin und ohne Rücksicht darauf einstehen will, ob auch der Schuldner für ihn haftet. Ein Garantievertrag liegt daher z. B. vor, wenn ein Kunde, dem ein Kaufangebot gemacht wurde, den Verkäufer zur Annahme eines anderen Käufers an seiner Stelle mit der Erklärung bestimmt, daß dieser andere zahlungsfähig sei und daß er selbst zahlen werde, wenn der andere nicht zahlen sollte (RG JW 32, 1552).

5. Rechtsgrundsätze

a) Einsatzpunkt

30 Der Garantievertrag ist kein gesetzlich geregelter Vertragstyp (Mot. II 658). Ein Grund dafür ist, daß Risiken unterschiedlichster Art durch einen Garantievertrag gedeckt werden können. Seine Zulässigkeit ergibt sich aus dem Grundsatz der *Vertragsfreiheit* (§§ 241, 305 BGB). Für Kübler (Feststellung und Garantie, 1967) ist der Garantievertrag als Grundform des konsensualistischen Schuldvertrages der rechtliche Ansatz für die Überwindung der Lehre vom abstrakten und mangels causa kondizierbaren Schuldvertrag (§§ 780, 781, 812 Abs. 2 BGB).

b) Zustandekommen

31 Der Garantievertrag ist ein schuldrechtlicher Vertrag. Für die Begründung einer Garantieverpflichtung ist eine *Willenseinigung* des Garanten und des Garantieempfängers notwendig. In der Regel handelt es sich um einen *einseitig* verpflichtenden Vertrag,

da der Begünstigte kein Entgelt zu entrichten hat. Eine *Ausnahme* bilden die „Hermes" Deckungen (Anm. 277), die ein Grund- und ein Zeitentgelt vorsehen. Der Garantievertrag kann *formlos* geschlossen werden. Überwiegend wird angenommen, daß auch Garantieerklärungen für die Schuld eines anderen nicht der Schriftform analog § 766 BGB bedürfen (RGZ 61, 161; BGH WM 64, 62; RGRK Mormann vor § 765 BGB Rdz 6; a.M. von Caemmerer, Festschrift Riese, 1964, S. 295/305). In jedem Fall ist die Garantieerklärung eines Vollkaufmanns, wenn sie auf seiner Seite ein Handelsgeschäft ist, formfrei (§§ 350, 351). Wohl aber ist ein Garantievertrag als selbständige Nebenabrede eines Grundstückskaufvertrags nach § 313 BGB formbedürftig (RG JW 11, 322). Gleiches gilt für einen Garantievertrag, in dem ein Grundstücksverkäufer verspricht, dem Garantieempfänger den Schaden zu ersetzen, den dieser durch das Nichtzustandekommen eines formbedürftigen Vertrages erleidet; das folgt aus dem Schutzzweck des § 313 BGB (RG JW 25, 1110 unter analoger Anwendung des § 344 BGB).

c) Erfüllungsanspruch

32 Im Gegensatz zu einem Schadenersatzanspruch, der die rechtswidrige und meist auch *schuldhafte* Verletzung einer Verhaltenspflicht des Schuldners voraussetzt, ist der Anspruch aus Garantievertrag ein vertraglicher Erfüllungsanspruch, der den Garanten gewöhnlich zur Leistung des vollen *Schadensersatzes* einschließlich entgangenen Gewinns verpflichtet. Auf den *Umfang* des zu ersetzenden Schadens sind die Grundsätze des Schadensersatzrechts anzuwenden (BGH WM 61, 204; 68, 680; RGZ 137, 83/85). Als Erfüllungsanspruch *verjährt* der Garantieanspruch grundsätzlich in *dreißig* Jahren (§ 195 BGB).

d) Einwendungsausschluß

33 Da die Garantie im Gegensatz zur Bürgschaft *nicht akzessorisch* ist (Anm. 28 f.), kann der Garant *im Zweifel* keine Einwendungen und Einreden aus dem gesicherten Kausalverhältnis des Hauptschuldners zum Gläubiger geltend machen. Die Garantie ist nicht nur wie die Bürgschaft auf die Sicherung der Zahlungsunfähigkeit des Schuldners und damit auf das rein finanzielle Risiko gerichtet, sondern soll auch den beim Garantieempfänger durch den Nichteingang einer Zahlung entstehenden *Schaden* schlechthin decken, also auch den rechtlichen Bestand der Forderung garantieren können. Doch ist die Begründung einer selbständigen, von der Entstehung und vom Fortbestand der Hauptschuld unabhängigen Verpflichtung kein notwendiges Merkmal der Garantie. Maßgebend ist stets der *Inhalt* des Garantievertrages. Nach dessen Auslegung bestimmt sich das gesicherte Vermögensinteresse des Gläubigers (Anm. 28) und damit auch der *Umfang* des Ausschlusses von Einwendungen und Einreden. Die Garantie kann vertraglich einer Bürgschaft angenähert werden (Anm. 28). Nur wenn sich aus dem konkreten Vertragsinhalt nichts anderes entnehmen läßt, wird davon auszugehen sein, daß für den Garanten die Geltendmachung von Einwendungen und Einreden aus dem gesicherten Schuldverhältnis ausgeschlossen ist. Das ist evident, wenn der Garant sich verpflichtet hat, auf „erstes Anfordern" des Garantieempfängers zu zahlen, wie dies in der Regel bei einer *Bankgarantie* der Fall ist (s. § 365 Anh. Anm. 295).

e) Übergang des Garantieanspruchs

34 Wird bei einer Forderungsgarantie die *gesicherte* Hauptforderung abgetreten, so geht damit *nicht* ohne weiteres nach § 401 BGB auch der Anspruch aus Garantievertrag auf den neuen Gläubiger über (BGH WM 64, 61/62; RGZ 60, 369/371; 72, 138/141; RGRK Mormann vor § 765 Rdz. 6; Erman/Westermann BGB § 401 Rdz. 4; Liesecke WM 68, 22/23; Boetius aaO S. 102 ff.). Der Garantieanspruch ist kein akzessorisches Nebenrecht. Manche befürworten eine *analoge* Anwendung (Canaris in Großkomm. HGB Anh. § 357 Anm. 528; Pleyer aaO S. 21 f., anders jedoch S. 20 zu 4; a.M. Larenz, Schuldrecht I § 34 I Fn. 4). Gegen eine Analogie schlechthin spricht, daß es für den Garanten nicht gleichgültig zu sein braucht, wer den Schaden erleidet und welchem Gläubiger er daher ersatzpflichtig ist. Grundsätzlich muß daher der Garantieanspruch selbständig abgetreten werden, was auch konkludent geschehen kann. Für den Zedenten kann aus dem schuldrechtlichen Grundgeschäft eine *Pflicht* zur Abtretung bestehen. Ferner kann sich aus der *Auslegung* des Inhalts des *Garantievertrages* ergeben, daß die Parteien für den Fall einer Abtretung einen Übergang des Garantieanspruchs gewollt haben, und daher ein Vertrag zugunsten des neuen Gläubigers anzunehmen ist (RG Warn Rspr 1916 Nr. 130; BGH WM 64, 61/62). Ob bei bürgschaftsähnlichen Garantieverträgen § 401 BGB Anwendung finden kann, läßt BGH WM 75, 348/349 offen.

f) Erfüllung der Garantiepflicht

35 Wird der Garant aus einer Forderungsgarantie vom Begünstigten in Anspruch genommen, so ist ein *gesetzlicher* Übergang der gesicherten Hauptforderung auf den Garanten analog § 774 BGB zu bejahen (zur Bankgarantie s. § 365 Anh. Anm. 288; Canaris in Großkomm. HGB Anh. § 357 Anm. 509; Pleyer aaO S. 21 f.; von Caemmerer, Festschrift für Riese, S. 305; Larenz, Schuldrecht II § 64 I S. 357; a.M. Boetius aaO S. 113 ff.). Die Interessenlage ist insoweit keine andere wie bei der Bürgschaft, so daß eine Analogie gerechtfertigt ist.

V. Die Bedeutung des § 349 HGB

1. Im allgemeinen

36 §§ 771 bis 775 BGB lauten:

§ 771 BGB. Der Bürge kann die Befriedigung des Gläubigers verweigern, solange nicht der Gläubiger eine Zwangsvollstreckung gegen den Hauptschuldner ohne Erfolg versucht hat (Einrede der Vorausklage).

§ 772 BGB. Besteht die Bürgschaft für eine Geldforderung, so muß die Zwangsvollstreckung in die beweglichen Sachen des Hauptschuldners an seinem Wohnsitz und, wenn der Hauptschuldner an einem anderen Orte eine gewerbliche Niederlassung hat, auch an diesem Orte, in Ermangelung eines Wohnsitzes und einer gewerblichen Niederlassung an seinem Aufenthaltsorte versucht werden.

Steht dem Gläubiger ein Pfandrecht oder ein Zurückbehaltungsrecht an einer beweglichen Sache des Hauptschuldners zu, so muß er auch aus dieser Sache Befriedigung suchen. Steht dem Gläubiger ein solches Recht an der Sache auch für eine andere Forderung zu, so gilt dies nur, wenn beide Forderungen durch den Wert der Sache gedeckt werden.

Erster Abschnitt. Allgemeine Vorschriften 1. Abschn. § 349

§ 773 BGB. Die Einrede der Vorausklage ist ausgeschlossen:
1. wenn der Bürge auf die Einrede verzichtet, insbesondere wenn er sich als Selbstschuldner verbürgt hat;
2. wenn die Rechtsverfolgung gegen den Hauptschuldner infolge einer nach der Übernahme der Bürgschaft eingetretenen Änderung des Wohnsitzes, der gewerblichen Niederlassung oder des Aufenthaltsorts des Hauptschuldners wesentlich erschwert ist;
3. wenn über das Vermögen des Hauptschuldners der Konkurs eröffnet ist;
4. wenn anzunehmen ist, daß die Zwangsvollstreckung in das Vermögen des Hauptschuldners nicht zur Befriedigung des Gläubigers führen wird.

In den Fällen der Nummern 3, 4 ist die Einrede insoweit zulässig, als sich der Gläubiger aus einer beweglichen Sache des Hauptschuldners befriedigen kann, an der er ein Pfandrecht oder ein Zurückbehaltungsrecht hat; die Vorschrift des § 772 Abs. 2 Satz 2 findet Anwendung.

§ 774 BGB. Soweit der Bürge den Gläubiger befriedigt, geht die Forderung des Gläubigers gegen den Hauptschuldner auf ihn über. Der Übergang kann nicht zum Nachteile des Gläubigers geltend gemacht werden. Einwendungen des Hauptschuldners aus einem zwischen ihm und dem Bürgen bestehenden Rechtsverhältnisse bleiben unberührt.

Mitbürgen haften einander nur nach § 426.

§ 775 BGB. Hat sich der Bürge im Auftrage des Hauptschuldners verbürgt oder stehen ihm nach den Vorschriften über die Geschäftsführung ohne Auftrag wegen der Übernahme der Bürgschaft die Rechte eines Beauftragten gegen den Hauptschuldner zu, so kann er von diesem Befreiung von der Bürgschaft verlangen:
1. wenn sich die Vermögensverhältnisse des Hauptschuldners wesentlich verschlechtert haben;
2. wenn die Rechtsverfolgung gegen den Hauptschuldner infolge einer nach der Übernahme der Bürgschaft eingetretenen Änderung des Wohnsitzes, der gewerblichen Niederlassung oder des Aufenthaltsorts des Hauptschuldners wesentlich erschwert ist;
3. wenn der Hauptschuldner mit der Erfüllung seiner Verbindlichkeit im Verzug ist;
4. wenn der Gläubiger gegen den Bürgen ein vollstreckbares Urteil auf Erfüllung erwirkt hat.

Ist die Hauptverbindlichkeit noch nicht fällig, so kann der Hauptschuldner dem Bürgen, statt ihn zu befreien, Sicherheit leisten.

37 Nach bürgerlichem Recht (§ 771 BGB) kann der Bürge die Befriedigung des Gläubigers verweigern, solange nicht der Gläubiger die Zwangsvollstreckung gegen den Hauptschuldner ohne Erfolg versucht hat *(Einrede der Vorausklage)*. Ist die Hauptschuld eine *Geldschuld,* so genügt nicht jede Zwangsvollstreckung. Nach § 772 Abs. 1 BGB muß die Vollstreckung in die *beweglichen* Sachen des Hauptschuldners an seinem Wohnsitz und, wenn der Hauptschuldner an einem anderen Ort eine gewerbliche Niederlassung hat, auch an diesem Ort, in Ermangelung eines Wohnsitzes und einer gewerblichen Niederlassung, an seinem Aufenthaltsort versucht werden. Steht dem Gläubiger ein Pfandrecht oder ein Zurückbehaltungsrecht an einer beweglichen Sache des Hauptschuldners zu, so muß er grundsätzlich zuerst aus dieser Sache Befriedigung suchen (§ 772 Abs. 2 BGB). Die Einrede der Vorausklage ist für den Bürgen unter den Voraussetzungen des § 773 BGB ausgeschlossen. Der praktisch wichtigste Fall ist nach § 773 Nr. 1 BGB der Verzicht des Bürgen auf die Vorausklageeinrede *(selbstschuldnerische Bürgschaft).* – Kraft Gesetzes ist die Bürgschaft für einen Zwangsvergleich (§ 194 KO) und für einen Vergleich im gerichtlichen Vergleichsverfahren (§ 85 Abs. 2 VerglO) selbstschuldnerisch.

38 Nach Handelsrecht ist die Einrede der Vorausklage schlechthin ausgeschlossen, wenn die Bürgschaft *für den Bürgen ein Handelsgeschäft* ist (§ 349 Satz 1). Entsprechendes gilt nach § 349 Satz 2 für den *Kreditauftrag.* Die Handelsbürgschaft ist somit stets

§ 349 1. Abschn. *Drittes Buch. Handelsgeschäfte*

selbstschuldnerisch. § 349 ist daher eine Ausnahmevorschrift zu den §§ 771 bis 773 BGB; im übrigen gelten die Vorschriften des BGB über die selbstschuldnerische Bürgschaft auch für die Handelsbürgschaft mit Ausnahme der Formvorschrift des § 766 BGB (§ 350).

2. Voraussetzungen für den Ausschluß der Einrede der Vorausklage

a) Kaufmannseigenschaft des Bürgen

39   Der Bürge *muß* Kaufmann sein. Die Kaufmannseigenschaft kann auf §§ 1, 2, 3 Abs. 2, 3 oder auf § 6 beruhen. Auch wer nach § 5 kraft Eintragung im Handelsregister als Kaufmann gilt, kann, wenn er sich verbürgt hat, nicht die Einrede der Vorausklage erheben. Streitig ist, ob die Einrede der Vorausklage auch dann ausgeschlossen ist, wenn der Bürge keine Kaufmannseigenschaft besitzt, aber im Rechtsverkehr als Kaufmann aufgetreten ist und sich Dritten gegenüber nach Treu und Glauben als solcher behandeln lassen muß (§ 15 Anm. 7 ff.). Es liegt hier ähnlich wie beim Ausschluß der Strafherabsetzung im Fall des § 348 (§ 348 Anm. 28). Im Interesse des Handelsverkehrs darf auch dem „Scheinhandelsbürgen" die Einrede der Vorausklage nicht zustehen, zumal die §§ 771, 772 BGB kein zwingendes Recht sind; (Hueck ArchBürgR 43 S. 451; von Godin in RGR-Komm. z. HGB § 349 Anm. 20; Baumbach/Duden § 349 Anm. 3; OLG Hamburg JW 27, 1109). Ritter (§ 349 Anm. 1) will die Einrede der Vorausklage nur dann ausschließen, wenn ihre Erhebung den besonderen Umständen nach gegen die guten Sitten verstößt; Düringer/Hachenburg/Werner § 349 Anm. 65 nur dann, wenn der Scheinkaufmann wider besseres Wissen als Kaufmann aufgetreten ist.

Auf Personen, deren Gewerbebetrieb nach Art oder Umfang einen in kaufmännischer Weise eingerichteten Geschäftsbetrieb nicht erfordert (§ 4), findet § 349 *keine* Anwendung (§ 351).

40   Ist die Kaufmannseigenschaft des Bürgen *streitig,* so ist der sich hierauf berufende Gläubiger beweispflichtig. Beruft sich der Bürge auf den Ausnahmetatbestand des § 351, so muß er nachweisen, daß er Handwerker oder Kleingewerbetreibender im Sinne des § 4 ist.

41   Die Kaufmannseigenschaft muß *zur Zeit des Abschlusses des Bürgschaftsvertrages* vorhanden sein. Die Erhebung der Einrede der Vorausklage wird daher einerseits nicht schon dadurch ausgeschlossen, daß der Bürge nach Übernahme der Bürgschaft Kaufmann geworden ist; erst eine besondere Vereinbarung würde die Einrede der Vorausklage ausschließen. Andererseits kann die Einrede der Vorausklage auch dann nicht erhoben werden, wenn ein Handelsbürge nach Übernahme der Bürgschaft seine Kaufmannseigenschaft verliert oder ein Nichtkaufmann die Bürgschaftsschuld übernimmt (Ritter § 349 Anm. 1).

Weder Gläubiger noch Hauptschuldner brauchen Kaufleute zu sein.

b) Verbürgung im Betrieb des Handelsgewerbes

42   § 349 spricht davon, daß die Bürgschaft für den *Bürgen* ein Handelsgeschäft sein muß. Dies ist nach § 343 der Fall, wenn ein Kaufmann sie im Betrieb seines Handelsgewerbes übernimmt (§ 348 Anm. 27; § 343 Anm. 10 ff.). – Die Betriebszugehörigkeit wird nach § 344 *vermutet.* – Verbürgt sich eine Person mündlich, die sowohl ein kaufmännisches

Erster Abschnitt. Allgemeine Vorschriften   1. Abschn. § 349

Handelsgewerbe als auch zugleich ein nicht kaufmännisches Gewerbe betreibt, so wird nach den Grundsätzen des redlichen Geschäftsverkehrs im Zweifel zu vermuten sein, daß die Bürgschaft im Betrieb des Handelsgewerbes übernommen worden ist.

3. Wirkungen des Einredeausschlusses

Liegen die zu II genannten Voraussetzungen vor, so steht dem Bürgen die Einrede der 43 Vorausklage *nicht* zu. §§ 771, 772 BGB gelten nicht. Der Handelsbürge ist stets selbstschuldnerischer Bürge. Die Regelung ist jedoch nicht zwingend. Auch der Handelsbürge kann sich vertraglich die Einrede der Vorausklage vorbehalten (von Godin in RGR-Komm. z. HGB § 349 Anm. 21; Düringer/Hachenburg/Werner § 349 Anm. 65; Ritter § 349 Anm. 3; Baumbach/Duden § 349 Anm. 3).

Im übrigen finden die Vorschriften des bürgerlichen Rechts über die selbstschuldneri- 44 sche Bürgschaft mit Ausnahme der Formvorschrift des § 766 BGB Anwendung (§ 350). Der *akzessorische* Charakter bleibt bestehen. Für die Verpflichtung des Handelsbürgen ist der *jeweilige Bestand* der Hauptverbindlichkeit maßgebend (§ 767 Abs. 1 BGB). Der Handelsbürge ist nicht etwa Gesamtschuldner neben dem Hauptschuldner, wie es z. B. beim Schuldbeitritt (Anm. 15 f.) der Fall ist (RGZ 148, 66). Mit Ausnahme der Einrede der Vorausklage hat der Handelsbürge alle *Einwendungen* und *Einreden* aus eigener Person und aus der Person des Hauptschuldners (§§ 767, 768 BGB). Zu den Einschränkungen des Akzessorietätsprinzips s. Anm. 28.

4. Kreditauftrag

Unter einem *Kreditauftrag* ist nach § 778 BGB ein *Auftrag* – oder bei Entgeltlichkeit 45 ein Geschäftsbesorgungsvertrag – zu verstehen, durch den jemand verpflichtet wird, *in eigenem Namen und auf eigene Rechnung* einem Dritten Kredit zu gewähren (RGZ 151, 93/100). Durch die *Verpflichtung* des Kreditgebers zur Kreditgewährung unterscheidet sich der Kreditauftrag von der Bürgschaft. Es genügt nicht, daß nur eine Ermächtigung oder Empfehlung zur Kreditgewährung gegeben wird; es muß ein echtes Auftragsverhältnis durch Erteilung und Annahme des Auftrags begründet worden sein (BGH WM 56, 463/465; 64, 1211/1212). Das Bestehen eines eigenen wirtschaftlichen Interesses des Auftraggebers an der Kreditgewährung im allgemeinen reicht zur Annahme eines Kreditauftrages nicht aus. Notwendig für eine Haftung aus Kreditauftrag ist die Erkennbarkeit des eigenen Verpflichtungswillens (BGH BB 60, 842). Im Gegensatz zur Kreditbürgschaft (Anm. 8) will der Auftraggeber nicht lediglich für eine fremde künftige Schuld einstehen, sondern die Begründung dieser Schuld gerade veranlassen. Der Kredit soll nach dem übereinstimmend erklärten Willen von Kreditgeber und Auftraggeber der Befriedigung des Interesses des *Auftraggebers* an der Kreditgewährung dienen (BGH WM 56, 463/465). Aus diesem Grunde ist der Auftraggeber auch nicht wie ein Bürge schutzbedürftig. Für den Kreditauftrag gilt nicht die Formvorschrift des § 766 BGB (RGZ 51, 122). Es finden die allgemeinen Vorschriften des unentgeltlichen Auftrages oder des entgeltlichen Geschäftsbesorgungsvertrages Anwendung (§§ 662 ff.; § 675 BGB). Die Pflicht des Auftraggebers, dem Beauftragten die *Aufwendungen* zu ersetzen, zu denen auch der gewährte Kredit gehört, ist der Haftung des Bürgen ähnlich. § 778 BGB läßt daher den Kreditauftraggeber kraft Gesetzes für die aus der Kreditgewährung

§ 350   1. Abschn.   *Drittes Buch. Handelsgeschäfte*

entstehende Verbindlichkeit des Dritten *als Bürgen* haften. Für die Haftung des Kreditauftraggebers gilt Bürgschaftsrecht. Der Kreditauftraggeber hat daher nach §§ 771, 772 BGB grundsätzlich die Einrede der Vorausklage. Von dieser Regelung sieht jedoch § 349 Satz 2 eine Ausnahme vor. Ist der Kreditauftraggeber Kaufmann (Anm. 39 ff.) und hat er den Auftrag im Betrieb seines Handelsgewerbes erteilt (Anm. 42), so steht ihm die Einrede der Vorausklage *nicht* zu. Er haftet wie ein selbstschuldnerischer Bürge. Hat der Auftraggeber den Kreditgeber *befriedigt,* so geht dessen Forderung nach § 774 BGB auf ihn über. Beruht der Kreditauftrag auf einem Auftrag des Schuldners (Dritten), so kann der Kreditauftraggeber unter den Voraussetzungen des § 775 BGB Befreiung von der Bürgschaft verlangen. – Zur *Umdeutung* einer formnichtigen Bürgschaft in einen Kreditauftrag vgl. Zeiss, WM 63, 905 ff.

350   Auf eine Bürgschaft, ein Schuldversprechen oder ein Schuldanerkenntnis finden, sofern die Bürgschaft auf der Seite des Bürgen, das Versprechen oder das Anerkenntnis auf der Seite des Schuldners ein Handelsgeschäft ist, die Formvorschriften des § 766 Satz 1, des § 780 und des § 781 Satz 1 des Bürgerlichen Gesetzbuchs keine Anwendung.

Inhalt

	Anm.		Anm.
Allgemeines	1– 6	1. Kaufmannseigenschaft des Bürgen bzw. des Schuldners	18–19
1. Wesen der Bürgschaft	1		
2. Wesen des Schuldversprechens	2– 7	2. Eingehung der Verpflichtung im Betrieb des Handelsgewerbes	20–21
3. Wesen des Schuldanerkenntnisses	8–10		
I. Bedeutung der Vorschrift	11–17	III. Grenzen der Formfreiheit	22–24
II. Die Voraussetzungen für die Formfreiheit der Bürgschaft, des Schuldversprechens und des Schuldanerkenntnisses	18–21		

Allgemeines

1. Wesen der Bürgschaft

1   Es wird auf die Erläuterungen zu § 349 Anm. 1–11 verwiesen.

2. Wesen des Schuldversprechens

2   Das in § 780 BGB der Schriftform unterworfene *Schuldversprechen* ist ein *Vertrag,* durch den eine Leistung in der Weise versprochen wird, daß das Versprechen die Verpflichtung *selbständig* begründen soll. Die *Wirksamkeit* der Verpflichtung soll danach *nicht vom Rechtsgrund,* dem zwischen den Parteien bestehenden Kausalverhältnis, *abhängig* sein. Das selbständige Schuldversprechen beruht allein auf den zu seiner Entstehung notwendigen Voraussetzungen. Im Gegensatz zum selbständigen (abstrakten) Schuldversprechen schließt das *deklaratorische* den Rechtsgrund in sich ein. Die

Grenzziehung zwischen abstrakten und deklaratorischen Schuldversprechen stößt auf besondere Schwierigkeiten (Anm. 3). Sie liegen insbesondere darin, daß auch das selbständige Schuldversprechen zwischen den Parteien nicht völlig abstrakt ist. Es gibt dem Gläubiger nur einen selbständigen Rechtstitel, der ihn im Prozeß davon befreit, die zur Begründung seines Anspruchs erforderlichen Tatsachen zu behaupten und im Streitfall zu beweisen. Die Behauptungs- und Beweislast für das Nichtbestehen eines Kausalverhältnisses trifft den *Schuldner*. Die Abstraktion führt im Verhältnis der Parteien zueinander nur zu einer Umkehr der Beweislast. Das ist jedoch kein Grund, die rechtliche Möglichkeit einer selbständigen Verpflichtung, von der §§ 780, 781 BGB ausgehen, zu verneinen (a.M. Kübler, Feststellung und Garantie, 1967, S. 164 ff., der die §§ 780, 781 BGB nur auf den Schuldschein bezieht und den abstrakten Schuldvertrag durch den Feststellungs- und Garantievertrag als ersetzt ansieht). Von der „Abstraktheit" einer Verpflichtung im Verhältnis zwischen den durch ein Kausalverhältnis verbundenen Parteien ist die Abstraktheit im Verhältnis einer Partei gegenüber *Dritten,* d. h. im Deckungs- oder Valutaverhältnis, scharf zu unterscheiden. Der Ausschluß von Einwendungen gegenüber Dritten gewinnt Bedeutung bei Dreiecksverhältnissen, insbesondere im Anweisungsrecht (Anh. zu § 365 Anm. 73 ff.).

Ob ein *selbständiges* Schuldversprechen vorliegt, ist im Einzelfall *Auslegungsfrage*. **3** Der selbständige Verpflichtungswille muß aus der Erklärung selbst und aus den Umständen ermittelt werden. Ist der Schuldgrund nicht oder nur ganz allgemein in der Urkunde erwähnt, so spricht dies für ein selbständiges Schuldversprechen (RGZ 61, 319). Ist dagegen der Schuldgrund in der Urkunde genau und bestimmt bezeichnet, so ist dies ein Anzeichen dafür, daß keine selbständige Verpflichtung geschaffen werden sollte (RGZ 142, 306). Indessen sind diese Auslegungsregeln nicht zwingend. Im Einzelfall kann trotz Angabe eines bestimmten Schuldgrundes ein *selbständiges* Schuldversprechen zu bejahen oder trotz Fehlens eines Schuldgrundes zu verneinen sein. So nimmt z. B. RGZ 74, 340 bei Massenausgabe negoziabler Wertpapiere mit Orderklausel trotz Angabe des Schuldgrundes ein selbständiges Schuldversprechen an. Die *Bestätigung eines Akkreditivs* enthält im Zweifel eine selbständige Verpflichtung nach § 780 BGB (BGHZ 28, 129; RGZ 106, 304; 144, 136; RG LZ 20, 230; Anhang zu § 365 Anm. 211). Ein abstraktes Schuldversprechen ist die *Gutschrift* auf Girokonto (BGHZ 6, 121; NJW 53, 897; WM 56, 218; Anhang zu § 365 Anm. 2 ff.). Abstrakt sind vor allem die in einem *Wechsel* oder einer *Inhaberschuldverschreibung* verbrieften Schuldversprechen. Ein formal ungültiger eigener Wechsel (Art. 75 ff. WG) kann unter den Voraussetzungen des § 140 BGB als selbständiges Schuldversprechen aufrechterhalten werden, nicht jedoch ein präjudizierter oder verjährter Wechsel (RGZ 48, 223; 136, 207; Baumbach/Hefermehl, Wechsel- u. Scheckgesetz, 11. Aufl., Art. 2 Anm. 14; ebenso BGHZ 3, 239 für Scheck). – Ist die versprochene Leistung von einer Gegenleistung des Gläubigers abhängig, so wird in der Regel der abstrakte Charakter der Verpflichtung zu verneinen sein (RGZ 48, 133; 108, 107).

Das selbständige Schuldversprechen bewirkt die Entstehung einer *neuen Schuld*, die **4** gewöhnlich *neben* die Verpflichtung aus dem zugrundeliegenden Rechtsverhältnis tritt. Hierfür spricht auch die Vermutung des § 364 Abs. 2 BGB. Ein Untergang der ursprünglichen Schuld durch Annahme der neuen selbständigen Verbindlichkeit an Erfüllungs Statt (Novation) ist zwar nicht ausgeschlossen, jedoch im Zweifel *nicht* anzunehmen. Ist das Schuldversprechen, wie es in der Regel der Fall ist, *zahlungshalber* erteilt worden, so

§ 350 1. Abschn.   *Drittes Buch. Handelsgeschäfte*

kann sich der Gläubiger nach seiner Wahl sowohl auf das Schuldversprechen als auch auf die ursprüngliche Forderung berufen. Das Schuldversprechen dient dann vor allem zur Erleichterung der Rechtsverfolgung (RGZ 62, 38). Eine Ausnahme gilt allein beim Wechsel. Bei ihm muß der Gläubiger zunächst seine Befriedigung aus dem Wechsel suchen (RG BankA 34, 166; Baumbach/Hefermehl, Wechsel- und Scheckgesetz, 11. Aufl., Einl WG Anm. 35 ff.; Quassowski/Albrecht, Kommentar zum Wechselgesetz, Anm. 19 zu Art. 89). Da es sich um *zweckbedingte* Ansprüche handelt, die das gleiche Interesse des Gläubigers sichern, so bewirkt die Erfüllung der selbständigen Schuld zugleich die Tilgung der Kausalschuld. Auch eine rechtskräftige Entscheidung über die Forderung aus dem Schuldversprechen schließt nicht die Geltendmachung des Anspruchs aus dem zugrunde liegenden Schuldverhältnis aus.

5   Die *Wirksamkeit* eines selbständigen Schuldversprechens hängt grundsätzlich *nicht* von der Wirksamkeit des ihm zugrunde liegenden Kausalverhältnisses ab. Eine Ausnahme gilt für Schenkungsversprechen (§ 518 Abs. 1 Satz 2 BGB), für den Ehemäklerlohn (§ 656 Abs. 2 BGB) und für Spiel- oder Wettschulden (§ 762 Abs. 2 BGB). Verstößt allein das *Grundgeschäft* gegen ein gesetzliches Verbot oder gegen die guten Sitten, so rechtfertigt ein solcher Verstoß noch nicht die Annahme der Nichtigkeit des selbständigen Schuldversprechens. Eine *Ausnahme* gilt, wenn das Grundgeschäft wegen *Wuchers* nichtig ist, da § 138 Abs. 2 BGB auch ein Rechtsgeschäft, durch das ein wucherischer Vermögensvorteil *gewährt* wird, für nichtig erklärt (RGZ 57, 95). Wohl aber kann auch ein selbständiges Schuldversprechen als solches gegen das *Gesetz* oder die *guten Sitten* verstoßen. Das Dogma der Abstraktheit schließt die Anwendung der §§ 134, 138 BGB nicht aus; auch aus § 817 Satz 2 BGB läßt sich nicht schließen, daß ein selbständiges Schuldversprechen nicht nach §§ 134, 138 BGB nichtig sein kann. Nichtig kann ein Schuldversprechen vor allem dann sein, wenn es einem sittenwidrigen *Zweck* dient (RGZ 154, 112). Der durch Einschaltung von Vermittlern organisierte Austausch von *Wechselakzepten* begründet nach § 138 Abs. 1 BGB keine gültigen Wechselverpflichtungen (BGHZ 27, 172; Baumbach/Hefermehl, Wechsel- und Scheckgesetz, 11. Aufl., Art. 17 WG Anm. 52 f.).

6   Die Unabhängigkeit des selbständigen Schuldversprechens von dem zugrundeliegenden Kausalverhältnis geht indessen nicht so weit, daß *Einwendungen aus dem Grundgeschäft* gegenüber einer Klage des Gläubigers, die sich auf das Schuldversprechen stützt, schlechthin ausgeschlossen sind. Sie müssen jedoch nach herrschender Auffassung grundsätzlich auf den Nenner einer *Bereicherungseinrede* gebracht werden (Flume AllgT II § 12 II, 4; Larenz, Schuldrecht II, § 65 II; Esser, Schuldrecht II, 4. Aufl., § 90 II, 2). Da als Leistung nach § 812 Abs. 2 BGB auch die Eingehung einer abstrakten Verbindlichkeit angesehen wird, kann der Schuldner Befreiung von seiner Verpflichtung aus dem Schuldversprechen verlangen, wenn ein gültiges Grundgeschäft nicht oder nicht mehr besteht und der Gläubiger durch das Schuldversprechen grundlos bereichert ist (RGZ 61, 318; 68, 302; 119, 5. Die Bereicherungseinrede kann nach § 404 BGB auch dem Zessionar entgegengesetzt werden (RGZ 86, 301); doch ist die Geltendmachung von Einwendungen gegenüber Dritten im Wertpapierrecht weitgehend ausgeschlossen (für Wechsel Art. 17 WG). Wußte der Schuldner, daß er zur Leistung eines selbständigen Schuldversprechens nicht verpflichtet war, so ist ihm dadurch die Bereicherungseinrede genommen (arg. § 814 BGB). – Gegen den Umweg über das Bereicherungsrecht spricht,

daß die Selbständigkeit eines Schuldversprechens nur dem *Zweck* dient, die Beweislast im Interesse des Gläubigers umzukehren (Anm. 5). Dann aber ist es sachgerecht, daß der Schuldner die Einwendungen und Einreden aus dem Grundgeschäft der selbständigen Forderung aus dem Schuldversprechen *unmittelbar* entgegensetzen kann (Ulmer, Recht der Wertpapiere, S. 184; Kübler aaO S. 209; Baumbach/Hefermehl, Wechsel- und Scheckgesetz, 11. Aufl., Einl WG Anm. 9). Der mögliche *Einwendungsausschluß* gegenüber Dritten beruht nicht auf der Selbständigkeit der Forderung aus einem Schuldversprechen.

Über die *Form* des Schuldversprechens vgl. Anm. 12. **7**

3. Wesen des Schuldanerkenntnisses

Das *Schuldanerkenntnis* ist in § 781 BGB geregelt. Es ist ein *Vertrag,* durch den *das* **8** *Bestehen eines Schuldverhältnisses anerkannt* wird. Der Unterschied zum selbständigen Schuldversprechen des § 780 BGB ist nur ein formaler. Das Schuldversprechen wird *vor,* das Schuldanerkenntnis *nach* der Entstehung des Schuldverhältnisses eingegangen. Sachlich besteht kein Unterschied. Auch das Schuldanerkenntnis des § 781 BGB begründet eine selbständige Verpflichtung, die von dem Bestehen der anerkannten Forderung unabhängig ist (RGZ 61, 318; 75, 4). Das bloß zu Beweiszwecken erteilte sogenannte bestätigende Anerkenntnis fällt nicht unter § 781 BGB, weil dadurch keine neue Verpflichtung geschaffen wird.

Ob ein *selbständiges* Schuldanerkenntnis vorliegt, ist im Einzelfall *Tatfrage.* Es gilt das **9** zu Anm. 3 über das Schuldversprechen Gesagte entsprechend. Auch hinsichtlich des Einflusses des Rechtsgrundes auf das Schuldanerkenntnis gilt dasselbe wie beim Schuldversprechen.

Über die *Form* des Schuldanerkenntnisses vgl. Anm. 15.

Wegen der rechtlichen Behandlung des Schuldversprechens und des Schuldanerkennt- **10** nisses im einzelnen wird im übrigen auf die einschlägigen Kommentare zum BGB verwiesen.

I. Bedeutung der Vorschrift

Das bürgerliche Recht kennt für Schuldverträge grundsätzlich *keine* Form. Soweit das **11** bürgerliche Recht ausnahmsweise besondere Formen vorschreibt z. B. §§ 311, 313, 518, 566, 581, 761, 792, 1154, 1155 BGB), gelten diese Vorschriften grundsätzlich auch für das Handelsrecht. Eine Ausnahme gilt nach Handelsrecht allein für die *Bürgschaft,* das *Schuldversprechen* und das *Schuldanerkenntnis.*

Nach § 766 Satz 1 BGB ist zur Gültigkeit des Bürgschaftsvertrags die *schriftliche* **12** *Erteilung der Bürgschaftserklärung* nötig. Nicht der Vertrag, sondern die *Verpflichtungserklärung des Bürgen* bedarf der Schriftform; die Annahme der Erklärung durch den Gläubiger kann formlos geschehen. Was zur schriftlichen Form gehört, bestimmt sich nach § 126 BGB (nicht gilt § 127 BGB). Ein Telegramm wahrt daher diese Form nicht (BGHZ 24, 297; Soergel/Hefermehl § 126 Anm. 14). Nach § 126 Abs. 3 BGB wird die Schriftform durch die *notarielle* Beurkundung ersetzt. Die *Unterschrift* des Ausstellers muß *eigenhändig* vollzogen unter der Urkunde stehen. Nicht braucht der Aussteller jedoch auch den Inhalt der Bürgschaftserklärung eigenhändig zu schreiben.

Auch ist es nicht nötig, daß die Unterschrift erst unter den fertigen Text gesetzt wird. Bloße Mitunterzeichnung genügt nicht (RGZ 78, 39). Außer dem Schuldner muß die *Person des Gläubigers* aus der Bürgschaftsurkunde erkennbar sein. Das kann auf Schwierigkeiten stoßen, wenn der Schuldner den ihm Kredit gewährenden Gläubiger noch suchen muß. Dem trägt die Rechtsprechung Rechnung. Ein Bürgschaftsvertrag kann gültig in der Weise geschlossen werden, daß der Bürge die unterschriebene Bürgschaftserklärung, in der der Name des Gläubigers offengelassen ist, dem Schuldner oder einem Dritten übergibt und dieser als Vertreter oder Bote (BGH NJW 62, 2195) des Bürgen dem gefundenen Gläubiger die mit dessen Namen nachträglich ausgefüllte Urkunde aushändigt, und der Gläubiger den in ihr liegenden Vertragsantrag *annimmt* (RGZ 57, 66; BGH NJW 62, 1102; OLG Düsseldorf WM 69, 799; s. auch RGZ 31, 262, wo es sich um eine Erklärung gegenüber einem *bestimmten* Gläubiger handelt). Die Schriftform ist *nicht* gewahrt, wenn die Bürgschaftsurkunde den Namen des Gläubigers nicht enthält und über die Hauptschuld nichts weiter angibt, als daß die Bürgschaft zur Beschaffung von Waren übernommen wird (BGH NJW 62, 1102). Der Inhalt der Bürgschaftserkärung, das *Einstehen für eine fremde Schuld,* muß wenigstens in seinen wesentlichen Teilen in der Bürgschaftsurkunde selbst enthalten sein (RGZ 57, 258; 71, 113). Dabei ist es jedoch nicht ausgeschlossen, zur Ermittlung dieses Willens außerhalb der auszulegenden urkundlichen Erklärungen liegende Umstände heranzuziehen und zu berücksichtigen (RGZ 59, 217). Die Schriftform ist jedoch nicht gewahrt, wenn der Verbürgungswille nicht aus der Bürgschaftsurkunde, sondern erst aus einer darin in Bezug genommenen anderen Urkunde zu erkennen ist (BGH LM § 766 BGB Nr. 3). Mündliche Nebenabreden sind grundsätzlich unwirksam, es sei denn, daß sie die Verpflichtung des Bürgen erleichtern (LM § 766 BGB Nr. 11; von Godin in RGR-Komm. z. HGB § 350 Anm. 4 u. 31).

13 Außer der Schriftform ist die schriftliche *Erteilung* der Bürgschaftserklärung nach § 766 Abs. 1 Satz 1 BGB notwendig. Dafür genügt nicht die Unterzeichnung der Bürgschaftsurkunde. Die Urkunde muß dem Gläubiger auch zugegangen sein, so daß er die tatsächliche Verfügungsgewalt erlangt hat (RGZ 61, 414). Es genügt das Zugehen einer *Abschrift* der Bürgschaftserklärung, wenn dies mit dem Einverständnis des Bürgen geschieht (BGH LM BGB § 766 Nr. 1; RGZ 126, 121). Der Bürgschaftsvertrag ist zustande gekommen, wenn der Gläubiger die schriftlich erteilte Bürgschaftserklärung angenommen hat (vgl. auch § 151 BGB). Eine *Form* ist für die Annahme nicht vorgeschrieben. Die Annahme kann daher auch konkludent, z.B. durch Entgegennahme der Bürgschaftsurkunde, geschehen (RGZ 62, 379; 97, 163). Hat sich ein Bürge schriftlich für die künftige Schuld eines namentlich bezeichneten Schuldners verbürgt, die nicht entstanden ist, so kann er sich für die Schuld eines anderen Schuldners in der Weise *formgerecht* verbürgen, daß mit Ermächtigung des Bürgen der Gläubiger in der in seinen Händen befindlichen Bürgschaftsurkunden den Namen des zunächst in Aussicht genommenen Schuldners durch den des neuen ersetzt (BGH LM BGB § 766 Nr. 13). Die Urkunde braucht nicht zunächst dem Bürgen zurück- und von ihm wieder an den Gläubiger gegeben zu werden; es genügt, daß die geänderte Urkunde im Einverständnis des Bürgen im Besitz des Gläubigers verbleibt (RGZ 59, 42). Daß die Erteilung der Bürgschaftsurkunde nicht, wie es gewöhnlich der Fall ist, der Ausstellung der Urkunde vorangeht, schadet nicht. Der Fortbestand eines unter Übergabe der Bürgschaftsurkunde formgültig geschlossenen Bürgschaftsvertrages hängt nicht davon ab, daß die Urkunde beim Gläubiger verbleibt (BGH WM 76, 422, 423).

Ist die Schriftform nicht gewahrt, so ist der Bürgschaftsvertrag nach § 125 Satz 1 BGB **14** *nichtig*. Soweit jedoch der Bürge die Hauptverbindlichkeit erfüllt, wird der Mangel der Form nach § 766 Satz 2 BGB geheilt. Nur für Bürgschaftserklärungen gilt die Formvorschrift des § 766 BGB, nicht für nur bürgschaftsähnliche Verpflichtungserklärungen, wie z. B. den Kreditauftrag (§ 349 Anm. 45), den Schuldbeitritt (§ 349 Anm. 16) oder ein Garantieversprechen (§ 349 Anm. 21 ff.). Entscheidend ist nach § 766 BGB der *Vertragstyp*. Auch die Erfüllungsübernahme gegenüber einem Bürgen bedarf nicht der Form des § 766 BGB (BGH LM BGB § 766 Nr. 15), wohl aber eine Bürgschaftserkärung des Rückbürgen oder Nachbürgen.

Nach §§ 780, 781 BGB ist ebenso wie bei der Bürgschaft zur Gültigkeit des Schuldversprechens die *schriftliche Erteilung des Leistungsversprechens*, zur Gültigkeit des Schuldanerkenntnisses die *schriftliche Erteilung der Anerkenntniserklärung* des Schuldners nötig. Die Annahme des Versprechens durch den Gläubiger ist nicht formbedürftig. Was zur schriftlichen Form gehört, bestimmt sich nach § 126 BGB. Wesentlich ist auch hier die Bezeichnung des Gläubigers (RGZ 71, 113). *Erteilt* ist das Versprechen oder das Anerkenntnis erst, wenn es dem Gläubiger zugegangen ist (RG JW 09, 719[4]; vgl. auch Anm. 13). Erfüllung heilt hier nicht den Mangel der Schriftform. **15**

Nach § 782 BGB ist für ein Schuldversprechen oder ein Schuldanerkenntnis keine Schriftform nötig, wenn das Versprechen oder das Anerkenntnis auf Grund einer Abrechnung oder im Wege des Vergleichs erteilt wird.

Ein *Prozeßvergleich* ersetzt die in §§ 766, 780, 781 BGB verlangte Form.

§ 350 befreit die *kaufmännische* Bürgschaft sowie das kaufmännische *Schuldversprechen* und *Schuldanerkenntnis* allgemein von den Formvorschriften der §§ 766, 780, 781 BGB. Der Gedanke, daß durch die Schriftform der Schuldner vor Übereilung bewahrt werden soll, kann für Kaufleute keine Geltung beanspruchen. Das Gesetz geht davon aus, daß ein selbständiger Kaufmann die Tragweite seiner Erklärungen richtig würdigen kann und daher einen besonderen Schutz durch Formvorschriften nicht benötigt. Im Interesse der Rechtssicherheit wird es jedoch auch im Handelsverkehr sinnvoll sein, daß ein Kaufmann seine Bürgschaftserklärungen oder Schuldversprechen und Schuldanerkenntnisse schriftlich abgibt. **16**

Wenn auch das Handelsrecht den Kaufmann von gewissen Formvorschriften des bürgerlichen Rechts befreit, so darf andererseits nicht übersehen werden, daß das Handelsrecht für gewisse Fälle besondere Formvorschriften aufstellt; vgl. z. B. § 12 (Anmeldung); § 74 Abs. 1 (Wettbewerbsverbot des Handlungsgehilfen); § 79 (Lehrvertrag); ferner §§ 23 Abs. 1, 130, 135 Abs. 1, 2 AktG; §§ 2, 15 Abs. 3, 4 GmbHG. **17**

II. Die Voraussetzungen für die Formfreiheit der Bürgschaft, des Schuldversprechens und des Schuldanerkenntnisses

1. Kaufmannseigenschaft des Bürgen bzw. des Schuldners

Der Bürge sowie der versprechende oder der anerkennende Schuldner müssen *Vollkaufleute* sein. Die Kaufmannseigenschaft kann auf §§ 1, 2, 3 Abs. 2, 3 oder auf § 6 **18**

§ 350 1. Abschn.   *Drittes Buch. Handelsgeschäfte*

beruhen. Auch wer nach § 5 kraft Eintragung im Handelsregister als Kaufmann gilt, kann sich nicht auf einen Mangel der Schriftform nach §§ 766, 780, 781 BGB berufen. Streitig ist, ob die Berufung auf den Mangel der Schriftform auch dann ausgeschlossen ist, wenn der Bürge oder der Schuldner keine Kaufmannseigenschaft besitzt, aber im Rechtsverkehr mit Dritten als Kaufmann aufgetreten ist (§ 15 Anm. 7ff.). Im Interesse des Handelsverkehrs ist anzunehmen, daß auch dem Scheinkaufmann die Berufung auf den Mangel der Schriftform versagt ist (von Godin in RGR-Komm. z. HGB § 350 Anm. 6; Koenige § 350 Anm. 1; Baumbach/Duden § 350 Anm. 3; OLG Hamburg JW 27, 1109; vgl. auch § 348 Anm. 24; a.M. Hueck ArchBürgR 43, 451; Canaris, Vertrauenshaftung, S. 181). Ritter (§ 350 Anm. 1) will die Berufung auf den Formmangel ausschließen, wenn sie den besonderen Umständen nach gegen Treu und Glauben verstoßen würde; Düringer/Hachenburg/Werner (§ 350 Anm. 33) nur dann, wenn sich der Scheinkaufmann wider besseres Wissen als solcher aufgeführt hat. – Das Aufsichtsratsmitglied einer Aktiengesellschaft ist nicht Kaufmann und kann daher eine Bürgschaft für eine Schuld der Gesellschaft nur schriftlich übernehmen (RGZ 126, 122).

Auf Personen, deren Gewerbebetrieb nach Art oder Umfang einen in kaufmännischer Weise eingerichteten Geschäftsbetrieb nicht erfordert (§ 4), findet § 350 *keine* Anwendung (§ 351). Für sie gelten die Formvorschriften der §§ 766, 780, 781 BGB.

19 Die Kaufmannseigenschaft muß *zur Zeit der Eingehung der Schuld* vorhanden sein (RG JW 08, 148; von Godin in RGR Komm. z. HGB § 350 Anm. 6; Düringer/Hachenburg/Werner § 350 Anm. 33; Koenige § 350 Anm. 1; Ritter § 350 Anm. 1; Baumbach/Duden § 350 Anm. 3). Erlangt jemand erst später die Kaufmannseigenschaft, so tritt seine Haftung nur ein, wenn er die vor Erlangung der Kaufmannseigenschaft formlos eingegangenen Verpflichtungen bestätigt (§ 141 BGB). Verliert ein Kaufmann seine Kaufmannseigenschaft, so bleibt er aus den von ihm nach § 350 formlos übernommenen Bürgschaften sowie den formlos geleisteten Schuldversprechen oder Schuldanerkenntnissen verantwortlich.

Der Gläubiger braucht nicht Kaufmann zu sein.

2. Eingehung der Verpflichtung im Betrieb des Handelsgewerbes

20 § 350 spricht davon, daß die Bürgschaft auf seiten des Bürgen, das Schuldversprechen oder das Schuldanerkenntnis auf seiten des Schuldners ein Handelsgeschäft sein muß. Dies ist nach § 343 der Fall, wenn die Verpflichtungen *im Betrieb des Handelsgewerbes* eingegangen sind (vgl. Anm. 8, 9 zu § 343). Die Betriebszugehörigkeit wird nach § 344 vermutet. Ist bei einem Schuldversprechen oder Schuldanerkenntnis das *Grundgeschäft* ein Handelsgeschäft, so ist in der Regel auch das Versprechen oder das Anerkenntnis ein Handelsgeschäft. Die gegenteilige Annahme ist gerechtfertigt, wenn das Grundgeschäft kein Handels-, sondern ein Privatgeschäft ist (Ritter § 350 Anm. 1).

21 Der Gesellschafter einer OHG kann sich ebenso wie der Komplementär einer KG für eine Gesellschaftsschuld persönlich verbürgen (RGZ 139, 252; RG HRR 35 Nr. 581; § 349 Anm. 3). Die Bürgschaftserklärung bedarf jedoch der Schriftform nach § 766 BGB, da der persönlich haftende Gesellschafter nur insoweit als Kaufmann anzusehen ist, als er mit seinen Mitgesellschaftern ein Handelsgewerbe betreibt. Das praktische Bedürfnis für eine solche Bürgschaft, die trotz einheitlicher Schuld wegen der verschiede-

Erster Abschnitt. Allgemeine Vorschriften 1. Abschn. § 351

nen Haftungsbereiche zuzulassen ist, zeigt sich beim Zwangsvergleich im Konkurs (§ 193 S. 2 KO); ferner gilt für die Verjährung der Bürgenforderung nicht § 159. Über die Bürgschaft eines Kaufmanns im Vergleichsverfahren vgl. RGZ 146, 304.

III. Grenzen der Formfreiheit

Liegen die zu II genannten Voraussetzungen vor, so finden für die Bürgschaft, das Schuldversprechen oder das Schuldanerkenntnis die Formvorschriften der §§ 766, 780, 781 BGB *keine* Anwendung. Ein Vollkaufmann kann sich *mündlich* durch Bürgschaft, Schuldversprechen oder Schuldanerkenntnis wirksam verpflichten. In ihren Wirkungen stehen die kaufmännische Bürgschaft oder das kaufmännische Schuldanerkenntnis oder Schuldversprechen einer schriftlich übernommenen Bürgschaft oder einem schriftlich eingegangenen Schuldversprechen oder Anerkenntnis gleich. **22**

§ 350 befreit die Bürgschaft, das Schuldversprechen und das Schuldanerkenntnis *nur* von der nach §§ 766, 780, 781 BGB vorgeschriebenen *Schriftform*. Soweit nach anderen Vorschriften besondere Formen zu beachten sind, bleiben sie unberührt, wie sich auch schon aus den §§ 780, 781 BGB selbst ergibt (Anm. 15). Hat z. B. das Schuldversprechen oder das Schuldanerkenntnis die Verpflichtung zur Übertragung eines Vermögens (§ 311 BGB) oder die Verpflichtung zur Übertragung des Eigentums an einem Grundstück zum Gegenstand (§ 313 BGB), so bedarf neben dem Grundgeschäft auch das Versprechen oder das Anerkenntnis der notariellen Beurkundung, selbst wenn der Schuldner Kaufmann ist und die Verpflichtung im Betriebe seines Handelsgewerbes eingegangen wurde (§ 350 Anm. 11, 17; Heymann/Kötter § 350 Anm. 4; Ritter § 350 Anm. 2; Neufeld/Schwarz § 350 Anm. 13). Handelt es sich um ein Schenkungsversprechen, so ist die Form des § 518 BGB zu beachten (RGZ 71, 289; BGH WM 75, 818 für Scheck). Nach § 2301 BGB bedarf ein Schuldversprechen oder ein Schuldanerkenntnis sogar der Form einer Verfügung von Todes wegen, wenn es unter der Bedingung erteilt wird, daß der Beschenkte den Schenker überlebt. **23**

Die Vorschrift des § 350 enthält keine zwingende Regelung. Die Parteien können, auch wenn die Voraussetzungen der Formfreiheit gegeben sind, rechtsgeschäftlich *Schriftform vereinbaren*. Dann gilt § 127 BGB und nicht § 350 (RG JR 26 Nr. 2340; von Godin in RGR Komm. z. HGB § 350 Anm. 17; Düringer/Hachenburg/Werner § 350 Anm. 33). **24**

351 Die Vorschriften der §§ 348 bis 350 finden auf die in § 4 bezeichneten Gewerbetreibenden keine Anwendung.

Die §§ 348–350 beruhen auf dem Gedanken, daß der geschäftsgewandte Kaufmann sich selbst schützen kann (Einleitung vor § 343). § 351 erklärt daher diese Vorschriften auf Personen, deren Gewerbebetrieb nach Art oder Umfang einen in kaufmännischer Weise eingerichteten Geschäftsbetrieb nicht erfordert (§ 4) und die aus diesem Grunde nur teilweise dem Handelsrecht unterstehen, für nicht anwendbar. Nach § 4 finden auch die Vorschriften über die Firmen, die Handelsbücher, die Prokura sowie über die offene Handelsgesellschaft und die Kommanditgesellschaft auf diese Gewerbetreibenden (Min- **1**

§ 352 1. Abschn. *Drittes Buch. Handelsgeschäfte*

derkaufleute) keine Anwendung. § 351 trennt diese Gewerbetreibenden auch *in rechtsgeschäftlicher Beziehung* von den Vollkaufleuten. Es gilt insoweit in vollem Umfang das bürgerliche Recht. Eine Vertragsstrafe kann nach § 343 BGB herabgesetzt werden, wenn sie ein Minderkaufmann im Betrieb seines Handelsgewerbes versprochen hatte. Dem Minderkaufmann steht die Einrede der Vorausklage nach §§ 771, 772 BGB zu, auch wenn die Bürgschaft für ihn ein Handelsgeschäft war. Die Bürgschaft, das Schuldversprechen oder das Schuldanerkenntnis eines Minderkaufmanns sind nach § 125 BGB *nichtig,* wenn die in den §§ 766, 780, 781 BGB vorgesehene Schriftform nicht beachtet wird.

2 Ist ein Minderkaufmann des § 4 unzulässigerweise in das Handelsregister eingetragen worden, so gilt er nach § 5 als Vollkaufmann. Es finden daher auch auf ihn die §§ 348–350 Anwendung. Gibt ein Minderkaufmann, der im Handelsregister eingetragen ist, sein Gewerbe überhaupt auf, so kann zugunsten gutgläubiger Dritter der Vertrauensschutz des § 15 Abs. 1 eingreifen (vgl. die Erläuterungen zu §§ 5, 15).

3 Die §§ 348 bis 350 sind nach § 351 nicht anwendbar, wenn der Schuldner im Zeitpunkt der *Begründung* seiner Verpflichtung Minderkaufmann, d. h. kein Kaufmann im Sinne von § 1 war. Der spätere Verlust der Vollkaufmannseigenschaft schließt die Anwendung der §§ 348 bis 350 *nicht* aus, beseitigt also z. B. nicht die Haftung eines Bürgen, der sich im Betrieb seines Vollhandelsgewerbes mündlich verbürgt hat. Wird ein Minderkaufmann nachträglich zum Vollkaufmann, so werden §§ 348 bis 350 nicht automatisch anwendbar. Das ist nur der Fall, wenn die unwirksam getroffene Vereinbarung bestätigt, d. h. wiederholt wird (§ 348 Anm. 25; § 349 Anm. 41; § 350 Anm. 19).

4 Nimmt ein Gläubiger jemanden aus einer mündlichen Bürgschaft oder aus einem mündlichen Schuldversprechen oder Schuldanerkenntnis in Anspruch, so muß er die Kaufmannseigenschaft des Bürgen oder des Schuldners *beweisen.* Beruft sich der Bürge oder der Schuldner gegenüber seinem Gläubiger auf den Ausnahmetatbestand des § 351, so ist er beweispflichtig dafür, daß er nur Minderkaufmann ist (RG JW 08, 148; v. Godin § 351 Anm. 2; Düringer/Hachenburg/Werner § 351 Anm. 4a; Ritter zu § 351.

5 Minderkaufleute des § 4 HGB können seit dem Inkrafttreten der Prorogationsnovelle (1. 4. 1974) auch *weder eine Gerichtsstandsvereinbarung* noch eine die Zuständigkeit begründende Vereinbarung über den *Erfüllungsort* treffen (§ 38 Abs. 1, § 29 Abs. 2 ZPO). Das können nur *Vollkaufleute,* und zwar nicht nur für *Handels-,* sondern auch für *Privatgeschäfte;* § 38 Abs. 1 und § 29 Abs. 2 ZPO stellen nur auf die *Person* ab (Löwe NJW 74, 473/474; Scholz BB 74, 570; Raisch, Festschrift für Ballerstedt, 1975, S. 443/448; Thomas/Putzo, ZPO, 8. Aufl. 1975, Anm. 2a) aa).

352 Die Höhe der gesetzlichen Zinsen, mit Einschluß der Verzugszinsen, ist bei beiderseitigen Handelsgeschäften fünf vom Hundert für das Jahr. Das gleiche gilt, wenn für eine Schuld aus einem solchen Handelsgeschäft Zinsen ohne Bestimmung des Zinsfußes versprochen sind.

Ist in diesem Gesetzbuche die Verpflichtung zur Zahlung von Zinsen ohne Bestimmung der Höhe ausgesprochen, so sind darunter Zinsen zu fünf vom Hundert für das Jahr zu verstehen.

Erster Abschnitt. Allgemeine Vorschriften 1. Abschn. § 352

Inhalt

	Anm.		Anm.
Allgemeines	1– 9	IV. Gesetzliche Zinsschranken	18–24
1. Wesen des Zinses	1– 6	1. Zinseszinsverbot	19
2. Entstehung des Zinses	7– 9	2. Wucherverbot	20
		3. Verstoß gegen die guten Sitten	21
I. Bedeutung der Vorschrift	10–13	4. Kündigungsrecht des Schuldners	22
II. Der handelsrechtliche Zinsfuß	14–16	5. Einwand unzulässiger Rechtsausübung	23
III. Vorschrift des Absatzes 2	17	6. Zinsen der Kreditinstitute	24

Allgemeines

1. Wesen des Zinses

Der Begriff des Zinses ist weder im Bürgerlichen Gesetzbuch noch im Handelsgesetzbuch näher erläutert. Zinsen sind *wiederkehrende Vergütungen für die zeitweise Überlassung eines Kapitals (Geld oder vertretbare Sachen)*, die auf Bruchteile dieses Kapitals bemessen und im voraus dem Betrage nach, wenn nicht festbestimmt, so doch bestimmbar sind (RGZ 86, 399; 118, 153). Die Gebrauchsüberlassung des Kapitals geschieht gewöhnlich durch Übereignung von Geld oder anderen vertretbaren Sachen unter Begründung einer Rückgewährpflicht (RGZ 161, 52 ff.). Gewöhnlich werden Zinsen *fortlaufend* entrichtet (RGZ 168, 285), doch handelt es sich insoweit nicht um ein begriffliches Erfordernis. Zulässig ist es, den für die gesamte Nutzungszeit im voraus berechneten Zinsbetrag bei der Auszahlung des Kapitals einzubehalten (Belke BB 68, 1219/1220 f.). Auch eine *einmalige* Leistung kann daher Zinscharakter besitzen. – Jede Zinsschuld setzt eine *Kapitalschuld* voraus, ohne die sie nicht entstehen kann. Ist die Zinsschuld entstanden, so ist sie in ihrem Bestand von der Hauptschuld unabhängig. Sie ist selbständig abtretbar und pfändbar; ihre Verjährung richtet sich nach §§ 197, 201 BGB. Andererseits hat die Verjährung der Hauptforderung nach § 224 BGB auch die Verjährung aller Forderungen auf rückständige und laufende Zinsen zur Folge. Keine Zinsen sind: 1

a) *Gewinnanteile.* Sie bestehen nicht wie die Zinsen in einem verhältnismäßigen, *fest* 2 *bestimmten* Bruchteil des Kapitals, sondern sind von der jeweiligen Höhe des Reingewinns abhängig (RGZ 118, 156; RG JW 28, 1368; BGH LM Nr. 1 zu § 247 BGB). Ist ein bestimmter Gewinnanteil ohne Rücksicht auf vorhandenen Gewinn *garantiert* worden, so handelt es sich trotz des entgegenstehenden Wortlauts um echten Zins (RGZ 86, 399). Mitunter werden *Schuldverschreibungen mit Gewinnanteilen von Aktionären* in Verbindung gebracht (§ 221 AktG). Es wird z. B. einer Schuldverschreibung neben einer festen Verzinsung ein Recht auf eine „Zusatzvergütung" eingeräumt, die sich nach der Höhe der Gewinnausschüttungen des Schuldners richtet. Bei solchen Gewinnschuldverschreibungen wird der Zuschlag trotz des gegenteiligen Wortlauts meist echter Gewinnanteil sein (RGZ 83, 299). Doch braucht dies nicht der Fall zu sein. Dem Begriff der Zinsen widerspricht es nicht, wenn ihre Höhe nicht unwandelbar ziffernmäßig feststeht, sondern sich nach bestimmten, möglicherweise zu einem wechselnden Ergebnis führenden Umständen, wie z. B. dem jeweiligen Bankdiskont, richtet. So wurde z. B. in RGZ

§ 352 1. Abschn. *Drittes Buch. Handelsgeschäfte*

118, 152 eine Schuldverschreibung, die mit jährlich 5% verzinslich war und daneben noch einen Zuschlag gewährte, der sich nach der jährlichen Durchschnittsdividende richtete, höchstens jedoch 5% betrug, nicht als Gewinnschuldverschreibung, sondern als verzinsliche Schuldverschreibung angesehen, (BGH LM BGB § 247 Nr. 1; zur steuerlichen Behandlung RFH 1927, 236). Es hängt daher von der besonderen Gestaltung des Einzelfalls ab, ob Gewinnanteil oder Zins vorliegt. Der Wortlaut ist nicht ausschlaggebend. Im Zweifel wird es darauf ankommen, ob die Zusatzvergütung tatsächlich von dem jeweiligen Reingewinn abhängig ist oder nicht. Hängt die Zusatzvergütung, wie in dem in RGZ 118, 153 behandelten Falle, von dem Geschäftsergebnis anderer Unternehmen als der Schuldnergesellschaft ab, so wird eher die Annahme einer verzinslichen Schuldverschreibung gerechtfertigt sein. Zur Auswirkung der Neufestsetzung der Kapitalverhältnisse von Kapitalgesellschaften anläßlich der *Währungsreform* auf Gewinnschuldverschreibungen s. § 41 DMBG; Schmölder/Geßler/Merkle, Kommentar zum D-Mark-Bilanzgesetz § 41 Anm. 19.

3 b) *Renten.* Sie setzen keine Kapitalschuld voraus; die Rentenzahlung ist selbst der alleinige Schuldgegenstand (RGZ 141, 7). Auch die sog. *Bauzinsen,* die Aktionären für den Zeitraum, den die Vorbereitung des Unternehmens bis zum Anfang des vollen Betriebs in der Satzung zugesagt werden können (§ 57 Abs. 3 AktG), sind keine Zinsen im Rechtssinne.

4 c) *Tilgungsbeiträge* (Amortisationsraten). Sie tilgen die Kapitalschuld und sind daher nicht wie Zinsen Erträge der Kapitalschuld (RGZ 91, 299). Oftmals besteht eine Zinspflicht neben einer Pflicht zur teilweisen Amortisation des Kapitals. In diesem Falle unterliegen die Zuschlagsbeiträge nach § 197 BGB der gleichen vierjährigen Verjährung wie die Zinsen.

5 d) *Miet- und Pachtzinsen.* Sie werden nicht für die Benutzung von Kapital gewährt und haben daher mit dem Zins nur den Namen gemeinsam. Sie sind selbst die Hauptschuld des Mieters oder Pächters.

6 e) *Kosten der Kapitalbeschaffung,* aber nur, wenn sie effektiv entstanden sind und als solche – meist durch Abschlag vom Kapital (Damnum bzw. Disagio) – auf den Kunden überwälzt werden. Daß es sich um *einmalige* Abzüge handelt, schließt den Zinscharakter *nicht* aus (Anm.1; Belke BB 68, 1219/1222). Entsprechendes gilt für Bearbeitungs-, Abschluß- und Verwaltungskosten, es sei denn, daß sie unabhängig davon, ob sie tatsächlich entstanden sind, pauschal berechnet werden. *Kreditgebühren* bei Finanzierungsdarlehen sind daher grundsätzlich als *Zinsen* anzusehen, so daß Verzugszinsen von der Kreditgebühr nicht verlangt werden können (§ 289 BGB; OLG Hamm NJW 73, 1002; OLG Köln NJW 66, 2217; a.M. OLG Hamm 8 U 205/63, abgedruckt in Scholz, Teilzahlungswirtschaft 64 Nr. 5; Scholten NJW 68, 385). Gleiches gilt für die *Umsatzprovision* der Banken, mögen sie auch nicht nach der Höhe und Nutzungsdauer des Kapitals bemessen werden. Zinscharakter besitzen Kreditgebühren und Umsatzprovisionen, weil sie für die zeitweise Überlassung des Kapitals zu entrichten sind.

2. Entstehung des Zinses

7 Die *Zinspflicht,* die sich nicht von selbst versteht, sondern stets begründet sein muß, beruht entweder auf *Rechtsgeschäft,* insbesondere auf Vertrag, oder auf *Gesetz.* Gesetzliche Zinsen kommen nur bei Geldschulden in Betracht. Im bürgerlichen Recht knüpft sich die Zinspflicht vor allem an folgende Tatbestände:

a) *Verzug.* Nach § 288 Abs. 1 BGB ist eine Geldschuld während des Verzugs mit 4% für das Jahr zu verzinsen, und zwar ohne Rücksicht darauf, ob der Gläubiger diesen Schaden erlitten hat oder nicht. Verzug setzt Mahnung oder kalendermäßige Leistungszeit voraus (§ 284 BGB). Kann der Gläubiger aus einem anderen Rechtsgrund (z. B. aus Vertrag) höhere Zinsen verlangen, so sind diese zu entrichten (§ 288 Abs. 1 Satz 2 BGB). Einen höheren Zins als 4% kann der Gläubiger nach § 288 Abs. 2 BGB ferner dann verlangen, wenn ihm *weiterer Schaden* erwachsen ist. Diesen Schaden muß jedoch der Gläubiger darlegen und nachweisen, z. B. dadurch, daß er Bankkredit zu höherem Zinsfuß habe aufnehmen müssen (Anm. 10).

b) *Rechtshängigkeit.* Nach § 291 BGB hat der Schuldner eine Geldschuld vom Eintritt der Rechtshängigkeit (§§ 263, 281, 302 Abs. 4 S. 4; 500 Abs. 2 S. 1; 696 Abs. 2; 717 Abs. 2 S. 2 ZPO) mit 4% für das Jahr zu verzinsen. Die allgemeinen Voraussetzungen des Verzugs brauchen nicht vorzuliegen. Wird die Schuld erst später fällig (§§ 257 ff. ZPO), so ist sie von der Fälligkeit an zu verzinsen. Verzugszinsen sind von Prozeßzinsen nicht zu berechnen (§ 289 Satz 1 BGB).

c) *Ersatz von Aufwendungen.* Nach § 256 BGB hat der zum Ersatz von Aufwendungen Verpflichtete (vgl. z. B. §§ 304, 670, 683, 994 BGB) den aufgewendeten Betrag oder, wenn andere Gegenstände als Geld aufgewendet worden sind, den als Ersatz ihres Wertes zu zahlenden Betrag *von der Zeit der Aufwendung* an zu verzinsen.

d) *Rücktritt.* Bei Rücktritt vom Vertrage ist nach § 347 Satz 3 BGB eine Geldsumme *von der Zeit des Empfangs* bis zur Rückzahlung zu verzinsen (RGZ 145, 82).

e) *Kauf.* Nach § 452 BGB ist der Käufer einer Sache verpflichtet, den Kaufpreis von dem Zeitpunkt an zu verzinsen, von dem an ihm die Nutzungen des gekauften Gegenstandes gebühren. Dies ist nach § 446 Abs. 1 BGB bei beweglichen Sachen der Zeitpunkt der Übergabe. Die Zinspflicht tritt nur ein, wenn die Kaufpreisschuld fällig ist, nicht also beim Kreditkauf (für Kaufleute s. § 354 Abs. 2; Anm. 9).

f) *Werkvertrag.* Beim Werkvertrag hat der Besteller nach § 641 Abs. 2 BGB eine in Geld festgesetzte Vergütung von der Abnahme des Werkes an zu verzinsen, falls nicht die Vergütung gestundet ist.

g) *Verwendung von Geld in eigenem Interesse.* Vgl. u. a. § 668 (Auftrag), § 675 (Geschäftsbesorgung), § 681 Satz 2 (Geschäftsbesorgung ohne Auftrag), § 698 (Verwahrung), § 713 BGB (Gesellschaft).

h) *Ungerechtfertigte Bereicherung.* Wer zur Herausgabe einer ohne rechtlichen Grund erlangten Geldsumme verpflichtet ist, muß nach §§ 819, 820 BGB Zinsen von dem *Zeitpunkt* an entrichten, in dem er den Mangel des rechtlichen Grundes oder den Nichteintritt des bezweckten Erfolges erfahren hat.

i) *Unerlaubte Handlung.* Ist wegen der Entziehung einer Sache der Wert oder wegen Beschädigung einer Sache die Wertminderung zu ersetzen, so kann der Verletzte nach § 849 BGB Zinsen des zu ersetzenden Betrags von dem Zeitpunkt an verlangen, der der Bestimmung des Wertes zugrunde gelegt wird.

§ 352 1. Abschn. *Drittes Buch. Handelsgeschäfte*

9 Die Vorschriften des bürgerlichen Rechts, die eine *gesetzliche* Zinspflicht begründen, gelten auch für den Handelsverkehr. Darüber hinaus kennt das *Handelsrecht* noch besondere Tatbestände, die eine Zinsverbindlichkeit begründen:

a) Nach § 353 sind *Kaufleute* untereinander berechtigt, für Forderungen aus beiderseitigen Handelsgeschäften *vom Tage der Fälligkeit* an Zinsen zu fordern.

b) Nach § 354 Abs. 2 kann derjenige, der in Ausübung seines Handelsgewerbes einem anderen Geschäfte besorgt oder Dienste leistet, auch ohne Verabredung für Darlehen, Vorschüsse, Auslagen und andere Verwendungen *vom Tage der Leistung* an Zinsen berechnen.

c) Über Kontokorrentzinsen vgl. Anm. 38, 62–64 zu § 355.

d) Über die Zinspflicht der offenen Handelsgesellschaft oder Kommanditgesellschaft bei Aufwendungen der Gesellschafter vgl. Anm. 14 zu 110; Anm. 27 zu § 161.

e) Über die Zinspflicht der Gesellschafter einer OHG, Komplementäre oder Kommanditisten gegenüber der Gesellschaft vgl. Anm. 5 zu § 111; Anm. 27 zu § 161.

f) Über die Zinspflicht des Aktionärs oder Kommanditaktionärs vgl. § 57 Abs. 2, § 278 Abs. 3 AktG; über die Zinspflicht der Gesellschafter einer GmbH vgl. § 20 GmbHG.

g) Für Zinspflichten im Seerecht vgl. § 500 Abs. 2 (Mitreeder).

I. Bedeutung der Vorschrift

10 § 352 regelt die *Höhe* des gesetzlichen Zinsfußes für den Handelsverkehr. Während der gesetzliche Zinssatz des Bürgerlichen Rechts nach §§ 246, 288 Abs. 1 BGB *vier vom Hundert* beträgt, beläuft sich der Zinsfuß des Handelsrechts, sofern es sich um Zinsen aus beiderseitigen Handelsgeschäften handelt, auf *fünf vom Hundert*. Kann der Gläubiger jedoch aus einem anderen Rechtsgrund höhere Zinsen verlangen, so sind diese nach § 288 Abs. 1 S. 2 BGB fortzuentrichten. Der gesetzliche Zinsfuß von 4 bzw. 5% ist trotz der gewaltigen Schwankungen der vergangenen Zeit bis heute konstant geblieben. Dies war nur möglich im Hinblick auf § 288 Abs. 2 BGB, wonach der Gläubiger bei Schuldnerverzug über die Verzugszinsen hinaus den *weiteren Schaden* geltend machen kann. Die Forderung eines 4 bzw. 5% übersteigenden Zinsfußes bedarf besonderer Begründung, wie z.B. daß Kredit zu höheren Zinsen aufgenommen werden mußte, andere Gläubiger nicht befriedigt werden konnten oder eine günstige Anlagemöglichkeit vereitelt wurde. In der Zeit der Deflation, in der ein höherer Zins als der gesetzliche allgemein üblich war, hat das Reichsgericht in mehreren Urteilen in Anbetracht der besonderen Verhältnisse auf dem Geldmarkt an dem Erfordernis eines besonderen Nachweises für einen den gesetzlichen Zinsfuß übersteigenden Verzugsschaden bei der Zubilligung höherer Zinssätze nicht mehr festgehalten (RGZ 101, 113; RG Warn 30 Nr. 91; RG SeuffA 82 Nr. 69). In der Regel wurde damals von den Gerichten dem Gläubiger ohne besonderen Nachweis der Zinssatz von 1 oder 2% über Reichsbankdiskont zugebilligt. Diese Praxis wurde in der Folgezeit wieder aufgegeben; zu ihrer Wiederaufnahme bestand auch nach der Währungsreform im Jahre 1948 kein Anlaß, solange das Zinsniveau niedrig und die Zinsentwicklung gleichbleibend war. Die Rechtsprechung verlangt daher meist, daß der Gläubiger grundsätzlich seinen Anspruch auf höhere Verzugszinsen genau darlegen und beweisen mußte (KG NJW 57, 1562; OLG Köln MDR 60, 1011; NJW 61, 30; a.M. OLG Schleswig NJW 55, 425, jedoch nicht für Unternehmen ohne Bankverbindung; Westermann JR 52, 30; Enneccerus/Lehmann § 53 I 1). Das Gericht kann jedoch im Rahmen seiner für die Schadensberechnung nach § 287 ZPO freieren Stellung auf Grund Beweises des ersten Anscheins oder auf Grund abstrakter Schadensberechnung auch ohne den genauen Nachweis eines Schadens *höhere Zinsen* zusprechen (Belke JZ 69, 586 ff.). Das gilt, abgesehen von besonders gelagerten Fällen, insbesondere dann, wenn von einem höheren Zinsniveau auf dem Geldmarkt auszugehen ist. Bei einem *Kaufmann* ist nach der Lebenserfahrung anzunehmen, daß er einen ihm vom Schuldner rechtzeitig gezahlten Geldbetrag sofort mit dem banküblichen Zinssatz angelegt hätte (Belke JZ 69, 586/593; Erman/Battes § 288 BGB Rdz 4, 5). Einen solchen auf der Erfahrung beruhenden Anscheinsbeweis kann der Schuldner durch den *Gegenbeweis* entkräften, daß der Geschehensablauf ein anderer gewesen ist. Auch bei *Privatleuten* kann, wenn es sich um größere Geldbeträge handelt, die ein Geldgläubiger nach der Lebenserfahrung zumindest verzinslich anlegen wird, eine *Beweiserleichterung* gerechtfertigt sein. Der Geschädigte kann dann den ihm durch nicht rechtzeitige Zahlung des geschuldeten Geldbetrages erlittenen Schaden nicht nur rein konkret, sondern auch in einer objektiv typisierenden Weise berechnen (BGH WM 74, 128/129; NJW 53, 337).

Auch von *Banken* wird häufig verlangt, daß sie, wenn sie 5% übersteigende Zinsen verlangen, durch Darlegung von Einzelheiten aufzeigen, daß sie einen größeren Schaden erlitten haben (OLG Frankfurt NJW 56, 360; Soergel/R. Schmidt BGB 10. Aufl., § 288 Rdn. 3; Voraufl.; ebenso OLG Köln NJW 69, 1388). Demgegenüber hat das OLG Frankfurt (WM 72, 436/438) auf Grund einer *abstrakten* Schadensberechnung angenommen, daß die Geldeinlagen einer *Bank* zu einem Zinssatz von 4,5% über dem Bankdiskontsatz verzinst werden (zur abstrakten Schadensberechnung beim Handelskauf s. § 376 Anm. 24). Gegenüber ihren *eigenen* Kunden kann sich eine Bank zur Rechtfertigung eines höheren Zinsanspruchs meist schon auf Nr. 14 Abs. 3 AGB berufen. Greift diese Regelung nicht ein, so ist von einer Bank eine rein konkrete Schadensberechnung *nicht* zu verlangen (BGHZ 62, 103; dazu Anm. von Roll NJW 74, 1281). Bei einer *Geschäftsbank* ist davon auszugehen, daß sie einen ihr vorenthaltenen Geldbetrag im Rahmen ihres Geschäftsbetriebs gewinnbringend genutzt hätte. Einer *abstrakten* Schadensberechnung steht auch nicht entgegen, daß Banken eine Liquiditätsreserve zurückhalten und eine Mindestreserve bei der Bundesbank unterhalten müssen; die Summe frei verfügbarer Gelder, die die Bank gewinnbringend anlegen kann, vermindert sich stets um die vom Schuldner nicht rechtzeitig zurückgezahlten Beträge (BGH aaO; Belke JZ 69, 586/594). Betreibt eine Bank im wesentlichen nur Aktivgeschäfte *einer* Art, z.B. eine Hypothekenbank die Ausgabe von Hypothekendarlehen, so kann sie bei abstrakter Berechnung des entgangenen Gewinns (§ 252 Satz 2 BGB) die für *diese* Geschäftsart in der fraglichen Zeit banküblichen Sollzinsen verlangen (BGHZ aaO). Die meisten Banken arbeiten mit ihren frei verfügbaren Geldern unterschiedlich. Sie können wegen der ungleichen Erträge der einzelnen Geschäftsarten ihren Schaden nur nach einem *Durchschnittsgewinn* berechnen, der sich nach der Geschäftsstruktur der einzelnen Bank richtet (BGHZ aaO; a.M. Belke JZ 69, 586/592). Der erweiterte Umfang freier Beweiswürdigung (§ 287 ZPO) befreit die geschädigte Bank auch bei abstrakter Scha-

11

densberechnung nicht von der Darlegung und dem Beweis der *konkreten Umstände,* von denen die abstrakte Berechnung abhängt. Sie muß die für die Bemessung des Durchschnittsgewinns erheblichen Umstände, insbesondere die üblichen Erträge aller von ihr betriebenen Geschäftsarten und die Besonderheiten ihrer Geschäftsstruktur zur fraglichen Zeit dartun (BGHZ 62, 103/108f.).

12 Eine Sonderregelung gilt für Forderungen aus *Wechseln* und *Schecks* nach dem Gesetz über Wechsel- und Scheckzinsen vom 3. 7. 1925 (RGBl I 93). Dieses Gesetz gilt bis auf weiteres nach Art. 2 EG WG und EG SchG für den Zinssatz beim Rückgriff aus Wechseln und Schecks, die im Inland sowohl ausgestellt als auch zahlbar sind. Nach diesem Gesetz beträgt der Zinssatz 2% über dem jeweiligen Bundesbankdiskontsatz.

13 Verschiedentlich ist angeregt worden, den gesetzlichen Zinsfuß *variabel* zu gestalten und ihn allgemein vom jeweiligen Bankdiskontsatz abhängig zu machen. Eine dauernde Verbindung des gesetzlichen Zinsfußes mit dem Bankdiskontsatz, für die bei Wechseln und Schecks gewichtige Gründe sprechen, ist jedoch im Hinblick auf die ganz verschiedenen Gründe einer Diskonterhöhung oder -ermäßigung nicht geboten.

II. Der handelsrechtliche Zinsfuß (Abs. 1)

14 Der gesetzliche Zinsfuß des Handelsrechts beträgt nicht allgemein fünf vom Hundert. Es müssen vielmehr folgende *Voraussetzungen* gegeben sein:

1. Es muß eine *Zinsverbindlichkeit* bestehen. Sie kann entweder auf *Gesetz* (Anm. 7–8) oder auf *Rechtsgeschäft* beruhen. Beruht sie auf Rechtsgeschäft, so gilt der Zinsfuß von 5% nur dann, wenn Zinsen *ohne Bestimmung des Zinsfußes* bedungen sind (Abs. 1 Satz 2). Die Nichterwähnung des Zinsfußes kann aber auch den Sinn haben, daß der *übliche* Zinsfuß zu entrichten ist, so vor allem im Geschäftsverkehr mit Banken, Sparkassen und anderen Kreditinstituten. In diesem Fall gilt nicht Abs. 1 Satz 2, da der Zinsfuß bestimmt ist (Düringer/Hachenburg/Werner § 352 Anm. 2; Koenige Anm. 2 zu § 352).

Abs. 1 Satz 1 hebt die *Verzugszinsen* als Beispiel einer gesetzlichen Zinspflicht besonders hervor. Damit soll nicht gesagt sein, daß die Verzugszinsen stets 5% betragen. Ist ein höherer Schaden entstanden, so kann der Gläubiger nach § 288 Abs. 2 BGB auch diesen ersetzt verlangen (RGZ 131, 295). Kann ferner der Gläubiger aus *anderem Rechtsgrund* höhere Zinsen verlangen, so sind diese zu entrichten (§ 288 Abs. 1 Satz 2 BGB). Die besondere Erwähnung der Verzugszinsen in § 352 Abs. 1 Satz 1 ist daher unnötig und führt nur zu Mißverständnissen (Ritter Anm. 2 zu § 352).

Unter den gesetzlichen Zinsen sind, wie sich mittels Umkehrschlusses aus Abs. 2 ergibt, *nur* solche Zinspflichten zu verstehen, die auf einem *anderen* Gesetz als dem Handelsgesetzbuch beruhen. Sind in diesen anderen Gesetzen *höhere* Zinsen als 5% vorgesehen, so findet § 352 keine Anwendung (Art. 2 Abs. 2 EGHGB). Für den Zinssatz bei Wechseln und Schecks Anm. 11.

15 2. Die zinspflichtige Schuld muß aus *einem beiderseitigen Handelsgeschäft* entstanden sein. Beide Teile müssen demnach Kaufleute sein. Die Kaufmannseigenschaft kann auf §§ 1, 2, 3 Abs. 2, 3 oder auf § 6 beruhen. Auch für die in § 4 bezeichneten Gewerbetreibenden sowie für Gewerbetreibende, die nach § 5 kraft Eintragung im Handelsregister als Kaufleute gelten, findet auf beiderseitige Handelsgeschäfte § 352 Anwendung. Be-

Erster Abschnitt. Allgemeine Vorschriften 1. Abschn. § 352

stritten ist, ob der höhere Zinsfuß auch bei einer Person anwendbar ist, die keine Kaufmannseigenschaft besitzt, aber im Rechtsverkehr als Kaufmann aufgetreten ist und sich Dritten gegenüber als solche behandeln lassen muß (§ 5 Anm. 7 ff.; Düringer/Hachenburg/Werner § 352 Anm. 3 verneinen schlechthin die Anwendbarkeit des § 352 auf den Scheinkaufmann). Man wird unterscheiden müssen zwischen den Rechten und den Pflichten des Kaufmanns. Im Interesse des Handelsverkehrs ist die Anwendung des § 352 zuungunsten des als Kaufmann Auftretenden zu bejahen, und zwar nicht nur für den Fall, daß sich der Scheinkaufmann bewußt wahrheitswidrig dem Geschäftsgegner gegenüber als Kaufmann ausgegeben hat, sondern auch, wenn der Scheinkaufmann an seine Kaufmannseigenschaft entschuldbar geglaubt und sein Geschäftsgegner hierauf vertraut hat. Dagegen ist § 352 *zugunsten* des Scheinkaufmanns *nicht* anwendbar (Baumbach/Duden Anm. 1 zu § 352; Hueck ArchBürgR 43 S. 488; a. M. von Godin in RGR-Komm. z. HGB § 352 Anm. 3). Wer im Handelsverkehr als Kaufmann aufgetreten ist, haftet, sofern die übrigen Voraussetzungen des Vertrauensschutzes vorliegen, auf 5%, kann aber selbst nur eine 4%ige Verzinsung verlangen. Etwas anderes hat nur dann zu gelten, wenn die Parteien die Anwendung des § 352 auch zugunsten des Nichtkaufmanns vereinbart haben, oder wenn der Geschäftsgegner damit einverstanden ist. Rechtsgrund der 5%igen Verzinsung ist dann aber nicht § 352, sondern die Parteivereinbarung oder das Einverständnis des Geschäftsgegners. Das Einverständnis braucht nicht ausdrücklich erklärt zu werden, sondern kann sich im Einzelfall aus dem Verhalten des Geschäftsgegners nach Treu und Glauben ergeben.

Das Geschäft muß ferner *von beiden Teilen* im Betrieb ihres Handelsgewerbes vorgenommen sein. Die Betriebszugehörigkeit wird nach § 344 vermutet. Zum Begriff des beiderseitigen Handelsgeschäfts vgl. Anm. 8, 9 zu § 343.

Das beiderseitige Handelsgeschäft, das § 352 voraussetzt, muß den *Rechtsgrund* des **16** Anspruchs bilden. Dies trifft für Bereicherungsansprüche und Ansprüche aus unerlaubter Handlung nicht zu. Hat z.B. ein Kaufmann zum Zweck der Erfüllung einer nicht bestehenden Schuld aus einem beiderseitigen Handelsgeschäft gezahlt, so richtet sich die Verzinsung des Bereicherungsanspruchs nach bürgerlichen Recht (RGZ 96, 53; RG Recht 26 Nr. 246; DR 41, 1294; Düringer/Hachenburg/Werner § 352 Anm. 3; a. M. von Godin in RGR-Komm. z. HGB § 352 Anm. 3; Heymann/Kötter § 352 Anm. 2). Anders kann es liegen, wenn der Anspruch auf Rückzahlung kein Bereicherungsanspruch ist, sondern auf einer vertraglichen Nebenverpflichtung beruht (OLG Kiel HRR 34 Nr. 112 für den Anspruch auf Rückzahlung zu Unrecht erhobener Zollabfertigungsgebühren aus einem Frachtvertrag). – § 352 gilt ferner nicht für Ansprüche aus §§ 29 ff. KO, namentlich nicht für den Ersatzanspruch des § 37 KO, mag auch die angefochtene Rechtshandlung ein beiderseitiges Handelsgeschäft sein (RGZ 96, 53; RG JW 02, 273 Nr. 19; Düringer/Hachenburg/Werner § 352 Anm. 3).

Maßgebender Zeitpunkt für das Vorliegen des beiderseitigen Handelsgeschäfts ist der *Abschluß* dieses Geschäfts. Der Zinssatz des § 352 gilt daher nicht, wenn jemand erst *nach* Abschluß des Geschäfts Kaufmann geworden ist. Andererseits entfällt auch die Anwendbarkeit des § 352 nicht dadurch, daß jemand später, d.h. nach Abschluß des beiderseitigen Handelsgeschäfts, seine Kaufmannseigenschaft verliert (Düringer/Hachenburg/Werner § 352 Anm. 3; a.A. von Godin in RGR-Komm. z. HGB § 352 Anm. 3).

§ 352 1. Abschn.   *Drittes Buch. Handelsgeschäfte*

Fehlt es an dem Erfordernis des beiderseitigen Handelsgeschäfts, so richtet sich die Verzinsung ausschließlich nach bürgerlichem Recht (§ 246 BGB; Anm. 10).

III. Vorschrift des Absatzes 2

17 Abs. 2 trifft eine *ergänzende* Sonderbestimmung für den Fall, daß die Zinspflicht *auf dem Handelsgesetzbuch* beruht. Hat das Handelsgesetzbuch die Verpflichtung zur Zahlung von Zinsen vorgeschrieben (Anm. 9) und *die Höhe nicht* bestimmt, so sind ebenfalls 5% Zinsen zu entrichten. In Gegensatz zu Abs. 1 kommt es nicht darauf an, ob ein beiderseitiges Handelsgeschäft vorliegt. Eine Ausnahme gilt allein im Falle des § 353, da zum Tatbestand dieser Vorschrift das Vorliegen eines beiderseitigen Handelsgeschäfts gehört (§ 353 Anm. 3).

IV. Gesetzliche Zinsschranken

18 Die *Höhe* der Zinsen unterliegt grundsätzlich der freien Parteivereinbarung. Eine Höchstgrenze sieht das Gesetz nicht vor. Es bestehen jedoch folgende allgemeine Beschränkungen:

1. Zinseszinsverbot

19 Zum Schutz des Schuldners bestimmt § 248 Abs. 1 BGB, daß eine *im voraus* getroffene Vereinbarung, daß fällige Zinsen wieder Zinsen tragen sollen, *nichtig* ist (§ 353 Anm. 9). Auch von *Verzugszinsen* sind nach § 289 BGB keine Zinsen zu entrichten. Bei Teilzahlungskrediten müssen die in den *Raten* steckenden *Kapital-* von den *Zinsbestandteilen* getrennt werden (OLG Köln NJW 66, 2217; 68, 1933; Belke BB 68, 1219/1224). *Kreditgebühren* sind grundsätzlich als *Zinsen* zu behandeln (Anm. 6; OLG Hamm NJW 73, 1002).

2. Wucherverbot

20 Die Zinsvereinbarung kann *wegen Wuchers* nach § 138 Abs. 2 BGB *nichtig* sein (RGZ 150, 1). Hierfür *ist objektiv* einmal nötig, daß das Zinsversprechen allein oder in Verbindung mit anderen Verpflichtungen des Bewucherten den Wert der Leistung derart übersteigt, daß den Umständen nach ein auffälliges Mißverhältnis zwischen Leistung und Gegenleistung besteht. Ferner muß Notlage, Leichtsinn oder Unerfahrenheit des Bewucherten vorliegen. *Subjektiv* ist Ausbeutung nötig, d. h. die bewußte Ausnutzung der Notlage, des Leichtsinns oder der Unerfahrenheit des anderen Teils. Maßgebend ist der Abschluß des Rechtsgeschäfts. Ist der Zinssatz wucherisch, so wird in der Regel nach § 139 BGB das *ganze* Geschäft nichtig sein (RGZ 57, 93; 75; 109, 202).

3. Verstoß gegen die guten Sitten

21 Auch wenn die Merkmale des *Wuchers* (§ 138 Abs. 2 BGB) nicht vorliegen (Anm. 20), kann ein Rechtsgeschäft nach § 138 Abs. 1 BGB wegen Verstoßes gegen die *guten Sitten* nichtig sein. Das gilt auch für *Zinsvereinbarungen.* Es kommt darauf an, ob das Rechtsgeschäft nach seinem aus der Zusammenfassung von Inhalt, Beweggrund und Zweck zu entnehmenden *Gesamtcharakter* gegen das *Rechtsempfinden* aller billig und gerecht Denkenden verstößt (BGH LM § 138 BGB [Aa] Nr. 7 a; das „Anstandsgefühl", BGH NJW 51, 397; RGZ 80, 219/221; das „gesunde Volksempfinden", RGZ 150, 1 ff.). Auch bei der Beurteilung von Zinsvereinbarungen wird meist angenommen, daß nicht nur *objektiv* ein auffälliges Mißverhältnis zwischen Leistung und Gegenleistung (Kapitalüberlassung und Nutzungsvergütung), sondern auch *subjektiv* eine verwerfliche Gesinnung vorliegen muß (BGH NJW 66, 1451; WM 71, 858; 76, 423; RGZ 82, 112; 136, 240; JW 35, 270). Sie liegt z. B. vor, wenn der Kapitalgeber eine schwierige Lage auf dem Geldmarkt ausnutzt oder den Schuldner übermäßig in seiner wirtschaftlichen Bewegungsfreiheit beschränkt. Doch kann sich der Verstoß gegen die guten Sitten schon aus dem *objektiven Inhalt* eines Rechtsgeschäfts ergeben (Soergel/Hefermehl BGB § 138 Anm. 25; Flume AllgT II § 18, 3; OLG Köln NJW 68, 1935; Ihmels BB 75, 1510/1511), bei einer Zinsvereinbarung demnach schon aus dem auffälligen Mißverhältnis des Zinssatzes zur gewährten Kapitalnutzung. Zu den *Zinsen* sind bei der gebotenen wirtschaftlichen Beurteilung grundsätzlich auch alle *Kreditgebühren* hinzuzurechnen, die der Kreditnehmer beim Abschluß des Kreditvertrages oder während seiner Laufzeit zu zahlen hat, wie Antragsgebühren, Vermittlungsprovisionen und Prämien für Restschuldversicherungen. Die Grenzen der Zinshöhe bestimmen sich im Einzelfall nach dem *Risiko* des Geldgebers (BGH WM 66, 1221; 75, 889/890). So wird ein Effektivjahreszins von über 40% bei einem Darlehen auch bei einem hohen Risiko des Geldgebers schon als solcher sittenwidrig sein (BGH WM 71, 85; BB 62, 156; Köln DB 64, 216; KG BB 74, 1505; AG Hamburg MDR 75, 858). Hält man an dem *subjektiven* Erfordernis für die Annahme eines Sittenverstoßes fest, so kann jedenfalls aus dem objektiven Mißverhältnis auf die verwerfliche Gesinnung geschlossen werden. Verschließt sich ein Vertragsteil böswillig oder grob fahrlässig der Erkenntnis, daß sich der andere Teil aus einer mißlichen Lage heraus auf die schweren Bedingungen einläßt, so kann dies in Verbindung mit dem objektiven Mißverhältnis die Vereinbarung nichtig machen. Der maßgebende *Zeitpunkt* für die Frage, ob ein Rechtsgeschäft nach den herrschenden Anschauungen als sittenwidrig anzusehen ist, ist der des Geschäftsabschlusses (BGHZ 7, 111; Soergel/Hefermehl BGB § 138 Anm. 27; Friesecke ZAkDR 37, 89; a.M. RGZ 153, 303; 162, 326). Ist allerdings der Vertragsvollzug mit der geänderten Auffassung über das, was sittlich erlaubt ist, unverträglich, so kann dem Betroffenen der *Einwand unzulässiger Rechtsausübung* zustehen, dessen Rechtsgrundlage in dem für jedes Schuldverhältnis geltenden § 242 BGB liegt. Auf diese Weise läßt sich ein mit Treu und Glauben zu vereinbarendes Ergebnis erzielen, das den Besonderheiten des Einzelfalls gerecht wird. Zur Annahme einer rückwirkenden Nichtigkeit des Rechtsgeschäfts nach § 138 Abs. 1 BGB besteht kein Anlaß. – Ob bei Nichtigkeit einer Zinsvereinbarung das *ganze* Rechtsgeschäft nichtig ist, ergibt sich aus § 139 BGB. In der Regel werden Darlehensvertrag und Zinsvereinbarung ein *einheitliches* Rechtsgeschäft darstellen. Dann ist nach § 139 BGB bei Nichtigkeit einer übermäßig hohen Zinsvereinbarung nach § 138 BGB das *ganze* Rechtsgeschäft nichtig. Nur wenn sich feststellen läßt, daß das Rechtsgeschäft auch ohne den nichtigen Teil, also unentgeltlich, geschlossen worden wäre, läßt sich das Darlehensgeschäft aufrechterhalten (BGH WM 59, 566; OLG Stuttgart BB 61, 913).

§ 352   1. Abschn.   *Drittes Buch. Handelsgeschäfte*

Das Gericht kann eine überhöhte Zinsforderung, die nach § 138 Abs. 1 BGB nichtig ist, grundsätzlich *nicht* unter Aufrechterhaltung des Vertrages im übrigen auf ein vertretbares Maß herabsetzen (BGHZ 44, 158/162; BGH NJW 58, 1772; LM BGB § 139 Nr. 8; Celle NJW 59, 1971; Flume AllgT II § 18, 9; Soergel/Hefermehl BGB § 138 Rdn. 29; a.M. Volkmar DJ 36, 612; RGRK BGB, 10. Aufl., § 138 Anm. 2 S. 285). Das Gericht kann zwar entscheiden, daß das restliche Darlehensgeschäft nicht ungültig, sondern ohne die nichtige Zinsvereinbarung *gültig* ist, sofern anzunehmen ist, daß die Parteien nach ihrer Interessenlage das Darlehensgeschäft aufrechterhalten hätten. Die *objektive* Wertung findet aber ihre Grenze dort, wo sie zu einer richterlichen Korrektur des Vertragsverhältnisses führt (Soergel/Hefermehl BGB § 138 Rdn. 19; Larenz AllgT § 23 II S. 395). Das aber wäre der Fall, wenn das Gericht den vereinbarten überhöhten Zins auf einen angemessenen niedrigeren Zins herabsetzt. – Unter besonderen Umständen kann der Berufung auf die Gesamtnichtigkeit des Rechtsgeschäfts der Einwand unzulässiger Rechtsausübung entgegenstehen (RGZ 91, 361; 121, 84). – Zur Beurteilung der Sittenwidrigkeit von *Strafzinsvereinbarungen,* die als Druckmittel dienen, s. § 348 Anm. 31; Belke BB 68, 1219/1226 ff.).

4. Vorzeitiges Kündigungsrecht des Schuldners

22   Ist ein höherer Zinssatz als 6% für das Jahr vereinbart, so kann der Schuldner nach dem Ablauf von sechs Monaten seit der Vereinbarung des 6% übersteigenden Zinssatzes das Kapital *unter Einhaltung einer Kündigungsfrist von sechs Monaten kündigen* (§ 247 BGB). Die Vorschrift des § 247 BGB, die nach dem ersten Weltkrieg infolge des ungeheuren Anwachsens der Zinssätze durch Gesetz vom 3. 3. 1923 (RGBl I, 163) zeitweise außer Kraft gesetzt war, gilt heute wieder (§ 8 Teil I Kap. III VO des Reichspräsidenten vom 8. 12. 1931 – RGBl I, 699). Sie ist *zwingend* und gilt auch im Bereich des Handelsrechts (RGZ 66, 411). Das Kündigungsrecht kann weder durch Vertrag ausgeschlossen noch durch Androhung sonstiger Nachteile beschränkt werden. Umgehungen sind unzulässig. Werden z.B. für die Kaufpreisschuld aus einem Abzahlungsgeschäft Wechsel begeben, deren Nennbetrag den zu zahlenden Zins mitumfaßt, so kann der Verkäufer die Anwendung des § 247 BGB nicht durch eine Vereinbarung ausschließen, wonach er bei vorzeitigem Abruf der Wechsel Zinsen nur in Höhe des Banksatzes zurückzuvergüten habe. Zum Begriff des Zinses, der für die Anwendung des § 247 BGB von größter Bedeutung ist, vgl. Anm. 1–6. Er setzt stets eine Kapitalschuld voraus. Daher ist § 247 BGB nicht anwendbar, wenn einem stillen Gesellschafter, der am Verlust beteiligt ist, feste Zinsen über 6% zustehen (RGZ 168, 287; Haupt DR 42, 729; vgl. auch BGH LM Nr. 1 zu § 247 BGB). Nach § 247 Abs. 2 Satz 1 BGB besteht kein Kündigungsrecht bei Inhaber- und Orderschuldverschreibungen, da diese nur mit staatlicher Genehmigung in den Verkehr gebracht werden dürfen (§§ 795, 808 a BGB). Auch kann das Kündigungsrecht nach § 247 Abs. 2 Satz 2 BGB durch ausdrückliche Vereinbarung für hypothekarisch gesicherte Darlehen der Hypothekenbanken abgedungen werden. (Früher § 4 Gesetz v. 30. 4. 1954 BGBl I, 115). Der im übrigen *zwingende* Charakter des § 247 Abs. 1 BGB schließt nicht aus, daß unter besonderen Umständen die Kündigung eine unzulässige Rechtsausübung (§ 242 BGB) darstellt (Herreiner NJW 59, 225; Hamelbeck NJW 59, 518).

5. Einwand unzulässiger Rechtsausübung

Der Geltendmachung einer *überhöhten* Zinsforderung kann im Einzelfall unter besonderen Umständen der sich auf § 242 BGB gründende Einwand unzulässiger Rechtsausübung entgegenstehen. Dieser führt im Ergebnis zu einer *Herabsetzung* des vereinbarten Zinsfußes. Eine solche Herabsetzung ist von der Nichtigkeit einer Zinsvereinbarung nach § 138 BGB bei Abschluß des Geschäfts (Anm. 20) zu unterscheiden. Es handelt sich hier um Fälle, in denen eine Zinsforderung zur Zeit ihrer Vereinbarung als wirksam, *später* jedoch infolge grundlegender Änderung der Verhältnisse nach Treu und Glauben für den Schuldner als nicht mehr zumutbar anzusehen ist. Die Tatsache, daß der Gesetzgeber für bestimmte Wirtschaftsgebiete eine Zinssenkung besonders angeordnet hat, steht dem nicht entgegen (Herschel JW 37, 1407; DR 41, 22; Palandt/Heinrichs BGB § 246 Anm. 3b; a. M. KG JW 37, 1405). Bei der Vielgestaltigkeit des wirtschaftlichen Lebens wäre eine gesetzliche Erfassung aller Einzelfälle überhaupt nicht möglich. Die Rechtsprechung hat die Zulässigkeit einer freien Zinssenkung bei wesentlicher Änderung der Verhältnisse, insbesondere auch bei Wandel der Rechtsanschauungen, auf Grund des § 242 BGB in verschiedenen Fällen anerkannt (LG Aurich JW 36, 1695; OLG Jena JW 37, 3331; LG Wuppertal DR 40, 1641; Volkmar in Grundeigentum 1937, 573; Braun JW 37, 3302). Die Entscheidung hängt stets vom Einzelfall ab. Auch ein bereits rechtskräftiges Urteil steht der Herabsetzung übermäßig hoher Zinsen nicht entgegen. Rechtsbehelfe können sein die Vollstreckungsgegenklage nach § 767 ZPO, sowie auch die Abänderungsklage nach § 323 ZPO und die Klage aus § 826 BGB. – Nach dem Gesetz über die *richterliche Vertragshilfe* (VHG) vom 26. 3. 1952 (BGBl I, 198) kann das Gericht auch eine *Herabsetzung* des Zinses vornehmen, wenn dem Schuldner die Zahlung bei gerechter Abwägung der Interessen und der Lage beider Parteien nicht zugemutet werden kann. Doch bezieht sich die Vertragshilfe nur auf vor dem 21. Juni 1948 begründete Verbindlichkeiten und besitzt daher keine praktische Bedeutung mehr. Wegen Stundung und Herabsetzung von Ansprüchen aus Inhaber- oder Orderschuldverschreibungen, die vor dem 21. 6. 1948 als Teil einer Gesamtemission begeben worden sind und die nicht unter § 6 Nr. 2 VHG fallen, s. § 87 des Allgemeinen Kriegsfolgengesetzes v. 5. 11. 1957 (BGBl I, 1747).

6. Zinsen der Kreditinstitute

Für die Beeinflussung und die Regelung der Zinsen auf dem Geldmarkt gibt § 23 KWG eine *gesetzliche* Grundlage. Hiernach kann der Bundesminister für Wirtschaft oder kraft Delegation das Bundesaufsichtsamt für das Kreditwesen (VO v. 19. 1. 1962, BGBl I, 17) im Benehmen bzw. Einvernehmen mit der Deutschen Bundesbank durch Rechtsverordnung *Anordnungen* über die *Bedingungen* erlassen, zu denen Kreditinstitute für die *Zinsen* und Provisionen, die im Zusammenhang mit der Gewährung von Krediten oder der Entgegennahme von Einlagen berechnet werden, *Grenzen* festsetzen sollen. Dabei sollen die kreditpolitischen Maßnahmen der Deutschen Bundesbank unterstützt, die Funktionsfähigkeit des Kreditgewerbes gewahrt, insbesondere ein übersteigerter Wettbewerb zwischen den Kreditinstituten verhindert, eine der gesamtwirtschaftlichen Entwicklung angemessene Kreditversorgung gesichert und die Spartätigkeit gefördert werden. Über die *Konditionen* der Kreditinstitute (Zinsen, Provisionen, Wer-

§ 353 1. Abschn. *Drittes Buch. Handelsgeschäfte*

bung) hatten bereits im Jahre 1932 die damaligen Spitzenverbände der Kreditinstitute besondere Abkommen getroffen, die am 22. Dezember 1936 von dem früheren Reichskommissar für das Kreditwesen für allgemein verbindlich erklärt wurden (RAnz Nr. 299). Zu unterscheiden waren außer dem *Mantelvertrag* das Habenzins-, Sollzins- und Wettbewerbsabkommen. Die vier Abkommen, die für den Verkehr der Kreditinstitute mit der Nichtbankierkundschaft galten, waren für sämtliche Kreditinstitute bindend. Sie griffen jedoch nicht normativ in die Rechtsbeziehungen zwischen Kreditinstitut und Kundschaft ein. Vereinbarungen über Zinssätze, die gegen das Abkommen verstießen, waren bürgerlich-rechtlich wirksam (Wulff/Feßler/Wolf, Zins- und Wettbewerbsabkommen der Kreditinstitute, S. 25/61; BGH VersR 61, 1082; NJW 62, 1100). In Wahrheit handelte es sich infolge der Allgemeinverbindlichkeitserklärung nicht mehr um echte Abkommen, sondern um Verwaltungsanordnungen, die inhaltlich den früheren Abkommen entsprachen. Nach Inkrafttreten der alliierten Dekartellisierungsgesetzgebung wurden Mehrheitsbeschlüsse der Spitzenverbände nicht mehr gefaßt. Aber die Verwaltungsanordnungen blieben durch die globale Bestätigung seitens der Bank- und Aufsichtsbehörden aller Länder des Bundesgebiets (§ 36 KWG 1939) weiterhin in Geltung (ZKW 50, 589; Dermitzel WuW 1955, 735). Durch die *Zinsverordnung* vom 5.2.1965 (BGBl I, 33), die am 1.3.1965 in Kraft trat, wurden die Bedingungen, zu denen Kreditinsitute Kredite gewähren und Einlagen entgegennehmen durften, geregelt. Diese Regelung ersetzte das Habenzinsabkommen. Durch die den Kreditinstituten vorgeschriebenen Höchstsätze für Habenzinsen wurde die Wirksamkeit höherer Zinssatzvereinbarungen nicht ausgeschlossen. Durch die *Verordnung* vom 21. 3. 1967 (BGBl I, 352) sind unter Aufhebung der Zinsverordnung die Haben- und Sollzinsen sowie die Provisionen im Einlagen- und Kreditgeschäft der Banken mit Wirkung vom 1. 4. 1967 *freigegeben* worden. Angebot und Nachfrage sollen die Höhe der Zinsen bestimmen. Die Abkommen vom 22. 12. 1936 gelten nicht mehr. Eine staatliche Regelung der Höchstsätze für Haben- und Sollzinsen auf Grund des § 23 KWG besteht nicht. Die Kreditinstitute handeln seitdem die Zinsen mit ihren Kunden frei aus. Habenzinsempfehlungen der Spitzenverbände der Kreditwirtschaft sind als Preisempfehlungen grundsätzlich kartellrechtlich unzulässig (§ 102 GWB; Bericht der BundReg BT-Drucks. Nr. 7/3206 vom 4. 2. 75; Bank-Betrieb 3/1975 S. 94 ff).

353 Kaufleute untereinander sind berechtigt, für ihre Forderungen aus beiderseitigen Handelsgeschäften vom Tage der Fälligkeit an Zinsen zu fordern. Zinsen von Zinsen können auf Grund dieser Vorschrift nicht gefordert werden.

Inhalt

	Anm.		Anm.
Allgemeines	1	2. Beiderseitiges Handelsgeschäft	4
I. Fälligkeitsverzinsung	2– 8	3. Geldforderung	5
1. Kaufmannseigenschaft von Gläubiger		4. Fälligkeit der Geldforderung	6– 8
und Schuldner	2– 3	II. Zinseszinsverbot	9–11

Erster Abschnitt. Allgemeine Vorschriften 1. Abschn. § 353

Allgemeines

Während nach bürgerlichem Recht eine Zinspflicht grundsätzlich erst *bei Verzug* **1**
(§ 288 Abs. 1 BGB) oder *bei Rechtshängigkeit* (§ 291 BGB) begründet wird, tritt nach Handelsrecht bei Forderungen aus *beiderseitigen* Handelsgeschäften die Zinspflicht bereits mit der Fälligkeit der Forderung ein (§ 353 Satz 1). Der frühere Beginn des Zinsenlaufs in § 353 und in § 354 Abs. 2, der dem Kaufmann für Darlehen, Vorschüsse, Auslagen und andere Verwendungen vom Tage der Leistung an Zinsen zuspricht, beruht darauf, daß der Kaufmann ihm zukommendes Geld stets nutzbringend anlegen wird. Die Höhe des Zinssatzes beträgt nach § 352 Abs. 2 *fünf* vom Hundert, sofern nicht aus einem anderen Rechtsgrund ein höherer Zinssatz geschuldet wird. – Zinsen von *fälligen* Zinsen brauchen nicht entrichtet zu werden (§ 352 Satz 2).

I. Fälligkeitsverzinsung

1. Kaufmannseigenschaft von Gläubiger und Schuldner

Die Forderung muß einem *Kaufmann gegen* einen *Kaufmann* zustehen. Gläubiger *und* **2**
Schuldner *müssen* demnach beide Kaufleute sein. Die Kaufmannseigenschaft kann auf §§ 1, 2, 3 Abs. 2, 3 oder auf § 6 beruhen. Auch für die in § 4 bezeichneten Gewerbetreibenden sowie für Gewerbetreibende, die nach § 5 kraft Eintragung im Handelsregister als Kaufleute gelten, findet § 353 Anwendung. Bestritten ist auch hier, ob die Zinspflicht seit Fälligkeit auch für Personen gilt, die keine Kaufmannseigenschaft besitzen, aber im Rechtsverkehr als Kaufleute aufgetreten sind und sich gutgläubigen Dritten gegenüber als solche behandeln lassen müssen (§ 5 Anm. 7–15). Düringer/Hachenburg/Werner § 353 Anm. 2 verneinen schlechthin die Anwendbarkeit des § 353 auf den Scheinkaufmann. Man wird wie in § 352 unterscheiden müssen zwischen den Rechten und den Pflichten des Kaufmanns. Im Interesse des Handelsverkehrs wird man die Anwendung des § 353 zuungunsten des als Kaufmann Auftretenden bejahen müssen, und zwar nicht nur für den Fall, daß sich der Scheinkaufmann bewußt wahrheitswidrig dem Geschäftsgegner gegenüber als Kaufmann ausgegeben hat (Anm. 14 zu § 5), sondern auch, wenn der Scheinkaufmann an seine Kaufmannseigenschaft entschuldbar geglaubt und sein Geschäftsgegner hierauf vertraut hat. Dagegen ist § 353 *zugunsten* des Scheinkaufmanns *nicht* anwendbar (Baumbach/Duden Anm. 1 zu § 353; Hueck, ArchBürgR 53, 450; a.M. von Godin in RGR-Komm. HGB § 353 Anm. 1). Wer im Handelsverkehr als Kaufmann aufgetreten ist, muß, sofern die übrigen Voraussetzungen des Vertrauensschutzes vorliegen, seine Schulden vom Tage der Fälligkeit verzinsen, kann jedoch selbst keine Verzinsung seit dem Fälligkeitstage verlangen. Etwas anderes hat nur dann zu gelten, wenn die Parteien die Anwendung des § 353 auch zugunsten eines Nichtkaufmanns vereinbart haben, oder wenn der Geschäftsgegner damit einverstanden ist. Es gilt das in Anm. 14 zu § 352 Gesagte entsprechend.

Die Kaufmannseigenschaft muß zu der Zeit bestehen, *in der die Forderung entstanden* **3**
ist (RGZ 60, 78). Nur dann liegt ein beiderseitiges Handelsgeschäft vor (Anm. 4). Späterer Verlust der Kaufmannseigenschaft des Gläubigers oder des Schuldners ist ohne

§ 353 1. Abschn. *Drittes Buch. Handelsgeschäfte*

Einfluß. Wer aus einem beiderseitigen Handelsgeschäft schuldet, muß kraft Gesetzes für seine Schulden vom Tage der Fälligkeit Zinsen leisten. Scheidet ein Mitgesellschafter nach § 138 HGB aus der von den anderen Gesellschaftern fortgesetzten offenen Handelsgesellschaft aus und verliert er dadurch seine Kaufmannseigenschaft, so besteht gleichwohl für und gegen den ausscheidenden Gesellschafter hinsichtlich des Auseinandersetzungsguthabens und hinsichtlich der Auseinandersetzungsschuld der kaufmännische Zinsanspruch des § 353 (RG II 203/37 vom 3. VIII. 38). Auch der Erbe eines verstorbenen Gesellschafters einer OHG hat eine sich bei der Auseinandersetzung ergebende Schuld regelmäßig vom Zeitpunkt der Fälligkeit zu verzinsen, auch wenn er selbst nicht Kaufmann ist (RG JW 38, 3047; Canaris in Großkomm. HGB § 353 Anm. 1).

2. Beiderseitiges Handelsgeschäft

4 Die Forderung muß aus einem *beiderseitigen Handelsgeschäft* entstanden sein. Über den Begriff des beiderseitigen Handelsgeschäftes vgl. Anm. 10 ff. zu § 343. Die Betriebszugehörigkeit wird nach § 344 vermutet.

3. Geldforderung

5 Die Forderung aus dem beiderseitigen Handelsgeschäft muß eine *Geldforderung* sein (Ritter Anm. 3 zu § 352; Koenige Anm. 1 zu § 353; Baumbach/Duden Anm. 1 zu § 353). Zwar sind nicht nur Geldschulden verzinslich. Ist aber eine Forderung auf Leistung anderer vertretbarer Sachen gerichtet, so bestimmen sich bei nicht rechtzeitiger Lieferung die Rechtsfolgen nach anderen Grundsätzen. Dagegen braucht die Forderung nicht von vornherein eine Geldforderung zu sein. Es genügt eine Forderung, die in eine Geldforderung übergegangen ist, z. B. eine Forderung auf Schadenersatz wegen Nichterfüllung (RGZ 20, 122; von Godin in RGR-Komm. HGB § 353 Anm. 3; Düringer/Hachenburg/Werner § 353 Anm. 2; Neufeld/Schwarz Anm. 1 zu § 353). Auch Schulden in fremder Währung sind Geldschulden (Canaris in Großkomm. HGB; Ritter Anm. 1 zu § 353; Düringer/Hachenburg/Werner § 353 Anm. 2; Palandt/Heinrichs Anm. 3, 4 zu § 245 BGB; a.M. Hamburg OLG 44, 245). Für die Erfüllung von Valutaschulden gilt § 244 BGB.

4. Fälligkeit der Geldforderung

6 Die Forderung ist *fällig, wenn der Gläubiger Leistung verlangen kann.* Dies kann er im Zweifel sofort. Ist nämlich eine Zeit für die Leistung weder bestimmt noch aus den Umständen zu entnehmen, so kann der Gläubiger die Leistung sofort verlangen, der Schuldner sie sofort bewirken (§ 271 Abs. 1 BGB). Wird dagegen ein Termin oder eine Frist verabredet, so kann der Gläubiger die Leistung im Zweifel nicht vor dieser Zeit verlangen (§ 271 Abs. 2 BGB). Das trifft aber auch dann zu, wenn sich aus den Umständen nach Treu und Glauben mit Rücksicht auf die Verkehrssitte oder einen bestehenden Handelsbrauch (§ 346) eine bestimmte Leistungszeit als angemessen ergibt, ohne daß dies auf eine ausdrückliche Willenserklärung der Parteien zurückzuführen ist. – Wird eine *fällige* Schuld nachträglich gestundet, so wird hierdurch die Pflicht zur Entrichtung von Zinsen gewöhnlich nicht beseitigt. Im Zweifel ist nur *die Beitreibung* hinausgeschoben (RGZ 116, 376; von Godin in RGR-Komm. HGB § 353 Anm. 7; Düringer/Hachenburg/Werner § 353 Anm. 4; Koenige Anm. 1 zu § 353; Ritter Anm. 5 zu § 353; Baumbach/Duden Anm. 1 zu § 353); anders wenn bei Vertragsschluß Stundung vereinbart war (ROHG 23, 392). Streitig ist, ob die Fälligkeit auch dann eintreten kann, wenn dem Schuldner eine verzögerliche *Einrede* zusteht, die ihm ein Leistungsverweigerungsrecht gibt. Da eine Forderung fällig ist, wenn der Gläubiger die Leistung verlangen kann, so schließt bereits das *Bestehen einer Einrede* (nicht erst das Erheben der Einrede) die Fälligkeit und damit auch den Verzug aus (RGZ 126, 280; RG JW 25, 1748; BGH LM § 452 BGB Nr. 1 Anm. Nastelski; BGB-RGRK Alff § 284 Rdz. 7; Palandt/Heinrichs § 284 Anm. 2; Koenige Anm. 1 zu § 353; Baumbach/Duden Anm. 1 zu § 353; a.M. Ritter Anm. 1 zu § 353; Oertmann Anm. 2g zu § 284 BGB; Düringer/Hachenburg/Werner § 353 Anm. 4; Jahr JuS 64, 302). Nach Larenz (Schuldrecht I § 23 I 2 S. 257) schließt das Bestehen der Einrede zwar den Verzug aus, doch soll der Schuldner, wenn er sich im Prozeß nicht auf die Einrede beruft, so behandelt werden, als wäre er in Verzug gekommen. Bei einem gegenseitigen Vertrag, z.B. einem Kaufvertrag, wird somit die Kaufpreisforderung erst fällig, wenn der Verkäufer geliefert oder den Käufer durch Anbieten der Leistung in Annahmeverzug gesetzt hat. Das Bestehen des Leistungsverweigerungsrechts hindert den Verzug, ohne daß der Schuldner sich auf sein Recht zu berufen braucht. Ist der Gläubiger vorleistungspflichtig, so wird seine Forderung erst fällig, wenn er vorgeleistet oder seine Leistung angeboten hat. Dagegen muß die Einrede des Zurückbehaltungsrechts vom Schuldner auch geltend gemacht werden, um den Verzug auszuschließen (RGZ 77, 436/438; BGH WM 71, 1021); die Einrede erübrigt sich jedoch dann, wenn ihre Abwendung durch den Gläubiger im Wege der Sicherheitsleistung (§ 273 Abs. 3 BGB) nicht in Frage steht (BGHZ 60, 319/323). Wird entweder eine Geldleistung oder eine andere Leistung wahlweise geschuldet, so kann der Gläubiger Zinsen erst verlangen, wenn die Geldleistung gewählt worden ist, jedoch nach § 263 Abs. 2 BGB rückwirkend vom Zeitpunkt der Fälligkeit (so auch Düringer/Hachenburg/Werner § 353 Anm. 2). Ist der Schuldner durch ein staatliches Transferverbot gehindert, an den im Ausland wohnenden Gläubiger zu zahlen, so wird dadurch die Fälligkeit der Forderung nicht ausgeschlossen (BGH NJW 64, 100; WM 63, 1225/1228). – Handelt es sich um eine *Holschuld,* so ist diese grundsätzlich vom Tage der Fälligkeit an zu verzinsen. Anders liegt es, wenn für die Abholung eine Zeit nach dem Kalender bestimmt war und der Gläubiger nicht rechtzeitig die ihm obliegende Handlung vorgenommen hat (§ 296 Abs. 1 Satz 1, § 301 BGB; RGZ 60, 84). Ist für die vom Gläubiger vorzunehmende Handlung keine Zeit nach dem Kalender bestimmt, so muß der Schuldner nach § 353 vom Tage der Fälligkeit Zinsen zahlen, falls er nicht den Gläubiger durch wörtliches Angebot gemäß § 295 BGB in Annahmeverzug gesetzt hat.

Die Zinspflicht *entfällt,* wenn der Gläubiger unter den Voraussetzungen der §§ 293 ff. BGB in Annahmeverzug gerät (§ 301 BGB) oder wenn der Schuldner zur Hinterlegung berechtigt war und den Betrag hinterlegt hat (§§ 378, 379 Abs. 2 BGB). Dagegen kann aus einer vorbehaltlosen Annahme des Kapitals ohne Zinsen nicht ohne weiteres auf einen Verzicht auf die Zinsen geschlossen werden. **7**

Liegen die genannten Voraussetzungen zu Anm. 3–7 vor, so ist die Geldforderung *vom Tage der Fälligkeit* nach § 352 mit fünf vom Hundert verzinslich, soweit nicht die Forderung aus einem anderen Rechtsgrunde bereits zu einem früheren Zeitpunkt verzinslich ist; denn § 353 bezeichnet nur den spätesten Zeitpunkt für den Beginn der **8**

§ 353 1. Abschn.   *Drittes Buch. Handelsgeschäfte*

Zinspflicht (RG JW 38, 3047; von Godin in RGR-Komm. HGB § 353 Anm. 6). Ein früherer Beginn des Zinsenlaufs kann auf Gesetz (§ 354 Abs. 2) oder auf Vertrag beruhen.

II. Zinseszinsverbot

9   Das bürgerliche Recht kennt heute kein allgemeines Verbot des Nehmens von Zinseszinsen mehr. Nach § 248 Abs. 1 BGB ist zum Schutz des Schuldners nur eine *im voraus* getroffene Vereinbarung, daß fällige Zinsen wieder Zinsen tragen sollen, nichtig (vgl. auch § 289 Satz 1, § 291 Satz 2 BGB). Dagegen ist es zulässig, *fällige* Zinsen durch Vereinbarung, insbesondere durch Zuschlag zum Kapital, zinspflichtig zu machen. – Wird eine Zinserhöhung für den Fall nicht rechtzeitiger Zinszahlung versprochen, so handelt es sich nicht um Zinseszins, sondern um ein Strafversprechen (RGZ 37, 274; KG JW 25, 2801; OLG Hamburg JR 26 Nr. 1115; vgl. Anm. 1 zu § 348).

10   Von dem Verbot, Zinseszinsen im voraus zu vereinbaren, bestehen folgende *Ausnahmen:*

1. *Sparkassen, Kreditanstalten* und *Inhaber von Bankgeschäften* können vereinbaren, daß nicht erhobene Zinsen von Einlagen als neue verzinsliche Einlagen gelten sollen (§ 248 Abs. 2 Satz 1 BGB). Die Bestimmung ist zugunsten der Gläubiger von Depositen geschaffen worden. Sie gilt nur, wenn das Kreditinstitut Zinsschuldner ist. – Ob ein Unternehmen eine Sparkasse, eine Kreditanstalt oder ein Bankgeschäft ist, richtet sich nach den §§ 1, 2 des Gesetzes über das Kreditwesen (KWG) vom 10. 7. 1961 (BGBl I, 881) i. d. Neufassung vom 3. 5. 1976 (BGBl I, 1121). – Auch für Werksparkassen, bei denen der Kreis der Einleger überwiegend aus Betriebsangehörigen des Unternehmens besteht (§ 3 Ziff. 1 KWG), gilt die Ausnahme des § 248 Abs. 2 Satz 1 BGB (RGZ 115, 397).

2. *Kreditanstalten, die berechtigt sind, für den Betrag der von ihnen gewährten Darlehen verzinsliche Schuldverschreibungen auf den Inhaber auszugeben,* können sich bei solchen Darlehen die Verzinsung rückständiger Zinsen im voraus versprechen lassen (§ 248 Abs. 2 Satz 2 BGB). Die Bestimmung gilt zugunsten der Kreditanstalt als Zinsgläubigerin, da diese ihrerseits die ausgegebenen Schuldverschreibungen verzinsen muß, auch wenn die Zinsen für die gewährten Darlehen ausgeblieben sind. Als Kreditanstalten kommen hier vor allem die Hypothekenbanken (§ 1 HypBankG v. 13. 7. 1899 – RGBl 375 –; dazu G. v. 5. 8. 1950 – BGBl I 353 –; G. v. 30. 4. 1954 – BGBl I, 115 –; G. v. 18. 12. 1956 – BGBl I, 925 –), Schiffspfandbriefbanken (SchiffsbankG v. 14. 8. 1933 – RGBl I, 583 –; dazu ErgG. v. 18. 8. 1961 – BGBl I, 1359 – und die oben zum HypBankG zitierten Gesetze) sowie andere öffentlich-rechtliche Kreditanstalten, die das Pfandbriefgeschäft betreiben (G über Pfandbriefe und verwandte Schuldverschreibungen öfftl.-rechtl. Kreditanstalten v. 21. 12. 1927 – RGBl I, 492 –) in Betracht.

3. Im *Kontokorrentverkehr* mit einem Kaufmann kann derjenige, dem bei dem Rechnungsabschluß ein Überschuß gebührt, von dem Tage des Abschlusses an Zinsen von dem Überschuß verlangen, auch soweit in der Rechnung Zinsen enthalten sind (§ 355).

11   Nach §§ 289, 291 BGB sind Verzugszinsen oder Prozeßzinsen von Zinsen nicht zu entrichten. Das gilt auch im Bereich des Handelsrechts. Es gibt keine gesetzlichen Zinsen

aus Zinsen, wobei gleichgültig ist, ob es sich um gesetzliche oder rechtsgeschäftliche Zinsen handelt. Nur unter dem Titel des *Schadenersatzes* könnten Zinseszinsen verlangt werden (§§ 289 Satz 2, 286 BGB). Diese Regelung gilt auch im Handelsrecht. Da nach § 353 Satz 1 bei Geldschulden aus beiderseitigen Handelsgeschäften die Zinspflicht unabhängig vom Verzug bereits mit der Fälligkeit eintritt, bestimmt § 353 Satz 2 zur Vermeidung von Zweifeln ausdrücklich, daß *Zinsen von Fälligkeitszinsen* auf Grund des *§ 353 nicht gefordert werden können.* – Im übrigen gilt auch im Handelsrecht die Vorschrift des § 248 BGB über die Unzulässigkeit der Vorausvereinbarung von Zinseszinsen nebst ihren Ausnahmen.

354

Wer in Ausübung seines Handelsgewerbes einem anderen Geschäfte besorgt oder Dienste leistet, kann dafür auch ohne Verabredung Provision und, wenn es sich um Aufbewahrung handelt, Lagergeld nach den an dem Orte üblichen Sätzen fordern.

Für Darlehen, Vorschüsse, Auslagen und andere Verwendungen kann er vom Tage der Leistung an Zinsen berechnen.

Inhalt

	Anm.		Anm.
Allgemeines	1– 2	2. Kaufmannseigenschaft	7– 9
I. Gesetzlicher Vergütungsanspruch	3– 9	II. Ausschluß des Vergütungsanspruchs	10–12
1. Geschäftsbesorgung oder Dienstleistung	3– 6	III. Inhalt des Vergütungsanspruchs	13–15
		IV. Zinspflicht vom Leistungstage	16–20

Allgemeines

Ein Kaufmann leistet einem anderen nicht umsonst Dienste. Auf dieser allgemein **1** anerkannten Verkehrssitte beruht § 354. Jeder, der in geschäftliche Beziehungen zu einem Kaufmann tritt, muß dies wissen (RGZ 122, 232; RG JW 38, 1175). Wer also die Dienste eines Kaufmanns in Anspruch nimmt, obwohl er weiß oder sich sagen muß, daß dieser aus solchen Dienstleistungen Geschäfte macht und seinen Erwerb zieht, kann sich nicht darauf berufen, daß kein besonderes Vertragsverhältnis begründet worden sei. „Der Kaufmann tut nichts umsonst!" Durch diese stärkere Betonung der Entgeltlichkeit weicht das Handelsrecht vom bürgerlichen Recht ab. Nach bürgerlichem Recht (§§ 611, 631, 652, 688 BGB) besteht ein Vergütungsanspruch nur, wenn eine entsprechende Vereinbarung getroffen wird. Der praktische Unterschied ist allerdings nicht sehr groß. Auch nach dem bürgerlichen Recht des Dienst- und Werkvertrages, des Mäklervertrags und des Verwahrungsvertrags gilt eine Vergütung als *stillschweigend* vereinbart, wenn die Leistung den Umständen nach nur gegen eine Vergütung zu erwarten ist (§ 612 Abs. 1, § 632 Abs. 1, § 653 Abs. 1, § 689 BGB). Diese Fiktion, die sich im bürgerlichen Recht an die „Umstände", d.h. die allgemeine Verkehrssitte, anlehnt, schließt sich im Handelsrecht bereits *an die Ausübung eines Handelsgewerbes* an. Nur dann ersetzt die *Verkehrssitte* die vertragliche Vereinbarung. Eine weitere Voraussetzung ist, daß der

§ 354 1. Abschn. *Drittes Buch. Handelsgeschäfte*

Kaufmann auch auf Grund eines zwischen den Beteiligten geschlossenen Vertrages einen Vergütungsanspruch haben würde. § 354 will den Kaufmann nicht besser stellen (Anm. 12). Für eine Maklertätigkeit besteht daher der gesetzliche Vergütungsanspruch nur, wenn der Makler bei Abschluß eines formgültigen Maklervertrages einen Anspruch auf Maklerlohn nach § 652 BGB hätte. Das ist aber erst der Fall, wenn infolge des Nachweises oder infolge der Vermittlung des Maklers der Vertrag zustande kommt (BGH DB 66, 776).

Die Entgeltlichkeit wird in § 354 nach zwei Richtungen hin betont: Nach Abs. 1 gibt jede Geschäftsbesorgung oder Dienstleistung, die in Ausübung eines Handelsgewerbes vorgenommen wird, einem Kaufmann das Recht auf Provision oder Lagergeld nach den ortsüblichen Sätzen. Nach Abs. 2, der § 353 ergänzt, sind Darlehen, Vorschüsse, Auslagen und andere Verwendungen eines Kaufmanns vom Tage der Leistung an verzinslich.

2 Zwingend ist die Regelung des § 354 *nicht*. Die Parteien können etwas anderes vereinbaren; auch kann sich auf Grund eines Handelsbrauchs Abweichendes ergeben (RG Recht 04, 83; Düringer/Hachenburg/Werner § 354 Anm. 2; vgl. auch Anm. 9, 10). Die Regelung des § 354 gilt daher nur für den Fall, daß eine Vereinbarung über die Vergütung oder die Verzinsung *nicht* getroffen ist („ohne Verabredung").

I. Gesetzlicher Vergütungsanspruch

1. Geschäftsbesorgung oder Dienstleistung

3 Die Grenzziehung zwischen Geschäftsbesorgung und reiner Dienstleistung (vgl. auch die Erläuterungen zu § 362) ist für die Anwendung des § 354 ohne Bedeutung. § 354 Abs. 1 erfaßt jede Tätigkeit, die im *Interesse eines anderen* geleistet wird und in der Leistung von Diensten und in der Besorgung von Geschäften besteht. Daraus folgt nicht, daß man sich schlechthin die Geschäftsbesorgung oder Dienstleistung eines Kaufmanns gefallen lassen muß und hierfür eine Vergütung zu entrichten hat. Die Provisionspflicht des § 354 setzt vielmehr als selbstverständlich voraus, daß der Kaufmann zur Geschäftsbesorgung oder Dienstleistung *berechtigt* ist (BGH WM 63, 165; Ritter Anm. 2 zu § 354), also *befugterweise* für einen anderen tätig geworden ist. Die Berechtigung kann einmal auf einem zwischen den Parteien bestehenden bestimmten Rechtsverhältnis beruhen, z.B. einem Auftrag, einem Geschäftsbesorgungsvertrag oder einem Mäklervertrag. Doch braucht der Vertrag nicht gültig zu sein, vorausgesetzt, daß der Kaufmann bei Abschluß eines gültigen Vertrages einen Vergütungsanspruch haben würde (BGH DB 66, 776; Anm. 2). Auch wenn überhaupt kein bestimmtes Rechtsverhältnis besteht, kann sich eine Berechtigung zur Geschäftsbesorgung gegenüber dem Geschäftsherrn aus den Vorschriften über die Geschäftsführung ohne Auftrag ergeben (§§ 677ff. BGB). Voraussetzung ist hierfür nach § 683 BGB, daß die Übernahme der Geschäftsführung dem objektiven Interesse und dem wirklichen oder dem mutmaßlichen Willen des Geschäftsherrn entspricht. In diesem Fall kann der Geschäftsführer wie ein Beauftragter Ersatz seiner Aufwendungen verlangen; daneben steht ihm kraft Gesetzes der Vergütungsanspruch aus § 354 zu. Liegen die Voraussetzungen der §§ 683, 679 BGB nicht vor, so kann der Kaufmann weder Aufwendungsersatz noch Vergütung nach § 354, vielmehr allein Ausgleich nach Bereicherungsgrundsätzen verlangen (§ 684 BGB). Als vergütungspflichtige Dienstleistungen kommen Unterstützungen jeder Art, insbesondere auch die Erteilung von Ratschlägen in Betracht.

Abs. 1 spricht davon, daß *einem anderen* Geschäfte besorgt oder Dienste geleistet sein müssen. Dadurch kommt zum Ausdruck, daß die Tätigkeit des Kaufmanns *im Interesse des anderen* liegen muß (vgl. RG SeuffA 56 Nr. 82). Verfolgt ein Kaufmann ausschließlich sein eigenes Interesse, so kann er keine Vergütung nach § 354 verlangen (von Godin in RGR-Komm. HGB § 354 Anm. 5; Düringer/Hachenburg/Werner § 354 Anm. 6; Ritter Anm. 2 zu § 354; Baumbach/Duden Anm. 2 zu § 354). Die Anwendung des § 354 wird jedoch nicht schon dadurch ausgeschlossen, daß der Kaufmann neben dem fremden Interesse zugleich sein eigenes verfolgt. Der Verkäufer einer Sache, der vor ihrer Übergabe Aufwendungen macht, um die Sache zu erhalten, kann daher in der Regel keine Vergütung nach Abs. 1 verlangen, da er, wie sich aus den §§ 323, 446 BGB ergibt, allein sein eigenes Interesse verfolgt. Anders liegt es beim *Selbsthilfeverkauf* des § 373. Dieser erfolgt nach § 373 Abs. 3 für Rechnung des säumigen Käufers und liegt daher auch in dessen Interesse (ebenso Canaris in Großkomm. HGB § 354 Anm. 6; Ritter § 354 Anm. 4; a. M. Düringer/Hachenburg/Werner § 354 Anm. 6). Die gleiche Interessenlage ergibt sich bei § 379. Hierbei ist jedoch zu beachten, daß ein Vergütungsanspruch nur dann besteht, wenn die in § 379 geforderte Beanstandung und gegebenenfalls der in den Formen des § 373 vorgenommene Notverkauf zu Recht erfolgt sind. Besteht kein Rügerecht, so fehlt es an dem Erfordernis einer Geschäftsbesorgung für einen anderen. – Das Geschäft, das ein *Häusermakler* im Rahmen seines Handelsgewerbes (§§ 2, 343) für einen anderen besorgt, besteht in der erfolgreichen Vermittlung oder in dem erfolgreichen Nachweis (§ 652 BGB); solange es nicht zu einem Vertragsschluß kommt, ist der Makler *nur für sich selbst* tätig geworden und kann daher keine Provision nach § 354 verlangen (OLG Bremen NJW 65, 977).

Beispiele für Geschäftsbesorgungen und Dienstleistungen im Sinne des Abs. 1 sind der Abschluß oder die Vermittlung eines Geschäfts für einen anderen (BGH NJW 58, 180; OLG Stuttgart BB 58, 573), die gebrauchsweise Überlassung von Gegenständen, die Beförderung von Gütern, die Erteilung von Auskünften, ferner die Beschaffung von Kapital (RGZ 122, 229), die Mitwirkung bei Sanierungsverhandlungen (RG BankA XXXVIII, 509), die Übernahme einer Bürgschaft oder die Ausstellung eines Gefälligkeitswechsels (RG Warn 29 Nr. 38).

Als besonderes Beispiel nennt das Gesetz in Abs. 1 selbst die *Aufbewahrung*. Hierbei ist es nicht notwendig, daß zwischen den Parteien ein Verwahrungsvertrag im Sinne des § 688 BGB geschlossen worden ist (so auch Düringer/Hachenburg/Werner § 354 Anm. 7). Es genügt eine Berechtigung zur Verwahrung, die sich auch aus den Vorschriften über die Geschäftsführung ohne Auftrag ergeben kann. Zu einer Aufbewahrung kann es ferner kommen beim Annahmeverzug des Gläubigers (vgl. § 304 BGB, § 373) sowie bei Beanstandung übersandter Waren im Falle des § 379. Auch auf öffentlichem Recht kann die Verwahrung beruhen (KG JW 30, 1978; Düringer/Hachenburg/Werner § 354 Anm. 7). Stets ist erforderlich, daß die Aufbewahrung *für einen anderen* erfolgt. Handelt der Kaufmann ausschließlich in seinem eigenen Interesse, so braucht der andere Teil für die Lagerung kein Lagergeld zu zahlen. Diese Einschränkung ist wichtig für Pfandgläubiger, die verpfändete Ware bei sich lagern. Die Lagerung wird hier, so jedenfalls in der Regel beim vertraglichen Pfandrecht, ausschließlich im Interesse des

Pfandgläubigers selbst liegen, so daß ein Anspruch auf Lagergeld entfällt (so auch von Godin in RGR-Komm. HGB § 354 Anm. 13; a. M. Düringer/Hachenburg/Werner § 354 Anm. 7). Beim vertraglichen Pfandrecht ist ferner zu beachten, daß die Lagerung gewöhnlich nur eine Nebenverpflichtung des Pfandvertrages darstellt, für die nicht noch eine besondere Vergütung verlangt werden kann (§ 1215 BGB; vgl. Anm. 10, 11). Beim gesetzlichen Pfandrecht sowie beim Zurückbehaltungsrecht wird dagegen die Lagerung meist auch im Interesse des Schuldners liegen, der durch Verlust oder Beschädigung der Sache Schaden erleiden würde. Allgemein gültige Regeln können für die Frage, ob die Verwahrung ausschließlich im Interesse des Verwahrers oder daneben auch im Interesse des Schuldners liegt, nicht aufgestellt werden. Die Entscheidung wird stets von den Umständen des einzelnen Falles abhängen. – Da die Vergütung für die Aufbewahrung sich nicht nur auf die Raumbenutzung, sondern auch auf die Verantwortlichkeit des verwahrenden Kaufmanns bezieht, ist es unerheblich, ob der Kaufmann selbst Lagergeld aufwenden mußte. Auch die Aufbewahrung in *eigenen Räumen* ist vergütungspflichtig (RGZ 1, 286; Hamelbeck JR 35, 196; von Godin a.a.O. § 354 Anm. 9). – Kein Lagergeld nach § 354 kann verlangt werden, wenn jemand ohne Wissen eines Kaufmanns dessen Lagerräume zur Aufbewahrung benutzt. Hier fehlt es an dem Willen des Kaufmanns, für einen anderen zu verwahren (ROHG 23, 97; Hamburg MDR 47, 227); doch kann ein Bereicherungsanspruch aus § 812 BGB gegeben sein (von Godin a.a.O.). – Einem Lagerhalter, dem das Gut noch nicht zugeführt wurde, steht ein Vergütungsanspruch nach § 354 zu, wenn er Lagerraum freigestellt oder besondere Vorkehrungen für die Lagerung getroffen hat (BGHZ 46, 43/51). – Ein Untermakler, der einem Auftraggeber des Maklers, für den er tätig ist, einen Bankkredit verschafft hat, kann höchstens eine Provision vom Makler, nicht aber unmittelbar von dessen Auftraggeber verlangen (BGH BB 64, 906).

2. Kaufmannseigenschaft

7 Die Geschäftsbesorgung oder Dienstleistung (Anm. 3–5) muß von einem *Kaufmann in Ausübung seines Handelsgewerbes* erfolgen. Die Kaufmannseigenschaft kann auf §§ 1, 2, 3 Abs. 2, 3 oder § 6 beruhen. Auch für die in § 4 bezeichneten Gewerbetreibenden sowie für Gewerbetreibende, die nach § 5 kraft Eintragung als Kaufleute gelten, findet § 354 Anwendung. Dagegen ist § 354, der einem Kaufmann allein Rechte gibt, *nicht* anwendbar auf Personen, die keine Kaufmannseigenschaft besitzen, aber im Rechtsverkehr als Kaufmann aufgetreten sind (Koenige Anm. 2 zu § 354; Düringer/Hachenburg/Werner § 354 Anm. 3; Ritter Anm. 3 zu § 354; Baumbach/Duden Anm. 2 A zu § 354; Hueck in ArchBürgR 43, 450). Ob der Geschäftsgegner die Kaufmannseigenschaft besitzt oder nicht, ist ohne Belang.

8 Die Kaufmannseigenschaft muß *zur Zeit der Geschäftsbesorgung oder Dienstleistung* bestehen. Späterer Verlust der Kaufmannseigenschaft ist auf den einmal entstandenen Vergütungsanspruch ohne Einfluß (RG Gruchot 61, 325; von Godin in RGR-Komm. z. HGB § 354 Anm. 2; Düringer/Hachenburg/Werner § 354 Anm. 3). Anderseits ist § 354 Abs. 1 nicht anwendbar, wenn jemand nach der Geschäftsbesorgung oder der Dienstleistung Kaufmann wird.

Die Geschäftsbesorgung oder die Dienstleistung muß *in Ausübung des Handelsgewer-* **9**
bes des Kaufmanns erfolgen (Anm. 8, 9 zu § 343). Die Betriebszugehörigkeit wird nach
§ 344 vermutet.

II. Ausschluß des Vergütungsanspruchs

Eine Vergütung nach Abs. 1 kann *nicht* verlangt werden, wenn die Geschäftsbesor- **10**
gung oder Dienstleistung nur als eine *Nebenleistung* im Rahmen eines umfassenderen
Rechtsverhältnisses erscheint, in dem sie bereits *durch die Gegenleistung des anderen*
Teils abgegolten ist (RG JW 26, 1663; von Godin in RGR-Komm. z. HGB § 354
Anm. 4; OLG Hamburg MDR 47, 228; 48, 122; Koenige Anm. 3 zu § 354; Baumbach/Duden § 354 Anm. 2 D; Ritter § 354 Anm. 2 c, der von Tätigkeiten spricht, „die
zur ordnungsmäßigen Abwicklung eines anderen Rechtsverhältnisses gehören"). Ob die
Tätigkeit bereits abgegolten ist oder zur ordnungsgemäßen Abwicklung eines anderen
Rechtsverhältnisses gehört, wird stets Frage des einzelnen Falles sein, wobei etwa
bestehende Handelsbräuche zu berücksichtigen sind. Beim Versendungskauf wird z. B.
der Verkäufer in der Regel nicht noch eine besondere Vergütung für den Abschluß des
Speditions- oder Frachtvertrages beanspruchen können. Anders kann es aber liegen,
wenn ursprünglich ein Platzkauf geschlossen wurde und der Käufer später Versendung
wünscht. Es wird dann durch Auslegung des Vertrages zu ermitteln sein, ob etwa die
Versendung als Nebenleistung bereits bei Abschluß des Hauptgeschäfts vorausgesehen
wurde und als abgegolten anzusehen ist, oder ob sie als besondere zusätzliche Leistung
noch zu vergüten ist. – Ob für eine *Verpackung* besondere Vergütung verlangt werden
kann, läßt sich ebenfalls nicht allgemein sagen. Keinesfalls ist nach Handelsbrauch
anzunehmen, daß stets Verpackungsspesen erhoben werden können (vgl. auch v. Gierke
§ 55 V 1). Erfordert die Verpackung allerdings besondere Vorsicht und Mühe, so wird
meist Vergütung verlangt werden können. – Banken werden in der Regel für ihre
einzelnen Geschäfte – wie z.B. für Kreditgewährungen, Überziehung von Konten, Verwahrung und Verwaltung von Wertpapieren, die Ausführung von Inkassoaufträgen –
eine besondere Vergütung verlangen können, da sich ihre Tätigkeit aus vielen Geschäften zusammensetzt, die bei Eingehung der Geschäftsverbindung nicht pauschal vergütet
werden. Allgemein gültige Regeln lassen sich im Bankverkehr ebenfalls nicht aufstellen;
maßgebend sind vor allem die jeweils geltenden Handelsbräuche.

Gewisse Geschäftsbesorgungen oder Dienstleistungen werden schon *nach der Ver-* **11**
kehrs- und *Handelssitte* nicht vergütet, die der Vorschrift des § 354 vorgeht. Hierzu
gehört z. B. die *Vorbereitung* eines Geschäfts, das nicht zustande kommt (ROHG 16, 34;
RG Warn 15, 158; von Godin in RGR-Komm. z. HGB § 354 Anm. 6; Düringer/Hachenburg/Werner § 354 Anm. 8; Ritter § 354 Anm. 2a, d; Baumbach/Duden § 354
Anm. 2 C), oder die Erteilung von Auskunft über die Vermögensverhältnisse eines
Kreditsuchenden, sofern nicht die Auskunft von einem Auskunftsbüro erteilt wird. Eine
besondere Vergütung für die Vorbereitung eines Geschäfts kann auch verlangt werden,
wenn mit ihr besondere Arbeit und Mühe verbunden waren, so z. B. für die Ausarbeitung
umfangreicher Kostenvoranschläge, die mit der Vorlage von Zeichnungen, Projekten
oder Gutachten verbunden ist. In diesen Fällen wird in der Regel schon nach bürgerlichem Recht (§§ 612, 632 BGB) eine Vergütung als stillschweigend vereinbart anzuneh-

§ 354 1. Abschn. *Drittes Buch. Handelsgeschäfte*

men sein (vgl. hierzu RG HRR 30 Nr. 105; Warn 11 Nr. 120; 12 Nr. 377; 14 Nr. 164; 23 Nr. 159; RGR-Komm. z. BGB Anm. 2 zu § 612; Anm. 2 zu § 632). – Gewährt ein *Makler* einem anderen ein Darlehen aus eigenen Mitteln, so kann er nach § 354 Abs. 2 Darlehenszinsen, nicht aber obendrein nach § 354 Abs. 1 eine Provision verlangen. Anders liegt es, wenn er sich den Darlehensbetrag selbst erst durch Aufnahme eines Bankkredits beschafft hat. Dann hat er, mag er auch im Rechtssinne Darlehensgeber sein, doch im wirtschaftlichen Sinne das Darlehen vermittelt, so daß er für die Gewährung des „mittelbaren Bankkredits" Provision nach § 354 Abs. 1 verlangen kann (BGH BB 64, 906).

12 *Keine* Vergütung kann verlangt werden, wenn das Gesetz einen solchen Anspruch ausschließt, so z. B. die §§ 656, 764 BGB für die Vermittlung von Heiraten und für Differenzgeschäfte (ebenso von Godin in RGR-Komm. HGB § 354 Anm. 7; Düringer/Hachenburg/Werner § 354 Anm. 8). Weiter ist eine Dienstleistung dann nicht vergütungspflichtig, wenn sie gegen das *Gesetz* verstößt. – Im übrigen ist die Anwendung des § 354 Abs. 1 stets ausgeschlossen, wenn die Parteien selbst schon eine Vereinbarung über die Vergütung getroffen haben (Anm. 2). Nur subsidär ist § 354 anzuwenden.

III. Inhalt des Vergütungsanspruchs

13 Liegen die Voraussetzungen des Abs. 1 vor, so kann der Kaufmann kraft Gesetzes *„Provision"* oder, wenn es sich um Aufbewahrung handelt, *„Lagergeld"* verlangen (über Zinsen vgl. Anm. 18).

Unter *Provision* ist hier ganz allgemein eine Vergütung für die Besorgung von Geschäften und die Leistung von Diensten zu verstehen (Ritter Anm. 3 zu § 354). Ihre besondere Gestaltung hat die Provision u. a. erfahren beim Handelsvertreter (§§ 86b bis 87c), bei Handlungsgehilfen (§ 65), beim Zivil- und Handelsmäkler (§ 652 BGB, § 99), beim Kommissionär und Spediteur (§ 394 Abs. 2, §§ 396, 403, 409, 412 Abs. 2, § 413 Abs. 1) sowie im Wechselrecht (Art. 48, 49, 56, 59 WG). – Gewöhnlich wird die Provision nach Prozenten des Wertes des Gegenstandes berechnet, auf den sich die Geschäftsbesorgung oder Dienstleistung bezieht. Handelt es sich um die Übernahme eines Risikos, insbesondere einer Bürgschaft, so ist die Größe des Risikos für die Berechnung der Provision ausschlaggebend. Auch eine feste Summe kann als Provision ausgemacht werden. Für Provision in ausländischer Währung vgl. RG JW 22, 711; RWG JW 22, 744. Bei Bemessung der Höhe des *Lagergeldes* ist zu beachten, daß es eine Vergütung nicht nur für die Raumbenutzung bieten soll, sondern auch für die mit der Aufbewahrung verbundene Mühewaltung und Verantwortung (RG JW 15, 658).

14 Die Höhe der Provision oder des Lagergeldes richtet sich in erster Linie nach dem *ortsüblichen Satz*. Besteht eine *Taxe* (vgl. § 612 Abs. 2, § 653 Abs. 2 BGB; §§ 72 ff. GewO), so ist sie als der ortsübliche Satz zugrunde zu legen. Besteht keine Taxe und kann auch eine übliche Vergütung nicht festgestellt werden, so greifen bei Verträgen die §§ 315, 316 BGB ein (RG SeuffA 81 Nr. 92). Es entscheidet dann vorbehaltlich richterlicher Nachprüfung das *billige Ermessen* des Kaufmanns. Liegt auch kein Vertrag vor, so wird auf die im Streitfalle nach richterlichem Ermessen zu bestimmende *Angemessenheit* abzustellen sein (RG JW 15, 658; OLG Stuttgart BB 58, 573).

Erster Abschnitt. Allgemeine Vorschriften   1. Abschn. § 354

Der Anspruch auf die Vergütung ist kein Schadenersatzanspruch, sondern ein *gesetzlicher Anspruch* auf Vergütung für Geschäftsbesorgung oder Dienstleistung. §§ 254 BGB, 287 ZPO finden daher keine Anwendung (RG JW 15, 658; von Godin in RGR-Komm. HGB § 354 Einl.). Mit dem gesetzlichen Anspruch aus § 354 kann jedoch im Einzelfall ein Anspruch auf Ersatz höheren Schadens verbunden sein.   **15**

IV. Zinspflicht vom Leistungstage

Ein Kaufmann (Anm. 7) kann nach Abs. 2 für *Darlehen, Vorschüsse, Auslagen* und **16** *andere Verwendungen vom Tage der Leistung an Zinsen berechnen.* Das setzt bei Auslagen und Verwendungen voraus, daß der Kaufmann auch seinen Geschäftsherrn für die Leistung auf Rückzahlung oder Ersatz in Anspruch nehmen kann. Das ist bei Aufwendungen, zu denen auch die Auslagen gehören, vor allem unter den Voraussetzungen der §§ 450, 670, 675, 693 BGB der Fall. Ist der Kaufmann als Geschäftsführer ohne Auftrag tätig geworden, so kann er Aufwendungsersatz nach §§ 683, 679 BGB *nur* verlangen, wenn die Übernahme der Geschäftsführung dem objektiven Interesse und dem wirklichen oder dem mutmaßlichen Willen des Geschäftsherrn entsprochen hat, wobei es jedoch auf einen der Geschäftsführung entgegenstehenden Willen des Geschäftsherrn nicht ankommt, wenn ohne die Geschäftsführung eine Pflicht des Geschäftsherrn, deren Erfüllung im öffentlichen Interesse liegt, oder eine gesetzliche Unterhaltspflicht des Geschäftsherrn nicht rechtzeitig erfüllt worden wäre. Besteht kein Anspruch auf Rückzahlung oder Ersatz, z. B. bei unentgeltlicher Leistung, so können auch keine Zinsen verlangt werden.

Abs. 2 gilt *nur* für Darlehen, Vorschüsse, Auslagen und andere Verwendungen. Geschäftsbesorgungen und Dienstleistungen sind allein nach Abs. 1 zu vergüten; auch die Zinspflicht der Vergütung selbst richtet sich nicht nach Abs. 2, sondern nach § 353 (Ritter § 354 Anm. 4c). Von den Voraussetzungen des Abs. 1 ist der Zinsanspruch des Abs. 2 ebenfalls unabhängig. Abs. 2 verlangt nur die Kaufmannseigenschaft.   **17**

Der Begriff des *Darlehens* ergibt sich aus § 607 BGB. *Im Rechtssinne* ist es ein Vertrag, der durch die Übereignung von Geld oder anderen vertretbaren Sachen zustande kommt und den Darlehensempfänger zur Rückgabe von Sachen gleicher Art, Güte und Menge verpflichtet. *Wirtschaftlich* handelt es sich um die *Gebrauchsüberlassung* eines Kapitalwerts auf Zeit (RGZ 161, 52). Für die Anwendung des Abs. 2 ist erforderlich, daß es sich um ein *echtes* Darlehen handelt. Das ist z. B. nicht der Fall beim Vereinbarungsdarlehen des § 607 Abs. 2 BGB. – *Vorschüsse* sind an sich Vorauszahlungen auf die künftige Erfüllung des Vertrages (Neufeld/Schwarz Anm. 7 zu § 354 unter Berufung auf RG JW 12, 684; Düringer/Hachenburg/Werner § 354 Anm. 10). Dann müßten streng genommen auch Gehaltsvorschüsse an Angestellte verzinst werden, was jedoch nicht üblich ist (von Godin in RGR-Komm. z. HGB § 354 Anm. 10). Ein derartig weiter Begriff des Vorschusses ist dem Abs. 2 aber auch nicht zu unterstellen. Wie sich aus dem Zusammenhang mit dem in Abs. 2 genannten Darlehen ergibt, meint das Gesetz *Vorschüsse darlehensähnlichen* Charakters (Ritter § 354 Anm. 4b), so z. B. die Vorschüsse des Kommissionärs, des Spediteurs und des Frachtführers (§§ 397, 410, 440). Hier wird der Erfolg eines noch auszuführenden Geschäfts zugunsten des Geschäftsherrn vorweggenommen und bevorschußt. Die Vorschußleistung des Kaufmanns ist dadurch gedeckt, daß er später die Forderung des Empfängers für dessen Rechnung von einem Dritten einzuziehen und auf den Vorschuß verrechnen kann. Der Unterschied zum Darlehen liegt also allein darin, daß der Leistende den Vorschuß nicht vom Empfänger, sondern von einem Dritten zurückerhält (so auch Düringer/Hachenburg/Werner § 354 Anm. 10). — Während somit die Vorschüsse den Darlehen nahestehen, sind die *Auslagen* nur eine besondere Art der Verwendung. Sie unterscheiden sich von den Verwendungen allein dadurch, daß sie für den Geschäftsherrn an einen Dritten geleistet werden.

18 Die Zinspflicht des Abs. 2 greift kraft Gesetzes bereits *vom Tage der Leistung* an ein. Hierin liegt ein wesentlicher Unterschied zum bürgerlichen Recht, soweit es sich um Darlehen und Vorschüsse handelt. Nach § 608 BGB müssen für ein Darlehen Zinsen bedungen sein, sonst tritt eine gesetzliche Zinspflicht nur bei Verzug (§ 288 BGB) oder bei Rechtshängigkeit (§ 291 BGB) ein. Gleiches gilt für Vorschüsse darlehensähnlichen Charakters. Unter den Voraussetzungen des § 354 Abs. 2 tritt jedoch die Zinspflicht bereits mit der Hingabe des Darlehens oder des Vorschusses ein; weder ist Verzug oder Rechtshängigkeit noch, wie im Falle des § 353 Satz 1, Fälligkeit des Rückzahlungsanspruchs nötig.

19 Auslagen und Verwendungen, die unter den Begriff der Aufwendungen fallen, sind auch bereits nach § 256 BGB von der Zeit der Aufwendung an zu verzinsen. Insoweit enthält § 354 nichts Neues.

20 Der Zinssatz beträgt im Falle des Abs. 2 für Darlehen, Vorschüsse, Auslagen und andere Verwendungen einheitlich *fünf vom Hundert* (§ 352 Abs. 2). — Besteht für sie eine Zinspflicht nach Abs. 2, so kann daneben nicht noch eine Vergütung nach Abs. 1 verlangt werden. Abs. 1 und 2 schließen sich insoweit gegenseitig aus (Anm. 1, 2; so auch Düringer/Hachenburg/Werner § 354 Anm. 12; a.M. Canaris in Großkomm. HGB § 354 Anm. 15). Doch gilt dies nur, wenn sich die Tätigkeit in der Darlehensgewährung oder Verwendung erschöpft hat. Ein Makler, der ein Darlehen aus *eigenen Mitteln* gewährt, kann nach § 354 Abs. 2 Zinsen, nicht aber außerdem noch dafür eine Vergütung nach § 354 Abs. 1 verlangen. Anders liegt es, wenn er selbst einen Bankkredit aufnimmt, um ein Darlehen an einen Dritten zu geben, von dem er keinen Maklerauftrag hat. Von diesem kann er, obwohl er rechtlich selbst Darlehensgeber ist, nach § 354 Abs. 1 HGB die für die Vermittlung des Bankkredits übliche Maklerprovision verlangen (BGH LM Nr. 4 zu § 354 HGB).

355 Steht jemand mit einem Kaufmanne derart in Geschäftsverbindung, daß die aus der Verbindung entspringenden beiderseitigen Ansprüche und Leistungen nebst Zinsen in Rechnung gestellt und in regelmäßigen Zeitabschnitten durch Verrechnung und Feststellung des für den einen oder anderen Teil sich ergebenden Überschusses ausgeglichen werden (laufende Rechnung, Kontokorrent), so kann derjenige, welchem bei dem Rechnungsabschluß ein Überschuß gebührt, von dem Tage des Abschlusses an Zinsen von dem Überschusse verlangen, auch soweit in der Rechnung Zinsen enthalten sind.

Der Rechnungsabschluß geschieht jährlich einmal, sofern nicht ein anderes bestimmt ist.

Die laufende Rechnung kann im Zweifel auch während der Dauer einer Rechnungsperiode jederzeit mit der Wirkung gekündigt werden, daß derjenige, welchem nach der Rechnung ein Überschuß gebührt, dessen Zahlung beanspruchen kann.

Erster Abschnitt. Allgemeine Vorschriften 1. Abschn. § 355

Schrifttum: *Greber,* Das Kontokorrentverhältnis, 1893; *Mohr,* Der Kontokorrentverkehr, Diss. Würzburg 1902; *A. Koch,* Banken und Bankgeschäfte, 1931; *Fuchs,* Zur Lehre vom Kontokorrent, ZHR 103 (1936), 211; 106 (1939), 82; *Ulmer,* Kontokorrent, RVgl HWB Bd. 5 S. 194 ff., 1936; *Göppert,* Zur Vereinfachung der Lehre vom Kontokorrent, ZHR 102 (1936), 161; 103 (1936), 318; *Krapf,* Der Kontokorrentvertrag, 1936; *Kerwer,* Wandlung der französischen Rechtsprechung in der Auffassung über die Unteilbarkeit des Kontokorrents, JW 38, 18; *Weispfennig,* Ein Beitrag zur Lehre vom Kontokorrent, JW 38, 3091 ff.; *Brüggemann,* Inhalt der Kontokorrentvereinbarung, Diss. Bonn 1939; *Herold,* Das Recht des Kontokorrentverkehrs, ZAkDR 40, 158; *Homberger,* Der Kontokorrent im Bankgeschäft, Diss. Zürich, 1944; *Constantopoulos,* Das Anerkenntnis des Saldos in dem Abrechnungsverfahren zwischen Erstversicherer und Rückversicherer, ZHR 111 (1948), 173; *Beitzke,* Probleme des Kontokorrents, Festschrift für J. von Gierke 1950 S. 1 ff.; *Grigat,* Die Doppelpfändung von Kontokorrentguthaben, BB 52, 335; *Grigat,* Zur Kreditsicherung durch Abtretung von Kontokorrentforderungen, BB 52, 819; *Grigat,* Pfändung von Kontokorrentguthaben, ZKW 52, 108; *Grigat,* Die Verrechnung im Kontokorrent, NJW 52, 812; *Grigat,* Zur Rechtsnatur des Kontokorrentverhältnisses, MDR 52, 411; *Klee,* Die Pfändung künftiger Guthaben aus Bankkonten, MDR 52, 502; *Ludewig,* Pfändung und Überweisung von Guthaben aus dem Bankkontokorrent, DB, Beilage Nr. 10/1952 (Heft 24); *Scherer,* Die Pfändung von Kontokorrentguthaben, NJW 52, 1397; *Schupp,* Ist der gegenwärtige Kontokorrentsaldo pfändbar?, BB 52, 217; *Sprengel,* Die Pfändung und Überweisung von Forderungen aus dem Bankkontokorrent, MDR 52, 8; *Nebelung,* Das Bankkontokorrent, NJW 53, 450; *Ebeling,* Die Pfändung von Kontokorrentforderungen, WM 55, 1662 ff.; *Flessa,* Höchstbetragssicherheiten für Kontokorrentkredite, NJW 55, 1901 ff.; *Beeser,* Zur Pfändung und Überweisung gegenwärtiger und künftiger Giroguthaben, AcP 155 (1956), 418 ff.; *Hefermehl,* Grundfragen des Kontokorrents, Festschrift für Heinrich Lehmann, 1956, S. 547 ff.; *Kühne,* Die verschiedenen Formen von Kontokorrentverhältnissen und ihre rechtliche Behandlung, insbesondere die Pfändung des Kontokorrentsaldos, Diss. Hamburg 1958; *Brinkmann,* Die Pfändung des täglichen und jährlichen Kontokorrentsaldos im deutschen und ausländischen Recht, Diss. Köln 1959; *Pikart,* Die Rechtsprechung des Bundesgerichtshofs zum Kontokorrentvertrag, WM 60, 1314; *Petsch,* Das Kontokorrentgeschäft der Banken, Diss. Hamburg, 1961; *Bierhoff,* Die Haftung eines ausgeschiedenen OHG-Gesellschafters für den Kontokorrentsaldo der OHG, Diss. Köln 1964; *Raisch,* Geschichtliche Voraussetzungen, dogmatische Grundlagen und Sinnwandlung des Handelsrechts, 1965, S. 230 ff.; *Erman,* Zur Pfändbarkeit der Ansprüche eines Kontokorrentkunden gegen seine Bank aus Kreditzusagen, Gedächtnisschrift für Rudolf Schmidt, 1966; *Kübler,* Feststellung und Garantie, 1967; *Michel,* Kontokorrent und Depositengeschäft im französischen Recht, Diss. Berlin 1967; *Schaudwet,* Bankkontokorrent und Allgemeine Geschäftsbedingungen, Berlin 1967; *Helm,* Besprechung, AcP 168 (1968), 390; *Pikart,* Die neuere Rechtsprechung des Bundesgerichtshofes zum Kontokorrentvertrag, WM 70, 866 ff.; *Schönle,* Bank- und Börsenrecht, 1971; *Blaurock,* Das Anerkenntnis beim Kontokorrent, NJW 71, 2206 ff.; *Schäfer,* Bankkontokorrent und Bürgschaft, Köln 1971; *Canaris,* Die Verrechnung beim Kontokorrent, DB 72, 421 ff/469 ff.; *Bärmann,* Europäisches Geld-, Bank- und Börsenrecht Teil I Bundesrepublik Deutschland, 1974; *Herz, G.* Das Kontokorrent, insbesondere in der Zwangsvollstreckung und im Konkurs, 1974; *Scherner,* Wandlungen im Bild des Kontokorrents, Festschrift für Bärmann, 1975, S. 171 ff.; *Schönle,* Bank- und Börsenrecht, 2. Aufl., 1976.

Inhalt

	Anm.		Anm.
Allgemeines	1–7	2. Ansprüche und Leistungen	19–20
		3. Kontokorrentgebundenheit	21–24
1. Abschnitt. Grundvoraussetzungen	8–17	4. Behandlung von Wechseln und Schecks	25–28
I. Kaufmannseigenschaft auf einer Seite	8–9	5. Behandlung rückständiger Einlagen	29
II. Geschäftsverbindung	10–12	6. Mehrfaches Kontokorrent	30
III. Kontokorrentabrede	13–15	II. Bindung	31–40
IV. Rechnungsperiode	16	1. Einheit des Kontokorrents	31
V. Zusammenfassung	17	2. Kontokorrentgebundene Einzelansprüche	32–36
2. Abschnitt. Rechtslage während der Rechnungsperiode	18–40	3. Kontokorrentgebundene Leistungen	37
I. In-Rechnung-Stellung	18–30	4. Zinsberechnung	38–39
1. Kontokorrentfähigkeit	18	5. Provisionsberechnung	40

213

3. Abschnitt. Rechtslage nach Abschluß
der Rechnungsperiode 41–42

I. Ausgleich durch Verrechnung und
Feststellung des Saldos 41–42
1. Periodenkontokorrent 41
2. Grundfragen 42

II. Wesen der Saldofeststellung 43–56
1. Saldoanerkennung 43–49
   a) Rechtliche Bedeutung 43–44
   b) Zustandekommen 45–48
   c) Inhalt 49
2. Verrechnung 50
3. Zahlungsanspruch 51–52
4. Art der Verrechnung 54–56
   a) Verhältnismäßige Gesamtaufrechnung 54
   b) Analoge Anwendung der §§ 366, 367, 396 BGB 55
   c) Stellungnahme 56

III. Rechtswirkungen 57–60
1. Novationslehre 57–58
2. Tilgung durch Verrechnung 59
3. Summenmäßige Verrechnung ... 60

IV. Saldoforderung 61–64
1. Behandlung 61
2. Verzinslichkeit 62–64
   a) Ausnahme vom Zinseszinsverbot 62
   b) Zeitpunkt 63
   c) Zinshöhe 64

V. Mängel der Saldofeststellung 65–69

VI. Börsentermin- und Spielgeschäfte .. 70–92
1. Im allgemeinen 70–71

2. Rechtswirkungen 72–82
   a) Verbotene Börsentermingeschäfte 73–74
   b) Erlaubte offizielle Börsentermingeschäfte 75–78
   c) Erlaubte inoffizielle Börsentermingeschäfte 79–82
3. Kontokorrentmäßige Behandlung 83–92

VII. Beendigung des Kontokorrentvertrages 93–101
1. Vereinbarung der Parteien 93
2. Ende der Geschäftsverbindung .. 94–95
3. Kündigung 96–97
4. Konkurs 98–100
5. Wirkungen 101

4. Abschnitt: Besondere Arten des Kontokorrents 102–126

I. Staffelkontokorrent 102–117
1. Kennzeichnung 102
2. Grundauffassung 103–105
3. Geltung kraft Vereinbarung 106
4. Laufende Verrechnung 107–110
5. Anerkenntnis 111–114
6. Verzinslichkeit 115
7. Jederzeitige Kündigung 116
8. Sicherheiten und Zwangsvollstreckung 117

II. Uneigentliches Kontokorrent 118–125
1. Kennzeichnung 118
2. Kontokorrent unter Nichtkaufleuten 119–121
3. Staffelkontokorrent 122
4. Teilbares Kontokorrent 123
5. Keine Feststellung und Aberkennung des Saldos 124

III. Offene Rechnung 125–126

Allgemeines

1 Das *Kontokorrent* ist ein Rechtsinstitut, das nicht vom Gesetzgeber geschaffen wurde, sondern in der *kaufmännischen Praxis* entstanden ist. Seine Wirkungen zu bestimmen, war zunächst fast ausschließlich der Wissenschaft und Rechtsprechung überlassen. Das Allgemeine Deutsche Handelsgesetzbuch traf in Art. 291 nur Bestimmungen über den Zinseszins und die Zeit des Rechnungsabschlusses. Erst das Handelsgesetzbuch hat in §§ 355 ff. unter Aufstellung bestimmter Erfordernisse das Wesen des Kontokorrents umschrieben (§ 355 Abs. 1) und einzelne Rechtswirkungen, wie die Verzinslichkeit des Saldoguthabens, das Fortbestehen der Sicherheiten (§ 356) und die Pfändung des Saldos (§ 357), festgelegt. Vollkommen ist die gesetzliche Regelung nicht. Nach wie vor gehört das Kontokorrent zu den nicht restlos erschlossenen und daher umstrittenen Rechtsgebieten. Zu den *Wandlungen* im Bild des Kontokorrents aus rechtshistorischer Sicht vgl. Scherner in Festschrift Bärmann, 1975, S. 171 ff.

Der *wirtschaftliche Zweck* des Kontokorrents geht dahin, den *Zahlungs- und Abrechnungsverkehr* zwischen Personen, die miteinander in laufender Geschäftsverbindung stehen, zu *vereinfachen*. Es ist unpraktisch und für die Entwicklung geschäftlicher Beziehungen nachteilig, wenn jedes Geschäft für sich allein abgewickelt und demnach die Vielheit der entstehenden beiderseitigen Ansprüche und Leistungen nicht durch einen Gesamtakt, sondern durch eine entsprechende Zahl von Erfüllungshandlungen *einzeln* getilgt und abgerechnet wird. Mit einer Kontokorrentabrede bezwecken die Parteien die Vielheit der beiderseitigen Ansprüche und Leistungen auf Grund einer Gesamtabrechnung durch die Bildung eines *einzigen* Forderungsbetrages zu ersetzen. Dieses Ziel wird dadurch erreicht, daß die aus den einzelnen Geschäften entstandenen Ansprüche und Leistungen zunächst nur als Posten *gebucht* und erst in bestimmten Zeitabschnitten verrechnet und durch Feststellung des sich für den einen oder den anderen Teil ergebenden *Überschusses* (Saldos) ausgeglichen werden (§ 355 Abs. 1). Durch das *Anerkenntnis* des Saldos seitens beider Parteien wird eine *selbständige,* von den einzelnen in das Kontokorrent aufgenommenen Ansprüchen und Leistungen unabhängige Saldoforderung begründet. Kern des Kontokorrents ist die *Verrechnung* der auf Kontokorrentkonto gebuchten Ansprüche und Leistungen, wobei es sich fragt, ob die Verrechnung erst am Schluß der Rechnungsperiode erfolgt oder schon in dem Moment, in dem sie sich als Soll- und Habenposten gegenüberstehen. *Typisch* ist die kontokorrentmäßige Behandlung der beiderseitigen Ansprüche und Leistungen für die Geschäftsverbindung zwischen Bank und Kunde. Zum *Bankkontokorrent* enthalten die AGB der Kreditinstitute besondere Bestimmungen. Auch zwischen Kaufleuten, die in Lieferbeziehungen zueinander stehen, sowie zwischen Kommittent und Kommissionär, die sich gegenseitig Leistungen erbringen, besteht häufig ein Kontokorrentverhältnis. Gleiches gilt für laufende Geschäftsbeziehungen zwischen *Kaufleuten* und *Nichtkaufleuten*. Aber auch Nichtkaufleute (Handwerker, Landwirte, Anwalt und Mandant) können in einer kontokorrentähnlichen Rechnungsbeziehung stehen („uneigentliches" Kontokorrent; Anm. 118 ff.).

Schwierigkeiten für das Verständnis des Kontokorrentrechts ergeben sich aus der **3** unterschiedlichen Bedeutung und Verwendung des Ausdrucks „Kontokorrent". Unter einem Kontokorrent kann *dreierlei* verstanden werden:

1. *Das lebende Konto,* auf dem die geschäftlichen Vorgänge einer Person einheitlich gebucht werden. In diesem buchtechnischen Sinne betrachtet ist das Kontokorrent ein *Buchungsblatt* (Göppert ZHR 102, 163), auf dem die beiderseitigen Ansprüche und Leistungen der Parteien als gleichwertige Posten verzeichnet sind. Es dient bei doppelter Buchführung der Spezialisierung des Debitoren- und des Kreditorenkontos für eine Person, mit der ein Kaufmann in Geschäftsverbindung steht. Das Kontokorrent als *buchmäßige* Erscheinung ist kein Rechtsinstitut. Die materiell-rechtlichen Wirkungen des Kontokorrents ergeben sich aus dem *Kontokorrentvertrag,* der die Rechtsgrundlage für die Gesamtverrechnung der während einer Geschäftsverbindung entstehenden beiderseitigen Ansprüche und Leistungen als Rechnungsposten bildet. Das *Buchungsblatt* stellt das technische Hilfsmittel für die Verrechnung dar. Gedanklich ließe sich die Verrechnung auch ohne Buchungen vollziehen.

2. *Die Kontokorrentabrede.* Es ist die Vereinbarung zwischen zwei miteinander in **4** Geschäftsverbindung stehenden Personen, nach der die aus der Geschäftsverbindung

§ 355   1. Abschn.   *Drittes Buch. Handelsgeschäfte*

entspringenden beiderseitigen Ansprüche und Leistungen nebst Zinsen in Rechnung gestellt und in regelmäßigen Zeitabschnitten durch Verrechnung und Feststellung des für den einen oder den anderen Teil sich ergebenden Überschusses, des Saldos, ausgeglichen werden (Anm. 43–48). Die bloße Tatsache, daß die gegenseitigen Leistungen buchmäßig in das Soll oder Haben eingesetzt werden, reicht zur Annahme eines Kontokorrents nicht aus.

5   3. Der *Kontokorrentvertrag*. Er regelt den Inhalt und den Umfang der beiderseitigen Rechte und Pflichten sowie der sonstigen rechtlichen und tatsächlichen Beziehungen der Parteien während einer Geschäftsverbindung, die sich im Kontokorrentverkehr abspielt. Der Kontokorrentvertrag setzt sich demnach aus dem reinen *Geschäftsvertrag* und der *Kontokorrentabrede* als einem bloßen Rahmenvertrag zusammen (Anm. 13, 14; ebenso Canaris in Großkomm. HGB Anm. 6; a.M. von Godin in RGR-Komm. HGB 2. Aufl., Anm. 2, der zwischen Kontokorrentabrede und Kontokorrentvertrag nicht unterscheidet). Ohne Geschäftsvertrag ist eine Kontokorrentabrede gegenstandslos. Dagegen kann ein Geschäftsvertrag ohne Kontokorrentabrede bestehen. Im Bankverkehr ist allerdings die Kontokorrentabrede mit dem Geschäftsvertrag häufig verbunden. So ist z. B. jeder *Girovertrag* (Anhang nach § 365 Anm. 14) in der Regel auch Kontokorrentvertrag (Anm. 13), nicht aber z. B. ein Festeinlagevertrag (BGH WM 70, 751). Auch die Konten bei der Deutschen Bundesbank sind keine Kontokorrentkonten. Auf Grund des Kontokorrentvertrages ist eine Bank grundsätzlich verpflichtet, den Kunden auf rechtliche Bedenken aufmerksam zu machen, die sie gegenüber einem von ihm erteilten Auftrag hat oder bei Anwendung der ihr obliegenden Sorgfalt eines ordentlichen Kaufmanns haben mußte (§ 347; BGHZ 23, 222/227). Nur wenn die Bank bei dem Kunden eine hinreichende Kenntnis der Rechtslage annehmen durfte, handelt sie nicht schuldhaft, wenn sie von einem Hinweis absieht.

6   Über das *Wesen* des Kontokorrents sind zahlreiche Theorien aufgestellt worden. Kennzeichnend für sie ist, daß die eine oder die andere Wirkung des Kontokorrents besonders herausgestellt und auf dieser Grundlage ein künstliches Wesensgebilde des Kontokorrents entwickelt wird. Eine Auseinandersetzung mit diesen Theorien ist fruchtlos. Die Wirkungen des Kontokorrents beruhen auf dem *Willen* der Parteien, die ihren Geschäftsverkehr durch eine Verrechnung der beiderseitigen Ansprüche und Leistungen zu *vereinfachen* suchen. Gegenüber dem von den Parteien verfolgten Vereinfachungszweck ist es grotesk, die *rechtliche* Beurteilung einer Kontokorrentbeziehung zum Mysterium zu machen.

7   Häufig wird mit der Eingehung einer Kontokorrentverbindung zugleich eine *Kreditgewährung* verbunden sein (RGZ 88, 376; OLG Düsseldorf JW 39, 238; Canaris in Großkomm. HGB Anm. 4, 7; Hefermehl in Festschrift für H. Lehmann S. 557 ff.; Schönle aaO. § 7 II zu I a 3 a S. 71; Düringer/Hachenburg/Breit § 355 Anm. 3; Ritter Anm. 2 zu § 355; J. v. Gierke S. 494; Pikart WM 60, 1317). Doch ist dies keine wesentliche Voraussetzung für ein Kontokorrent. Nicht die Kreditgewährung, sondern die *Erleichterung des Geschäftsverkehrs* ist der beherrschende Zweck des Kontokorrents. Eine Verpflichtung zur gegenseitigen Kreditgewährung wird durch den Kontokorrentvertrag nicht begründet (a.M. früher RGZ 22, 148; auch OLG Hamburg DB 56, 447). Wohl aber kann mit einem Kontokorrentvertrag ein Krediteröffnungsvertrag geschlossen werden. So ist im Bankverkehr der *Kontokorrentkredit* neben dem Wechsel-

kredit die häufigste Form des Betriebskredits für Handel und Industrie. Typisch für den Kontokorrentkredit ist, daß er nicht im Wege einer einmaligen Leistung von der Bank gewährt wird. Der Kreditnehmer ist vielmehr berechtigt, während der Geschäftsverbindung über Teilbeträge des Kredits, der seiner Höhe nach gewöhnlich genau festgelegt ist, durch Barabhebung, Überweisung oder Scheck laufend zu verfügen. Sowohl die Gewährung als auch die Rückzahlung des Kredits geschieht in laufender Rechnung. Ob der Kredit gedeckt ist (meist durch Effekten) oder nicht, ist dabei ohne Bedeutung. Leistet die Bank, so wird der Kunde, leistet der Kunde, so wird die Bank belastet. Die Höhe des Kontokorrentkredits schwankt somit dauernd. Bis zur Höhe des zugesagten Kredits darf der Kunde im Debet stehen. Den Rückzahlungsanspruch erlangt die Bank in dem Zeitpunkt, in dem der Kunde den Kredit durch Abhebung, Überweisung oder Scheckeinlösung in Anspruch nimmt, und zwar jeweils in Höhe der tatsächlichen Inanspruchnahme (BGH WM 57, 638). Rechtlich liegt in der Kreditgewährung die Gewährung eines *Darlehns*. Die §§ 607 ff. BGB finden Anwendung. Daneben gelten die für das Kreditgeschäft getroffenen Bestimmungen des Gesetzes über das Kreditwesen (KWG) vom 10. 7. 61 (BGBl I, 877) in der Neufassung vom 3. 5. 76 (BGBl I, 1121). Der Kontokorrentkredit ist ein *kurzfristiger Kredit*. Er wird im Bankverkehr fast regelmäßig als täglich fälliger Kredit eingeräumt. Das schließt nicht aus, daß im Einzelfall auch ein Kontokorrentkredit für eine bestimmte Zeit fest und unkündbar gegeben wird. Möglich ist es ferner, daß die Bank ihren Kunden während der Geschäftsverbindung ein festes Darlehen außerhalb der Kontokorrentverbindung gibt. Aus dem Umstand, daß ein Darlehen über Sonderkonto läuft, ist jedoch noch nicht stets zu entnehmen, daß es nicht kontokorrentmäßig erfaßt werden soll (RG JW 27, 2111). Gewöhnlich wird die Kreditgewährung auf *einem* Kontoblatt durchgeführt. Dann wird der Kunde, soweit er den Kredit in Anspruch nimmt, belastet; die Höhe des zugesagten Kredits wird auf dem Kontoblatt lediglich vermerkt. Der Kredit kann aber auch durch eine *Gutschrift* in Höhe der Kreditzusage gewährt werden, wenn Bank und Kunde darüber einig sind, daß die forderungsbegründende Gutschrift wie eine effektive Auszahlung des Kredits behandelt werden soll (BGH LM BGB § 610 Nr. 1; WM 57, 636). Dann wird auf einem *zweiten* Kontoblatt der Kunde in Höhe der Gutschrift belastet (Zweikontenbuchung). Der *Rückzahlungsanspruch* der Bank bestimmt sich nach den getroffenen Vereinbarungen; mangels anderweitiger Vereinbarung können der Kunde und die Bank jederzeit den Kredit kündigen.

1. Abschnitt. Grundvoraussetzungen

I. Kaufmannseigenschaft auf einer Seite

Eine Partei des Kontokorrentvertrages muß Kaufmann sein. Die Kaufmannseigenschaft kann auf §§ 1, 2, 3 Abs. 2, 3 oder auf § 6 beruhen. Auch auf Gewerbetreibende, deren Betrieb nach Art und Umfang einen in kaufmännischer Weise eingerichteten Geschäftsbetrieb nicht erfordert (§ 4), oder die nach § 5 kraft Eintragung im Handelsregister als Kaufleute gelten, finden die §§ 355–357 Anwendung. *Nicht* nötig ist, daß eine Partei des Kontokorrentvertrages eine Bank (§ 39 KWG) ist. In der Praxis spielt allerdings das „Bankkontokorrent" die bedeutendste Rolle.

8

§ 355 1. Abschn.   *Drittes Buch. Handelsgeschäfte*

9   § 355 Abs. 1 verlangt *nur* die Kaufmannseigenschaft *einer* Partei. Die §§ 355–356 finden daher auch auf das Kontokorrentverhältnis eines Kaufmanns mit einem Nichtkaufmann Anwendung. Dieses Kontokorrent kommt sogar im Handelsverkehr äußerst häufig vor. Das Erfordernis der Kaufmannseigenschaft einer Partei hat im übrigen nur eine geringe praktische Bedeutung. Auch *unter Nichtkaufleuten* kann ein Kontokorrentverhältnis bestehen *(uneigentliches Kontokorrent;* vgl. Anm. 59, 60). Es gelten für das uneigentliche Kontokorrent, soweit nicht zwingende Vorschriften des bürgerlichen Rechts entgegenstehen, wie insbesondere § 248 Abs. 1 BGB, die Rechtsgrundsätze des Kontokorrents analog (Anm. 118). Zum *Wesen* des Kontokorrents gehört demnach die Kaufmannseigenschaft einer Partei nicht; von dieser Voraussetzung hängt es jedoch ab, ob Zinseszinsen verlangt werden können. Da es sich bei dem Zinseszinsverbot des § 248 Abs. 1 BGB um eine *zwingende* Schutzvorschrift zugunsten des Schuldners handelt, können auch von einem *Scheinkaufmann,* der im Verkehr in zurechenbarer Weise den Rechtsschein erweckt hat, Kaufmann zu sein, nicht Zinseszinsen verlangt werden (Canaris in Großkomm. HGB Anm. 17). Das schließt indessen nicht aus, daß ebenso wie bei einem Formmangel auch die Berufung auf das Zinseszinsverbot des § 248 Abs. 1 BGB nach Lage des Falles eine *unzulässige Rechtsausübung* (§ 242 BGB) sein kann, insbesondere unter dem Gesichtspunkt des venire contra factum proprium (Canaris, Die Vertrauenshaftung im deutschen Privatrecht, 1971, S. 181).

II. Geschäftsverbindung

10   *Zwischen den Parteien muß eine Geschäftsverbindung bestehen.* Sie bildet die notwendige tatsächliche Grundlage des Kontokorrentverhältnisses. Eine Geschäftsverbindung ist ihrem Wesen nach auf eine gewisse Dauer und Stetigkeit gerichtet. Die Parteien müssen den Willen haben, fortgesetzt miteinander Geschäfte zu machen. Soll nur ein einzelnes Geschäft abgeschlossen werden, so läßt sich noch nicht von einer Geschäftsverbindung sprechen. Dagegen ist unerheblich, ob die Geschäftsverbindung tatsächlich von Dauer ist. Auch auf die Art der Geschäftsverbindung (Bankgeschäfte, Umsatzgeschäfte usw.) kommt es *nicht* an. Nicht jedes Dauerschuldverhältnis ist jedoch eine Geschäftsverbindung, so z.B. nicht ein Miet- oder Arbeitsverhältnis (Canaris in Großkomm. HGB Anm. 18).

11   Aus der Geschäftsverbindung müssen beiderseitige *Ansprüche und Leistungen* entstehen können. Der Wortlaut des § 355 Abs. 1 könnte zu der Annahme führen, daß auch das *tatsächliche* Entstehen von Forderungen und Leistungen auf beiden Seiten wesentlich sei (so noch RGZ 22, 151; 95, 19). Indessen kommt es für das Bestehen eines Kontokorrents auf den *Willen der Parteien* an, ihre im Rahmen der Geschäftsverbindung geschlossenen Geschäfte nicht einzeln, sondern kontokorrentmäßig abzuwickeln. Mit Recht wird daher von der neueren Rechtsprechung nicht mehr das Entstehen von Forderungen und Bewirken von Leistungen verlangt. Es genügt, daß dies *möglich* ist (BGH NJW 56, 17; RGZ 88, 375; 124, 232; RG JW 35, 1776; BankA XXXI, 385; Canaris in Großkomm. HGB Anm. 22. Düringer/Hachenburg/Breit § 355 Anm. 18; Koenige Anm. 1 zu § 355; Ritter Anm. 5b zu § 355; Neufeld/Schwarz Anm. 3 zu § 355; Baumbach/Duden Anm. 2 C zu §§ 355–357; A. Koch S. 63 ff.; Herold, ZAkDR 40, 158).

Die „*Beiderseitigkeit*" der Ansprüche und Leistungen ist *nicht* dahin zu verstehen, daß **12** beiderseitige Ansprüche *und* beiderseitige Leistungen erforderlich sind, also Ansprüche und Leistungen auf beiden Seiten entstehen müssen. Es genügt vielmehr, daß für die eine Partei nur Ansprüche entstehen, wohingegen die andere Partei nur Leistungen erbringt (RGZ 88, 373/375; Canaris in Großkomm. HGB Anm. 20; Düringer/Hachenburg/Breit § 355 Anm. 18; enger RGZ 95, 19; RG JW 33, 2826). Ein Kontokorrent liegt daher auch vor, wenn der eine Teil kreditiert und der andere Teil nur abhebt oder zurückzahlt (RG Warn 26 Nr. 27). So hält es RGZ 115, 396 (RGZ 123, 386; RG HRR 35 Nr. 802) mit dem Wesen eines Kontokorrents für vereinbar, daß nur von einer Seite Einzahlungen gemacht werden, während die andere Seite nur Zinsen gutschreibt und auf Verlangen die gekündigten Beträge auszahlt. Für die kontokorrentmäßige Behandlung bleibt es demnach gleichgültig, ob für beide Parteien Ansprüche entstehen oder nur für eine Partei, während die andere Partei nur Leistungen erbringt. Bei der periodischen Verrechnung wird zwischen Ansprüchen und Leistungen nicht unterschieden; beide werden als Abrechnungsposten gleich behandelt. Das Kontokorrent als Buchungsblatt unterscheidet nur zwischen Haben- und Sollposten; nicht aber kommt es darauf an, daß sowohl beiderseitige Ansprüche als auch beiderseitige Leistungen zur Entstehung gelangen. Würde man anderer Ansicht sein, so wären die meisten Bankkonten keine echten Kontokorrentkonten, obwohl sie tatsächlich als Kontokorrent aufgezogen sind. Bei einem Bankkonto liegt es meist so, daß dem Kunden allein ein Guthaben zusteht, über das er durch Abhebung oder durch Überweisung verfügen kann. Würde man in diesem Fall die Annahme eines Kontokorrents im Sinne des § 355 Abs. 1 verneinen (so Schoele, Das Recht der Überweisung, S. 82), so wären dem Anwendungsbereich der §§ 355–357 sehr enge Grenzen gezogen. Es entspricht jedoch der Praxis des Handels- und Bankverkehrs, das Erfordernis der „Beiderseitigkeit" in § 355 Abs. 1 weit auszulegen (RGZ 115, 393; RG JW 35, 1776). Auch wenn auf einem Konto einige Jahre hindurch keine Bewegung stattgefunden hat, vielmehr die Zinsen auf ein anderes Konto übertragen und immer der gleiche Saldo auf neue Rechnung vorgetragen wurde, entfällt noch nicht der Charakter eines Kontokorrents, solange der Kunde des Rechnungsführers nicht gehindert ist, jederzeit wieder Einzahlungen und Auszahlungen über das Konto vorzunehmen (RG JW 27, 2111; LZ 27, 1108 Nr. 3; WM 70, 184/186; Düringer/Hachenburg/Breit § 355 Anm. 19). Anders läge es, wenn nur eine Guthabenforderung des Kunden besteht, jeder Zahlungsvorgang allein durch Zuschreibung oder Abschreibung vermerkt und der Bestand sogleich errechnet wird (RG JW 36, 2541; Schoele a.a.O. S. 81 ff.). In diesem Falle liegt kein Kontokorrent im Sinne des § 355 vor, weil die Parteien keine kontokorrentmäßige periodische Verrechnung gewollt haben (Anm. 14).

III. Kontokorrentabrede

Ihr Inhalt geht dahin, die beiderseitigen Ansprüche und Leistungen zunächst nur *in* **13** *Rechnung zu stellen* und sie erst in regelmäßigen Zeitabschnitten (so § 355 Abs. 1) unter Feststellung des für die eine oder die andere Partei sich ergebenden Saldos zu *verrechnen*. Nach dem Willen der Parteien sollen die einzelnen Zahlungen nicht auf eine bestimmte Forderung geleistet, die einzelnen Rechte nicht mit bestimmten Gegenforderungen aufgerechnet oder für sich allein geltend gemacht werden, vielmehr soll erst am Schluß des

§ 355 1. Abschn. *Drittes Buch. Handelsgeschäfte*

Rechnungsabschnittes abgerechnet und festgestellt werden, wer von beiden Teilen Gläubiger ist und wieviel er von dem anderen Teil fordern kann. In der Kontokorrentabrede steckt somit *zweierlei:* a) die Vereinbarung, daß die einzelnen Ansprüche und Leistungen „in Rechnung" oder „zur Verrechnung" gestellt werden, wodurch sie ihre Selbständigkeit (Anm. 31) verlieren und als bloße Rechnungsposten behandelt werden; b) die Vereinbarung über die „Verrechnung", die entweder erst nach Ablauf der Rechnungsperiode (so § 355 Abs. 1) oder sofort vollzogen wird, wenn sich die beiderseitigen Forderungen und Leistungen als Soll- und Habenposten verrechnungsfähig gegenüberstehen (Staffelkontokorrent, Anm. 106 ff.). Demgegenüber beschränkt Canaris in Großkomm. HGB Anm. 9, 64 die Kontokorrentabrede auf die In-Rechnung-Stellung und trennt von ihr den Verrechnungsvertrag, räumt jedoch ein, daß im Zweifel Kontokorrentabrede und Verrechnungsvertrag miteinander verbunden sind. Indessen liegt das Wesen des Kontokorrents in der *Verrechnung* der beiderseitigen Forderungen und Leistungen, die typischerweise Inhalt der Kontokorrentabrede ist. Der Inhalt der Kontokorrentabrede zeigt deutlich, daß die Abrede für sich allein betrachtet *kein* eigenes Dasein führen kann. Sie setzt ihrem Wesen nach voraus, daß zwischen den Parteien eine *Geschäftsverbindung* besteht (Anm. 10). Ohne Geschäftsverbindung ist die Kontokorrentabrede gegenstandslos, während eine Geschäftsverbindung ohne Kontokorrentabrede bestehen kann. Jede Geschäftsverbindung findet ihre Fixierung und konkrete Gestaltung in einem zwischen den Parteien bestehenden Vertragsverhältnis, das die beiderseitigen Rechte und Pflichten im einzelnen regelt, dem *Geschäftsvertrag*. Die Kontokorrentabrede ist somit nichts anderes als ein unselbständiger Teil des Geschäftsvertrages, dessen Abwicklung und Abrechnung sie betrifft. Ihre Wirkung erstreckt sich auf alle Einzelgeschäfte, die in ihren Rahmen fallen. Sie ist daher ein „Rahmenvertrag" (Ulmer in RVglHWB Bd. 5 S. 198 und JW 33, 2827). Wenn auch ohne Geschäftsvertrag eine Kontokorrentabrede gegenstandslos ist (Göppert ZHR 102, 162; 103, 320), so gilt sie doch einem Geschäftsvertrag erst das eigene Gepräge; sie ist im Bankverkehr für den *Girovertrag* typisch. In der Praxis werden daher oft Geschäftsvertrag und Kontokorrentabrede zusammen als Kontokorrentvertrag oder kurz als Kontokorrent bezeichnet. Häufig wird auch die Kontokorrentabrede selbst als Kontokorrentvertrag bezeichnet (so von Godin in RGR-Komm. z. HGB 2. Aufl., § 355 Anm. 2). Hierdurch kann jedoch der Eindruck entstehen, als habe schon die bloße Kontokorrentabrede selbständige Bedeutung. Wenn auch in der Praxis die verschiedenartige Verwendung der Ausdrücke „Kontokorrent", „Kontokorrentabrede", „Kontokorrentvertrag" oder „Geschäftsvertrag" meist unschädlich ist, so erfordert die rechtliche Beurteilung jedoch eine genaue Unterscheidung des reinen Geschäftsvertrags und der Kontokorrentabrede.

14 Ob ein Kontokorrentverhältnis vorliegt, bestimmt sich nach dem *Willen der Parteien* (BGH BB 56, 770 = WM 56, 1125; BB 59, 59 = WM 59, 81; RGZ 117, 35; 123, 386; WarnR 26 Nr. 2, 27, 39; RG JW 33, 2826; RG JW 36, 2540). Sie müssen einig darüber sein, daß die einzelnen Ansprüche nicht selbständig geltend gemacht werden und die einzelnen Leistungen nicht zur Tilgung bestimmter Ansprüche dienen, sondern zunächst in Rechnung gestellt und sodann in einen Verrechnungsnexus einbezogen werden, der auf Feststellung des sich zu Gunsten der einen oder der anderen Partei ergebenden Saldos zielt. Auf den Namen „Kontokorrent" oder „laufende Rechnung" oder auf die Buchungsart kommt es dabei weniger an. Der Wille, eine Geschäftsverbindung kontokor-

rentmäßig abzuwickeln, kann ausdrücklich erklärt sein, kann aber auch in einem entsprechenden Verhalten seinen schlüssigen Ausdruck finden, insbesondere sich schon aus der Art der Geschäftsverbindung oder aus einem Handelsbrauch ergeben (RGZ 117, 35; 118, 139; WarnR 26 Nr. 27; BGH WM 56, 1125/1126; 59, 81/83; 70, 184, 185). Anzeichen für das Vorliegen eines Kontokorrents liegen z.B. darin, daß die einzelnen Leistungen als *verzinsliche Kreditgewährung* behandelt werden und nur eine rechtlich untrennbare Verbindung von Rechnungsgrößen für ein in regelmäßigen Zeitabschnitten zu ermittelndes Gesamtergebnis, den Saldo, bilden, ferner darin, daß der *Saldo verzinst* wird, obwohl Zinsen darunter begriffen sind, weiter *in der Übersendung der regelmäßigen Abschlüsse* und in ihrer mit dieser Zusendung bezweckten *Anerkennung* (BGH BB 59, 59; 56, 770; RGZ 60, 292; 88, 373; 117, 35; 123, 386; WarnR 26 Nr. 27). Nicht genügt es, daß nur gelegentlich die beiderseitigen Ansprüche und Leistungen verrechnet werden; dann kann es sich um einfache Verrechnungsverträge handeln, die eine selbständige Geltendmachung der Einzelforderungen nicht ausschließen.

Wesentlich für das Vorliegen eines Kontokorrents ist es, daß eine *Verrechnung* stattfindet. Die beiderseitigen Ansprüche und Leistungen müssen gegeneinander verrechnet und das Ergebnis in einem sich für die eine oder die andere Partei ergebenden *Saldo* festgestellt und anerkannt werden. Nach § 355 Abs. 1 findet die Verrechnung in *regelmäßigen Zeitabschnitten* statt. Nach herrschender Meinung ist die Periodizität ein *Wesenserfordernis* des Kontokorrents (RGZ 115, 393/396; 123, 384/386; RG JW 36, 2540; BGH WM 56, 189; 56, 1126; 69, 92). Es müssen die Ansprüche und Leistungen der Parteien in regelmäßigen Zeitabschnitten gegeneinander verrechnet und das Ergebnis in einem Saldo ausgedrückt werden, der eine selbständige Forderung begründet. Periodische Abrechnungen brauchen nicht vereinbart zu sein; es genügt, daß sie *tatsächlich* stattfinden. Wird auf einem Konto nach jeder Bewegung, also bei allen Einzahlungen und Auszahlungen sofort ohne Bindung an bestimmte Zeitabschnitte der jeweilige Rechnungsstand ermittelt, vorgetragen und anerkannt, so liegt ein Kontokorrent im Sinne des § 355 Abs. 1 nicht vor. Es fehlt an einer Abrechnung in regelmäßigen Zeitabschnitten. Auch die in regelmäßigen Abschnitten erfolgte Gutschrift der Zinsen würde nicht ausreichen, da sich eine solche Art der Gutschrift schon aus dem Zeitpunkt der Fälligkeit dieser Nebenansprüche ergibt (RGZ 123, 386). Da das Kontokorrent des § 355 einen periodischen Rechnungsabschluß voraussetzt, fällt das heute in der Praxis häufig verwendete *Staffelkontokorrent* (Anm. 103), das auf laufende Verrechnung bei jeder Gut- oder Lastschrift geht, *nicht unmittelbar* unter § 355 Abs. 1. Indessen ist die *periodische* Verrechnung kein Essentiale des Kontokorrents (Canaris in Großkomm. HGB Anm. 30, 31). Eine *analoge* Anwendung des § 355 auf ein von den Parteien vereinbartes *Staffelkontokorrent* ist daher geboten, wenn die in Rechnung gestellten Forderungen und Leistungen *laufend* unter Feststellung des Saldos *verrechnet* werden. Zum *Staffelkontokorrent* im einzelnen Anm. 102ff.

IV. Rechnungsperiode

Unter der Rechnungsperiode ist die Zeit zwischen zwei Rechnungsabschlüssen oder zwischen der Eröffnung des Kontokorrents und dem ersten Rechnungsabschluß zu verstehen. Sie beträgt nach § 355 Abs. 2 *ein Jahr*. Dieser Zeitraum ist der regelmäßige

§ 355 1. Abschn. *Drittes Buch. Handelsgeschäfte*

Zeitabschnitt im Sinne des Abs. 1. Es kann jedoch Abweichendes ausdrücklich oder stillschweigend vereinbart sein, wie dies in der Praxis fast allgemein geschieht. Üblich sind *viertel- oder halbjährliche Rechnungsperioden* (bei Sparkonten jährlich). Eine gesetzliche Mindestgrenze für die Dauer der Rechnungsperiode besteht nicht. Es würde demnach auch die Vereinbarung zulässig sein, daß täglich saldiert wird und täglich die Zinseszinsen berechnet werden (KG JW 25, 271 für die Zeit der Markinflation). Eine Umgehung des Zinseszinsverbots (§ 248 Abs. 1 BGB) liegt nicht vor. Die Vereinbarung zu kurzer Rechnungsperioden könnte höchstens im Hinblick auf die dadurch verursachten hohen Zinsberechnungen nach § 138 BGB nichtig sein. – Im Bankverkehr werden die Rechnungsauszüge gewöhnlich halbjährlich erteilt (Nr. 14 I AGB). Daneben pflegen die Banken ihren Kunden bei jeder Gut- oder Lastschrift auf dem Kontokorrentkonto, also u. U. täglich, *Tagesauszüge* mit Angabe des jeweiligen Haben- oder Sollsaldos (Anm. 39) zu übersenden. Es handelt sich insoweit jedoch um bloße *Postensalden,* die den Überblick über den jeweiligen Kontostand erleichtern sollen, keine Rechnungsabschlüsse (BGHZ 50, 277/280; BGH WM 72, 283/284).

V. Zusammenfassung

17 Für das Vorliegen eines Kontokorrents sind demnach folgende Merkmale wesentlich:
1. Die *In-Rechnung-Stellung* der beiderseitigen Ansprüche und Leistungen durch Behandlung als bloße Rechnungsposten;
2. die *Verrechnung* der beiderseitigen Ansprüche und Leistungen durch Saldierung der Soll- und Habenkosten eines Kontos;
3. die *Feststellung* des für die eine oder die andere Partei sich ergebenden Aktiv- oder Passivsaldos.

Eine Kontokorrentverbindung liegt demnach vor, wenn jemand mit einem Kaufmann, mit dem er in Geschäftsverbindung steht, vereinbart hat, daß die aus der Geschäftsverbindung entstehenden beiderseitigen Ansprüche und Leistungen nebst Zinsen in Rechnung gestellt und der sich für den einen oder anderen Teil ergebende Überschuß in regelmäßigen Zeitabschnitten (so § 355 Abs. 1) oder laufend durch Verrechnung festgestellt wird. – Einer besonderen *Form* bedarf der Kontokorrentvertrag nicht. Sein Abschluß ist ausdrücklich oder *konkludent* (Anm. 14) möglich.

2. Abschnitt. Rechtslage während der Rechungsperiode

I. In-Rechnung-Stellung

1. Kontokorrentfähigkeit

18 Nach § 355 Abs. 1 werden in die laufende Rechnung die aus der Geschäftsverbindung entspringenden beiderseitigen Ansprüche und Leistungen nebst Zinsen eingestellt. Damit ist noch nicht die Frage entschieden, ob *alle* Ansprüche und Leistungen in das Kontokorrent eingestellt werden können, ob sie also *kontokorrentfähig* sind. Da das Kontokorrent buchtechnisch gesehen ein echtes Konto ist (Anm. 3), wird vielfach angenommen, nur solche Ansprüche und Leistungen seien kontokorrentfähig, die nach den

Grundsätzen ordnungsmäßiger Buchführung gebucht werden können (Göppert ZHR 102, 162; 103, 320; v. Godin in RGR-Komm. HGB 2. Aufl. Anm. 15; Baumbach/Duden HGB §§ 355–356 Anm. 4 A). Nur mit dieser Einschränkung sei es daher zu verstehen, wenn § 355 Abs. 1 sage, daß die aus der Geschäftsverbindung entspringenden beiderseitigen Ansprüche und Leistungen nebst Zinsen in *Rechnung gestellt werden* (Göppert ZHR 102, 164). Die Parteien könnten danach nicht vereinbaren, daß eine Leistung in die laufende Rechnung aufzunehmen ist, die nach den Grundsätzen kaufmännischer Buchführung auf einem Buchungsblatt überhaupt nicht erfaßt werden kann. Die Buchungsfähigkeit wird als die *objektive Grenze* jeder Kontokorrentabrede angesehen. Alles, was nicht buchungsfähig ist, soll auch nicht kontokorrentfähig sein. Buchungsunfähig und damit auch kontokorrentunfähig sind bloße Rechtsverhältnisse oder Geschäfte. Die Abhängigkeit der Kontokorrentfähigkeit von der Buchungsfähigkeit soll jedoch nicht bedeuten, daß jede Buchung auf einem Sachkonto zugleich eine Buchung auf dem Kontokorrentkonto auslöst. Wird bei einem gegenseitigen Vertrag Zug um Zug geleistet, so tritt zwar eine Bewegung auf den jeweils betroffenen Sachkonten, nicht aber auf dem Kontokorrentkonto ein. Werden dagegen Waren auf Kredit gekauft, so erfolgt nicht nur eine Sollbuchung auf dem Warenkonto und eine Habenbuchung auf dem Kreditorenkonto, sondern auch eine Gutschrift auf dem Kontokorrentkonto des Lieferanten. Bei den „Tafelgeschäften" erscheinen Leistung und Gegenleistung im Kontokorrent (Göppert ZHR 102, 165; Kalveram „Kaufmännische Buchhaltung" 1938 S. 113 ff.). Zur praktischen Durchführung eines Kontokorrentverhältnisses ist das Kontokorrent als Buchungsblatt sicherlich unerläßlich. Unrichtig ist es jedoch, die *materiell-rechtlichen* Wirkungen einer Kontokorrentabrede nur nach der *Buchungsfähigkeit* zu bestimmen (glA Canaris in Großkomm. HGB Anm. 37). Eine Buchung findet erst bei effektiven Vermögensbewegungen statt, nicht schon bei Abschluß von Geschäften. Wird z. B. ein Kaufvertrag geschlossen, der dem Verkäufer eine Forderung auf Zahlung des Kaufpreises, dem Käufer eine Forderung auf Übergabe der Sache und Verschaffung des Eigentums gibt, so stellt der Abschluß des Vertrages einen buchungsfähigen Vorgang nicht dar. Mithin wären die aus dem Geschäft erwachsenen Forderungen nicht kontokorrentfähig; sie könnten von den Rechtswirkungen der Kontokorrentabrede nicht erfaßt werden (vgl. Göppert ZHR 103, 322 Anm. 7). Die praktische Folge dieser Auffassung wäre, daß der Verkäufer bis zur Lieferung der Ware über die Kaufpreisforderung frei verfügen könnte. Das Beispiel zeigt, daß die Lehre von der Abhängigkeit der Kontokorrent- von der Buchungsfähigkeit nicht richtig sein kann. Sie beruht auf der unzutreffenden Annahme, daß dem Kontokorrent im Rechtssinne (im Gegensatz zum Kontokorrent als Buchungsblatt, vgl. Anm. 3) eine bestimmte buchtechnische Behandlung wesenseigen ist. Die Kontokorrentfähigkeit von Ansprüchen und Leistungen ist vielmehr allein aus dem Zweck des Kontokorrents und dem darauf gerichteten Willen der Kontokorrentparteien zu bestimmen. Da das Kontokorrent nur den Zahlungs- und Abrechnungsverkehr vereinfachen soll, sind Ansprüche auf Sach- und Dienstleistungen nicht kontokorrentfähig. Der Anspruch des Käufers auf Übergabe der Sache und Verschaffung des Eigentums unterliegt daher keinerlei Beschränkungen aus der Kontokorrentabrede (Anm. 19), wohl aber der Anspruch des Verkäufers gegen den Käufer auf Zahlung des Kaufpreises. Erheblich kann jedoch die Buchungsfähigkeit für die Kontokorrentgebundenheit (Anm. 21 f.) insoweit sein, als Forderungen, die im Zeitpunkt der

Verrechnung nicht buchungsfähig sind, nach dem Willen der Parteien im Zweifel auch nicht in das Kontokorrent aufgenommen werden sollen (Canaris in Großkomm. HGB Anm. 37). Doch könnten die Parteien auch solche nicht buchungsfähigen Forderungen dem Kontokorrent unterwerfen. Die materiell-rechtlichen Wirkungen des Kontokorrents bestimmen sich nicht nach dem Kontokorrent als Buchungsblatt (Anm. 3), sondern nach dem Parteiwillen.

2. Ansprüche und Leistungen

19 Gegenstand des Kontokorrents sind nach § 355 Abs. 1 die aus der Geschäftsverbindung entspringenden beiderseitigen Ansprüche und Leistungen (Anm. 10 ff.). Nach der herrschenden Meinung sind unter Ansprüchen und Leistungen *nur Geldansprüche und Geldleistungen* zu verstehen. Das wird sowohl aus dem Wesen der Verrechnung, die gleichartige Gegenstände voraussetzt, als auch aus dem Umstand gefolgert, daß die Ansprüche und Leistungen „nebst Zinsen" in Rechnung gestellt werden (RG JW 33, 2826; Düringer/Hachenburg/Breit § 355 Anm. 28; Koenige Anm. 2 zu § 355; Ritter Anm. 5 c zu § 355; Neufeld/Schwarz Anm. 3 b zu § 355; J. v. Gierke S. 495; H. Lehmann S. 143; Fuchs ZHR 103, 213). Die Geldforderungen brauchen nicht auf Deutsche Mark zu lauten; auch Forderungen in *ausländischer Währung* können Gegenstand des Kontokorrents sein. Einen anderen Standpunkt hinsichtlich der Geldbezogenheit der Kontokorrentposten nimmt Göppert (ZHR 102, 172; 103, 323) ein. Ausgehend von einer streng buchtechnischen Betrachtung sieht er in den Kontokorrentbuchungen grundsätzlich *nur den Empfang oder die Hingabe einer Leistung,* die allein zum Zwecke der Verrechnung in Geld veranschlagt wird, da jedem Konto eine wertmäßige Verrechnung eigen sei. Wird auf Grund eines Kaufvertrages die Ware dem Käufer auf Kredit geliefert, so wird nach herrschender Meinung der Anspruch auf Zahlung des Kaufpreises dem Verkäufer im Kontokorrent gutgeschrieben. Nach Göppert wird die Leistung der Ware selbst gebucht, die nur in Höhe der Kaufpreisforderung veranschlagt wird. Indessen besteht kein Grund, die *Kontokorrentfähigkeit* von Forderungen und Leistungen auf Geldforderungen und -leistungen zu beschränken (zutr. Canaris in Großkomm. HGB Anm. 38). Das Gesetz sieht eine solche Beschränkung *nicht* vor; sie folgt auch nicht aus der Natur der Sache. Wesentlich ist allein, daß die Forderungen und Leistungen im Zeitpunkt der Verrechnung nach einem *einheitlichen Maßstab* bewertet werden, der jedoch nach dem Willen der Parteien nicht nur in Geld, sondern auch in anderen vertretbaren Sachen bestehen kann.

20 Nicht notwendig ist es, daß die auf beiden Seiten entstehenden Geldforderungen (Einzelposten) *verzinslich* sind (Canaris in Großkomm. HGB Anm. 24; Düringer/Hachenburg/Breit § 355 Anm. 20; Koenige Anm. 2 zu § 355; Neufeld/Schwarz Anm. 4 zu § 355). Wenn § 355 Abs. 1 von beiderseitigen Ansprüchen und Leistungen nebst Zinsen spricht, so soll damit nur gesagt sein, daß Zinsen, soweit sie von den Einzelposten zu entrichten sind, im Kontokorrent ebenfalls zu berücksichtigen sind. Keinesfalls ist die Verzinslichkeit einer Geldforderung Voraussetzung ihrer Kontokorrenfähigkeit.

3. Kontokorrentgebundenheit

21 Die beiderseitigen Ansprüche und Leistungen müssen *aus der Geschäftsverbindung* entstanden sein. Man wird im Zweifel annehmen müssen, daß in diesem Umfang die beiderseitigen Ansprüche und Leistungen auch *kontokorrentgebunden* (kontokorrentpflichtig; Canaris in Großkomm. HGB Anm. 41: kontokorrentzugehörig) sind. Welche Ansprüche und Leistungen das sind, läßt sich nicht allgemein sagen. Das Gesetz trifft darüber keine Bestimmungen. Entscheidend für die Kontokorrentgebundenheit eines Anspruchs oder einer Leistung ist auch hier der *Wille der Parteien* (RGZ 136, 179; RG SeuffA 80 Nr. 1; Canaris in Großkomm. HGB Anm. 42). Soweit die Parteien nichts anderes vereinbart haben, ist in der Regel davon auszugehen, daß alle Ansprüche und Leistungen, die die Geschäftsverbindung gewöhnlich mit sich bringt, in die laufende Rechnung einzustellen sind. Je weiter die Geschäftsverbindung geht, desto größer wird naturgemäß der Kreis der kontokorrentgebundenen Posten sein. Es können Geldansprüche *jeder Art* (Darlehens-, Kaufpreis-, Mietzins-, Provisions-, Gewinnanteils-, Schadenersatzansprüche) sein.

Ein *Ausschluß der Kontokorrentpflicht* kann sich aus folgenden Gründen ergeben: 22

a) *Der Zweck und die Natur eines Anspruchs können der Aufnahme in das Kontokorrent entgegenstehen.* Das ist z. B. der Fall bei Ansprüchen aus einem Darlehensvorvertrag, bei Ansprüchen aus Hinterlegung von Geldern für Dritte oder bei Ansprüchen, die erst nach der nächsten Saldierung fällig werden. Auch für Ansprüche, die *vor* der nächsten Saldierung fällig sind, verneint die h. M. die Kontokorrentpflicht (RG JW 33, 2828; RG Gruch-Beitr 47, 676 für Ultimogelder; Düringer/Hachenburg/Breit § 355 Anm. 29; Ritter Anm. 5c zu § 355; Neufeld/Schwarz Anm. 3b zu § 355; J. v. Gierke S. 495). Das trifft jedoch nur zu, wenn die Auslegung ergibt, daß der Schuldner bei Fälligkeit in jedem Fall bar zu leisten hat, also auch dann, wenn sein Konto keinen Debetsaldo aufweist (von Godin in RGR-Komm. HGB 2. Aufl., Anm. 15 g). Kann der Gläubiger jederzeit Deckung eines Debetsaldos verlangen, so schließt die *Fälligkeit* eines Anspruchs vor Ablauf der Rechnungsperiode nicht seine kontokorrentmäßige Behandlung aus. Nicht in das Kontokorrent gehören dagegen *aufschiebend bedingte Ansprüche*, wie z. B. Bürgschaftsrückgriffsansprüche, da sie weder bestimmt noch geeignet sind, jeweils nach Ablauf einer Rechnungsperiode in die Abrechnung eingestellt zu werden und in deren Ergebnis, dem Saldo, aufzugehen (RG JW 27, 1690; WarnR 19 Nr. 139; Koenige Anm. 2a zu § 355). Nur *entstandene* Ansprüche können verrechnet werden. Nicht kontokorrentgebunden sind rückständige Einlageverpflichtungen bei Kapitalgesellschaften (Anm. 29). Für Forderungen aus *Wechseln* und *Schecks* vgl. Anm. 25–28.

b) Keine Kontokorrentgebundenheit besteht, wenn der Anspruch *nicht im gewöhnlichen* 23 *Geschäftsverkehr* entstanden ist, so z. B. ein ungewöhnlich hoher oder ein unerwarteter Anspruch (zust. Canaris in Großkomm. HGB Anm. 43). Auch durch *Abtretung, Indossierung* oder *Erbfall* erworbene Ansprüche sind nicht aus der Geschäftsverbindung zwischen den Parteien entstanden und daher grundsätzlich nicht kontokorrentgebunden (Düringer/Hachenburg/Breit § 355 Anm. 29; Ritter Anm. 5e zu § 355; Neufeld/Schwarz Anm. 3b zu § 355). Zulässig ist es aber, daß die Parteien die Einbeziehung von Ansprüchen, die nicht aus den Geschäftsverbindungen entstanden sind, besonders vereinbaren (BGH BB 59, 59; Canaris in Großkomm. HGB Anm. 43). Dann sind auch abgetretene und durch Erbfall erworbene Ansprüche in das Kontokorrent einzustellen. Auch Ansprüche *dritter* Personen können kraft Vereinbarung in das Kontokorrent aufgenommen werden.

§ 355 1. Abschn. *Drittes Buch. Handelsgeschäfte*

24 Die Parteien können *vereinbaren,* daß bestimmte Ansprüche und Leistungen, die an sich zur Einstellung in die laufende Rechnung geeignet sind, nicht in das Kontokorrent aufgenommen werden sollen. Derartige die Kontokorrentpflicht *einengende* Vereinbarungen schließen angesichts der grundsätzlich nachgiebigen Natur des Kontokorrentrechts, die Kontokorrentgebundenheit eines Anspruchs oder einer Leistung aus (BGH BB 59, 59; RG BankA XXX, 230; WarnR 31 Nr. 43).

4. Behandlung von Wechseln und Schecks

25 a) Die Frage, ob Ansprüche aus Wechseln und Schecks kontokorrentgebunden sind, ist streitig. Die Natur des Wechsels, der vor seiner Fälligkeit auf Umlauf, nach seiner Fälligkeit auf sofortigen Ausgleich gerichtet ist, steht im Zweifel der Aufnahme in das Kontokorrent entgegen (ROHG 9, 245; 22, 236). Nach der Denkschrift zum Entwurf eines HGB S. 198 ist jedoch ein allgemeiner Ausschluß der Wechsel- und Scheckansprüche von der Aufnahme in ein Kontokorrent *nicht* beabsichtigt gewesen. Die Kontokorrentgebundenheit von Ansprüchen aus Wechseln und Schecks ist trotz ihrer Eigenart nicht schlechthin zu verneinen (Canaris in Großkomm. HGB Anm. 47; Koenige Anm. 2 a; Herold ZAkDR 40, 159). Es kommt darauf an, ob sie trotz ihrer Eigenart nach dem *Willen der Parteien,* der sich u. U. auch konkludent aus der Art einer Geschäftsverbindung ergeben kann, in das Kontokorrent aufgenommen werden sollen. Für den Regelfall wird das zu verneinen sein. Der Kaufmann pflegt Wechsel und Schecks vorläufig gutzuschreiben und, wenn sie nicht eingelöst werden, die Gutschrift zu stornieren. Bei Wechseln, die einer Bank zur *Sicherung* eines Kredits zur Verfügung gestellt worden waren, konnte BGH WM 62, 346 die Frage, ob und in welchem Umfang Wechsel kontorrentfähig und -pflichtig sind, offen lassen, da auch bei Bestehen eines Kontokorrentverhältnisses von einer Vereinbarung der Parteien auszugehen war, daß der Wechselschuldner unabhängig von der Kontokorrentabrede aus dem Wechsel in Anspruch genommen werden konnte.

26 b) Eingehende Bestimmungen über die kontokorrentmäßige Behandlung von Wechseln und Schecks enthalten die AGB der Banken für das *Diskont-* und *Einzugsgeschäft* (für private Kreditinstitute AGB [Fassung Januar 1969] Nr. 40 ff.; für Sparkassen und Girozentralen AGB [Fassung November 1957/Juli 1967] Nr. 46 ff.). Hier geht es nicht um Kontokorrentfähigkeit oder -gebundenheit von Ansprüchen aus Wechseln und Schecks, sondern von Ansprüchen des Kunden auf Zahlung des *Diskonterlöses* bzw. des *eingezogenen Betrages.* Wechsel und Schecks werden in diesem Fall als *Wertgegenstände* gebucht (Düringer/Hachenburg/Breit § 355 Anm. 30; Ritter § 355 Anm. 5 c; Göppert ZHR 102, 167; J. v. Gierke S. 495). Beim *Diskontgeschäft* wird der Kunde nicht mit dem Rückgriffsanspruch belastet, sondern ihm wird der *Diskonterlös* (Wechselsumme abzüglich Diskont, Provision, Unkosten) *gutgeschrieben.* Die Hingabe des Wechsels wird demnach wie eine bare Geldleistung behandelt, wobei es unerheblich ist, ob die Diskont- oder Einzugsbank vom Kunden eigene oder fremde Akzepte erhält. Die Gutschrift ist jedoch nur *vorläufiger Natur;* sie steht unter der Voraussetzung, daß die Wechselsumme tatsächlich eingeht (RG JW 28, 640; Ulmer, Das Recht der Wertpapiere, 1938, S. 221; Baumbach/Hefermehl, 11. Aufl., Anh zu Art. 11 WG Anm. 12). Schreibt eine Bank den Gegenwert von ihr zum *Einzug* eingereichten Wechseln und Schecks

Erster Abschnitt. Allgemeine Vorschriften 1. Abschn. § 355

schon vor Eingang gut – wozu sie nicht verpflichtet ist – so geschieht dies unter *Vorbehalt des Eingangs,* auch wenn das nicht ausdrücklich vermerkt wird (Nr. 41 AGB). Werden die Wechsel oder Schecks nicht eingelöst, so wird der Kunde mit dem unter Vorbehalt des Eingangs der Zahlung gutgeschriebenen Betrag *zurückbelastet.* Auch *diskontierte* Wechsel, die bei Fälligkeit nicht bezahlt werden, können zurückbelastet werden (Nr. 42 Abs. 2 AGB). Zum Einzug eingereichte oder diskontierte *Wechsel* kann die Bank ferner schon *vor Verfall* ohne Rücksicht auf das bestehende Rechnungsverhältnis zurückbelasten, wenn sie ungünstige Auskünfte über einen Wechselverpflichteten erhält oder sich dessen Verhältnisse wesentlich verschlechtern, insbesondere seine Akzepte protestiert werden (Nr. 42 Abs. 1 AGB). Entsprechendes gilt für *Schecks.* Von der Kontokorrentgebundenheit solcher sich aus der Diskontierung oder dem Inkasso von Wechseln und Schecks ergebenden Zahlungsansprüche ist auszugehen, falls nicht die Parteien ausdrücklich oder konkludent die Herausnahme dieser Ansprüche aus dem Kontokorrent vereinbart haben. Auch bei erkennbarem Wunsch des Kunden, über den Betrag eines einzuziehenden Wechsels oder Schecks unabhängig von einem bestehenden Debet zu verfügen, braucht die Bank keinen Vorbehalt zu machen, um ihre sich aus Nr. 19 AGB und der Kontokorrentabrede ergebenden Rechte zu wahren; vielmehr muß der Kunde, um diese Wirkungen auszuschließen, seinerseits einen Vorbehalt machen und den Scheck nur unter der Bedingung einreichen, daß er gegen bar eingelöst wird (BGH WM 71, 178).

Über die kontokorrentmäßige Behandlung der *Wechselrückgriffsforderung* lassen 27 sich keine allgemeinen Regeln aufstellen. Für den Diskonteur wird in aller Regel ein Interesse daran bestehen, die Regreß-Forderung nicht in die Bindung des Kontokorrents hineinzuziehen, da ihm dadurch die Vorteile des Wechsels oder des Schecks verlorengehen. Kommen an eine Bank girierte Wechsel oder Schecks unbezahlt zurück, so ist sie auf Grund ihrer Geschäftsbedingungen gewöhnlich berechtigt, den vollen Regreßbetrag nebst den gesetzlichen Nebenforderungen von dem Kunden und seinen Vormännern ohne Rücksicht auf ein bestehendes Kontokorrentverhältnis auch dann zu verlangen, wenn der Betrag in der Rechnung zurückbelastet worden ist (RG in JW 28, 640; Nr. 42 Abs. 4 AGB; Brüggemann S. 66; a. M. Krapf S. 157, der infolge der Zurückbelastung den Regreßanspruch als untergegangen ansieht). Macht die Bank außerhalb des Kontokorrents die Wechselforderung geltend, so muß sie die für den Rückgriff aus dem Wechsel und Scheck nötigen Formen beobachten. Selbst Protesterlaß befreit nicht von der Pflicht, den Wechsel rechtzeitig vorzulegen und die nötigen Nachrichten zu geben (Art. 46 Abs. 2 WG). Erhält die Bank im Rückgriff Zahlung, so wird dieser Betrag dem Kunden erneut gutgeschrieben. Die Zulässigkeit der Zurückbelastung kann noch besonders erleichtert sein. So kann eine Bank in ihren Geschäftsbedingungen vorsehen, daß abgerechnete Wechsel oder Schecks, die wegen eines unüberwindlichen Hindernisses nicht oder nicht rechtzeitig vorgelegt werden können oder deren Vorlegung nach Lage der Dinge keinen Erfolg verspricht, *jederzeit* zurückbelastet werden, ohne daß es einer Vorlegung oder Protesterhebung bedarf (RG JW 28, 606; Brüggemann S. 66, Nr. 42 AGB).

Ist ein Kaufmann *nicht* zur selbständigen Geltendmachung einer Wechsel- oder 28 Scheckforderung berechtigt, so wird der Wechsel dem Kunden, der in Höhe der Rückgriffssumme im Kontokorrent belastet wird, zurückgegeben, so z. B. stets, wenn der

§ 355   1. Abschn.   *Drittes Buch. Handelsgeschäfte*

Kaufmann den Wechsel nur zum Inkasso erhalten hat (Ulmer aaO S. 221, 265). Der Kunde ist dann in der Lage, selbst gegen seine Vormänner Rückgriff zu nehmen. In der Regel wird eine Verpflichtung des Kaufmanns, einen Wechselrückgriffsanspruch in das Kontokorrent einzustellen, dann nicht angenommen werden können, wenn er durch die Einstellung in das Kontokorrent Rechte gegen andere Wechselverpflichtete verliert.

5. Behandlung rückständiger Kapitaleinlagen

29   Streitig ist es, ob rückständige Einlagen bei *Kapitalgesellschaften* (AG, KGaA, GmbH) und bei *Genossenschaften* von der Kontokorrentabrede erfaßt werden. Zur Sicherung der tatsächlichen Aufbringung des Grundkapitals können nach § 66 Abs. 1 Satz 1 AktG die Aktionäre und ihre Vormänner von ihren Leistungspflichten nach §§ 54, 65 AktG nicht befreit werden; sie können gegen diese Pflichten mit einer Forderung an die Gesellschaft auch *nicht aufrechnen*. Gleiches gilt für die KGaA (§ 219 AktG). In der Jahresbilanz sind die ausstehenden Einlagen auf das Grundkapital gesondert auf der Aktivseite auszuweisen (§ 151 Abs. 1 A I AktG). Nach § 19 Abs. 1 Satz 2 GmbHG können den Gesellschaftern einer GmbH die Stammeinlagen außer dem Fall einer Herabsetzung des Stammkapitals weder erlassen noch gestundet werden; auch können die Gesellschafter nicht aufrechnen. Für Genossenschaften vgl. § 22 Abs. 5 GenG. Diese Befreiungs-, Stundungs- und Aufrechnungsverbote, die das Wesen der Einlageforderung bei Kapitalgesellschaften und Genossenschaften bestimmen, stehen einer kontokorrentmäßigen Erfassung entgegen. Einlageforderungen sind, wie bereits in Anm. 22 zu § 355 erwähnt worden ist, grundsätzlich nicht als kontokorrentfähig anzusehen (RG Holdheim 14, 142; Colmar OLG Rspr 14, 364; OLG Hamburg HansRGZ 32 B 351; Canaris in Großkomm. HGB Anm. 40; Barz in Großkomm. AktG § 66 Anm. 18; Lutter in Kölner Komm. § 66 Rdn. 18; Baumbach/Hueck AktG § 66 Anm. 8; a. M. von Godin/Wilhelmi AktG § 66 Anm. 5; Scholz, GmbH-Gesetz, Anm. 16 zu § 19; nach Düringer/Hachenburg/Breit § 355 Anm. 31a kontokorrentfähig, aber nur beschränkt kontokorrentgeeignet). Auch wenn man die Kontokorrentfähigkeit einer Einlageforderung bejaht, könnten die Regeln des Kontokorrentrechts nur in sehr beschränktem Zusammenhang angewendet werden. Zwingende Vorschriften des Gesellschaftsrechts müssen stets beachtet werden. Einseitig kann daher ein Gesellschafter nicht die Einstellung der Einlageschuld in das Kontokorrent verlangen, da dies im Ergebnis auf eine verbotene einseitige Aufrechnung hinauslaufen würde. Auch die Gesellschaft kann nicht einseitig die Einlageschuld in das Kontokorrent einstellen. Zwar stehen insoweit gesellschaftsrechtliche Vorschriften nicht entgegen. Da aber grundsätzlich Einlageforderungen wegen ihrer Natur nicht kontokorrentgebunden sind, kann eine Gebundenheit nur auf Grund besonderer Vereinbarung bestehen. Wird die Einlageforderung in das Kontokorrent eingestellt, so hat dies zunächst nur eine rein buchmäßige Bedeutung. Eine Bindung bis zur Verrechnung kann nicht eintreten. Bei der GmbH könnte die Einlageforderung daher trotz der Einstellung in das Kontokorrent jederzeit selbständig geltend gemacht werden. Eine „Stundung" bis zur Verrechnung würde gegen § 19 GmbHG verstoßen. Bei Abschluß der Rechnungsperiode kann die Saldofeststellung durch Verrechnung und Anerkennung ebenfalls nur mit sehr beschränkten Wirkungen vorgenommen werden. Zwar verbieten §§ 19 GmbHG, 66 AktG, 22 GenG nur die einseitige Aufrechnung durch die Gesellschafter. Der Gesellschaft ist eine einseitige oder im Einverständnis mit dem Gesellschafter erfolgende Aufrechnung nicht verboten. Jedoch muß auch in diesem Falle die Gegenforderung des Gesellschafters *fällig, liquide* und – im Zeitpunkt der Aufrechnung am Vermögensstand der Gesellschaft gemessen – objektiv *vollwertig* sein, d. h. das Vermögen der Gesellschaft muß mit Sicherheit ausreichen, um alle fälligen Forderungen ihrer Gläubiger zu befriedigen (RG JW 31, 3653; JW 38, 1400; BGHZ 15, 52). Sonst wird gegen die §§ 66 AktG, 19 GmbHG, 22 GenG verstoßen. Die Beschränkungen der gesellschaftsrechtlich an sich zulässigen vertragsmäßigen oder einseitigen Aufrechnung durch die Gesellschaft sind auch für die Verrechnung von Einlageforderungen bei der Feststellung des Saldos im Kontokorrentverkehr zu beachten. Liegt ein Verrechnungshindernis vor, so kann die Gesellschaft auf die Einlageforderung noch nach der Saldoanerkennung zurückgreifen. Das würde auch gelten, wenn man in ihr eine Novation sieht (Anm. 57). Vor der Saldoanerkennung bleibt der Gesellschaft in jedem Fall der Rückgriff auf die einzelne Einlageforderung offen. Stehen die genannten Beschränkungen der Verrechnung nicht entgegen, so bleibt die Einlageforderung trotz Saldoanerkennung insoweit gesondert durchsetzbar, als noch eine Guthabenforderung der Gesellschaft vorhanden ist (RG JW 30, 2687; Canaris in Großkomm. HGB Anm. 40). Die Gesellschaft kann daher ihren Anspruch gegen den Gesellschafter sowohl auf das Anerkenntnis als auch auf die noch bestehende Einlageforderung stützen. Diese Ergebnisse zeigen, daß auch dann, wenn man eine Einstellung der Einlageforderung in das Kontokorrent zuläßt, die kontokorrentmäßigen Wirkungen nur in beschränktem Maße eingreifen könnten.

6. Mehrfaches Kontokorrent

Zwischen den Parteien kann auf Grund Vereinbarung ein *mehrfaches* Kontokorrentverhältnis bestehen. Es werden z. B. neben einem conto ordinario noch ein oder mehrere Separatkonten (z. B. für Wechselregreßforderungen) geführt. Die mehrfache Kontenführung dient dem Zweck, die Geschäftsbeziehungen übersichtlicher zu gestalten oder bestimmte Geschäfte aus rechtlichen oder wirtschaftlichen Gründen (z. B. wegen der Verzinsung) gesondert zu behandeln. Üblich ist das mehrfache Kontokorrent vor allem im Bankverkehr. – Werden mehrere Konten geführt, so bildet grundsätzlich jedes Konto ein selbständiges Konto (BGH LM HGB § 355 Nr. 3; Canaris in Großkomm. HGB Anm. 52 Düringer/Hachenburg/Breit § 355 Anm. 32; Baumbach/Duden Anm. 4B zu §§ 355–357; a. M. Koenige Anm. 2b zu § 355). Eine Verrechnung der verschiedenen Konten findet *nicht* statt; der Saldo jedes Kontos kann selbständig geltend gemacht werden. Früher sahen die AGB der Banken vor, daß mehrere Konten ein *einheitliches* Kontokorrent bildeten. Diese „Einheitsklausel", die aus steuerlichen Gründen aufgenommen worden war (vgl. RG JW 19, 676; JW 28, 618), ist heute nicht mehr in den AGB enthalten. Nr. 2 Abs. 1 der AGB der privaten Kreditinstitute (Fassung Januar 1969) weist ebenso wie Nr. 1 Abs. 4 der AGB der Sparkassen und Girozentralen (Fassung November 1957/Juli 1967) ausdrücklich darauf hin, daß – falls ein Kunde mehrere Konten unterhält – jedes Konto ein *selbständiges* Kontokorrent bildet. Auch bei mehreren selbständigen Kontokorrenten ist es jedoch nicht ausgeschlossen, daß nach dem aus den Umständen des Einzelfalles zu entnehmenden Parteiwillen nur der *Überschuß* der Salden der einzelnen Kontokorrente geltend gemacht werden darf, so z. B. wenn Kredit- und Debetzinsen die gleiche Höhe haben (BGH LM § 355 HGB Nr. 3; WM 72,

§ 355 1. Abschn.   *Drittes Buch. Handelsgeschäfte*

283/286). Auch bei Selbständigkeit der Kontokorrente haften alle Sicherheiten der Bank für alle Konten. Das folgt aus der *Pfandklausel* in Nr. 19 AGB. Die Bank kann ein Zurückbehaltungsrecht entgegen § 273 BGB (Anm. 3 zu § 369) selbst dann ausüben, wenn die Ansprüche nicht auf demselben rechtlichen Verhältnis beruhen (Nr. 19 Abs. 5 AGB).

II. Bindung

1. Einheit des Kontokorrents

31   Die Wirkung der Kontokorrentabrede während der Rechnungsperiode besteht darin, daß die kontokorrentfähigen und kontokorrentgebundenen *Ansprüche und Leistungen ausschließlich zur Verrechnung* stehen. Eine selbständige Geltendmachung der gebundenen *Einzelansprüche* ist ausgeschlossen; über sie kann nicht mehr verfügt werden (Anm. 33). Auch *Leistungen* bewirken grundsätzlich nicht die Tilgung bestimmter Forderungen. Ansprüche und Leistungen werden vielmehr als bloße *Rechnungsposten* behandelt. Ihnen kommt nur noch rechnerische Bedeutung für die *Feststellung des Saldos* zu, worauf zwecks Vereinfachung ihrer geschäftlichen Beziehungen der Wille der Parteien von vornherein gerichtet ist. Sämtliche von der Kontokorrentabrede erfaßten Ansprüche und Leistungen bilden eine *untrennbare Einheit,* aus der sie grundsätzlich nicht herausgerissen werden können (BGH LM HGB § 355 Nr. 3; WM 71, 178; 74, 389/390). Diese für gebundene Ansprüche und Leistungen eintretende Rechtswirkung beruht auf der *Kontokorrentabrede,* die somit *Verfügungscharakter* besitzt. Sie wird von Kübler (Feststellung und Garantie, 1967, S. 162) als *Schuldänderungsvertrag* (§ 305 BGB) aufgefaßt (ebenso Schönle, aaO, § 7 II, I a 3 S. 71).

2. Kontokorrentgebundene Einzelansprüche

32   a) *Die Ansprüche können nicht mehr selbständig geltend gemacht werden* (RGZ 105, 233/234; RG SeuffA 88 Nr. 77; BGH WM 70, 184/186; 72, 283/287; 74, 389; 76, 505; Canaris in Großkomm. HGB Anm. 54; Düringer/Hachenburg/Breit § 355 Anm. 34; Ritter § 355 Anm. 5; J. v. Gierke S. 496). Ein kontokorrentgebundener Anspruch kann deshalb auch *nicht selbständig eingeklagt* werden. Geschieht dies doch, so muß die Klage auf Grund der „Kontokorrenteinrede" abgewiesen werden (RGZ 105, 234; BGH WM 70, 184/186). Die materiellrechtliche Wirkung einer Kontokorrentabrede (Anm. 31) spricht für eine echte *Einwendung,* die das Gericht von Amts wegen zu beachten hat (zutr. Canaris in Großkomm. HGB Anm. 55). *Zulässig* ist eine Klage auf *Feststellung* dahin, daß ein kontokorrentgebundener Anspruch besteht oder nicht besteht. Auch schließt der Umstand, daß kontokorrentgebundene Einzelforderungen nicht selbständig einklagbar sind, nicht aus, daß ein Gläubiger schon vor Abschluß der nächsten Rechnungsperiode einen durchsetzbaren Anspruch auf Ausgleich eines Debetsaldos hat (BGH WM 70, 184/186; RGZ 125, 416; RG LZ 12, 461 Nr. 34; RG JW 04, 151; Düringer/Hachenburg/Breit § 355 Anm. 33; Ritter Anm. 5 d zu § 355). Beim Streit über die Richtigkeit eines Kontokorrentsaldos kann ein *Grundurteil* nach § 304 ZPO wegen einzelner Kontokorrentposten nicht ergehen, da die einzelnen Posten nicht selbständige Ansprüche, sondern nur Urteilselemente, Bestandteile des Klagegrundes sind (RG JW 29, 588; Düringer/Hachenburg/Breit § 355 Anm. 60).

b) *Die Ansprüche können nicht abgetreten und nicht verpfändet werden* (RGZ 44, 388; **33** BGH WM 71, 178; Canaris in Großkomm. HGB Anm. 60; Düringer/Hachenburg/Breit § 355 Anm. 34; a. M. von Godin in RGR-Komm. z. HGB 2. Aufl., Anm. 18; s. auch § 356 Anm. 5). von Godin hält eine selbständige Abtretung für zulässig, doch stehe dem Schuldner die Einrede zu, daß die Forderung nur kontokorrentmäßig getilgt zu werden brauche. Das widerspricht dem *Zweck* des Kontokorrents, der auf periodische Verrechnung der beiderseitigen Ansprüche und Leistungen und auf Feststellung und Anerkennung einer einheitlichen Saldoforderung gerichtet ist. Diese Wirkung werden die Parteien bei Abschluß eines Kontokorrentvertrages im Zweifel wollen. Die Zulässigkeit eines vertraglich vereinbarten Abtretungsverbots folgt aus § 399 BGB. Ein gutgläubiger Erwerber, dem die Forderung unter Vorlage einer *Schuldurkunde* abgetreten wird, ist nach § 405 BGB geschützt. Gleiches soll nach Canaris (in Großkomm. HGB Anm. 61) gelten, wenn der Bestand der Forderung durch *mündliche* Erklärung des Schuldners vorbehaltlos kundgetan wird. Der gutgläubige Erwerb bewirkt die Herausnahme der Forderung aus der Bindung des Kontokorrents. – Ebenso wie die Abtretung ist auch die *Pfändung* einer kontokorrentgebundenen Einzelforderung unzulässig. Das folgt zwar nicht aus § 851 Abs. 2 ZPO, wohl aber aus § 357, der nur die Pfändung des periodisch festgestellten *Saldos* zuläßt (s. dort Anm. 1). – Mit einer kontokorrentgebundenen Kontokorrentforderung kann auch *nicht einseitig* gegen eine Forderung der anderen Partei *aufgerechnet* werden (BGH WM 70, 184/186); zur *vertraglichen* Aufrechnung s Anm. 37.

c) Da Forderungen kraft der Kontokorrentabrede zur Verrechnung stehen, ist für sie **34** *Verzug* ausgeschlossen (Canaris in Großkomm. HGB Anm. 58; Düringer/Hachenburg/Breit § 355 Anm. 34; J. v. Gierke S. 496). Die *Verjährung* einer während der Rechnungsperiode entstandenen und kontokorrentgebundenen Forderung ist analog § 202 BGB wie bei einer Stundung *gehemmt,* und zwar auch dann, wenn sie nicht auf dem Kontokorrentkonto gebucht, also nicht in das Kontokorrent eingestellt worden ist (BGHZ 49, 24/26; 51, 346/348; BGH WM 75, 555/556; Canaris in Großkomm. HGB Anm. 57; a. M. Kübler, Feststellung und Garantie, S. 162/163, wonach eine Kontokorrentforderung ihr typisches Gepräge verliert und kraft der Kontokorrentabrede der allgemeinen Verjährung nach § 195 BGB unterliegt). Erst die *Feststellung* und Anerkennung des Saldos begründen für die nunmehr bestehende *einheitliche* Saldoforderung die *dreißigjährige* Verjährung. Wird der Saldo auf neue Rechnung vorgetragen, so ist die Verjährung der Saldoforderung *gehemmt,* solange das Kontokorrentverhältnis besteht und der Saldo nach der Vereinbarung der Kontokorrentparteien nicht selbständig geltend gemacht werden kann (BGHZ 51, 346/348). Ist eine kontokorrentgebundene Forderung nicht in das Kontokorrent eingestellt oder zwar eingestellt, jedoch bei der Saldoziehung übersehen worden oder streitig geblieben, und deshalb der Saldo nicht anerkannt worden, so beginnt nach Schluß der Rechnungsperiode die Verjährung nach den für sie geltenden Vorschriften. Es besteht kein Grund, für bei der Saldoziehung nicht berücksichtigte Forderungen, die der Gläubiger ungehindert geltend machen kann, die Hemmung der Verjährung fortbestehen zu lassen.

d) Die Rechtswirkung, die eine *Forderung* auf Grund der Kontokorrentabrede erfährt, **35** wird oft als *Stundung* bezeichnet (RGZ 82, 400/404; 105, 234; 125, 416; Düringer/Hachenburg/Breit § 355 Anm. 34; Baumbach/Duden §§ 355–357 Anm. 3 A; Ulmer in

§ 355   1. Abschn.   *Drittes Buch. Handelsgeschäfte*

RvglHWB Bd. 5 S. 199). Indessen liegt eine Stundung im Rechtssinne *nicht* vor (Göppert ZHR 102, 181; Canaris in Großkomm. HGB Anm. 54). Wird eine Forderung gestundet, so kann sie nach Ablauf der Stundung geltend gemacht werden. Eine Kontokorrentforderung kann aber auch nach Schluß der Rechnungsperiode *nicht* selbständig geltend gemacht werden, wenn sie, wie es für den Regelfall zutrifft, im Saldo enthalten und dieser anerkannt ist. Dann kann nur das Saldoguthaben verlangt werden, und auch dieses nicht, wenn es auf neue Rechnung vorgetragen wird. Die von der Kontokorrentabrede erfaßten Forderungen sind demnach nicht gestundet, sondern *stehen zur Verrechnung*. Die Frage der Stundung taucht für die Einzelforderung überhaupt nicht auf. Statt als „Stundung" wird der Einfluß der Kontokorrentabrede auf die Einzelforderungen metaphorisch als „Bann mit lähmender Wirkung" bezeichnet (v. Gierke § 63 IV 3; Göppert aaO S. 183). Es trete eine Rechtswirkung ein, die zwischen Stundung und Erfüllung stehe; man könnte terminologisch von der Einwendung der Kontokorrentabrede oder der Vorausverfügung sprechen (so Canaris in Großkomm. HGB Anm. 54). Bei einem Periodenkontokorrent haben die kontokorrentgebundenen Forderungen jedoch nur ihre Selbständigkeit, nicht ihren Rechtsbestand eingebüßt. Sie stehen lediglich *zur Verrechnung*, die sich nach § 355 Abs. 1 erst zum Abschluß der Rechnungsperiode vollzieht.

36   e) Auch die *Rechtsnatur* einer Forderung als Kaufpreis-, Darlehens- oder Mietzinsforderung wird durch Kontokorrentgebundenheit nicht verändert. Sie wird zum vereinbarten Zeitpunkt *fällig* und ist unter Kaufleuten nach § 353 vom Tage der Fälligkeit an *verzinslich*. Eine Einzelforderung verliert nur insoweit ihre Selbständigkeit, als sie auf Grund der Kontokorrentabrede bis zum Rechnungsabschluß zur Verrechnung steht (BGHZ 51, 346/348; Canaris in Großkomm. HGB Anm. 53; Düringer/Hachenburg/Breit § 355 Anm. 34; Ulmer in RvglHWB S. 199; ferner RGZ 125, 416; RG HRR 30 Nr. 1488). Wird die Forderung nach Schluß der Rechnungsperiode *nicht* verrechnet, z. B. weil sie übersehen oder bestritten wurde, so kann sie selbständig geltend gemacht werden. Die Kontokorrentparteien können zudem jederzeit vereinbaren, daß ein kontokorrentgebundener Anspruch wieder aus der Kontokorrentbindung herausgenommen wird und *selbständig* geltend gemacht werden kann (BGH WM 62, 346; 71, 178).

3. Kontokorrentgebundene Leistungen

37   Ebenso wie die Forderungen (Anm. 32 ff.) stehen auch die *Leistungen* nur *zur Verrechnung* gegen Ansprüche und Leistungen der anderen Kontokorrentpartei. *Zahlungen* erfolgen nicht zur Tilgung bestimmter Forderungen oder Forderungsteile, sondern sind nur zu späterer Verrechnung bestimmt. Sie haben *keine Tilgungswirkung* (RGZ 87, 438; 125, 416). Erst *nach* Ablauf der Rechnungsperiode erfolgt eine einheitliche Gesamtverrechnung unter Feststellung des sich für die eine oder die andere Partei ergebenden Saldos. Diese Regelung schließt eine Anwendung des § 366 BGB aus (BGH WM 59, 472/474; 61, 1047; 69, 93; 70, 184/186; RGZ 87, 434/438; 125, 416; von Godin RGR-Komm. HGB 2. Aufl., § 355 Anm. 19: Ritter Anm. 5 e zu § 355; Düringer/Hachenburg/Breit § 355 Anm. 34; a. M. Canaris in Großkomm. HGB Anm. 59, 74, der § 366 BGB auf die Rechtswirkungen der Verrechnung *analog* anwendet). Auch § 396 BGB ist *nicht* anwendbar (BGH WM 70, 184/186; 67, 1214). Deshalb kann z. B. die Einreichung eines Wechsels trotz bestehenden Schuldsaldos zur Erweiterung des einem

Kunden gewährten Kontokorrentkredits führen. Auch § 367 BGB ist im Rahmen eines Kontokorrentverhältnisses regelmäßig nicht anwendbar. Doch kann sich der *Bürge* der jeweiligen Saldoforderung auf § 367 BGB berufen, wenn die Bürgschaft für Zinsen und Kosten anderen Bedingungen unterliegt als die Bürgschaft für die Hauptforderung (OLG Celle WM 60, 208). – Unbenommen bleibt es den Parteien, die Bezahlung einer *bestimmten* Kontokorrentforderung zu vereinbaren (§ 356 Anm. 17). Das setzt eine Herausnahme der Forderung aus dem Kontokorrent nicht voraus.

4. Zinsberechnung

38 Die Einzelposten des Kontokorrents sind regelmäßig *verzinslich* (Anm. 20). Die Zinspflicht kann auf Gesetz oder auf ausdrücklicher oder stillschweigender Vereinbarung beruhen. Sind beide Kontokorrentparteien Kaufleute, so folgt die Zinspflicht schon aus § 353. Nach § 354 Abs. 2 kann ein Kaufmann ferner für Darlehen, Vorschüsse, Auslagen und andere Verwendungen Zinsen verlangen. Gewöhnlich liegen über die Verzinsung besondere Vereinbarungen vor, so namentlich im Bankverkehr. Ein allgemeiner Handelsbrauch, nach dem die Einzelposten des Kontokorrents stets verzinslich sind, besteht jedoch nicht. Die Höhe des Zinsfußes beträgt, wenn nichts anderes vereinbart ist, für den Kaufmann 5 v. H. (§ 352), für den Nichtkaufmann 4 v. H. (§ 246 BGB). Das Wesen des Kontokorrents steht einer Vereinbarung eines *für beide Teile verschieden hohen Zinsfußes* nicht entgegen. So wird im Bankverkehr stets für Sollposten ein höherer Zinsfuß als für Habenposten vereinbart. – Auch die Zinsen der Einzelposten sind kontokorrentpflichtig („nebst Zinsen"). Sie werden durch Einsetzung in die laufende Rechnung Teile der Hauptforderung (vgl. RG Warn 30 Nr. 88).

39 Die *Technik* der Zinsberechnung im Kontokorrent kann verschieden sein. Früher geschah die Zinsberechnung in der Form, daß jeder einzelne Haben- oder Sollposten *für sich allein* vom Verfall- bzw. Wertstellungstage bis zum Abschlußtag fortschreitend verzinst wurde. Das entsprach der *manuellen* Führung des Kontokorrentkontos, auf dessen Soll- oder Habenseiten alle Soll- und Habenposten chronologisch gebucht wurden. Diese Methode der Zinsberechnung kommt heute kaum noch vor. Sie ist im Bankverkehr schon wegen der Verschiedenheiten der Haben- und Sollzinsen nicht durchführbar. An die Stelle der sog. Kolonnenmethode trat vor allem im Bankverkehr die Buchführung in *Staffelform* (BankA XXXVII, 133 Anm. der Schriftleitung; Göppert ZHR 102, 161/190; Fuchs ZHR 102, 211/217; Weispfennig JW 38, 3093). Für sie ist kennzeichnend, daß bei jeder Gut- oder Lastschrift sofort der *Saldo* gebucht wird. Die *Zinsen* werden nicht von den Einzelposten des Kontokorrents, sondern von den sich jeweilig ergebenden Soll- oder Habensalden, den sog. *Zwischensalden* berechnet (Göppert ZHR 102, 189/199). Andernfalls müßten die kontokorrentgebundenen Einzelforderungen bis zum Abschluß der Rechnungsperiode gesondert, also zu ganz verschiedenen Zinsfüßen, verzinst werden. Die von den Soll- und Haben-Zwischensalden errechneten Zinszahlen werden auf einer *Zinsstaffel* neben der Saldenspalte gesondert notiert und beim Rechnungsabschluß addiert. Die Summen werden durch den Zinsdivisor geteilt und so die angefallenen Zinsbeträge errechnet, die neben dem reinen Kapitalsaldo aufgeführt werden. Eine grundsätzliche Änderung trat mit der *Mechanisierung* der Buchführung ein. Auf dem Kontokorrentkonto werden der alte Saldo, der jeweilige Schuld- oder Guthabenposten und der neue Saldo gebucht. Zugleich erhält der Kunde bei jedem Buchungsvorgang einen sog. *Tagesauszug,* der ihn über den jeweiligen Kontostand in Kenntnis setzt. Die in Staffelform errechneten Zinsen, Provision und Spesen ergeben sich nicht aus den Tagesauszügen, sondern der *Abschlußrechnung,* die der Bankkunde gewöhnlich *halbjährlich* erhält. Sie enthält demnach den Saldo des letzten Tagesauszuges, die Zins-, Provisions- und Spesenrechnung und den neuen Saldo. Die einzelnen Kontobewegungen ergeben sich nicht mehr aus dem halbjährlichen Rechnungsabschluß, sondern aus der Gesamtheit der einzelnen Tagesauszüge. Eine weitere Vereinfachung der Zinsberechnung trat 1960 für das Bankkontokorrent durch die *elektronische Datenverarbeitung* ein. Zugeschlagen werden die automatisch ermittelten Zinsen dem Kontokorrentkonto jedoch nach wie vor erst bei der *periodischen* Abschlußrechnung. Die Tagesauszüge stellen keine Rechnungsabschlüsse dar (BGHZ 50, 277/280; BGH WM 72, 283/284; dazu Anm. 60), sondern sind reine Postensalden, die den Kontostand ersichtlich machen und die Zinsenberechnung erleichtern.

3. Provisionsberechnung

40 Neben den Zinsen kann der Kaufmann häufig auch eine Provision verlangen (§ 354 Abs. 1). Den Banken steht für die Krediteröffnung in aller Regel eine Bereitstellungsprovision zu. Fehlt eine besondere Vereinbarung darüber, daß für die Gewährung des Kredits eine Kreditprovision gezahlt werden soll, so ist gewöhnlich anzunehmen, daß die Kreditnebenkosten durch den Zins abgegolten sein sollen. Auch wenn eine besondere Kreditprovision vereinbart ist, ergänzt sie meist nur die Zinshöhe, besitzt aber keine besondere wirtschaftliche Funktion. Nicht provisionspflichtige Kredite zum Nettosatz sind durchaus üblich.

3. Abschnitt. Rechtslage nach Abschluß der Rechnungsperiode

I. Ausgleich durch Verrechnung und Feststellung des Saldos

1. Periodenkontokorrent

41 Der *Ausgleich* der beiderseitigen Forderungen und Leistungen, die in das Kontokorrent eingestellt worden sind, geschieht nach § 355 Abs. 1 in *regelmäßigen Zeitabschnitten* durch Verrechnung und Feststellung des sich für den einen oder anderen Teil ergebenden *Überschusses* (Saldos). Im Gegensatz zum *Periodenkontokorrent* steht das *Staffelkontokorrent,* bei dem die Verrechnung nicht periodisch, sondern *laufend* nach jedem Geschäftsvorfall stattfindet. Das Gesetz geht in § 355 vom *Periodenkontokorrent* aus (BGHZ 49, 24/27; 50, 277/279; 51, 346/349). Die Regelung ist jedoch *nicht zwingend.* Die Parteien können, um ihren praktischen Bedürfnissen Rechnung zu tragen, eine jeweilige sukzessive statt einer periodischen Verrechnung ausdrücklich oder konkludent vereinbaren (BGHZ 50, 277/279; BGH WM 72, 283/284). Haben sie eine solche Vereinbarung getroffen, so werden ihre Geschäftsbeziehungen nach den Regeln vom „Staffelkontokorrent" abgewickelt. Die *folgenden* Ausführungen beziehen sich zunächst auf das in § 355 geregelte Periodenkontokorrent (Anm. 42 ff.), sodann auf das Staffelkontokorrent (Anm. 102 ff.).

2. Grundfragen

Beim Periodenkontokorrent vollzieht sich die aufgeschobene *Verrechnung* der Aktiv- **42** und Passivposten des Kontokorrents nach dem Ablauf der Rechnungsperiode. Umstritten sind nach wie vor *drei* Grundfragen: Erstens, *ob* die Verrechnung automatisch oder erst durch Anerkennung des festgestellten Saldos eintritt; zweitens, *wie* sich die Verrechnung vollzieht, durch verhältnismäßige Gesamtaufrechnung, sukzessive Verrechnung oder nach Maßgabe der §§ 366, 367, 396 BGB; drittens, welche *Rechtswirkungen* die Verrechnung auf die beiderseitigen Forderungen hat, ob sie *erloschen* sind oder *bestehen bleiben* (§ 356).

II. Wesen der Saldofeststellung

1. Anerkennung des Saldos

a) Rechtliche Bedeutung

Die *Verrechnung* der Aktiv- und Passivposten des Kontokorrents vollzieht sich nach **43** herrschender Meinung durch die Feststellung und *Anerkennung* des Saldos am Ende der Rechnungsperiode. Durch die Anerkennung wird eine *einheitliche Saldoforderung* begründet, deren Schuldgrund die verrechneten Ansprüche und Leistungen sind. Rechtlich stellt die Anerkennung des Saldos ein *abstraktes Schuldanerkenntnis* im Sinne des § 781 BGB dar (BGHZ 26, 142/150; 49, 24/27; BGH LM HGB § 355 Nr. 12; WM 56, 1125/1126; 69, 1071; 72, 283/285; Canaris in Großkomm. HGB Anm. 91; RG JW 35, 2355; RG HRR 38 Nr. 1231; Düringer/Hachenburg/Breit § 355 Anm. 41; J. v. Gierke S. 497; Koenige Anm. 5; Ritter Anm. 5 h; Schumann II § 5 1). Diese Auffassung ist für die Anerkennung des *Schlußsaldos* bei Beendigung des Kontokorrentverhältnisses nicht bestritten. Streitig ist, ob auch schon die Anerkennung des Saldos bei Fortsetzung des Kontokorrentverhältnisses ein *Schuldanerkenntnis* im Sinne des § 781 BGB darstellt. Das wird von Göppert (ZHR 102, 180) verneint, weil der Saldo infolge Fortsetzung des Kontokorrents nur einen *Posten* für die weitere Verrechnung innerhalb der neuen Rechnungsperiode darstelle. Aus dem Umstand, daß der Saldo, falls nichts anderes vereinbart ist, an die Stelle aller bisherigen Haben- und Sollposten in die laufende Rechnung der neuen Rechnungsperiode als erster Posten eingesetzt wird, folgt jedoch nicht, daß die Anerkennung des periodisch ermittelten Saldos kein Schuldanerkenntnis sein könne. Zwar kann der Saldo nicht selbständig geltend gemacht werden, wenn er selbst wiederum kontokorrentgebunden ist. Das steht jedoch der Annahme eines *selbständigen* Schuldanerkenntnisses nicht entgegen. Ergibt der Rechnungsauszug einen Kapitalsaldo zu Lasten einer Kontokorrentpartei, so bedeutet ihr Anerkenntnis, daß sie das Bestehen einer Schuld am Abschlußstichtage anerkennt. Ob bei Fortbestehen des Kontokorrentverhältnisses die eine Partei gegen die andere einen fälligen *Zahlungsanspruch* auf Ausgleich des Saldos hat, richtet sich nach den getroffenen Vereinbarungen (Anm. 52).

Gegen die *Abstraktheit* es Saldoanerkenntnisses hat sich in letzter Zeit vor allem **44** *Kübler* (Feststellung und Garantie, 1967, S. 162 ff.) gewandt, der von der Grundthese ausgeht, daß es die in den §§ 780 und 781 bezeichnete Figur des selbständig verpflichtenden Schuldvertrages nicht gibt. Während nach herrschender Meinung die in das Kontokorrent aufgenommenen Forderungen *bestehen* bleiben (BGHZ 49, 24/27 ff.; 51, 346/349; Anm. 43), verlieren sie nach Kübler ihr *typisches Gepräge* und werden entweder sukzessive (Staffelkontokorrent) oder am Ende der Rechnungsperiode automatisch durch Verrechnung getilgt, soweit nicht, wie bei gesicherten Forderungen, ein schutzwürdiges wirtschaftliches Interesse der Gläubiger an ihrem Fortleben besteht. Demnach wird im Saldoanerkenntnis nur der Abschluß eines *kausalen Schuldfeststellungsvertrages* erblickt, der Ungewißheit und Zweifel über den Bestand der Schuld ausräumen soll (ebenso *Schönle* § 7 II, I a 3 S. 71). Aber die Abstraktion erschöpft sich nicht in der Umkehr der Beweislast (Kübler aaO S. 160), sondern dient dem mit dem Kontokorrent verfolgten Vereinfachungszweck, weil nunmehr nicht mehr die Überbleibsel verrechneter kausaler Einzelforderungen bestehen, die rechtlich unterschiedlich zu behandeln sind, sondern eine *einheitliche Forderung* entstanden ist, die nach § 195 BGB in *dreißig* Jahren verjährt (BGHZ 51, 346/349), einen eigenen Gerichtsstand und Erfüllungsort hat, und als solche nach § 355 Abs. 1 verzinslich ist (zutr. Canaris in Großkomm. HGB § 355 Anm. 92 und in Festschrift für Hämmerle, 1972, S. 55/58 ff.). Erst durch das *abstrakte* Anerkenntnis wird der mit der kontokorrentmäßigen Verrechnung der beiderseitigen Forderungen und Leistungen erstrebte Vereinfachungseffekt völlig erreicht.

b) Zustandekommen

45 Das Saldoanerkenntnis ist ein abstrakter *Schuldvertrag.* In der Zusendung des Rechnungsauszuges (Anm. 48) seitens einer Partei liegt der *Vertragsantrag,* der auf die Anerkennung des durch die gleichmäßige Verrechnung aller Haben- und Sollposten ermittelten Saldos gerichtet ist. Dieser Antrag wird von der anderen Partei durch die Anerkennung angenommen. Einer besonderen *Form* bedarf die Anerkennung des Saldos nicht. Das folgt, wenn das Anerkenntnis von einem Kaufmann im Betriebe seines Handelsgewerbes abgegeben wird, schon aus § 350. Aber auch das von einem Vollkaufmann außerhalb des Betriebes seines Handelsgewerbes oder von einem Minder- oder Nichtkaufmann abgegebenen Schuldanerkenntnis ist nach § 782 BGB *formlos* gültig, da es auf Grund einer *Abrechnung* erteilt wird (Canaris in Großkomm. HGB Anm. 94; Düringer/Hachenburg/Breit § 355 Anm. 44).

46 Im Handelsverkehr ist die *schriftliche* Anerkennung des Saldos weitgehend üblich, nicht mehr dagegen im Bankverkehr (Nr. 15 AGB Banken; Anhang zu § 365 Anm. 1). Die Anerkennung kann ausdrücklich oder, da kein Formzwang besteht, auch *konkludent* aus einem bestimmten Verhalten folgen. So kann in der Fortsetzung des Kontokorrentverkehrs nach der Abrechnung (BGH WM 58, 620), in der Bitte um Stundung der Saldoforderung (RG JW 19, 568) oder in der Quittierung des Saldos (RGZ 96, 20) eine Anerkennung liegen. Ferner ist eine konkludente Annahme anzunehmen, wenn eine Partei über das für sie ermittelte Guthaben durch Scheck, Überweisung oder Abhebung *verfügt* (BGH WM 56, 1126). Im bloßen *Schweigen* des Empfängers einer Abrechnung braucht jedoch nicht ohne weiteres ein Anerkenntnis zu liegen. Es kommt stets auf die Umstände des einzelnen Falles an, welche Bedeutung einem Schweigen des Empfängers beizumessen ist. Besitzt der Empfänger Kaufmannseigenschaft, so wird man sein Schweigen eher als Anerkenntnis werten können (RG JW 27, 2111; Düringer/Hachen-

burg/Breit § 355 Anm. 44). Doch setzt auch diese Wertung stets voraus, daß eine für die Prüfung des Saldos *ausreichende Zeit* verstrichen ist (Canaris in Großkomm. HGB § 355 Anm. 94). Eine für die Prüfung und Abgabe des Anerkenntnisses gesetzte Frist muß *angemessen* sein.

Einwendungen gegen *Rechnungsabschlüsse* der privaten Kreditinstitute sind nach **47** Nr. 15 Satz 2 AGB Banken (Anhang zu § 365 Anm. 9) binnen einer Ausschlußfrist von *einem Monat* seit Zugang des Abschlusses abzusenden, widrigenfalls sie als *genehmigt* gelten. Diese Fiktion ist gültig und vom Kunden zu beachten. Ihre rechtliche Bedeutung liegt darin, daß hier entgegen sonstigen Grundsätzen das *Schweigen* des Kunden als Anerkenntnis des Saldos gilt mit der Folge, daß sich die *Beweislast umkehrt,* wenn der Kunde nachträglich noch Einwendungen erhebt, insbesondere behauptet, seine Schuld bestehe ganz oder teilweise nicht (Anm. 65). Die Genehmigungsfiktion schließt ebenso wie ein ausdrückliches Anerkenntnis einen Bereicherungsanspruch bei einem unrichtigen Saldo *nicht* aus; die „Ausschlußfrist von einem Monat" deutet nicht darauf hin, daß die Parteien einen Erlaßvertrag über etwaige Bereicherungsansprüche des Kunden bei irrig unrichtigem Anerkenntnis geschlossen haben (BGH LM BGB § 812 Nr. 79). *Tageskontoauszüge* sind keine Rechnungsabschlüsse, sondern reine *Postensalden* (BGHZ 50, 277; BGH WM 72, 283/284; Anm. 60). Nach Nr. 15 Satz 3 AGB müssen Einwendungen auch gegen sie *unverzüglich,* d.h. ohne schuldhaftes Zögern (§ 121 BGB), erhoben werden; die Unterlassung rechtzeitiger Einwendungen *gilt als Genehmigung.* Da die Ziehung des Tagessaldos nicht der periodischen Saldofeststellung dient, ist die fingierte „Genehmigung" kein selbständiges Schuldanerkenntnis (Canaris in Großkomm. HGB Anh. § 357 Anm. 1296), das bei Unrichtigkeit vom Kunden nur im Wege der Kondiktion (Anm. 65f.) rückgängig gemacht werden kann. Der Kunde braucht nur zu *beweisen,* daß die Buchung im Tagesauszug falsch ist (LG Essen WM 75, 998, 999). Auch enthält die „Genehmigung" keine Entlastung der Bank für Pflichtwidrigkeiten. Sie kann sich nur auf Maßnahmen beziehen, die für den Kunden aus dem Tagesauszug unmittelbar ersichtlich waren, z.B. eine Überweisung, von der der Kunde weiß, daß er keinen Auftrag erteilt hat (BGH WM 76, 248/250). Sie erstreckt sich aber nicht auf die pflichtwidrige Verwendung zu Recht abgehobener Beträge, da aus dem Kontoauszug der Kunde nur die Abbuchung der Beträge entnehmen kann (BGH a.a.O.).

Das Saldoanerkenntnis wird auf Grund einer *Abrechnung* erteilt. Es genügt, wenn eine **48** Partei die Abrechnung vorgenommen hat. Weder braucht die andere Partei bei der Abrechnung mitzuwirken noch von ihr Kenntnis zu nehmen (RG JW 35, 2355). Eine Partei kann daher auf Übersendung von Rechnungauszügen ausdrücklich oder konkludent *verzichten* und doch den von der anderen Partei errechneten Saldo wirksam anerkennen.

c) Inhalt

Das vertragliche Anerkenntnis erstreckt sich auf den *Saldo* und damit zugleich auf *alle* **49** *Posten* des Kontokorrents, die insgesamt gleichmäßig verrechnet den Saldo ergeben. Die den Rechnungsauszug zusendende Kontokorrentpartei erkennt sowohl den Saldo als auch die *Habenposten* der anderen Partei an (BGH WM 67, 1163; 75, 556; Düringer/Hachenburg/Breit § 355 Anm. 38 Nr. 3). Diese kann sich auf das Anerkenntnis auch dann berufen, wenn sie einzelne Posten des Kontokorrents beanstandet, sei es, daß sie

§ 355 1. Abschn. *Drittes Buch. Handelsgeschäfte*

Habenposten der den Auszug zusendenden Partei bestreitet, sei es, die Nichtberücksichtigung eigener Habenposten rügt. Da es der Sinn eines Kontokorrents ist, die Abrechnung zu vereinfachen (Anm. 2), ist daher entgegen § 150 Abs. 2 BGB ein nur *teilweises* Anerkenntnis zulässig (Canaris in Großkomm. HGB § 355 Anm. 95). Mit dem *positiven* Anerkenntnis des Saldos und der ihm zugrundeliegenden Rechnungsposten ist ferner regelmäßig das *negative* Anerkenntnis verbunden, daß weitere kontokorrentgebundene Ansprüche und Leistungen *nicht* bestehen (BGHZ 51, 346/348; BGH WM 58, 1157; 61, 726; 67, 1163). Wer als Kaufmann damit rechnet, daß eine spätere Nachprüfung Abweichungen gegenüber dem Saldo zur Zeit der Anerkennung ergeben kann, muß unmißverständlich zum Ausdruck bringen, daß er deshalb nicht anerkennen will. Ein Anerkenntnis mit dem *Vorbehalt,* einen etwaigen Unterschiedsbetrag später noch geltend machen zu wollen, ist als ein Anerkenntnis des gesamten Saldobetrages anzusehen (BGH BB 60, 1221): doch bleibt die Rückforderung zulässig. Erkennt eine Partei den von der anderen Partei mitgeteilten Saldo nicht an, so kann sie auf Grund der Kontokorrentabrede auf Anerkennung des Saldos verklagt werden (BGH WM 55, 1315; 70, 184/185). Für die Richtigkeit des errechneten Saldos ist der Kläger beweispflichtig. Ein Grundurteil kann nicht ergehen (Anm. 32). Wird der Beklagte zur Anerkennung des Saldos verurteilt, so gilt nach 894 ZPO mit der Rechtskraft des Urteils seine Anerkenntniserklärung als abgegeben. Damit ist der Saldo festgestellt, vorausgesetzt, daß dem Kläger die Anerkenntniserklärung zugegangen ist (RGZ 160, 324). Zur Frage, ob ein *Zahlungsanspruch* besteht, vgl. Anm. 51.

2. Verrechnung

50 Häufig wird angenommen, daß eine *Saldoforderung* nicht erst durch die Anerkennung des Saldos, sondern *automatisch* am Ende der Rechnungsperiode entsteht. Die von den Parteien in der Kontokorrentabrede vereinbarte Verrechnung (Anm. 13) vollzieht sich mit dem Schluß der Rechnungsperiode von selbst, wodurch der Anspruch auf den Saldo automatisch entsteht und fällig wird, ohne daß es einer besonderen Verrechnungserklärung bedarf (Beitzke aaO S. 12; Baumbach/Duden Anm. 3 B zu §§ 355–357; Schönle, Bank- und Börsenrecht, 1976, § 7 II zu I a 3; J. von Gierke S. 498; Schumann Bd. II S. 50/51; Grigat NJW 52, 812; einschränkend von Godin in Großkomm. HGB § 355 Anm. 22, der eine *automatische* Verrechnung, nicht aber ein sofortiges Fälligwerden annimmt. Für das Ende des *Kontokorrentverhältnisses* ist eine automatische Verrechnung bereits gesetzlich vorgesehen. Nach § 355 Abs. 3 kann die laufende Rechnung im Zweifel auch während der Dauer einer Rechnungsperiode jederzeit mit der Wirkung gekündigt werden, daß derjenige, dem nach der Rechnung ein Überschuß gebührt, dessen Zahlung beanspruchen kann. In dieser Vorschrift wird demnach ein Zahlungsanspruch *vor der Saldofeststellung* gegeben. Weder Wortlaut noch Sinn dieser Vorschrift nötigen zu der Auslegung, daß nur ein Anspruch auf Zahlung *nach* der Saldofeststellung gemeint ist. Was das Gesetz für den Fall der Kündigung in § 355 Abs. 3 ausdrücklich vorschreibt, ist auch für andere Fälle einer *Beendigung* des Kontokorrentverhältnisses anzunehmen, insbesondere bei Konkurseröffnung. Für das *Bankkontokorrent* bestimmt Nr. 18 AGB, daß mit der *Beendigung der Geschäftsverbindung* der Saldo jedes für den Kunden geführten Kontokorrents *sofort fällig* wird. Es braucht nicht erst auf Saldoanerkennung, sondern kann sofort auf *Zahlung* geklagt werden, wobei der Kläger die

Richtigkeit der Saldoziehung, also notfalls auch das Bestehen der einzelnen Kontokorrentposten, beweisen muß, auf denen seine Abrechnung beruht. Zwar *kann* der Kläger zugleich auf *Anerkennung* des Saldos klagen, aber er muß es nicht. Es besteht für ihn auch kein Bedürfnis, da das Kontokorrentverhältnis nicht fortgesetzt wird. Die Frage ist jedoch, ob ein fälliger Zahlungsanspruch auch dann vor der Saldofeststellung besteht, wenn nicht das Kontokorrentverhältnis, sondern nur die einzelne *Rechnungsperiode* endet. Das Gesetz gibt insoweit keinen Aufschluß. Es kommt deshalb darauf an, ob die im Kontokorrentvertrag steckende Verrechnungsabrede (Anm. 13) nach dem Willen der Parteien darauf gerichtet ist, daß die beiderseitigen Forderungen und Leistungen mit dem Schluß der Rechnungsperiode *automatisch verrechnet* werden, so daß von diesem Zeitpunkt an eine Saldoforderung besteht. Im Gegensatz zu der durch die Feststellung und Anerkennung des Saldos entstehenden *selbständigen* Saldoforderung würde der zum Schluß der Rechnungsperiode sich ergebende Saldoanspruch seine Grundlage in den Einzelforderungen des Gläubigers aus der Geschäftsverbindung finden. Es würde sich um einen *kausalen* Saldoanspruch handeln, der von dem durch die Anerkennung entstehenden abstrakten Saldoanspruch (Anm. 43) zu unterscheiden ist. Die Einzelforderungen können nur noch *saldomäßig,* d. h. mit Beschränkung auf den rechnerischen Überschuß der Summe der Forderungen des Kontokorrentgläubigers über die Summe aller Gegenforderungen und Leistungen des Kontokorrentschuldners geltend gemacht werden. Den auf *Zahlung* des Saldos gerichteten Anspruch kann der Gläubiger unmittelbar einklagen, ohne zuvor auf Saldoanerkennung klagen zu müssen. Im Streitfall muß die Richtigkeit der gesamten Abrechnung geprüft werden. Die *Beweislast* für das Bestehen der einzelnen Rechnungsposten trägt der Kläger. Zur Sicherung des Anspruchs kann bei Vorliegen der sonstigen Voraussetzungen ein *Arrest* (§§ 916ff. ZPO) erwirkt werden.

3. Zahlungsanspruch

Die Tatsache, daß erst durch die Feststellung und Anerkennung des Saldos eine **51** *selbständige,* vom Bestand der einzelnen Kontokorrentposten unabhängige Saldoforderung entsteht (Anm. 43), schließt nicht aus, daß schon *vor* der Saldoanerkennung ein Anspruch auf Ausgleichung des gegenwärtigen Saldos, insbesondere auf *Zahlung* gegeben ist. Die kontokorrentmäßige Gebundenheit der Einzelforderungen und Leistungen (Anm. 31 ff.) steht dem nicht entgegen. Sie bedeutet nicht, daß es einer Kontokorrentpartei bis zum Ende der Rechnungsperiode schlechthin verwehrt ist, Zahlungsansprüche gegen die andere Partei geltend zu machen. Die Kontokorrentabrede, die auf In-Rechnung-Stellung und periodische Verrechnung der beiderseitigen Ansprüche und Leistungen unter Feststellung des Saldos gerichtet ist, bewirkt lediglich, daß eine selbständige Geltendmachung der Einzelforderungen auf Grund der Kontokorrentgebundenheit ausgeschlossen wird (Anm. 32). Die Kontokorrentabrede enthält nicht zugleich eine Kreditabrede (Anm. 7). Den Ausgleich eines Debetsaldos kann eine Kontokorrentpartei daher von der anderen verlangen, wenn er *vertragswidrig* entstanden ist (ebenso von Godin in RGR-Komm. HGB 2. Aufl. § 355 Anm. 16). Der Girokunde einer Bank darf sein Girokonto nicht überziehen, wenn ihm nicht eine bestimmte Kreditlinie eingeräumt worden ist. Werden Waren gegen sofortige Zahlung geliefert, so ist der Käufer insoweit zur Zahlung verpflichtet, als der Rechnungsbetrag sein Guthaben übersteigt. Mit dieser Zahlungspflicht kann der Käufer trotz der Kontokorrentabrede in *Verzug* geraten (Anm.

§ 355   1. Abschn.   *Drittes Buch. Handelsgeschäfte*

34). Der Anspruch auf Ausgleich eines tatsächlichen Postensaldos, d. h. auf Bezahlung einer Überschußforderung, ist demnach vom endgültigen Saldoanspruch zum Ablauf der Rechnungsperiode zu unterscheiden. Dieser beruht auf der Saldofeststellung (Anm. 43), jener auf dem Geschäftsvertrag. Ob eine Kontokorrentpartei *während der Rechnungsperiode* Ausgleich eines Saldos, insbesondere Zahlung verlangen kann, entscheidet sich allein nach dem Geschäftsvertrag. Wer nach diesem Vertrag über sein Guthaben verfügen darf, kann *Auszahlung* verlangen. Dieses Recht kann eine Kontokorrentpartei nicht nur am Schluß, sondern auch während der Rechnungsperiode haben (BGH WM 70, 184/186; Anm. 51). Es kann aber auch *Vortrag* des Saldos *auf neue Rechnung* vereinbart sein, so daß ein selbständiges Zahlungsverlangen in bezug auf den Saldo ausgeschlossen ist (RG SeuffA 82 Nr. 158; RG JW 35, 2355). Weiter kann die *Natur* des Guthabens ein Zahlungsverlangen ausschließen. Setzt sich z. B. der Saldo zugunsten einer Partei aus Vorschüssen für spätere Warenlieferungen zusammen, so würde die Geltendmachung des Saldos dem Zweck der Anzahlung widersprechen.

52   Zusammenfassend ist danach festzustellen: Ob eine Kontokorrentpartei während des Bestehens des Kontokorrentverhältnisses einen Anspruch auf Zahlung des jeweiligen oder des am Ende der Rechnungsperiode – sei es automatisch, sei es durch Anerkennung – entstehenden Saldos hat, bestimmt sich nach dem Inhalt des *Geschäftsvertrages* (Hefermehl, Festschrift H. Lehmann, 1956, S. 555 ff.). Besteht ein solcher Anspruch, so kann auch während der Rechnungsperiode auf *Zahlung* geklagt werden. – Nach Beendigung des Kontokorrentverhältnisses besteht ohne vorherige Saldofeststellung ein fälliger Anspruch auf den Saldo (§ 355 Abs. 3; Anm. 101).

4. Art der Verrechnung

53   Das Gesetz, insbesondere § 355 Abs. 1, gibt keine Lösung der Frage, auf welche Weise sich die *Verrechnung* der kontokorrentgebundenen Forderungen und Leistungen beim Periodenkontokorrent vollzieht. Streitig ist, ob eine verhältnismäßige Gesamtaufrechnung stattfindet oder aber §§ 366, 367, 396 BGB analog anzuwenden sind.

a) Verhältnismäßige Gesamtaufrechnung

54   Die Verrechnung erfolgt nach dem Ablauf der Rechnungsperiode im Wege der *Gesamtaufrechnung* der beiden Seiten des Kontokorrents. Gleichen sich die Summen der Haben- und der Sollposten *nicht* aus, so werden die Posten der größeren Seite in dem Verhältnis getilgt, in dem die Summe der Buchungen der kleineren Seite zu der Summe der Buchungen der größeren Seite steht (BGHZ 49, 24/30; RGZ 56, 19/24; 32, 218/219; v. Godin in RGR-Komm. z. HGB 2. Aufl., Anm. 27 Nr. 12; Heymann/Kötter Anm. 1; Düringer/Hachenburg/Breit § 355 Anm. 29; Ritter § 355 Anm. 5 h; Blaurock NJW 71, 2208). Während die Posten der kleineren Seite völlig aufgehoben werden, bestehen die Posten der größeren Seite fort, wenn auch nur im Verhältnis der gesamten Posten der größeren zur Gesamtheit der Posten der kleineren Seite. Die Unanwendbarkeit der §§ 366, 367, 396 BGB wird aus der *Gleichwertigkeit* der als Rechnungsposten behandelten Forderungen und Leistungen hergeleitet und eine verhältnismäßige Gesamtaufrechnung damit gerechtfertigt, daß dieses Ergebnis § 366 Abs. 2 BGB entspreche (so RGZ 56, 19/23). Aber diese Vorschrift schreibt als ultima ratio nur für den

Erster Abschnitt. Allgemeine Vorschriften 1. Abschn. § 355

Fall, daß die dort genannten Unterscheidungsmerkmale fehlen, eine teilweise Tilgung jeder Schuld im Verhältnis ihrer Höhe vor. Es wirkt ungereimt, eine Anwendung des § 366 Abs. 2 BGB zunächst schlechthin abzulehnen, ihn dann aber wieder hinsichtlich seines letzten Halbsatzes zur Begründung heranzuziehen (Canaris in Großkomm. HGB § 355 Anm. 68). Die verhältnismäßige Gesamtaufrechnung hat zur Folge, daß sich der am Schluß der Rechnungsperiode errechnete Saldo aus einem mosaikartigen *Bündel von Forderungen* unterschiedlicher Rechtsgrundlagen zusammensetzt. Erst durch die *Anerkennung* des ermittelten Saldos tritt daher nach herrschender Lehre an die Stelle der aus Forderungsresten bestehenden eine *einheitliche* abstrakte *Saldoforderung* (RGZ 87, 434/437; 125, 411/416; 132, 218/221; 162, 244; BGH WM 64, 881/882). Zur *Wirkung* der Verrechnung auf die kontokorrentgebundenen Forderungen und Leistungen s Anm. 57 ff. Daß die Lehre von der verhältnismäßigen Gesamtaufrechnung zu mißlichen Ergebnissen führt, zeigt die Behandlung *unwirksamer Termingeschäfte* (RGZ 132, 218; dazu Anm. 87).

b) Analoge Anwendung der §§ 366, 367, 396 BGB

Das Kontokorrent ist ein Rechtsinstitut, dessen Gestaltung der Disposition der *Parteien* unterliegt. Dann aber ist es nicht einzusehen, warum nicht, wie es dem Grundsatz des § 366 Abs. 1 BGB entspricht, in erster Linie die vom Schuldner *bestimmte* Verrechnung einer Schuld maßgebend sein soll. Ist der Gläubiger damit nicht einverstanden, so gerät er in Annahmeverzug. Das bedeutet in praxi, daß die Schuld getilgt wird, über deren Aufhebung sich Gläubiger und Schuldner *einigen*. Fehlt es an einer Einigung, so wird nach § 366 Abs. 2 BGB zunächst die *fällige* Schuld, unter mehreren fälligen Schulden diejenige, die dem Gläubiger *geringere Sicherheit* bietet, unter mehreren gleich sicheren die dem Schuldner *lästigere*, unter mehreren gleich lästigen die *ältere Schuld* und bei gleichem Alter jede Schuld *verhältnismäßig* getilgt. Für den kontokorrentrechtlichen *Verrechnungsvertrag* befürwortet Canaris eine *analoge* Anwendung der §§ 366, 367, 396 BGB (Canaris in Großkomm. HGB § 355 Anm. 75).

55

c) Stellungnahme

Da die Grundsätze des Kontokorrentrechts *nicht zwingend* sind, können die Parteien die eine oder die andere Verrechnungsart ausdrücklich oder konkludent vereinbaren. Die Streitfrage wird deshalb nur praktisch, wenn die Parteien über die Art der Verrechnung *keine Vereinbarung* getroffen haben. Bei Wirksamkeit und Unstreitigkeit aller Kontokorrentposten ist es gleichgültig, welcher Verrechnungsart man folgt; das *Ergebnis* der Verrechnung wird dadurch nicht berührt. Anders liegt es, wenn die Posten des Kontokorrents teils auf wirksamen, teils auf unwirksamen Geschäften beruhen, so z. B. wenn die Rechnungsauszüge sich außer auf voll wirksame Geschäfte auch auf inoffizielle Börsentermingeschäfte (Anm. 79ff.) und Spielgeschäfte beziehen. Für diesen Fall ist die Rechtsprechung von den bedenklichen Folgen der verhältnismäßigen Aufrechnung abgerückt (Anm. 87). Gleiches gilt, wenn einzelne Forderungen versehentlich bei der Feststellung des Saldos nicht berücksichtigt worden sind, weil sie nicht gebucht worden waren (BGHZ 51, 346ff.). Auch kann die *Art* der Verrechnung Bedeutung erlangen, wenn der Gläubiger am Schluß der Rechnungsperiode auf Feststellung oder Zahlung des noch nicht anerkannten Saldos klagt (Anm. 49). Daß in diesen Fällen jedoch eine

56

§ 355 1. Abschn. *Drittes Buch. Handelsgeschäfte*

verhältnismäßige Gesamtaufrechnung dem Willen der Kontokorrentparteien entspricht, überzeugt nicht. Dann aber ist es eher gerechtfertigt, auf die Regelung des § 366 BGB zurückzugreifen (Canaris in Großkomm. HGB § 355 Anm. 74 ff).

III. Rechtswirkungen

1. Novationslehre

57 Nach herrschender Meinung hat die *Saldoanerkennung* ein *Erlöschen* der verrechneten Einzelforderungen zur Folge. Ausgehend von einer verhältnismäßigen Gesamtaufrechnung (Anm. 54) wird angenommen, daß die verbliebenen Forderungspartikel durch die mit der Anerkennung des Saldos entstehende *Saldoforderung* ersetzt werden. Die Anerkennung ist demnach nicht nur *abstrakt* (Anm. 43), sondern zugleich *novatorisch* (st. Rspr: RGZ 87, 434; 117, 34; 125, 411/416; 132, 221; RG WarnR 22 Nr. 76; BGHZ 26, 142/150; 50, 277/279; BGH WM 72, 283/284; 75, 556/557; LM Nr. 10, 12, 19 zu § 355). Auch im Schrifttum wird überwiegend von einer *Novation* ausgegangen (Düringer/Hachenburg/Breit § 355 Anm. 42; v. Godin in RGR-Komm. z. HGB 2. Aufl., § 355 Anm. 2; Koenige Anm. 5 a; Neufeld/Schwarz Anm. 7; Ritter Anm. 5 h; J. v. Gierke S. 497; Ulmer Rvgl HWB S. 199; Beitzke aaO S. 14; Herold ZAkDR 40, 159; K.-J. Schäfer, Bankkontokorrent und Bürgschaft, S. 73 ff). Trotz Bejahung des novatorischen Charakters der Saldoanerkennung hat es die Rechtsprechung jedoch in den praktisch bedeutsamen Fällen regelmäßig abgelehnt, die sich aus einer Novation ergebenden rechtlichen Folgerungen zu ziehen. In dem Novationsgedanken wird nur ein *Hilfsmittel* gesehen, um gewisse rechtliche Eigentümlichkeiten des Kontokorrents begrifflich zu erklären. Die formale Logik der Novationslehre tritt, wie insbesondere § 356 zeigt, da zurück, wo sie mit den Bedürfnissen und Anschauungen des Verkehrs nicht vereinbar ist (RGZ 87, 435; OLG Hamburg BankA XXXVIII, 760). Besteht ein wirtschaftliches Interesse, so kann der Gläubiger auch *nach* der Saldoanerkennung noch auf die *Einzelforderungen* zurückgreifen (RGZ 162, 244/251; 164, 212/215; BGH WM 55, 1163; 70, 184/186;). So wird insbesondere auch die *Aufrechenbarkeit* von Einzelforderungen für zulässig erachtet, wenn die Aufrechnung mit dem Saldoanspruch aus besonderen Gründen nicht möglich ist (BGH WM 70, 184/186; OLG Hamburg MDR 54, 486). Diese Einschränkungen erwecken aber bereits Zweifel an der Richtigkeit der Novationslehre im Kontokorrentrecht.

58 Eine Novation setzt voraus, daß die Parteien eine *novierende* Wirkung der Anerkennung nach dem von ihnen verfolgten Zweck wollen. Gegen einen animus novandi spricht jedoch, daß die Parteien auch noch nach der Anerkennung häufig am Weiterbestehen der *Einzelforderungen* und nicht nur des Spitzenbündels der Posten der größeren Kontoseite interessiert sind. Das Interesse zeigt sich insbesondere, wenn für die Einzelforderungen *Sicherungsrechte* (Bürgschaften, Pfandrechte) bestehen. Für das *kaufmännische* Kontokorrent bestimmt deshalb § 356 ausdrücklich, daß der Gläubiger durch die Anerkennung des Saldos nicht gehindert ist, sich aus der Sicherung in Höhe des Saldoguthabens zu befriedigen. Aber auch beim *nichtkaufmännischen* Kontokorrent kann dasselbe Interesse am Weiterhaften der Sicherheiten nach der Anerkennung des Saldos bestehen. Da zwischen dem kaufmännischen und dem nichtkaufmännischen Kontokorrent kein wesensmäßiger Unterschied besteht (Anm. 117), kann der rechtliche Gesichtspunkt für die Weiterhaftung der Sicherheiten kein anderer sein. Das setzt aber das *Fortbestehen* der Einzelforderungen notwendig voraus. Es besteht auch kein Grund, der Saldoanerkennung nur insoweit *novierende* Kraft beizumessen, als die Parteien am Fortbestand der Einzelforderungen nicht interessiert sind. Das wäre ein unsicherer Rechtszustand. Der Zweck einer Kontokorrentabrede, die auf *Vereinfachung* der Abwicklung der geschäftlichen Beziehungen gerichtet ist, wird durch das Fortbestehen der Einzelforderungen nicht gefährdet. Ihre selbständige Geltendmachung ist durch die Kontokorrentabrede ohnehin ausgeschlossen. Erfordern aber weder der Zweck des Kontokorrents noch das Interesse der Parteien, daß die Saldoforderung an die Stelle der bisherigen Einzelforderungen tritt, so läßt sich auch nicht als Regel annehmen, daß der Wille der Kontokorrentparteien auf eine Novation gerichtet ist. Die Novationslehre läßt sich nicht auf den Wortlaut des § 355 Abs. 1 gründen, denn dieser beruht, wie in RGZ 76, 334 zutreffend betont wird, allein auf juristischer Abstraktion. Die Saldoanerkennung besitzt demnach *keine* Novationswirkung (ebenso Canaris in Großkomm. HGB § 355 Anm. 63 ff.; Kübler, Feststellung und Garantie, S. 150 ff; ausführlich Hefermehl in Festschrift für H. Lehmann, 1956, S. 550 ff.; Enneccerus/Lehmann, Schuldverhältnisse, § 75 IV 2 d; Schumann, Handelsrecht II, S. 302). Die Wirkung der Saldoanerkennung besteht allein in der Begründung einer *selbständigen* Forderung auf den Saldo.

2. Tilgung durch Verrechnung

Lehnt man eine *novatorische* Wirkung der Saldoanerkennung ab (Anm. 58), so fragt es sich, auf welche andere Weise die als Rechnungsposten gebuchten Einzelforderungen erlöschen und Leistungen schuldtilgende Kraft erlangen. Ausgehend davon, daß am Ende der Rechnungsperiode durch automatische Verrechnung eine *kausale Saldoforderung* entsteht (Anm. 50), wird verschiedentlich angenommen, daß das Erlöschen der Forderungen aus der *Verrechnung* folgt (Beitzke, Festschrift für J. v. Gierke, 1950, S. 13; Bärmann, Europäisches Geld-, Bank- und Börsenrecht, Teil I: BRD, Rdn 132). Präziser leitet Canaris diese Rechtswirkung aus dem *Verrechnungsvertrag* ab (Anm. 13), den die Parteien meist in Verbindung mit der Kontokorrentabrede, also antizipiert, oder jeweils nach Abschluß der Rechnungsperiode schließen (Großkomm. HGB § 355 Anm. 9, 63 a ff). Der Verrechnungsvertrag besitzt dannach *Verfügungscharakter* (Canaris in Großkomm. HGB Anm. 63 c). Durch das spätere *Anerkenntnis* des Saldos wird zusätzlich eine *abstrakte* Saldoforderung begründet. Die Anerkennung erfolgt nach der Vermutung des § 364 Abs. 2 BGB zur Verstärkung, nicht zur Erfüllung der Saldoschuld. Durch die Begründung der abstrakten Saldoforderung erlischt demnach nicht die am Ende der Rechnungsperiode automatisch entstandene *kausale* Saldoforderung. Vereinzelt wird angenommen, daß das Saldoanerkenntnis weder novatorisch noch abstrakt ist, sondern nur die Bedeutung eines kausalen *Schuldfestellungsvertrages* hat, durch den grundsätzlich zugleich die Einzelforderungen getilgt werden (Kübler, Feststellung und Garantie, S. 157 ff/162 ff; Schönle, § 7 II zu I a 3 b S. 74).

3. Summenmäßige Verrechnung

Die Annahme, daß die kontokorrentgebundenen Forderungen und Leistungen mit Ablauf der jeweiligen Rechnungsperiode durch Verrechnung der Einzelposten *getilgt* werden (Anm. 59), ist auf Grund einer darauf gerichteten *Vereinbarung* der Parteien möglich. Fragwürdig ist jedoch, ob die Parteien im Zweifel tatsächlich eine solche Rechtswirkung der Verrechnung wollen. Aus dem Gesetz ergibt sich dafür kein zwingender Anhaltspunkt, der es rechtfertigt, den mutmaßlichen Parteiwillen typisierend festzulegen. Die in § 355 Abs. 1 verwendeten Ausdrücke „Verrechnung" und „Feststellung des Überschusses" sind nicht als Rechtsakte, sondern *buchmäßig* zu verstehen (ebenso v. Godin in Großkomm. HGB, 2. Aufl., § 355 Anm. 27, 29). Dasselbe trifft für das Wort „Ausgleich" zu, einem Begriff der Buchführung. Seine Verwendung erklärt sich daraus, daß die Forderungen und Leistungen der Kontokorrentparteien nur als *Rechnungsposten* behandelt werden und die Gesamtberechnung auf dem Kontokorrent als Buchungsblatt erfolgt. Nach den Grundsätzen ordnungsmäßiger Buchführung müssen sich bei der Saldoziehung die beiden Seiten des Kontokorrents „ausgleichen". Auch das Wort „Überschuß" oder „Saldo" läßt sich im buchungstechnischen Sinne begreifen. Ebenso wie der jeweilige Tagessaldo gewöhnlich ein bloßer *Postensaldo* ist (BGHZ 50, 277/281; BGH WM 72, 283/284; Anm. 39), trifft dies, wenn nichts anderes vereinbart wurde, auch für den Saldo am *Schluß* der Rechnungsperiode zu. Aus der lex contractus des § 355 Abs. 3 läßt sich kein Gegenschluß ziehen. Diese Vorschrift bezieht sich nur auf die Beendigung des gesamten Kontokorrentverhältnisses. Für diesen Fall wird einer Partei auch ohne vorherige Saldofeststellung ein Anspruch auf *Zahlung* des Saldos gewährt. Einen automatisch entstehenden Saldoanspruch gibt das Gesetz jedoch mit Recht nicht für den bloßen Ablauf der Rechnungsperiode. Wird das Kontokorrentverhältnis *fortgesetzt,* so wird meist der Vortrag des Saldoguthabens auf neue Rechnung vereinbart sein, so daß es nicht angebracht ist, der Partei einen fälligen Anspruch auf *Zahlung* zu geben. Ob während der Rechnungsperiode oder nach ihrem Ablauf eine Partei Deckung eines Saldos, insbesondere *Zahlung* verlangen kann, entscheidet sich nach dem *Geschäftsvertrag* (Anm. 5). Demgemäß stellt die Saldoziehung am Ende der Rechnungsperiode im Zweifel nicht eine tilgende, sondern eine lediglich summierende Forderungsverrechnung dar. Die als Rechnungsposten in Erscheinung tretenden Einzelforderungen und Leistungen werden lediglich so behandelt, als seien sie durch die Verrechnung der Posten *getilgt* worden (Enneccerus/Lehmann, Schuldverhältnisse, § 75 IV 2 d; Schumann, Handelsrecht II, 1954, S. 50 ff.). Gewichtige Gründe, die dafür sprechen, daß der Wille der Parteien am Schluß einer Rechnungsperiode nicht nur auf eine buchmäßige Gesamtabrechnung der beiderseitig entstandenen Forderungen und Leistungen, sondern auf ihre *Tilgung* gerichtet ist, liegen nicht vor. Über die Einzelforderungen kann wegen der kontokorrentmäßigen Bindung ohnehin *nicht* einseitig verfügt werden (Anm. 33), so daß es ohne Belang ist, ob die sich am Ende der Rechnungsperiode durch Verrechnung der Einzelposten vollziehende Saldierung auch tilgende Kraft besitzt. Im Gegenteil, die Parteien haben häufig ein schutzwürdiges Interesse am *Fortbestehen* der Einzelforderungen (Anm. 37). Dieser Gesichtspunkt spricht gegen die Annahme einer Tilgungswirkung der Verrechnung am Ende einer Rechnungsperiode. Der Fortbestand der *Sicherheiten,* wie ihn § 356, wenn auch nur in begrenztem Umfang ausdrücklich vorsieht, erklärt sich zwanglos aus dem Fortbestehen der Einzelforderungen. Die Gesamtabrechnung hat insofern die Bedeutung, daß sie den *Höchstbetrag* feststellt, bis zu dem die gebundenen einzelnen Forderungen des Gläubigers noch geltend gemacht werden können. Durch das *Anerkenntnis* des Saldos wird eine *selbständige Saldoforde-*

rung (Anm. 43) neben den bestehen gebliebenen Einzelforderungen begründet. Es besteht jedoch kein Anlaß, dem Anerkenntnis außer der Abstraktheit noch novierende oder der Verrechnung am Ende der Rechnungsperiode tilgende Wirkung beizumessen. Erst die Tilgung der *Saldoforderung* ist das Ereignis, das auf Grund der Verrechnungsabrede die *materiell-rechtliche* Wirkung der Gesamtverrechnung auslöst mit der Folge, daß auch die im Saldo verrechneten Einzelforderungen und Leistungen getilgt sind. Zu einer Tilgung der Saldoforderung am Ende einer Rechnungsperiode kommt es dagegen nicht, wenn sie auf neue Rechnung vorgetragen und ebenfalls kontokorrentmäßig behandelt wird (Anm. 51). Die *Vereinfachungsfunktion* des Kontokorrents liegt während einer Kontokorrentverbindung allein in der Behandlung der beiderseitigen Forderungen und Leistungen als *Rechnungsposten*. Das schließt nicht aus, daß sich die Kontokorrentparteien in Höhe des jeweils feststellbaren Haben- oder Sollsaldos auch während der Rechnungsperioden als *Gläubiger* oder *Schuldner* betrachten und behandeln.

IV. Saldoforderung

1. Behandlung

Die abstrakte Saldoforderung kann, falls sie nicht selbst bei einem Vortrag auf neue **61** Rechnung wieder kontokorrentgebunden ist, (auch als künftiger Anspruch) *abgetreten* (BGH BB 56, 770) und *eingeklagt* werden (RGZ 125, 408). Doch kann die Abtretung u. U. auf Grund der Besonderheiten einer Kontokorrentbeziehung ausgeschlossen sein (BGH WM 56, 1126). Die Saldoforderung hat ihren eigenen Erfüllungsort (§ 269 BGB). Über sie kann ein *Vorbehaltsurteil* nach § 302 ZPO ergehen, da sie nicht in rechtlichem Zusammenhang mit Gegenforderungen des Schuldners steht, die in rechtlichem Zusammenhang mit einem in das Kontokorrent aufgenommenen Einzelanspruch stehen (BGH LM Nr. 12 zu § 355; OLG Rostock OLGE 32, 155). *Rechtsgrund* der Klage auf den Saldo ist das Anerkenntnis selbst. Es liegt deshalb eine Klageänderung vor, wenn die Saldoklage nachträglich auf die Einzelforderungen gestützt wird; doch wird eine solche Klageänderung in der Regel nach § 264 ZPO als sachdienlich zuzulassen sein. – Die Saldoforderung *verjährt* nach § 195 BGB in dreißig Jahren (dazu Anm. 101).

2. Verzinslichkeit der Saldoforderung

a) Ausnahme vom Zinseszinsverbot

Nach § 248 Abs. 1 BGB ist eine *im voraus* getroffene Vereinbarung, daß fällige Zinsen **62** wieder Zinsen tragen sollen, *nichtig* (§ 353 Anm. 1). Von dem Zinseszinsverbot befreit § 355 Abs. 1 die Kontokorrentparteien. Danach kann die Partei, der beim Rechnungsabschluß ein *Überschuß* gebührt, *Zinsen* von dem Überschuß auch insoweit verlangen, als im Kontokorrent bereits Zinsen enthalten sind. Der Saldo ist auch dann verzinslich, wenn die *Einzelposten* des Kontokorrents selbst *nicht verzinslich* sind (Anm. 20; J. v. Gierke S. 498; a. M. Canaris in Großkomm. HGB Anm. 101; Düringer/Hachenburg/Breit § 355 Anm. 47, wonach bei Unverzinslichkeit der Einzelposten auch der Saldo nur nach allgemeinen Rechtsgrundsätzen, z. B. bei Verzug, zu verzinsen ist). Auch nach Kündigung eines eingeräumten Kredits darf die Bank ihrem Kunden Zinseszinsen

§ 355 1. Abschn. *Drittes Buch. Handelsgeschäfte*

berechnen, wenn das Konto mit Zustimmung des Kunden als Kontokorrent weitergeführt wird (OLG Köln HRR 39 Nr. 948; Anm. 53).

b) Zeitpunkt

63   Die Verzinsung des Saldos kann *vom Tage des Abschlusses der Rechnungsperiode* an verlangt werden. Entscheidend ist nicht der Tag, an dem der Saldo tatsächlich festgestellt oder anerkannt wird, sondern der Tag, auf den die Rechnung abschließt. Die rechtzeitige Feststellung des Saldos ist keine Voraussetzung der Saldoverzinsung.

c) Zinshöhe

64   Die Höhe der Zinsen richtet sich vorbehaltlich der sich aus § 138 BGB ergebenden Schranken nach den getroffenen *Vereinbarungen* (BGH WM 58, 522). Ist nichts vereinbart worden, so beträgt der gesetzliche Zinsfuß nach § 352 Abs. 2 HGB 5 v. H. (glA Canaris in Großkomm. § 355 Anm. 101; a. M. v. Godin in RGR Komm. z. HGB 2. Aufl., Anm. 34, wonach nur für Kaufleute der Zinsfuß 5%, für Nichtkaufleute 4% betragen soll).

V. Mängel der Saldofeststellung

65   Wenn auch durch die Anerkennung des Saldos eine neue, selbständige, vom Rechtsgrund gelöste Forderung entsteht, so wird doch dadurch eine *nachträgliche Geltendmachung von Mängeln* der Verrechnung, wie insbesondere Buchungs- und Rechenfehlern, nicht ausgeschlossen. Das Saldoanerkenntnis unterliegt den allgemeinen Vorschriften des BGB über Rechtsgeschäfte. Es kann wegen Geschäftsunfähigkeit, Scheins oder mangelnder Ernstlichkeit *nichtig* sein (§§ 104 ff. BGB); es kann wegen Irrtums, Drohung oder arglistiger Täuschung angefochten werden (§§ 119 ff. BGB). Dagegen wird als Folge der Abstraktion die Gültigkeit des Anerkenntnisses grundsätzlich nicht dadurch berührt, daß in Wirklichkeit nicht bestehende Posten bei der Verrechnung berücksichtigt oder bestehende Posten versehentlich nicht berücksichtigt worden sind. Eine Anfechtung wegen Irrtums nach § 119 BGB ist in diesem Falle nicht möglich, da die irrtümliche Annahme der Vollständigkeit und Richtigkeit des Saldos einen unbeachtlichen Irrtum im Beweggrund darstellt. Es könnte allein eine Anfechtung wegen arglistiger Täuschung nach § 123 BGB in Betracht kommen, wenn die Voraussetzungen dafür gegeben sind. Wohl aber kann ein ohne rechtlichen Grund erfolgtes Saldoanerkenntnis wegen *ungerechtfertigter Bereicherung* zurückgefordert und dadurch rückgängig gemacht werden (BGHZ 51, 346/348; BGH WM 58, 620 u. 1157; 72, 283/286; 75, 556/557; NJW 68, 591; OHGZ 2, 81/85; RGZ 101, 122/125; 114, 273; 117, 34/40; 125, 411/416; RG JW 26, 2677; 36, 917; RG HRR 38 Nr. 1231; Canaris in Großkomm. HGB Anm. 102; Koenige Anm. 7; Ritter Anm. 5 h; Düringer/Hachenburg/Breit § 355 Anm. 50; J. v. Gierke S. 498; Schumann Bd. II S. 53). Als Leistung gilt nach § 812 Abs. 2 BGB auch die durch Vertrag erfolgte Anerkennung des Bestehens oder Nichtbestehens eines Schuldverhältnisses. Die in Rechnungsauszügen mitunter befindliche Klausel „Irrtum vorbehalten" (S.E. & O. = salvo errore et ommissione) hat keine besondere Bedeutung; sie bringt nur zum Ausdruck, was ohnehin rechtens ist (so auch Düringer/Hachenburg/Breit § 355 Anm. 49). Nicht ermöglicht sie entgegen § 119 BGB die Anfechtung wegen eines Irrtums im Beweggrund.

66 Der Widerruf des Saldoanerkenntnisses, der sich im juristischen Kleid eines Bereicherungsanspruchs (s. dazu § 364 Anm. 26) abspielt, setzt nach § 812 Abs. 1 Satz 1 BGB voraus, daß das Anerkenntnis *ohne Rechtsgrund* abgegeben wurde. Rechtsgrund ist nicht die Richtigkeit des Anerkannten, sondern die sich aus dem Kontokorrentvertrag ergebende Verpflichtung zur Anerkennung eines richtigen Saldos (glA Zeiss AcP 164, 50, 74 ff.). War der Anerkennende wegen Unrichtigkeit oder Unvollständigkeit des Saldos nicht zur Anerkennung verpflichtet, so z. B. weil ein Haben- oder Sollposten nicht bestand oder bei der Verrechnung nicht berücksichtigt wurde, so kann er sein Anerkenntnis mit der Leistungskondiktion zurückfordern. Auf diese Weise können die einzelnen Posten des Kontokorrent, auf denen die Saldofeststellung beruht, noch nachträglich beanstandet werden. Die Selbständigkeit des Saldos wirkt sich demnach nur in *prozessualer* Hinsicht zugunsten des Gläubigers aus. Nicht er, sondern der Schuldner, der sein Anerkenntnis „widerruft", hat die *Beweislast* für das Nichtbestehen von Ansprüchen und Leistungen (BGH WM 75, 556). Hat der Anerkennende das Nichtbestehen seiner Schuld *gekannt,* so kann das Anerkenntnis nach § 814 BGB *nicht* rückgängig gemacht werden (BGH WM 58, 1158; 72, 283/285; OGHZ 2, 81/85; RGZ 101, 126; Canaris in Großkomm. HGB Anm. 102; Düringer/Hachenburg/Breit § 355 Anm. 21). Doch genügt es nicht, daß der Anerkennende die Tatsachen kannte, aus denen das Nichtbestehen seiner Schuld folgte; er muß sich auch bewußt gewesen sein, rechtlich nichts zu schulden. Bloße Zweifel an dem Bestehen der Schuld stehen der Kenntnis der Unrichtigkeit nicht gleich. Nur wenn die Parteien trotz bestehender Zweifel eine abschließende Regelung gewollt haben sollten, wäre eine Rückforderung ausgeschlossen (RG Warn. 1929 Nr. 35). Hat der Anerkennende sich *vorbehalten,* einen etwa noch zu ermittelnden Unterschiedsbetrag nachträglich geltend zu machen, so greift § 814 BGB nicht ein (BGH BB 60, 1221).

67 Anders ist die Rechtslage, wenn man entgegen der herrschenden Meinung die *Abstraktheit* des Saldoanerkenntnisses verneint (Anm. 44) und annimmt, daß die Kontokorrentabrede lediglich eine *Schuldänderung* bewirke, die die Tilgung der in das Kontokorrent aufgenommenen Forderungen im Verrechnungswege einschließt. Dann ist das Saldoanerkenntnis als ein *kausaler Feststellungsvertrag* anzusehen, der bei sachlicher Unrichtigkeit (Buchungs- und Rechenfehler) nicht nach § 812 Abs. 2 BGB kondizierbar (Anm. 44), sondern nur unter den Voraussetzungen des § 779 BGB oder wegen Nichtbestehens der Geschäftsgrundlage unwirksam ist (so Kübler, Feststellung und Garantie, 1967, S. 16 ff.; ähnlich Schönle, aaO, § 7 II zu I a 3 b S. 74).

68 Wenn auch die Wirksamkeit des Saldoanerkenntnisses wegen der Abstraktion von dem Bestehen des Rechtsgrundes grundsätzlich unabhängig ist (Anm. 65), so gibt es doch einige Fälle, in denen die Unverbindlichkeit eines Geschäfts auf das abstrakte Anerkenntnis übergreift, und zwar auch dann, wenn der Anerkennende gewußt hat, daß die von ihm anerkannte Schuld ganz oder teilweise nicht besteht. Es handelt sich vor allem um *Spiel-, Differenz-* und *Börsentermingeschäfte.* Über ihre kontokorrentmäßige Behandlung vgl. Anm. 83 ff.

69 Ist ein Grundgeschäft wegen Verstoßes gegen eine *gesetzliche* Vorschrift oder gegen die *guten Sitten* nichtig, so folgt daraus noch nicht, daß auch das Saldoanerkenntnis nichtig ist. Dem stünde die Abstraktheit des Anerkenntnisses entgegen. Wohl aber kann das Saldoanerkenntnis nichtig sein, wenn es als solches gegen die guten Sitten verstößt.

§ 355   1. Abschn.   *Drittes Buch. Handelsgeschäfte*

Das ist zwar häufig mit dem Hinweis auf § 817 Satz 2 BGB verneint worden (RGZ 75, 68/74; 86, 303; Enneccerus/Lehmann, Recht der Schuldverhältnisse, § 202 II 1). Aber gegenüber dieser rechtspolitisch fragwürdigen und in ihrem Anwendungsbereich umstrittenen Vorschrift gebührt der Generalklausel des § 138 BGB der Vorzug (BGHZ 41, 341/344; Larenz, AllgTeil, 3. Aufl. 1975, § 22 III c; Flume AllgTeil II § 18, 8; Soergel/Hefermehl, BGB § 138 Anm. 40). Ebenso wie ein abstraktes Verfügungsgeschäft wegen eines Willensmangels anfechtbar sein kann, kann es auch wegen eines ihm anhaftenden Verstoßes gegen die guten Sitten *nichtig* sein. Das ist bei einem abstrakten Geschäft allerdings nicht wegen seines Inhalts möglich, wohl aber wegen des verfolgten *Zwecks*, der dem Geschäft als solchem einen unsittlichen Gesamtcharakter gibt. Das gilt auch für *abstrakte Schuldverträge*, so z. B. für Wechselverpflichtungen auf Grund Austauschs von Akzepten (BGHZ 27, 172; BGH WM 69, 334; 73, 66; Baumbach/Hefermehl, Wechselgesetz und Scheckgesetz, 11. Aufl. 1973, WG Art. 17 Anm. 52 f.). Auch ein Saldoanerkenntnis kann, wenn es als solches gegen die guten Sitten verstößt, *nichtig* sein.

VI. Börsentermin- und Spielgeschäfte

Schrifttum: *Nußbaum,* Kommentar zum Börsengesetz, 1910; *Göppert,* Über das Börsentermingeschäft in Wertpapieren, 1914; *Schottelius,* Die Bedeutung des Warentermingeschäfts für die Wirtschaft, BB 56, 452 ff.; *Meyer/Bremer,* Börsengesetz, 4. Aufl., 1957; *Hahn,* Erlaubte und verbotene Termingeschäfte, DB 60, 971 ff.; *Horn,* Das Börsentermingeschäft in Wertpapieren mit dem Ausland, Diss. Frankfurt 1974; *Möhring/Klingelhöffer,* Zur rechtlichen Bedeutung des Warentermingeschäfts, BB 74, 1096 ff.; *Schwark,* Börsentermingeschäfte von Inländern an ausländischen Plätzen, DB 75, 2261 ff.; *Hadding,* Börsentermingeschäfte an ausländischen Börsen und in ausländischen Wertpapieren, WM 76, 310 ff.; *Schwark,* Börsengesetz, Kommentar, 1976.

1. Im allgemeinen

70   Der *Terminhandel in Wertpapieren* an deutschen Börsen wurde in der Zeit der allgemeinen Bankenkrise auf Grund eines Beschlusses der Börsenvorstände eingestellt. Seit dem 31. Juli 1931 wurden Termingeschäfte nicht mehr geschlossen. Später wurde auch der Terminhandel in *Waren* eingestellt. Die Vorschriften des *Börsengesetzes* vom 27. 5. 1908 (BGBl S. 215) über den Börsenterminhandel (§§ 50 ff. BörsG) in Waren oder Wertpapieren (einschließlich Wechseln und ausländischen Zahlungsmitteln) waren damit gegenstandslos geworden. Seit dem 15. Mai 1950 ist durch Runderlasse des Bundesministers für Wirtschaft nach und nach ein Terminhandel in *Devisen* und später auch in *Waren* wieder zugelassen worden (3. Aufl. Anm. 46). Seit dem Inkrafttreten des Außenwirtschaftsgesetzes (1. 9. 1961) ist der Terminhandel in ausländischen Wertpapieren, in Waren und Devisen grundsätzlich *frei* (§ 361 Anh. Anm. 57); er ist auch unter Gebietsansässigen nach § 3 Satz 1 WährG nicht genehmigungspflichtig. Wohl aber kann die *Ausführung* von Termingeschäften mit Waren und ausländischen Wertpapieren beschränkt werden (§§ 5–14, 22, 23 AWG), so daß es im Einzelfall darauf ankommt, ob Beschränkungen bestehen.

71   Seit dem 1. 7. 1970 findet an deutschen Börsen ein *offizieller* Terminhandel in *Aktien* statt, und zwar in Form des *Optionsgeschäfts* (Müller, Bank-Betrieb 75, 294 ff.). Gegen Zahlung einer Prämie kann einer Vertragspartei das Recht eingeräumt werden, Lieferung oder Abnahme von Wertpapieren innerhalb eines bestimmten Zeitraums zu einem

vorher vereinbarten Preis zu verlangen (§ 1 der 4. ZulassungsVO vom 9. 4. 76 BGBl I, 1008). Termingeschäfte in *Devisen* sind zwar *erlaubt,* jedoch *inoffiziell;* sie werden im Freiverkehr oder Telefonverkehr geschlossen. Für ein *Börsentermingeschäft* ist wesentlich, daß das Geschäft zu typischen Bedingungen über Waren oder Wertpapiere in Beziehung zu einem inländischen oder ausländischen Terminmarkt steht, der es ermöglicht, jederzeit ein völlig gleiches *Gegengeschäft* abzuschließen (BGH WM 65, 766; RGZ 101, 362; Meyer/Bremer, BörsenG, 4. Aufl., § 50 Anm. 3; Horn, Das Börsentermingeschäft in Wertpapieren mit dem Ausland, Diss. Frankfurt, 1974, S. 50 ff.). Diesen Voraussetzungen entsprechen auch die an deutschen Börsen zugelassenen Optionsgeschäfte (Schwark, BörsenG, Einl §§ 50–70 Rdz. 19 unter Abdruck von Geschäftsbedingungen). Den sich aus der *spekulativen* Natur des Börsentermingeschäfts für das Publikum ergebenden Gefahren suchen die §§ 50 ff. BörsG zu begegnen. Während bisher nur der Börsenterminhandel über Anteile von Bergwerks- und Fabrikunternehmen genehmigungspflichtig war, sind nach § 63 Abs. 1 BörsG i. d. F. des ÄnderungsG vom 28. 4. 75 (BGBl I, 1013 ff.). Börsentermingeschäfte in *allen Aktien* in- und ausländischer Unternehmen auf dem inländischen Markt nur noch erlaubt, soweit sie der Bundesminister der Finanzen vorher durch Rechtsverordnung mit Zustimmung des Bundesrats zugelassen hat. Die Zulassung setzt voraus, daß eine Gefährdung des Publikums nicht zu besorgen ist; sie kann zum Schutz der Anleger auf bestimmte Börsengeschäfte beschränkt werden, wie dies durch die 4. ZulassungsVO vom 9. 4. 76 (BGBl. I, 1008) für *Optionsgeschäfte* geschehen ist. – Börsentermingeschäfte in *anderen Wertpapieren* oder *Waren* sowie in Wechseln, Sorten und Devisen (§ 96 BörsG) sind dagegen grundsätzlich *erlaubt*. Doch können sie nach § 63 Abs. 2 BörsG vom Bundesminister der Finanzen mit Zustimmung des Bundesrats verboten, beschränkt oder ihre Zulässigkeit von Bedingungen abhängig gemacht werden, soweit dies zum Schutz des Publikums geboten ist.

2. Rechtswirkungen

Die Behandlung von Börsentermingeschäften im *Kontokorrent* macht zunächst eine Darstellung der Rechtswirkungen dieser Geschäfte in ihren Grundzügen notwendig. Zu unterscheiden ist zwischen *verbotenen* Termingeschäften einerseits und *offiziellen* oder *inoffiziellen,* aber erlaubten Termingeschäften andererseits. Die einschlägigen Vorschriften (§§ 52–60 BörsG) finden nach § 61 BörsG auch auf Termingeschäfte Anwendung, die im Ausland geschlossen oder zu erfüllen sind.

a) Verbotene Börsentermingeschäfte

Verboten sind Börsentermingeschäfte in *Aktien,* soweit sie nicht durch eine Rechtsverordnung vom Bundesminister der Finanzen mit Zustimmung des Bundesrats zugelassen werden (§ 63 Abs. 1 BörsG; Anm. 71). Gleiches gilt auch für Termingeschäfte in anderen Wertpapieren oder in Waren, wenn sie der Bundesminister der Finanzen durch Rechtsverordnung verboten, beschränkt oder ihre Zulässigkeit von Bedingungen abhängig gemacht hat. Solche nach § 63 BörsG verbotenen Börsentermingeschäfte begründen *keine Verbindlichkeit* (§ 64 BörsG). Die Unwirksamkeit erstreckt sich auch auf die Bestellung einer *Sicherheit*. Gleiches gilt für eine Vereinbarung, durch die der eine Teil zum Zweck der Erfüllung einer Schuld aus einem verbotenen Termingeschäft dem anderen Teil gegenüber eine Verbindlichkeit eingeht, insbesondere für ein Schuldaner-

§ 355 1. Abschn.   *Drittes Buch. Handelsgeschäfte*

kenntnis (§ 69 BörsG). Das auf Grund des unwirksamen Geschäfts *Geleistete* kann nicht deshalb zurückgefordert werden, weil eine Verbindlichkeit nicht bestanden hat (§ 64 Abs. 3 BörsG). Wohl aber kann die Freigabe der unwirksam bestellten Sicherheiten verlangt werden (Hadding WM 76, 310, 311).

74 Verboten sind ferner Börsentermingeschäfte über *Getreide* und Erzeugnisse der Getreidemüllereien (§ 65 BörsG). Doch gilt dies nicht, wenn die Geschäfte nach Geschäftsbedingungen abgeschlossen worden sind, die der Bundesminister für Wirtschaft genehmigt hat, sofern an ihnen nur Produzenten, Verarbeiter oder gewerbsmäßige Händler dieser Waren beteiligt sind (s. auch Art. 19 EWGVO vom 26. 7. 62 – BGBl I, 455). Bei verbotenen Termingeschäften kann das auf Grund dieser Geschäfte Geleistete noch innerhalb von zwei Jahren nach § 812 BGB zurückgefordert werden (§ 66 Abs. 2 BörsG). Eine Rückforderung ist jedoch nach § 814 BGB ausgeschlossen, wenn der Leistende gewußt hat, daß er zur Leistung nicht verpflichtet war. – Nichtig sind schließlich Termingeschäfte, die gegen Beschränkungen des Außenwirtschaftsrechts verstoßen (§ 134 BGB; Anm. 71).

b) Erlaubte offizielle Börsentermingeschäfte

75 „Offiziell" sind erlaubte Börsentermingeschäfte über Waren oder Wertpapiere (Anm. 74), die vom Börsenvorstand zum Börsenhandel an einer bestimmten Börse *zugelassen* und zu den vom Börsenvorstand festgesetzten Geschäftsbedingungen geschlossen worden sind (§ 50 BörsG). In *Devisen* findet ein *offizieller* Terminhandel zur Zeit in der Bundesrepublik *nicht* statt (Anm. 71), wohl aber in Waren, zu denen börsenrechtlich auch Edelmetalle gehören. Zu unterscheiden sind *drei* Gruppen von Geschäften:

76 1. *Verbindlich* ist das Geschäft, wenn *beide* Vertragspartner *termingeschäftsfähig* sind (§ 53 BörsG). Das sind einmal alle *Kaufleute,* wenn sie im Handelsregister *eingetragen* und keine Kleingewerbetreibenden sind oder ihre Eintragung nach § 36 HGB nicht erforderlich ist (öffentliche Unternehmen), und eingetragene Genossenschaften, zum anderen Personen, die *berufsmäßig* Börsentermingeschäfte oder Bankiergeschäfte betrieben haben – sei es zur Zeit des Geschäftsabschlusses, sei es früher – und Personen, die im Inland weder einen Wohnsitz noch eine gewerbliche Niederlassung haben (§ 53 BörsG). Börsentermingeschäfte zwischen termingeschäftsfähigen Personen sind *gültig* und mit dem Differenzeinwand nach § 764 BGB *nicht* angreifbar (§ 58 BörsG). Börsentermingeschäfte, die an *ausländischen* Börsen geschlossen werden, gehören nicht zum offiziellen Terminhandel (s. aber Anm. 81).

77 2. *Unverbindlich* (nicht nichtig) ist das Geschäft, wenn *beide* Vertragsparteien nicht termingeschäftsfähig sind. Dies gilt nach § 59 BörsG auch für eine Vereinbarung, durch die der eine Teil zum Zweck der Erfüllung einer Schuld aus einem nicht verbotenen Termingeschäft dem anderen Teile gegenüber eine Verbindlichkeit eingeht, insbesondere für ein Schuldanerkenntnis. Das auf Grund des klaglosen Geschäfts Geleistete kann *nicht* zurückgefordert werden (§ 55 BörsG). Ferner kann nach § 56 BörsG mit einer klaglosen Terminforderung gegen eine verbindliche Terminforderung einseitig *aufgerechnet* werden. – Das unverbindliche Termingeschäft wird somit, wenn man von der Aufrechnungsmöglichkeit nach § 56 BörsG absieht, ebenso behandelt wie ein *Spiel-* und

Differenzgeschäft nach §§ 762, 764 BGB. – Zu beachten ist ferner, daß nach § 57 BörsG ein unverbindliches erlaubtes Termingeschäft von Anfang an verbindlich wird, wenn der eine Teil seine Leistung im Einverständnis mit dem anderen Teil tatsächlich bewirkt hat.

3. *Beschränkt verbindlich* ist das Geschäft, wenn im Wertpapierhandel eine nicht **78** termingeschäftsfähige Partei der anderen Partei, die termingeschäftsfähig ist, für die Erfüllung des Geschäfts eine *Sicherheit* bestellt hat (§ 54 BörsG). In diesem Falle kann sich die termingeschäftsfähige Partei aus der Sicherheit befriedigen; im übrigen ist das Geschäft für die nicht termingeschäftsfähige Partei nicht verbindlich. Dagegen ist das Geschäft für die termingeschäftsfähige Partei in vollem Umfang verbindlich; sie ist daher zur Leistung verpflichtet, kann sich aber nur an die Sicherheit halten. §§ 55–57 BörsG gelten auch für beschränkt verbindliche Termingeschäfte (Anm. 77).

c) Erlaubte inoffizielle Börsentermingeschäfte

„Inoffiziell" sind Börsentermingeschäfte, die zwar *erlaubt,* jedoch nicht über Waren **79** oder Wertpapiere geschlossen sind, die der Börsenvorstand zum amtlichen Börsenterminhandel *zugelassen* hat. Sie werden wie folgt behandelt:

1. *Verbindlich* ist das Geschäft, wenn *beide* Vertragspartner *termingeschäftsfähig* sind **80** (§ 53 BörsG). Zur Termingeschäftsfähigkeit s. Anm. 76. Im Gegensatz zu den offiziellen Geschäften (Anm. 75 ff.) unterliegen die inoffiziellen Wertpapier-Termingeschäfte dem *Spiel-* oder *Differenzeinwand* (§§ 762, 764 BGB); § 58 BörsG ist nicht anwendbar. Das gilt nach § 96 BörsG auch für den Devisenterminhandel. Zur Förderung des internationalen Devisenhandels ist jedoch durch die VO vom 7. 3. 25 (RGBl I, 20) die Anwendung des § 58 BörsG und damit der Ausschluß des Differenzeinwands auf Termingeschäfte in *Wechseln* und *ausländischen Zahlungsmitteln,* die zum Börsenterminhandel nicht zugelassen sind, ausgedehnt worden. Termingeschäfte in *anderen* Wertpapieren sind dagegen dem Spiel- oder Differenzeinwand ausgesetzt. Das soll nach ständiger Rechtsprechung auch für an *ausländischen Börsen* geschlossene Geschäfte gelten (BGHZ 58, 1/3; BGH WM 75, 676/677; RGZ 76, 371; 79, 381, 384). Zwar sind nach § 61 BörsG die §§ 52 bis 60 auch auf *Auslandsgeschäfte* anwendbar und damit auch § 58 BörsG, jedoch wird die Anwendbarkeit der Vorschrift mit der Begründung verneint, daß die Zulassung zum Terminhandel an einer ausländischen Börse nicht die Garantien des § 50 BörsG biete und daher nur offizielle Termingeschäfte an Inlandsbörsen nicht dem Spiel- oder Differenzeinwand ausgesetzt seien. Diese Auffassung wird vom Schrifttum mit Recht durchweg abgelehnt (Schwark, BörsenG, 1976, Einl §§ 50–70 Rdz. 34 und DB 75, 2261 ff.; Hadding WM 76, 310/313 ff.; Franke WM 76, 730). Sie führt zu einer Diskriminierung ausländischer Börsen und Vertragspartner, da die Voraussetzungen des § 50 nur bei Inlandsbörsen vorliegen können. Wenn § 61 BörsG jedoch die Anwendung des § 58 BörsG doch vorschreibt, so ist es sachgerecht, diese Vorschrift auf Auslandsgeschäfte nicht anzuwenden, wenn die Wertpapiere zum Terminhandel an einer ausländischen Börse zugelassen sind. – Das *Geleistete* kann nicht zurückgefordert werden (§ 55 BörsG). Eine *Aufrechnung* gegen Forderungen aus anderen Börsentermingeschäften ist zulässig (§ 56 BörsG). Erfüllt eine Vertragspartei das Geschäft im Einverständnis der anderen, so wird es *rückwirkend* wirksam (§ 57 BörsG). – Bei *Warentermingeschäften,* die an ausländischen Börsen geschlossen werden und im Zusammenhang

§ 355 1. Abschn. *Drittes Buch. Handelsgeschäfte*

mit einem auf tatsächliche Lieferung gerichteten Hauptgeschäft stehen (Hedge-Geschäften) greift der Spiel- oder Differenzeinwand nicht durch (BGHZ 58, 1/5).

81 2. *Unverbindlich* ist das Geschäft, wenn *beide* Vertragsparteien nicht termingeschäftsfähig sind (arg. § 53 BörsG). Für Zahlung, Aufrechnung und Erfüllung gelten §§ 54 bis 57 BörsG (Anm. 78).

82 3. *Beschränkt verbindlich* ist das Geschäft, wenn es von einer termingeschäftsunfähigen mit einer termingeschäftsfähigen Person geschlossen wurde (Anm. 76). Hat diese eine *Sicherheit* erhalten, so ist das Geschäft für den Termingeschäftsfähigen voll verbindlich, für den Termingeschäftsunfähigen jedoch nur im Hinblick auf die Sicherheit (§ 54 BörsG). Wird der Differenzeinwand erhoben, so wird die Sicherheit hinfällig (arg. § 58 Satz 2 BörsG beschränkt sich auf § 58 Satz 1 BörsG, der nur für den offiziellen Terminhandel gilt. – Wurde *keine Sicherheit* geleistet, so ist das Termingeschäft ebenso wie ein Geschäft zwischen termingeschäftsunfähigen Personen *unwirksam* (Anm. 81).

3. Kontokorrentmäßige Behandlung

83 Setzen sich die Posten des Kontokorrents sämtlich aus erlaubten *verbindlichen* Termingeschäften (Anm. 76) zusammen, *so ist die Feststellung des Saldos,* d. h. sowohl das Anerkenntnis als auch die Verrechnung, in vollem Umfang *gültig*. Nach § 56 BörsG könnte gegen die Saldoforderung mit Forderungen aus unverbindlichen erlaubten Termingeschäften aufgerechnet werden.

84 Setzen sich die Posten des Kontokorrents sämtlich aus *verbotenen* Termingeschäften (Anm. 73 f.) zusammen, so ist die *Feststellung des Saldos unwirksam*. Die Unwirksamkeit des Saldoanerkenntnisses ergibt sich aus § 69 BörsG, die des Verrechnungsvertrages daraus, daß bei einer Verrechnung ausschließlich nichtiger Posten keine Erfüllung vorliegt. Ebenso liegt es, wenn das Kontokorrent ausschließlich aus verbotenen und aus unverbindlichen Termingeschäften besteht (RG Warn 19 Nr. 56).

85 Setzen sich die Posten des Kontokorrents sämtlich aus *unverbindlichen erlaubten* Termingeschäften (Anm. 81) zusammen, so ist das Saldoanerkenntnis nach § 59 BörsG (§ 72 BGB) unwirksam. Dagegen ist die Verrechnung an sich wirksam, da hierfür genügt, daß eine natürliche Verbindlichkeit vorhanden ist. Die Saldoforderung stellt jedoch ebenfalls eine natürliche Verbindlichkeit dar, die dem Differenzeinwand ausgesetzt ist.

86 Der Fall, daß der Kontokorrentsaldo sich *nur* aus verbotenen oder aus erlaubten, jedoch unverbindlichen Geschäften zusammensetzt, wird in der Praxis nur selten vorkommen. Es wird meist so liegen, daß sich der Saldo zum Teil aus verbindlichen, zum Teil aus unverbindlichen Geschäften zusammensetzt. Das Kontokorrentkonto einer nicht termingeschäftsfähigen Partei sieht z. B. folgendermaßen aus:

Soll		*Haben*
10 000 (unwirksam)		8 000 (unwirksam)
6 000 (wirksam)		3 000 (wirksam)
	Saldo	5 000
16 000		16 000

Erster Abschnitt. Allgemeine Vorschriften 1. Abschn. § 355

Hier stellt sich die Frage, ob der Saldo in Höhe von 5000.- DM voll wirksam, teilweise 87
wirksam oder überhaupt unwirksam ist. Ihre Beantwortung hängt in gewissem Grade
davon ab, welcher Lehre man hinsichtlich der Art und Weise der Verrechnung folgt
(Anm. 50, 54). Auszugehen ist davon, daß das Saldoanerkenntnis über unverbindliche
Schulden aus erlaubten Börsentermingeschäften zwar nach § 59 BörsG unwirksam ist
und keine klagbare Forderung erzeugt, daß jedoch nach § 53 BörsG (§ 762 Abs. 2 BGB)
der in der Saldofeststellung zugleich liegende Verrechnungsvertrag von klaglosen Verbindlichkeiten aus erlaubten Börsentermingeschäften mit klagbaren Forderungen als
Leistung wirksam sein kann. Nach der Lehre von der verhältnismäßigen Gesamtaufrechnung nahm das Reichsgericht zunächst die *verhältnismäßige Unwirksamkeit des
Saldos* an, wenn sich der Saldo aus verbindlichen und aus unverbindlichen Posten
zusammensetzte (RGZ 56, 19; 59, 192; 82, 175). Dabei wurde, wenn die letzte anerkannte Rechnung mit einem Schuldsaldo des im Endergebnis Belasteten begann, für den
vorgetragenen Saldo die gleiche Ermittlung angestellt und gegebenenfalls in dieser Weise
bis zum Beginn der Geschäftsverbindung zurückgegangen (RG JW 05, 186). Diese
Rechtsprechung des Reichsgerichts ist im Schrifttum stark bekämpft worden. Bekannt
und viel zitiert ist das von Hagens (DJZ 05, 109) erwähnte Beispiel. Im Soll des nicht
börsentermingeschäftsfähigen Kunden steht ein unwirksamer Posten von 90 000.- DM
aus unverbindlichen Termingeschäften sowie ein wirksamer Posten von 60 000,- DM
aus einem vom Bankier gewährten Darlehen. Im Haben des Kunden steht ein unwirksamer Posten von 100 000.- DM aus unverbindlichen Termingeschäften. Der sich für die
Bank ergebende Saldo würde 50 000 DM betragen. Nach der Lehre von der verhältnismäßigen Gesamtaufrechnung werden die Posten der kleineren Habenseite ganz, die
Posten der größeren Sollseite in dem Verhältnis getilgt, in dem die Summe der Buchungen
der Habenseite zu der Summe der Buchungen der Sollseite steht (100 000 zu 150 000,
d. h. im Verhältnis von 2:3). Der Darlehensposten von 60 000 DM ist somit in Höhe von
40 000,- DM, die Termingeschäftsposten von 90 000 DM sind in Höhe von 60 000.- DM
getilgt. Der Saldo selbst ist bei dieser Berechnung in Höhe von 20 000,- DM
(60 000–40 000) wirksam, im übrigen (30 000) aber unwirksam. Durch die verhältnismäßige Verrechnung gestaltet sich also die Stellung der Bank als Saldogläubiger schlechter, als sie bei völliger Streichung der unverbindlichen Posten gewesen wäre. Denn dem
Saldoschuldner, der den Termineinwand erhebt, ist es möglich, die unwirksamen Forderungen zur teilweisen Tilgung von voll wirksamen Gegenforderungen zu verwenden.
Zur Begründung wurde angeführt, daß es sich insoweit um die in den gesetzlichen
Vorschriften begründete Folge handele, daß die eine Seite sich auf unverbindliche
Termingeschäfte einlasse und diese zur Verrechnung stelle (RGZ 59, 192). Das unbillige
Ergebnis bei dieser Verrechnungsart veranlaßte das Reichsgericht, zwar nicht die Lehre
von der verhältnismäßigen Gesamtaufrechnung, wohl aber die bisherige Rechtsauffassung von der teilweisen Unwirksamkeit des Saldoanerkenntnisses aufzugeben (RGZ
132, 217; ferner RGZ 140, 315; 144, 311). Unter Würdigung der Erklärungen der
Kontokorrentparteien bei Abschluß des Verrechnungsvertrages wurde angenommen,
daß „es ersichtlich dem vernünftigen Willen des Gläubigers widersprechen würde, einen
Aufrechnungsantrag zu stellen, der derartige für ihn ungünstige und (bei der nicht
auszuschließenden Berufung auf die Klaglosigkeit gewisser Geschäfte) jederzeit zu gewärtigende Folgen für ihn haben könnte". Das Aufrechnungsangebot soll deshalb nur

§ 355 1. Abschn.   *Drittes Buch. Handelsgeschäfte*

als unter der *stillschweigenden auflösenden Bedingung* der Verrechnung aller Geschäfte als wirksam abgegeben und auch nur als in diesem Sinne anerkannt gelten. Beruft sich der Saldoschuldner auf die Klaglosigkeit mitverrechneter Geschäfte, so ist die Verrechnung als *nicht erfolgt* anzusehen. Zum gleichen Ergebnis ist das Reichsgericht auf Grund des § 139 BGB gelangt, da Verrechnung und Anerkennung ein einheitliches Rechtsgeschäft bilden. Aus der Unwirksamkeit der *ganzen* Verrechnung folgt, daß alle Posten aus Geschäften, deren Klaglosigkeit geltend gemacht worden ist, auf beiden Seiten des Kontokorrents gestrichen und als fortgefallen behandelt werden müssen. – An dieser Rechtsauffassung hat die Rechtsprechung seit dem Jahre 1931 bisher festgehalten (RGZ 140, 348; 144, 311; RG BankA XXXVII, 132; zustimmend Ritter Anm. 5 h zu § 355). Die *Klaglosigkeit* unverbindlicher Termingeschäfte kann demnach trotz der Aufnahme in das Kontokorrent grundsätzlich geltend gemacht werden, ohne daß hierdurch wirksame Forderungen der anderen Kontokorrentpartei beeinträchtigt werden. Das Ergebnis ist kein anderes, wenn man die *novatorische* Wirkung der Saldofeststellung verneint (Anm. 58).

88 Diese Rechtsauffassung führt indessen nicht stets zur völligen Unwirksamkeit des Verrechnungsvertrages und damit auch des Saldoanerkenntnisses. Die Auslegung des Verrechnungsvertrages nach §§ 133, 157 BGB kann im Einzelfall auch zu anderen Ergebnissen führen. Das Reichsgericht geht davon aus, daß die Kontokorrentparteien die vertragsmäßige Verrechnung nicht für den Fall wollen, daß sich eine Partei später auf die Klaglosigkeit gewisser Geschäfte beruft. Die Annahme einer *stillschweigenden* auflösenden Bedingung, wonach alle Geschäfte als wirksam verrechnet werden, ist jedoch ausgeschlossen, wenn der Saldoschuldner bei der Anerkennung des Saldos *wußte,* daß unverbindliche Börsentermingeschäftsschulden verrechnet worden sind. In diesem Falle liegt in der bewußt vollzogenen vertragsmäßigen Verrechnung eine besondere *Leistung* im Sinne des § 55 BörsG. Bei voller Kenntnis der Sach- und Rechtslage ist die Verrechnung und die Anerkennung des Saldos wirksam. Es würde gegen Treu und Glauben verstoßen, wenn der Saldoschuldner derartige erledigte Geschäftsvorfälle noch durch Geltendmachung des Termineinwands rückgängig machen könnte (vgl. OLG Hamburg BankA XXXVIII, 760; BankA XXVII, 133, Nachschrift der Schriftleitung). Auch wenn es sich um unbedingt verbotene Termingeschäfte in Getreide und Erzeugnissen der Getreidemüllerei handelt (§ 65 BörsG), bei denen nach § 66 Abs. 2 BörsG eine Rückforderung des Geleisteten innerhalb einer Ausschlußfrist von zwei Jahren grundsätzlich möglich ist, ist die vertragsmäßige Verrechnung nach § 814 BGB gültig, wenn dem Saldoschuldner die Nichtigkeit seiner Terminschuld bekannt war. Es empfiehlt sich daher, den Kunden bei Übersendung des Rechnungsabschlusses (Anm. 46) darauf hinzuweisen, daß der Kontokorrentsaldo auch unverbindliche Termingeschäfte einschließt.

89 Abgesehen von dem Fall der *bewußt* in Kenntnis der wahren Sach- und Rechtslage vorgenommenen Verrechnung hat Göppert (ZHR 102, 194) dargelegt, daß auch in anderen Fällen dem Saldogläubiger die stillschweigende auflösende Bedingung, daß alle Geschäfte als wirksam verrechnet würden, nicht zugerechnet werden kann. Das Reichsgericht geht auf Grund des in Anm. 87 erwähnten Beispiels von Hagens von Fällen aus, in denen sich die Stellung des Saldogläubigers durch die verhältnismäßige Gesamtaufrechnung verschlechtert. Es ist jedoch sehr wohl möglich, daß für eine Bank die verhältnismäßige Gesamtaufrechnung immer noch günstiger ist, als wenn die aus unverbindlichen Termingeschäften entstandenen Verbindlichkeiten überhaupt gestrichen und in die Verrechnung nicht einbezogen werden. Dies wird vor allem dann der Fall sein können, wenn dem Kunden gegen die Bank Forderungen aus gültigen Geschäften zustehen. Göppert weist darauf hin, daß dann die Anwendung der vom RG in Band 132, 218 aufgestellten Grundsätze zu einer starken *Begünstigung* des mit Verlust spekulierenden Kunden führen kann und nicht zu einer Verbesserung der Lage der Bank. Allerdings folgt hieraus nicht, daß der Kunde die im Laufe der Rechnungsperiode gezahlten Einschüsse, die bei Wegfall der unverbindlichen Gegenposten einen Saldo zu seinen Gunsten ergeben würden, stets zurückfordern kann. Nicht nur die vertragsmäßige Verrechnung am Ende der Rechnungsperiode, sondern auch eine Einzahlung im Laufe der Rechnungsperiode kann eine besondere Leistung im Sinne des § 55 BörsG sein. Eine Bareinzahlung, die der Terminschuldner nach seiner Aufklärung über die Klaglosigkeit der Termingeschäfte geleistet hat, um die Spekulation fortsetzen zu können, kann daher zum Ausgleich von Terminschulden verbucht werden, wobei es unerheblich ist, ob sie auf einem besonderen Terminkonto oder auf dem allgemeinen Konto verbucht worden sind (RG BankA XXXVII, 133). Man wird also grundsätzlich Einschüsse, die Kunden im Bewußtsein der Klaglosigkeit der Termingeschäfte zur Fortsetzung der Spekulation erbringen, auch schon während des Laufes der Rechnungsperiode als zur Verrechnung bestimmte besondere Leistungen im Sinne des § 55 BörsG anzusehen haben. In diesen Fällen würde es mit Treu und Glauben, insbesondere mit dem zwischen Bank und Kunden bestehenden gegenseitigen Vertrauensverhältnis, nicht vereinbar sein, wenn der Kunde seine Einschüsse zurückfordern könnte. Eine besondere Leistung im Sinne des § 55 BörsG liegt jedoch nur vor, wenn die Einschüsse zur Tilgung von Schulden aus Börsentermingeschäften und nicht zur Tilgung irgendwelcher anderer Schulden gemacht worden sind. Bei Einschüssen, die zum Zwecke der Fortsetzung der Spekulation erfolgen, wird man diese Voraussetzungen in der Regel als gegeben anzusehen und daher die Anwendung des § 55 BörsG zu bejahen haben.

90 In den Geschäftsbedingungen der Banken werden die Art und Weise der Verrechnung unter Berücksichtigung der Rechtsprechung meist genau geregelt. Danach sollen bei der periodischen Verrechnung in der Regel zunächst die Posten aus unverbindlichen Termingeschäften verrechnet und dann das für die Bank oder den Kunden aus Termingeschäften noch verbleibende Guthaben bei der weiteren Verrechnung in erster Reihe getilgt werden. Das Reichsgericht geht von der Wirksamkeit einer solchen vertraglichen Regelung aus, wenn in den Geschäftsbedingungen *ganz besonders deutlich* zum Ausdruck gebracht wird, daß die Vereinbarung, die dem wahren Interesse des Kunden an sich widerspricht, auch zur Verrechnung wirksamer Forderungen gegen unwirksame führt (RGZ 144, 313). Indessen ist eine solche *im voraus* getroffene Vereinbarung, die zur Verrechnung unverbindlicher Posten mit verbindlichen führt, im Hinblick auf die *zwingenden* Schutzvorschriften der §§ 55 BörsG, 762 Abs. 1 Satz 2 ebenfalls *unverbindlich* (zutr. Canaris in Großkomm. HGB Anm. 86). Sie erlangt allerdings Gewicht, wenn die Kontokorrentparteien sich bei der Verrechnung nach Abschluß der Rechnungsperiode zu ihr ausdrücklich oder konkludent bekennen.

91 Ein grundsätzliches Bedenken gegen die kontokorrentrechtliche Behandlung von Börsentermingeschäften durch die Rechtsprechung liegt darin, daß man eine von den

Parteien gesetzte „stillschweigende auflösende Bedingung" des erwähnten Inhalts unterstellt, um den mißlichen Folgen der Lehre von der verhältnismäßigen Gesamtaufrechnung auszuweichen. Canaris in Großkomm. HGB Anm. 83 ff. befürwortet eine entsprechende Anwendung der §§ 366, 396 BGB, jedoch mit der Maßgabe, daß nach § 366 Abs. 2 BGB nicht unter dem Aspekt geringerer Sicherheit die unverbindlichen vor den verbindlichen Posten, sondern zunächst die verbindlichen und die unverbindlichen Posten jeweils untereinander und sodann die sich dabei ergebenden Saldi verrechnet werden. Auszugehen ist davon, daß die verbindlichen und unverbindlichen Kontokorrentposten in der von den Parteien *vereinbarten* Reihenfolge getilgt werden (§ 366 Abs. 1 BGB; Anm. 90). Haben die Parteien für Börsentermingeschäfte keine Regelung im Kontokorrentvertrag getroffen, so liegt eine *Lücke* vor, die durch *ergänzende* Auslegung zu schließen ist. Es kommt darauf an, was beide Parteien, wäre ihnen die Lücke bewußt gewesen, vereinbart haben würden, wenn sie den offengebliebenen Punkt unter Beachtung des Gebots von Treu und Glauben mit dem Ziel eines gerechten Interessenausgleichs geregelt hätten (BGHZ 19, 110/112; 33, 163/165; 40, 91/104; Larenz, Allg.Teil, 3. Aufl, § 29 I S. 468). Dann aber ist, ausgehend vom Schutzzweck des Gesetzes, nicht anzunehmen, daß eine verhältnismäßige Gesamtaufrechnung stattfinden soll, sondern die verbindlichen unabhängig von den unverbindlichen Posten verrechnet werden sollen. Soweit die beiden Saldi derselben Partei zustehen, ist der aus unverbindlichen Posten bestehende nach § 59 BörsG unklagbar. Gleiches gilt, wenn die Saldi verschiedenen Parteien zustehen, insoweit, als der Saldo der unverbindlichen größer ist als der der verbindlichen Posten (ebenso Canaris in Großkomm. HGB Anm. 85 unter restriktiv modifizierter Anwendung des § 366 Abs. 2 BGB). In dem Beispiel von Hagens (Anm. 87) würde demnach für die Bank ein Saldo von 50000 DM bestehen. – Zur Behandlung von Börsentermingeschäften nach der Lehre vom *Staffelkontokorrent* s. Anm. 109.

92 Unter besonderen Umständen kann die Berufung auf die *Unverbindlichkeit* von Börsentermingeschäften und den Differenzeinwand unter dem Gesichtspunkt *unzulässiger Rechtsausübung* (§ 242 BGB) ausgeschlossen sein (BGH WM 72, 178f.; RGZ 144, 242/245; 146, 190/194; RG BankA XXXVIII, 532). Eine Partei beruft sich z.B. bei einem Verlust auf die Unklagbarkeit, obwohl sie aus früheren gleichartigen Geschäften stets die Gewinne eingestrichen hat. Enger Canaris in Großkomm. HGB Anm. 87 und „Die Vertrauenshaftung im deutschen Privatrecht, 1971, S. 356, der ein venire contra factum proprium erst bejaht, wenn die Partei in früheren Fällen die Auszahlung des Gewinns nur durch die ausdrückliche Zusicherung erreicht hatte, sie werde auch umgekehrt bei einem Verlust das Geschäft als wirksames behandeln.

VII. Beendigung des Kontokorrentvertrages

1. Vereinbarung der Parteien

93 Die Dauer des Kontokorrentvertrages hängt in erster Linie von den Vereinbarungen der Parteien ab. Die Parteien können auch bei Fortbestand der Geschäftsverbindung das Kontokorrentverhältnis *jederzeit* aufheben. Ein befristeter Kontokorrentvertrag endet mit dem Ablauf der Zeit, für die er eingegangen ist.

Erster Abschnitt. Allgemeine Vorschriften   **1. Abschn.**   **§ 355**

2. Ende der Geschäftsverbindung

Der Kontokorrentvertrag als bloßer Rahmenvertrag (Anm. 5) erlischt stets, wenn die **94** Geschäftsverbindung zwischen den Kontokorrentparteien endet (RGZ 140, 219/221; BGH NJW 56, 17; Canaris in Großkomm. HGB § 355 Anm. 111; Düringer/Hachenburg/Breit § 355 Anm. 57; a.M. Ritter Anm. 8 zu § 355). Das Vorhandensein einer Geschäftsverbindung bildet die Grundlage jedes Kontokorrents, ohne die es nicht bestehen kann. Dagegen endet der Kontokorrentvertrag *nicht* schon *mit dem Ablauf der Rechnungsperiode* oder mit der Abhebung des Saldos, wenn die Geschäftsverbindung unverändert fortgesetzt wird (RGZ 140, 219; Entsch. d. deutsch-engl. Schiedsgerichtshofes in BankA XXV, 374; Canaris in Großkomm. HGB § 355 Anm. 111; Baumbach/Duden Anm. 9 zu §§ 355–357; Düringer/Hachenburg/Breit § 355 Anm. 57; Göppert aaO S. 174). Der Kontokorrentvertrag ist nicht auf die Rechnungsperiode beschränkt. Er besteht so lange, wie die Geschäftsverbindung dauert. Auch einer besonderen Vereinbarung über die Erneuerung des Kontokorrentvertrages bedarf es nicht. Bei bestehender Geschäftsverbindung gilt der Kontokorrentvertrag von selbst weiter. Sind längere Zeit keine Geschäfte zwischen den Parteien geschlossen worden, so besagt das noch nicht, daß die Geschäftsverbindung beendet ist (BGH WM 70, 184/186). Nur wenn die Parteien keine Geschäfte mehr schließen *wollten*, besteht keine Geschäftsverbindung mehr zwischen ihnen. Schließen sie doch nach einiger Zeit wieder Geschäfte miteinander ab, so müssen sie erneut die kontokorrentmäßige Behandlung der beiderseitigen Forderungen und Leistungen vereinbaren; sonst treten die Wirkungen des Kontokorrents nicht ein, insbesondere können nicht Zinseszinsen verlangt werden. Auch die Kündigung eines mit dem Kontokorrentvertrag verbundenen *Kreditvertrages* führt allein noch nicht die Beendigung der Geschäftsverbindung und damit des Kontokorrentvertrages herbei. Die Geschäftsverbindung bleibt bestehen, bis der in Anspruch genommene Kredit tatsächlich zurückgezahlt worden ist (vgl. OLG Köln 39 Nr. 948). Banken haben unter Aufrechterhaltung der Geschäftsverbindung ihren Kunden gegenüber jederzeit Anspruch auf Bestellung oder Verstärkung bankmäßiger Sicherheiten für alle Verbindlichkeiten (Nr. 19 AGB für private Kreditinstitute). Wohl aber tritt eine Beendigung des Kontokorrentverhältnisses ein, wenn die kontoführende Bank durch einen *hoheitlichen Eingriff* geschlossen wird; damit ist die Geschäftsverbindung beendet (BGHZ 22, 304/309; BGH NJW 56, 17; WM 56, 188/190). – *Sirbt* eine Kontokorrentpartei, so erlischt der Kontokorrentvertrag, wenn die Geschäftsverbindung mit den Erben nicht fortgesetzt wird. Bei Fortsetzung der Geschäftsverbindung mit den Erben bleibt mangels abweichender Abrede auch der Kontokorrentvertrag bestehen.

Überträgt eine Kontokorrentpartei ihre Geschäftsverbindung auf einen Dritten, z.B. **95** eine Bank auf eine andere Bank, die die Verbindung *fortsetzt*, so wird das Kontokorrent *nicht* beendet (BGHZ 26, 142; BGH WM 60, 371). Da der Dritte in den Kontokorrentvertrag eintreten muß, bedarf es zur Übernahme des Vertragsverhältnisses der Zustimmung aller drei Beteiligten, also auch der anderen Kontokorrentpartei (Canaris in Großkomm. HGB § 355 Anm. 112). Doch kann in der tatsächlichen Fortsetzung des Kontokorrentverkehrs konkludent die zur Vertragsübernahme erforderliche Zustimmung liegen. Ist das nicht der Fall, so kann in der Fortsetzung des Kontokorrentverkehrs aber auch der Abschluß eines *neuen* Kontokorrentvertrages liegen und die abtretbare

§ 355 1. Abschn.   *Drittes Buch. Handelsgeschäfte*

Saldoforderung des früheren Kontokorrents der Bindung des neuen unterworfen werden (Canaris in Großkomm. z. HGB § 355 Anm. 112).

3. Kündigung

96 Wird die Geschäftsverbindung *beendet,* so erlischt damit der Kontokorrentvertrag. Das folgt aus den Erörterungen zu Anm. 94. Zulässig ist jedoch auch bei einem Fortbestehen der Geschäftsverbindung eine *selbständige Kündigung* des Kontokorrentvertrages. Nach § 355 Abs. 3 kann der Kontokorrentvertrag mangels gegenteiliger Abrede *jederzeit* mit sofortiger Wirkung gekündigt werden, ohne daß es einer besonderen Vereinbarung bedarf. Die sofortige Kündigung kann *während der Rechnungsperiode* erfolgen. Auch wenn eine bestimmte Rechnungsperiode zwischen den Parteien vereinbart worden ist, wird dadurch die einseitige Kündigung während der Rechnungsperiode grundsätzlich *nicht* ausgeschlossen. – Kündigen kann im Zweifel jede Kontokorrentpartei. Die Kündigung ist erst wirksam, wenn sie der anderen Partei nach § 130 BGB oder nach § 132 BGB zugegangen ist. Eine besondere Form schreibt Abs. 3 für die Kündigung nicht vor. Aus der Erklärung muß sich deutlich ergeben, daß eine kontokorrentrechtliche Behandlung der beiderseitigen Ansprüche und Leistungen nicht mehr gewollt ist. Die Übersendung des Rechnungsauszuges oder die Auszahlung des Saldoguthabens eines Kunden stellt daher keine Kündigung des Kontokorrentvertrages dar (RGZ 140, 222). Verlangt aber eine Partei vor Ablauf der Rechnungsperiode die Zahlung des Saldos, so *kann* darin konkludent die Kündigung des Kontokorrentvertrages liegen; ebenso dann, wenn am Schluß der Rechnungsperiode Zahlung des Saldos verlangt wird, der nach den Vereinbarungen auf neue Rechnung vorzutragen wäre. Doch braucht es sich in diesen Fällen nicht um eine Kündigung zu handeln, z. B. dann nicht, wenn eine Partei stets Ausgleich eines überhöhten Schuldsaldos verlangen kann (OLG Jena JW 26, 208). Ob eine Kündigung des Kontokorrentvertrages vorliegt, läßt sich daher nur nach Lage des Einzelfalls beurteilen (ebenso Canaris in Großkomm. HGB § 355 Anm. 110). Die Kündigung ist nach Abs. 3, falls nichts anderes vereinbart ist, *jederzeit* zulässig. Sie allein bewirkt nicht die Auflösung des Geschäftsvertrages oder eines neben dem Kontokorrentverhältnis bestehenden Kreditvertrages (RGZ 88, 373). In den Allgemeinen Geschäftsbedingungen der Banken heißt es überwiegend, daß sowohl die Bank als auch der Kunde berechtigt sind, jederzeit nicht nur das Kontokorrentverhältnis, sondern, sofern nichts anderes vereinbart ist, auch die Geschäftsverbindung selbst einseitig zu kündigen. Die Klausel erklärt sich dadurch, daß sich die Geschäftsverbindung im Bankverkehr gewöhnlich nur in der Form des Kontokorrents abspielt. In diesem Fall ist die Geschäftsverbindung und damit auch der Kontokorrentvertrag jederzeit einseitig aufhebbar (Nr. 17 AGB für private Kreditinstitute).

97 Die Regelung des § 355 Abs. 3 ist *nicht* zwingend. Abweichendes kann vereinbart werden. Ob die Vereinbarung einer bestimmten Dauer der Rechnungsperiode schon die einseitige Kündigung vor Ablauf der Rechnungsperiode ausschließt, ist eine Frage des Einzelfalles. Haben die Parteien die einseitige Kündigung des Kontokorrentvertrages überhaupt ausgeschlossen, so hängt der Kontokorrentvertrag in erster Linie vom Bestand der Geschäftsverbindung ab. Bei Vorliegen eines *wichtigen Grundes* wird man jedoch auch in diesem Falle unter Berücksichtigung der besonderen Natur des Kontokorrents als Dauerrechtsverhältnis ein jederzeitiges Kündigungsrecht anerkennen müssen (ebenso Canaris in Großkomm. HGB Ann. 110), z. B. bei eintretender Kreditunwürdigkeit.

4. Konkurs

Die Eröffnung des Konkursverfahrens über das Vermögen einer der Kontokorrentparteien führt die *sofortige Beendigung des Kontokorrentvertrages* herbei (BGHZ 58, 108/111; RGZ 22, 149; 125, 411/416; 149, 19/25; 162, 245; Düringer/Hachenburg/Breit HGB § 365 Anm. 61; von Godin in RGR-Komm. z. HGB § 355 Anm. 41a; Jaeger/Lent § 65 KO Anm. 8 und § 55 KO Anm. 2; Ritter § 355 Anm. 8; Bley ZAkDR 37, 42; a. M. Beitzke, Festschrift für J. v. Gierke, 1950, S. 21/26, wonach nur die *laufende* Rechungsperiode beendet wird; differenzierend Canaris in Großkomm. HGB Anm. 113ff.; Herz, Das Kontokorrent, 1974, S. 122ff.). Das ist evident, wenn mit der Konkurseröffnung auch die *Geschäftsverbindung* endet, Anm. 94. Unabhängig davon wird eine kontokorrentmäßige Abwicklung der beiderseitigen Ansprüche und Leistungen gewöhnlich mit dem *Konkurszweck* nicht vereinbar sein; dann entfällt auch eine Anwendung des § 17 KO. Ist das Kontokorrent beendet, so können vom Zeitpunkt der Konkurseröffnung an nur einfache Zinsen vom Schlußsaldo verlangt werden; doch ist ihre Geltendmachung bei einem Sollsaldo des Gemeinschuldners nach § 63 Ziff. 1 KO ausgeschlossen. Einen neuen Kontokorrentvertrag kann der Konkursverwalter mit Wirkung für und gegen die Masse abschließen. 98

Der Zeitpunkt der Konkurseröffnung steht einem vorzeitigen Ablauf der Rechnungsperiode gleich. Ein sich für den Gemeinschuldner ergebendes Guthaben gehört zur Masse; ein sich für die andere Kontokorrentpartei ergebendes Guthaben ist im Konkursverfahren als gewöhnliche Konkursforderung anzumelden. Der Saldo bildet den Grund des Anspruchs (§ 139 KO). Einzelne Rechtsgeschäfte, die als Habenposten im Kontokorrent gebucht sind, kann der Konkursverwaler selbstverständlich anfechten. Das gilt auch dann, wenn der Saldo nach § 145 Abs. 2 KO rechtskräftig zur Tabelle festgestellt ist (RGZ 27, 91; von Godin in RGR-Komm. z. HGB § 355 Anm. 41a;). Die Saldoforderung ist nach d. M. nicht, wie Beitzke aaO S. 11 meint, eine konkursfreie Forderung, weil sie erst durch die nach Eröffnung des Verfahrens erfolgende Saldoanerkennung entstehe. Aus § 355 Abs. 3 folgt, daß bei einer Beendigung des Kontokorrentverhältnisses der Anspruch auf Zahlung des buchmäßigen Saldos sofort fällig ist (vgl. Anm. 43, 57). Bei einem Sollsaldo des Gemeinschuldners ist daher die Saldoforderung des Gläubigers Konkursforderung (§ 3 KO), bei einem Habensaldo des Gemeinschuldners gehört die Saldoforderung zur Masse (§ 1 KO). 99

Die Eröffnung des gerichtlichen *Vergleichsverfahrens* hat grundsätzlich *nicht* die Beendigung des Kontokorrentvertrages zur Folge (Bley ZAkDR 37, 42 und VerglO § 4 Nr. I 1 e; von Godin in RGR-Komm. z. HGB § 355 Anm. 41b; Canaris in Großkomm. z. HGB Anm. 116 für den Fall, daß nach §§ 56 ff. VerglO nicht die Verfügungs- und Verpflichtungsfähigkeit des Vergleichsschuldners beeinträchtigt wird). Wohl aber wird meist die *laufende* Rechnungsperiode ihr Ende gefunden haben. Im übrigen kann jede Partei das Kontokorrentverhältnis durch *Küdigung* nach § 355 Abs. 3 beenden. 100

5. Wirkungen

Mit der Beendigung des Kontokorrentvertrages ist der sich für die eine oder die andere Kontokorrentpartei ergebende Anspruch auf den Überschuß (Saldoanspruch), ohne daß 101

§ 355 1. Abschn. *Drittes Buch. Handelsgeschäfte*

es einer Anerkennung des Saldos bedarf, *sofort fällig* (BGHZ 49, 24/26). Diese Rechtsfolge sieht § 355 Abs. 3 ausdrücklich nur für den Fall der *Kündigung* vor. Gleiches muß jedoch gelten, wenn die Beendigung des Kontokorrentvertrages durch Parteivereinbarung, durch Eröffnung des Konkursverfahrens oder aus einem sonstigen Grunde eingetreten ist (glA Canaris in Großkomm. HGB § 355 Anm. 118). Der die Beendigung des Kontokorrentvertrages hervorrufende Umstand bewirkt einen *vorzeitigen Abschluß der Rechnungsperiode* (OLG Nürnberg WM 60, 892). Der sofort fällige Schlußsaldo ist für den Zeitpunkt der Beendigung des Kontokorrentvertrages zu berechnen. Der Anspruch auf den Saldo ist, solange dieser nicht anerkannt worden ist, *kausaler Natur* (Anm. 50). Die *Einzelforderungen* werden lediglich *saldomäßig geltend gemacht*. Bei der Berechnung des Saldos muß daher auf die einzelnen Posten zurückgegangen werden, zu denen auch der bei Beginn der letzten Rechnungsperiode *vorgetragene Saldo* gehört. Der Gläubiger kann daher von diesem Saldo ausgehen und sich darauf beschränken, die hinzukommenen weiteren Aktivposten darzutun und zu beweisen, während die andere Partei die von ihr behaupteten Passivposten zu beweisen hat (BGHZ 49, 24/26 f.; BGH WM 76, 505; RG JW 35, 2355). Da die *Einzelforderungen* saldomäßig geltend gemacht werden, können *Einwendungen* und *Einreden* gegen die einzelnen Posten noch vorgebracht werden (Anm. 50). Die *Verjährungsfrist* richtet sich nach der rechtlichen Natur der Einzelforderungen; für die Dauer der Einstellung im Kontokorrent war die Verjährung jedoch *gehemmt* (BGHZ 49, 24/27). Für die *anerkannte* Saldoforderung gilt die dreißigjährige Verjährungsfrist (§ 195 BGB). Wird der Saldo nicht anerkannt, so richtet sich die Verjährungsfrist weiterhin nach den für die Einzelforderungen geltenden besonderen Verjährungsfristen (BGHZ 49, 24/27 f.). *Zinsen* können vom Schlußsaldo auch insoweit nach § 355 Abs. 1 verlangt werden, als im Kontokorrent bereits Zinsen enthalten sind. Dagegen können nach Beendigung des Kontokorrentverhältnisses vom Schlußsaldo lediglich Verzugszinsen, keine Zinseszinsen mehr berechnet werden (BGHZ 22, 304/309; NJW 56, 17; WM 56, 188/190; RGZ 149, 19/25). – Der mit der Beendigung des Kontokorrents entstehende kausale Saldoanspruch ist, da er nicht der Bindung des Kontokorrents unterliegt, *abtretbar*, verpfändbar und pfändbar (BGH NJW 54, 190; BGH WM 56, 770).

4. Abschnitt. Besondere Arten des Kontokorrents

I. Staffelkontokorrent

1. Kennzeichnung

102 Bei einem Staffelkontokorrent findet nicht eine periodische, sondern eine *laufende Verrechnung* statt. Die beiderseitigen Ansprüche und Leistungen werden nicht erst am Tage des periodisch stattfindenden Rechnungsabschlusses, sondern schon während der Rechnungsperiode ausgeglichen, sobald sie sich verrechnungsfähig gegenüberstehen (Göppert ZHR 102, 161 ff.; 103, 318/337 ff.; Weispfennig JW 38, 3091 ff.; Nebelung NJW 53, 449; Völp NJW 55, 813; Baumbach/Duden, HGB, 17. und 18. Aufl., §§ 355–357 Anm. 3 C; Schaudwet, Bankkontokorrent, S. 39 ff.; Schönle, Bank- und Börsenrecht, 1976, S. 74 f.; Herz, Das Kontokorrent, S. 72 ff.; aus der Rspr Celle WM

60, 208). Die laufende Verrechnung ist kein bloßer Buchungs-, sondern ein *Rechtsakt* mit tilgender Wirkung. Es ist daher jederzeit eine *Saldoforderung* vorhanden, deren Höhe sich im Laufe der Rechnungsperiode bei jeder Gut- oder Lastschrift ändert. Eine selbständige Geltendmachung der Saldoforderung ist jedoch ausgeschlossen, wenn sie, wie es in der Regel der Fall sein wird, auf neue Rechnung vorzutragen ist. Ob und inwieweit ein Zahlungsanspruch besteht, richtet sich nach dem Geschäftsvertrag. Die Lehre vom Staffelkontokorrent knüpft an die Praxis der *Banken* an, die ihren Kunden nach jedem Buchungsvorgang Kontoauszüge mit Angabe des neuen Haben- oder Sollsaldos übersenden (dazu Anm. 60). Die laufende Saldierung bietet den Vorteil, daß der jeweilige Saldo stets klar ersichtlich ist. Ein Staffelkontokorrent kann daher den wirtschaftlichen Gegebenheiten und Erfordernissen, insbesondere dem Zweck eines Kontokorrents, die Geschäftsbeziehungen zwischen den Parteien möglichst zu vereinfachen, besser gerecht werden. Doch fragt es sich, ob das Staffelkontokorrent mit laufender Verrechnung jedes neuen Saldos ein echtes Kontokorrent im Sinne des § 355 Abs. 1 ist (Anm. 103).

2. Grundauffassung

a) Das Staffelkontokorrent mit *laufender Verrechnung* ist *nicht* das Kontokorrent des § 355 Abs. 1. Das folgt aus der Fassung und der Entstehungsgeschichte der Vorschrift. § 355 Abs. 1 spricht von dem Ausgleich der beiderseitigen Ansprüche und Leistungen durch eine Verrechnung in *regelmäßigen Zeitabschnitten*. Es wird davon ausgegangen, daß die Verrechnung nicht jeweilig, sondern *periodisch* geschieht. Das ist auch der Standpunkt der *Denkschrift* zum Entwurf eines HGB (II S. 214ff.). Erst durch das Saldoanerkenntnis entsteht, wie aus § 356 folgt, eine selbständige Saldoforderung. Gegen die Annahme sukzessiver Verrechnung spricht ferner die *depotrechtliche* Sonderbestimmung des § 19 Abs. 4 DepG (BGHZ 50, 277/280). Danach gilt ein Einkaufskommissionär, der mit dem Kommittenten in einer Kontokorrentbeziehung steht, wegen der ihm aus der Ausführung eines Auftrages zustehenden Forderungen schon als befriedigt, sobald die Summe der Haben- die der Sollposten zum erstenmal erreicht oder übersteigt. Hier ist der Gesetzgeber, wie sich aus der amtlichen Begründung zu § 19 DepG ergibt, bewußt von dem Grundsatz des § 355 Abs. 1 abgewichen, nach dem erst die Saldoforderung zum Schluß der Rechnungsperiode maßgebend ist (Quassowski/Schröder § 19 DepG Anm. 12; Opitz § 19 DepG Anm. 18). Diese Regelung gestattet eher einen Umkehrschluß als eine Analogie. De lege lata kann daher bei dem Kontokorrent, von dem § 355 Abs. 1 ausgeht, der *Vollzug der Verrechnung* erst zum *Abschluß* der Rechnungsperiode angenommen werden. Wird bei allen Ein- und Auszahlungen sofort der sich danach ergebende Rechnungsstand gebucht, so fehlt es an dem Einverständnis der Parteien mit der Einbeziehung der Einzelposten in ein Rechnungsverhältnis, bei dem es nicht mehr auf diese Einzelposten, sondern auf den in bestimmten Zeitabständen zu ermittelnden *Überschuß* ankommen soll; es kann daher weder ein eigentliches noch ein uneigentliches Kontokorrent vorliegen (so RGZ 123, 385/386). Zum Gegensatz zwischen der kontinentaleuropäischen Auffassung vom *Verrechnungsaufschub* und der anglo-amerikanischen Auffassung von der *alsbaldigen* Verrechnung vgl. Ulmer in RVglHWB Bd. 5 S. 294/316f.; ferner zur Rspr des französischen Kassationshofes Kerwer JW 38, 18ff.

§ 355 1. Abschn. *Drittes Buch. Handelsgeschäfte*

104 b) Die *Merkmale* des Kontokorrents, wie sie § 355 Abs. 1 für das Periodenkontokorrent aufstellt, sind *nicht zwingend*. Die Parteien können eine jeweilige sukzessive Verrechnung *vereinbaren*, um ihren praktischen Bedürfnissen Rechnung zu tragen (BGHZ 50, 277/279; BGH WM 72, 283/284). Haben sie eine solche Vereinbarung getroffen (Anm. 56), so werden ihre Geschäftsbeziehungen nach den Grundsätzen des Staffelkontokorrents abgewickelt. Doch ist das Staffelkontokorrent vom Standpunkt der herrschenden Novationslehre (Anm. 57) nicht als Kontokorrent im Sinne des § 355 Abs. 1 anzusehen. Auch ist nicht ohne weiteres davon auszugehen, daß die Parteien ein Kontokorrent mit laufender Verrechnung in der Regel gewollt haben; vielmehr ist im Zweifel von einem *Periodenkontokorrent* auszugehen (Anm. 41).

105 c) Das nur *buchtechnisch in Staffelform* geführte Kontokorrent fällt unmittelbar unter § 355 Abs. 1, wenn eine Partei *Kaufmann* ist und eine *periodische* Saldofeststellung stattfindet. Eine bestimmte Art der *Buchung* schreibt § 355 Abs. 1 nicht vor; die Staffelmethode schließt daher seine Anwendung nicht aus. Gegen die Annahme, die laufende Verrechnung habe novatorische Wirkung, bestehen dieselben Bedenken wie bei einer periodischen Verrechnung und Saldoanerkennung (Anm. 57). Wird ein Kontokorrent lediglich buchtechnisch in Staffelform geführt, so bleiben die Einzelforderungen zunächst bestehen. Die materiellrechtlichen Gegensätze zwischen der herrschenden Lehre, die einen Verrechnungsaufschub bis zum Schluß der Rechnungsperiode annimmt, und der Lehre vom Staffelkontokorrent, die bei jeder Gut- oder Lastschrift eine laufende Verrechnung annimmt, sind dann ausgeräumt. Die Unterschiede beziehen sich auf die *Buchungsmethode*. Nimmt man dagegen an, daß die laufende Verrechnung die rechtliche Bedeutung eines jeweiligen Verrechnungsaktes mit *tilgender* Wirkung hat (BGH WM 72, 283/284), so besteht zwischen dem Staffel- und dem Periodenkontokorrent des § 355 ein grundsätzlicher Unterschied, wobei die weitere Frage, ob sich die Verrechnung mit dem Schluß der Rechnungsperiode *automatisch* oder erst durch die Anerkennung des Saldos vollzieht, sekundärer Natur ist. Zu unterscheiden ist demnach zwischen einem Staffelkontokorrent in *buchtechnischem* und in *rechtlichem* Sinne (s. auch Bärmann, Nr. 132).

3. Geltung kraft Vereinbarung

106 Durch *Vereinbarung* können die Parteien ein Staffelkontokorrent im Rechtssinne begründen (BGHZ 50, 277/279; BGH WM 72, 283/284; Canaris in Großkomm. HGB Anm. 30, 31). Das kann auch konkludent geschehen. Aus der in der Praxis häufig vorkommenden jeweiligen Saldierung wird von manchen gefolgert, die Parteien wollten ihre geschäftlichen Beziehungen staffelkontokorrentmäßig abwickeln. So soll insbesondere das *Bankkontokorrent* ein Staffelkontokorrent sein, weil die Banken ihren Kunden bei jeder Buchung auf dem Kontokorrentkonto, also gegebenenfalls täglich, *Tagesauszüge* mit Angabe des neuen Haben- oder Sollsaldos übersenden (Anm. 60). Die Salden sollen die *rechtliche* Bedeutung eines jeweiligen Verrechnungsaktes mit novatorischer Wirkung haben (Weispfennig JW 38, 3091; Nebelung NJW 53, 449; Völp NJW 55, 818; Baumbach/Duden, HGB, 17. und 18. Aufl., §§ 355–357 Anm. 3 C; eingehend Herz, Das Kontokorrent, 1974, S. 72 ff.). Indessen läßt sich noch nicht aus der jeweiligen buchungstechnischen Saldierung schließen, daß die Parteien ihre geschäftlichen Beziehungen mit einer durch laufende Verrechnung rechtlich verbindlichen Saldierung abwikkeln wollen. Bei den sog. *Tagessalden* handelt es sich nicht um einen gesetzlichen Rechnungsabschluß im Sinne des § 355 Abs. 1 (von Godin in RGR-Komm. z. HGB Anm. 4b; Canaris in Großkomm. HGB Anm. 72; Sprengel MDR 52, 8). Der Sinn täglicher Saldierungen besteht in der Regel lediglich darin, Auszahlungen zu verhindern, die nicht durch ein entsprechendes Guthaben gedeckt sind. Abgesehen davon, daß es sich bei jeweiliger Saldierung nicht um regelmäßige Zeitabschnitte handelt (Anm. 16), verlangen die Banken bei der Übersendung der Tagessalden weder ein Anerkenntnis noch gilt die Unterlassung rechtzeitiger Erinnerung nach Nr. 15 AGB Banken als Genehmigung. Der Tagessaldo, der auch nicht wie ein Abschlußsaldo die Spesen (Provision usw.) enthält, ist daher, worauf in diesem Kommentar stets hingewiesen wurde, nur ein reiner *Postensaldo*, der zur Erleichterung des Überblickes und zur Zinsberechnung ermittelt wird (Anm. 60). Mit Recht geht auch BGHZ 50, 277 ff. davon aus, daß mangels anderweitiger Vereinbarung in der Übersendung von Tagesauszügen noch kein Rechnungsabschluß mit schuldumschaffender Wirkung liegt. Diese zunächst für das Sparkassen-Kontokorrent (Nr. 9, 10 AGB Sp) vertretene Auffassung gilt für Bank-Kontokorrente schlechthin (s. BGH BB 72, 1163 für Nr. 14, 15 AGB Banken). *Tatsächlich* besteht im übrigen ein Saldo jederzeit, der wie eine Forderung oder Schuld gewertet wird, mag auch eine Verrechnung mit Rechtswirkung nicht stattgefunden haben (Anm. 60). Ein Staffelkontokorrent mit jeweiliger sukzessiver Verrechnung läßt sich erst annehmen, wenn der *Wille* der Parteien eindeutig darauf gerichtet ist. Aus der Übersendung innerhalb der Rechnungsperiode ausgestellter Kontoauszüge läßt noch nicht auf Rechnungsabschlüsse mit novatorischer Wirkung schließen, es sei denn, daß in den AGB auf einen vom Gesetz abweichenden Inhalt der Kontokorrentabrede hingewiesen wird oder die Parteien dies individuell vereinbart haben. Die Ansicht, daß nach der heutigen Handels- und Bankpraxis im Zweifel ein *Staffelkontokorrent* vorliege (so Weispfennig JW 38, 3096; Herz aaO) trifft daher nicht zu, insbesondere auch nicht die Annahme, jedes Kontokorrent sei im Zweifel selbst dann ein Staffelkontokorrent, wenn periodische Verrechnung und Mitteilung erfolge (so Baumbach/Duden, HGB, 17. Aufl., §§ 355–357 Anm. 3 C). Es kommt vielmehr stets auf den im Einzelfall unter Berücksichtigung der Verkehrssitte festzustellenden *Willen* der Parteien an, welcher Kontokorrentform sie sich zur Vereinfachung ihrer Geschäftsbeziehungen bedienen wollen (BGHZ 50, 277/279; BGH BB 72, 1163; Canaris in Großkomm. HGB Anm. 70 ff.). Auch wenn eine Partei jederzeit *Zahlung* bis zur Höhe ihres tatsächlichen Guthabens verlangen kann, wie dies gewöhnlich beim Bankkontokorrent auf Grund des Geschäftsvertrages zutrifft (Anm. 51), braucht deshalb kein Staffelkontokorrent im Rechtssinne vorzuliegen. Ebensowenig ist die Form der Zinsberechnung nach der Staffelmethode (Anm. 39) für die Annahme eines Staffelkontokorrents zwingend. Es müssen weitere Umstände hinzukommen. Die Verkehrssitte spricht im Zweifel für ein Periodenkontokorrent.

4. Laufende Verrechnung

a) Haben die Parteien ein Staffelkontokorrent im Rechtssinne (Anm. 105) *vereinbart,* so **107** werden die beiderseitigen Forderungen und Leistungen *verrechnet*, sobald sie sich verrechnungsfähig gegenübertreten. Die Verrechnung erschöpft sich nicht in einem Buchungsvorgang (Anm. 105), sondern führt jeweils zur Entstehung einer neuen *Saldofor-*

§ 355 1. Abschn. *Drittes Buch. Handelsgeschäfte*

derung, wobei streitig ist, ob eine *Novation* vorliegt (so OLG Celle WM 60, 1398/1400; Weispfennig JW 34, 3091/3094; von Godin in RGR-Komm. z. HGB § 355 Anm. 6; a. M. Herz, Das Kontokorrent, 1974, S. 84; Völp NJW 55, 818/819). Auf Grund der Kontokorrentabrede sind die Parteien nicht nur zur jeweiligen Verrechnung verpflichtet; sie haben vielmehr schon im voraus über die *künftigen* Forderungen und Leistungen *verfügt.* Eine „Einstellung" der Forderungen und Leistungen in das Kontokorrent als Buchungsblatt setzt die kontokorrentmäßige Verrechnung daher *nicht* voraus. Die gleichen Fragen stellen sich im übrigen beim *Periodenkontokorrent,* bei dem am Ende der Rechnungsperiode ebenfalls eine automatische Verrechnung auf Grund der Kontokorrentabrede stattfinden kann (Anm. 60).

108 b) Auch beim Staffelkontokorrent ist streitig, *worauf* sich die Verrechnung erstreckt. Geht man davon aus, daß stets eine auf einer Novation beruhende *Saldoforderung* besteht, so werden neue kontokorrentgebundene Einzelforderungen und Leistungen mit der Saldoforderung *automatisch verrechnet,* wodurch eine neue novierte Saldoforderung entsteht. Die „Verrechnung" umfaßt auch die Addition mehrerer unmittelbar nacheinander folgender Einzelforderungen oder Leistungen. Auf Grund der laufenden Verrechnung sind die *früheren* Einzelforderungen und Leistungen bereits verrechnet. Doch können die Parteien *vereinbaren,* daß bestimmte Forderungen oder Leistungen *nicht* kontokorrentmäßig verrechnet werden.

109 c) Geht man davon aus, daß keine Novation stattfindet, so besteht *keine einheitliche Saldoforderung.* Sie setzt sich vielmehr aus den Forderungen oder Forderungsresten zusammen, die *nicht* verrechnet worden sind (zutr. Herz, Das Kontokorrent, 1974, S. 86 ff.). Damit stellt sich die Frage, auf welche Forderungen und Leistungen sich die Verrechnung bezieht. Entweder findet wie beim Periodenkontokorrent eine *verhältnismäßige Gesamtaufrechnung* statt (Anm. 54) oder man geht entsprechend § 366 Abs. 2 BGB davon aus, daß grundsätzlich die *ältesten* Forderungen verrechnet werden, soweit es sich nicht um *gesicherte* Forderungen handelt (so Canaris DB 72, 421/425; Herz aaO S. 90 ff.). Dieser Verrechnungsmodus wird dem von den Parteien erstrebten Zweck eines Kontokorrents am besten gerecht. Unbenommen bleibt es auch hier den Parteien zu *vereinbaren,* daß durch eine Leistung *bestimmte Forderungen* getilgt werden (zum Periodenkontokorrent s. Anm. 37).

110 d) Bei *Börsentermin-* und *Spielgeschäften* (Anm. 72 ff.) können schon im Laufe der Rechnungsperiode *unklagbare* mit klagbaren Forderungen verrechnet werden. Allerdings ergibt sich beim Staffelkontokorrent insofern eine Schwierigkeit, als eine Verrechnung *nicht im voraus* von den Parteien vereinbart werden kann (arg §§ 55 BörsG, 762 Abs. 1 Satz 2 BGB; Anm. 90; Canaris DB 72, 169 f.; Herz, Das Kontokorrent, 1974, S. 99). Die laufende Verrechnung kann sich daher nicht automatisch auf unklagbare Forderungen erstrecken. Wohl aber könnten sich die Parteien nachträglich über eine Verrechnung ausdrücklich oder konkludent einigen, z. B. dadurch, daß eine Partei der anderen nach Verrechnung von unklagbaren mit klagbaren Forderungen den Saldo mitteilt und diese das Verrechnungsangebot annimmt (§ 151 BGB). Die nachträgliche Verrechnungsvereinbarung stellt eine nach §§ 55, BörsG, 762 Abs. 1 Satz 2 BGB wirksame *Leistung* dar. Zur Frage, welche unklagbaren Forderungen durch Verrechnung oder durch unmittelbare Zahlung als *getilgt* anzusehen sind, vgl. Anm. 91. Ohne eine nachträgliche Verrechnungsvereinbarung sind unklagbare Forderungen nicht verrechnet und daher auch im Saldo nicht enthalten.

5. Anerkenntnis

Auch bei einem Staffelkontokorrent mit laufender Verrechnung kommt es häufig zu einer *Anerkennung* des Saldos. Die Annahme, jeder Kontoauszug werde von den Parteien anerkannt (so Celle WM 60, 1398/1400), ist allerdings höchst fragwürdig. Wohl aber ist häufig zum Abschluß einer viertel-, halb- oder ganzjährlichen Rechnungsperiode ein *Anerkenntnis des Saldos* vorgesehen. Die *rechtliche* Bedeutung eines solchen Anerkenntnisses hängt von der Natur der bei der jeweiligen Verrechnung entstehenden Saldoforderung ab. **111**

a) Ist schon bei jedem Verrechnungsakt im Wege der *Novation* eine neue *einheitliche* Saldoforderung entstanden, so erübrigt es sich, durch eine Anerkennung des Saldos zusätzlich eine gleich hohe Forderung zu begründen. Das Anerkenntnis am Ende einer Rechnungsperiode hat daher nur eine *deklaratorische* Bedeutung. **112**

b) Stellt die Saldoforderung ein Mosaik aus nicht schon durch laufende Verrechnung getilgten Einzelforderungen dar (Anm. 60), so wird durch das Anerkenntnis des Saldos eine *einheitliche* selbständige Forderung begründet, die entweder neben die bestehende kausale Saldoforderung tritt oder sie mit novatorischer Wirkung ersetzt. Gegen die Annahme einer Novation bestehen dieselben Bedenken wie beim Periodenkontokorrent (Anm. 58). In jedem Fall tritt für den Gläubiger der Saldoforderung durch das Anerkenntnis eine *Beweiserleichterung* ein. **113**

c) Wird das Kontokorrentverhältnis *fortgesetzt,* so wird in der Regel die Saldoforderung vereinbarungsgemäß *auf neue Rechnung vorgetragen.* Das schließt einen *Zahlungsanspruch* nicht aus; ob ein solcher Anspruch besteht, richtet sich nach dem Geschäftsvertrag. Dieselbe Frage stellt sich beim Periodenkontokorrent während und nach dem Ablauf der Rechnungsperiode (Anm. 51). **114**

6. Verzinslichkeit der Saldoforderung

Die gesetzliche Ausnahme vom Zinseszinsverbot des § 248 Abs. 1 BGB folgt aus dem *Zweck* des Kontokorrents (Anm. 1). Um die Abwicklung der einzelnen Geschäfte während einer Geschäftsverbindung zu vereinfachen, werden die beiderseitigen Forderungen und Leistungen als bloße *Rechnungsposten* behandelt, wodurch eine gesonderte Abwicklung des einzelnen Geschäfts vermieden wird. Dieser Regelung entspricht die *Verzinslichkeit* der Saldoforderung auch für den Fall, daß im Saldo bereits Zinsen stecken. Es wäre widersinnig, den für die folgende Rechnungsperiode vorzutragenden Saldo nur insoweit als verzinslich anzusehen, als in ihm keine Zinsen enthalten sind (Mot. zu Art. 224 S. 112). Die Folge wäre, daß eine aus den Hauptforderungen verzinsliche und eine aus den Zinsforderungen unverzinsliche Saldoforderung gebildet werden müßte, womit der Vereinheitlichungszweck des Kontokorrents beseitigt wäre. Mit der Frage, ob eine periodische oder laufende Verrechnung stattfindet, hat die Ausnahme vom Zinseszinsverbot jedoch nichts zu tun (ebenso Canaris in Großkomm. HGB § 355 Anm. 121). Ebenso wie beim Periodenkontokorrent können daher auch beim Staffel- **115**

§ 355 1. Abschn. *Drittes Buch. Handelsgeschäfte*

kontokorrent *analog* § 355 Abs. 1 *Zinseszinsen* berechnet werden. Die bei jedem Verrechnungsakt entstehende neue Saldoforderung (Anm. 106) bietet dafür stets eine neue Grundlage. Doch sind die Zinsen, wie das auch beim Periodenkontokorrent üblich ist (Anm. 39), erst *am Ende der Rechnungsperiode* zu verrechnen. Sollen die bei jedem Verrechnungsakt für die entstehende neue Saldoforderung berechneten Zinsen die Hauptforderung erhöhen, so kann eine solche Vereinbarung wegen des Anschwellens der effektiven Verzinsung nach § 138 Abs. 1 BGB *nichtig* sein. Es ist die gleiche Frage, die sich beim Periodenkontokorrent stellt, wenn zu kurze Rechnungsperioden vereinbart worden sind (Anm. 16).

7. Jederzeitige Kündigung

116 Auch bei einem Staffelkontokorrent im Rechtssinne ist analog § 355 Abs. 3 eine *jederzeitige Kündigung* des Kontokorrents zuzulassen, ohne daß dafür ein wichtiger Grund vorzuliegen braucht (Anm. 96). Trotz einer Kündigung kann die *Geschäftsverbindung* zwischen den Parteien fortbestehen.

8. Sicherheiten und Zwangsvollstreckung

117 Zur analogen Anwendung der §§ 356, 357 auf das Staffelkontokorrent im Rechtssinne s. § 356 Anm. 22 und § 357 Anm. 19.

II. „Uneigentliches" Kontokorrent

1. Kennzeichnung

118 Behandeln die Parteien die aus ihrer Geschäftsverbindung entspringenden beiderseitigen Ansprüche und Leistungen *kontokorrentmäßig,* ohne daß die gesetzlichen Merkmale eines Kontokorrents im Sinne des § 355 Abs. 1 vorliegen, so spricht man von einem „uneigentlichen" Kontokorrent. Hauptbeispiel ist das Kontokorrent unter *Nichtkaufleuten* (Anm. 118). Die Parteien haben vereinbart, ihre beiderseitigen Ansprüche und Leistungen nur in Rechnung zu stellen und in regelmäßigen Zeitabschnitten unter Feststellung des Saldos auszugleichen. Es liegen alle Merkmale des eigentlichen Kontokorrents vor mit Ausnahme der Kaufmannseigenschaft wenigstens auf einer Seite. Der Begriff „uneigentliches" Kontokorrent hat als solcher keinen Aussagewert (Canaris in Großkomm. HGB Anm. 119). Er verdeckt die entscheidende Frage, ob die Rechtsfolgen, die §§ 355 bis 357 an das Vorliegen eines „eigentlichen" Kontokorrents knüpfen, *analog* gelten, wenn die Kaufmannseigenschaft auch nur einer Kontokorrentpartei oder andere Merkmale des § 355 Abs. 1 fehlen, z.B. keine periodische Verrechnung und Saldofeststellung vorgesehen sind, sondern schon bei jedem Geschäftsvorfall oder erst bei Beendigung des Kontokorrents saldiert wird. Um die Frage einer Analogie zu Vorschriften des Kontokorrentrechts aufwerfen zu können, müssen jedoch bestimmte *Mindesterfordernisse* vorliegen. Nur unter diesem Gesichtspunkt läßt sich von einem „uneigentlichen" Kontokorrent sprechen. Notwendig ist einmal, daß zwischen den Parteien eine *Geschäftsverbindung* besteht (Anm. 7, 8), aus der jedoch nicht *beiderseitige* Ansprüche hervorzugehen brauchen. Es genügt, daß nur von *einer* Seite Leistungen erbracht werden, während von der anderen nur Zinsen gutgeschrieben und auf Verlangen gekündigte Beträge ausgezahlt werden (RGZ 155, 396; Anm. 12). Eine lediglich kontenmäßige Verbuchung einseitiger Lieferungen oder Zahlungen würde nicht genügen. Zum anderen kommt es, wie beim „eigentlichen" Kontokorrent, auf den *Willen* der Parteien an, ihre Beziehungen durch eine kontokorrentmäßige Behandlung der Ansprüche und Leistungen zu vereinfachen und zu vereinheitlichen. Unerläßlich ist daher eine ausdrücklich oder konkludent getroffene *Kontokorrentabrede,* nach der die beiderseitigen Ansprüche und Leistungen zu *verrechnen* sind. Auch für die Frage, welche Ansprüche oder Leistungen in das Kontokorrent einzustellen sind, ist der *Wille* der Parteien maßgebend (Anm. 21–24). Keine wesensmäßig notwendigen Voraussetzungen sind aber die *Kaufmannseigenschaft* auch nur einer Partei, eine *periodische Verrechnung* (BGH WM 59, 92; Anm. 104) und die *Anerkennung* des sich aus der Gesamtabrechnung ergebenden Saldos. Bei Fehlen der gesetzlichen Voraussetzungen stellt sich die differenziert zu beantwortende Frage, ob und inwieweit Vorschriften und Grundsätze des Kontokorrentrechts *analog* anwendbar sind.

2. Kontokorrent unter Nichtkaufleuten

Besitzt keine der Parteien die Kaufmannseigenschaft, liegen aber im übrigen alle **119** Voraussetzungen des § 355 Abs. 1 vor, so stellt sich die Frage, ob *Zinsen* von dem Saldo auch insoweit verlangt werden können, als in der Rechnung schon Zinsen enthalten sind. Nach herrschender Meinung gilt die Befreiung vom Zinseszinsverbot des § 248 BGB *nicht* für ein Kontokorrent unter Nichtkaufleuten (RGZ 95, 19; Canaris in Großkomm. HGB § 355 Anm. 15, 120; Düringer/Hachenburg/Breit Anhang zu §§ 355–357 Anm. 7; Heymann/Kötter HGB § 355 Anm. 1 a.E.; J. v. Gierke S. 499; H. Lehmann S. 146; Ritter Anm. 12). Das Erfordernis der Kaufmannseigenschaft auf mindestens einer Seite ist rechtspolitisch fragwürdig (Raisch aaO S. 230ff.). Der Gedanke des Schuldnerschutzes verfängt nicht. Vermutlich ging der Gesetzgeber von der Vorstellung aus, ein Kontokorrent unter Nichtkaufleuten käme nicht vor, oder er wollte eine gewisse Gewähr dafür schaffen, daß wenigstens *eine* Partei Aufzeichnungen über die einzelnen Forderungen und Leistungen macht (so Raisch aaO S. 248f.). Gegen eine Analogie spricht, daß der Gesetzgeber die Befreiung vom Zinseszinsverbot nicht generell für das Kontokorrent vorsehen wollte, und die getroffene Regelung nicht widersinnig ist, wenn sie gegenüber einem Kaufmann auch den Nichtkaufmann berechtigt, Zinseszinsen zu verlangen (Canaris aaO Anm. 15). Das Verbot des § 248 BGB bezieht sich im übrigen nur auf *im voraus* getroffene Vereinbarungen. Vereinbarungen über die Verzinsung des Saldos nach Fälligkeit sind zulässig und können konkludent in der Anerkennung liegen (Canaris aaO Anm. 16). Im übrigen besitzt eine unter Nichtkaufleuten getroffene Kontokorrentabrede die gleichen rechtlichen *Wirkungen* wie beim „eigentlichen" Kontokorrent. Das gilt für die Bindung, die Verrechnung sowie die Feststellung und Anerkennung des Saldos. Gleiches gilt für die *Art* der Verrechnung, die nach herrschender Lehre eine verhältnismäßige Gesamtaufrechnung bewirkt (Anm. 54–56), nach anderer Auffassung sich analog §§ 366, 396 BGB vollzieht (Canaris in Großkomm. HGB § 355 Anm. 124). Unbedenklich ist eine analoge Anwendung des § 355 Abs. 2. Auch besteht kein Anlaß, das jederzeitige Kündigungsrecht nach § 355 Abs. 3 auf das „eigentliche" Kontokorrent zu beschränken (Anm. 115; ebenso Canaris aaO Anm. 14).

§ 355 1. Abschn. *Drittes Buch. Handelsgeschäfte*

120 Abgelehnt wird überwiegend eine analoge Anwendung des *§ 356* auf das nicht kaufmännische Kontokorrent (von Godin in RGR-Komm. z. HGB § 355 Anm. 9; Düringer/Hachenburg/Breit § 355 Anm. 17). Doch wird das Fortbestehen der Sicherheiten mit der Begründung bejaht, daß beim „uneigentlichen" Kontokorrent keine Novation eintrete. Hier zeigt sich der Widersinn der Novationslehre (Anm. 58). Das Fortbestehen der Sicherheiten entspricht dem *Willen* der Parteien, so daß eine *analoge* Anwendung des § 356 sachgerecht ist (Canaris in Großkomm. HGB § 355 Anm. 14; Schumann, Handelsrecht, III, V, 2). Aus den Sicherheiten kann sich der Gläubiger nur insoweit befriedigen, als sein Guthaben aus der laufenden Rechnung und die Forderung sich decken. Es gilt der Grundsatz der *niedrigsten* Saldohaftung.

121 Für die *Vollstreckung* enthält § 357 eine sachgemäße Abgrenzung der Interessen des Gläubigers und des Schuldners. Es ist daher nicht § 851 Abs. 2 ZPO, sondern die Regelung des § 357 auch auf das Kontokorrent unter *Nichtkaufleuten* anzuwenden (Canaris in Großkomm. HGB § 357 Anm. 14; a. M. von Godin in RGR-Komm. z. HGB § 355 Anm. 10).

3. Staffelkontokorrent

122 Die *Periodizität* der Verrechnung und Saldofeststellung ist kein wesensmäßiges Erfordernis des Kontokorrents (s. auch BGH WM 69, 92). Ist wenigstens *eine* der Kontokorrentparteien Kaufmann, so findet analog § 355 Abs. 1 das Zinseszinsverbot des § 248 BGB keine Anwendung (s. dazu Anm. 114). Auch §§ 356, 357 sind *analog* anwendbar. Es wird insoweit auf die Ausführungen zu § 356 Anm. 22 und § 357 Anm. 19 verwiesen.

4. Teilbares Kontokorrent

123 Haben die Parteien vereinbart, daß ihre beiderseitigen Ansprüche und Leistungen in regelmäßigen Zeitabschnitten verrechnet werden, kann jedoch jede Partei über die einzelnen Ansprüche selbständig verfügen, so liegt kein unteilbares (einheitliches) Kontokorrent im Sinne des § 355 Abs. 1 vor (Anm. 31). Da es zur Verrechnung und Saldofeststellung kommt, soweit keine Einzelverfügungen getroffen worden sind, stellt sich die Frage *analoger* Anwendung kontokorrentrechtlicher Vorschriften. Sie ist für § 355 Abs. 2 und 3 sowie die §§ 356, 357 zu bejahen. Problematisch ist, ob die Befreiung vom Zinseszinsverbot des § 248 BGB gilt, wenn wenigstens *eine* der Parteien die Kaufmannseigenschaft besitzt. Canaris (in Großkomm. HGB § 357 Anm. 26) meint, daß die Parteien das Privileg des § 355 Abs. 1 nicht verdienen, weil sie selbst den Vereinfachungs- und Vereinheitlichungszweck des Kontokorrents stark beeinträchtigt haben. Aber auch beim „eigentlichen" Kontokorrent können die Parteien jederzeit kontokorrentgebundene Einzelforderungen durch Vereinbarung der Verrechnung entziehen. Eine *Befreiung* vom Zinseszinsverbot ist dann grundsätzlich auch gerechtfertigt, wenn das Kontokorrent nicht unteilbar ist. Doch gilt das nicht, wenn die Kontokorrentabrede nur dazu dient, dem Zinseszinsverbot zu entgehen, eine Gesamtabrechnung jedoch in Wirklichkeit nicht stattfindet, z. B. bei *ratenweiser* Rückzahlung eines Darlehens. Die Gefahr einer Umgehung des § 248 Abs. 1 BGB, auf die Canaris aaO mit Recht hinweist, ist kein Grund, eine Befreiung vom Zinseszinsverbot analog § 355 Abs. 1 schlechthin zu verneinen.

5. Keine Feststellung und Anerkennung des Saldos

Haben die Parteien zwar eine *Verrechnung* der beiderseitigen Ansprüche und Leistungen in regelmäßigen Zeitabschnitten vereinbart, jedoch von vornherein eine Saldofeststellung und -anerkennung ausgeschlossen, so besteht kein Raum für eine analoge Anwendung des § 355 Abs. 1. Eine Befreiung vom Zinseszinsverbot des § 248 Abs. 1 BGB setzt nicht nur eine gewisse Vereinfachung des Zahlungsverkehrs, sondern auch die *Vereinheitlichung* ihrer Ansprüche und Leistungen durch Feststellung und Anerkennung des Saldos voraus (Canaris in Großkomm. HGB § 355 Anm. 29). Ebenso ist auch § 356, der ein Saldoanerkenntnis voraussetzt, *nicht* analog anwendbar. Keine Bedenken bestehen gegen eine analoge Anwendung des § 355 Abs. 2 und 3 sowie des § 357 (ebenso Canaris aaO). **124**

III. Offene Rechnung

Die *offene Rechnung* hat weder mit dem eigentlichen noch mit dem uneigentlichen Kontokorrent etwas zu tun. Von einer offenen Rechnung oder laufenden Rechnung spricht man, wenn die Parteien ihre beiderseitigen Ansprüche *nur tatsächlich* offen stehen lassen, ohne daß eine periodische Abrechnung stattfindet. In diesem Falle liegt kein besonderes Rechtsinstitut vor, das eine Sonderbehandlung erfordert, mag auch der Ausdruck „Kontokorrent" fälschlich gebraucht sein. Die Einzelposten der offenen Rechnung müssen im Streitfall substantiiert vorgetragen und bewiesen werden (BGH WM 56, 188 ff.). **125**

Als offene Rechnung wird ferner vielfach auch eine *einfache Kontenführung* in der kaufmännisch üblichen Form über einseitige Lieferungen oder einseitige Zahlungen angesehen, die nach bestimmten Zeitabständen verrechnet und ausgeglichen werden, wie z.B. die vierteljährliche Liquidation des Arztes (RGZ 115, 396; H. Lehmann S. 147). Eine sinngemäße Anwendung von Vorschriften des Kontokorrentrechts kommt in diesem Falle nicht in Betracht. **126**

§ 356 Wird eine Forderung, die durch Pfand, Bürgschaft oder in anderer Weise gesichert ist, in die laufende Rechnung aufgenommen, so wird der Gläubiger durch die Anerkennung des Rechnungsabschlusses nicht gehindert, aus der Sicherheit insoweit Befriedigung zu suchen, als sein Guthaben aus der laufenden Rechnung und die Forderung sich decken.

Haftet ein Dritter für eine in die laufende Rechnung aufgenommene Forderung als Gesamtschuldner, so findet auf die Geltendmachung der Forderung gegen ihn die Vorschrift des Absatzes 1 entsprechende Anwendung.

Inhalt

	Anm.		Anm.
I. Grundauffassung	1– 2	2. Art der Sicherheit	6–10
II. Voraussetzungen für das Fortbestehen der Sicherheiten	3–10	a) Im allgemeinen	6
		b) Vorbehaltenes Eigentum	7
1. Gesicherte Einzelforderung	3– 5	c) Aufrechnungsrecht	8

§ 356   1. Abschn.   *Drittes Buch. Handelsgeschäfte*

	Anm.		Anm.
d) Konkursvorrecht	9	3. Haftung als Gesamtschuldner	18
e) Mithaftung als Gesamtschuldner	10	4. Haftung bei mehreren gesicherten Forderungen	19
III. Fortbestand der Sicherheiten und gesamtschuldnerischen Mithaftung	11–22	5. Saldosicherheit	20–21
1. Umfang der Haftung	11–13	a) Abgrenzung	20
2. Grundsatz der niedrigsten Saldohaftung	14–17	b) Übertragung	21
		6. Staffelkontokorrent	22
a) Niedrigster Saldo als Höchstgrenze	15	IV. Rechtsstellung Dritter	23–25
		1. Wirkung der Kontokorrentbindung	23
b) Niedrigster Saldo als Mindestgrenze	16–17	2. Verteidigungsmöglichkeiten	24
		3. Befriedigung des Gläubigers	25

Schrifttum: Vgl. das zu § 355 HGB angeführte Schrifttum

I. Grundauffassung

1   Nach herrschender Meinung *erlöschen* durch die Anerkennung des Saldos die kontokorrentmäßig erfaßten Einzelforderungen und werden im Wege einer *Novation* durch die neu entstandene abstrakte Saldoforderung ersetzt (Anm. 57). Die novatorische Wirkung der Anerkennung hätte zur Folge, daß der Untergang der Einzelforderungen zugleich das Erlöschen der für sie bestehenden *Sicherheiten* nach sich zöge. Diese Rechtsfolge würde jedoch den Bedürfnissen und Anschauungen der kaufmännischen Praxis widersprechen. § 356 bestimmt deshalb, daß der Gläubiger durch die Anerkennung des Rechnungsabschlusses *nicht* gehindert ist, aus der für eine *einzelne* Forderung bestellten Sicherheit seine Befriedigung zu suchen, und zwar insoweit, als sein Guthaben aus der laufenden Rechnung und die gesicherte Forderung sich decken. Das ausdrücklich angeordnete *Fortbestehen der Sicherheiten* zeigt, daß aus der juristisch konstruktiven Deutung der Saldofeststellung als Novation keine Folgerungen gezogen werden sollen, die mit den Verkehrsbedürfnissen und den schutzwürdigen Interessen der Kontokorrentparteien nicht vereinbar sind (RGZ 87, 437; 162, 250 ff; BGH LM Nr. 10 zu § 355; ferner Anm. 57 zu § 355). Überwiegend wird angenommen, daß ein Fall gesetzlicher *Forderungsauswechslung* vorliege (M. Wolff in Ehrenbergs Handbuch IV, 1, 1917, § 14 S. 66; Düringer/Hachenburg/Breit HGB § 356 Anm. 3; Ritter Anm. 1 zu § 356; Ulmer in RvglHWB S. 200 linke Spalte oben; Schäfer, Bankkontokorrent und Bürgschaft, S. 77 ff.). Die Sicherheiten für die ursprünglichen Einzelforderungen sollen danach zu Sicherheiten für den Saldoanspruch werden, der wiederum bei einem Vortrag auf neue Rechnung zu einer gebundenen Einzelforderung der neuen laufenden Rechnung wird. Die Annahme einer Forderungsauswechslung widerspricht jedoch eindeutig dem in der Fassung des § 356 objektivierten Willen des Gesetzgebers. Wenn es dort heißt, daß der Gläubiger aus der Sicherheit insoweit Befriedigung suchen kann, „als sein Guthaben aus der laufenden Rechnung und der *Forderung* sich decken", so zeigt das, daß die gesicherte Forderung und die Sicherheit für sie gerade *fortbestehen* (zutr. Canaris in Großkom. HGB Anm. 4). Ebenso klar ergibt sich diese Rechtslage aus § 356 Abs. 2 für Forderungen aus einer Gesamtschuld. Weiter heißt es in der *Denkschrift* zum Entwurf eines HGB (S. 200 ff.), daß ein Übergang der Pfand- oder sonstigen Sicherungsrechte auf die Saldoforderung nach dem Entwurf nicht stattfindet, vielmehr die alte Forderung fortbesteht, soweit es sich um die Geltendmachung der Sicherheit handelt. Ein anderer Ausweg bestand auch nicht, da man durch den als Ausnahmevorschrift begriffenen § 356 die sachwidrigen Folgen der Novationslehre vermeiden wollte. Eine Forderungsauswechslung gegen den Willen des Sicherungsgebers würde ferner, worauf Canaris (aaO) hinweist, einen verfassungsrechtlich bedenklichen Eingriff in die Privatautonomie enthalten. Mit Recht hat daher die Rechtsprechung, wenn auch von der Novationslehre ausgehend, *nicht* eine Forderungsauswechslung bejaht, sondern angenommen, daß die *gesicherten Einzelforderungen selbst fortbestehen,* soweit es sich um die Geltendmachung der Sicherheiten handelt (BGHZ 29, 280/283; RGZ 76, 330; 87, 434/438; 162, 244/251, dahingestellt S. 253). In Wahrheit zeigt § 356, daß die Novaitonslehre dem Sinn und Zweck des Kontokorrents widerspricht.

Lehnt man die Novationswirkung des abstrakten Saldoanerkenntnisses *ab* (§ 355 Anm. 58), so folgt das *Fortbestehen* der Sicherheiten ohne weiteres aus dem Fortbestehen der Einzelforderungen. Es fragt sich dann, ob § 356 nur auf die *Anerkennung* des Rechnungsabschlusses oder auch auf die *Verrechnung* anzuwenden ist (Canaris in Großkomm. HGB Anm. 6 ff.). **2**

II. Voraussetzungen für das Fortbestehen der Sicherheiten

1. Gesicherte Einzelforderung

Es muß eine *Forderung* in das Kontokorrent aufgenommen sein. Grundsätzlich ist für eine Aufnahme in das Kontokorrent jede *kontokorrentfähige* Forderung geeignet, z.B. auch eine Zinsforderung. Nach den Vereinbarungen der Kontokorrentparteien kann jedoch die Aufnahme gewisser an sich kontokorrentfähiger Forderungen in das Kontokorrent ausgeschlossen sein. Für die Frage, welche Forderungen in das Kontokorrent aufzunehmen sind, ist der Wille der Parteien entscheidend. Er wird sich häufig aus den Geschäftsbedingungen ergeben (Anm. 21–24 zu § 355). **3**

Für die in das Kontokorrent aufgenommene Forderung muß eine *Sicherheit* bestehen, die nach Abschluß des Kontokorrentvertrages bestellt worden ist. Das ist *nicht* der Fall, wenn, wie es häufig vorkommt, für die sich aus der Verrechnung der Einzelposten ergebende *Saldoforderung* eine Sicherheit besteht. § 356 setzt voraus, daß die *einzelne Forderung,* die in das Kontokorrent aufgenommen wird, gesichert ist. Wird eine bestimmte Saldoforderung unter Fortbestehen des Kontokorrentverhältnisses als erster Posten auf neue Rechnung vorgetragen, so ist § 356 auf die nächste Saldoziehung anwendbar. Dabei ist gleichgültig, ob sich die Sicherung des Saldoguthabens erst aus dem Kontokorrent durch die Verrechnung von gesicherten Einzelforderungen ergeben hat oder ob für die Saldoforderung eine selbständige Sicherung bestand. **4**

Aus der *Bindung* des Kontokorrents folgt, daß über eine in das Kontokorrent aufgenommene Forderung grundsätzlich nicht während der Rechnungsperiode selbständig verfügt werden kann (Anm. 31 ff. zu § 355). Der gleiche Grundsatz gilt naturgemäß auch für die zugunsten der Forderung bestehende Sicherheit. Doch können die Parteien *vereinbaren,* daß die für eine Kontokorrentforderung bestehende Sicherheit selbständig geltend gemacht werden kann. Auch kann sich aus der *Eigenart* einer Forderung im Einzelfall eine vom Grundsatz abweichende Behandlung ergeben. Feste Regeln lassen sich insoweit nicht aufstellen. **5**

§ 356 1. Abschn. *Drittes Buch. Handelsgeschäfte*

2. Art der Sicherheit

6 a) § 356 Abs. 1 spricht von einer durch *Pfand, Bürgschaft oder in sonstiger Weise* gesicherten Forderung. Aus der weiten Fassung ergibt sich, daß entsprechend dem Zweck des § 356, die Rechtsstellung des Gläubigers durch die Feststellung des Saldos nicht zu verschlechtern, *Sicherungen jeder Art* gemeint sind. Unter § 356 fallen daher neben der Bürgschaft das *vertragliche* und das *gesetzliche Pfand* an beweglichen Sachen, an Forderungen, Rechten und an Grundstücksfrüchten (seien es Wirtschaftsfrüchte nach dem Pachtkreditgesetz vom 5. 8. 1951 – BGBl I, 494 –, seien es Verkaufsfrüchte nach dem Gesetz zur Sicherung der Düngemittel- und Saatgutversorgung vom 30. 7. 1951 – BGBl I 476 –; BGHZ 29, 280/283) sowie die *Hypothek*. Auch kommt es nicht darauf an, ob es sich um ein akzessorisches Recht handelt, so daß § 356 auch auf die *Sicherungsgrundschulden* (RG Warn 35 Nr. 153), das *Sicherungseigentum* und die *Sicherungsabtretung* anwendbar ist (Canaris in Großkomm. HGB Anm. 11). Ferner fallen unter § 356 auch nicht dingliche Sicherungsrechte, wie das bürgerlichrechtliche und das kaufmännische *Zurückbehaltungsrecht* (§§ 273 BGB, 369 HGB; RGZ 82, 400; Canaris aaO; Baumbach/Duden HGB §§ 355–357 Anm. 6 A; Düringer/Hachenburg/Breit § 356 Anm. 5; von Godin in RGR-Komm. z. HGB 2. Aufl., § 356 Anm. 2; Ritter Anm. 1 zu § 356), sowie die *Vormerkung* zur Sicherung einer in das Kontokorrent aufgenommenen Forderung.

7 b) Auch das *vorbehaltene Eigentum* fällt grundsätzlich unter § 356 (RGZ 136, 105; Canaris in Großkomm. HGB § 356, Anm. 12; Düringer/Hachenburg/Breit § 356 Anm. 6; Koenige Anm. 1 b zu § 356; Ritter Anm. 1 zu § 356; Serick, Eigentumsvorbehalt Band I § 15 III 1 b S. 421; Geiler JW 30, 2901; Bley ZAkDR 37, 42; a.M. OLG Düsseldorf, Handelsrecht und Handelsbrauch, Bd. 1 Nr. 206). Durch den Vorbehalt des Eigentums sichert sich der Veräußerer vor der Nichtzahlung des Kaufpreises durch den Käufer. Der Eigentumsvorbehalt hat somit, ebenso wie das Sicherungseigentum eine dem Pfandrecht ähnliche Sicherungsfunktion. Sieht man den Eigentumsvorbehalt als Sicherheit im Sinne des § 356 Abs. 1 an, so folgt daraus, daß der Vorbehalt noch nicht durch die Feststellung des Saldos erlischt. Er bleibt insoweit bestehen, als sich die gesicherte Forderung und die Saldoforderung decken. Erst wenn die gesicherte Saldoforderung beglichen ist, erlischt auch der Eigentumsverbehalt. Er wirkt somit ähnlich wie ein erweiterter Eigentumsvorbehalt. Auf Grund der kontokorrentmäßigen Einbeziehung kann der Eigentumsvorbehalt Forderungen sichern, deren Sicherung überhaupt nicht beabsichtigt war. Diese im Einzelfall nicht unbedenkliche Rechtsfolge rechtfertigt aber nach dem gegenwärtigen Rechtszustand nicht, das vorbehaltene Eigentum nicht als Sicherheit im Sinne des § 356 anzuerkennen. Da im Warenhandel meist nur unter Eigentumsvorbehalt geliefert wird, wäre die wirtschaftliche Bedeutung des Eigentumsvorbehalts als Sicherungsmittel stark gemindert, wenn er bei einer Kontokorrentverbindung nur bis zur nächsten Saldoziehung Bestand hätte. Die im Einzelfall bedenklichen Folgen der Verlängerung des Eigentumsvorbehalts lassen sich dadurch vermeiden, daß man dem Schuldner das Recht gibt (§ 242 BGB), durch Bezahlung des vollen Kaufpreises den Eigentumsvorbehalt zum Erlöschen zu bringen (Anm. 17). Anders liegt es, wenn die Parteien bei Vereinbarung des Eigentumsvorbehalts auch die Sicherung anderer gegenwärtiger oder künftiger Forderungen beabsichtigt hatten.

c) Zu den „Sicherungen in anderer Weise" ist ferner ein *Aufrechnungsrecht* zu rechnen **8**
(BGH LM Nr. 10 zu § 355; OLG Hamburg MDR 54, 486; Canaris in Großkomm. HGB
§ 356 Anm. 11; Baumbach/Duden §§ 355–357 Anm. 6 A). Es gibt dem Gläubiger unter
gewissen Voraussetzungen die Möglichkeit, sich auch dann für seine Forderung Befriedigung zu verschaffen, wenn ihre Durchsetzung sonst zweifelhaft ist. Insofern kommt dem
Aufrechnungsrecht eine ähnliche *Sicherungsfunktion* zu wie dem Pfandrecht. Der zur
Aufrechnung berechtigte Gläubiger kann sich ebenso wie ein Pfandgläubiger für seine
Forderung Befriedigung verschaffen. Der Umweg, in die Gegenforderung zu vollstrekken, wird ihm erspart, vgl. BGH aaO. Kraft seiner Sicherungsfunktion ist das Aufrechnungsrecht ein Sicherungsmittel im Sinne des § 356 Abs. 1. Trotz Feststellung des Saldos
kann der Gläubiger daher zum Zwecke der Aufrechnung auf die den Salden zugrunde
liegenden Einzelforderungen zurückgreifen (a. M. Beitzke JR 56, 16; v. Godin, Die
Wirtschaftsprüfung, 58, 12). Die kontokorrentmäßige Bindung steht nicht entgegen,
weil sie nach dem Grundgedanken des § 356 auch insoweit durchbrochen ist. Die vor der
Aufrechnung bestehenden Salden ändern sich um die durch Aufrechnung getilgten
Forderungen, da sich nachträglich ergeben hat, daß die bei der Saldierung als bestehend
angenommenen Forderungen zu dieser Zeit nicht mehr bestanden (§ 389 BGB). Dieser
Fall kann auch aus anderen Gründen eintreten, worüber kein Streit besteht.

d) Streitig ist, ob § 356 auf *Konkursvorrechte* (§ 61 KO) analog anwendbar ist. Das ist **9**
im Schrifttum und früher auch in der Rechtsprechung überwiegend mit der Begründung
abgelehnt worden, daß § 356 eine Ausnahmebestimmung und das Konkursvorzugsrecht
kein besonderes Sicherungsmittel sei (Düringer/Hachenburg/Breit § 356 Anm. 19). Abgesehen davon, daß es sich in Wahrheit nicht um eine Ausnahmevorschrift handelt
(Anm. 2), würde auch der Ausnahmecharakter nicht einer im Rahmen ihres Geltungsbereichs liegenden Analogie entgegenstehen. Man wird der Bedeutung und dem wirtschaftlichen Zweck des § 356 nicht gerecht, wenn man den Ausdruck „Sicherheit" engherzig
auslegt. Der formale Gesichtspunkt, daß das Konkursvorzugsrecht kein neben der
Forderung bestehendes besonderes Sicherungsrecht darstelle, schlägt nicht durch. Selbst
eine wörtliche Auslegung des Ausdrucks „Sicherheit" in § 356 Abs. 1 würde einen
solchen Schluß nicht zwingend rechtfertigen. § 356 ist daher sinngemäß auf Konkursvorzugsrechte anwendbar (BGH LM § 355 Nr. 19 = WM 70, 184/186; RGZ 162,
244/247; 164, 215; HansRGZ B 38 Sp. 175ff., 381 ff.; Canaris in Großkomm. HGB
§ 356 Anm. 13; Baumbach/Duden §§ 355–357 Anm. 6 A; Heymann/Kötter Anm. 1; v.
Godin in RGR-Komm. z. HGB 2. Aufl., § 356 Anm. 2; Ritter Anm. 1 zu § 356 HGB;
Jaeger/Lent Anm. 12 zu § 61 KO). Die Saldoforderung genießt bis zu der Höhe das
Konkursvorrecht, zu der sie sich mit der bevorrechtigten Einzelforderung deckt.

e) Der Grundsatz des Fortbestands der Sicherheiten gilt nach § 356 Abs. 2 auch dann, **10**
wenn für eine in das Kontokorrent aufgenommene Forderung *ein Dritter als Gesamtschuldner haftet*. Ohne diese Bestimmung wäre sonst anzunehmen, daß durch die
Saldofeststellung und die dadurch eintretende Verrechnung der Einzelposten die Mithaftungen erlöschen (RGZ 76, 330). Für die Anwendung des Abs. 2 ist es *nicht* erforderlich,
daß die gesamtschuldnerische Haftung zur Sicherung des Gläubigers eingegangen worden ist, wie z. B. bei einer Schuldmitübernahme (Anm. 16 f. zu § 349). Abs. 2 will auch
gesetzliche Mithaftungen erfassen, so z. B. die Haftung des Gesellschafters einer offenen

§ 356 1. Abschn. *Drittes Buch. Handelsgeschäfte*

Handelsgesellschaft bei seinem Ausscheiden aus der Gesellschaft (§§ 128, 159; BGH 50, 283), die Haftung der vor Eintragung einer AG in ihrem Namen Handelnden (§ 41 Abs. 1 AktG), die Haftung des Übernehmers eines Vermögens (§ 419 BGB) oder eines Handelsgeschäfts unter Fortführung der Firma (§ 25 HGB) sowie die Haftung der Miterben (§ 2058 BGB).

III. Fortbestand der Sicherheiten und der gesamtschuldnerischen Mithaftung

1. Umfang der Haftung

11 Liegen die zu I genannten Voraussetzungen vor, so *erlöschen* durch die Saldoanerkennung die für kontokorrentgebundene Einzelforderungen bestehenden Sicherheiten *nicht*. Sie haften nach § 356 insoweit weiter, als der Betrag der Saldoforderung und der Betrag der Sicherheit sich decken. Dabei kann die juristisch konstruktive Frage, ob die Sicherheit für die *neue* Saldoforderung oder, wie hier angenommen wird, für die *alte* Einzelforderung haftet, die insoweit besteht, als es sich um die Geltendmachung der Sicherheit handelt, dahingestellt bleiben (Anm. 1, 2). Nach beiden Auffassungen läßt sich das *Weiterbestehen* der Sicherheiten erklären.

12 Die Sicherheit haftet *nicht* für die ganze Saldoforderung. Die Haftung besteht nur bis zur Höhe der gesicherten Einzelforderung. Es müßte ein besonderer *Rechtsgrund* vorliegen, wenn die Sicherheit auch für den die gesicherte Einzelforderung übersteigenden Betrag der Saldoforderung geltend gemacht werden könnte. Auch wenn die Einzelforderung den Saldobetrag *übersteigt,* haftet die Sicherheit nach § 356 höchstens in Höhe der Saldoforderung. Zur Bestellung einer Sicherheit für den *Kontokorrentsaldo* s. Anm. 20 ff.

13 Während der Rechnungsperiode kann der Sicherungsgeber, z. B. ein Bürge, die Zahlung gegenüber dem Gläubiger unter Berufung auf die Kontokorrentabrede verweigern (§ 768 BGB; § 355 Anm. 32). Anders liegt es, wenn die Geltendmachung der Sicherheit auch während der Rechnungsperiode zwischen den Parteien vereinbart worden ist. Auch kann nach § 355 Abs. 3 der Kontokorrentvertrag *jederzeit gekündigt* werden, womit die Saldoforderung automatisch fällig wird und der Gläubiger die Sicherheit für den zu seinen Gunsten bestehenden Saldo in Anspruch nehmen kann.

2. Grundsatz der niedrigsten Saldohaftung

14 Wird bei Fortsetzung des Kontokorrentverhältnisses der Saldo als erster Posten auf *neue Rechnung* vorgetragen, so erlischt dadurch nicht eine für die Einzelforderung bestehende und in Höhe des Saldoguthabens noch haftende *Sicherheit*. Die insoweit mittelbar gesicherte Saldoforderung hat jedoch auf Grund der Kontokorrentabrede ihre Selbständigkeit verloren und ist zu einem gesicherten Rechnungsposten des Kontokorrents der neuen Rechnungsperiode geworden. Folgen *mehrere* Saldofeststellungen aufeinander, so haftet die Sicherheit nach der grundlegenden Entscheidung des Reichsgerichts in Band 76, 330 *bis zur Höhe des niedrigsten Saldos der Zwischenzeit* (ebenso BGHZ 50, 277/283; 26, 142/150; BGH WM 60, 373; 61, 1046; 64, 881; 72, 283/284; RGSeuffA 82 Nr. 129; 90 Nr. 10; Düringer/Hachenburg/Breit § 356 Anm. 14). Dieser Grundsatz wirkt sich im einzelnen wie folgt aus:

Erster Abschnitt. Allgemeine Vorschriften 1. Abschn. § 356

a) Der niedrigste Saldo bestimmt einmal die *Höchstgrenze* der Haftung des Sicherungs- **15** gebers (Canaris in Großkomm. HGB § 356 Anm. 17). Beträgt z. B. der Saldo der ersten Rechnungsperiode 300 DM, der zweiten 600 DM, der dritten 200 DM und der letzten 1000 DM, so kann die Sicherheit, soweit Einzelforderung und Saldoguthaben sich decken, nur in Höhe von 200 DM als dem niedrigsten Saldo für die letzte Saldoforderung geltend gemacht werden. Diese Wirkung läßt sich mit dem Akzessorietätsgedanken rechtfertigen. Eine über 200 DM gehende Einzelforderung kann der gesicherte Gläubiger in diesem Fall nicht haben. Der Bestand der Sicherheiten hängt von der Höhe der *folgenden Salden* ab. Gleichen sich bei der Feststellung des Saldos die Soll- und Habenposten aus oder ergibt sich für den Gläubiger ein *Sollsaldo,* so ist die Sicherheit erloschen.

b) Der niedrigste Saldo bestimmt aber zum anderen auch die *Mindestgrenze* der Haftung **16** des Sicherungsgebers. Der Bestand der Sicherheit wird daher nicht dadurch beeinflußt, daß *während* der Rechnungsperiode die Summe der Haben- die der Sollposten zu irgendeinem Zeitpunkt erreicht oder übersteigt. Entscheidend ist der sich bei *Abschluß der Rechnungsperiode* ergebende Betrag des Saldos. Die von den Banken ihren Kunden jeweils übersandten *Tagesauszüge* sind, falls die Parteien nichts anderes vereinbart haben, keine Rechnungsabschlüsse im Sinne des § 355 Abs. 1 (BGHZ 50, 277/283; Anm. 47). Es ist daher unerheblich, daß sich ein Sollsaldo in der Zeit zwischen zwei Rechnungsabschlüssen vermindert hat (BGHZ 50, 277/283; RGZ 76, 330/334; RG SeuffA 82 Nr. 129). Auf den jeweils niedrigsten Kontostand innerhalb einer Rechnungsperiode kann sich der Sicherungsgeber *nicht* berufen (Canaris in Großkomm. HGB Anm. 16.

Im Gegensatz zur herrschenden Lehre lehnt Canaris (in Großkomm. HGB Anm. 7 ff.) **17** eine Anwendung des § 356 auf die *Verrechnung* am Ende der Rechnungsperiode ab und beschränkt sie auf das Saldoanerkenntnis. Nur soweit die gesicherten Einzelforderungen nicht schon durch die sich analog §§ 366, 396 BGB vollziehende Verrechnung getilgt worden seien, sollen nach § 356 auch die Sicherheiten fortbestehen (a. M. Canaris in Großkomm. HGB Anm. 9; RGZ 76, 330/334). Nach der hier vertretenen Auffassung hat die Verrechnung am Ende der Rechnungsperiode eine *rechenoperative,* keine materiellrechtliche Wirkung auf den Bestand der sich verrechnungsfähig gegenüberstehenden Posten. Das schließt indessen nicht aus, daß während des Bestehens einer Kontokorrentverbindung geleistete Zahlungen zur *Tilgung* bestimmter Einzelforderungen und damit zum Erlöschen der für sie bestehenden Sicherheiten führen können. Dem steht § 356 nicht entgegen. Diese Vorschrift bestimmt nur, daß der Gläubiger durch die Anerkennung des Rechnungsabschlusses *nicht gehindert* wird, sich aus der Sicherheit in bestimmtem Umfang zu befriedigen, läßt es jedoch offen, ob die Weiterhaftung nicht aus *anderen* Gesichtspunkten entfallen kann (zutr. v. Godin in RGR-Komm. z. HGB 2. Aufl., § 356 Anm. 6). Gegenüber konstruktiven rechtlichen Folgerungen kommt dem *Willen der Parteien* der Vorrang zu. Da die §§ 355, 356 kein zwingendes Recht enthalten, können die Parteien durch Vereinbarung die *Tilgung* bestimmter kontokorrentgebundener Forderungen erreichen und dadurch vermeiden, daß eine Sicherheit künftig noch für *andere* Forderungen unterschiedlichster Art haftet. Das gilt unabhängig davon, ob man der Novations- oder Verrechnungslehre folgt. Ein solcher auf *Tilgung* einer Kontokorrentforderung gerichteter Wille der Parteien kann sich, ohne daß er ausdrücklich erklärt zu werden braucht, aus dem besonderen Charakter eines Geschäfts sowie der Art der

§ 356 1. Abschn.   *Drittes Buch. Handelsgeschäfte*

Sicherheit ergeben. Zahlt ein Schuldner erkennbar zur Tilgung einer *bestimmten* Schuld und nimmt der Gläubiger die Zahlung an, so haben die Parteien das *Erlöschen* der Forderung vereinbart. Dem steht ihre Kontokorrentgebundenheit, die selbst auf dem Parteiwillen beruht, nicht entgegen. Ein *konkludent* vereinbartes Erlöschen wird gewöhnlich anzunehmen sein, wenn der Schuldner gerade den genauen Betrag einer bestimmten gesicherten Schuld zahlt. Auf diese Weise lösen sich im Einklang mit dem Parteiwillen die bei Eigentumsvorbehalt, bei Bürgschaften, Pfandrechten und anderen Sicherheiten auftauchenden Schwierigkeiten. Ist eine Kaufpreisforderung durch *Eigentumsvorbehalt* gesichert, so wird man schon auf Grund der Eigenart dieser Sicherung anzunehmen haben, daß der Käufer vor oder nach Ablauf der Rechnungsperiode durch Zahlung des vollen Kaufpreises den Eigentumsvorbehalt zum Erlöschen bringen und damit das Eigentum an der Kaufsache erwerben kann (glA v. Godin in RGR-Komm. z. HGB 2. Aufl., § 356 Anm. 2; Serick, Eigentumsvorbehalt und Sicherungsübertragung, Band I, § 15 III 1 b S. 422f.; Geiler JW 30, 2901/2903). Er kann bei der Zahlung einzelner Raten bestimmen, daß sie zur Tilgung der Kaufpreisforderung geleistet werden. Nicht anders liegt es bei einer *Bürgschaft* oder einem *Pfandrecht* für eine kontokorrentgebundene Forderung. Auch bei diesen Sicherungen können die Parteien vereinbaren, daß durch eine Zahlung auf die gesicherte Schuld diese und damit auch die Sicherheit erlischt.

3. Haftung als Gesamtschuldner

18   Auch wenn ein Dritter für eine in das Kontokorrent aufgenommene Forderung als *Gesamtschuldner* haftet (Abs. 2), besteht seine Mithaftung, wenn sich das Saldoguthaben und die Forderung decken, bis zum Betrage des *niedrigsten Saldos* der Zwischenzeit fort, ohne daß es darauf ankommt, ob die Forderung aus der laufenden Rechnung zu irgendeiner Zeit zwischen zwei Rechnungsabschlüssen noch geringer gewesen ist (RGZ 76, 330/334; RG SeuffA 82, 219/220; RG HRR 35, 802; BGH WM 64, 881 für § 15 Abs. 1 HöfeO; Düringer/Hachenburg/Breit § 356 Anm. 17; v. Godin in RGR-Komm. HGB Anm. 2). Die Rechtslage eines *ausgeschiedenen Gesellschafters* einer OHG ist jedoch anders als die eines Bürgen oder Schuldübernehmers, der für eine oder mehrere in das Kontokorrent aufgenommene Forderungen haftet. Das beruht darauf, daß der ausgeschiedene Gesellschafter nach §§ 128, 159 HGB nur für den im *Zeitpunkt seines Ausscheidens,* nicht für den im Zeitpunkt des Schlusses der Rechnungsperiode vorhandenen Schuldsaldo haftet (BGHZ 50, 277/283f.; BGH WM 72, 283; v. Godin in RGR-Komm. z. HGB Anm. 2; Düringer/Hachenburg/Breit § 356 Anm. 17; kritisch Canaris in Großkomm. HGB § 356 Anm. 19f.). Maßgebend ist der sich im Augenblick des *Ausscheidens* aus der Verrechnung der Haben- und Sollposten ergebende *Zwischensaldo,* nicht sind es die einzelnen Sollposten. Beträgt der Schuldsaldo am Tage des Ausscheidens des Gesellschafters 30 000 DM, am Schluß der Rechnungsperiode 50 000 DM, so haftet der Gesellschafter nur in Höhe von 30 000 DM. Das gilt auch dann, wenn in der Zwischenzeit ein Tagesschuldsaldo weniger als 30 000 DM betragen hat. Maßgebend ist der *niedrigste* nach dem Ausscheiden gezogene Saldo eines periodischen Rechnungsabschlusses. Daß der ausgeschiedene Gesellschafter bis zur Höhe dieses Saldos auch nach seinem Ausscheiden entstandene Neuschulden der Gesellschaft gegen sich gelten lassen muß, folgt aus der *Kontokorrentabrede,* an die er gebunden bleibt und die

die Höchst- und Mindestgrenze seiner Haftung bestimmt (BGHZ 50, 277/284; BGH WM 72, 283; a. M. Canaris in Großkomm. HGB § 356 Anm. 20). Es kommen ihm daher auch die zur Zeit seines Ausscheidens bestehenden und nach seinem Ausscheiden entstehenden Habenposten zugute. Beträgt der Saldo am Schluß der nächsten oder einer der darauffolgenden Rechnungsperioden weniger als 30000 DM, so ist dieser niedrigste Saldo für die Haftung des ausgeschiedenen Gesellschafters maßgebend. Ist nach dem Ausscheiden eines Gesellschafters eine *bestimmte* Gesellschaftsschuld *getilgt* worden (Anm. 17), so würde insoweit auch eine Mithaftung entfallen. Umgekehrt könnte auch ein Habenposten der Gesellschaft nicht zugunsten des ausgeschiedenen Gesellschafters berücksichtigt werden, wenn die diesem Posten zugrundeliegende Forderung kraft Vereinbarung der Kontokorrentparteien getilgt worden ist. Ebenso wie ein ausgeschiedener Gesellschafter haftet auch der Erwerber eines Handelsgeschäfts, der es unter der bisherigen Firma fortführt, nur nach dem am Tage des Erwerbs bestehenden Saldo (Düringer/Hachenburg/Breit HGB § 356 Anm. 17; a. M. Canaris in Großkomm. HGB § 356 Anm. 19).

4. Haftung bei mehreren gesicherten Forderungen

Sind in das Kontokorrent *mehrere* gesicherte Einzelforderungen aufgenommen worden, von denen jede den Betrag der Saldoforderung erreicht oder übersteigt, so haften *alle Sicherheiten* fort. Dem Gläubiger steht es frei, welche Sicherheit er geltend machen will (Canaris in Großkomm. HGB Anm. 21; Düringer/Hachenburg/Breit HGB § 356 Anm. 9; Schäfer, Bankkontokorrent und Bürgschaft, S. 88 ff.). Gleiches gilt grundsätzlich auch, wenn der Gesamtbetrag der gesicherten Einzelforderungen den Betrag der Saldoforderung *nicht* erreicht (zust. v. Godin in RGR-Komm. HGB Anm. 7; Düringer/Hachenburg/Breit HGB § 356 Anm. 9; Schäfer aaO; a. M. Canaris in Großkomm. HGB Anm. 21). Steht dem Gläubiger z.B. eine hypothekarisch gesicherte Forderung in Höhe von 20000 DM, eine durch Bürgschaft gesicherte in Höhe von 4000 DM und eine durch ein Zurückbehaltungsrecht gesicherte Forderung in Höhe von 6000 DM zu, während der Saldo am Ende der Rechnungsperiode 40000 DM beträgt, so ist der Gläubiger für seine Saldoforderung nicht nur in Höhe von 20000 DM, sondern in Höhe von 30000 DM gesichert. Andernfalls hätte sich die Rechtsstellung des Gläubigers durch die Aufnahme seiner gesicherten Forderungen in das Kontokorrent und die Feststellung des Saldos verschlechtert. Das zu vermeiden, ist aber gerade der Zweck des § 356. Gleiches gilt, wenn der Saldo nur 20000 DM beträgt; auch dann kann der Gläubiger nach seiner Wahl jeden Sicherungsgeber in voller Höhe der Sicherheit in Anspruch nehmen. Anders liegt es nur dann, wenn während der Rechnungsperiode eine *bestimmte* gesicherte Forderung getilgt worden ist; dann ist auch die für sie bestehende Sicherheit erloschen (s. dazu im einzelnen Anm. 25).

5. Saldosicherheit

a) Abgrenzung

Von dem Bestehen einer Sicherheit für eine in das Kontokorrent aufgenommene *Einzelforderung* ist der Fall zu unterscheiden, daß für die *jeweilige Saldoforderung* selbst eine Sicherheit bestellt worden ist, z.B. eine Bürgschaft, eine Hypothek oder eine

Grundschuld. Solche Sicherheitsbestellungen kommen namentlich im Bankverkehr häufig vor. Es handelt sich um Sicherheiten für eine *künftige* Forderung. So kann z.B. eine Bürgschaft für alle künftigen Ansprüche einer Bank gegen den Kunden, die sich aus der *bankmäßigen Geschäftsverbindung* ergeben, übernommen werden, nicht dagegen ohne jede sachliche Begrenzung für alle nur irgendwie denkbaren künftigen Verbindlichkeiten des Kunden (BGHZ 25, 318/321; BGH NJW 65, 965; OLG Frankfurt WM 67, 296; zum Bestimmtheitserfordernis s. § 349 Anm. 7). Der grundsätzliche rechtliche Unterschied zwischen einer Sicherheit für den *Kontokorrentsaldo* und einer Sicherheit für eine *Einzelforderung* liegt in folgendem: Bei mehreren Kontokorrentsalden bleibt nach § 356 eine in das Kontokorrent aufgenommene Einzelforderung nur bis zum Betrage des *niedrigsten Saldos* durch die Sicherheit gedeckt; sie erlischt bei einem Saldoguthaben des Schuldners oder einem Ausgleich der Soll- und Habenposten. Auf Sicherheiten, die für die jeweilige Saldoforderung bestellt worden sind, findet dagegen § 356 keine Anwendung. Hat daher der Schuldner eine Sicherheit für den *jeweiligen Kontokorrentsaldo* am Schluß einer Rechnungsperiode bestellt, z.B. Wertpapiere verpfändet, so erlischt das Pfandrecht *nicht* schon dadurch, daß sich beim Rechnungsabschluß ein Habensaldo zu seinen Gunsten ergibt. Die verpfändeten Wertpapiere haften vielmehr fort, wenn sich bei den folgenden periodischen Rechnungsabschlüssen wieder Sollsalden zu Lasten des Schuldners ergeben. Der Grundsatz der Haftung für den niedrigsten Saldo gilt nicht. In diesem Zusammenhang zeigt sich die Bedeutung der Nr. 19 Abs. 4 AGB für private Kreditinstitute. Danach haften alle der Bank verpfändeten und ihr sonst als Sicherheit dienenden Werte auch dann für *sämtliche Forderungen* der Bank, wenn sie nur für eine besondere Forderung als Sicherheit gegeben worden sind, es sei denn, daß die Haftung für andere Forderungen ausdrücklich ausgeschlossen worden ist. Die Sicherheiten haften danach auch ohne besondere Einwilligung des Kunden für Forderungen, die auf die Bank in *banküblicher* Weise übergegangen sind (BGH LM Nr. 10 AGB der Banken).

b) Übertragung

21 Wird die gesicherte Saldoforderung *übertragen,* so geht im Geltungsbereich des § 401 BGB mit der Forderung auch die *Sicherheit* auf den Zessionar über. Auch eine Pfändung der Saldoforderung ergreift die für sie bestehende Sicherheit. Überträgt ein Gläubiger seine *Geschäftsverbindung* mit dem Schuldner unter Abtretung aller bestehenden und künftig noch entstehenden Forderungen einschließlich der Sicherheiten und setzt der neue Gläubiger das Kontokorrentverhältnis mit dem Schuldner fort, so erstreckt sich nach herrschender Meinung eine die gegenwärtigen und künftigen Kredite sichernde *Bürgschaft* nur auf die im Zeitpunkt der Rechtsnachfolge bestehende Saldoschuld. Sie sichert nicht Kredite, die dem Kontokorrentschuldner erst von dem die Geschäftsverbindung fortsetzenden neuen Gläubiger gewährt werden (BGHZ 26, 142/148 f; BGH WM 60, 371/372; Schäfer, Bankkontokorrent und Bürgschaft, S. 171 ff.). Hieraus folgt, daß bei mehreren periodischen Rechnungsabschlüssen der Bürge nach § 356 nur bis zur Höhe des *niedrigsten Saldos* haftet (BGHZ 26, 142/150; Anm. 14); die Bürgschaft für die jeweilige Saldoforderung hat sich in eine Bürgschaft für eine bestimmte Einzelforderung verwandelt. Eine Haftung des Bürgen auch für die neuen Kredite setzt danach eine entsprechende *Vereinbarung* mit ihm voraus. Sie kann schon bei Abschluß des Bürgschaftsvertrages zugunsten eines Rechtsnachfolgers des gegenwärtigen Gläubigers

(§ 328 BGB) getroffen werden. Bedarf die Bürgschaftserklärung nach § 766 BGB der Schriftform, so muß der Wille des Bürgen, auch für die Forderungen des neuen Kreditgebers einzustehen, in der Bürgschaftserklärung zumindest *angedeutet* sein (BGHZ 26, 142/149). Indessen haftet der Saldobürge, wenn der Gläubiger seine Geschäftsverbindung unter Abtretung aller daraus entstandenen und künftig entstehenden Ansprüche einschließlich der Sicherheiten überträgt, dem Zessionar für den *jeweiligen* und nicht nach § 356 nur für den niedrigsten Saldo (so mit Recht Canaris in Großkomm. HGB Anm. 34). Entscheidend ist nicht, ob zwischen Gläubiger und Hauptschuldner vereinbart wird, daß die Bürgschaft auch für künftige Forderungen des *Zessionars* gelten soll. Einen Wechsel in der Person des Gläubigers muß der Bürge auch gegen sich gelten lassen, wenn er sich nicht für eine bestehende Einzelforderung, sondern für die jeweilige Saldoforderung aus einer zwischen dem Gläubiger und dem Hauptschuldner bestehenden Kontokorrentbeziehung verbürgt hat. Eine solche Bürgschaft für *künftige* Forderungen läßt § 765 Abs. 2 BGB zu. Hat eine Bank bei Übertragung einer Geschäftsverbindung alle ihre bestehenden und künftigen Ansprüche aus einem bestehenden Kreditverhältnis abgetreten, so entsteht für den Zessionar, der den Kredit dem Schuldner im Rahmen des übernommenen Kreditverhältnisses gewährt, der ihm *abgetretene* Anspruch auf Rückzahlung des Kredits (§ 607 Abs. 1 BGB). Man verneint zu Unrecht die Abtretbarkeit einer künftigen Forderung, wenn man die Entstehung eines originären Rückzahlungsanspruchs für den kreditgewährenden Zessionar bejaht (zutr. Canaris in Großkomm. HGB Anm. 34). Hieraus folgt aber, daß der Saldobürge dem Zessionar gegenüber für den *jeweiligen* Saldo haftet. Dadurch hat sich seine Lage nicht verschlechtert. Im Gegenteil, er stünde u.U. ungünstiger da, wenn er im Zeitpunkt der Abtretung die Kreditlinie voll in Anspruch genommen hätte und nunmehr aus der Kontokorrentbürgschaft eine Bürgschaft für eine bestimmte Einzelforderung würde. Um die Haftung des Saldobürgen gegenüber dem Zessionar für den jeweiligen Saldo zu begründen, bedarf es daher keiner zusätzlichen Vereinbarung zwischen Gläubiger und Hauptschuldner zugunsten des Zessionars. Vielmehr wäre umgekehrt zur Beschränkung der Bürgschaft auf die Haftung für den Saldo zur Zeit der Rechtsnachfolge eine Vereinbarung nötig.

6. Staffelkontokorrent

§ 356 ist auch auf das Staffelkontokorrent im Rechtssinne (§ 355 Anm. 102 ff.) anzuwenden. Eine Kontokorrentpartei kann sich daher auch noch nach der *Anerkennung* des Saldos, gleichviel, ob man der Anerkennung forderungsbegründende oder lediglich feststellende Bedeutung beimißt (Anm. 43 f.), aus *Sicherheiten* befriedigen, die für eine kontokorrentgebundene Forderung bestellt worden sind (Herz, Das Kontokorrent, 1974, S. 110 ff.). Sie haften für den *niedrigsten Zwischensaldo* weiter. Dabei ist jedoch zu beachten, daß eine gesicherte Einzelforderung beim Staffelkontokorrent schon durch die laufenden Verrechnungsakte oder durch ihre Bezahlung getilgt sein kann, wodurch dann auch eine akzessorische Sicherheit erloschen ist. Nur soweit die Sicherheit noch besteht, kann § 356 eingreifen, wonach der Gläubiger trotz der Saldoanerkennung, auch wenn man ihr mit der herrschenden Lehre novatorische Bedeutung zuerkennt (Anm. 57), sich noch aus der Sicherheit insoweit befriedigen kann, als sich die gesicherte Forderung mit dem Saldo deckt.

§ 356 1. Abschn. *Drittes Buch. Handelsgeschäfte*

III. Rechtsstellung Dritter

1. Wirkung der Kontokorrentbindung

23 Eine Sicherheit für eine kontokorrentgebundene Forderung, wie z. B. eine Bürgschaft oder ein Pfandrecht, hat andere rechtliche Wirkungen als eine Sicherheit für eine kontokorrentfreie Forderung. Ob ein Kontokorrentverhältnis besteht, richtet sich nach den Vereinbarungen der Kontokorrentparteien (§ 355 Anm. 4, 14). Die Frage ist, unter welchen Voraussetzungen ein Sicherungsgeber die Rechtswirkungen des Kontokorrents gegen sich gelten zu lassen braucht. Das hängt von der *Auslegung* des Inhalts der Bürgschaftsübernahme ab (§§ 133, 157 BGB). Im Bankverkehr besteht die *Verkehrssitte,* daß die Geschäftsbeziehungen mit dem Kunden weitgehend kontokorrentmäßig abgewickelt werden. Wer daher die Bürgschaft für eine Bankkreditschuld des Hauptschuldners übernimmt, ohne sich um die Art der bestehenden Geschäftsverbindung zu kümmern und ohne seinerseits die Aufnahme in das Kontokorrent auszuschließen, ist auf Grund seiner bloßen Unkenntnis über die Art der Geschäftsverbindung noch nicht berechtigt, sich den Kontokorrentwirkungen der Hauptschuld zu entziehen. Er haftet für den niedrigsten Zwischensaldo bis zur Höhe der verbürgten Einzelschuld (RGZ 136, 178/181; Düringer/Hachenburg/Breit HGB § 356 Anm. 7; v. Godin in RGR-Komm. z. HGB Anm. 8; Heymann/Kötter Anm. 1; Schäfer, Bankkontokorrent und Bürgschaft, S. 67 ff.). Nur dann, wenn der Kredit nicht in das Kontokorrent hätte aufgenommen werden dürfen, wenn es sich um einen Einzelkredit gehandelt hat oder wenn bei den Verhandlungen der Eindruck erweckt worden ist, als ob es sich um einen Einzelkredit außerhalb des Kontokorrents handelt, läge es anders. Nicht kann aber allgemein von einer Verkehrssitte ausgegangen werden, nach der die Forderung des Gläubigers gegen einen Schuldner aus einer Geschäftsverbindung gewöhnlich eine *kontokorrentgebundene* Forderung ist (zutr Canaris in Großkomm. HGB Anm. 26, 27). Außerhalb des Bankverkehrs wird vielmehr im Zweifel anzunehmen sein, daß sich der Bürge, wenn er nichts anderes ausdrücklich oder konkludent erklärt hat, für eine *kontokorrentfreie* Forderung verbürgen wollte. Handelt es sich doch um eine kontokorrentgebundene Forderung, so kann ihn der Gläubiger jedenfalls nur mit der Maßgabe in Anspruch nehmen, daß es sich um eine kontokorrentfreie Forderung handelt. § 356 findet keine Anwendung. Ist das Kontokorrentverhältnis erst *nach* Übernahme einer Bürgschaft für die Hauptforderung begründet worden, so folgt die Nichtanwendung des § 365 aus § 767 Abs. 1 Satz 3 BGB.

2. Verteidigungsmöglichkeiten

24 Nimmt der Gläubiger einen Dritten, der für eine in das Kontokorrent aufgenommene Einzelforderung eine Sicherheit bestellt hat, nach Anerkennung des Rechnungsabschlusses insoweit in Anspruch, als sein Saldoguthaben und die Einzelforderung sich decken, so stehen dem Dritten *alle Einwendungen und Einreden* zu, die er gegen die verrechnete Einzelforderung hat (RG HRR 37 Nr. 463; RG SeuffA 82 Nr. 129; Canaris in Großkomm. HGB § 356 Anm. 28; Düringer/Hachenburg/Breit HGB § 356 Anm. 10; Ritter Anm. 3; Koenige Anm. 3 b). Das folgt bei Ablehnung der Novationslehre ohne weiteres aus dem *Weiterbestehen* der Einzelforderungen (Anm. 2). Dem Mitschuldner, Bürgen,

Verpfänder oder Eigentümer bleiben alle Einwendungen und Einreden gegen die Einzelforderung vorbehalten (§§ 422, 767, 768, 1125, 1137 BGB). Der Bürge kann z.B. einwenden, er habe sich nicht für eine kontokorrentgebundene Forderung verbürgt oder diese Forderung müsse ihm gegenüber jedenfalls als konkursfreie Forderung behandelt werden (BGH BB 61, 116). Geht man mit der herrschenden Auffassung davon aus, daß die Einzelforderungen durch die Saldoanerkennung kraft Novation erloschen sind (Anm. 1), so folgt das Recht, Einwendungen und Einreden gegenüber der erloschenen Einzelforderung jetzt gegenüber der Saldoforderung geltend zu machen, aus dem Zweck des § 356. Wenn der Gläubiger trotz Novation nicht gehindert ist, die Sicherungsgeber in Höhe des Saldoguthabens in Anspruch zu nehmen, so müssen sich diese auch auf ihre Einwendungen und Einreden gegenüber der erloschenen Einzelforderung berufen können (Schäfer, Bankkontokorrent und Bürgschaft, S. 90f.).

3. Befriedigung des Gläubigers

Umstritten ist die Rechtsstellung des Dritten, wenn er den Gläubiger *befriedigt*. Nach bürgerlichem Recht müßte in diesem Fall die Forderung des Gläubigers gegen den Schuldner *kraft Gesetzes* auf den Dritten übergehen (§ 426 Abs. 2, §§ 774, 1225 BGB). Dem scheint entgegenzustehen, daß eine kontokorrentgebundene Forderung auf Grund des Kontokorrentvertrages *nicht abtretbar* ist (§ 399 BGB; § 355 Anm. 33). Häufig ist deshalb der Übergang der *Saldoforderung* bejaht worden, soweit sie sich mit der gesicherten und bezahlten Einzelforderung deckt (Düringer/Hachenburg/Breit HGB § 356 Anm. 11; Ritter Anm. 3 zu § 356; Koenige Anm. 3b zu § 355; Vorauflage Anm. 17). Dabei soll es keinen Unterschied machen, ob der Dritte während oder erst nach Abschluß der Rechnungsperiode leistet. Dagegen bejaht v. Godin in RGR-Komm. z. HGB § 356 Anm. 5 einen gesetzlichen Übergang der kontokorrentgebundenen Einzelforderung auf den Dritten, z.B. einen zahlenden Bürgen, weil die Forderung nicht unabtretbar sei, sondern ihr nur die Einrede entgegenstehe, daß sie nicht anders erfüllt zu werden brauche als durch Verrechnung mit der anderen Kontokorrentpartei am Schluß der Rechnungsperiode. Aber die Unabtretbarkeit der Einzelforderung läßt sich nicht durch eine bloße Einrede aus der Welt schaffen. Wohl aber widerspricht das Abtretungsverbot, wenn der Gläubiger von einem Dritten befriedigt wird, seinem *Schutzzweck* (Canaris in Großkomm. HGB § 356 Anm. 31; Schäfer, Bankkontokorrent und Bürgschaft, S. 91 ff.). Der Kontokorrentverkehr zwischen Gläubiger und Schuldner wird *nicht* gestört. Der z.B. vom Bürgen gezahlte Betrag wird dem Schuldner im Kontokorrent gutgeschrieben. Das Abtretungsverbot hat insoweit keinen Sinn mehr, so daß die verbürgte Einzelforderung kraft Gesetzes nach § 774 Abs. 1 BGB auf den Bürgen übergeht. Geht man von der Novationslehre aus (Anm. 57), so gelangt man nach dem Zweck der Ausnahme des § 356 zu demselben Ergebnis.

357 Hat der Gläubiger eines Beteiligten die Pfändung und Überweisung des Anspruchs auf dasjenige erwirkt, was seinem Schuldner als Überschuß aus der laufenden Rechnung zukommt, so können dem Gläubiger gegenüber Schuldposten, die nach der Pfändung durch neue Geschäfte entstehen, nicht in Rechnung gestellt werden.

§ 357 1. Abschn. *Drittes Buch. Handelsgeschäfte*

Geschäfte, die auf Grund eines schon vor der Pfändung bestehenden Rechtes oder einer schon vor diesem Zeitpunkte bestehenden Verpflichtung des Drittschuldners vorgenommen werden, gelten nicht als neue Geschäfte im Sinne dieser Vorschrift.

Inhalt

	Anm.		Anm.
Allgemeines	1– 3	a) Schuldposten	11–15
I. Vollstreckung in den gegenwärtigen Kontokorrentsaldo	4–19	b) Habenposten	16
		4. Behandlung der Sicherheiten	17
1. Form der Vollstreckung	4– 5	5. Abtretung des Kontokorrentsaldos	18
a) Pfändung	4	6. Staffelkontokorrent	19
b) Überweisung des Anspruchs auf den Überschuß	5	II. Vollstreckung in den künftigen Kontokorrentsaldo	20–21
2. Wirkung der Pfändung	6–10	1. Form und Grenzen der Pfändung	20
3. Behandlung neuer Kontokorrentposten	11–16	2. Wirkung	21

Allgemeines

1 Als Gegenstand einer Pfändung könnten für den Vollstreckungsgläubiger in Betracht kommen:

1. die Pfändung der von der Kontokorrentabrede erfaßten *Einzelforderung:*
2. die Pfändung des *gegenwärtigen Saldos,* der sich bei einer Saldoziehung im Zeitpunkt der Pfändung ergibt;
3. die Pfändung des *künftigen Saldos,* der sich bei einer Saldoziehung im Zeitpunkt des Abschlusses der Rechnungsperiode ergibt.

2 Die Pfändung einer in das Kontokorrent aufgenommenen *Einzelforderung* ist ebenso wie ihre Abtretung *unzulässig* (§ 355 Anm. 31; RGZ 22, 148; 44, 386; Canaris in Großkomm. HGB Anm. 2; v. Godin in RGR-Komm. z. HGB 2. Aufl., § 356 Anm. 1; Heymann/Kötter Anm. 1; J. v. Gierke S. 496; Herz, Das Kontokorrent, S. 123). Das folgt aus dem Zweck des Periodenkontokorrents; nur der periodisch ermittelte Saldo kann festgestellt werden. § 851 Abs. 2 ZPO gibt die Einzelzwangsvollstreckung *nicht* frei; die Anwendung dieser Vorschrift wird durch § 357 ausgeschlossen, der die Einzelzwangsvollstreckung in das *Saldoguthaben* zuläßt (Anm. 3). Geht man davon aus, daß mit der Kontokorrentabrede zugleich ein antizipierter Verrechnungsvertrag mit Verfügungskraft verbunden ist (so Canaris in Großkomm. HGB § 355 Anm. 64), so folgt die Unpfändbarkeit der Einzelforderungen auch aus dem Prioritätsprinzip. Unpfändbar ist eine Einzelforderung nicht erst mit ihrer Buchung auf Kontokorrentkonto (§ 355 Anm. 18). Es genügt, daß die Forderung nach dem Willen der Parteien *kontokorrentgebunden* ist. Stehen die Parteien in einem Kontokorrentverhältnis, nach dem alle zwischen ihnen aus der Geschäftsverbindung entstehenden Forderungen kontokorrentpflichtig sind, so ist eine Einzelpfändung überhaupt ausgeschlossen. Dagegen steht die bloße Kontokorrentfähigkeit einer Forderung der Einzelpfändung noch nicht entgegen. Es kommt darauf an, ob die Forderung nach dem Willen der Parteien der Bindung des Kontokorrents unterworfen sein soll.

3 Pfändbar ist im Interesse der *Gläubiger* nach § 357 das *Saldoguthaben.* Dabei ist es jedoch streitig, ob § 357 das *gegenwärtige* oder das *künftige* Saldoguthaben meint. Aus der Fassung der Vorschrift lassen sich keine sicheren Anhaltspunkte gewinnen. Geht man davon aus, daß es für die Zulässigkeit der Pfändung des künftigen Saldos keiner besonderen gesetzlichen Bestimmung bedurft hätte, liegt es nahe, anzunehmen, daß § 357 die Pfändung des *gegenwärtigen* Saldos zuläßt. Eine solche Pfändung würde ohne gesetzliche Bestimmung dem Wesen des Periodenkontokorrents widersprechen (zum Staffelkontokorrent s. § 355 Anm. 102 ff.). Im Augenblick der Pfändung besteht nur ein rechenoperativer *buchmäßiger* Saldo. § 357 enthält daher eine *Ausnahme zugunsten des Gläubigers,* dessen Vorgehen der Schuldner nicht durch die Schaffung neuer Schuldposten vereiteln soll. Eine Pfändung des *künftigen* Saldos wäre für ihn meist wertlos. Einmal läßt sich die Höhe des künftigen Saldos nicht übersehen, weil neu entstandene Schuldposten zu berücksichtigen sind, zum anderen ist eine solche Pfändung auch für den Schuldner nachteilig und belastend. Die Rechtsprechung nimmt daher zu Recht an, daß § 357 die Pfändung des gegenwärtigen Saldos betrifft (RGZ 135, 139; 140, 222; OLG Oldenburg MDR 52, 549 mit Anm. von Sprengel). Die Auffassungen im Schrifttum sind geteilt. Von der Pfändung des *gegenwärtigen Saldos* gehen aus: Canaris in Großkomm. HGB Anm. 6 f.; v. Godin in RGR-Komm. z. HGB 2. Aufl. § 357 Anm. 3; Baumbach/Duden §§ 355–357 Anm. 8 B; Heymann/Kötter Anm. 2; J. v. Gierke S. 499; Beitzke aaO S. 15 f.; Neufeld/Schwarz Anm. 1; Schoele, Das Recht der Überweisung, S. 86 ff.; Sprengel MDR 52, 9; Herz aaO S. 135 ff. Den *künftigen* Saldo sehen dagegen als gepfändet an: Düringer/Hachenburg/Breit § 357 Anm. 3; Koenige Anm. 1, 2 zu § 357; Ritter Anm. 1 zu § 357; Schupp BB 52, 218 mit der Begründung, es gäbe keinen gegenwärtigen Saldo. Der Streit geht letzten Endes nur darum, ob dem Pfändungsgläubiger neue Habenposten des Schuldners zugute kommen sollen oder nicht (Beitzke aaO S. 16).

I. Vollstreckung in den gegenwärtigen Kontokorrentsaldo

1. Form der Vollstreckung

a) Da es sich um die Pfändung und Überweisung einer Geldforderung handelt, sind die §§ 829 ff. ZPO anzuwenden. Der Gläubiger muß den angeblichen Anspruch des Schuldners gegen seinen Kontokorrentpartner auf Zahlung des Überschusses, der sich bei einer Saldoziehung im Augenblick der Pfändung ergibt, pfänden und sich zur Einziehung oder an Zahlungs Statt zum Nennwert überweisen lassen. Die Pfändung wird wirksam mit der Zustellung des Pfändungsbeschlusses an den Drittschuldner (§ 829 Abs. 3 ZPO). Der in diesem Augenblick zugunsten des Schuldners bestehende Saldo wird von der Pfändung erfaßt. An die Pfändung des „gegenwärtigen Saldos" sind die gleichen Anforderungen zu stellen, die für die Pfändung von Geldforderungen im allgemeinen nach § 829 ZPO gelten. Die Saldoforderung muß daher ihrem Gegenstand nach bestimmt oder wenigstens bestimmbar bezeichnet sein. Die Erwähnung des Kontokorrents ist zur Bestimmbarkeit zweckmäßig, wenn auch nicht notwendig (RGZ 157, 321). Auch setzt die Anwendung des § 357 *nicht* voraus, daß ausdrücklich der im Augenblick der Pfändung bestehende Saldoanspruch gepfändet wird. Wurde nichts besonderes gesagt, so ist stets anzunehmen, daß der gegenwärtige Saldo gepfändet ist (glA Canaris in

§ 357 1. Abschn. *Drittes Buch. Handelsgeschäfte*

Großkomm. HGB Anm. 8), so z. B. wenn der dem Schuldner aus dem Kontokorrentverhältnis mit X zustehende Saldo oder „alle Ansprüche aus dem Kontokorrentverhältnis mit X" gepfändet worden sind. Zur Pfändung des *künftigen* Saldos vgl. Anm. 20. Hat ein Gläubiger alle Ansprüche des Schuldners „aus Bankgeschäften mit der X-Bank" gepfändet, so ist auch der gegenwärtige Kontokorrentsaldo als gepfändet anzusehen. Dagegen würde die Pfändung aller Ansprüche „aus Verträgen oder sonstigen Rechtsgründen" zur Kennzeichnung nicht ausreichen. Das bestimmte einzelne Rechtsverhältnis, aus dem die Forderung hergeleitet wird, muß wenigstens in allgemeinen Umrissen angegeben sein (RGZ 157, 321).

5 b) Notwendig für die Anwendung des § 357 ist neben der Pfändung auch die *Überweisung des Anspruchs des Schuldners auf den Überschuß*. Hat der Gläubiger bloß eine Pfändung oder einen Arrest erwirkt, so greift die besondere Bestimmung des § 357, nach der dem Gläubiger neue Schuldposten nicht in Rechnung gestellt werden können, *nicht* ein (glA Canaris in Großkomm. HGB Anm. 8; Schupp BB 52, 218; a. M. Grigat BB 52, 337, wonach die Rechtsfolgen des § 357 schon mit der Pfändung eintreten sollen, die Überweisung daher nur für den Zahlungsanspruch des Gläubigers Bedeutung habe; Schütz NJW 65, 1009). Das Überweisungserfordernis stellt kein Redaktionsversehen dar. Die Nichtberücksichtigung von Schuldposten aus neuen Geschäften wird auch im Interesse des Drittschuldners erst für den Fall angeordnet, daß der Gläubiger sein Verwertungsinteresse geltend macht.

2. Wirkung der Pfändung

6 Die Pfändung des „gegenwärtigen" Kontokorrentsaldos beendet nicht das Kontokorrentverhältnis als solches (RGZ 140, 219/221; Canaris in Großkomm. HGB Anm. 16; v. Godin in RGR-Komm. z. HGB Anm. 6; Baumbach/Duden §§ 355–357 Anm. 8 c; Herz, Das Kontokorrent, S. 138; Ebeling WM 55, 1668). Eine Beendigung des Kontokorrentverhältnisses widerspräche den Interessen der Kontokorrentparteien, die gewöhnlich weiterhin in Geschäftsverbindung stehen; auch zeigt Satz 2, daß das Gesetz von einem Fortbestehen des Kontokorrents ausgeht. Streitig ist, ob die *laufende Rechnungsperiode* durch die Pfändung des gegenwärtigen Saldos beendet wird. Manche meinen, daß im Augenblick der Zustellung des Pfändungsbeschlusses die jeweils laufende Rechnungsperiode beendet sei und eine automatische *Verrechnung* eintrete (Grigat ZKW 52, 108 und BB 52, 337; Beitzke, Festschrift für J. v. Gierke, 1950, S. 17; Herz aaO S. 141/144; Scherer NJW 52, 1398; Heymann/Kötter Anm. 2). Gegenstand der Pfändung müsse eine Forderung und nicht ein bloßer Rechnungsposten sein. Aber eine Forderung kann zugunsten eines Vollstreckungsgläubigers als bestehend fingiert werden, wie dies z. B. im Lohnpfändungsrecht geschieht (§ 850 h ZPO). In diesem Sinne ließe sich auch § 357 verstehen, der den „gegenwärtigen" Saldo für pfändbar erklärt, um dem Gläubiger das im Zeitpunkt der Zustellung des Pfändungsbeschlusses vorhandene Guthaben zu sichern. Beitzke (aaO S. 17) meint, die Pfändung laufe auf eine Beendigung der Rechnungsperiode hinaus, da weder neue Schuldposten noch neue Gutschriften den gepfändeten Saldo verändern können. Der Gläubiger habe deshalb ein sofortiges Recht auf den Saldo, wenn ihm die Forderung auch zur Einziehung überwiesen sei. Aber wenn

§ 357 besonders erwähnt, daß dem Gläubiger gegenüber Schuldposten, die nach der Pfändung durch neue Geschäfte entstehen, nicht in Rechnung gestellt werden können, so läßt sich daraus entnehmen, daß das Gesetz nicht von einer Unterbrechung der Rechnungsperiode ausgeht. Sonst wäre es selbstverständlich, daß neue Schuldposten nicht in Rechnung gestellt werden können. Es kommt hinzu, daß ein Gläubiger durch die Pfändung grundsätzlich niemals mehr Rechte erlangen kann, als dem Schuldner zustehen. Die Rechtsstellung des Drittschuldners wird nicht beachtet, wenn man entgegen der Kontokorrentabrede einem Pfändungsgläubiger einen Anspruch auf Zahlung des Saldos zubilligt, den der Schuldner selbst nicht hat (Anm. 8; ebenso Canaris in Großkomm. HGB Anm. 17).

Die Pfändung als solche stellt sich weder als eine *Kündigung* des Kontokorrentvertrages dar, noch gibt sie dem Vollstreckungsgläubiger ein Recht dazu (RGZ 140, 222; Canaris in Großkomm. HGB Anm. 18; Grigat BB 52, 819; Beitzke aaO S. 20; Baumbach/Duden §§ 355–357 Anm. 8 C; a. M. Düringer/Hachenburg/Breit § 357 Anm. 20). Wohl aber können die Kontokorrentparteien vereinbart haben, daß das Kontokorrentverhältnis bei einer Pfändung des Kontokorrentsaldos automatisch endet. Dann kann der Vollstreckungsgläubiger an Stelle des Schuldners die Zahlung des buchmäßigen Saldos ohne vorherige Saldofeststellung verlangen (§ 355 Anm. 101), vorausgesetzt, daß ihm dieser Anspruch auch zur Einziehung oder an Zahlungs Statt zum Nennwert überwiesen worden ist. Gleiches gilt, wenn eine Kontokorrentpartei von einem ihr auf Grund des Kontokorrentvertrages im Falle der Pfändung zustehenden Kündigungsrecht Gebrauch gemacht hat. Dagegen kann der Vollstreckungsgläubiger ein Kündigungsrecht des Schuldners nicht selbständig ausüben, auch nicht das Kündigungsrecht aus § 355 Abs. 3. Diese Rechte sind rein persönliche Gestaltungsrechte des Schuldners, die von der Pfändung des Kontokorrentsaldos nicht erfaßt sind. 7

Die *Rechtslage für den Drittschuldner* darf durch die Pfändung des gegenwärtigen Saldos nicht verschlechtert werden. Der Pfändungsgläubiger erlangt durch die Pfändung die gleiche Rechtsstellung, die der *Schuldner* einnimmt. Es ist möglich, daß zur Zeit der Pfändung für den Schuldner ein Habensaldo besteht und trotzdem nach dem Rechtsverhältnis zwischen den Kontokorrentparteien der Schuldner nicht berechtigt ist, die Auszahlung des Saldos zu verlangen. Eine derartige Beschränkung gilt auch für den Pfändungsgläubiger. Dem Drittschuldner stehen insbesondere alle Einwendungen und Einreden zu, die er seinem Kontokorrentpartner entgegensetzen könnte, wenn dieser selbst die Zahlung des Saldos verlangt, auch dem Pfändungsgläubiger gegenüber zu. Zur Gewährung eines *Kredits* nach der Zweikonten-Methode und zum Zurückbehaltungsrecht der Banken nach Nr. 19 V AGB s. Anm. 13; Erman, Gedächtnisschrift für R. Schmidt, 1966, S. 271. In der Regel wird der Pfändungsgläubiger die *Auszahlung* des Guthabens erst bei Abschluß der Rechnungsperiode verlangen können. Haben aber die Kontokorrentparteien vereinbart, daß der sich beim Abschluß der Rechnungsperiode ergebende Saldo nicht ausgezahlt, sondern *auf neue Rechnung vorgetragen* wird, so muß auch der Pfändungsgläubiger diese Vereinbarung gegen sich gelten lassen (ebenso Ritter Anm. 2 zu § 357). Er kann *Zahlung* erst dann verlangen, wenn sie auch der *Schuldner* verlangen könnte, möglicherweise daher erst bei Beendigung des Kontokorrents. Demgegenüber nimmt Canaris in Großkomm. HGB Anm. 19 an, daß der Gläubiger zwar grundsätzlich 8 nicht vor Beendigung der laufenden Rechnungsperiode Zahlung verlangen könne, wohl aber mit deren *Ablauf* eine fällige Forderung gegen den Drittschuldner habe. Zur Begründung dafür, daß der Gläubiger eine Abrede, wonach die Saldoforderung als erster Posten auf neue Rechnung vorzutragen sei, nicht gegen sich gelten zu lassen brauche, wird angeführt, daß die Abrede, weil auf Verrechnung der Saldoforderung mit künftigen Schuldposten gerichtet, nach § 275 BGB unwirksam sei, jedenfalls nach Sinn und Zweck des § 357 Satz 1 nicht gegen den Gläubiger wirken könne. Dem ist insoweit zuzustimmen, als die Parteien einen Vortrag auf neue Rechnung etwa nur für den Fall vorgesehen haben, daß der Saldo gepfändet wird. Haben sie jedoch allgemein den Vortrag eines Saldos auf neue Rechnung vorgesehen, so ist die Abrede ebenso wie gegenüber dem Schuldner auch gegenüber einem Vollstreckungsgläubiger *wirksam*. Sie ist auch nicht nach § 275 BGB deshalb unwirksam, weil dem Vollstreckungsgläubiger nicht mehr neue Schuldposten in Rechnung gestellt werden können. Diese Regelung hat mit der Frage, ob auch die *Zahlung* des Saldos verlangt werden kann, nichts zu tun. Sie bestimmt sich nach dem Geschäftsvertrag (Anm. 9).

9 Beitzke aaO S. 20 will dem Vollstreckungsgläubiger unter analoger Anwendung der §§ 725 BGB und 135 HGB ein *selbständiges Kündigungsrecht* geben. Die Anwendung dieser auf die Eigenheiten des Gesellschaftsrechts zugeschnittenen Ausnahmevorschriften wird sich jedoch nur in besonders gelagerten Fällen rechtfertigen lassen (ebenso Canaris in Großkomm. HGB Anm. 19). Die Auffassung aber, dem Vollstreckungsgläubiger ohne Kündigung des Kontokorrents einen Anspruch auf Zahlung des Saldos zu geben, ist nur haltbar, wenn der Kontokorrentvertrag nicht entgegensteht. Ebenso wie der Gläubiger, der eine *gestundete* Forderung gepfändet hat, die Stundung gegen sich gelten lassen muß, so steht dem Gläubiger, der einen Kontokorrentsaldo gepfändet hat, dessen mögliche Kontokorrentgebundenheit entgegen. Ob ein Vollstreckungsgläubiger Zahlung des Saldos verlangen kann, bestimmt sich ausschließlich nach dem zwischen den Kontokorrentparteien bestehenden Vertragsverhältnis. Nur wenn der Schuldner selbst *sofortige Auszahlung* verlangen kann, steht dieses Recht auch dem Vollstreckungsgläubiger zu. Das trifft regelmäßig für das *Bankkontokorrent* zu. Dem Bankkunden, der mit der Bank einen Girovertrag geschlossen hat, steht das Recht zu, jederzeit Auszahlung seines Guthabens zu verlangen. Bei Pfändung und Überweisung des „gegenwärtigen Saldos" steht dieses Recht daher dem Vollstreckungsgläubiger zu (vgl. auch Sprengel MDR 52, 9). Dem steht nicht entgegen, daß der Gläubiger nicht noch zusätzlich den auf dem Geschäftsvertrag beruhenden Zahlungsanspruch des Schuldners gepfändet und sich zur Einziehung oder an Zahlungs Statt zum Nennwert hat überweisen lassen. Entscheidend ist, daß in diesem Fall ein Anspruch auf Zahlung des gegenwärtigen Saldos besteht.

10 Auch nach der Pfändung des Kontokorrentsaldos ist der Schuldner berechtigt, mit dem Drittschuldner die Feststellung des Saldos vorzunehmen, d. h. bei Schluß der Rechnungsperiode den Anerkenntnis- und Verrechnungsvertrag mit dem Drittschuldner abzuschließen (so auch Canaris in Großkomm. HGB Anm. 20). Im Verhältnis zum Pfändungsgläubiger ist jedoch bei einer Pfändung des „gegenwärtigen Saldos" stets das Guthaben zur Zeit der Pfändung maßgebend. Seine Rechtsstellung kann weder durch neue Schuldposten (vgl. Anm. 11) noch etwa durch ein Anerkenntnis des Schuldners verschlechtert werden.

3. Behandlung neuer Kontokorrentposten

a) Schuldposten

Die Pfändung des gegenwärtigen Saldos ergreift den im Augenblick der Zustellung des Pfändungs- und Überweisungsbeschlusses an den Drittschuldner zugunsten des Schuldners bestehenden Kontokorrentsaldo. Der zu dieser Zeit vorhandene Saldo wird durch das Entstehen weiterer Rechnungsposten im Laufe der Rechnungsperiode nicht mehr beeinflußt. Hierin liegt die besondere Bedeutung des § 357 HGB. Dem Gläubiger gegenüber können *Schuldposten*, die *nach der Pfändung* durch neue Geschäfte entstehen, nicht mehr in Rechnung gestellt werden. Ansprüche und Leistungen des Drittschuldners, die in das Kontokorrent nach der Pfändung aufgenommen werden, können daher die Lage des Vollstreckungsgläubigers nicht mehr verschlechtern. Diese Wirkung tritt mit der Zustellung des Pfändungs- und Überweisungsbeschlusses an den Drittschuldner ein. Da der Schuldner von diesem Zeitpunkt an nicht mehr gegenüber dem Vollstreckungsgläubiger über die Forderung verfügen kann (§ 829 Abs. 1 Satz 2 ZPO), braucht er eine dem widersprechende Saldoanerkennung nicht gegen sich gelten zu lassen (ebenso Canaris in Großkomm. HGB Anm. 10). Nur solange der Drittschuldner von der Pfändung des Saldos keine Kenntnis hat, sind nach §§ 1275, 407 BGB noch Veränderungen auf dem Kontokorrentkonto mit Wirkung gegenüber dem Vollstreckungsgläubiger möglich.

Der Grundsatz, daß neue Geschäfte die Rechtsstellung des Vollstreckungsgläubigers nicht mehr beeinträchtigen können, erfährt in § 357 Satz 2 *zugunsten des Drittschuldners* eine wichtige Einschränkung. Nach Satz 2 sollen als „neue Geschäfte" nicht solche Geschäfte angesehen werden, die auf Grund eines schon *vor der Pfändung* bestehenden *Rechts* oder einer schon vor diesem Zeitpunkt bestehenden *Verpflichtung* des Drittschuldners vorgenommen werden. Die Rechtslage ist demnach so, daß dem Pfändungsgläubiger die sowohl vor als auch nach der Pfändung vorgenommenen Geschäfte in Rechnung gestellt werden können, wenn die Vornahme auf Grund eines vor der Pfändung bestehenden Rechts oder einer vor der Pfändung bestehenden Verpflichtung des Drittschuldners erfolgt. Durch diese Regelung soll einer Verschlechterung der Rechtsstellung des Drittschuldners begegnet werden. Kein „neues Geschäft" liegt daher z.B. vor, wenn ein vor der Pfändung vorgenommenes Geschäft, das bereits kontokorrentmäßig erfaßt worden ist, wieder auf Grund eines gesetzlichen Rechts (Anfechtung, Wandlung, Rücktritt) rückgängig gemacht wird oder wenn sich Schadenersatzansprüche aus diesem Geschäft ergeben (ebenso Canaris in Großkomm. HGB Anm. 11; Düringer/Hachenburg/Breit HGB § 357 Anm. 15; differenzierend Herz, Das Kontokorrent, S. 170ff.). Gleiches ist anzunehmen, wenn der Drittschuldner auf Grund eines *Vorvertrages* zum Abschluß des Geschäfts mit dem Schuldner verpflichtet war (Düringer/Hachenburg/Breit HGB § 357 Anm. 15). Entscheidend ist, ob die *Grundlage* für das Geschäft schon *vor* der Pfändung bestanden hat. Nach dem Schutzzweck von Satz 2 wird man deshalb auch einen nach der Pfändung mit dem Schuldner geschlossenen Vertrag nicht als „neues Geschäft" zu werten haben, wenn der Drittschuldner auf Grund eines Vertrages mit einem *Dritten*, z.B. eines Deckungs- oder Weiterverkaufs, zum Geschäftsabschluß mit dem Schuldner genötigt wird (zutr. Canaris in Großkomm. HGB

§ 357 1. Abschn. *Drittes Buch. Handelsgeschäfte*

Anm. 11). Weiter kann die Erfüllungshandlung eines *vor* der Pfändung zwischen den Kontokorrentparteien geschlossenen Vertrages dem Gläubiger in Rechnung gestellt werden.

13 Aus dem Wortlaut des Satzes 2 würde an sich folgen, daß auch jede *Zahlung* des Drittschuldners nach der Pfändung, die auf Grund einer schon vor der Pfändung bestehenden Verpflichtung des Drittschuldners erfolgt, dem Pfändungsgläubiger als „altes Geschäft" in Rechnung gestellt werden könnte. Das ist jedoch nicht der Sinn und Zweck der Vorschrift, die nur eine Verschlechterung der Lage des Drittschuldners verhindern, nicht aber seine Besserstellung erreichen will. Dem Drittschuldner ist nach § 829 Abs. 1 ZPO ohnehin verboten, Zahlungen an den Schuldner zu leisten. Dieses Zahlungsverbot geht der Vorschrift des Satzes 2 vor (ebenso Canaris in Großkomm. HGB Anm. 12; Düringer/Hachenburg/Breit § 357 Anm. 16; Koenige Anm. 2; Ritter Anm. 3 b). Gleiches gilt grundsätzlich auch, wenn die Zahlung auf ein *Darlehensversprechen* hin erfolgt, in dessen Höhe der Schuldner nach der Zweikonten-Methode auf Kontokorrentkonto erkannt und dementsprechend auf einem Sonderkonto belastet worden ist. In diesem Fall hat der Drittschuldner, z. B. eine Bank, bereits die Kreditzusage erfüllt; der Schuldner hat das Darlehen durch die Gutschrift als *Buchgeld* erhalten (BGH WM 57, 637; LM § 610 BGB Nr. 1; Erman, Gedächtnisschrift für R. Schmidt, 1966, S. 273 ff; Düringer/Hachenburg/Breit HGB § 357 Anm. 17). Anders liegt es jedoch, wenn es sich um einen *zweckgebundenen* Kredit handelt, dessen Zweck vereitelt würde, wenn die Gutschrift dem Gläubiger, der den Saldo gepfändet hat, zugute käme, vorausgesetzt, daß Kontokorrentkonto und Sonderkonto nicht als Einheit behandelt werden. Der Anspruch auf bare Auszahlung eines Darlehens an einen außerhalb der Zweckbindung stehenden Gläubiger wäre nach § 399 BGB unabtretbar und im Hinblick auf ein schutzwürdiges wirtschaftliches Interesse des Drittschuldners entgegen dem Wortlaut des § 851 Abs. 2 ZPO auch *unpfändbar* (Erman aaO S. 265 ff.). Dieser Umstand ist aber auch zu berücksichtigen, wenn der Schuldner das Darlehen durch eine *Gutschrift* als Buchgeld erhalten hat, die jedoch durch eine entsprechende Lastschrift auf einem anderen Konto paralysiert worden ist, (§ 356 Anm. 11). Auch dann muß sich der Drittschuldner auf die *Zweckbindung* des aus der Kreditzusage gutgebrachten Betrages berufen können, um zu verhindern, daß die Zweckbindung vereitelt wird. Folgt man der *Novationslehre* (§ 355 Anm. 57), so ist insoweit eine analoge Anwendung des § 356 zugunsten des Saldoschuldners gerechtfertigt (Erman aaO S. 273/275; ebenso Canaris in Großkomm. HGB Anm. 13). Eine Bank wird zudem häufig ihre Kreditzusage gemäß § 610 BGB widerrufen und ihr Zurückbehaltungsrecht nach Nr. 19 V AGB geltend machen können (Anm. 8, Schönle, § 11 I 2 c S. 145).

14 Auch Zahlungen des Drittschuldners an einen *Dritten* für Rechnung des Schuldners (z. B. die Einlösung von Schecks oder Wechseln), die *nach* der Pfändung vorgenommen werden, wirken nicht gegen den Pfändungsgläubiger. Anders würde es liegen, wenn der Drittschuldner einen Wechsel bereits vor der Pfändung *angenommen* hat und nach der Pfändung die Wechselsumme für Rechnung des Schuldners bezahlt. Durch die Annahme des Wechsels, die unwiderruflich ist (§ 790 BGB), ist eine selbständige Leistungsverpflichtung des Angewiesenen gegenüber dem Anweisungsempfänger entstanden, so daß die Annahme der Barzahlung gleichsteht. Auf diesen Fall ist § 357 Satz 2 anwendbar.

Nach der Denkschrift II zum Entwurf eines HGB S. 200 soll aus Satz 2 folgen, daß **15** Posten, für die der Schuldner nur *unter Vorbehalt* erkannt worden ist – insbesondere die Gutschriften für eingesandte, aber noch nicht eingelöste Rimessen – auch dem pfändenden Gläubiger noch keinen endgültigen Anspruch gewähren. In Wahrheit handelt es sich aber, wenn der Schuldner für Beträge aus Wechseln oder Schecks, die ihm vorbehaltlich des Eingangs gutgeschrieben werden, wieder belastet wird, um eine bloße Berichtigung, die auch ohne Satz 2 der Pfändungsgläubiger gegen sich gelten lassen müßte (vgl. Ritter Anm. 3 b zu § 357).

b) Habenposten

Da es auf den Kontokorrentsaldo zur Zeit der Pfändung ankommt, können dem **16** Pfändungsgläubiger *nicht neue Habenposten* des Schuldners zugute kommen. Dies ist bereits der Standpunkt der Denkschrift zum Entwurf eines HGB (S. 200) gewesen (ebenso Canaris in Großkomm. HGB Anm. 15; v. Godin in RGR-Komm. z. HGB § 357 Anm. 5; Heymann/Kötter Anm. 2; J. v. Gierke S. 499; Neufeld/Schwarz Anm. 1). Demgegenüber wird im Schrifttum von anderen – insbesondere von denen, die der Meinung sind, § 357 betreffe die Pfändung des künftigen Saldos (Anm. 3) – die Auffassung vertreten, daß Erhöhungen des Saldoguthabens dem Pfändungsgläubiger zugute kommen (Düringer/Hachenburg/Breit § 357 Anm. 6; Koenige Anm. 2 zu § 357; Ritter Anm. 1 zu § 357). Dagegen spricht, daß der Pfändungsgläubiger einseitig begünstigt würde, wenn ihm gegenüber nicht nur später entstandene Schuldposten nicht mehr in Rechnung gestellt werden können, sondern ihm auch neue Habenposten zugute kämen (zutr. Beitzke aaO S. 16ff.). Nur durch eine zusätzliche Pfändung des *künftigen* Saldos (Anm. 20) kann der Pfändungsgläubiger auch die künftigen Habenposten erfassen (Anm. 21 ff.). Zu beachten ist dabei, daß die Nichtberücksichtigung der nach der Pfändung entstehenden Posten nur im Verhältnis zum pfändenden Gläubiger Bedeutung hat. Zwischen den Parteien des Kontokorrentvertrages bleibt der Zeitpunkt des Abschlusses der Rechnungsperiode entscheidend. Wird der Kontokorrentsaldo wiederholt gepfändet, so kommt es hinsichtlich des Umfangs der Pfändung auf den jeweiligen Zeitpunkt der einzelnen Pfändungen an. Nicht ist der Zeitpunkt der ersten Pfändung auch für spätere Pfändungen maßgebend.

4. Behandlung der Sicherheiten

Ist nach § 357 der *gegenwärtige* Saldo gepfändet worden, so erstreckt sich die Pfän- **17** dung auch auf die *Sicherheiten*, soweit das Guthaben aus dem Kontokorrent und die gesicherte Forderung sich decken. Erfaßt werden jedoch allein die *vor* der Pfändung entstandenen Sicherheiten. An Sicherheiten, die *nach* der Pfändung entstanden sind, kann sich der Pfändungsgläubiger nur halten, wenn er zugleich den künftigen Kontokorrentsaldo gepfändet hat (ebenso Canaris in Großkomm. HGB Anm. 22). Zu einer anderen Auffassung ließe sich nur gelangen, wenn man bei einer Pfändung des Kontokorrentsaldos entgegen der hier vertretenen Ansicht die nach der Pfändung sich ergebenden Habenposten des Schuldners dem Pfändungsgläubiger zugute kommen läßt (Düringer/Hachenburg/Breit HGB § 357 Anm. 22). Das müßte dann entsprechend auch für solche Sicherheiten gelten, die nach der Pfändung bestellt sind.

§ 357 1. Abschn.   *Drittes Buch. Handelsgeschäfte*

5. Abtretung des Kontokorrentsaldos

18   Aus der Tatsache, daß § 357 eine Pfändung des „gegenwärtigen Saldos" zuläßt, folgt nicht, daß auch eine *Abtretung* des „gegenwärtigen Saldos" möglich ist. § 357 ist eine Ausnahmebestimmung, die allein zugunsten des Pfändungsgläubigers getroffen wurde. Darüber hinaus ist eine freiwillige Abtretung des „gegenwärtigen Saldos" mit den Wirkungen des § 357 nicht möglich (a. M. Weispfennig JW 38, 3095 für das „Staffelkontokorrent"). Zulässig ist aber ebenso wie die Abtretung einer künftigen Forderung die *Abtretung des künftigen Saldos*. Für die Höhe der Forderung ist dann nicht der Zeitpunkt der Abtretung, sondern der Zeitpunkt des Rechnungsabschlusses maßgebend. Nach der Abtretung in das Kontokorrent neu aufgenommene Haben- und Sollposten wirken für und gegen den Zessionar, da nur der künftige Saldo abgetreten wurde. Kraft *Vereinbarung* kann auch eine Abtretung des Anspruchs auf *Auszahlung* des gegenwärtigen Saldos zulässig sein. Hat z.B. der Kunde ein Girokonto, so ist er auf Grund des Bankvertrages in der Regel befugt, über sein Guthaben durch Überweisung, Scheck oder Barabhebung zu verfügen. Dann muß er auch in der Lage sein, die ihm aus dem Guthaben erwachsene Forderung nach § 398 BGB abzutreten (Hefermehl, Festschrift für H. Lehmann, 1956, S. 558; a. M. Baumbach/Duden, HGB Anm. 7 C zu §§ 355–357). Für die Annahme, daß die Abtretbarkeit nach § 399 BGB ausgeschlossen sei, besteht kein Anhaltspunkt, wenn jederzeit Auszahlung verlangt werden kann. Ist der Girovertrag beendet, so steht es außer Zweifel, daß der Kunde über sein Guthaben auch mittels Abtretung verfügen kann (BGH NJW 54, 190).

6. Staffelkontokorrent

19   Auch beim Staffelkontokorrent im Rechtssinne (§ 355 Anm. 102) ist der *gegenwärtige* Saldo pfändbar. Geht man davon aus, daß die Kontokorrentparteien schon im voraus über die künftigen Einzelforderungen verfügt haben (Anm. 106), so besteht auf Grund der laufenden Verrechnungsakte jederzeit ein *gegenwärtiger* Saldo und braucht nicht erst wie beim Periodenkontokorrent durch § 357 zum Schutz der Gläubiger fingiert zu werden. Weitere Soll- und Habenposten werden nicht mehr berücksichtigt. Eine analoge Anwendung des § 357 ist geboten, wenn die Parteien die Verrechnung erst jeweils nachträglich vereinbaren (Herz, Das Kontokorrent, 1974, S. 166 ff.). Pfändbar ist bei Staffelkontokorrent ferner auch der *künftige* Saldo. Insoweit kann auf die Ausführungen zur Pfändung des künftigen Saldos beim Periodenkontokorrent verwiesen werden.

II. Vollstreckung in den künftigen Kontokorrentsaldo

1. Form und Grenzen der Pfändung

20   Die Pfändung des künftigen Kontokorrentsaldos ist ebenso wie die Pfändung einer künftigen Forderung zulässig (RGZ 140, 222). Die für die Pfändung einer künftigen Forderung nötige *Bestimmbarkeit* ist auf Grund der bestehenden Geschäftsverbindung gegeben (RGZ 135, 139). Schon dadurch, daß jemand zu einer Bank auf der Grundlage einer Geschäftsverbindung in ein Kontokorrentverhältnis tritt, entsteht ein Rechtsverhältnis zwischen ihm und der Bank, aus dem sich künftige Forderungsrechte des Kunden gegen die Bank ergeben können. Das genügt aber, um den *künftigen* Anspruch auf

Auszahlung des Saldos aus einem Kontokorrent zu pfänden. Die Pfändung des künftigen Saldos soll aber nur Wirkung *für den nächsten Abschluß* der Rechnungsperiode haben, wenn dieser ein Guthaben für den Schuldner ergibt (RGZ 140, 219/223; Oldenburg MDR 52, 549; Beitzke aaO S. 1). Darüber hinaus soll sich eine Pfändung nicht auf einen späteren künftigen Saldo beziehen können, weil es insoweit an der nötigen Bestimmbarkeit fehlt. Die Pfändung des künftigen Saldos erledigt sich daher, sobald am Schluß der Rechnungsperiode ein für den Vollstreckungsgläubiger greifbares Guthaben vorhanden ist (RGZ 140, 219/223). Diese Einschränkung überzeugt jedoch nicht; auch künftige Guthaben können die nötige Bestimmbarkeit aufweisen (LG Hannover MDR 65, 391; OLG Hamburg DB 56, 447; Canaris in Großkomm. HGB Anm. 23; v. Godin in RGR-Komm. z. HGB § 357 Anm. 2; Baumbach/Duden §§ 355–357 Anm. 8 E; Koenige Anm. 2). Sicherlich stellt die Beachtung einer Saldopfändung über mehrere Rechnungstermine eine Erschwerung für den Drittschuldner dar, beseitigt aber deshalb nicht die für die Zulässigkeit einer Pfändung notwendige Bestimmbarkeit der künftigen Forderung. Da im Zweifel stets der *gegenwärtige* Kontokorrentsaldo als gepfändet gilt (Anm. 3), muß im Pfändungs- und Überweisungsbeschluß genau zum Ausdruck gebracht sein, daß der *künftige* Saldo gepfändet ist. Im übrigen gilt für die Form der Pfändung das gleiche wie bei der Pfändung des gegenwärtigen Saldos. Auf die Ausführungen zu Anm. 6 ff. wird verwiesen.

2. Wirkung

Die Pfändung des *künftigen* Saldos hat für den Gläubiger einerseits den Vorteil, daß ihm im Gegensatz zur Pfändung des gegenwärtigen Saldos auch die *nach* der Pfändung für den Schuldner sich ergebenden Habenposten und damit eine nachträgliche Erhöhung des Guthabens zugute kommt. Andererseits hat diese Pfändung den Nachteil, daß der Erfolg der Pfändung durch das Entstehen neuer Sollposten vereitelt werden kann; § 357 findet auf die Pfändung des künftigen Saldos keine Anwendung (Anm. 3). In der Praxis ist es üblich, sowohl den gegenwärtigen als auch den künftigen Kontokorrentsaldo zu pfänden (RGZ 135, 139). Durch eine solche *Doppelpfändung* erreicht der Vollstreckungsgläubiger, daß ihm hinsichtlich des künftigen Saldos neue Haben- und neue Sollposten, hinsichtlich des gegenwärtigen Saldos jedoch keine neuen Haben- und Sollposten in Rechnung gestellt werden können (Sprengel MDR 52, 10 und 550). Beantragt der Vollstreckungsgläubiger, alle aus dem Kontokorrent sich ergebenden Ansprüche zu pfänden und ihm zur Einziehung zu überweisen, so wird im Zweifel davon auszugehen sein, daß eine *Doppelpfändung* gewollt ist (Canaris in Großkomm. HGB Anm. 25).

358 Bei Handelsgeschäften kann die Leistung nur während der gewöhnlichen Geschäftszeit bewirkt und gefordert werden.

Inhalt

	Anm.		Anm.
Allgemeines	1– 2	II. Gewöhnliche Geschäftszeit	5
I. Geltungsbereich der Vorschrift	3– 4	III. Wirkung der Vorschrift	6– 7

§ 358 1. Abschn. *Drittes Buch. Handelsgeschäfte*

Allgemeines

1 § 358 bestimmt, wann *am Tage der Leistung* zu leisten ist. Die Vorschrift steht im Zusammenhang mit § 271 BGB, der die *Leistungszeit* bestimmt. Er lautet:

§ 271 BGB: Ist eine Zeit für die Leistung weder bestimmt noch aus den Umständen zu entnehmen, so kann der Gläubiger die Leistung sofort verlangen, der Schuldner sie sofort bewirken.
Ist eine Zeit bestimmt, so ist im Zweifel anzunehmen, daß der Gläubiger die Leistung nicht vor dieser Zeit verlangen, der Schuldner aber sie vorher bewirken kann.

Der Grundsatz der *sofortigen Fälligkeit* der Leistung, von dem § 271 Abs. 1 BGB ausgeht, gilt nur subsidär. In erster Linie entscheidet die zwischen den Parteien über die Erfüllungszeit getroffene *Vereinbarung*, die ausdrücklich oder stillschweigend erfolgen kann. In zweiter Linie entscheiden, sofern nicht die Leistungszeit durch Gesetz bestimmt ist (z. B. §§ 604, 608, 609, 641, 721 BGB), die *Umstände des Einzelfalls,* insbesondere die Natur und der Zweck des Vertrages. Auch der Grundsatz von Treu und Glauben (§ 242 BGB) kann im Einzelfall die Anwendung des § 271 BGB ausschließen (RGZ 91, 67). Die Bestimmung der Leistungszeit hat *in der Regel* den Sinn, daß der Gläubiger die Leistung nicht vorher verlangen, der Schuldner sie jedoch schon vorher bewirken kann. Die Begünstigung des Schuldners wird jedoch bei einer *verzinslichen* Schuld meist nicht sachgerecht sein, weil bei ihr die Zeitbestimmung auch im Interesse des Gläubigers liegt. Für das verzinsliche *Darlehen* folgt dies schon aus § 609 Abs. 3 BGB. Auch für die Grundschuld und die Hypothek (nicht die Hypothekenforderung) gilt § 271 Abs. 2 BGB nicht (§ 1142 Abs. 1 BGB; KG JW 35, 1641). Selten ist, daß die Bestimmung der Zeit nur dem Vorteil des Gläubigers dienen soll (vgl. aber § 695 BGB).

Ein *Fixgeschäft* liegt vor, wenn die Leistung zu einem genau bestimmten Zeitpunkt oder innerhalb einer fest bestimmten Frist bewirkt werden soll, vorausgesetzt, daß die Leistungszeit nach dem Inhalt der Parteivereinbarung so wesentlich ist, daß „mit der Einhaltung oder der Versäumung der Frist das Geschäft steht oder fällt" (RGZ 51, 347). Klauseln wie „fix", „präzis", „genau", „spätestens" weisen auf das Bestehen eines Fixgeschäftes hin (vgl. zu § 376). – Die Bestimmung der Leistungszeit kann aber auch die Bedeutung haben, daß die Leistung zu einer anderen Zeit überhaupt nicht mehr bewirkt werden kann, wie dies insbesondere bei Dienst- und Werkleistungen möglich ist. Es greifen dann bei nicht rechtzeitiger Leistung die Vorschriften des bürgerlichen Rechts über Unmöglichkeit der Leistung (§§ 275 ff. BGB) ein.

2 Wann eine Leistung am *Leistungstage* zu erbringen ist, regelt das bürgerliche Recht nicht besonders. Aus § 242 BGB folgt, daß nicht zu unpassender Tageszeit geleistet werden darf. Bei Handelsgeschäften ist die passende Tageszeit die gewöhnliche Geschäftszeit. § 358 bringt daher nur Selbstverständliches zum Ausdruck. – Fällt der Leistungstag auf einen Sonntag oder Feiertag oder auf einen Sonnabend (G. v. 10. 8. 65, BGBl I 753), so tritt an dessen Stelle der nächstfolgende Werktag (§ 193 BGB). Welche Tage als *gesetzliche Feiertage* anerkannt sind, richtet sich grundsätzlich nach *Landesrecht.* Durch Bundesgesetz vom 4. 8. 53 (BGBl I, 778) ist lediglich der 17. Juni (Tag der deutschen Einheit) zum gesetzlichen Feiertag erklärt worden. Nach den Landesgesetzen sind in *allen Ländern gesetzliche Feiertage:* Neujahr, Karfreitag, Ostermontag, 1. Mai, Christi Himmelfahrt, Pfingstmontag sowie der 1. und 2. Weihnachtsfeiertag. Im übrigen weichen die landesgesetzlichen Regelungen voneinander ab. *Bayern* (G. v. 15. 12. 49

– GVBl 50, 41 – i. d. F. der Bek. v. 14. 8. 70 – GBl 70, 422 –): Erscheinungsfest (6. 1.) sowie in Gemeinden mit überwiegend katholischer Bevölkerung Fronleichnam, Mariä Himmelfahrt, Allerheiligen (1. 11.), in Gemeinden mit überwiegend evangelischer Bevölkerung der 1. 11., Buß- und Bettag und im Stadtkreis Augsburg das Friedensfest (8. 8.). – *Baden-Württemberg* (G. v. 13. 12. 54 – GBl 167 – i. d. F. v. 28. 11. 70 – GBl 71, 1 –) 6. 1., Fronleichnam, Allerheiligen, Buß- und Bettag. – *Rheinland-Pfalz* (G. v. 25. 6. 48 – GVBl 253 –, vom 19. 6. 50 GVBl 258 – und 16. 10. 52 – GVBl 154/159 –): Fronleichnam, Allerheiligen, Buß- und Bettag. – *Hessen* (G. v. 17. 9. 52 – GVBl 145 – i.d.F. des G. v. 29. 12. 71 – GBl 71, 344 –): Fronleichnam, Buß- und Bettag. – *Nordrhein-Westfalen* (G. v. 16.10.51 – GVBl 127 – i.d.F. der Bek. v. 9. 5. 61 – GVBl 209 – und 20. 12. 67 – GVBl 250 –): Fronleichnam, Allerheiligen, Buß- und Bettag. – *Niedersachsen* (G. v. 5. 2. 52 – GVBl 5 – i.d.F. des G. v. 30. 5. 56 – GVBl 57 –); Buß- und Bettag. – *Schleswig-Holstein* (G. v. 30. 6. 69 – GVBl 112 –): Buß- und Bettag. – *Hamburg* (G. v. 16. 10. 53 – GVBl 289 –): Buß- und Bettag. – *Bremen* (G. v. 12. 11. 54 – GVBl 115 – i.d. F. des G. v. 10. 6. 58 – GVBl 61 –): Buß- und Bettag. – *Saarland* (G. v. 21. 11. 60 – ABl 935 –): Fronleichnam, Mariä Himmelfahrt, Allerheiligen, Buß- und Bettag. – *Berlin (West)* (G. v. 28. 10. 54 – GVBl 615 –): Buß- und Bettag.

I. Geltungsbereich der Vorschrift

§ 358 gilt für Handelsgeschäfte, wobei gleichgültig ist, ob es sich um zweiseitige oder nur einseitige Handelsgeschäfte handelt (Anm. 1, 2 zu § 345). Auch ein Nichtkaufmann muß sich bei seinen Leistungen nach der Geschäftszeit des Kaufmanns richten. Dagegen würde § 358 *nicht* eingreifen für Leistungen eines Kaufmanns. § 358 setzt voraus, daß auf seiten des *Empfängers* der Leistung ein Handelsgeschäft vorliegt (Düringer/Hachenburg/Breit § 358 Anm. 17; a. M. Heymann/Kötter § 358 Anm. 3 unter Hinweis auf Holschulden). Dann gilt aber § 242 BGB, was im praktischen Ergebnis keinen Unterschied macht.

§ 358 gilt nur für *Leistungen*, die Handelsgeschäfte sind. Auf die Abgabe oder die Annahme von Willenserklärungen ist die Vorschrift grundsätzlich nicht anwendbar (RGZ 53, 61; Düringer/Hachenburg/Breit § 358 Anm. 18; von Godin in RGR-Komm. z. HGB § 358 Anm. 6). Insoweit gelten, falls nichts anderes verabredet ist, die Grundsätze des § 130 BGB. Im übrigen ist § 358 auf Leistungen jeder Art anwendbar.

§ 358 enthält wie § 271 BGB nur eine *Auslegungsregel*. Sie findet keine Anwendung, wenn die Parteien etwas anderes vereinbart haben oder wenn Treu und Glauben eine andere Auslegung fordern (RGZ 91, 67; Düringer/Hachenburg/Breit § 358 Anm. 14; von Godin in RGR-Komm. z. HGB § 358 Anm. 1).

II. Gewöhnliche Geschäftszeit

Bei Handelsgeschäften kann die Leistung nur *während der gewöhnlichen Geschäftszeit* bewirkt und gefordert werden. Gemeint ist die für Geschäfte des betreffenden Geschäftszweigs übliche Zeit (Düringer/Hachenburg/Breit § 358 Anm. 14; von Godin in RGR-Komm. z. HGB § 358 Anm. 5). Nicht entscheidend ist die gewöhnliche Ge-

§ 359   1. Abschn.   *Drittes Buch. Handelsgeschäfte*

schäftszeit eines bestimmten Unternehmens; es kommt stets auf die in dem betreffenden Geschäftszweig übliche Zeit an. Dabei ist abzustellen auf die Geschäftszeit am Leistungsort.

III. Wirkung der Vorschrift

6 Die Leistung kann bei Handelsgeschäften nur während der gewöhnlichen Geschäftszeit vom Schuldner *bewirkt* oder vom Gläubiger *verlangt* werden. Eine Leistung, die der Schuldner außerhalb der gewöhnlichen Geschäftszeit macht, braucht der Gläubiger nicht anzunehmen. Der Gläubiger gerät nicht in Annahmeverzug (§§ 293, 294 BGB). Dagegen kommt ein Schuldner, der nicht am letzten Leistungstage bis zum Schluß der gewöhnlichen Geschäftszeit geleistet hat, in *Leistungsverzug,* wenn die Voraussetzungen der §§ 284 ff. BGB vorliegen. Nimmt der Gläubiger die Leistung außerhalb der gewöhnlichen Geschäftszeit an, verzichtet er also auf die Einhaltung des § 358, so ist die Leistung ordnungsmäßig erbracht. Aus dem Verzug des Schuldners kann der Gläubiger keine Rechte herleiten. Hat sich der Schuldner jedoch zur Zeit der Annahme der Leistung bereits im Schuldnerverzug befunden, so wird der Gläubiger die ihm aus dem Verzug erwachsenen Rechte in der Regel geltend machen können, sofern er die Leistung unter Vorbehalt seiner Rechte angenommen hat.

7 Eine bloße *Mahnung* des Gläubigers, die Erhebung der Klage auf Leistung oder die Zustellung eines Zahlungsbefehls im Mahnverfahren sind kein Fordern der Leistung im Sinne des § 358. Die Mahnung kann auch zu ungeeigneter Zeit, d. h. außerhalb der gewöhnlichen Geschäftszeit, erfolgen. Nötig ist allein, daß die Mahnung nach Fälligkeit ergeht oder zumindest mit der Handlung verbunden wird, die die Fälligkeit herbeiführt (RGZ 50, 261).

---

359 Ist als Zeit der Leistung das Frühjahr oder der Herbst oder ein in ähnlicher Weise bestimmter Zeitpunkt vereinbart, so entscheidet im Zweifel der Handelsgebrauch des Ortes der Leistung.

Ist eine Frist von acht Tagen vereinbart, so sind hierunter im Zweifel volle acht Tage zu verstehen.

Inhalt

	Anm.
Allgemeines	1
I. Frühjahr oder Herbst als Leistungszeit	2
II. Frist von acht Tagen	3

Allgemeines

1 § 359 enthält *zwei Auslegungsregeln.* Er bestimmt einmal in Abs. 1, was unter Frühjahr, Herbst oder einem ähnlichen Zeitpunkt als Zeit der Leistung zu verstehen ist. Insoweit ergänzt die Vorschrift die §§ 271, 193 BGB (§ 358 Anm. 1). Zum anderen bestimmt Abs. 2, was unter einer Frist von acht Tagen zu verstehen ist. Die Auslegungsregeln gelten für zweiseitige und für einseitige Handelsgeschäfte (ebenso von Godin in RGR-Komm. z. HGB § 359 Anm. 1).

I. Frühjahr oder Herbst als Leistungszeit

Ist die Leistungszeit von den Parteien nun dahin bestimmt, daß im Frühjahr, Herbst **2** oder zu einem ähnlichen Zeitpunkt geleistet werden soll, so entscheidet im Zweifel der *Handelsbrauch des Erfüllungsortes* (§ 269 BGB). Eine in ähnlicher Weise bestimmte Zeit wäre z. B. Winter, Messe, Ernte usw. – Bei Verkauf „lieferbar Oktober bis Mai" ist nach dem Sprachgebrauch auch der letze Monat Mai in die Lieferzeit eingeschlossen (RGZ 95, 21). *Die Auslegungsregel des Abs. 1 gilt jedoch nur, wenn die Parteien nichts anderes vereinbart haben* (Düringer/Hachenburg/Breit § 359 Anm. 2). Auch die Umstände des einzelnen Falles, insbesondere der Zweck des Vertrages, sind zu berücksichtigen. Bestellt z. B. ein Landwirt Saat zum Frühjahr, so muß der Verkäufer leisten, wenn der Besteller die Saat braucht. Er kann nicht bis zum Ende des Frühjahrs warten (RG JW 20, 47). Aus den Umständen des einzelnen Falles kann sich auch ergeben, daß nicht der Handelsbrauch am Erfüllungsort, sondern am Wohn- oder Niederlassungsort des Erklärenden maßgebend ist (Ritter § 359 Anm. 2). Ist kein Handelsbrauch zu ermitteln und fehlen sonstige Anhaltspunkte für die Auslegung der Zeitbestimmung, so entscheidet die kalendermäßige Berechnung.

II. Frist von acht Tagen

Das bürgerliche Recht überläßt es der Vertragsauslegung, welche Bedeutung einer **3** achttägigen Frist beizulegen ist. Nach dem Sprachgebrauch ist unter einer Frist von acht Tagen meist *eine Woche* zu verstehen. Für Handelsgeschäfte (ein- oder zweiseitige) bestimmt Abs. 2, daß unter einer Frist von acht Tagen im Zweifel *acht volle Tage* zu verstehen sind. Der Tag der Fristvereinbarung selbst wird nicht mitgerechnet (§§ 186, 187 BGB). Große Bedeutung hat Abs. 2 nicht, da er nur eine *Auslegungsregel* enthält. Er setzt nicht voraus, daß gerade der Schuldner der Leistung bei Vereinbarung der achttägigen Frist Kaufmann ist. § 359 Abs. 2 ist auch anwendbar, wenn nur auf seiten des Gläubigers ein Handelsgeschäft vorliegt (v. Godin in RGR-Komm. z. HGB § 359 Anm. 1; Ritter § 359 Anm. 3; a. M. Düringer/Hachenburg/Breit § 359 Anm. 6). – Für eine „vierzehntägige Frist" gibt das Gesetz keine Auslegungsregel. Man wird im Zweifel unter 14 Tagen stets volle 14 Tage zu verstehen haben (Düringer/Hachenburg/Breit § 359 Anm. 6; Koenige § 359 Anm. 2), wobei der Tag der Vereinbarung nicht mitgerechnet wird.

§ 360

360 Wird eine nur der Gattung nach bestimmte Ware geschuldet, so ist Handelsgut mittlerer Art und Güte zu leisten.

Inhalt

	Anm.		Anm.
Allgemeines	1– 5	II. Inhalt der Vorschrift	8– 9
1. Art der Leistung	2		
2. Konkretisierung	3– 5	III. Rechtsfolgen	10
I. Voraussetzungen des § 360 HGB	6– 7	IV. Abweichende Vereinbarungen	11

Allgemeines

1 Bei der *Gattungsschuld,* die im Handelsverkehr eine überragende Bedeutung einnimmt, wird im Gegensatz zur Stückschuld nicht eine von vornherein fest bestimmte, sondern eine *nur der Gattung nach bestimmte Leistung geschuldet.* Die zu leistende Sache ist nur nach gewissen Merkmalen bestimmt, die sie mit anderen Sachen gemeinsam hat. Was eine Gattung ist, hängt von dem *Willen der Parteien* ab. Sie können die Gattung weiter oder enger umreißen. In der Regel handelt es sich bei der Gattungsschuld um vertretbare Sachen, d.h. Sachen, die im *Verkehr* nach Zahl, Maß oder Gewicht bestimmt sind, z.B. 100 Zentner Roggen, 50 Liter Wein oder eine bestimmte Menge sonstiger Rohstoffe. Das ist jedoch nicht notwendig der Fall. Die Gattungsschuld kann sich auch auf unvertretbare Sachen beziehen, z.B. auf irgendeine Maschine. Zu unterscheiden sind *unbeschränkte* und *beschränkte* Gattungsschulden. Die beschränkte Gattungsschuld bezieht sich auf einen *bestimmten Vorrat,* aus dem zu leisten ist, z.B. aus einem bestimmten Lagerraum (RGZ 108, 420), Kohlen aus einer bestimmten Zeche (RGZ 28, 221). Darüber hinaus besteht, soweit sich aus den Vereinbarungen nichts anderes ergibt, grundsätzlich keine Beschaffungspflicht. Verkauft ein Landwirt Erzeugnisse, z.B. 100 Zentner Weizen, so wird man nach § 157 BGB davon ausgehen können, daß nur Weizen seines Gutes gemeint ist. Ebenso wird es auch in der Regel bei Fabrikanten liegen. Die Beschränkung ergibt sich aus den Umständen des Einzelfalls. Ob eine unbeschränkte oder eine beschränkte Gattungsschuld vorliegt, hat rechtliche Bedeutung für die Frage, unter welchen Umständen der Schuldner von der Leistung frei wird. Bei der beschränkten Gattungsschuld tritt Unmöglichkeit der Leistung schon dann ein, wenn die Leistung aus dem Vorrat unmöglich wird. Dagegen muß der Schuldner bei unbeschränkter Gattungsschuld so lange leisten, wie die Leistung aus der Gattung überhaupt noch möglich ist (§ 279 BGB). Die unbeschränkte Gattungsschuld enthält demnach für den Schuldner eine *Beschaffungspflicht,* deren Ausmaß sich nach dem Inhalt des einzelnen Vertrages bestimmt. Die Frage, ob die Gattung, aus der geschuldet wird, noch *vorhanden* ist, entscheidet sich grundsätzlich danach, ob die Ware für den Schuldner im *Verkehr* erhältlich ist (RGZ 57, 116; 107, 156; Ballerstedt, Zur Lehre vom Gattungskauf, Festschrift für Nipperdey, 1955, 261 ff., der zwischen „marktbezogenen" und einfachen Gattungskäufen unterscheidet). Anerkannt ist weiter, daß nachträglich eintretende außergewöhnliche Leistungshindernisse der Beschaffungspflicht des Schuldners eine Grenze ziehen können. Bei einer sog. „wirtschaftlichen Unmöglichkeit", die es dem

Schuldner nach Treu und Glauben unzumutbar macht, die Ware zu beschaffen, ergeben sich die Rechtsfolgen jedoch nicht aus den Vorschriften über Unmöglichkeit (§§ 275 ff; 323 ff. BGB), sondern den Grundsätzen über den Fortfall der Geschäftsgrundlage (§ 242 BGB; BGH LM BGB § 242 [Bb] Nr. 12; Ermann/Battes BGB vor §§ 275–292 Rdz. 45; Palandt/Heinrichs BGB § 275, 1b). Demnach kommen nicht nur wie bei Anwendung des § 275 BGB eine völlige Befreiung des Schuldners, sondern auch eine Herabsetzung der Schuld oder bloße Stundung in Betracht. Es besteht dann auch kein Grund, an dem unklaren Begriff „wirtschaftliche Unmöglichkeit" festzuhalten. – Keine beschränkte Gattungsschuld, sondern eine *Stückschuld* liegt vor, wenn die verkaufte Menge sich mit dem ganzen Vorrat oder einem bestimmten Teil davon deckt, so z. B. wenn ein Landwirt seine ganze Ernte verkauft.

§ 243 BGB regelt für die Gattungsschuld *zwei Grundfragen:* Was für Sachen sind zu leisten? (Abs. 1) und: Wann verwandelt sich eine Gattungsschuld in eine Stückschuld? (Abs. 2).

§ 243 BGB: Wer eine nur der Gattung nach bestimmte Sache schuldet, hat eine Sache von mittlerer Art und Güte zu leisten.
Hat der Schuldner das zur Leistung einer solchen Sache seinerseits Erforderliche getan, so beschränkt sich das Schuldverhältnis auf diese Sache.

1. Art der Leistung

Wer eine nur nach der Gattung bestimmte Sache schuldet, hat eine Sache von *mittlerer Art und Güte* zu leisten (Abs. 1). Die gesetzliche Festlegung eines besonderen Gütestandards hat besondere Bedeutung für den *Gattungskauf.* Liefert der Verkäufer eine Ware schlechterer Art, so hat er seine Verpflichtung nicht erfüllt. Die Rechtsfolgen ergeben sich allein aus § 480 BGB. Leistet er eine Ware besserer Art, so hat er grundsätzlich erfüllt, es sei denn, daß der Gläubiger gerade nur eine Sache mittlerer Art und Güte gebrauchen kann und dem Schuldner dies bekannt war. – Welche Sachen mittlerer Art und Güte der Schuldner leisten will, unterliegt seinem Ermessen. Es kann jedoch anderes vereinbart sein. 2

2. Konkretisierung

Obwohl der Schuldner aus einer unbeschränkten oder beschränkten Gattung schuldet, kann er nur eine oder mehrere *individuell* bestimmte Sachen leisten. Es fragt sich, wann eine solche Beschränkung eintritt. Weder genügt es, daß der Schuldner die Sache aus der Gattung ausgeschieden hat, noch ist es erforderlich, daß der Schuldner die Leistung an den Gläubiger erbracht hat. § 243 Abs. 2 BGB verlangt allein, daß der Schuldner *das zur Leistung einer solchen Sache seinerseits Erforderliche* getan hat. Dies setzt einmal voraus, daß der Schuldner eine Sache mittlerer Art und Güte aus der Gattung ausgeschieden hat. Im übrigen ist zu unterscheiden, ob es sich um Bring-, Schick- oder Holschulden handelt. Bei Bringschulden liegt Konkretisierung erst vor, wenn der Schuldner dem Gläubiger die Leistung am Wohnsitz des Gläubigers (§ 269 BGB) in einer den Verzug der Annahme begründenden Weise angeboten hat. Die Sache muß vom Schuldner derart angeboten sein, daß es regelmäßig nur noch am Gläubiger liegt, ob er die Sache in Empfang nimmt oder nicht. Bei *Schickschulden* hat der Schuldner 3

§ 360   1. Abschn.   *Drittes Buch. Handelsgeschäfte*

das seinerseits Erforderliche schon getan, wenn er die Sache am Erfüllungsort einem Spediteur, Frachtführer oder sonst zur Ausführung der Versendung bestimmten Person der Anstalt zur Versendung an den Bestimmungsort ausgeliefert hat (§ 447 BGB). Im Überseehandel muß hinzukommen die Übersendung eines ordnungsmäßig indossierten Konossoments oder einer Verladungsanzeige an den Käufer (RGZ 88, 392; 92, 130). Bei *Holschulden,* bei denen der Gläubiger abholen muß, tritt Konkretisierung ein, wenn der Schuldner dem Gläubiger mitteilt, daß er die Sache ausgeschieden habe und für ihn bereit halte. Damit ist die Sache so angeboten (§ 295 BGB), daß es nur noch am Gläubiger liegt, die Leistung in Empfang zu nehmen (RGZ 57, 404). Weder bei der Bring- noch bei der Holschuld gehört zur Konkretisierung die *Übergabe* der abgesonderten Sache. Die Parteien können selbstverständlich vereinbaren, daß die Konkretisierung schon mit einem früheren Zeitpunkt (z. B. mit dem Ausscheiden) eintritt. Durch die Konkretisierung geht die *Gefahr des zufälligen Untergangs* auf den Gläubiger über (§ 243 Abs. 2, § 275 BGB).

4   Ist die zu leistende Sache festgelegt, so ist der *Schuldner an die ausgewählte Sache gebunden.* Er kann daher grundsätzlich nicht eine andere Sache dem Gläubiger liefern. Doch können Treu und Glauben (§ 242 BGB) im Einzelfall eine Ausnahme rechtfertigen. Hat z. B. der Gläubiger die angebotene Sache zurückgewiesen, so kann der Schuldner eine andere Sache der Gattung liefern, jedenfalls dann, wenn der Gläubiger kein Interesse an der ersten Sache hat. Nimmt der Gläubiger eine andere Sache der gleichen Gattung an und behält er sie nach Kenntnis des Sachverhalts, so kann er nicht mehr geltend machen, daß diese Ware nicht die auf Grund der Konkretisierung geschuldete sei (BGH WM 64, 1021; 4. Aufl., Einl. vor § 373 Anm. 44).

5   § 360 ergänzt für den *Handelsverkehr* die Regelung des § 243 Abs. 1 BGB. Bei Gattungsschulden soll der Schuldner nicht eine *Sache* mittlerer Art und Güte, sondern *Handelsgut mittlerer Art und Güte* leisten. Ein wesentlicher Unterschied liegt nicht vor. Das gleiche würde sich für den Handelsverkehr aus einer sinngemäßen Auslegung des § 243 Abs. 1 BGB ergeben.

I. Voraussetzungen des § 360 HGB

6   Es muß sich um eine Gattungsschuld *aus einem Handelsgeschäft* handeln. Das Handelsgeschäft braucht kein beiderseitiges zu sein. Auch ist nicht nötig, daß gerade der Schuldner Kaufmann ist. Es genügt für die Anwendung des § 360, daß aus einem einseitigen Handelsgeschäft (§ 345 Anm. 1, 2) geschuldet wird (Heymann/Kötter § 360 Anm. 1; a. M. Baumbach/Duden § 360 Anm. 2 A, die § 360 nicht anwenden, wenn der Schuldner kein Kaufmann ist). Auf Handelskäufe findet § 360 stets Anwendung. Es kann auch ein Kauf auf Probe sein, nicht aber ein Kauf nach Probe, da bei diesem nach § 494 BGB die Eigenschaften der Probe als zugesichert anzusehen sind.

7   Im Gegensatz zu § 243 Abs. 1 BGB bezieht sich § 360 nur auf *Waren,* die nach der Gattung bestimmt sind. Waren sind bewegliche Sachen. Das ist zu eng. *Wertpapiere,* die das Handelsgesetzbuch durchweg wie Waren behandelt, fallen ebenfalls in der Regel unter § 360 (RGZ 43, 356; so auch Düringer/Hachenburg/Breit § 360 Anm. 17; von Godin in RGR-Komm. z. HGB § 360 Anm. 1). Die Anwendung des § 360 auf Wertpapiere wird allerdings im Einzelfall kaum zu anderen Ergebnissen führen, als sie § 243

Abs. 1 BGB bereits vorschreibt. Denn im Hinblick auf Wertpapiere ist kein praktischer Unterschied denkbar zwischen Sachen oder Handelsgut mittlerer Art und Güte.

II. Inhalt der Vorschrift

Der Schuldner muß bei Gattungswarenschulden „Handelsgut mittlerer Art und Güte" leisten. Das heißt nichts anderes, als daß die Ware für den redlichen Handelsverkehr geeignet sein muß. Ist eine Ware nicht umsatzfähig, so ist sie kein Handelsgut. Häute müssen vergerbbar, Schlösser schließbar, Samen muß keimfähig sein (RGZ 13, 23). Waren, die zwingenden gesetzlichen Vorschriften nicht genügen, entsprechen nicht dem Handelsverkehr (Baumbach/Duden § 360 Anm. 2A). Auch die Verpackung muß handelsüblich sein. Lebensmittel sind daher z. B. nur Handelsgut, wenn sie den Vorschriften des Lebensmittelgesetzes vom 15. 8. 1974 (BGBl I, 1946) entsprechen. 8

Das Handelsgut muß „*mittlerer Art und Güte*" sein. Die übliche Beimischung fremder Bestandteile schließt grundsätzlich nicht aus, daß es sich um mittlere Art und Güte handelt; so vor allem dann nicht, wenn die Beimischung auf obrigkeitlicher Anordnung beruht (ROHG 24, 234). Zu beachten ist ferner, unter welcher Bezeichnung eine Sache veräußert wird. Es kommt stets auf mittlere Art und Güte der gerade zu liefernden Gattungsware an (ROHG 15, 415). – Maßgebend für die Frage, ob Handelsgut mittlerer Art und Güte vorliegt, ist die Anschauung des Verkehrs am Erfüllungsort (so auch Düringer/Hachenburg/Breit § 360 Anm. 18; Baumbach/Duden § 360 Anm. 2A). 9

III. Rechtsfolgen

Leistet der Schuldner nicht Handelsgut mittlerer Art und Güte, so hat er seine Verpflichtungen aus dem Vertrage nicht erfüllt. Eine *Konzentration* auf die geleistete Sache ist *nicht eingetreten,* weil der Schuldner nicht alles seinerseits Erforderliche getan hat (Anm. 3). Die Rechtsfolgen bestimmen sich ausschließlich nach bürgerlichem Recht. – Im Streitfall hat der Veräußerer zu beweisen, daß er Handelsgut mittlerer Art und Güte geleistet hat. Behauptet der Käufer, daß er bessere Qualität verlangen kann, so liegt hierin ein Bestreiten des Klagegrundes. Beweispflichtig ist der Verkäufer. Hat der Käufer die Ware als Erfüllung angenommen, so trifft ihn die Beweislast, wenn er die Leistung nicht als Erfüllung gelten lassen will (§ 363 BGB). 10

IV. Abweichende Vereinbarungen

§ 360 stellt ebenso wie § 243 Abs. 1 BGB *kein zwingendes Recht* dar. Die Parteien können ausdrücklich oder konkludent vereinbart haben, daß eine bessere Ware als Durchschnittsware geliefert werden muß oder daß eine schlechtere Ware genügt. Solche Vereinbarungen gehen der gesetzlichen Regelung vor. Auch aus der jeweiligen Sachlage kann sich etwas Abweichendes ergeben (vgl. Baumbach/Duden § 360 Anm. 2A). – Von großer Bedeutung sind im Handelsverkehr vor allem die Klauseln „*wie es steht und liegt*", „*wie besehen*", „*nach Besicht*" oder „*tel quel*". Durch eine vorvertragliche Besichtigung wird die Gattungsschuld nicht zur Speziesschuld, sondern lediglich zur 11

§ 361 1. Abschn.   *Drittes Buch. Handelsgeschäfte*

Erfüllung auf die besichtigte Ware beschränkt (Stahl DB 58, 155). Die Klauseln „wie besehen" oder „wie zu besehen" bedeuten, daß der Käufer solche Mängel nicht rügen kann, die bei ordnungsmäßiger Besichtigung erkennbar waren (RGZ 31, 162; RG LZ 20, 652; Düringer/Hachenburg/Breit § 360 Anm. 19; von Godin in RGR-Komm. z. HGB § 360 Anm. 6). Ähnlich liegt es im Binnenverkehr bei der Klausel „wie es steht und liegt" (WarnR 26 Nr. 44). Die Haftung des Verkäufers für Sachmängel gilt als vertragsmäßig ausgeschlossen. Im Überseehandel hat die Klausel „tel quel" eine besondere Bedeutung. Sie erklärt sich daraus, daß der *Verkäufer* die Angaben seines ausländischen Lieferanten über die Qualität der Ware zunächst nicht nachprüfen kann und sich daher sichern will. In diesem Falle muß sich der Käufer sogar erheblich verdorbene oder erheblich beschädigte Waren gefallen lassen (BGH LM HGB § 346 [D] Nr. 5). *Die Ware muß jedoch stets noch als Handelsgut anzusehen sein;* sie darf nicht völlig verdorben sein (RG 19, 30; RG JW 02, 398; Düringer/Hachenburg/Breit § 360 Anm. 19; von Godin in RGR-Komm. z. HGB § 360 Anm. 4; Schlotmann ZHR 38, 353 ff.; Boden ZHR 51, 339). Ist z. B. Altöl mit der Klausel „wie es bei mir anfällt" verkauft worden, so darf nicht Öl mit einem unbegrenzt hohen Wassergehalt geliefert werden (RG JW 38, 2411). Durch die erwähnten Klauseln wird eine Haftung des Verkäufers für Arglist oder für zugesicherte Eigenschaften in keinem Falle ausgeschlossen (BGH LM HGB § 346 [D] Nr. 5); Düringer/Hachenburg/Breit § 360 Anm. 19; von Godin in RGR-Komm. z. HGB § 360 Anm. 4).

361 Maß, Gewicht, Währung, Zeitrechnung und Entfernungen, die an dem Orte gelten, wo der Vertrag erfüllt werden soll, sind im Zweifel als die vertragsmäßigen zu betrachten.

Inhalt

	Anm.		Anm.
Allgemeines	1	II. Inhalt der Auslegungsregel	4– 6
I. Maß, Gewicht, Zeitrechnung, Entfernungen, Währung	2– 3	Anhang: Währungs- und Außenwirtschaftsrecht	1–86

Allgemeines

1 § 361 gibt eine *Auslegungsregel* für Maß, Gewicht, Währung, Zeitrechnung und Entfernungen. Sie gilt nur, wenn eine vertragliche Regelung fehlt und wenn sich auch aus dem Inhalt des Vertrages nichts dafür entnehmen läßt, was die Parteien gewollt haben. Der Vorschrift kommt im wesentlichen nur für Auslandsgeschäfte praktische Bedeutung zu, vorausgesetzt, daß auf sie deutsches Recht anzuwenden ist. Kollisionsrechtliche Bedeutung besitzt § 361 nicht.

I. Maß, Gewicht, Zeitrechnung, Entfernungen, Währung

2 In der Bundesrepublik Deutschland ist für Maß, Gewicht, Zeitrechnung und Entfernungen das Gesetz über *Einheiten im Meßwesen* vom 2. 7. 69 (BGBl I, 709) maßgebend.

Das Maß- und Gewichtsgesetz vom 13. 12. 35 (RGBl I, 1499) gilt nicht mehr. Die gesetzlichen *Basisgrößen* der Länge, Masse und Zeit sind das *Meter,* das *Kilogramm* und die *Sekunde ,* deren *Einheiten* festgelegt sind (§ 3 MeßEinhG). Dezimale Vielfache und Teile von Einheiten können durch Vorsetzen von Vorsilben vor den Namen der Einheit bezeichnet werden (§ 6 MeßEinhG). Für *Meßgeräte,* die im geschäftlichen Verkehr verwendet oder so bereitgehalten werden, daß sie ohne besondere Vorbereitung in Gebrauch genommen werden können, besteht nach den Vorschriften des Eichgesetzes vom 11. 7. 69 (BGBl I, 759), geändert durch das Gesetz vom 6. 7. 73 (BGBl I, 716) *Eichpflicht.* Die zuständige Behörde für das Meß- und Eichwesen ist die Physikalisch-Technische Bundesanstalt in Braunschweig.

Für die *Währung* wird § 361 durch die weit wichtigeren §§ 244, 245 BGB über **3** Geldschulden ergänzt. Diese Vorschriften lauten:

§ 244 BGB. Ist eine in ausländischer Währung ausgedrückte Geldschuld im Inlande zu zahlen, so kann die Zahlung in *Reichs*währung erfolgen, es sei denn, daß die Zahlung in ausländischer Währung ausdrücklich bedungen ist.

Die Umrechnung erfolgt nach dem Kurswerte, der zur Zeit der Zahlung für den Zahlungsort maßgebend ist.

§ 245 BGB. Ist eine Geldschuld in einer bestimmten Münzsorte zu zahlen, die sich zur Zeit der Zahlung nicht mehr im Umlaufe befindet, so ist die Zahlung so zu leisten, wie wenn die Münzsorte nicht bestimmt wäre.

Zum Währungsrecht wird auf den Anhang zu § 361 verwiesen.

II. Inhalt der Auslegungsregel

Maß, Gewicht, Währung, Zeitrechnung und Entfernungen haben in den einzelnen **4** Ländern *nicht* die gleiche Bedeutung. Auch innerhalb eines Landes kann unter diesen Bezeichnungen Verschiedenes verstanden werden. Fehlt es an einer Vereinbarung, was unter ihnen zu verstehen ist, und läßt sich auch aus den Umständen nichts dafür entnehmen, so greift *hilfsweise* § 361 ein. Voraussetzung für die Anwendbarkeit dieser Vorschrift ist, daß überhaupt *deutsches Recht* zur Anwendung kommt (Anhang zu § 361 Anm. 22). Ist das der Fall, so sind nach § 361 Maß, Gewicht, Währung, Zeitrechnung und Entfernungen, die an dem Ort gelten, wo der Vertrag erfüllt werden soll, *im Zweifel* als die vertragsmäßigen zu betrachten. Es ist grundsätzlich der *Erfüllungsort* maßgebend, nicht etwa der Ort des Vertragsschlusses, der Wohnsitz oder der Ort des Erklärenden. Welcher Ort als Erfüllungsort anzusehen ist, bestimmt sich nach §§ 269, 270 BGB. Bei Kaufverträgen kommt es für Maß und Gewicht auf den Erfüllungsort der Lieferungspflicht, für die Währung auf den Erfüllungsort der Zahlungsverpflichtung an. Ist z.B. im Ausland zu liefern, jedoch in Deutschland zu zahlen, so ist die Zahlungsverpflichtung in deutscher Währung zu erfüllen (RGZ 106, 100).

Für die einzelnen Vertragspflichten können *verschiedene* Erfüllungsorte bestehen. Es **5** kommt dann auf den Erfüllungsort für die Leistung an, bei der keine besondere Bestimmung getroffen ist. Auch bei einem einheitlichen Geschäft können daher für die einzelnen Vertragspflichten in Bezug auf Maß, Gewicht, Währung, Zeitrechnung und Entfernungen verschiedene Rechtsordnungen maßgebend sein, so z.B. bei einem Kaufvertrag für die Zahlung des Kaufpreises und für die Lieferung der Ware. § 361 kommt auch dann zur Anwendung, wenn die Währung überhaupt nicht im Vertrage bestimmt ist. Das ist ein Hauptanwendungsfall des § 361 (RGZ 120, 81; a. M. Ritter § 361 Anm. 2). Wenn ein Käufer wegen Nichterfüllung eines Kaufvertrages, bei dem der Kaufpreis in ausländischer Währung bedungen ist, Schadensersatz wegen Nichterfüllung (Nichtlieferung der Ware) verlangt, so ist nach § 361 grundsätzlich in *deutscher Währung* Schadenersatz zu leisten. Der Schadenersatzanspruch wegen Nichterfüllung ist eine reine Geldforderung des Ersatzberechtigten. Ihr Erfüllungsort ist unabhängig von dem Erfüllungsort der ursprünglichen Vertragspflicht selbst (RGZ 102, 61; von Godin in RGR Komm. z. HGB § 361 Anm. 9). Wohnt der Schuldner in der Bundesrepublik Deutschland, so ist mangels gegenteiliger Abrede in deutscher Währung zu zahlen. Schadensersatz in ausländischer Währung kann der Käufer nur verlangen, wenn er nachweist, daß er das ihm gebührende deutsche Geld so verwendet hätte, daß er in den Besitz eines gleichen Betrages ausländischer Währung gelangt wäre. Der gleiche Grundsatz gilt nach RGZ 120, 81 auch für Bereicherungsansprüche. Selbst wenn die Aufwendung in gesetzlichen oder gebräuchlichen Zahlungsmitteln einer Fremdwährung bestand, geht der Bereicherungsanspruch auf Ersatz des Wertes in deutscher Währung, sofern der Ersatzpflichtige bei Eintritt der Bereicherung seinen Wohnsitz oder seine gewerbliche Niederlassung in Deutschland hatte. Die Zahlung in Fremdwährung hat nur die Bedeutung eines Rechnungsfaktors für die Ermittlung der Höhe des Wertsatzes (RG aaO; Düringer/Hachenburg/Breit § 361 Anm. 18; von Godin aaO). Bei Schadensersatzansprüchen muß jedoch stets berücksichtigt werden, *wofür* Ersatz geleistet werden soll. Besteht z. B. der Schaden gerade darin, daß dem Ersatzberechtigten ein Geldbetrag in fremder Währung abhanden gekommen ist, so ergibt sich aus den Grundsätzen über die Wiedergutmachung von Schadenszufügungen, daß in ausländischer Währung zu zahlen ist. In diesem Falle kommt die Auslegungsregel des § 361 nicht zur Anwendung, weil infolge des Grundsatzes der Naturalrestitution die Währung, in der der Schadensersatzanspruch zu erfüllen ist, feststeht (RG JW 25, 1477; von Godin aaO). Ebenso liegt es, wenn die Natur des Anspruchs, z. B. ein Anspruch auf Aufwendungsersatz, unmittelbar auf eine fremde Währung gerichtet ist (RGZ 109, 88; Ritter § 361 Anm. 2). – Da es in Deutschland heute zwei verschiedene Währungen gibt, beantwortet § 361 auch die Frage, ob eine Verbindlichkeit in DM (Ost) oder in DM (West) zu zahlen ist (OLG Hamburg NJW 50, 76).

6 § 361 gilt seinem Wortlaut nach nur für *Verträge*. Das hindert jedoch nicht, die Vorschrift auch auf die Auslegung von Willenserklärungen anzuwenden (Ritter § 361 Anm. 1). Ob es sich um ein beiderseitiges oder um ein einseitiges Handelsgeschäft handelt, ist gleichgültig.

Anhang zu § 361 HGB

Währungs- und Außenwirtschaftsrecht

Erster Teil. Währungsrecht

Schrifttum: *M. Wolff,* Das Geld, in Ehrenbergs Handbuch des gesamten Handelsrechts, 1917, Bd. IV, Teil 1, S. 563 ff.; *Brodmann,* Die Geldschuld, in Ehrenbergs Handbuch des gesamten Handelsrechts, 1917, Bd. IV Teil 2, § 31.S. 224 ff; *Helfferich,* Geld und Banken, Teil 1: Das Geld, 6. Aufl., 1923; *Nußbaum,* Das Geld in Theorie und Praxis des deutschen und ausländischen Rechts, 1925; *Isele,* Geldschuld und bargeldloser Zahlungsverkehr, AcP 129 (1928), 129 ff.; *Eckstein,* Geld und Geldwert im materiellen und internationalen Privatrecht, 1932; *Kaser,* Das Geld im Sachenrecht, AcP 143 (1937), 1 ff.; *Höpker-Aschoff,* Geld und Währungen, 1948; *Duden,* Die westdeutsche Währungsreform, DRZ 48, 265 ff.; *Duden,* Allgemeine privatrechtliche Auwirkungen der Geldreform, DRZ 48, 330 ff.; *Nußbaum,* The Money in the Law, National and International, 1950; *Meyer-Cording,* Das Recht der Banküberweisung, 1951; *Reinhardt,* Vom Wesen des Geldes und seiner Einfügung in die Güterordnung des Privatrechts, in Festschrift für Boehmer, 1954, S. 60 ff. – *Stucken,* Geld und Kredit, 2. Aufl. 1957; *Falck,* Das Geld und seine Sonderstellung im Sachenrecht, Beiträge zum Zivilrecht und Zivilprozeß, Heft 9, 1960; *Mann,* Das Recht des Geldes. Eine rechtsvergleichende Untersuchung auf der Grundlage des englischen Rechts, 1960; *Simitis,* Bemerkungen zur rechtlichen Sonderstellung des Geldes, AcP 159 (1959/1961), 406 ff.; *Ernst,* Die Bedeutung des Gesetzeszwecks im internationalen Währungs- und Devisenrecht, 1963. *Seetzen,* Zur innerstaatlichen und internationalen Zulässigkeit von Fremdwährungsschulden und Klauseln, AWD 69, 253 ff.; *Fögen,* Geld- und Währungsrecht, 1969.; *Dürkes,* Wertsicherungsklauseln, 8. Aufl., 1972. *Stratmann,* Der Internationale Währungsfonds, 1972 (Studien zum Internationalen Wirtschafts- und Atomenergierecht, Bd. 47); *Schönle,* Bank- und Börsenrecht, 1971.; *Birk,* Die Umrechnungsbefugnis bei Fremdwährungsforderungen im Internationalen Privatrecht, AWD 73, 425 ff.; *von Maydell,* Geldschuld und Geldwert, 1974. – *Bärmann,* Europäisches Geld-, Bank- und Börsenrecht, 1. Teil: Bundesrepublik Deutschland, 1974; *Reuter,* Nominalprinzip und Geldentwertung, ZHR 137 (1974), 482 ff.; *Papier,* Rechtsprobleme der Inflation, JuS 74, 477 ff.; *Reichert/Facilides,* Geldentwertung und Recht, JZ 74, 483 ff.; *Mann,* Geldentwertung und Recht NJW 74, 1297 ff.; *Thierfeldt,* Entgegnung, NJW 74, 1854. *Zulegg,* die Währungspolitik der Rechtsprechung des EuGH, EurR 75, 175 ff.; *Zehetner,* Geldwertklauseln im grenzüberschreitenden Wirtschaftsverkehr, 1976; *Schönle,* Bank- und Börsenrecht, 2. Aufl., 1976.

Inhalt

	Anm.
I. Das Wesen des Geldes	1– 4
1. Geld im weiteren Sinne	1– 2
2. Geld im engeren Sinne	3
3. Geldwert	4
II. Entwicklung der deutschen Währung	5–17
1. Mark-Währung	5
2. Reichsmark-Währung	6– 8
3. Währungsreform	9–12
4. Gegenwärtiger Rechtszustand	13–14
5. Internationaler Währungsfonds	15–17
III. Das Wesen der Geldschuld	18–20
1. Geldbetragsschuld	18
2. Geldschulden und Gattungsschulden	19
3. Geldsummenschulden und Geldwertschulden	20
IV. Internationales Währungsrecht	21–23
1. Ausgangspunkt	21
2. Schuldstatut	22
3. Währungsstatut	23
V. Die Fremdwährungsschuld	24–41
1. Kennzeichnung	24–25
2. Fremdwährungsschuld ohne Effektivvereinbarung	26–30
3. Fremdwährungsschuld mit Effektivvereinbarung	31
4. Einfluß des Währungs- und Außenwirtschaftsrechts	32–39
a) Begründung von Fremdwährungsschulden	33–37
b) Erfüllung von Fremdwährungsschulden	38–39
5. Wirkung von Währungsabwertungen	40–41
VI. Wertsicherungsklauseln	42–50
1. Kennzeichnung	42–44
2. Währungsreform	45
3. Gegenwärtiger Rechtszustand	46–50
VII. Richterliche Anpassung von Geldschulden	51
VIII. Die Geldsortenschuld	52–55
1. Unechte Geldsortenschuld	52–54
2. Echte Geldsortenschuld	55

I. Das Wesen des Geldes

1. Geld im weiteren Sinne

1 Geld ist einmal der im Verkehr anerkannte **allgemeine Wertmaßstab** für bewertbare Güter jeder Art (Sach- und Dienstleistungen). Zum anderen ist Geld aber auch das *Gut,* das diesen Wertmaßstab nach der Auffassung des Verkehrs repräsentiert. Als Wertmaßstab und Recheneinheit dient das Geld vornehmlich der Vermittlung von Wertübertragungen. Es ist allgemeines Zahlungs- und Tauschmittel. Für die Erfüllung dieser Funktion ist die Frage, in welcher Erscheinungsform sich das Wertsymbol „Geld" konkretisiert, zweitrangig. Die Verkörperung ist ebensowenig wie der Stoffwert für den Funktionsbegriff „Geld" entscheidend. Geld ist *abstrakte Verfügungsmacht.* Geldcharakter besitzen deshalb nicht nur das *Stückgeld* (Bargeld), das in Münzen und Banknoten sichtbar wird, sondern auch das *Buchgeld* (Giralgeld), das rechtlich Forderungscharakter besitzt. Es besteht aus *Guthaben,* die bei den *Kreditinstituten* (§ 1 KWG), der Deutschen Bundesbank, der Deutschen Bundespost oder anderen öffentlich-rechtlichen Anstalten, z. B. der Kreditanstalt für Wiederaufbau, unterhalten werden. Im Vergleich zu den Banknoten und Scheidemünzen umfaßt das Buchgeld den weitaus größten Teil des Geldvolumens. Bei *Spareinlagen* könnte gegen die Geldnatur sprechen, daß sie nicht für den Zahlungsverkehr bestimmt sind und daher über sie nicht durch Überweisung oder Scheck, sondern nur durch Abhebung verfügt werden kann (§ 21 IV KWG). Aber abgesehen davon, daß dem Geld auch die Funktion eines Wertaufbewahrungsmittels zukommt, können auch Sparguthaben disponibel werden, sobald die zeitliche Bindung entfällt. Dies rechtfertigt es, Spareinlagen jedenfalls als *potentielles* Buchgeld anzusehen. Gleiches gilt für Fest- und Kündigungsgelder. Die Frage, ob auch Giroguthaben als Geld im Rechtssinne anzusehen sind, ist umstritten (Anh. zu § 365 Anm. 1 ff.). Da sich das Wesen des Geldes nur funktionell erfassen läßt (von Maydell aaO s. 8 ff.), wird der Geldcharakter des Buchgeldes nicht dadurch ausgeschlossen, daß es nur Forderungscharakter besitzt. Eine andere Frage ist es, ob Buchgeld auch mit *Annahmezwang* ausgestattetes Geld ist. Das ist zu verneinen; Buchgeld ist kein gesetzliches Zahlungsmittel (Anm. 3).

2 Die *Schaffung* von Geld, soweit es sich um Banknoten und Münzen handelt, ist ein *öffentlich-rechtlicher* Akt. In der Bundesrepublik hat die *Deutsche Bundesbank* das ausschließliche Recht, Banknoten auszugeben, die auf Deutsche Mark lauten (§ 14 I BankG). Das Hoheitsrecht der Münzprägung besitzt allein der Staat (Münzregal). Das Nachprägen und Inverkehrbringen von außer Kurs gesetzten Reichsgoldmünzen ist auch heute noch durch § 5 MedaillenVO v. 27. 12. 1928 (RGBl 1929 I, 2) verboten (KG NJW 63, 546). Dagegen ist die Schaffung von *Buchgeld* ein Akt *privater* Geld- und Kreditschöpfung, der sich dadurch vollzieht, daß ein Kreditinstitut einem Kunden einen Geldbetrag gutschreibt. Im modernen Zahlungsverkehr wird über Guthaben mittels Überweisung, Lastschrift oder Schecks durch bloße Umbuchung ohne Barabhebung verfügt. Da die Kreditinstitute damit rechnen können, daß ihnen grundsätzlich nicht alle Einlagen in Stückgeld abverlangt werden, sind sie in der Lage, ein Vielfaches der Gelder, die sie von ihren Kunden empfangen haben, als Kredit zu gewähren. Sie sind auf diese Weise nicht nur Kreditvermittler, sondern zugleich *Geldschöpfer.* Hierbei unterliegen sie

Erster Teil. Währungsrecht **Anh § 361**

den besonderen Vorschriften über die Eigenkapitalausstattung, Liquidität und Kreditgewährung des Gesetzes über das Kreditwesen.

Für den *Geldbegriff* ist es unerheblich, ob es sich um *inländisches* oder *ausländisches* Geld handelt. Dieses wird bei Bargeld als Sorten, bei Bankguthaben als *Devisen* bezeichnet. Aber wenn eine Schuld in fremder Währung zu bezahlen ist, kann ausländisches Geld zur Ware werden, die man mit Geld kauft.

2. Geld im engeren Sinne

Im engeren Sinne versteht man unter Geld nur die **gesetzlichen Zahlungsmittel**, die bei Wertübertragungen zu einem bestimmten Kurs kraft staatlichen Rechtsakts in Zahlung genommen werden (Staat- oder Zwangsgeld). Im Bundesgebiet sind alleinige gesetzliche Zahlungsmittel die von der Deutschen Bundesbank ausgegebenen, auf Deutsche Mark oder Pfennig lautenden Noten (§ 14 I BBankG). Nur sie sind Geld im engeren Sinne. Bei *Scheidemünzen,* für die der Bund das Münzregal hat, ist der Zwang zur Annahme auf bestimmte Beträge begrenzt (§ 3 II MünzG vom 8. 7. 50, BGBl I, 323, und vom 18. 1. 63, BGBl I, 55). Das *Buchgeld* ist dagegen kein gesetzliches Zahlungsmittel. Als allgemeines Wertübertragungsmittel ist es bisher lediglich für die Zahlung von *Steuerschulden* (§ 122 RAO) sowie für die Einzahlung von Geldeinlagen auf Aktien (§ 54 III AktG) zugelassen worden. Die Frage, ob der Schuldner eine Geldverbindlichkeit statt mit gesetzlichen Zahlungsmitteln auch mit Buchgeld erfüllen kann, läßt sich demnach nicht einheitlich beantworten. Zwar besitzt das Buchgeld die gleiche Funktion wie das Bargeld (Anm. 1); beide Geldformen sind auf die Rechnungseinheit der Deutschen Mark bezogen. Aber eine Zahlung durch Buchgeld enthält für den Empfänger ein besonderes Risiko, da er durch die Gutschrift rechtlich nur eine Forderung auf Banknoten oder Münzen gegen ein Kreditinstitut erhält, das zahlungsunfähig werden kann. Das Risiko wird zwar durch eine umfassende solidarische Einlagensicherung der Banken erheblich gemindert; ausgeschlossen ist es nicht, da die Sicherung bis zur Höhe von 30% des haftenden Eigenkapitals begrenzt ist, eine staatliche Einlagenversicherung jedoch nicht besteht.

3

3. Geldwert

Von der Frage, was Geld ist, ist die Frage, welcher *Wert* ihm unter wirtschaftlichen Gesichtspunkten beizumessen ist, zu unterscheiden. Sie wird mit dem Nenn- oder Nominalwert des Geldes nicht beantwortet. Unter dem Nennwert ist im Gegensatz zum Geldwert lediglich die Rechnungseinheit zu verstehen, die beim Metallgeld das Gepräge, beim Papiergeld der Aufdruck angibt. Die staatliche Bezeichnung der jeweiligen Rechnungseinheit sagt über den wirtschaftlichen Wert nichts aus. Der Geldwert wird vielmehr durch die verschiedenen Funktionen bestimmt, die das Geld im Wirtschaftsleben erfüllt. So ist der *Kurswert* der Wert, den eine Geldeinheit im zwischenstaatlichen Verkehr zu anderen Geldeinheiten hat. Die Geldeinheit wird bei einer solchen Umrechnung (§ 244 Abs. 2 BGB) in fremdem Geld bewertet. Der *Binnenwert* des Geldes wird nach seinem *Außenwert* festgestellt. Mit dem *Kaufwert* bezeichnet man die Kaufkraft des Geldes im innerstaatlichen Verkehr. Der Wert des Geldes wird zu Waren und Dienstleistungen in Beziehung gesetzt, die man dafür im Inland erwerben kann. Das aber

4

Anh § 361 *Währungs- und Außenwirtschaftsrecht*

bedeutet, daß sich der Geldwert in einer Marktwirtschaft nach dem *Preisniveau* richtet, das sich wegen der Unterschiedlichkeit der Bedürnisse des Einzelnen nach dem Index der allgemeinen Lebenskosten für eine bestimmte Familie mit einem bestimmten Einkommen errechnet (von Maydell aaO S. 33 ff.). Der *Geldwert* ist somit im Gegensatz zum Nennwert als einer bloßen ziffernmäßigen Bezeichnung der Rechnungseinheit eine *veränderliche Größe*. Seine Abhängigkeit vom allgemeinen Preisniveau führt bei einem Ansteigen der Preise zu einem Prozeß der Geldentwertung (Inflation). Ohne Bedeutung für die Bestimmung des Geldwertes ist der *Metall*- oder *Substanzwert*. Er bezieht sich auf den stofflichen Wert des Geldes, den Metallgehalt, den eine Münze enthält. Der Hauptform des Geldes, dem Papiergeld, fehlt der Stoffwert völlig.

II. Entwicklung der deutschen Währung

1. Mark-Währung

5 Auf Grund des Münzgesetzes vom 9. Juli 1873 (RGBl 233) trat im Deutschen Reich an die Stelle der bisher geltenden Landeswährungen die auf die Rechnungseinheit „Mark" (1/10 der Reichsgoldmünze) bezogene *Reichswährung*. Die Vereinheitlichung trat am 1. Januar 1876 in Kraft, jedoch konnten die Länder die Mark-Währung schon früher im Verordnungswege einführen. Das geschah in den meisten Ländern. Die Mark-Währung war eine *Goldwährung*. Da neben den Reichsgoldmünzen über 10 und später auch über 20 Mark noch die alten Silbertaler gesetzliche Zahlungsmittel waren, bestand zwar zunächst nur eine *hinkende*, nach Einziehung der Silbertaler im Jahre 1910 jedoch eine *reine* Goldwährung mit freier Goldprägung. Seit dem Bankgesetz vom 14. 3. 1875 dienten im Verkehr auch die *Reichsbanknoten* als Zahlungsmittel. Unbeschränktes gesetzliches Zahlungsmittel mit Annahmezwang wurde die Reichsbanknote erst durch eine Novelle zum Bankgesetz vom 1. Juni 1909 (RGBl 515). Da die Reichsbanknote jedoch *einlösungspflichtig* war, blieb das entscheidende Kriterium der Goldwährung erhalten (§§ 4, 18 BankG). Bei Ausbruch des ersten Weltkrieges wurde zur Sicherung der Goldbestände die Einlösungspflicht durch Gesetz vom 4. August 1914 (RGBl 347) aufgehoben. Neben den Reichsbanknoten waren die Reichskassenscheine und über geringere Nennbeträge die Darlehenskassenscheine gesetzliche Zahlungsmittel. Mit dem Wegfall der jederzeitigen Gold-Einlösungspflicht bestand keine Goldwährung mehr.

2. Reichsmark-Währung

6 Nach dem Kriege brach die deutsche Währung auf Grund der Auswirkungen des Versailler Vertrages auf die deutsche Währung zusammen. Die *Neuordnung* der deutschen Währung wurde angebahnt durch die Errichtung der *Deutschen Rentenbank* (Gesetz vom 15. Oktober 1923 RGBl I, 1092), die zur Ausgabe von Rentenmarkscheinen berechtigt war, und der *Deutschen Golddiskontbank* (Gesetz vom 19. März 1924 RGBl II, 71). Sie wurde abgeschlossen durch das *Münzgesetz*, das *Bankgesetz* und das *Privatnotenbankgesetz*, sämtlich vom 30. August 1924 (RGBl II, 235/252). Am 11. Oktober 1924 trat an die Stelle der Mark-Währung die *Reichsmark,* die in hundert Reichspfennige eingeteilt war. Nach dem Münzgesetz bestand zwischen Gold und Geld

Erster Teil. Währungsrecht **Anh § 361**

eine feste Relation (2790 RM = 1 kg Feingold bzw. 1 RM = 1/2790 Feingold). Unbeschränkte Zahlungsmittel waren nach § 3 MünzG Reichsgoldmünzen und Reichsbanknoten. Da eine Einlösungspflicht nicht bestand (§§ 31, 52 BankG), war die RM-Währung im Hinblick auf die Relation der RM zum Feingold und die nach § 28 BankG nötige Deckung der Banknoten (mindestens 40% in Gold oder Devisen davon mindestens 3/4 in Gold) eine *Goldkernwährung*.

Im Anschluß an die durch den Young-Plan bedingte Novelle zum Bankgesetz vom 13. März 1930 wurde durch eine Bekanntmachung des Reichsbankdirektoriums vom 15. April 1930 (RGBl II, 691) der § 31 BankG in Kraft gesetzt. Die Reichsbank war damit wieder zur Einlösung in deutschen Goldmünzen, Goldbarren oder Devisen verpflichtet. Die Einlösungspflicht wurde jedoch durch die *Devisengesetzgebung* (vgl. 3. Aufl. Anm. 49 ff.) praktisch wieder aufgehoben. Durch Verordnung vom 16. Juli 1938 (RGBl I, 901) wurden die nach den Vorkriegsgesetzen ausgeprägten Goldmünzen des alten Reiches im Nennbetrag von 10 und 20 Mark mit Wirkung vom 16. August 1938 außer Kurs gesetzt. Sie waren damit keine gesetzlichen Zahlungsmittel mehr. Neue Reichsgoldmünzen wurden seitdem in nennenswertem Umfang nicht ausgeprägt. Dagegen wurden wegen des stärkeren Bedarfs an Zahlungsmitteln Rentenbankscheine zu 5 RM wieder dem Zahlungsverkehr zugeführt (§§ 1, 5 G vom 30. 8. 24 – RGBl II, 252, i. d. F. der VO vom 1. 12. 30 – RGBl I, 592, in Verbindung mit § 32 G vom 15. 6. 39 – RGBl I, 1015). Rentenbankscheine zu 1,– RM und zu 2,– RM wurden neu ausgegeben (ÄnderungsVO vom 4. 9. 39 RGBl I, 1694). Gesetzliche Zahlungsmittel waren die Rentenbankscheine nicht. Ein Notenprivileg der Privatnotenbanken besteht seit dem 31. Dezember 1935 nicht mehr.

Zu einer grundsätzlichen Wende der Geldordnung führte das Gesetz über die Deutsche Reichsmark vom 15. Juni 1939 (RGBl I, 1915), das vom Grundsatz der internationalen Golddeckung abrückte. Nach § 20 RBankG waren außer den Reichsgoldmünzen die *Reichsbanknoten* das einzige unbeschränkte gesetzliche Zahlungsmittel. Sie mußten in erster Linie durch Wechsel, Schecks, Reichsschatzwechsel und Wertpapiere gedeckt sein. Gold und Devisen waren nur subsidär als Notendeckung zugelassen. Nach § 21 Abs. 2 BankG sollte die Reichsbank Gold- und Devisenbestände nur in einer Höhe halten, wie es nach ihrem Ermessen zur Regelung des Zahlungsverkehrs mit dem Ausland und zur Aufrechterhaltung des Wertes der Währung erforderlich war. Insoweit blieb eine gewisse Verbindung mit dem Gold erhalten. Seine Bedeutung beschränkte sich auf den internationalen Zahlungsverkehr. Die Reichsbank war verpflichtet, Gold zum festen Preis von 2784 RM für 1 kg fein anzukaufen. Sie gab jedoch Gold zum Preis von 2790 RM für 1 kg *nur* ab, wenn die Verwendung für volkswirtschaftlich gerechtfertigte Zwecke gewährleistet erschien. Die zuständige Reichsstelle wurde in den Zeiten der Devisenbewirtschaftung en bloc von der Reichsbank versorgt.

2. Währungsreform

Die *Neuordnung des Geldwesens* nach dem zweiten Weltkrieg erfolgte durch die Besatzungsmächte. Dabei ist die Entwicklung in West und Ost zu unterscheiden:

a) In den drei *Westzonen* erfolgte die Währungsreform durch drei im wesentlichen gleichlautende Militärregierungsgesetze. Es sind dies: 1. das am 20. Juni 1948 in Kraft getretene *Währungsgesetz* (G.Nr. 61 für die amerikanische Zone – ABl Ausgabe J S. 6 – und für die britische Zone – ABl Nr. 25 S. 843 –; VO Nr. 158 für die französische Zone – Journal Officiel Nr. 173 S. 1506 –). – 2. das am 20. Juni 1948 in Kraft getretene *Emissionsgesetz* (G Nr. 62 für die amerikanische Zone – ABl Ausgabe J S. 18 – und für die britische Zone – ABl Nr. 25 S. 899 –; VO Nr. 159 für die französische Zone – Journal Officiel Nr. 176 S. 1531 –). – 3. das am 27. Juni 1948 in Kraft getretene *Umstellungsgesetz* (G Nr. 63 für die amerikanische Zone – ABl Ausgabe J S. 21 – und für die britische Zone – ABl Nr. 25 S. 862 –; VO Nr. 160 für die französische Zone – Journal Officiel Nr. 177 S. 1537 –). Zu diesen drei Gesetzen sind zahlreiche Durchführungs- und Ergänzungsverordnungen erlassen worden. An die Stelle der Reichsmark-Währung trat mit Wirkung vom 21. Juni 1948 die *Deutsche-Mark-Währung*. Ihre Rechnungseinheit bildet die Deutsche Mark, die in hundert Deutsche Pfennige eingeteilt ist. Einige Zeit vor der Währungsreform war von den Besatzungsmächten die *Bank Deutscher Länder* errichtet worden (G Nr. 60 für die amerikanische Zone – ABl Ausgabe L S. 6 –; VO Nr. 129 für die britische Zone – ABl Nr. 27 S. 991 –; VO Nr. 293 für die französische Zone – Journal Officiel Nr. 250/256 S. 1912 –). Sämtliche auf die neue Währung lautenden gesetzlichen Zahlungsmittel wurden von ihr ausgegeben. – Wo in Gesetzen, Verordnungen, Verwaltungsakten oder rechtsgeschäftlichen Erklärungen die Rechnungseinheiten *Reichsmark, Goldmark* oder *Rentenmark* verwendet wurden, trat vorbehaltlich besonders geregelter Fälle die Rechnungseinheit Deutsche Mark (§ 2 WährG). Eine Sonderregelung war für die meisten *Reichsmarkverbindlichkeiten* vorgesehen. Es waren dies nach § 13 Abs. 2 UmstG alle Verbindlichkeiten aus vor dem 21. Juni 1948 begründeten Schuldverhältnissen, die auf Reichsmark, Rentenmark oder Goldmark lauten oder nach den vor diesem Stichtage in Geltung gewesenen Vorschriften in Reichsmark zu erfüllen gewesen wären. Sie sind nach § 16 UmstG grundsätzlich im *Verhältnis 10 : 1* umgestellt worden. Doch wurden nicht alle Geldansprüche gleich behandelt. Für bestimmte Reichsmarkverbindlichkeiten war eine Umstellung im Verhältnis 1 : 1 vorgesehen (vgl. § 18 UmstG). Wegen der Einzelheiten wird auf die einschlägigen Kommentare zu den Währungsgesetzen verwiesen.

10 b) In der *Ostzone* erfolgte die Währungsreform durch die *Befehle Nr. 111 der SMAD* über die Durchführung der Währungsreform in der sowjetischen Besatzungszone Deutschlands vom 23. Juni 1948 (ZVBl 217) und die Verordnung der Deutschen Wirtschaftskommission (DWK) über die Währungsreform in der sowjetischen Besatzungszone vom 21. Juni 1948 (ZVBl. 220). Die alte Reichsmark wurde zunächst durch die „Reichsmark mit aufgeklebten Spezialkupons" abgelöst. Diese sowie die in Umlauf befindlichen Scheidemünzen waren ab 24. Juni 1948 das einzige gesetzliche Zahlungsmittel. Durch *Befehl Nr. 124* der *SMAD* über den Geldumtausch vom 24. Juli 1948 (ZVBl 294) und die Anordnung der DWK zur Regelung des Umtauschs vom 20. Juli 1948 (ZVBl 295) wurde die *Deutsche Mark* der Deutschen Notenbank mit Wirkung vom 27. Juni 1948 das alleinige gesetzliche Zahlungsmittel. Die DM-Ost ist demnach später als die DM-West geschaffen worden. Auch weisen die beiden Währungsreformen in sachlicher Hinsicht grundsätzliche Unterschiede auf. Nach Nr. 18 der Verordnung der DWK über die Währungsreform blieben innerdeutsche Schuld- und Vertragsverhältnisse, die vor der Durchführung der Währungsreform entstanden waren, unverändert. Diese Schulden waren demnach im Gegensatz zu der Regelung in den Westzonen in

Erster Teil. Währungsrecht **Anh § 361**

voller Höhe in DM-Ost zu zahlen. Umgestellt im Verhältnis 10 : 1 wurden allein das Bargeld und die Forderungen gegen Geld- und Kreditinstitute. Versicherungsverträge wurden nach der Anordnung der DWK vom 14. Juli 1948 (ZVBl 299) grundsätzlich im Verhältnis 3 : 1 umgestellt. Für die Regelung des *innerdeutschen Zahlungsverkehrs* waren das Gesetz vom 15. Dezember 1950 (GBl DDR, 1202) und die Geldverkehrsordnung vom 20. 9. 61 mit mehreren Durchführungsverordnungen, und für die Regelung des Zahlungsverkehrs zwischen der DDR und dem Ausland das Devisengesetz vom 8. 2. 56 mit seinen Ergänzungen maßgebend. An die Stelle beider Gesetze ist mit Wirkung vom 1. 2. 74 das *Devisengesetz* vom 19. 12. 73 (GBl DDR I, 563) getreten. Die Bundesrepublik Deutschland und West-Berlin gelten nach diesem Gesetz als Ausland. Die Wirkungen des Devisengesetzes und seiner Durchführungsverordnungen beschränken sich nach dem Grundsatz der Territorialität auf den Bereich der DDR (BGHZ 31, 367/372).

c) In *Berlin* ist zwischen der Geldordnung im *Ostsektor* und in den drei *Westsektoren* zu **11** unterscheiden. In Ost-Berlin wurde das für die Ostzone geltende Währungsrecht (Anm. 12) in Kraft gesetzt. Die ostzonalen Anordnungen der SMAD und der DWK bezogen sich zunächst auf ganz Groß-Berlin. Die Kommandanten der drei Berliner Westsektoren erklärten jedoch die Erstreckung auf Westberlin für *nichtig*. Durch die Erste Verordnung zur Neuordnung des Geldwesens vom 24. Juni 1948 (Währungsverordnung) wurde in *West-Berlin* die Deutsche Mark der Bank Deutscher Länder als gesetzliches Zahlungsmittel eingeführt. Die DM-West war jedoch zunächst nicht das alleinige gesetzliche Zahlungsmittel für Berlin-West. Daneben bestand die für den Ost-Sektor von Groß-Berlin geltende Währung als gesetzliches Zahlungsmittel. Erst durch die Dritte Verordnung zur Neuordnung des Geldwesens vom 20. März 1949 (Währungsergänzungsverordnung) wurde die DM-West der Bank Deutscher Länder das alleinige Zahlungsmittel für West-Berlin.

d) Die Neuordnung des Geldwesens hat Deutschland in *zwei verschiedene Währungsge-* **12** *biete* geteilt: das Währungsgebiet der Bundesrepublik Deutschland und das Währungsgebiet der Deutschen Demokratischen Republik. Die DM-West und die DM-Ost sind verschiedene Währungen. Die Währungsgrenze ist zugleich eine Devisengrenze. Schon nach der am 19. September 1949 in Kraft getretenen Neufassung des MRG Nr. 53 Art. X (g), (i) ergab sich, daß das Gebiet der DDR gegenüber dem Gebiet der BRD als *Devisenausland* anzusehen ist. Auch nachdem die Devisengesetzgebung durch das Außenwirtschaftsgesetz vom 28. April 1961 (BGBl I, 481) aufgehoben worden ist, ist das MRG Nr. 53 (Neufassung) auf den Wirtschaftsverkehr mit der DDR nach wie vor maßgebend (§§ 47 Abs. 1 Nr. 1; 4 Abs. 1 Nr. 1, 2 AWG).

4. Gegenwärtiger Rechtszustand

In der Bundesrepublik Deutschland und in West-Berlin gilt seit dem 21. Juni 1948 die **13** *Deutsche-Mark Währung* (Anm. 10). Auf Grund des Gesetzes über die Deutsche Bundesbank vom 26. Juli 1957 (BGBl I, 745) ist aus der mit den Landeszentralbanken und der Berliner Zentralbank verschmolzenen Bank Deutscher Länder die *Deutsche Bundesbank* geworden (§ 1 BBankG). Sie regelt mit Hilfe der währungspolitischen Befugnisse, die ihr nach dem Gesetz zustehen, den *Geldumlauf* und die *Kreditversorgung* der

Wirtschaft mit dem Ziel, die *Währung zu sichern,* und sorgt für die bankmäßige Abwicklung des Zahlungsverkehrs im Inland und mit dem Ausland (§ 3 BBankG). Unter Wahrung dieser Aufgaben hat die Bundesbank die *allgemeine Wirtschaftspolitik* der Bundesregierung zu unterstützen, ohne jedoch von ihren Weisungen abhängig zu sein (§ 12 BBankG). Ihre Unabhängigkeit ist damit garantiert. Die *Zusammenarbeit* zwischen Bundesregierung und Bundesbank ist dadurch gewährleistet, daß diese die Bundesregierung in Angelegenheiten von wesentlicher währungspolitischer Bedeutung zu beraten und ihr auf Verlangen Auskunft zu geben hat, umgekehrt die Bundesregierung den Präsidenten der Deutschen Bundesbank zu ihren Beratungen über Angelegenheiten von währungspolitischer Bedeutung zuziehen soll (§ 13 BBankG). Besondere Bedeutung kommt in diesem Zusammenhang dem *Stabilitätsgesetz* vom 8. Juni 1967 (BGBl III Nr. 707–3) zu, nach dessen § 1 Bund und Länder bei ihren wirtschafts- und finanzpolitischen Maßnahmen die Erfordernisse des *gesamtwirtschaftlichen Gleichgewichts* zu beachten haben und die Maßnahmen so zu treffen sind, daß sie im Rahmen der marktwirtschaftlichen Ordnung gleichzeitig zur Stabilität des *Preisniveaus,* zu einem hohen *Beschäftigungsstand* und außenwirtschaftlichen *Gleichgewicht* bei stetigem und angemessenem *Wirtschaftswachstum* beitragen. An die Zielsetzung des „magischen Vierecks" ist auch die Deutsche Bundesbank gebunden (§ 13 Abs. 3 StabG).

14 Der Deutschen Bundesbank steht das *ausschließliche Recht* zu, auf *Deutsche Mark* lautende Banknoten auszugeben; sie sind das einzige unbeschränkte gesetzliche Zahlungsmittel (§ 14 BBankG). Da für die Bundesbank weder eine Einlösungs- noch eine Deckungspflicht besteht, ist die DM-Währung eine *Papierwährung.* Ihre Stabilität gründet sich auf das Vertrauen des In- und Auslands in eine sachgemäße Notenbankpolitik. Ihre Sicherung setzt voraus, daß die ausgegebene Geldmenge in einem richtigen Verhältnis zu dem kapitalbedingten Umsatz von Lebens- und Verbrauchsgütern steht. Das wichtigste Instrument zur Beeinflussung der Geldmenge über die Kreditkosten ist die *Diskontpolitik.* Durch eine Senkung des Diskontsatzes werden die Kredite verbilligt, durch eine Heraufsetzung verteuert. Besondere Bedeutung für die Währungspolitik der Bundesrepublik hat ihre Zugehörigkeit zum Internationalen Währungsfonds (IWF).

5. Internationaler Währungsfonds

15 Die Bundesrepublik Deutschland ist auf Grund des Gesetzes vom 28. Juli 1952 (BGBl II, 637) mit Wirkung vom 14. August 1952 den auf der Währungs- und Finanzkonferenz der Vereinten Nationen in Bretton Woods (1945) geschlossenen Abkommen über den *Internationalen Währungsfonds* (IWF) und über die *Internationale Bank für Wiederaufbau und Entwicklung* beigetreten. Der IWF bildet das Fundament des *internationalen* Währungssystems. Ihm gehören heute 128 Mitgliedsländer an, das Gesamtkapital des Fonds beträgt 29 211, 4 *Mio SZR* (Stand: 31. 12. 76). Für jedes Mitglied sind *Quoten* festgelegt, nach deren Höhe sich außer dem Stimmrecht (Art. XII. Abschn. 5) vor allem die finanziellen Verpflichtungen (Art. III Abschn. 3) und die Bedingungen für die Inanspruchnahme der Mittel des Fonds (Art. V Abschn. 3) richten. Jedes Mitglied hat an den Fonds eine *Subskription* zu zahlen, und zwar mindestens 25% seiner Quote in Gold (bzw. 10% seiner offiziellen Nettobestände in Gold und US-Dollar im Zeitpunkt des Beginn mit Devisengeschäften), den Rest in seiner *eigenen* Währung (modifiziert durch Art. V Abschn. 3). Der Fonds überprüft die Quoten der Mitglieder in Abständen von höchstens fünf Jahren und schlägt, wenn er es für richtig hält, ihre *Änderung* vor; ohne Zustimmung des betroffenen Mitglieds darf seine Quote nicht geändert werden (Art. III Abschn. 2). Die anfänglichen Quoten sind im Laufe der Zeit teils allgemein teils individuell *heraufgesetzt* worden. Die Quote der Bundesrepublik beträgt heute 1600 Mio SZR.

Für die Vornahme von Gold- und Devisengeschäften wurde der *Paritätswert* der Währung jedes Mitglieds in *Gold* als gemeinsamer Maßstab oder in US-Dollar im Gewicht und in der Feinheit vom 1. Juli 1944 ausgedrückt (Art. IV Abschn. 1 a). Für die Bundesrepublik betrug die Parität der DM zum Gold und Dollar zunächst 1 DM = 0,238095 US-Dollar = 0,211588 g Feingold und seit der ersten Aufwertung im Jahre 1961 um 5%: 1 DM = 0,25 US-Dollar = 0,222168 g Feingold. Der Fonds setzt für *Goldgeschäfte* von Mitgliedern eine Spanne über und unter der Parität fest; kein Mitglied darf Gold zu einem Preis über der Parität zuzüglich der vorgeschriebenen Spanne kaufen oder Gold zu einem Preis unter der Parität abzüglich der vorgeschriebenen Spanne verkaufen (Art. IV Abschn. 2). Die Höchst- und Mindestkurse für *Devisengeschäfte* durften bei Kassageschäften von der Parität zunächst nur um 1%, bei Termingeschäften nur um eine vom Fonds für angemessen erachtete Marge abweichen (Art. IV Abschn. 3). Durch diese Regelung war ein System *fester Wechselkurse* geschaffen. Eine Änderung der Parität soll nur vorgeschlagen werden, um eine *grundlegende Störung des Gleichgewichts* zu beheben (Art. 4 Abschn. 5). Solange 10% der ursprünglichen Parität nicht überschritten werden, kann jedes Mitglied seine Wechselkurse ändern. Im Rahmen dieser Grenze hielten sich die Aufwertungen der DM in den Jahren 1961 (5%), 1971 (3%) und 1973 (3% und 5½%). Wird von einem Mitglied eine Änderung der Parität über 10% vorgeschlagen, so kann der Fonds *Einspruch* erheben, es sei denn, daß die Änderung die internationalen Geschäfte von Fondsmitgliedern nicht beeinträchtigt. Die *Flexibilität* der Wechselkurse wurde Ende 1971 durch eine Erweiterung der Bandbreiten gegenüber dem Dollar um 2,25% nach oben und unten erweitert; von diesem Recht machten fast alle Mitglieder mit festen Paritäten Gebrauch. Wird von einem Mitglied eine vom Fonds nicht genehmigte Änderung des Wechselkurses vorgenommen, so *kann* es von der Inanspruchnahme der Devisenmittel des Fonds ausgeschlossen und durch einen Beschluß des Gouverneurrats zum *Austritt* aus dem Fonds aufgefordert werden, falls es weiterhin seine Pflichten nicht erfüllt oder eine Meinungsverschiedenheit zwischen ihm und dem Fonds andauert (Art. XV Abschn. 2 a, b). Besondere Bedeutung für die internationale Währungsordnung kommt der Schaffung von *Sonderziehungsrechten* (SZR) zu. Der im Jahre 1968 vom Gouverneursrat genehmigten Änderung und Ergänzung des Abkommens über den IWF (Art. XX bis XXXII) hat die Bundesrepublik durch Gesetz vom 23. 12. 68 (BGBl II, 1225) mit Wirkung vom 28. 7. 69 zugestimmt (BGBl II, 1552). Um im Bedarfsfall die bestehenden *Währungsreserven* (Gold, US-Dollars, ohne wirtschaftliche Auflage ziehbare Reservepositionen) zu ergänzen, kann der Fonds den Mitgliedern nach Maßgabe ihrer Quoten Sonderziehungsrechte zuteilen (Art. XXI Abschn. 1). Die Werteinheit der Sonderziehungsrechte entspricht 0,888671 g Feingold (Art. XXI Abschn. 2) und entspricht damit dem in Art. IV Abschn. 1 aufgestellten Maßstab der Paritäten. Sonderziehungsrechte können grundsätzlich nur Mitgliedern zugeteilt werden, die Teilnehmer am *Sonderziehungskonto* sind. Das Mitglied muß zu diesem Zweck beim Fonds eine Urkunde des Inhalts hinterlegen, daß es alle Pflichten eines Teilnehmers am Sonderziehungskonto übernimmt und alle erforderlichen Schritte unternommen hat, um alle diese Pflichten zu erfüllen (Art. XXIII Abschn. 1). Auf dem Sonderziehungskonto werden die zugeteilten Sonderziehungsrechte und die jeweiligen Transaktionen ausgewiesen. Vom Sonderziehungskonto ist das Generalkonto getrennt, auf dem alle anderen Geschäfte und Operationen des Fonds, insbesondere über die sonst bestehenden Ziehungsrechte abgewickelt werden (Art. XXII).

17 In den Jahren 1969 bis 1971 kam es zu einem zeitweisen Floating verschiedener europäischer Währungen gegenüber dem ständig sinkenden Kurs des US-Dollars. Die Nichteinhaltung der Bandbreiten wurde vom IWF nicht genehmigt, aber geduldet. Seit März 1972 sind die Währungsparitäten fast aller Länder *frei*. Die Interventionsverpflichtung nach Art. IV Abschn. 3 und 4 IWF besteht nur noch dem Buchstaben nach. Die Bundesrepublik hat sich aber innerhalb des *europäischen Währungsblocks,* dem auch Frankreich, die Niederlande, Belgien, Luxemburg, Dänemark, Norwegen und Schweden angehören, zur Einhaltung fester Paritäten im Rahmen einer Schwankungsbreite von +/− 2,25% verpflichtet. Die Deutsche Bundesbank interveniert daher am Devisenmarkt, wenn die maximal zulässigen Spannen überschritten werden. Die Wechselkurse der Länder der sog. „Schlange" gegenüber Drittländern schwanken frei (Gruppenfloating). Völlig frei schwankende Wechselkurse haben von den OECD-Ländern Großbritannien, Irland, Italien, Japan, Kanada und die Schweiz. Um das außenwirtschaftliche Gleichgewicht aufrechtzuerhalten, wurde im März 1973 die DM gegenüber den Ländern des europäischen Währungsblocks um 3% aufgewertet. Seit März 1973 veröffentlicht der IWF nur noch Gold- und SZR-Paritäten. Auch die Parität der DM wird seitdem in *Sonderziehungsrechten* festgesetzt (März 1973: 1 DM = 0,294389 SZR; nach der weiteren Aufwertung der DM im Juni 1973 um 5,5%: 1 DM = 0,310580 SZR). Bei Transaktionen zwischen Teilnehmern wird seit dem 1. 7. 1974 das Sonderziehungsrecht nach der „Standard-Korb"-Methode bewertet. Der Korb setzt sich aus den Währungen derjenigen 16 Mitgliedsländer des IWF zusammen, deren Anteil an der Ausfuhr von Waren und Dienstleistungen in den Jahren 1968 bis 1972 durchschnittlich 1% betragen hat. − Über die Entwicklung des IWF unterrichten die *Monatsberichte der Deutschen Bundesbank* sowie alljährlich das Börsen- und Wirtschaftshandbuch auf Grund des IWF, International Financial Statistics. Die einschlägigen Vorschriften sind mit Erläuterungen abgedruckt in der Loseblattausgabe von *Joerges/Kühne,* Außenwirtschaft und Interzonenverkehr, Band III.

III. Das Wesen der Geldschuld

1. Geldbetragsschuld

18 Wer Geld schuldet, schuldet nicht einzelne Geldstücke, sondern *Geld in Höhe eines bestimmten Betrages.* Die Geldschuld ist keine Stückschuld, sondern eine *Summenschuld.* Der Schuldner ist verpflichtet, den in einer bestimmten Währungseinheit ausgedrückten *Geldbetrag* zu leisten. Er kann dies entweder durch Leistung von Geldstücken (Münzen, Noten), deren Stoffwert im Gegensatz zum Nennwert grundsätzlich bedeutungslos ist, oder unbar durch Umbuchung von Giroguthaben bei Kreditinstituten, sei es bei vorlaufender Überweisung auf Grund eines einfachen Überweisungsauftrags des

Erster Teil. Währungsrecht　　　　　　　　　　　　　　　Anh § 361

Schuldners, sei es bei rücklaufender Überweisung auf Grund eines Abbuchungsauftrags des Gläubigers, der vom Schuldner zur Einziehung im Lastschriftverfahren ermächtigt ist. Geldschulden können auf *inländische* (eigene) oder *ausländische* (fremde) Währung lauten. Zu unterscheiden ist deshalb zwischen Eigen- und Fremdwährungsschulden (Anm. 19 ff.). Die Deutsche-Mark-Schuld ist in Geld deutscher Währung zu erfüllen. Lautet eine Geldschuld auf eine bestimmte *Geldsorte* einer ausländischen Währung, so ist damit im Zweifel nicht gemeint, daß die Schuld nur mit Geld dieser Geldsorte erfüllt werden kann. Es liegt nur eine sog. *uneigentliche Geldsortenschuld* vor (Anm. 52 ff.), die wie jede andere Geldschuld auf *Geld* schlechthin geht und deshalb in *deutscher Währung* erfüllt werden kann (§ 244 Abs. 1 BGB). Nur wenn eine Zahlung in fremdem Geld *ausdrücklich bedungen* ist, läge eine eigentliche *Geldsortenschuld* vor, die keine echte Geldschuld ist (Anm. 52).

2. Geldschulden und Gattungsschulden

Geldschulden sind als Summen- oder Betragsschulden *keine Gattungsschulden,* da **19** diese stets Sachschulden sind (Enneccerus/Lehmann, Schuldrecht, § 11 II, 3; Larenz, Schuldrecht I, § 13 III; Isele AcP 129, 172; Esser, Schuldrecht, § 45 („formelle Gattungsschuld"); Simitis AcP 159, 445/449; von Maydell aaO S. 11; Bärmann, Europ. Bankrecht I, Rdnr. 12; a. M. Enneccerus/Nipperdey AllgT § 123 IV; Soergel/Schmidt BGB § 244 Anm. 3; von Godin in RGR-Komm. z. HGB § 361 Anm. 9 b). Auch eine *analoge* Anwendung der allgemeinen Vorschriften über Gattungsschulden auf Geldschulden würde dem Wesen der Geldschuld als Geldbetragsschuld grundsätzlich widersprechen. Unanwendbar ist § 243 Abs. 1 BGB, denn es sind nicht Geldstücke „mittlerer Art und Güte", sondern Geld in deutscher Währung zu leisten. Eine Anwendung des § 243 Abs. 2 BGB wird durch § 270 BGB ausgeschlossen. Hiernach hat der Schuldner Geld im Zweifel auf *seine Gefahr und Kosten* dem Gläubiger nach dessen Wohnort, bei gewerblicher Niederlassung nach dem Ort der Niederlassung zu übermitteln. Da der Erfüllungsort *nicht* beeinflußt wird (§ 270 Abs. 4 BGB), sind Geldschulden keine Bring-, sondern *Schickschulden*. Ihre Eigenart besteht darin, daß die Übersendung auf Gefahr des Schuldners geht. Für die Rechtzeitigkeit der Leistung kommt es auf den Zeitpunkt der *Absendung* des Geldes an (RGZ 78, 138); der Schuldner trägt zwar die Verlust-, nicht aber die Verzögerungsgefahr (Larenz, Schuldrecht I § 17 IV). Hierbei ist es gleichgültig, ob Bargeld übersandt oder bargeldlos gezahlt wird (Anhang zu § 365 Anm. 107). Die Haftung des Schuldners für finanzielles Leistungsvermögen folgt nicht aus § 279 BGB, sondern aus dem allgemeinen Grundsatz, daß der Schuldner mit seinem ganzen Vermögen für seine Schulden einzustehen hat. – Zur *Verzinsung* von Geldschulden vgl. § 352 Anm. 7, 8.

3. Geldsummenschulden und Geldwertschulden

Geldsummen- oder Geldbetragsschulden lauten auf einen bestimmten *Nennbetrag* **20** einer bestimmten Währungseinheit Geld. Das Risiko einer Entwertung des geschuldeten Geldbetrages trägt der Gläubiger. Bei einer Geldwertschuld steht der geschuldete Geldbetrag nicht von vorneherein fest, sondern muß noch nach einem besonderen Maßstab errechnet werden. Auch die Geldbetragsschuld ist eine Wertschuld; ihr Wert entspricht dem Wert des geschuldeten Geldnennbetrages. Geldbetrags- und Geldwertschulden sind daher beide *Geldschulden;* sie unterscheiden sich allein durch die Art und Weise, wie der endgültige Schuldbetrag bestimmt wird (von Maydell aaO S. 12; a. M. Erman/Sirp BGB, 5. Aufl., § 244 Rdn. 11 ff., die Geldsummenschulden nicht als echte Geldschulden ansehen). Der Unterschied zwischen Geldbetrags- und Geldwertschulden zeigte sich erstmals bei der Geldzerrüttung nach dem ersten Weltkrieg und der späteren Aufwertung. Geldbetragsschulden erwiesen sich, falls sie nicht wirksam durch Wertsicherungsklauseln gesichert waren (Anm. 42 ff.), *nicht* als wertbeständig. Für sie wurde die Aufwertung bedeutsam. Dagegen lag bei den reinen Wertschulden ein Aufwertungsproblem nicht vor, da das Wesen dieser Schulden eine Umwertung ohne weiteres mit sich brachte (RGZ 114, 345; 118, 388). Erneut gewann die Unterscheidung bei der Währungsreform nach dem zweiten Weltkrieg Bedeutung. Nur die reinen *Reichsmarkforderungen* wurden im Verhältnis 10 : 1 umgestellt. Die reinen Geldwertschulden waren dagegen der Umstellung nicht unterworfen, da es bei ihnen an einem umstellungsfähigen Geldbetrag fehlte. Reine Wertansprüche sind vor allem *Schadenersatzansprüche,* die auf Naturalherstellung oder Wertersatz gehen (§ 249 ff. BGB). Die Höhe der geschuldeten Geldleistung ist hier nicht wie bei einer Nennbetragsschuld festgelegt, sondern bestimmt sich nach dem Betrag, den der Gläubiger benötigt, um den entstandenen Schaden tatsächlich auszugleichen (OGHZ 2, 66; 3, 131). Nur wenn die Höhe eines Schadenersatzanspruchs im Zeitpunkt der Währungsreform *ziffernmäßig* feststand, insbesondere wenn er auf eine ziffernmäßig festliegende Höchstgrenze abgestellt war, unterlag der Anspruch der Umstellung im Verhältnis 10 : 1 (BGHZ 1, 52). Schwierigkeiten ergaben sich bei der Unterscheidung von Geldwert- und Geldsummenschulden bei *Bereicherungsansprüchen* (von Maydell aaO S. 346 ff.). Diese Wertansprüche besitzen die Eigenart, daß sie in ihrer oberen Begrenzung festliegen, dagegen nach unten veränderlich sind (§ 818 Abs. 3 BGB). Sie sind demnach nicht nur schwächer als gewöhnliche Schadenersatzansprüche, sondern auch schwächer als Geldbetragsschulden. Aus diesem Grunde hat die Rechtsprechung Bereicherungsansprüche bei der Umstellung wie Geldbetragsansprüche behandelt (vgl. OGHZ 1, 204–221; 3, 279; dazu: Boesebeck NJW 48, 509; v. Caemmerer SJZ 48, 509; Duden DRZ 48, 330; Harmening/Duden Anm. 13 zu § 13 UmstG; kritisch Lange NJW 51, 685). – Ansprüche auf Aufwendungsersatz waren ebenso wie Schadenersatzansprüche in der Regel der Umstellung nicht unterworfen.

IV. Internationales Währungsrecht

1. Ausgangspunkt

21 Geldschuldverhältnisse unterliegen häufig *verschiedenen* Rechtsordnungen. Die Frage, welches Währungsrecht anzuwenden ist, ist unter verschiedenen Staaten eine Frage des *internationalen,* unter verschiedenen Gebieten desselben Staates eine Frage des *interlokalen* Währungsrechts. Schon vor dem Inkrafttreten des Grundvertrages vom 21. Dezember 1972 (BGBl 1973 II 423) bildete Deuschland kein einheitliches Währungsgebiet mehr, wie es unter der Reichsmarkwährung der Fall war. Die DM-West und die DM-Ost sind verschiedene Währungseinheiten, von denen jede nur in ihrem eigenen Währungsgebiet gilt. Nach dem Inkrafttreten des Grundvertrages am 21. Juni 1973 sind

die Bundesrepublik Deutschland (BRD) und die Deutsche Demokratische Republik (DDR) als *zwei Staaten* anzusehen, die jedoch im Verhältnis zueinander nicht Ausland sind. Auch zwischen der BRD und der DDR sind demnach die Grundsätze des internationalen Privatrechts anzuwenden, wenn auch mit gewissen Besonderheiten, die sich vor allem daraus ergeben, daß deutsche Staatsangehörige im Sinn des Art. 16 GG nicht nur Bürger der Bundesrepublik Deutschland sind (BVerfG NJW 73, 1539/1543 f.). Das Staatsangehörigkeitsrecht der Bundesrepublik Deutschland geht nach wie vor von einer einheitlichen deutschen Staatsangehörigkeit aus. Bei der Feststellung, welches Staates Währungsrecht anzuwenden ist, muß zwischen dem *Schuldstatut* und dem *Währungsstatut* unterschieden werden. Beide brauchen nicht zusammenzutreffen.

2. Schuldstatut

Das Schuldstatut ist für alle schuldrechtlichen Normen maßgebend, die auf Schuldverhältnisse anzuwenden sind. Nach ihm richtet sich daher auch, ob überhaupt *Geld* geschuldet wird und in welcher *Höhe* und *Währung* es zu leisten ist. Es verweist insoweit auf das inländische oder das ausländische Währungsrecht. Für die Bestimmung des Schuldstatuts ist in erster Linie auf den ausdrücklich oder stillschweigend erklärten *realen Parteiwillen* abzustellen. Aus der Tatsache allein, daß eine Schuld in ausländischer Währung ausgedrückt ist, folgt noch nicht, daß auf das Schuldverhältnis ausländisches Recht anzuwenden ist (BGHZ 19, 110/112; BB 55, 463). Sind die Parteien Deutsche und ist die Schuld in Deutschland zu erfüllen, so wird jedoch, auch wenn die Schuld in ausländischer Währung ausgedrückt ist, in der Regel anzunehmen sein, daß nach dem Willen der Parteien auf die Schuld deutsches Recht anzuwenden ist (RGZ 145, 53). Läßt sich der reale Parteiwille nicht feststellen, so kommt es in zweiter Linie auf den *hypothetischen* Parteiwillen an (BGHZ 7, 231, 234; 9, 221, 222; 19, 110, 112; 44, 185, 186). Bei seiner Ermittlung handelt es sich weitgehend um eine *Interessenabwägung* nach *objektiven* Gesichtspunkten (Soergel/Kegel EGBGB Bem. 245 vor Art. 7; Raape IPR § 41). Der Anknüpfungspunkt ergibt sich nicht aus hypothetisch-subjektiven Vorstellungen der Vertragsparteien, sondern aus der Eigenart des zu entscheidenden Sachverhalts, wobei auch das Allgemeininteresse Gewicht erlangen kann (BGHZ 19, 110, 112). Erst wenn sich auch ein solcher hypothetischer Parteiwille nicht feststellen läßt, ist an den *Erfüllungsort* bei Vertragsschluß anzuknüpfen (§§ 269, 270 BGB). Dieser fällt mangels anderweitiger Bestimmung der Parteien und Fehlens sonstiger Umstände mit dem *Wohnsitz* oder der gewerblichen Niederlassung, bei juristischen Personen mit dem *Sitz* des Schuldners zusammen. Der Erfüllungsort, der zu der unerfreulichen und sachwidrigen Anwendung verschiedenen Rechts auf den Vertrag führen kann (§ 361 Anm. 5), ist demnach als Anknüpfungspunkt im internationalen Vertragsrecht nur maßgebend, wenn der reale und der hypothetische Wille, und zwar letzterer in der objektivierten Form, nicht eingreifen (Kegel, Internationales Privatrecht, 3. Aufl. 1971, S. 260 ff.; Mann JZ 62, 6 ff.; Gamillscheg AcP 157, 303 ff.).

3. Währungsstatut

Nach dem Währungsstatut bestimmen sich die auf eine Zahlungsverpflichtung anzuwendenden *geldrechtlichen* Normen (Fögen, Geld- und Währungsrecht, 1959,

S. 114ff.; Bärmann, Europ. Bankrecht I Rdnr. 14 zu 2). Auf das Währungsstatut können die Parteien dadurch Einfluß nehmen, daß sie vereinbaren, in welcher *Währung* eine Geldschuld zu erfüllen ist. Damit ist das *Währungsstatut* zwingend festgelegt. Die Parteien können als Währungsstatut nur das Recht des Staates festlegen, in dessen Währung die Geldschuld vereinbarungsgemäß gezahlt werden soll. Lautet eine Geldschuld z. B. auf US-Dollars so ist die Geldordnung der USA maßgebend, auch wenn die Parteien für ihr Vertragsverhältnis ohne Einschränkung die Anwendung deutschen Rechts vereinbart haben. Geldrechtliche Vorschriften kann ein Staat immer nur für die *eigene* Währung erlassen. Auch bei der Ermittlung des Währungsstatuts kommt es, wenn es an einer ausdrücklichen oder stillschweigenden Vereinbarung der Parteien fehlt, in welcher Währung geschuldet wird, auf den *hypothetischen* Parteiwillen (Anm. 22) an. Es ist zu prüfen, ob sich bei objektiver Wertung der beiderseitigen Interessen ein *Schwerpunkt* feststellen läßt, der auf die eine oder andere Rechtsordnung hinweist (BGHZ 5, 302; 7, 231; 17, 89; a. M. Ernst aaO S. 43/47). Besondere Schwierigkeiten ergeben sich bei einer *Änderung des Währungsgebiets,* wie es bei Einführung der DM-Währung der Fall war. Bei Reichsmark-Schulden, die *vor* der Währungsreform entstanden waren (Altschulden), war ein ausdrücklich oder stillschweigend erklärter Parteiwille regelmäßig nicht vorhanden, da Deutschland zur Zeit der Begründung dieser Schulden ein einheitliches Währungsgebiet bildete. Bei einer interessengemäßen Anknüpfung, wie sie dem hypothetischen Parteiwillen entspricht, ist zu prüfen, ob der zu entscheidende Fall nach seiner Eigenart und nach der sich ergebenden individuellen Interessenlage, gegebenenfalls auch nach einem etwa zu berücksichtigenden Allgemeininteresse, einen besonderen Anknüpfungspunkt zu den Bestimmungen einer der beiden in Betracht kommenden Rechtsordnungen besitzt (BGHZ 7, 235). Bei hypothekarisch gesicherten Forderungen liegt auch der Schwerpunkt der persönlichen Schuld regelmäßig in dem Währungsgebiet, in dem das belastete Grundstück belegen ist (BGHZ 17, 89; BGH MDR 58, 86). Führt eine solche Abwägung zu keinem Ergebnis, so eignet sich der *Erfüllungsort* als möglicher Anknüpfungspunkt jedenfalls dann nicht, wenn er auf einer vor der Währungsreform getroffenen Parteivereinbarung beruht. Über den Erfüllungsort werden innerhalb eines einheitlichen Währungsgebietes gewöhnlich nur zur Begründung des *Gerichtsstandes* Vereinbarungen getroffen. Auch der vom Gesetz hilfsweise als Erfüllungsort angesehene Wohnsitz oder Sitz des Schuldners zur Zeit der *Entstehung* des Schuldverhältnisses kann nach einer Währungsspaltung *nicht* maßgebend sein. Das anzuwendende Währungsrecht bestimmt sich deshalb bei Altschulden in aller Regel nach dem Wohnsitz oder Sitz des Schuldners im *Augenblick der Währungsspaltung* (OGHZ 4, 56; BGHZ 1, 109; 5, 138; 7, 231; 9, 151; 17, 89; Soergel/Kegel EGBGB Bem. 623ff vor Art. 7; Raape aaO. S. 546). Diesen Standpunkt vertrat auch die Rechtsprechung des RG nach dem ersten Weltkrieg, wenn ein Währungswechsel infolge Gebietsabtretung stattfand (RGZ 131, 41). Für den Anknüpfungspunkt des Wohnsitzes oder bei juristischen Personen des Sitzes des Schuldners zur Zeit der Währungsspaltung spricht auch der Rechtsgrundsatz der *Territorialität,* nach dem Hoheitsakte ein Rechtsverhältnis nur insoweit erfassen können, als es ihrem Machtbereich unterliegt (BGHZ 31, 367). Da eine Geldforderung nach den Grundsätzen des internationalen Privatrechts da gelegen ist, wo der Schuldner seinen Wohnsitz oder Sitz hat, hat nur die Hoheitsgewalt des Wohnsitz- oder Sitzstaates die Macht, ein Schuldverhältnis währungsmäßig zu

Erster Teil. Währungsrecht **Anh § 361**

ändern. Auf Reichsmarkforderungen gegen Schuldner, die zur Zeit der Währungsspaltung ihren Wohnsitz oder bei juristischen Personen ihren Sitz im Gebiet der DDR hatten, ist deshalb das Währungsrecht der DDR, gegen Schuldner, die ihren Wohnsitz oder Sitz zur Zeit der Währungsspaltung im Gebiet der Bundesrepublik Deutschland hatten, das Währungsrecht der BRD anzuwenden.

V. Die Fremdwährungsschuld

1. Kennzeichnung

Fremdwährungsschulden (Valutaschulden) sind Schulden, die auf Zahlung einer in **24** *ausländischer Währung* ausgedrückten Geldsumme gerichtet sind. Die Geldleistung in ausländischer Währung muß im *Inhalt* des Vertrages bezeichnet sein, z. B. in US Dollars oder in Schweizer Franken (RGZ 109, 62; 168, 245). Eine Fremdwährungsschuld liegt deshalb z. b. nicht vor, wenn nach § 82 EVO Schadenersatz für abhanden gekommene Güter zu leisten ist, und zwar auch dann nicht, wenn die Parteien im Rechtsstreit damit einverstanden sind, daß der Schaden in ausländischer Währung *berechnet* werden soll (RGZ 109, 62); dadurch wird die Schuld inhaltlich nicht verändert. Ein Schadenersatzanspruch wegen Nichterfüllung ist, auch wenn das zugrunde liegende Geschäft in ausländischer Währung ausgeführt werden soll, auf Zahlung in deutscher Währung gerichtet (§ 361 Anm. 5). Auch ein Anspruch auf *Herausgabe* von ausländischem Geld ist keine in ausländischer Währung ausgedrückte Geldschuld (offengelassen von BGH WM 69, 26, 27). Um eine Fremdwährungsschuld handelt es sich ferner nicht, wenn eine Eigenwährungsschuld zu einer fremden Währung dadurch in Beziehung gesetzt wird, daß sich die Höhe des in eigener Währung geschuldeten Betrages nach der Höhe eines bestimmten Fremdwährungsbetrages bestimmt (Anm. 42).

Auch die Fremdwährungsschuld ist eine *echte Geldschuld* (Anm. 18). Eine *Zwangs-* **25** *vollstreckung* richtet sich daher nach den Vorschriften über die Vollstreckung von Geldforderungen (§§ 803 ff. ZPO; RGZ 106, 77 ; von Godin in RGR–Komm. z. HGB § 361 Anm. 9). Im übrigen ist zu unterscheiden, ob es sich um eine Fremdwährungsschuld *mit* oder *ohne Effektivvereinbarung* handelt, und ferner, ob sie im *Inland* oder im *Ausland zahlbar ist* (Anm. 26–31).

2. Fremdwährungsschuld ohne Effektivvereinbarung.

§ 244 BGB. Ist eine in ausländischer Währung ausgedrückte Geldschuld im Inlande zu zahlen, so **26** kann die Zahlung in *Reichs*währung erfolgen, es sei denn, daß Zahlung in ausländischer Währung ausdrücklich bedungen ist.

Die Umrechnung erfolgt nach dem Kurswerte, der zur Zeit der Zahlung für den Zahlungsort maßgebend ist.

Bei einer in der Bundesrepublik Deutschland zahlbaren Fremdwährungsschuld ohne **27** Effektivvereinbarung hat der Schuldner das Recht, die Zahlung in *deutscher* Währung zu leisten. Da die Leistung nur in ausländischer, nicht in deutscher Währung geschuldet wird, liegt eine *Wahlschuld* nicht vor. Die §§ 262 ff. BGB sind nicht anwendbar. Dem Schuldner steht vielmehr eine *facultas alternativa* zu. Er kann nach seinem Belieben in fremder oder in deutscher Währung zahlen (RGZ 101, 313; 106, 77; 108, 398). Er kann

317

auch mit Gegenforderungen in deutscher Währung aufrechnen (RGZ 106, 99). Die Ersetzungsbefugnis steht dem Schuldner nur für Fremdwährungsschulden zu, die im *Inland* zu zahlen sind. Eine analoge Anwendung auf im Ausland zahlbare Fremdwährungsschulden läßt sich nicht rechtfertigen. Das widerspräche der Zweckbestimmung des § 244 BGB, die auf Begünstigung der inländischen Währung gerichtet ist (Soergel/Kegel EGBGB Bem. 633 vor Art. 7; Raape IPR S. 532; a.M. Birk AWD 73, 425/438). Im übrigen werden im Ausland zahlbare Fremdwährungsschulden meist als *effektive* Fremdwährungsschulden begründet sein.

28 Streitig ist, ob § 244 BGB auch anzuwenden ist, wenn eine im Inland zahlbare Fremdwährungsschuld nach *ausländischem Recht* zu beurteilen ist. Das hängt davon ab, ob sich die Umrechnungsbefugnis, weil sie die Zahlung und nicht nur eine Zahlungsmodalität betrifft, nach dem *Schuldstatut* (Anm. 22) richtet, oder ob § 244 *kollisionsrechtliche* Bedeutung besitzt. Entscheidet das Schuldstatut (so ausführlich Birk AWD 73, 425 ff.), so setzt § 244 BGB die Anwendung *deutschen* Rechts voraus. Handelt es sich dagegen um eine *Kollisionsnorm* des deutschen internationalen Währungsrechts, so ist der Schuldner auch dann zur Zahlung in deutscher Währung berechtigt, wenn er nach ausländischem Recht zur Zahlung in ausländischer Währung in der Bundesrepublik Deutschland verpflichtet ist. (Soergel/Kegel EGBGB Bem. 630 vor Art. 7; Raape IPR S. 531; offengelassen von OLG Frankfurt NJW 67, 501 mit Anm. Haug). Diese Auffassung verdient den Vorzug.

29 Die Befugnis des Schuldners, eine Fremdwährungsschuld in *deutscher Währung* zu zahlen, soll nicht bewirken, daß der Gläubiger durch die Zahlung einen geringeren Vermögenswert erhält. Vielmehr beruht die Regelung des § 244 BGB auf dem Gedanken der Gleichwertigkeit der Zahlung in deutscher Währung mit der geschuldeten Leistung in ausländischer Währung. Die *Umrechnung* geschieht nach § 244 Abs. 2 BGB nach dem Kurswert, der zur Zeit der Zahlung für den Zahlungsort maßgebend ist. Dabei ist unter „Zeit der Zahlung" die Zeit zu verstehen, zu der *tatsächlich* gezahlt wird. Auf den Kurs des Fälligkeitstages ist nicht abzustellen (RGZ 101, 313; 111, 310). Durch Zahlung des dem Umrechnungsmaßstab entsprechenden Betrages in deutscher Währung wird die Schuld ebenso getilgt wie durch Leistung in ausländischer Währung. Zugrunde zu legen ist in erster Linie eine *amtliche* Kursfestsetzung. Ist eine solche nicht vorhanden, so schließt das die Anwendung des § 244 BGB *nicht* aus. § 244 BGB verlangt nur das Vorhandensein eines *maßgebenden Kurswertes.* Das kann auch ein Kurs sein, zu dem die fremde Währung *tatsächlich* am Zahlungstage und Zahlungsort gehandelt wird, vorausgesetzt, daß der Handel *gesetzmäßig* stattfindet. (Soergel/Schmidt, BGB Bem. 7 zu § 244; Staudinger/Weber, Anm. 45 zu § 244 BGB). Nicht notwendig ist es, daß der Gläubiger auf Grund der Zahlung des Schuldners in deutscher Währung seinerseits in der Lage ist, sich den ausländischen Währungsbetrag zu beschaffen. Der Schuldner trägt mangels anderweitiger Abrede nicht das sog. *Repartierungsrisiko* (RGZ 111, 320). Rechnet der Schuldner gegen eine in ausländischer Währung ausgedrückte, im Inland zahlbare Forderung mit einer Forderung in deutscher Währung auf, so ist für die Umrechnung der Zeitpunkt maßgebend, zu dem die Aufrechnungserklärung dem anderen Teil zugeht; die bloß buchmäßige Verrechnung genügt nicht (RGZ 106, 199; 168, 247). Die Umrechnung nach § 244 Abs. 2 BGB führt dazu, daß bei einer *Abwertung* der fremden Währung *nur der abgewertete Kurs* in deutscher Währung zu zahlen ist

(Anm. 40 f.). Doch ist die Umrechnung gemäß § 244 Abs. 2 BGB *nicht zwingend* vorgesehen. Die Parteien können eine andere Umrechnungsart vereinbaren (RGZ 111, 317). Für *Fremdwährungswechsel* ohne Effektivvermerk bestimmt Art. 41 WG, daß der Inhaber bei verzögerter Zahlung zwischen dem Kurs am Verfalltage und dem Kurs am Zahlungstage wählen kann (Baumbach/Hefermehl, Wechsel- und Scheckgesetz, Anm. 1 zu Art. 41).

Auf in der Bundesrepublik Deutschland zahlbare DM-Ost-Schulden ist § 244 BGB **30** grundsätzlich entsprechend anzuwenden (OLG Hamm DB 62, 1337; NJW 55, 68; OLG Hamburg MDR 59, 397; OLG Frankfurt MDR 56, 420; Erman/Sirp § 244 Anm. 8 a; Soergel/Kegel EGBGB Bem. 643 vor Art. 7; a. M. OLG Celle MDR 59, 494; OLG Karlsruhe NJW 51, 1603; LG Dortmund MDR 50, 553). Ein im Bundesgebiet wohnender Schuldner kann daher seine DM-Ost-Schuld regelmäßig in DM-West tilgen, gleichgültig ob der Gläubiger seinen gewöhnlichen Aufenthalt in der BRD oder in der DDR hat. Das Fehlen eines amtlichen Kurses für die DM-Ost steht der Anwendung des § 244 BGB nicht entgegen (Anm. 29). Entscheidend ist es, daß *tatsächlich* ein legal gebildeter Kurs vorhanden ist, der durch Angebot und Nachfrage in den im Bundesgebiet staatlich zugelassenen Wechselstuben ermittelt wird. Zugrunde zu legen ist für Geldsummenschulden der am Zahlungstag in der am Zahlungsort nächstgelegenen Wechselstube gebildete Kurs der DM-Ost. Für *West-Berlin* bestimmt § 1 b der Währungsergänzungsverordnung vom 20. März 1949 (VOBl für Groß-Berlin Nr. 14 S. 86) in Anlehnung an § 244 BGB ausdrücklich, daß sich der Schuldner von einer DM-Ost-Schuld durch Zahlung von DM-West in einem Betrage befreien kann, der dem Wechselkurse am Tage der Zahlung entspricht. Keine Anwendung kann § 244 BGB finden, wenn eine von vornherein in *DM-West* bestehende Schuld ihrer Höhe nach zu bestimmen ist. So lauten *Schadenersatzansprüche* nicht von vornherein auf eine bestimmte Währung. Ist einem Ost-Gläubiger ein Schaden in DM-Ost entstanden, so liegt regelmäßig eine DM-West-Schuld vor, wenn der West-Schuldner seinen gewöhnlichen Aufenthalt im Bundesgebiet hat (BGHZ 14, 218; Soergel/Kegel EGBGB Bem. 649 vor Art. 7). Die in fremder Währung ermittelten Schadenbeträge sind dann nur Rechnungsfaktoren für die Feststellung des vom Schuldner in heimischer Währung zu leistenden Schadenersatzes (RGZ 96, 123). Streitig ist es, wie die Umrechnung dieser in DM-Ost ausgedrückten Schadenbeträge zu geschehen hat, wenn keine Transfermöglichkeiten bestehen. Nach BGHZ 14, 212 f. ist bei *Schadenersatzansprüchen* nicht auf den West- oder den Ost-Umrechnungskurs abzustellen, sondern ein „Warenkorbvergleich" vorzunehmen. Es kommt darauf an, welche Aufwendungen nach ihrer Kaufkraft in DM-Ost und DM-West nötig sind, um den konkreten Schaden zu ersetzen (BGH aaO.). Auch eine Geldwertschuld hat sich jedoch in DM-Ost konkretisiert, wenn der im Bundesgebiet wohnhafte Schuldner von einem Gericht in der DDR antragsgemäß zur Zahlung von DM-Ost verurteilt worden ist. Damit ist die Geldwertschuld zu einer in bestimmter Währung ausgedrückten Geldschuld geworden (BGHZ 36, 11). Bei gesetzlichen *Unterhaltsansprüchen* von Personen, die ihren Wohnsitz in der DDR haben, gegen Westschuldner wird dagegen aus Billigkeitsgründen, insbesondere wegen der Eigenarten des interzonalen Clearing-Verfahrens für Unterhaltsansprüche (vgl. OLG Celle MDR 59, 494) überwiegend die Ansicht vertreten, der Unterhaltsverpflichtete im Westen müsse den in DM-Ost erforderlichen Unterhaltsbetrag zum Kurs 1 : 1 in DM-West zahlen

Anh § 361 *Währungs- und Außenwirtschaftsrecht*

(OLG Karlsruhe NJW 57, 1603; Celle, aaO.; dahingestellt in BGHZ 14, 221). Demgegenüber billigen andere auch bei Unterhaltsansprüchen im Wege des „Warenkorbvergleichs" den Unterhaltsgläubiger im Osten nur soviel DM-West zu, wie im Westen für den dem Gläubiger zustehenden Unterhalt aufgewendet werden müßten (Kegel NJW 53, 617; einschränkend Beitzke NJW 53, 1184).

3. Fremdwährungsschuld mit Effektivvereinbarung

31 Ist die Zahlung einer Fremdwährungsschuld in *ausländischer* Währung *ausdrücklich bedungen,* so ist der Schuldner *nicht* befugt, in Deutscher-Mark-Währung zu zahlen. Die Annahme einer Effektivvereinbarung setzt eine unzweideutige Offenbarung des auf Effektivzahlung in ausländischer Währung gerichteten Parteiwillens voraus (BGH LM § 275 BGB Nr. 5; RGZ 107, 110; 138, 52; LG Frankfurt NJW 56, 65). Das geschieht häufig durch die Hinzufügung des Ausdrucks „effektiv" oder „zahlbar in". Die Abrede „Zahlung in effektiven Devisen" enthält eine ausdrückliche Bedingung der Zahlung in ausländischer Währung (RG JW 26, 2338; RGZ 151, 36). Der Gebrauch des Ausdrucks „effektiv" ist jedoch keinesfalls notwendig. So ist z. B. nach RGZ 153, 385 der Ausdruck „leihweise Überlassung" einer Fremdwährungssumme als unzweideutige Erklärung dahin zu werten, daß Währung derselben Art zurückerstattet werden muß. Weiter nimmt BGH LM Nr. 5 zu § 275 BGB an, daß eine Zahlung in ausländischer Währung *ausdrücklich bedungen* sei, wenn ein Remburskredit „innerhalb des Stillhalteabkommens" gewährt worden ist. Die bloße Tatsache, daß eine Schuld lediglich in ausländischer Währungs ausgedrückt ist, genügt in keinem Falle, um eine effektive Fremdwährungsschuld anzunehmen.

4. Einfluß des Währungs- und Außenwirtschaftsrechts

32 Die Frage, ob eine Fremdwährungsschuld effektiv in ausländischer Währung zu erfüllen ist oder ob der Schuldner sich nach § 244 BGB durch Zahlung in Deutscher Mark befreien kann, wird von der Frage überschattet, ob nach materiellem Recht neue Fremdwährungsschulden überhaupt begründet und ob schon bestehende Fremdwährungsschulden erfüllt werden dürfen. Hierüber entscheidet das *Währungs-* und nach Aufhebung der Devisengesetzgebung das *Außenwirtschaftsrecht.*

a) Begründung von Fremdwährungsschulden

Auszugehen ist von § 3 WährG. Diese Vorschrift lautet wie folgt

33 § 3 WährG. Geldschulden dürfen nur mit Genehmigung der für die Erteilung von Devisengenehmigungen zuständigen Stelle in einer anderen Währung als in Deutscher Mark eingegangen werden.
Das gleiche gilt für Geldschulden, deren Betrag in Deutscher Mark durch den Kurs einer solchen anderen Währung oder durch den Preis oder eine Menge von Feingold oder von anderen Gütern oder Leistungen bestimmt werden soll.

34 Seit dem 1. September 1961 ist § 3 Satz 1 WährG auf Rechtsgeschäfte zwischen *Gebietsansässigen* (Inländern) und *Gebietsfremden* (Ausländern) nicht mehr anwendbar (§ 49 Abs. 1 AWG). Zwischen diesen Personen können Verbindlichkeiten in *fremder* Währung ohne weiteres eingegangen werden (für den Interzonenverkehr vgl. Anm. 36f.). Hierbei macht es keinen Unterschied, ob es sich um *echte* oder *unechte*

Erster Teil. Währungsrecht **Anh § 361**

Valutaschulden handelt. Genehmigungsbedürftig ist jedoch nach wie vor die Eingehung von Fremdwährungsschulden *zwischen Gebietsansässigen* (§ 4 Abs. 1 AWG; s. zum Begriff Anm. 58). Für die Erteilung von Genehmigungen ist die *Deutsche Bundesbank* zuständig (§ 49 Abs. 2 AWG). Sie hat nach der Mitteilung Nr. 1009/61 vom 24. August 1961 (BAnz Nr. 167 vom 31. 8. 1961) die Eingehung von Geldschulden in fremder Währung zwischen Gebietsansässigen für alle die Fälle allgemein genehmigt, in denen hierfür schon bisher Allgemeine Genehmigungen erteilt worden waren. Es sind dies folgende Tatbestände:

a) Führung von Fremdwährungskonten bei Kreditinstituten,

b) Aufnahme von Fremdwährungskrediten mit einer Laufzeit bis 12 Monaten bei Kreditinstituten,

c) Erwerb von Edelmetallen (Gold, Silber, Platin), Gold- und Silbermünzen,

d) Erwerb von Fremdwährungsforderungen und von ausländischen oder auf fremde Währung lautenden inländischen Wertpapieren,

e) Transithandelsgeschäfte, an denen mehrere Transithändler beteiligt sind (gebrochener Transithandel),

f) Übernahme von Garantien und Bürgschaften im Auftrag von Gebietsfremden oder für Verbindlichkeiten in fremder Währung,

g) Abschluß von Lebensversicherungsverträgen (Kapital- und Rentenversicherungen) und Rückversicherungsverträgen dafür, ferner die Beleihung solcher Versicherungsverträge, sofern den Versicherungsunternehmen nur das Recht zusteht, den Anspruch aus der Beleihung bei Eintritt des Versicherungsfalles oder bei einem Versicherungsrückkauf zu verrechnen,

h) Abschluß von Versicherungsverträgen (einschließlich Rückversicherungsverträgen dafür) wegen Gefahren im Zusammenhang mit dem Außenwirtschaftsverkehr, dem grenzüberschreitenden Transport von Umzugsgut, Reisegepäck und Ausstellungsgütern und in fremden Wirtschaftsgebieten befindlichem Vermögen.

Weiter ist nach § 3 Satz 2 WährG eine besondere Genehmigung für die Eingehung von **35** Geldschulden zwischen *Gebietsansässigen* dann erforderlich, wenn ihre Höhe durch den künftigen Kurs einer anderen als der Vertragswährung, durch den künftigen Preis, den künftigen Goldpreis oder Wert von anderen Gütern oder Leistungen bestimmt werden soll. Durch eine Einzelgenehmigung nach § 3 Satz 1 WährG wird eine Genehmigung nach § 3 Satz 2 WährG ersetzt, nicht aber durch eine allgemeine Genehmigung (Mitteilung Nr. 1009/61 vom 24. 8. 1961 – BAnz Nr. 167 – zu Nr. 3; Dürkes/Wertsicherungsklauseln B 5). – Zur Beurteilung von *Wertsicherungsklauseln* vgl. Anm. 42.

Das Währungsgesetz bezieht sich nur auf die *DM-West*. Eine *fremde* Währung im **36** Sinne des § 3 WährG ist daher auch die *DM-Ost*. Die Änderung dieser Vorschrift (Anm. 34) wirkt sich jedoch praktisch insoweit nicht aus, als der Zahlungsverkehr mit der DDR auch nach Inkrafttreten des Außenwirtschaftsgesetzes (Anm. 56) weiterhin dem MRG Nr. 53 (Neufassung) unterliegt. Für den interzonalen Waren- und Dienstleistungsverkehr ist das *Interzonenhandelsabkommen* vom 20. 9. 1951 (Berliner Abkommen) i. d. F. der Vereinbarung vom 16. 8. 1960 (BAnz Nr. 168 vom 1. 9. 1960) maßgebend. Für den interzonalen Zahlungsverkehr außerhalb des Abkommens ist die

Anh § 361   *Währungs- und Außenwirtschaftsrecht*

Deutsche Bundesbank zuständig. Soweit allgemeine Genehmigungen bestehen, sind sie in der Mitteilung Nr. 6004/61 vom 31. 8. 1961 (BAnz Nr. 167 vom 31. 8. 1961), geändert durch die Mitteilung der Deutschen Bundesbank Nr. 6001/71 vom 19. 2. 1971 (BAnz Nr. 37 vom 24. 2. 1973), veröffentlicht worden.

37   Die Begründung von *DM-West*-Schulden unterlag bis Anfang 1974 den Beschränkungen des Gesetzes zur Regelung des innerdeutschen Zahlungsverkehrs vom 15. 12. 1950 (GBl. Nr. 142 S. 1202) nebst seinen zahlreichen Durchführungsverordnungen. An die Stelle dieses Gesetzes ist mit Wirkung vom 1. Februar 1974 das *Devisengesetz* vom 19. 12. 1973 (GBl I, 574) getreten. Die Bundesrepublik Deutschland ist nach diesem Gesetz Devisenausland. Forderungen, die zugunsten von Devisenausländern begründet werden oder bestehen, sind Devisenwerte (§ 5 Abs. 3 Nr. 2). Der Abschluß von Verträgen oder andere Handlungen, die auf das Entstehen solcher Forderungen gerichtet sind, bedürfen der vorherigen Genehmigung (§ 6 Nr. 3, 11). Zahlungen in das Devisenausland oder aus ihm dürfen nur über die Staatsbank der DDR oder die dafür zugelassenen Banken geleistet oder empfangen werden (§ 12). In der Bundesrepublik ist das Devisengesetz der DDR nach dem Grundsatz der Territorialität *nicht* anwendbar, und zwar gleichgültig, ob das Schuldverhältnis dem in der Bundesrepublik oder in der DDR geltenden Recht unterliegt (BGHZ 31, 367 für das G. vom 15. 12. 50; s. auch Anm. 10). Allerdings können völkerrechtliche Verträge der Anwendung des Territorialitätsgrundsatzes entgegenstehen. Ein Beispiel bietet das in Bretton Woods geschlossene Abkommen über den Internationalen Währungsfonds (Anm. 15), in dem sich die Mitgliedstaaten zur gegenseitigen Beachtung ihrer Devisenvorschriften verpflichtet haben (BGHZ 31, 367/373; LM Nr. 1 Internationaler Währungsfonds). Diesem Abkommen gehört die DDR nicht an.

b) Erfüllung von Fremdwährungsschulden

38   Die Erfüllung von Fremdwährungsverpflichtungen unterliegt nach Aufhebung des Devisenbewirtschaftungsgesetzes (Anm. 56) grundsätzlich keinen Beschränkungen. Zur Erfüllung zwischenstaatlicher Vereinbarungen können Zahlungen im Außenwirtschaftsverkehr beschränkt werden (§ 5 AWG). So verbietet § 12 des Ausführungsgesetzes zum Londoner Schuldenabkommen vom 24. August 1953 (BGBl. I, 1003) bestimmte Zahlungen und Leistungen. § 51 AWV, der dieses Verbot wiederholt, lautet wie folgt:

§ 51 AWV. Beschränkung nach § 5 AWG zur Erfüllung des Abkommens über deutsche Auslandsschulden.

(1) Einem Schuldner ist die Bewirkung von Zahlungen und sonstigen Leistungen verboten, wenn sie

1. die Erfüllung einer Schuld im Sinne des Abkommens vom 27. Februar 1953 über deutsche Auslandsschulden (Bundesgesetzblatt II S. 331) zum Gegenstand haben, die Schuld aber nicht geregelt ist;
2. die Erfüllung einer geregelten Schuld im Sinne des Abkommens zum Gegenstand haben, sich aber nicht innerhalb der Grenzen der festgesetzten Zahlungs- oder sonstigen Bedingungen halten;
3. die Erfüllung von Verbindlichkeiten zum Gegenstand haben, die in nichtdeutscher Währung zahlbar sind oder waren und die zwar den Voraussetzungen des Artikels 4 Abs. 1 und 2 des Abkommens entsprechen, aber die Voraussetzungen des Artikels 4 Abs. 3 Buchstabe a oder b des Abkommens hinsichtlich der Person des Gläubigers nicht erfüllen, es sei denn, daß es sich um Verbindlichkeiten aus marktfähigen Wertpapieren handelt, die in einem Gläubigerland zahlbar sind.

Erster Teil. Währungsrecht **Anh § 361**

(2) Die in Artikel 3 des Abkommens enthaltenen Begriffsbestimmungen gelten auch für den **39**
Absatz 1.

Der Zahlungsverkehr zwischen der Bundesrepublik und der DDR unterliegt nach wie vor *devisenrechtlichen* Beschränkungen (Anm. 36). Daher können Schuldner mit gewöhnlichem Aufenthalt, Hauptniederlassung oder Sitz im Bundesgebiet *Zahlungen* an Gläubiger, die ihren gewöhnlichen Aufenthalt, ihre Hauptniederlassung oder ihren Sitz in der DDR oder in Ost-Berlin haben, grundsätzlich nur mit devisenrechtlicher *Genehmigung* leisten. Eine Ausnahme besteht jedoch dann, wenn der Ostgläubiger bei einem Geldinstitut im Bundesgebiet oder in West-Berlin ein *Sperrkonto* führt. Auf Sperrkonten dürfen alle dem Geldinstitut zugehenden Zahlungen gutgeschrieben werden. Auch sind bestimmte *Verfügungen* im Zahlungsverkehr mit der DDR *allgemein genehmigt* worden (Mitteilung Nr. 6004/75 der Deutschen Bundesbank, BAnz Nr. 224 vom 3. 12. 1975). Über die Befugnis des Schuldners, entsprechend § 244 BGB DM-West statt DM-Ost zu zahlen, vgl. Anm. 30. Kein Devisenwert im Sinne des MRG Nr. 53 (Neufassung) ist, wie aus Art. Xd Ziff. 2 und I folgt, die DM-Ost. Daher können *DM-Ost-Schulden* von Schuldnern im Bundesgebiet an Gläubiger, die im Bundesgebiet ihren gewöhnlichen Aufenthalt, ihre Hauptniederlassung oder ihren Sitz haben, ohne devisenrechtliche Genehmigung gezahlt werden. Solche Forderungen können auch klageweise im Bundesgebiet durchgesetzt werden (BGHZ 7, 231/236; 8, 288/296; Kühne NJW 50, 729; Beitzke NJW 52, 473; Skaupy BB 51, 126; Wälde NJW 51, 213; Soergel/Kegel EGBGB Bem. 644 vor Art. 7). Die Leistung in DM-Ost ist einem im Bundesgebiet wohnenden Schuldner auch keinesfalls unmöglich, da DM-Ost-Noten in ausreichendem Maße vorhanden sind. – Hat der *Gläubiger* der DM-Ost-Forderung seinen gewöhnlichen Aufenthalt, seine Hauptniederlassung oder seinen Sitz im Gebiet der DDR, so unterliegt die Befriedigung des Anspruchs den devisenrechtlichen Verfügungsbeschränkungen (MRG Nr. 53 Art. I Ziff. 1d und h). Ist die Leistung genehmigt worden, so deckt die Genehmigung auch die Zwangsvollstreckung. Keiner Genehmigung bedarf es, wenn zur Zahlung auf ein Sperrkonto oder zu einer anderen freien Zahlung verurteilt wird; diese Beschränkung muß in das Urteil aufgenommen werden.

5. Wirkung von Währungsabwertungen

Ist eine Schuld von vornherein ohne Wertklausel *nur auf den bestimmten Betrag einer* **40**
fremden Währung (z.B. auf Zahlung in Dollar nordamerikanischer oder in Pfund englischer Wäung) gerichtet und tritt eine Entwertung der gewählten Währung ein, so ist, sofern deutsches Recht zur Anwendung kommt (Anm. 22), für den Umfang der Zahlungsverpflichtung des Schuldners die *entwertete Währung* maßgebend. Handelt es sich um eine *Fremdwährungsschuld ohne Effektivvereinbarung* (Anm. 26ff.), die im Inland zahlbar ist, so kann der Schuldner nach § 244 BGB den der entwerteten Währung entsprechenden Geldbetrag in deutscher Währung zahlen. Die reine Fremdwährungsschuld ist, falls sie nicht zu einem anderen wertbeständigen Wertmesser in Beziehung gesetzt ist (Anm. 42ff.), grundsätzlich *nicht wertbeständig* (RGZ 141, 212; 145, 51; 147, 377; 154, 190; 155, 136; 163, 334; von Godin in RGR-Komm. z. HGB § 361 Anm. 7). Dies gilt auch in Fällen, in denen die Währung nur zum Schutz gegen Entwertung der eigenen Währung gewählt wurde. Der Irrtum über die dauernde Wertbeständigkeit der gewählten Fremdwährung ist ein *Irrtum im Beweggrund,* dem rechtserheb-

liche Bedeutung nur zukommen kann, wenn er zum *Inhalt des Vertrages* erhoben worden ist. Zwar kann bei *Einzelverträgen* die Sicherung durch fremde Währung auch ohne ausdrückliche Vereinbarung als bloße *Wertklausel* aufgefaßt werden, wenn sich dies im einzelnen Fall als der Wille der Vertragschließenden ergibt. Nur wird die Feststellung eines solchen Willens meist daran scheitern, daß die Parteien die von ihnen gewählte fremde Währung für unerschütterlich gehalten und deshalb an den Fall ihrer Entwertung nicht gedacht haben (RGZ 155, 136). Aus dem gleichen Grunde ist auch, wenn sich die vom Gläubiger erwartete Wertbeständigkeit einer Forderung als unrichtig erweist, *keine Vertragslücke* in den Vertragsbeziehungen der Parteien eingetreten, die eine ergänzende Auslegung verlangt (RGZ 118, 374; 154, 192). Wer einen Vertrag unter Zugrundelegung feststehender formularmäßiger Bedingungen geschlossen hat, hat sich damit der Auslegung unterworfen, die aus dem eigenen Inhalt der Bedingungen folgt, auch wenn er sich über ihre Bedeutung unrichtige Vorstellungen gemacht hat. Eine Anwendung der auf die Verhältnisse der deutschen Marktinflation zugeschnittenen *Aufwertungsgrundsätze* könnte nur dann in Frage kommen, wenn die Abwertung ein so tiefgreifendes Ausmaß genommen hätte, daß eine Wertvernichtung vorliegt. Für die Abwertung des Dollars wurde dies vom Reichsgericht (RGZ 154, 192) verneint. Nur bei der Entwertung von Fremdwährungsschulden *aus gegenseitigen Verträgen auf dem Gebiet des Warenverkehrs* konnte dem Verkäufer mit Rücksicht darauf, daß die Parteien beim Abschluß der Verträge von der Unerschütterlichkeit der fremden Währung ausgegangen waren, bei der gebotenen Rücksicht auf Treu und Glauben (§ 242 BGB) ein *Ausgleich* dafür gewährt werden, daß er für seine Ware nicht den vollen Gegenwert erhalten hatte (RGZ 141, 212; 147, 289; 148, 33; 155, 137; 163, 333; von Godin aaO.). Hierbei waren alle Umstände des Falles, die nach den Grundsätzen von Treu und Glauben im Verkehr für einen gerechten Ausgleich zwischen Leistung und Gegenleistung in Betracht kommen, zu berücksichtigen. Es kommt insbesondere darauf an, ob der Gläubiger den durch die Entwertung eintretenden Verlust allein zu tragen hat, dem Schuldner dagegen ein entsprechender hoher Vermögensvorteil mühelos in den Schoß fällt (RGZ 147, 289). Auch die Vermögensverhältnisse der Parteien sind nicht ohne Einfluß. Dagegen konnte der Gläubiger z.B. keinen Ausgleichsanspruch wegen der Dollarentwertung erheben, wenn der Käufer beim Kaufabschluß die Aufnahme einer Wertsicherungsklausel (Anm. 42) ausdrücklich abgelehnt hatte, die Loslösung des Dollars vom Goldstandard damals vorherzusehen war und auch vorhergesehen worden ist (RGZ 148, 38).

41 Handelt es sich um eine *Fremdwährungsschuld mit Effektivvereinbarung* Anm. 31) und wird die fremde Währung, in der „effektiv" zu leisten ist, abgewertet, so berührt eine solche Abwertung den Inhalt der Fremdwährungsschuld *nicht* unmittelbar. Wer 1000 Dollar nordamerikanischer Währung schuldete, hatte nach der Abwertung 1000 abgewertete Dollar zu zahlen. Für den Umfang der Zahlungsverpflichtung des Schuldners ist ausschließlich die *entwertete Währung maßgebend.* Verlangt ein Verkäufer vom Käufer, der die Ware in *Dollars* bezahlte, wegen Verzuges *Schadenersatz* mit der Begründung, die aus Deckungsverkäufen erzielten Dollarbeträge seien durch einen während des Verzuges eingetretenen Kursverlust wertloser geworden, so muß der Käufer beweisen, daß der Verkäufer diese Dollars zur Tilgung alter Dollarschulden verwendet und daher keinen Schaden erlitten hat (BGH NJW 76, 848).

VI. Wertsicherungsklauseln

1. Kennzeichnung

Wertsicherungsklauseln sollen die *Wertbeständigkeit* einer Währung, sei es der eigenen, sei es einer fremden, *sichern*. Das geschieht in der Form, daß eine Währung zu einem anderen *wertbeständigen* Wertmesser in Beziehung gesetzt wird. Das Anstreben einer solchen Sicherung gegen ein befürchtetes Absinken der deutschen Währung trat nach dem ersten Weltkrieg in der Inflations- und Nachinflationszeit hervor. Später ließ die praktische Bedeutung der Währungsklauseln nach, zumal die Entwertung verschiedener Währungen die Sicherung durch Währungsklauseln in Frage gestellt hatte. Die steigende Preistendenz in den letzten 25 Jahren und die dadurch ständig wachsende Geldentwertung (schleichende Inflation) hat jedoch das nicht nur verständliche, sondern auch berechtigte Streben nach Wertsicherung vor allem bei langfristigen Verträgen wieder aufleben lassen. Als wertbeständige Maßstäbe kommen in Betracht: a) der Kurs einer *fremden Währung* (Valutawertklauseln), häufig bei Anleihen des internationalen Kapitalmarktes; b) der Preis einer gewissen Menge *Feingold* zur Zahlungszeit (Goldwertklauseln); c) der Preis einer gewissen Menge Weizen, Roggen, Kartoffeln, Kohle oder anderer *Waren* (Sachwertklauseln); d) ein bestimmter *Lebenshaltungskostenindex* (Indexklauseln). Solche Klauseln machen eine Schuld nicht zur Fremdwährungsschuld (Anm. 24). Auch handelt es sich nicht um eine unechte Valutaschuld, die zwar auf eine fremde Währung lautet, die der Schuldner aber vereinbarungsgemäß oder nach § 244 BGB auch in DM-Währung erfüllen kann. Die Schuld lautet vielmehr auf einen bestimmten Geldbetrag in DM, nur wird die Höhe des geschuldeten DM-Betrages auf der Grundlage einer fremden Währung errechnet. Es handelt sich um eine *kursabhängige* DM-Schuld (Fögen, Geld- und Währungsrecht, 1969, S. 123).

Weit verbreitet war in der Reichsmarkzeit die Dollarklausel „1 Reichsmark = 10/42 Dollar" (RGZ 146, 5). Die als Wertmaßstab gewählte ausländische Währung war ein *Hilfsmittel* zur Errechnung des in der eigenen Währung zu zahlenden Geldbetrages. Um gegen eine Entwertung der Fremdwährung gesichert zu sein, verband man häufig die Valutawertklausel mit der *Goldwertklausel*, z.B. „1 Goldmark = 10/42 Dollar" oder „1 Dollar = 4,20 Goldmark". Mit einer Goldmark wurde der amtlich festgestellte Preis von 1/2790 kg Feingold bezeichnet. Das war der im Reichsanzeiger bekanntgegebene Londoner Goldpreis, dessen Umrechnung in die deutsche Währung nach dem Berliner Börsenkurs des englischen Pfundes erfolgt (§ 2 der VOen vom 29. 6. 1923 – RGBl I, 482 – und 10. 11. 1931 – RGBl I, 569). Gewöhnlich wird die Auslegung ergeben, daß eine Valutawertschuld den Gläubiger nur gegen ein Absinken der *eigenen* Währung sichern soll.

Vom Schuldner ist dann als *Mindestbetrag* der Geldbetrag in eigener Währung zu zahlen. Der Gläubiger wird von der Entwertung der fremden Währung nicht betroffen. Möglich ist aber auch, daß die Schuld durch die Bezug-Verhältnisse zur fremden Währung zu berechnen ist. Das Reichsgericht vertrat grundsätzlich den Standpunkt, daß eine Wertklausel *nur als Wertsicherungs- und nicht als Wertbestimmungsklausel* anzusehen war (RGZ 146, 1 für die Dollarklausel bei Inlandsanleihen; RGZ 148; 44; 150, 154 für

Lebensversicherungsverträge, die in Goldmark auf Dollarbasis geschlossen waren; RGZ 152, 166 für Mark = Gold Schatzanweisungen des Deutschen Reiches). Das galt vor allem dann, wenn die Wertklausel mit einer Goldmark- oder Golddollarklausel versehen war (von Godin in RGR-Komm. z. HGB § 361 Anm. 7; Koenige Anm. 3 zu § 361; Mügel JW 34, 518). War eine Goldwertschuld versprochen worden, so war der Leistungsinhalt durch das spätere Schicksal des Dollars unverändert geblieben. Die Umrechnung in Reichswährung geschah daher nicht nach dem Kurswert des Dollars, sondern nach dem Goldgehalt, den der Dollar *zur Zeit des Vertragsschlusses* hatte.

2. Währungsreform

45 Die im Rahmen der Vertragsfreiheit zulässige Vereinbarung von Wertsicherungsklauseln wurde durch die Währungsgesetzgebung beschränkt. Schon vor der Währungsreform (1948) hatten in den *drei Westzonen* und in West-Berlin Wertsicherungsklauseln, mit denen Geldbetragsschulden versehen waren, ihre Wirksamkeit verloren. Neue Wertklauseln konnten nicht mehr wirksam vereinbart werden. Rechtsgrundlage war das 1947 von den Militärregierungen in Änderung des MRG Nr. 51, der VO Nr. 92 und der VO Nr. 118 für die Westzonen erlassene *Mark = Mark-Gesetz* (amerikanische Zone: ABl E 1947, 17; britische Zone: VOBl 1947, 111; französische Zone: JO 1947, 1211). Da durch dieses Gesetz sämtliche Wertsicherungsklauseln, mit denen *alte* RM-Betragsschulden versehen waren, schon vor dem Währungsstichtage ihre Wirkung verloren hatten, wurden diese Schulden am Währungsstichtage grundsätzlich auf Deutsche Mark umgestellt mit der Wirkung, daß der Schuldner für je 10 RM an den Gläubiger 1 DM zu zahlen hatte (§§ 16, 13 Abs. 3 UmstG). Hierbei waren RM-Betragsschulden, deren jeweilige Höhe durch eine vor dem 1. Juli 1947 (Tag des Inkrafttretens der MRVO Nr. 92) vereinbarte Wertsicherungsklausel bestimmt werden sollte, in Höhe ihres *Nennbetrages* und nicht in der Höhe, die sie am 1. Juli 1947 auf Grund der Wertsicherungsklausel erlangt hatten, in DM umzustellen (BGH NJW 59, 2060; Dürkes, Wertsicherungsklauseln, 8. Aufl., A 12). Die außer Kraft gesetzten Wersicherungsklauseln sind nach der Währungsumstellung *nicht* von selbst wieder aufgelebt. § 3 WährG (Anm. 33) fußt auf der durch Art. II MRVO Nr. 92 geschaffenen Rechtslage (BGH NJW 51, 708; OLG Düsseldorf NJW 51, 362 mit Anm. Rötelmann; KG BB 58, 786; Dürkes aaO A 11; von Caemmerer SJZ 48 Sp. 497; Eppig NJW 49, 535; Harmening/Duden Anm. 28 zu § 13 und Anm. 3 zu § 16 UmstG; Reinicke MDR 53, 385; Schubert NJW 50, 228). Von dieser Rechtslage geht auch § 12 Abs. 1 DMBilG aus, wonach für den Wertansatz von Forderungen und Verbindlichkeiten, die auf einen bestimmten *RM-Betrag* lauten, aber mit einer Wertsicherungsklausel versehen sind, der Umstellungsbetrag, der sich aus den Vorschriften des Umstellungsgesetzes für den RM-Betrag *ohne Berücksichtigung der Wertsicherungsklauseln* ergibt, in DM zugrundezulegen ist. Vor der Währungsreform getroffene Wertsicherungsklauseln konnten demnach die *zwingende* Regelung des Umstellungsrechts nicht ausschließen. Um eine für eine *Geldbetragsschuld* vor dem Währungsstichtag vereinbarte Wertsicherungsklausel wieder in Kraft zu setzen, bedurfte es vor Inkrafttreten des Außenwirtschaftsgesetzes (Anm. 56) einer *devisenrechtlichen* Genehmigung; sie enthielt zugleich die Genehmigung nach § 3 Satz 2 WährG. Heute wäre

Erster Teil. Währungsrecht Anh § 361

eine Genehmigung der Deutschen Bundesbank notwendig (Anm. 46). – Auf reine *Geldwertschulden* bezog sich Art. II MRG Nr. 51 i.d.F. der MRVO Nr. 92 nicht. Sie unterlagen, da der Betrag der Schuld am Währungsstichtag nicht bestimmbar war, auch *nicht* der Umstellung (§ 13 UmstG; § 11 DMBilG; BGHZ 7, 143; 9, 56; BGH BB 61, 586). Auch § 3 Satz 2 WährG mißt sich keine rückwirkende Kraft bei, so daß davon auszugehen ist, daß alle *vor* der Währungsreform begründeten Geldwertschulden nach wie vor wirksam sind (BGHZ 9, 56; Schubert NJW 50, 287; s. auch Anm. 47).

3. Gegenwärtiger Rechtszustand

Um das Vertrauen in die Stabilität der DM-Währung zu erhalten, schränkt das **46** Währungsrecht die *Vertragsfreiheit* ein. Vereinbarungen, durch die die Höhe einer in DM zu zahlenden Geldschuld durch den Kurs einer anderen Währung oder durch den Preis oder eine Menge von Feingold oder von anderen Gütern oder Leistungen bestimmt wird, bedürfen nach § 3 Satz 2 WährG einer Genehmigung der Deutschen Bundesbank. Diese währungsrechtliche Beschränkung ist auch nach Aufhebung der Devisenbewirtschaftung bestehen geblieben (§ 49 AWG.). Gegen die währungspolitische Notwendigkeit, aber auch gegen die Verfassungsmäßigkeit des § 3 WährG im Hinblick auf seine inhaltliche Unbestimmtheit, werden im Schrifttum Bedenken erhoben (von Maydell aaO. S. 385 ff.; Papier JuS 74, 477/481; Bettermann ZRP 74, 14).

Die Verbotsvorschrift des § 3 Satz 2 WährG wird entgegen ihrer weiten Wortfassung **47** nicht nur wegen ihres Ausnahmecharakters, sondern auch deshalb *eng* ausgelegt, um den Weg, durch eine Geldverschlechterung eintretenden Verlusten vorzubeugen, nicht in zu starkem Maße zu verbauen. Das Verbot bezieht sich nach ständiger Rechtsprechung nur auf *Gleitklauseln*, bei denen die Höhe der geschuldeten Geldsumme *unmittelbar* von der gewählten Bezugsgröße abhängt. Hieraus folgt: a) *Genehmigungsfrei* sind reine *Geldwertschulden* (BGHZ 9, 53/63; OLG Celle MDR 51, 749; Dürkes, Wertsicherungsklauseln, 8. Aufl., Rdn. 2, 59 ff.). Die Anwendung des § 3 Satz 2 WährG setzt eine Geldschuld voraus, deren Geldbetrag ziffernmäßig festgelegt ist. – b) Ohne Genehmigung können *Sachwertleistungen* anstelle von Geldleistungen vereinbart werden (Dürkes aaO Rdn. 103 ff.), z.B. Beteiligungen oder Naturalien als Entgelt für die Veräußerung eines Grundstücks oder die Verpachtung einer Gaststätte. Auch eine Vertragsklausel, nach der der Verkäufer eines Grundstücks statt der Zahlung des Kaufpreises eine Sachleistung verlangen kann, z.B. die Lieferung einer genau bestimmten Menge Roggen – 10 Zentner Roggen statt DM 200 – ist statthaft (BGH NJW 62, 1568). Eine solche Ersetzungsbefugnis, bei der der Roggen-Marktpreis nicht die Bezugsgröße bildet, nach der sich die Geldleistung des Schuldners bestimmt, sondern die Roggenlieferung ersatzlos effektiv erbracht werden soll, wenn der Verkäufer sie statt der Geldleistung verlangt, wird von § 3 Satz 2 WährG nicht erfaßt (OLG Celle DNotZ 55, 315; a.M. OLG München BB 58, 786). Auch die Eingehung einer Warenschuld, sei es daß mehrere Sachleistungen wahlweise nebeneinander oder eine Geldleistung neben einer Sachleistung geschuldet werden, verstößt nicht gegen § 3 Satz 2 WährG. – c) Keiner Genehmigung bedürfen *Leistungsvorbehalte*, bei denen zwar von Anfang an eine Geldleistung als Gegenleistung vereinbart worden ist, deren Höhe jedoch zwecks Wertsicherung einstweilen *unbestimmt*, wenn auch bestimmbar ist. Die Gegenleistung paßt sich in diesem Fall nicht automatisch an die Bezugsgröße an, sondern dient nur dazu, daß sich die Parteien nach Maßgabe der Bezugsgröße über die Festsetzung oder Neufestsetzung der Gegenleistung einigen (BGH LM § 3 WährG Nr. 11, 13, 14; Dürkes aaO Rdnr. 71 ff.). Es wird z. B. vereinbart, daß beide Parteien bei einer bestimmten Änderung des Lebenshaltungskostenindex eine Neufestsetzung des Mietzinses verlangen können. Nur wenn die Höhe der geschuldeten Gegenleistung von den Änderungen der Bezugsgröße automatisch erfaßt wäre, wäre die Klausel nach § 3 Satz 2 WährG genehmigungspflichtig. Keiner Genehmigung bedürfen reine *Kostenklauseln,* die lediglich bezwecken, bestimmte Selbstkosten, wie Löhne, Rohstoffpreise, u. a., den Veränderungen des Lohn- und Preisniveaus anzupassen (Dürkes aaO Rdn. 50 ff). Auch Kostenklauseln, die in *Energieverträgen* die Preise für Strom, Gas und Wasser an steigende Kohle- und Lohnkosten anpassen, sind genehmigungsfrei (BGH 58, 1220). Sie knüpfen nicht an eine Änderung des Währungswertes, sondern an eine mögliche Erhöhung der Betriebskosten an. – d) Ohne Genehmigung ist die Bezugnahme auf *artgemäße* Leistungen zulässig, um dadurch nur die eigene Leistung zu klassifizieren („Spannungsklauseln"; BGH LM BGB § 133[A] Nr. 2; NJW 74, 273; 76, 422). Die gekoppelten Leistungen müssen, um eine Klassifizierung zu ermöglichen, im wesentlichen gleichartig sein. Das ist z. B. der Fall, wenn die Höhe des betrieblichen Ruhegehalts eines Angestellten mit der Anhebung des Beamten-Ruhegehalts oder des Tariflohns steigen soll. Die Bezugnahme auf eine *fremde* Leistung muß sich noch als eine echte Bewertung der eigenen Leistung darstellen. *Mindestklauseln* sind gewöhnlich als genehmigsbedürftige Wertsicherungsklauseln anzusehen.

48 Eine *Wertsicherungsklausel* liegt vor, wenn der Wert der *einen* Leistung unmittelbar nach dem Wert einer *anderen* Leistung bestimmt wird (sog. Gleitklausel). Genehmigungsbedürftig nach § 3 Satz 2 WährG ist jedoch nur die Bezugnahme auf eine *sach-* oder *artfremde Leistung* (BGHZ 14, 306 ff.; Dürkes aaO Rdn. 4). Bei einem Vertrage darf deshalb z. B. nicht die Höhe der Gegenleistung für die Hingabe einer Sache und die Höhe eines Erbbauzinses nach dem Gehalt eines bestimmten Beamten bemessen werden (BGHZ aaO). In diesem Fall fehlt es an einer echten Bewertung der *eigenen* Leistung. Der Genehmigung würde es ferner bedürfen, die Erhöhung des monatlichen Mietzinses automatisch von einer Erhöhung des Lebenshaltungsindex des Statistischen Landesamts X um jeweils fünf Punkte abhängig zu machen (Papier JuS 74, 477/479). Zur Zulässigkeit sog. Spannungsklauseln s. Anm. 47 zu d. Ob die Genehmigungsbedürftigkeit einer Wertsicherungsklausel zur Unwirksamkeit des *gesamten* Vertrages führt oder nicht, ist nach § 139 BGB zu beurteilen (BGH LM BGB § 543 Nr. 6). Aus den Verhandlungen zu einem wegen Verstoßes gegen § 3 Satz 2 WährG nichtigen Vertrag ergibt sich grundsätzlich kein Anspruch auf Neuabschluß eines wirksamen Vertrages ohne oder mit einer gültigen Wertsicherungsklausel. Nur unter besonderen Umständen kann sich bei einer rechtskräftigen Versagung der Genehmigung aus dem Gesichtspunkt positiver Vertragsverletzung oder unzulässiger Rechtsausübung die Verpflichtung ergeben, den Vertrag mit einer wirksamen Wertsicherungsklausel neu zu schließen (BGH LM WährG § 3 Nr. 14).

49 Die *Deutsche Bundesbank* hat ihre Grundsätze bei der Entscheidung über Genehmigungsanträge veröffentlicht. Die Mitteilung lautet:

Erster Teil. Währungsrecht **Anh § 361**

Mitteilung der Deutschen Bundesbank
vom 26. August 1964 Nr. 1018/64 (BAnz Nr. 160)

geändert durch die Mitteilung Nr. 1006/69 vom 9. September 1969 (BAnz Nr. 169)

Die Deutsche Bundesbank weist zur Unterrichtung der Öffentlichkeit über ihre **50**
Grundsätze bei der Entscheidung über Genehmigungsanträge nach § 3 des Währungsgesetzes (Nr. 2 c der Währungsverordnung für Berlin) auf folgendes hin:

1. Klauseln, nach denen ein in Deutscher Mark geschuldeter Betrag durch den künftigen Kurs einer anderen Währung, durch den künftigen Goldpreis oder durch den künftigen Preis oder Wert anderer Güter oder Leistungen bestimmt werden soll (§ 3 Satz 2 des Währungsgesetzes, Nummer 2 c Satz 2 der Währungsverordnung für Berlin) werden nicht genehmigt bei

    a) Zahlungsverpflichtungen aus Darlehen, auch aus in Darlehen umgewandelten Schuldverhältnissen anderer Art, aus Schuldverschreibungen, Kapital- und Rentenversicherungen, Bankguthaben oder Abmachungen anderer Art, die die Rückzahlung eines Geldbetrages zum Gegenstande haben (Zahlungsverpflichtungen aus dem Geld- und Kapitalverkehr);

    b) Miet- und Pachtverträgen über Gebäude oder Räume, es sei denn, daß der Vertrag für die Lebensdauer des Vermieters oder Verpächters, für eine Dauer von mindestens 10 Jahren oder so abgeschlossen ist, daß er vom Vermieter oder Verpächter frühestens nach Ablauf von 10 Jahren durch Kündigung beendet werden kann.

2. Unabhängig von der Art des Schuldverhältnisses werden solche Klauseln nicht genehmigt, wenn

    a) einseitig ein Kurs-, Preis- oder Wertanstieg eine Erhöhung, nicht aber umgekehrt ein Kurs-, Preis- oder Wertrückgang eine entsprechende Ermäßigung des Zahlungsanspruchs bewirken soll („Mindestklauseln", „Einseitigkeitsklauseln");

    b) der geschuldete Betrag an den künftigen Goldpreis gebunden sein soll;

    c) der geschuldete Betrag allgemein von der künftigen „Kaufkraft" der Deutschen Mark oder einem anderen Maßstabe abhängig sein soll, der nicht erkennen läßt, welche Preise oder Werte dafür bestimmend sein sollen.

3. Außerdem werden Klauseln nicht genehmigt, nach denen der geschuldete Betrag

    a) von der künftigen Entwicklung der Lebenshaltungskosten (einem Preisindex für die Lebenshaltung) abhängig sein soll, es sei denn, daß es sich um wiederkehrende Zahlungen handelt, die auf die Lebenszeit oder bis zur Erreichung der Erwerbsfähigkeit oder eines bestimmten Ausbildungszieles des Empfängers oder für die Dauer von mindestens 10 Jahren zu entrichten sind;

    b) von der künftigen Einzel- oder Durchschnittsentwicklung von Löhnen, Gehältern, Ruhegehältern oder Renten abhängig sein soll, es sei denn,

    aa) daß es sich um eine regelmäßig wiederkehrende Zahlung handelt, die für die Lebensdauer oder bis zur Erreichung der Erwerbsfähigkeit oder eines bestimmten Ausbildungszieles des Empfängers zu entrichten ist, oder

    bb) daß der jeweils noch geschuldete Betrag von der Entwicklung von Löhnen oder Gehältern abhängig gemacht wird, durch die die Selbstkosten des Gläubigers wesentlich beeinflußt werden;

    c) vom künftigen Preis oder Wert anderer verschiedenartiger Güter oder Leistungen (zum Beispiel vom Baukostenindex oder einem anderen die Preis- oder Wertentwicklung von einer Anzahl von Gütern oder Leistungen bezeichneten Index) abhängig sein soll, es sei denn, daß der jeweils noch geschuldete Betrag von der Entwicklung der Preise oder Werte für Güter oder Leistungen abhängig gemacht wird, die vom Schuldner in seinem Betrieb erzeugt, veräußert oder erbracht oder durch die wesentlich die Selbstkosten des Gläubigers beeinflußt werden;

    d) durch den künftigen Kurs einer anderen Währung bestimmt werden soll, es sei denn, daß es sich handelt um

329

aa) Einfuhr-Anschlußverträge zwischen Importeuren und Erstabnehmern, Ausfuhr-Zulieferungsverträge zwischen Exporteuren und ihren unmittelbaren Zulieferern oder Kaufverträge des „gebrochenen" Transithandels, sofern die Ware von den Importeuren, den Exporteuren oder den Transithändlern unverändert weiterveräußert wird oder

bb) Seepassage- oder Seefrachtverträge.

e) von der künftigen Einzel-oder Durchschnittsentwicklung des Preises oder Wertes von Grundstücken abhängig sein soll, es sei denn, daß sich das Schuldverhältnis auf die land- oder forstwirtschaftliche Nutzung eines Grundstücks beschränkt.

4. Soweit nach den vorstehenden Grundsätzen eine nach § 3 Satz 2 des Währungsgesetzes (Nummer 2c Satz 2 der Währungsverordnung für Berlin) erforderliche Genehmigung nicht ausgeschlossen ist, kann im allgemeinen mit ihrer Erteilung gerechnet werden.

5. Bei Verträgen der in Nummer 3d bezeichneten Art kann auch mit der Genehmigung zur Eingehung von Verbindlichkeiten in fremder Währung (§ 3 Satz 1 des Währungsgesetzes, Nummer 2c Satz 1 der Währungsverordnung für Berlin) gerechnet werden.

6. Diese Grundsätze treten an die Stelle der im Bundesanzeiger Nr. 243 vom 18. Dezember 1958 (durch die Mitteilung der Deutschen Bundesbank Nr. 1009/58) bekanntgegebenen Grundsätze vom 12. Dezember 1958. Soweit sie abweichend von den bisherigen Grundsätzen eine Genehmigung ausschließen, werden sie auf Vereinbarungen angewandt, die nach dem 31. Oktober 1964 getroffen werden. Im übrigen werden diese Grundsätze bei allen Genehmigungsanträgen angewandt, über die nach der Bekanntgabe dieser Grundsätze entschieden wird.

7. Eine Änderung dieser Grundsätze bleibt vorbehalten.

8. Genehmigungsanträge nach § 3 des Währungsgesetzes (Nummer 2c der Währungsverordnung für Berlin) sind bei der zuständigen Landeszentralbank einzureichen.

VII. Richterliche Anpassung von Geldschulden

51 Das *Nominalprinzip,* von dem das Währungsrecht bei der Festlegung der Deutschen Mark als Währungseinheit ausgeht (Anm. 13), schließt die Berücksichtigung einer Geldwertänderung auf gewöhnliche Geldschulden nicht aus. Zur Gesamtproblematik s. von Maydell aaO S. 41ff.; 105ff. Die Rechtsprechung läßt unter dem Gesichtspunkt der *Erschütterung* oder des *Wegfalls der Geschäftsgrundlage* (§ 242 BGB) die Anpassung von Geldschulden an die Geldentwertung zu. Allerdings reicht dafür das bloße Sinken der Kaufkraft der DM *nicht* aus. Wegen der grundlegenden Ordnungsfunktion, die der Grundsatz von der Verbindlichkeit vertraglicher Abmachungen (pacta sunt servanda) enthält, ist der Anwendungsbereich der Grundsätze vom Wegfall der Geschäftsgrundlage auf *Ausnahmefälle* beschränkt. Der Grundsatz der *Vertragstreue* darf im Interesse der Rechtssicherheit nur durchbrochen werden, wenn ein Festhalten am Vertrag so, wie er geschlossen ist, zu einem mit Recht und Gerechtigkeit nicht mehr zu vereinbarendem Ergebnis führt. Einem Vertragspartner muß das Festhalten am Vertrag billigerweise nicht mehr zugemutet werden können (st. Rsp: BGH LM BGB [Bb] § 242 Nr. 27, 34, 57, 61, 67, 71; BGH WM 75, 1131). Das gilt im besonderen Maße für die Berücksichtigung der Geldentwertung bei Geldschulden (nicht Geldwertschulden). Eine allgemeine Anpassung von Geldschulden an die Kaufkraftminderung widerspräche dem § 3 WährG, der zur Erhaltung des Vertrauens in die Festigkeit der Währung Währungsgleitklauseln nur auf Grund einer *Genehmigung* der Deutschen Bundesbank zuläßt (Anm. 46). Bei neueren, nach der Währungsreform eingegangenen *Dauerschuldverhältnissen* muß jeder Vertragspartner mit einer künftigen Änderung der zur Zeit des Vertragsschlusses vorliegenden Umstände rechnen, so daß die Vereinbarung eines festen Entgelts ohne zusätzliche Vereinbarung einer Währungsgleitklausel für die Vertragspartner ein bewußt übernommenes Risiko darstellt. Dann aber läßt sich, falls nicht besondere Momente vorliegen, nicht annehmen, daß die Parteien das Fortbestehen des Äquivalanzverhältnisses konkludent zur Geschäftsgrundlage gemacht haben. Anders liegt es dagegen bei Verträgen, die noch unter der Mark-Währung vor der Inflation der Jahre 1922/1923 geschlossen worden sind. Die Rechtsprechung hat indessen sogar bei den 1898 geschlossenen Kali-Abbauverträgen, bei denen ein jährliches Wartegeld von 1200 Mark vereinbart worden war, trotz einer Geldentwertung um 2/3 eine Äquivalenzstörung verneint (BGH LM BGB § 242 [Bb] Nr. 34, 39, 49; NJW 76, 846; brit. Flume AllgT II § 26, 6; von Maydell aaO s. 157 ff.; Reichert-Facilides JZ 69, 620; Papier JuS 74, 477/481 ff.). Abgelehnt wurden mit Recht die Erhöhung eines 1954 vereinbarten Erbbauzinses (BGH LM BGB § 242 [Bb] Nr. 71) sowie die Erhöhung eines 1956 geschlossenen langfristigen Grundstücksmietvertrages, die beide keine Anpassungsklausel enthielten. Eine „schleichende" Geldentwertung rechtfertigt danach grundsätzlich noch nicht die Annahme eines Wegfalls der Geschäftsgrundlage, sondern allenfalls eine umstürzende Geldentwertung, die plötzlich oder möglicherweise auch allmählich zu einer völligen Beseitigung des Gleichgewichts von Leistung und Gegenleistung führt. Während somit bei Dauerschuldverhältnissen grundsätzlich am Nominalprinzip festgehalten wird, berücksichtigt die Rechtsprechung die laufende Geldentwertung bei vertraglichen *Ruhegehaltsansprüchen* wegen ihres Versorgungscharakters (BGHZ 61, 31 für ehemalige Vorstandsmitglieder einer AG im Anschluß an BAG NJW 73, 959 und 1296). Eine automatische Anpassung an die Geldentwertung findet nicht statt, jedoch ist der Unternehmer verpflichtet, das Ruhegehalt oder die Betriebsrente nach billigem Ermessen jedenfalls dann zu erhöhen, wenn seit dem für die Bemessung zuletzt maßgebenden Zeitpunkt eine Verteuerung der Lebenshaltungskosten um mehr als 40% eingetreten ist. Im Schrifttum wird eine Ausdehnung dieser Rechtsprechung auf *alle* Geldforderungen – für Forderungen aus Austauschverträgen ebenso wie für Forderungen des Kredit-, Geld- und Kapitalverkehrs befürwortet (Papier JuS 74, 477/482 f. unter Hinweis auf die Eigentumsgarantie des Art. 44 GG; Bettermann ZRP 74, 13 ff.). Eine undifferenzierte Anpassung beachtet jedoch nicht den unterschiedlichen Charakter der einzelnen Geldschulden (zutr. von Maydell aaO S. 105 ff.). Die Berücksichtigung der Geldentwertung bei Ruhegehaltsansprüchen beruht auf dem *Versorgungszweck* dieser Ansprüche. Eine allgemeine Regelung der Folgen der Geldentwertung bei Geldansprüchen ist zudem eine Aufgabe des Gesetzgebers.

VIII. Die Geldsortenschuld

1. Unechte Geldsortenschuld

Die *Geldsorte schuld* ist eine Geldschuld, deren Eigenart darin besteht, daß sie durch Zahlung einer bestimmten *Geldsorte* , z.B. bestimmte Noten oder Münzen, erfüllt werden soll. Für sie enthält § 245 BGB (Text: § 361 Anm. 3) eine *Ausnahme* von den allgemeinen Grundsätzen über die Unmöglichkeit der Leistung (§§ 275, 279 BGB; **52**

RGZ 151, 37; 108, 176). Befindet sich die bestimmte Geldsorte zur Zeit der Zahlung *nicht mehr im Umlauf,* so ist die Geldsortenschuld wieder zu einer *gewöhnlichen* Geldschuld geworden. Der Schuldner hat nach § 245 BGB so zu leisten, wie wenn die Geldsorte nicht bestimmt wäre, also in dem derzeitig geltenden Währungsgeld. Eine Geldsorte ist nicht mehr im Umlauf, wenn sie *tatsächlich* aus dem Verkehr gezogen und nur noch mit ganz außergewöhnlichen Schwierigkeiten und Opfern zu beschaffen ist (RGZ 107, 370). Eine Außerkurssetzung der Geldsorte verlangt § 245 BGB nicht. Entsprechende Anwendung des § 245 BGB ist geboten, wenn die Leistung nicht auf eine bestimmte Münz- oder Notensorte, sondern eine bestimmte *Buchgeldsorte* geht (a. M. Baumbach/Duden § 361 Anm. 2).

53   Von besonderer Bedeutung, namentlich bei Hypotheken und Grundschulden, war früher die *Goldmünzklausel,* die den Schuldner zur Zahlung in Goldmünzen unter Ausschluß anderer Zahlungsmittel verpflichtete. Durch Bundesratsverordnung vom 28. September 1914 (RGBl S. 417) wurden die vor dem 31. Juli 1914 vereinbarten Goldmünzklauseln bis auf weiteres für unverbindlich erklärt. Die nach dem 28. September 1914 vereinbarten Goldmünzklauseln waren praktisch bedeutungslos, weil Goldmünzen sich nicht mehr im Umlauf befanden. Es fand § 245 BGB Anwendung (RGZ 107, 371; Düringer/Hachenburg/Breit Anhang zu § 361 Anm. 28). Der Schuldner konnte deshalb durch Zahlung in RM seine Schuld tilgen. Heute kommen unechte Münzsortenschulden kaum noch vor.

54   Von der Goldmünzklausel ist eine *Goldwert-* oder *Goldmarkklausel* zu unterscheiden, die eine Wertsicherungsklausel ist. (Anm. 42 ff.). Der Schuldner schuldet einen Geldbetrag, dessen Höhe sich nach dem jeweiligen Kurs des vom Schuldner anzuschaffenden Goldes richtet, so daß im Streitfall eine dem Wert des geschuldeten Betrages in Goldmünzen gleichkommende Summe zu leisten ist (RGZ 101, 144; 107, 401). Das RG hat es in ständiger Rechtsprechung abgelehnt, eine Goldmünzklausel in eine Goldwertklausel als dem Willen der Parteien entsprechend umzudeuten (RGZ 101, 114; 107, 370; 108, 181; 121, 113). Die Goldmünzklausel wurde nicht als verschärfte Goldwertklausel angesehen (RGZ 131, 78; 136, 169). Der Gläubiger konnte daher, wenn die Goldmünzen nicht mehr im Umlauf waren, Zahlung nur so beanspruchen, wie wenn die Goldmünzvereinbarung nicht getroffen wäre. Eine Sonderregelung war für die Schweizer Goldhypotheken vorgesehen (vgl. Abkommen vom 6. Dezember 1920 – RGBl S. 2023 und vom 25. März 1923 – RGBl II, 248; ferner RGZ 157, 120).

2. Echte Geldsortenschuld

55   Keine Geldschuld, sondern eine gewöhnliche Lieferschuld – Stück- oder Gattungsschuld – liegt vor, wenn Erfüllung *nur* durch Leistung eines bestimmten Geldstücks oder einer bestimmten Anzahl von Stücken einer bestimmten Geldsorte erfolgen kann. Es werden Geldstücke als *Sachen,* nicht aber wird Geld geschuldet (von Maydell aaO S. 11; Fögen, Geld- und Währungsrecht, 1969, § 12 III). Auf eine solche echte Geldsortenschuld finden die §§ 244, 245 BGB keine Anwendung. Ist das bestimmte Geldstück oder die bestimmte Geldsorte nicht mehr vorhanden, so ist der Schuldner nach §§ 275, 279 BGB wegen Unmöglichkeit der Leistung frei geworden. In der Regel wird eine echte Geldsortenschuld *nicht* anzunehmen sein. – Einen *Handel* in Goldmünzen gibt es heute

Zweiter Teil. Außenwirtschaftsrecht **Anh § 361**

wieder (seit der Allgemeinen Genehmigung Nr. 60/61 der BdL vom 19. 10. 1954 – BAnz Nr. 201). Der Bedarf wird hauptsächlich von den Banken gedeckt, die vor allem ausländische Goldmünzen anbieten. Über das Nachprägen außer Kurs gesetzter Reichsgoldmünzen s. Anm. 2.

Zweiter Teil. Außenwirtschaftsrecht

Schrifttum: *Hocke/Schmidt,* Außenwirtschaftsgesetz, Kommentar und systematische Darstellung nebst Ergänzungsband Außenwirtschaftsverordnungen, 1961.– *Ditges,* Probleme des neuen Außenwirtschaftsrechts, NJW 61, 1849 – *Langen,* Außenwirtschaftsgesetz, Kommentar, Loseblatt-Ausgabe, (Lfg.1-3) 1962-1966. – *Sieg/Fahning/Kölling,* Außenwirtschaft und Interzonenverkehr, Rechtsvorschriften und Verwaltungsanordnungen, Loseblatt-Ausgabe seit 1954/1955 (früher: Devisenbewirtschaftungsgesetze und sonstige Vorschriften devisenrechtlichen Inhalts). – *Joerges/ Kühne,* Außenwirtschaft und Interzonenverkehr, Loseblattausgabe, 1954-1976.

Inhalt

	Anm.		Anm.
I. Rechtsgrundlagen	56–57	IV. Genehmigungen im Außenwirtschaftsrecht	72–80
II. Freier Außenwirtschaftsverkehr	58–60	1. Zuständigkeiten	72
III. Beschränkungen	61–71	2. Erteilung	73–75
1. Art und Ausmaß	61	3. Form, Inhalt, Widerruf, Rechtsbehelfe	76–78
2. Allgemeine Beschränkungen	62–63	4. Fehlen der Genehmigung	79–80
3. Besondere Beschränkungen	64–71	V. Verfahrens- und Meldevorschriften	81
a) Warenverkehr	64–65	VI. Bußgeld- und Strafvorschriften	82
b) Dienstleistungsverkehr	66–67	VII. Auskunft	83
c) Kapitalverkehr	68–70	VIII. Innerdeutscher Handel	84–86
d) Meldepflichten	71		

I. Rechtsgrundlagen

Das am 1. 9. 61 in Kraft getretene *Außenwirtschaftsgesetz* (AWG) vom 28. 4. 61 **56** (BGBl I, 481) – mehrfach geändert, zuletzt durch das 3. Gesetz zur Änderung des AWG vom 29. 3.76 (BGBl I, 869) – hat für den *Wirtschaftsverkehr mit dem Ausland* das in der Bundesrepublik Deutschland und im Land Berlin geltende Devisenrecht außer Kraft gesetzt (§§ 47, 51, 52 AWG). Das beruhte auf den von den Besatzungsmächten eingeführten Devisenbewirtschaftungsgesetzen, deren Kernstück das *Gesetz Nr. 53* der amerikanischen und britischen und die im wesentlichen gleichlautende *VO Nr. 235* der französischen Militärregierung war. Durch diese Gesetze wurde die frühere deutsche Devisengesetzgebung aufgehoben. Die Rechtsgültigkeit des Gesetzes Nr. 53 (Neufassung) ist von den Gerichten bestätigt worden (BVerfGE 12, 281; BGHSt 13, 190). Hinsichtlich des *früheren* Rechtszustandes wird auf die 3. Auflage (Anhang Devisenrecht zu § 361 Anm. 49) verwiesen. Nur für den Wirtschaftsverkehr zwischen der Bundesrepublik Deutschland und der DDR sowie Ost-Berlin gelten nach wie vor die Militärregierungsgesetze (Anm. 84 ff.).

Das **Außenwirtschaftsrecht** geht von dem *Grundsatz* aus, daß der Waren-, Dienstlei- **57** stungs-, Kapital-, Zahlungs- und sonstige Wirtschaftsverkehr mit fremden Wirtschaftsgebieten sowie der Verkehr mit Auslandswerten und Gold zwischen Gebietsansässigen *frei* ist (§ 1 AWG.) Der Wirtschaftsverkehr mit dem Ausland unterliegt nur den *Beschränkungen,* die das AWG enthält oder die durch Rechtsverordnung auf Grund des AWG vorgeschrieben werden (§ 1 Abs. 1 Satz 2 AWG). Im AWG selbst ist lediglich in § 10 in Verbindung mit der dem Gesetz als Anlage beigefügten Einfuhrliste eine Genehmigungspflicht für bestimmte Wareneinfuhren vorgesehen. Im übrigen enthält das AWG eine *Ermächtigung* an die Bundesregierung (§ 27 AWG), gewisse im einzelnen aufgeführte Geschäfte unter bestimmten, gleichfalls im einzelnen angegebenen Voraussetzungen zu beschränken. Solche Rechtsverordnungen sind unverzüglich aufzuheben, wenn es der Bundestag binnen vier Monaten nach ihrer Verkündung verlangt. Das Recht steht dem Bundestag jedoch nicht bei Verordnungen zu, durch welche die Bundesregierung in Erfüllung von Verpflichtungen oder in Wahrnehmung von Rechten aus zwischenstaatlichen Vereinbarungen, denen die gesetzgebenden Körperschaften durch ein Bundesgesetz zugestimmt haben, Beschränkungen des Warenverkehrs mit fremden Wirtschaftsgebieten aufgehoben oder angeordnet hat (§ 27 Abs. 2 AWG). Von der Bundesregierung ist zur Durchführung des AWG die *Außenwirtschaftsverordnung* (AWV) vom 22. 8. 61 (BGBl I, 1381) i. d. F. der Bek. der Neufassung vom 31. 8. 73 (BGBl I, 1070 ff.) mit weiteren Änderungsverordnungen, zuletzt der 35. VO vom 3. 4. 76 (BGBl I, 891), erlassen worden. Die Zuständigkeiten im Außenwirtschaftsverkehr wurden durch die VO vom 12. 12. 67 i. d. F. vom 10. 8. 73 geregelt; s. auch RA 73/72 (Banz Nr. 185).

II. Freier Außenwirtschaftsverkehr

58 Das AWG regelt in erster Linie den *gesamten Wirtschaftsverkehr mit fremden Wirtschaftsgebieten.* Das sind alle Gebiete außerhalb der Bundesrepublik und Westberlins (Wirtschaftsgebiet) mit Ausnahme des Währungsgebiets der Mark der DDR (§ 4 Abs. 1 Nr. 2 Halbs. 1 AWG). Zum Wirtschaftsverkehr mit fremden Wirtschaftsgebieten gehören alle Geschäfte zwischen Gebietsansässigen und Gebietsfremden. Gebietsansässige sind Personen mit Wohnsitz, gewöhnlichem Aufenthaltsort oder Sitz im Wirtschaftsgebiet (§ 4 Abs. 1 Nr. 3 AWG). Gebietsfremde sind Personen mit Wohnsitz, gewöhnlichem Aufenthaltsort oder Sitz in fremden Wirtschaftsgebieten (§ 4 Abs. 1 Nr. 4 AWG); sie unterliegen auch dann dem AWG, wenn sie sich vorübergehend im Wirtschaftsgebiet aufhalten. *Richtlinien* zur Auslegung der Begriffe „Gebietsansässiger" und „Gebietsfremder" nach § 4 Abs. 1 Nr. 3 und 4 AWG enthält die Bek. des BWM vom 25. 6. 62 (abgedruckt bei Joerges/Kühne aaO Band I a S. 463).

59 Neben dem Wirtschaftsverkehr mit fremden Wirtschaftsgebieten erfaßt das AWG den Verkehr mit *bestimmten Auslandswerten* (§ 4 Abs. 2 Nr. 1 AWG) und *Gold* (§ 4 Abs. 2 Nr. 6 AWG) unter Gebietsansässigen. Geschäfte mit diesen Gütern zwischen Gebietsansässigen und Gebietsfremden rechne; schon zum Wirtschaftsverkehr mit fremden Wirtschaftsgebieten. Der Verkehr mit Auslandswerten und Gold, der sich ausschließlich zwischen Gebietsfremden abspielt, unterliegt auch im Wirtschaftsgebiet nicht dem AWG (Sieg/Fahning/Kölling AWG § 1 Anm. 2). Der bloße *Besitz* von Auslandswerten und Gold fällt nicht unter das AWG, das daher keine Rechtsgrundlage für Devisenaufrufe, Anbietungspflichten und ähnliche Maßnahmen der Devisenbewirtschaftung bietet.

Zweiter Teil. Außenwirtschaftsrecht Anh § 361

Nach § 1 Abs. 1 AWG sind der *Devisenverkehr* und der *Wirtschaftsverkehr* mit **60** fremden Wirtschaftsgebieten grundsätzlich *frei.* Unberührt bleiben jedoch Vorschriften in anderen Gesetzen und Rechtsverordnungen, insbesondere des Zoll-, Steuer-, Gewerbe- und Gesundheitsrechts, sowie zwischenstaatliche Vereinbarungen, denen die gesetzgebenden Körperschaften in der Form eines Bundesgesetzes zugestimmt haben. Hierzu zählt vor allem der EWG-Vertrag. Ferner werden nicht die von den Organen zwischenstaatlicher Einrichtungen erlassenen Rechtsvorschriften berührt, denen die Bundesrepublik Deutschland Hoheitsrechte übertragen hat, wie z.B. den Organen der Europäischen Gemeinschaften (§ 1 Abs. 2 AWG).

III. Beschränkungen

1. Art und Ausmaß

Soweit das AWG Beschränkungen des Außenwirtschaftsverkehrs zuläßt, kann durch **61** Rechtsverordnung vorgeschrieben werden, daß Rechtsgeschäfte und Handlungen allgemein oder unter bestimmten Voraussetzungen einer *Genehmigung* bedürfen oder *verboten* sind (§ 2 Abs. 1 AWG). Beide Formen der Beschränkung können miteinander verbunden werden. Die Beschränkungen dürfen nicht weiter gehen, als es der in der Ermächtigung angegebene Zweck erfordert. Sie sind nach Art und Umfang auf das zu seiner Erreichung notwendige Maß zu begrenzen. Die Freiheit der wirtschaftlichen Betätigung ist möglichst wenig einzuengen (§ 2 Abs. 2 AWG). Diese Regelung stimmt mit Art. 80 GG überein. In *abgeschlossene Verträge* darf nur eingegriffen werden, wenn der mit der Beschränkung in zulässiger Weise verfolgte Zweck durch eine unbeschränkte Abwicklung der Verträge erheblich gefährdet wird (§ 2 Abs. 2 Satz 3 AWG). Für diesen Fall sieht das AWG keine Entschädigung der betroffenen Vertragsparteien vor, da nach Auffassung des Gesetzgebers keine Enteignung (Art. 14 GG) vorliegt und andernfalls die Gefahr bestünde, daß außenwirtschaftliche Verträge im Hinblick auf die im Gesetz vorgesehene Entschädigung abgeschlossen werden. Es ist jedoch nicht ausgeschlossen, daß nach Lage des Falles auch eine entschädigungspflichtige Enteignung vorliegen kann (Wapenhensch AWD 61, 273; Langen § 2 Anm. 6-34; Hocke/Schmidt S. 21; Ditges NJW 61, 1851; Steindorff ZHR 126, 84).

Die Beschränkungen sind *aufzuheben,* sobald und soweit die Gründe, die sie rechtfertigten, nicht mehr vorliegen (§ 2 Abs. 3 AWG). Die *Deutsche Bundesbank* wird bei ihren eigenen Geschäften durch Beschränkungen auf Grund des AWG nicht betroffen (§ 25 AWG).

2. Allgemeine Beschränkungen

Das AWG enthält als Rahmengesetz eine Reihe von *Ermächtigungen* zum Erlaß **62** freiheitsbeschränkender Rechtsverordnungen. Es unterscheidet zwischen allgemeinen Beschränkungsmöglichkeiten für den gesamten Außenwirtschaftsverkehr (§§ 5-7 AWG) und besonderen für bestimmte Geschäfte (§§ 8-24 AWG). Alle Rechtsgeschäfte und Handlungen im Außenwirtschaftsverkehr können beschränkt werden, um die Erfüllung von Verpflichtungen aus *zwischenstaatlichen* Vereinbarungen zu ermöglichen, denen die gesetzgebenden Körperschaften in der Form eines Bundesgesetzes zugestimmt haben (§ 5 AWG). Im Gegensatz zu den in § 2 Abs. 2 AWG genannten Verträgen handelt es sich hier nicht um Normen, die im Wirtschaftsgebiet unmittelbar gelten, sondern um Vereinbarungen, die den Staat zum Erlaß bindender Anordnungen verpflichten. In Betracht kommen insbesondere Verpflichtungen aus der Mitgliedschaft zur Europäischen Gemeinschaft, zur NATO, dem Londoner Schuldenabkommen und dem Internationalen Währungsfonds (Anm. 15), dem GATT und der OECD. (§§ 6a, 51 AWV). Eine bloße Ermächtigung oder Empfehlung in zwischenstaatlichen Vereinbarungen rechtfertigt noch keine Beschränkung gemäß § 5 AWG. – § 6 AWG läßt Beschränkungen allgemein zu, um schädlichen Folgen vorzubeugen oder entgegenzuwirken, wenn sie durch Maßnahmen in fremden Wirtschaftsgebieten entstehen oder zu entstehen drohen, die den Wettbewerb oder den Wirtschaftsverkehr mit dem Wirtschaftsgebiet behindern (§§ 7, 44 AWV). Infrage kommen Exportsubventionen und diskriminierende Maßnahmen ausländischer Staaten. Durch allgemeine Beschränkungen kann den Auswirkungen von in fremden Wirtschaftsgebieten, insbesondere solchen mit Staatswirtschaft, herrschenden Verhältnissen vorgebeugt oder entgegengewirkt werden, die mit der freiheitlichen Ordnung in der Bundesrepublik nicht übereinstimmen (§ 6 Abs. 2 AWG; § 42 AWV). Zur Verfassungsmäßigkeit des § 6 AWG vgl. Hamann AWD 62, 29. – Beschränkungen vor allem für den Verkehr mit Kriegsmaterial zum Schutze der Sicherheit der Bundesrepublik, ihrer auswärtigen Beziehungen und des friedlichen Zusammenlebens der Völker sieht § 7 AWG vor.

63 Auf Grund des zur *Abwehr schädigender Geld- und Kapitaleinflüsse* durch das Änderungsgesetz vom 23. 12. 1971 (BGBl I, 2141) – sog. Bardepotgesetz – eingefügten § 6a AWG konnte durch Rechtsverordnung vorgeschrieben werden, daß Gebietsansässige einen bestimmten Vom-Hundert-Satz (höchstens 100% – G vom 23. 2. 73 - BGBl I, 109) der Verbindlichkeiten aus den von ihnen unmittelbar oder mittelbar bei Gebietsfremden aufgenommenen Darlehen oder sonstigen Krediten während eines bestimmten Zeitraums zinslos auf einem Konto bei der Deutschen Bundesbank in DM zu halten haben. Die mit der 21. ÄnderungsVO zur AWV vom 1. 3. 1972 (BGBl I, 213) in §§ 69a bis 69d AWV eingeführte *Depotpflicht* ist durch die 32. ÄnderungsVO vom 11. 9. 1974 (BGBl I, 2324) zwar aufgehoben worden, jedoch wurde gleichzeitig bestimmt, daß §§ 69a bis 69c AWV weiterhin auf den Bestand der Verbindlichkeiten in einem Bezugsmonat während des Zeitraums vom 1. 3. 1972 bis zum 31. Juli 1974 anzuwenden sind. Der Depotpflichtige kann daher auch noch nach dem 15. 9. 1974 zur Haltung eines dem genannten Zeitraum entsprechenden Depotbetrages herangezogen werden (a. M. Peltzer BB 75, 1475 ff., der die Nachhaltung des Bardepots nicht durch die gesetzliche Ermächtigung als gedeckt ansieht).

3. Besondere Beschränkungen

a) Warenverkehr

64 Die *Warenausfuhr* kann zur Deckung des lebenswichtigen Bedarfs im Wirtschaftsgebiet beschränkt werden (§ 8 Abs. 1 AWG). Gleiches gilt für die Ausfuhr ernährungs- und landwirtschaftlicher Erzeugnisse, um erheblichen Störungen der Ausfuhr durch Lieferung minderwertiger Produkte vorzubeugen oder entgegenzuwirken (§ 8 Abs. 2 AWG). Auf diesen beiden Vorschriften beruhen die Ausfuhrbeschränkungen nach § 6 AWV.

Beschränkt werden kann weiter die Wiederausfuhr von Waren, um im Rahmen der Zusammenarbeit in zwischenstaatlichen wirtschaftlichen Organisationen sicherzustellen, daß die Regelungen der Mitgliedstaaten über die Wareneinfuhr aus Gebieten außerhalb der Organisation wirksam durchgeführt werden können (§ 8 Abs. 3 AWG). Dadurch soll verhindert werden, daß die Einfuhrbestimmungen anderer Mitgliedstaaten durch Umleitung der Einfuhr über das Wirtschaftsgebiet unter Ausnutzung der dort geltenden günstigeren Vorschriften umgangen werden. Während § 8 die Abwicklung von Ausfuhrgeschäften betrifft, erlaubt § 9 Abs. 1 AWG Beschränkungen der in schuldrechtlichen Ausfuhrverträgen gewährten Zahlungs- und Lieferungsbedingungen, wenn sie günstiger als handels- und branchenüblich sind. Auf diese Weise kann erheblichen Störungen der Ausfuhr in das Käuferland vorgebeugt oder entgegengewirkt werden. Die Preisgestaltung im allgemeinen wird durch diese Vorschrift nicht erfaßt. Insoweit bestimmt § 9 Abs. 2 AWG lediglich, der Ausführer solle die Preise so gestalten, daß Abwehrmaßnahmen des Käuferlandes vermieden werden. Es handelt sich hierbei um eine bloße Ordnungsvorschrift zur Bekämpfung von Dumpingpreisen, deren Befolgung nach dem AWG nicht erzwungen werden kann.

Für die *Wareneinfuhr* durch Gebietsansässige folgt bereits unmittelbar aus der Einfuhrliste, die einen Teil des AWG darstellt, ob eine Genehmigung nötig ist (§ 10 Abs. 1 AWG). Die Einfuhrliste kann durch Rechtsverordnung geändert werden (§ 10 Abs. 2 AWG); das ist durch zahlreiche Verordnungen geschehen. Einfuhrbeschränkungen sind aufzuheben, soweit die in §§ 5-7 AWG genannten Zwecke und das berechtigte Schutzbedürfnis mindestens eines Wirtschaftszweiges des Wirtschaftsgebietes nicht mehr entgegenstehen (§ 10 Abs. 3 AWG). Das Schutzbedürfnis für die Beschränkung der Einfuhr ist berechtigt, wenn durch Zunahme der Einfuhr ein erheblicher Schaden für die einheimische Erzeugung eintreten würde, dessen Abwendung im Interesse der Allgemeinheit liegt. Neue Beschränkungen durch Änderung der Einfuhrliste dürfen nur angeordnet werden, wenn die in § 10 Abs. 3 AWG genannten Belange es erfordern (§ 10 Abs. 4 AWG). Durch Rechtsverordnung kann bestimmt werden, daß an sich genehmigungsbedürftige Einfuhrgeschäfte ohne Genehmigung durchgeführt werden dürfen, wenn die Waren nicht in den freien Verkehr gebracht werden, oder ihre Einfuhr so beschränkt ist, daß die in § 10 Abs. 3 AWG erwähnten Belange nicht gefährdet werden (§ 10 Abs. 5 AWG; §§ 32, 32a, 33 AWV). Der Abschluß schuldrechtlicher Einfuhrverträge ist wie bei Ausfuhrgeschäften regelmäßig frei. Nur die Vereinbarung und Inanspruchnahme von Lieferfristen kann aus den in § 10 Abs. 3 AWG genannten Gründen beschränkt werden, um besonders lange, wirtschaftlich unvertretbare Fristen auszuschließen und künftige Beschränkungen der Einfuhrfreiheit nicht durch langfristig laufende Verträge zu behindern (§§ 11 AWG, 22 AWV). Ebenso können nach § 14 AWG Transithandelsgeschäfte mit Waren beschränkt werden, deren Einfuhr zur Deckung des lebenswichtigen Bedarfs im Wirtschaftsgebiet zwischenstaatlich vereinbart wurde. (§ 41 AWV).

Für die Ein- und Ausfuhr von *Marktordnungswaren* gilt das Gesetz zur Durchführung der gemeinsamen Marktorganisationen (MOG) vom 31. 8. 72 (BGBl I, 1617) i. d. F. des EGStGB vom 2. 3. 74 (BGBl I, 603) und des ZuständigkeitsanpassungsG vom 18. 3. 75 (BGBl I, 705). Nach § 2 MOG sind Marktordnungswaren die Erzeugnisse, die den gemeinsamen Marktorganisationen unterliegen, sowie die Erzeugnisse, für die der Rat oder die Kommission der Europäischen Gemeinschaften in Ergänzung oder zur Siche-

Anh § 361 *Währungs- und Außenwirtschaftsrecht*

rung der Regelungen der gemeinsamen Marktorganisationen Vorschriften erläßt. Die Vorschriften des AWG und der AWV gelten insoweit nicht.

b) Dienstleistungsverkehr

66   Die *aktive Lohnveredelung*, die Gebietsansässige für Gebietsfremde vornehmen, kann beschränkt werden, um einer Gefährdung der Deckung des lebenswichtigen Bedarfs im Wirtschaftsgebiet entgegenzuwirken (§ 15 AWG). Besondere Beschränkungsmöglichkeiten sind weiter für die Vergabe von *Herstellungs- und Vertriebsrechten* (§ 16 AWG, § 50 b AWV) und den Erwerb von Vorführungsrechten an *Filmen* sowie für Rechtsgeschäfte über die Herstellung von Filmen in Gemeinschaftsproduktion vorgesehen (§ 17 AWG, § 48 AWV), ebenso für den Abschluß von *Fracht- und Charterverträgen* in der See- (§ 18 AWG; § 46 AWV), Luft- (§ 19 AWG) und Binnenschiffahrt (§ 20 AWG; § 47 AWV). Nach § 21 AWG können Rechtsgeschäfte über Schiffskasko-, Schiffshaftpflicht-, Transport- und Luftfahrtversicherung zwischen Gebietsansässigen und gebietsfremden Versicherungsunternehmen beschränkt werden, wenn einheimische Unternehmen dieser Versicherungszweige im fremden Wirtschaftsgebiet in ihrer Tätigkeit behindert werden und die getroffenen Gegenmaßnahmen erheblichen nachteiligen Auswirkungen auf die wirtschaftliche Lage der betroffenen Versicherungszweige entgegenwirken (§ 49 AWV).

67   Von den Beschränkungsmöglichkeiten im *Waren-* und *Dienstleistungsverkehr* (Anm. 64 ff.) hat die Bundesregierung in der AWV vom 22. 8. 61 (BGBl I, 1381) und ihren zahlreichen Änderungsverordnungen (bisher 35) sowie in Verordnungen zur Änderung der *Einfuhrliste* – zuletzt 53. VO vom 24. 5. 76 (BAnz Nr. 101) – und *Ausfuhrliste* – zuletzt 27. VO vom 28. 9. 73 (BAnz Nr. 83) – Gebrauch gemacht (§ 5 AVG).

c) Kapitalverkehr

68   § 22 AWG betrifft die *Kapitalausfuhr* (§§ 51-54 AWV). Danach kann der Erwerb von Grundstücken in fremden Wirtschaftsgebieten, der entgeltliche Erwerb von ausländischen Wertpapieren und Wechseln, die ein Gebietsfremder ausgestellt oder angenommen hat, die Unterhaltung von Guthaben bei Geldinstituten in fremden Wirtschaftsgebieten sowie die Gewährung von Darlehen, sonstigen Krediten und Zahlungsfristen an Gebietsfremde zur Sicherung des Gleichgewichts der Zahlungsbilanz beschränkt werden. Um erheblichen nachteiligen Auswirkungen auf den Kapitalmarkt entgegenzuwirken, sind auch Beschränkungen im öffentlichen Anbieten von Inhaber- und Orderschuldverschreibungen, die ein Gebietsfremder ausgestellt hat, möglich (§ 22 Abs. 2 AWG; Art. 68 Abs. 3 AWV). Zu den Geschäften, die auch bei mangelndem Gleichgewicht der deutschen Zahlungsbilanz nach § 22 AWG nicht beschränkt werden dürfen, gehören Direktinvestitionen in fremden Wirtschaftsgebieten und alle Zahlungen in das Ausland, die Gebietsfremde auf Grund von Vermögensanlagen im Wirtschaftsgebiet beanspruchen können. Von den Beschränkungen der Kapitalausfuhr, wie sie § 22 AWG vorsieht, wurde bisher kein Gebrauch gemacht. Doch sind Zahlungen zum Erwerb von Vermögensanlagen im Ausland nach § 59 AWV *meldepflichtig*.

69   § 23 AWG betrifft die *Kapitaleinfuhr*. Anders als bei der Kapitalausfuhr können nach § 23 AWG alle Arten von Kapital- und Geldanlagen *Gebietsfremder* im Wirtschaftsgebiet beschränkt werden, um einer Beeinträchtigung der Kaufkraft der DM entgegenzu-

wirken oder das Gleichgewicht der Zahlungsbilanz sicherzustellen. Auf Grund dieser Ermächtigung wurden zur Abwehr fluktuierender kurzfristiger Kapitalzuflüsse aus dem Ausland der entgeltliche Erwerb inländischer Geldmarktpapiere durch Ausländer, Wertpapierpensionsgeschäfte mit inländischen fest verzinslichen Wertpapieren für Gebietsfremde und die Verzinsung von Guthaben auf Konten Gebietsfremder bei inländischen Kreditinstituten durch §§ 52, 53 AWV genehmigungspflichtig gemacht, mit Ausnahme von Sparkonten, Nach Aufhebung der §§ 52, 53 AWV durch die 18. ÄnderungsVO unterlag von Ende 1969 bis zur Freigabe der Wechselkurse im Mai 1971 der Erwerb von Kapital- und Geldanlagen durch Gebietsfremde keinen Beschränkungen. Durch die 20. ÄnderungsVO vom 9. 5. 71 (BGBl I, 441) wurden die §§ 52, 53 AWV wieder eingefügt und die Beschränkungen auch auf Sparkonten ausgedehnt. Nach der 22. ÄnderungsVO vom 29. 6. 72 (BGBl I, 995) wurden von diesem Tage an alle Rechtsgeschäfte, die den entgeltlichen Erwerb inländischer *Inhaber-* und *Orderschuldverschreibungen* durch Gebietsfremde von Gebietsansässigen zum Gegenstand haben, genehmigungspflichtig. Die Genehmigungspflicht wurde durch die 25. ÄnderungsVO vom 2. 2. 73 (BGBl I,49) auf den Erwerb inländischer *Aktien* durch Gebietsfremde sowie die Aufnahme von Darlehen und sonstigen Krediten sowie die Inanspruchnahme von Zahlungsfristen durch Gebietsansässige bei Gebietsfremden erstreckt. Durch die 27. ÄnderungesVO vom 14. 6. 73 (BGBl I, 565) wurde auch die entgeltliche Veräußerung von Inlandsforderungen an Gebietsfremde grundsätzlich genehmigungspflichtig. Ende 1973 wurden die Beschränkungen der Kapitaleinfuhr durch die 29. ÄnderungsVO vom 19. 12. 73 (BGBl I, 1951) erstmals gelockert und durch die 31. ÄnderungsVO vom 30. 1. 74 (BGBl I, 122) teilweise wieder aufgehoben. Entfallen ist die Genehmigungspflicht für den Erwerb inländischer Aktien sowie inländischer festverzinslicher Wertpapiere mit einer Laufzeit von mehr als vier Jahren durch Gebietsfremde (§ 52 Abs. 1 Nr. 2 und 3 AWG). – Zur Aufhebung der *Bardepotpflicht* s. Anm. 63.

Um einer Beeinträchtigung der Kaufkraft der Deutschen Mark entgegenzuwirken oder das Gleichgewicht der Zahlungsbilanz sicherzustellen, können nach § 24 AWG auch Rechtsgeschäfte zwischen Gebietsfremden und Gebietsansässigen über *Gold* sowie die Ausfuhr und Einfuhr von Gold beschränkt werden. Die Aus- und Einfuhr von Gold unterliegt außerdem den Bestimmungen der §§ 8–13 AWG über den Warenverkehr.

70

d) Meldepflichten

Auf Grund von § 26 AWG sind von der Bundesregierung in §§ 55 bis 69 AWV und von der Deutschen Bundesbank umfassende Meldevorschriften erlassen worden, durch die sichergestellt wird, daß die zuständigen Behörden über die Entwicklung des im wesentlichen liberalisierten Außenwirtschaftsverkehrs einen Überblick behalten.

71

IV. Genehmigungen im Außenwirtschaftsrecht

1. Zuständigkeiten

Das Genehmigungserfordernis ist die wichtigste Beschränkung im Außenwirtschaftsrecht. Nach § 28 AWG sind gundsätzlich die von den Landesregierungen bestimmten Behörden für die Erteilung von Genehmigungen zuständig. Das sind in der Regel die

72

Wirtschaftsbehörden der Länder. Die Bundesregierung kann den obersten Landesbehörden Einzelweisungen erteilen (§ 29 AWG). In der Praxis bilden Genehmigungen der Landesbehörden für Wirtschaft jedoch die Ausnahme. In § 28 Abs. 2 AWG sind auf wichtigen Teilgebieten ausschließliche Zuständigkeiten begründet worden, und zwar für die *Deutsche Bundesbank* (Kapital- und Zahlungsverkehr sowie Verkehr mit Auslandswerten und Gold), für den *Bundesminister für Finanzen* im Bereich des § 22 Abs. 2 AWG (Emission von ausländischen Schuldverschreibungen auf dem inländischen Kapitalmarkt), ferner in § 28 Abs. 2 a im Rahmen der gemeinsamen Marktorganisationen der EWG die Einfuhr- und Vorratsstellen, das Bundesamt für gewerbliche Wirtschaft und das Bundesamt für Ernährung und Forstwirtschaft. – Von der darüber hinaus in § 28 Abs. 3 AWG vorgesehenen Möglichkeit, in bestimmten Bereichen des Außenwirtschaftsverkehrs eine zentrale Bearbeitung der Genehmigungserteilung anzuordnen, hat die Bundesregierung durch die VO zur Regelung von Zuständigkeiten im Außenwirtschaftsverkehr vom 7. 8. 61 (BGBl I, 1554) Gebrauch gemacht. Danach ist eine Reihe von Zuständigkeiten auf das Bundesamt für gewerbliche Wirtschaft, die Außenhandelsstelle für Erzeugnisse der Ernährung und Landwirtschaft sowie den Bundesminister für Verkehr übertragen worden. Im übrigen wird auf den Runderlaß Außenwirtschaft betr. Bekanntmachung der für die Erteilung von Genehmigungen im Außenwirtschaftsverkehr zuständigen Stellen vom 19. 12. 72 (BAnz Nr. 243) i. d. F. der RA Nr. 31/73 vom 21. 7. 73 (BAnz Nr. 134) und Nr. 38/73 vom 20. 9. 73 (BAnz Nr. 185) verwiesen.

2. Erteilung

73 Auf die Erteilung der Genehmigung besteht ein *Rechtsanspruch,* wenn zu erwarten ist, daß die Vornahme des Rechtsgeschäfts oder der Handlung auf dem Gebiet des Außenwirtschaftsverkehrs den Zweck, dem die Beschränkung dient, nicht oder nur unwesentlich gefährden wird (§ 3 Abs. 1 Satz 1 AWG). Ist eine wesentliche Gefährdung zu erwarten, so *kann die Genehmigung* dennoch *erteilt werden,* wenn das volkswirtschaftliche Interesse an der Vornahme des Rechtsgeschäfts oder der Handlung die damit verbundene Beeinträchtigung des bezeichneten Zwecks überwiegt (§ 3 Abs. 1 Satz 2 AWG). Die Erteilung der Genehmigung kann von sachlichen und persönlichen Voraussetzungen abhängig gemacht werden (§ 3 Abs. 2 Satz 1 AWG). Wenn Genehmigungen nur in beschränktem Umfang erteilt werden können, hat die Erteilung so zu erfolgen, daß die gegebenen Möglichkeiten volkswirtschaftlich zweckmäßig ausgenutzt werden können. Dadurch wird verhindert, daß durch gleichmäßige Verteilung unwirtschaftliche Kleinstkontingente entstehen. Für die Aufteilung kommt insbesondere das Referenzverfahren in Betracht. Danach bestimmt sich der Verteilungsschlüssel nach dem Umfang der Außenhandelsgeschäfte des Antragstellers in einem bestimmten Zeitraum. In Einzelfällen kann das Referenzverfahren gegen die in Art. 12 GG garantierte Freiheit der Berufswahl oder den Gleichheitsgrundsatz des Art. 3 GG verstoßen (BGH AWD 62, 114; VG Frankfurt BB 56, 909; AWD 60, 72 und 102; 62, 115; Ehlers AWD 61, 249; Langen § 12 Anm. 7). Gebietsansässige, die durch eine Beschränkung in der Ausübung ihres Gewerbes besonders betroffen werden, z. B. Fachimporteure, können bei der Genehmigungserteilung bevorzugt berücksichtigt werden (§ 3 Abs. 2 Satz 3 AWG).

74 Die praktisch wichtigste Genehmigung im Außenwirtschaftsverkehr, die *Einfuhrgenehmigung,* ist unter Berücksichtigung der handels- und sonstigen wirtschaftspolitischen Erfordernisse zu erteilen, soweit dies unter Wahrung der in § 10 Abs. 3 AWG genannten Belange möglich ist (§ 12 Abs. 1 AWG). Daneben finden die Grundsätze des § 3 AWG Anwendung. Bei der Erteilung von Einfuhrgenehmigungen werden Richtlinien zugrunde gelegt, die der Bundesminister für Wirtschaft und der Bundesminister für Ernährung, Landwirtschaft und Forsten im beiderseitigen Einvernehmen und im Benehmen mit der Deutschen Bundesbank (Einfuhrausschuß) erlassen. Auf der Grundlage dieser Richtlinien sollen Ausschreibungen im Bundesanzeiger erfolgen (§ 12 Abs. 2 AWG). Zur Rechtsnatur der Ausschreibung vgl. BVerwG BB 57, 596. Aus der Pflicht der Verwaltung zu konsequentem und rücksichtsvollem Verhalten folgt, daß die Bedingungen einer öffentlichen Ausschreibung während deren Laufzeit nicht nachträglich zum Nachteil früherer Bewerber abgeändert werden dürfen. Sie dürfen auch zum Nachteil der Teilnehmer an einer früheren Ausschreibung, die denselben Marktbereich betrifft, jedenfalls solange nicht geändert werden, als die auf Grund der früheren Ausschreibung abgeschlossenen Geschäfte noch nicht abgewickelt sein können (BGH WM 60, 1304; NJW 63, 644). Eine Verletzung dieser Amtspflicht kann Schadenersatzansprüche gegen den Staat begründen (Art 34 GG, § 839 BGB; Pikart WM 64, 338/342).

Allgemeine Genehmigungen zur Befreiung von außenwirtschaftlichen Verboten werden nicht mehr erteilt, da Beschränkungen, die in dem bestehendem Umfange nicht mehr benötigt werden, nach § 2 Abs. 3 AWG aufzuheben sind. **75**

3. Form, Inhalt, Widerruf, Rechtsbehelfe

Die Genehmigung bedarf aus Gründen der Rechtssicherheit der *Schriftform* (§ 30 Abs. 4 Satz 1 AWG). Sie kann Befristungen, Bedingungen, Auflagen und Widerrufsvorbehalte enthalten, soweit diese zur Wahrung des durch die Beschränkung geschützten Zwecks erforderlich sind (§ 30 Abs. 1 Satz 1 AWG). Ist eine Einfuhrgenehmigung mit der Auflage erteilt worden, die Ware nur in bestimmter Weise zu verwenden, so hat der Veräußerer diese Verwendungsbeschränkung jedem Bewerber mitzuteilen. Die Ware darf nur in der vorgeschriebenen Weise verwendet werden (§ 13 AWG). Genehmigungen sind *unübertragbar,* wenn in ihnen nichts Abweichendes bestimmt ist (§ 30 Abs. 1 Satz 2 AWG); a.M. Langen § 12 Anm. 5, § 30 Anm. 13, 14, der die Übertragung im Einzelfall, besonders bei Einfuhrgenehmigungen, entgegen dem Gesetzeswortlaut ohne ausdrückliche Bestimmung zuläßt. Dagegen ist die Stellvertretung bei der Durchführung des genehmigten Geschäfts weitgehend zulässig. Die Unübertragbarkeit kann dadurch im Ergebnis beseitigt werden (Ditges AWD 59, 5; Blomeyer DB 61, 157; vgl. auch BGH WM 58, 401). Hat der Inhaber einer Einfuhrgenehmigung diese durch Vorspiegelung persönlicher Eigenschaften erschlichen und schließt er als Strohmann eines anderen Außenhandelsverträge im eigenen Namen ab, so haftet er grundsätzlich selbst auf Erfüllung. Die geschlossenen Verträge sind in der Regel weder als Scheinverträge noch wegen Gesetzesverstoßes nichtig (BGH NJW 59, 332 für den innerdeutschen Handel). **76**

Der *Widerruf* der außenwirtschaftlichen Genehmigung ist die nachträgliche Aufhebung eines begünstigenden Verwaltungsakts. Der Widerruf bedarf der Schriftform. Er ist zulässig, wenn der Inhaber einer Genehmigung einer Auflage nicht nachkommt oder wenn er sie, z.B. durch Einschaltung eines Strohmanns, erschlichen hat (§ 30 Abs. 3 AWG). Ist der Widerruf zur Wahrung der nach AWG geschützten Belange erforderlich, so kann er außerdem erfolgen, wenn persönliche oder sachliche Voraussetzungen für die **77**

Anh § 361 *Währungs- und Außenwirtschaftsrecht*

Genehmigung nicht vorgelegen haben oder nach Erteilung der Genehmigung weggefallen sind (§ 30 Abs. 2 AWG). Der in § 30 Abs. 2 Ziff. 1 AWG genannte Widerrufsvorbehalt gibt dagegen kein selbständiges Widerrufsrecht. § 3 AWV kennt außerdem eine Verpflichtung zur unverzüglichen Rückgabe erteilter Genehmigungen, z.B. wenn der Begünstigte sie nicht mehr ausnutzen will.

78 Die Genehmigung, die Ablehnung eines Antrags auf Erteilung einer Genehmigung und der Widerruf einer Genehmigung unterliegen als Verwaltungsakte den *Rechtsbehelfen* der VwGO. Um die Fristen für deren Einlegung in Lauf zu setzen, sind sie mit einer Rechtsbehelfsbelehrung zu versehen (§ 30 Abs. 4 Satz 2 AWG, § 58 VwGO). Sie sind zu begründen. Fehlt die gesetzlich vorgeschriebene Begründung, so ist der Verwaltungsakt fehlerhaft. Der Widerspruch und die Anfechtungsklage gegen den Widerspruchsbescheid haben nach § 80 Abs. 5 VwGO entgegen § 30 Abs. 4 Satz 2 AWG aufschiebende Wirkung.

4. Fehlen der Genehmigung

79 Ein Rechtsgeschäft, das ohne die erforderliche außenwirtschaftliche Genehmigung vorgenommen wird, ist *schwebend unwirksam*. Durch nachträgliche Genehmigung wird es rückwirkend vom Zeitpunkt seiner Vornahme an wirksam. Rechte Dritter, die vor der Genehmigung an dem Gegenstand des Rechtsgeschäfts begründet worden sind, werden von der Rückwirkung nicht betroffen (§ 31 AWG). Hatten allerdings *beide* Parteien die Absicht, das Gesetz zu umgehen, so ist das Geschäft unheilbar *nichtig* (BGH WM 55, 1385). Ein Außenhandelsgeschäft, durch das beide Parteien ein Gesetz umgehen wollen, das berechtigte Gemeinschaftsinteressen gegen eigennützige Angriffe des einzelnen schützen soll, kann insbesondere wegen Verstoßes gegen die guten Sitten nach § 138 BGB nichtig sein; das ist auch bei einem Verstoß gegen die Embargobestimmung eines ausländischen Staates möglich (BGH WM 61, 404). Durch die *Verweigrung* der Genehmigung wird ein genehmigungsfähiges Geschäft endgültig unwirksam. Die Rechtsfolgen sind unter dem Gesichtspunkt nachträglicher Unmöglichkeit (§§ 275, 323 BGB), nicht des Wegfalls der Geschäftsgrundlage zu beurteilen. War die Genehmigung zunächst versagt, später jedoch erteilt worden, so kann ihr, da ein schwebend unwirksames Geschäft nicht mehr vorliegt, keine rückwirkende Kraft zukommen. Die Vertragsparteien können das Geschäft jedoch erneut vornehmen (RGZ 168, 350; BGH BB 54, 332; Soergel/Hefermehl BGB § 134 Anm. 23). Dagegen hat eine behördliche Entscheidung über die Genehmigungsbedürftigkeit eines außenwirtschaftlichen Geschäfts keine unmittelbare Wirkung auf die Vertragsbeziehungen (weitergehend BGHZ 1, 302). Bis zu einer bindenden Entscheidung über die Genehmigung sind die Parteien verpflichtet, am Vertrag festzuhalten und sich um seine Genehmigung zu bemühen (RGZ 168, 350; BGH WM 55, 773). Anderenfalls machen sie sich schadenersatzpflichtig (OLG Stuttgart NJW 53, 670). Den im Wirtschaftsgebiet ansässigen Importeur trifft eine Benachrichtungspflicht gegenüber dem ausländischen Verkäufer bei außenwirtschaftsrechtlichen Bedenken, die gegen den Kaufvertrag bestehen. Bei Verletzung dieser Verpflichtung hat er den entstandenen Vertrauensschaden zu ersetzen (BGH WM 55, 1125; 56, 493).

80 Ist zu einer Leistung eine Genehmigung nach dem AWG erforderlich, so kann der Schuldner unter *Vorbehalt* ihrer späteren Erteilung verurteilt werden. Unter demsel-

Zweiter Teil. Außenwirtschaftsrecht **Anh § 361**

ben Vorbehalt können andere Vollstreckungstitel erteilt werden, wenn zu ihrer Vollstreckung eine vollstreckbare Ausfertigung erforderlich ist. Arreste und einstweilige Verfügungen, die lediglich der Sicherung eines Anspruchs dienen, können ohne Vorbehalt ergehen (§ 32 Abs. 1 AWG), ebenso Feststellungsurteile. Die Zwangsvollstreckung ist nur zulässig, wenn und soweit die Genehmigung erteilt ist. Soweit Vermögensgegenstände nur mit Genehmigung erworben oder veräußert werden dürfen, gilt dies auch für den Erwerb und die Veräußerung im Wege der Zwangsvollstreckung (§ 32 Abs. 2 AWG).

V. Verfahrens- und Meldevorschriften

§ 26 Abs. 1 AWG enthält eine *Ermächtigung* zum Erlaß von Rechtsverordnungen **81** über das *Verfahren* bei der Vornahme von Rechtsgeschäften oder Handlungen im Außenwirtschaftsverkehr, soweit solche Verfahrensvorschriften zur Durchführung des AWG und zur Überwachung des Außenwirtschaftsverkehrs erforderlich sind. Verfahrensvorschriften sind in der AWV insbesondere für die Warenausfuhr und Wareneinfuhr ergangen. § 26 Abs. 2 AWG ermächtigt weiter zum Erlaß von Rechtsverordnungen, die die *Meldung* von Rechtsgeschäften und Handlungen im Außenwirtschaftsverkehr vorschreiben, soweit diese für die Überwachung des Außenwirtschaftsverkehrs, die Aufstellung der Zahlungsbilanz, die Wahrnehmung handelspolitischer Interessen oder die Erfüllung zwischenstaatlicher Vereinbarungen erforderlich sind. Von dieser Ermächtigung ist in der AWV für den Waren-, Dienstleistungs-, Kapital- und Zahlungsverkehr weitgehend Gebrauch gemacht worden, auch soweit keine Beschränkungen nach dem AWG ergangen sind. Verfahrens- und Meldevorschriften sind enthalten in §§ 8-18 AWV für die Warenausfuhr, §§ 23-31 AWV für die Wareneinfuhr, § 39 AWV für Durchfuhrverfahren, § 43 AWV für den Transithandel; Meldevorschriften sind enthalten in §§ 55-58 AWG für Vermögensanlagen Gebietsansässiger in fremden Wirtschaftsgebieten und von Gebietsfremden im Wirtschaftsgebiet, §§ 59-69 AWV für den Zahlungsverkehr.

VI. Bußgeld- und Strafvorschriften

Verstöße gegen außenwirtschaftliche Vorschriften sind grundsätzlich *Ordnungswid-* **82** *rigkeiten,* die mit Geldbußen verfolgt werden können (§ 33 AWG), und nur in den Fällen des § 34 AWG *Straftaten,* die mit Strafen geahndet werden. § 70 AWG zählt die Straftaten auf. Ist eine Handlung gleichzeitig Straftat und Ordnungswidrigkeit, so wird nur das *Strafgesetz* angewendet; doch kann daneben auf die für die Ordnungswidrigkeit angedrohten *Nebenfolgen* erkannt werden (§ 21 Abs. 1 OWiG); wird eine Strafe nicht verhängt, so kann die Handlung jedoch als Ordnungswidrigkeit geahndet werden (§ 21 Abs. 2 OWiG). Nach §§ 35, 47 Abs. 1 OWiG steht die Festsetzung einer Geldbuße bei Ordnungswidrigkeiten im pflichtgemäßen Ermessen der Verwaltungsbehörde. Das ist in Außenwirtschaftssachen nach § 43 Abs. 3 Satz 1 AWG die Oberfinanzdirektion als Bundesbehörde. An die Stelle der Verwaltungsbehörde kann gemäß § 43 Abs. 4 OWiG das Hauptzollamt einen Bußgeldbescheid erlassen.

VII. Auskunft

83 Nach § 44 AWG können die Oberfinanzdirektionen als Bundesbehörden, die Deutsche Bundesbank, das Bundesamt für gewerbliche Wirtschaft sowie die Einfuhr- und Vorratsstellen für Getreide und Futtermittel, für Schlachtvieh, Fleisch und Fleischerzeugnisse, für Fette, Zucker und Rohtabak von Personen, die unmittelbar oder mittelbar am Außenwirtschaftsverkehr teilnehmen, *Auskünfte und Vorlage der geschäftlichen Unterlagen* verlangen, soweit dies erforderlich ist, um die Einhaltung des AWG und der dazu erlassenen Rechtsverordnungen zu überwachen. Die Oberfinanzdirektionen und die Deutsche Bundesbank können außerdem *Prüfungen* vornehmen und dazu die Geschäftsräume des Auskunftspflichtigen betreten. Die übrigen in § 44 AWG genannten Behörden können zu diesen Prüfungen Beauftragte entsenden. Der Bundesminister der Finanzen hat hierzu am 9. 1. 1963 Verwaltungsrichtlinien erlassen.

VIII. Innerdeutscher Handel

84 Während für den Wirtschaftsverkehr mit fremden Wirtschaftsgebieten das AWG gilt, das vom Grundsatz der außenwirtschaftlichen Freiheit ausgeht (Anm. 56, 57), untersteht der Wirtschaftsverkehr zwischen der Bundesrepublik und der DDR einschl. Ost-Ost-Berlin nach wie vor dem *Gesetz Nr. 53 – Neufassung –* (vgl. § 1 Abs. 1, § 4 Abs. 1 Ziff. 2, § 47 Abs. 1 AWG). Danach sind grundsätzlich alle Geschäfte mit devisenrechtlichen Auswirkungen über Devisen- und sonstige Vermögenswerte verboten (3.Aufl. Anm. 53, 55). Die Weitergeltung des MRG Nr. 53 für den Bereich des innerdeutschen Handels haben sowohl das Bundesverwaltungsgericht im Urteil vom 29. 5. 64 (VII C 8/63) unter Bezugnahme auf BVerfGE 12, 281/289 als auch das Bundesverfassungsgericht durch Urteil vom 16. 2. 65 (1 BvL 15/62) bejaht (abgedruckt bei *Joerges/Kühne* Band III zu MRG 53).

85 Der innerdeutsche Handel beruht auf dem *Berliner Abkommen* vom 20. 9. 51 (BAnz Nr. 186) i.d.F. der Vereinbarung vom 16. 8. 60 (BAnz Nr. 168). Bestandteile dieses Abkommens sind elf Anlagen, die Einzelfragen behandeln (Beilage BAnz Nr. 32 vom 15. 2. 61). Außerdem sind mehrere Zusatzvereinbarungen getroffen worden: die Vereinbarung über den Transfer von Schadensersatzzahlungen aus Eisenbahnverkehrsunfällen in den Währungsgebieten der DM-West und den Währungsgebieten der DM-Ost vom 29. 1. 58 (BAnz Nr. 22); die Vereinbarungen über den Ausgleich von Schäden aus Kraftfahrzeugunfällen vom 26. 4. 72 und 10. 5. 73 (BAnz Nr. 124 vom 7. 7. 73).

86 Zur Durchführung des innerdeutschen Handels sind auf der Grundlage des Gesetzes Nr. 53 die InterzonenüberwachungsVO vom 9. 7. 51 (BGBl I, 439) mit zwei DVOen und die InterzonenhandelsVO vom 18. 7. 51 (BGBl I, 463) i.d.F. der VO vom 22. 5. 68 (BAnz Nr. 97) nebst fünf Interzonenhandels-DVOen. ergangen. Diese sowie sämtliche Interzonenhandels-Runderlasse des BWM, Bekanntmachungen des BWM zum innerdeutschen Handel, Bekanntmachungen der Deutschen Bundesbank zur Zahlungsabwicklung im innerdeutschen Handel sowie Bekanntmachungen anderer Stellen sind abgedruckt bei *Joerges/Kühne*, Außenwirtschaft und Interzonenverkehr, Band III.

§ 362

362 Geht einem Kaufmanne, dessen Gewerbebetrieb die Besorgung von Geschäften für andere mit sich bringt, ein Antrag über die Besorgung solcher Geschäfte von jemand zu, mit dem er in Geschäftsverbindung steht, so ist er verpflichtet, unverzüglich zu antworten; sein Schweigen gilt als Annahme des Antrags. Das gleiche gilt, wenn einem Kaufmann ein Antrag über die Besorgung von Geschäften von jemand zugeht, dem gegenüber er sich zur Besorgung solcher Geschäfte erboten hat.

Auch wenn der Kaufmann den Antrag ablehnt, hat er die mitgesendeten Waren auf Kosten des Antragstellers, soweit er für diese Kosten gedeckt ist und soweit es ohne Nachteil für ihn geschehen kann, einstweilen vor Schaden zu bewahren.

Inhalt

	Anm.		Anm.
Allgemeines	1– 5	II. Rechtsfolgen der Nichtbeantwortung	16–23
I. Voraussetzungen der Antwortspflicht	6–15	III. Pflichten des Kaufmanns bei Ablehnung	24–27
1. Art des Gewerbebetriebes	6–13		
2. Erbieten zur Geschäftsbesorgung	14–15	IV. Anzeigepflicht bei Ablehnung nach bürgerlichem Recht	28–30

Allgemeines

Im Handel besteht ein besonders starkes Bedürfnis nach rascher Klärung der Sach- **1** und Rechtslage. Jede Ungewißheit im geschäftlichen Verkehr wirkt hemmend. Eine ungewisse Lage kann sich insbesondere dann ergeben, wenn eine Partei, der ein Antrag zugegangen ist, *schweigt*. Auch im Handelsverkehr ist davon auszugehen, daß Schweigen grundsätzlich nicht als *Zustimmung* anzusehen ist (BGHZ 18, 212/216; § 346 Anm. 97). Auch besteht kein allgemeiner Handelsbrauch, nach dem schon das bloße Stillschweigen als Zustimmung aufzufassen ist. Richtig ist allein, daß im kaufmännischen Leben eher als sonst dem reinen Schweigen die rechtliche Bedeutung einer Zustimmung beigemessen werden kann. Hierbei ist jedoch zu unterscheiden, ob eine echte *Willenserklärung* vorliegt oder ob es am Tatbestand einer Willenserklärung fehlt, der sich schweigend Verhaltende jedoch kraft gesetzlicher Fiktion oder unter dem Gesichtspunkt des Vertrauensschutzes Dritter (§ 242 BGB) sein Schweigen als Zustimmung gegen sich gelten lassen muß (§ 346 Anm. 94ff.).

a) Schweigen als Willenserklärung

Für das Wesen einer Willenserklärung ist es unerheblich, mit welchen Ausdrucksmitteln der auf Herbeiführung einer Rechtsfolge gerichtete *Wille* geäußert wird. Die Äußerung kann ausdrücklich oder *schlüssig* geschehen. Hieraus folgt, daß unter besonderen Umständen auch das Stillschweigen den *äußeren* und *inneren* Tatbestand einer echten Willenserklärung erfüllen kann (§ 346 Anm. 98; Soergel/Hefermehl, vor § 116 BGB Anm. 4, 7). Es müssen dann besondere Umstände vorliegen, die dem Schweigen die Bedeutung einer Willenserklärung verleihen. Zu beachten ist jedoch, daß die Annahme einer Willenserklärung außer ihrem objektiven Tatbestand, der auf die In-Geltung-Setzung eines Rechtsfolgewillens schließen läßt, auch *subjektive* Voraussetzungen erfordert. Überwiegend wird zwar nicht der Geschäftswille, wohl aber das Erklärungsbe-

§ 362   1. Abschn.   *Drittes Buch. Handelsgeschäfte*

wußtsein verlangt. Der Schweigende muß sich *bewußt* gewesen sein, daß sein Schweigen vom Geschäftsgegner möglicherweise als Zustimmung oder Ablehnung aufgefaßt werden konnte (§ 346 Anm. 98; Canaris, Vertrauenshaftung, § 19 I). Nur dann liegt eine Willenserklärung vor. Soweit das Schweigen als Willenserklärung zu werten ist, finden die Vorschriften über Anfechtung wegen Irrtums (§§ 119 ff. BGB) Anwendung.

3 Nach § 151 BGB kommt ein Vertrag durch die *Annahme* des Antrags zustande, *ohne daß die Annahme dem Antragenden gegenüber erklärt zu werden* braucht, wenn eine solche Erklärung nach der Verkehrssitte nicht zu erwarten ist oder der Antragende auf sie verzichtet hat. § 151 BGB enthält eine *Ausnahme von der Empfangsbedürftigkeit* einer Willenserklärung (§ 130 BGB). Dagegen ist eine echte Annahme durch Betätigung des Annahmewillens nötig. Der Annahmewille muß durch eine Annahmehandlung nach außen in Erscheinung getreten sein (RGZ 117, 314; 103, 313; 102, 372), z.B. dadurch, daß mit der Ausführung eines Auftrags begonnen wird oder bestellte Waren abgesandt oder unbestellt zugesandte Waren verkauft oder zum Verkauf aufgestellt werden. Meist wird der Annahmewille durch eine *Erfüllungshandlung* zum Ausdruck gebracht, z.B. durch Absenden der bestellten Ware. Da sich im kaufmännischen Verkehr leicht eine Verkehrssitte bildet, nach der eine Annahmeerklärung nicht zu erwarten ist, besitzt § 151 BGB für das Handelsrecht große praktische Bedeutung. Bei *unentgeltlichen* Zuwendungen sowie bei Geschäften, die dem Antragsempfänger günstig sind, wird der Erklärende eine Annahmeerklärung in der Regel nicht erwarten (RG JW 11, 87; 31, 1353).

b) Schweigen als rechtlich erhebliches Verhalten

4 In bestimmten Fällen kann das Stillschweigen auch dann rechtserheblich sein, wenn es keine Willenserklärung oder Willensbetätigung (Anm. 2, 3) darstellt. So liegt im Schweigen auf ein *kaufmännisches Bestätigungsschreiben* in der Regel das Einverständnis mit seinem Inhalt. Der Empfänger eines solchen Schreibens muß unverzüglich widersprechen; sonst ist für den Inhalt des geschlossenen Vertrages der Inhalt des Bestätigungsschreibens maßgebend (BGHZ 7, 187; 11, 1; 20, 149; 40, 42; s. im einzelnen § 346 Anm. 107 ff.). Es treten kraft Handelsbrauchs die Wirkungen einer Willenserklärung ein, obwohl eine solche tatbestandsmäßig nicht vorzuliegen braucht (§ 346 Anm. 120). Der Schweigende muß sein Verhalten im geschäftlichen Verkehr so gegen sich gelten lassen, wie es von der Rechtsauffassung der in Betracht kommenden Verkehrskreise verstanden wird. Dieser Grundsatz gilt jedoch nicht nur beim Schweigen auf kaufmännisches Bestätigungsschreiben, sondern kann nach Lage des Falles auch sonst dazu führen, daß einem schweigenden Verhalten unter dem Gesichtspunkt des Vertrauensschutzes (§ 242 BGB) rechtliche Bedeutung beizumessen ist (Staudinger/Coing, Vorbem. 3 f. vor 116 BGB; Fischer ZHR 125, 208). Eine Berufung auf Willensmängel nach §§ 116 ff. BGB ist insoweit ausgeschlossen, als die eintretende Rechtswirkung nicht auf dem Willen, sondern auf objektiver Zurechnung beruht.

c) Gesetzliche Ausnahme

5 Auch das *Gesetz* kann dem Schweigen einer Person bestimmte Rechtswirkung beimessen. Dies geschieht z. B. in §§ 108 Abs. 2, 177 Abs. 2 BGB sowie in §§ 362, 377 HGB.

Nach der für Anträge auf *Besorgung von Geschäften* geltenden Sondervorschrift des § 362 HGB kann ein Geschäftsbesorgungsvertrag *ohne Willenserklärung* dadurch zustandekommen, daß ein *Kaufmann* auf einen Antrag hin schweigt, der ihm auf Abschluß eines solchen Vertrages zugegangen ist. Das setzt voraus, daß der Gewerbebetrieb des Kaufmanns die Besorgung solcher Geschäfte mit sich bringt und zwischen ihm und dem Antragenden eine Geschäftsverbindung besteht oder er sich dem Antragenden gegenüber zur Besorgung solcher Geschäfte erboten hat. Die Beschränkung der Regelung auf Geschäftsbesorgungen trägt dem Umstand Rechnung, daß ein grundsätzlicher Unterschied besteht, ob jemand, wie es bei einer Geschäftsbesorgung der Fall ist, für fremde Rechnung und damit für fremdes Risiko handelt, oder ob er für eigene Rechnung und damit für eigenes Risiko tätig wird. Nur wenn ein Kaufmann *für fremde Rechnung* tätig werden soll, wird sein Schweigen als Annahme des Vertrages gesetzlich fingiert.

I. Voraussetzungen der Antwortspflicht

§ 362 legt dem *Kaufmann in zwei* Fällen eine Rechtspflicht zur Beantwortung eines Antrags über die Besorgung von Geschäften auf. Sie ergibt sich entweder aus der Art des Gewerbebetriebs und dem Bestehen einer Geschäftsverbindung mit dem Antragenden oder aus dem Erbieten zu einer Geschäftsbesorgung. 6

1. Art des Gewerbebetriebs

Einem Kaufmann, dessen Gewerbebetrieb die Besorgung von Geschäften für andere mit sich bringt, muß ein Antrag auf Besorgung solcher Geschäfte von jemand zugehen, mit dem er – außerhalb eines dauernden Vertragsverhältnisses (Anm. 22) – in Geschäftsverbindung steht (Abs. 1 Satz 1). 7

Der Antragsempfänger muß *Kaufmann* sein. Gleichgültig ist, ob die Kaufmannseigenschaft auf §§ 1, 2, 3 Abs. 2 oder auf § 6 beruht. Auch wer nach § 5 kraft unzulässiger Eintragung im Handelsregister als Kaufmann gilt oder wer im Verkehr als Kaufmann aufgetreten ist und sich gegenüber redlichen Dritten als Kaufmann behandeln lassen muß, ist zur Antwort gezwungen (§ 5 Anm. 10 ff.; von Godin in RGR-Komm. z. HGB § 362 Anm. 8). Weitergehend Canaris (Vertrauenshaftung, 1971, S. 206), der § 362 analog auf *Nichtkaufleute* anwendet, die wie Kaufleute am Verkehr teilnehmen und von denen man die Beachtung kaufmännischer Verkehrssitten verlangen kann. Demgegenüber ist zu bedenken, daß § 362 de lege lata eine Ausnahme darstellt und § 663 BGB nur eine Haftung für das negative Interesse begründet (Raisch, Geschichtliche Voraussetzungen, Dogmatische Grundlagen und Sinnwandlung des Handelsrechts, 1965, S. 256 ff.). Auf Gewerbetreibende, deren Betrieb nach Art oder Umfang einen in kaufmännischer Weise eingerichteten Geschäftsbetrieb nicht erfordert (§ 4), findet § 362 Anwendung. – Die Kaufmannseigenschaft muß *bei Zugang des Antrags* vorhanden sein. Der Antragende braucht kein Kaufmann zu sein. 8

Dem Kaufmann muß ein Antrag auf Abschluß eines Vertrages zugehen, der eine *Geschäftsbesorgung* zum Gegenstand hat. Das Wesen der Geschäftsbesorgung ist ebenso wie in §§ 662, 675, 677 BGB, § 23 Abs. 2 KO, streitig. Da die Anwendung des § 362 einen Kaufmann voraussetzt, dessen Gewerbebetrieb Geschäftsbesorgungen mit 9 sich bringt, fallen für § 362 ohnehin verschiedene Tatbestände aus, bei denen für § 675 BGB die Annahme einer Geschäftsbesorgung zweifelhaft ist. Wie fast allgemein angenommen wird, kann nicht jede Dienst- oder Werkleistung zugleich eine Geschäftsbesorgung sein. Dies folgt klar aus § 675 BGB. Andererseits besteht auch kein Anlaß für eine Beschränkung auf rechtsgeschäftliche oder rechtlich bedeutsame Handlungen, wenn diese auch die häufigsten Arten einer Geschäftsbesorgung sein werden. Vielmehr können auch *tatsächliche Verrichtungen,* z. B. die Tätigkeit des Frachtführers oder eines Verwalters, Geschäftsbesorgungen sein (vgl. RGR Komm. z. BGB Vorb. Anm. 2 zu § 662; Palandt/Thomas § 675 BGB Anm. 1 a; Düringer/Hachenburg/Breit § 362 Anm. 4; J. v. Gierke S. 457; Baumbach/Duden § 362 Anm. 1; v. Godin in RGR-Komm. z. HGB § 362 Anm. 2). Die Grenze zwischen Geschäftsbesorgung und reiner Dienst- oder Werkleistung läßt sich nach dem Sprachgebrauch des täglichen Lebens ziehen. Unter dem „Besorgen eines Geschäfts" ist zu verstehen *ein Handeln für einen und im Interesse eines anderen,* bei dem eine *selbständige Tätigkeit wirtschaftlicher Art* entfaltet wird (RGZ 97, 65; 109, 301; RG HRR 31 Nr. 2032; RGR-Komm. z. BGB Anm. 1 zu § 675; Oertmann Anm. 1 zu § 675 BGB). Dies ist der Fall bei der Tätigkeit des Kommissionärs, die rechtsgeschäftlicher, aber auch tatsächlicher Art sein kann (BGHZ 46, 43/46; RGZ 78, 94; RG Warn 30 Nr. 134), eines Spediteurs, Agenten, Verwalters und Treuhänders (RGZ 91, 12). Auch sind zahlreiche Geschäfte des Bank- und Börsenverkehrs als Geschäftsbesorgungen anzusehen, namentlich die Erledigung von Zahlungs-, Überweisungs- und Einziehungsaufträgen (RGZ 114, 270), ferner Auszahlungen (RGZ 107, 136), Akkreditivstellungen (RGZ 106, 27), die Verwaltung und Verwahrung von Wertpapieren (RGZ 106, 318) sowie Sanierungen und Finanzierungen, die über eine Darlehensgewährung hinausgehen (RG Warn 33 Nr. 163). – Handelt es sich um Dienste, die *keine selbständige* Willensbetätigung und Überlegung erfordern oder denen eine Beziehung zum Vermögen des Geschäftsherrn fehlt, so liegt keine Geschäftsbesorgung vor.

10 Nicht unter § 362 fallen *Kauf- und Verkaufsangebote* (z. B. die Zusendung unbestellter Ware). Auch eine entsprechende Anwendung des § 362 auf Vertragsanträge, die keine Geschäftsbesorgung betreffen, ist ausgeschlossen. Es wäre sinnwidrig, bei reinen Lieferungsgeschäften, die im Gegensatz zu Geschäftsbesorgungen im allgemeinen nur beschränkt abgeschlossen werden können, bei Schweigen des Kaufmanns ein Einstehen für die *Erfüllung* vorzusehen. Nur im Einzelfall kann nach Treu und Glauben unter Umständen einem Schweigen die Bedeutung der Annahme beigelegt werden (Anm. 4 ff).

11 *Der Gewerbebetrieb muß die Besorgung von Geschäften für andere mit sich bringen.* Dies trifft z. B. zu beim Kommissionär, Spediteur, Handelsvertreter, Makler und Frachtführer. Wenn dagegen einem Gastwirt (§ 1 Abs. 2 Nr. 1) Lose zum kommissionsweisen Verkauf übersandt werden, so kann ein Schweigen des Gastwirts nicht nach § 362 Abs. 1 als Annahme gelten.

12 *Der Antrag muß sich auf Geschäfte beziehen, deren Besorgung der Gewerbebetrieb des Antragsempfängers mit sich bringt.* Ob dies der Fall ist, richtet sich danach, welche Geschäftsbesorgungen man nach der Verkehrsauffassung dem Gewerbebetrieb des Antragsempfängers üblicherweise zurechnet, nicht aber danach, wie der Kaufmann tatsächlich seinen Betrieb führt. Geht einem Möbelkommissionshaus ein Auftrag zum Verkauf von Wertpapieren oder einem Handlungsagenten ein Beförderungsauftrag zu, so ist § 362 Abs. 1 nicht anwendbar. Dagegen darf ein Bankier, der nur Wertpapiergeschäfte betreibt, nicht schweigen, wenn er einen Geldüberweisungsauftrag seines Kunden ablehnen will.

Antragender und Antragsempfänger müssen in Geschäftsverbindung stehen. Nicht 13 genügt es, daß früher einmal gelegentlich einzelne Geschäfte zwischen den Parteien abgeschlossen wurden; vielmehr muß der geschäftliche Verkehr noch zur Zeit des Antrags bestehen. Die Parteien müssen den Willen haben, fortgesetzt miteinander Geschäfte zu machen. Dieser Wille wird in der Regel daraus zu entnehmen sein, daß die Parteien schon seit einiger Zeit Geschäfte miteinander abgeschlossen haben. Nicht ist nötig, daß die neue Geschäftsbesorgung von derselben Art ist wie die bisherigen Geschäfte (so auch Düringer/Hachenburg/Breit § 362 Anm. 13; von Godin in RGR-Komm. z. HGB § 362 Anm. 9). *Nicht* unter § 362 fällt ein mehrmonatiges Schweigen des Versicherungsunternehmers auf einen Herabsetzungsantrag, wenn die beantragte Herabsetzung nach den Versicherungsbedingungen ausgeschlossen ist. In diesem Falle konnte der Antragende nämlich gar nicht damit rechnen, daß seinem Antrage stattgegeben wurde (LG Karlsruhe Versicherungswirtschaft 50, 262).

2. Erbieten zur Geschäftsbesorgung

Einem Kaufmann muß ein Geschäftsbesorgungsauftrag von jemand zugehen, *dem* 14 *gegenüber er sich zur Besorgung solcher Geschäfte erboten* hatte (Abs. 1 Satz 2). Es genügt ein Erbieten durch Rundschreiben, wenn der Antragende ein Stück erhalten hat. Dagegen liegt ein Erbieten gegenüber dem Antragenden nicht vor, wenn ein Kaufmann sich öffentlich zur Geschäftsbesorgung erboten hat, z.B. in Annoncen oder auf Firmenschildern (von Godin in RGR-Komm. z. HGB § 362 Anm. 11). Ein öffentliches Erbieten kann eine Antwortpflicht nur nach § 663 BGB begründen (Anm. 17–19).

Der Geschäftsbesorgungsantrag muß dem Erbieten entsprechen. Je allgemeiner das 15 Erbieten gehalten ist, desto größer ist der Kreis der Geschäftsbesorgungsanträge, die den Kaufmann nach § 362 zum Antworten verpflichten.

Weitere Voraussetzungen brauchen für § 362 Abs. 1 Satz 2 nicht vorzuliegen. Es ist weder nötig, daß der Gewerbebetrieb des Antragsempfängers die Besorgung von Geschäften für andere mit sich bringt, noch daß eine Geschäftsverbindung besteht. Statt dessen genügt das Erbieten eines Kaufmanns zur Geschäftsbesorgung.

II. Rechtsfolgen der Nichtbeantwortung

Liegen die Voraussetzungen zu I vor, so trifft den Kaufmann nach § 362 die Rechts- 16 pflicht, *unverzüglich zu antworten.* Sein Schweigen *gilt* als Annahme des Antrags. Die Sanktion der Pflichtverletzung ist anders als in § 663 die *Erfüllungshaftung.* Der Antragende kann nach § 362 weder auf Antwort klagen noch ist der Kaufmann, wenn er nicht antwortet, zum Schadenersatz verpflichtet. Der Kaufmann kann entweder schweigen und dadurch den Antrag annehmen oder er kann den Antrag ablehnen. Ausgeschlossen ist nach Abs. 1 nur eine *Ablehnung* des Geschäftsbesorgungsantrags durch Schweigen. Will der Kaufmann ablehnen, antwortet er jedoch nicht, so hat dieses Verhalten den Rechtsnachteil der Annahme zur Folge. Der Geschäftsbesorgungsvertrag kommt selbst gegen seinen Willen zustande. Es liegt ein Fall der Rechtsscheinhaftung vor (Canaris, Vertrauenshaftung, 1971, § 19 I).

17 Ein Schweigen, das als Annahme des Antrags gilt, liegt vor, wenn der Kaufmann den Antrag nicht *unverzüglich* beantwortet. Es kann entweder den Geschäftsbesorgungsantrag annehmen oder ihn ablehnen. Eine Ablehnung liegt auch in einer Annahme unter Erweiterungen, Einschränkungen oder sonstigen Änderungen (§ 150 Abs. 2 BGB). Der Kaufmann muß nach Zugang des Antrags unverzüglich, d.h. ohne schuldhaftes Zögern, antworten (§ 121 Abs. 1 BGB). Es bleibt ihm eine gewisse Zeit zur Überlegung, die je nach dem Inhalt oder nach der Bedeutung des Angebots verschieden lang sein kann. In der Regel wird jedoch im Handelsverkehr ein Antrag noch am Tage seines Eingangs zu beantworten sein. Die Antwort muß ferner klar erkennen lassen, ob der Kaufmann den Antrag annehmen oder ablehnen will. Wird der Eingang eines Antrags nur bestätigt, so liegt in der Regel keine Antwort im Sinne des § 362 Abs. 1 vor.

18 Der Kaufmann ist seiner Rechtspflicht bereits dann nachgekommen, wenn er die Ablehnungserklärung abgesandt hat, so daß unter regelmäßigen Umständen die Ablehnung dem Antragsteller zugehen mußte. Ist trotz ordnungsmäßiger Absendung die Erklärung dem Antragsteller nicht oder verspätet zugegangen, so tritt die Rechtsfolge des § 362 nicht ein (RG BankA XXV, 27; Düringer/Hachenburg/Breit § 362 Anm. 17; von Godin in RGR-Komm. z. HGB § 362 Anm. 13; Baumbach/Duden Anm. 3 A zu § 362). – Wird ein abgelehnter Antrag mit gleichem Inhalt wiederholt, so besteht keine Rechtspflicht mehr zur Beantwortung. Kein wiederholter, sondern ein neuer Antrag liegt vor, wenn der erste Antrag auf Ankauf von Aktien abgelehnt wurde, weil das Guthaben des Kunden nicht ausreiche, dem zweiten Antrag aber ein Scheck zur Deckung beiliegt (RG BankA XXV, 27; Düringer/Hachenburg/Breit § 362 Anm. 17; von Godin aaO). – Für die Erfüllung der Obliegenheit ist der Kaufmann im Streitfalle beweispflichtig.

19 *Schweigt der Kaufmann, so kommt der Geschäftsbesorgungsvertrag nach dem Inhalt des Antrags zustande.* Der Kaufmann ist verpflichtet, den Auftrag so auszuführen, wie er erteilt ist. Das gilt selbst dann, wenn der Auftrag den allgemeinen Geschäftsbedingungen einer Bank widerspricht (RG BankA XXV, 262; Düringer/Hachenburg/Breit § 362 Anm. 18; von Godin in RGR-Komm. z. HGB § 362 Anm. 15). Nur unter den Voraussetzungen des § 665 BGB kann der Kaufmann von den Weisungen seines Kunden abweichen. – Auch der *Antragende* ist bei Schweigen des Kaufmanns an den Vertrag gebunden. § 362 Abs. 1 dient zwar vornehmlich dem Interesse des Antragenden. Er setzt aber auch den Kaufmann als Antragsempfänger in die Lage, durch Schweigen einen Antrag anzunehmen. Eine Bindung des Antragenden besteht daher nicht nur, wenn nach § 151 BGB die Annahmeerklärung nach der Verkehrssitte nicht zu erwarten ist oder der Antragende auf sie verzichtet hat (Anm. 3). Ist der Kaufmann geschäftsunfähig oder in der Geschäftsfähigkeit beschränkt, so kommt ein wirksamer Geschäftsbesorgungsvertrag *nicht* zustande (§§ 104 ff. BGB; vgl. auch Oertmann ZBH 26, 7; J.v. Gierke S. 458, weil für § 362 ein verschuldetes Unterbleiben der Gegenerklärung vorliegen müsse, was aus dem Wort „unverzüglich" folge). Wenn auch § 362 HGB keine Bestätigung des Annahmewillens verlangt, sondern für den Vertragsschluß Angebot und Schweigen genügen läßt, so ist doch ungeschriebene Voraussetzung, daß der schweigende Kaufmann überhaupt fähig ist, sich rechtsgeschäftlich zu verpflichten. Den Schutz des Geschäftsunfähigen will § 362 nicht beseitigen. Es wäre ein merkwürdiges Ergebnis, wenn ein Geschäftsunfähiger sich durch Schweigen, nicht aber durch ausdrückliche oder schlüssige Annahmeerklärung, verpflichten könnte. Dagegen kann der schweigende

Kaufmann nicht die eingetretene Rechtsfolge der Annahme durch Anfechtung wegen Erklärungsirrtums nach § 119 Abs. 1 BGB mit der Begründung aus der Welt schaffen, daß er sich über die rechtliche Bedeutung seines Schweigens geirrt habe (Flume AllgT II § 10, 2 S. 119; Canaris, Vertrauenshaftung, 1971, § 19, 2 S. 197ff.; von Godin in RGR-Komm. z. HGB Anm. 15; Düringer/Hachenburg/Breit HGB § 362 Anm. 1). Dabei ist es gleichgültig, ob man wegen Fehlens des Erklärungsbewußtseins das Schweigen nicht als *Willenserklärung* ansieht (BGHZ 11, 1/5) und schon deshalb eine Anfechtung verneint, ob man in der Statuierung der Annahme einen Fall der *Rechtsscheinhaftung* sieht (Canaris, Vertrauenshaftung, 1971, § 19, 2 S. 200) oder sich damit begnügt, daß das *Gesetz* zum Schutz des Verkehrs die einseitige Erklärung des Antragenden in Verbindung mit dem nicht unverzüglichen Widerspruch für das Zustandekommen eines Vertrages genügen läßt (Flume AllgT II § 10, 2 S. 119 f.). Eine Anfechtung wegen Irrtums über die Rechtsfolge des Schweigens widerspricht in jedem Fall dem *Zweck* des § 362 Abs. 1, das Schweigen des Kaufmanns unter den tatbestandlichen Voraussetzungen dieser Vorschrift als *Annahme* anzusehen und damit dem Schweigenden eine *Erfüllungspflicht* aufzuerlegen.

Streitig ist, ob das Schweigen nach § 362 Abs. 1 auch dann zum einem Vertragsschluß **20** führt, wenn der Kaufmann das ihm *zugegangene* Angebot nicht gekannt hat. Da der Widerspruch „unverzüglich", also ohne schuldhaftes Zögern (§ 121 BGB), zu erfolgen hat, muß das Unterlassen einer Ablehnungserklärung *schuldhaft* sein (Flume AllgT II § 10, 2 S. 119). Es liegt insoweit ähnlich wie bei der Nichtbeantwortung eines kaufmännischen Bestätigungsschreibens (§ 346 Anm. 132). Es kommt darauf an, ob die Unkenntnis auf einer Verletzung der kaufmännischen Sorgfaltspflicht beruht (§ 347). Canaris (Vertrauenshaftung, 1971, § 19, 3 S. 203) verneint eine Anwendung ebenso des § 121 BGB wie des § 130 BGB und bejaht unter Anwendung des *Risikogedankens* eine Haftung des Schweigenden nur dann, wenn seine Unkenntnis im inneren Zusammenhang mit einem in seinem Geschäftskreis liegenden Risiko steht. Die unterschiedlichen Begründungen werden im Einzelfall kaum zu unterschiedlichen Ergebnissen führen. Ob bei *Erkrankung* oder *Abwesenheit* des Kaufmanns die Fiktion der Annahme entfällt, ist nach Lage des Falles zu beurteilen.

Streitig ist, ob § 362 Abs. 1 eine Anfechtung wegen *Willensmängeln* schlechthin **21** ausschließt. Bei Verneinung einer Willenserklärung wegen Fehlens des Erklärungsbewußtseins kann die Anwendung der §§ 119ff. BGB nur eine *entsprechende* sein. Sie ist insoweit gerechtfertigt, als der Zweck der gesetzlichen Regelung des § 362 Abs. 1 nicht entgegensteht. Das ist nicht der Fall, wenn der Kaufmann *arglistig getäuscht* oder widerrechtlich bedroht worden ist (§ 123 BGB). Selbst wenn man eine Anfechtung verneint, weil keine Willenserklärung vorliege, würde es gegen § 242 BGB verstoßen, wenn jemand Rechte aus einem Vertrage ableiten wollte, der durch Schweigen nur dadurch zustande gekommen ist, daß der Kaufmann arglistig getäuscht oder bedroht wurde. Aber auch dann, wenn der Kaufmann geschwiegen hat, weil er den Antrag, den er annehmen wollte, *falsch verstanden* hat, ist eine Anfechtung wegen Irrtums analog § 119 Abs. 1 BGB zuzulassen (Flume AllgT II § 10, 2 S. 119; Canaris, Vertrauenshaftung, 1971, § 19, 4 S. 205 f.; Baumbach/Duden § 362 Anm. 3 B; Hanau AcP 165, 248/254). Der Verkehrsschutz, der § 362 Abs. 1 dem Antragenden bei Geschäftsbesorgungsaufträgen gewährt, wird überspannt, wenn man dem Antragsgegner die Berufung auf Willensmängel schlechthin versagt. Eine Anfechtung wegen Irrtums analog § 119 Abs. 1 BGB ist jedoch nur möglich, wenn ein *Irrtum* des Antragsempfängers für seine Annahme durch Schweigen ursächlich war. Eine dem Zweck des § 362 Abs. 1 widersprechende Anfechtung wegen Irrtums über die rechtliche Bedeutung des Schweigens ist dagegen ausgeschlossen.

22 Eine *Pflicht zur Annahme* des Antrages sieht § 362 Abs. 1 nicht vor. Sie kann sich aber aus anderen Gründen, z. B. aus einem Vorvertrag, einem Kommission- oder Agenturvertrag oder aus einem Handelsbrauch ergeben. Besteht bereits auf Grund eines bestehenden Vertragsverhältnisses eine Annahmepflicht, so ist § 362 *nicht* anwendbar. Die Rechtsbeziehungen der Parteien beurteilen sich dann allein nach dem zwischen ihnen bestehenden Vertragsverhältnis. Anders liegt es bei Geschäftsbedingungen und allgemeinen Rundschreiben, die nur Richtlinien für den Regelfall enthalten.

23 Sind im Einzelfall die Voraussetzungen des § 362 und des § 151 BGB gegeben, so geht nach Art. 2 Abs. 1 EG HGB der § 362 vor (vgl. auch Ritter § 362 Anm. 6). Diese Vorschrift läßt bloßes Schweigen genügen, während § 151 BGB eine Annahmehandlung verlangt.

III. Pflichten des Kaufmanns bei Ablehnung

24 Lehnt der Kaufmann den Geschäftsbesorgungsauftrag ab, *so ist er verpflichtet, mitgesandte Waren einstweilen vor Schaden zu bewahren.* Unter mitgesandten Waren sind nicht nur die zu verstehen, die der Kaufmann mit Zugang des Antrags erhalten hat; vielmehr sind alle Waren gemeint, die aus Anlaß des Antrags in den Besitz des Kaufmanns gelangen oder sich in seinem Besitz bereits befinden, bevor die Ablehnung dem Antragenden zugegangen ist (so auch von Godin in RGR-Komm. z. HGB § 362 Anm. 17). Diese Waren muß der Kaufmann in *geeigneter Form vor Schaden bewahren,* z B. durch eigene Verwahrung oder durch Hinterlegung in einem öffentlichen Lagerhaus. Einer vorherigen gerichtlichen Ermächtigung bedarf es nicht (von Godin in RGR-Komm. z. HGB § 362 Anm. 18). Ist die Ware dem drohenden Verderb ausgesetzt, so ist der Kaufmann zwar nicht aus § 362, wohl aber nach den Grundsätzen über die Geschäftsführung ohne Auftrag (vgl. §§ 677 ff. BGB) berechtigt, die Waren zu verkaufen (RGZ 66, 197; RG SeuffA 77 Nr. 131; a. M. von Godin in RGR Komm. z. HGB § 362 Anm. 18). Eine Pflicht zum Notverkauf besteht nicht. In der Regel wird der Kaufmann nicht verpflichtet sein, die Waren zu versichern; nur gelegentlich kann dies der Fall sein (so auch Düringer/Hachenburg/Breit § 362 Anm. 22).

25 Die Schadensbewahrung geschieht *auf Kosten des Antragenden.* Nach § 354 kann der Kaufmann auch Provision und Lagergeld fordern. Weitere Ersatzansprüche können ihm nach Grundsätzen über die Geschäftsführung ohne Auftrag zustehen (z. B. Ersatz der gezahlten Versicherungsentgelte). Ist dem Kaufmann durch die mitversandten Waren, z. B. infolge Ansteckung, ein Schaden entstanden, so kann, da es sich nicht um Kosten der Schadensbewahrung handelt, nur nach den Grundsätzen über die Haftung für Verschulden bei Vertragsverhandlungen Ersatz verlangt werden.

26 Die Pflicht zur Schadensabwendung entfällt nur, *soweit der Kaufmann für seine Kosten nicht gedeckt* oder soweit ihm durch die Schadenabwendung eigene Nachteile entstehen. In der Regel wird der Kaufmann durch den Wert der Waren selbst gedeckt

sein. Er hat wegen seiner Ersatzforderung das Zurückbehaltungsrecht aus § 273 BGB und, wenn der Antrag und die Aufbewahrung Handelsgeschäfte sind, auch das kaufmännische Zurückbehaltungsrecht nach § 369 (§ 369 Anm. 15; Ritter § 362 Anm. 8). Die Entstehung des kaufmännischen Zurückbehaltungsrechts ist nicht davon abhängig, ob der zustande gekommene Vertrag ein beiderseitiges Handelsgeschäft gewesen wäre. Das nach § 369 notwendige beiderseitige Handelsgeschäft braucht kein Vertrag zu sein. Der Kaufmann ist ferner auch dann gedeckt, wenn er gegenüber seinem Kunden aufrechnen kann.

Verletzt der Kaufmann schuldhaft seine Pflicht zur Schadenabwendung, so ist er zum **27** Ersatz des dem Kunden dadurch entstehenden Schadens verpflichtet (§ 276 BGB, § 347). Daneben kann, wenn zugleich der Tatbestand einer unerlaubten Handlung vorliegt, ein Anspruch aus § 823 BGB gegeben sein (RGZ 101, 309ff.; 102, 43; so auch von Godin in RGR-Komm. z. HGB § 362 Anm. 16). – Über die Pflichten des Kaufmanns bei gekaufter, aber beanstandeter Ware vgl. die Erläuterungen zu § 379.

IV. Anzeigepflicht bei Ablehnung nach bürgerlichem Recht

§ 663 BGB lautet: Wer zur Besorgung gewisser Geschäfte öffentlich bestellt ist oder sich öffentlich erboten hat, ist, wenn er einen auf solche Geschäfte gerichteten Auftrag nicht annimmt, verpflichtet, die Ablehnung dem Auftraggeber unverzüglich anzuzeigen. Das gleiche gilt, wenn sich jemand dem Auftraggeber gegenüber zur Besorgung gewisser Geschäfte erboten hat.

Diese *Anzeigepflicht,* die nach §§ 663 BGB nur für unentgeltliche Geschäftsbesorgun- **28** gen gilt, ist nach § 675 BGB auch auf Dienst- oder Werkverträge anwendbar, die eine *Geschäftsbesorgung* zum Gegenstande haben. Geschieht keine Anzeige, so ist in der Regel, falls nicht die Voraussetzungen des § 151 BGB vorliegen (Anm. 3), ein Geschäftsbesorgungsvertrag *nicht* zustande gekommen. Der Antragsempfänger ist jedoch bei *schuldhafter Verletzung* der Anzeigepflicht *zum Schadenersatz verpflichtet.* Er hat dem Auftraggeber den Vertrauensschaden zu ersetzen, den dieser durch die nicht rechtzeitige Ablehnung des Angebots erlitten hat, z.B. wenn der Antragende sonst einen anderen Vertrag ebenso günstig hätte schließen können (J. v. Gierke S. 458).

Die Voraussetzungen und Rechtsfolgen des § 663 BGB sind andere als die des § 362 **29** HGB. Das bürgerliche Recht setzt in § 663 Satz 1 BGB voraus, daß der Antragsempfänger zur Besorgung gewisser Geschäfte öffentlich bestellt ist (d.h. gegenüber der Allgemeinheit, jedoch nicht nötig durch behördlichen Akt, RGZ 50, 392; so auch Düringer/Hachenburg/Breit HGB § 362 Anm. 7; von Godin in RGR-Komm. z. HGB § 362 Anm. 20) oder sich öffentlich gegenüber dem Auftraggeber erboten hat, z.B. durch Zeitungsanzeigen, durch Schild am Haus, wie dies bei Spediteuren (RGZ 104, 267), Bankiers, Rechtsberatern (Gesetz vom 13. Dezember 1935 – RGBl I, 1478 –) üblich ist. § 663 Satz 2 BGB enthält einen dem § 362 HGB entsprechenden Fall. Dagegen verlangt das bürgerliche Recht nicht, daß der Antragsempfänger Kaufmann ist, sein Gewerbebetrieb die Besorgung von Geschäften für andere mit sich bringt und daß eine Geschäftsverbindung besteht. Die Rechtsfolge des Schweigens ist in § 362 ausnahmsweise die *Vertragsannahme* und verpflichtet zur Erfüllung, während sie in § 663 BGB nur eine Haftung auf das *negative Interesse* begründet.

§ 363 1. Abschn. *Drittes Buch. Handelsgeschäfte*

30 Sind im Einzelfall sowohl die Voraussetzungen des § 663 BGB wie die des § 362 HGB gegeben, so *geht* nach Art. 2 Abs. 1 EGHGB der § 362 HGB *vor* (von Godin in RGR-Komm. z. HGB § 362 Anm. 22; Koenige § 362, Anm. 2; Ritter § 362, Anm. 6). Das Schweigen des Kaufmanns gilt dann stets als Vertragsannahme. Liegen nur die Voraussetzungen des § 663 BGB vor, z. B. der Antragsempfänger ist kein Kaufmann oder es besteht keine Geschäftsverbindung, so ist der Antragsempfänger bei Schweigen, falls nicht § 151 BGB eingreift, nur zum Schadenersatz verpflichtet. Wird der Geschäftsbesorgungsvertrag nach § 151 BGB durch Bestätigung des Annahmewillens geschlossen, so besteht für die Anwendung des § 663 BGB kein Raum mehr. § 663 BGB gilt nur, wenn die *Ablehnung* eines Geschäftsbesorgungsauftrages nicht unverzüglich angezeigt wird.

363 Anweisungen, die auf einen Kaufmann über die Leistung von Geld, Wertpapieren oder anderen vertretbaren Sachen ausgestellt sind, ohne daß darin die Leistung von einer Gegenleistung abhängig gemacht ist, können durch Indossament übertragen werden, wenn sie an Order lauten. Dasselbe gilt von Verpflichtungsscheinen, die von einem Kaufmann über Gegenstände der bezeichneten Art an Order ausgestellt sind, ohne daß darin die Leistung von einer Gegenleistung abhängig gemacht ist.

Ferner können Konnossemente der Verfrachter, Ladescheine der Frachtführer, Lagerscheine der staatlich zur Ausstellung solcher Urkunden ermächtigten Anstalten sowie Transportversicherungspolicen durch Indossament übertragen werden, wenn sie an Order lauten.

Schrifttum: 1. Recht der Orderpapiere: *Ulmer,* Das Recht der Wertpapiere, 1938. *Jacobi,* Wechsel- und Scheckrecht unter Berücksichtigung des ausländischen Rechts, Berlin 1955; *Hueck,* Recht der Wertpapiere, 10. Aufl. 1967; *Rehfeldt/Zöllner,* Wertpapierrecht, 11. Aufl. 1975; *Baumbach/Hefermehl,* Wechselgesetz und Scheckgesetz, 11. Aufl. 1973. – Quassowski/Albrecht, Wechselgesetz, 1934; *Stranz,* Wechselgesetz, 14. Aufl. 1952; *Staub/Stranz,* Kommentar zum Wechselgesetz, 13. Aufl. des Kommentars zur WO, bearbeitet von M. Stranz, 1934.

2. Lieferschein: *Recke,* Lieferschein und Effektenschecks, Diss. Freiburg 1927; *Heuer,* Über Lieferscheine, Verkehrsrechtliche Rundschau 28, 266. *Ginsberg,* Zahlungssicherung im Außenhandel, 3.Aufl. 1964, *Hämmerle,* Das Akkreditiv – Der Lieferschein, Diss. Bonn 1932. *Großmann-Doerth,* Die Rechtsfolgen vertragswidriger Andienung, Arbeiten zum Handels-, Gewerbe- und Landwirtschaftsrecht, herausgegeben von E. Heymann, Nr. 74, 1934; *Küsel,* Die neuere Entwicklung der Klausel „Kasse gegen Dokumente", Diss. Hamburg 1938. *Haage,* Der Lieferschein in der heutigen kaufmännischen Praxis, Mitteilung der Handelskammer Hamburg 1951 S. 651ff; *Heynen,* Die Klausel „Kasse gegen Lieferschein", Übersee-Studien zum Handels-, Schiffahrts- und Versicherungsrecht, Heft 25, 1955.

3. Konnossement: *Wüstendörfer,* Neuzeitliches Seehandelsrecht, 2.Aufl. 1950. *Gramm,* Das neue Seefrachtrecht, 1938; *Dönhoff,* Das Konnossement und die Andienbarkeit der über Teilmengen eines Konnossements ausgestellten Dokumente, BB 51, 628; *Behlert,* Der Konnossement-Teilschein, Diss. Hamburg 1930.

4.Traditionspapiere: *Hellwig,* Die Verträge auf Leistung an Dritte, 1899; *E. Heymann,* Die dringliche Wirkung des Traditionspapiers, 1905; *Recke,* Lieferschein und Effektenscheck, 1927; *J.Schlenzka,* Die sachenrechtlichen Streitfragen des Konnossementsrechtes, 1934; *Siebert,* Die besitzrechtliche Grundlage der dinglichen Wirkung der Traditionspapiere, ZHR 93, 1ff.; *Serick,* Zur Rechtsnatur des Orderlagerscheins, Festschrift für Walter Schmidt S. 315ff.; *D. Reinicke,* Guter Glaube und Orderlagerschein, BB 60, 1368ff.; *Stengel,* Die Traditionsfunktion des Orderkonnossements, 1975.

Erster Abschnitt. Allgemeine Vorschriften   1. Abschn. § 363

Inhalt

	Anm.		Anm.
Allgemeines	1– 3	2. Ladeschein	43–44
I. Kaufmännische Anweisung	4–25	3. Lagerschein	45–46
1. Die einzelnen Voraussetzungen	4–11	IV. Traditionspapiere	47–59
2. Wirkung der kaufmännischen Anweisung	12–14	1. Kennzeichnung	47
3. Wirtschaftliche Bedeutung der kaufmännischen Anweisung	15–25	2. Theorien	48–50
a) Lieferschein	16–21	a) Relative Theorie	48
b) Wertpapierscheck (Effektenscheck)	22–25	b) Absolute Theorie	49
		c) Repräsentationstheorie	50
II. Kaufmännischer Verpflichtungsschein	26–36	3. Voraussetzungen der Traditionswirkung	51–56
1. Die einzelnen Voraussetzungen	26–32	a) Übernahme des Gutes	51–52
2. Wirkung des kaufmännischen Verpflichtungsscheins	33	b) Übergabe des Scheins an den Legitimierten	53–56
3. Wirtschaftliche Bedeutung des Kaufmännischen Verpflichtungsscheins	34–37	4. Sachenrechtliche Wirkungen	57–59
		a) Verfügung mittels Traditionspapiers	57–58
III. Wertpapiere des Fracht- und Lagerrechts	38–46	b) Verfügung ohne Traditionspapier	59
1. Konnossement	38–42	V. An Order lautende Urkunden	60–61
		VI. Transportversicherungsschein	62

Allgemeines

Orderpapiere sind Wertpapiere die auf den *Namen einer bestimmten Person oder*   **1**
deren Order lauten. Sie können durch *Indossament* begeben werden. Dadurch unterscheiden sie sich von den anderen Wertpapieren, den Inhaber- und den Rektapapieren. Mit dem Rektapapier hat das Orderpapier gemeinsam, daß eine bestimmte Person als Berechtigter namentlich benannt wird; beide sind Namenspapiere. Mit dem Inhaberpapier hat das Orderpapier nur den Wertpapiercharakter gemeinsam. Man unterscheidet je nachdem, ob für die Indossabilität die Aufnahme der Orderklausel in die Urkunde notwendig ist, zwischen geborenen und gekorenen Orderpapieren. Geborene Orderpapiere sind der *Wechsel* (Art. 11 Abs. 1 WG), der *Scheck* (Art. 14, Abs. 1 SchG), die *Namensaktie* (§ 61 Abs. 2 AktG; nach Abs. 4 auch Zwischenscheine) und die auf Namen lautenden Anteilscheine von Kapitalanlagegesellschaften (§ 18 Abs.1 Satz 2 KAGG vom 16. April 1957 – BGBl I S. 378 – i. d. F. vom 14. 1. 1970 [BGBl I S. 127]). Diese Urkunden sind kraft Gesetzes indossabel, ohne daß der Aussteller die Orderklausel in sie aufzunehmen braucht. Gekorene Orderpapiere sind dagegen nur dann indossabel, wenn sie ausdrücklich an Order lauten. Nicht jede Urkunde wird jedoch durch Hinzufügen der Orderklausel zu einem Orderpapier. Zu echten Orderpapieren können außer den an Order gestellten Schuldverschreibungen und Schatzanweisungen des Bundes und der Länder (§§ 8, 9 RSchuldO) nur die in § 363 genannten sechs handelsrechtlichen Papiere werden. Es sind dies die *kaufmännische Anweisung, der kaufmännische Verpflichtungsschein, das Konnossement, der Ladeschein, der Lagerschein* und der *Transportversicherungsschein,* nicht mehr der Bodmereibrief (Art. 1 Nr. 2 Seerechtsänderungs G vom 21. 6. 72 – BGBl I S. 966). Diese Urkunden kann der Aussteller einseitig dadurch zu Orderpapieren machen, daß er die Orderklausel in sie aufnimmt. Mit dem Wechsel, dem in der Praxis kaum vorkommenden Namensscheck, der Namensaktie, den

§ 363   1. Abschn.   *Drittes Buch. Handelsgeschäfte*

Namensanteilscheinen der Kapitalanlagegesellschaften und den sechs handelsrechtlichen Orderpapieren ist der Kreis der sog. technischen (echten) Orderpapiere geschlossen. Über die rechtliche Bedeutung der Orderklausel auf anderen Urkunden vgl. Anm. 60, 61.

2   Nach dem Gesetz über die Deutsche Reichsbank vom 15. Juni 1939 (RGBl I, 1015) war früher auch der Reichsbankanteilschein ein echtes Orderpapier. Für die Form des Indossaments, den Rechtsausweis des Inhabers und seine Verpflichtung zur Herausgabe galten die Art. 12, 13, 14 Abs. 2 und 16 WG sinngemäß. Die Übertragung oder Verpfändung eines Reichsbankanteils war schriftlich unter Vorlegung des Anteilscheins bei dem Archiv der Deutschen Reichsbank anzumelden und von diesem in den Stammbüchern sowie auf dem Anteilschein zu vermerken (§ 9 Satzung der Deutschen Reichsbank vom 30. September 1939; vgl. RAnz Nr. 246). Im Verhältnis zur Deutschen Reichsbank wurde als Anteilseigner oder Pfandbriefgläubiger nur angesehen, wer als solcher in den Stammbüchern eingetragen war. Durch das Gesetz über die Liquidation der Deutschen Reichsbank und der Deutschen Golddiskontobank vom 2. August 1961 (BGBl I, 1165) ist die Reichsbank *aufgelöst* worden. Ihre Anteilseigner wurden abgefunden (DVO vom 6. Oktober 1961, BGBl I, 1861). Soweit sie ihre Anteile nicht an die Deutsche Bundesbank auf Grund deren Angebots vom 2. Oktober 1961 (BAnz Nr. 190) verkauft haben, erhielten sie *Bundesbankgenußrechte*. Diese verkörpern im Gegensatz zu den Reichsbankanteilen keine Mitgliedschaftsrechte mehr, sondern sind bloße Substanzrechte. Die Genußrechte sind in *Genußscheinen* verbrieft. Sie lauten auf den Inhaber und sind an jeder Börse zugelassen. Die Anerkennung privater Anteils- oder Genußrechte an einer Notenbank widerspricht jedoch nach heutiger Auffassung ihrer öffentlich-rechtlichen Bestimmung. Daher sollen die Bundesbankgenußrechte als nicht mehr zeitgemäße Überbleibsel privater Rechte an der Notenbank in absehbarer Zeit ausgelost werden.

3   Von dem Orderpapiercharakter eines Wertpapiers ist die Frage zu unterscheiden, ob ein Wertpapier den Rechtscharakter eines *Traditionspapiers* besitzt. Unter einem Traditionspapier (Dispositions- oder Warenpapier) versteht man ein Papier, dessen Übergabe unter gewissen Voraussetzungen die gleiche Wirkung wie die Übergabe der Ware hat. Traditionspapiere können nach §§ 424, 450, 650 nur das *Konnossement* des Verfrachters, der *Ladeschein* des Binnenschiffers oder des Landfrachtführers sowie der *Orderlagerschein* einer staatlich ermächtigten Lagerhausanstalt sein. Während Ladeschein und Konnossement auch als Inhaber- oder Rektapapiere stets Traditionspapiere sind, hat der Lagerschein diese Eigenschaft nur dann, wenn er an Order lautet (VO über Orderlagerscheine vom 16. Dezember 1931 – RGBl I, 762 –). Kein Traditionspapier wie der Ladeschein und kein Wertpapier ist das im Frachtverkehr der Deutschen Bundesbahn übliche *Frachtbriefdoppel*. Seine Übergabe ersetzt *nicht* die Übergabe der Ware (§ 61 Abs. 5 EVO). Wohl aber ist das Verfügungsrecht des *Absenders* beschränkt. Ihm steht das Verfügungsrecht nur zu, wenn er das von der Eisenbahn bescheinigte Frachtbriefdoppel vorlegt (§ 72 Abs. 7 EVO). Der Käufer der Ware, der sie gegen Aushändigung des Frachtbriefdoppels bezahlt hat, ist dagegen geschützt, daß der Verkäufer noch nach Erhalt des Kaufpreises über die Ware verfügt. In der Übergabe des Frachtbriefdoppels kann aber eine Eigentumsübertragung bezüglich der Ware nach §§ 929, 931 BGB mittels Abtretung des Herausgabeanspruchs liegen, so insbesondere bei der Klausel „netto Kasse gegen Duplikat" (RGZ 102, 96).

Erster Abschnitt. Allgemeine Vorschriften 1. Abschn. § 363

I. Kaufmännische Anweisung

1. Die einzelnen Voraussetzungen

Die kaufmännische Anweisung ist eine Urkunde, in der jemand einen *Kaufmann* 4 anweist, *Geld, Wertpapiere oder andere vertretbare Sachen einem Dritten,* dem die Urkunde ausgehändigt ist, *zu leisten,* ohne daß die Leistung in der Urkunde von einer Gegenleistung abhängig gemacht ist. Die kaufmännische Anweisung enthält somit die sämtlichen Voraussetzungen der bürgerlich-rechtlichen Anweisung des § 783 BGB. Ebenso wie sie enthält die darauf beruhende Rechtsstellung die Ermächtigung des Angewiesenen, für Rechnung des Anweisenden an den Anweisungsempfänger zu leisten, wodurch dieser die Rechtsstellung erlangt, die Leistung beim Angewiesenen zu erheben. Bei der *kaufmännischen* Anweisung müssen als weitere Erfordernisse hinzutreten: die Kaufmannseigenschaft des Angewiesenen, die Unabhängigkeit der Leistung von einer Gegenleistung und die Orderklausel. Im einzelnen müssen folgende Voraussetzungen vorliegen:

a) *Die Anweisung muß schriftlich erklärt sein.* Das folgt für die kaufmännische Anwei- 5 sung, obwohl § 363 nicht wie § 783 BGB von einer Urkunde spricht, daraus, daß nach § 363 die Anweisung „ausgestellt" sein und an Order lauten muß. Über die Erfordernisse der Schriftform vgl. § 126 BGB. Die Anweisung muß mit der eigenhändigen Unterschrift des Ausstellers versehen sein. Eine *mündliche* Anweisung kann weder eine bürgerlich-rechtliche noch eine kaufmännische Anweisung sein. Doch hat auch eine nicht verbriefte Anweisung Rechtswirkungen (BGHZ 3, 238/240). Sie untersteht den allgemeinen Grundsätzen des bürgerlichen Rechts. Die Vorschriften über die schriftliche Anweisung sind, wenn die Anwendung dem Willen der Parteien entspricht, auf die mündliche Anweisung insoweit sinngemäß anwendbar, als sie keine Urkunde voraussetzen; nicht anwendbar sind daher die §§ 784, 785, 792 BGB. Eine mündliche *Annahme* kann aber nach §§ 780 BGB, 350 als Schuldversprechen wirksam sein, wenn die Annahme seitens des Angewiesenen Handelsgeschäft ist. Auch kann in der Annahme einer mündlichen Anweisung eine Erfüllungsübernahme (§ 329 BGB) oder ein Garantievertrag liegen.

b) *Die Anweisungsurkunde muß einem Dritten ausgehändigt sein.* Durch die Aushän- 6 digung wird der Anweisungsempfänger in die Lage versetzt, die Leistung im eigenen Namen auf Rechnung des Anweisenden beim Angewiesenen zu erheben. Die bloße Benachrichtigung des Empfängers genügt nicht. Auch muß er eine *bestimmte* Person sein; auf den Inhaber kann die Anweisung nicht lauten (RG JW 31, 3080). Keine Anweisung im Sinne der §§ 783 ff. BGB liegt vor, wenn die Urkunde dem Angewiesenen *unmittelbar* ausgehändigt wird, wie dies bei der Giroanweisung und der Postanweisung zutrifft (Anhang zu § 365 Anm. 18). Hier handelt es sich um Weisungen, die im Rahmen eines Geschäftsbesorgungsvertrages (§§ 675, 665 BGB) erteilt werden. Ist die Urkunde dem Angewiesenen zur Weitergabe an den Anweisungsempfänger ausgehändigt worden, so ist mit der Aushändigung der Urkunde an ihn eine echte Anweisung entstanden. Stets ist es nötig, daß der Anweisende *bei der Aushändigung* der Anweisung voll geschäftsfähig ist.

7 c) *Der Angewiesene muß Kaufmann sein.* Die Kaufmannseigenschaft kann auf §§ 1, 2, 3 Abs. 2 oder § 6 beruhen. Auch ein Gewerbetreibender, dessen Betrieb nach Art oder Umfang einen in kaufmännischer Weise eingerichteten Geschäftsbetrieb nicht erfordert (§ 4) besitzt sie. Aber auch ein Gewerbetreibender, dessen Gewerbe zwar kein Handelsgewerbe ist, dessen Firma aber im Handelsregister eingetragen ist, kann Angewiesener sein (§ 5). Streitig ist, ob auch eine Person, die zwar kein Kaufmann ist, aber im Verkehr als Kaufmann aufgetreten ist und sich redlichen Dritten gegenüber als Kaufmann behandeln lassen muß, Angewiesener sein kann. Da § 363 Abs. 1 *zwingend* die Kaufmannseigenschaft des Angewiesenen verlangt und insoweit Schutzcharakter hat, genügt das bloße Auftreten als Kaufmann nicht (Hueck ArchBürgR 43, 452; Canaris, Vertrauenshaftung im deutschen Privatrecht, 1971, § 16 I, § 22 V 2; a. M. Baumbach/Duden Anm. 1 B zu §§ 363–365). Eine indossable Anweisung liegt in diesem Fall nicht vor. Das schließt jedoch, wenn die Anweisung „indossiert" wird, eine Haftung des angewiesenen Scheinkaufmanns gegenüber dem redlichen „Indossatar" nicht aus (Hueck aaO; von Godin in RGR-Komm. z. HGB § 363 Anm. 22).

8 Der Angewiesene muß *zur Zeit der Begebung,* d.h. zur Zeit der Aushändigung der Anweisungsurkunde an den Anweisungsempfänger, *Kaufmann* sein. Es genügt nicht, daß er es zur Zeit der Ausstellung war oder es erst zur Zeit der Annahme oder Indossierung ist (Düringer/Hachenburg/Breit § 363 Anm. 3; von Godin in RGR-Komm. z. HGB § 363 Anm. 8). Verliert der Angewiesene die Kaufmannseigenschaft *nach* Aushändigung der Urkunde, so entfällt hierdurch nicht die Gültigkeit der kaufmännischen Anweisung. Dabei ist es unerheblich, ob der Angewiesene die Anweisung bereits *angenommen* hat oder nicht. – Der Anweisende und der Anweisungsempfänger brauchen keine Kaufmannseigenschaft zu besitzen. Weder die Anweisung noch deren Annahme müssen ein (§§ 783 ff. BGB) Handelsgeschäft sein.

Ist der Angewiesene kein Kaufmann, so liegt eine kaufmännische Anweisung nicht vor. Die Urkunde ist nicht indossabel. Sie ist eine bürgerlich-rechtliche Anweisung, die durch Vertrag, schriftliche Übertragungserklärung und Aushändigung der Urkunde übertragen wird. (§ 792 BGB).

9 d) Die Leistung muß *auf Geld, Wertpapiere oder andere vertretbare Sachen* gerichtet sein. Während der Wechsel und der Scheck stets auf eine Geldleistung gerichtet sein müssen, kann die kaufmännische Anweisung auch auf andere *vertretbare* Sachen lauten. Vertretbare Sachen sind nach § 91 BGB bewegliche Sachen, die im Verkehr nach Zahl, Maß oder Gewicht bestimmt sind. Danach könnte z.B. eine Anweisung auf 20 genau bestimmte Flaschen Wein lauten. Das widerspräche jedoch dem Sinn des Gesetzes. Entscheidend ist nicht, daß die Anweisung auf vertretbare Sachen, sondern auf Sachen lautet, die der *Gattung* nach bestimmt sind (Düringer/Hachenburg/Breit Vorbem. zu § 363 Anm. 22; von Godin in RGR-Komm. z. HGB § 363 Anm. 1 b; Ulmer S. 130). Auf individuell bestimmte, wenn auch vertretbare Sachen, kann eine Anweisung nicht lauten. Eine solche Anweisung kann durch Aufnahme der Orderklausel nicht indossabel werden. Aber auch die §§ 783 ff. BGB sind auf Speziesanweisungen nicht umittelbar anwendbar. Die §§ 784, 792 BGB passen nicht für die Annahme (RGZ 101, 298; RG JW 23, 500) und die Übertragung einer Speziesanweisung. Ihre rechtlichen Wirkungen lassen sich nur nach den allgemeinen Grundsätzen des bürgerlichen Rechts bestimmen. So kann die Speziesanweisung ihren Inhaber zur Empfangnahme legitimieren. Wird sie

Erster Abschnitt. Allgemeine Vorschriften   1. Abschn.   § 363

„angenommen", so kann darin die Begründung eines selbständigen Schuldversprechens (§ 780 BGB, § 350) liegen. Gegenstand einer echten Anweisung können nur Gattungssachen sein. Als *Wertpapiere* kommen nicht nur Inhaber- und Orderpapiere, sondern auch Rektapapiere in Betracht, jedenfalls dann, wenn es sich um massenhaft ausgegebene Urkunden handelt, die sich voneinander nur durch die Stücknummer unterscheiden, z. B. Namens-Kommunalobligationen.

e) Die Leistung darf in der Urkunde *nicht von einer Gegenleistung abhängig* gemacht   **10**
werden. Dadurch unterscheidet sich die kaufmännische von der bürgerlich-rechtlichen Anweisung. Eine kaufmännische Anweisung liegt daher nicht vor, wenn ein Kaufmann in der Urkunde angewiesen wird, an einen Dritten 100 Zentner Roggen gegen Zahlung einer bestimmten Geldsumme zu leisten. Die kaufmännische Anweisung gleicht insofern dem Wechsel und dem Scheck. Zulässig ist jedoch auch bei der kaufmännischen Anweisung die Vereinbarung, daß der Angewiesene nur Zug um Zug gegen Empfang der Gegenleistung leisten soll, wenn diese Beschränkung der Ermächtigung nicht in die Urkunde aufgenommen wird. Soll der Angewiesene nur gegen *Vorlegung* gewisser Urkunden leisten, so wird dadurch die Leistung nicht von der Bewirkung einer „Gegenleistung" abhängig. In der Regel wird die kaufmännische Anweisung *unbedingt* sein; sie kann jedoch auch nach dem Inhalt der Urkunde bedingt sein oder von einer Zeitbestimmung abhängen. Abs. 1 schließt nur die Abhängigkeit der Leistung von der Bewirkung einer Gegenleistung aus.

f) *Die Anweisungsurkunde kann an Order lauten.* Nicht nötig ist es, daß die Orderklau-   **11**
sel dem Namen des Anweisungsempfängers in der ausdrücklichen Form „an Order" beigefügt ist. Andere Ausdrücke gleicher Bedeutung genügen, wenn nur aus der Urkunde erkennbar ist, daß die Leistung an jeden durch Indossament ausgewiesene Gläubiger erfolgen soll (z. B. an NN oder sonstigen getreuen Inhaber, vgl. ROHG 23, 293). Auch die Klausel, „das Papier ist durch Indossament übertragbar", genügt (Düringer/Hachenburg/Breit § 363 Anm. 13; Ulmer S. 25). Zulässig ist ferner im Gegensatz zur bürgerlich-rechtlichen Anweisung das Stellen *an eigene Order* (RG SeuffA 84 Nr. 30; RG JW 30, 1376; Düringer/Hachenburg/Breit § 363 Anm. 13; von Godin in RGR-Komm. z. HGB § 363 Anm. 1a); jedoch liegt dann eine kaufmännische Anweisung erst vor, wenn die Urkunde indossiert und einem Dritten ausgehändigt wird. Fehlt die Orderklausel, so finden nur die für die bürgerlich-rechtliche Anweisung geltenden Vorschriften der §§ 783 ff. BGB Anwendung. Diese setzen drei in dem Anweisungsgeschäft miteinander verbundene Personen voraus: den Anweisenden, den Anweisungsempfänger und den Angewiesenen. Bei der bürgerlich-rechtlichen Anweisung, die nur eine Übertragung der Rechte des Anweisungsempfängers durch Abtretung (§ 792 BGB), nicht aber eine Übertragung durch Indossament kennt, ist daher die Ausstellung an die eigene Order des Anweisenden nicht zulässig.

2. Wirkung der kaufmännischen Anweisung

Die kaufmännische Anweisung kann *indossiert* werden (Anm. 2–6 zu § 364). Hierin   **12**
liegt der Unterschied zur bürgerlich-rechtlichen Anweisung, die nur gemäß § 792 BGB übertragen wird. Indossabel ist jedoch die kaufmännische Anweisung nur, wenn alle ihre oben erörterten gesetzlichen Voraussetzungen vorliegen (RGZ 71, 30).

§ 363   1. Abschn.   *Drittes Buch. Handelsgeschäfte*

13   Die Anweisung als solche schafft für den Angewiesenen keinen Verpflichtungsgrund, und zwar auch dann nicht, wenn der Angewiesene Schuldner des Anweisenden ist (§ 787 Abs. 2 BGB). Eine Verpflichtung müßte besonders vereinbart sein. Ein berechtigender Vertrag zugunsten des Anweisungsempfängers kann nur in Ausnahmefällen vorliegen (vgl. für Scheck BGHZ 3, 241). Wohl aber kann die kaufmännische Anweisung ebenso wie eine bürgerlich-rechtliche Anweisung *angenommen* werden (§ 784 BGB). Die Annahme muß durch einen schriftlichen Vermerk auf der Anweisung erfolgen (§ 784 Abs. 2 BGB). Eine mündliche Annahme oder eine schriftliche, jedoch nicht auf der Anweisungsurkunde stehende Annahme würde keine Annahme im Sinne des § 784 BGB sein. Die Wirkung einer mündlichen Annahmeerklärung bestimmt sich nach allgemeinen Rechtsgrundsätzen. Unter Umständen kann in der mündlichen Annahme ein selbständiges Schuldversprechen (§ 780 BGB) liegen, sofern das Versprechen auf seiten des „Annehmenden" ein Handelsgeschäft ist (§ 350).

Die *Annahme* der Anweisung begründet eine *selbständige Verpflichtung* des Angewiesenen, die vom Grundgeschäft unabhängig ist (RGZ 144, 337). Einwendungen kann der Annehmer gegenüber dem Anweisungsempfänger nur nach Maßgabe des § 784 Abs. 1 BGB geltend machen. – Der *Widerruf* der Anweisung bestimmt sich nach § 790 BGB. Während die Annahme der Anweisung ihre Unwiderruflichkeit zur Folge hat, gilt dieses nicht für die Indossierung.

14   Kaufmännische Anweisungen sind keine vertretbaren Wertpapiere. Sie werden daher *depotrechtlich* nicht geschützt (§ 1 DepG; Quassowski/Schröder Anm. 3 zu § 1 DepG; Opitz Anm. 3 zu § 1 DepG).

3. Wirtschaftliche Bedeutung der kaufmännischen Anweisung

15   Die kaufmännische Anweisung spielt als *Geldanweisung* so gut wie keine Rolle. Für Geldanweisungen sind allein der Wechsel und der Scheck gebräuchlich. Ist jedoch ein Wechsel oder Scheck wegen Fehlens wesentlicher Bestandteile nichtig (Art. 2 Abs. 1 WG; Art. 2 Abs. 1 SchG), so taucht die Frage auf, ob ein formnichtiger Wechsel oder Scheck in eine bürgerlich-rechtliche oder kaufmännische Anweisung umgedeutet werden kann, wenn er den Erfordernissen dieser Urkunden entspricht, insbesondere ob ein akzeptierter formnichtiger Wechsel nicht als eine akzeptierte kaufmännische Anweisung anzusehen ist. Eine solche Umdeutung ist an sich möglich, sofern die Voraussetzungen der Anweisung vorliegen, bei einer kaufmännischen Anweisung also der Bezogene Kaufmann ist und die Urkunde eigenhändig vom Aussteller unterschrieben ist (Anm. 5). Daher können Schecks mit faksimilierter Ausstellungsunterschrift nicht als kaufmännische Anweisungen aufrechterhalten werden (Sprengel MDR 57, 555). Eine Umdeutung setzt nach § 140 BGB nicht nur voraus, daß der nichtige Wechsel oder Scheck den Voraussetzungen einer Anweisung entspricht, sondern daß außerdem eine Anweisung bei Kenntnis der Nichtigkeit von den Beteiligten gewollt ist. Nach der Auffassung des Reichsgerichts (RG JW 30, 1377; 35, 1778) widerspricht es von vornherein der Verkehrsanschauung, einen nichtig gezogenen Wechsel als anderes Rechtsgeschäft aufrechtzuerhalten. Es sei in den allerseltensten Fällen anzunehmen, daß die Beteiligten bei Kenntnis der Nichtigkeit des beabsichtigten Wechsel- oder Scheckvertrages ein anderes Rechtsgeschäft mit minder strengen Folgen für den Verpflichteten und minderen Befugnissen für den Berechtigten abgeschlossen hätten. Würden die Parteien die abstrakte

Verpflichtung in der Form der Annahme, Ausstellung oder Indossierung eines gezogenen Wechsels wählen, so würden sie in aller Regel nur eine wechselmäßige Verpflichtung eingehen und wechselmäßige Rechte erwerben wollen, da ihren wirtschaftlichen und rechtlichen Interessen nur im Rehmen der Wechselverpflichtung und nicht auf irgendwelche sonstige Weise gedient werde. Diese Auffassung stellt indessen zu hohe Anforderungen an eine Umdeutung nach § 140 BGB; sie führt im praktischen Ergebnis dazu, jede Umdeutungsmöglichkeit bei Tratten zu verneinen. Es kommt auch nach § 140 BGB weniger auf den vorhandenen als *auf den mutmaßlichen Willen* an. Im Schrifttum wird daher, meist im Gegensatz zu der reichsgerichtlichen Rechtsprechung, die Möglichkeit einer Umdeutung in weiterem Umfang bejaht (Baumbach/Hefermehl WG Art. 2 Anm. 9 ff.; Rehfeldt/Zöllner S. 36; Hueck S. 40; Quassowski/Albrecht Anm. 4 zu Art. 2 WG; Ulmer S. 196 Anm. 35; Reinicke DB 60, 1028; a. M. RG JW 30, 1377; 35, 1778; Knur/Hammerschlag WG Art. 1 Anm. 1). Nicht läßt sich ein präjudizierter Wechsel oder Scheck in eine kaufmännische Anweisung umdeuten; das wäre mit Art. 43, 44 WG unvereinbar (BGHZ 3, 239; Baumbach/Hefermehl aaO Anm. 12). Zur Umdeutung eines nichtigen Wechsels oder Schecks in einen kaufmännischen Verpflichtungsschein s. Anm. 34.

Als *Waren- oder Effektenanweisung* kommt der kaufmännischen Anweisung im Wirtschaftsleben große Bedeutung zu. Zu erwähnen sind vor allem der *Lieferschein* und der *Effektenscheck*.

a) Lieferschein

16 Lagerscheine (Anm. 45) sind nur *indossabel,* wenn sie von einem zur Ausstellung von Orderlagerscheinen staatlich ermächtigten Lagerhalter ausgestellt werden (§ 363 Abs. 2). Wegen dieser Beschränkung hat sich im Handelsverkehr ein Papier entwickelt, das bis zu einem gewissen Grade die Funktion des Lagerscheins erfüllen kann. Das ist der *Lieferschein,* der jedoch nicht wie ein Lagerschein vom Lagerhalter ausgestellt wird. Mit einem Lieferschein weist vielmehr der *Verkäufer,* der Waren eingelagert hat, den Lagerhalter (oder Spediteur) an, die eingelagerten Waren dem *Käufer* oder dem sonst Berechtigten auszuhändigen. Dieser ist dann ermächtigt, die Leistung von dem Lagerhalter in Empfang zu nehmen. Einlagerer kann auch ein *Lieferant* des Verkäufers sein, der den Lagerhalter anweist, die Waren dem Verkäufer auszuhändigen, der dann seinerseits den Lieferschein seinem Käufer aushändigt oder einen neuen Lieferschein auf den Lagerhalter ausstellt. Weiter kann der Verkäufer seinen Lieferanten durch Lieferschein anweisen, dem Käufer die verkauften Waren auszuhändigen. Ist der Verkäufer ein Großhändler oder Hersteller mit eigenem Lager, so kann er durch Lieferschein auch sich selbst anweisen, d. h. das eigene Lager oder die eigene Lieferstätte. Der Lieferschein dient in seinen vielfältigen Verwendungsformen (Heynen aaO S. 28 ff.) der Vereinfachung und Verbilligung des Warenumsatzes. Er kann ferner auch zu Kreditzwecken verwendet werden, insbesondere zur Verpfändung. Scharf zu trennen von der Lieferschein-Anweisung ist der über eine erfolgte Lieferung ausgestellte Lieferschein; er erfüllt lediglich Beweiszwecke.

17 Lautet der Lieferschein auf Waren, die der *Gattung* nach bestimmt sind (Anm. 9), so ist er eine kaufmännische *Anweisung,* wenn der Angewiesene Kaufmann ist, die Leistung nicht von einer Gegenleistung abhängt und die Urkunde die Orderklausel trägt (RGZ

§ 363 1. Abschn. *Drittes Buch. Handelsgeschäfte*

101, 297ff.; von Godin in RGR Komm. z. HGB Anm. 18a; Hueck S. 107f.; Ulmer AcP 126, 132; Recke aaO S. 25). Nur dann ist der Lieferschein als Orderpapier *indossabel*. Meist wird der Empfang der Ware von der Zahlung des Kaufpreises abhängig sein (Klausel: „Kasse gegen Lieferschein"). Dann kann nur eine *bürgerlich-rechtliche* Anweisung vorliegen (BGHZ 6, 378 ff. für Kassalieferschein).

18 Lautet der Lieferschein auf eine *bestimmte Sache* oder eine bestimmte Warenpartie, die bei einem Lagerhalter eingelagert ist, so handelt es sich um keine *echte* Anweisung im Sinne der §§ 783 ff. BGB. Doch können auch auf solche Anweisungen im weiteren Sinne die §§ 783 ff. BGB insoweit entsprechende Anwendung finden, als sie nicht auf die Vertretbarkeit des Anweisungsgegenstandes abstellen (BGH WM 71, 742/743; Ulmer AcP 126, 149ff.). Auch ein solcher Lieferschein kann seine wirtschaftliche Funktion, den Warenumsatz zu erleichtern, erfüllen. Als Kassalieferschein kann er die Zug-um-Zug-Zahlungsklausel enthalten (BGHZ 6, 383). Auch wenn in dem Lieferschein der Empfangsberechtigte *namentlich* genannt ist, kann er mit der Maßgabe ausgehändigt werden, daß die in ihm versprochene Leistung *an jeden Inhaber* bewirkt werden kann (BGHZ 9, 334 – Landabsatzscheine).

19 Eine besondere Art des Lieferscheins hat sich für Massengüter im Seerecht entwickelt, der sog. *Konnossementsteilschein* (Liesecke, Seehandelsrecht § 648 Anm. 13ff.; Prüssmann, Seehandelsrecht, 1968, § 648 HGB zu F; Heynen aaO S. 33 ff.). Die Anweisung ist auf Herausgabe eines *Teiles* der im Konnossement genannten Waren gerichtet. Seine Verwendung ist vielfältig. Aussteller des Konnossementsteilscheins können außer dem Inhaber des Konnossements auch der Verfrachter, der Schiffer, der Reeder oder ein Schiffsmakler sein. Auch zu Kreditzwecken wird der Konnossementsteilschein verwendet.

20 Ist der Lieferschein als kaufmännische Anweisung ein *Orderpapier,* so bietet er, wenn der Angewiesene die Anweisung auch *angenommen* hat, einen fast vollkommenen Ersatz für einen Lagerschein. Auch bei einem Lieferschein kann der Angewiesene gegenüber dem Begünstigten nur solche Einwendungen geltend machen, die die Gültigkeit der Annahme betreffen oder sich aus dem Inhalt der Urkunde ergeben oder dem Angewiesenen unmittelbar gegen den Anweisungsempfänger zustehen (§ 784 BGB). Lautet der Lieferschein nicht auf die Lieferung einer Gattungsware, so ist er keine echte Anweisung (Anm. 18), der Angewiesene kann den Lieferschein nicht nach § 784 BGB annehmen. Seine Annahmeerklärung kann aber nach Lage der Dinge als abstraktes *Schuldversprechen* (§ 780 BGB) gewertet werden, verbunden mit einem Verzicht auf die Geltendmachung von Einwendungen, die aus den Beziehungen zu einem Vormann stammen (so auch von Godin in RGR-Komm. z. HGB § 363 Anm. 18a; Heynen aaO S. 57ff.).

21 In einem wichtigen Punkt besteht ein grundsätzlicher *Unterschied* zwischen Lieferschein und Lagerschein. Dieser ist als Orderlagerschein, der auf eine bestimmte eingelagerte Ware lautet, auch **Traditionspapier** (§ 424). Der Berechtigte kann durch Übereignung des Lagerscheins zugleich das Eigentum an der eingelagerten Ware übertragen. Der Lieferschein ist dagegen kein Traditionspapier. Eine Übereignung der eingelagerten Ware ist nur durch Einigung und Abtretung des Herausgabeanspruchs (§§ 929, 931 BGB) möglich. Auch läßt sich in der *Begebung* eines Lieferscheins allein noch nicht eine Übereignung der eingelagerten Waren erblicken. Diesen Standpunkt haben auch Rechtsprechung und Schrifttum überwiegend eingenommen (BGH WM 71, 742/743; RGZ

49,97; 103,151, RG JW 28, 237; 31, 3079; OLG Hamburg HansRZ 1920 Nr. 103; 1921 Nr. 102; von Godin in RGR-Komm. z. HGB § 363 Anm. 18 a; Recke aaO. S. 39 ff.; Heynen aaO. S. 34; Düringer/Hachenburg/Breit § 363 Anm. 15; teilweise abweichend Heuer Verkehrsrechtl. Rundschau 28 Sp. 268). Eine Übereignung nach §§ 929, 931 BGB ist nur anzunehmen, wenn zusätzlich zu der Übergabe des Lieferscheins noch besondere Umstände hinzutreten, die als Ausdruck des Übereignungswillens gewertet werden können (BGH WM 71, 742/743). Während die Übergabe eines Frachtbriefduplikats mit der Klausel „Kasse gegen Duplikatfrachtbrief" im Hinblick auf § 72 Abs. 7 EVO als Übereignung nach §§ 929, 931 BGB angesehen wird (RGZ 102, 96; von Godin aaO; a. M. Recke aaO.), ist diese Wirkung bei der Übergabe eines Lieferscheins und der Vereinbarung „Kasse gegen Lieferschein" noch nicht anzunehmen (Heynen aaO. S. 135 ff.). Die Weitergabe eines Lieferscheins an den Käufer schließt Verfügungen des Verkäufers über die Ware nicht aus. Eine Übereigung kann aber vorliegen, wenn dem Käufer der Lieferschein gegen Zahlung des Kaufpreises ausgehändigt wird. Gleiches kann auch bei Übergabe eines Konnossementsteilscheins anzunehmen sein, da dieser das Konnossement vertreten soll; doch muß es sich dann im Besitz des Verfrachters befinden (Hamburg OLG 10, 409; Heynen aaO. S. 134). Auch wenn der Aussteller oder Übersender des Lieferscheins den Lagerhalter ausdrücklich anweist, nunmehr die Ware für den Käufer zu lagern oder ihn künftig als Eigentümer anzusehen, kann in der Übergabe des Lieferscheins konkludent die Abtretung des Herausgabeanspruchs zum Zweck der Eigentumsverschaffung liegen (RGZ 49, 97). Befinden sich die zu übereignenden Waren *unausgesondert* mit anderen Waren bei einem Lagerhalter in Sammelverwahrung, so kann, wenn deutliche Anzeichen für einen Übereignungswillen gegeben sind, in der Aushändigung des Lieferscheins an den Käufer höchstens die Übertragung oder Begründung von *Miteigentum* am Sammelbestand liegen (§§ 1008 ff., 741 ff. BGB; § 419 Abs. 2 HGB; BGH LM § 407 BGB Nr. 7).

b) Wertpapierscheck (Effektenscheck)

22 Der Giroverkehr in Effekten, der in Deutschland zuerst von der Bank des Berliner Kassenvereins entwickelt wurde, ermöglicht im Zusammenhang mit der *Sammelverwahrung* (Anhang nach § 424) die *stücklose* Lieferung von vertretbaren Wertpapieren. Der Effektenscheck ist daher der *Lieferschein* des Effekten-Giroverkehrs. Da er nicht auf eine bestimmte Geldsumme lautet, sondern auf die Leistung vertretbarer Wertpapiere gerichtet ist, ist er kein *Scheck* im Rechtssinne (Baumbach/Hefermehl aaO SchG Einl. Anm. 4). Ob der Wertpapierscheck eine *Anweisung* i. S. der §§ 783 ff. BGB ist, hängt davon ab, ob er einem Dritten als Empfänger ausgehändigt wird. Wird der Wertpapierscheck unmittelbar einer Depotbank ausgehändigt, so handelt es sich um Weisung im Rahmen eines Geschäftsbesorgungsvertrages (§§ 675, 665 BGB), nicht um eine Anweisung im Rechtssinne. Als echte Anweisung trägt der Wertpapierscheck nur selten die Orderklausel; er wäre dann eine kaufmännische Anweisung und als solche nicht nur akzeptabel, sondern auch indossabel.

23 Die *Sammelverwahrung* ist in den §§ 5 ff. DepG geregelt. Ein Verwahrer (Depotbank) darf die ihm von Kunden übergebenen vertretbaren Wertpapiere nur dann in Sammelverwahrung nehmen oder einem Dritten zur Sammelverwahrung anvertrauen, wenn ihn der Hinterleger hierzu ausdrücklich und schriftlich *ermächtigt* hat (§ 5 DepG). Gewöhn-

§ 363 1. Abschn.   *Drittes Buch. Handelsgeschäfte*

lich nehmen Kreditinstitute die ihnen zur Verwahrung anvertrauten Wertpapiere nicht in Haussammelverwahrung, sondern übergeben sie einer *Wertpapiersammelbank,* die sie gattungsmäßig geordnet verwahrt. Wertpapiersammelbanken sind die an allen Börsenplätzen befindlichen *Kassenvereine* (Anhang nach § 424 Anm. 37 f.). Mit dem Zeitpunkt des *Eingangs* der Wertpapiere beim Sammelverwahrer entsteht für den bisherigen Eigentümer *Miteigentum* nach Bruchteilen an den zum Sammelbestand des Verwahrers gehörenden Wertpapieren derselben Art.

24   Durch *Wertpapierschecks* kann der Kunde über die ihm gutgeschriebenen Sammelbestandteile und damit über einen bestimmten Wertpapierbetrag verfügen. Die Verfügung richtet sich nach den *Geschäftsbedingungen* der Deutschen Kassenvereine (Fassung Januar 1964). Danach kann über Sammelbestandteile nur mit weißen, roten oder grünen Wertpapierschecks verfügt werden (§§ 27 ff. AGB). *Weiße* werden zur *Auslieferung* von von Wertpapieren aus dem Sammelbestand verwendet; *rote* dienen zur *Übertragung* von Sammelbestandanteilen vom Konto des Ausstellers auf das Konto des begünstigten Empfängers. Auf diese Weise wird eine *stückelose* Verfügung über Sammelbestandanteile bewirkt, die sich durch eine bloße *Umbuchung* auf den beiden Konten vollzieht. Auch wenn sich das zu belastende und das zu erkennende Konto bei *verschiedenen* Kassenvereinen befinden, läßt sich, da die einzelnen Kassenvereine auch untereinander Sammeldepotkonten unterhalten, eine Verfügung ohne effektive Übertragung im Wertpapier-Ferngiroverkehr durchführen. Die Verfügung erfolgt durch Wertpapierfernschecks (§ 31 AGB der Kassenvereine). *Grüne* werden zur Verpfändung von Sammelbestandanteilen verwendet.

25   In den ersten Jahren nach dem Kriege konnte ein *stückeloser* Giroverkehr in Effekten nicht stattfinden, da der größte Teil des bei der Deutschen Reichsbank als alleiniger Wertpapiersammelbank des Reiches konzentrierten Wertpapierbestandes verlorengegangen war. Erst durch das Wertpapierbereinigungsgesetz vom 19. August 1948 (WiGBl 48, 295) sind allmählich wieder die Voraussetzungen für einen stückelosen Verkehr geschaffen worden (Anhang nach § 424). Anfang 1950 wurde zunächst ein Treuhandgiroverkehr in *Zuteilungsrechten* über die neu ins Leben gerufenen Kassenvereine abgewickelt. An Stelle der sonst üblichen Effekten wurden *Sammelurkunden* von den Gesellschaften ausgegeben, die ein Anrecht auf die später auszugebenden Effekten gewährten. Heute findet ein stückeloser Giroverkehr in Effekten wieder unbeschränkt statt. Die technische Abwicklung obliegt den *Kassenvereinen* als Wertpapiersammelbanken (Anm. 24).

II. Kaufmännischer Verpflichtungsschein

1. Die einzelnen Voraussetzungen

26   Der kaufmännische Verpflichtungsschein ist eine Urkunde, in der sich ein *Kaufmann* verpflichtet, *Geld, Wertpapiere oder andere vertretbare Sachen einem anderen zu leisten,* ohne daß die Leistung in der Urkunde von einer Gegenleistung abhängig gemacht ist (Abs. 1 Satz 2). Die Angabe des *Schuldgrundes* schadet nicht (RGZ 44, 230; Düringer/Hachenburg/Breit Anm. 17 zu § 363; von Godin in RGR-Komm. z. HGB § 363 Anm. 19); unzulässig ist nur die Gegenleistungsklausel. Streitig ist, ob die in einem kaufmännischen Verpflichtungsschein eingegangene Verpflichtung wie eine Wechsel-

verpflichtung *notwendig abstrakt* ist, so daß der Bestand der Verpflichtung von dem zugrundeliegenden kausalen Schuldverhältnis unabhängig ist. Für diese Annahme besteht im Gegensatz zum selbständigen Schuldanerkenntnis oder Schuldversprechen der §§ 780, 781 BGB weder nach der Fassung des Abs. 1 Satz 2 noch nach seinem Zweck ein Anhaltspunkt. Das Gesetz will den Kaufmann nicht zwingen, eine abstrakte Verpflichtung einzugehen. Auch wird dadurch die Indossabilität eines an Order lautenden kaufmännischen Verpflichtungsscheins nicht beeinträchtigt. Die Angabe des Schuldgrundes hat allein Bedeutung für die Geltendmachung von Einwendungen und Einreden (§ 364 II). Der kaufmännische Verpflichtungsschein braucht demnach *nicht abstrakt* zu sein (Rehfeldt/Zöllner § 25 III 1; Hueck aaO S. 108; Ulmer aaO S. 25; a. M. Koenige Anm. 3 zu § 363). Enthält er die Angabe des Schuldgrundes, so ist er im Zweifel ein *kausales* Papier. Der Schuldner kann die Einwendungen und Einreden aus dem Kausalverhältnis unmittelbar geltend machen, ohne daß die Voraussetzungen eines Bereicherungsanspruchs gegeben sein müssen (§ 812 Abs. 2 BGB). Gewöhnlich wird allerdings der kaufmännische Verpflichtungsschein den Schuldgrund nicht enthalten. Dann liegt zugleich ein *abstraktes* Schuldversprechen im Sinne der §§ 780, 781 BGB vor. Nach § 350 bedarf das Schuldversprechen oder Schuldanerkenntnis eines Kaufmanns nicht der Schriftform. Indossabel als kaufmännischer Verpflichtungsschein kann aber nur das *schriftliche* Versprechen oder das schriftliche Anerkenntnis eines Kaufmanns sein. Im einzelnen müssen folgende Voraussetzungen vorliegen:

a) *Eine schriftliche Verpflichtungserklärung.* Ein bloßes Empfangsbekenntnis oder ein Bestätigungsschreiben genügt nicht. Der von einer Bank mit Orderklausel ausgestellte Depotschein über die Hinterlegung einer Anzahl von Wertpapieren ist kein indossabler kaufmännischer Verpflichtungsschein, sondern nur eine Quittungs- und Legitimationsurkunde (RGZ 118, 34). Die Orderklausel allein kann die Verpflichtungserklärung nicht ersetzen (RGZ 119, 119). Die Verpflichtung muß ferner *schriftlich* erklärt sein. Streitig ist ob auch eine faksimilierte Unterschrift zulässig ist. Die Frage ist von besonderer Bedeutung für die Ausgabe von Industrieobligationen. Nach § 793 Abs. 2 Satz 2 BGB genügt bei Inhaberschuldverschreibungen zur Unterzeichnung eine im Wege mechanischer Vervielfältigung hergestellte Namensunterschrift (Faksimile). Gleiches gilt nach § 13 AktG für die Unterzeichnung von Aktien und Zwischenscheinen. Dagegen würde nach § 126 BGB die vervielfältigte Unterschrift nicht genügen. RG GruchBeitr. 55, 826 hat daher eine Orderschuldverschreibung mit faksimilierter Unterschrift als ungültig angesehen. Diese strenge Auffassung ist mit den Bedürfnissen des Verkehrs nicht vereinbar. Auf die bei Anleiheemissionen erfolgende massenweise Ausgabe von Orderteilschuldverschreibungen ist eine entsprechende Anwendung des § 793 Abs. 2 BGB geboten, zumal § 363 Abs. 1 die Schriftform als solche nicht vorschreibt (Ulmer aaO S. 31; Baumbach/Duden Anm. 1 C zu §§ 363–365; Düringer/Hachenburg/Breit Anm. 23 zu § 363). Aber selbst wenn man die gesetzliche Schriftform in Sinne des § 126 BGB für den kaufmännischen Verpflichtungsschein verlangt, ist sie nach § 350 entbehrlich, wenn der Aussteller *Kaufmann* ist (RGZ 74, 340); ein solcher Verpflichtungsschein wäre allerdings *nicht* indossabel.

b) *Der sich verpflichtende Aussteller muß Kaufmann sein.* Die Kaufmannseigenschaft kann auf §§ 1, 2 oder § 3 Abs. 2 beruhen. Auch ein Gewerbetreibender, dessen Betrieb nach Art oder Umfang einen in kaufmännischer Weise eingerichteten Geschäftsbetrieb nicht erfordert, besitzt sie (§ 4). Aber auch ein Gewerbetreibender, dessen Gewerbe zwar kein Handelsgewerbe ist, dessen Firma aber im Handelsregister eingetragen ist, kann Aussteller sein (§ 5). Streitig ist, ob auch eine Person, die kein Kaufmann ist, aber im Verkehr als Kaufmann aufgetreten ist und sich redlichen Dritten gegenüber als Kaufmann behandeln lassen muß, Aussteller eines kaufmännischen Verpflichtungsscheins sein kann. Da § 363 Abs. 1 *zwingend* die Kaufmannseigenschaft des Ausstellers verlangt und insoweit Schutzcharakter hat, genügt das bloße Auftreten als Kaufmann nicht (Hueck ArchBürgR 43, 452; Canaris, Vertrauenshaftung im deutschen Privatrecht, 1971, § 16 I, § 22 V 2; Düringer/Hachenburg/Breit § 363 Anm. 20; a. M. von Godin in RGR-Komm. z. HGB § 363 Anm. 22). Die Scheinkaufmannseigenschaft wirkt grundsätzlich nur zuungunsten, nicht zugunsten des Scheinkaufmanns. Die Rechte, die mit der Schaffung eines indossablen Papieres verbunden sind, kann sich der Scheinkaufmann nicht selbst verschaffen. Hat der Scheinkaufmann den Verpflichtungsschein begeben, so *haftet* er nach allgemeinen Grundsätzen dem Nehmer und den redlichen Indossataren.

29 *Der Aussteller muß zur Zeit der Begebung Kaufmann sein.* Es genügt nicht, daß er es zur Zeit der Ausstellung war, oder er es erst zur Zeit der Indossierung ist. Verliert der Aussteller die Kaufmannseigenschaft *nach* Aushändigung der Urkunde, so wird dadurch die Gültigkeit der kaufmännischen Anweisung nicht aufgehoben. Der Empfänger der Urkunde sowie der Indossatar brauchen nicht Kaufleute zu sein. Auch ist es nicht nötig, daß die Ausstellung oder die Begebung des kaufmännischen Verpflichtungsscheines ein Handelsgeschäft ist. Ein kaufmännischer Verpflichtungsschein liegt daher auch vor, wenn sich entgegen der Vermutung des § 344 Abs. 2 aus der Urkunde ergibt, daß er nicht im Betrieb des Handelsgewerbes ausgestellt worden ist (so auch Düringer/Hachenburg/Breit Anm. 20 zu § 363; a. M. von Godin in RGR-Komm. z. HGB § 363 Anm. 22).

30 c) *Die Leistung muß auf Geld, Wertpapiere oder andere vertretbare Sachen gerichtet sein.* Es kann insoweit auf die Ausführungen zur kaufmännischen Anweisung (Anm. 9) verwiesen werden.

31 d) *Die Leistung muß in der Urkunde unabhängig von einer Gegenleistung sein.* Es kann insoweit auf die Ausführungen zur kaufmännischen Anweisung (Anm. 10) verwiesen werden. Kein kaufmännischer Verpflichtungsschein liegt daher vor, wenn es z. B. in der Urkunde heißt: „Wir halten für Sie oder Ihre Order die der Firma F... in Höhe von 2 Millionen Goldmark Pfandbriefen bewilligte Hypothekenvaluta abzüglich der uns vertraglich zustehenden Provision, Stempel und Spesen, sobald die Valuta zur Auszahlung gelangen kann, zu Ihrer freien unwiderruflichen Verfügung" (RGZ 119, 120). Notwendig ist, daß die Leistung *von der Vorlage der Urkunde* abhängig ist; sonst wäre die Urkunde kein Wertpapier.

32 e) *Der Verpflichtungsschein kann an Order lauten.* Die Orderklausel kann z. B. lauten „an Herrn A. oder seine Order" oder „an die Order von Herrn A." – Notwendig ist ferner, daß der Berechtigte in der Urkunde *mit seinem Namen oder seiner Firma* genau bezeichnet ist. Ist der Berechtigte nicht bezeichnet, so ist der Verpflichtungsschein kein Orderpapier (RG JW 31, 3079). Ob es ein gültiges Inhaberpapier im Sinne der §§ 793 ff. BGB ist, hängt davon ab, ob die staatliche Genehmigung nach § 795 BGB erteilt worden ist. – Zulässig ist es auch, einen kaufmännischen Verpflichtungsschein an *eigene Order* zu stellen (Düringer/Hachenburg/Breit Anm. 22; von Godin in RGR-Komm. z. HGB § 363 Anm. 28; a.M. Quassowski/Albrecht Anm. 7 zu Art. 75 WG). Eine Verpflichtung aus der Urkunde entsteht dann aber erst bei Weiterindossierung.

Ist der Aussteller kein Kaufmann, so kann die Urkunde durch die Orderklausel nicht zu einem echten Orderpapier werden. Anzuwenden sind die für einfache Orderpapiere geltenden Grundsätze (Anm. 60, 61).

2. Wirkung des kaufmännischen Verpflichtungsscheins

Der kaufmännische Verpflichtungsschein kann, wenn die obigen Voraussetzungen (Anm. 26–32) vorliegen, *indossiert werden*. Über die Wirkung des Indossaments vgl. die Erläuterungen zu §§ 364, 365. Ein *Rückgriffsrecht* gegen den Indossanten *besteht nicht;* nur der Aussteller haftet. Art. 15 WG wird in § 365 Abs. 1 nicht für anwendbar erklärt. Fehlt die Orderklausel oder fehlen sonstige Voraussetzungen für die Indossabilität des kaufmännischen Verpflichtungsscheins, so kann die in der Urkunde verbriefte Forderung nur wie eine *gewöhnliche Forderung* abgetreten werden. Es gelten die §§ 398 ff. BGB, insbesondere stehen dem Aussteller gegen den Inhaber der Urkunde alle Einwendungen zu, die er gegenüber den Vormännern hatte (§ 404 BGB). Nach § 405 BGB kann sich aber der Aussteller gegenüber dem neuen Gläubiger nicht darauf berufen, daß die Eingehung oder Anerkennung des Schuldverhältnisses nur zum Schein erfolgt oder daß die Abtretung durch Vereinbarung mit dem ursprünglichen Gläubiger ausgeschlossen sei, es sei denn, daß der neue Gläubiger bei der Abtretung den Sachverhalt kannte oder kennen mußte. Ist der kaufmännische Verpflichtungsschein echtes *Orderpapier,* so wird die verbriefte Forderung durch Übereignung der indossierten Urkunde übertragen. Möglich wäre es auch in diesem Falle, die verbriefte Forderung nach Zessionsrecht (§§ 398 ff. BGB) zu übertragen; doch ist dies nicht üblich.

33

3. Wirtschaftliche Bedeutung des kaufmännischen Verpflichtungsscheins

Dem kaufmännischen Verpflichtungsschein kommt im Wirtschaftsleben eine größere Bedeutung als der kaufmännischen Anweisung zu. So kann ein wegen Formmangels nichtiger Wechsel unter den Voraussetzungen des § 140 BGB in einen kaufmännischen Verpflichtungsschein umgedeutet werden. Eine derartige Umdeutung wird jedoch in der Regel nur bei ungültigen *eigenen* Wechseln möglich sein (RGZ 48, 223 ff.; 136, 210; RG JW 30, 1376; RG SeuffA 89 Nr. 140; v. Godin Anm. 20 zu § 363; Baumbach/Hefermehl Anm. 14 zu Art. 2 WG; Hueck aaO S. 37; Ulmer aaO S. 196; a.M. Düringer/Hachenburg/Breit Anm. 19 zu § 363). Bei einer ungültigen Tratte kommt unter Umständen die Umdeutung in eine Anweisung in Betracht (Anm. 15). Nach RGZ 136, 210 (ebenso BGH WM 55, 1324) soll sich bei einem ungültigen gezogenen Wechsel aus der Akzeptunterschrift weder ein Schuldversprechen noch eine sonstige Verpflichtungserklärung entnehmen lassen. Diese auf Art. 21 Abs. 4 der alten WO beruhende Rechtsprechung ist jedoch mit Art. 28, 29 WG nicht mehr vereinbar. Nach diesen Vorschriften liegt in der Annahme, die nicht schon mit der Niederschrift bindend wird, das abstrakte Versprechen des Bezogenen, die Wechselsumme einschließlich der etwa bedungenen Zinsen, am Verfalltage zu bezahlen (Baumbach/Hefermehl Anm. 11 zu Art. 2 WG; Quassowski/Albrecht Anm. 3 zu Art. 28 WG). Unter den Voraussetzungen des § 140 BGB kann daher

34

§ 363 1. Abschn.   *Drittes Buch. Handelsgeschäfte*

auch die Akzeptunterschrift auf einer formnichtigen Tratte als Schuldversprechen nach § 780 BGB oder als kaufmännischer Verpflichtungsschein aufrechterhalten werden.

35 Als kaufmännische Verpflichtungsscheine sind häufig die Schuldverschreibungen *industrieller Unternehmen* und der Bergwerksgesellschaften, die an sich den Schuldverschreibungen des Bundes und der Länder gleichen, ausgestattet. Sie werden an die Order der emittierenden Bank gestellt, die sie ihrerseits mit einem Blankoindossament versieht, wodurch praktisch die Umlauffähigkeit eines Inhaberpapiers erreicht wird. Der besondere Anreiz, Industrieobligationen in der Rechtsform des kaufmännischen Verpflichtungsscheines zu begeben, bestand früher vor allem darin, daß sich das Erfordernis staatlicher Genehmigung nach § 795 Abs. 1 BGB nur auf Inhaberschuldverschreibungen, nicht dagegen auf Orderschuldverschreibungen bezog. Jetzt bestimmt § 808 a BGB, daß auch im Inland ausgestellte Orderschuldverschreibungen, in denen die Zahlung einer bestimmten Geldsumme versprochen wird, nur mit *staatlicher Genehmigung* in den Verkehr gebracht werden dürfen, wenn sie Teile einer Gesamtemission darstellen. Nur als Einzelstücke ausgegebene Orderschuldverschreibungen sind genehmigungsfrei. Heute werden daher auch Industrieobligationen als Inhaberschuldverschreibungen ausgegeben. Das Genehmigungsverfahren bestimmt sich nach dem Gesetz über die staatliche Genehmigung der Ausgabe von Inhaber- und Orderschuldverschreibungen vom 26. Juni 1954 (BGBl I, 147). Nach § 3 des Emissionsgesetzes wird die Genehmigung vom Bundesminister für Wirtschaft im Einvernehmen mit der obersten Landesbehörde erteilt. Die Entscheidung ist nach pflichtgemäßem, durch die *Zwecke* des Gesetzes und die Erfordernisse der jeweiligen Lage bestimmten Ermessen zu treffen. Der Genehmigungszwang soll nicht nur im Interesse der Allgemeinheit die *Verkehrssicherheit* auf dem öffentlichen Kapitalmarkt gewährleisten und verhindern, daß der Geldmarkt mit geldähnlichen Papieren überflutet wird, sondern auch die *Anleihegäubiger* vor den Gefahren einer Anleihefinanzierung *schützen*. Die Prüfung der Genehmigungsbehörde bezieht sich daher einmal auf die *Bonität* des kapitalsuchenden Unternehmens, damit die Erfüllung der Anleiheverpflichtungen gesichert ist. Bei Bedenken gegen die Bonität kann die Genehmigung unter der Auflage einer dinglichen Sicherung oder einer Verpflichtung, den Grundbesitz nicht zu veräußern oder zu belasten (Negativklauseln), erteilt werden. Zum anderen kann aber auch unangemessenen Emissionsbedingungen begegnet und die Genehmigung versagt werden, wenn ein Übermaß von Schuldverschreibungen bestimmter Art die Befriedigung des Kreditbedürfnisses anderer Stellen unmöglich macht. Die Entscheidung der Genehmigungsbehörde unterliegt verwaltungsgerichtlicher Nachprüfung nur unter dem Gesichtspunkt eines Ermessensmißbrauchs oder einer Ermessensüberschreitung. Nach § 1187 BGB kann für die Forderung aus einer Orderschuldverschreibung auch eine Sicherungshypothek bestellt werden. Meist wird die Hypothek für den Gesamtbetrag der zu emittierenden Teilschuldverschreibungen bestellt. Über die Frage, ob die indossierten Teilschuldverschreibungen die faksimilierte Unterschrift des Ausstellers tragen können, vgl. Anm. 27.

36 Statt Inhaber- oder Orderschuldverschreibungen zu begeben, wird es häufig von Industrieunternehmen und Unternehmen der öffentlichen Hand vorgezogen, *Schuldscheindarlehen* aufzunehmen. Die Schuldscheine sind keine Wertpapiere, sondern reine Beweisurkunden. Die Darlehen werden von Versicherungsgesellschaften oder Großbanken gewährt. Die Vorteile der Schuldscheindarlehen liegen einmal darin, daß die Kondi-

tionen den besonderen Wünschen der Beteiligten angepaßt werden können, zum anderen darin, daß man das Genehmigungserfordernis nach § 795 BGB vermeidet. Für Unternehmen, die ohnehin nicht groß genug sind, um Emissionen am Rentenmarkt zu placieren, bietet die Aufnahme von Schuldscheindarlehen die einzige Möglichkeit, sich langfristig zu finanzieren.

Streitig ist, ob eine staatliche Genehmigung nach § 795 BGB für *Inhaberzinsscheine* **37** notwendig ist, die gewöhnlich festverzinslichen Werten, insbesondere auch Orderschuldverschreibungen, beigegeben werden. Keine Zweifel bestehen, wenn auch der Zinsschein *an Order* gestellt wird. Für diesen Fall ist § 795 BGB unanwendbar. Inhaberzinsscheine stellen jedoch eine besondere Art des Inhaberpapiers dar (§ 803 BGB). Nach RGZ 74, 341 ff. soll die Ausgabe derartiger Zinsscheine der staatlichen Genehmigung bedürfen, selbst wenn das als kaufmännischer Verpflichtungsschein ausgegebene Stammpapier keiner Genehmigung bedarf. Hierdurch wird jedoch die Ausgabe dieser Urkunden erheblich erschwert. Wenn auch die Ausgabe von Zinsscheinen nach dem Wortlaut des § 795 BGB genehmigungspflichtig ist, so ist es jedenfalls dann vertretbar, von der Genehmigung abzusehen, wenn das Stammpapier keiner Genehmigung bedarf (Staudinger Anm. II 1a zu § 795 BGB; Hueck S. 121; Oertmann Anm. 1b zu § 795 BGB; a. M. Düringer/Hachenburg/Breit Anm. 23 zu § 363).

III. Wertpapiere des Fracht- und Lagerrechts (Güterpapiere)

1. Konnossement

Das Konnossement ist die Urkunde des Seefrachtrechts (Liesecke, Seehandelsrecht, **38** §§ 642 ff.). In ihm erklärt der *Verfrachter,* bestimmte Güter vom Ablader empfangen zu haben, und verpflichtet sich, sie im Löschungshafen dem in der Urkunde bezeichneten Empfänger oder dessen Order auszuhändigen (§§ 642 ff.). Beurkundet wird demnach ein *Empfangsbekenntnis* und ein *Auslieferungsversprechen.* Das Konnossement wird vom *Verfrachter* und nicht mehr wie früher vom Reeder ausgestellt (§ 642 Abs. 1). Doch ist der Schiffer und jeder andere dazu ermächtigte Vertreter des Reeders zur Ausstellung eines Konnossements auch ohne besondere Ermächtigung des Verfrachters befugt (§ 642 Abs. 4). Ist ferner in einem vom Schiffer oder einem anderen Vertreter des Reeders ausgestellten Konnossement der Name des Verfrachters nicht angegeben, so gilt nach § 644 der *Reeder* als Verfrachter, d. h. als Konnossementsschuldner. Bei *unrichter* Angabe des Namens des Verfrachters haftet der Reeder dem Empfänger für den Schaden, der aus der Unrichtigkeit der Angabe entsteht.

Da der Seefrachtverkehr ohne das Konnossement nicht auskommen kann, ist der **39** Verfrachter auf Verlangen des Abladers zur Ausstellung eines Konnossements nach Maßgabe des § 642 verpflichtet. Das Konnossement kann *Bordkonnossement* oder *Übernahmekonnossement* sein, je nachdem, ob die zur Beförderung übernommenen Güter schon an Bord genommen sind oder nicht. Nach § 643 enthält das Konnossement den Namen des Verfrachters, des Schiffers, des Abladers (nicht des Befrachters) und des Empfängers, die Nationalität des Schiffes, den Abladungshafen, den Löschungshafen, die Art der an Bord genommenen Güter, die Bestimmung über die Fracht, den Ort und Tag der Ausstellung sowie die Zahl der ausgestellten Ausfertigungen. Das Konnossement wird vom Schiffer nach Beendigung jeder einzelnen Abladung in so vielen Ausferti-

§ 363 1. Abschn.   *Drittes Buch. Handelsgeschäfte*

gungen ausgestellt, als der Ablader verlangt (§ 642 Abs. 1). Über Durchkonnossemente vgl. Liesecke, Seehandelsrecht, § 656 Anm. 22 ff.

40   Das Konnossement kann *Rekta-, Inhaber- oder Orderpapier* sein. Rektapapier ist es, wenn es nur einen bestimmten Empfänger bezeichnet, Inhaberpapier, wenn es auf den Inhaber lautet. In der Regel wird das Konnossement an die Order gestellt. Es ist dann nach § 363 Abs. 2 echtes Orderpapier. Nach § 647 ist der Verfrachter auf Verlangen des Abladers, wenn nichts anderes vereinbart ist, verpflichtet, das Konnossement an die Order des Empfängers oder lediglich an Order zu stellen. Im letzteren Falle ist unter der Order die Order des Abladers zu verstehen; der Ablader ist dann selbst zunächst der Empfangsberechtigte. Nach § 647 Abs. 2 kann das Konnossement auch auf den Namen des Verfrachters oder des Schiffers als Empfänger lauten.

41   *Im Bestimmungshafen* ist der Schiffer verpflichtet, dem legitimierten Inhaber *auch nur einer Ausfertigung* des Konnossements die Güter auszuliefern (§ 648 Abs. 2). Diese Pflicht trifft den Schiffer auch dann, wenn er weiß, daß noch andere legitimierte Inhaber vorhanden sind. Die übrigen Ausfertigungen des Konnossements werden durch die Auslieferung des Gutes an den ersten Präsentanten gegenüber dem Schiffer bedeutungslos. Melden sich jedoch vor der Ablieferung der Güter noch andere legitimierte Konnossementsinhaber, so ist der Schiffer nach § 649 verpflichtet, sie sämtlich zurückzuweisen, die Güter in einem öffentlichen Lagerhaus oder sonst in sicherer Weise zu hinterlegen und die Konnossementsinhaber, die sich gemeldet haben, unter Angabe der Gründe seines Verfahrens hiervon zu benachrichtigen. – Völlig anders ist die Rechtslage, wenn die Ware noch nicht den Bestimmungshafen erreicht hat. Nach § 654 darf der Schiffer den Anweisungen des Abladers wegen Rückgabe oder Auslieferung der Güter, falls nicht der Ablader selbst nach dem Inhalt des Konnossements zum Empfang legitimiert ist, nur dann Folge leisten, wenn ihm die sämtlichen Ausfertigungen des Konnossements zurückgegeben werden. Dasselbe gilt, wenn ein Konnossementsinhaber die Auslieferung der Güter verlangt, bevor das Schiff den Bestimmungshafen erreicht hat.

42   Nach dem früheren deutschen Seefrachtrecht bestimmte der Inhalt des Konnossements die Haftung des Verfrachters gegenüber dem Empfänger der Güter (§§ 651, 652 a. F.). Das Konnossement begründete eine *Skripturhaftung*. Die Ablieferung der Güter hatte an den Empfänger nach dem Inhalt des Konnossements zu erfolgen. Neben dieser Skripturhaftung traf den Verfrachter nach §§ 606 ff. a. F. die *Receptumshaftung*. Er haftete für den Schaden, der durch den Verlust oder die Beschädigung der übernommenen Güter in der Zeit von der Annahme bis zur Ablieferung entstand, es sei denn, daß der Verlust oder die Beschädigung auf Umständen beruhte, die durch die Sorgfaltspflicht eines ordentlichen Verfrachters nicht abgewendet werden konnten. Das neue Seefrachtrecht hat die Skripturhaftung, die in der Praxis meist durch Freizeichnungen wegbedungen wurde, beseitigt. Das Konnossement begründet entsprechend den Haager Regeln nach § 656 Abs. 2 nur die widerlegbare *Vermutung,* daß der Verfrachter die Güter so übernommen hat, wie sie nach §§ 643 Nr. 8, 660 beschrieben sind. Der Inhalt der Haftung aus dem Konnossement und aus dem Frachtvertrag ist daher im Hinblick auf die Abladungstatsachen der gleiche. Der Verfrachter haftet dem Empfänger der Güter ebenso wie dem Befrachter für Verlust und Beschädigung der Güter nach §§ 606 ff., §§ 658 ff. – Trifft den Verfrachter, seinen Erfüllungsgehilfen oder seine Leute an der Unrichtigkeit des Konnossements ein *Verschulden,* so ist er nach allgemeinen Rechts-

grundsätzen schadenersatzpflichtig (Liesecke, Seehandelsrecht, § 656 Anm. 1 ff.; Wüstendörfer, Neuzeitliches Seehandelsrecht, S. 319 ff.).

2. Ladeschein

Während das Konnossement die Urkunde des Seefrachtrechts ist, ist der Ladeschein 43 die Urkunde des Binnenfrachtrechts, das sog. Binnenkonnossement (§§ 72 ff. BSchG). Für das Landfrachtgeschäft (§§ 444 ff. HGB) hat der Ladeschein keine Bedeutung erlangt. Im Ladeschein bestätigt der *Frachtführer* (bzw. der Binnenschiffer) den Empfang der zur Beförderung übergebenen Güter und verpflichtet sich, sie an den im Ladeschein bezeichneten Empfänger oder seine Order auszuhändigen. Beurkundet wird wie beim Konnossement ein *Empfangs-* und ein *Auslieferungsversprechen.* Eine Verpflichtung zur Ausstellung eines Ladescheins besteht nicht für den Frachtführer im Landfrachtrecht, wohl aber für den Binnenschiffer im Binnenfrachtrecht, falls der Absender es vor der Verladung der Güter verlangt hat. Der Ladeschein entscheidet für das Rechtsverhältnis zwischen Frachtführer und Empfänger. Über die Bedeutung des Ladescheins im einzelnen vgl. die Erläuterungen zu § 444; zur Skripturhaftung vgl. § 446 Anm. 9.

Ebenso wie das Konnossement kann auch der Ladeschein nach § 363 Abs. 2 *an Order* 44 gestellt werden. Er ist dann ein echtes Orderpapier. – Lautet ein Ladeschein nicht an Order, so hat ein auf ihn gesetztes „Indossament" nicht die in § 447 Abs. 1, § 363 Abs. 2 vorgesehenen Wirkungen. In der „Indossierung" eines auf Namen lautenden Ladescheins liegt aber eine zur Übertragung des Ladescheins genügende *Forderungsabtretung,* so daß die Rechte des Empfängers auf den „Indossatar" übergegangen sind (RGZ 122, 224; RG JW 29, 921).

3. Lagerschein

Der Lagerschein ist eine Urkunde, in der der *Lagerhalter* erklärt, von dem Einlagerer 45 Güter zur Aufbewahrung *empfangen* zu haben, und sich verpflichtet, sie gegen Aushändigung des Lagerscheins auszuliefern. Er enthält somit ebenfalls nicht nur ein reines Empfangsbekenntnis (wie z. B. der Lagerempfangsschein), sondern auch ein Auslieferungsversprechen. Dagegen enthält der Lagerschein *keine Anweisung* des Einlagerers auf Aushändigung der Waren, wie z. B. der Lieferschein (Anm. 16–20). Der Lagerschein kann Legitimationspapier im Sinne des § 808 BGB, Rektapapier oder echtes Inhaberpapier sein. Der Inhaberlagerschein ist ungebräuchlich (J. v. Gierke S. 573), obwohl er ohne staatliche Ermächtigung ausgestellt werden kann (RGZ 142, 151). Häufiger kommt der Lagerschein als Rektapaier vor. Es genügt, daß sich der *Name* des Einlagerers aus den vom Lagerhalter unterzeichneten Anlagen ergibt, BGH WM 75, 350/352. Eine Abtretung der Rechte des Einlagerers ist nach § 48 C c ADSp nur wirksam, wenn sie auf dem Lagerschein *schriftlich* erklärt wird. Auch wenn man davon ausgeht, daß eine formwidrige Abtretung nicht nur dem Lagerhalter, sondern jedermann gegenüber unwirksam ist (offen gelassen in BGH WM 70, 1368), so ist doch eine Blankoabtretung wirksam, wenn der Zessionar sie selbst ergänzen kann (BGH aaO). – Nach § 363 Abs. 2 kann der Lagerschein auch *an Order* gestellt werden; dann ist er ein echtes Orderpapier. Es können jedoch Orderlagerscheine nicht von jedermann, sondern *nur von staatlich ermächtigten Lagerhaltern* ausgegeben werden. Das Recht der Orderlagerscheine ist in

§ 363 1. Abschn. *Drittes Buch. Handelsgeschäfte*

der Verordnung über Orderlagerscheine vom 16. Dezember 1931 (RGBl I, 763) im einzelnen geregelt worden (abgedruckt nach § 424). Der staatlich ermächtigte Lagerhalter ist nach §§ 33 f. OLSchVO auf Verlangen des Einlagerers zur Ausstellung eines Orderlagerscheins verpflichtet. Über den Orderlagerschein als *Traditionspapier* vgl. Anm. 47–50.

46 Streitig ist, wie der *Orderlagerschein* eines Lagerhalters zu beurteilen ist, der nicht zur Ausstellung von Orderlagerscheinen staatlich ermächtigt ist. In diesem Fall ist die Stellung der Urkunde an Order *unwirksam* (RGZ 78, 152). Die Hinzufügung der Orderklausel bewirkt nicht die Indossabilität der Urkunde. Andererseits ist jedoch der Lagerschein nicht nichtig. Er enthält ein gültiges Empfangsbekenntnis und Auslieferungsversprechen. Wird der Lagerschein „indossiert", so kann hierin eine *Abtretung* des Herausgabeanspruchs gesehen werden mit den gewöhnlichen Zessionswirkungen (Düringer/Hachenburg/Breit Anm. 26 zu § 363). Der Erwerber erwirbt die Rechte aus dem Lagervertrag nur dann, wenn sie der Veräußerer gehabt hat. Ferner kann der Orderklausel eine gewisse Bedeutung zukommen. Aus der Form des Lagerscheins, der im Vordruck diese Bezeichnung aufweist, sowie der Orderklausel kann geschlossen werden, daß die Beteiligten den Lagerschein als eine Urkunde angesehen haben, die, in Verkehr gesetzt, auch im Verkehr die Ware selbst darstellen soll, woraus sich der Wille der Parteien entnehmen läßt, daß „die Waren entsprechend § 364 Abs. 3 nur gegen Rückgabe des Scheins ausgeliefert werden sollen" (RGZ 78, 152; 119, 124). Die Vereinbarung, die Auslieferung solle nur gegen Rückgabe des Lagerscheines erfolgen, stellt einen *Vertrag zugunsten Dritter* dar, nämlich zugunsten der Personen, die nach dem Einlagerer Inhaber des Lagerscheins werden. Der Einlagerer oder dessen Order hat das **vertragliche** Recht erworben, daß die Waren *nur gegen Rückgabe des Lagerscheins* ausgeliefert werden und eine Auslieferung ohne Rückgabe den Lagerhalter von seiner Schuld nicht befreit. Solange dieses Recht besteht, ist dem Lagerhalter die Berufung auf § 407 BGB versagt, wenn er in Unkenntnis der Abtretung an den alten Gläubiger ohne Rückgabe des Lagerscheins geleistet hat. Der gutgläubige Erwerber kann unter Berufung auf die Vereinbarung unter Umständen nochmalige Erfüllung vom Lagerhalter verlangen. Für die Annahme eines derartigen Vertrages zugunsten Dritter müssen *besondere Umstände* vorliegen. Allein aus dem Vorhandensein der Orderklausel läßt sich noch nicht folgern, daß der Einlagerer sich verpflichtet hat, die Ware nur gegen Vorlage des Lagerscheins auszuhändigen und auf diesem Umwege den Rechtszustand herzustellen, der bei echten Orderpapieren dem § 364 Abs. 3 entspricht.

IV. Traditionspapiere

1. Kennzeichnung

47 Traditionspapiere sind der *Orderlagerschein,* der *Ladeschein* und das *Konnossement.* Diese Wertpapiere ermöglichen nicht nur eine Verfügung über den in ihnen verbrieften *Anspruch auf Auslieferung* der zur Lagerung oder Beförderung dem Lagerhalter, Frachtführer oder Verfrachter übergebenen Güter, sondern unter bestimmten Voraussetzungen (Anm. 51 ff.) auch eine Verfügung über die *Güter* selbst, ohne daß sie körperlich übergeben werden müssen. Nach §§ 424, 450, 650 hat die Übergabe des Traditionspapiers an denjenigen, der durch sie zur Empfangnahme des Gutes legitimiert wird, für den

Erwerb von Rechten an den *Gütern* dieselben Wirkungen wie die Übergabe der Güter selbst. Während das Konnossement und der Ladeschein die Funktion des Traditionspapiers auch haben, wenn sie nicht an Order lauten, sondern Inhaber- oder Rektapapiere sind, ist der Lagerschein nur dann Traditionspapier, wenn er *Orderlagerschein* ist (Anm. 46). Er muß demnach von einer zur Ausstellung von Lagerscheinen ermächtigten Lagerhausanstalt ausgestellt sein.

Umstritten ist nach wie vor die Grundfrage, wie die *sachenrechtlichen* Wirkungen bei der Verfügung über Waren mittels Traditionspapiers zu erklären sind, insbesondere ob und inwieweit sie mit den allgemeinen Vorschriften des bürgerlichen Rechts (§§ 929 ff. BGB) übereinstimmen. Dazu werden *drei* Theorien vertreten (Anm. 48 ff.).

2. Theorien

a) Nach der *relativen* Theorie (Hellwig aaO S. 344 ff.) hängt die Traditionswirkung **48** davon ab, daß auch nach *bürgerlichem Recht* eine Übereignung oder Verpfändung der Ware möglich ist (§ 931, § 1205 Abs. 2 BGB). Dann käme der Übereignung mittels Traditionspapiers in sachenrechtlicher Hinsicht keine eigene rechtliche Bedeutung zu. Eine Verpfändung würde der *Anzeige* an den unmittelbaren Besitzer bedürfen – ein Erfordernis, das sich bei einer Beförderung von Gütern nur schwer einhalten läßt. Der *gutgläubige* Erwerb der Güter vom Nichtberechtigten bestimmt sich nach §§ 934, 936 BGB. Der Zeitpunkt des Erwerbs richtet sich dann danach, ob der Veräußerer *mittelbarer* Besitzer war oder nicht.

b) Nach der *absoluten* Theorie ist die Traditionswirkung von den Voraussetzungen des **49** bürgerlichen Rechts, insbesondere der *Besitzlage* unabhängig (Heymann aaO S. 160 ff.; Heymann/Kötter HGB § 424 Anm. 2 ff.; Schlenska aaO S. 88 ff.). Danach wird die Übergabe der Ware durch die Übertragung des Traditionspapiers *ersetzt*. Eine Verfügung über die Ware mittels Traditionspapiers ist auch möglich, wenn der Schuldner (Lagerhalter, Frachtführer, Reeder oder Verfrachter) nicht mehr im Besitz der Ware ist oder sie sich selbst angeeignet hat, also auch dann, wenn er dem rechtmäßigen Inhaber des Papiers nicht mehr den Besitz an der Ware vermittelt. Der *gutgläubige* Erwerb bestimmt sich nach §§ 932, 936 BGB. Nur wenn ein Dritter das Eigentum an der Ware gutgläubig erlangt hat, soll die sachenrechtliche Wirkung entfallen.

c) Nach der heute überwiegend vertretenen *Repräsentationstheorie* „repräsentiert" das **50** Traditionspapier den unmittelbaren Besitz an der Ware nur dann, wenn der Schuldner (Lagerhalter, Frachtführer, Verfrachter) dem rechtmäßigen Inhaber des Papiers den Besitz vermittelt (BGHZ 49, 160/163; BGH LM Nr. 1 zu § 931 BGB; RGZ 89, 41; 119, 215; Siebert ZHR 93, 39; Rehfeldt/Zöllner, Wertpapierrecht, § 25 IV; J. v. Gierke S. 165; Schlegelberger/Liesecke, HGB § 650 Anm. 2; Schaps/Abraham, Das deutsche Seerecht, 2. Band, 3. Auflage, § 650 Anm. 11; Prüssmann, Seehandelsrecht, § 650 B 2; Wüstendörfer aaO S. 323). Die Übergabe eines Traditionspapiers wirkt nicht nur wie eine Abtretung des Herausgabeanspruchs nach § 870 BGB. Die Übereignung der Ware erfolgt nicht nach § 931 BGB, sondern mittels Übereignung des Traditionspapiers nach § 929 BGB, wobei der mittelbare Besitz an der Ware durch den unmittelbaren Besitz am Papier vertreten wird. Daher findet § 936 Abs. 3 BGB keine Anwendung. Bei der Verpfändung einer Ware bedarf es keiner Anzeige nach § 1280 BGB. Ein gesetzliches Pfandrecht oder ein kaufmännisches Zurückbehaltungsrecht kann am Gut entstehen, wenn der Gläubiger den Besitz des Papiers erlangt. Stets ist dabei Voraussetzung, daß der Schuldner (Lagerhalter, Frachtführer, Verfrachter) noch die Ware im unmittelbaren oder mittelbaren *Besitz* hat. Ist ihm die Sache *abhanden gekommen,* so entfällt die sachenrechtliche Wirkung des Traditionspapiers. Ob in diesem Fall die Übereignung des Papiers als Übereignung der Ware durch Einigung und Abtretung des Herausgabeanspruchs nach §§ 929, 931 BGB oder durch bloße Einigung (§ 929 BGB) gewertet werden kann, hängt von den Umständen des Einzelfalls ab. – Über die Möglichkeit *gutgläubigen* Eigentumserwerbs an der Ware bei einer Verfügung mittels Traditionspapiers vgl. § 366 Anm. 41, 42.

3. Voraussetzungen der Traditionswirkung

a) Übernahme des Gutes

51 Die *Übergabe des Scheins* an den zur Empfangnahme des Gutes Legitimierten hat für den Erwerb von Rechten an dem Gut nur dann dieselbe Wirkung wie die *Übergabe des Gutes,* wenn es vom Lagerhalter, Frachtführer oder vom Kapitän oder einem anderen Vertreter des Verfrachters zur Lagerung oder zur Beförderung *übernommen* worden ist. Diese Personen müssen daher den unmittelbaren oder den mittelbaren Besitz an dem Gut erlangt haben. Der Einlagerer (Absender, Ablader) ist nach der Übernahme der Ware durch den Lagerhalter (Frachtführer, Verfrachter) *mittelbarer* Besitzer. Der mittelbare Besitz gründet sich auf den unmittelbaren oder mittelbaren Besitz des Lagerhalters (Frachtführers, Verfrachters) und das zwischen diesem und dem Einlagerer (Absender, Ablader) bestehende Besitzmittlungsverhältnis.

52 Streitig ist, ob die Grundlage der Traditionswirkung noch vorhanden ist, wenn der zur Herausgabe verpflichtete Lagerhalter (Frachtführer, Verfrachter) *nach* der Übernahme des Gutes den *Besitz verloren* hat. Nach der absoluten Theorie (Anm. 49) ist die Traditionswirkung von der Besitzlage unabhängig. Das läßt sich allenfalls noch mit dem Wortlaut der §§ 424, 450, 650 vereinbaren, nicht aber mit dem Sinn des Übernahmeerfordernisses, das den *Vertrauensschutz* gewährleistet. Nur dann „repräsentiert" der Besitz am Schein den Besitz am Gut, wenn es sich im Besitz des Schuldners befindet. Dessen Sachbesitz ist eine ständige Voraussetzung für die sachenrechtliche Wirkung des Traditionspapiers; nur so lange ist das Vertrauen gerechtfertigt, wie der im Schein verbriefte Auslieferungsanspruch vom Schuldner erfüllt wird. Dem Besitz des Traditionspapiers allein kommt keine selbständige besitzrechtliche Bedeutung hinsichtlich der Ware zu. Der Schuldner muß daher dem rechtmäßigen Inhaber des Scheins den Besitz vermitteln; nur dann hat die *Übergabe des Scheins* für den Erwerb von Rechten dieselbe Wirkung wie die körperliche Übergabe des Gutes (BGHZ 49, 160/163; Siebert ZHR 93, 39; Stengel aaO S. 178 ff. für das Orderkonnossement). Sonst verbleibt es bei den allgemeinen Übereignungsmöglichkeiten für Waren (§§ 929 ff. BGB).

b) Übergabe des Scheins an den Legitimierten

53 Notwendig ist wie auch sonst eine *Übertragung des verbrieften Anspruchs* unter Beachtung der wertpapierrechtlichen Erfordernisse. Das *Indossament* allein, wie es nach dem Wortlaut des § 364 Abs. 1 oder des Art. 14 Abs. 1 für den Wechsel den Anschein haben könnte, genügt nicht (§ 364 Anm. 2; Baumbach/Hefermehl WG Art. 14 Anm. 3). Um die lagernde, rollende oder schwimmende Ware zu übereignen, muß daher der

Schein übereignet werden (glA Serick, Festschrift für Walter Schmidt, 1959, S. 327ff.). Das geschieht durch *Einigung* über den mit einem Voll- oder Blankoindossament versehenen Orderlagerschein, Orderladeschein oder Konnossement und die *Übergabe* des Scheins (§§ 929ff. BGB).

Streitig ist, ob die wertpapiergemäße Übereignung des Scheins genügt (so Schlenska aaO S. 123 ff.; Serick aaO S. 327 f.) oder es zusätzlich auch noch einer Einigung über den Eigentumsübergang an der *Ware* bedarf (so von Godin in RGR-Komm. z. HGB § 364 Anm. 10; Rehfeldt/Zöllner § 25 IV 1; Reinicke BB 60, 1369; Stengel aaO S. 164 f.). Nach den §§ 424, 450, 650 HGB soll die *Übergabe* des Scheins unter bestimmten Voraussetzungen hinsichtlich des Erwerbs von Rechten dieselben Wirkungen wie die Übergabe des Gutes haben. Diese Gleichsetzung ist allein auf den *Besitz* bezogen. Der mittelbare Besitz am eingelagerten Gut wird durch den unmittelbaren Besitz am Schein repräsentiert (BGHZ 49, 160/163; BGH LM Nr. 1 zu § 931 BGB). Die Parteien müssen sich daher über die Übereignung der *Waren* mittels Übereignung des mit einem Voll- oder Blankoindossament versehenen Scheins einig sein, und dieser Schein muß dem Erwerber übergeben werden. Gewöhnlich wird die Übereignung des Scheins nach dem Willen der Parteien Ausdruck der Übereignung der Ware sein. Durch die Übereignung des Scheins braucht jedoch das Eigentum an der Ware nicht notwendigerweise überzugehen. Der Wille der Parteien kann darauf gerichtet sein, durch die Übereignung des Scheins nur den verbrieften Auslieferungsanspruch, nicht aber auch das Eigentum an der Ware zu übertragen. Auch für die wertpapierrechtliche Übertragung des mittelbaren Besitzes bedarf es einer Übereignung des Scheins. Es ist dies ein weiterer Gesichtspunkt, der gegen die Annahme spricht, daß schon durch die Übereignung des Scheins automatisch das Eigentum an der Ware übergeht (zutr. Stengel aaO S. 165). Auch kann der Nehmer des Papiers lediglich *ermächtigt* werden, den in der Urkunde verbrieften, jedoch dem Indossanten zustehenden Auslieferungsanspruch im eigenen Namen geltend zu machen (BGHZ 36, 329/336). Ob die Parteien ein bloßes Ermächtigungsindossament, eine treuhänderische Übertragung des Auslieferungsanspruchs, eine Übertragung des Eigentums an der Urkunde und des verbrieften Auslieferungsanspruchs oder zugleich auch eine Übertragung des Eigentums an den Waren beabsichtigt haben, ist eine Frage der *Auslegung* des Parteiwillens, die unter Berücksichtigung der Interessenlage und unter Würdigung der Umstände des Einzelfalls vorzunehmen ist (BGHZ 5, 284/292).

Ist über die Ware ein *Rektaladeschein* oder Rektakonnossement ausgestellt worden, so wird die Ware durch Abtretung der verbrieften Forderung (§ 398 BGB) und Übergabe des Papiers übereignet. Der Papierübergabe bedarf es entsprechend § 792 Abs. 1 Satz 3 BGB nicht nur zur Übertragung des Forderungsrechts (Baumbach/Hefermehl WPR Anm. 5), sondern auch zur Herbeiführung der Traditionswirkung. Für den Eigentumserwerb am Papier gilt § 952 BGB.

Was zur Übereignung von Waren mittels Traditionspapiers gesagt ist, gilt entsprechend für die *Verpfändung* oder die Entstehung eines *gesetzlichen Pfandrechts*.

4. Sachenrechtliche Wirkungen

a) Verfügung mittels Traditionspapiers

Die *Übergabe des Scheins* an den zur Empfangnahme des Gutes Legitimierten hat nach §§ 424, 450, 650 für den Erwerb von Rechten an den Gütern *dieselben Wirkungen wie die Übergabe des Gutes,* vorausgesetzt, daß sich der Schuldner (Lagerhalter, Frachtführer, Verfrachter) noch im Besitz des Gutes befindet (Anm. 50). Unter der „Übergabe des Gutes" ist nach bürgerlichem Recht die Verschaffung des unmittelbaren Besitzes zu verstehen. Durch die „Übergabe des Scheins" wird der Erwerber jedoch nicht unmittelbarer, sondern *mittelbarer Besitzer* der Ware (Anm. 51 f.). Hierauf bezieht sich die besitzbezogene Fiktion der §§ 424, 450, 650. Der unmittelbare Besitz am Schein repräsentiert den mittelbaren Besitz an der Ware, so daß die Ware nach § 929 BGB *übereignet* und nach § 1205 BGB *verpfändet* werden kann. Ist z. B. ein Orderlagerschein ausgestellt worden, so kann die eingelagerte Ware mittels *Übereignung* des indossierten Papiers, also durch Einigung des Veräußerers mit dem Erwerber und Übergabe des Papiers, übereignet oder mittels *Verpfändung* des Scheins, also durch Einigung des Verpfänders mit dem Pfandgläubiger und Übergabe des indossierten Scheins (§ 1292 BGB), verpfändet werden. Die Parteien müssen sich in diesen Fällen darüber einig sein, durch Übereignung des indossierten Scheins die Ware übereignen bzw. verpfänden zu wollen. Doch brauchen die Parteien nicht notwendigerweise durch Übereignung des Scheins die Ware übereignen zu wollen oder zu verpfänden. Das hängt von der *Auslegung* des Parteiwillens ab (BGHZ 36, 329/336; Anm. 54).

58 In einer subtilen Untersuchung gelangt Stengel (aaO S. 167ff.) zu dem Ergebnis, daß auch bei einer Anwendung der §§ 929, 931 und des § 1205 Abs. 2 BGB die Rechtsfolgen gewöhnlich keine anderen seien als bei Anwendung der §§ 929, 1205 Abs. 1 BGB auf die Übereignung oder Verpfändung, so daß kein Anlaß für eine Besitzfiktion gemäß der Repräsentationstheorie (Anm. 50) oder einem Übergabeersatz durch die Übertragung des Traditionspapiers gemäß der absoluten Theorie (Anm. 49) bestehe. Nur dann, wenn die Regelungen für den Erwerber der Ware bei Verwendung eines Traditionspapiers nach §§ 929, 931, 934 BGB *schlechter* seien als für den Erwerber der Ware selbst nach §§ 929 Satz 1, 932 BGB, sollen im Gegensatz zur rein relativen Theorie (Anm. 48) die *Wirkungen* der Übergabe nach §§ 424, 450, 650 eintreten. Die Rechtsfolgen sind danach im Ergebnis keine anderen als nach der Repräsentationstheorie, nach der bei einer Übereignung oder Verpfändung einer Ware mittels Traditionspapiers § 929 Satz 1 BGB und § 1205 Abs. 1 BGB anzuwenden sind. Ein Vorzug der Auffassung von Stengel liegt darin, daß der Rechtserwerb mittels Traditionspapiers unter Abkehr von den Theorien stärker den *Grundformen* der Übertragung oder Verpfändung von Waren nach bürgerlichem Recht zugeordnet wird (s. auch Rehfeldt/Zöllner aaO § 25 IV 3). Zur Problematik des *gutgläubigen Erwerbs* einer Ware durch Verfügung eines Nichtberechtigten mittels Traditionspapiers vgl. im einzelnen § 366 Anm. 54 ff.

b) Verfügung ohne Traditionspapier

59 Die Ausstellung eines Traditionspapiers hat *nicht* zur Folge, daß nur noch unter Zuhilfenahme des Papiers über die Güter verfügt werden kann. Sie können auch durch Einigung über den Eigentumsübergang und körperliche Übergabe nach § 929 BGB übereignet werden. Durch Einigung und Abtretung des Herausgabeanspruchs nach § 931 BGB lassen sich allerdings die im Besitz des Lagerhalters, Frachtführers oder Verfrachters befindlichen Güter nur übereignen, wenn gleichzeitig auch das Traditionspapier *übergeben* wird (BGHZ 49, 160/162f.; BGH LM § 931 BGB Nr. 1; RGZ 119, 215). Das beruht darauf, daß der Anspruch auf Herausgabe der Güter mit der Urkunde untrennbar verbunden und deshalb nicht ohne diese abtretbar ist. Wird eine Ware nach §§ 929, 931 BGB durch Einigung und Abtretung des Herausgabeanspruchs unter gleichzeitiger Übergabe des Papiers übereignet, so kann eine solche Übereignung *schwächere* Rechtswirkungen haben als eine Übereignung der Ware mittels Übereignung des indossierten Traditionspapiers. Einmal wäre die Geltendmachung von Einwendungen nicht nach Maßgabe des § 364 Abs. 2 beschränkt, zum anderen können Rechte dritter Personen an den übereigneten Gütern nach § 936 Abs. 3 BGB bestehen bleiben, z. B. gesetzliche Pfandrechte Dritter, die das Gut besitzen.

V. An Order lautende Urkunden

Der Kreis der Urkunden, die durch Hinzufügen der Orderklausel zu einem echten Orderpapier werden, ist gesetzlich begrenzt. Es sind dies, wenn man von den geborenen Orderpapieren (Wechsel, Scheck, Namensaktie) absieht, im wesentlichen die sechs in § 363 erwähnten Urkunden. Andere Urkunden können durch Beifügung der Orderklausel nicht zum echten Orderpapier werden. Sie sind zwar nicht ungültig, ihnen fehlt jedoch die Indossabilität und damit die wesentliche Eigenschaft des Orderpapiers (z. B. eine Anweisung über eine bestimmte eingelagerte Ware, (RGZ 101, 299; 118, 34; 119, 119). Man bezeichnet sie als *einfache* (zivile oder nichttechnische) Oderpapiere. Besser wäre es, überhaupt nicht von Orderpapieren zu reden. Welche rechtliche Form ihnen beizumessen ist, läßt sich nur nach Lage des einzelnen Falles entscheiden. Es kann sich um ein *Rektapapier,* eine bloße *Beweisurkunde* oder ein *Legitimationspapier* im Sinne des § 808 BGB handeln. Für diese Urkunden folgt jedenfalls das Recht aus dem Papier nicht dem Recht am Papier. Vielmehr gilt der Grundsatz des § 952 BGB, daß das Recht am Papier dem Recht aus dem Papier folgt. Ein auf die Urkunde gesetztes „Indossament" hat daher nur die Bedeutung einer Abtretungserklärung (Düringer/Hachenburg/Breit Anm. 31 zu § 363; Hueck S. 15; Ulmer S. 27). Wird z. B. ein Depotschein, der lediglich ein Bekenntnis der Bank über die Hinterlegung einer Anzahl von Wertpapieren und den Sperrvermerk enthält, mit der Orderklausel versehen und „indossiert", so hat die „Indossierung" nicht den Rechtsübergang im Sinne von § 364 zur Folge. Vielmehr kann die „Indossierung" nur als Abtretung des Herausgabeanspruchs gewertet werden (RGZ 118, 38). Der Übertragungsvermerk ist für die Abtretung rechtlich bedeutungslos. Die Orderklausel ist daher ebenfalls überflüssig. Sie betont nur die Möglichkeit der bloßen Abtretung, bewirkt jedoch nicht, daß der Indossierung Transportwirkung zukommt. Durch Privatvereinbarung kann eben kein echtes Orderpapier geschaffen werden (so schon RGZ 101, 209).

Streitig ist, ob sich bei einfachen Orderpapieren durch *Parteivereinbarung* erreichen läßt, daß der Schuldner wie nach § 364 Abs. 2 nur in beschränktem Maße *Einwendungen* geltend machen kann. Ein solcher Verzicht auf Einwendungen, die sich aus den unmittelbaren Beziehungen zu dem Aussteller oder zu einem früheren Inhaber ergeben, ist rechtlich möglich. Es handelt sich um einen Vertrag *zugunsten des jeweiligen künftigen Erwerbers,* dem gegenüber der Schuldner auf die Geltendmachung von Einwendungen aus dem Verhältnis zu seinem Vormann verzichtet (vgl. auch Ulmer aaO S. 28). Aus der bloßen Hinzufügung der Orderklausel kann jedoch nicht ohne weiteres auf das Bestehen eines solchen auf Einwendungsausschluß gerichteten Vertrages zugunsten

60

61

§ 363 1. Abschn. *Drittes Buch. Handelsgeschäfte*

Dritter geschlossen werden. Die Orderklausel wird im Geschäftsleben oft nur dazu verwendet, um die Möglichkeit einer Abtretung zum Ausdruck zu bringen. Die Klausel braucht daher keine selbständige Bedeutung zu haben (Düringer/Hachenburg/Breit § 363 Anm. 32). Hierin liegt der Unterschied zu einem kaufmännischen Orderpapier, bei dem die Orderklausel die Indossabilität mit allen ihren Wirkungen begründet. Ein vollkommener Einwendungsausschluß wie bei einem echten Orderpapier läßt sich durch einen *vertraglichen* Ausschluß nicht erreichen, da die Berufung auf *zwingende* Vorschriften (§§ 138, 762 BGB), die verletzt worden sind, stets möglich bleibt. Auch wird bei Vorliegen eines Anfechtungsgrundes (§§ 119, 123 BGB) meist auch der Verzichtvertrag selbst wegen Willensmängel anfechtbar sein. Das Reichsgericht hat zu der Frage, ob es zulässig ist, durch *Parteivereinbarung* die Geltendmachung von Einwendungen gegenüber Dritten auszuschließen, wie dies § 364 Abs. 2 für kaufmännische Orderpapiere vorsieht, niemals Stellung genommen. Wohl aber ist anerkannt worden, daß durch Parteivereinbarung eine dem § 364 Abs. 3 entsprechende Wirkung erzielt werden kann. Die Parteien können rechtsgültig vereinbaren, daß die in der Urkunde verbriefte Leistung *nur gegen Rückgabe des Scheins* geschehen soll, so daß eine Leistung ohne Rückgabe der Urkunde den Schuldner nicht befreit (RGZ 78, 153; 101, 300; 119, 122). Allein aus der Orderklausel kann jedoch nicht gefolgert werden, daß die Parteien eine dem § 364 entsprechende Rechtswirkung gewollt haben. Nur die besondere Gestaltung des Einzelfalls kann einen anderen Schluß rechtfertigen. Die Einwendungs- oder Vorlegungsklausel beruht dann nur auf *vertraglicher Grundlage*. Der rechtmäßige Inhaber der Urkunde kann jederzeit durch Vertrag mit dem Schuldner den Vertrag zugunsten Dritter aufheben, so daß für die Geltendmachung von Einwendungen § 404 BGB wieder unbeschränkt zum Zuge kommt und auch ohne Aushändigung der Urkunde eine Leistungspflicht des Schuldners besteht (a. M. von Godin in RGR-Komm. z. HGB § 363 Anm. 18a). Dann kann ein späterer Erwerber der Urkunde, auch wenn er in gutem Glauben ist, Rechte aus der Urkunde nicht geltend machen. Er müßte sich die Abmachungen, die sein Rechtsvorgänger mit dem Schuldner getroffen hat, entgegenhalten lassen (Anm. 46). Ob aus dem Gesichtspunkt der Haftung aus veranlaßtem Rechtsschein eine Pflicht zum Ersatz des Vertrauensschadens hergeleitet werden kann, hängt von den besonderen Umständen den Einzelfalls ab (§ 242 BGB). Der bloße Rechtsschein würde noch nicht schlechthin der Rechtswirklichkeit gleichstehen (RGZ 170, 284).

VI. Transportversicherungsschein

62   Die *Transportversicherung* ist in den §§ 129 ff. VVG geregelt. Sie gewährt Versicherungsschutz bei der Versicherung von Gütern gegen die Gefahren der Beförderung zu Lande oder auf Binnengewässern, bei der Versicherung eines Schiffes gegen die Gefahren der Binnenschiffahrt (§ 129 VVG). Der Versicherer haftet grundsätzlich für alle Gefahren, denen die Güter oder das Schiff während der Dauer der Versicherung ausgesetzt sind. Die *Seeversicherung* ist in den §§ 778 bis 899 HGB geregelt. Sie gewährt Versicherungsschutz gegen die Gefahren der Seeschiffahrt. Der Transport- oder Seeversicherungsschein ist eine Urkunde über den *Versicherungsvertrag* (§ 3 VVG; § 784 HGB). Er beweist den Abschluß und den Inhalt des Versicherungsvertrages. Wird ein Transportversicherungsschein auf den *Inhaber* gestellt, so wird er zum Legitimationspapier im

Erster Abschnitt. Allgemeine Vorschriften 1. Abschn. § 364

Sinne des § 808 BGB (§ 4 VVG). Dagegen wird der Seeversicherungsschein, wenn er auf den Inhaber gestellt wird, zum echten Inhaberpapier im Sinne der §§ 793 ff. BGB, da § 4 Abs. 1 VVG auf den Seeversicherungsschein nicht anwendbar ist. Nach § 363 Abs. 2 kann der Transportversicherungsschein durch die Hinzufügung der Orderklausel zum echten Orderpapier werden (Anm. 24 zu § 364).

364 Durch das Indossament gehen alle Rechte aus dem indossierten Papier auf den Indossatar über.
Dem legitimierten Besitzer der Urkunde kann der Schuldner nur solche Einwendungen entgegensetzen, welche die Gültigkeit seiner Erklärung in der Urkunde betreffen oder sich aus dem Inhalte der Urkunde ergeben oder ihm unmittelbar gegen den Besitzer zustehen.
Der Schuldner ist nur gegen Aushändigung der quittierten Urkunde zur Leistung verpflichtet.

Schrifttum: Vgl. die Angaben vor § 363.

Inhalt

	Anm.		Anm.
Allgemeines	1	7. Einwand des mangelnden Begebungsvertrages	19–22
I. Die Übertragungswirkung des Indossaments	2– 6	V. Die Einwendungen aus dem Inhalt der Urkunde	23–24
II. Besondere Arten des Indossaments	7	VI. Die persönlichen Einwendungen	25–28
III. Die Geltendmachung von Einwendungen	8– 9	1. Im allgemeinen	25
IV. Die Einwendungen gegen die Gültigkeit der Erklärung in der Urkunde	10–22	2. Einwendungen aus dem Grundgeschäft	26–28
1. Einwand der mangelnden Geschäftsfähigkeit	11–12	3. Abgrenzung	29
2. Einwand der mangelnden Vertretungsmacht des Unterzeichners der Urkunde	13–14	VII. Sonderfragen	30–34
		1. Zivilrechtliche Rechtsnachfolge	31
		2. Abtretung der Grundforderung	32
3. Einwand der mangelnden Kaufmannseigenschaft	15	3. Inkassoindossament	33
		4. Unzulässige Rechtsausübung	34
4. Einwand der mangelnden Orderklausel	16	VIII. Leistung gegen Aushändigung der quittierten Urkunde	35
5. Einwand der Fälschung	17		
6. Einwand der Verfälschung	18–19	IX. Teilleistungen	36

Allgemeines

§ 364 umreißt in Abs. 1 die *Wirkung des Indossaments,* beschränkt in Abs. 2 die **1** *Geltendmachung von Einwendungen* und bestimmt in Abs. 3, daß der Schuldner nur *gegen Aushändigung der quittierten Urkunde* zur Leistung verpflichtet ist. Diese Regelungen entsprechen denen für den Wechsel in Art. 14 Abs. 1, 17 und 39 Abs. 1 WG. Für den Einwendungsausschluß folgt zwar § 364 Abs. 2 nicht der negativen Fassung des Art. 17 WG, sondern der *positiven* des § 796 BGB. Sachlich ergeben sich daraus keine Unterschiede. § 364 gilt nur für die *sechs kaufmännischen Orderpapiere* des § 363: die

§ 364 1. Abschn. *Drittes Buch. Handelsgeschäfte*

kaufmännische Anweisung, den kaufmännischen Verpflichtungsschein, das Konnossement, den Ladeschein, den Lagerschein, und die Transportversicherungspolice. Diese Papiere sind nur dann Orderpapiere, wenn sie an Order lauten. Die Indossabilität der *geborenen* Orderpapiere bestimmt sich für den Wechsel nach Art. 11 Abs. 1 WG, den Scheck nach Art. 14 Abs. 1 SchG, die Namensaktie nach § 61 Abs. 2 AktG und die Namensanteilscheine der Kapitalanlagegesellschaften nach § 18 Abs. 1 Satz 2 KAGG vom 16. 4. 1957 (BGBl I, 378) i. d. F. der Bek. vom 14. 1. 1970 (BGBl III Nr. 4120–4).

I. Die Übertragungswirkung des Indossaments

2   Wenn § 364 Abs. 1 sagt, daß durch das Indossament *alle* Rechte aus dem indossierten Papier auf den Indossatar übergehen, so sind damit die Voraussetzungen für die Übertragung der Rechte aus einem kaufmännischen Orderpapier nicht vollständig erwähnt. Es genügt nicht allein der Begebungsvermerk, es müssen hinzukommen *die Einigung über den Rechtsübergang und die Übergabe des Papiers*. Für die Übertragung gilt somit § 929 BGB i. Verb. mit § 364 Abs. 1 HGB. Die Übertragung der in der Urkunde verbrieften Rechte nach sachenrechtlichen Grundsätzen bewirkt die erhöhte *Umlauffähigkeit* des Orderpapiers. Der abstrakte Übertragungsvertrag wird auch *Begebungsvertrag* genannt (RG JW 28, 1574). Seine rechtliche Bedeutung liegt darin, daß er die in der Urkunde wertpapiermäßig verbrieften Rechte überträgt. Unter dem Begebungsvertrag kann jedoch nicht nur der Erwerbsakt, sondern auch etwas anderes verstanden werden. So verlangt man zur Entstehung der materiellen Verbindlichkeit aus dem Papier (der Haftung) einen Begebungsvertrag über Geben und Nehmen des Papiers (RGZ 112, 202; 117, 69), jedoch mit der Maßgabe, daß für den gutgläubigen Erwerber des Papiers das Bestehen eines solchen Begebungsvertrages fingiert werden kann (Anm. 26–28 zu § 365). Der für die Entstehung der materiellen Verbindlichkeit aus dem Papier notwendige Begebungsvertrag ist scharf von dem Begebungsvertrag im Sinne des Erwerbsakts zu unterscheiden. So ist es möglich, daß jemand gutgläubig das Eigentum am Wechsel nach Art. 16 Abs. 2 WG erwirbt, daß ihm jedoch keine Ansprüche aus dem Wechsel zustehen, weil der Annehmer und die Regreßschuldner sämtlich geschäftsunfähig sind. Für den Eigentumserwerb gelten demnach andere Voraussetzungen als für die Frage der Haftung aus der Urkunde (Baumbach/Hefermehl, Wechsel- und Scheckgesetz EinlWG Anm. 24–27). Um Mißverständnisse zu vermeiden, ist es daher zweckmäßig, stets klar zum Ausdruck zu bringen, ob man unter Begebungsvertrag den Vertrag versteht, der die Rechte *überträgt*, oder den Vertrag, der sie *begründet*. Für die kaufmännischen Orderpapiere ist die Zweideutigkeit des Ausdrucks „Begebungsvertrag" von geringerer Bedeutung als im Wechsel- und im Scheckrecht, da dem Indossament eines kaufmännischen Orderpapiers nur Transport- und Legitimationsfunktion, jedoch *keine Garantiefunktion* zukommt. Art. 15 WG ist nach § 365 nicht anwendbar.

3   Da auf die *Übertragung* der Rechte aus einem kaufmännischen Orderpapier § 929 BGB Anwendung findet, wäre es an sich auch möglich, die Übergabe der Urkunde durch Vereinbarung eines Besitzermittlungsverhältnisses oder durch Abtretung des Herausgabeanspruchs nach §§ 930, 931 BGB zu ersetzen (BGH NJW 58, 302; WM 70, 245 für Wechsel). Praktische Bedeutung kommt aber einem Übergabesurrogat nicht zu, da die kaufmännischen Orderpapiere nach Abs. 3 Einlösungspapiere sind.

Erster Abschnitt. Allgemeine Vorschriften 1. Abschn. § 364

Durch das Indossament gehen *alle Rechte aus dem indossierten Papier auf den* **4** *Indossatar über*. Es handelt sich um einen abgeleiteten, keinen ursprünglichen Erwerb. *Übertragen* werden jedoch *die Rechte aus dem indossierten Papier*. Hierin liegt der grundsätzliche Unterschied zur gewöhnlichen Abtretung, bei der nur die Rechte des Abtretenden auf den neuen Gläubiger in der Gestalt übergehen, wie sie dem Abtretenden zustanden. Der Indossatar kann jedoch Rechte aus dem Orderpapier auch insoweit erwerben, als sie dem Indossanten *nicht* zustanden. Für die Geltendmachung von Einwendungen des Schuldners gegenüber dem Indossatar gilt nicht § 404 BGB, sondern § 364 Abs. 2. Die Rechte des Indossanten werden daher bei einer Indossierung auf den Indossatar unter Ausschluß von Einwendungen nach Maßgabe des § 364 Abs. 2 übertragen. Da auf den Indossatar die Rechte aus dem Papier übergehen, gehören bei einem Konnossement dazu nicht nur der Anspruch auf Auslieferung der verschifften Ware, sondern auch Ansprüche gegen den Aussteller wegen Verlustes oder Beschädigung des Beförderungsgutes aus § 606 (BGHZ 25, 257). Auch *Nebenrechte*, wie z. B. Bürgschaften oder Pfandrechte, die den jeweiligen Gläubiger des verbrieften Auspruchs sichern sollen, gehen als akzessorische Rechte mit über. Nicht dagegen werden Zurückbehaltungsrechte oder Ansprüche aus dem zugrunde liegenden Rechtsverhältnis mit umfaßt. Diese müßten *gesondert* übertragen werden (vgl. für den Wechsel RGZ 41, 170; Baumbach/Hefermehl WG Art. 14 Anm. 3).

Der Indossatar kann das kaufmännische Orderpapier *weiter indossieren*. Dieses Recht **5** kann ihm vom Indossanten nicht untersagt werden. Ein Indossierungsverbot hätte, auch wenn es auf das Papier gesetzt wird (z. B. „nicht an Order"), keine Bedeutung. Die Rechtslage ist insoweit eine andere als beim Wechsel. Hier kann der Indossant durch ein Indossierungsverbot die Haftung gegenüber den Nachmännern des Indossatars ausschließen, Art. 15 Abs. 2 WG. Das Indossament eines kaufmännischen Orderpapiers besitzt jedoch ohnehin keine Haftungswirkung, da Art. 15 Abs. 1 WG nicht anwendbar ist. Zum *Rektapapier* kann ein kaufmännisches Orderpapier nachträglich ebensowenig werden wie ein Orderwechsel. Das Indossament auf einem kaufmännischen Orderpapier selbst wird jedoch durch die Hinzufügung der Rektaklausel nicht ungültig; sie gilt als nicht geschrieben. Anders liegt es, wenn das Papier *von vornherein* nicht die Orderklausel trug und daher kein Orderpapier war. Hat sich der Schuldner durch ein Rektapapier zur Leistung verpflichtet, so kann es durch die Hinzufügung der Orderklausel seitens eines späteren Inhabers nicht zum Orderpapier werden.

Die *Übertragung* eines kaufmännischen Orderpapiers durch Einigung, Übergabe und **6** Indossament ist *nicht* die einzige Übertragungsform. Die Rechte aus dem Papier können auch durch formlose Abtretung nach § 398 BGB übertragen werden, wenn mir ihr die Übergabe des Papiers verbunden ist (RGZ 119, 217; 160, 341; BGH NJW 58, 302; Baumbach/Hefermehl WG Art. 11 Anm. 5). Allerdings ist diese Übertragungsform bei einem kaufmännischen Orderpapier ebenso wie beim Wechsel nicht üblich. Nötig ist stets die *Übergabe* des Papiers; der Schuldner ist nur gegen Aushändigung der quittierten Urkunde zur Leistung verpflichtet (§ 364 Abs. 3). Die Übertragung durch gewöhnliche Abtretung hat keine Transportfunktion im Sinne des § 364 Abs. 1. Der Schuldner kann daher nach § 404 BGB dem neuen Gläubiger die Einwendungen entgegenhalten, die zur Zeit der Abtretung gegen den bisherigen Gläubiger begründet waren.

II. Besondere Arten des Indossaments

7 Als besondere Arten des Indossaments sind auch bei den kaufmännischen Orderpapieren das *Vollmachts-* und das *Pfandindossament* zulässig (RGZ 41, 116). Das *offene* Vollmachtsindossament ist im Wirtschaftsleben kaum gebräuchlich. Durch ein Indossament, dem der Vermerk „Wert zur Einziehung", „zum Inkasso", „in Prokura" oder ein anderer nur eine Bevollmächtigung ausdrückender Vermerk beigefügt ist, erhält der Indossatar das Recht, die Ansprüche aus dem Papier im Namen des Indossanten geltend zu machen. Ihm können nur Einwendungen, die gegen den Indossanten begründet sind, entgegengesetzt werden (Art. 18 WG). Es handelt sich somit um echte Vertretung. Eine weit größere Bedeutung als dem offenen Vollmachtsindossament kommt dem *verdeckten Vollmachtsindossament* (Inkassoindossament) zu. Streitig ist seine Wirkung. Nach der *Treuhandtheorie* erwirbt der Inkassoindossatar mit dem Eigentum am Papier auch die Rechte aus dem Papier. Aber seine Rechtsstellung ist *fiduziarischer* Natur (RGZ 134, 291; BGHZ 5, 292 für Scheck; Quassowski/Albrecht Anm. 18 zu Art. 18 WG; Baumbach/Hefermehl WG Art. 18 Anm. 8). Der Inkassoindossatar ist als Vollindossatar *Dritten* gegenüber zur Geltendmachung der Rechte aus dem Papier im eigenen Namen berechtigt, im Verhältnis zu seinem Indossanten aber verpflichtet, die Rechte nur in dessen Interesse und für dessen Rechnung geltend zu machen. Auch bei einer Inkasso-Indossierung liegt ein gültiger *Begebungsvertrag* vor, da die Einigung des Gebers und Nehmers, die die Rechtsübertragung ausmacht, vorliegt. Nicht nötig ist es, daß die Einigung die Übertragung der Rechte zu eigenem Nutzen enthält (RGZ 117, 69). Der Begebungsvertrag wird auch nicht dadurch berührt, daß der ihm zugrunde liegende Einziehungsauftrag erlischt. Der Indossatar bleibt nach außen zur Ausübung der Wechselrechte berechtigt, er ist nur gegenüber seinem Indossanten zur Rückgabe der Urkunde verpflichtet. Der Schuldner kann daher dem Inkassoindossatar nicht den Einwand entgegenhalten, das Treuhandverhältnis habe sich erledigt; dies wäre ein Einwand aus dem Recht eines Dritten (RGZ 134, 291; Baumbach/Hefermehl WG Art. 18 Anm. 8). – Im Gegensatz zur Treuhandtheorie ist nach der *Ermächtigungstheorie* der Inkassoindossatar nach § 185 BGB nur ermächtigt, das verbriefte Recht in eigenem Namen geltend zu machen (RGZ 117, 69; BGHZ 5, 292; Brunner, Wertpapierrecht S. 162; Ulmer aaO S. 223; Siebert, Das rechtsgeschäftliche Treuhandverhältnis 1933 S. 277). Im praktischen Ergebnis sind die Unterschiede zwischen beiden Theorien nicht sehr groß. Im Konkurs des Indossatars steht dem Indossanten ein Aussonderungsrecht und bei Pfändung des Papiers die Widerspruchsklage nach § 771 ZPO zu. Während die Ermächtigungstheorie dabei vom Eigentum des Indossanten ausgeht, legt die Treuhandtheorie die bloß treuhänderische Stellung des Indossatars zugrunde (RGZ 94, 307; Quassowski/Albrecht Anm. 23 zu Art. 18 WG). Nach der Ermächtigungstheorie kann der Schuldner dem Indossatar die *Einwendungen* aus der Person des Indossanten entgegensetzen. Die Treuhandtheorie gelangt über den Einwand unzulässiger Rechtsausübung (§ 242 BGB) zum gleichen Ergebnis. Der Treuhandindossatar mißbraucht seine formale Rechtsstellung, wenn er sie ohne eigenes Interesse dazu benutzt, dem Schuldner die Geltendmachung seiner Einwendungen abzuschneiden. Wohl aber ergibt sich insoweit ein rechtlicher Unterschied, als dem Schuldner nach der Ermächtigungstheorie versagt ist, ihm

Erster Abschnitt. Allgemeine Vorschriften 1. Abschn. § 364

unmittelbar gegen den Indossatar zustehende Einwendungen geltend zu machen. Ein weiterer Unterschied liegt darin, daß der Einwand des Schuldners, das Treuhandverhältnis habe sich erledigt, nach der Treuhandtheorie unerheblich (RGZ 134, 292), dagegen nach der Ermächtigungstheorie erheblich ist. Der nach § 183 BGB zulässige *Widerruf* der Ermächtigung nimmt dem Inkassoindossatar seine materielle Berechtigung zur Einziehung (Siebert ZHR 98, 344; Baumbach/Hefermehl WG Art. 18 Anm. 8, 9). Unrichtig wäre es, das Inkassoindossament stets als Treuhand- oder stets als bloßes Ermächtigungsindossament anzusehen. Beide Gestaltungen sind rechtlich möglich. Daher ist es im Einzelfall eine Frage des *Parteiwillens,* welche Rechtsstellung der Inkassoindossatar bei einem Einziehungsauftrag erhält (BGHZ 5, 292 für Scheck; Baumbach/Hefermehl WG Art. 18 Anm. 10). Liegt die Inkasso-Indossierung auch im Interesse des Inkassoindossatars, so spricht eine tatsächliche *Vermutung* dafür, daß ein Treuhandindossament gewollt ist; liegt sie dagegen ausschließlich im Interesse des Indossanten, so wird in der Regel von einem Ermächtigungsindossament auszugehen sein.

III. Die Geltendmachung von Einwendungen

Die Umlauffähigkeit eines Wertpapiers wäre in Frage gestellt, wenn der Schuldner **8** dem Inhaber unbeschränkt die Einwendungen entgegensetzen könnte, die sich auf die Beziehungen des Schuldners zu einem *früheren* Inhaber gründen. Der Erwerber der Urkunde muß sich auf den Bestand des in der Urkunde verbrieften Rechts verlassen können. Hierfür genügt es nicht, daß der gutgläubige Erwerber das Recht am Papier erwirbt, er muß auch das Recht aus dem Papier, und zwar in seinem vollen Umfang, erwerben. In dieser Tatsache liegt die Verkehrsfähigkeit des Wertpapiers begründet. Die Beschränkung der Einwendungen ist daher nicht nur eine typische Eigenschaft des Orderpapiers. Derselbe Grundsatz gilt auch bei Inhaberpapieren (§ 796 BGB) sowie bei der Rektaanweisung (§ 784 BGB). Während Art. 17 WG von den nicht zulässigen Einwendungen ausgeht, wird in § 364 Abs. 2 (§§ 784, 796 BGB) der Kreis der zulässigen Einwendungen positiv aufgezählt. Wenn Abs. 2 allgemein von Einwendungen spricht, so soll damit zum Ausdruck gebracht werden, daß dieser Begriff weiter ist als der Einredebegriff des bürgerlichen Rechts. – Zu beachten ist, daß die beschränkte Geltendmachung von Einwendungen bei kaufmännischen Orderpapieren im Gegensatz zum Wechsel und Scheck dadurch eine andere Bedeutung gewinnt, daß eine Garantiehaftung der Indossanten nicht besteht. Art. 15 WG ist nach § 365 Abs. 1 *nicht* anwendbar. Der Einwendungsausschluß wirkt sich daher bei den kaufmännischen Orderpapieren nur im Verhältnis des Schuldners zu dem legitimierten Inhaber der Urkunde aus.

Zu unterscheiden sind *drei Gruppen* von Einwendungen: **9**
1. Einwendungen, die die *Gültigkeit der Erklärung* des Schuldners in der Urkunde betreffen (Gültigkeitseinwendungen);
2. Einwendungen, die sich aus dem *Inhalt der Urkunde* ergeben (urkundliche Einwendungen);
3. Einwendungen, die dem Schuldner *unmittelbar gegen den Besitzer* zustehen (persönliche oder relative Einwendungen).

Im folgenden wird die rechtliche Wirkung der Einwendungen im einzelnen behandelt.

IV. Die Einwendungen gegen die Gültigkeit der Erklärung in der Urkunde

10 Ob der Schuldner gegenüber *jedem Inhaber* einwenden kann, daß seine Verpflichtungserklärung in der Urkunde nicht gültig ist, hängt davon ab, ob es sich um eine unter dem Gesichtspunkt des *Rechtsscheins* ausschlußfähige oder ausschlußunfähige Einwendung handelt. Folgende Einwendungen sind hervorzuheben:

1. Einwand der mangelnden Geschäftsfähigkeit

11 Die Verpflichtungserklärung eines Geschäftsunfähigen ist nach §§ 104, 105 BGB *nichtig,* die eines beschränkt Geschäftsfähigen ist nur dann wirksam, wenn die Zustimmung des gesetzlichen Vertreters und die Genehmigung des Vormundschaftsgerichts nach §§ 107, 1822 Nr. 9 BGB vorliegen (vgl. auch § 112 Abs. 1 Satz 2 BGB). Ein Geschäftsunfähiger kann sich in einem kaufmännischen Orderpapier nicht gültig zu einer Leistung verpflichten. Entscheidend ist nicht der Zeitpunkt der Ausstellung, sondern *der Begebung der Urkunde.* Für die Verpflichtung des Schuldners genügt nicht der einseitige Ausstellungsakt. Sie entsteht erst durch die Begebung der Urkunde (Baumbach/Hefermehl WPR Anm. 39 ff.). Es genügt, wenn der Schuldner im Augenblick der *Begebung* geschäftsfähig ist. Fehlt zu dieser Zeit die Geschäftsfähigkeit, so kann die Einwendung *jedem Inhaber,* auch dem gutgläubigen (für den Fall, daß der Schuldner bei Ausstellung, nicht aber bei Begebung geschäftsunfähig war, s. § 365 Anm. 26), entgegengesetzt werden. Es liegt insoweit ebenso wie beim Wechsel (Baumbach/Hefermehl WG Art. 17 Anm. 34).

12 Von der Einwendung, die materielle Verpflichtung sei wegen Fehlens eines wirksamen Begebungsvertrages nicht entstanden, ist der Einwand zu unterscheiden, der Inhaber habe das Papier nicht rechtswirksam erworben, weil sein Vormann geschäftsunfähig gewesen sei. In diesem Fall wendet sich der Schuldner gegen die materielle Berechtigung des Inhabers (§ 365 Anm. 25). Der Schuldner bestreitet nicht die Gültigkeit seiner Verpflichtung, sondern die Aktivlegitimation des Inhabers.

2. Einwand der mangelnden Vertretungsmacht des Unterzeichners der Urkunde

13 Die Verpflichtungserklärung des Schuldners ist *unwirksam,* wenn sie von einem Vertreter ohne Vertretungsmacht gezeichnet worden ist (§ 177 BGB). Der Einwand der mangelnden rechtsgeschäftlichen oder gesetzlichen Vertretungsmacht des Unterzeichners kann *jedem Inhaber,* auch dem gutgläubigen, entgegengesetzt werden. Für das Bestehen der Vertretungsmacht kommt es auf den Zeitpunkt der *Begebung der Urkunde* an (Anm. 11). Der falsche Vertreter haftet nach § 179 BGB, da Art. 8 WG auf kaufmännische Orderpapiere nicht anwendbar ist. Im übrigen gelten aber die zu §§ 171 ff. BGB und zu § 56 HGB entwickelten Grundsätze des Rechtsscheins. Hat der unbefugt Vertretene den Rechtsschein einer Vollmacht durch sein Verhalten hervorgerufen, so muß er sich gutgläubigen Dritten gegenüber so behandeln lassen, als ob er Vollmacht erteilt hätte (Baumbach/Hefermehl Art. 17 WG Anm. 36; RGZ 170, 284; BGB NJW 51, 309).

Eine wegen unbefugter Vertretung unwirksame Erklärung kann durch *Genehmigung* wirksam werden (§ 177 BGB).

Zu unterscheiden von dem Einwand des Schuldners, daß er wegen fehlender Vertretungsmacht des Unterzeichners nicht hafte, ist der Einwand, der Inhaber habe das Papier nicht rechtswirksam erworben, weil er es von einem Vertreter ohne Vertretungsmacht erworben habe. In diesem Fall wendet sich der Schuldner gegen die materielle Berechtigung des Inhabers (Anm. 11). **14**

3. Einwand der mangelnden Kaufmannseigenschaft

Besaß der Schuldner zur Zeit der Begebung der Urkunde nicht die Kaufmannseigenschaft (Anm. 8, 28 zu § 363), so liegt kein kaufmännisches Orderpapier vor. Die Urkunde ist daher nicht indossabel. Der Schuldner kann die fehlende Kaufmannseigenschaft *gegenüber jedem Inhaber,* auch gegenüber dem gutgläubigen, geltend machen. Das Erfordernis der Kaufmannseigenschaft gilt dem Schutz des Nichtkaufmanns. Für eine Haftung aus Rechtsschein fehlt es an der Zurechenbarkeit (glA Canaris, Vertrauenshaftung, § 22 V 1). Der Schuldner kann seine Einwendungen unbeschränkt nach § 404 BGB gegenüber dem Rechtsnachfolger des ursprünglichen Gläubigers geltend machen. **15**

4. Einwand der mangelnden Orderklausel

Fehlt die Orderklausel, so liegt ebenfalls kein kaufmännisches Orderpapier vor, (Anm. 11, 32 zu § 363). Für die Geltendmachung von Einwendungen kann daher § 364 Abs. 2 keine Anwendung finden. Der Einwand der fehlenden Orderklausel kann gegenüber jedem Inhaber, auch dem *gutgläubigen,* erhoben werden. Über Form und Wirksamkeit der Orderklausel vgl. § 363 Anm. 11. **16**

5. Einwand der Fälschung

Die Unterschrift ist *echt,* wenn sie von demjenigen herrührt, der als Schuldner auf der Urkunde steht. Fehlt die Identität zwischen scheinbarem und wirklichem Schuldner, so ist die Unterschrift nicht verbindlich. Der Einwand der Fälschung kann jedem Inhaber, auch dem *gutgläubigen,* entgegengesetzt werden. Es liegt ein absolut wirkender Einwand vor (h.M., vgl. Baumbach/Hefermehl Art. 17 WG Anm. 38; Ulmer aaO S. 241). Bei gefälschten Erklärungen ist eine Haftung aus Rechtsschein ausgeschlossen; es fehlt an der zurechenbaren Veranlassung. Das Vertrauen auf die Echtheit einer Erklärung wird vom geltenden Recht nicht geschützt. Die gefälschte Erklärung kann jedoch nachträglich unter entsprechender Anwendung der §§ 177 ff. BGB genehmigt werden (BGH NJW 52, 64; 63, 148; RGZ 145, 92). Für die Echtheit der Unterschrift ist der Kläger beweispflichtig (§§ 439, 440 ZPO). Die für die Fälschung geltenden Grundsätze gelten nicht, wenn der Schuldner die Urkunde als *Blankett* begeben hat; in diesem Fall trägt er die Gefahr des Mißbrauchs (vgl. für den Wechsel Art. 10 WG). Den Einwand abredewidriger Ausfüllung kann der Schuldner gegenüber einem *gutgläubigen* Erwerber nicht geltend machen (ebenso von Godin in RGR-Komm. z. HGB § 365 Anm. 5). **17**

§ 364   1. Abschn.   *Drittes Buch. Handelsgeschäfte*

6. Einwand der Verfälschung

18   Die Urkunde ist *verfälscht,* wenn auf ihr unbefugte Inhaltsänderungen vorgenommen sind. Eine Verfälschung kann geschehen durch Durchstreichung oder Beseitigung des vorhandenen Textes oder durch Hinzufügung neuer Bestandteile. Der Einwand der Verfälschung kann *jedem Inhaber,* auch dem gutgläubigen, entgegengesetzt werden. Entsprechend Art. 69 WG ist anzunehmen, daß der Schuldner nach dem ursprünglichen Text weiterhaftet. Hat sich z. B. der Akzeptant einer kaufmännischen Anweisung zur Leistung von 2000 Zentnern Kohlen verpflichtet und ist diese Mengenangabe später auf 3000 Zentner verfälscht worden, so haftet der Akzeptant zwar nicht auf 3000, wohl aber auf 2000 Zentner. Auf die Erkennbarkeit des ursprünglichen Inhalts der Urkunde kommt es dabei nicht an. Die Haftung des Schuldners kann nicht davon abhängen, ob die Fälschung mehr oder weniger täuschend erfolgt ist (anders RGZ 54, 386; 111, 280 für Art. 75, 76 der alten Wechselordnung). Auch eine *verfälschte* Verpflichtungserklärung kann durch *Genehmigung* entsprechend §§ 177 ff. BGB wirksam werden (RGZ 145, 92). Zur abredewidrigen Ausfüllung von *Blanketturkunden* vgl. Anm. 17.

19   Steht die *Echtheit* der Namensunterschrift des Schuldners fest, so spricht eine *Vermutung* für die Unverfälschtheit des Textes (§ 440 Abs. 2 ZPO). Für die Verfälschung ist der Beklagte beweispflichtig.

7. Einwand des mangelnden Begebungsvertrages

20   Die *Verpflichtung des Schuldners* aus der Urkunde entsteht nicht schon durch den Skripturakt, sondern erst durch *die Begebung der Urkunde,* d. h. durch einen zwischen Geber und Nehmer der Urkunde geschlossenen Vertrag, der auf Begründung einer Leistungsverpflichtung gerichtet ist. Fehlt ein Begebungsvertrag, so ist der Schuldner aus der Urkunde *nicht* verpflichtet. Es fehlt eine gültige Verpflichtungserklärung des Schuldners. Der Einwand des mangelnden Begebungsvertrages im Sinne des Nichtbestehens der materiellen Verbindlichkeit kann aus den verschiedensten Gründen gegeben sein. Ist der Schuldner geschäftsunfähig oder hat ein Vertreter ohne Vertretungsmacht gezeichnet, so fehlt es an einem gültigen Begebungsvertrag. Es ist bereits zu Anm. 11, 13 hervorgehoben worden, daß der Einwand der mangelnden Geschäftsfähigkeit oder der mangelnden Vertretungsmacht des Unterzeichners gegenüber jedem Inhaber geltend gemacht werden kann (§ 365 Anm. 26). Darüber hinaus kann der Begebungsvertrag, abgesehen von seinem völligen Fehlen, auch aus anderen Gründen nichtig oder unwirksam sein. Der Begebungsvertrag ist nach § 117 BGB nichtig, wenn die Verpflichtungserklärung im Einverständnis des Nehmers der Urkunde nur zum Schein abgegeben ist. Die Nichtigkeit des Begebungsvertrages kann sich ferner auf Grund einer Anfechtung wegen Irrtums oder arglistiger Täuschung (§§ 119, 123 BGB) ergeben. Der Begebungsvertrag kann ferner wegen Verstoßes gegen ein gesetzliches Verbot (§ 134 BGB) oder gegen die guten Sitten (§ 138 Abs. 1 BGB) oder wegen Wuchers (§ 138 Abs. 2 BGB) nichtig sein. Die Nichtigkeit oder Unwirksamkeit eines Begebungsvertrages kann somit aus zahlreichen Gründen gegeben sein. Der Einwand des mangelnden Begebungsvertrages hat nichts zu tun mit den Einwendungen aus dem der Begebung der Urkunde zugrunde liegenden Rechtsverhältnis (Anm. 26). Einwendungen auf Grund der Nichtigkeit oder Unwirksamkeit des Grundgeschäfts sind *persönliche* Einwendungen; sie berühren grundsätzlich nicht die Gültigkeit des Begebungsvertrages.

Der Einwand des mangelnden Begebungsvertrages im Sinne des Nichtbestehens der materiellen Verbindlichkeit betrifft *die Gültigkeit der Erklärung* in der Urkunde. Der Einwand könnte nach § 364 Abs. 2 an sich jedem Inhaber, auch dem gutgläubigen, entgegengesetzt werden. Würde dieser Grundsatz auch für den Einwand des mangelnden Begebungsvertrages gelten, so wäre die Verkehrsfähigkeit der Orderpapiere in hohem Maße beeinträchtigt. Die reine Vertragstheorie, nach der der Einwand des mangelnden Begebungsvertrages jedem Inhaber entgegengesetzt werden kann, ist in ihren Folgerungen unhaltbar. Rechtsprechung und Schrifttum stehen im Ergebnis überwiegend auf dem Standpunkt, daß für den gutgläubigen Erwerber eines Orderpapiers das Bestehen eines Begebungsvertrages fingiert wird. Dies bedeutet, daß die Leistungspflicht des Schuldners nicht nur durch den Begebungsvertrag zwischen Geber und Nehmer der Urkunde, sondern auch durch den *gutgläubigen Erwerb eines Dritten* begründet werden kann (RGZ 112, 202; Baumbach/Hefermehl WPR Anm. 43; Art. 16 WG Anm. 3; Hueck S. 44; Rilk S. 97; Wüstendörfer S. 316; Ulmer S. 242). Zu der im einzelnen umstrittenen theoretischen Begründung s. § 365 Anm. 26. Hier genügt es festzustellen, daß nach den Grundsätzen der Haftung aus zurechenbar veranlaßtem Rechtsschein die meisten Mängel des materiellen Begebungsvertrages durch den guten Glauben des Zweiterwerbers geheilt werden können. *Unheilbar* sind mangelnde Geschäftsfähigkeit (bei Ausstellung und Begebung), mangelnde Vertretungsmacht, Fälschung, Verfälschung sowie absoluter Zwang.

Eine abweichende Ansicht wird im Schrifttum von Quassowski/Albrecht Anm. 22, 23 zu Art. 17 WG vertreten. Danach sollen für die Geltendmachung von Willensmängeln sowie für die Berufung auf Sittenverstoß und Wucher die allgemeinen Regeln des bürgerlichen Rechts Anwendung finden. Dann kann zwar der Einwand des Scheins wegen § 405 BGB dem gutgläubigen Erwerber nicht entgegengesetzt werden. Dagegen könnte sich der Schuldner, wenn er nach § 119 BGB wegen Irrtums angefochten hat, auf die Nichtigkeit der Verpflichtungserklärung gegenüber jedem Inhaber, auch dem gutgläubigen, berufen. Dem rechtmäßigen Inhaber des Papiers soll in diesem Falle ein Schadenersatzanspruch nach § 122 BGB zustehen. Bei Anfechtung wegen arglistiger Täuschung soll sich der Schuldner nach § 123 Abs. 2 BGB gegenüber dem gutgläubigen Erwerber nicht auf die Nichtigkeit der Verpflichtungserklärung berufen können, wohl aber bei absolutem Zwang und widerrechtlicher Drohung. Gleiches wird angenommen, wenn die Begebung wegen Sittenverstoßes, Wuchers oder Verstoßes gegen ein gesetzliches Verbot nichtig ist. Nach der hier vertretenen Ansicht (Anm. 21) ist dem Schuldner die Berufung sowohl auf Willensmängel als auch auf die Nichtigkeit der Begebung wegen Sittenverstoßes gegenüber dem gutgläubigen Erwerber versagt (Anm. 26 zu § 365). Auch wenn eine Verpflichtung wegen Wuchers nach § 138 Abs. 2 BGB nichtig ist, haftet der Schuldner gegenüber einem *gutgläubigen* Erwerber, da er durch die Unterzeichnung und Begebung der Urkunde den Rechtsschein einer gültigen Verpflichtung in zurechenbarer Weise veranlaßt hat (a. M. von Godin in RGR-Komm. z. HGB § 364 Anm. 5).

V. Die Einwendungen aus dem Inhalt der Urkunde

23 Auf den *Inhalt der Urkunde* kann sich der Schuldner *gegenüber jedem Inhaber,* auch dem gutgläubigen, berufen. Hat der Schuldner durch einen ausdrücklichen Vermerk auf der Urkunde seine Verpflichtung begrenzt, so können auch Einwendungen, die sonst persönlichen Charakter haben, zu urkundlichen (inhaltlichen) Einwendungen werden, vorausgesetzt, daß dies der Rechtsnatur des Wertpapiers nicht widerspricht. Auf eine in der Urkunde vermerkte *Teilzahlung* oder *Stundung* kann sich der Schuldner gegenüber *jedem* Erwerber berufen. Ein gutgläubiger Erwerb scheidet schon deshalb aus, weil der gute Glaube durch den Vermerk auf der Urkunde zerstört wird. Zu den Einwendungen aus dem *Inhalt* der Urkunde gehört auch die Berufung auf *Formmängel,* bei der es sich meist zugleich um eine Einwendung handelt, die die Gültigkeit der Erklärung in der Urkunde betrifft. Ist z.B. bei einem kaufmännischen Verpflichtungsschein oder einer kaufmännischen Anweisung die Leistung von einer Gegenleistung abhängig gemacht oder fehlt die Orderklausel, so kann sich der Schuldner gegenüber jedem Inhaber darauf berufen. Ergibt sich aus der Urkunde, daß die Verjährungsfrist abgelaufen ist (nach § 195 BGB in der Regel 30 Jahre, für die Verpflichtung aus der Annahme einer Anweisung nach § 786 BGB 3 Jahre), so kann der Schuldner die Einrede der Verjährung ebenfalls gegenüber *jedem* Inhaber geltend machen. Dagegen ist die in einem kaufmännischen Orderpapier verbriefte Leistungsverpflichtung von der Gültigkeit des zugrunde liegenden Rechtsverhältnisses unabhängig (Anm. 25, 26). Die Nichtigkeit des Frachtvertrages hat nicht die Nichtigkeit der Ladeschein- oder Konnossementverpflichtung zur Folge. Lagerscheine, Ladescheine und Konnossemente sind demnach keine *kausalen* Wertpapiere, bei denen der gutgläubige Erwerber den ganzen Inhalt des einzelnen Vertragsverhältnisses gegen sich gelten lassen muß (ebenso Canaris, Vertrauenshaftung, S. 251).

24 Das in einem kaufmännischen Orderpapier verbriefte Leistungsversprechen unterliegt meist *besonderen Rechtsvorschriften,* die dem Inhalt der Verpflichtung ihr Gepräge geben. So gilt für die Verpflichtung aus einem Lagerschein das Lagerrecht, die Verpflichtung aus einem Ladeschein das Frachtrecht, die Verpflichtung aus einem Konnossement das Konnossementrecht. Die wertpapiermäßige Verbriefung löst die Verpflichtung nicht aus dem Nexus des gesetzlichen Lager- und Frachtrechts. Nach §§ 417, 390 ist z.B. der Lagerhalter für den Verlust und die Beschädigung des in seiner Verwahrung befindlichen Gutes *nur* verantwortlich, wenn der Verlust oder die Beschädigung auf Umständen beruht, die durch die Sorgfalt eines ordentlichen Kaufmanns abgewendet werden können. Ist dem Lagerhalter die Ware ohne sein Verschulden abhanden gekommen, so haftet er nicht, auch nicht einem gutgläubigen Erwerber des Lagerscheins. Die Einwendungen aus dem gesetzlichen Lager- und Frachtrecht sind ebenfalls im Sinne des § 364 Abs. 2 Einwendungen, die sich aus dem *Inhalt der Urkunde* ergeben (Ulmer S. 64; Rehfeldt/Zöllner § 4 III). Sind in einem Konnossement 5000 Sack Kaffee als abgeladen angegeben, während in Wahrheit nur 4000 Sack verladen sind, so haftet der Verfrachter nicht ex receptu, wenn er die Unrichtigkeit der Angabe im Konnossement nachweisen kann (§ 656 Abs. 2). Für die Unrichtigkeit der Konnossementserklärung haftet er nur, wenn ihn oder seine Leute ein Verschulden trifft (Anm. 42 zu § 363). Durch eine bloße

Bezugnahme des Konnossements auf die Bestimmungen des Chartervertrages kann eine in diesem enthaltene *Schiedsgerichtsklausel* für das Rechtsverhältnis zwischen Verfrachter und konnossementsmäßigem Empfänger wirksam werden (BGHZ 29, 120). – Bei *Transportversicherungsscheinen* gehört zu den Einwendungen aus dem *Inhalt* der Urkunde z.B. der Einwand, daß der Versicherungsfall von dem Versicherungsnehmer selbst schuldhaft herbeigeführt oder nicht rechtzeitig angezeigt worden ist (von Godin in RGR-Komm. z. HGB § 364 Anm. 7; Gottschalk in HansRGZ 1928, 17; Ritter, Das Recht der Seeversicherung [1922] I S. 726 ff.; Ulmer aaO S. 64).

VI. Die persönlichen Einwendungen

1. Im allgemeinen

Persönliche Einwendungen sind *Einwendungen, die dem Schuldner unmittelbar gegen den Inhaber zustehen.* Sie gründen sich auf die unmittelbaren Beziehungen des Schuldners zu einem bestimmten Gläubiger und können deshalb nicht jedem Inhaber, sondern nur demjenigen entgegengesetzt werden, zu dem die Rechtsbeziehung besteht, auf die sich die Einwendung gründet. Es kann sich um besondere Vereinbarungen oder sonstige Umstände handeln, die die Geltendmachung des in der Urkunde verbrieften Anspruchs ausschließen, wie z.B. *Stundung oder Erlaß.* Wird die in der Urkunde verbriefte Leistung erbracht, so hat dies den Untergang der Schuld zur Folge (§ 362 Abs. 1 BGB), worauf sich der Schuldner gegenüber jedermann berufen kann. Streitig ist, ob die gleiche Wirkung der Leistung (Zahlung) auch bei Orderpapieren eintritt. Für den *Wechsel* hat das Reichsgericht in RGZ 61, 7 die Auffassung vertreten, daß ungeachtet der Zahlung die Wechselforderung weiterbesteht, wenn die Wechselurkunde unzerstört und ohne Quittungsvermerk im Besitz des Wechselgläubigers verblieben ist. Dem Schuldner soll gegen den Gläubiger nur der Einwand unzulässiger Rechtsausübung zustehen, wenn er sein formales Recht dazu mißbraucht, das bereits Empfangene noch einmal zu fordern. Diese Auffassung ist Ausdruck einer rein formalen Betrachtung. Die Zahlung nimmt dem Inhaber die materielle Berechtigung, so daß lediglich die formelle Legitimation übrigbleibt. Das formelle Recht kann aber nicht stärker sein als das materielle (Mansfeld LZ 12, 577 ff.). Es ist nicht einzusehen, warum entgegen den allgemeinen Grundsätzen eine in einem Orderpapier verbriefte Forderung durch Bewirken der geschuldeten Leistung nicht erlöschen soll (Baumbach/Hefermehl Art. 17 WG Anm. 55 ff.; ebenso von Godin in RGR-Komm. z. HGB § 364 Anm. 8; Ulmer aaO S. 251). Den Zahlungseinwand, mit dem der Schuldner das Nichtmehrbestehen seiner Verpflichtung geltend macht, kann der Schuldner daher grundsätzlich gegenüber jedem Inhaber geltend machen. Nur einem *gutgläubigen Zweiterwerber,* der sich auf das Bestehen der Forderung verlassen hat, kann der Schuldner wegen des von ihm in zurechenbarer Weise veranlaßten Rechtsscheins den Zahlungseinwand nicht entgegensetzen.

2. Einwendungen aus dem Grundgeschäft

Zu den wichtigsten Arten der persönlichen Einwendungen gehören die Einwendungen aus dem zugrunde liegenden Rechtsverhältnis. Sie sind scharf zu unterscheiden von dem Einwand des Schuldners, daß für ihn mangels wirksamer Begebung keine Verpflichtung

§ 364 1. Abschn. *Drittes Buch. Handelsgeschäfte*

aus der Urkunde entstanden sei (Anm. 20, 21). *Mängel des Grundgeschäfts* sind für die Gültigkeit einer im Orderpapier verbrieften abstrakten Forderung gewöhnlich *ohne Einfluß*. Die abstrakte Verpflichtung wird nicht dadurch berührt, daß das Grundgeschäft wegen Verstoßes gegen ein gesetzliches Verbot oder gegen die guten Sitten, wegen Formmangels oder Willensmängeln nichtig ist. Aber ein Mangel des Grundgeschäfts kann als persönliche Einwendung nur gegenüber dem geltend gemacht werden, zu dem die Rechtsbeziehung besteht. Der Einwand wird meist damit begründet, daß wegen des nicht vorhandenen oder ungültigen Grundgeschäfts die abstrakte Verpflichtung ohne rechtlichen Grund bestehe und daher kondizierbar sei (§ 812 Abs. 2 BGB). Aber damit wird die Abstraktion überzogen, die dem Gläubiger nur ein *selbständiges Klagrecht* gegen den mit ihm kausal verbundenen Schuldner gibt und diesem die *Beweislast* für Mängel des Grundgeschäfts auferlegt (Baumbach/Hefermehl WG Art. 17 Anm. 67). Der Krücke einer Bereicherungs- oder Einrede unzulässiger Rechtsausübung bedarf es nicht. Der Schuldner muß beweisen, daß das Rechtsgeschäft, auf Grund dessen die Begebung der Urkunde stattgefunden hat, entweder nicht zustande gekommen ist oder die Verpflichtung, die der Begebung zugrunde liegt, nicht mehr besteht. Behauptet der Inhaber der Urkunde, daß nach der Begebung ein neuer Rechtsgrund für die Hingabe der Urkunde vereinbart sei, so trifft den Schuldner auch in diesem Falle der Negativbeweis, da sonst die abstrakte Verbindlichkeit mit der Änderung ihrer kausalen Grundlage ihre abstrakte Natur einbüßen würde (RGZ 124, 65/67; Celle NJW 62, 745; a. M. Hamburg MDR 58, 170; Teplitzky NJW 62, 724). Doch trifft den Kläger eine gewisse Darlegungslast, wodurch die schwierige Beweislage für den Schuldner gemildert wird.

27 Mitunter kann die Nichtigkeit des Grundgeschäfts auch die Wirksamkeit der *abstrakten* Forderung beeinflussen. So ist nach § 138 Abs. 2 BGB bei einem wucherischen im Gegensatz zum sittenwidrigen Grundgeschäft auch die abstrakte Verbindlichkeit nichtig. Bei Spiel, Wette, verbotenem Differenzgeschäft und bei Ehevermittlung bedeutet die Eingehung einer abstrakten Verbindlichkeit noch keine Erfüllung (§§ 762, 764 BGB; §§ 59, 69 BörsG, § 656 BGB). Bis zur Erfüllung kann sich der Schuldner daher auf die Unverbindlichkeit dem Inhaber gegenüber, mit dem das Geschäft abgeschlossen ist, berufen. Für das Bestehen der Einwendung ist der Schuldner beweispflichtig. Die Frage, ob die abstrakte Verbindlichkeit nur kondizierbar oder selbst unwirksam ist, ist verfahrensrechtlich dafür erheblich, ob der Richter den Einwand von Amts wegen beachten muß oder nicht.

28 Auch bei einem *gültigen Grundgeschäft* können dem Schuldner Einwendungen aus dem Grundgeschäft zustehen, z. B. der Einwand der Stundung, des nichterfüllten Vertrages des Zurückbehaltungsrechts usw. Auch diese Einreden kann der Schuldner grundsätzlich gegenüber der selbständigen Forderung aus einem Orderpapier geltend machen, ohne daß sie erst auf den Nenner einer Bereicherungseinrede (§ 812 Abs. 2 BGB) oder der Einrede unzulässiger Rechtsausübung (§ 242 BGB) gebracht werden müssen (Anm. 26). Der Gläubiger einer selbständigen Forderung darf gegenüber dem mit ihm kausal verbundenen Schuldner nicht mehr Rechte für sich in Anspruch nehmen, als ihm aus dem Grundgeschäft zustehen (BGHZ 57, 292, 300; WM 76, 382, 383; Baumbach/Hefermehl WG Art. 17 Anm. 67). Anders läge es, wenn der Schuldner auf die Geltendmachung solcher Einreden ausdrücklich oder konkludent verzichtet hätte. *Beweispflichtig* für das Vorliegen der Einrede ist der *Schuldner*.

3. Abgrenzung

Von den Einwendungen, mit denen sich der Schuldner gegen seine Verpflichtung aus der Urkunde wendet, ist der Fall zu trennen, daß der Schuldner die *sachliche Berechtigung* (Aktivlegitimation) des Inhabers bestreitet. Dieser Einwand ist stets zulässig (Anm. 25 zu § 365). 29

VII. Sonderfragen

Der Ausschluß von Gültigkeitseinwendungen (Anm. 20 ff.) oder persönlichen Einwendungen setzt voraus, daß ein im Interesse des Verkehrs schutzwürdiger Übertragungsakt stattgefunden hat. Trifft das nicht zu, so besteht kein Grund für einen Einwendungsausschluß. Folgende Fälle sind als die Bedeutsamsten hervorzuheben: 30

1. Zivilrechtliche Rechtsnachfolge

Hat der Inhaber des kaufmännischen Orderpapiers die Urkunde nicht durch Indossament, d. h. durch einen wertpapiermäßigen Übertragungsakt, erworben, so findet § 364 Abs. 2 keine Anwendung. Der Schuldner kann daher, wenn der Inhaber die Rechte aus der Urkunde durch gewöhnliche Abtretung erworben hat, seine persönlichen Einwendungen unbeschränkt gegenüber dem Rechtsnachfolger nach § 404 BGB insoweit geltend machen, wie sie gegen den Rechtsvorgänger begründet waren. Entsprechendes gilt bei einer Rechtsnachfolge kraft Gesetzes, z. B. durch Erbfall (§ 1922 BGB) oder Verschmelzung (§ 346 Abs. 3 AktG), da der Schutz des Verkehrs einen *rechtsgeschäftlichen* Erwerbstatbestand voraussetzt. 31

2. Abtretung der Grundforderung

Ist dem Inhaber der Urkunde *gleichzeitig* die Forderung aus dem zugrunde liegenden Rechtsverhältnis abgetreten worden, so mußte er sich nach der früheren Rechtsprechung nicht nur gegenüber der Grundforderung, sondern auch gegenüber der abstrakten Forderung die Einwendungen entgegenhalten lassen, die zur Zeit der Abtretung der Forderung gegen den bisherigen Gläubiger begründet waren (für den Wechsel RGZ 83, 97; 136, 41 ff.). Nur für den Fall, daß die Grundforderung erst nach dem Wechselerwerb dem Wechselgläubiger übertragen worden war, hatte das Reichsgericht einen anderen Standpunkt eingenommen (RG LZ 14, 753). Erst in RGZ 166, 306 gab das Reichsgericht seinen unrichtigen Standpunkt auf. Es ist daher heute davon auszugehen, daß sich durch die Abtretung der Grundforderung die Rechtsstellung des Inhabers *nicht* verschlechtert, sondern verbessert. Die Einwendungen aus dem Grundgeschäft können auch bei Abtretung der Grundforderung nicht gegenüber der Wechselforderung geltend gemacht werden (BGH NJW 53, 219; Baumbach/Hefermehl WG Art. 17 Anm. 17). 32

3. Inkassoindossament

Dem fiduziarischen Inkassoindossatar stehen als Vollgläubiger alle Rechte aus der Urkunde zu (Anm. 7). Die Tatsache, daß der Inhaber nur Inkassoindossatar ist, schließt 33

§ 364 1. Abschn.   *Drittes Buch. Handelsgeschäfte*

die Haftung des Schuldners nicht aus. Wohl aber ist zu beachten, daß der Inkassoindossatar die Forderung fremdnützig im Interesse des Inkassoindossanten geltend macht, er das Papier somit nicht zu Umlaufszwecken erworben hat. Ein Einwendungsausschluß ist daher sachlich *nicht* gerechtfertigt, so daß der Schuldner auch persönliche Einwendungen gegenüber dem Inkassoindossanten dem Inkassoindossatar entgegensetzen kann (zutr. Canaris, Vertrauenshaftung, § 22 Nr. 4; Baumbach/Hefermehl WG Art. 17 Anm. 23). Jedenfalls verstößt der Inkassoindossatar gegen Treu und Glauben (§ 242 BGB), wenn er seine formale Rechtsstellung dazu mißbraucht, dem Schuldner die gegen den Inkassoindossanten zustehenden Einwendungen abzuschneiden. Für die Einwendungen des Schuldners gegenüber dem Inkassoindossatar gilt daher im Ergebnis nicht § 364 Abs. 2, sondern § 404 BGB (RGZ 96, 191; 117, 72).

4. Unzulässige Rechtsausübung

34   Weiß der Erwerber eines kaufmännischen Orderpapiers, daß dem Schuldner gegenüber dem Vormann persönliche Einwendungen zustehen, so folgt daraus nicht, daß der Schuldner die Einwendungen gegenüber dem Vormann auch dem Erwerber entgegensetzen kann. Nach der Rechtsprechung des Reichsgerichts zur alten Wechselordnung waren solche Einwendungen nur zulässig, wenn Veräußerer und Erwerber arglistig zusammengewirkt hatten, um den Schuldner um seine Einwendungen zu bringen (RGZ 96, 191; 111, 282). Das Wechselgesetz hat sich in Art. 17 zu einer mittleren Lösung bekannt. Persönliche Einwendungen, die sich auf die Beziehungen des Schuldners zu einem Vormann gründen, kann der Schuldner gegenüber dem Erwerber dann geltend machen, wenn dieser beim Erwerb der Urkunde *bewußt zum Nachteil des Schuldners* gehandelt hat. Man wird Art. 17 WG im Rahmen des § 364 Abs. 2 entsprechend auch auf kaufmännische Orderpapiere anzuwenden haben (Baumbach/Hefermehl WG Art. 17 Anm. 95 f.; Quassowski/Albrecht Anm. 17, 18 zu Art. 17 WG; Ulmer S. 244 ff.).

VIII. Leistung gegen Aushändigung der quittierten Urkunde

35   Der Schuldner kann vom Inhaber gegen seine Leistung sowohl die *Aushändigung der Urkunde* als auch deren *Quittierung* verlangen (§ 364 Abs. 3, § 368 BGB; vgl. auch §§ 448, 653 und WG Art. 39). Sonst braucht er *nicht* zu leisten. Zu quittieren hat der Inhaber *auf der Urkunde* selbst. Die Ausstellung einer besonderen Quittung genügt nicht. Aus dem Umstand, daß der Schuldner die Aushändigung der quittierten Urkunde verlangen kann, folgt aber nicht, daß der Schuldner die Tatsache der Zahlung nur durch eine solche Quittung beweisen kann. – Ist der Inhaber nicht in der Lage, die Urkunde auszuhändigen, so kann der Schuldner die Leistung verweigern. Eine Befreiung von der Leistungspflicht tritt jedoch hierdurch noch nicht ein (Anm. 29, 30 zu § 365).

IX. Teilleistungen

36   Eine Teilleistung braucht der Inhaber *nicht anzunehmen*. Die für den Wechsel geltende Vorschrift des Art. 39 Abs. 2 WG findet auf die kaufmännischen Orderpapiere keine Anwendung. Nimmt der Gläubiger die Teilleistung an, so kann der Schuldner nicht die

Aushändigung der Urkunde verlangen. Er kann aber entsprechend Art. 39 Abs. 3 WG verlangen, daß die Teilzahlung auf der Urkunde vermerkt und ihm darüber eine Quittung erteilt wird.

365 In betreff der Form des Indossaments, in betreff der Legitimation des Besitzers und der Prüfung der Legitimation sowie in betreff der Verpflichtung des Besitzers zur Herausgabe, finden die Vorschriften der *(Artikel 11 bis 13, 36, 74 der Wechselordnung, jetzt:)* Artikel 13, 14 Abs. 2 und 16, 40 Abs. 3 Satz 2 des Wechselgesetzes entsprechende Anwendung.
 Ist die Urkunde vernichtet oder abhanden gekommen, so unterliegt sie der Kraftloserklärung im Wege des Aufgebotsverfahrens. Ist das Aufgebotsverfahren eingeleitet, so kann der Berechtigte, wenn er bis zur Kraftloserklärung Sicherheit bestellt, Leistung nach Maßgabe der Urkunde von dem Schuldner verlangen.

Schrifttum: Vgl. die Angaben vor § 363.

Inhalt

	Anm.		Anm.
Allgemeines	1	b) Geltendmachung der verbrieften Rechte	15
I. Die Form des Indossaments	2–9	c) Leistung des Schuldners	16–17
1. Vollindossament	2–3	III. Der gutgläubige Eigentumserwerb	18–28
2. Blankoindossament	4–9	1. Im allgemeinen	18–19
II. Die Legitimationswirkung des Indossaments	10–17	2. Herausgabepflicht des legitimierten Inhabers	20–22
1. Im allgemeinen	10	3. Gutgläubiger Erwerb	23–25
2. Voraussetzung der Legitimation	11–13	4. Haftung des Schuldners gegenüber dem gutgläubigen Erwerber	26–28
3. Wirkungen der Legitimation	14–17	IV. Das Aufgebot	29–32
a) Begebung durch Indossament	14	Anhang: Der bankmäßige Zahlungsverkehr	1–86

Allgemeines

§ 365 Abs. 1 *regelt* unter Verweisung auf die entsprechenden Vorschriften des Wechselgesetzes die *Form* des Indossaments, die *Legitimation* des Inhabers sowie die *Herausgabepflicht* des legitimierten Inhabers. – In Abs. 2 ist eine Sonderregelung für das *Aufgebot* der kaufmännischen Orderpapiere getroffen. **1**

An die Stelle der Art. 11 bis 13, 36, 74 der Wechselordnung sind die entsprechenden Vorschriften des Wechselgesetzes getreten. Es sind dies die Art. 13, 14 Abs. 2, 16 und 40 Abs. 3. Diese Vorschriften lauten:

Art. 13 WG: (1) Das Indossament muß auf den Wechsel oder auf ein mit dem Wechsel verbundenes Blatt (Anhang) gesetzt werden. Es muß von dem Indossanten unterschrieben werden.
 (2) Das Indossament braucht den Indossatar nicht zu bezeichnen und kann selbst in der bloßen Unterschrift des Indossanten bestehen (Blankoindossament). In diesem letzteren Falle muß das Indossament, um gültig zu sein, auf die Rückseite des Wechsels oder auf den Anhang gesetzt werden.

Art. 14 WG: (1) Das Indossament übeträgt alle Rechte auf dem Wechsel.
(2) Ist es ein Blankoindossament, so kann der Inhaber
1. das Indossament mit seinem Namen oder mit dem Namen eines anderen ausfüllen;
2. den Wechsel durch ein Blankoindossament oder an eine bestimmte Person weiter indossieren;
3. den Wechsel weiter begeben, ohne das Blankoindossament auszufüllen und ohne ihn zu indossieren.

Art. 16 WG: (1) Wer den Wechsel in Händen hat, gilt als rechtmäßiger Inhaber, sofern er sein Recht durch eine ununterbrochene Reihe von Indossamenten nachweist, und zwar auch dann, wenn das letzte ein Blankoindossament ist. Ausgestrichene Indossamente gelten hierbei als nicht geschrieben. Folgt auf ein Blankoindossament ein weiteres Indossament, so wird angenommen, daß der Aussteller dieses Indossaments den Wechsel durch das Blankoindossament erworben hat.
(2) Ist der Wechsel einem früheren Inhaber irgendwie abhanden gekommen, so ist der neue Inhaber, der sein Recht nach den Vorschriften des vorstehenden Absatzes nachweist, zur Herausgabe des Wechsels nur verpflichtet, wenn er ihn in bösem Glauben erworben hat oder ihm beim Erwerb eine grobe Fahrlässigkeit zur Last fällt.

Art. 40 WG: (1) Der Inhaber des Wechsels ist nicht verpflichtet, die Zahlung vor Verfall anzunehmen.
(2) Der Bezogene, der vor Verfall zahlt, handelt auf eigene Gefahr.
(3) Wer bei Verfall zahlt, wird von seiner Verbindlichkeit befreit, wenn ihm nicht Arglist oder grobe Fahrlässigkeit zur Last fällt. Er ist verpflichtet, die Ordnungsmäßigkeit der Reihe der Indossamente, aber nicht die Unterschriften der Indossanten zu prüfen.

I. Die Form des Indossaments

1. Vollindossament

2   Das Vollindossament enthält den *Namen des Indossanten und des Indossatars*. Es muß den Willen des Indossanten, die Urkunde zu übertragen, zum Ausdruck bringen. Üblich ist folgende Form: „für mich an die Order des Herrn Karl Berger" oder „an die Order des Herrn Karl Berger" mit der Unterschrift des Indossanten. Für die Bezeichnung des Indossanten oder des Indossators genügt die Angabe des Familiennamens oder der Firma. Datierung ist nicht erforderlich. Die Unterschrift des Indossanten, die Gültigkeitsvoraussetzung des Indossaments ist, ist auch rechtsverbindlich, wenn bei einer aus Sach- und Namensbezeichnung zusammengesetzten Firma die Sachbezeichnung durch Stempeldruck und nur die Namensbezeichnung geschrieben ist, RGZ 47, 165 (Papier- und Pappenfabrik Sadowa [gestempelt] Moritz Auerbach & Co.). Die Bezeichnung muß jedoch immer klar sein (vgl. für das Indossament auf einem Wechsel Baumbach/Hefermehl WG Art. 13 Anm. 1).

3   Das Indossament muß auf die *Urkunde oder auf ein mit der Urkunde verbundenes Blatt (Anhang)* gesetzt werden. Ein mündliches Indossament oder ein in besonderer Urkunde ausgestelltes Indossament ist gegenstandslos. Befindet sich das Indossament jedoch auf einer *Abschrift* des Orderpapiers, ist es voll wirksam. Art. 67 Abs. 3 WG ist entsprechend anwendbar. Das Vollindossament kann auf der Vorderseite oder auf der Rückseite der Urkunde oder des Anhangs stehen. Üblich ist das Indossament auf der Rückseite, und zwar stehen mehrere Indossamente auf der Rückseite in der Regel nicht nebeneinander, sondern untereinander.

2. Blankoindossament

Das Blankoindossament ist ein *Indossament, das den Namen des Indossatars nicht bezeichnet,* z. B. „für mich an die Order von ..." mit Unterschrift des Indossanten (Namen oder Firma). Beim Blankoindossament ist ebenso wie beim Vollindossament ein Begebungsvertrag erforderlich. Fehlt er, so kann diese Tatsache dem nur förmlich Berechtigten als Einwand entgegengesetzt werden (Baumbach/Hefermehl WG Art. 14 Anm. 5). Besteht das Blankoindossament in der bloßen Unterschrift des Indossanten, so muß es zur Vermeidung von Verwechselungen auf der Rückseite der Urkunde stehen. Wird es auf den Anhang gesetzt, so kann es auf der Vorderseite stehen (Art. 13 Abs. 2 WG). Der Zusatz „angenommen" oder „Valuta empfangen" schließt die Annahme eines Blankoindossaments nicht aus (RGZ 46, 46; RG JW 14, 533). Ist das Indossament auf den Inhaber gestellt, so wird es unter sinngemäßer Anwendung des Art. 12 Abs. 3 WG als Blankoindossament anzusehen sein. **4**

Der nach Art. 16 Abs. 1 WG legitimierte Inhaber hat folgende Möglichkeiten, seine Rechte weiterzuübertragen:

a) Vollindossierung

Der Inhaber kann das Indossament *mit seinem Namen oder mit dem eines anderen* ausfüllen. Füllt der Inhaber ein Blankoindossament mit seinem Namen aus, so bedeutet die Ausfüllung nicht, daß die Urkunde erst jetzt begeben ist. Die Begebung an den Inhaber ist bereits durch die Übergabe der blankoindossierten Urkunde erfolgt. Der Inhaber ist auch bereits durch das Blankoindossament legitimiert im Sinne des Art. 16 Abs. 1 WG. Die Ausfüllung des Blankoindossaments gibt dem Inhaber nur eine gewisse Sicherung gegen die Gefahr eines Verlustes der Urkunde. Füllt der Inhaber das Blankoindossament mit dem Namen eines anderen aus, so hat er die Möglichkeit, die Urkunde nunmehr an den namentlich Benannten weiter zu übertragen, wofür ein zweiter Begebungsvertrag notwendig ist. Der Inhaber stellt aus dem Blankoindossament ein Vollindossament auf den Namen des Dritterwerbers her, ohne daß sein eigener Name in dem Indossamentsvermerk erscheint. Äußerlich scheint eine Begebung der Urkunde seitens des Blankoindossanten an den Dritterwerber vorzuliegen. **5**

Der Inhaber hat auch die Möglichkeit, die Urkunde dadurch weiterzugeben, daß er das Blankoindossament *unausgefüllt* läßt, jedoch ein neues Vollindossament auf die Urkunde setzt, das seine Unterschrift und den Namen des Indossatars enthält. **6**

b) Blankoindossierung

Der Inhaber kann die Urkunde durch ein *neues Blankoindossament* weiter indossieren, indem er seine Unterschrift ohne Angabe des Indossatars auf die Urkunde setzt. Dann kann der Erwerber die Urkunde, ohne sie als Indossant zu unterzeichnen, weiterübertragen (Anm. 8). **7**

c) Blankotradition

Der Inhaber kann die blankoindossierte Urkunde auch dadurch übertragen, daß er sie durch Begebungsvertrag unter Übergabe der Urkunde weitergibt. Im Gegensatz zur **8**

§ 365 1. Abschn. *Drittes Buch. Handelsgeschäfte*

Blankoindossierung (Anm. 7) unterzeichnet in diesem Falle der Inhaber der Urkunde nicht. Die Übertragung durch Blankotradition ist keine gewöhnliche Abtretung; vielmehr steht der Erwerb des Orderpapiers durch Blankotradition einem Erwerb durch Indossament völlig gleich. Die Begebung hat volle Transport- und Legitimationswirkung.

9 § 365 trifft keine Bestimmung darüber, *wer* Indossant oder Indossatar eines kaufmännischen Orderpapiers sein kann. Man wird annehmen können, daß insoweit keine Beschränkungen bestehen. Die Urkunde kann daher auch an den Aussteller oder an einen Vorindossanten indossiert und von diesem weiterindossiert werden. Auch bedarf es zur Indossierung nicht der Kaufmannseigenschaft. – *Teilindossamente* sind nichtig. Bedingte Indossamente wird man entsprechend Art. 12 WG als unbedingte Indossamente aufrechterhalten können.

II. Die Legitimationswirkung des Indossaments

1. Im allgemeinen

10 Bei einem Orderpapier als umlauffähigem Wertpapier ist die verbriefte Obligation *versachlicht*. Der Eigentümer des Papiers ist zugleich der Gläubiger der in der Urkunde verbrieften Forderung. Von der sachlichen Berechtigung ist im Wertpapierrecht die *Legitimation* oder förmliche Berechtigung zu unterscheiden. Der legitimierte Inhaber braucht nicht der sachlich Berechtigte oder, wie das Wechselgesetz sagt, der rechtmäßige Inhaber zu sein. Für ihn spricht jedoch die widerlegbare *Vermutung*, daß er der sachlich Berechtigte ist. Doch braucht der sachlich berechtigte Inhaber wiederum nicht förmlich berechtigt zu sein. Zwischen Recht und Legitimation ist daher zu unterscheiden. Zur Bedeutung der Legitimation für die Begebung der Urkunde und die Geltendmachung der verbrieften Rechte vgl. Anm. 14, 15.

Im Wechselrecht ist weiter zwischen der Legitimation beim vorlaufenden und beim rückläufigen Wechsel zu unterscheiden. Art. 16 Abs. 1 WG gilt nur für die Legitimation des vorlaufenden, im gewöhnlichen Umlauf befindlichen Wechsels. Diese Unterscheidung ist für die kaufmännischen Orderpapiere, bei denen Regreßansprüche nicht bestehen, ohne Bedeutung.

2. Voraussetzungen der Legitimation

11 Wer ein kaufmännisches Orderpapier in Händen hat, gilt als rechtmäßiger Inhaber, sofern er sein Recht durch eine ununterbrochene Reihe von Indossamenten nachweist (Art. 16 Abs. 1 WG; vgl. auch für Briefhypotheken § 1155 BGB). Die Reihe der Indossamente muß bis auf den Inhaber hinuntergehen; sie muß mit einem Indossament beginnen, das den Namen des ersten Gläubigers (Remittenten) trägt. Die Zwischenindossamente müssen mit dem Namen desjenigen unterzeichnet sein, auf den das vorhergehende Namensindossament lautet. Ist das vorhergehende Indossament ein Blankoindossament, so kann das folgende Indossament eine beliebige Unterschrift tragen. Es wird in diesem Falle nach Art. 16 Abs. 1 Satz 3 WG angenommen, daß der Inhaber die Urkunde durch Blankoindossament erworben hat. Ist das letzte Indossament ein Blankoindossament, so ist *jeder Inhaber,* ist das letzte Indossament ein Namensindossament, so ist nur

396

Erster Abschnitt. Allgemeine Vorschriften 1. Abschn. § 365

der benannte Indossatar legitimiert (Baumbach/Hefermehl Art. 16 WG Anm. 4; Ulmer S. 227; a. M. Quassowski/Albrecht Anm. 9 zu Art. 16 WG, die, wenn das letzte Indossament ein Namensindossament ist, die Identität des Wechselinhabers mit demjenigen, auf den das Indossament lautet, nicht verlangen).

Zur Legitimation genügt es, daß die *Reihenfolge der Indossamente äußerlich in Ordnung* ist. Es muß äußere Namensgleichheit vorliegen; die Unterschriften brauchen jedoch nicht echt zu sein. Stellt jemand ein Blankoindossament her, indem er den Namen des letzten Indossatar fälscht, so ist äußerlich die Kette der Indossamente in Ordnung. Jeder Inhaber der Urkunde würde legitimiert sein. Die Reihe der Indossamente ist noch nicht als unterbrochen anzusehen, wenn die Namen nur geringfügige Abweichungen aufweisen. Auch in diesem Falle wäre die Legitimation vorhanden. *Ausgestrichene Indossamente* gelten als nicht geschrieben. Dabei ist gleichgültig, ob der Streichende zur Streichung berechtigt oder nicht berechtigt war, ob die Streichung aus Versehen oder mit Absicht geschah. Es ist daher möglich, daß der Inhaber eines kaufmännischen Orderpapiers durch Ausstreichen der entgegenstehenden Indossamente seine Legitimation herstellt. Dagegen ist der Inhaber nicht legitimiert, wenn ein seiner Legitimation entgegenstehendes Indossament nicht ausgestrichen ist, obwohl er die Möglichkeit oder sogar das Recht hatte, dieses Indossament auszustreichen.

Streitig ist, ob die Kette der Indossamente durch *zivilrechtliche Sukzession,* wie z. B. Einzelabtretung oder Gesamtrechtsnachfolge, unterbrochen wird. Nach herrschender Ansicht ist grundsätzlich *nur der Legitimierte* zur Indossierung berechtigte (RGZ 114, 367; Quassowski/Albrecht Anm. 2 zu Art. 11 WG). Eine Ausnahme wird nur bei der *Gesamtrechtsnachfolge* gemacht (RGZ 43, 44). Die ununterbrochene Reihe der Indossamente wäre danach gewahrt, wenn dem auf den Erblasser lautenden Namensindossament ein vom Erben ausgestelltes Indossament folgt. Äußerlich liegt hier eine Unterbrechung vor. Ist die Erbfolge streitig, so muß sie von demjenigen, der die Legitimationswirkung in Anspruch nimmt, nachgewiesen werden. Weitere Beispiele für eine Gesamtrechtsnachfolge bieten die Verschmelzung von Aktiengesellschaften (§§ 339 ff. AktG, insbesondere § 346 Abs. 3) und die Verstaatlichung (§§ 359 ff. AktG). Ferner die Verschmelzung von Genossenschaften (§§ 93 a ff. GenG). Bei einer *Einzelrechtsnachfolge,* z. B. bei einem Erwerb des Papiers durch bloße *Abtretung,* hat das Reichsgericht dagegen nicht zugelassen (RGZ 43, 44), daß der Erwerber das Papier weiter indossiert. Als Grund wird angeführt, der Umlauf werde gehemmt, wenn die Berechtigung zur Indossierung erst noch umständlich geprüft werden müßte. Aber ein Orderpapier ist ohnehin für den Umlauf ungeeignet, wenn der Inhaber nicht formell legitimiert ist. Ein Dritter wird das Risiko des Erwerbs nicht auf sich nehmen, er kann das Papier bei fehlender förmlicher Berechtigung nicht gutgläubig erwerben (Art. 16 Abs. 2 WG). Die Frage, um die es hier geht, ist grundsätzlicher Natur. Sie geht dahin, ob ein sachlich aber nicht formell Berechtigter zur Indossierung berechtigt ist oder nicht. Bei einem Erwerb durch Gesamtrechtsnachfolge sieht auch das RG die materielle Berechtigung als ausreichend an. Im Grundsatz besteht aber kein Unterschied zwischen Gesamt- und Einzelrechtsnachfolge. In beiden Fällen liegt die Schwierigkeit allein im Nachweis der Berechtigung. Da auch in dem formstrengen Wertpapierrecht die materielle Berechtigung das Ausschlaggebende bleiben muß, wird man auch demjenigen, der das Papier durch bloße Abtretung erlangt hat, das Recht zum Weiterindossieren zugestehen müssen, so wie er überhaupt das Recht haben muß, sein materielles Recht geltend zu machen (Baumbach/Hefermehl Art. 16 WG Anm. 13; im gleichen Sinne von Godin in RGR-Komm. z. HGB § 365 Anm. 7; Hueck S. 49; Stranz Art. 16 Anm. 12; Ulmer S. 216).

3. Wirkungen der Legitimation

a) Begebung durch Indossament

14   Zur Indossierung ist nach herrschender Meinung (RGZ 43, 44; 114, 365; BGH WM 59, 1091) nur der *legitimierte* Inhaber der Urkunde berechtigt. Ist der Inhaber nach Art. 16 Abs. 1 WG nicht legitimiert, so ist sein Indossament formungültig. Nach der hier vertretenen Auffassung ist es jedoch anders, wenn der Indossant trotz fehlender Legitimation nachgewiesenermaßen der materiell Berechtigte ist (Anm. 13).

b) Geltendmachung der verbrieften Rechte

15   Für die Geltendmachung der in der Urkunde verbrieften Rechte kommt es nicht auf die Legitimation des Inhabers, sondern seine *sachliche Berechtigung* an (RGZ 114, 365). Für den legitimierten Inhaber spricht lediglich die Vermutung der sachlichen Berechtigung. Der Schuldner kann den Gegenbeweis führen. Ergibt sich, daß dem Inhaber die sachliche Berechtigung fehlt, so nützt ihm die Legitimation nichts. Die fehlende Legitimation schließt die Klageberechtigung des Gläubigers nicht aus; sie hat nur für den Gläubiger die nachteilige Folge, daß er seine Berechtigung nachweisen muß. Die Legitimation hat somit für die Geltendmachung der Rechte aus der Urkunde lediglich *beweisrechtliche Bedeutung*. Die Legitimation kann noch während eines anhängigen Rechtsstreits hergestellt werden. Sie enthält keine Klageänderung (RGZ 114, 369; a. M. RG JW 26, 2683). Sind irrtümlich Indossamente gestrichen worden und ist dadurch die Legitimation des Inhabers entfallen, so schließt das ebenfalls die Geltendmachung der Rechte aus der Urkunde nicht aus (Ulmer S. 235). – Über die Legitimation des Empfängers beim Konnossement, Ladeschein und Lagerschein vgl. §§ 424, 447, 450, 648.

c) Leistung des Schuldners

16   Nur der *rechtmäßige* Inhaber kann vom Schuldner die Leistung verlangen. Der Schuldner wird frei, wenn er an den sachlich Berechtigten leistet. Eine andere Frage ist, ob und unter welchen Voraussetzungen der Schuldner auch dann befreit wird, wenn er an einen *Nichtberechtigten* leistet. Genügt es, wenn der Schuldner überhaupt die Legitimation des Inhabers prüft, oder muß er auch die sachliche Berechtigung prüfen? Das früher streitige Problem hat in Art. 40 Abs. 3 WG, der ebenfalls für kaufmännische Orderpapiere gilt, seine Lösung gefunden. Maßgebend ist folgender Grundsatz: Der *Schuldner* wird von seiner Verbindlichkeit *befreit,* wenn ihm nicht Arglist oder grobe Fahrlässigkeit zur Last fällt. Innerhalb dieses Rahmens hat der Schuldner nicht nur die Legitimation, sondern auch die sachliche Berechtigung einschließlich der Personengleichheit zwischen dem Inhaber der Urkunde und demjenigen, der durch die Urkunde als Berechtigter ausgewiesen wird, zu prüfen. Die Prüfung der Legitimation des Inhabers wird nach Art. 40 Abs. 3 Satz 2 WG dahin umschrieben, daß der Schuldner die Ordnungsmäßigkeit der Reihe der Indossamente, nicht aber die Unterschriften der Indossanten zu prüfen hat. Trifft den Schuldner weder der Vorwurf der Arglist noch der Vorwurf der groben Fahrlässigkeit, so wird er in Abweichung von den allgemeinen Regeln des bürgerlichen Rechts auch befreit, wenn er an einen geschäftsunfähigen oder an einen nicht verfügungsfähigen Inhaber leistet. Nicht nur der Irrtum über das Recht, sondern auch der Irrtum über die Identität wird geschützt (anders § 1155 BGB), so z. B., wenn der Schuldner an eine Person leistet, die unter dem Namen des auf der Urkunde genannten Indossatars auftritt.

Die für die Leistung des Schuldners geltende Regelung des Art. 40 Abs. 3 WG weicht **17** von der für den Erwerb der Urkunde geltenden Regelung des Art. 16 Abs. 2 WG unter anderem dadurch ab, daß sie nicht auf den bösen Glauben und die grobe Fahrlässigkeit abstellt. Den „Vorsatz" erwähnt Art. 40 Abs. 3 WG nicht. Hieraus folgt, daß der Schuldner unter Umständen auch befreit wird, wenn er die Nichtberechtigung des Inhabers *kennt.* Ist nämlich der Inhaber der Urkunde äußerlich legitimiert, so kann dem Schuldner die Ablehnung nur zugemutet werden, wenn ihm liquide Beweismittel zur Verfügung stehen, mit deren Hilfe er den Mangel der sachlichen Berechtigung des Inhabers darlegen kann (Baumbach/Hefermehl WG Art. 16 Anm. 5 ff.). Sonst kann vom Schuldner die Ablehnung nicht verlangt werden, weil jede Ablehnung kreditgefährdend wirkt. Auch bloße Zweifel an der Berechtigung des Inhabers können nicht genügen. Arglistig handelt der Schuldner nur, wenn er durch seine Leistung an den Nichtberechtigten gegen Treu und Glauben verstößt, z.B. wenn er zu dem Zweck leistet, den Berechtigten zu schädigen, oder wenn er den Mangel der Berechtigung des Inhabers durch liquide Beweismittel beweisen kann. *Grob fahrlässig* handelt der Schuldner grundsätzlich dann, wenn er nicht erkennt, daß die Reihe der Indossamente nicht ordnungsgemäß ist. Der Schuldner muß prüfen, ob die Reihe der Indossamente äußerlich in Ordnung ist. Er wird jedoch auch befreit, wenn seine Annahme, die Reihe der Indossamente sei äußerlich in Ordnung, zwar falsch ist, jedoch nicht auf grober Fahrlässigkeit beruht, so z.B. wenn die Unterschriften schwer lesbar sind. In aller Regel wird man davon ausgehen können, daß grobe Fahrlässigkeit des Schuldners vorliegt, wenn die Reihe der Indossamente äußerlich nicht in Ordnung ist. Dagegen braucht der Schuldner nicht zu prüfen, ob die Unterschriften der Indossanten *echt* sind. In dieser Richtung besteht keine Prüfungspflicht. Der Schuldner wird auch frei, wenn die Unterschriften der Indossanten gefälscht sind oder eine wirklich nicht vorhandene Person angegeben ist. Weiß allerdings der Schuldner, daß die Unterschrift eines Indossanten nicht echt ist, und zahlt er trotzdem, so kann hierin eine Arglist des Schuldners liegen, die sein Freiwerden ausschließt (Quassowski/Albrecht Anm. 10 zu Art. 40 WG).

III. Der gutgläubige Eigentumserwerb

1. Im allgemeinen

Das *Eigentum* an einem kaufmännischen Orderpapier wird grundsätzlich durch **18** Einigung, Übergabe und Indossament übertragen. Auf Grund dieser Übereignungsform erlangt der Erwerber das Eigentum am Papier, wenn der Übertragende der Berechtigte war. War der Veräußerer *nicht berechtigt,* so kann der Erwerber das Eigentum auf Grund der Einhaltung der Übertragungsform noch nicht erwerben. Das bürgerliche Recht verlangt zusätzlich den guten Glauben des Erwerbers (§§ 932 ff. BGB). Diesen

Grundsätzen entsprechend gibt es auch einen gutgläubigen Eigentumserwerb von Orderpapieren. Der Unterschied liegt allein darin, daß bei Orderpapieren der gutgläubige Eigentumserwerb mit der Legitimation des Inhabers verknüpft ist. Zwar genügt zum Erwerb des Eigentums am Papier vom Nichtberechtigten nicht allein die Legitimation des Inhabers nach Art. 16 Abs. 1 WG. Sie ist jedoch die Voraussetzung dafür, daß überhaupt ein gutgläubiger Eigentumserwerb am Orderpapier eintreten kann. Ist der Inhaber des Orderpapiers nicht nach Art. 16 Abs. 1 WG legitimiert, so bestimmt sich die Pflicht zur Herausgabe nach den allgemeinen Vorschriften des bürgerlichen Rechts. § 935 Abs. 2 BGB ist auf Orderpapiere nicht anwendbar.

19 Art. 16 Abs. 2 WG schließt seinem Wortlaut nach nur das Herausgabeverlangen gegen den legitimierten Inhaber aus, wenn er die Urkunde gutgläubig erworben hat. Dieser negative Ausschluß des Herausgabeverlangens bedeutet jedoch positiv, daß der formell legitimierte und gutgläubige Erwerber der Urkunde *auch der Eigentümer* ist (RGZ 112, 202; Baumbach/Hefermehl Art. 16 WG Anm. 8; Quassowski/Albrecht Anm. 25 zu Art. 16 WG; Ulmer S. 238). Sonst wäre der Ausschluß der Herausgabepflicht praktisch wertlos.

2. Herausgabepflicht des legitimierten Inhabers

20 Nur der *sachlich Berechtigte* kann von dem legitimierten Inhaber die Herausgabe des kaufmännischen Orderpapiers verlangen. Er muß sein Recht beweisen. Auf die Vermutung des Art. 16 Abs. 1 WG kann er sich nicht berufen, da er nicht Inhaber der Urkunde ist.

Passiv legitimiert ist der nach Art. 16 Abs. 1 WG *legitimierte Inhaber des Papiers* (Anm. 11–13).

21 *Die Urkunde muß dem früheren Inhaber irgendwie abhanden gekommen sein.* Das ist einmal der Fall, wenn die Urkunde dem Eigentümer oder seinem Besitzmittler ohne Willen aus dem unmittelbaren Besitz gelangt ist, z. B. ein blankoindossiertes Orderpapier wird gestohlen und weitergegeben. Der Begriff des „Abhandenkommens" reicht jedoch weiter als im allgemeinen bürgerlichen Recht. Auch die *freiwillige Besitzaufgabe* durch den Besitzmittler bewirkt, daß die Urkunde dem Eigentümer abhanden gekommen ist. Ferner fallen hierunter die Fälle, in denen die Begebung der Urkunde durch den früheren Inhaber nichtig war – sei es nach §§ 134, 138 BGB, sei es nach §§ 119, 123 BGB auf Grund vollzogener Anfechtung – und der Erwerber die Urkunde weitergibt. Schließlich liegt ein Abhandenkommen vor, wenn der die Urkunde begebende Inhaber nicht geschäftsfähig oder nicht verfügungsberechtigt war (BGH NJW 51, 402/598 = MDR 51, 283; Baumbach/Hefermehl Art. 16 WG Anm. 9; Quassowski/Albrecht Anm. 17 zu Art. 16 WG).

22 *Der jetzige Inhaber muß die Urkunde in bösem Glauben erworben haben oder es muß ihm beim Erwerb eine grobe Fahrlässigkeit zur Last fallen.* Bösgläubig ist der Inhaber, wenn er den Rechtsmangel kennt. Im Gegensatz zum bürgerlichen Recht umfaßt der böse Glaube nicht die grobe Fahrlässigkeit. Doch ist dieser Unterschied nur ein sprachlicher; auch das Wechselgesetz stellt die grobe Fahrlässigkeit dem bösen Glauben gleich. Während das bürgerliche Recht nur den guten Glauben an das Eigentum des Veräußerers, das Handelsrecht darüber hinausgehend den guten Glauben an die Verfügungsmacht des Veräußerers schützt, geht das Recht der Orderpapiere viel weiter. Hier kann der gute Glaube des Erwerbers nicht nur das fehlende *Eigentum* und die fehlende *Verfügungsbefugnis,* sondern auch die fehlende *Geschäftsfähigkeit* des Veräußerers heilen (str.; bejahend BGH NJW 51, 402/598 für Scheck; WM 68, 4 für Wechsel; Baumbach/Hefermehl Art. 16 WG Anm. 10, Quassowski/Albrecht Anm. 12, 22 zu Art. 16 WG; Rehfeldt/Zöllner § 14 II a; Liesecke WM 69, 2/7; Ulmer S. 237; a. M. für Erwerb vom Geschäftsunfähigen Hueck S. 51, Locher S. 110). Gegen die Ausdehnung des Vertrauensschutzes wird eingewendet, daß § 935 Abs. 2 BGB auch bei Inhaberpapieren einen gutgläubigen Erwerb vom Geschäftsunfähigen nicht zulasse. Hierbei wird zu wenig beachtet, daß Art. 16 Abs. 2 WG nicht den Besitz des Veräußerers als Vertrauensgrundlage genügen läßt, sondern eine besondere *Legitimation* verlangt. Die auf der Legitimation beruhende Umlauffunktion des Orderpapier rechtfertigt es, auch den guten Glauben an die Geschäftsfähigkeit zu schützen und damit nicht nur Mängel im Recht zu heilen. Auch der Irrtum über die *Identität* des Inhabers mit dem namentlich Benannten *schließt die Herausgabepflicht aus* (Baumbach/Hefermehl Art. 16 WG Anm. 10; Quassowski/Albrecht Anm. 9, 22 zu Art. 16 WG; Ulmer S. 237; Lux aaO S. 57).

3. Gutgläubiger Erwerb

Die Versagung des Herausgabeanspruchs (Anm. 19) ist gleichbedeutend mit der **23** *Zuerkennung des Eigentums* des legitimierten Inhabers. Der gutgläubige Erwerber eines kaufmännischen Orderpapiers kann nach Art. 16 Abs. 2 WG das Eigentum nicht nur von einem Nichteigentümer, einem Nichtvertretungs- oder Nichtverfügungsberechtigten, sondern auch von einem Geschäftsunfähigen oder von einer Person erwerben, die nur vorgibt, der ausgewiesene Berechtigte zu sein. Durch den guten Glauben des legitimierten Inhabers werden somit die *Mängel des Begebungsvertrages* (Erwerbsvertrages) in weitem Umfang *geheilt.* Alle Mängel des Erwerbsvertrages werden jedoch durch den guten Glauben auch im Orderpapierrecht nicht geheilt. Eine grundsätzliche Ausnahme gilt nach §§ 6, 7 KO für den Erwerb vom Gemeinschuldner (ebenso nach § 1984 BGB für den Erwerb vom Erben bei Nachlaßverwaltung), da § 7 KO im Konkursverfahren nur den guten Glauben an die Richtigkeit des Grundbuchs schützt (Baumbach/Hefermehl Art. 16 WG Anm. 10; Jaeger/Lent KO § 7 Anm. 31; Quassowski/Albrecht Anm. 20 zu Art. 16 WG; Ulmer S. 237; a. M. Lux aaO S. 60, der einen gutgläubigen Erwerb auch für den Wechselerwerb vom Gemeinschuldner anerkennt). Gegenstand des guten Glaubens des Erwerbers können ferner *nicht* Willensmängel sein. Es wird daher z.B. eine Anfechtung nach §§ 119, 123 BGB wegen Irrtums oder wegen arglistiger Täuschung durch den guten Glauben des Erwerbers an die Unanfechtbarkeit des materiellen Erwerbsaktes nicht ausgeschlossen. Ebenso wird die mangelnde Geschäftsfähigkeit auf seiten des Erwerbers nicht geheilt. Der gute Glaube des Erwerbers ist somit im Orderpapierrecht nur geeignet, die *mangelnde Fähigkeit des Veräußerers zur Übertragung des Orderpapiers* zu ersetzen (ebenso Ulmer S. 236; zustimmend auch Lux aaO S. 74). Insoweit geht jedoch der Schutz des guten Glaubens bedeutend weiter als im bürgerlichen und im Handelsrecht (§§ 932 BGB, 366 HGB).

Hat der Erwerber das Eigentum *gutgläubig* erworben, so kann von ihm auch nicht aus **24** dem Gesichtspunkt der ungerechtfertigten Bereicherung die Herausgabe der Urkunde verlangt werden. Der durch den gutgläubigen Erwerb für den bisher Berechtigten eingetretenen Rechtsverlust ist durch Art. 16 Abs. 2 WG sachlich gerechtfertigt. Weist das dem gutgläubigen Erwerb zugrunde liegende Kausalgeschäft Mängel auf, so werden diese nicht geheilt. Dem Veräußerer kann daher gegen den Erwerber ein Rückforderungsanspruch nach § 812 Abs. 1 BGB wegen fehlenden Rechtsgrundes zustehen (Baumbach/Hefermehl Art. 16WG Anm. 10). – Der *Nachmann* des gutgläubigen Erwerbers erwirbt von diesem stets das Eigentum. Er erwirbt von einem Berechtigten, so daß ein Erwerb vom Nichtberechtigten kraft guten Glaubens ohnehin ausscheidet.

25   Ist der Inhaber der Urkunde nicht Eigentümer geworden und fehlt ihm infolgedessen das Gläubigerrecht, so kann der Mangel der sachlichen Berechtigung von jedem Schuldner geltend gemacht werden. Beweispflichtig für den schlechten Glauben ist, wenn der Inhaber legitimiert ist, der Schuldner (Anm. 15). Der Einwand, daß der Inhaber die Urkunde ohne gültigen Begebungsvertrag erworben habe, ist zu unterscheiden von dem Einwand des Schuldners, daß er mangels Begebung nicht hafte (§ 364 Anm. 20–22).

4. Haftung des Schuldners gegenüber dem gutgläubigen Erwerber

26   Der gutgläubige Dritterwerber eines kaufmännischen Orderpapiers erwirbt nicht nur das Eigentum am Papier, sondern auch das Recht aus dem Papier, d. h. die in der Urkunde verbriefte Forderung. Streitig ist, ob der gutgläubige Erwerber auch dann eine Forderung gegen den Schuldner erwirbt, wenn dieser sich mangels Begebungsvertrages *nicht wirksam verpflichtet* hatte (§ 364 Anm. 21, 22). Art. 16 Abs. 2 WG bezieht sich auf das Verhältnis zwischen dem sachlich Berechtigten und dem legitimierten Inhaber, die über das Eigentum an der Urkunde streiten. Dagegen handelt es sich hier um die Frage, ob der *Schuldner haftet,* d. h. das Verhältnis zwischen Gläubiger und Schuldner. Der Einwand des mangelnden Begebungsvertrages im Sinne des Entstehens der materiellen Verbindlichkeit aus der Urkunde ist ein Einwand, der die Gültigkeit der Erklärung in der Urkunde betrifft. Seine Geltendmachung wäre nach Art. 17 WG (§ 364 Abs. 2) an sich nicht beschränkt. Müßte jedoch der gutgläubige Erwerber der Urkunde, der das Eigentum erwirbt, damit rechnen, daß ihm der Schuldner den Einwand des mangelnden Begebungsvertrages entgegenhält, so wäre die wirtschaftliche Bedeutung des Orderpapiers, insbesondere seine Umlauffähigkeit, in Frage gestellt. Außerdem wäre die Anerkennung des Eigentumserwerbs des legitimierten Inhabers praktisch wertlos. Der Erwerber muß sich nicht nur auf die Berechtigung des Übertragenden, sondern auch auf den Rechtsschein, daß dieser das Papier auf Grund eines gültigen Begebungsvertrages erlangt hat, verlassen können. Hat sich der Schuldner mangels Begebungsvertrages nicht wirksam verpflichtet, so steht dies dem Falle gleich, daß die Urkunde einem früheren Inhaber abhanden gekommen ist. Das Reichsgericht hat aus diesem Grunde eine entsprechende Anwendung des Art. 16 Abs. 2 WG bejaht (RGZ 112, 202; 117, 102; Quassowski/Albrecht Anm. 27 zu Art. 16 WG). Das führt im Ergebnis dazu, daß der Schuldner den Einwand des mangelnden Begebungsvertrages im Sinne der fehlenden Haftung grundsätzlich nur gegenüber dem unmittelbaren Nehmer, nicht jedoch gegenüber dem gutgläubigen und legitimierten Zweiterwerber geltend machen kann. Sachgerecht ist es jedoch, die Haftung des Schuldners gegenüber dem gutgläubigen Dritterwerber nicht auf Art. 16 Abs. 2 WG, sondern auf die Grundsätze der *Haftung aus veranlaßtem Rechts-*

schein zu stützen (BGH NJW 73, 283; Baumbach/Hefermehl Art. 17 WG Anm. 14). Art. 16 Abs. 2 WG regelt nur die Voraussetzungen des gutgläubigen Eigentumserwerbs beim Orderpapier. Die Haftung des Schuldners, der sich nicht rechtsgültig verpflichtet hat, tritt gegenüber dem gutgläubigen Zweiterwerber nicht in jedem Fall ein. Es kommt vielmehr darauf an, ob der Schuldner den Rechtsschein wirksamer Begebung in *zurechenbarer Weise* veranlaßt hat. Daran fehlt es, wenn der Schuldner sowohl bei Ausstellung als auch bei Begebung der Urkunde nicht voll geschäftsfähig war, wenn für ihn ein Vertreter ohne Vertretungsmacht gezeichnet hat, wenn seine Verpflichtungserklärung gefälscht oder verfälscht worden, oder wenn er durch unwiderstehliche Gewalt zur Unterzeichnung gezwungen worden ist (vgl. für den Wechsel Baumbach/Hefermehl Art. 17 WG Anm. 34 ff.). Von diesen Fällen abgesehen, schlägt der Einwand des mangelnden Begebungsvertrages gegenüber einem gutgläubigen Erwerber grundsätzlich nicht durch.

War der Erwerber bösgläubig oder grob fahrlässig, so erlangt er weder das Eigentum **27** noch das Gläubigerrecht gegenüber dem Schuldner. Die Voraussetzungen, die für die Gutgläubigkeit des Erwerbers und damit auch für den Ausschluß des Einwands des mangelnden Begebungsvertrages aufgestellt werden, sind demnach schärfer als diejenigen, die nach Art. 17 WG für den Ausschluß von Einwendungen und nach Art. 40 Abs. 3 WG für das Freiwerden des Schuldners gelten. Art. 40 Abs. 3 verlangt für die Befreiung des Schuldners, daß er nicht arglistig oder grob fahrlässig gehandelt hat, während Art. 17 WG die Geltendmachung von persönlichen Einwendungen gegenüber dem Erwerber nur zuläßt, wenn er beim Erwerb der Urkunde bewußt zum Nachteil des Schuldners gehandelt hat.

Hat der Zweiterwerber auch die Rechte aus dem Papier gegen einen Schuldner **28** erworben, dem die Urkunde ohne Begebungsvertrag aus den Händen gelangt ist, so kommt das einem späteren Erwerber zugute, mag er auch schlechtgläubig sein; denn er hat vom Berechtigten erworben (Anm. 24).

IV. Das Aufgebot

Nach § 365 Abs. 2 kann ein kaufmännisches Orderpapier, das *vernichtet oder abhan-* **29** *den gekommen ist,* im Wege des Aufgebotsverfahrens *für kraftlos erklärt werden* (vgl. für Wechsel Art. 90 WG; Schecks Art. 59 SchG; Namenaktien § 66 AktG). Das Aufgebotsverfahren richtet sich nach §§ 1003 ff. ZPO. Antragsberechtigt ist grundsätzlich derjenige, der das Recht aus der Urkunde geltend machen kann. Das bestimmt sich nach materiellem Recht (§ 365, WG Art. 16). Ist die Urkunde mit einem Blankoindossament versehen, so ist der bisherige Inhaber des abhanden gekommenen oder vernichteten Orderpapiers antragsberechtigt (§ 1004 ZPO), d. h. der letzte unmittelbare Besitzer. Zuständig für das Aufgebotsverfahren ist nach § 1005 ZPO das Gericht des Ortes, den die Urkunde als Erfüllungsort bezeichnet. Enthält die Urkunde eine solche Bezeichnung nicht, so ist das Gericht zuständig, bei dem der Aussteller seinen allgemeinen Gerichtsstand hat, und in Ermangelung eines solchen Gerichts dasjenige, bei dem der Aussteller zur Zeit der Ausstellung einen allgemeinen Gerichtsstand gehabt hat. Liegt der Erfüllungsort im Ausland, so kann die Urkunde nicht aufgeboten werden.

30 Die Erfordernisse des *Antrags* auf Erlaß des Ausschlußurteils bestimmen sich nach § 1007 ZPO. Danach hat der Antragsteller vor allem den Verlust der Urkunde sowie diejenigen Tatsachen glaubhaft zu machen, von denen seine Berechtigung abhängt, das Aufgebotsverfahren zu beantragen. Unter „Verlust" ist das Abhandenkommen oder die Vernichtung der Urkunde zu verstehen. Abhandengekommen ist die Urkunde, wenn der unmittelbare Besitzer den Besitz ohne seinen Willen verloren hat; vernichtet ist die Urkunde, wenn sie im wesentlichen zerstört oder so beschädigt ist, daß ihr Inhalt nicht mehr zu erkennen ist. Ist die Urkunde im Inland kraft Staatsakts beschlagnahmt worden, so kann sie nicht aufgeboten werden. Dagegen ist das Aufgebot nicht ausgeschlossen, wenn die Urkunde vom Inhaber absichtlich vernichtet oder von einem fremden Staat beschlagnahmt woden ist.

31 Nach Einleitung des Aufgebotsverfahrens, d. h. mit dem Erlaß des Aufgebots (§§ 947, 1008 ZPO), kann der Berechtigte, d. h. derjenige, der das Aufgebot beantragt hatte, *Leistung* nach Maßgabe der Urkunde von dem Schuldner verlangen, wenn er bis zur Kraftloserklärung Sicherheit leistet (§§ 232 ff. BGB). – Die Aufgebotsfrist beträgt mindestens sechs Monate (§ 1015 ZPO), höchstens ein Jahr.

32 Wer das Ausschlußurteil erwirkt hat, ist nach § 1018 ZPO dem durch die Urkunde Verpflichteten gegenüber berechtigt, die Rechte aus der Urkunde geltend zu machen. Statt der Urkunde genügt zur Geltendmachung der Rechte aus ihr das Ausschlußurteil (RGZ 49, 132). Der Schuldner braucht nur gegen Aushändigung des Ausschlußurteils die Leistung zu erbringen. Streitig ist, ob das Ausschlußurteil auch für das Verhältnis des Antragstellers zu *Dritten* von Bedeutung ist. Für die Annahme, daß die Berechtigung desjenigen, der das Ausschlußurteil erwirkt hat, mit Wirkung gegenüber jedermann festgestellt ist, fehlt es an einer gesetzlichen Grundlage. Es ist daher anzunehmen, daß die Feststellungswirkung des Urteils nur im Verhältnis zum *Verpflichteten,* nicht aber im Verhältnis zu Dritten Bedeutung hat (RGZ 168, 9 für Konnossement; BGH JZ 58, 746; Baumbach/Hefermehl Art. 90 WG Anm. 3; a. M. Quassowski/Albrecht Anm. 4 zu Art. 90 WG). Eine andere Frage ist, welche *Rechte* derjenige hat, der das Ausschlußurteil *erwirkt* hat. Die Bedeutung des Ausschlußurteils erschöpft sich in der Feststellung des Berechtigten. Es gibt keine Auskunft über den *Inhalt* der Urkunde, den daher der Schuldner bestreiten kann. Beweispflichtig für den Inhalt der Urkunde ist der nach dem Ausschlußurteil Berechtigte. Dem Schuldner bleibt es unbenommen, seine Einwendungen in den Grenzen des § 364 Abs. 2 gegenüber dem Berechtigten geltend zu machen.

Anhang zu § 365 HGB

Der bankmäßige Zahlungsverkehr

Erster Teil. Das Girogeschäft

Schrifttum: 1. Gesamtdarstellungen: *Brodmann,* Zur Lehre vom Girovertrag, ZHR 48, 121 ff.; *Grusewski,* Die rechtliche Natur des Giroverkehrs, 1931; *A. Koch,* Banken und Bankgeschäfte, 1931; *Littmann,* Das Bankguthaben, 1931; *Klausing,* Der Krediteröffnungsvertrag, RabelsZ 1932, 77 ff.; *A. Koch,* Die Allgemeinen Geschäftsbedingungen der Banken, 1932; *G. Haupt,* Die Allgemeinen Geschäftsbedingungen der deutschen Banken, 1937; *Schoele,* Das Recht der Überweisung, 1937; *Koch/Roeder,* Das Recht der Bankwirtschaft, 1938; *Meyer-Cording,* Das Recht der Banküberweisung, 1951; *Herold,* Das Kreditgeschäft der Banken, 14. Aufl. 1959; *H. Bickel,* Handels- und Gesellschaftsrecht, unter besonderer Berücksichtigung des Bank- und Sparkassengeschäfts, Deutscher Sparkassenverlag 1962, S. 197 ff; *von Godin* in RGR-Komm. HGB, 2. Aufl. 1963, § 365 Anh. I; *Schönle,* Bank- und Börsenrecht, 1971; *Canaris* in Großkomm. HGB, 3. Aufl. 1974, Anhang C nach § 355; *Bärmann,* Europäisches Geld-, Bank- und Börsenrecht, Teil I Bundesrepublik Deutschland, 1974 – Vgl. ferner das zu § 363 angeführte Schrifttum.

2. Einzelfragen: *A. Koch,* Rechtliche Erwägungen zum Girovertrag, BankA XXXIII, 164; Wann entsteht ein Rechtsanspruch gegen die Bank aus einem Überweisungsauftrag?, BankA XXXIII, 388; *Rospatt,* Unter welchen Voraussetzungen erwächst dem Dritten, zu dessen Gunsten eine Banküberweisung vorgenommen ist, ein Rechtsanspruch gegen die Bank? BankA XXXIII, 320; *Rospatt,* Zur Rückgängigmachung irrtümlicher Banküberweisungen, BankA XXXIII, 499 ff.; *A. Koch,* Rechtsfragen aus dem Gebiete des Überweisungsverkehrs, ZHR 105, 262; *Schoele,* Die Folgen einer irrtümlichen Auftragserteilung im Zahlungs- und Überweisungsverkehr, BankA XXXVIII, 521 ff.; *Beitzke,* Nichterledigte West/Ost-Überweisungen, BB 47, 228; *Meyer,* Die mißglückte Ost/West-Überweisung, DRZ 47, 360 ff.; *Möhring,* Einfluß der Währungsreform auf die Rechtsprechung zu den Fragen der Ost/West-Banküberweisungen, NJW 47/48, 505 ff.; *Ulmer,* Die steckengebliebene Banküberweisung, SJZ 47, 239 ff.; *Bettermann,* Kriegsbedingte Störungen im Überweisungsverkehr, ZHR 111, 135 ff.; *Langen,* Die steckengebliebene Banküberweisung, BB 48, 483 ff.; *Sprengel,* Die steckengebliebene Überweisung, 1948; *Ulmer,* Gutschrift und Deckung im Bankrecht, SJZ 48, 236 ff.; *Boetticher,* Die steckengebliebene Banküberweisung, Jahresbericht des Ausschusses zonenmäßig getrennter Betriebe, 1949; *Gleim,* Die steckengebliebene Ost/West-Überweisung, ZKW 49, 396 ff.; *Möhring,* Rechtsprobleme der Großbankenzentralisation, ZKW 49, 110; *Spengler,* Die steckengebliebene Banküberweisung, DB 49, 105; *Ulmer,* Richtlinien und Rechtsprechung zur steckengebliebenen Banküberweisung, SJZ 49, 753 ff.; *Wicher,* Zur steckengebliebenen Banküberweisung, NJW 49, 445 ff.; *Duden,* Die Umstellung bei steckengebliebenen Banküberweisungen, BB 50, 85 ff.; *Gleim,* Ein weiteres Urteil zur „steckengebliebenen Überweisung", ZKW 50, 248; *Möhring,* Die Ost/West-Banküberweisung in der Rechtsprechung des OHG, NJW 50, 164 ff.; *Möhring,* Zum Recht der steckengebliebenen Banküberweisung, JZ 51, 552; *v. Caemmerer,* Girozahlung, JZ 53, 446.; *E. Kiehnscherf,* Widerruf und Anfechtung eines Überweisungsauftrages, 1955 (Beiträge zum Zivilrecht und Zivilprozeß, Heft 6); *Pikart,* Die Rechtsprechung des BGH zum Recht des Überweisungs- und Zahlungsverkehrs, WM 55, 390 ff. *Pikart,* Zur Bedeutung der Kontoführung bei der Giroüberweisung, WM 55, 822; *Beeser,* Zur Pfändung und Überweisung gegenwärtiger und künftiger Girokontoguthaben, AcP 155, 418; *Schroeder/Hohenwarth,* Zur Behandlung steckengebliebener Überweisungen in Berlin, WM 57, 258; *Felix,* Ausführung gefälschter Postscheküberweisungen, BB 57, 697; *Pikart,* Die Rechtsprechung des BGH zum Bankvertrag, WM 57, 1238; *v. Godin,* Über das Scheckinkasso, NJW 58, 856; *Nebelung,* Weisungen bei der außerbetrieblichen Kettenüberweisung, NJW 58, 44; *Wunschel,* Rechtsfragen der Banküberweisung NJW 58, 1764; *Liesecke,* Die neuere Rechtsprechung des BGH zum Bankrecht, WM 59, 614; *Nebelung,* Gutschriften auf dem Konto pro Diverse, NJW 59, 1068; *Lüderitz,* Die Belegenheit von Forderungen nach dem deutsch-österreichischen Vermögensvertrag, JZ 61, 443; *Schütz,* Rationalisierung und Recht, JZ 61, 104; *Schütz,* Widerruf bei Zahlungen und Überweisungen, AcP 160, 17; *Kübler,* Feststellung und Garantie, 1967, S. 199 ff.; *H. P. Westermann,* Die Bedeutung der Güterstände und der beschränkten Geschäftsfähigkeit für die Bankgeschäfte, FamRZ 67, 645 ff.; *Laute,* Zur Haftung der Bank bei Verbuchung auf falschem Konto, BlGenW 69, 82.; *Scheerer,* Bankgeschäfte der Minderjährigen, BB 71, 981 ff.; *Schönle,* Bank- und Börsenrecht, 1971, §§ 30 ff.; *Tywissen,* Sind Bankguthaben Geld im Rechtssinne? BB 71, 1347 ff.; *Koller,* Die Bedeutung der dem Überweisungsbegünstigten erteilten Gutschrift im Giroverkehr, BB 72, 687 ff.; *Liesecke,* Das

§ 365 Anh. *Der bankmäßige Zahlungsverkehr*

Bankguthaben in Gesetzgebung und Rechtsprechung I–III, WM 75, 238/286/314 ff.; *Hefermehl*, Rechtsfragen des Überweisungsverkehrs, in Festschrift für Philipp Möhring 1975, S. 381 ff.; *Riesenkampff*, Der Anspruch des Überweisungsempfängers im Konkurs der Absenderbank, NJW 76, 321 ff.; *Sandberger*, Sorgfaltspflichten der Bundesbank beim Abrechnungsverkehr, BB 76, 487 ff.; *Kübler*, Der Einfluß der Konkurseröffnung auf den Überweisungsverkehr des Gemeinschuldners, BB 76, 801 ff; *Schönle*, Bank- und Börsenrecht, 2. Aufl., 1976, §§ 30 ff. – *Schönle*, Bank- und Börsenrecht, 2. Aufl., 1976, §§ 30 ff. – s. auch die Schrifttumsangaben zum 4. Abschnitt V.

Inhalt

	Anm.
1. Abschnitt. Grundlagen	1– 12
I. Das Wesen des Giroverkehrs	1– 8
1. Das Girogeschäft	1– 2
2. Gironetze	3– 6
3. Abrechnungsstellen	7– 8
a) Kennzeichnung	7
b) Abrechnungsverkehr der Bundesbank	8
II. Allgemeine Geschäftsbedingungen	9– 12
1. Die AGB der privaten Kreditinstitute	9
2. Die AGB der Sparkassen	10– 11
3. Die AGB der Deutschen Bundesbank	12
2. Abschnitt. Die Rechtsbeziehungen zwischen dem Überweisenden und der Überweisungsbank	13– 43
I. Der Girovertrag	13– 16
1. Kennzeichnung	13
2. Geschäftsbesorgungsvertrag	14
3. Entgeltlicher Vertrag	15
4. Kontokorrentvertrag	16
II. Der Überweisungsauftrag	17– 21
1. Weisung des Auftraggebers	17
2. Giroanweisung	18– 20
3. Buchtechnische Behandlung	21
III. Sorgfaltspflichten der Überweisungsbank	22– 24
1. Im allgemeinen	22
2. Befolgung von Weisungen	23
3. Abrechnungsverkehr	24
IV. Widerruf des Überweisungsauftrags	25– 35
1. Innerbetriebliche Überweisung	25– 28
2. Außerbetriebliche Überweisung	29– 33
3. Gutschrift auf Konto pro Diverse	34– 35
V. Mängel des Überweisungsauftrags	36– 38
1. Nichtigkeit	36
2. Anfechtbarkeit	37
3. Rechtsfolgen	38
VI. Fälschung des Überweisungsauftrags	39– 41
1. Grundsatz	39
2. Verantwortung des Kunden	40
3. Freizeichnung	41
VII. Wirkungen	42– 43
1. Belastungsbuchung	42
2. Einfluß auf das Guthaben	43
3. Abschnitt. Rechtsbeziehungen zwischen den Banken	44– 50
I. Filialüberweisung	45
II. Außerbetriebliche Überweisung	46
III. Formen der Weiterleitung	47– 49
1. Unmittelbare Ausführung	47
2. Mittelbare Ausführung	48
3. Ausgleich im Abrechnungsverfahren	49
IV. Rechtsbeziehungen zum Kunden	50
4. Abschnitt. Rechtsbeziehungen zwischen der Empfangsbank und dem Überweisungsempfänger	51– 96
I. Rechtsstellung des Überweisungsempfängers vor der Gutschrift	51– 56
1. Kein Vertrag zugunsten Dritter	51– 52
2. Der Anspruch auf Gutschrift	53– 56
II. Die Gutschrift	57– 59
1. Buchmäßige Bedeutung	57
2. Rechtliche Bedeutung	58– 60
a) Forderungsbegründung	58
b) Stellungnahme	59
3. Gutschrift und Kontokorrent	60
III. Zeitpunkt der Forderungsentstehung	61– 72
1. Rechtsbindungswille der Bank	61
2. Manuelles Buchungsverfahren	62
3. Maschinelles Buchungsverfahren	63
a) Datenverarbeitung	63
b) Wirksamwerden der Gutschrift	64
aa) Hausüberweisung	64
bb) Betriebliche Überweisung	65
cc) Überbetriebliche Überweisung	66– 68
c) Forderungsentstehung vor Gutschriftbuchung	69– 71
4. Überweisung zugunsten eines Nichtkunden	72
V. Fehlüberweisungen	73– 96
1. Ausgangslage	73– 75
2. Fehlerhafte Kausalverhältnisse	76– 79
a) Deckungsverhältnis	76– 77
b) Valutaverhältnis	78
c) Doppelmangel	79
3. Mängel des Überweisungsauftrags	80– 90
a) Grundauffassung	80– 81
b) Fehlen eines Überweisungsauftrags	82– 84
c) Fälschung, unbefugte Vertretung, Zwang	85– 87

d) Widerruf	88	2. Zeitpunkt der Erfüllung	105
e) Geschäftsunfähigkeit	89	3. Rechtzeitigkeit der Zahlung	106–108
f) Willensmängel	90	4. Gefahrtragung	109–111
4. Stornierung fehlerhafter Buchungen	91– 96	5. Behandlung von Fehlüberweisungen	112
a) Kennzeichnung	91	7. Abschnitt. Einfluß des Konkurses	113–121
b) Inhaltliche Grenze	92– 94	1. Konkurs des Überweisenden	113–119
c) Zeitliche Grenze	95	2. Konkurs der Bank	120
d) Nutzlosigkeit des Stornos	96	3. Konkurs des Überweisungsempfängers	121
5. Abschnitt. Rechtstellung des Überweisenden gegenüber der Empfangsbank oder einer Zwischenbank	97–101	8. Abschnitt. Lastschriftverfahren	122–138
		I. Grundlagen	122–128
1. Im allgemeinen	97– 99	1. Abkommen über den Lastschriftverkehr (LSA)	122–123
2. Sorgfaltspflicht	100	2. Kennzeichnung	124
3. Widerruf	101	3. Rechtliche Voraussetzungen	125–128
6. Abschnitt. Rechtsbeziehungen zwischen dem Überweisenden und dem Überweisungsempfänger	102–112	II. Abbuchungs-Auftragsverfahren	129–133
		III. Ermächtigungs-Einziehungsverfahren	134–137
1. Zulässigkeit der Überweisung	102–104	IV. Zusammenfassung	138

1. Abschnitt. Grundlagen

I. Das Wesen des Giroverkehrs

1. Das Girogeschäft

Die Durchführung des *bargeldlosen Zahlungsverkehrs* und des *Abrechnungsverkehrs* kennzeichnet nach § 1 Abs. 1 Nr. 9 KWG das Girogeschäft. Außer dem Geldgirogeschäft gibt es auch ein Effektengirogeschäft, das jedoch nach § 1 Abs. 1 Nr. 5 KWG zum Depotgeschäft gehört. Unter einer *Giroüberweisung* oder Girozahlung ist eine *bargeldlose* Zahlung unter Personen zu verstehen, die ein *Girokonto* bei einer Bank haben. Der Ausdruck „Giro" bedeutet so viel wie Kreis oder Kreislauf. Die Girokunden bilden mit ihren Guthaben einen Kreis um die Girobanken, die die Zahlungen ihrer Kunden durch Zu- und Abschreibungen auf den Girokonten vermitteln. Im Giroverkehr bedeutet „Giro" etwas völlig anderes als im Wechselverkehr, wo darunter auch das *Indossament* verstanden wird, d. h. der Begebungsvermerk, der die wechselmäßige Übertragung von Wechseln und dadurch ihre Umlauffähigkeit gewährleistet. *Giroguthaben* sind im Gegensatz zu Sparguthaben unbefristete, *jederzeit verfügbare* Guthaben. Während über Giroguthaben durch Abhebung, Überweisung oder Scheck verfügt werden kann, darf über Sparguthaben nach § 21 Abs. 4 Satz 3 KWG *nicht* durch Überweisung oder Scheck verfügt werden. Der große Vorteil, den der Giroverkehr für die Banken mit sich bringt, besteht darin, daß sie die bei ihnen ruhenden Gelder, für die sie keinen oder nur einen geringfügigen Zins zu zahlen verpflichtet sind, zu eigenem Nutzen verwenden können. Sie brauchen wegen des bargeldlosen Verkehrs nur eine *Mindestreserve* zu halten, um die Liquidität für Barzahlungen zu sichern. Das *Buchgeld* macht daher ein Vielfaches des umlaufenden Bargelds aus; zur Bedeutung des Buchgeldes vgl. Anh. zu § 361 Anm. 1 ff.

Im Giroverkehr wird die Barzahlung durch eine *Umbuchung* vom Giroguthaben ersetzt. Sie erfolgt buchtechnisch dadurch, daß das Girokonto des Auftraggebers in

§ 365 Anh. *Der bankmäßige Zahlungsverkehr*

Höhe des Überweisungsbetrages belastet und das Girokonto des Empfängers durch eine entsprechende Gutschriftbuchung erkannt wird. Rechtlich sind die Buchungen Ausdruck veränderter schuldrechtlicher Beziehungen. Die Guthabenforderung als Substrat des Buchgelds wird nicht ganz oder teilweise an den Empfänger abgetreten. Es liegt vielmehr eine im Wege der Umbuchung auf den Konten der Beteiligten vollzogene Novation unter gleichzeitigem Gläubigerwechsel vor und je nachdem, ob es sich um eine außerbetriebliche Überweisung über mehrere Banken oder eine innerbetriebliche über Konten einen Bank handelt, auch ein Schuldnerwechsel. Der wirtschaftlich gleiche Erfolg ließe sich statt mit einer Überweisung auch durch die Begebung eines *Schecks* erreichen. Der grundsätzliche Unterschied liegt darin, daß der Aussteller eines Schecks diesen dem Schecknehmer *direkt* aushändigt, der ihn sodann der Bank zur Gutschrift oder Einlösung vorlegt. Bei der Giroüberweisung wird dagegen der Überweisungsauftrag vom Überweisenden der Bank erteilt, die die Überweisung zugunsten des begünstigten Empfängers durchführt. Der Scheck ist demnach ebenso wie der Wechsel und die bürgerlich-rechtliche Anweisung (§§ 783 ff. BGB) eine indirekte, die Giroüberweisung eine direkte Anweisung (Ulmer AcP 126, 130 ff; Anm 18). Bei ihr geschieht die Umbuchung allein auf Veranlassung des Überweisenden.

2. Gironetze

3   Haben der Überweisende und der Zahlungsempfänger ihre Girokonten nicht bei derselben Bank, so wird die Überweisung durch eine gemeinsame *Zentralgirobank* (Kopfstelle) vermittelt, bei der die Girobanken ihrerseits Konten unterhalten (Anm. 47 ff.). Die wichtigste Zentralgirobank war früher die *Reichsbank,* bei der alle Banken ihr Konto hatten, so daß über die Reichsbank jede Überweisung durchgeführt werden konnte. Mittelbar war jeder Girokunde einer Bank zugleich Girokunde der Reichsbank. Nach 1945 wurden zu Trägern des Überweisungsverkehrs die in den einzelnen Ländern errichteten Landeszentralbanken (Rechtsgrundlage: für USA-Zone das MRG Nr. 66 – Amtsbl. Ausgabe M S. 34 –, für Brit. Zone die MRVO Nr. 132 – Amtsbl. Nr. 28 S. 1067 –, für Franz. Zone die MRVO Nr. 209/213 – Journal Officiel Nr. 258/259 S. 1938 –). Heute bildet die *Deutsche Bundesbank* die Spitze des Überweisungsverkehrs. Rechtsgrundlage ist das Gesetz über die Deutsche Bundesbank (BBankG) vom 26. 7. 1957 (BGBl. I, 745). Nach § 3 BBankG hat die Deutsche Bundesbank die Aufgabe, für die bankmäßige Abwicklung des Zahlungsverkehrs im Inland und mit dem Ausland zu sorgen. Zur Durchführung des Giroverkehrs unterhält die Deutsche Bundesbank in jedem Lande eine *Hauptverwaltung* mit der Bezeichnung *Landeszentralbank* sowie eine Anzahl von *Zweiganstalten* (Hauptstellen und Zweigstellen). Sie entsprechen den früheren Reichsbankhauptstellen, Reichsbankstellen und Reichsbanknebenstellen. Die Deutsche Bundesbank darf nicht nur von Kreditinstituten, sondern von allen natürlichen und juristischen Personen im In- und Ausland *unverzinsliche Giroeinlagen* annehmen (§§ 19 Nr. 4, 22 BBankG). *Jedermann* kann daher ein Girokonto bei einer Landeszentralbank haben (AGB – DB – II. Giroverkehr Nr. 1 I). Die Girokonten sind keine Kontokorrentkonten. Sie werden, abgesehen von beanspruchten Sonderleistungen, *frei* von Gebühren und Kosten geführt (AGB–DB–II. Giroverkehr Nr. 2 I). Eine Abtretung oder Verpfändung ist ausgeschlossen (AGB I Nr. 18). Verfügen kann der Kontoinhaber über sein Guthaben durch Überweisung, Scheck oder Barabhebung mittels Schecks (AGB II Nr. 10ff.).

Neben dem Überweisungsnetz der *Landeszentralbanken* sind als Träger des Überweisungsverkehrs im Bundesgebiet vor allem zu nennen: **4**

a) Die öffentlich-rechtlichen *Sparkassen*. Die über ihren örtlichen Bereich hinausgehende Verrechnung im bargeldlosen Zahlungsverkehr wird regional von *zwölf Girozentralen* durchgeführt. Die überregionale Spitzenbank auf Bundesebene ist die *Deutsche Girozentrale-Deutsche Kommunalbank* mit Sitz in Frankfurt a. M. Sie fungiert als reine Girozentrale.

b) Die *gewerblichen Kreditgenossenschaften* (Volksbanken) und *ländlichen Kreditgenossenschaften* (Raiffeisenkassen). Ihre regionalen Zentralinstitute sind achtzehn gewerbliche oder ländliche *Zentralkassen*. Das überregionale Spitzeninstitut der Zentralkassen ist die *Deutsche Genossenschaftskasse* mit Sitz in Frankfurt a. M. (Gesetz vom 5. 5. 1964 BGBl I S. 309).

c) Die drei *privaten Großbanken: Deutsche Bank AG, Dresdner Bank AG, Commerzbank AG*. Nach 1945 waren durch Ausgründungen aus dem Vermögen der drei deutschen Großbanken (Deutsche Bank, Dresdner Bank, Commerzbank) für jede dieser Banken drei regionale Nachfolgeinstitute für Nord-, West- und Süddeutschland entstanden (vgl. 3. Auflage Anh. zu § 365 Anm. 5c; Herold NJW 52, 481 ff.). Durch Gesetz vom 24. 12. 1956 (BGBl I, 1073) sind die Beschränkungen der Niederlassungsfreiheit von Kreditinstituten entfallen. Die Nachfolgeinstitute der Großbanken haben sich daraufhin in den Jahren 1957 und 1958 wieder zu einheitlichen Banken zusammengeschlossen. Da sie mit den alten Großbanken (Deutsche Bank, Dresdner Bank, Commerzbank) nicht identisch sind, firmieren sie mit dem Zusatz „Aktiengesellschaft".

Neben dem Giroverkehr der Deutschen Bundesbank, der Sparkassen und Girozentralen, der Kreditgenossenschaften und der großen Privatbanken kommt besondere Bedeutung noch dem Giroverkehr der *Deutschen Bundespost* zu. Rechtsgrundlage des Postscheckverkehrs sind das Postgesetz vom 28. 7. 1969 (BGBl I S. 1006) und die Postscheckordnung vom 1. 12. 1969 (BGBl I S. 2159), geändert durch Verordnungen vom 5. 7. 74 (BGBl I S. 1445) und 7. 7. 1975 (BGBl I S. 1866). Eine Besonderheit gegenüber den Girokonten bei Banken besteht darin, daß keine unmittelbaren Überweisungen von Postscheckkonten auf Bankkonten möglich sind, so daß sich Überweisungen nur mittelbar dadurch durchführen lassen, daß der Geldbetrag auf das Postscheckkonto der Bank zur Gutschrift für einen bestimmten Kunden überwiesen wird. Durch die Eröffnung eines Postscheckkontos entsteht mit dem Postscheckteilnehmer ein *öffentlich-rechtliches Benutzungsverhältnis* (§§ 7, 9 PostG; 3 PostscheckVO). Der gesamte Bereich der Post ist öffentlich-rechtlich geregelt, wie es seit 1938 der Rechtsprechung entspricht (BGHZ 16, 111; 20, 102; RGZ 158, 83; 161, 178). **5**

In der *DDR* wird der Überweisungsverkehr nach dem Gesetz vom 31. 10. 1951 (GBl Nr. 128 S. 991) einheitlich von der *Deutschen Notenbank* durchgeführt, die Niederlassungen (Landeszentralbanken und Kreisniederlassungen) unterhält. Die Emissions- und Girobanken sowie die Landeskreditbanken der Länder sind in die Deutsche Notenbank eingegliedert worden (Gesetz vom 22. 3. 1950 – GBl 50, 287 –). **6**

§ 365 Anh.   *Der bankmäßige Zahlungsverkehr*

3. Abrechnungsstellen

a) Kennzeichnung

7   Der bargeldlose Giroverkehr wird dadurch abgerundet, daß die Girobanken, die Überweisungen für ihre Kunden ausführen oder empfangen, im Abrechnungsverkehr stehen. Das Vorbild für alle Abrechnungsstellen war das Clearing House in London. In Deutschland wurden die ersten Abrechnungsstellen von der Reichsbank im Jahre 1883 eingerichtet. Heute vollzieht sich der Abrechnungsverkehr in der Bundesrepublik Deutschland durch die bei den Landeszentralbanken der Deutschen Bundesbank errichteten Abrechnungsstellen im Wege der *Skontration* (Skontrierung), BGH WM 72, 1379. Man versteht darunter eine *Verrechnung* gleichartiger Forderungen oder Leistungen unter *mehreren* Personen ohne Effektivleistung. Das läuft im Ergebnis auf eine Aufrechnung hinaus, die jedoch mangels Gegenseitigkeit rechtlich nicht vorliegt. Es handelt sich um eine vertraglich vereinbarte besondere Form der Verrechnung (zur rechtlichen Erfassung s. von Godin in RGR-Komm z. HGB § 365 Anh. I Anm. 19). Wenn z. B. die A Bank an die B Bank 20000 und an die C Bank 40000, die B Bank an die A Bank 30000 und die C Bank an die A Bank 100000 und an die B Bank 40000 zu zahlen hat, so ergeben sich durch eine Verrechnung dieser von den Abrechnungsteilnehmern untereinander zu bewirkenden Leistungen Spitzenbeträge von 70000 zugunsten der A Bank, von 30000 zugunsten der B Bank und 100000 zu Lasten der C Bank. Die Spitzen werden durch Ab- oder Zuschreibung auf den Konten der betroffenen Abrechnungsteilnehmer ausgeglichen, so daß jede Bargeldzahlung vermieden wird. Die Abrechnungsstelle belastet daher auf Girokonto die C Bank mit 100000 und erkennt die A Bank mit 70000 und die B Bank mit 30000. Die Durchführung des Abrechnungsverkehrs und des bargeldlosen Zahlungsverkehrs faßt § 1 Nr. 9 KWG unter dem Begriff des „Girogeschäft" zusammen. Die rechtlichen Unterschiede der beiden Geschäftsarten werden dadurch nicht aufgehoben.

b) Abrechnungsverkehr der Bundesbank

8   Die am Abrechnungsverkehr teilnehmenden Banken des Platzes, an dem sich die Abrechnungsstelle befindet, bilden mit der Landeszentralbank auf *vertraglicher* Grundlage einen sog. *Skontroverband*. Für die Teilnehmer sind die *Geschäftsbestimmungen* der Abrechnungsstelle *verbindlich* (abgedruckt bei Baumbach/Hefermehl, Wechsel- und Scheckgesetz, 11. Aufl., 1973, Bankbedingungen Nr. 12). Zwischen der Deutschen Bundesbank (Abrechnungsstelle) und dem einzelnen Abrechnungsteilnehmer besteht ein *Vertragsverhältnis* (Nr. 4 GeschBest.). Es handelt sich um einen Geschäftsbesorgungsvertrag (§§ 675, 631 BGB), der auf *Verrechnung* der gegenseitigen Forderungen und Leistungen und *Ausgleich* der Abrechnungsspitzen über die Girokonten der einzelnen Teilnehmer bei der Bundesbank gerichtet ist. Auch die Abrechnungsteilnehmer stehen *untereinander* in einem Vertragsverhältnis. Sie sind verpflichtet, die von ihnen form- und zeitgerecht eingebrachten Abrechnungspapiere im Wege der Abrechnung einzulösen (Nr. 7, 12 GeschBest.). Anders als beim gewöhnlichen Girovertrag werden die gegenseitigen Forderungen und Leistungen nicht durch Gut- und Lastschriften auf den bei ihnen oder einer gemeinsamen Zwischenbank geführten Konten, sondern unter Vermittlung der Abrechnungsstelle unmittelbar zwischen den Teilnehmern verrechnet und die sich

Erster Teil. Das Girogeschäft   Anh. § 365

ergebenden Spitzen über die Girokonten bei der Bundesbank ausgeglichen. Demnach ist die Stellung der Bundesbank als Abrechnungsstelle (Mittlerfunktion) und als Girobank zu unterscheiden. Der *Zahlungsausgleich* vollzieht sich ohne Effektivleistung durch Verrechnung der Beträge, die die Teilnehmer für die an sie ausgelieferten Forderungspapiere (Schecks, Wechsel, Lastschriften, Anweisungen, Quittungen, Rechnungen, Ertragsscheine) und die von ihnen eingelieferten Platzübertragungen schulden, mit den Beträgen, die sie für die von ihnen eingelieferten Forderungspapiere und ausgelieferten Platzübertragungen zu fordern haben (Nr. 2, 7 ff. GeschBest.). Im Gegensatz zu einer Kettenüberweisung zwischen Überweisungs- und Empfangsbank über eine gemeinsame Zwischenbank erfolgt der Ausgleich im Abrechnungsverkehr nicht über das Vermögen der Bundesbank, sondern *unmittelbar zwischen den Abrechnungsteilnehmern* (OLG Frankfurt BB 76, 758; Sandberger, BB 76, 487, 489) durch Vermittlung der Abrechnungsstelle. Der Ausgleich im Abrechnungsverfahren ist der *Leistung* – bei einer Überweisung der Gutschrift – gleichgestellt (BGH WM 72, 1379, 1380; Nr. 1 Satz 2 GeschBest.: „gilt als *Erfüllung* i.S. des bürgerlichen Rechts"). Verrechnet werden demnach *Leistungen,* nicht Forderungen. Für jeden Teilnehmer stellt die Abrechnungsstelle die Gesamtverpflichtung bzw. -forderung aus den mit ihm zu verrechnenden Abrechnungspapieren fest. Auf Grund des Girovertrages des einzelnen Abrechnungsteilnehmers mit der Bundesbank werden zum Ausgleich der Spitzen die Abrechnungssalden auf den Girokonten gebucht (Nr. 18 Abs. 2 GeschBest.). Jeder Abrechnungsteilnehmer hat einen *Sollsaldo* auf dem Girokonto unverzüglich *abzudecken* (Nr. 19 GeschBest.); sonst ist die Abrechnung mit ihm nicht zustandegekommen (Nr. 20 Abs. 2 GeschBest.). Kann ein Abrechnungsteilnehmer eine Zahlungsverpflichtung aus der Abrechnung *nicht erfüllen,* so ist er von der Teilnahme am Abrechnungsverkehr ohne weiteres *ausgeschlossen* (Nr. 5 GeschBest.). Sowohl der Abrechnungsteilnehmer als auch die Abrechnungsstelle können das Vertragsverhältnis zu jeder Zeit ohne Einhaltung einer Frist schriftlich kündigen (Nr. 5 GeschBest.). – Zu den *Sorgfaltspflichten* der Bundesbank im Abrechnungsverkehr s. Anm. 24.

II. Allgemeine Geschäftsbedingungen

1. Die AGB der Privatbanken

(Fassung Januar 1976)

Die nachstehenden Allgemeinen Geschäftsbedingungen gelten für unseren Geschäftsverkehr mit **9** unserer Kundschaft. Jeder Kunde kann die Allgemeinen Geschäftsbedingungen während der Geschäftsstunden bei der kontoführenden Stelle einsehen, wo sie im Schalterraum aushängen oder ausgelegt sind; außerdem kann jeder Kunde die Aushändigung der Allgemeinen Geschäftsbedingungen an sich verlangen.

I. Allgemeines

Das Geschäftsverhältnis zwischen Kunden und Bank ist ein *gegenseitiges Vertrauensverhältnis.* Die Bank steht ihren Kunden mit ihren Geschäftseinrichtungen zur Erledigung verschiedenartigster Aufträge zur Verfügung. Der Kunde darf sich darauf verlassen, daß die Bank seine Aufträge mit der Sorgfalt eines ordentlichen Kaufmannes erledigt und dabei das Interesse des Kunden wahrt, soweit sie dazu im Einzelfall imstande ist. Die Mannigfaltigkeit der Geschäftsvorfälle, ihre große Zahl und

§ 365 Anh. *Der bankmäßige Zahlungsverkehr*

die Schnelligkeit, mit der sie zumeist erledigt werden müssen, machen im Interesse der Rechtssicherheit die Aufstellung bestimmter allgemeiner Regeln erforderlich.

1. (1) Die der Bank bekanntgegebenen *Unterschriften* gelten bis zum schriftlichen Widerruf, und zwar auch dann, wenn die Zeichnungsberechtigten in einem öffentlichen Register eingetragen sind und eine Änderung veröffentlicht wird. Der Kunde hat alle für die Geschäftsverbindung *wesentlichen Tatsachen*, insbesondere Änderungen seines Namens, seiner Verfügungsfähigkeit (z. B. Eintritt der Volljährigkeit) und seiner Anschrift unverzüglich schriftlich anzuzeigen.

(2) Schriftliche Mitteilungen der Bank gelten nach dem gewöhnlichen Postlauf als zugegangen, wenn sie an die letzte der Bank bekannt gewordene *Anschrift* abgesandt worden sind. Dies gilt nicht, wenn eine schriftliche Mitteilung als unzustellbar an die Bank zurückgelangt und die Unzustellbarkeit vom Kunden nicht zu vertreten ist oder wenn die Bank erkennt, daß die Mitteilung aufgrund einer allgemeinen Störung des Postbetriebes dem Kunden nicht zugegangen ist. Die Absendung wird vermutet, wenn sich ein abgezeichneter Durchschlag der Mitteilung im Besitz der Bank befindet oder wenn sich die Absendung aus einem abgezeichneten Versandvermerk oder einer abgezeichneten Versandliste ergibt.

(3) Der Bank zugehende Schriftstücke – insbesondere Wechsel und Schecks – sollen mit *urkundenechten Schreibstoffen* hergestellt und unterzeichnet sein. Die Bank ist nicht verpflichtet zu prüfen, ob urkundenechte Schreibstoffe verwendet worden sind. Für Schäden, die durch Verwendung nicht urkundenechter Schreibstoffe verursacht worden sind, haftet der Einreicher des Schriftstückes.

2. (1) Der Kunde kann Forderungen gegen die Bank nur mit Verbindlichkeiten in derselben Währung und nur insoweit *aufrechnen,* als seine Forderungen unbestritten oder rechtskräftig festgestellt sind.

(2) Unterhält der Kunde *mehrere Konten,* so bildet jedes Kontokorrentkonto ein selbständiges Kontokorrent. Bevorrechtigte Forderungen kann die Bank trotz Einstellung in das Kontokorrent selbständig geltend machen.

(3) Über das Guthaben auf einem *Gemeinschaftskonto* und über ein *Gemeinschaftsdepot* kann jeder der Inhaber allein verfügen, es sei denn, daß die Kontoinhaber der Bank schriftlich eine gegenteilige Weisung erteilt haben. Für die Verbindlichkeiten aus einem Gemeinschaftskonto haftet jeder Mitinhaber in voller Höhe als Gesamtschuldner.

3. (1) *Währungskredite* sind in der Währung zurückzuzahlen, in der die Bank sie gegeben hat. Zahlungen in anderer Währung gelten als Sicherheitsleistung. Die Bank ist jedoch berechtigt, den Währungskredit in deutsche Währung umzuwandeln, wenn dessen ordnungsgemäße Abwicklung aus Gründen, die von der Bank nicht zu vertreten sind, nicht gewährleistet erscheint.

(2) Die Inhaber von bei der Bank unterhaltenen *Währungsguthaben* tragen anteilig im Verhältnis und bis zur Höhe ihrer Guthaben alle wirtschaftlichen und rechtlichen Nachteile und Schäden, die das Gesamtguthaben der Bank in der entsprechenden Währung als Folge von höherer Gewalt, Krieg, Aufruhr oder ähnlichen Ereignissen oder durch von der Bank nicht verschuldete Zugriffe Dritter im Ausland oder im Zusammenhang mit Verfügungen von hoher Hand des In- oder Auslandes treffen sollten.

4. (1) Während der Geschäftsverbindung ist die Bank unwiderruflich befugt, *Geldbeträge* für den Kunden *entgegenzunehmen.* Den Auftrag, einem Kunden einen Geldbetrag zur Verfügung zu stellen oder zur Verfügung zu halten, darf die Bank durch Gutschrift des Betrages auf dem Konto des Kunden ausführen, wenn ihr nicht außerhalb des Überweisungsträgers ausdrücklich eine andere Weisung erteilt worden ist. Geldbeträge in *ausländischer Währung* darf die Bank mangels ausdrücklicher gegenteiliger Weisung des Kunden in Deutscher Mark gutschreiben, sofern sie nicht für den Kunden ein Konto in der betreffenden Währung führt. Die Abrechnung erfolgt zum amtlichen Geldkurs – bei Fehlen eines solchen zum Marktkurs – des Tages, an dem der Geldbetrag in ausländischer Währung zur Verfügung der die Buchung auf dem Kundenkonto vornehmenden Stelle der Bank steht und an dem er von den Bank verwertet werden kann.

(2) Bei Aufträgen zur Auszahlung oder Überweisung von Geldbeträgen darf die Bank die *Art der Ausführung* mangels genauer Weisung nach bestem Ermessen bestimmen.

Erster Teil. Das Girogeschäft Anh. § 365

(3) Gutschriften, die infolge eines Irrtums, eines Schreibfehlers oder aus anderen Gründen vorgenommen werden, ohne daß ein entsprechender Auftrag vorliegt, darf die Bank durch einfache Buchung rückgängig machen *(stornieren)*. Bei Überweisungsaufträgen darf die Bank die angegebene Kontonummer des Zahlungsempfängers sowie die angegebene Bankleitzahl als maßgeblich ansehen. Für *Fehlleitungen* infolge unrichtiger oder unvollständiger Angaben der Kontobezeichnung, der Kontonummer oder der Bankleitzahl in Überweisungsaufträgen haftet die Bank nicht.

(4) Wenn die Bank Aufträge für *wiederkehrende* oder zu einem bestimmten Zeitpunkt auszuführende Zahlungen oder *Leistungen* übernimmt, so haftet sie wegen der Möglichkeit unabsehbarer Schäden bei nicht rechtzeitiger Erledigung nur für grobe Fahrlässigkeit.

5. (1) Hat die Bank im Auftrage des Kunden *Urkunden entgegenzunehmen oder auszuliefern*, so wird sie diese sorgfältig prüfen. Sie haftet nicht für Echtheit, Gültigkeit und Vollständigkeit der Urkunden, ferner nicht für richtige Auslegung und Übersetzung, auch nicht für Art, Menge und Beschaffenheit in den Urkunden erwähnter Waren und sonstiger Werte.

(2) Hat die Bank aufgrund eines Akkreditivs, Kreditbriefs oder sonstigen Ersuchens Zahlungen zu leisten, so darf sie an denjenigen zahlen, den sie nach sorgfältiger Prüfung seines Ausweises als *empfangsberechtigt* ansieht.

(3) Werden der Bank als Ausweis der Person oder zum Nachweis einer Berechtigung *ausländische Urkunden* vorgelegt, so wird sie sorgfältig prüfen, ob diese zur Legitimation geeignet sind; sie haftet jedoch für die Eignung nicht. Abs. 1 Satz 2 gilt entsprechend.

6. *Aufträge* jeder Art müssen den Gegenstand des Geschäfts zweifelsfrei erkennen lassen; Abänderungen, Bestätigungen oder Wiederholungen müssen als solche gekennzeichnet sein.

7. Der Kunde ist verpflichtet, die Bank gesondert darauf hinzuweisen, wenn aus *Verzögerungen oder Fehlleitungen* bei der Ausführung *von Aufträgen* oder von Mitteilungen hierüber ein Schaden entstehen kann. Im Rahmen ihres Verschuldens haftet die Bank in diesen Fällen für jeden Schaden, andernfalls nur für den Zinsausfall.

8. (1) Den Schaden, der aus *Übermittlungsfehlern, Mißverständnissen* und *Irrtümern* im telefonischen, telegrafischen, drahtlosen oder fernschriftlichen Verkehr mit dem Kunden oder mit Dritten entsteht, trägt der Kunde, sofern der Schaden nicht von der Bank verschuldet ist.

(2) Die Bank behält sich vor, aus Gründen der Sicherheit bei telefonisch, telegrafisch, drahtlos oder fernschriftlich eingehenden Aufträgen vor Ausführung auf Kosten des Kunden telefonisch, telegrafisch, drahtlos oder fernschriftlich eine *Bestätigung einzuholen.*

(3) Telefonische, telegrafische, drahtlose oder fernschriftliche Mitteilungen der Bank gelten vorbehaltlich *schriftlicher Bestätigung.*

9. Die Bank darf sich *zur Ausführung aller Geschäfte,* wenn sie es auch unter Abwägung der Interessen des Kunden für gerechtfertigt hält, *Dritter bedienen.* Folgt sie bei der Auswahl des Dritten einer Weisung des Kunden, so trifft sie keine Haftung; andernfalls haftet sie nur für sorgfältige Auswahl. Die Bank ist jedoch verpflichtet, ihren Kunden auf Verlangen die etwa bestehenden Ansprüche gegen den Dritten abzutreten.

10. Die Bank steht dem Kunden nach bestem Wissen zu allen *bankmäßigen Auskünften* und *Raterteilungen* zur Verfügung. Erstrecken sich mündlich erteilte Auskünfte auf Kreditwürdigkeit oder Zahlungsfähigkeit, so gelten sie nur vorbehaltlich schriftlicher Bestätigung. Auskünfte und Ratschläge erteilt die Bank unter Ausschluß der Haftung, soweit dies im Rahmen der Rechtsordnung zulässig ist. In demselben Umfang ist die Haftung der Bank für eine etwaige Unterlassung von Auskünften und Raterteilungen ausgeschlossen.

11. Mangels einer ausdrücklichen und schriftlichen abweichenden Vereinbarung übernimmt die Bank keine anderen als die in diesen Geschäftsbedingungen erwähnten *Verwaltungspflichten,* insbesondere nicht die Unterrichtung des Kunden über drohende Kursverluste, über den Wert oder die Wertlosigkeit anvertrauter Gegenstände oder über Umstände, die den Wert dieser Gegenstände beeinträchtigen oder gefährden könnten.

12. Die Bank versendet *Geld* und *sonstige Werte* nach bestem Ermessen versichert oder unversichert auf Gefahr des Kunden; mangels besonderer Vereinbarung wird sie die *Versendungsart* unter Berücksichtigung der Interessen des Kunden festlegen. Schecks, Lastschriften, Einzugsquittungen,

§ 365 Anh. *Der bankmäßige Zahlungsverkehr*

Wechsel und nicht bezahlte Einzugspapiere jeglicher Art dürfen in einfachem Brief versandt werden.

13. Wird die Bank aus einer im Auftrage oder für Rechnung des Kunden übernommenen *Bürgschafts- oder sonstigen Gewährleistungsverpflichtung* in Anspruch genommen, so ist sie auch ohne gerichtliches Verfahren auf einseitiges Anfordern des Gläubigers zur Zahlung berechtigt.

14. (1) Die Bank schließt die Konten in den von ihr bestimmten Zeitabschnitten ab und erteilt *Rechnungsabschlüsse.*

(2) Außer den vereinbarten oder – mangels einer Vereinbarung – den von der kontoführenden Stelle der Bank im Rahmen des § 315 des Bürgerlichen Gesetzbuches bestimmten *Zinsen, Gebühren und Provisionen* trägt der Kunde alle im Zusammenhang mit der Geschäftsverbindung mit ihm entstehenden Auslagen und Nebenkosten, insbesondere Steuern, Kosten für Versicherung, Ferngespräche, Fernschreiben und Telegramme sowie Porti.

(3) Nimmt ein Kunde Kredit ohne ausdrückliche Vereinbarung oder über den vereinbarten Betrag oder über den vereinbarten Termin hinaus in Anspruch *(Kontoüberziehung),* hat er statt etwa vereinbarter niedrigerer Zinsen, Gebühren und Provisionen die von der kontoführenden Stelle der Bank im Rahmen des § 315 des Bürgerlichen Gesetzbuches für Überziehungen bestimmten Zinsen, Gebühren und Provisionen zu tragen.

(4) Für *Bankleistungen,* die neben den bei einer Kreditgewährung üblichen Grundleistungen oder gesondert im Auftrag oder im Interesse eines Kunden erbracht werden, kann ein angemessenes Entgelt berechnet werden; wird die Bank ohne Auftrag des Kunden in dessen Interesse tätig, so wird sie ihn vorher zu benachrichtigen suchen, sofern dies tunlich ist. Ein angemessenes Entgelt wird auch für Maßnahmen und Leistungen der Bank berechnet, die auf nicht vertragsgemäßer Kreditabwicklung durch den Kunden, auf vertragswidrigem Verhalten des Kunden oder auf Zwangsmaßnahmen Dritter gegen den Kunden beruhen.

15. Der Kunde hat *Rechnungsabschlüsse* und *Wertpapieraufstellungen* sowie sonstige Abrechnungen und Anzeigen auf ihre Richtigkeit und Vollständigkeit zu überprüfen. *Einwendungen* gegen Rechnungsabschlüsse und Wertpapieraufstellungen sind innerhalb eines Monats seit Zugang abzusenden; sonstige Einwendungen sind unverzüglich zu erheben. Die Unterlassung rechtzeitiger Einwendungen gilt als *Genehmigung;* gesetzliche Ansprüche der Kunden bei begründeten Einwendungen bleiben jedoch bei Fristablauf unberührt.

16. Das *Ausbleiben* zu erwartender *Anzeigen,* insbesondere über die Ausführung von Aufträgen jeder Art, über Zahlungen und Sendungen, ist der Bank unverzüglich mitzuteilen. Andernfalls ist die Bank von jeder Schadenshaftung befreit.

17. Der Kunde und die Bank dürfen mangels anderweitiger Vereinbarung nach freiem Ermessen die *Geschäftsverbindung* im ganzen oder einzelne Geschäftsbeziehungen einseitig *aufheben.* Auch bei einer anderweitigen Vereinbarung ist dieses Recht jederzeit gegeben, wenn ein wichtiger Grund vorliegt; die Bank kann dieses Recht insbesondere dann ausüben, wenn der Kunde unrichtige Angaben über seine Vermögenslage gemacht hat oder eine wesentliche Verschlechterung seines Vermögens oder eine erhebliche Vermögensgefährdung eintritt oder wenn der Kunde der Aufforderung zur Stellung oder Verstärkung von Sicherheiten nicht nachkommt.

18. (1) Mit der *Beendigung* der Geschäftsverbindung wird der *Saldo* jedes für den Kunden geführten Kontokorrents sofort *fällig;* von diesem Zeitpunkt ab gilt für Zinsen, Gebühren und Provisionen Nummer 14 Abs. 3. Der Kunde ist außerdem verpflichtet, die Bank von allen für ihn oder in seinem Auftrag übernommenen Verpflichtungen zu *befreien* und bis dahin bankmäßige Sicherheit zu leisten. Die Bank darf auch selbst Haftungsverpflichtungen kündigen und sonstige Verpflichtungen, insbesondere solche in fremder Währung, glattstellen sowie diskontierte Wechsel sofort zurückbelasten.

(2) Auch nach Beendigung der Geschäftsverbindung gelten bis zu ihrer völligen Abwicklung die Allgemeinen Geschäftsbedingungen weiter.

19. (1) Die Bank hat ihren Kunden gegenüber jederzeit Anspruch auf die Bestellung oder Verstärkung *bankmäßiger Sicherheiten* für alle Verbindlichkeiten, auch soweit sie bedingt oder befristet sind.

Erster Teil. Das Girogeschäft   Anh. § 365

(2) Die irgendwie in den Besitz oder die Verfügungsgewalt irgendeiner Stelle der Bank gelangten oder noch gelangenden Wertgegenstände jeder Art (z. B. Wertpapiere, Sammeldepotanteile, Schecks, Wechsel, Devisen, Waren, Konnossemente, Lager- und Ladescheine, Konsortialbeteiligungen, Bezugsrechte und sonstige Rechte jeder Art einschließlich der Ansprüche des Kunden gegen die Bank selbst) dienen, soweit gesetzlich zulässig, als *Pfand* für alle bestehenden und künftigen – auch bedingten oder befristeten – Ansprüche der Bank gegen den Kunden und gegen Firmen, für deren Verbindlichkeiten er persönlich haftet, gleichviel, aus welchem Grunde die Ansprüche entstanden oder auf die Bank übergegangen sind. Es macht keinen Unterschied, ob die Bank den mittelbaren oder unmittelbaren Besitz, die tatsächliche oder rechtliche Verfügungsgewalt über die Wertgegenstände erlangt hat.

(3) Abs. 2 gilt nicht für Aktien, bei denen der Erwerb eines Pfandrechtes durch die Bank der Bestimmung des § 71 des Aktiengesetzes unterliegt, sowie für im Ausland ruhende in- und ausländische Wertpapiere.

(4) Alle der Bank verpfändeten und ihr sonst als Sicherheit dienenden Werte haften auch dann für sämtliche Ansprüche der Bank. wenn sie nur *für einen besonderen Anspruch* als Sicherheit gegeben worden sind, es sei denn, daß die Haftung für andere Ansprüche ausdrücklich ausgeschlossen worden ist.

(5) Die Bank kann ferner ihr obliegende *Leistungen* an den Kunden wegen eigener – auch bedingter oder befristeter – Ansprüche *zurückhalten,* auch wenn sie nicht auf demselben rechtlichen Verhältnis beruhen.

(6) Über die Erhaltung und Sicherheit aller der Bank als *Sicherheit* dienenden Sachen und Rechte sowie über den Einzug der ihr haftenden Forderungen, Grund- und Rentenschulden hat der Kunde *selbst zu wachen* und die Bank entsprechend zu unterrichten.

(7) Die Bank ist verpflichtet, auf Verlangen des Kunden *Sicherungsgegenstände* nach ihrer Wahl *freizugeben,* soweit der Wert des Sicherungsgutes die vereinbarte Deckungsgrenze nicht nur vorübergehend überschreitet. Ist keine Deckungsgrenze vereinbart, so hat die Bank auf Verlangen des Kunden Sicherungsgegenstände nach billigem Ermessen freizugeben, soweit sie diese nicht nur vorübergehend nicht mehr benötigt.

20. (1) Kommt der Kunde seinen Verbindlichkeiten bei Fälligkeit nicht nach, so ist die Bank befugt, die *Sicherheiten* ohne gerichtliches Verfahren unter tunlichster Rücksichtsnahme auf den Kunden zu beliebiger Zeit an einem ihr geeignet erscheinenden Ort auf einmal oder nach und nach zu *verwerten.* Unter mehreren Sicherheiten hat die Bank die Wahl. Sie darf zunächst aus dem sonstigen Vermögen des Kunden Befriedigung suchen. Über den Erlös wird die Bank dem Kunden eine *Gutschrift* erteilen, die als Rechnung für die Lieferung des Sicherungsgutes gilt und den Voraussetzungen des Umsatzsteuerrechtes entspricht.

(2) Einer Androhung der Verwertung, der Innehaltung einer Frist und der Ausbedingung sofortiger Barzahlung des Kaufpreises bedarf es nicht. Eine Abweichung von der regelmäßigen Art des Pfandverkaufs kann nicht verlangt werden. Die Bank wird nach Möglichkeit Art, Ort und Zeit der Verwertung mitteilen, sofern nicht die Benachrichtigung untunlich ist.

21. (1) *Pfänder,* die einen *Börsen-* oder *Marktpreis* haben, darf die Bank börsen- oder marktmäßig, andere Pfänder, durch öffentliche Versteigerung verwerten. Der Verpfänder ist nicht berechtigt, die Herausgabe von Zins- und Gewinnanteilscheinen der als Pfand haftenden Wertpapiere zu verlangen. Die Bank darf diese Scheine auch vor Fälligkeit ihrer Forderung verwerten und den Erlös als Sicherheit behandeln.

(2) Die Bank darf die ihr *als Pfand haftenden Forderungen,* Grund- und Rentenschulden schon vor Fälligkeit ihrer Forderung kündigen und einziehen, wenn dies zur Erhaltung der Sicherheit erforderlich ist. Der Kunde ist verpflichtet, auf Verlangen der Bank die Zahlung an die Bank auf seine Kosten zu betreiben. Die Bank darf alle sonstigen Maßnahmen und Vereinbarungen mit den Drittschuldnern treffen, die sie zur Einziehung von Forderungen für zweckmäßig hält, insbesondere Stundungen oder Nachlässe gewähren und Vergleiche abschließen; sie wird sich bemühen, den Kunden vorher zu benachrichtigen, sofern nicht die Benachrichtigung untunlich ist. Eine Verpflichtung zum Einzug übernimmt die Bank nicht.

§ 365 Anh. *Der bankmäßige Zahlungsverkehr*

(3) *Zur Sicherung übertragene* Sachen und Rechte darf die Bank nach bestem Ermessen, insbesondere auch freihändig verwerten. Grund- und Rentenschulden wird die Bank freihändig mangels Zustimmung des Sicherheitsbestellers nur zusammen mit der gesicherten Forderung und nur in einer im Verhältnis zu ihr angemessenen Höhe verkaufen. Im übrigen gelten die Bestimmungen des Abs. 2 entsprechend.

22. *Kosten und Auslagen,* die bei der Bestellung, Verwaltung, Verwertung und Freigabe von Sicherheiten sowie durch die Inanspruchnahme von Mitverpflichteten erwachsen, wie Steuern, Lagergelder, Kosten der Beaufsichtigung, Versicherungsprämien, Vermittlerprovisionen und Prozeßkosten, gehen zu Lasten des Kunden.

23. Der Kunde trägt den Schaden, der etwa daraus entstehen sollte, daß die Bank von einem eintretenden *Mangel in der Geschäftsfähigkeit* des Kunden oder seines Vertreters unverschuldet keine Kenntnis erlangt.

24. (1) Beim *Ableben des Kunden* ist die Bank berechtigt, die Vorlegung eines Erbscheins, eines Zeugnisses des Nachlaßgerichts über die Fortsetzung der Gütergemeinschaft oder eines Testamentsvollstreckerzeugnisses zu verlangen; sie darf auch denjenigen, der in einer Ausfertigung oder beglaubigten Abschrift einer Verfügung von Todes wegen nebst zugehöriger Eröffnungsverhandlung als Erbe oder Testamentsvollstrecker bezeichnet ist, verfügen lassen, insbesondere mit befreiender Wirkung an ihn leisten. Werden der Bank ausländische Urkunden zum Nachweis des Erbrechts oder der Verfügungsbefugnis über den Nachlaß vorgelegt, so wird sie sorgfältig prüfen, ob die Urkunden zum Nachweis geeignet sind, haftet jedoch für die Eignung ebensowenig wie für Echtheit, Gültigkeit und Vollständigkeit sowie für richtige Übersetzung und Auslegung.

(2) Der Kunde trägt den Schaden, der etwa daraus entstehen sollte, daß die Bank von einem Mangel in der Wirksamkeit derartiger *Urkunden* unverschuldet keine Kenntnis erlangt. Die Bank ist nicht verpflichtet, die Urkunden auf ihre fortdauernde Wirksamkeit zu prüfen, es sei denn, daß insoweit begründete Zweifel auftreten.

(3) Entsprechendes gilt für *Bestallungen* von Vormündern, Pflegern, Konkursverwaltern usw. und ähnliche Ausweise.

25. Die Bank haftet nicht für Schäden, die durch *Störung ihres Betriebes* infolge von höherer Gewalt, Aufruhr, von Kriegs- und Naturereignissen oder infolge von sonstigen von ihr nicht zu vertretenden Vorkommnissen (z.B. Streik, Aussperrung, Verkehrsstörung) veranlaßt sind oder die durch Verfügungen *von hoher Hand* des In- oder Auslandes eintreten.

26. (1) Die Geschäftsräume der kontoführenden Stelle der Bank sind für beide Teile *Erfüllungsort,* wenn der Kunde Kaufmann ist, er nicht zu den in § 4 des Handelsgesetzbuches bezeichneten Gewerbetreibenden gehört, oder es sich bei ihm um eine juristische Person des öffentlichen Rechts oder ein öffentlich-rechtliches Sondervermögen handelt oder sich sein Wohnsitz außerhalb der Bundesrepublik Deutschland befindet. Das am Erfüllungsort geltende *Recht* ist maßgebend für alle Rechtsbeziehungen zwischen dem Kunden und der Bank und zwar auch dann, wenn der Rechtsstreit im Ausland geführt wird.

(2) Ist der Kunde Kaufmann, der nicht zu den in § 4 Handelsgesetzbuch bezeichneten Gewerbetreibenden gehört, oder handelt es sich bei ihm um eine juristische Person des öffentlichen Rechts oder ein öffentlich-rechtliches Sondervermögen, so kann die Bank nur am *Gerichtsstand* des Erfüllungsortes verklagt werden.

27. Die Bank ist dem *Einlagensicherungsfonds* des Bundesverbandes deutscher Banken e. V. (im folgenden Einlagensicherungsfonds genannt) angeschlossen. Soweit der Einlagensicherungsfonds oder ein von ihm Beauftragter Zahlungen an einen Kunden leistet, gehen dessen Forderungen gegen die Bank in entsprechender Höhe Zug um Zug auf den Einlagensicherungsfonds über. Entsprechendes gilt, wenn der Einlagensicherungsfonds die Zahlungen mangels Weisung eines Kunden auf ein Konto leistet, das zu seinen Gunsten bei einer anderen Bank eröffnet wird. Die Bank ist befugt, dem Einlagensicherungsfonds oder einem von ihm Beauftragten alle in diesem Zusammenhang erforderlichen Auskünfte zu erteilen und Unterlagen zur Verfügung zu stellen.

28. (1) Für besondere Geschäftsarten gelten neben diesen Allgemeinen Geschäftsbedingungen *Sonderbedingungen,* z.B. für den Scheckverkehr, für Dokumenten-Akkreditive und -Inkassi, Ander- und Sparkonten, Annahme von Verwahrstücken und Vermietung von Schrankfächern sowie

Erster Teil. Das Girogeschäft **Anh. § 365**

für Optionsgeschäfte im Börsenterminhandel und Auslandsgeschäfte in Wertpapieren. Ferner gelten die von der Internationalen Handelskammer aufgestellten „Einheitlichen Richtlinien und Gebräuche für Dokumenten-Akkreditive" und die „Einheitlichen Richtlinien für das Inkasso von Handelspapieren".

(2) *Änderungen dieser Geschäftsbedingungen* einschließlich der *Sonderbedingungen* werden dem Kunden, wenn sie ihn nicht nur unwesentlich belasten, durch schriftliche Benachrichtigung und durch Aushang oder Auslegung in den Geschäftsräumen der kontoführenden Stelle, in allen anderen Fällen nur durch Aushang oder Auslegung bekanntgegeben. Sie gelten als genehmigt, wenn der Kunde nicht schriftlich Widerspruch erhebt. Das Schreiben muß innerhalb eines Monats nach Bekanntgabe der Neufassung bei der Bank eingegangen seien.

II. Handel in Wertpapieren, Devisen und Sorten

29. (1) Die Bank führt alle Aufträge zum Kauf und Verkauf von Wertpapieren, die an der Börse des Ausführungsplatzes *zum amtlichen Handel zugelassen* sind, als *Kommissionär* durch Selbsteintritt aus, ohne daß es einer ausdrücklichen Anzeige gemäß § 405 des Handelsgesetzbuches bedarf. Kundenaufträge in zum amtlichen Handel zugelassenen Aktien werden von der Bank über die Börse geleitet, es sei denn, daß eine andere ausdrückliche Weisung des Kunden vorliegt.

(2) Bei Geschäften in *Kuxen* und in *nicht zum amtlichen Handel* zugelassenen Werten tritt die Bank stets als *Eigenhändler* auf. Das gleiche gilt für zugelassene Wertpapiere, deren Notiz durch Bekanntmachung der Börsenorgane ausgesetzt ist. Über Geschäfte im Eigenhandel rechnet die Bank netto ab, soweit nicht der Kunde Bruttoabrechnung verlangt.

(3) *Abweichungen in der Ausführungsart* müssen ausdrücklich vereinbart werden.

(4) In allen Fällen ist die Fassung der Ausführungsanzeige ohne Bedeutung.

30. (1) Sind Werte an mehreren Börsen zugelassen oder in den geregelten Freiverkehr einbezogen, so trifft die Bank mangels anderweitiger Weisung die Wahl des *Ausführungsplatzes*.

(2) Die *Usancen* des Ausführungsplatzes sind maßgebend. Für Geschäfte in Kuxen und in Werten, die an der Börse des Ausführungsplatzes nicht zum amtlichen Handel zugelassen sind, gelten die hierfür von der Ständigen Kommission für Angelegenheiten des Handels in amtlich nicht notierten Werten jeweils festgesetzten Usancen.

31. (1) Ohne zeitliche Beschränkung erteilte Kauf- und Verkaufsaufträge werden als bis auf Widerruf, längstens bis zum letzten Börsentag des laufenden Monats als gültig vorgemerkt; doch werden Aufträge, die am letzten Börsentag eines Monats eingehen und an diesem Tag nicht mehr erledigt werden konnten, für den nächsten Börsentag vorgemerkt. Für Aufträge zum Kauf und Verkauf von Bezugsrechten gilt Nr. 30 Abs. 2. Für *Ausführung* von Börsenaufträgen noch *am Tage des Eingangs* wird keine Gewähr übernommen.

(2) *Aufträge für auswärtige Plätze* gibt die Bank mangels besonderer Weisung nach ihrem Ermessen brieflich, telefonisch, fernschriftlich oder telegrafisch weiter. Aufträge zu Verkäufen sowie zur Ausübung oder zum Verkauf von Bezugsrechten darf die Bank ausführen, ohne zu prüfen, ob dem Kunden entsprechende Werte bei ihr zur Verfügung stehen. Die Bank darf Ausführungen ganz oder teilweise unterlassen oder rückgängig machen, wenn das *Guthaben* des Kunden *nicht ausreicht.*

32. *Einwendungen* gegen Anzeigen über Ausführung von Börsengeschäften müssen sofort nach Zugang der Ausführungsanzeige telegrafisch oder fernschriftlich erhoben werden. Einwendungen wegen Nichtausführung von Börsenaufträgen sind sofort telegrafisch oder fernschriftlich nach dem Zeitpunkt abzusenden, an dem die Ausführungsanzeige dem Kunden im gewöhnlichen Postlauf hätte zugehen müssen. Andernfalls gelten die Abrechnungen, Anzeigen usw. oder die Nichtausführung als genehmigt.

33. (1) Bei Geschäften in Aktien, deren endgültige Stücke noch nicht im Verkehr sind, trägt der Kunde die Gefahr der Beeinträchtigung des Aktienrechts vor Lieferung der Stücke. Für die Ausgabe der Stücke seitens der Aktiengesellschaft haftet die Bank nicht.

(2) Verkauft die Bank im Auftrage eines Kunden *nicht volleingezahlte Aktien,* so hat der Kunde, falls er von der Gesellschaft gemäß § 65 des Aktiengesetzes oder von seinem Vormann auf die

§ 365 Anh.   *Der bankmäßige Zahlungsverkehr*

Nachzahlung in Anspruch genommen wird, bereits vom Abschluß des Geschäfts an gegen die Bank lediglich Anspruch auf die Abtretung der ihr aus dem Kaufvertrage gegen ihren Nachmann zustehenden Rechte.

(3) Läßt ein abhängiges oder ein in Mehrheitsbesitz stehendes Unternehmen der Vorschrift des § 71 des Aktiengesetzes zuwider *Aktien der herrschenden oder mit Mehrheit beteiligten Gesellschaft* durch die Bank anschaffen, so haftet es für alle der Bank daraus erwachsenden Schäden.

34. Die Bestimmungen der Nummern 31, 32 und 33 gelten entsprechend für Kauf- und Verkaufsangebote im *Eigenhandel*. Diese Angebote darf die Bank auch teilweise annehmen.

35. Soweit zulässig, führt die Bank Aufträge zum Kauf oder Verkauf von *Devisen und Sorten* als Kommissionär durch Selbsteintritt aus, ohne daß es einer ausdrücklichen Anzeige gemäß § 405 des Handelsgesetzbuches bedarf; andernfalls tritt die Bank als Eigenhändler auf. Die Nummer 29 Absatz 2 Satz 3 und Absätze 3 und 4, Nummer 31 Absatz 1 Satz 3 und Absatz 2 sowie Nummer 32 finden sinngemäße Anwendung.

III. Verwahrungsgeschäft

36. (1) Die Bank haftet den gesetzlichen Bestimmungen entsprechend für sichere und getreue *Aufbewahrung* der ihr anvertrauten *Wertpapiere*. Die Bank darf Wertpapiere unter ihrem Namen an auswärtigen Plätzen und bei Dritten aufbewahren. Folgt sie bei der Auswahl des Dritten einer Weisung des Kunden, so trifft sie keine Haftung; andernfalls haftet sie nur für sorgfältige Auswahl.

(2) Bei Sammelverwahrung oder Sammelverwaltung durch eine Wertpapiersammelbank steht die Bank dem Kunden auch für die Erfüllung der Verwahrer- und Verwalterpflichten der Wertpapiersammelbank ein.

(3) Die Bestimmungen der vorstehenden Absätze sind entsprechend auf den Jungscheingiroverkehr anzuwenden.

37. (1) Mangels besonderer Weisung des Kunden sorgt die Bank für *Trennung der fälligen Zins- und Gewinnanteilscheine* und zieht deren Gegenwert ein oder verwertet sie. Neue Zins- und Gewinnanteilscheinbogen erhebt die Bank ohne besonderen Auftrag für alle Wertpapiere, deren Zins- und Gewinnanteilscheine regelmäßig getrennt werden.

(2) *Verlosungen und Kündigungen* überwacht die Bank, soweit Bekanntmachung hierüber in den „Wertpapier-Mitteilungen" erscheinen und die Bank die Papiere verwahrt. Pfandbriefe und Schuldverschreibungen werden ohne besondere Weisung des Kunden eingelöst; die Einlösung und Verwertung von Wertpapieren anderer Art darf die Bank mangels besonderer Weisung des Kunden nach ihrem Ermessen vornehmen.

(3) Zins- und Gewinnanteilscheine zu Wertpapieren, die auf ausländische Währung lauten, sowie verloste oder gekündigte Wertpapiere, die auf ausländische Währung lauten, und die Gegenwerte darf die Bank mangels anderer Weisung für Rechnung des Kunden bestens verwerten.

(4) Der Gegenwert von Zins- und Gewinnanteilscheinen sowie verlosten und gekündigten Wertpapieren jeder Art wird *vorbehaltlich des Eingangs* gutgeschrieben.

38. Ob Wertpapiere durch *Aufgebote, Zahlungssperren* u. dgl. betroffen werden, wird nur einmal nach ihrer Einlieferung an Hand der „Wertpapier-Mitteilungen" geprüft.

39. Bei Konvertierungen, Ausübung oder Verwertung von Bezugsrechten, Aufforderungen zu Einzahlungen, bei Fusionen, Sanierungen, Zusammenlegungen und Umstellungen sowie bei Umtausch-, Abfindungs- und Übernahmeangeboten wird die Bank, wenn hierüber eine Bekanntmachung in den „Wertpapier-Mitteilungen" erschienen ist, den Kunden benachrichtigen. Die Bank erwartet die besondere Weisung des Kunden; sollte diese nicht rechtzeitig eintreffen, so wird die Bank nach ihrem besten Ermessen verfahren, sofern damit nicht eine *Anlageentscheidung* für den Kunden verbunden ist. Bezugsrechte wird sie bestens verkaufen, sofern sie bis zu dem der letzten Notiz des Bezugsrechtes vorhergehenden Börsentag keine anderweitige Weisung des Kunden erhalten hat. Eine Haftung für die Ausübung oder Verwertung von Bezugsrechten, die Leistung von Einzahlungen auf nicht vollbezahlte Wertpapiere und von Zubußen auf Kuxe, für die Einreichung zu Konvertierungen und Zusammenlegungen sowie für *sonstige Maßnahmen* trifft die Bank nur, wenn der Kunde rechtzeitig einen entsprechenden Auftrag erteilt hat.

IV. Einzugs- und Diskontgeschäft, Wechsel- und Scheckverkehr

40. (1) Bei *Aufträgen zum Einzug* haftet die Bank nur dann für rechtzeitige Vorlegung und Protesterhebung oder Einholung der Vorlegungsbescheinigung, wenn Schecks auf den Platz, an dem sie eingeliefert werden, am zweiten, solche auf inländische Bankplätze am vierten Bankarbeitstag vor Ablauf der Vorlegungsfrist mit der ersten Post eingehen, und wenn Wechsel, die im Inland zahlbar sind, zum Zeitpunkt des Eingangs bei der Bank noch mindestens zwölf Tage laufen. Die Bank haftet nicht, wenn die nicht rechtzeitige Vorlegung auf höhere Gewalt oder sonstige von ihr nicht zu vertretende Umstände zurückzuführen ist.

(2) Die Bank übernimmt keine Haftung für rechtzeitige Vorlegung und Protesterhebung oder Einholung der Vorlegungsbescheinigung bei Schecks auf Nebenplätze sowie bei Wechseln und Schecks auf Auslandsplätze. Auch für sonstige wechsel- und scheckmäßige Behandlung haftet sie bei Wechseln und Schecks auf Auslandsplätze nicht.

(3) Nicht oder nicht genügend versteuerte Wechsel darf die Bank zurückgehen lassen.

(4) Die Bank darf bei ihr ruhende Wechsel, falls ihr keine andere Weisung erteilt ist, bei Verfall vorlegen und mangels Zahlung protestieren lassen, sowie zu diesem Zweck Wechsel auf auswärtige Plätze rechtzeitig versenden.

41. (1) Schreibt die Bank den Gegenwert von *zum Einzug* eingereichten Wechseln und Schecks schon vor Eingang gut, so geschieht dies *unter Vorbehalt des Eingangs*.

(2) *Lastschriften* und von Kunden ausgestellte *Schecks* sind erst *eingelöst,* wenn die Belastung nicht am folgenden Buchungstag storniert wird.

42. (1) Die Bank darf die ihr zum Einzug eingereichten oder von ihr diskontierten Wechsel bereits vor Verfall ohne Rücksicht auf das bestehende Rechnungsverhältnis, insbesondere auf eine etwa voraufgegangene Saldierung, im Konto zurückbelasten, wenn von der Bank eingeholte Auskünfte über einen Wechselverpflichteten nicht zu ihrer Zufriedenheit ausfallen, oder wenn Akzepte eines Wechselverpflichteten protestiert werden, oder wenn in den Verhältnissen eines Wechselverpflichteten eine wesentliche Verschlechterung eintritt. Entsprechendes gilt bei Schecks.

(2) Gibt die Deutsche Bundesbank der Bank rediskontierte Wechsel oder Schecks zurück, weil sie sie nachträglich als zum Rediskont nicht geeignet befindet, so ist die Bank berechtigt, diese Wechsel oder Schecks dem Kunden zurückzubelasten. Der Rückbelastung wird der Nettobetrag der Diskontabrechnung zuzüglich der Zinsen vom Tag der Diskontierung durch die Bank bis zum Rückbelastungstag zu dem bei der Diskontierung angewendeten Diskontsatz zugrundegelegt.

(3) Werden der Bank zum Einzug eingereichte oder von ihr diskontierte Wechsel oder Schecks bei Vorlegung nicht bezahlt oder ist die freie Verfügung über den Gegenwert durch Gesetz oder behördliche Maßnahmen beschränkt oder können die Papiere wegen Vorkommnissen, die von der Bank nicht zu vertreten sind, nicht oder nicht rechtzeitig vorgelegt werden, oder ist in dem Land, in dem die Wechsel oder Schecks einzulösen sind, ein Moratorium ergangen, so darf die Bank zurückbelasten.

(4) Die Zurückbelastung ist auch dann zulässig, wenn Wechsel oder Schecks nicht zurückgegeben werden können. Die Bank wird versuchen, den Gegenwert zurückbelasteter oder nicht zurückgegebener Wechsel und Schecks hereinzuholen oder dem Einreicher die ihr zustehenden Rechte übertragen.

(5) In allen Fällen der Zurückbelastung von Wechseln und Schecks *verbleiben* der Bank die wechsel- oder scheckrechtlichen *Ansprüche* auf Zahlung des vollen Betrages des Wechsel und Schecks mit Nebenforderungen gegen den Kunden und jeden aus dem Papier Verpflichteten bis zur Abdeckung eines etwa vorhandenen Schuldsaldos.

(6) Werden Wechsel- und Scheckbeträge nicht in der Währung angeschafft, über die die Papiere lauten, so wird die Bank dadurch bei ihr anfallende Kursdifferenzen dem Kunden belasten oder gutbringen.

43. Werden Wechsel oder Schecks aufgrund ausländischen Rechts oder aufgrund einer mit ausländischen Banken getroffenen Vereinbarung der Bank wegen Fälschung von Unterschriften oder wegen Veränderung anderer Bestandteile der Wechsel oder Schecks belastet, so darf die Bank sie dem Kunden weiterbelasten.

§ 365 Anh. *Der bankmäßige Zahlungsverkehr*

44. Erhält die Bank *Wechsel*, so gelten zugleich die dem Wechsel oder seinem Erwerb durch den Kunden *zugrunde liegenden Forderungen* sowie alle gegenwärtigen und zukünftigen Rechte aus den zugrunde liegenden Geschäften einschließlich der *Sicherheiten* als auf die Bank übertragen. Zur Sicherung übertragenes oder vorbehaltenes Eigentum geht unter Abtretung des Herausgabeanspruches auf die Bank über. Der Kunde ist verpflichtet, der Bank auf Verlangen eine Übertragungsurkunde zu erteilen. Entsprechendes gilt bei *anderen Einzugspapieren,* namentlich bei Anweisungen, Lastschriften und Rechnungen.

45. Bei der *Einholung von Akzepten* auf Wechseln übernimmt die Bank keine Haftung für die Rechtsgültigkeit der äußerlich ordnungsmäßigen Unterschrift des Akzeptanten, insbesondere für deren Echtheit und für die Legitimation der Zeichnenden.

46. Die Deckung der von der Bank *für Rechnung eines Kunden akzeptierten Wechsel* muß spätestens einen Bankarbeitstag vor Verfall in ihrem Besitz sein, andernfalls berechnet die Bank eine besondere Provision; die Akzeptprovision deckt nur das Akzept selbst.

47. Die Bank braucht bei ihr *zahlbar gestellte Wechsel* nur einzulösen, wenn ein schriftlicher Auftrag mit allen erforderlichen Angaben rechtzeitig eingegangen und hinreichende Deckung vorhanden ist.

2. Die AGB der Sparkassen
(Fassung 1976)

Vorwort

10 Das Geschäftsverhältnis zwischen Sparkasse und dem Kunden beruht auf dem gegenseitigen Vertrauen. Der Kunde kann sich darauf verlassen, daß die Sparkasse seine Aufträge mit der Sorgfalt eines ordentlichen Kaufmannes ausführt. Die Vielfalt der von der Sparkasse zu erledigenden Aufträge macht die Aufstellung allgemeiner Regeln, durch die das Geschäftsverhältnis der Sparkasse mit ihrem Kunden einheitlich bestimmt wird, erforderlich. Die AGB gelten für jegliche Tätigkeit der Sparkasse, soweit nicht im Einzelfall etwas anderes vereinbart ist.

Sie verfolgen den Zweck, klare Rechtsverhältnisse zu schaffen. Sie dienen der Rechtssicherheit und tragen zur Vereinfachung des Geschäftsablaufes und damit zur Kostenersparnis bei.

Die Kunden können die AGB in den Kassenräumen einsehen; dort sind sie jederzeit zugänglich gemacht.

A. Vereinbarungen für alle Geschäftsarten
I. Laufender Geschäftsverkehr

1. Grundsätze der Kontoführung; Stornierung von Buchungen

(1) Nach der Errichtung eines Kontos ist die Sparkasse während der Geschäftsverbindung befugt, Geldbeträge für den Kunden entgegenzunehmen. Den Auftrag, einem Kunden einen Geldbetrag zur Verfügung zu stellen oder zur Verfügung zu halten, darf die Sparkasse durch Gutschrift des Betrages auf dem Konto des Kunden ausführen, wenn der Auftraggeber nicht eine gegenteilige Weisung erteilt hat.

(2) Geldbeträge in ausländischer Währung darf die Sparkasse mangels ausdrücklicher gegenteiliger Weisung des Kunden in Deutscher Mark gutschreiben, sofern sie nicht für den Kunden ein Konto in der betreffenden Währung führt. Die Abrechnung erfolgt zum amtlichen Geldkurs – bei Fehlen eines solchen zum Marktkurs – des Tages, an dem der Geldbetrag in ausländischer Währung zur Verfügung der Sparkasse steht und von dieser verwertet werden kann.

(3) Jede unter dem Vorbehalt des Eingangs – „E. v." – stehende Gutschrift wird erst nach Eingang des Gegenwertes endgültig. Der Vorbehalt behält seine aufschiebende Wirkung auch gegenüber einem Rechnungsabschluß.

(4) Gutschriftsbuchungen, die vorgenommen werden, ohne daß im Zeitpunkt der Gutschrift ein entsprechender verpflichtender Auftrag (z. B. wegen Irrtum, Schreibfehler, Widerruf) vorliegt, darf

die Sparkasse auch nach einem Rechnungsabschluß durch einfache Buchung rückgängig machen (stornieren).

(5) Belastungsbuchungen führen nicht zu einer wirksamen Belastung (Einlösung), wenn sie am nächsten Buchungstag storniert werden. Zu der Stornierung ist die Sparkasse bis dahin berechtigt.

(6) Unterhält der Kunde mehrere Konten, so bildet jedes Kontokorrentkonto ein selbständiges Kontokorrent.

(7) Der Kunde kann Forderungen gegen die Sparkasse nur mit Verbindlichkeiten in derselben Währung und nur insoweit aufrechnen, als seine Forderungen unbestritten oder rechtskräftig festgestellt sind.

(8) Die Sparkasse kann bevorrechtigte Forderungen trotz Einstellung in das Kontokorrent in gleicher Weise wie durch Pfand oder Bürgschaft gesicherte Forderungen selbständig geltend machen.

(9) Die Sparkasse kann bei Fehlen einer Weisung des Kunden bestimmen, auf welche von mehreren fälligen Forderungen Zahlungseingänge, die zur Begleichung sämtlicher Forderungen nicht ausreichen, zu verrechnen sind.

2. Gemeinschaftskonten

Über Guthaben und Wertpapierbestände auf einem Gemeinschaftskonto kann jeder der Inhaber allein verfügen, es sei denn, daß sie der Sparkasse schriftlich eine gegenteilige Weisung erteilt haben. Für Verbindlichkeiten aus einem Gemeinschaftskonto haftet jeder Inhaber in voller Höhe als Gesamtschuldner.

3. Informationspflichten des Kunden und Haftung bei Geschäftsunfähigkeit

(1) Änderungen des Personenstandes, der Verfügungs- oder Verpflichtungsfähigkeit des Kunden (z.B. Eheschließung, Änderungen des ehelichen Güterstandes, Eintritt der Volljährigkeit) und seiner Anschrift sind der Sparkasse schriftlich unverzüglich anzuzeigen.

(2) Der Kunde trägt den Schaden, der etwa daraus entstehen sollte, daß die Sparkasse von einem eintretenden Mangel in der Geschäftsfähigkeit des Kunden oder seines Vertreters unverschuldet keine Kenntnis erlangt.

4. Bekanntgabe der Zeichnungsberechtigten der Sparkasse und des Kunden

(1) Die Namen und Unterschriften der jeweils für die Sparkasse zeichnungsberechtigten Personen sowie der Umfang der Zeichnungsberechtigung werden durch Aushang in den Kassenräumen bekanntgegeben.

(2) Die Namen der für den Kunden zeichnungsberechtigten Personen sind der Sparkasse mit eigenhändigen Unterschriftsproben auf den von der Sparkasse gelieferten Vordrucken bekanntzugeben. Die Zeichnungsberechtigung gilt bis zum Empfang des schriftlichen Widerrufs bei der Sparkasse, und zwar auch dann, wenn die Zeichnungsberechtigten in einem öffentlichen Register eingetragen sind und eine Änderung veröffentlicht ist.

5. Ableben des Kunden (Verfügungsbeschränkung, Legitimationsurkunden)

(1) Beim Ableben des Kunden ist die Sparkasse berechtigt, die Vorlegung eines Erbscheins, eines Zeugnisses des Nachlaßgerichts über die Fortsetzung der Gütergemeinschaft oder die Vorlegung ähnlicher gerichtlicher Zeugnisse oder eines Testamentsvollstreckerzeugnisses zu verlangen. Wird eine Ausfertigung oder beglaubigte Abschrift einer Verfügung von Todes wegen nebst zugehöriger Eröffnungsverhandlung vorgelegt, so ist die Sparkasse berechtigt, die darin als Erbe oder Testamentsvollstrecker bezeichneten Personen verfügen zu lassen, insbesondere mit befreiender Wirkung an sie zu leisten. Werden der Sparkasse ausländische Urkunden zum Nachweis des Erbrechts oder der Verfügungsbefugnis über den Nachlaß vorgelegt, so wird sie sorgfältig prüfen, ob die Urkunden zum Nachweis geeignet sind, haftet jedoch für die Eignung ebensowenig wie für die Echtheit, Gültigkeit und Vollständigkeit sowie für richtige Übersetzung und Auslegung.

(2) Der Kunde trägt den Schaden, der etwa daraus entstehen sollte, daß die Sparkasse von einem Mangel in der Wirksamkeit derartiger Urkunden unverschuldet keine Kenntnis erlangt. Die Spar-

§ 365 Anh. *Der bankmäßige Zahlungsverkehr*

kasse ist nicht verpflichtet, die Urkunden auf ihre fortdauernde Wirksamkeit zu prüfen, es sei denn, daß Zweifel hierüber erkennbar sind.

(3) Die Absätze 1 und 2 gelten entsprechend für Bestallungen von Vormündern, Pflegern, Konkursverwaltern und ähnliche Ausweise.

6. Mitteilungen der Sparkasse; Verwendung von urkundenechten Schreibstoffen

(1) Schriftliche Mitteilungen der Sparkasse (in Fällen allgemeiner Natur wirksam auch in Form von nichtunterzeichneten Rundschreiben) gelten nach dem gewöhnlichen Postlauf als zugegangen, wenn sie unter der letzten der Sparkasse bekanntgewordenen Anschrift abgesandt worden sind. Dies gilt nicht, wenn eine schriftliche Mitteilung als unzustellbar an die Sparkasse zurückgelangt und die Unzustellbarkeit von der Sparkasse zu vertreten ist oder begründeter Anlaß zu der Annahme besteht, daß die Mitteilung aufgrund einer Störung des Postbetriebs nicht zugegangen ist. Die Absendung wird vermutet, wenn sich ein abgezeichneter Durchschlag des betreffenden Schreibens im Besitz der Sparkasse befindet, oder wenn sich die Absendung aus einem abgezeichneten Versandvermerk oder einer abgezeichneten Versandliste ergibt.

(2) Der Text sowie sonstige Eintragungen und Unterschriften in Schriftstücken (insbesondere Wechseln und Schecks), die der Sparkasse zugehen, sollen mit urkundenechten Schreibstoffen hergestellt sein. Die Sparkasse ist nicht verpflichtet zu prüfen, ob urkundenechte Schreibstoffe verwendet worden sind. Für Schäden, die durch Verwendung nicht urkundenechter Schreibstoffe verursacht worden sind, haftet der Einreicher des Schriftstücks.

7. Rat und Auskunft der Sparkasse auf Wunsch des Kunden

Die Sparkasse erteilt dem Kunden auf seinen Wunsch im Rahmen ihrer Geschäftstätigkeit nach bestem Wissen Rat und Auskunft. Sie kann dies jedoch im Hinblick auf die Mannigfaltigkeit der Ratschläge und Auskünfte nur unter Ausschluß jeder Verbindlichkeit, auch – soweit rechtlich zulässig – der Haftung aus §§ 276, 278 des Bürgerlichen Gesetzbuches, tun. Gleiches gilt für Unterlassungen von Rat und Auskunft. Mündliche Auskünfte über Kreditwürdigkeit und Zahlungsfähigkeit gelten nur vorbehaltlich schriftlicher Bestätigung.

8. Übernahme von Verwaltungspflichten

Ohne eine ausdrückliche und schriftliche abweichende Vereinbarung kann die Sparkasse keine anderen als die in diesen Geschäftsbedingungen erwähnten Verwaltungspflichten, insbesondere nicht die Unterrichtung des Kunden über drohende Kursverluste, über den Wert oder die Wertlosigkeit anvertrauter Gegenstände oder über Umstände, die den Wert dieser Gegenstände beeinträchtigen oder gefährden könnten, übernehmen.

9. Entgelte; Kontoüberziehung

(1) Die Sparkasse ist berechtigt, für ihre Leistungen Entgelte, insbesondere Zinsen, Gebühren und Provisionen, vom Kunden zu verlangen. Dies gilt auch für Leistungen, die zusätzlich zu einer üblichen Grundleistung im Auftrag oder im Interesse des Kunden erbracht werden.

(2) Gleiches gilt für Maßnahmen und Leistungen der Sparkasse, die auf nicht vertragsgemäßer Geschäftsabwicklung durch den Kunden oder auf dessen vertragswidrigem Verhalten oder auf Zwangsmaßnahmen Dritter gegen den Kunden beruhen.

(3) Entgelte werden – sofern keine abweichenden Bestimmungen gelten – von der Sparkasse unter Berücksichtigung der Marktgegebenheiten und des Aufwands nach billigem Ermessen festgelegt (§ 315 des Bürgerlichen Gesetzbuches).

(4) Nimmt der Kunde Kredit ohne ausdrückliche Vereinbarung oder über den vereinbarten Betrag oder über den vereinbarten Termin hinaus in Anspruch (Kontoüberziehung), hat er, statt etwa vereinbarter niedrigerer Zinsen, Gebühren und Provisionen, die von der Sparkasse allgemein nach billigem Ermessen für Überziehungen bestimmten Zinsen, Gebühren und Provisionen zu zahlen (§ 315 des Bürgerlichen Gesetzbuches).

10. Auslagenersatz

Alle im Interesse des Kunden gemachten Auslagen, die über die allgemeinen Geschäftskosten hinausgehen, insbesondere für Versicherungen, Vordrucke, Steuern, Briefporti, Ferngespräche, Telegramme und Fernschreiben, können in Rechnung gestellt werden.

11. Rechnungsabschlüsse

(1) Die Sparkasse schließt die Konten in den von ihr bestimmten Zeitabschnitten ab und erteilt Rechnungsabschlüsse, für deren Feststellung und Nachweis die Bücher der Sparkasse als richtig vermutet werden. Änderungen der Zeitabschnitte werden dem Kunden vor der Einführung mitgeteilt.

(2) Die Sparkasse kann ihre Auslagen aus Vereinfachungsgründen ohne Einzelaufstellung in einem Betrag in Rechnung stellen. Sie gibt in diesem Fall dem Kunden auf Wunsch Auskunft über die Einzelposten. Für die Verwahrung und Verwaltung von Wertpapieren können ohne Rücksicht auf die Dauer der Verwahrung und Verwaltung jeweils für ein Kalenderjahr im voraus die Gebühren in Rechnung gestellt werden. Bei vorzeitiger Depotauflösung erfolgt eine angemessene Rückvergütung entsprechend der Vertragsdauer.

(3) Auslagen, die aus Wertpapier-, Devisen- und Sortengeschäften entstehen, werden stets besonders abgerechnet.

12. Einwendungen gegen Rechnungsabschlüsse, Wertpapieraufstellungen und sonstige Mitteilungen

(1) Einwendungen gegen Rechnungsabschlüsse und Wertpapieraufstellungen müssen der Sparkasse schriftlich zugehen und innerhalb einer Ausschlußfrist von 4 Wochen nach Zugang des betreffenden Schriftstücks abgesandt werden. Einwendungen gegen sonstige Mitteilungen, z.B. Abrechnungen und Kontoauszüge, müssen unverzüglich, Einwendungen gegen die Ordnungsmäßigkeit von der Sparkasse gelieferter Wertpapiere oder sonstiger Werte müssen sofort nach Empfang erhoben werden. Die Unterlassung rechtzeitiger Einwendung gilt als Genehmigung. Stellt sich nachträglich die Unrichtigkeit heraus, so können sowohl der Kunde als auch die Sparkasse eine Richtigstellung aufgrund gesetzlicher Ansprüche verlangen.

(2) Das Ausbleiben zu erwartender Anzeigen, insbesondere über die Ausführung von Aufträgen jeder Art, über Zahlungen und Sendungen, ist der Sparkasse unverzüglich nach Ablauf der Frist mitzuteilen, innerhalb derer die Benachrichtigung im gewöhnlichen Postlauf hätte zugehen müssen.

13. Auflösung der Geschäftsverbindung

(1) Der Kunde und die Sparkasse dürfen mangels anderweitiger Vereinbarung die Geschäftsverbindung im ganzen oder hinsichtlich einzelner Geschäftsbeziehungen nach freiem Ermessen einseitig auflösen.

(2) Auch wenn eine anderweitige Vereinbarung getroffen ist, dürfen der Kunde und die Sparkasse die Geschäftsverbindung im ganzen oder hinsichtlich einzelner Geschäftsbeziehungen aus einem wichtigen Grunde jederzeit beendigen. Ein solcher Grund ist für die Sparkasse insbesondere dann gegeben,

a) wenn der Kunde unrichtige Angaben über seine Vermögensverhältnisse oder über die seiner Firma gemacht hat;

b) wenn eine wesentliche Verschlechterung oder eine erhebliche Gefährdung seiner Vermögensverhältnisse oder der seiner Firma eintritt, insbesondere wenn der Kunde oder seine Firma die Zahlungen einstellt oder erklärt, sie einstellen zu wollen, oder wenn von dem Kunden oder seiner Firma angenommene Wechsel zu Protest gehen oder eine Zwangsvollstreckung gegen den Kunden oder seine Firma eingeleitet wird;

c) wenn der Kunde eine Gesellschaft ist und die Vermögensverhältnisse eines persönlich haftenden Gesellschafters sich wesentlich verschlechtert haben oder erheblich gefährdet sind, oder wenn hinsichtlich eines persönlich haftenden Gesellschafters Änderungen (z.B. Personenwechsel, Todesfall) eingetreten sind;

d) wenn der Kunde innerhalb einer von der Sparkasse bestimmten Frist der Aufforderung zur Stellung oder Verstärkung von Sicherheiten (Nr. 21 Abs. 5 Satz 1) nicht nachkommt.

§ 365 Anh.   *Der bankmäßige Zahlungsverkehr*

(3) Mit der Auflösung der Geschäftsverbindung werden die auf den einzelnen Konten geschuldeten Beträge sofort fällig. Von diesem Zeitpunkt ab gilt für Zinsen, Gebühren und Provisionen Nr. 9 Abs. 4. Der Kunde ist außerdem verpflichtet, die Sparkasse von allen für ihn oder in seinem Auftrag übernommenen Verpflichtungen zu befreien und, solange er dieser Verpflichtung nicht nachgekommen ist, der Sparkasse genehme Sicherheiten im erforderlichen Umfange zu bestellen.

(4) Die Sparkasse ist berechtigt, die für den Kunden oder in seinem Auftrag übernommenen Verpflichtungen zu kündigen und sonstige Verpflichtungen, insbesondere solche in fremder Währung, glattzustellen sowie hereingenommene Wechsel und Schecks sofort zurückzubelasten; die wechsel- und scheckrechtlichen Ansprüche gegen den Kunden und jeden aus dem Papier Verpflichteten auf Zahlung des vollen Betrages der Wechsel und Schecks mit Nebenforderungen verbleiben der Sparkasse jedoch bis zur Abdeckung eines etwaigen Schuldsaldos.

(5) Auch nach Auflösung der Geschäftsverbindung gelten bis zu ihrer völligen Abwicklung die Allgemeinen Geschäftsbedingungen weiter.

II. Aufträge, Wertsendungen und Bürgschaften

14. Form und Inhalt von Aufträgen

(1) Aufträge jeder Art müssen den Gegenstand des Geschäfts zweifelsfrei erkennen lassen. Abänderungen, Bestätigungen und Wiederholungen müssen als solche bezeichnet sein.

(2) Schriftliche Aufträge müssen unterzeichnet sein (Nr. 4 Abs. 2). Für die Ausführung in anderer Form erteilter Aufträge übernimmt die Sparkasse keine Gewähr.

(3) Bei Aufträgen, insbesondere bei Verfügungen durch Scheck, Barabhebung, Überweisung und Lastschrift, sind nur die von der Sparkasse zugelassenen Vordrucke zu benutzen und nach den jeweils von der Sparkasse getroffenen Bedingungen und gegebenen Hinweisen zu behandeln. Dies gilt auch, soweit die Sparkasse im übrigen Geschäftsverkehr die Benutzung weiterer Vordrucke vorschreibt.

(4) Die Sparkasse haftet nicht für Verzögerungen oder Ausführungsmängel, die durch unrichtige, unvollständige, mißverständliche oder unleserliche Angaben des Auftraggebers oder durch Nichtbenutzung der in Abs. 3 genannten Vordrucke entstehen. Dies gilt insbesondere für Fehlleitungen infolge unrichtiger, unvollständiger oder voneinander abweichender Angaben der Kontobezeichnung, der Kontonummer oder der Bankleitzahl in Überweisungsaufträgen.

(5) Für Dienstleistungen in wiederkehrender Form, insbesondere Überweisungen und Auszahlungen, übernimmt die Sparkasse wegen der damit verbundenen Risiken keine Haftung für die rechtzeitige Ausführung, es sei denn, daß sie grobe Fahrlässigkeit trifft.

15. Telefonische, telegrafische, drahtlose, fernschriftliche Aufträge

(1) Der Kunde trägt den Schaden, der aus Übermittlungsfehlern, Mißverständnissen, Mißbräuchen und Irrtümern im telefonischen, telegrafischen, drahtlosen oder fernschriftlichen Verkehr mit dem Kunden oder Dritten entsteht, sofern die Sparkasse ihn nicht verschuldet hat.

(2) Die Sparkasse behält sich vor, bei telefonischen, telegrafischen, drahtlosen oder fernschriftlichen Aufträgen vor Ausführung auf Kosten des Kunden auf einem der vorgenannten Wege eine Bestätigung einzuholen.

(3) Telefonische, telegrafische, drahtlose oder fernschriftliche Mitteilungen der Sparkasse gelten vorbehaltlich schriftlicher Bestätigung.

16. Von der Sparkasse zu vertretender Schaden bei Verzögerungen und Fehlleitungen

Wenn aus von der Sparkasse zu vertretenden Verzögerungen oder Fehlleitungen bei der Ausführung von Aufträgen oder von Mitteilungen hierüber ein Schaden entsteht, so haftet die Sparkasse lediglich für den Zinsausfall, es sei denn, daß sie im Einzelfall vom Kunden auf die drohende Gefahr eines darüber hinausgehenden Schadens ausdrücklich hingewiesen wurde.

17. Aufträge im Überweisungsverkehr

(1) Aufträge zur Auszahlung oder Überweisung von Geldbeträgen führt die Sparkasse grundsätzlich im bargeldlosen Überweisungsverkehr aus, sofern nicht der Kunde im Einzelfall einen anderen Weg vorschreibt. Für den Überweisungsverkehr gelten Sonderbedingungen.

(2) Bei brieflich auszuführenden Zahlungsaufträgen ins Ausland darf die Sparkasse die Art der Erledigung nach ihrem Ermessen bestimmen.

18. Wertsendungen

Die Sparkasse darf nach ihrem Ermessen in handelsüblicher Weise Geld und sonstige Werte auf Gefahr des Kunden versenden, und zwar mangels abweichender Anweisung unversichert durch eingeschriebenen Brief oder als Wertbrief unter Angabe eines geringen Werts oder versichert. Wechsel, Schecks, Anweisungen und Quittungen darf die Sparkasse im einfachen Brief versenden.

19. Geschäftsausführung durch Dritte

(1) Die Sparkasse darf sich zur Ausführung aller Geschäfte, wenn sie es unter Berücksichtigung ihrer eigenen und der Interessen des Kunden für notwendig hält, Dritter bedienen. Folgt sie bei der Auswahl des Dritten einer Weisung des Kunden, so trifft sie keine Haftung; anderenfalls haftet sie nur für sorgfältige Auswahl. Die Sparkasse ist jedoch verpflichtet, dem Kunden auf Verlangen etwaige Ansprüche gegen den Dritten abzutreten.

(2) Bei der Ausführung von Einzugsaufträgen im Ausland ist die Sparkasse nur nach Maßgabe der für den Einzug zur Verfügung stehenden Zeit und der beschränkten Erhebungsmöglichkeiten zur sorgfältigen Auswahl der Einzugsstelle verpflichtet.

20. Bürgschafts- und sonstige Gewährverpflichtungen

Wird die Sparkasse aus einer im Auftrag oder für Rechnung des Kunden übernommenen Bürgschafts- oder sonstigen Gewährverpflichtung in Anspruch genommen, so ist sie auch ohne gerichtliches Verfahren auf einseitiges Anfordern des Gläubigers zur Zahlung berechtigt.

III. Pfand- und Sicherungsrechte

21. Art und Umfang der Sicherheiten

(1) Wertgegenstände jeder Art, die durch den Kunden oder für seine Rechnung durch Dritte in den unmittelbaren oder mittelbaren Besitz oder sonst in die Verfügungsmacht irgendeiner Stelle der Sparkasse gelangt sind oder gelangen (z.B. Wertpapiere einschließlich der Zins-, Renten- und Gewinnanteilscheine, Sammeldepotanteile, Bezugsrechte, Schecks, Wechsel, Devisen, Waren, Konnossemente, Lager- und Ladescheine, Konsortialbeteiligungen und sonstige Rechte jeder Art einschließlich der Ansprüche des Kunden gegen die Sparkasse selbst), dienen, soweit gesetzlich zulässig, als Pfand für alle bestehenden und künftigen, auch bedingten oder befristeten Ansprüche der Sparkasse gegen den Kunden und gegen Dritte, für deren Verbindlichkeiten der Kunde persönlich haftet, gleichviel, aus welchem Grunde diese Ansprüche entstanden oder auf die Sparkasse übergegangen sind. Unter den gleichen Voraussetzungen und zu dem gleichen Zweck gelten Forderungen des Kunden gegen Dritte als an die Sparkasse abgetreten, sofern über die Forderungen ausgestellte Urkunden in die Verfügungsmacht der Sparkasse gelangt sind oder gelangen.

(2) Im Ausland ruhende Wertpapiere unterliegen vorbehaltlich anderweitiger Vereinbarung dem Pfandrecht nicht.

(3) Verpfändete sowie zur Sicherung übertragene Gegenstände haften auch dann für sämtliche Forderungen der Sparkasse, wenn sie dieser als Sicherheit nur für bestimmte Forderungen oder Forderungen bestimmter Art gegeben worden sind, es sei denn, daß die Haftung für andere Forderungen ausdrücklich ausgeschlossen worden ist.

(4) Über die Erhaltung und Sicherung aller der Sparkasse als Sicherheit dienenden Gegenstände sowie über den Einzug der ihr haftenden Forderungen, Grund- und Rentenschulden hat der Kunde selbst zu wachen und die Sparkasse entsprechend zu unterrichten.

(5) Die Sparkasse kann von dem Kunden jederzeit die Bestellung geeigneter oder die Verstärkung bestehender Sicherheiten für alle Ansprüche verlangen, auch soweit sie bedingt oder befristet sind.

Die Sparkasse ist andererseits verpflichtet, auf Verlangen des Kunden Sicherungsgegenstände nach ihrer Wahl freizugeben, soweit sie diese nach ihrem billigen Ermessen nicht mehr benötigt.

(6) Soweit nicht zwingende gesetzliche Bestimmungen entgegenstehen, kann die Sparkasse ihr obliegende Leistungen an den Kunden und seine Firma wegen eigener Ansprüche zurückhalten, auch wenn diese Ansprüche befristet oder bedingt sind oder nicht auf demselben rechtlichen Verhältnis beruhen.

22. Verwertung von Sicherheiten

(1) Wenn der Kunde seinen Verbindlichkeiten bei Fälligkeit nicht nachkommt, ist die Sparkasse berechtigt, die Sicherheiten ohne gerichtliches Verfahren unter tunlichster Rücksichtnahme auf den Kunden zu beliebiger Zeit an einem ihr geeignet erscheinenden Ort auf einmal oder nach und nach zu verwerten, wobei Abrechnungen mit Gutschriften über die Verwertungserlöse erteilt werden. Unter mehreren Sicherheiten hat die Sparkasse die Wahl. Sie darf zunächst aus dem sonstigen Vermögen des Kunden Befriedigung suchen. Die Sparkasse wird dem Kunden erteilte Gutschriften über Verwertungserlöse so gestalten, daß sie als Rechnungen im Sinne des Umsatzsteuerrechts anzusehen sind.

(2) Einer Androhung der Verwertung, der Innehaltung einer Frist und der Ausbedingung sofortiger Barzahlung des Kaufpreises bedarf es nicht. Eine Abweichung von der regelmäßigen Art des Pfandverkaufs kann nicht verlangt werden. Die Sparkasse wird nach Möglichkeit Ort, Zeit und Art der Verwertung mitteilen, sofern dadurch eine sachgemäße Verwertung nicht gefährdet wird.

(3) Pfänder, die einen Börsen- oder Marktpreis haben, darf die Sparkasse freihändig durch einen zu solchen Verkäufen ermächtigten Handelsmakler zum laufenden Preis verkaufen; andere Pfänder sind öffentlich zu versteigern. Der Verpfänder ist nicht berechtigt, die Herausgabe von Zins- und Gewinnanteilscheinen der als Pfand haftenden Wertpapiere zu verlangen. Die Sparkasse darf diese Scheine auch vor Fälligkeit ihrer Forderung verwerten und den Erlös als Sicherheit behandeln.

(4) Die Sparkasse darf die ihr als Sicherheit haftenden Forderungen und Grundpfandrechte schon vor Fälligkeit ihrer Forderungen kündigen und einziehen. Der Kunde ist verpflichtet, auf Verlangen der Sparkasse die Zahlungen an die Sparkasse auf seine Kosten zu betreiben. Beim Einzug darf die Sparkasse ohne vorherige Befragung des Kunden alle Maßnahmen und Vereinbarungen mit Drittschuldnern treffen, die sie zur Eintreibung von Forderungen für zweckmäßig hält, insbesondere Stundungen oder Nachlässe gewähren und Vergleiche abschließen. Eine Verpflichtung zum Einzug übernimmt die Sparkasse nicht.

(5) Zur Sicherung übertragene Gegenstände darf die Sparkasse insbesondere auch freihändig verwerten. Grund- und Rentenschulden wird die Sparkasse, falls der Sicherungsgeber nicht einem abweichenden Verfahren zustimmt, auf freihändigem Wege nur zusammen mit der gesicherten Forderung und nur in einer im Verhältnis zu ihr angemessenen Höhe verkaufen. Im übrigen gelten die Bestimmungen des Abs. 4 entsprechend.

23. Prüfung der Sicherheiten

Die Sparkasse ist berechtigt, sich auf Kosten des Kunden alle Unterlagen zu beschaffen, die sie zur Prüfung der Sicherheiten für erforderlich halten darf; dazu zählen insbesondere Gutachten vereidigter Sachverständiger und beglaubigte Abschriften aus öffentlichen Registern, behördliche Bescheinigungen sowie Unterlagen über den Versicherungsschutz.

24. Kosten und Auslagen

Kosten und Auslagen, die bei der Bestellung, Verwaltung und Verwertung oder Freigabe von Sicherheiten sowie durch die Inanspruchnahme von Mitverpflichteten erwachsen (z.B. Lagergelder, Kosten der Beaufsichtigung, Versicherungsprämien, Provisionen und Prozeßkosten) einschließlich der dadurch begründeten steuerlichen Verpflichtungen gehen zu Lasten des Kunden.

IV. Weitere Vereinbarungen

25. Störung, Schließung und Einschränkung des Betriebs

Die Sparkasse haftet nicht für Schäden, die durch Störung ihres Betriebs (z.B. Bombendrohung, Banküberfall), insbesondere infolge von höherer Gewalt (z.B. von Kriegs- und Naturereignissen) sowie infolge von sonstigen von ihr nicht zu vertretenden Vorkommnissen (z.B. Streik, Aussperrung, Verkehrsstörung) veranlaßt sind oder die durch Verfügung von hoher Hand des In- und Auslandes eintreten. Die Sparkasse wird eine beabsichtigte Schließung oder Einschränkung des Betriebs tunlichst öffentlich bekanntgeben.

26. Geschäftstage

Geschäftstage im Sinne dieser Geschäftsbedingungen sind die Tage Montag bis Freitag, soweit sie nicht gesetzliche Feiertage oder Bankfeiertage sind.

27. Erfüllungsort und Gerichtsstand

(1) Erfüllungsort für beide Teile ist der Sitz der Sparkasse. Für alle Rechtsbeziehungen zwischen dem Kunden und der Sparkasse ist das am Erfüllungsort geltende Recht maßgebend, und zwar auch dann, wenn ein Rechtsstreit im Ausland geführt wird.

(2) Ist der Kunde ein Kaufmann, der nicht zu den in § 4 des Handelsgesetzbuches bezeichneten Gewerbetreibenden gehört, eine juristische Person des öffentlichen Rechts oder ein öffentlich-rechtliches Sondervermögen, kann die Sparkasse an ihrem allgemeinen Gerichtsstand klagen und nur an diesem Gerichtsstand verklagt werden.

28. Allgemeine Bekanntmachungen und Mitteilungen

Allgemeine Bekanntmachungen und Mitteilungen der Sparkasse geschehen durch Aushang oder Auslegung in den Kassenräumen der Sparkasse. Das Datum des Aushangs oder der Auslegung wird auf dem Schriftstück vermerkt.

29. Sonderbedingungen

(1) Für einzelne Geschäftszweige gelten neben diesen Allgemeinen Geschäftsbedingungen Sonderbedingungen, z.B. für den Überweisungsverkehr, den Scheckverkehr, den Akkreditivverkehr, für Anderkonten, für die Annahme von Verwahrstücken und für die Vermietung von Schrankfächern, für das Auslandsgeschäft in Wertpapieren, für Optionsgeschäfte im Börsenterminhandel und für eurocheque-Karten. Sie stehen auf Wunsch in den Kassenräumen zur Einsicht zur Verfügung.

(2) Sowohl die von der Sparkasse zur Verfügung gestellten als auch die kundeneigenen Vordrucke sind entsprechend den jeweiligen Bedingungen zu behandeln. Hinsichtlich der Behandlung der zugelassenen Vordrucke und der Haftung gilt Nr. 14 Abs. 3 und 4 entsprechend.

30. Änderungen der Geschäftsbedingungen

(1) Die Sparkasse wird dem Kunden schriftlich oder durch Bekanntmachung nach Nr. 28 mitteilen, wenn sie diese Geschäftsbedingungen oder die Sonderbedingungen ändert. Jedenfalls wird die Sparkasse die Tatsache der Änderung und den Ort des Aushangs oder der Auslegung der Neufassung der AGB in einer Tageszeitung am Ort ihres Sitzes bekanntmachen. Die Änderung gilt als genehmigt, wenn der Kunde ihr nicht binnen eines Monats nach der schriftlichen Mitteilung bzw. der Bekanntgabe in der Tageszeitung am Ort ihres Sitzes schriftlich widerspricht. Die Frist gilt als gewahrt, wenn das Schreiben innerhalb eines Monats nach der schriftlichen Mitteilung bzw. der Bekanntgabe in der Tageszeitung abgesandt worden ist.

(2) Abweichungen von diesen Geschäftsbedingungen oder von den Sonderbedingungen im Verhältnis der Sparkasse zu einem einzelnen Kunden bedürfen zu ihrer Wirksamkeit der schriftlichen Bestätigung durch die Sparkasse.

B. Vereinbarungen über einzelne Geschäftsarten

I. Einlagengeschäft

31. Fälligkeit und Verzinsung

(1) Mangels abweichender, von der Sparkasse schriftlich bestätigter Vereinbarung sind Einlagen ohne Kündigung fällig (täglich fällige Gelder).

(2) Es kann vereinbart werden, daß Einlagen erst nach Kündigung unter Einhaltung einer Kündigungsfrist oder an einem vorher bestimmten Tage fällig werden (Kündigungs- oder Festgelder). Nach Eintritt der Fälligkeit werden diese Einlagen als täglich fällige Gelder behandelt, wenn

§ 365 Anh. *Der bankmäßige Zahlungsverkehr*

nicht eine neue Vereinbarung über ihre Hereinnahme als Kündigungs- oder Festgelder getroffen wird.

(3) Für die nach Abs. 1 und 2 hereingenommenen Einlagen werden die von der Sparkasse jeweils festgesetzten und durch Aushang oder Auslegung in den Kassenräumen bekanntgemachten Zinssätze gewährt. Die Sparkasse ist berechtigt – soweit nichts anderes bestimmt oder vereinbart ist – die Zinssätze für bestehende Einlagen jederzeit zu ändern; die Änderungen treten mit ihrer Bekanntmachung durch Aushang oder Auslegung in den Kassenräumen der Sparkasse in Kraft.

(4) Für die Zinsberechnung wird jeder Monat zu 30 Tagen berechnet.

(5) Für die Verzinsung, Kündigung und Fälligkeit von Spareinlagen gelten die besonderen Vorschriften des Kreditwesengesetzes und des Sparkassenrechts.

II. Auslandsgeschäft

32. Guthaben in ausländischer Währung

Die Inhaber von Guthaben in ausländischer Währung tragen anteilig bis zur Höhe ihres Guthabens alle wirtschaftlichen und rechtlichen Nachteile und Schäden, die das im In- und Ausland unterhaltene Gesamtguthaben der Sparkasse in der entsprechenden Währung als mittelbare oder unmittelbare Folge von höherer Gewalt, Krieg, Aufruhr oder ähnlichen Ereignissen oder durch von der Sparkasse nicht verschuldete Zugriffe Dritter im Ausland oder im Zusammenhang mit Verfügungen von hoher Hand des In- oder Auslands treffen sollten.

33. Kredite in ausländischer Währung

Kredite in ausländischer Währung sind in der Währung zurückzuzahlen, in der sie gegeben worden sind. Zahlungen in anderer Währung gelten als Sicherheitsleistung. Die Sparkasse ist jedoch berechtigt, den Kredit jederzeit auf inländische Währung umzustellen, wenn dessen ordnungsgemäße Abwicklung aus Gründen, die von der Sparkasse nicht zu vertreten sind, nicht gewährleistet erscheint.

III. Urkunden, Akkreditive, Kreditbriefe

34. Urkunden

Hat die Sparkasse im Auftrag des Kunden Urkunden (z. B. Dokumente) entgegenzunehmen oder auszuliefern, so wird sie die Urkunden sorgfältig prüfen. Sie haftet nicht für Echtheit, Gültigkeit und Vollständigkeit der Urkunden, ferner nicht für die richtige Auslegung und Übersetzung, auch nicht für Art, Menge und Beschaffenheit in den Urkunden erwähnter Waren oder sonstiger Werte.

35. Akkreditive, Kreditbriefe

Zahlungen aufgrund eines Akkreditivs, Kreditbriefs oder sonstigen Ersuchens darf die Sparkasse an denjenigen leisten, den sie nach sorgfältiger Prüfung seines Ausweises als empfangsberechtigt ansieht. Für Dokumentenakkreditive gelten, sofern nicht abweichende Weisungen aus dem Akkreditiv ersichtlich sind, neben etwaigen Sonderbedingungen die von der Internationalen Handelskammer aufgestellten „Einheitlichen Richtlinien und Gebräuche für Dokumentenakkreditive".

36. Ausländische Legitimationspapiere

Werden der Sparkasse als Ausweis der Person oder zum Nachweis einer Berechtigung ausländische Urkunden vorgelegt, so wird sie sorgfältig prüfen, ob die Urkunden zur Legitimation geeignet sind; sie haftet jedoch für die Eignung nicht. Nr. 34 Satz 2 gilt entsprechend.

IV. Wertpapiere, Devisen und Sorten

1. Kauf und Verkauf

37. Usancen; Allgemeines

(1) Für die Ausführung von Aufträgen zum Kauf und Verkauf von Wertpapieren durch die Sparkasse sind die Usancen des Ausführungsplatzes maßgebend. Für den Kauf und Verkauf von Kuxen und von Wertpapieren, die nicht zum amtlichen Handel zugelassen sind, gelten die von der „Ständigen Kommission für Angelegenheiten des Handels in amtlich nicht notierten Werten"

jeweils festgesetzten Usancen; das gleiche gilt für zum amtlichen Handel zugelassene Wertpapiere, deren Notierung durch Bekanntmachugg der Börsenorgane ausgesetzt ist.

(2) Sind Werte an mehreren Börsen zugelassen oder in den geregelten Freiverkehr einbezogen, so bleibt der Sparkasse mangels anderweitiger Weisung des Kunden die Wahl des Ausführungsplatzes überlassen. Aufträge für auswärtige Plätze gibt die Sparkasse mangels besonderer Weisung des Kunden nach ihrem Ermessen brieflich, fernschriftlich, telegrafisch oder telefonisch weiter.

(3) Die Sparkasse übernimmt keine Gewähr dafür, daß die Aufträge noch am Eingangstage ausgeführt werden.

(4) Führt die Sparkasse Aufträge zu Verkäufen sowie zur Ausübung oder zum Verkauf von Bezugsrechten aus, ohne aus Gründen der rechtzeitigen Erledigung zu prüfen, ob dem Kunden entsprechende Werte bei ihr zur Verfügung stehen, so trägt der Kunde den etwa entstehenden Schaden.

(5) Die Sparkasse darf Ausführungen ganz oder teilweise unterlassen oder Abschlüsse ganz oder teilweise rückgängig machen oder glattstellen, wenn das Guthaben oder der Wertpapierbestand des Kunden nicht ausreicht. Sie wird den Kunden hiervon benachrichtigen.

(6) Einwendungen gegen Anzeigen über die Ausführung von Geschäften in Wertpapieren müssen sofort nach Zugang der Ausführungsanzeige mündlich, telefonisch, telegrafisch oder fernschriftlich erhoben werden. Auf dem gleichen Wege sind Einwendungen wegen Nichtausführung solcher Geschäfte sofort nach dem Zeitpunkt zu erheben, an dem die Ausführungsanzeige dem Kunden im gewöhnlichen Postlauf hätte zugehen müssen. Die Unterlassung sofortiger Einwendung gilt als Genehmigung.

38. Gültigkeitsdauer des Auftrages

Briefliche und fernschriftliche Aufträge ohne zeitliche Beschränkung gelten als auf Widerruf, längstens bis zum Monatsschluß (dem letzten Börsentag des betreffenden Monats) oder längstens bis zu einem von der Sparkasse in ihrer Auftragsbestätigung genannten Termin erteilt. Telefonische und telegrafische Aufträge gelten, sofern der Kunde keine andere Weisung erteilt, nur für den Empfangstag; jedoch werden Aufträge, die am Tage des Eingangs nicht mehr erledigt werden konnten, für den nächsten Börsentag vorgemerkt, sofern nicht eine ausdrückliche Weisung des Kunden entgegensteht. Für Aufträge zum Kauf und Verkauf von Bezugsrechten gilt Nr. 37 Abs. 1.

39. Geschäfte in Aktien

(1) Bei Geschäften in Aktien, deren endgültige Stücke noch nicht im Verkehr sind, trägt der Kunde die Gefahr der Beeinträchtigung des Aktienrechts vor Lieferung der Stücke. Für die Ausgabe der Stücke seitens der Aktiengesellschaft haftet die Sparkasse nicht.

(2) Verkauft die Sparkasse im Auftrag des Kunden nicht voll eingezahlte Aktien, so hat der Kunde, falls er von der Gesellschaft gemäß § 65 des Aktiengesetzes oder von seinem Vormann auf die Nachzahlung in Anspruch genommen wird, bereits vom Abschluß des Geschäfts an gegen die Sparkasse lediglich Anspruch auf Abtretung der ihr aus dem Kaufvertrag gegen ihren Nachmann zustehenden Rechte.

(3) Läßt ein abhängiges Unternehmen oder ein in Mehrheitsbesitz stehendes Unternehmen der Vorschrift des § 71 des Aktiengesetzes zuwider Aktien der herrschenden Gesellschaft bzw. der an ihm mit Mehrheit beteiligten Gesellschaft durch die Sparkasse anschaffen, so haftet es für alle der Sparkasse daraus erwachsenden Schäden.

40. Fortlaufend notierte Wertpapiere

Bei fortlaufend (variabel) notierten Wertpapieren werden die Aufträge mit den Nennbeträgen oder Stückzahlen, die den Mindestschluß oder ein Mehrfaches davon erreichen, im variablen Verkehr ausgeführt, sofern der Auftraggeber nicht ausdrücklich die Ausführung zum Einheitskurs vorgeschrieben hat.

40a. Selbsteintritt und Eigenhandel

(1) Die Sparkasse führt alle Aufträge zum Kauf und Verkauf von Wertpapieren, die an der Börse des Ausführungsplatzes zum amtlichen Handel zugelassen sind, als Kommissionär durch Selbstein-

§ 365 Anh. *Der bankmäßige Zahlungsverkehr*

tritt aus, ohne daß es einer ausdrücklichen Erklärung gemäß § 405 des Handelsgesetzbuches bedarf. Abweichungen von dieser Ausführungsart müssen ausdrücklich vereinbart werden. Die Fassung der Ausführungsanzeige ist in allen Fällen ohne Bedeutung. Kundenaufträge in zum amtlichen Handel zugelassenen Aktien werden von der Sparkasse über die Börse geleitet, es sei denn, daß eine andere ausdrückliche Weisung des Kunden vorliegt.

(2) Bei Geschäften in Kuxen und in nicht zum amtlichen Handel zugelassenen Wertpapieren behält sich die Sparkasse vor, Aufträge entweder als Eigenhändler oder als Kommissionär durch Selbsteintritt auszuführen. Das gleiche gilt für zugelassene Wertpapiere, deren Notiz durch Bekanntmachung der Börsenorgane ausgesetzt ist. Nettoabrechnung bedeutet Ausführung im Eigenhandel, Bruttoabrechnung Ausführung im Kommissionswege unter gleichzeitiger Erklärung des Selbsteintritts gemäß § 405 des Handelsgesetzbuches. Soweit die Geschäfte im Eigenhandel ausgeführt werden, gelten die Bestimmungen der Nummern 37 Abs. 2 Satz 2 und Abs. 3 bis 6, 38 und 39 entsprechend.

(3) Die Sparkasse kann Aufträge auch teilweise annehmen.

41. Devisen und Sorten

Die Sparkasse führt Aufträge zum Kauf und Verkauf von Devisen und Sorten als Kommissionär durch Selbsteintritt aus, ohne daß es einer ausdrücklichen Erklärung gemäß § 405 des Handelsgesetzbuches bedarf. Die Bestimmungen der Nummern 37 Abs. 2 Satz 2, Abs. 3 bis 6 und 40 a Abs. 1 Sätze 2 und 3 gelten entsprechend, und zwar auch dann, wenn die Geschäfte auf Grund ausdrücklicher Vereinbarung im Eigenhandel ausgeführt werden.

2. Verwahrung und Verwaltung

42. Sorgfaltspflicht

Die Sparkasse haftet den gesetzlichen Bestimmungen entsprechend für sichere und getreue Verwahrung der ihr anvertrauten Wertpapiere.

43. Verwahrung bei Dritten

(1) Die Sparkasse ist berechtigt, die Wertpapiere unter ihrem Namen der zuständigen Girozentrale oder einem anderen nach Sparkassenrecht zugelassenen Kreditinstitut zur Verwahrung anzuvertrauen.

(2) Für ein Verschulden des Drittverwahrers haftet die Sparkasse wie für eigenes Verschulden. Folgt sie bei der Auswahl des Dritten einer Weisung des Kunden, so trifft sie keine Haftung.

44. Zins- und Gewinnanteilscheine

(1) Mangels besonderer Weisung des Kunden sorgt die Sparkasse für die Trennung der fälligen Zins- und Gewinnanteilscheine und zieht den Gegenwert ein oder verwertet sie.

(2) Neue Zins- und Gewinnanteilscheinbogen erhebt die Sparkasse ohne besonderen Auftrag für alle Wertpapiere, deren Zins- und Gewinnanteilscheine regelmäßig getrennt werden.

45. Verlosungen und Kündigungen

Verlosungen und Kündigungen überwacht die Sparkasse, soweit Bekanntmachungen hierüber in den „Wertpapier-Mitteilungen" (Köln) erscheinen. Pfandbriefe und Schuldverschreibungen werden ohne besondere Weisung des Kunden eingelöst; die Einlösung und Verwertung von Wertpapieren anderer Art darf die Sparkasse mangels besonderer Weisung des Kunden nach ihrem Ermessen vornehmen. Verloste und gekündigte Wertpapiere, die auf ausländische Währung lauten, sowie Zins- und Gewinnanteilscheine zu solchen Wertpapieren darf die Sparkasse mangels anderer Weisung für Rechnung des Kunden bestens verwerten.

46. Gutschriften des Gegenwerts für Anteilscheine und Wertpapiere

Der Gegenwert von Zins- und Gewinnanteilscheinen sowie von verlosten und gekündigten Wertpapieren jeder Art wird vorbehaltlich des Eingangs, bei Werten, die einer Kursberechnung unterliegen, abzüglich der üblichen Provisionen gutgeschrieben.

47. Aufgebote und Zahlungssperren

Ob Wertpapiere durch Aufgebote, Zahlungssperren, Oppositionen und dergleichen betroffen werden, wird nur einmalig nach ihrer Einlieferung an Hand der „Wertpapier-Mitteilungen" geprüft.

48. Sonstige Vorgänge

Über Konvertierungen, Ausübung oder Verwertung von Bezugsrechten, Aufforderungen zu Einzahlungen, über Fusionen, Sanierungen, Zusammenlegungen, Umstellungen, Umtauschangebote und dergleichen wird die Sparkasse, wenn hierüber eine Bekanntmachung in den „Wertpapier-Mitteilungen" erschienen ist, den Kunden zu benachrichtigen suchen. Die Sparkasse erwartet die besondere Weisung des Kunden; sollte diese nicht rechtzeitig eintreffen, so kann die Sparkasse nach ihrem Ermessen handeln. Insbesondere darf sie Bezugsrechte bestens verkaufen, sofern sie bis zu dem der letzten Notiz des Bezugsrechts vorhergehenden Börsentag keine anderweitige Weisung des Kunden erhalten hat. Eine Haftung für die Ausübung oder Verwertung von Bezugsrechten, die Leistung von Einzahlungen auf nicht voll eingezahlte Wertpapiere und von Zubußen auf Kuxe, für die Einreichung zu Konvertierungen und Zusammenlegungen sowie für sonstige Maßnahmen trifft die Sparkasse nur, wenn der Kunde rechtzeitig einen entsprechenden Auftrag erteilt hat.

V. Wechsel, Schecks, Anweisungen, Quittungen und ähnliche Papiere

1. Wechsel

49. Diskontwechsel

(1) Die Sparkasse darf die von ihr diskontierten Wechsel bereits vor Verfall ohne Rücksicht auf das bestehende Rechnungsverhältnis, insbesondere auf eine etwa voraufgegangene Saldierung, im Konto zurückbelasten, wenn von der Sparkasse eingeholte Auskünfte über einen Wechselverpflichteten nicht zur Zufriedenheit ausfallen, oder wenn Akzepte eines Wechselverpflichteten protestiert werden, oder wenn in den Verhältnissen eines Wechselverpflichteten eine wesentliche Verschlechterung eintritt.

(2) Gibt die Deutsche Bundesbank der Sparkasse rediskontierte Wechsel zurück, weil sie sie nachträglich als zum Rediskont nicht geeignet befindet, so ist die Sparkasse berechtigt, diese Wechsel dem Kunden zurückzubelasten. Der Rückbelastung wird der Nettobetrag der Diskontabrechnung zuzüglich der Zinsen vom Tag der Diskontierung durch die Sparkasse bis zum Rückbelastungstag zu dem bei der Diskontierung angewendeten Diskontsatz zugrunde gelegt.

(3) Werden von der Sparkasse diskontierte Wechsel bei Vorlegung nicht oder nicht voll bezahlt, oder ist die freie Verfügung über den Gegenwert durch Gesetz oder behördliche Maßnahmen beschränkt, oder können die Papiere infolge unüberwindlicher Hindernisse nicht oder nicht rechtzeitig vorgelegt werden, oder ist in dem Land, in dem die Wechsel einzulösen sind, ein Moratorium ergangen, so darf die Sparkasse zurückbelasten.

(4) Die Zurückbelastung ist auch dann zulässig, wenn Wechsel nicht zurückgegeben werden können. Die Sparkasse wird versuchen, den Gegenwert zurückbelasteter, aber nicht zurückgegebener Wechsel hereinzuholen, oder dem Einreicher die ihr zustehenden Rechte übertragen.

(5) Werden Wechsel aufgrund ausländischen Rechts oder aufgrund einer mit ausländischen Kreditinstituten getroffenen Vereinbarung der Sparkasse wegen Fälschung von Unterschriften oder wegen Veränderung anderer Bestandteile der Wechsel belastet, so darf die Sparkasse sie dem Kunden zurückbelasten.

(6) In allen Fällen der Zurückbelastung von Wechseln verbleiben der Sparkasse die wechselrechtlichen Ansprüche auf Zahlung des vollen Betrages der Wechsel mit Nebenforderungen gegen den Kunden und jeden aus dem Papier Verpflichteten bis zur Abdeckung eines etwa vorhandenen Schuldsaldos.

(7) Mit den von der Sparkasse diskontierten Wechseln gelten zugleich die dem Wechsel oder seinem Erwerb durch den Kunden zugrunde liegenden Forderungen sowie alle gegenwärtigen und zukünftigen Rechte aus den zugrunde liegenden Geschäften als auf die Sparkasse übertragen. Der

Kunde ist verpflichtet, der Sparkasse auf Verlangen eine Übertragungsurkunde zu erteilen. Soweit die für die Forderungen und Rechte bestehenden Sicherheiten nicht kraft Gesetzes auf die Sparkasse übergehen (z. B. Grundschulden, Sicherungs- und Vorbehaltseigentum), ist der Kunde verpflichtet, diese Sicherheiten auf die Sparkasse zu übertragen und die hierzu erforderlichen Erklärungen in der von der Sparkasse verlangten Form abzugeben. Er hat ferner die zur Geltendmachung der Forderungen, Rechte und Sicherheiten nötige Auskunft zu erteilen sowie die über die Forderungen, Rechte und Sicherheiten ausgestellten oder zu ihrem Beweise dienenden Urkunden auszuhändigen.

(8) Werden Wechselbeträge nicht in der Währung, über die die Papiere lauten, angeschafft, so behält sich die Sparkasse vor, dadurch entstehende Kursdifferenzen nachträglich dem Kunden zu belasten oder gutzubringen.

(9) Bei Wechseln auf Auslandsplätze übernimmt die Sparkasse keine Haftung für rechtzeitige Vorlegung und Protesterhebung. Das gleiche gilt bei Wechseln, die im Inland zahlbar sind, die zum Zeitpunkt des Eingangs bei der Sparkasse nicht noch mindestens 12 Tage laufen. Bei Wechseln auf Auslandsplätze haftet die Sparkasse auch für die sonstige wechselmäßige Behandlung nicht.

(10) Nicht oder nicht genügend versteuerte Wechsel darf die Sparkasse zurückgehen lassen.

50. Inkassowechsel

(1) Aufträge zum Einzug von Wechseln führt die Sparkasse auf Gefahr des Kunden aus.

(2) Wechsel, deren Einzug mit unverhältnismäßigen Schwierigkeiten verbunden ist, darf die Sparkasse zurückgeben, auch wenn sie den Einzugsauftrag angenommen hat. Dies gilt nicht, wenn der Sparkasse die unverhältnismäßigen Schwierigkeiten bekannt waren oder bekannt sein mußten.

(3) Schreibt die Sparkasse den Gegenwert von zum Einzug übernommenen Wechseln schon vor Eingang gut oder zahlt sie den Gegenwert schon vor Eingang aus, so geschieht dies nur unter Vorbehalt des Eingangs.

(4) Die Bestimmungen über Diskontwechsel (Nr. 49) gelten entsprechend. Außerdem gelten die von der Internationalen Handelskammer aufgestellten „Einheitlichen Richtlinien für das Inkasso von Handelspapieren".

51. Einholung von Akzepten

Bei der Einholung von Akzepten übernimmt die Sparkasse keine Haftung für die Rechtsgültigkeit der Unterschrift des Akzeptanten, insbesondere für deren Echtheit und für die Legitimation der Zeichnenden.

52. Depotwechsel

Die Sparkasse darf bei ihr ruhende Wechsel mangels anderweitiger Vereinbarung bei Verfall vorlegen und mangels Zahlung protestieren lassen sowie zu diesem Zweck Wechsel auf auswärtige Plätze rechtzeitig versenden; sie ist jedoch hierzu nicht verpflichtet.

53. Domizilwechsel

Die Sparkasse braucht bei ihr selbst oder zu ihren Lasten bei einem anderen Kreditinstitut zahlbar gestellte Wechsel nur dann einzulösen bzw. einlösen zu lassen, wenn ein schriftlicher Auftrag mit allen erforderlichen Angaben bei der kontoführenden Stelle spätestens am letzten Geschäftstag vor Verfall eingegangen und hinreichende Deckung vorhanden ist.

54. Wechselakzepte

Die Deckung der von der Sparkasse für Rechnung des Kunden akzeptierten Wechsel muß spätestens am letzten Geschäftstag vor Verfall in ihrem Besitz sein. Anderenfalls berechnet die Sparkasse eine besondere Provision; die Akzeptprovision deckt nur das Akzept selbst.

2. Schecks

55. Inländische Inkassoschecks

(1) Schecks in inländischer Währung auf inländische Kreditinstitute übernimmt die Sparkasse nur zum Einzug.

Erster Teil. Das Girogeschäft **Anh. § 365**

(2) Für die rechtzeitige Vorlegung haftet die Sparkasse nur dann, wenn Schecks auf den Platz, an dem sie eingeliefert werden, spätestens am zweiten Geschäftstag, Schecks auf auswärtige Bankplätze spätestens am vierten Geschäftstag, vor Ablauf der Vorlegungsfrist mit der ersten Post eingehen.

(3) Wird ein Scheck nicht eingelöst, so braucht die Sparkasse nur die Vorlegungsbescheinigung des Bezogenen oder die Bescheinigung der Abrechnungsstelle einzuholen.

(4) Bei Schecks auf Nebenplätze übernimmt die Sparkasse keine Haftung für rechtzeitige Vorlegung und Einholung der Vorlegungsbescheinigung oder der Bescheinigung der Abrechnungsstelle.

(5) Die Bestimmungen über Inkassowechsel gelten entsprechend, die in Nr. 50 in bezug genommene Bestimmung der Nr. 49 Abs. 7 jedoch nur, wenn der Kunde nicht selbst Aussteller des Schecks ist.

56. Auslandsschecks

Für den Ankauf und für den Einzug von Schecks, die an ausländischen Plätzen zahlbar sind oder auf ausländische Währung lauten, gelten die Bestimmungen der Nrn. 49 und 50 entsprechend.

3. Anweisungen, Quittungen und ähnliche Papiere

57. Verweisung auf Nr. 55

Für den Einzug von Anweisungen, Quittungen und ähnlichen Papieren gelten die Bestimmungen über Inkassoschecks entsprechend.

Bedingungen für den Überweisungsverkehr

1. Überweisungsaufträge sind grundsätzlich auf den von der zuständigen kontoführenden Stelle ausgehändigten, laufend numerierten Vordrucken zu erteilen. Zur Auftragserteilung können ebenfalls die vom Überweisungsempfänger dem Auftraggeber übersandten, hinsichtlich der Angabe der Bezeichnung des beauftragten Instituts neutralen Überweisungsvordrucke, z.B. kombinierte Überweisungs- und Zahlscheinvordrucke, verwendet werden. Für Überweisungen im „Datenträger-Austauschverfahren" gelten besondere Bedingungen.
2. Überweisungsvordrucke und Sammelauftragsformulare sind sorgfältig aufzubewahren.
3. Nicht benutzte Vordrucke sind bei Beendigung der Geschäftsverbindung unverzüglich zurückzugeben oder zurückzusenden.
4. Die Vordrucke sind deutlich lesbar und vollständig mit Kugelschreiber, Büromaschinen, notfalls auch mit Kopierstift (nicht aber mit Bleistift, Füllhalter oder Filzstift) auszufertigen. Insbesondere empfiehlt es sich, einen im Betragsfeld (nach Angabe) des Überweisungsbetrages dort verbleibenden Raum durch linksbündige Schreibweise oder waagerechten Strich bzw. auf andere Weise so zu entwerten, daß Fälschungen unmöglich ist.
Rasuren, Änderungen und Streichungen im Betrag und der Anschrift sind zu vermeiden; werden Änderungen notwendig, so ist es zweckmäßiger, einen neuen Vordruck zu verwenden.
Postrechtlich zulässig sind nur kurze Angaben über die Zweckbestimmung der Überweisung.
Die Weißzone am unteren Vordruckrand, die sogenannte Codierzeile, ist von jeglicher Beschriftung und Bestempelung freizuhalten.
Die Vordrucke dürfen nicht geknickt, perforiert, geprägt, mit Aufklebern versehen oder mit angehefteten Anlagen eingereicht werden.
5. Weichen die auf den einzelnen Teilen eines Einzelauftrags angegebenen Überweisungsbeträge voneinander ab, so gilt der im Überweisungsauftrag angegebene Betrag.
Bei Sammelüberweisungsaufträgen gilt der auf dem Sammelüberweisungsauftrag eingesetzte Betrag.
Der Kontoinhaber trägt bei Überweisungsaufträgen die Verantwortung dafür, daß Urschrift und Durchschrift gleich lauten.
6. Die kontoführende Stelle ist nicht verpflichtet zu prüfen, ob die von dem Auftraggeber angegebene Kontoverbindung, Bankleitzahl, Konto-Nummer und Anschrift des Empfängers richtig sind.
7. Die kontoführende Stelle und in den Überweisungsweg eingeschaltete andere Geldinstitute beachten den Inhalt der unter „Verwendungszweck" eingetragenen Angaben nicht. Soll der Auftrag von dem das Konto des Empfängers führenden Institut entsprechend einer im „Verwendungszweck" angegebenen Weisung behandelt werden, so muß der Überweisungsvordruck an

§ 365 Anh.   *Der bankmäßige Zahlungsverkehr*

die Adresse des kontoführenden Geldinstituts gerichtet und der Begünstigte im „Verwendungszweck" genannt werden.
8. Die Aufträge werden nach Möglichkeit im Gironetz der Sparkassenorganisation ausgeführt. Wenn im Überweisungsauftrag ein Girokonto des Empfängers bei einer Sparkasse oder Girozentrale angegeben ist, wird die Auftragserledigung dadurch beschleunigt. Die verbindliche Angabe eines Postscheck- oder Bankkontos kann in der Weise erfolgen, daß der Kontoinhaber auf dem Überweisungsvordruck die Worte „oder ein anderes Konto des Empfängers" streicht.
9. Alle Nachteile aus den Nichtbefolgungen vorstehender Bedingungen sowie aus Verlust, sonstigem Abhandenkommen, mißbräuchlicher Verwendung, Fälschung oder Verfälschung von Überweisungsvordrucken, Sammelauftragsblättern und Empfangsbescheinigungen trägt der Kontoinhaber. Die kontoführende Stelle haftet nur für nachgewiesenes Verschulden und nur in dem Maße, als sie im Verhältnis zu anderen Ursachen an der Entstehung des Schadens mitgewirkt hat.

3. Auszug aus den Allgemeinen Geschäftsbedingungen für den Geschäftsverkehr mit der Deutschen Bundesbank (Ausgabe 1959)

II. Giroverkehr

Kontoführung

12 1. Die Bank führt Girokonten für jedermann. Die Konten werden nicht als Kontokorrentkonten geführt.
2. (1) Die Girokonten werden, abgesehen von etwa beanspruchten Sonderleistungen, frei von Gebühren und Kosten geführt. Die Guthaben werden nicht verzinst.
(2) Der Kontoinhaber hat Kosten für Telegramme, Fernschreiben, Ferngespräche u. ä. zu tragen, wenn sie durch sein Verhalten verursacht werden.
3. Das Guthaben auf einem Girokonto darf DM 5,- nicht unterschreiten; dies gilt nicht für Kreditinstitute, die Mindestreserven bei der Bank zu unterhalten haben, und für öffentliche Verwaltungen.
4. (1) Alle Zahlungen im Verkehr zwischen der Bank und dem Kontoinhaber, insbesondere für die in den Abschnitten II bis VI behandelten Geschäftsfälle, werden auf dem Girokonto gebucht.
(2) Die Bank kann Beträge, die der Kontoinhaber ihr schuldet, auf dem Girokonto belasten.
(3) Gutschriften, die infolge eines Irrtums, eines Schreibfehlers oder aus anderen Gründen vorgenommen werden, ohne daß ein entsprechender Auftrag vorliegt, darf die Bank durch einfache Buchung rückgängig machen (stornieren).
5. Der Zahlstellenvermerk auf Wechseln, die bei einer Stelle der Bank zahlbar gestellt werden, muß gemäß Nr. 20 des Merkblatts für die Form der zum Ankauf und zur Beleihung geeigneten Inlandwechsel gefaßt sein. Für die bei der Bank zahlbar gestellten Wechsel hat der Kontoinhaber der kontoführenden Stelle spätestens einen Tag vor Verfall Einlösungsaufträge mit Vordruck der Bank zu erteilen; die Wechsel werden gebührenfrei zu Lasten des Girokontos eingelöst.
6. Der aus einer Überweisung oder Einzahlung begünstigte Kontoinhaber darf die Gutschrift nicht zurückweisen oder im voraus untersagen.
7. (1) Geht bei einer Stelle der Bank im Überweisungswege ein Betrag ein, dessen Empfänger ungenau bezeichnet ist, oder ist eine Überweisung für eine Person bestimmt, für die bei dieser Stelle kein Konto geführt wird, so behält die Bank sich vor, den Betrag an den Auftraggeber zurückzuüberweisen. Hält sie den Auftrag für eilbedürftig oder handelt es sich um eine Überweisung von mindestens DM 20000,-, so ist sie berechtigt, zur schnellen Zuführung des Betrages an den richtigen Ort oder Empfänger auf Kosten des Auftraggebers telegrafische, fernschriftliche oder telefonische Rückfragen zu halten.
(2) Bei Überweisung für ein Kreditinstitut, das kein Girokonto bei der Bank unterhält, ist die Bank berechtigt, den Betrag dem Girokonto desjenigen Kreditinstituts gutzuschreiben, über das das begünstigte Kreditinstitut dem Giroverkehr der Bank angeschlossen ist.

8. Erhält ein Kontoinhaber für ihn nicht bestimmte oder durch Rasuren oder in anderer Weise geänderter Belege und Kontoauszüge, so hat er diese unverzüglich einem leitenden Beamten der kontoführenden Stelle der Bank zuzuleiten.

9. Der Kontoinhaber ist verpflichtet, seine Rechtsverhältnisse sowie seine Vertretungsverhältnisse der kontoführenden Stelle mitzuteilen.

Verfügung über das Girokonto

Allgemeines

10. Der Kontoinhaber darf zur Verfügung über sein Konto nur die ihm von der Bank gelieferten Vordrucke benutzen. Die Verwendung neutraler Zahlungsverkehrsvordrucke bedarf nach den Richtlinien für neutrale Zahlungsverkehrsvordrucke der Zulassung durch die Bank. Aufträge mittels neutraler Überweisungs-Zahlscheinvordrucke, die dem Kontoinhaber von dem Zahlungsempfänger zugeleitet worden sind, werden ausgeführt, wenn die Vordrucke den vorgenannten Richtlinien entsprechen. Für Kreditinstitute sind nach § 27 Ausnahmen zugelassen.

11. Unterschriften sind von Personen zu leisten, die der Bank gegenüber für den gesamten Geschäftsverkehr oder für den Giroverkehr zeichnungsberechtigt sind.

12. (1) Scheckvordrucke, Vordrucke für Einzel-Überweisungsaufträge und für Anlagen zu Sammel-Überweisungsaufträgen werden bei Eröffnung des Kontos gegen Empfangsbescheinigung auf besonderem Vordruck, später gegen Empfangsbescheinigung auf dem hierfür in jeder Packung enthaltenen Vordruck ausgehändigt. Der Empfänger hat beim Empfang der Vordrucke zu prüfen, ob jede Packung die auf dem Umschlag angegebene Zahl Scheck- bzw. Überweisungsvordrucke sowie den Vordruck für die Empfangsbescheinigung enthält.

(2) Kommt ein Scheckvordruck oder der in der Scheckpackung enthaltene Vordruck für die Empfangsbescheinigung abhanden, so ist dies der kontoführenden Stelle der Bank zur Sperrung der Vordrucke unverzüglich schriftlich mitzuteilen. Bei Schließung des Kontos sind sämtliche unbenutzt gebliebenen Scheckvordrucke und der Vordruck für die Empfangsbescheinigung zurückzugeben.

13. Alle Folgen und Nachteile des Abhandenkommens, der mißbräuchlichen Verwendung, der Fälschung und Verfälschung, der unvollständigen, unleserlichen oder irrtümlichen Ausfüllung der in Nr. 12 und 27 genannten Vordrucke sowie der Vordrucke für Sammel-Überweisungsaufträge trägt der Kontoinhaber. Die Bank haftet nur im Fall eigenen Verschuldens und nur in dem Umfang, wie ihr Verschulden im Verhältnis zu anderen Ursachen an der Entstehung des Schadens mitgewirkt hat.

14. Weisungen, Beträge an einem bestimmten Tag gutzuschreiben oder auszuzahlen, werden von der Bank nicht beachtet.

15. Die Bank ist nicht verpflichtet, die Berechtigung der Einreicher von Schecks, Überweisungsaufträgen, Vordrucksquittungen und anderen im Giroverkehr vorkommenden Urkunden zu prüfen.

Scheck

16. Für Barabhebungen dürfen ausschließlich Schecks, die auf Vordrucken der Bank ausgestellt sind, benutzt werden.

17. (1) Auf Schecks, die auf Vordrucken für Überbringerschecks ausgestellt sind, darf der Zusatz „oder Überbringer" nicht gestrichen werden. Eine gleichwohl vorgenommene Streichung gilt als nicht erfolgt. Der Aussteller haftet der Bank für etwaige Schäden und Nachteile aus der Einlösung eines Schecks, in dem er den Zusatz „oder Überbringer" gestrichen hat.

(2) Verrechnungsschecks müssen den Vermerk „Nur zur Verrechnung" ohne jeden Zusatz quer über die Vorderseite – oberhalb des Vordruckfußes – tragen.

18. Gibt die Bank auf sie gezogene Schecks unbezahlt zurück, so erhält der Aussteller die für ihn im Scheckgesetz vorgesehene Benachrichtigung von der Stelle der Bank, die sein Konto führt.

Bestätigter Scheck

19. Auf Antrag eines Kontoinhabers versieht die kontoführende Stelle der Bank einen von ihm ausgestellten Scheck mit einem Bestätigungsvermerk, durch den sie sich zur Einlösung des Schecks

bei Vorlegung innerhalb einer Frist von acht Tagen, vom Tag der Ausstellung des Schecks an gerechnet, während der Geschäftsstunden verpflichtet.

(2) Mit Zahlstellenvermerk versehene Schecks sind von der Bestätigung ausgeschlossen.

(3) Ein bestätigter Scheck wird nur von der Stelle der Bank bar ausgezahlt, die ihn mit dem Bestätigungsvermerk versehen hat. Von anderen Stellen der Bank wird er in Zahlung genommen.

20. Bei Abgabe der Bestätigung wird der Scheckbetrag dem Girokonto belastet.

21. (1) Wird der Scheck innerhalb der Frist von acht Tagen der Bank nicht vorgelegt, so erlischt ihre Verpflichtung aus der Bestätigung; der Scheck wird bei Vorkommen als ein nicht bestätigter Scheck behandelt.

(2) Der Scheckbetrag wird nach fünfzehn Tagen, vom Tag der Ausstellung des Schecks an gerechnet, dem Girokonto des Ausstellers wieder gutgeschrieben, sofern der Scheck bis dahin nicht bei der bezogenen Stelle der Bank vorgekommen ist.

Überweisungsaufträge

22. Überweisungsaufträge dürfen nur zugunsten eines bei der Bank geführten Girokontos ausgeschrieben werden. Wegen der Zahlungsaufträge nach dem Ausland s. Abschn. XI G.

23. (1) Der Auftraggeber hat die Überweisungsaufträge bei der sein Konto führenden Stelle der Bank bis zu dem durch Aushang in den Geschäftsräumen bekanntgegebenen Annahmeschluß einzureichen

(2) Die Bank prüft nicht, ob der Empfänger einer Überweisung oder seine Bankverbindung ein Girokonto bei der im Überweisungsauftrag angegebenen Stelle der Bank unterhält.

(3) Die Bank behält sich vor, Überweisungsaufträge mit Rasuren oder anderen Änderungen zurückzugeben.

24. Der Kontoinhaber trägt bei Einzel-Überweisungsaufträgen die Verantwortung dafür, daß Überweisungsauftrag und Überweisungsträger (Gutschrift) gleichlauten.

25. (1) Werden Sammel-Überweisungsaufträge verwendet, so sind ihnen als Überweisungsträger Vordrucke (Gutschriften) gemäß Nr. 10 beizufügen. Fernüberweisungen und Platzüberweisungen sind auf gesonderten Sammel-Überweisungs-Vordrucken zu verzeichnen. Überweisungsträger (Gutschriften) über Beträge von DM 20 000,–, und darüber müssen mit einer Unterschrift versehen sein, die mit einer auf dem Sammel-Überweisungsauftrag stehenden Unterschrift übereinstimmt. Hiernach nicht erforderliche Unterschriften werden von der Bank nicht geprüft.

(2) Für mehr als fünf Überweisungen ist stets ein Sammel-Überweisungsauftrag zu erteilen.

26. Überweisungen, die wegen ihrer außergewöhnlichen Stückzahl von der Bank als Massenüberweisungen angesehen werden, führt die Bank nur aus, wenn der Auftraggeber die besonderen Bestimmungen beachtet, die ihm von der Bank hierfür bekanntgegeben werden.

27. Kreditinstitute können als Überweisungsträger (Gutschriften) statt der Vordrucke gemäß Nr. 10 auch eigene und ihnen von ihren Auftraggebern zugeleitete Überweisungsvordrucke verwenden. Solche Überweisungsträger sind in jedem Fall mit Sammel-Überweisungsauftrag einzureichen. Kreditinstitute können auch für Sammel-Überweisungsaufträge eigene Vordrucke nach dem Muster der Bank verwenden.

28. Der Auftraggeber kann den Widerruf eines Überweisungsauftrages nur gegenüber der sein Konto führenden Stelle der Bank erklären. Der Widerruf wird nur beachtet, solange der Betrag dem begünstigten Kontoinhaber noch nicht auf dem Girokonto gutgeschrieben worden ist. Auch vor der Gutschrift wird ein Widerruf nicht mehr beachtet, wenn die Überweisung zur Gutschrift für das begünstigte Girokonto vorgemerkt oder dem Kontoinhaber durch Aushändigung eines Gutschriftenverzeichnisses angezeigt worden ist. Ist der Widerruf hiernach nicht mehr zu beachten, so wird die Bank ihn ohne Verbindlichkeit für sich selbst an den begünstigten Kontoinhaber weiterleiten.

29. Für Fehlleitungen infolge unrichtiger, unvollständiger oder voneinander abweichender Angaben der Kontobezeichnung oder der Kontonummer bzw. der Bankleitzahl in Überweisungsaufträgen haftet die Bank nicht. Sie ist berechtigt, fehlende Girokontonummern oder Bankleitzahlen einzusetzen; sie haftet nicht für daraus entstehende Fehlleitungen.

Erster Teil. Das Girogeschäft   **Anh. § 365**

30. Geht ein Überweisungsträger (Gutschrift) auf dem Überweisungswege verloren, so benachrichtigt die Bank den Auftraggeber von dem Verlust und schreibt den Überweisungsbetrag seinem Girokonto wieder gut.

Telegrafische Überweisungen

31. Die Bank nimmt bis zu dem durch Aushang in den Geschäftsräumen bekanntgegebenen Annahmeschluß Aufträge zur telegrafischen Überweisung auf ein auswärtiges Girokonto mittels gewöhnlichen oder dringenden Telegramms entgegen.
32. Ein im Überweisungsauftrag angegebener Verwendungszweck wird auf Kosten des Auftraggebers mittelegrafiert, sofern nicht auf dem Überweisungsauftrag eine gegenteilige Weisung erteilt ist.
33. Die Einzel-Überweisungsaufträge und die Sammel-Überweisungsaufträge sowie die zu den Überweisungsaufträgen gehörenden Überweisungsträger (Gutschriften) sind am oberen Rand mit dem Vermerk „telegrafisch" oder „dringend telegrafisch" deutlich zu kennzeichnen.

Überweisungen zur Auszahlung

34. Kontoinhaber können zu Lasten ihres Girokontos Auszahlungen bei einer anderen Stelle der Bank an Personen ohne Girokonto vornehmen lassen. Hierzu ist der Vordruck für Einzel-Überweisungsaufträge unter Änderung des Wortes „Überweisungsauftrag" in „Auszahlungsauftrag" zu benutzen.
35. Auf Antrag werden die Überweisungen zur Auszahlung auch telegrafisch oder dringend telegrafisch ausgeführt. Nr. 31 bis 33 finden Anwendung.

Verschiedenes

36. Alle Ansprüche des Kontoinhabers gegen die Bank, die im Zusammenhang mit Aufträgen im Giroverkehr stehen, verjähren in zwei Jahren. Die Verjährung beginnt mit dem Schluß des Jahres, in dem der Auftrag der Bank zugegangen ist.
37. Der Kontoinhaber und die Bank können das Vertragsverhältnis zu jeder Zeit ohne Frist kündigen. Die Bank wird sich dazu insbesondere bei Mißbrauch der Giroeinrichtungen, etwa durch Ausgabe ungedeckter Schecks, veranlaßt sehen.

III. Vereinfachter Scheck- und Lastschrifteinzug für die Kreditinstitute

Allgemeines

Teilnehmer, Einzugspapiere

1. (1) Die Bank zieht für Kreditinstitute, die bei ihr ein Girokonto unterhalten, auf Deutsche Mark lautende Schecks und Lastschriften auf alle Orte des Bundesgebiets gebühren- und kostenfrei ein; andere Kreditinstitute können Schecks und Lastschriften über ein solches Kreditinstitut einreichen.

(2) Schecks, die von einem Kreditinstitut ausgestellt sind und der Gelddisposition dienen (Dispositionsschecks), werden zum Einzug hereingenommen, wenn der Einreicher die besonderen Bestimmungen beachtet, die ihm von der Bank hierfür bekanntgegeben werden.

(3) Zum Einzug sind auch Frachtzahlungsanweisungen zugelassen. Die Bedingungen dieses Abschnitts gelten entsprechend.

Vom Einzug ausgeschlossene Schecks und Lastschriften

2. Vom Einzug sind ausgeschlossen

a) Schecks, die von einem Kreditinstitut ausgestellt sind, und Lastschriften, bei denen Zahlungspflichtiger und Zahlungsempfänger Kreditinstitute sind; ausgenommen sind Schecks, die gemäß Nr. 1 (2) zum Einzug hereingenommen werden, sowie Lastschriftrückgaben gemäß Nr. 19 (3) und Nr. 20,

b) Schecks, die den Vermerk „Nur zur Verrechnung" mit einem Zusatz wie „Nur zur Verrechnung mit (folgt Firma)" tragen, auch wenn der Zusatz gestrichen ist,

c) Schecks, deren Übertragung vom Aussteller durch die Worte „Nicht an Order" oder durch einen gleichbedeutenden Zusatz untersagt ist.

Formerfordernisse der Schecks und der Lastschriften

3. Die Schecks und die Lastschriften müssen den Richtlinien für einheitliche Zahlungsverkehrsvordrucke bzw. den Richtlinien für neutrale Zahlungsverkehrsvordrucke entsprechen. Die Schecks müssen insbesondere die Bankleitzahl des bezogenen Kreditinstituts, die Lastschriften die Bankleitzahl der Zahlstelle tragen.

4. (1) Inhaberschecks und Lastschriften müssen vom einreichenden Kreditinstitut auf der Rückseite – oberhalb des Vordruckfußes – mit einem Vermerk „An Landeszentralbank" (ohne Angabe des Landes und der Stelle der Bank) versehen sein, der den Ort, den Namen und die Bankleitzahl des Einreichers enthält. Statt eines solchen Vermerks können sie auch den Abdruck eines Kontroll- oder Paginierstempels tragen, der den Ort, den Namen und die Bankleitzahl des Einreichers wiedergibt.

(2) Orderschecks müssen auf der Rückseite – oberhalb des Vordruckfußes – den nach dem Abkommen zur Vereinfachung des Einzugs von Orderschecks vorgeschriebenen Stempelabdruck tragen, der den Ort und den Namen des ersten mit dem Einzug beauftragten Kreditinstituts und, wenn dieses der Einreicher ist, seine Bankleitzahl zu enthalten hat. Orderschecks, die von einem anderen als dem erstbeauftragten Kreditinstitut eingereicht werden, müssen außerdem von dem Einreicher mit dem Abdruck eines Kontroll- oder Paginierstempels versehen sein, der den Ort, den Namen und die Bankleitzahl des Einreichers wiedergibt. Orderschecks, die nicht mit einem Stempelabdruck nach dem Abkommen zur Vereinfachung des Einzugs von Orderschecks versehen sind, müssen ein Indossament mit den in Abs. 1 Satz 1 für den Vermerk auf Inhaberschecks vorgeschriebenen Angaben tragen. Das Indossament darf keinen einschränkenden Zusatz (z. B. „zum Inkasso", „in Prokura") enthalten.

5. Schecks müssen den Vermerk „Nur zur Verrechnung" tragen.

Verschiedenes

6. (1) Die Bank prüft die Schecks und die Lastschriften nicht auf ihre formale Ordnungsmäßigkeit. Für Schäden die sich aus Formfehlern und aus der Nichtbeachtung von Erfordernissen für die Einreichung ergeben, tritt die Bank nicht ein.

(2) Aus Schäden, die durch den Einzug von Lastschriften entstehen, können Ansprüche gegen die Bank nicht hergeleitet werden.

7. (1) Die Bank ist nicht verpflichtet, Schecks rechtzeitig vorzulegen und bei Schecks und Lastschriften die Verweigerung der Zahlung feststellen zu lassen.

(2) Auf den Lastschriften angegebene Fälligkeitsdaten und Wertstellungen werden von der Bank nicht beachtet. Die Lastschriften werden als bei Sicht zahlbare Papiere eingezogen,

8. Die Bank ist berechtigt, Schecks und Lastschriften in gewöhnlichem Brief oder in anderer ihr geeignet scheinender Weise zu versenden.

9. Geht ein Scheck oder eine Lastschrift auf dem Einzugswege verloren, so benachrichtigt die Bank den Einreicher von dem Verlust und belastet den Gegenwert des Papiers seinem Girokonto. Es ist Sache des Einreichers, die Sperrung des verlorengegangenen Papiers oder bei einem verlorengegangenen Scheck die Einleitung des Aufgebotverfahrens zu veranlassen.

10. Hat der Zahlungsberechtigte der Belastung wegen einer Lastschrift, die den Vermerk „Einzugsermächtigung des Zahlungspflichtigen liegt dem Zahlungsempfänger vor" trägt, innerhalb einer Frist von sechs Wochen, vom Tage der Belastung an gerechnet, widersprochen, so wird der Gegenwert dem Girokonto des Einreichers unter Rückgabe der Lastschrift belastet.

Abwicklung des Scheck- und Lastschrifteinzugs
Bei der Annahmestelle

11. (1) Schecks und Lastschriften, müssen bei der kontoführenden Stelle der Bank bis zu dem durch Aushang in den Geschäftsräumen bekanntgegebenen Annahmeschluß eingereicht werden. Schecks und Lastschriften, die nach Annahmeschluß eingehen, gelten als am nächsten Geschäftstag eingereicht.

(2) Die Schecks und die Lastschriften sind mit Verzeichnissen und Vordrucken der Bank oder mit Verzeichnissen, die entsprechend mit Schnelldrucker beschriftet worden sind, einzureichen. Für

Schecks und Lastschriften über Beträge von DM 100000,- und darüber ist ein gesondertes Verzeichnis zu verwenden.

12. Lastschriften, die wegen ihrer außergewöhnlichen Stückzahl von der Bank als Massenlastschriften angesehen werden, nimmt die Bank nur zum Einzug an, wenn der Einreicher die besonderen Bestimmungen beachtet, die ihm von der Bank hierfür bekanntgegeben werden.

13. (1) Der Gegenwert der Schecks und der Lastschriften wird den Einreichern am Geschäftstag nach dem Einreichungstag auf Girokonto gutgeschrieben.

(2) Die Gutschriften werden „Eingang vorbehalten" erteilt, ohne daß es im Einzelfall eines Vermerks auf dem auf dem Konto oder im Kontoauszug bedarf.

14. Die Bank ist berechtigt, Verfügungen über gutgeschriebene Beträge erst zuzulassen, nachdem die Einlösung der Schecks bestätigt ist oder bei Lastschriften Rücklieferungen nicht mehr zu erwarten sind.

Bei der Einzugsstelle

15. An einem Bankplatz zahlbare Schecks und Lastschriften, die nicht durch Abrechnung eingezogen werden, werden dem bezogenen Kreditinstitut bzw. der Zahlstelle vorgelegt und grundsätzlich über Girokonto verrechnet.

16. An einem Nebenplatz zahlbare Schecks und Lastschriften werden, falls das bezogene Kreditinstitut bzw. die Zahlstelle nicht an der Abrechnung teilnimmt und sich in der Abrechnung auch nicht vertreten läßt, dem bezogenen Kreditinstitut bzw. der Zahlstelle mit einer Belastungsaufgabe übersandt. Der Gegenwert der Schecks und der Lastschriften wird dem Girokonto des bezogenen Kreditinstituts bzw. der Zahlstelle am Geschäftstag nach dem Versendungstag belastet.

17. Das Kreditinstitut hat der Bank den Gegenwert der Schecks und der Lastschriften zur Verfügung zu stellen und ihr die Schecks gemäß Nr. 18 und die Lastschriften gemäß Nr. 19 (2) zurückzugeben. Bis dahin ist das Kreditinstitut nur Verwahrer der Papiere.

18. (1) Unbezahlt gebliebene Schecks hat das bezogene Kreditinstitut noch am Tag des Eintreffens, an Bankplätzen spätestens am folgenden Geschäftstag bis zu dem örtlich festgesetzten Zeitpunkt, mit Vorlegungsvermerk zurückzugeben. Der Gegenwert der Rückschecks wird dem belasteten Girokonto wieder gutgeschrieben, sofern die Schecks nicht über die Abrechnung zurückgegeben und verrechnet werden.

(2) Will ein Kreditinstitut wegen Ablaufs der Vorlegungsfrist den Vorlegungsvermerk auf einem Scheck nicht mehr anbringen, so hat es dem Scheck einen Zettel anzuheften, auf dem es vermerkt, daß der Scheck nicht bezahlt wird.

19. (1) Unbezahlt gebliebene Lastschriften hat die Zahlstelle spätestens am zweiten Geschäftstag nach dem Tag des Eintreffens, mit Vorlegungsvermerk versehen, zurückzugeben.

(2) Der Gegenwert der am Tag des Eintreffens – an Bankplätzen bis zu dem örtlich festgesetzten Zeitpunkt – zurückgegebene Lastschriften wird dem belasteten Girokonto wieder gutgeschrieben, sofern die Lastschriften nicht über die Abrechnung zurückgegeben und verrechnet werden.

(3) Lastschriften, die am ersten oder zweiten Geschäftstag nach dem Tag des Eintreffens zurückgegeben werden, sind auf einem Lastschriftvordruck zu verzeichnen, in dem als Zahlungspflichtiger das einreichende Kreditinstitut gemäß Einreichervermerk (Nr. 4 [1]) – bei Massenlastschriften ohne Einreichervermerk das in der Lastschrift angegebene kontoführende Kreditinstitut des Zahlungsempfängers – und seine Bankleitzahl sowie als Zahlungsempfänger die Zahlstelle anzugeben sind. Diese Rückgaben gelten der Bank gegenüber als Einreichungen (Nr. 11, 13 und 14). Darüber hinaus können aus solchen Rückgaben gegen die Bank Ansprüche nicht geltend gemacht werden.

20. Lastschriften, die den Vermerk „Einzugsermächtigung des Zahlungspflichtigen liegt dem Zahlungsempfänger vor" tragen, können von der Zahlstelle an die Bank zurückgegeben werden, wenn der Zahlungspflichtige innerhalb der Frist gemäß Nr. 10 Widerspruch erhoben hat. Sie sind von der Zahlstelle mit dem Vermerk

„Belastet am ....

Zurück am ....wegen Widerspruchs"

zu versehen. Für diese Rückgaben gilt Nr. 19 (3) entsprechend.

§ 365 Anh.   *Der bankmäßige Zahlungsverkehr*

IV. Ein- und Auszahlungsverkehr für Personen ohne Girokonto

1. Die Bank nimmt von Personen, die kein Girokonto unterhalten, Einzahlungen für ein am Platz geführtes Girokonto und zur Überweisung auf ein auswärtiges Girokonto sowie zur Auszahlung bei einer anderen Stelle der Bank entgegen.
2. (1) Für die Einzahlungen sind die Zahlscheinvordrucke der Bank zu verwenden
   (2) Bei Auszahlungsaufträgen ist im Zahlschein das Wort „überweise" in „zahle" zu ändern.
3. Auf Antrag werden die Überweisungen auf ein auswärtiges Girokonto und die Überweisungen zur Auszahlung auch brieftelegrafisch, telegrafisch, dringend telegrafisch oder blitztelegrafisch ausgeführt.
4. Die Bedingungen für den Giroverkehr (Abschn. II) gelten entsprechend.

2. Abschnitt. Rechtsbeziehungen zwischen dem Überweisenden und der Überweisungsbank

I. Der Girovertrag

1. Kennzeichnung

13   Der Girovertrag regelt die Rechtsbeziehungen zwischen einem Girokunden und einem Kreditinstitut zum Zweck der Durchführung bargeldloser Zahlungen durch *Überweisung von Buchgeld* (Giralgeld). Auf Grund des Girovertrages richtet die Bank ihrem Kunden ein *Girokonto* ein, wodurch er in die Lage versetzt wird, entweder Buchgeld an einen anderen zu überweisen oder ihm überwiesenes Buchgeld entgegenzunehmen. Von einem Girovertrag ist daher grundsätzlich auszugehen, wenn eine Bank für einen Kunden ein laufendes Konto führt, über das Zahlungen zu seinen Gunsten oder Lasten verbucht werden. An die Stelle der Zahlung durch Übereignung von Banknoten und Münzen tritt die *Umbuchung von Giroguthaben* bei Kreditinstituten. Im Rahmen des dem Kunden zustehenden Guthabens oder eines ihm eingeräumten Kredits ist die Bank *verpflichtet,* vom Girokonto des Kunden auf dessen Überweisungsauftrag hin (Anm. 17 ff.) jederzeit Beträge abzuschreiben und auf das Konto eines anderen zu überweisen oder Überweisungen vom Konto eines anderen zugunsten ihres Kunden zu verbuchen. Wesentlich sind die Lastschriften und die Gutschriften auf den Konten der Girokunden. Werden ihre Konten nicht bei derselben Bank oder einer ihrer Filialen, sondern bei *verschiedenen* Banken geführt, so wird die Überweisung, auch wenn zwischen der Überweisungs- und der Empfängerbank eine Kontoverbindung bestehen sollte, die eine direkte Überweisung ermöglicht, in der Regel über die bestehenden Gironetze (Anm. 3 ff.), insbesondere die Gironetze der Landeszentralbanken der Deutschen Bundesbank und der bei ihnen errichteten Abrechnungsstellen, durchgeführt. Meist wird der Kunde berechtigt sein, über sein Guthaben nicht nur durch *Überweisung,* sondern auch durch *Scheck* zu verfügen, der dem Schecknehmer oder seinem Rechtsnachfolger entweder in bar ausgezahlt oder wie üblich auf seinem Girokonto gutgeschrieben wird. Dann besteht neben dem Giro- noch ein *Scheckvertrag.* Beide Verträge werden nach Maßgabe der Allgemeinen Geschäftsbedingungen und der für den Scheckverkehr bestehenden Sonderbedingungen geschlossen. Zum Abschluß von Einzelverträgen kommt es ferner bei anderen Bankgeschäften, wie z. B. Einlagen-, Diskont-, Effek-

ten-, Depot-, Akkreditiv- und Garantiegeschäften, für die ebenfalls Sonderbedingungen bestehen können (Nr. 28 AGB Banken). Manche nehmen an, bei Aufnahme des Geschäftsverkehrs zwischen Bank und Kunde werde ein „allgemeiner Bankvertrag" geschlossen, der ein auf ständige Geschäftsbesorgung gerichteter Dienstvertrag sei (§§ 675, 611 BGB) und den rechtlichen *Rahmen* für die jeweils zu schließenden Einzelverträge enthalte (Hopt, Kapitalanlegerschutz, 1975, S. 393 ff.; Raiser aaO S. 135/145; P. Ulmer, Vertragshändler, S. 316 ff.). Zu seinem Inhalt soll insbesondere die In-Geltung-Setzung der Allgemeinen Geschäftsbedingungen gehören, ohne daß er sich jedoch darin erschöpfe. Gegen die Annahme eines „allgemeinen Bankvertrages" spricht, daß sich aus ihm eine Verpflichtung weder des Kunden noch der Bank zum Abschluß von Einzelverträgen ergibt. Wenn die Bank nach I vor Nr. 1 AGB ihre Geschäftseinrichtungen zur Erledigung verschiedenartigster Aufträge ihrem Kunden zur Verfügung stellt und ihm zusichert, seine Aufträge mit der Sorgfalt eines ordentlichen Kaufmanns zu erledigen und dabei das Interesse des Kunden zu wahren, so liegt darin nicht mehr als eine Aufforderung zum Abschluß von Einzelverträgen. Die Bank trifft allerdings die Pflicht, auf einen Antrag des Kunden auf Abschluß eines Einzelvertrages unverzüglich zu antworten; sonst gilt ihr Schweigen als Annahme (§ 362). Für die Annahme eines „allgemeinen Bankvertrages" fehlen die rechtlichen Voraussetzungen (ebenso Schönle aaO § 3 II; Liesecke WM 75, 214/218; Erman/Hauß BGB § 676 Rdz. 3; Meyer-Cording aaO S. 16 f.; Altjohann, Der Bankvertrag, Diss. München 1962). Ablehnend auch Canaris (Großkomm. HGB Anh. nach § 357 Anm. 4 ff.), der ein auf der Vertrauensbeziehung beruhendes *gesetzliches* Schuldverhältnis zwischen Bank und Kunde annimmt. Mit dem Abschluß eines *Einzelvertrages,* wie z. B. eines Girovertrages, der den Kunden nach Maßgabe der AGB berechtigt, über sein Guthaben mittels Überweisung zu verfügen, und die Bank zur Ausführung im Giroverkehr verpflichtet, wird – von Fällen einmaligen Kontakts abgesehen – zugleich eine *Geschäftsverbindung* begründet, in deren Rahmen wiederum weitere Einzelverträge mit spezifischen Rechten und Pflichten geschlossen werden können, für die außer den AGB die einschlägigen Sonderbedingungen gelten (Nr. 28 AGB). Sowohl die Geschäftsverbindung im ganzen als auch einzelne Geschäftsbeziehungen können vom Kunden oder der Bank einseitig aufgehoben werden (Nr. 17 AGB). Das Bestehen einer Geschäftsverbindung hat für die Beziehungen der Parteien eine über den konkreten Einzelvertrag hinausgehende rechtliche Bedeutung, da sich aus ihr besondere Schutzpflichten, insbesondere Interessenwahrungs-, Auskunfts- und Beratungspflichten ergeben (RGZ 27, 118; § 347 Anm. 39). Ihre Anerkennung verlangt jedoch nicht die Konstruktion eines „allgemeinen Bankvertrages" (Canaris aaO Anm. 4); sie gelten kraft Gesetzes, und zwar auch dann, wenn es an einer wirksamen vertraglichen Beziehung zwischen Kunde und Bank fehlen sollte (zutr. Hopt aaO S. 404 f.).

2. Geschäftsbesorgungsvertrag

Der Girovertrag ist ein *selbständiger Dienstvertrag, der eine Geschäftsbesorgung zum Gegenstand hat,* §§ 611 ff., § 675 BGB (so heute die h. M.; BGH NJW 54, 190; LM § 610 BGB Nr. 1; OLG Karlsruhe JW 38, 662; Canaris in Großkomm. HGB Anhang nach § 357 C Anm. 156; Schönle, Bank- und Börsenrecht, 1976, § 30 I, 1; J. v. Gierke **14**

§ 365 Anh. *Der bankmäßige Zahlungsverkehr*

S. 502; Koch ZHR 105, 262; Meyer-Cording S. 10 Trost/Schütz S. 341; a.M früher RGZ 107, 136). Der Annahme eines Werkvertrages steht entgegen, daß die Tätigkeit der Bank gewöhnlich eine dauernde ist und sich nicht in der Vornahme einer einzigen Überweisung erschöpft. Die Anwendung der Vorschriften des BGB über den Dienstvertrag darf jedoch nicht schematisch geschehen. Der Girovertrag ist ein typisch *bankrechtliches* Institut, dem die Praxis allmählich sein eigenes Gepräge gegeben hat. Die AGB der Banken enthalten eingehende Bestimmungen über den Giroverkehr (Anm. 9, 10, 11). Von Schoele (S. 54ff) wird deshalb der Girovertrag als ein gesetzlich nicht geregelter *Vertrag eigener Art* bezeichnet (ebenso Klausing S. 126 und JW 34, 932ff.); doch ist damit nichts gewonnen. Die Ansprüche des Kunden auf Ausführung eines Überweisungsauftrages (Anm. 17ff.) und auf Gutschrift für ihn eingehender Beträge sind *nicht übertragbar* (dazu Anm. 53).

3. Entgeltlicher Vertrag

15 Der Girovertrag ist ein *entgeltlicher* Vertrag (ebenso Canaris in Großkomm. HGB Anhang nach § 357 C Anm. 157; Meyer-Cording S. 11; a.M von Godin in RGR-Komm. z. HGB § 365 Anh. I Anm. 21). Für die Girokonten der Deutschen Bundesbank sieht Nr. 2 Abs. 1 AGB allerdings vor, daß sie frei von Gebühren und Kosten geführt werden; doch liegt die Vergütung hier darin, daß die Giroguthaben nicht verzinst werden. Ein Entgelt stellt es für die Girobank ferner dar, daß ihr der Teil des Guthabens, den der Kunde bei ihr als sog. Bodensatz stehen läßt, zur Verfügung steht. Schließlich liegt ein Entgelt in den *Valutierungsgewinnen,* die für die Girobank dadurch entstehen, daß sie Überweisungsaufträge nicht sofort nach der Lastschrift ausführt und für den Kunden eingehende Beträge ihm nicht sofort gutschreibt (zutr. Canaris in Großkomm. HGB Anh. nach § 357 C Anm. 157). Da das Entgelt, gleichviel, worin es zu sehen ist, die Gegenleistung für die Tätigkeit der Bank im Überweisungsverkehr ist, ist der Girovertrag ein *gegenseitiger* Vertrag (§§ 320 ff. BGB). Eine Folge des Girosystems ist es, daß die Bank den größten Teil der ihr zur Verfügung gestellten Gelder zu eigenem Nutzen verwenden kann – Über die Frage, ob der Girovertrag als *Vertrag zugunsten Dritter* anzusehen ist, vgl. Anm. 51.

4. Kontokorrentvertrag

16 Zwischen der Bank und ihren Kunden besteht – wenn auch nicht notwendig, so doch in der Regel – zugleich ein *Kontokorrentverhältnis.* Das Girokonto wird auf Grund einer Kontokorrentabrede geführt (RGZ 117, 35; 135, 139; BGH NJW 51, 598; WM 71, 178). Die *Beiderseitigkeit,* die § 355 Abs. 1 voraussetzt ist nicht in dem Sinne zu verstehen, daß beiderseits auch Ansprüche entstehen müssen (so RGZ 95, 19; Meyer-Cording S. 39, der nur deshalb ein Kontokorrentverhältnis annimmt, weil die Bank durch Erledigung von Überweisungsaufträgen Ansprüche auf Aufwendungsersatz nach §§ 675, 670 BGB erwerbe; vgl. dazu Anm. 42). Bei der Abrechnung ist es gleichgültig, ob eine Partei nur Leistungen erbracht hat oder für sie nur Ansprüche entstanden sind. Es genügt, daß beiderseits Haben- und Sollposten entstehen können, um die Annahme eine Kontokorrents zu rechtfertigen (§ 355, Anm. 12; Canaris in Großkomm. HGB Anh. nach § 357 C Anm. 157 und § 355 Anm. 20). *Jedes Girokonto ist deshalb grundsätzlich zugleich Kontokorrentkonto.* So bestimmt auch Nr. 2 Abs. 1 AGB für die privaten

Kreditinstitute, daß bei mehreren Konten eines Kunden jedes Konto ein selbständiges Kontokorrent bildet. Das Bankkontokorrent ist ein Kontokorrent im Sinne des § 355 Abs. 1, nicht ein Staffelkontokorrent (§ 355 Anm. 60). Für die Geltendmachung von Sicherheiten nach Anerkennung des Saldos gilt § 356, für die Zwangsvollstreckung in den gegenwärtigen Saldo § 357.

II. Der Überweisungsauftrag

1. Weisung des Auftraggebers

Die Überweisung eines Geldbetrages setzt einen *Auftrag* des überweisenden Kunden **17** voraus, den er auf Grund des zwischen ihm und der Bank bestehenden Girovertrages erteilt. Der Überweisungsauftrag (die Giroanweisung) ist demnach kein besonderer Vertrag, etwa ein Auftrag im Sinne des § 662 BGB, sondern eine *Weisung* des Kunden (§§ 675, 665 BGB), die er auf Grund des Girovertrages erteilt und der die Bank im Rahmen seines Guthabens oder eines ihm eingeräumten Kredits nachzukommen hat (BGHZ 10, 319/322; Canaris in Großkomm. HGB Anh. nach § 357 C Anm. 160; Meyer-Cording S. 32). Die Weisung besitzt *rechtsgeschäftliche* Natur, weil sie die Pflicht der Bank zur Ausführung einer bestimmten Überweisung begründet. Sie bedarf keiner „Annahme", sondern muß der Bank nur *zugehen* (§§ 130 ff. BGB). Aus dem Charakter des Überweisungsauftrages als einer bloßen Weisung des Kontoinhabers folgt, daß es sich um keinen Vertrag zugunsten eines Dritten handelt, der dem Überweisungsempfänger einen unmittelbaren Rechtsanspruch gegen die Überweisungsbank gibt (Anm. 51). Läßt der Bevollmächtigte eines Kunden Beträge seinem *eigenen* Konto gutschreiben, so liegt darin kein Verstoß gegen das Verbot des Selbstkontrahierens (§ 181 BGB), wenn man dem Verbot nur formalen Ordnungscharakter beimißt und es daher wortgetreu anwendet (BGH WM 58, 552/553). Indessen berücksichtigt die neue Rechtsprechung in bestimmten Fällen auch den *Zweck* der Vorschrift, die den Vertretenen vor der Gefahr einer Interessenkollision schützen soll (BGHZ 56, 102; 59, 239). Dann aber ist es sachgerecht, Zahlungen mit Buchgeld nicht anders als Zahlungen mit Stückgeld zu behandeln und daher § 181 BGB *analog* anzuwenden (ebenso Canaris in Großkomm. HGB Anh. nach § 357 C Anm. 160). Wird eine Überweisung nicht im Rahmen eines schon bestehenden Girovertrages, sondern auf Grund eines zur Durchführung einer Einzelüberweisung besonders geschlossenen Vertrages vorgenommen, so hat dieser ebenfalls die Rechtsnatur eines auf eine *Geschäftsbesorgung* gerichteten Dienstvertrages (Anm. 14); doch kommen Einzelüberweisungen in der Praxis nur selten vor. Gewöhnlich ist der Girovertrag ein *Dauerschuldverhältnis*. Eine besondere *Form* ist für den Überweisungsauftrag gesetzlich nicht vorgeschrieben. Gewöhnlich werden einheitliche *Überweisungsvordrucke* verwendet, die eine maschinelle Bearbeitung ermöglichen (Schütz JZ 61, 105). Sie sind vom Kunden genau und sorgfältig auszufüllen (Schoele S. 149 ff).

2. Giroanweisung

Der Überweisungsauftrag ist *keine echte Anweisung* im Sinne des § 783 BGB. Die **18** bürgerlich-rechtliche Anweisung enthält eine *Ermächtigung,* die auf Leistung von Geld,

§ 365 Anh. *Der bankmäßige Zahlungsverkehr*

Wertpapieren oder anderen *vertretbaren* Sachen gerichtet ist. Der Angewiesene erlangt die Rechtsmacht, für Rechnung des Anweisenden an den Anweisungsempfänger zu leisten. Dieser wird dadurch begünstigt, die Leistung bei dem Angewiesenen in eigenem Namen zu erheben; die Aussicht, das Geld zu erhalten, ist lediglich ein Reflex der Ermächtigung. Die bürgerlich-rechtliche Anweisung geht ferner davon aus, daß dem Anweisungsempfänger eine *Urkunde* ausgehändigt wird, die ihn ermächtigt, die Leistung in Empfang zu nehmen. Der Überweisungsauftrag, der auf Leistung von *Buchgeld* gerichtet ist, wird jedoch unmittelbar der Bank erteilt, die die Überweisung vorzunehmen hat. Auch wenn der Überweisungsvordruck, was in der Praxis nicht üblich ist, dem Empfänger ausgehändigt sein sollte, läge keine echte Anweisung vor. Der Empfänger würde dann den Überweisungsvordruck als *Bote* des Überweisenden überbringen; er hätte auf Grund des Überweisungsauftrages nicht das Recht, Zahlung oder Gutschrift zu verlangen (Schoele S. 164). Der Überweisungsauftrag enthält schließlich eine Weisung, die die Bank nicht nur ermächtigt, sondern auf Grund des Girovertrages auch zur Ausführung *verpflichtet*. Doch liegt in diesem Moment kein wesentlicher Unterschied, da auch bei der bürgerlich-rechtlichen Anweisung eine vertragliche Verpflichtung zur Leistung bestehen kann (Ulmer AcP 126, 137).

19 Wenn der Überweisungsauftrag auch keine echte Anweisung darstellt (Anm. 18), so ist er doch als eine *Anweisung im weiteren Sinne* anzusehen, auf die die §§ 783 ff. BGB insoweit zur sinngemäßen Anwendung kommen können, als sie nicht auf das Erfordernis der Aushändigung einer Anweisungsurkunde an den Empfänger und auf Leistung vertretbarer Sachen zugeschnitten sind (BGHZ 3, 238). Das Gemeinsame, das die unmittelbar der Bank erteilte Giroanweisung mit der BGB-Grundform der Anweisung hat, liegt darin, daß durch die Leistung der Bank, die in einer Transferierung von Buchgeld besteht, gleichzeitig *zwei Vermögenszuwendungen* geschehen, eine im *Deckungsverhältnis* zwischen Bank und überweisendem Kunden und eine im *Valutaverhältnis* zwischen überweisendem Kunden und Empfänger. Dieses Prinzip der *Simultanleistung* (Stampe AcP 107, 283; Ulmer AcP 126, 143) rechtfertigt es im Zusammenhang mit der Selbständigkeit der Gutschrift, die Giroanweisung als einen *Sonderfall* der bürgerlich-rechtlichen Anweisung anzusehen, obwohl nicht vertretbare Sachen, sondern Forderungscharakter besitzendes Buchgeld Gegenstand der Überweisung sind und dem Empfänger keine Anweisungsurkunde ausgehändigt wird (Meyer-Cording S. 35; Ulmer AcP 126, 143; für den Scheck vgl. Baumbach/Hefermehl, Grundzüge 1, 3 vor § 1 SchG).

20 Verfügungsberechtigt über das Giroguthaben ist in der Regel der *Inhaber des Girokontos*. Bei einem Sparkonto liegt es anders, da nach § 808 BGB die Bank dem Berechtigten gegenüber auch durch die Leistung an den Inhaber des Sparbuchs frei wird. Sie kann sich daher beim Abschluß des Sparvertrages der Entscheidung des Sparers, wem das Spargutbaben zustehen soll, anschließen (BGHZ 46, 198/202) – Bei einem Girokonto muß jedoch für die Bank eindeutig feststehen, wer forderungsberechtigt ist, da sie durch die Verfügung eines Nichtberechtigten über das Giroguthaben nicht dem Berechtigten gegenüber frei wird. Auch muß sie bei einem möglichen Schuldsaldo genau wissen, an wen sie sich halten kann. Aus diesen Gründen ist deshalb im Zweifel anzunehmen, daß der *Kontoinhaber* verfügungsberechtigt ist, falls nicht besondere Umstände vorliegen, die diese Annahme ausschließen.

3. Buchtechnische Behandlung

Die Überweisung spielt sich *buchtechnisch* in der Form ab, daß die Überweisungsbank das Konto des Überweisenden belastet und, falls auch der Empfänger bei ihr ein Konto hat (Hausüberweisung), das Empfängerkonto mit dem Überweisungsbetrag erkennt. Hat der Empfänger kein Konto bei der Überweisungsbank oder einer ihrer Filialen, so wird die Überweisung über eines der Gironetze ausgeführt, an dem beide Banken, die Überweisungs- und die Empfangsbank, beteiligt sind. Auf diese Weise verlängert sich die Überweisungskette. Die technische, insbesondere buchmäßige Abwicklung bleibt im Prinzip dieselbe. Besteht zwischen der Überweisungs- und Empfangsbank eine kontokorrentmäßige Geschäftsverbindung, so kann die Überweisung auch direkt ohne Inanspruchnahme einer Zwischenbank durchgeführt werden. Die Überweisungsbank belastet das Konto des Überweisenden und erkennt das Konto der Empfangsbank, die ihrerseits das Konto der Überweisungsbank belastet und den überwiesenen Betrag dem Konto des Empfängers gutschreibt. **21**

III. Sorgfaltspflichten der Überweisungsbank

1. Im allgemeinen

Die Bank ist, wenn der Kunde bei ihr ein Guthaben hat, grundsätzlich verpflichtet, ihr erteilte Überweisungsaufträge mit der *Sorgfalt einer ordentlichen Bank* auszuführen (§ 347). Eine allgemeine Verpflichtung, ihre Kunden vor Vermögensverlusten zu bewahren, besteht freilich nicht. Erwägungen über die *Zweckmäßigkeit* des erteilten Überweisungsauftrages anzustellen, ist nicht Sache der Bank (BGH LM § 610 BGB Nr. 1; Canaris in Großkomm. HGB Anh. nach § 357A Anm. 56). Sie muß den Auftrag auch dann ausführen, wenn sie ihn für unwirtschaftlich hält. Das mit einem Geschäft verbundene Risiko trägt der Kunde (BGH BB 61, 503). Die Bank braucht ohne besonderes Auskunftsverlangen ihren Kunden nicht über die Vermögensverhältnisse des Empfängers zu unterrichten und ihm auch nicht etwaige Bedenken gegen die Kreditwürdigkeit des Empfängers mitzuteilen (BGH LM Nr. 14 AGB Banken; BB 61, 503). Wohl aber kann sie nach Treu und Glauben gehalten sein, den Kunden auf Umstände aufmerksam zu machen, die die rechtliche *Ausführung* der Überweisung in Frage stellen. Sie hat z. B. ihren Kunden auf devisenrechtliche Verbote oder außenwirtschaftliche Beschränkungen hinzuweisen, die der Überweisung entgegenstehen (BGHZ 23, 222/227; einschränkend BGH WM 58, 1078/1080; Canaris in Großkomm. HGB Anh. § 357A Anm. 57; § 365 Anh. I. Anm. 1 Ziff. 2c). Auch wird sie grundsätzlich gehalten sein, eine bereits erfolgte *Zahlungseinstellung* des Überweisungsempfängers oder einen unmittelbar bevorstehenden wirtschaftlichen Zusammenbruch des Überweisungsempfängers mitzuteilen (RG Recht 14 Nr. 479; BGH LM Nr. 14 AGB Banken; NJW 63, 1872; BB 61, 503; OLG Hamburg BB 61, 1075; Canaris in Großkomm. HGB Anh. § 357A Anm. 56; a.M. RGZ 54, 329/333; Meyer-Cording S. 19f.). Gleiches gilt für eine Zahlungseinstellung der Empfangsbank (BGH MDR 63, 740). Zur Sorgfaltspflicht der *Bundesbank* im Abrechnungsverkehr s. OLG Frankfurt BB 76, 758; Anm. 8. Stets muß die Bank das *Bankgeheimnis* beachten. Das kann z.B. erheblich werden, wenn der Empfänger ebenfalls Kunde der Überweisungsbank ist. Die Verschwiegenheitspflicht umfaßt alle Tatsachen, **22**

§ 365 Anh. *Der bankmäßige Zahlungsverkehr*

die der Kunde geheimzuhalten wünscht. So darf die Bank auch nicht Gläubigern des Empfängers von der Überweisung Mitteilung machen (BGHZ 27, 241). Ist bei einer vertragswidrigen Überweisung anzunehmen, daß die Bank andernfalls das Geld zur Abdeckung eines Schuldsaldos des Kunden verwendet hätte, so besteht der durch die Überweisung dem Kunden entstehende Schaden darin, daß seine Bankschuld nicht teilweise getilgt wurde; er kann deshalb insoweit Befreiung von dieser Bankschuld verlangen, BGH WM 63, 436.

2. Befolgung von Weisungen

23   Bei der Durchführung des Überweisungsauftrages ist die Bank verpflichtet, die ihr vom Überweisenden erteilten *Weisungen* genau zu befolgen. Die Deutsche Bundesbank hat sich das Recht vorbehalten, die Weisung, einen Betrag an einem bestimmten Tag gutzuschreiben, nicht zu beachten (II Nr. 14 AGB der Deutschen Bundesbank). Weiter müssen sich die Banken im Überweisungsverkehr streng innerhalb der Grenzen des ihnen erteilten *formalen Auftrages* halten. Die zugrundeliegenden Rechtsbeziehungen der Beteiligten können grundsätzlich keine Beachtung finden (BGH WM 61, 78; 62, 460; für den Akkreditivverkehr vgl. Anm. 152). Die Bank muß daher einen Betrag, den der Kunde zur Befriedigung eines bestimmten Gläubigers eingezahlt hat, auch dann überweisen, wenn die eingezahlte Summe die Verbindlichkeit des Kunden nicht deckt (BGH WM 59, 1002). – Von den Weisungen darf die Bank nicht selbständig abweichen. Nur wenn sie den Umständen nach annehmen darf, der Überweisende werde bei Kenntnis der Sachlage die Abweichung billigen, ist eine Abweichung berechtigt. Die Bank muß jedoch vor der *Abweichung* dem Überweisenden Anzeige machen und dessen Entschließungen abwarten, wenn nicht mit dem Aufschub Gefahr verbunden ist (§ 665 BGB). Für die Deutsche Bundesbank entfällt in gewissem Umfang die Pflicht zu vorheriger Benachrichtigung des Auftraggebers (I Nr. 7 AGB der Deutschen Bundesbank). Entspricht die Ausführung eines Überweisungsauftrages nicht den Weisungen, so braucht der Überweisende die Ausführung nicht als Erfüllung gelten zu lassen; er kann von der Bank die Herausgabe desjenigen, was sie zur Ausführung des Auftrages erhalten hat (§ 667 BGB), oder Schadenersatz wegen schuldhaft fehlerhafter Ausführung des Auftrages verlangen. Eine nach § 665 BGB berechtigte oder eine völlig belanglose Abweichung von der erteilten Weisung (BGH NJW 69, 320) kann der Überweisende nicht beanstanden. Soweit Weisungen fehlen, steht die Ausführungsart des Überweisungsauftrages im Ermessen der Bank (Nr. 4 Abs. 2 AGB; I Nr. 7 S. 2 AGB der Deutschen Bundesbank). Die Angabe des *Verwendungszwecks* auf dem Überweisungsvordruck dient im allgemeinen nur zu Mitteilungen des Überweisenden an den Überweisungsempfänger (BGH WM 57, 1055 = NJW 57, 1555; WM 58, 222; Trost-Schütz, BFB[16] S. 341). Die Bank braucht daher grundsätzlich den der Überweisung zugrunde liegenden Rechtsbeziehungen der Beteiligten keine Beachtung zu schenken.

Zur *Sorgfaltspflicht der Empfangsbank* gegenüber der Überweisungsbank oder dem Überweisenden s. Anm. 100.

3. Abrechnungsverkehr

24   Auch die *Bundesbank* ist im Abrechnungsverkehr (Anm. 8) verpflichtet, die Interessen der Abrechnungsteilnehmer zu wahren. Ihre Tätigkeit als Abrechnungsstelle beschränkt

sich nicht auf die rein technische Abwicklung des Zahlungsausgleichs unter den Abrechnungsteilnehmern. Der Ausgleich im Abrechnungsverfahren gilt für alle Beteiligten als *Erfüllung* i. S. des bürgerlichen Rechts (Nr. 1 GeschBest.). Doch entsprechen ihre Sorgfaltspflichten nicht denen einer Überweisungs- oder Zwischenbank, über deren *Vermögen* sich eine Überweisung im normalen Giroverkehr vollzieht. Der Zahlungsausgleich zwischen den Abrechnungsteilnehmern vollzieht sich nicht mittelbar über das Vermögen der Bundesbank, sondern zwischen den Teilnehmern unmittelbar (Nr. 1, 2 GeschBest.; s. Anm. 8); nur die Spitzen werden auf den Girokonten der Teilnehmer bei der Bundesbank gebucht. *Sorgfaltspflichten* können die Bundesbank nur insoweit treffen, als dies mit ihrer Funktion als Abrechnungsstelle vereinbar ist. Sie hat die Aufgabe, den Zahlungsausgleich unter den Teilnehmern zu erleichtern, ohne Rücksicht darauf, welchem Zweck die auszugleichenden Leistungen dienen und ob die Zweckerreichung möglicherweise gefährdet ist. Solche Umstände entziehen sich grundsätzlich ihrer Kenntnis. Kann ein Abrechnungsteilnehmer jedoch eine Zahlungsverpflichtung aus der Abrechnung *nicht erfüllen,* so ist er von der Teilnahme am Abrechnungsverkehr ohne weiteres *ausgeschlossen* (Nr. 5 GeschBest.). In einem solchen Fall ist die Bundesbank (Abrechnungsstelle) verpflichtet, den Teilnehmer sofort aus der laufenden Abrechnung, die erst mit der Buchung der Abrechnungssalden auf den Konten der Teilnehmer vollzogen ist (Nr. 18 Abs. 2 GeschBest.), herauszunehmen. Gleiches gilt, wenn einem Abrechnungsteilnehmer die *Bankerlaubnis* nach § 35 Abs. 2 Nr. 5 KWG wegen Gefahr für die Sicherheit der ihm anvertrauten Vermögenswerte entzogen wird (OLG Frankfurt BB 76, 758, 759; LG Frankfurt WM 75, 1118; Sandberger BB 76, 487 ff.). Unterläßt die Abrechnungsstelle schuldhaft die erforderlichen Maßnahmen, so kann sie einem Teilnehmer wegen Verletzung ihrer Sorgfaltspflicht zum Schadenersatz verpflichtet sein.

IV. Widerruf des Überweisungsauftrags

1. Innerbetriebliche Überweisung

a) Hat der Überweisungsempfänger bei der Bank des Überweisenden oder einer ihrer **25** Filialen ein Konto, so kann der Überweisende den Überweisungsauftrag gewöhnlich so lange widerrufen, als der Überweisungsbetrag dem *Empfänger* noch nicht gutgeschrieben worden ist (BGHZ 6, 121/124; 27, 241/247; LM § 328 BGB Nr. 19; RGZ 54, 332; 82, 97; 107, 139; Canaris in Großkomm. HGB Anh. nach § 357 Anm. 172 f; Koch ZHR 105, 263; Meyer-Cording S. 92; Schoele S. 185). Die Zulässigkeit des Widerrufs wird entweder aus § 671 Abs. 1 BGB (RG LZ 33, 770) oder auch aus einer entsprechenden Anwendung des § 649 BGB (RGZ 107, 136) oder des § 790 BGB (Ulmer AcP 126, 168) hergeleitet. Sie läßt sich jedoch schon aus dem Girovertrag herleiten, der die Bank verpflichtet, den *Weisungen* ihres Kunden nachzukommen. Nicht nur der Überweisungsauftrag selbst (Anm. 17), sondern auch der Widerruf des Überweisungsauftrages haben im Rahmen des Girovertrages Weisungscharakter (glA Canaris in Großkomm. HGB Anh. nach § 357 Anm. 171; Meyer-Cording S. 92; vgl. auch BGHZ 4, 244). Ebenso wie der Überweisungsauftrag besitzt daher auch der eine Gegenweisung darstellende Widerruf *rechtsgeschäftliche* Natur und wird mit dem Zugang bei der beauftragten Bank wirksam (§ 130 BGB). Diese ist auf Grund des Widerrufs verpflichtet, die auf dem Konto des Überweisenden vorgenommene Lastschrift zu stornieren (§ 667 BGB). Eine Kündigung des *Girovertrages* ist in dem Widerruf eines einzelnen Überweisungsauftrags grundsätzlich nicht zu sehen.

26 b) Noch *nicht* ist der Widerruf für den Auftraggeber ausgeschlossen, wenn die Bank sein Konto *belastet* hat, mag auch infolge der Belastung der Überweisungsempfänger einen Anspruch *auf* Gutschrift erlangt haben (ebenso Canaris in Großkomm. HGB Anh. nach § 357 Anm. 173; a.M. Schütz AcP 160 [1961], 17/29). Weder die Interessen der Bank noch die des Überweisungsempfängers rechtfertigen es, dem Überweisenden den Widerruf schon bei Belastung seines Kontos zu versagen. Die Belastung bereitet die Durchführung der Überweisung lediglich vor. Erst durch die Umbuchung des Überweisungsbetrages auf das Konto des Empfängers hat dieser *Buchgeld* in Gestalt einer selbständigen Forderung gegen die Bank erhalten. Sein Anspruch *auf* Gutschrift steht unter der auflösenden Bedingung des Widerrufs des Überweisungsauftrags (Anm. 25; vgl. auch von Godin in RGR-Komm. z. HGB Anh. I Anm. 38).

27 c) Die *Gutschrift* auf dem Konto des Empfängers manifestiert beim herkömmlichen *manuellen* Buchungsverfahren den Willen der Bank, für den Empfänger eine *selbständige Forderung* gegen sie zu begründen. Der Gutschriftsbuchung geht die *Disposition* voraus. Da mit ihr der Überweisungsauftrag ausgeführt worden ist, ohne daß es noch einer Gutschriftsanzeige bedarf (Anm. 58), ist *nach der Gutschrift* ein Widerruf grundsätzlich *ausgeschlossen* (glA Canaris in Großkomm. HGB Anh. nach § 357 Anm. 172). – Zur Rechtslage bei einer Gutschrift auf einem *Konto pro Diverse* s. Anm. 34.

28 d) Heute werden bei *hausinternen* Überweisungen im Rahmen der *Datenverarbeitung* (Anm 63 ff.) die Lastschriften auf den Konten der Auftraggeber und die Gutschriften auf den Konten der Empfänger bis zur Höhe eines bestimmten Überweisungsbetrages in der Regel *sofort* vorgenommen, ohne daß zuvor vom Disponenten festgestellt wurde, ob die Voraussetzungen für die Durchführung des Überweisungsauftrages vorlagen, insbesondere die nötige Deckung auf dem Konto des Auftraggebers vorhanden ist. Die Disposition geschieht erst *nach* der Datenverarbeitung, mitunter erst dann, wenn die Bank die Tageskontobelege erhalten hat. In diesen Fällen ergibt die Auslegung, daß der *Wille* der Bank, für den Empfänger eine selbständige Forderung zu begründen, erst dann vorliegt, wenn die Disposition stattgefunden hat, und zwar spätestens dann, wenn dem Empfänger der Tagesauszug vorbehaltlos zugesendet wird. Dann ist aber auch ein *Widerruf* des Auftraggebers, der noch rechtzeitig vor dem Wirksamwerden der Gutschrift bei der Bank eingeht, von ihr noch zu berücksichtigen (Hefermehl, Festschrift Philipp Möhring, 1975 S. 394).

2. Außerbetriebliche Überweisung

29 a) Haben der Überweisende und der Überweisungsempfänger ihre Konten *nicht bei derselben Bank,* so führt die erstbeauftragte Bank den Überweisungsauftrag ihres Kunden in der Form aus, daß sie ihn an die Empfängerbank *weiterleitet,* sei es unmittelbar, wenn eine Kontoverbindung mit ihr besteht, sei es über eine gemeinsame Zwischenbank, die ihrerseits den für den Empfänger bestimmten Überweisungsbetrag auf einem Lorokonto der Empfängerbank gutschreibt. Bei einer *überbetrieblichen* Überweisung kann der Überweisende daher den Überweisungsauftrag nur *gegenüber seiner Bank widerrufen*, nicht gegenüber der Empfängerbank oder einer Zwischenbank, zu denen er in keinem Vertragsverhältnis steht (Anm. 101; glA Canaris in Großkomm. HGB Anh. nach § 357 Anm. 175; Meyer-Cording S. 93; Schoele S. 185). Die Überweisungsbank ist jedoch, falls nichts Abweichendes vereinbart wurde, auf Grund des Girovertrages verpflichtet, die Weitergabe des Überweisungsauftrags gegenüber der Empfängerbank oder bei Einschaltung einer Zwischenbank gegenüber dieser zu widerrufen, die dann ihrerseits verpflichtet ist, den Überweisungsauftrag gegenüber der Empfängerbank zu widerrufen (BGHZ 4, 244/249). Von sich aus ist die Überweisungsbank zu einem Widerruf gegenüber ihrem Auftraggeber nur berechtigt, wenn ein Widerrufsvorbehalt vereinbart wurde oder der Kunde mit dem Widerruf einverstanden ist (Schoele S. 197). Sonst muß die Überweisungsbank vor einer Erklärung des Widerrufs ihrem Kunden zunächst *Anzeige* machen und dessen Entschließung abwarten, wenn nicht mit dem Aufschub Gefahr verbunden ist (§§ 675, 665 S. 2 BGB).

b) *Streitig* ist, *bis zu welchem Zeitpunkt* ein Widerruf noch zulässig ist. Überwiegend **30** wird angenommen, daß der Überweisungsauftrag so lange widerrufen werden kann, bis die Empfängerbank den Überweisungsauftrag dem Empfänger ausgezahlt oder seinem Konto gutgeschrieben hat (BGHZ 6, 121/123 ff. 58, 108/109; Canaris in Großkomm. HGB Anh. nach § 357 C Anm. 172; Meyer-Cording S. 130; Schönle, Bank- und Börsenrecht, 1976, § 32 I). Demgegenüber nimmt von Godin an, daß bei einer *überbetrieblichen* Überweisung der Überweisungsauftrag schon dann *unwiderruflich* geworden ist, wenn der Betrag in die Rechtssphäre der Empfängerbank gelangt ist, d. h. einem Nostrokonto der kontoführenden Überweisungs- oder einer Zwischenbank gutgeschrieben wurde (von Godin in RGR-Komm. z. HGB § 365 Anh. I. S. 501 ff.; Schütz AcP 160 [1961], 17 ff, 28). Dem liegt die Vorstellung zugrunde, daß die Empfängerbank nur als Beauftragte des begünstigten Empfängers fungiert und nur in seinem Auftrag den Überweisungsauftrag für ihn entgegennimmt. Diese Deutung des Überweisungsvorgangs wird dem Willen der Parteien nicht gerecht und widerspricht der Funktion der Empfängerbank (Anm. 105). Die Empfängerbank ist nicht Endbegünstigte, sondern hat die Aufgabe, Buchgeld an den begünstigten Empfänger zu leisten, so daß sie erst durch die Begründung einer selbständigen Forderung für ihn ihre Verpflichtung gegenüber der sie beauftragenden Bank und gegenüber dem Empfänger erfüllt, der vor der Gutschrift nur einen Anspruch *auf* Gutschrift gegen seine Bank hat (Hefermehl, Festschrift Philipp Möhring, 1975 S. 386). Dann kann der Überweisungsauftrag solange *widerrufen* werden, bis der Überweisungsbetrag auf dem Konto des Empfängers *gutgeschrieben* worden ist. Die Gutschrift für die Empfängerbank, die dem Empfänger nur einen Anspruch *auf* Gutschrift des Überweisungsbetrages auf seinem Konto gibt, schließt den Widerruf nicht aus.

Bei Verwendung einer *Datenverarbeitungsanlage* entsteht die selbständige Forderung **31** für den Empfänger sogar erst *nach* der Gutschrift, wenn eine Vordisposition noch nicht stattgefunden hat. In diesem Fall ist nach dem Willen der Bank eine selbständige Forderung für den Empfänger erst dann begründet, wenn die Nachdisposition erfolgt ist und dem Empfänger der Tagesauszug vorbehaltlos zugesendet wird (Anm. 67). Die

§ 365 Anh. *Der bankmäßige Zahlungsverkehr*

Empfängerbank muß noch einen *Widerruf* beachten, der ihr nach der Gutschrift, aber vor ihrem Wirksamwerden zugeht.

32 c) Die Verpflichtung der Überweisungsbank beschränkt sich, wenn ihr Kunde den Überweisungsauftrag widerruft, nicht auf die bloße *Weitergabe* des Widerrufs an die von ihr zur Durchführung der Überweisung eingeschaltete *Zwischenbank*. Dann würde der die Kette durchlaufende Widerruf häufig zu spät die Empfängerbank erreichen. Sie muß vielmehr, um die Ausführung der Überweisung noch rechtzeitig zu verhindern, die Empfängerbank *unmittelbar* benachrichtigen. Diese steht zwar in keinem Vertragsverhältnis zu der Überweisungsbank, jedoch besitzen die einzelnen Vertragsverhältnisse zwischen den Girobanken *Schutzwirkung* zugunsten der beteiligten Kunden (Canaris in Großkomm. HGB Anh. nach § 357 A Anm. 16, C Anm. 178). Ist der bevorstehende Widerruf des Überweisungsauftrags der Empfängerbank mitgeteilt worden, so ist sie gegenüber dem Empfänger nicht mehr zur Gutschrift des Überweisungsbetrages verpflichtet, gleichviel, ob sie schon Deckung erhalten hat oder nicht. Die Mißachtung der Benachrichtigung verpflichtet die Bank bei Verschulden zur Schadenersatzleistung gegenüber dem überweisenden Kunden. Auch kann sich für die Empfängerbank nach Lage des Falles eine Haftung aus § 826 BGB ergeben.

33 d) Hat der Widerruf *Erfolg,* so sind die Überweisungsbank und die eingeschalteten Zwischenbanken verpflichtet, die bereits vorgenommenen Last- bzw. Gutschriftsbuchungen zu *stornieren,* d.h. durch Gegenbuchungen rückgängig zu machen. Die Verpflichtung zur Stornierung beruht darauf, daß die Buchungen *Vorschußcharakter* besitzen (§ 669 BGB; BGHZ 4, 244/248 f.) und daher keine endgültigen Aufwendungen (§ 670 BGB) darstellen, wenn es zu einem wirksamen Widerruf kommt. Nicht ist die Überweisungsbank bei einer außerbetrieblichen Überweisung nur gegenüber ihrem Kunden zu einer *Abtretung* ihres Anspruchs auf Rückbuchung gegen die Empfänger- oder eine Zwischenbank (§ 667 BGB) verpflichtet (zutr. Canaris in Großkomm. HGB Anh. nach § 357 C Anm. 177; a.M. BGHZ 4, 244/249; OLG Hamburg JW 25, 1306). Einer solchen Abtretung stünde zudem die zwischen den Banken bestehende Kontokorrentbindung entgegen.

34 e) Meist wird allerdings bei einer Kettenüberweisung über selbständige Banken ein nachträglicher Widerruf des Überweisenden keinen Erfolg mehr haben. Das ist insbesondere dann anzunehmen, wenn nach den örtlichen Vereinbarungen zwischen den beteiligten Banken ein Widerruf schon vor der Gutschrift auf Empfängerkonto, z.B. von der Beendigung des Nachmittagsverkehrs an, ausgeschlossen ist (BGH NJW 59, 1176; Anm. 101). –

3. Gutschrift auf Konto pro Diverse

35 Ist der Überweisende nicht Kunde der Bank, die auf dem Überweisungsvordruck als Empfangsbank angegeben ist, so *erlischt* die Widerrufsmöglichkeit noch nicht damit, daß die Empfangsbank den Betrag auf einem Konto „Pro Diverse" gebucht hat (vgl im einzelnen Anm. 72), da diese Buchung grundsätzlich nur ein bankinterner Vorgang ist. Nur dann kann der Überweisungsvorgang nicht mehr – bei innerbetrieblicher Überweisung vom Überweisenden , bei außerbetrieblicher Überweisung von der Überweisungs-

450

Erster Teil. Das Girogeschäft   Anh. § 365

bank – widerrufen werden, wenn sich aus besonderen Umständen die Bereitschaft der Empfangsbank ergibt, den Betrag jederzeit an einen bestimmten Begünstigten auszuzahlen (BGHZ 27, 241/247; BGH LM Art. 4 SchG Nr. 1).

V. Mängel des Überweisungsauftrages

1. Nichtigkeit

Wie jedes andere Rechtsgeschäft kann auch ein Überweisungsauftrag *nichtig* sein. **36** Das ist der Fall, wenn der Überweisende *geschäftsunfähig* ist. Doch trägt nach Nr. 23 AGB (Privatbanken) der *Kunde* den Schaden, der daraus entsteht, daß die Bank von einem eintretenden Mangel in der Geschäftsfähigkeit des Kunden oder seines Vertreters unverschuldet keine Kenntnis erlangt (s. dazu Anm. 89). Auch ein *beschränkt Geschäftsfähiger* (jetzt 7 bis 18 jähriger) benötigt für einen Überweisungsauftrag die Einwilligung seines gesetzlichen Vertreters (§ 107), da er ihm nicht lediglich einen rechtlichen Vorteil bringt, wie sich schon aus der Verpflichtung zum Ersatz der Aufwendungen (§§ 675, 670 BGB) ergibt. Durch eine nachträgliche Zustimmung kann der Auftrag als einseitiges Rechtsgeschäft nur gültig werden, wenn die Bank die beschränkte Geschäftsfähigkeit kannte (§ 180 Satz 1 BGB). Ist ein Minderjähriger nach § 113 BGB partiell geschäftsfähig, so kann er für die Überweisung seines *Lohns* oder *Gehalts* einen Girovertrag abschließen und auch solche Beträge *abheben,* da es sich insoweit noch um die Erfüllung einer Verpflichtung aus dem Dienst- oder Arbeitsvertrag handelt (H. P. Westermann FamRZ 67, 649); jedoch kann er weder über den ausgezahlten Betrag noch über sein Giroguthaben verfügen, falls nicht, was konkludent geschehen kann, der gesetzliche Vertreter dafür seine Zustimmung nach § 107 BGB gegeben hat (Soergel/Hefermehl BGB § 113 Anm. 5). – Ein *Postscheckkonto* kann auch ein nicht voll Geschäftsfähiger errichteten und darüber durch Überweisung verfügen. Das folgt aus § 8 I PostG vom 28. 7. 1969 (BGBl. I S. 2159), wonach jedermann Anspruch auf Benutzung der Posteinrichtungen hat, und zwar auch, wer *nicht* voll geschäftsfähig ist (a. M. Scheerer BB 71, 983; Erman/Hefermehl BGB vor § 145 Rdn 64, 65). *Nichtig* ist ein Überweisungsauftrag auch dann, wenn er von einem *Vertreter ohne Vertretungsmacht* erteilt wurde (§ 180 Satz 1 BGB); die Möglichkeit einer Genehmigung besteht nur, wenn die Bank den Mangel bei Entgegennahme des Auftrags gekannt hat (§ 180 Satz 2 BGB).

2. Anfechtbarkeit

Streitig ist, ob ein Überweisungsauftrag wegen *Willensmangels* nach §§ 119ff. BGB **37** angefochten werden kann. Die AGB der Banken und Sparkassen sehen einen Ausschluß der Anfechtung *nicht* vor. Ein Überweisungsvertrag kann zwar nicht mehr *widerrufen* werden, wenn die Gutschrift für den Empfänger wirksam geworden ist. Daraus läßt sich jedoch nicht folgern, daß auch eine Anfechtung wegen Willensmangels ausgeschlossen ist. Die Besonderheiten des Massenverkehrs stehen der Anwendung der §§ 119ff. BGB *nicht* entgegen. Überwiegend wird daher eine *Anfechtbarkeit* des Überweisungsauftrags bejaht (Canaris in Großkomm. Anh. C § 357 Anm. 186; Meyer–Cording S. 101; Kiehnscherf S. 98; a. M. Schoele, BankA XXXVIII, 521; Koch ZHR 105, 262; Fögen, Geld- und Währungsrecht, 1969, S. 161). Ob der Überweisende den Auftrag anfechten kann,

§ 365 Anh. *Der bankmäßige Zahlungsverkehr*

hat vor allem für die Fälle Bedeutung, daß er irrtümlich die Überweisung an einen falschen Empfänger gerichtet oder dem an sich richtigen Empfänger zuviel überwiesen hat. Hat sich der Überweisende bei Erteilung des Überweisungsauftrags über die Person des Empfängers oder über den geschuldeten Betrag in einem unerheblichen Irrtum im Beweggrunde befunden, so scheidet eine Anfechtung aus. Nur wenn der Auftraggeber bei Abgabe der Überweisungserklärung über deren Inhalt im Irrtum war oder eine Erklärung dieses Inhalts überhaupt nicht abgeben wollte, kommt eine Anfechtung nach § 119 Abs. 1 BGB in Betracht. Sie bezieht sich auf den der Bank erteilten *Überweisungsauftrag,* nicht auf die von ihr vollzogene Gutschrift (Anm. 57). Ist der Auftrag von der Überweisungsbank über *mehrere selbständige Banken* weitergeleitet worden, so kann der Überweisende nur den *seiner* Bank erteilten Auftrag nach § 119 Abs. 1 BGB anfechten, nicht aber in das Vertragsverhältnis zwischen den Banken eingreifen. Die Überweisungsbank kann den von ihr der Empfangs- oder einer Zwischenbank erteilten Überweisungsauftrag nicht anfechten, da bei ihr kein Willensmangel vorlag (OLG Hamburg JW 31, 548; Meyer-Cording S. 101; Schoele in BankA XXXVIII, 522; a. M. Rospatt in BankA XXXIII, 500 und wohl auch A. Koch in ZHR 105, 267, die bei Beteiligung mehrerer Banken die Anfechtung des gesamten Überweisungsgeschäfts für möglich halten).

3. Rechtsfolgen

38 Die Nichtigkeit des Überweisungsauftrags beseitigt *nicht* die von der Bank vollzogene *Gutschrift* zugunsten des Empfängers. Auch unter dem Gesichtspunkt der Geschäftseinheit (§ 139 BGB) ist die Gutschrift nicht ungültig. Die Überweisungsbank kann die Belastungsbuchung auf dem Konto des Auftraggebers durch Wiedergutschrift rückgängig machen. Bei einer Anfechtung des Überweisungsauftrags kann jedoch die Bank insoweit von einer Rückbuchung absehen, als ihr der Auftraggeber nach § 122 BGB zum Ersatz des Vertrauensschadens verpflichtet ist. Der Schaden der Bank liegt darin, daß sie bei einer Hausüberweisung dem Empfänger gegenüber aus der Gutschrift verpflichtet ist oder ihm den Betrag bereits ausgezahlt hat, bei einer überbetrieblichen Überweisung darin, daß sie der Empfangsbank oder einer Zwischenbank verpflichtet ist. Auch kann der Bank ein Bereicherungsanspruch aus § 812 Abs. 1 Satz 1 BGB gegen den Auftraggeber zustehen, wenn er durch die Gutschrift von einer Schuld gegenüber dem Empfänger befreit worden ist. Nicht kann die Bank jedoch aus dem Gesichtspunkt ungerechtfertigter Bereicherung vom Empfänger den Verzicht auf die Rechte aus der Gutschrift verlangen, da der Rechtsgrund für die Gutschrift in den Beziehungen der Bank zum Auftraggeber und in dessen Beziehungen zum Empfänger liegt (Anm. 77). Vom Augenblick der Gutschrift an an sind irrtümliche Überweisungen nur im Verhältnis des Überweisenden zum Empfänger auszugleichen (Anm. 78). Die meisten Fälle dieser Art der Fehlüberweisung lösen sich ohnehin in der Praxis dadurch, daß der Empfänger den ihm irrtümlich überwiesenen Betrag dem Auftraggeber zurücküberweist. Zur Behandlung von *Fehlüberweisungen* s. im einzelnen Anm. 73 ff. Im Hinblick auf die Ersatzpflicht nach § 122 BGB empfiehlt es sich für den Auftraggeber, vor der Erteilung der Gutschrift den Überweisungsauftrag nicht anzufechten, sondern zu *widerrufen* (Anm. 25 ff.).

Erster Teil. Das Girogeschäft   Anh. § 365

VI. Fälschung des Überweisungsauftrags

1. Grundsatz

Nimmt die Bank auf Grund gefälschter Zahlungs- oder Überweisungsaufträge oder **39** gefälschter Vollmachten Auszahlungen oder Überweisungen vor, so wird sie gegenüber dem Kontoinhaber *nicht* von ihrer Schuld befreit. Die Bank trägt nach dem Gesetz das *Fälschungsrisiko* (RGZ 56, 412; 160, 312; 161, 181 (Postscheck); BGH WM 66, 396/397; 67, 1142; Canaris in Großkomm. HGB Anh. C nach § 357 Anm. 180; Meyer-Cording S. 104; Schoele S. 173; Baumbach/Hefermehl, Wechsel- und Scheckgesetz, Art. 3 SchG Anm. 6ff). Die Bank hat keinen Anspruch auf Ersatz der Aufwendungen aus §§ 675, 670 BGB, da diese Vorschriften einen *echten* Überweisungsauftrag voraussetzen. Die Rechtslage ist insoweit die gleiche wie beim *Fehlen* eines Überweisungsauftrags (Anm. 82ff.).

2. Verantwortung des Kunden

Dem Kunden obliegen nach dem Girovertrag *besondere Sorgfaltspflichten,* deren **40** schuldhafte Verletzung ihn gegenüber seiner Bank aus dem Gesichtspunkt *positiver Vertragsverletzung* schadensersatzpflichtig macht (RGZ 56, 410/412; 160, 310/312; BGH WM 66, 396/397; 67, 1143; 68, 214). Es ist deshalb möglich, daß der Kunde den der Bank durch die Fälschung entstandenen Schaden auf Grund des Girovertrages zu vertreten hat, z.B., wenn er durch unsorgfältige Ausfüllung die mißbräuchliche Verwendung von Überweisungsvordrucken verschuldet hat. Hat er den Vordruck *bewußt* unvollständig ausgefüllt, so wird ihm jedoch eine spätere seinem Willen widersprechende Ergänzung unter dem Gesichtspunkt des *Rechtsscheins* als eigene Erklärung zugerechnet (zutr. Canaris in Großkomm. HGB Anh. C nach § 357 Anm. 183). Auch durch unsorgfältige *Aufbewahrung* von Vordrucken verletzt der Kunde seine Sorgfaltspflicht; jedoch entfällt eine Ersatzpflicht, wenn die Vordrucke in den Geschäftsräumen ausliegen und daher jedermann sie sich nehmen kann. Der Kunde ist verpflichtet, die Gefahren einer Fälschung, Verfälschung oder sonstiger betrügerischer Machenschaften, soweit ihm dies zumutbar ist, auszuschalten. Daher kann ihn eine Pflicht zur *Anzeige* und Sperrung seines Kontos treffen, wenn er seinen Personalausweis und seine Bankkundenkarte verloren hat (BGH WM 67, 1142). Nach § 278 BGB haftet der Kunde auch für ein Verschulden seines *Erfüllungsgehilfen.* Fälscht oder verfälscht dieser selbst einen Überweisungsauftrag, so handelt es sich jedoch nicht um die Verletzung einer vertraglichen Pflicht des Kontoinhabers, für die er nach § 278 BGB einzustehen hat, sondern um den Verstoß gegen eine allgemeine Rechtspflicht (RGZ 160, 310/315). Hat daher der Kontoinhaber zwei Personen zur gemeinsamen Verfügung über sein Konto bevollmächtigt, so haftet er nicht nach § 278 BGB dafür, daß der eine Bevollmächtigte auf Grund eines durch Fälschung der Unterschrift des Mitbevollmächtigten hergestellten Zahlungsauftrags eine Auszahlung erwirkt und das Geld veruntreut; denn dieser handelt bei dem Zahlungsauftrag nicht in Erfüllung einer dem Kunden gegenüber der Bank obliegenden Vertragspflicht (Boesebeck DR 39, 1324). Liegt zugleich ein *Verschulden der Bank vor,*

§ 365 Anh. *Der bankmäßige Zahlungsverkehr*

so findet unter dem Gesichtspunkt mitwirkenden Verschuldens nach § 254 BGB eine *Schadensverteilung* statt, so z.B., wenn die Bank eine *Warnung* des Kunden über die Gefahr einer Fälschung nicht beachtet hat oder die Fälschung hätte erkennen müssen. Dabei wird der Bank ein Verschulden ihres *Erfüllungsgehilfen* nach § 278 BGB zugerechnet. In Anbetracht des Giro-Massenverkehrs genügt die Bank ihrer unabdingbaren Pflicht zur ordnungsgemäßen Prüfung des Auftrags, wenn sie sich davon überzeugt hat, daß er nach seinem äußeren Gesamtbild den Eindruck der *Echtheit* erweckt. Ob eine Unterschrift als gefälscht auffallen mußte, ist nach dem *Original* der Unterschriftsprobe und nicht nach einem Lichtbild zu beurteilen, BGH WM 71, 474. Der Disponent, der die Prüfung vornimmt, ist kein Schriftsachverständiger. Es kommt daher bei der Prüfung, ob die Unterschrift von der hinterlegten Unterschriftsprobe abweicht, darauf an, ob es sich um eine charakteristische Abweichung handelt, die ins Auge springt (OLG Frankfurt WM 72, 861/862; zur Prüfung der Echtheit eines Schecks s. Baumbach/Hefermehl, Wechsel- und Scheckgesetz, Art. 3 SchG Anm. 9).

3. Freizeichnung

41 Eine Haftung des Kunden für die Folgen einer Fälschung auf Grund des Girovertrages setzt, so weit man auch die Sorgfaltspflichten spannt, stets ein *Verschulden* voraus. Die *Privatbanken* haben für den Überweisungsverkehr die Gefahr der Fälschung weder in den AGB noch in Sonderbedingungen schlechthin auf den Kunden abgewälzt. Nr. 8 AGB bezieht die Freistellung nur auf Übermittlungsfehler, Mißverständnisse und Irrtümer der empfangenden Stelle, Nr. 5 AGB nur auf die Prüfung im Auftrage des *Kunden* entgegengenommener Urkunden, nicht auf Fälschungen. Wohl aber haben die *Sparkassen* in Nr. 9 der AGB für den Überweisungsverkehr (Anm. 11) und die *Deutsche Bundesbank* in Nr. 13 ihrer AGB zu II (Anm. 12) bestimmt, daß der Kontoinhaber alle Folgen und Nachteile des Abhandenkommens, der mißbräuchlichen Verwendung, der *Fälschung* und *Verfälschung* von Scheck- und Überweisungsvordrucken trägt. Für den *Postverkehr* bestimmt § 10 PostscheckO vom 1. 12. 69 (BGBl I S. 2159), daß der Postscheckteilnehmer die Nachteile, die aus dem Verlust oder dem Mißbrauch von Formblättern entstehen, also auch nicht erkannter Fälschungen, trägt, wenn er das Postscheckamt nicht so zeitig benachrichtigt hat, daß seine Überweisung oder Zahlung an einen Unberechtigten noch verhindert werden kann (zu § 6 Abs. 2 PschO 1927 vgl. Felix BB 57, 697). Auch für den *Scheckverkehr* haben Banken und Sparkassen die Fälschungsgefahr auf den Kunden abgewälzt (Nr. 10 AGB Banken für den Scheckverkehr; Nr. 9 AGB Sparkassen für den Scheckverkehr). Solche *Freizeichnungen* sind grundsätzlich rechtsgültig; sie verstoßen nicht gegen § 138 BGB. Doch bestehen hinsichtlich ihres *Umfangs* wichtige Schranken. Die Haftung für eigenen *Vorsatz* kann eine Bank ohnehin niemals ausschließen (§ 276 Abs. 2 BGB; OGHZ 3, 282). Eine weitere Einschränkung ergibt sich daraus, daß die Freizeichnung nur auf die typische *Fälschungsgefahr* zu beziehen ist. Nicht folgt aus der Freizeichnungsklausel, daß der Kontoinhaber schlechthin jeden Schaden zu tragen hat. Durch die Abwälzung der Fälschungsgefahr auf den Kunden wird die Bank nicht von der ihr dem Kunden gegenüber obliegenden Verpflichtung frei, bei der Führung der Geschäfte die Sorgfalt eines ordentlichen Kaufmanns anzuwenden (§ 347) und demgemäß Scheck- und Überweisungsaufträge ordnungsmäßig und sorgfältig zu *prüfen* (BGH WM 69, 240; 71, 474; RGZ 161, 174/181; 168, 329; 100, 59; RG SeuffA 77 Nr. 133; RG JW 14, 204 und JW 19, 821 Nr. 3; Baumbach/Hefermehl, Wechsel- und Scheckgesetz, Art. 3 SchG Anm. 9; Canaris in Großkomm. HGB Anh. C nach § 357 Anm. 181; Meyer-Cording S. 108; Schoele S. 175). Die Prüfungspflicht bezieht sich bei Überweisungsaufträgen auf die Echtheit der Unterschrift und des Inhalts. Bei *schuldhafter* Verletzung der Prüfungspflicht muß die Bank den entstandenen Schaden selbst tragen. Nur muß der Kunde das Verschulden der Bank *nachweisen;* gelingt ihm dies nicht, so trägt er den Schaden. Die praktische Bedeutung der Freizeichnung für Fälschungen und Verfälschungen liegt darin, daß der Kunde einmal *Zufallschäden* tragen muß, zum anderen darin, daß er für das Verschulden der Bank bei Verletzung ihrer Prüfungspflicht die *Beweislast* trägt. Bei beiderseitigem Verschulden findet nach § 254 BGB eine Schadensteilung statt. Gegen den *Fälscher* steht der Bank ein Schadensersatzanspruch aus § 823 Abs. 2 BGB, § 263 StGB und aus § 826 BGB zu.

VII. Wirkungen

1. Belastungsbuchung

In der Praxis des Giroverkehrs ist es üblich, daß die Überweisungsbank sofort, **42** nachdem ihr der Überweisungsauftrag erteilt worden ist, in Höhe des zu überweisenden Geldbetrages eine *Lastschrift* auf dem Konto des Kunden vornimmt. Meist wird angenommen, daß sich die Bank durch die Belastung einen *Vorschuß* für die Aufwendungen verschafft, die für sie mit der Ausführung des Auftrags verbunden sind (§§ 675, 669 BGB; BGHZ 4, 244; Canaris in Großkomm. HGB Anh. § 357 Anm. 166; Schönle, Bank- und Börsenrecht, 1976, § 32 III 2; Meyer-Cording S. 36; Ulmer SJZ 48 Sp. 246; a. M. von Godin in RGR-Komm. z. HGB § 365 Anh. I Anm. 20 Ziff. 3b und Anm. 27; Kiehnscherf S. 33f; Möschel JuS 72, 297). Beauftragt jemand einen anderen, einen Geldbetrag für seine Rechnung an einen Dritten *auszuzahlen,* so liegt eine Aufwendung nur dann vor, wenn der Beauftragte den Betrag aus seinem Vermögen zunächst auslegt. Wird ihm der Betrag vom Auftraggeber ausgehändigt, so stellt er keinen Vorschuß und seine Auszahlung keine Aufwendung, sondern den *Gegenstand* des Auftrags dar. Für den Beauftragten ist daher nicht durch die Auszahlung ein Anspruch auf Aufwendungsersatz nach §§ 675, 670 BGB entstanden. Bei der Giroüberweisung von *Buchgeld* ist die rechtliche Beurteilung grundsätzlich keine andere. Hat der Kunde ein Guthaben, von dem er einen Betrag einem Dritten überweist, so ist die Lastschrift nicht ein „Vorschuß", sondern eine vorweggenommene Buchung, die verhindert, daß der Kunde über sein Guthaben in Höhe des Überweisungsbetrages anderweit verfügt. Der Betrag der Lastschrift erscheint als Gegenstand der Leistung der Bank (BGHZ 26, 1/5) an den Kunden, dessen Guthabenforderung sich entsprechend dadurch mindert (Anm. 43), daß die Bank auf Grund des Überweisungsauftrags den Überweisungsbetrag in das Vermögen des Empfängers überführt, dem der Betrag auf seinem Konto gutgeschrieben wird, und zwar bei einer Hausüberweisung von der Überweisungs-, bei einer Kettenüberweisung von der Empfangsbank. Kommt es nicht zur Gutschrift, so ist die Überweisungsbank ihrem Kunden gegenüber verpflichtet, den abgebuchten Betrag wiedergutzuschreiben.

§ 365 Anh. *Der bankmäßige Zahlungsverkehr*

2. Einfluß auf das Guthaben

43 Die Ausführung eines Überweisungsauftrags wirkt sich kraft des Simultaneffekts auf das Valutaverhältnis des Überweisenden zum Empfänger (Anm. 19) und das *Deckungsverhältnis* des Überweisenden zu seiner Bank aus. Bei einer bürgerlich-rechtlichen Anweisung *auf Schuld* erlischt die Schuld des Angewiesenen gegenüber dem Anweisenden erst durch die *Leistung* des Angewiesenen an den Begünstigten (§ 787 Abs. 1 BGB). Bei einer Giroanweisung liegt diese Leistung neben der Auszahlung in der *Gutschrift* zugunsten des Empfängers; durch sie mindert sich entsprechend § 787 Abs. 1 BGB das Guthaben des Überweisenden bei seiner Bank (vgl. Ulmer AcP 126, 160/167). Besteht zwischen ihnen, wie es gewöhnlich der Fall ist, zugleich ein *Kontokorrentverhältnis* (Nr. 2 I AGB Banken; Anm. 16), so fragt es sich, ob auch in diesem Fall eine automatische Minderung des Guthabens entsprechend § 787 Abs. 1 BGB eintreten kann. Das lehnt der BGH in NJW 51, 598 für die Einlösung eines Schecks ab, weil im Kontokorrentverkehr die *tilgende* Wirkung erst durch die Verrechnung bei der nächsten Saldoziehung eintrete (ebenso Canaris in Großkomm. HGB Anh. nach § 357 Anm. 167). Nach der herrschenden Auffassung wird durch die Belastung des Kundenkontos der Anspruch der Bank auf Ersatz ihrer *Aufwendungen* (§§ 675, 667 BGB) in das Kontokorrent eingestellt und in ihm verrechnet (s. dazu Anm. 42). Aber auf Grund des Geschäftsvertrages kann der Kunde über sein jeweiliges Giroguthaben jederzeit auch durch *Abhebung* verfügen, so daß eine entsprechende Anwendung des § 787 Abs. 1 BGB nicht dadurch ausgeschlossen ist, daß die Parteien im Kontokorrentverkehr stehen, und zwar auch dann nicht, wenn man das Bankkontokorrent als ein Periodenkontokorrent im Sinne des § 355 Abs. 1 HGB auffaßt (§ 355 Anm. 41, 60). Durch die Gutschrift mindert sich automatisch das tatsächliche Guthaben des Kunden, das zwar im streng rechtlichen Sinne keine Forderung ist, aber doch als solche behandelt wird, insbesondere dann, wenn nach dem Geschäftsvertrag jederzeit Auszahlung verlangt werden kann (§ 355 Anm. 51). Unabhängig davon, ob man § 787 Abs. 1 BGB entsprechend anwendet oder annimmt, daß ein Anspruch der Bank auf Aufwendungsersatz in das Kontokorrent eingestellt ist, kann jedenfalls der Kunde nur noch über sein durch die Überweisung verringertes Guthaben verfügen. Ein neuer Buchungsakt erfolgt *nicht* mehr. Die Lastschrift als vorweggenommene Buchung ist *endgültig* geworden, wenn der Überweisungsbetrag dem Konto des Empfängers gutgeschrieben ist. Hatte die Bank, weil der Überweisende kein Guthaben bei ihr hatte, die Leistung aus ihrem Vermögen vorgeschossen, so ist § 787 Abs. 1 BGB nicht entsprechend anwendbar. In diesem Fall hätte die Bank gegen ihren Kunden einen Anspruch auf Aufwendungsersatz nach §§ 675, 670 BGB.

3. Abschnitt. Rechtsbeziehungen zwischen den Banken

44 Die Überweisung kann von der Überweisungsbank allein durchgeführt werden, wenn auch der Empfänger bei ihr ein Konto hat. Sonst muß die Überweisung über *mehrere* Banken durchgeführt werden (Kettenüberweisung). Zu unterscheiden ist dabei, ob der Empfänger sein Konto bei einer *Filiale* der beauftragten Überweisungsbank oder einer *anderen* selbständigen Bank hat. Im ersten Fall spielt sich die Kettenüberweisung im

Filialnetz, d. h. über die Kontostellen *derselben* Bank, im zweiten Fall über *mehrere* selbständige Banken ab, und zwar entweder direkt zwischen Überweisungs- und Empfangsbank, wenn zwischen ihnen ein Giroverhältnis besteht, oder unter Vermittlung durch eine gemeinsame Zentralstelle oder im Abrechnungsverkehr (Anm. 49).

I. Filialüberweisung

Die „*Filialbanken*" sind unselbständige Kontostellen derselben Bank. Bei einer innerbetrieblichen Überweisung hat die Bank ihre Pflichten gegenüber dem überweisenden Kunden, dessen Konto sie zunächst belastet, nicht schon dadurch erfüllt, daß sie den Überweisungsträger an die Kontostelle des Empfängers, sei es unmittelbar, sei es über die Zentrale, weiterleitet. Das trifft im Gegensatz zu einer außerbetrieblichen Überweisung (Anm. 46) erst zu, wenn sie den zu überweisenden Betrag dem *Empfänger gutgeschrieben* hat. Mit der Wirksamkeit der Gutschrift ist ein selbständiger Anspruch des Empfängers gegen die Bank entstanden (BGH NJW 52, 499; Canaris Großkomm. HGB Anh. nach § 357 Anm. 192). Dabei ist es grundsätzlich gleichgültig, ob Überweiser und Empfänger *verschiedene* Personen oder identisch sind (Fremd- oder Eigenüberweisung). Bei Umbuchung des Guthabens auf Grund einer Eigenüberweisung von einem Konto auf ein anderes bleibt allerdings die Bank Schuldner ein und derselben Person; nur der Erfüllungsort und der Gerichtsstand haben sich durch die Verlagerung des Guthabens geändert (Meyer-Cording S. 63). Nach Nr. 26 AGB (Anm. 9) ist die *kontoführende Stelle* der Bank für beide Teile der Erfüllungsort. Es kann nur an dem Ort Zahlung verlangt werden, wo das Konto geführt wird. Über die Frage, in welchem *Zeitpunkt* die Änderung des Erfüllungsorts eintritt, vgl. OGHZ 2, 148; 4, 51; BGHZ 2, 218. Prakische Bedeutung kam dieser Frage bei den *steckengebliebenen Ost/West-Überweisungen* zu (Vorauflage Anm. 66 ff.).

45

II. Außerbetriebliche Überweisung

Hat der Empfänger sein Konto bei einer anderen als der vom Kunden beauftragten Überweisungsbank, so muß sie den Überweisungsauftrag an die Bank des Empfängers *weiterleiten,* sei es *direkt,* sei es über eine *gemeinsame* Girobank (Nr. 9 AGB Privatbanken). Die Überweisung findet ihre rechtliche Grundlage in den zwischen den Girobanken bestehenden oder zu begründenden Girovertragsverhältnissen. Im Prinzip liegt es somit nicht anders als bei dem zwischen Kunden und Überweisungsbank bestehenden Giroverhältnis. Ebenso wie die Überweisungsbank ist auch die von ihr beauftragte Zwischen- oder Empfangsbank zur Ausführung der Überweisung nur verpflichtet, wenn ein entsprechendes *Guthaben* (Deckung) vorhanden ist. Während bei einer innerbetrieblichen Überweisung die beauftragte Bank ihre Pflichten gegenüber dem Kunden erst erfüllt hat, wenn sie den Geldbetrag dem Konto des Empfängers *gutgeschrieben* hat, hat sie bei einer außerbetrieblichen Überweisung ihre Pflichten in der Regel schon dann erfüllt, wenn sie den Überweisungsauftrag ihres Kunden *ordnungsgemäß weitergeleitet* hat. Sie schuldet *nicht* den Vollzug der Gutschrift auf dem Konto des Empfängers. Die Empfangsbank sowie die eingeschaltete Mittlerbank sind daher *nicht ihre Erfüllungsgehilfen,* für die sie

46

nach § 278 BGB haftet (RGZ 105, 50; RG LZ 26, 45; Canaris in Großkomm. HGB Anh. nach § 357 Anm. 194; Meyer-Cording S. 74; Schoele S. 196). Ihre Tätigkeit erschöpft sich in der ordnungsgemäßen Weiterleitung des Überweisungsauftrags, so daß sie nur für ein Verschulden bei der Weiterleitung des Überweisungsauftrags, insbesondere für sorgfältige Auswahl (Nr. 9 I AGB Privatbanken) haftet. Nur wenn die Überweisungsbank telefonisch oder telegraphisch die Empfangsbank zu einer *Auszahlung* an den begünstigten Empfänger veranlaßt hat, haftet sie für deren schuldhafte Verletzung der Sorgfaltspflicht bei der Prüfung der *Echtheit* und *Legitimation* (BGH WM 67, 1143; Canaris in Großkomm. HGB Anh. nach § 357 Anm. 184), wenn es sich bei dieser Verpflichtung um eine Pflicht der Überweisungsbank handelt, zu deren Erfüllung sie sich der Empfangsbank bedient. – Führt eine Bank einen Überweisungsauftrag durch Weiterleitung an die Empfangsbank zur Gutschrift für den Empfänger aus, so handelt sie sittenwidrig, wenn sie erkennt, daß mit dem Zusammenbruch der Empfangsbank zu rechnen ist und daher der Überweisungsbetrag nicht mehr dem Empfänger zukommen wird; sie kann ihm daher nach § 826 BGB schadenersatzpflichtig sein (BGH WM 63, 829).

III. Formen der Weiterleitung

1. Unmittelbare Ausführung

47 Besteht zwischen der *Überweisungs-* und der *Empfangsbank* ein Giro- und Kontokorrentverhältnis, so schreibt die Überweisungsbank, wenn sie *kontoführend* ist, der Empfangsbank den Überweisungsbetrag auf deren Nostrokonto gut und benachrichtigt sie von der Gutschrift und davon, für wen sie bestimmt ist. Die Empfangsbank ist sowohl der Überweisungsbank als auch dem Empfänger auf Grund des Girovertrages mit ihm zur Gutschrift verpflichtet (Anm. 53). Ist die *Empfangsbank* kontoführend, so erhält sie von der Überweisungsbank den Auftrag, zu ihren Lasten den Betrag dem begünstigten Empfänger gutzuschreiben, wozu sie vertraglich der Überweisungsbank und dem Empfänger gegenüber verpflichtet ist. Überweisungs- und Empfangsbank handeln im *eigenen* Namen; diese wird daher durch den Erhalt des Überweisungsträgers nicht zur Beauftragten des Überweisenden (Anm. 48).

2. Mittelbare Ausführung

48 Besteht zwischen der Überweisungs- und der Empfangsbank kein Girovertragsverhältnis, so muß die Überweisung über eine *Zwischenbank* ausgeführt werden, bei der sowohl die Überweisungs- als auch die Empfangsbank ein Girokonto haben. Rechtliche Beziehungen entstehen bei einer solchen Kettenüberweisung grundsätzlich nur zwischen der Überweisungsbank und der von ihr beauftragten Zwischenbank sowie zwischen dieser und der von ihr beauftragten Empfangsbank, nicht dagegen zwischen der Überweisungsbank und der Empfangsbank oder einer von der ersten beauftragten weiteren Zwischenbank (BGH WM 57, 1047). Alle bei einem Überweisungsvorgang tätig werdenden Banken, nicht nur die Überweisungs- und die Empfangsbank, sondern auch die eingeschalteten Zwischenbanken, handeln im *eigenen* Namen auf Grund der zwischen ihnen jeweils bestehenden Girovertragsverhältnisse (ebenso Canaris in Großkomm. HGB

Anh. nach § 357 Anm. 193; a.M. von Godin in RGR-Komm. HGB § 365 Anh. I Anm. 26, 30). Die Zwischenbanken haben *nicht* die Stellung eines *Boten,* der einen Auftrag lediglich weitergibt, sondern erlangen die gleiche selbständige Rechtsstellung gegenüber der sie beauftragenden Bank wie die Überweisungsbank gegenüber dem Kunden. Anders liegt es im Abrechnungsverkehr der *Bundesbank* (Anm. 8, 49).

3. Ausgleich im Abrechnungsverfahren

Als Abrechnungsstellen fungieren im bargeldlosen Zahlungsverkehr die *Landeszentralbanken* (Zweiganstalten der Deutschen Bundesbank), die *Deutsche Girozentrale – Deutsche Kommunalbank* für den Giroverkehr der Sparkassen sowie die *Deutsche Genossenschaftskasse* für den Giroverkehr der Kreditgenossenschaften. Da fast alle Kreditinstitute ein Konto bei der Landeszentralbank haben, kann die Durchführung einer Überweisung auch in der Form erfolgen, daß die Überweisungsbank der Empfangsbank buchmäßige Deckung bei der Landeszentralbank verschafft. In diesem Falle entstehen unmittelbare Rechtsbeziehungen zwischen der Überweisungs- und der Empfangsbank (BGHZ 27, 241; BGH WM 62, 460; a.M. Nebelung NJW 58, 44). Die Funktion der Landeszentralbank als Abrechnungsstelle beschränkt sich auf den *Zahlungsausgleich* (Anm. 7f.). In der Praxis werden hierfür grundsätzlich durchlaufende Überweisungsvordrucke benutzt. Die Landeszentralbank stempelt unter Angabe des Datums den von der Überweisungsbank übersandten Überweisungsträger und leitet ihn an die Empfangsbank weiter. Sie hat insoweit nur die rechtliche Stellung eines *Übermittlungsboten* (glA Canaris in Großkomm. HGB Anh. nach § 357 Anm. 193). Auf Grund des zwischen Überweisungs- und Empfangsbank als Teilnehmern am Abrechnungsverkehr bestehenden Vertragsverhältnisses ist diese jener gegenüber verpflichtet, deren Weisungen zu befolgen. Aber auch dann, wenn zwischen der Überweisungs- und der Empfangsbank bereits eine Kontoverbindung besteht, wird meist die Überweisung nicht direkt, sondern über eines der bestehenden Gironetze, insbesondere das einer Landeszentralbank, durchgeführt.

IV. Rechtsbeziehungen zum Kunden

Der überweisende Kunde steht außer zu der von ihm beauftragten Überweisungsbank in einer unmittelbaren Rechtsbeziehung weder zur Empfangsbank noch zu einer der zwischengeschalteten Mittlerbanken (BGH WM 58, 1078; 61, 78; RG LZ 33, 770; Nebelung NJW 58, 44; Schoele S. 197). *Ausnahmen* von diesem Grundsatz setzen *besondere Umstände* voraus (Anm. 97). Hat die erstbeauftragte Bank den Überweisungsauftrag des Kunden als dessen Bote einer anderen Bank übermittelt, so entstehen vertragliche Beziehungen zwischen dem überweisenden Kunden und dieser Bank als Überweisungsbank. Die erstbeauftragte Bank war dann lediglich zur Vermittlung des Überweisungsauftrags, nicht aber als Überweisungsbank tätig.

§ 365 Anh.   *Der bankmäßige Zahlungsverkehr*

4. Abschnitt. Rechtsbeziehungen zwischen der Empfangsbank und dem Überweisungsempfänger

I. Rechtsstellung des Überweisungsempfängers vor der Gutschrift

1. Kein Vertrag zugunsten Dritter

51 Der Girovertrag, der rechtlich als ein auf Geschäftsbesorgung gerichteter Dienstvertrag zu kennzeichnen ist (Anm. 13), ist kein Vertrag zugunsten Dritter. Seine Bedeutung liegt darin, die Rechtsbeziehungen zwischen Kunde und Bank näher festzulegen. Auf ihm beruht die Verpflichtung der Bank, dem Kunden ihre Einrichtungen zur Durchführung des bargeldlosen Verkehrs zur Verfügung zu stellen (BGHZ 10, 322). Die Annahme, der Girovertrag würde zugunsten aller künftigen Überweisungsempfänger geschlossen, denen er ein unmittelbares, wenn auch durch Erteilung des Überweisungsauftrages bedingtes, Forderungsrecht verleihe, wäre widersinnig. Erst wenn im Rahmen des Girovertrages der Kunde seiner Bank den *Auftrag* zur Überweisung eines Geldbetrages an einen Dritten erteilt, läßt sich die Frage aufwerfen, ob ein echter Vertrag zugunsten Dritter vorliegt. Nach der herrschenden Auffassung erhält der *Empfänger* durch den Überweisungsauftrag grundsätzlich *kein unmittelbares Recht* gegen die Bank auf Leistung (BGH LM § 328 BGB Nr. 19; OGHZ 4, 85; OLG Hamburg BB 61, 1075; Canaris in Großkomm. HGB Anh. C nach § 357 Anm. 197; von Godin in RGR-Komm. z. HGB § 365 Anh. I Anm. 1 Ziff. 3 und Anm. 3; Meyer-Cording S. 13; Bettermann ZHR 111, 137 ff.; Ulmer SJZ 47, 239 und 49, 759; Schönle, Bank- und Börsenrecht, 1976, § 31 I 2; Möschel JuS 72, 297; J. v. Gierke S. 502; Kiehnscherf S. 13 ff.; Koch BankA XXXIII, 164; Rospatt BankA XXXIII, 324). In Nr. 19 der AGB der Deutschen Bundesbank heißt es, daß der Begünstigte aus einem der Bank erteilten Auftrag zur Überweisung oder Zahlung keinen Anspruch gegen die Bank herleiten kann. Die Rechtsprechung des RG hat lange geschwankt. So haben RGZ 84, 354; 91, 119; 105, 398; 134, 76 einen Vertrag zugunsten Dritter bejaht; ablehnend dagegen RGZ 102, 65. Nach RGZ 141, 287 ist der Girovertrag als ein Vertrag zugunsten Dritter insoweit aufzufassen, als der begünstigte Empfänger durch die Gutschrift einen unmittelbaren Anspruch auf Auszahlung gegen die Bank erwirbt. An dieser Auffassung hielt auch noch BGH NJW 51, 437 fest. Dagegen messen neuere Urteile des BGH der Gutschrift rechtsbegründende Wirkung zu, ohne zugleich von einem Vertrag zugunsten Dritter zu sprechen (BGHZ 26, 167; BGH WM 55, 1476). Eindeutig heißt es in LM Nr. 19 zu § 328 BGB, daß der Empfänger aus dem Überweisungsauftrag noch keinen unmittelbaren Anspruch gegen die Bank erwirbt (für den Postscheckverkehr: BGH NJW 61, 1715). Um einen Anspruch des Empfängers zu begründen, muß ein weiterer rechtserheblicher Umstand hinzukommen. Besteht ein Giroverhältnis zwischen dem Empfänger und seiner Bank, so erwirbt der Empfänger gegen sie mit der Gutschrift einen Rechtsanspruch auf Zahlung. Ist der Empfangsbank der für ihn bestimmte Geldbetrag überwiesen worden, so hat er auch schon *vor der Gutschrift* einen Anspruch *auf* Gutschrift (Anm. 53). Auch dieser Anspruch beruht jedoch auf seinem eigenen Girovertrag, nicht dem Girovertrag zwischen dem Überweisenden und der Überweisungsbank. Hat der Empfänger kein Konto bei der

Überweisungsbank, so entfällt die Annahme eines Vertrages zugunsten Dritter ohnehin, da durch Vereinbarung zwischen dem Überweisenden und seiner Bank nicht ein Recht des Dritten zu Lasten einer anderen Bank begründet werden kann (Anm. 52). Hat der Empfänger ebenfalls ein Konto bei der Überweisungsbank, die somit zugleich seine Empfangsbank ist, so würde die besondere Begründung eines Zahlungsanspruchs zu seinen Gunsten nicht ausgeschlossen sein. Aber der Zweck des Girovertrages und des auf seiner Grundlage erteilten Überweisungsauftrags, der für das Zustandekommen eines Vertrages zugunsten Dritter nach § 328 Abs. 2 BGB entscheidend wäre, schließt eine solche Annahme aus. Es wäre zudem nicht sinnvoll, den Girovertrag verschieden zu behandeln, je nachdem, ob es sich um eine innerbetriebliche oder außerbetriebliche Überweisung handelt. Auch müßte, wenn ein echter Vertrag zugunsten Dritter vorläge, § 334 BGB angewendet werden. Das aber würde bedeuten, daß die Bank *Einwendungen,* die ihr gegenüber dem Auftraggeber zustehen, auch noch nach der Gutschrift gegenüber dem Empfänger geltend machen könnte. Schwerlich ließe sich dann die Gutschrift im Verhältnis des Überweisenden zum Empfänger als Erfüllung oder als eine Leistung an Erfüllungs Statt werten. Die Gutschrift als ein Akt selbständiger rechtlicher Bedeutung paßt nicht in das Schema eines Vertrages zugunsten Dritter (§§ 328 ff. BGB; OGHZ 4, 85). Es müßten schon ganz außergewöhnliche Umstände vorliegen, um die Annahme eines Vertrages zugunsten Dritter mit der Wirkung zu rechtfertigen, daß dem Überweisungsempfänger schon auf Grund des Überweisungsauftrages ein unmittelbarer Anspruch gegen die Überweisungsbank auf Leistung zustehen soll (BGHZ 3, 241). Der Abschluß eines Vertrages zugunsten Dritter widerspricht der Praxis des Überweisungsverkehrs. Sollte eine solche Rechtswirkung im Einzelfall gewollt sein, so müßte das ausdrücklich vereinbart sein. Wohl aber wäre es möglich, daß aus besonderen Gründen der Dritte ein *eigenes Recht* erwirbt, z. B. aus einer Garantieerklärung der Bank hinsichtlich eines einzulösenden Schecks (BGH WM 56, 1293).

Mitunter macht die vom Überweisenden beauftragte Girobank der Empfangsbank oder dem Überweisungsempfänger eine *besondere Mitteilung* von dem Überweisungsauftrag. Die erstbeauftragte Bank sendet z. B. der Empfangsbank folgendes Avis: „Wir überweisen Ihnen im Auftrag des A zugunsten des E einen Betrag in Höhe von 1000,– DM, was wir hiermit bestätigen." Auch in diesem Fall will sich jedoch die erstbeauftragte Bank trotz des Wortlauts des Avis („Wir überweisen") nicht verpflichten. Es handelt sich nur um die *Ankündigung* einer baldigen Überweisung (RG SeuffA 80 Nr. 10; Schoele S. 213; Trost/Schütz S. 346). Ein allgemeiner Handelsbrauch, nach dem auf Avis die benachrichtigte Bank dem Überweisungsempfänger den Geldbetrag sofort auszahlt, besteht nicht. Nur in diesem Fall könnte aber dem Avis eine Verpflichtungswirkung beigemessen werden. Es kann auch vorkommen, daß nicht die Girobank, sondern der *Überweisende* selbst die Überweisung der Empfangsbank avisiert. Verlangt ein Gläubiger von seinem Schuldner, daß er den Schuldbetrag auf sein Konto bei einer Bank zahlt, erteilt dann der Schuldner seiner Bank einen Überweisungsauftrag und schreibt er zugleich der Bank des Gläubigers, daß er durch seine Bank den Schuldbetrag zugunsten des Kontos des Gläubigers überwiesen habe, so soll nach RGZ 134, 73 *in diesem Schreiben* unter Umständen ein Vertragsantrag des Inhalts liegen, daß die Bank sich gegen Überweisung des Betrages dem Schuldner gegenüber verpflichtet, den überwiesenen Betrag an den Gläubiger auszuzahlen. In diesem Fall soll dem Gläubiger ein *unmit-*

52

§ 365 Anh. *Der bankmäßige Zahlungsverkehr*

telbarer Anspruch gegen seine Bank *bereits vor der Gutschrift* zustehen. Es ist jedoch sehr bedenklich, aus einem solchen Avisbrief des Schuldners an die Bank des Gläubigers, der zudem völlig überflüssig ist, einen berechtigenden Vertrag zugunsten des Empfängers herauszulesen. Ein unmittelbarer Anspruch des Überweisungsempfängers ließe sich nur annehmen, wenn zwischen dem Überweisenden und der Überweisungsbank ausdrücklich vereinbart worden ist, daß dem Überweisungsempfänger ein unmittelbarer Anspruch gegen die Girobank zustehen soll. Die Entscheidung RG 134, 73, die zwar nicht im Überweisungsauftrag, wohl aber im *Avis* den Antrag zum Abschluß eines Vertrages zugunsten des Empfängers gesehen hat, ist deshalb mit Recht im Schrifttum überwiegend abgelehnt worden (Canaris in Großkomm. HGB Anh. C nach § 357 Anm. 200; Ohse JW 32, 739; Schoele S. 215).

2. Der Anspruch auf Gutschrift

53 In dem Augenblick, in dem der Empfangsbank ein Geldbetrag zugunsten ihres Kunden überwiesen worden ist, hat dieser gegen sie auf Grund des Girovertrages einen *Anspruch auf Überführung des überwiesenen Betrages in sein Vermögen* (BGH NJW 51, 758; WM 71, 110; Canaris in Großkomm. HGB Anh. C nach § 357 Anm. 198; Schönle, Bank- und Börsenrecht, 1976, § 31 III 3 c Ziff. 1; Meyer-Cording S. 53; Schoele aaO S. 105/214). Die Überführung vollzieht sich gemäß dem Girovertrag regelmäßig in der Form der *Gutschrift,* so daß man von einem Anspruch des Empfängers *auf* Gutschrift sprechen kann. Meist wird angenommen, daß es sich um einen Anspruch auf Herausgabe nach §§ 675, 667 BGB handelt (Meyer-Cording S. 42). Die Empfangsbank hat jedoch nicht ihre Forderung gegen die Überweisungs- oder eine Zwischenbank ihrem begünstigten Kunden abzutreten, sondern eine selbständige Forderung für ihn zu begründen. Die Herausgabepflicht der Empfangsbank ist somit nicht wörtlich, sondern in einem übertragenen Sinne zu verstehen. Auf ein Ersuchen des Empfängers kann die Empfangsbank die eingegangene Überweisung sofort an einen Dritten weiterleiten. An die Stelle der Gutschrift zugunsten des Empfängers tritt dann die Weiterleitung (BGH WM 58, 222). Was die Pflicht des Beauftragten „zur Herausgabe des Erlangten" betrifft, so besteht zwischen Bargeld und Buchgeld kein Unterschied. In beiden Fällen handelt es sich um Werte, die, wirtschaftlich gesprochen, dem Empfänger gehören (RGZ 105, 399). Der Anspruch *auf* Gutschrift des überwiesenen Betrages findet seine rechtliche Grundlage nicht in einem zwischen dem Überweisenden und der Überweisungsbank zugunsten des Empfängers geschlossenen Vertrage (Anm. 51), sondern allein in dem zwischen dem Empfänger und seiner Bank bestehenden Girovertrag. Die Empfangsbank vollzieht ihre Verpflichtung gegenüber dem Empfänger girorechtlich dadurch, daß sie für ihn eine selbständige Forderung in Höhe des ihr durch Gutschrift zugeflossenen Gegenwerts begründet (Anm. 58).

54 Der Anspruch des Empfängers gegen seine Bank *auf* Gutschrift setzt voraus, daß sie für ihn einen in sein Vermögen zu überführenden Überweisungswert erhalten hat. Ebenso wie die Überweisungsbank für den Überweisenden nur tätig wird, wenn er ein Guthaben hat, die Bank also gedeckt ist, ist auch der Anspruch des Empfängers davon abhängig, daß die Empfangsbank *buchmäßige Deckung* erhalten hat. Erst dann hat sie den überwiesenen Betrag dem Empfänger auszuzahlen oder gutzuschreiben. Die Frage, wann der Überweisungswert der Empfangsbank so zugeflossen ist, daß sie auf Grund des Girovertrages gegenüber ihrem Kunden verpflichtet ist, den überwiesenen Betrag an ihn auszuzahlen oder ihm auf seinem Konto gutzuschreiben, ist verschieden zu beurteilen. Es kommt darauf an, ob es sich um eine inner- oder außerbetriebliche Überweisung handelt, und darauf, auf welchem Konto bei ihr die Überweisung zur Abwicklung gelangt (Sprengel S. 14 ff.; Meyer-Cording S. 75). Haben der Überweisende und der Empfänger *dieselbe Kontostelle* (Hausüberweisung), so ist der Überweisungswert dann als zugeflossen anzusehen, wenn die Bank das Konto des überweisenden Kunden *belastet* hat. Überweist der Auftraggeber einen Betrag auf ein Konto, das bei einer Filiale derselben Bank geführt wird (Filialüberweisung), so entsteht der Anspruch des Überweisungsempfängers auf Gutschrift mit der *Lastschrift* der Absendefiliale auf dem Konto des Überweisenden, zu der noch die banküblich Herausgabe der Überweisungspapiere an die Empfangsfiliale gehört (BGHZ 10, 319; von Godin in RGR-Komm. z. HGB § 365 Anh. I Anm. 29 Ziff. 2 e). Bei einer *außerbetrieblichen* Überweisung über selbständige Banken ist auf die *Gutschrift* zugunsten der Empfangsbank abzustellen, wenn die Überweisung über ein *Nostrokonto* durchgeführt wird, das die Empfangsbank bei der Überweisungs- oder einer vermittelnden Zwischenbank hat. Die ihr auf diesem Konto für einen Kunden gutgeschriebenen Beträge muß sie ihrerseits diesem Kunden gutbringen, auch wenn sie von der Nostrogutschrift erst in einem Zeitpunkt Kenntnis erlangt, in dem sie nicht mehr über den eingezahlten Betrag verfügen kann, z. B. infolge Zusammenbruchs der anderen Bank (BGH LM § 355 HGB Nr. 8; LG Frankfurt NJW 76, 332 nebst Beitrag von Riesenkampff NJW 76, 321 f.; zur Behandlung steckengebliebener Ost/West-Überweisungen vgl. Vorauflage Anm. 66 ff.). – Wird die Überweisung nicht über ein Konto der Empfangsbank bei der Überweisungs- oder einer Zwischenbank, sondern über ein Lorokonto der Überweisungs- oder Zwischenbank bei der *Empfangsbank* durchgeführt, so hat sie durch die *Belastung des Lorokontos* Deckung erlangt.

Der Anspruch des Empfängers gegen seine Bank *auf* Gutschrift ist *kausaler Natur*. Er ist einmal mit allen *Einwendungen* und *Einreden* behaftet, die der Überweisungs- oder der Zwischenbank gegen die Empfangsbank aus dem *Deckungsverhältnis* zustehen (Canaris in Großkomm. HGB Anh. nach § 357 Anm. 199; Meyer-Cording S. 75 f.), zum anderen ist er nur *vorläufiger* Natur. Er wird hinfällig mit dem *Widerruf* der Überweisung, der bis zur *Gutschrift* auf dem Konto des Empfängers zulässig ist (unter dem Gesichtspunkt auflösender Bedingung: RGZ 82, 95; LG Freiburg NJW 76, 333; unter dem Gesichtspunkt des *Vorschußcharakters* der Deckung: Canaris in Großkomm. HGB Anh. nach § 357 Anm. 201). Eine grundsätzlich andere Auffassung vertritt Schütz (AcP 160, 23 ff.), der den Widerruf des Überweisungsauftrages schon mit der Gutschrift des Überweisungsbetrages für die Empfangsbank als ausgeschlossen ansieht (dazu Anm. 26). **55**

Der Anspruch des Überweisungsempfängers *auf* Gutschrift ist nach §§ 675, 613 Satz 2 BGB grundsätzlich *nicht abtretbar*. Wohl aber ist er ebenso wie der Anspruch *aus* Gutschrift *pfändbar* (Canaris in Großkomm. HGB Anh. nach § 357 Anm. 202; Beeser AcP 155, 430). Da es sich seiner Natur nach um ein *rechtsgeschäftliches,* auf dem Girovertrag beruhendes Abtretungsverbot handelt, ist die Pfändbarkeit jedenfalls analog § 851 Abs. 2 ZPO zu bejahen. Die vorläufige Rechtsnatur des Anspruchs auf Gutschrift steht einer Pfändung nicht entgegen (Beeser AcP 155, 430). Durch die **56**

§ 365 Anh. *Der bankmäßige Zahlungsverkehr*

Pfändung kann der Vollstreckungsgläubiger allerdings nicht die Auszahlung des überwiesenen Betrags, sondern nur die Gutschrift auf dem Konto des Überweisungsempfängers erreichen. Der Gläubiger muß deshalb auch das Guthaben des Überweisungsempfängers pfänden (§ 357 Anm. 3; ebenso Canaris aaO).

II. Die Gutschrift

1. Buchmäßige Bedeutung

57 Die Gutschriftbuchung stellt das Symbol des *Buchgelds* dar, das bei der Überweisung eines Geldbetrages als Surrogat des Sachgelds dient. Schon aus diesem Grunde kommt der *Gutschrift* im Überweisungsverkehr grundsätzliche Bedeutung zu. Bei der heute üblichen Verwendung von elektronischen Datenverarbeitungsanlagen erfolgt die Gutschrift nicht mehr durch Eintragung auf dem Kontoblatt, sondern dadurch, daß der eingegangene Betrag auf einem zugleich mit dem Tagesauszug maschinell hergestellten *Tageskontoblatt* unter Angabe des alten und neuen Saldos erscheint und sodann in das Konto des Empfängers eingestellt wird. Je nach dem Stande des Kontos erhöht sich durch die Gutschrift der Habensaldo oder verringert sich der Sollsaldo.

2. Rechtliche Bedeutung

a) Forderungsbegründung.

58 Durch die Gutschrift erlangt der Überweisungsempfänger nach herkömmlicher Auffassung eine von allen Einwendungen und Einreden aus dem Deckungs- und Valutaverhältnis *unabhängige Forderung* gegen seine Bank (BGHZ 6, 121/124; 26, 167/171; BGH NJW 51, 427; WM 70, 751; 71, 110; Canaris in Großkomm. HGB Anh. nach § 357 Anm. 202/207; Schönle, Bank- und Börsenrecht, 1976, § 31 III 3c Ziff. 2; Meyer-Cording S. 41; Koller BB 72, 687/691; Liesecke WM 75, 214/229; Bettermann ZHR 111, 143). Es ist die Forderung *aus* vollzogener Gutschrift. Die Frage, wie die forderungsbegründende Wirkung der Gutschrift rechtlich zu erklären sei, ist nach wie vor streitig. Um den selbständigen Anspruch des Empfängers zu rechtfertigen, wurde früher meist angenommen, daß ein Vertrag zugunsten Dritter vorliege (Anm. 51). So betont RGZ 141, 287, der Girovertrag sei als Vertrag zugunsten Dritter mindestens in dem Sinne aufzufassen, daß der Begünstigte mit der tatsächlich vollzogenen Gutschrift ein unmittelbares Recht auf Auszahlung des überwiesenen Betrages erlange (so auch BGH NJW 51, 437), und zwar auch dann, wenn ein Kontobegründungsvertrag mit ihm fehle. Dann würde die forderungsbegründende Wirkung der Gutschrift auf dem zwischen dem Überweisenden und der Überweisungsbank bestehenden Girovertrag beruhen – eine Konstruktion, deren Unhaltbarkeit für außerbetriebliche Überweisungen offensichtlich ist (Anm. 48). Die forderungsbegründende Wirkung der Gutschrift kann sich nur aus dem zwischen dem Empfänger und der Empfangsbank bestehenden Rechtsverhältnis ergeben. Manche meinen, der Anspruch des Empfängers entstehe noch nicht mit der Gutschrift, sondern erst mit der *Gutschriftsanzeige* an den Empfänger seitens der Empfangsbank (so Bettermann ZHR 111, 142; A. Koch BankA XXXIII, 164/388 u. ZHR 107, 277). Die nach der Gutschrift erteilte Anzeige der Empfangsbank soll ein

Schuldanerkenntnis im Sinne des § 781 BGB darstellen. Entgegen dieser Auffassung wird heute überwiegend angenommen, daß *schon die Gutschrift* Rechtswirkungen zugunsten des Empfängers auslöse, ohne daß eine Anzeige an den Empfänger nötig sei. Der Anzeige an den Empfänger kommt nur *deklaratorische* Bedeutung zu (RGZ 54, 329/332; 114, 143; 141, 289; BGH NJW 51, 437; NJW 52, 499; LM § 355 HGB Nr. 8; OGHZ 1, 304; 4, 85). Nach RGZ 134, 73 liegt in der Gutschrift die Abgabe eines vertragsmäßigen Schuldversprechens oder Schuldanerkenntnisses zugunsten des Kunden, der hierzu im voraus auf Grund des Girovertrages mit seiner Bank sein Einverständnis gebe. Der Schriftform bedarf es nach § 350 nicht, da die Bank Kaufmannseigenschaft besitzt. Demgegenüber wird von Klausing (Die Zahlung durch Wechsel und Scheck, 1919) angenommen, daß die Wirkung der Gutschrift auf *Gewohnheitsrecht und Verkehrssitte* beruhe. Schoele (S. 30) sieht in der Gutschrift keinen selbständigen Vertrag, sondern sieht den Grund ihrer forderungsbegründenden Wirkung schon in dem zwischen Kunde und Bank bestehenden Girovertrag. Brodmann (ZHR 48, 132) leugnet überhaupt die konstitutive Kraft der Gutschrift, da ein Anspruch des Dritten schon durch die Entgegennahme der Überweisung seitens der Empfangsbank begründet sei. Aber das Bestehen eines Anspruchs *auf* Gutschrift spricht nicht gegen die konstitutive Entstehung eines Anspruchs durch Gutschrift.

b) Stellungnahme

Die Gutschrift ist als solche betrachtet ein rein *buchmäßiger Vorgang* (Anm. 57). Alle Versuche, die darauf abzielen, aus dem Buchungsakt der Gutschrift allein einen selbständigen Schuldversprechens- oder anerkenntnisvertrag hervorzuzaubern, lassen sich nicht halten. Soll die Gutschrift *Rechtswirkungen* auslösen, so kann dies nur auf dem *Willen* der Bank beruhen, sich gegenüber dem begünstigten Kunden zu verpflichten. Zur Feststellung eines solchen Willens muß auf den Girovertrag zurückgegangen werden, in dem die Parteien vereinbart haben, ihre Beziehungen in der dem Wesen des bargeldlosen Giroverkehrs entsprechenden Form abzuwickeln. Danach soll Buchgeld an die Stelle von Sachgeld treten (Anm. 2). Die der Bank zugunsten ihres Kunden überwiesenen Beträge sollen durch Gutschrift in das Vermögen des Kunden überführt werden. Schon mit dem Empfang des Überweisungsbetrages durch Gutschrift der Überweisungs- oder einer Mittlerbank ist die Empfangsbank auf Grund des Girovertrages *Schuldner* ihres Kunden geworden. Ihm steht gegen seine Bank der Anspruch *auf* Gutschrift zu (§§ 675, 667 BGB; Anm. 53). Dieser Anspruch wird von der Empfangsbank durch den Buchungsakt der *Gutschrift* vollzogen, die dem Kunden Buchgeld in Form einer selbständigen Forderung gegen seine Bank verschaffen soll. Findet der *Wille* der Bank, sich gegenüber dem begünstigten Kunden zu verpflichten, in der Gutschriftbuchung seinen erkennbaren Ausdruck, so ist zur Entstehung einer selbständigen Verpflichtung der Bank (§§ 780, 781 BGB) außer dem Buchungsakt nicht noch erforderlich, daß der Begünstigte die Gutschrift annimmt, von ihr Kenntnis erlangt oder sie ihm angezeigt wird. Wer einen Girovertrag abschließt, erklärt sich *im voraus* damit einverstanden, daß die Bank für ihn als Begünstigten von Einwendungen und Einreden unabhängige Forderungen begründet, die gemäß der gewöhnlich zwischen Bank und Kunde bestehenden Kontokorrentabrede auf dem Girokonto verrechnet werden (Anm. 60). In Vollzug einer solchen globalen Einigung, deren Grundlage im Girovertrag liegt, erfolgt die Begründung der einzelnen

§ 365 Anh. *Der bankmäßige Zahlungsverkehr*

Forderungen jeweils durch eine *rechtsgeschäftliche* Gestaltungserklärung der Bank, auf deren Zugang der Kunde *verzichtet* hat (§ 151 BGB; Koller BB 72, 687/691 ff.; Liesecke WM 75, 214/229; a. M. Möschel JuS 72, 299).

3. Gutschrift und Kontokorrent

60   Gewöhnlich besteht zwischen der Bank und dem Kunden neben dem Giro- ein *Kontokorrentverhältnis*. Jedes Girokonto ist grundsätzlich zugleich Kontokorrentkonto. Der Entstehung eines *selbständigen* Anspruchs aus Gutschrift steht die *Kontokorrentgebundenheit* (§ 355 Anm. 31 ff.) nicht entgegen; sie setzt vielmehr einen kontokorrentgebundenen Anspruch voraus (§ 355 Anm. 51). Die Kontokorrentabrede bewirkt, daß die beiderseitigen Ansprüche und Leistungen nur zur *Verrechnung* stehen, so daß erst der sich am Abschluß der Rechnungsperiode ergebende Saldo eine Forderung des Kontoinhabers begründen kann. Die bei den Banken übliche *tägliche* (jederzeitige) Saldierung soll lediglich dem Kunden und der Bank den jeweiligen Kontostand ersichtlich machen (§ 355 Anm. 60). Der Umstand, daß der Anspruch aus Gutschrift sofort im Kontokorrent aufgeht und der Kunde daher wegen der kontokorrentmäßigen Bindung den Anspruch aus der Gutschrift nicht selbständig gegen die Bank geltend machen kann, steht demnach der Annahme, daß die einzelne Gutschrift forderungsbegründende Kraft hat, *nicht* entgegen (a. M. von Godin in RGR-Komm. z. HGB § 365 Anh. I Anm. 20, 26 Ziff. 2 c). Wohl aber kann der Kunde in der Regel über sein Konto im Rahmen des Guthabens oder eines ihm eingeräumten Kredits verfügen. Das beruht auf dem *Geschäftsvertrag* (§ 355 Anm. 51).

III. Zeitpunkt der Forderungsentstehung

1. Rechtsbindungswille der Bank

61   Beruht die Entstehung einer selbständigen Forderung des Kunden auf dem Rechtsbindungswillen der Bank (Anm. 58), so kann mit der *Gutschriftbuchung* die Forderungsentstehung zusammenfallen. Es bedarf weder einer Kenntnis des Kunden von der Gutschrift noch einer Anzeige an ihn (Anm. 58). Canaris (Großkomm. HGB Anh. nach § 357 Anm. 209) verlangt, daß die buchende Stelle die Gutschrift aus ihrem internen Bereich herausgibt und auf den Weg zum Kunden bringt; die kontoführende Stelle müsse sich irgendwie der Gutschrift *entäußert* haben, mag diese im übrigen auch noch im Machtbereich der Bank bleiben. Aber die *Buchung* des eingegangenen Betrages auf dem Konto des Empfängers macht zugleich die Entäußerung des Rechtsbindungswillens der Bank deutlich, so daß es eines weiteren Aktes nicht bedarf (ebenso im Ergebnis Liesecke WM 75, 214/229). Kommt es jedoch für die Entstehung der Forderung *aus* Gutschrift entscheidend auf den Rechtsbindungswillen der Bank an, so brauchen Gutschriftbuchung und Forderungsentstehung nicht notwendig zusammenzufallen. Der technische Verlauf des unbaren Massenverkehrs hat sich in den letzten Jahren grundlegend gewandelt. An die Stelle manueller Buchungen ist der Einsatz elektronischer *Datenverarbeitungsanlagen* getreten. Aus der Sicht der veränderten Überweisungstechnik fragt es sich daher, ob nach dem Willen der Bank für die Entstehung der Forderung stets der Zeitpunkt der Gutschrift oder ein *späterer,* möglicherweise sogar ein *früherer* Zeitpunkt maßgebend ist, je nachdem, *wann* die *Disposition* erfolgt ist.

2. Manuelles Buchungsverfahren

Bei einer *Hausüberweisung* liegt vor der Gutschriftsbuchung die *Disposition*. Ist der **62** Überweisungsauftrag in Ordnung, insbesondere die nötige Deckung vorhanden, so werden das Konto des Auftraggebers in Höhe der Überweisungssumme belastet und in entsprechender Höhe das Konto des Empfängers erkannt. Hat bei einer *überbetrieblichen* Überweisung die Empfängerbank buchmäßige Deckung erhalten, so schließt sich daran, sofern kein Widerruf des Auftrags zu berücksichtigen ist, die Gutschrift auf dem Konto des begünstigten Kunden an. Entsprechendes gilt bei einer *Filialüberweisung*. Bei einer inner- oder überbetrieblichen Überweisung im manuellen Verfahren macht die *Gutschrift* als Schlußpunkt des Überweisungsvorgangs den Willensentschluß der Empfangsbank, für den Empfänger eine selbständige Forderung zu begründen, evident. Der Buchungsakt fällt mit der Forderungsentstehung zusammen. Mit der Gutschrift hat der Schuldner seine Schuld gegenüber dem Gläubiger im Valutaverhältnis *erfüllt* (§ 362 Abs. 1 BGB).

3. Maschinelles Buchungsverfahren

a) Datenverarbeitung

Heute erfolgen die Gutschrift- und Belastungsbuchungen bei jeder Kontenbewegung **63** auf den Kontoblättern der Banken meist durch zentrale *Datenverarbeitungsanlagen*, nur selten noch manuell durch den Buchhalter. Die Belege gelangen häufig *ohne vorherige Disposition* sofort in die Datenverarbeitung. Vom Computer werden sämtliche Kontenbewegungen einschließlich der kontokorrentmäßigen Verrechnung vorgenommen, ferner die Tagesauszüge hergestellt und vielfach unmittelbar an die Kunden gesandt. Mit dem Wandel der Überweisungstechnik stellt sich die Frage, ob der Wille der Bank, sich gegenüber ihrem Kunden selbständig zu verpflichten, vom technischen Buchungsakt zu lösen und auf einen *späteren Zeitpunkt* zu verlegen ist, der Gutschriftbuchung als solcher somit zunächst nur vorläufige Bedeutung zukommt. Mit dieser Problematik hat sich die Rechtsprechung erstmals beim *Einzug von Schecks* über mehrere Banken befaßt (BGHZ 53, 199). Es ging um die Frage, wann ein Scheck von der bezogenen Bank als für Rechnung des Ausstellers eingelöst anzusehen ist. Dieser Zeitpunkt ist im *manuellen* Verfahren die Lastschriftbuchung auf dem Konto des Ausstellers, der die Prüfung der sachlichen Voraussetzungen der Einlösung, insbesondere der Deckung, vorangeht. Bei Verwendung einer Datenverarbeitungsmaschine findet dagegen im Rahmen einer bei den einzelnen Banken schwankenden Höchstgrenze keine Vordisposition statt. In dem vom BGH entschiedenen Fall waren nach der mechanischen Ausführung der Lastschriftbuchung die vom Computer hergestellten Tagesauszüge und Kontenbelege zunächst an die kontoführende Stelle gelangt, die erst dann die Disposition vorgenommen und über die Einlösung der Schecks endgültig entschieden hatte. Ein solches Verfahren läßt sich nur praktizieren, wenn nicht schon die Abbuchung auf dem Konto des Scheckausstellers der für die Einlösung maßgebliche Zeitpunkt ist. Die Lastschriftbuchung kann daher, wie die *Auslegung* ergibt, nicht der Ausdruck des endgültigen Einlösungswillens der Bank sein (BGHZ 53, 199/203). Hat aber eine Bank bei der Abbuchung nicht den endgültigen Einlösungswillen, so muß sie auch die rechtliche Möglichkeit haben, diese

§ 365 Anh. *Der bankmäßige Zahlungsverkehr*

Tatsache nach außen hin *erkennbar* zu machen. In dem erwähnten Fall waren die der bezogenen Bank von der Zentralstelle zugegangenen Tagesauszüge dem Scheckaussteller übersandt worden, ihm jedoch zugleich in dem einen Falle mündlich, in dem anderen telefonisch mitgeteilt worden, die Schecks würden trotz der Belastung im Tagesauszug *nicht* eingelöst. Beim Scheckeinzug über mehrere Banken mit Hilfe von Datenverarbeitungsanlagen ist somit die Einlösung eines Schecks nicht schon mit der Lastschrift auf dem Konto des Scheckausstellers, sondern erst dann endgültig bewirkt, wenn die kontoführende Stelle nach der Buchung *ihren Einlösungswillen* in irgendeiner Form erkennbar macht, so insbesondere durch vorbehaltlose Übersendung des Tagesauszugs an den Aussteller. Ebenso wie für die Einlösung von Schecks stellt sich aber auch für *Geldüberweisungen* die Frage, ob die Buchung endgültige oder nur vorläufige Bedeutung hat.

b) **Wirksamwerden der Gutschrift**

64 aa) Bei *Hausüberweisungen* mit Hilfe der Datenverarbeitung werden heute die Lastschriften auf den Konten der Auftraggeber und die Gutschriften auf den Konten der Empfänger bis zu einer bestimmten Höhe des Überweisungsbetrages meist *sofort* vorgenommen, ohne daß zuvor die Disposition erfolgt ist. Sie findet erst *nach* der Datenverarbeitung, mitunter erst dann statt, wenn die Bank die Tageskontobelege erhalten hat. Auch hier ergibt die Auslegung, daß der Gutschriftbuchung noch keine forderungsbegründende Kraft zukommt. Der *Wille* der Bank, für den Empfänger eine selbständige Forderung zu begründen, setzt die *Nachdisposition* voraus. Die Forderung *aus* der Gutschrift entsteht daher erst, wenn die Disposition stattgefunden hat, und zwar spätestens dann, wenn dem Empfänger der Tagesauszug vorbehaltlos zugesendet wird. Ergibt die Disposition, daß die Voraussetzungen für eine Gutschrift nicht vorlagen, so werden die bereits erfolgten Last- und Gutschriftbuchungen storniert.

65 bb) Auch bei *Filialüberweisungen* ist die Gutschriftbuchung, wenn sie im maschinellen Verfahren *vor der Disposition vorgenommen wird, nur vorläufiger* Natur. Endgültig werden die Buchungen erst, wenn die kontoführende Stelle der Bank den Verpflichtungswillen gegenüber dem Empfänger durch eine vorbehaltlose Zusendung des Tagesauszuges zum Ausdruck gebracht hat.

66 cc) Bei einer *überbetrieblichen Überweisung* besitzt die Nostrogutschrift, die auf dem Konto der Empfangsbank bei der Überweisungs- oder einer Zwischenbank vorgenommen wird, ebenfalls nur *vorläufigen* Charakter. Diese Banken können die zugunsten der Empfangsbank vorgenommene Gutschrift stornieren, wenn sich herausstellt, daß die sachlichen Voraussetzungen für die Buchung nicht vorlagen und die Überweisung von der Empfangsbank noch nicht durch Gutschrift auf dem Konto des begünstigten Kunden ausgeführt worden ist. Das aber ist, wenn die Empfangsbank ihrerseits maschinell verfährt, ohne eine Vordisposition vorzunehmen, nicht schon mit der Gutschriftbuchung, sondern erst dann der Fall, wenn die Nachdisposition stattgefunden hat und dem begünstigten Empfänger der Tagesauszug vorbehaltlos zugesendet wird. An einem forderungsbegründenden Willen der Bank fehlt es, wenn die Belege vom Disponenten nicht in die Datenverarbeitungsanlage gegeben wurden, sondern statt dessen eine Buchung auf einem Hilfs- oder Zwischenkonto erfolgt.

67 Aus alledem folgt, daß bei inner- und überbetrieblichen Überweisungen mit Hilfe einer Datenverarbeitungsanlage die Gutschriftbuchung erst dann eine selbständige Forderung

des Überweisungsempfängers gegen die Bank ausweist, wenn die Auslegung ergibt, daß die Bank den *Willen* hat, sich gegenüber dem Empfänger zu verpflichten, und dieser Entschluß nach außen erkennbar hervorgetreten ist. Das wird spätestens der Fall sein, wenn dem Empfänger der Tagesauszug vorbehaltlos zugesendet wird. Das zur Entstehung einer selbständigen Forderung gegen die Bank notwendige und im voraus erklärte Einverständnis des Kunden bezieht sich nicht allein auf den Zeitpunkt der Gutschriftbuchung. Es erstreckt sich auf jede Maßnahme, die den Willen der Bank, eine selbständige Forderung für den Kunden zu begründen, erkennbar zum Ausdruck bringt.

Entsteht die Forderung des Empfängers gegen seine Bank bei einer Nachdisposition erst *nach* der Gutschriftbuchung, so folgt daraus, daß ein *Widerruf* des Auftraggebers, der noch rechtzeitig vor dem Wirksamwerden der Gutschrift bei der Empfangsbank eingeht, von ihr noch zu berücksichtigen ist, Anm. 25. Da im *Valutaverhältnis* die Schuld des Auftraggebers gegenüber dem Empfänger erst erfüllt ist, wenn für diesen eine selbständige Forderung gegen seine Bank entstanden ist, trägt der Schuldner bis zu diesem Zeitpunkt grundsätzlich noch das Risiko der Zahlung (Anm. 105 ff.). Zur Behandlung des *Insolvenzrisikos* vgl. Anm. 109. **68**

c) Forderungsentstehung vor Gutschriftbuchung

Gibt es somit Sachverhalte, in denen eine Gutschriftbuchung auf dem Konto des Empfängers wegen Fehlens eines Rechtsbindungswillens der Bank noch keinen forderungsbegründenden Charakter hat, so fragt sich, ob es auch Sachverhalte gibt, bei denen schon *vor* der Gutschriftbuchung eine selbständige Forderung für den begünstigten Empfänger begründet worden ist. **69**

Eine Bank ist während der Geschäftsstunden unwiderruflich befugt, Geldbeträge für ihre Kunden entgegenzunehmen (Nr. 4 Abs. 1 Satz 1 AGB). Zahlt ein Schuldner den von ihm geschuldeten Geldbetrag auf ein Konto seines Gläubigers *in bar* ein, so ist im Zeitpunkt der Einzahlung die Schuld getilgt. Die spätere Gutschrift des eingezahlten Betrages auf dem Konto des Gläubigers hat nur deklaratorische Bedeutung. Der Gläubiger hat schon in dem Zeitpunkt, in dem die Bank den Geldbetrag vom Einzahler entgegennimmt und ihm Quittung erteilt, einen Anspruch gegen die Bank auf Auszahlung des für ihn vereinnahmten Betrages erlangt (RGZ 105, 399). Der Schuldner braucht nicht nochmals zu zahlen, wenn die Bank insolvent werden sollte; er kann aber auch seine Zahlung nicht mehr widerrufen, da der Zahlungsvorgang mit der Einzahlung bei der Bank abgeschlossen ist. Auch bei einer *Hausüberweisung* kann für den Gläubiger schon *vor* der Gutschriftbuchung eine unwiderrufliche selbständige Forderung begründet worden sein, wenn der *Wille* der Bank erkennbar darauf gerichtet ist. Dieser Wille kann zwar nicht schon in der bloßen *Entgegennahme* des Überweisungsauftrages erblickt werden. Im Gegensatz zur Entgegennahme eines Bargeldbetrages ist in diesem Zeitpunkt noch offen, ob die für die Ausführung des Auftrags nötige *Deckung* vorhanden ist. Im früheren manuellen Verfahren erfolgte daher zunächst die Disposition, an die sich die Belastung des Kontoblatts des Auftraggebers und die entsprechende Gutschrift auf dem Kontoblatt des Empfängers anschlossen. Erst mit der Gutschrift hatte der Empfänger eine selbständige Forderung gegen seine Bank erlangt. Beim heute geübten maschinellen Verfahren erfolgt vielfach die Disposition schon *vor* der Abgabe der Belege an die zentrale Datenverarbeitungsanlage. Der Disponent prüft, ob Deckung vorhanden **70**

§ 365 Anh. *Der bankmäßige Zahlungsverkehr*

ist, zeichnet den Überweisungsvordruck ab oder stellt einen besonderen Beleg aus und gibt die Unterlagen in die Datenverarbeitungsanlage. Demgegenüber kommt der Belastungs- und Gutschriftbuchung, die der Computer in einem Vorgang herstellt, nur noch *buchtechnische* Bedeutung zu. Bei der Umbuchung im manuellen Verfahren spricht vieles dafür, den Ausdruck des selbständigen Verpflichtungswillens der Bank gegenüber dem begünstigten Empfänger erst in der Gutschrift zu sehen. Bei Verwendung einer Datenverarbeitungsanlage kann jedoch der *Wille* der Bank, für den Empfänger eine selbständige Forderung zu begründen, schon in der Einführung der Belege in den Computer gesehen werden, vorausgesetzt, daß vorher die *Disposition* stattgefunden hat. Mit der Hereingabe der Unterlagen in den Computer hat die Bank alles getan, was zur Belastungs- und Gutschriftbuchung auf den Konten erforderlich ist. Die Überweisung ist demnach bereits mit der *Hereingabe* der Belege in den Computer ausgeführt; in diesem Zeitpunkt ist die selbständige Forderung des Empfängers entstanden und damit die *Schuld* des Auftraggebers gegenüber dem Empfänger *erfüllt*. Dieser Zeitpunkt ist auch mit der nötigen Sicherheit feststellbar. Zwar könnten die Belege noch vor der Ingangsetzung des Computers und womöglich noch während der Datenverarbeitung wieder herausgenommen werden; dieses Unsicherheitsmoment besteht aber auch bei einer *Gutschrift,* die ebenfalls ein im Machtbereich der Bank liegender Akt ist. Da die Schuld erfüllt ist, besteht nach der Fütterung des Computers auch für ein Widerrufsrecht kein Raum mehr. Findet bei einer Hausüberweisung die Disposition erst *nach* der Datenverarbeitung statt, so haben die Umbuchungen nur vorläufigen Charakter. Die Forderung für den Empfänger entsteht daher erst, wenn die *Disposition* erfolgt ist (Anm. 66), spätestens mit der vorbehaltlosen Zusendung des Tagesauszugs an den Empfänger.

71 Bei einer *überbetrieblichen* Überweisung genügt es für die Erfüllung der Schuld des Auftraggebers noch nicht, daß die Empfangsbank *buchmäßige Deckung* erlangt hat (Anm. 105). Das ist erst der Fall, wenn die Empfangsbank eine Forderung für den Empfänger begründet und dieser damit Buch- statt Sachgeld erhalten hat. Findet die Disposition bei Verwendung einer Datenverarbeitungsanlage erst *nach* den Umbuchungen im Computer statt, so ist nicht die Gutschriftbuchung, sondern gewöhnlich erst die vorbehaltlose Zusendung des Tagesauszugs der für die Begründung einer selbständigen Forderung des Empfängers gegen seine Bank und damit für die Erfüllung der Schuld des Auftraggebers der maßgebende Zeitpunkt. Gleiches gilt für eingliedrige Überweisungen, wenn die Empfangsbank für die Bank des Auftraggebers kontoführend ist.

4. Überweisung zugunsten eines Nichtkunden

72 Besteht zwischen der Empfangsbank und dem Überweisungsempfänger *kein Girovertrag* oder ist dieser *nichtig* (BGH WM 60, 767; 62, 263), so entsteht für den Empfänger weder ein Anspruch *auf* Gutschrift noch kann die vollzogene Gutschrift auf einem von der Empfangsbank zugunsten des Empfängers neu eingerichteten Konto allein für ihn eine selbständige Forderung begründen (Canaris in Großkomm. HGB Anh. nach § 357 Anm. 232; Liesecke WM 75, 214/218). Notwendig wäre das *Einverständnis* des begünstigten Empfängers mit der Eröffnung eines Giro-, Einlagen- oder Sparkontos. Für die Entstehung eines Zahlungsanspruchs genügt es, daß die Bank dem Empfänger auf Grund eines Vertrages, der zwischen der Bank und einem Dritten im Einverständnis mit dem Empfänger abgeschlossen ist, ein Bankkonto eröffnet und diesem Konto Beträge

gutschreibt (BGH WM 56, 920; Meyer-Cording S. 24). Der begünstigte Empfänger kann auch nachträglich, z. B. nach einer Mitteilung der Bank über die Eröffnung des Kontos und die Vornahme der Gutschrift, seine Zustimmung erteilen. In diesem Fall entsteht sein Anspruch rückwirkend mit dem Zeitpunkt der Gutschrift (§ 184 BGB). Auch die Gutschrift auf einem Konto „pro Diverse" begründet für sich allein noch *keinen Anspruch* des Empfängers (BGHZ 27, 241/247; BGH WM 59, 113; Canaris aaO; Nebelung JW 59, 1068/2195; Maser NJW 59, 1955). Es fehlt an einem Abschluß eines *Vertrages* zwischen der Bank und dem Empfänger. Das Konto „pro Diverse" ist zudem meist ein Konto, über das die Umsätze verschiedener Personen (Kunden oder Nichtkunden) und verschiedener Art gebucht werden, die sich in der Regel in absehbarer Zeit erledigen. Nur bei Vorliegen besonderer Umstände, aus denen sich die Bereitschaft der Empfangsbank ergibt, den Betrag jederzeit an den Begünstigten auszuzahlen, soll die Buchung die Bedeutung einer Gutschrift gewinnen, auch wenn der Begünstigte kein Konto bei der Empfangsbank hat (BGHZ 27, 241; BGH LM Art. 4 SchG Nr. 1; a. M. Wunschel NJW 58, 1764; Nebelung NJW 59, 1068). Allerdings genügt die Zahlungsbereitschaft der Bank, die z. B. aus einer Gutschriftanzeige an den Begünstigten entnommen werden kann, noch nicht für die Begründung einer selbständigen Forderung aus Gutschrift. Zum Abschluß eines forderungsbegründenden Vertrages muß das *Einverständnis* des Empfängers hinzukommen, das jedoch auch *konkludent* erklärt werden kann, z. B. dadurch, daß der Empfänger auf eine Nachricht der Bank vom Eingang eines Geldbetrages um dessen Gutschrift oder Auszahlung ersucht. Das bloße *Schweigen* des Empfängers reicht dagegen wie auch sonst für die Annahme eines Einverständnisses grundsätzlich *nicht* aus. Die Frage, ob der Gutschrift auf einem Konto pro Diverse forderungsbegründende Wirkung zukommt, kann vor allem für die Pfändung und die Zulässigkeit des Widerrufs des Überweisungsauftrages Bedeutung gewinnen (BGHZ 27, 241; OLG Celle WM 66, 331; Trost/Schütz, BFB 16. Ausgabe, S. 342; vgl. auch Anm. 24).

IV. Fehlüberweisungen

Schrifttum: *von Caemmerer,* Bereicherungsansprüche und Drittbeziehungen, JZ 62, 385; *Lorenz,* Bereicherungsrechtliche Drittbeziehungen, JuS 68, 441 ff.; *Pfister,* Zum Bereicherungsanspruch im Dreiecksverhältnis bei Fehlen einer Anweisung, JR 69, 47 ff.; *Schwark,* Bereicherungsansprüche bei Banküberweisungen, WM 70, 1334 ff.; *Canaris,* Einwendungsausschluß und Bereicherungsausgleich im Girovertragsrecht, BB 72, 774 ff.; *Möschel,* Fehlerhafte Banküberweisung und Bereicherungsausgleich, JuS 72, 297 ff.; *J. Wilhelm,* Rechtsverletzung und Vermögensentscheidung als Grundlagen und Grenzen des Anspruchs aus ungerechtfertigter Bereicherung, 1973; *Koppensteiner/Kramer,* Ungerechtfertigte Bereicherung, 1975; *J. Wilhelm,* Die Zurechnung der Leistung bei Widerruf einer Anweisung, insbesondere eines Schecks, AcP 175 (1975), 304 ff.; *Canaris,* Der Bereicherungsausgleich im Dreipersonenverhältnis, Festschrift für Larenz, 1973, S. 799 ff.; *Köndgen,* Wandlungen im Bereicherungsrecht, Dogmatik und Methode, Josef Esser zum 75. Geburtstag, 1975, S. 55 ff. – s. auch die Schrifttumsangaben zum Giroverkehr.

1. Ausgangslage

Der Anspruch des *Empfängers* gegen seine Bank *aus* Gutschrift beruht nach herrschender Auffassung auf einem *abstrakten* Schuldversprechens- oder Schuldanerkenntnisvertrag (§§ 780, 781 BGB; Anm. 58). Demgegenüber nimmt Kübler (Feststellung

§ 365 Anh. *Der bankmäßige Zahlungsverkehr*

und Garantie, 1967, S. 199ff.) gemäß seiner These, daß es einen abstrakten Schuldvertrag nicht gäbe (§ 355 Anm. 44), einen *Garantievertrag* an. Aber die Haftung der Bank soll den Empfänger nicht gegen ein künftiges Risiko absichern, sondern in Form einer Geldforderung gegen sie eine *Barzahlung ersetzen* (glA Canaris in Großkomm. HGB Anh. nach § 357 Anm. 208). Aus dieser Funktion folgt die rechtliche Bedeutung der Gutschrift. Sie muß dem Empfänger eine Rechtsstellung geben, die dem Erhalt einer Barzahlung gleichkommt. Aus diesem Grunde ist die *Gutschrift* von dem Verhältnis des Überweisenden zum Empfänger und dem der Bank zum Überweisenden *abstrahiert*. Bei einer *innerbetrieblichen* Haus- oder Filialüberweisung stehen der Bank keine Einwendungen und Einreden aus dem Deckungsverhältnis zum Überweisenden und aus dem Valutaverhältnis des Überweisenden zum Empfänger zu. Bei einer *überbetrieblichen* Überweisung über mehrere Banken, bei der außer dem einen Valutaverhältnis *mehrere* Deckungsverhältnisse bestehen, hat die Empfangsbank keine Einwendungen oder Einreden aus dem zwischen ihr und der Überweisungs- oder der letzten Zwischenbank bestehenden Deckungsverhältnis. Daß sie keine Einwendungen aus dem Deckungsverhältnis des Überweisenden zur erstbeauftragten Bank und zu der von dieser eingeschalteten Zwischenbank hat, ist evident.

74 Der *Einwendungsausschluß* bei Mängeln der Kausalverhältnisse entspricht dem Rechtsgedanken des § 784 BGB bei der bürgerlich-rechtlichen Anweisung (glA Canaris in Großkomm. HGB Anh. C nach § 357 Anm. 208; a. M. Koller BB 72, 690). Die Leistung des Angewiesenen an den Empfänger im Außenverhältnis ist vom Deckungs- und Valutaverhältnis *unabhängig*. Daß bei Umlaufpapieren, wie dem Wechsel oder dem Scheck, der Einwendungsausschluß zugleich dem *Umlaufzweck* dient, ändert nichts daran, daß § 784 BGB die *Abstraktheit* der Annahme der Anweisung zum Ausdruck bringt. Dieser Rechtsgedanke gilt auch für die *Gutschrift* im Überweisungsverkehr. Vom OLG Kassel (NJW 49, 112) ist § 784 BGB auf die Forderung *aus* Gutschrift sogar analog angewendet worden. Nur solche Einwendungen kann die Bank dem Empfänger entgegensetzen, die entweder die *Gültigkeit der Gutschrift* betreffen oder der Bank *unmittelbar* gegen den Empfänger zustehen. Der Ausschluß der Einwendungen aus dem Deckungs- und Valutaverhältnis gegenüber dem Empfänger wirkt sich dahin aus, daß der Bank bei Mängeln des Deckungs- und Valutaverhältnisses keine Ansprüche aus ungerechtfertigter Bereicherung gegen den Empfänger zustehen (Anm. 76 ff.; BGHZ 61, 289, 291; BGH WM 76, 100, 103; Canaris in Großkomm. HGB Anh. nach § 357 Anm. 212).

75 Von den Mängeln des kausalen Deckungs- oder Valutaverhältnisses sind die des *Überweisungsauftrags* zu unterscheiden, der auch bei gültigem Deckungsverhältnis fehlen, nichtig, widerrufen oder gefälscht sein kann. Alle diese Mängel lassen sich unter dem Begriff der *Fehlüberweisung* zusammenfassen, sind aber rechtlich *differenziert* zu beurteilen, wobei darauf zu achten ist, ob es sich um eine inner- oder überbetriebliche Überweisung handelt (Anm. 80ff.).

2. Fehlerhafte Kausalverhältnisse

a) Deckungsverhältnis

76 *Einwendungen* aus dem Deckungsverhältnis zum Überweisenden kann eine Bank nicht gegenüber dem Empfänger geltend machen, dem sie auf Grund des Girovertrages

Erster Teil. Das Girogeschäft   Anh. § 365

(Anm. 13) den Überweisungsbetrag gutgeschrieben hat. Sie kann daher bei einer *Hausüberweisung* nicht vom Empfänger nach § 812 Abs. 1 Satz 1 BGB die Rechte aus der Gutschrift oder einer Auszahlung kondizieren, weil der Überweisende kein ausreichendes Guthaben besaß. Ebenso kann die Empfangsbank nicht bei einer *Kettenüberweisung* vom Empfänger kondizieren, weil sie von der Überweisungs- oder der letzten Zwischenbank keine Deckung erhalten hat. Bei *fehlender Deckung* muß sich die Bank an ihren Vertragspartner aus dem Deckungsverhältnis halten; der Empfänger ist vor Einwendungen der Bank aus einem ihr gegenüber einem Dritten zustehenden Rechtsverhältnis geschützt (Anm. 74). Die Empfangsbank darf eine Gutschrift auch nicht rückgängig machen, weil sie den Überweisungsauftrag wegen einer *Sperre* über das Vermögen des Auftraggebers nicht hätte ausführen dürfen (BGH WM 55, 1473/1476), weil sein Konto *gepfändet* oder über sein Vermögen *Konkurs* eröffnet worden ist. Alle diese Mängel liegen im Bereich des kausalen Deckungsverhältnisses und sind zwischen den Parteien dieses Verhältnisses auszugleichen. Hierüber besteht im Ergebnis Einigkeit (RG SeuffA 58 Nr. 74; Canaris in Großkomm. HGB Anh. C nach § 357 Anm. 211 f. und in Festschrift für Larenz, 1973, S. 799 ff.; Möschel JuS 72, 297/301; Koppensteiner/Kramer, aaO, S. 39 ff.; Ulmer AcP 126, 143/155 ff. und SJZ 48, 238).

Der *Ausschluß* eines Bereicherungsanspruchs der Bank gegen den Empfänger wird **77** meist aus dem Begriff der Leistung – nicht nur als willentliche, sondern als *zweckgerichtete* verstanden – gefolgert. „Geleistet" habe die Bank nur an den Überweisenden im Deckungsverhältnis, nicht an den Empfänger im Außenverhältnis. Aber durch die Gutschrift erfüllt die Bank den gegen sie gerichteten Anspruch des Empfängers *auf* Gutschrift (Anm. 53), so daß sie auch an ihn geleistet hat (Canaris in Festschrift Larenz, 1973, S. 799/859; BB 72, 774 f). Entscheidend ist, daß auf Grund des Überweisungsauftrags die Leistung der Bank an den Empfänger sich *rechtlich* als eine Leistung aus *ihrem* Vermögen an den Überweisenden und zugleich als Leistung des Anweisenden aus *seinem* Vermögen an den Empfänger darstellt. Die Bank darf das Risiko der Deckungsbeziehung bei Insolvenz oder Gegenrechten des Überweisenden nicht auf den Empfänger verlagern, an den sie aus ihrem Vermögen im Rechtssinne nicht geleistet hat. Der Empfänger braucht wegen der Abstraktheit der Gutschrift (Anm. 74) nur mit Mängeln des Valutaverhältnisses zu rechnen; er wertet die Gutschrift als eine Leistung, die ihm der Überweisende *mittels* der Bank erbringt. Diesem primären Leistungszweck ist die Leistung der Bank an den Empfänger im Außenverhältnis untergeordnet; sie vollzieht dadurch allein eine Vermögensleistung im Deckungsverhältnis. Dann aber steht der Bank bei Mängeln des Deckungsverhältnisses keine direkte Kondiktion gegen den Empfänger zu, der rechtlich die Leistung aus dem Vermögen des Überweisenden erlangt hat. Sie muß sich an ihren Vertragspartner im Deckungsverhältnis halten und die sich aus ihm ergebenden Risiken tragen. Ein Versionsanspruch gegen den *Empfänger* ist ausgeschlossen. Gleiches gilt, wenn ein Deckungsverhältnis überhaupt *fehlt* wie im Postanweisungs-Fall (RGZ 60, 24 ff.), in dem ein Postbeamter eine Zahlung an seinen Gläubiger dadurch bewirkte, daß er eine von ihm über den geschuldeten, jedoch nicht eingezahlten Betrag ausgestellte Postanweisung auch selbst *ausfertigte* (Canaris in Großkomm. HGB Anh. C nach § 357 Anm. 223). Nur in *besonderen* Fällen kann die Bank bei *fehlender Deckung* das Konto des Empfängers zurückbelasten, so z. B. bei einer Gutschrift unter „Eingang vorbehalten", wie sie beim Einzug von Schecks und Lastschriften üblich ist (Nr. 41 AGB Banken).

§ 365 Anh. *Der bankmäßige Zahlungsverkehr*

Die Einwendung folgt dann aus dem *Inhalt* der Gutschrift (Anm. 58). Auch kann sich die Bank u. U. auf *Abreden* mit dem Überweisenden berufen, so z. B. wenn der Überweisungsauftrag mit Bedingungen für die Eröffnung eines neuen Kontos zugunsten des Empfängers verbunden ist; dieser erwirbt dann Rechte aus der Gutschrift nur nach Maßgabe der mit dem Überweisenden getroffenen Abreden (BGH WM 56, 920; 62, 263).

b) Valutaverhältnis

78 Auch aus dem Verhältnis zwischen dem Überweisenden und dem Empfänger kann die Bank *keine Einwendungen* gegenüber dem Empfänger herleiten. Sie kann daher nicht wegen Mängeln des Valutaverhältnisses die Gutschrift rückgängig machen. Ist das Valutaverhältnis zwischen dem Überweisenden und dem Empfänger *nichtig*, so kommen Ausgleichsansprüche aus § 812 BGB nur zwischen ihnen in Betracht (Canaris in Großkomm. HGB Anh. C nach § 357 Anm. 213; von Caemmerer JZ 62, 385/387; Möschel JuS 72, 297/300; Koppensteiner/Kramer aaO S. 42). Die Empfangsbank kann nicht die Rückgängigmachung der Gutschrift vom Empfänger verlangen, da sie als eine Leistung an ihren Vertragspartner im Deckungsverhältnis zu werten ist. Angaben des Überweisenden über den *Verwendungszweck* auf dem Überweisungsvordruck sind für den *Empfänger* bestimmte Mitteilungen (BGH WM 57, 1057); sie haben für die Überweisungsbank, die Zwischenbanken und die Empfangsbank keine Bedeutung (Anm. 23). Hat der Überweisende dem Empfänger einen vermeintlich geschuldeten Betrag überwiesen, so hat er gegen ihn die Leistungskondiktion aus § 812 Abs. 1 Satz 1 BGB. Die Empfangsbank kann bei Nichtigkeit des Valutaverhältnisses auch nicht die Rückgängigmachung der Gutschrift vom Empfänger verlangen, wenn sie *ohne Deckung* geleistet hat und der Überweisende *zahlungsunfähig* ist. Sie kann sich auch dann nur an ihren Vertragspartner im Deckungsverhältnis halten.

c) Doppelmangel

79 Liegt ein Doppelmangel in der Bereicherungskette vor, weil Deckungs- und Valutaverhältnis fehlerhaft sind, so ist früher häufig angenommen worden, daß der Empfangsbank ein *unmittelbarer* Bereicherungsanspruch gegen den Empfänger zusteht (RGZ 86, 343; RG JW 32, 835; 34, 2459; BGHZ 36, 30/32; BGH JZ 62, 404; Ulmer AcP 126, 162; Meyer-Cording aaO S. 50). Bei Zulassung eines Durchgriffs sind jedoch dem Empfänger seine *Einwendungen* und Einreden gegenüber dem Überweisenden im Valutaverhältnis, insbesondere auch eine Aufrechnung, abgeschnitten. Bei einem Doppelmangel in einer dreigliedrigen Bereicherungskette ist es daher sachgerecht, die Abwicklung über die einzelnen Kausalverhältnisse vorzunehmen. Auch hier hat die angewiesene Bank an den Überweisenden und dieser an den Empfänger geleistet. Bei einer Überweisung über *mehrere* Banken (Anm. 73) taucht das Durchgriffsproblem praktisch nicht auf, weil das Deckungsverhältnis zwischen der letzten Zwischenbank und der Empfangsbank gewöhnlich intakt sein wird. Bei einer *Hausüberweisung* kann die Bank nur vom Überweisenden und dieser vom Empfänger kondizieren. Ein Durchgriff ist ausgeschlossen (jetzt auch BGHZ 48, 70/71 in einem Fall, in dem der letzte der Bereicherungskette seinem Vormann *vertraglich* zur Rückgewähr verpflichtet war; ferner Larenz, Schuld-

recht, 10. Aufl., § 68 III b; Lorenz JZ 68, 53 ff.; Möschel JuS 72, 303; H. P. Westermann JuS 68, 17/22; Medicus § 27 II, 2). Die Bereicherung des Überweisenden besteht in dem Bereicherungsanspruch gegen den Empfänger, der an die Bank abzutreten ist. Die Bank trägt – nicht anders als bei einem Durchgriff – das Risiko einer *Insolvenz* des Empfängers (Esser, Schuldrecht II, 2. Aufl., § 102 I, 3; von Caemmerer JZ 62, 385/388). Die Risikokumulierung läßt sich nicht dadurch vermeiden, daß man der Bank einen vom Valutaverhältnis unabhängigen Wertersatzanspruch gegen den Überweisenden gibt (so Canaris in Großkomm. z. HGB Anh. nach § 357 Anm. 214 und in Festschrift für Larenz, 1974, S. 811 ff.; ferner Wilhelm, Rechtsverletzung, 1973, S. 123 f.). Dem stünde die in § 818 Abs. 3 BGB bestimmte Risikoverteilung entgegen (zutr. Koppensteiner/Kramer aaO S. 44; Möschel JuS 72, 297/303 f.). – Ein unmittelbarer *Durchgriff* der Bank gegen den Empfänger ist nur möglich, wenn das Valutaverhältnis *unentgeltlich* ist (§ 822 BGB); dann werden keine schutzwerten Interessen des Überweisenden verletzt.

3. Mängel des Überweisungsauftrags

a) Grundauffassung

Die Beantwortung der Frage, ob eine Bank, die einem Kunden auf seinem Konto einen Betrag gutgeschrieben oder an ihn ausgezahlt hat, ohne daß ein wirksamer *Überweisungsauftrag* vorlag, gegen ihn einen *unmittelbaren* Bereicherungsanspruch auf Verzicht auf die Rechte aus der Gutschrift bzw. auf Rückzahlung hat, setzt eine Unterscheidung der vielfältigen Sachverhalte voraus, die sich ergeben können. Handelt es sich um eine *innerbetriebliche Haus- oder Filialüberweisung*, bei der nur *eine* Bank als Überweisungs- und Empfangsbank fungiert, so kommt es darauf an, ob der Bank von ihrem Kunden, bei einer überbetrieblichen *Überweisung* darauf, ob der Empfangsbank von der Überweisungs- oder der letzten Zwischenbank eine wirksamer Überweisungsauftrag erteilt wurde. Meist wird bei einer *überbetrieblichen* Überweisung der *Empfangsbank* ein fehlerfreier Auftrag erteilt sein; wohl aber kann es an einem wirksamen Auftrag gegenüber der Überweisungsbank fehlen. Das Bestehen eines solchen oder eines einer Zwischenbank erteilten Auftrages ist nicht als „Geschäftsgrundlage" des der Empfangsbank erteilten Auftrags zu werten (glA Canaris in Großkomm. HGB Anh. nach § 357 Anm. 227; BB 72, 774/780). Ihr gegenüber bestehen aus den vorangehenden Deckungsgliedern *keine Einwendungen;* sie hat bei Intaktheit des ihr erteilten Auftrags von vornherein keinen Rückbuchungsanspruch gegen den Empfänger. Gegen ihn kann ein Bereicherungsanspruch nur der Bank zustehen, die die Überweisung ausgeführt hat, ohne daß ihr ein wirksamer Überweisungsauftrag erteilt worden war (zutr. Schwark WM 70, 1334 ff.). Bei dieser Bank liegt der Überweisungsfehler, nicht bei der Empfangsbank, die dem Empfänger auf Grund eines fehlerfreien Auftrags den Betrag gutgeschrieben hat.

Der Bereicherungsausgleich bei einer Leistung *mittels Anweisung* vollzieht sich innerhalb der jeweils fehlerhaften Kausalverhältnisse: des Deckungsverhältnisses zwischen Anweisendem und Angewiesenem und des Valutaverhältnisses zwischen Anweisendem und Anweisungsempfänger (Anm. 76 ff.). Die Frage ist, ob sich an diesem Grundsatz festhalten läßt, wenn es an einer *gültigen Anweisung* fehlt und daher der für sie typische Simultaneffekt nicht eintreten kann. Im Gegensatz zur *indirekten* Anweisung im Sinne

§ 365 Anh. *Der bankmäßige Zahlungsverkehr*

der §§ 783 ff. BGB, die die Aushändigung einer Anweisungsurkunde an den Empfänger voraussetzt, ist der *Überweisungsauftrag*, den der Kunde *direkt* seiner Bank erteilt, nicht gegenüber dem Grundgeschäft verselbständigt, sondern stellt eine im Rahmen des Girovertrages erteilte „Weisung" dar (Anm. 17). Mängel des *kausalen* Deckungsverhältnisses sind deshalb auch Mängel des Überweisungsauftrages (ebenso Canaris in Großkomm.HGB Anh. C nach § 357 Anm. 223). Umgekehrt braucht das *nicht* der Fall zu sein. So kann ein Überweisungsauftrag überhaupt *fehlen,* von vornherein *ungültig sein* oder nachträglich *ungültig werden* – sei es ex tunc infolge einer Anfechtung wegen Willensmangels, sei es ex nunc infolge eines noch rechtzeitig vor dem Wirksamwerden der Gutschrift erklärten Widerrufs. Bei jedem dieser Mängel stellt sich unter Berücksichtigung der den Parteien zufallenden Risiken und der Interessen der Allgemeinheit am Funktionieren des bargeldlosen Giroverkehrs die Frage, ob er dem *Deckungsverhältnis* der Bank zum Auftraggeber zuzuordnen ist, so daß ein Bereicherungsanspruch der Bank gegen den Empfänger ausscheidet, oder allein in der Sphäre der Bank liegt und nicht das Deckungsverhältnis, sondern den nach dem Abstraktionsprinzip nicht geschützten Erwerb der Gutschrift betrifft. Der BGH lehnt eine schematische Lösung ab und stellt auf die Besonderheiten des *Einzelfalls* ab (BGHZ 50, 227/229; 61, 289/292; WM 76, 707 u. 708). Nicht lassen sich alle Mängel des Überweisungsauftrags wie Mängel des kausalen Deckungsverhältnisses behandeln (a. M. Pfister JR 69, 47/49, der annimmt, entweder habe die Bank als Dritte nach § 267 BGB geleistet oder ihre Leistung sei aus der Sicht des Empfängers als Leistung des vermeintlich Anweisenden, nicht aber der Bank anzusehen). Entscheidend ist vielmehr, ob die Bank ihrem Kunden den dem Empfänger gutgeschriebenen Betrag in Rechnung stellen kann oder nicht. Danach bestimmt sich, wem als „Entreicherten" ein Bereicherungsanspruch zusteht.

b) Fehlen eines Überweisungsauftrags

82 Typische Fälle *fehlenden* Überweisungsauftrags liegen vor, wenn eine Bank versehentlich den Überweisungsbetrag auf dem Konto eines falschen Empfängers gutschreibt, sie den Betrag doppelt bucht oder dem richtigen Empfänger mehr gutschreibt, als ihm überwiesen wurde. Ein Bereicherungsanspruch der Bank gegen den *Kunden* scheidet hier von vornherein aus, weil dieser durch die versehentliche Gutschrift der Bank *nicht bereichert* worden ist. Er ist weder von einer Schuld gegenüber dem Empfänger befreit worden, noch hat er gegen ihn einen Bereicherungsanspruch, weil wegen des fehlenden Überweisungsauftrags die Bank den gutgeschriebenen Betrag nicht ihrem Kunden in Rechnung stellen kann, dieser somit nicht entreichert ist. Wohl aber hat die Bank gegen den Empfänger einen Anspruch auf *Rückgängigmachung* der Gutschrift nach § 812 Abs. 1 Satz 1 BGB (BGH WM 76, 708; OLG Düsseldorf WM 75, 875; Canaris in Großkomm. HGB Anh. C nach § 357 Anm. 222; Möschel JuS 72, 297/301 ff. Schwark WM 70, 1335; von Caemmerer JZ 62, 387; Lorenz JuS 68, 447; Schönle, Bank- und Börsenrecht, 1976, § 32 III; Meyer-Cording aaO S. 51). Folgt man dem zweckgerichteten Leistungsbegriff, so ist der Empfänger nicht durch eine Leistung, sondern „in sonstiger Weise" auf Kosten der Bank bereichert (§ 812 Abs. 1 Satz 1 2. Alt. BGB). Hat die Bank den Betrag *nach* der Gutschrift dem Empfänger *ausgezahlt,* so hat sie gegen ihn die Leistungskondiktion.

Bei einer *Kettenüberweisung* über mehrere Banken steht die Kondiktion gegen den **83** Empfänger nicht der Empfangsbank, die die Gutschrift auf dem Konto des Empfängers vollzogen hat, sondern der ohne Überweisungsauftrag tätig gewordenen Überweisungsbank zu (Schwark WM 70, 1334; LG Bielefeld WM 70, 1072, jedoch mit unrichtiger Annahme eines „Doppelmangels"). Bei einer *Hausüberweisung* kann die Bank die Gutschrift auf Grund der Stornoklausel (Nr. 4 III AGB Banken) durch eine Gegenbuchung *einseitig* rückgängig machen; es fehlt an der Kongruenz zwischen Buchung und Auftrag (Anm. 91).

Einen ihrem Kunden zu Unrecht abgebuchten Betrag muß die Bank ihm wieder **84** gutschreiben; einen noch nicht erledigten Überweisungsauftrag hat sie auszuführen.

c) Fälschung, unbefugte Vertretung, Zwang

Hier decken sich zwar formal Auftrag und Buchung, aber der Auftrag ist nicht vom **85** wahren Kontoinhaber erteilt worden. Die Bank ist auf Grund eines gefälschten oder verfälschten Überweisungsauftrags weder zu einer Last-, noch zu einer Gutschrift ermächtigt. Erkennt sie die Fälschung nicht, so liegt der Fehler in ihrer Sphäre; sie trägt gegenüber dem Kunden das Fälschungsrisiko. Ein Bereicherungsanspruch der Bank gegen den Kunden scheitert schon daran, daß dieser *nicht bereichert* ist, und zwar auch dann nicht, wenn der Empfänger gegen ihn eine Forderung haben sollte. Ein Fall der Drittleistung (§ 267 BGB) liegt *nicht* vor. Die Bank kann daher die Gutschrift vom Empfänger nach § 812 Abs. 1 Satz 1 BGB kondizieren, und zwar bei Annahme eines zweckgerichteten Leistungsbegriffs wegen Bereicherung „in sonstiger Weise" (ebenso Canaris in Großkomm. HGB Anh. C nach § 357 Anm. 222; Möschel JuS 72, 297/302; Koppensteiner/Kramer aaO S. 46 ff.; Schönle, Bank- und Börsenrecht, 1971, § 32 III; von Caemmerer JZ 62, 387; Meyer-Cording aaO S. 104; a.M. Ulmer AcP 126, 162/166, der nur bei einem gefälschten Scheck, einer indirekten Anweisung, nicht aber bei einem gefälschten Überweisungsauftrag die Kondiktion der Bank zuläßt). Die Gutschrift auf Grund *gefälschten* Überweisungsauftrags ist demnach wie eine Gutschrift *ohne* Überweisungsauftrag (Anm. 82) zu behandeln. Nun kann sich zwar das Fälschungsrisiko ganz oder teilweise auf den Kunden verlagern, wenn die Bank ihrer Prüfungspflicht nachgekommen ist und den Kunden entweder ein Verschulden trifft oder ihm auch die Folgen und Nachteile einer Fälschung oder Verfälschung auferlegt worden sind. Letzteres ist zwar nicht nach den AGB der Banken (arg. Nr. 8; BGH WM 66, 396; 67, 1142; 68, 214), wohl aber nach den AGB der Sparkassen für den Überweisungsverkehr (Nr. 9) und der Deutschen Bundesbank (II Nr. 13) der Fall. Aber diese Risikoverlagerung hat lediglich *subsidiären* Charakter für den Fall, daß ein Rückforderungsanspruch der Bank gegen den *Empfänger* nicht durchsetzbar ist. Der Empfänger ist „näher dran", den Schaden zu ersetzen, als der Kontoinhaber. Er verdient keinen Vertrauensschutz, auch wenn er eine Forderung gegen den Kontoinhaber haben sollte, dessen Unterschrift gefälscht wurde.

Bei einer *Kettenüberweisung* über mehrere Banken steht die Kondiktion gegen den **86** Empfänger nicht der Empfangsbank, sondern der Bank zu, die die Überweisung auf Grund eines gefälschten Überweisungsauftrags ausgeführt hat. Die zu Unrecht dem Konto des Kunden *abgebuchten* Beträge sind ihm wieder gutzuschreiben.

§ 365 Anh. *Der bankmäßige Zahlungsverkehr*

87 Wurde der Überweisungsauftrag von einem *unbefugten Vertreter* für den Kontoinhaber oder von diesem unter absolutem *Zwang* gezeichnet, so ist die Rechtslage die gleiche wie bei einem gefälschten Auftrag. Auch in diesen Fällen hat der Kontoinhaber die Gutschrift auf dem Konto des Empfängers nicht veranlaßt.

d) Widerruf

88 Schreibt eine Bank dem Empfänger den Überweisungsbetrag unter Nichtbeachtung eines ihr noch rechtzeitig zugegangenen *Widerrufs* gut, so fehlt es an einem Überweisungsauftrag, während das Deckungsverhältnis in Ordnung ist. Bei einem vom Aussteller widerrufenen *Scheck* ist ein unmittelbarer Bereicherungsanspruch der Bank gegen den Empfänger mit Recht verneint worden, weil dieser bei einer *indirekten* Anweisung Schutz verdient, wenn er den Widerruf *nicht gekannt* hat (BGHZ 61, 289; BGH WM 76, 707). Bei einem gegenüber der Bank widerrufenen *Überweisungsauftrag* liegt es dagegen nicht anders als in den Fällen, in denen von vornherein ein Überweisungsauftrag gefehlt hat (Anm. 82). Die Bank kann die Gutschrift vom Empfänger nach § 812 Abs. 1 Satz 1 BGB kondizieren (OLG Düsseldorf NJW 74, 1001/1826 mit Anm. Struss; Canaris in Großkomm. HGB Anh. C nach § 357 Anm. 224; BB 72, 774/779; Wilhelm AcP 175 [1975], 304/348 ff.; a. M. Möschel JuS 72, 297/301; Schwark WM 70, 1338; Schoele aaO S. 335; Pfister JR 69, 49).

e) Geschäftsunfähigkeit

89 Ein von einem Geschäftsunfähigen oder Minderjährigen ohne Zustimmung seines gesetzlichen Vertreters erteilter Überweisungsauftrag ist *unwirksam*. Die Bank, die den Überweisungsbetrag dem Konto des Empfängers in der irrigen Annahme gutschreibt, der Auftrag sei gültig, handelt *ohne Ermächtigung*. Überwiegend wird – wenn auch mit unterschiedlicher Begründung – angenommen, daß der Bank ein unmittelbarer Bereicherungsanspruch gegen den *Empfänger* zusteht, dem sie den Betrag gutgeschrieben hat (RGZ 86, 343/348; RG JW 32, 735/738; Canaris in Großkomm. HGB Anh. C nach § 357 Anm. 222 und in Festschrift für Larenz, 1973, S. 801; Lorenz AcP 168, 302 und JuS 68, 447; Schwark aaO S. 1335; a. M. Möschel JuS 72, 297/301; Medicus § 27 II 1 b). Zur Begründung wird u. a. angeführt, daß keine Tilgungsbestimmung gegenüber dem Empfänger vorliege (Canaris) oder daß eine gültige Anweisung „Geschäftsgrundlage" für die Leistung an den Empfänger sei (von Caemmerer). Eine zweckgerichtete Leistung der Bank an den Empfänger liegt jedoch nicht vor, so daß dieser nur „in sonstiger Weise" auf ihre Kosten ohne rechtlichen Grund bereichert sein kann (Anm. 77; Larenz, Schuldrecht II, § 68 III, 2; Kramer/Koppensteiner aaO § 6 IV S. 49). Der BGH konnte die Frage, ob bei einer *unwirksamen* Anweisung die Bank einen Bereicherungsanspruch gegen den Empfänger hat, in BGHZ 50, 227/229 offen lassen, weil er annahm, die Bank habe in diesem Fall auch einen *eigenen* Leistungszweck gegenüber dem Empfänger verfolgt, der nicht erreicht worden sei, so daß ihr eine Leistungskondiktion aus § 812 Abs. 1 Satz 1 BGB gegen den Empfänger zustand. Bei der Entscheidung der Frage, wem ein Bereicherungsanspruch zusteht, wird zu *differenzieren* sein. Sind Deckungsverhältnis und Überweisungsauftrag wegen Geschäftsunfähigkeit des Kunden nichtig, so kann die Leistung der Bank *nicht* dem Kunden zugerechnet werden; es fehlt an einer

wirksamen Disposition. Da wegen der unwirksamen Tilgungsbestimmung seine Schuld bestehen geblieben ist, ist er nicht bereichert. Der Bereicherungsanspruch aus § 812 Abs. 1 Satz 1 BGB steht deshalb der *Bank* gegen den *Empfänger* zu, der mangels Erfüllung seine Forderung gegen den Schuldner noch hat und daher auf Kosten der Bank ungerechtfertigt bereichert ist (Canaris aaO; Wilhelm, Rechtsverletzung, S. 158 ff.). Anders liegt es, wenn die Geschäftsunfähigkeit erst *nachträglich* eingetreten ist. Nach Nr. 23 AGB Banken (A I 3 AGB Sparkassen) trägt der Kunde den Schaden, der daraus entsteht, daß die Bank von einem eintretenden Mangel in der Geschäftsfähigkeit des Kunden oder seines Vertreters unverschuldet keine Kenntnis erlangt. Diese Klausel ist *wirksam* (BGHZ 52, 61; BGH WM 74, 1001), vorausgesetzt, daß der Kunde bei Abschluß des Girovertrages noch geschäftsfähig war. In diesem Fall kann die Bank die Gutschrift zugunsten des Empfängers dem Kunden *in Rechnung stellen,* so daß der Empfänger die Leistung aus dem Vermögen des geschäftsunfähigen Kunden erlangt hat. In diesem Fall ist ein Bereicherungsanspruch der Bank gegen den Empfänger ausgeschlossen (Möschel JuS 72, 297/301/302; Wilhelm aaO S. 160/169 f.). Ebenso wie bei einer Barzahlung ist die Schuld *nicht getilgt,* so daß der Kunde gegen den Empfänger einen Bereicherungsanspruch aus § 812 Abs. 1 Satz 1 BGB hat, gegen den dieser ggfs. aufrechnen kann.

f) Willensmängel

Wird der Überweisungsauftrag vom Kunden *wirksam angefochten,* z. B. wegen eines Irrtums nach § 119 Abs. 1 BGB, so ist der Auftrag von Anfang an *unwirksam* (§ 142 BGB). Es fehlt an einer Disposition des Kunden, nicht anders, als wenn ein Überweisungsauftrag überhaupt fehlt (Anm. 82) oder wegen Geschäftsunfähigkeit nichtig ist (Anm. 89). Hieraus würde folgen, daß die Bank die Gutschrift vom Empfänger kondizieren kann. Nach Nr. 8 AGB Banken (Nr. 15 AGB Sparkassen) trägt jedoch der Kunde den Schaden, der aus Übermittlungsfehlern, Mißverständnissen und Irrtümern entsteht, sofern der Schaden nicht von der Bank verschuldet ist. Die Bank kann daher den dem Empfänger gutgeschriebenen Betrag dem Kunden auch *in Rechnung stellen,* wenn er den Überweisungauftrag später wegen eines Willensmangels anficht. Schreibt die Bank versehentlich den Betrag noch *nach* einer wirksamen Anfechtung des Überweisungsauftrags dem Empfänger gut, so liegt es wie im Fall des Widerrufs (Anm. 88). 90

4. Stornierung fehlerhafter Buchungen

a) Kennzeichnung

Gutschriften, die die Empfangsbank infolge eines *Irrtums,* eines Schreibfehlers oder aus anderen Gründen vorgenommen hat, *ohne daß ein entsprechender Auftrag vorlag,* kann sie auf Grund des Girovertrages mit dem Empfänger (Nr. 4 Abs. 3 AGB Banken; A I 1 Abs. 4 AGB Sparkassen; II 4 Abs. 3 AGB Bundesbank) durch eine einfache *Gegenbuchung* rückgängig machen (stornieren). Sie braucht nicht erst gegen ihren Kunden einen Bereicherungsanspruch durchzusetzen, ihn zu einem Verzicht auf die Rechte aus der Gutschrift zu veranlassen oder mit einer Gegenforderung aufzurechnen, sondern kann *einseitig* den Kontostand verändern. Auch wenn die Bank bereits einen Debetsaldo ihres 91

§ 365 Anh. *Der bankmäßige Zahlungsverkehr*

Kunden *verrechnet* hat, ist sie auf Grund der Stornoklausel ihm gegenüber berechtigt, die versehentlich vorgenommene Buchung rückgängig zu machen (Anm. 94).

b) Inhaltliche Grenze

92 Nicht *jede* irrtümliche Gutschrift kann von der Bank einseitig storniert werden. Das widerspräche der Funktion des bargeldlosen Giroverkehrs. Die Gutschrift als Symbol des Buchgelds soll dem Empfänger eine dem Erhalt von Sachgeld möglichst gleiche Rechtsstellung verschaffen. Die Stornoklausel, die die Bank zu einer Art *Selbsthilfe* berechtigt, ist daher *eng* auszulegen (Liesecke WM 75, 240). Sie gibt der Bank lediglich das Recht, einen *technischen Buchungsfehler* auszuräumen. Ein solcher Fehler liegt vor, wenn sich *Gutschrift und Überweisungsauftrag nicht decken,* sei es, daß ein entsprechender Überweisungsauftrag überhaupt fehlt, wie bei einer Buchung für einen *falschen Empfänger* oder einer *Doppelbuchung*, sei es, daß dem Empfänger ein höherer Betrag, als ihm überwiesen, gutgeschrieben wurde. Solche Fehlbuchungen liegen allein *in der Sphäre der Empfangsbank*. Der Empfänger ist nicht schutzwürdig, da keine Valutabeziehung besteht; er kann bei der Prüfung des Kontostandes, zu der er auf Grund des Girovertrages verpflichtet ist, die Fehlbuchung erkennen (Anm. 82). Widersprechen sich auf einem Überweisungsauftrag *Kontonummer* und *Name* des Empfängers, so entscheidet der *Name;* die Bank kann daher eine Gutschrift stornieren, die zwar auf einem Konto mit der angegebenen Kontonummer erfolgt ist, das jedoch nicht auf den Namen des Empfängers lautet (OLG München WM 71, 264; NJW 50, 188).

93 *Decken sich Überweisungsauftrag und Buchung*, so darf die Bank nicht eine Gutstornieren, weil sie irrtümlich angenommen hat, ihr stehe ausreichende *Deckung* zur Verfügung oder sie sei für eine ihr zur Kreditsicherung abgetretene Forderung befriedigt (Liesecke WM 75, 241); unrichtig BGHZ 26, 185, 195, wenn die Rückgängigmachung der Gutschrift auf dem Stornorecht beruhte. Solche *Motivirrtümer* der Bank stellen keine technischen Buchungsfehler dar.

94 Auch wenn ein Überweisungsauftrag *nichtig* ist – z. B. wegen *Geschäftsunfähigkeit* des Überweisers, *Anfechtung* wegen Willensmangels (Anm. 89 f.) oder wegen *fehlender Vertretungsmacht* – oder *widerrufen* worden ist, liegt kein technischer Fehler der Bank vor, der sie *einseitig* zur Stornierung der Gutschrift berechtigt (glA Möschel JuS 72, 297/304; wohl auch Canaris in Großkomm. HGB Anh. C nach § 357 Anm. 217). Das ist bei einer überbetrieblichen Überweisung ohnehin evident. Hat der Auftraggeber den Überweisungsauftrag nach § 119 Abs. 1 BGB wegen Irrtums *angefochten,* so soll nach einer Entscheidung des OLG Karlsruhe (JW 38, 662) die Bank bei einer innerbetrieblichen Überweisung zur Stornierung sogar *verpflichtet* sein. Aber die Bank hat gegenüber dem Empfänger kein Stornierungsrecht. Sie hat sich bei der Gutschriftbuchung nicht in einem Irrtum befunden; der Irrtum lag allein beim Auftraggeber. Seinem Interesse soll das Stornorecht nicht dienen; daher läßt sich dieses Recht nicht auf Anfechtungsfälle ausdehnen (ebenso Meyer-Cording S. 100; Kiehnscherf S. 114). Nur wenn ein technischer Buchungsfehler vorlag, steht der Bank das Stornorecht zu; sie ist dann nicht auf eine Anfechtung wegen Irrtums oder auf die Geltungmachung eines Bereicherungsanspruchs gegen den Empfänger angewiesen (Düringer/Hachenburg/Breit, Anhang zu §§ 363 bis 365 Anm. 13). Selbst bei weiter Auslegung des Stornorechts wäre die Bank

gegenüber dem Überweisenden *nicht verpflichtet,* von ihrem Stornorecht Gebrauch zu machen. Irrtümliche Überweisungen sind im Verhältnis des Überweisenden zum Empfänger auszugleichen (s. auch Anm. 78). Das gilt grundsätzlich auch dann, wenn der Empfänger mit einer Rückbuchung einverstanden ist. Nur in besonderen Ausnahmefällen kann, wenn das Einverständnis des Empfängers vorliegt, die Ablehnung der Rückbuchung einer nicht für das Konto des Empfängers bestimmten Zahlung gegen Treu und Glauben verstoßen (§ 242 BGB), so z. B., wenn die Bank einen dem Empfänger kreditierten Debetsaldo durch die Fehlüberweisung ausgeglichen hat (OLG Karlsruhe JW 38, 662; Schoele BankA XXXVIII, 524). Fraglich ist, ob beim *Hausgiro* eine Gutschrift auf Grund eines *gefälschten* Überweisungsauftrags der Bank ein Stornorecht gibt (bejahend Möschel JuS 72, 297/304). Dagegen spricht, daß das Fälschungsrisiko *nicht stets* bei der gutschreibenden Bank liegt (Anm. 85) und es sachwidrig ist, insoweit zwischen inner- und außerbetrieblicher Überweisung zu unterscheiden. In diesen Fällen der *Fehlüberweisung* fragt es sich allein, ob die Bank von dem Empfänger den Verzicht auf die Rechte aus der Gutschrift aus einem anderen rechtlichen Gesichtspunkt verlangen kann, insbesondere deshalb, weil er auf Kosten der Bank in sonstiger Weise ungerechtfertigt bereichert ist. Liegt ein Irrtum bei der *erstbeauftragten* Bank vor, führt sie z. B. eine Überweisung durch, ohne von ihrem Kunden dazu beauftragt zu sein, so steht der *Empfangsbank* kein Stornorecht zu (Celle BB 66, 1169; LG Bielefeld WM 70, 1072; dazu Anm. 82); bei ihr liegt kein technischer Buchungsfehler vor.

c) Zeitliche Grenze

Im Gegensatz zum Anfechtungsrecht (§ 121 BGB) ist das Stornorecht an *keine Frist* gebunden (OLG München NJW 50, 188). Doch kann eine Stornierung im Einzelfall eine *unzulässige Rechtsausübung* darstellen (§ 242 BGB), so z. B. wenn längere Zeit seit der Fehlbuchung verstrichen ist, so daß der Empfänger mit einer einseitigen Berichtigung nicht mehr zu rechnen braucht (Liesecke WM 75, 240/241). Endet der Girovertrag, z. B. durch Konkurs des Kunden, so *erlischt* das Stornorecht. Solange der Saldo nicht festgestellt ist, kann die Bank aber noch technische Buchungsfehler richtigstellen, z. B. eine Doppelbuchung (BGH WM 74, 1127/1129). Später ist eine Stornierung ausgeschlossen. *Unwirksam* ist deshalb Nr. 1 Abs. 4 AGB (Sparkassen) insoweit, als eine Stornierung noch nach einem *Rechnungsabschluß* im Kontokorrent zugelassen wird (zutr. Liesecke WM 75, 241).

95

d) Nutzlosigkeit des Stornos

Eine Stornierung ist nutzlos, wenn der Kunde über den ihm irrtümlich gutgeschriebenen Betrag bereits durch Abhebung oder Überweisung *verfügt* und kein Guthaben mehr hat. Die Stornierung bewirkt dann eine Erhöhung des Debetsaldos, aber keinen Ausgleich. Die Bank hat gegen den Kunden nicht auf Grund des Girovertrages einen vertraglichen Rückzahlungsanspruch (Canaris in Großkomm. HGB Anh. C nach § 357 Anm. 221; Liesecke WM 75, 241; a. M. OLG München WM 71, 264). Mangels Einigung besteht kein Kreditvertrag, der einen solchen Anspruch (§ 607 BGB) rechtfertigen könnte. Wohl aber haftet der Kunde der Bank nach § 812 Abs. 1 Satz 1 BGB auf die *Bereicherung,* und zwar nach § 818 Abs. 3, § 819 BGB verschärft, wenn er die Fehlbuchung erkannt hat. Er haftet ferner auf Schadensersatz nach § 823 Abs. 2 BGB, § 263

96

§ 365 Anh.   *Der bankmäßige Zahlungsverkehr*

StGB, weil er der Bank durch die Vornahme seiner Verfügung schlüssig vorgespiegelt hat, ihm stehe das Guthaben zu Recht zu (Liesecke WM 75, 241). Selbst dann, wenn er nur *fahrlässig* die Fehlbuchung nicht erkannt hat, haftet er der Bank aus dem Gesichtspunkt positiver Vertragsverletzung (OLG München WM 71, 264/265). Der Girokunde ist auf Grund des Girovertrages und des dadurch zwischen Bank und Kunde begründeten Vertrauensverhältnisses zur Prüfung des jeweiligen Kontostandes verpflichtet. Konnte er bei ordnungsgemäßer Prüfung die Falschbuchung erkennen, so hat er schuldhaft seine Sorgfaltspflicht gegenüber der Bank verletzt. Der Haftung wegen fahrlässiger Pflichtverletzung steht die Schutzgrenze des § 819 BGB, die für eine verschärfte Haftung aus dem Gesichtspunkt der Bereicherung die positive Kenntnis der Rechtsgrundlosigkeit verlangt, *nicht* entgegen (Liesecke WM 75, 241; a. M. Canaris in Großkomm. HGB Anh. C nach § 357 Anm. 221). Auch paßt der soziale Schutzgedanke (BAG NJW 60, 1590; 61, 622) nicht für den Empfänger einer Überweisung. Wohl aber kann ein *Mitverschulden* der Bank bei der Entstehung des Schadens die Ersatzpflicht des Kunden nach § 254 beschränken.

5. Abschnitt. Rechtsstellung des Überweisenden gegenüber der Empfangsbank oder einer Zwischenbank

1. Im allgemeinen

97 Bei einer *außerbetrieblichen* Überweisung steht der Überweisende in der Regel nur in unmittelbaren Rechtsbeziehungen zu seiner Bank (Überweisungsbank), nicht zu anderen an der Durchführung der Überweisung beteiligten Banken (BGH WM 58, 1078; 61, 78; Canaris in Großkomm. HGB Anh. nach § 357 Anm. 195; Meyer-Cording S. 74; Anm. 37). Er kann daher nur seiner Bank *Weisungen* erteilen, die für diese, nicht aber für die Empfangsbank oder eine selbständige Zwischenbank verbindlich sind. Um den Überweisungsauftrag zu *widerrufen,* muß er seine Bank mit der Weiterleitung des Widerrufs beauftragen (Anm. 29); nicht kann er den Widerruf gegenüber einer Zwischenbank oder der Empfangsbank verbindlich erklären. Nur auf Grund einer besonderen von dem Überweisenden mit diesen Banken getroffenen *Vereinbarung* können sie auch unmittelbar ihm gegenüber verpflichtet sein, seine Weisungen zu befolgen und für die von ihm vorgeschriebene Verwendung des Überweisungsbetrages zu sorgen. Unbenommen bleibt es dem Überweisenden, seine Bank zu beauftragen, ihrerseits der Empfangs- oder einer zwischengeschalteten Bank besondere Weisungen über die Verwendung des Überweisungsbetrages zu erteilen (BGH WM 57, 1055/1057; 62, 460/462). Diese Banken sind dann gegenüber der Überweisungsbank, die ihnen die Weisung erteilt hat, zu deren Befolgung verpflichtet. So kann z. B. der Empfangsbank vorgeschrieben werden, den überwiesenen Betrag auf ein *bestimmtes Konto* des Empfängers oder nur unter bestimmten Voraussetzungen gutzuschreiben, z. B. bei Vorlage von Urkunden (BGH WM 71, 158). Auch kann ihr durch einen Sperrvermerk verboten werden, den überwiesenen Betrag in die laufende Rechnung aufzunehmen und mit dem Debetsaldo des Empfängers zu verrechnen (BGH WM 62, 460; 71, 158). Sind Beträge auf ein *Sonderkonto* überwiesen worden, über das ausschließlich der Zahlungsverkehr mit einem bestimmten Unternehmen abgewickelt wird, und war der Bank bekannt, daß der überwiesene Betrag diesem Zweck diente, so darf sie ihn *nicht* mit einem Debetsaldo auf einem anderen Konto *verrechnen* und bei einer Ablehnung des zweckbestimmten Auftrags nicht ihr Pfandrecht nach Nr. 19 Abs. 2 AGB (Banken) geltend machen, sondern muß den Betrag zurückgewähren (BGH WM 73, 167).

Einschränkungen, die der Überweisende auf dem *Überweisungsvordruck* gemacht **98** hat, müssen sowohl beim Hausgiro von seiner Bank, als auch bei einer Kettenüberweisung von der *Empfangsbank* strikt beachtet werden, wenn sie den Auftrag durchführt. Nicht nur dem Namen des Empfängers (Anm. 97), sondern auch der *Kontonummer* kann maßgebliche Bedeutung zukommen. Enthält ein Überweisungsauftrag neben der Nummer eines Unterkontos den zusätzlichen Hinweis „Sperrkonto", so muß die Empfangsbank den Auftrag auf *diesem* Konto ausführen, wenn es das einzige von mehreren Konten ist, über das der Empfänger nur gemeinsam mit einem anderen verfügen kann (BGH WM 74, 274). Bei einer Gutschrift auf einem anderen Konto ist der Auftrag nicht ausgeführt, jedoch kann der Auftraggeber daraus keine Ansprüche gegen die Empfangsbank herleiten, wenn der mit der Überweisung auf das Sperrkonto verfolgte Zweck trotz der Fehlbuchung erreicht ist.

Ein auf dem Überweisungsträger in der *Spalte „Verwendungszweck"* stehender Vermerk bezieht sich auf die Beziehungen zwischen dem Überweisenden und dem Empfänger (Anm. 23) und enthält daher gewöhnlich nicht eine an die Empfangsbank gerichtete Weisung (BGHZ 50, 227/230; BGH WM 57, 1055; RGZ 54, 332; Schütz WM 63, 634). **99** Doch können *besondere Umstände* vorliegen, die auf eine Einschränkung des Auftrags hindeuten, so daß die Angaben des Überweisenden in der Spalte „Verwendungszweck" zur Klarstellung heranzuziehen sind (BGHZ 50, 227/230; BGH WM 58, 222/224; 62, 460). Solche Umstände werden sich jedoch in der Regel *außerhalb* des Überweisungsträgers befinden; doch können auch in ihm Hinweise enthalten sein, die nach Lage des Falles erkennbar und eindeutig an die Empfangsbank gerichtet sind (zutr. Canaris in Großkomm. HGB Anh. nach § 357 Anm. 236; a. M. Schütz WM 63, 634). Die üblichen Hinweise in der Spalte „Verwendungszweck" lassen noch keine Weisung an die Empfangsbank erkennen. Heißt es daher in dieser Spalte, der Überweisungsbetrag sei als Kindergeld an ausländische Arbeitnehmer zu zahlen, so wird dadurch die Verbuchung auf dem normalen Girokonto des Empfängers und die Verrechnung mit einem Debetsaldo *nicht* ausgeschlossen (LG Bremen BB 68, 730; Terpitz BB 68, 448 ff.). Um das zu erreichen, bedarf es der separaten Weisung, daß der Betrag auf einem Sonderkonto zu verbuchen und nicht mit einem Debet zu verrechnen ist (Canaris in Großkomm. HGB Anh. C nach § 357 Anm. 696).

2. Sorgfaltspflicht

Wird der *Überweisende* durch eine Pflichtverletzung der Empfangsbank oder einer **100** Zwischenbank geschädigt, so kann der *Schaden* von der Überweisungsbank unter dem Gesichtspunkt der Liquidation des Drittinteresses geltend gemacht werden (BGHZ 27, 241/247; 51, 91/93). Die Überweisungsbank wird im eigenen Namen für Rechnung des Überweisenden tätig, so daß das Erfordernis einer Drittschadensliquidation, das Moment der Schadensverlagerung, vorliegt. Die Überweisungsbank ist verpflichtet, ihrem Kunden auf dessen Verlangen den Schadensersatzanspruch abzutreten (§§ 675, 667 BGB; Nr. 9 AGB). Unmittelbare Rechtsbeziehungen bestehen zwischen dem Überweisenden und der Empfangsbank oder der Zwischenbank grundsätzlich nicht (Anm. 97).

§ 365 Anh.   *Der bankmäßige Zahlungsverkehr*

Die Verträge zwischen den Banken sind keine Verträge mit *Schutzwirkung* für den Überweisenden (BGH WM 58, 1078/1080; von Godin in RGR-Komm. z. HGB § 365 Anh. I Anm. 3; a. M. Canaris in Großkomm. HGB Anh. nach § 357 Anm. 196). Dafür wäre es notwendig, daß die Überweisungsbank dem Überweisenden zu *Schutz* und *Fürsorge* verpflichtet ist — eine Voraussetzung, die gewöhnlich nur für Verhältnisse mit einem personenrechtlichen Einschlag gegeben ist (BGHZ 51, 91/96). Die Sorgfaltspflichten, die einer Bank gegenüber ihrem Kunden auf Grund des Geschäftsbesorgungsvertrages obliegen, sind nicht Ausdruck eines solchen Schutzcharakters. So erstreckt sich die Verschwiegenheitspflicht der Banken, die bei einer Überweisung miteinander in Verbindung treten, auch auf die Angelegenheiten der Bankkunden, für deren Rechnung sie tätig werden. Die Empfangsbank darf daher z. B. Gläubigern des Überweisungsempfängers von dem Eingang der Überweisung keine Mitteilung machen (BGHZ 27, 241; Trost/Schütz, BFB S. 344). Bei Verletzung dieser Pflicht kann in der Regel nur die Bank, die den Überweisungsauftrag an die Empfangsbank weitergeleitet hat, einen Schadenersatzanspruch geltend machen. Nur unter besonderen Umständen kann die Annahme eines Vertrages mit *Schutzwirkung* für den *Überweisenden* gerechtfertigt sein, die ihm bei schuldhafter Verletzung der Schutzpflicht einen eigenen Schadenersatzanspruch gegen die Empfangsbank oder eine Zwischenbank gibt. *Erlischt* der Girovertrag der Bank mit dem Überweisungsempfänger, weil über sein Vermögen das Konkursverfahren eröffnet wird (Anm. 121), so muß sie dies bei einer Hausüberweisung dem Überweisenden, bei einer Kettenüberweisung der Überweisungs- oder Zwischenbank auf Grund der bestehenden vertraglichen Beziehung *mitteilen* und abwarten, ob der Auftrag widerrufen wird. Gleiches gilt, wenn der Empfangsbank bekannt ist, daß der Empfänger seine Zahlungen eingestellt hat oder sein wirtschaftlicher Zusammenbruch bevorsteht (Canaris in Großkomm. HGB Anh. nach § 357 Anm. 252, 56; einschränkend Kübler BB 76, 802, der eine solche „Warnpflicht" nur bei einer innerbetrieblichen Überweisung bejaht). Eine unmittelbare Mitteilungspflicht gegenüber dem Überweisenden obliegt der Empfangsbank nur, wenn sie mit ihm in einer vertraglichen Beziehung steht.

3. Widerruf

101   Ein Widerruf der weitergeleiteten Überweisung ist für die Empfangsbank oder eine selbständige Zwischenbank nur verbindlich, wenn ihn die Bank erklärt, die den Überweisungsauftrag an sie weitergeleitet hat. Der *Überweisende* selbst ist grundsätzlich nur *seiner Bank* gegenüber zum Widerruf berechtigt (OLG Celle WM 60, 1398; LG Freiburg WM 76, 142; Nr. 27 AGB der Deutschen Bundesbank II; Anm. 29). Nach der Gutschrift des überwiesenen Betrages auf dem Konto des Empfängers ist der Widerruf ausgeschlossen. Unter besonderen Umständen kann der Zeitpunkt der Unwiderruflichkeit früher liegen, so wenn nach den örtlichen Vereinbarungen zwischen den beteiligten Banken ein Widerruf schon vor der Gutschrift auf Empfängerkonto, z. B. von der Beendigung des Nachmittagsverkehrs an, ausgeschlossen ist (BGH NJW 59, 1176; Anm. 30). Hat die Zwischen- oder Empfangsbank einen ihr rechtzeitig von der Überweisungsbank übermittelten *Widerruf* übersehen, so ist sie verpflichtet, den dem Überweisenden dadurch entstandenen Schaden zu ersetzen. Die Überweisungsbank kann den *Schaden* ihres Kunden nach den Grundsätzen der Drittschadensliquidation (Anm. 100) geltend machen.

6. Abschnitt. Rechtsbeziehungen zwischen dem Überweisenden und dem Überweisungsempfänger

1. Zulässigkeit der Überweisung

Die Überweisung eines Geldbetrages soll die Barzahlung durch Noten oder Münzen **102** ersetzen. Statt Sach- oder Stückgeld erhält der Überweisungsempfänger eine *Gutschrift* auf seinem Girokonto, d.h. eine selbständige Geldforderung gegen seine Bank (Anm. 57ff.). Nach wie vor ist streitig, ob in der Überweisung auf Bank- oder Postscheckkonto *Erfüllung* (§ 362 BGB) oder eine *Leistung an Erfüllungs Statt* (§ 364 Abs. 1 BGB) liegt. Im Schrifttum wird eine Leistung des Schuldners an Erfüllungs Statt vor allem angenommen von Canaris in Großkomm. HGB Anh. C nach § 357 Anm. 237; Soergel/ R. Schmidt, BGB, 10. Aufl., § 364, Rdn. 4; Liesecke WM75, 214/216; Meyer-Cording S. 127. Als *Erfüllung* wird die Giroüberweisung angesehen von: Larenz, Schuldrecht I (1975) § 18 IV S. 182; R. Weber in BGB-RGRK (1974) § 362 Rdn. 20ff; Esser, Schuldrecht (1970) § 20 III, § 26 IV; Simitis AcP 159, 406/449ff; Schütz AcP 160, 25; Thywissen BB 71, 1347; Isele AcP 129, 165; Baumbach/Duden, HGB, 21. Aufl., Anh. I § 406 Anm. 127; Erman/H. P. Westermann, BGB, § 362 Rdn. 8; Schönle, Bank- und Börsenrecht (1976), § 31 III 3 a. Die Rechtsprechung ist *uneinheitlich*. Meist wird angenommen, daß die Giroüberweisung nicht Erfüllung, sondern *Leistung an Erfüllungs Statt* ist, so BGH JZ 53, 469; BGHZ 58, 108/109; anders aber wohl BGHZ 53, 139/142; BGH NJW 74, 456/458. Im Geschäftsleben hat sich heute die bargeldlose Zahlung durch Überweisung in derartig starkem Umfang durchgesetzt, daß sie der Bargeldzahlung und damit der *Erfüllung* gleichsteht. Nur die Kleingeschäfte werden überwiegend in bar abgewickelt. Eine rein wirtschaftliche Betrachtungsweise kann jedoch nicht entscheidend sein. Die Überweisung, die sich durch Umbuchung von Giroguthaben bei Banken vollzieht, ist rechtlich ein *Schuldnerwechsel*, bei dem die Gefahr der Zahlungsunfähigkeit des neuen Schuldners, wie die Zusammenbrüche einiger Banken in letzter Zeit zeigen, nicht ausgeschlossen ist. Durch eine Novelle zum KWG vom 24. 3. 76 (BGBl I, 725) sind daraufhin die Maßnahmen zum Schutz der Einlagesicherung verbessert worden. Innerhalb des Bundesverbandes deutscher Banken e.V. besteht seit dem 1. 5. 76 ein *Einlagensicherungsfonds,* der bei drohenden oder bestehenden finanziellen Schwierigkeiten von Banken, insbesondere bei drohender Zahlungseinstellung, im Interesse der Einleger Hilfe zu leisten und Beeinträchtigungen des Vertrauens in die privaten Kreditinstitute zu verhüten hat (Statut: Bank-Betrieb 5/1976 S. 199ff.). Auch das bewältigte Problem der steckengebliebenen Ost/West-Überweisungen hat deutlich gemacht, welche Unterschiede zwischen einer Geldüberweisung und einer Barzahlung bestehen. Der Gläubiger kann ein schutzwürdiges Interesse daran haben, die Leistung seines Schuldners in bar zu erhalten. Nur wenn es sich um einen sehr hohen Betrag handelt, kann das Bestehen auf Bargeldzahlung gegen Treu und Glauben (§ 242 BGB) verstoßen. Eine Zahlung durch Überweisung ist deshalb grundsätzlich nur dann der Barzahlung rechtlich gleichzuachten, wenn der Gläubiger mit der Überweisung des Geldbetrages *einverstanden* ist. Unter dieser Voraussetzung wird man die Überweisung im Hinblick auf die Funktion des Buchgeldes im heutigen Wirtschaftsleben als *Erfüllung* zu werten haben. Dem steht der Umstand, daß der Empfänger durch die Gutschrift

§ 365 Anh. *Der bankmäßige Zahlungsverkehr*

rechtlich nur eine *Forderung* gegen eine Bank erhält, nicht entgegen. Für das Vorliegen des *Einverständnisses* genügt es, daß der Gläubiger nach außen allgemein zu erkennen gegeben hat, er sei mit einer Überweisung des Geldbetrages auf sein Konto einverstanden. Ein allgemeines Einverständnis liegt sicher vor, wenn der Gläubiger seine *Kontonummer* auf Rechnungen, Geschäftsbriefen und Werbeschreiben angegeben hat (RGZ 114, 142; 134, 73; OGHZ 4, 49; BGH WM 55, 1473/1476; Canaris in Großkomm. HGB Anh. C nach § 357 Anm. 238; Meyer-Cording S. 128; Schoele S. 243). Der Gläubiger bringt dadurch zum Ausdruck, daß er Überweisung und Barzahlung als gleichwertig ansieht. Auch wenn ein Gläubiger ohne Widerspruch eine Geldüberweisung angenommen hat, ist davon auszugehen, daß er mit künftigen Überweisungen auf sein Konto einverstanden ist. Aber auch dann, wenn jemand ein *Girokonto errichtet* hat, bringt er angesichts der wirtschaftlichen Bedeutung des Überweisungsverkehrs damit, ohne daß es noch einer besonderen Bekanntgabe bedarf, zum Ausdruck, sich am Giroverkehr beteiligen und daher Einzahlungen und Überweisungen auf sein Konto entgegennehmen zu wollen (ebenso v. Caemmerer JZ 53, 446/448; Schütz AcP 160, 19; Fögen, Geld und Währungsrecht, 1969, S. 14f; Erman/H.P. Westermann BGB § 362 Anm. 2; Baumbach/Duden Anh. I nach § 406 Anm. 2 J; a.M. BGH NJW 53, 897; Canaris in Großkomm. HGB Anh. C nach § 357 Anm. 239). Die Verschaffung von Buchgeld ist dann die dem Gläubiger geschuldete Leistung, falls sich nicht aus der Vereinbarung der Parteien, aus der Art der Geschäftsverbindung, aus Treu und Glauben oder aus einer besonderen Erklärung des Gläubigers etwas anderes ergibt. Gezwungen ist jedenfalls der Gläubiger nicht, sich mit der Überweisung eines Geldbetrages statt der Bargeldzahlung zu begnügen. Er kann vom Schuldner grundsätzlich verlangen, daß er ihm den geschuldeten Betrag nicht auf sein Girokonto überweist, sondern in bar zahlt.

103 Ist eine *Barzahlungsklausel* vereinbart worden, so ist das nicht ohne weiteres gleichbedeutend mit der Unzulässigkeit einer Überweisung. Der Barzahlungsklausel kommt keine bestimmte Bedeutung zu, sie wird auch nicht im Verkehr allgemein oder überwiegend in einem bestimmten Sinne verstanden (KG JW 33, 1468; JFG 11, 199/207; Canaris in Großkomm. HGB Anh. C nach § 357 Anm. 238; Simitis AcP 159, 435 ff.). Ihr Sinn kann daher im Einzelfall ein sehr verschiedener sein. Die Klausel kann den Gegensatz zwischen Papiergeld und Bargeld im Sinne des gemünzten Geldes, sie kann den Gegensatz zu der bargeldlosen Zahlung durch Scheck, Postscheck, Wechsel oder Anweisung ausdrücken und umfaßt dann alle Geldformen (Papier- und Münzgeld), sie kann schließlich aber auch den Gegensatz zwischen Geldleistung und Sachleistung (§§ 27, 53 Abs. 3 AktG) zum Ausdruck bringen. So wird z.B. bei Hypotheken von Landschaften und Hypothekenbanken die Rückzahlung der Hypothek in bar im Gegensatz zur Rückzahlung in Pfandbriefen oder Schuldverschreibungen anderer Art zum Ausdruck gebracht. Im Geschäftsleben wird meist unter Barzahlung eine Zahlung verstanden, die sofort bei Abschluß der Geschäfte zu erfolgen hat. In diesem Fall ist nicht die Überweisung unzulässig, sondern nur die *Kreditierung* ausgeschlossen. Die Bedeutung einer Barzahlungsklausel kann somit nur unter Berücksichtigung aller Umstände des Einzelfalls rechtlich erfaßt werden.

104 Für einige Fälle ist die Geldüberweisung *gesetzlich* der Bargeldzahlung gleichgestellt. So kann der Aktionär oder Gesellschafter einer GmbH seine Einlageverpflichtung durch *Gutschrift* auf ein Bank- oder Postscheckkonto der Gesellschaft oder auch des Vorstands oder Geschäftsführers zu seiner freien Verfügung leisten (§ 54 Abs. 3 AktG, § 49 Abs. 3 GmbHG). *Steuerschulden* können auf ein Girokonto des Finanzamts überwiesen werden (§ 122 AbgO). Ebenso wie ein Postschein führt die Bescheinigung einer *Bank* über die Ausführung einer Überweisung zu einer einstweiligen Einstellung der Zwangsvollstreckung nach § 775 Nr. 5 ZPO (Thomas/Putzo, ZPO, 6. Aufl. 1972; § 775 Anm. 6).

2. Zeitpunkt der Erfüllung

Ist der Schuldner zur Überweisung eines Geldbetrages berechtigt oder sogar verpflichtet, so ist die Schuld in dem Augenblick erloschen, in dem der Geldbetrag dem Gläubiger *auf seinem Konto gutgeschrieben* wird (BGHZ 6, 121/123 ff; 58, 108/109; BGH WM 71, 110/111; Canaris in Großkomm. HGB Anh. nach § 357 Anm. 241; Meyer-Cording S. 130; Schönle, Bank- und Börsenrecht, 1976, § 32 I). Demgegenüber wird von Schütz angenommen, daß der Schuldner seine Schuld im Valutaverhältnis bereits erfüllt habe, wenn der Empfängerbank der Überweisungsbetrag von der Überweisungs- oder einer Zwischenbank gutgeschrieben worden ist (Schütz AcP 160 [1961], 17/28). Da der Gläubiger dem Schuldner gestattet habe, an seine Bank zu leisten, soll die Gutschrift für die Empfangsbank dieselbe rechtliche Wirkung wie eine Barzahlung an den Gläubiger selbst haben. Ob und wann die Empfangsbank den ihr auf einem Nostrokonto der Überweisungs- oder einer Zwischenbank gutgeschriebenen Betrag dem Gläubiger gutschreibt, ist danach gleichgültig. Das Risiko von Fehlern der Empfangsbank, insbesondere auch das *Insolvenzrisiko,* trüge somit der Gläubiger, weil er sich mit der Leistung des Schuldners an seine Bank einverstanden erklärt hat. Diese Auffassung widerspricht dem *Willen* der Parteien. Mit der Angabe seines Bankkontos hat sich der Gläubiger damit einverstanden erklärt, daß der Schuldner den Betrag auf *sein Konto* bei einer bestimmten Bank überweist, nicht aber auf ein Konto, das diese Bank bei einer anderen Bank hat. Der Schuldner soll die Girozahlung nicht der Empfangsbank, sondern dem *Gläubiger* erbringen; die Bank fungiert insoweit als seine Zahlstelle (§ 362 Abs. 1 BGB; BGHZ 53, 139/142; BGH NJW 74, 456/458; Larenz, Schuldrecht I, 1975, § 18 IV S. 182). Der Anspruch des Empfängers *auf* Gutschrift des für ihn bestimmten Betrages (Anm. 53) steht einem Anspruch *aus* Gutschrift nicht gleich. Er ist mit den Einwendungen und Einreden belastet, die der Überweisungs- oder einer Zwischenbank gegen die Empfangsbank aus dem *Deckungsverhältnis* zusteht (Anm. 55; Canaris in Großkomm. HGB Anh. C nach § 357 Anm. 199; Meyer-Cording S. 75 f.). Auch kann der Überweisungsauftrag vor der Gutschrift noch widerrufen werden (BGHZ 6, 121/124; Anm. 25 ff.). Wegen dieser *Abhängigkeit* vom Deckungsverhältnis besitzt der Empfänger mit dem Anspruch auf Gutschrift noch nicht die Verfügungsmacht, die es rechtfertigt, die Leistung von Buchgeld an die Empfangsbank der geschuldeten Leistung von Bargeld an ihn gleichzusetzen. Erst mit der *Gutschrift* zugunsten des Gläubigers hat der Schuldner seine Schuld getilgt. Entsteht die Forderung für den Empfänger gegen seine Bank bei einer Nachdisposition erst *nach* der Gutschriftbuchung, so tritt möglicherweise erst mit der vorbehaltlosen Zusendung des Tagesauszuges *Erfüllung* ein (Anm. 66).

3. Rechtzeitigkeit der Zahlung

Von der Frage, wann eine Schuld durch *Erfüllung* erloschen ist, ist die Frage zu trennen, wann die Leistung *rechtzeitig* erbracht ist. Wenn auch der Schuldner nach § 270

§ 365 Anh.   *Der bankmäßige Zahlungsverkehr*

Abs. 1 BGB Geld im Zweifel auf seine Gefahr und seine Kosten dem Gläubiger nach dessen Wohnort, bei gewerblichen Schulden nach dessen Niederlassung zu übermitteln hat, so wird doch hierdurch an dem Grundsatz des § 269 BGB, nach dem der Wohnsitz oder die gewerbliche Niederlassung des Schuldners im Zweifel als Erfüllungsort gilt, nichts geändert (§ 270 Abs. 4 BGB). Die Übermittlung des Geldes gehört nicht mehr zur Leistung des Schuldners. Daraus folgt, daß es für die *Rechtzeitigkeit* der Leistung, falls keine anderen Abreden vorliegen, nicht darauf ankommt, wann der überwiesene Betrag dem Gläubiger gutgeschrieben oder ausgezahlt wird. Es genügt für die Rechtzeitigkeit die Leistung am Erfüllungsort, d. h. im Zweifel am Wohnsitz oder Niederlassungsort des Schuldners. Der Schuldner muß das, was seinerseits zur Erfüllung zu geschehen hat, an seinem Wohnsitz *vor Fristablauf* getan haben (BGH NJW 64, 499; 59, 1176; KG JW 27, 526). Rechtzeitig ist daher z. B. die Leistung, wenn der Schuldner den geschuldeten Betrag innerhalb der Frist an seinem Wohnsitz durch Postanweisung oder Zahlkarte bei der Post eingezahlt (RGZ 99, 257; 78, 137) oder durch Wertbrief bei der Post aufgegeben hat.

107 *Streitig* ist die Rechtslage bei Überweisung im *Bankgiro-* oder im *Postscheckverkehr.* Es geht um eine Risikoverteilung, bei der die Sphären, innerhalb der der Überweisende oder der Empfänger das *Risiko einer Verspätung* zu tragen hat, gegeneinander abzugrenzen sind, und zwar unter der Voraussetzung, daß die Zahlung durch Überweisung durchgeführt worden ist; sonst stellt sich die Frage nach der Rechtzeitigkeit der Überweisung nicht (BGH NJW 64, 499 – Postscheckverkehr). Nicht genügt es, daß der Schuldner den Überweisungsauftrag an seine Bank *abgesendet* hat, mag auch Deckung vorhanden sein (so Enneccerus/Lehmann Schuldrecht, 15. Bearb. § 23 I 3) oder der Überweisungsauftrag *bei seiner Bank eingegangen* ist (so OLG Hamburg BB 59, 507; Celle MDR 69, 1007; Palandt/Heinrichs § 270 Anm. 2 c; Soergel/Schmidt § 270 Anm. 3; Nastelski in BGB-RGRK, § 270 Anm. 10). Es kommt darauf an, ob die Bank noch fristgemäß die zur Überweisung auf das Konto des Empfängers nach der Sachlage erforderlichen Maßnahmen getroffen hat, um den Gläubiger zu befriedigen (RG JR 25 Nr. 762). Dabei bleibt es offen, was im Einzelfall zu dem für die Annahme der Rechtzeitigkeit Erforderlichen gehört. Nicht zu verlangen ist, daß der geschuldete Betrag noch innerhalb der Frist dem Gläubiger auf dessen Bank- oder Postscheckkonto gutgeschrieben ist; damit wäre im Ergebnis auf den Leistungserfolg abgestellt (BGH NJW 64, 499). Hierbei ist es gleichgültig, ob es sich um eine mehrgliedrige Überweisung (Anm. 47 ff.) handelt, oder ob Überweisender und Empfänger derselben Kontostelle angeschlossen sind. Solange andererseits die Bank noch die Ausführung der Überweisung ablehnen kann, hat der Schuldner die Übermittlung noch nicht so veranlaßt, daß er mit ihr fest rechnen kann. Häufig wird darauf abgestellt, ob das Konto des Überweisenden noch innerhalb der Frist *belastet* worden ist (so BGH NJW 64, 499 für den Postscheckverkehr; Larenz, Schuldrecht I, § 14 IV c; Schönle, Bank- und Börsenrecht, 1976, § 32 I; Meyer-Cording S. 136; Schoele aaO S. 257). Dem ist zwar nicht allgemein, wohl aber für eine *Hausüberweisung* zu folgen. Sind Überweisender und Empfänger derselben Kontostelle angeschlossen, so genügt es, daß der Überweisungsbetrag innerhalb der Frist auf dem Konto des Schuldners *abgebucht* wurde; nicht ist auch hier erst der Zeitpunkt der Gutschrift auf dem Konto des Gläubigers der maßgebende Zeitpunkt für die Rechtzeitigkeit der Zahlung. Bei einer überbetrieblichen Kettenüberweisung, bei der sich der Überweisende der erstbeauftragten Bank als Erfüllungsgehilfin bedient, ist weiter zu verlangen, daß die erstbeauftragte Bank noch innerhalb der Frist den Überweisungsauftrag weitergeleitet hat, wobei die Absendung des Überweisungsauftrags an die Zwischen- oder Empfangsbank genügt (a. M. Canaris in Großkomm. HGB Anh. C nach § 357 Anm. 243, wonach es auf die Absendung durch die *letzte* Zwischenbank ankommt). Entsprechendes gilt für die rechtzeitige Leistung bei Geldüberweisungen im *Filialnetz*. Auch bei einer Filialüberweisung muß zur Belastung des Schuldnerkontos hinzukommen, daß der Überweisungsauftrag innerhalb der Frist an die kontoführende Stelle *abgesandt* wird (ebenso Canaris aaO). Wenn der Gläubiger dringend und für den Schuldner erkennbar auf den geschuldeten Betrag angewiesen ist und dem Schuldner eine Frist gesetzt hat (z. B. nach § 326 BGB), so muß dieser auf Beschleunigung der Überweisung drängen und unter besonderen Umständen sogar die Überweisungsbank veranlassen, daß sie gegenüber der Empfangsbank auf ein Widerrufsrecht verzichtet, das ihr nach den örtlichen Vereinbarungen zwischen den beteiligten Banken bis zur Beendigung des Nachmittagsverkehrs zusteht (BGH NJW 59, 1176). Sonst hat der Schuldner das zur fristgerechten Bewirkung seiner Leistung Erforderliche noch nicht getan. – Die erwähnten Grundsätze gelten auch für *Platzgeschäfte* (RGZ 78, 141; BGH NJW 59, 1176; Schoele S. 257).

108 Haben die Parteien den *Wohnsitz des Gläubigers* als Erfüllungsort vereinbart, wodurch die Schick- zu einer Bringschuld geworden ist, so ist für die Rechtzeitigkeit der Leistung grundsätzlich erst der Zeitpunkt der *Gutschrift* auf dem Konto des Gläubigers maßgebend. Ein anderer Erfüllungsort als der Wohnsitz des Schuldners kann ausdrücklich oder stillschweigend vereinbart sein; er kann sich auch aus den Umständen ergeben. Hat der Gläubiger auf Rechnungen, Briefbögen, Geschäftsmitteilungen usw. sein Konto angegeben, so bedeutet das jedoch im Zweifel nur, daß der Gläubiger mit Überweisung überhaupt einverstanden ist (Anm. 102). Die Kontoangabe bestimmt nur die *Leistungsart*. Eine Bestimmung des Erfüllungsorts ist in ihr noch nicht zu sehen (Schoele S. 259). Ebenso liegt es bei der Vereinbarung „Kasse Zug um Zug" oder „zahlbar in..." (OLG Hamburg JW 38, 1891). Zu beachten ist weiter, daß die Bestimmung eines besonderen Erfüllungsorts im Handelsverkehr meist nur die Bedeutung einer Vereinbarung über den Gerichtsstand oder des anzuwendenden Rechts für internationalprivatrechtliche Fragen hat (BGHZ 1, 112). Dann verbleibt es bei dem Grundsatz, daß der Wohnsitz des *Schuldners* als Erfüllungsort gilt. Was im Einzelfall unter der Bestimmung eines besonderen Erfüllungsorts gemeint ist, ist demnach Auslegungsfrage. Stets bedarf die Änderung des gesetzlichen Erfüllungsorts einer besonderen Vereinbarung der Parteien. *Einseitige Erklärungen* nach Abschluß des Vertrages, z. B. auf der Rechnung, reichen nicht aus. Auch kann im bloßen *Schweigen* der anderen Partei gewöhnlich noch keine Zustimmung gesehen werden (RGZ 52, 133; 57, 411). Bei einer laufenden Geschäftsbeziehung kann es nach Lage des Falles anders liegen (§ 242 BGB). Ist die einseitige Erklärung über den Erfüllungsort in einem *Bestätigungsschreiben* enthalten, so gilt er als vereinbart, wenn der Empfänger nicht widerspricht (RGZ 58, 66; § 346 Anm. 34). – Ist zwischen den Parteien *Barzahlung* vereinbart worden, so ist die Schuld, mag auch der Gläubiger sein Bankkonto angegeben haben, in der Regel erst erfüllt, wenn der überwiesene Geldbetrag dem Gläubiger ausgezahlt worden ist (KG JW 25, 647; vgl. aber auch Anm. 103).

§ 365 Anh. *Der bankmäßige Zahlungsverkehr*

4. Gefahrtragung

109 a) Die *Verlustgefahr* trägt bei der Überweisung eines Geldbetrages im Zweifel der *Schuldner*. Das folgt aus dem Rechtsgedanken des § 270 BGB. Die Gefahr besteht darin, daß trotz einer Lastschrift auf dem Konto des Schuldners die Gutschrift auf dem Konto des Gläubigers ausbleiben kann. Erst sie befreit den Schuldner von der Verlustgefahr; der Gläubiger hat durch sein Einverständnis mit bargeldloser Zahlung nur die Gutschrift auf seinem Konto als Erfüllung anerkannt (BGHZ 6, 121 ff.). Der Schuldner muß daher grundsätzlich nochmals leisten, wenn die Überweisung nicht zu einer *Gutschrift* auf dem Empfängerkonto geführt hat. Doch gilt das nicht ausnahmslos. Beruht die Nichtausführung eines Überweisungsauftrags darauf, daß die Empfangsbank vor dem Wirksamwerden der Gutschrift *zahlungsunfähig* geworden ist, so ist der Schuldner schon in dem Zeitpunkt von seiner Schuld *befreit,* in dem für die Empfangsbank eine Forderung aus Gutschrift gegen die Überweisungs- oder eine Zwischenbank begründet worden ist, sie somit vorbehaltlos Deckung erhalten hat. Das folgt daraus, daß der Schuldner auf die Auswahl der ihm vom Empfänger als Zahlstelle benannten Bank keinen Einfluß hat. Die Berufung auf den Grundsatz, daß der Schuldner erst von seiner Schuld befreit ist, wenn der Überweisungsbetrag dem Gläubiger auf seinem Konto gutgeschrieben ist, widerspricht dem Vorverhalten des Gläubigers und verstößt daher gegen Treu und Glauben (§ 242 BGB; einschränkend Canaris in Großkomm. HGB Anh. C nach § 357 Anm. 241, der das Konkursrisiko nur dann auf den Gläubiger verlagert, wenn der Schuldner auf besonderen Wunsch des Gläubigers an die in Konkurs geratene Bank geleistet hat). Das Risiko für die *Insolvenz* der vom Gläubiger seinem Schuldner benannten Bank sollte der *Gläubiger* tragen (a. M. von Godin in RGR-Komm. z. HGB § 357 Anh. I Anm. 37; Schönle, Bank- und Börsenrecht, 1971, § 32 I S. 330). Nur bei einer *hausinternen* Überweisung, bei der Auftraggeber und Empfänger ihre Konten bei derselben Bank haben, besteht kein Anlaß, das Risiko einer Zahlung schon vor der Gutschrift des Überweisungsbetrages auf dem Konto des Empfängers vom Schuldner auf den Gläubiger zu verlagern.

110 Der Schuldner trägt analog § 270 BGB nur die Verluste, *nicht die Zeitgefahr.* Ist der Schuldner seinen Pflichten am Erfüllungsort rechtzeitig nachgekommen (Anm. 57, 58), so gehen *Verzögerungen* der Überweisung zu Lasten des Empfängers. Auch Nachteile, die sich aus einer Änderung des *Wechselkurses* ergeben, treffen den Empfänger.

111 Bei einer *Währungsumstellung* stellt sich die Frage, wer den *Entwertungsschaden* zu tragen hat, wenn der Überweisungsbetrag zwar vor dem Umstellungsstichtag erteilt, jedoch erst nach diesem Tage durch Gutschrift auf Empfängerkonto ausgeführt worden ist. Nach dem Grundsatz des § 270 BGB muß den Entwertungsschaden der *Schuldner* tragen (ebenso Canaris in Großkomm. HGB Anh. C nach § 357 Anm. 2/44; Schönle, Bank- und Börsenrecht, 1976, § 32 I; Meyer-Cording S. 131 ff.). Für Reichsmarküberweisungen, die nach dem Stichtag der Währungsreform ausgeführt worden waren, bestand eine Sonderregelung. Nach § 18 Abs. 1 WährG waren Aufträge auf Überweisung von Reichsmarkbeträgen, die ein Geldinstitut oder eine Postanstalt vor dem 21. Juni 1948 erhalten hatte, noch in Reichsmark auszuführen. Dies galt auch dann, wenn das Geldinstitut oder die Postanstalt den Auftrag erst nach dem 20. Juni 1948 an das ausführende Geldinstitut weitergeleitet hatte. Die teilweise vertretene Auffassung, daß es sich hierbei nur um eine technische Anweisung an die Banken handele, der keine sachlich-rechtliche Wirkung beizumessen sei, hat die Rechtsprechung mit Recht abgelehnt (BGHZ 1, 396; OGHZ 4, 191). § 18 Abs. 1 WährG muß im Zusammenhang mit dem ihn ergänzenden § 3 Abs. 1 Satz 2 und 3 der 2. DVO zum UmstG (Bankenverordnung) ausgelegt werden, der eine *Rückwirkung* der Gutschrift auf den 20. Juni 1948 vorsah. Die Reichsmarkverbindlichkeit war deshalb noch vor dem Währungsstichtage als getilt anzusehen (§ 13 Abs. 3 UmstG).

5. Behandlung von Fehlüberweisungen

Hat der Auftraggeber *irrtümlich* einem Dritten einen Geldbetrag überwiesen, so ist **112** dieser ihm gegenüber nach § 812 Abs. 1 Satz 1 BGB zur Rückzahlung verpflichtet, wenn sein Vermögen durch die Gutschrift oder die Auszahlung eine ungerechtfertigte Bereicherung erfahren hat. Ein solcher Sachverhalt liegt z. B. vor, wenn der Auftraggeber den Geldbetrag einem falschen Gläubiger überwiesen oder seinem wahren Gläubiger mehr überwiesen hat, als er ihm schuldig war, insbesondere wenn das Grundverhältnis zwischen ihm und dem Empfänger – das *Valutageschäft* – nichtig ist. Es liegt dann ebenso, wie wenn eine nicht bestehende Schuld mit Sachgeld bezahlt worden wäre. Der Ausgleich vollzieht sich bereicherungsrechtlich zwischen den Parteien des *Valutageschäfts,* mag auch die Leistung indirekt durch Überweisung und Gutschrift auf das Konto des Empfängers bei einer Bank erfolgt sein (Anm. 78). Eine Bereicherung des Empfängers liegt nicht nur vor, wenn sich sein Habensaldo erhöht, sondern auch, wenn sich sein Debetsaldo durch die Gutschrift vermindert hat. Zur Rechtslage bei Ungültigkeit des *Überweisungsauftrags* s. Anm. 80 ff. Die Rückzahlung kann auf verschiedene Art geschehen. Sie wird in der Regel durch *Rücküberweisung* auf das Konto des Überweisenden geschehen. Ob die Empfangsbank zur Rücküberweisung verpflichtet ist, hängt von den vertraglichen Beziehungen zwischen ihr und dem Empfänger ab. Hat der Empfänger bei ihr kein Guthaben, so ist die Empfangsbank grundsätzlich nicht zur Rücküberweisung verpflichtet. Mag auch der überwiesene Betrag durch eine Fehlüberweisung bewirkt sein. Das gilt auch dann, wenn die Empfangsbank gegen die auf Grund einer Fehlüberweisung vollzogene Gutschriftforderung des Empfängers ihrerseits mit einer Gegenforderung verrechnet hat. Zwar hat in diesem Fall die Bank im Zuge der Fehlüberweisung einen Vermögensvorteil erlangt. Dieser Vorteil stammt aber nicht aus dem Vermögen des Überweisenden, sondern dem des Empfängers, dem der Betrag gutgeschrieben war. Der Vermögensvorteil ist dem Empfänger gegenüber auch nicht ungerechtfertigt, da die Bank ihm gegenüber nicht nur verpflichtet, sondern auch berechtigt ist, die seinem Konto überwiesenen Beträge gutzuschreiben. Zu einem Verzicht auf die durch die Gutschrift gemäß den Geschäftsbedingungen erlangte Rechtsposition ist die Bank weder gegenüber dem Empfänger noch gegenüber dem Überweisenden verpflichtet. Hierbei ist es ohne Belang, ob das Konto des Empfängers vor der Gutschrift einen Haben- oder Sollsaldo aufwies (OLG Hamburg JW 31, 548; KG 62, 1384; OLG Hamm WM 64, 259; Canaris in Großkomm. HGB Anh. C nach § 357 Anm. 247; Schoele BankA XXXVIII, 524; Koch ZHR 105, 264/265; a. M. von Godin in RGR-Komm. HGB § 365 Anh. I Anm. 39 Ziff. 3; dazu Steindorff ZHR 126, 178). Die Ablehnung der Rückbuchung verstößt auch nicht gegen Treu und Glauben. Die Bank ist auf Grund des

§ 365 Anh. *Der bankmäßige Zahlungsverkehr*

Girovertrages berechtigt, die Gutschriftforderung des Empfängers zur Tilgung eines Sollsaldos zu verrechnen. Würde man anderer Auffassung sein, so könnten Gutschriften, die von der Bank zu Lasten des Empfängers in Anspruch genommen werden, stets durch die Behauptung einer angeblichen Fehlüberweisung dem auf Grund des Girovertrages berechtigten Zugriff der Bank entzogen werden. Es müßte sich schon um einen ganz besonders gelagerten Fall handeln, wenn aus dem Gesichtspunkt von Treu und Glauben eine Rückbuchungspflicht der Bank angenommen werden soll (Anm. 37f.). Auch bei einer *innerbetrieblichen* Fehlüberweisung wird sich aus dem Geschäftsvertrag mit dem Überweisenden eine Verpflichtung der Bank, die kontokorrentmäßige Verrechnung der Gutschrift mit dem Debetsaldo des Empfängers rückgängig zu machen, nur in besonders gelagerten Fällen begründen lassen. Auch Schadenersatzansprüche scheiden grundsätzlich aus, zumal die Bank nicht weiß oder nicht wissen kann, daß es sich um eine Fehlüberweisung handelt.

7. Abschnitt. Einfluß des Konkurses

1. Konkurs des Überweisenden

113 Wird über das Vermögen des Auftraggebers das Konkursverfahren eröffnet, so *erlischt* nach § 23 Abs. 2 KO der Girovertrag, der ein auf Geschäftsbesorgung gerichteter Dienstvertrag ist (Canaris in Großkomm. HGB Anh. C nach § 357 Anm. 252; Meyer-Cording S. 112; Mentzel/Kuhn, Konkursordnung, § 23 Anm. 2; a. M. Klausing RabelsZ 32, 125 und Schoele S. 102, die den Girovertrag als Vertrag eigener Art auffassen und deshalb kein Erlöschen annehmen). Durch das Erlöschen des Girovertrages wird zugleich ein vor Konkurseröffnung erteilter und noch nicht zur Ausführung gelangter *Überweisungsauftrag* hinfällig. Es bedarf keines besonderen Widerrufs analog § 790 BGB, da der Überweisungsauftrag gegenüber dem Girovertrag keine Selbständigkeit besitzt (vgl. Anm. 17; ebenso Canaris in Großkomm. HGB Anh. C nach § 357 Anm. 253). Anders liegt es bei einem Scheck (Baumbach/Hefermehl, Art. 3 SchG Anm. 13). Eine bereits vorgenommene Belastung des Konto des Auftraggebers muß die Bank stornieren (Anm. 91). Zum *Vertrauensschutz* s. Anm. 115.

114 Mit dem Girovertrag erlischt auch der gewöhnlich zwischen dem Auftraggeber und der Bank bestehende *Kontokorrentvertrag* (§ 355 Anm. 98). Dem Konkursverwalter steht es jedoch frei, einen neuen Giro- und Kontokorrentvertrag mit der Bank abzuschließen. Ein solcher Abschluß kann konkludent in der Weiterführung des Kontos liegen. Aber rechtlich handelt es sich um ein neues Vertragsverhältnis. Die aus ihm hervorgehenden Ansprüche der Bank gegen den Gemeinschuldner sind Masseansprüche (§ 59 Ziff. 1 KO).

115 Trotz der Konkurseröffnung kann der *Girovertrag* in einigen Fällen als *fortbestehend gelten* (§ 23 Abs. 1 Satz 2 KO). Das trifft einmal zu, wenn mit dem Aufschub der Überweisung Gefahr verbunden ist (§ 672 Satz 2 BGB). Die Ersatzansprüche der Bank sind dann nach § 27 KO *Masseansprüche* (§ 59 Ziff. 2 KO). Die praktische Bedeutung dieses Ausnahmefalles ist nur gering. Zum anderen gilt der Girovertrag aber auch dann zugunsten der Bank so lange als *fortbestehend,* bis sie von der Konkurseröffnung Kenntnis erhält oder Kenntnis haben mußte (§ 674 BGB). Die Ansprüche der Bank auf

Ersatz von Aufwendungen sind allerdings in diesem Fall nach § 27 KO nur gewöhnliche *Konkursforderungen.*

Ist der überweisende Auftraggeber eine Handelsgesellschaft, so hängt das fingierte **116** Weiterbestehen des Girovertrages nicht von ihrer Rechtsform ab; die Bank ist auch dann geschützt, wenn die Gemeinschuldnerin durch die Konkurseröffnung als Handelsgesellschaft *aufgelöst* worden ist (BGHZ 63, 87/91). Buchungen, die die Bank irrtümlich noch nach Kenntnis der Konkurseröffnung vorgenommen hat, kann sie jedoch durch Rück- bzw. Gegenbuchungen wieder *berichtigen,* da sie die materielle Rechtslage nicht verändern; dem steht nicht entgegen, daß mit dem Erlöschen des Bankvertrages auch das mit ihm verbundene *Stornorecht* der Bank erloschen ist (BGHZ 63, 87/93).

Hatte der Kunde ein *Guthaben,* so greift bei Fortbestehen des Bankvertrages nach **117** § 23 Abs. 1 Satz 2 KO, § 674 BGB zum Schutz der Bank § 8 KO ein. Die in Unkenntnis der Konkurseröffnung leistende Bank wird entgegen § 7 KO durch eine Leistung an den Gemeinschuldner befreit. Eine Leistung an den Gemeinschuldner liegt auch vor, wenn die Bank auf Grund des nach § 23 Abs. 1 Satz 2 KO, § 674 BGB als fortbestehend geltenden Girovertrages den überwiesenen Geldbetrag dem Empfänger auszahlt oder ihm gutschreibt (Jaeger/Lent, Konkursordnung, § 23 Anm. 18; Meyer-Cording S. 114; Ulmer, Recht der Wertpapiere, S. 321). Es macht hierbei keinen Unterschied, ob der Empfänger selbst Kunde der Überweisungsbank ist oder ihm der Betrag auf Grund einer Weiterleitung des Überweisungsauftrags gutgeschrieben wird. Durch die Leistung der Bank mindert sich das Guthaben des Kunden unmittelbar (§ 787 Abs. 1 BGB); die gewöhnlich unter Vorbehalt schon vorgenommene Lastschrift (Anm. 43) wird endgültig.

War die Leistung der Bank auf Grund eines erst *nach* Konkurseröffnung vom Gemein- **118** schuldner erteilten Überweisungsauftrags erfolgt, so kann es zweifelhaft sein, ob auch in diesem Fall die Bank nach § 8 KO geschützt wird. Für die Anwendung des § 8 KO spricht der dieser Vorschrift innewohnende Schutzgedanke. Wenn die Bank nach Eröffnung mit befreiender Wirkung an den Gemeinschuldner leisten kann, so muß sie mit gleicher Wirkung auch an einen vom Gemeinschuldner bestimmten empfangsberechtigten Dritten leisten können (§ 362 Abs. 2, § 185 Abs. 1 BGB). Will der Konkursverwalter dies verhindern, so muß er der Bank von der Eröffnung des Konkursverfahrens Mitteilung machen. Dadurch entfällt die Wirkung des § 8 KO. Die *Beweislast* für die Kenntnis der Bank von der Konkurseröffnung trifft den Konkursverwalter, wenn die Bank vor der öffentlichen Bekanntmachung der Eröffnung geleistet hat (§ 8 Abs. 2 KO). Bei Leistung nach der öffentlichen Bekanntmachung muß die Bank ihre Unkenntnis beweisen (§ 8 Abs. 3 KO). Hatte der Kunde zur Zeit der Leistung der Bank kein Guthaben, so stehen tivder Bank, wenn sie die Eröffnung weder kannte noch kennen mußte (§ 23 Abs. 1 Satz 2 KO, § 674 BGB), nur *Ansprüche auf Aufwendungsersatz* zu; sie sind nach § 27 KO gewöhnliche Konkursforderungen.

Ist die Bank nach § 8 KO gegenüber der Konkursmasse *frei* geworden, so kann diese **119** den überwiesenen Betrag vom Empfänger nach § 816 Abs. 2 BGB kondizieren. Da es sich um eine Neuforderung handelt, kann der Empfänger nicht gegen sie aufrechnen; ihm steht eine gewöhnliche Konkursforderung zu. Ist die Bank nach § 8 KO gegenüber der Konkursmasse *nicht frei* geworden, so kann sie die Gutschrift zwar nicht stornieren (Anm. 91f.), wohl aber nach § 812 Abs. 1 Satz 1 BGB vom Empfänger kondizieren, da kein wirksamer Überweisungsauftrag vorlag (Anm. 82).

§ 365 Anh.   *Der bankmäßige Zahlungsverkehr*

2. Konkurs der Bank

120 Wird über das Vermögen der Überweisungs- oder der Empfangsbank das Konkursverfahren eröffnet, so *erlischt* der Girovertrag *nicht* (Canaris Großkomm. HGB Anh. nach § 357 Anm. 257; von Godin in RGR-Komm. z. HGB; Jaeger/Lent, Konkursordnung, § 23 Anm. 14 ff.; Baumbach/Hefermehl, 11. Aufl., Art. 3 SchG Anm. 15; Quassowski/Albrecht, Scheckgesetz, Art. 3 Anm. 27; a. M. Meyer-Cording S. 120). Sowohl der Kunde als auch die Bank können den Girovertrag einseitig kündigen (vgl. Nr. 17 AGB; abgedruckt Anm. 9). Hatte die erstbeauftragte Bank den Überweisungsauftrag vor der Eröffnung des Konkurses über ihr Vermögen weitergeleitet, so ist dieser Auftrag nach § 23 Abs. 2 KO grundsätzlich als *erloschen* anzusehen, falls nicht ausnahmsweise der Girovertrag als fortbestehend gilt. Das Rechtsverhältnis zwischen Überweisungsbank und Empfangs- bzw. Zwischenbank ist demnach ebenso zu beurteilen wie das Rechtsverhältnis zwischen der Bank und ihrem Kunden, wenn über dessen Vermögen das Konkursverfahren eröffnet worden ist (Anm. 113 ff.).

3. Konkurs des Überweisungsempfängers

121 Der Girovertrag, der nicht nur auf Ausführung von Überweisungsaufträgen, sondern auch auf *Gutschrift* der überwiesenen Beträge gerichtet ist, wird durch die Eröffnung des Konkursverfahrens über das Vermögen des Empfängers nach § 23 Abs. 2 KO grundsätzlich beendet (Anm. 113). Werden dem Kunden *nach* Eröffnung des Konkursverfahrens noch Beträge überwiesen, so besteht eine Verpflichtung der Bank zur Gutschrift (Anm. 55) nur dann und nur insoweit, als *mit dem Aufschub Gefahr verbunden* ist (§§ 23 Abs. 1 Satz 2 KO, 672 Satz 2 BGB). Das wird selten der Fall sein; das Interesse der Masse genügt nicht. Auf Grund des bestehenden Vertragsverhältnisses zum Überweisenden, zur Überweisungs- oder einer Zwischenbank ist die Empfangsbank in erster Linie verpflichtet, *rückzufragen,* ob die Überweisung noch ausgeführt werden soll (Anm. 100). Wird der Auftrag nicht widerrufen, so ist die Bank gegenüber ihrem Auftraggeber (Canaris in Großkomm. HGB Anh. nach § 357 Anm. 252: auch gegenüber dem Konkursverwalter auf Grund „nachwirkender Vertragspflicht") verpflichtet, den überwiesenen Betrag dem Konkursverwalter zur Verfügung zu stellen, z. B. auf einem Konto „pro Diverse". – *Vor* Konkurseröffnung eingegangene Beträge hat die Bank ihrem Kunden gutzuschreiben, auch wenn er inzwischen seine *Zahlungen eingestellt* hat. Stand der Kunde im *Debet,* so verringert sich, wenn das Kontokorrent durch Konkurseröffnung beendigt wird, auf Grund der Saldierung der Schlußsaldo. War der Bank jedoch die *Zahlungseinstellung* im Zeitpunkt der Gutschrift *bekannt,* so ist die Überweisung nach § 30 Nr. 1 Fall 2 KO *anfechtbar.* Auf Verlangen des Konkursverwalters muß die Bank die eingegangenen Beträge zur Masse zahlen (BGHZ 58, 108/111). Gleiches gilt, wenn die Bank in Kenntnis der Zahlungseinstellung eingegangene Beträge auf einem *anderen Konto* ihres Kunden gutschreibt, das ausgeglichen ist, und nach Konkurseröffnung gegen die Forderung des Gemeinschuldners mit ihrer Forderung aus dem Konto aufrechnet, das einen Schuldsaldo des Gemeinschuldners aufweist. Der Aufrechnung steht § 55 Nr. 3 KO *nicht* entgegen. Die Zulässigkeit der *Aufrechnung* schließt jedoch nicht aus, daß der Konkursverwalter mit einer *Anfechtung* nach § 30 Nr. 1 Fall 2 KO von der Bank, die sich durch Aufrechnung befriedigt hat, die Herausgabe des auf diese Weise Erlangten zur Masse verlangen kann (BGHZ 58, 108/113f.; Canaris Großkomm. HGB Anh. nach § 357 Anm. 252; a.M. OLG Stuttgart WM 57, 530; Obermüller in Festschrift Bärmann 1975 S. 709/716ff.; Meyer-Cording S. 119; Brodmann ZHR 48 [1899], 121/169/170). Wie jeder anderer Gläubiger hat auch eine Bank kein Recht, sich nach Kenntnis der Zahlungseinstellung oder des Konkursantrags unangefochten aus Vermögenswerten ihres Kunden, nämlich ihm auf Girokonto überwiesenen Beträgen, zu befriedigen. Dabei ist es gleichgültig, auf welche Art sich die Bank aus den Eingängen Befriedigung verschafft. Die Zulässigkeit einer Aufrechnung schließt eine Anfechtung nicht aus. Eine in den letzten 10 Tagen vor Zahlungseinstellung oder Konkurseröffnung vorgenommene Saldierung der Zahlungseingänge mit dem Debet des Kunden ist, da es sich um eine kongruente Deckung handelt, *nicht* anfechtbar (Kübler BB 76, 801, 804).

8. Abschnitt. Lastschriftverfahren

Schrifttum *Bittroff*, Der Einzug von Quittungen und Lastschriften, Bank-Betrieb 1962, 14; *Engel*, Rechtsprobleme um das Lastschriftverfahren, 1966; *Keßler*, Der Lastschrift-Einzugsverkehr, 1966; *R. Schmidt*, Rationalisierung und Privatrecht, AcP 166 (1966), 1ff.; *Schütz*, Bankgeschäftliches Jahrbuch, 18. Ausgabe 1969, S. 363ff.; *Pleyer/Holschbach*, Lastschriftverfahren und Monopolmißbrauch, DB 72, 761ff.; *Franke*, Rechtsfragen im Bereich des Lastschriftverfahrens, DB 73, 1055, dazu *Pleyer/Holschbach* DB 73, 1057ff.; *Hadding*, Zur zivilrechtlichen Beurteilung des Lastschriftverfahrens, in Festschrift für Bärmann, 1975, S. 375ff. – s. auch die Schrifttumsangaben zum *Girogeschäft*.

I. Grundlagen

1. Abkommen über den Lastschriftverkehr (LSA)

122 Das Lastschriftverfahren ist durch ein von den Spitzenverbänden des deutschen Kreditgewerbes vereinbartes *Abkommen* vom 1. 1. 1964 geregelt, dem fast alle Kreditinstitute beigetreten sind. Das Abkommen begründet nur Rechte und Pflichten zwischen den *beteiligten Kreditinstituten* (IV, 1 LSA). Ein *vereinfachtes* Einzugsverfahren sieht die Deutsche Bundesbank seit dem 1. 7. 1966 außer für Schecks auch für *Lastschriften* vor (AGB Bundesbank III). Sie zieht für Kreditinstitute, die bei ihr ein Girokonto unterhalten, auf Deutsche Mark lautende Lastschriften auf alle Orte des Bundesgebiets gebühren- und kostenfrei ein; andere Kreditinstitute können Schecks und Lastschriften über ein solches Kreditinstitut einreichen. Nachstehend der *Text* des Abkommens.

Abkommen über den Lastschriftverkehr
I.

123 Die Spitzenverbände des Kreditgewerbes haben für den Lastschriftverkehr folgendes Abkommen geschlossen:

1. Die Lastschrift ist ein Einzugspapier, mit dem der Zahlungsempfänger durch Vermittlung seines Kreditinstituts (erste Inkassostelle) aus dem Guthaben des Zahlungspflichtigen bei demselben oder einem anderen Kreditinstitut (Zahlstelle) den aus der Lastschrift ersichtlichen Betrag erhebt, und zwar auf Grund

a) eines der Zahlstelle von dem Zahlungspflichtigen zugunsten des Empfängers erteilten Auftrags (Abbuchungsauftrag) oder

§ 365 Anh. *Der bankmäßige Zahlungsverkehr*

b) einer dem Zahlungsempfänger von dem Zahlungspflichtigen erteilten Ermächtigung (Einzugsermächtigung).

2. Die erste Inkassostelle nimmt Aufträge zum Einzug fälliger Forderungen, für deren Geltendmachung nicht die Vorlage einer Urkunde erforderlich ist, mittels Lastschrift herein. Die Lastschriften müssen vorbehaltlich der Regelung in Abschnitt V den in der Anlage beigefügten „Richtlinien für die Herstellung einheitlicher Lastschriftvordrucke"[1]) entsprechen.

3. Bei einer Lastschrift, die auf einer Einzugsermächtigung beruht, ist am oberen Rand durch einen Aufdruck deutlich sichtbar zu vermerken: „Einzugsermächtigung des Zahlungspflichtigen liegt dem Zahlungsempfänger vor." Fehlt dieser Vermerk, so wird die Lastschrift wie eine solche im Sinne der Ziffer I 1 a) behandelt.

4. Bei Lastschriften, die den Vermerk „Einzugsermächtigung des Zahlungspflichtigen liegt dem Zahlungsempfänger vor" tragen, haftet die erste Inkassostelle der Zahlstelle für jeden Schaden, der ihr durch unberechtigt ausgestellte Lastschriften entsteht.

5. Die Lastschrift ist bei Sicht zahlbar.

Fälligkeitsdaten und Wertstellungen gelten als nicht geschrieben. Eine Lastschrift, die vor Eintritt des auf ihr angegebenen Ausstellungstages zur Zahlung vorgelegt wird, ist am Tage der Vorlegung zahlbar.

6. Die Zahlstelle hat dem Zahlungspflichtigen die Lastschrift nach der Belastung unverzüglich auszuhändigen.

Bezahltmeldungen werden nicht erteilt.

Teilzahlungen sind unzulässig.

7. Unbezahlt gebliebene Lastschriften sind mit dem Vermerk „Vorgelegt am .... und nicht bezahlt" zu versehen und zurückzureichen.

Lastschriften auf Grund einer Einzugsermächtigung, die wegen Widerspruchs des Zahlungspflichtigen zurückgesandt werden (III. 1), sind mit dem Vermerk

„Belastet am ....

Zurück am .... wegen Widerspruchs!"

zu versehen und zurückzureichen.

II.

1. Lastschriften, die nicht bezahlt werden,

a) weil weder der Zahlstelle ein Abbuchungsauftrag vorliegt noch die Lastschrift einen Ermächtigungsvermerk trägt oder

b) weil auf dem Konto des Zahlungspflichtigen keine Deckung vorhanden ist,

sind von der Zahlstelle mit dem Vorlagevermerk zu versehen und zurückzusenden.

Rücklastschriften im Betrage von 1000,- DM und darüber sind entweder **am Tage der Vorlage** (Eingangstag) unter Beifügung eines Durchschlages der Rücklastschriftrechnung von der Zahlstelle – im ländlichen Genossenschaftssektor über die zuständige Zentralstelle – unmittelbar an die erste Inkassostelle (ist diese eine ländliche Kreditgenossenschaft, an deren Zentralkasse) oder spätestens am zweiten Arbeitstag nach dem Tage der Vorlage unter gleichzeitiger telegrafischer, telefonischer oder fernschriftlicher Benachrichtigung der ersten Inkassostelle (ist diese eine ländliche Kreditgenossenschaft, deren Zentralkasse) auf dem umgekehrten Inkassoweg zurückzusenden.

Bei Rücklastschriften mit einem Betrage von weniger als 1000,- DM erfolgt die Rücksendung unverzüglich – spätestens am **zweiten Arbeitstag** nach dem Tage der Vorlage – auf dem umgekehrten Inkassoweg.

2. Rücklastschriften sowie die Rücklastschriftprovisionen und Barauslagen für die unmittelbare Lastschriftrückgabe werden auf dem umgekehrten Inkassoweg verrechnet. Auf der Rücklastschriftrechnung ist zu vermerken: „Lastschrift mit Vorlegungsvermerk bereits unmittelbar übersandt."

---

[1] Nicht abgedruckt.

3. Die erste Inkassostelle ist – auch bei Verletzung dieses Abkommens und unbeschadet etwaiger Schadensersatzansprüche – verpflichtet, nicht eingelöste und mit dem Vorlegungsvermerk versehene Lastschriften zurückzunehmen und wieder zu vergüten. Zurückgenommene Lastschriften dürfen nicht erneut zum Einzug gegeben werden.

4. Bei Rücksendung von unbezahlt gebliebenen Lastschriften kann die Zahlstelle eine Rücklastschriftprovision von höchstens 3,– DM und Ersatz ihrer Auslagen verlangen.

Vereinbarungen der Kreditinstitute mit dem Zahlungsempfänger bzw. Zahlungspflichtigen über die Erhebung von Gebühren werden durch dieses Abkommen nicht berührt.

5. Bei der Verrechnung von Rücklastschriften unter 3000,– DM wird jede Stelle, über die die Rücklastschriftrechnung läuft, mit der Tageswertstellung für Einzugslastschriften belastet. Alle Rücklastschriften von 3000,– DM und darüber können mit der Wertstellung der Einreichung verrechnet werden.

III.

1. Lastschriften, die auf einer Einzugsermächtigung beruhen, kann die Zahlstelle – außer wegen fehlender Deckung – zurückgegeben und deren Wiedervergütung verlangen, wenn der Zahlungspflichtige der Belastung widerspricht. Die Zahlstelle hat, unverzüglich nachdem sie von dem Widerspruch Kenntnis erlangt hat, die Lastschrift mit dem Vermerk nach I. 7, Absatz 2, zu versehen und zurückzusenden.

2. Die Rückbelastung ist – unbeschadet der Regelung in I. 4 – ausgeschlossen, wenn der Zahlungspflichtige nicht binnen sechs Wochen nach Belastung widerspricht.

3. Im übrigen gelten die Bestimmungen des Abschnitts II.

IV.

1. Dieses Abkommen begründet Rechte und Pflichten nur zwischen den beteiligten Kreditinstituten.

2. Aus einer Verletzung dieses Abkommens können Schadensersatzansprüche nur geltend gemacht werden, wenn der Verstoß gegen die aus diesem Abkommen erwachsenen Verpflichtungen unverzüglich nach Bekanntwerden gerügt wird. Die Schadensersatzpflicht beschränkt sich auf Betrag und Nebenforderungen derjenigen Lastschrift, bei deren Bearbeitung den Verpflichtungen aus diesem Abkommen nicht genügt worden ist. Bei Rücksendung einer Lastschrift gemäß Abschnitt II, Ziff. 1, Abs. 2 und 3, kann die erste Inkassostelle einen Schadensersatzanspruch nicht daraus herleiten, daß die Voraussetzungen des Abschnittes II, Ziff. 1, Abs. 1 Buchst. a) und b), nicht vorgelegen haben.

3. Die Abtretung etwaiger Ansprüche aus einer Verletzung dieses Abkommens ist ausgeschlossen. Ein beteiligtes Kreditinstitut ist auch nicht berechtigt, einen aus der Verletzung dieses Abkommens entstandenen Schaden eines Dritten im Wege der Schadensliquidation im Drittinteresse geltend zu machen.

V.

Dieses Abkommen tritt am 1. 1. 1964 in Kraft.
(Abs. 2 und 3 durch Zeitablauf überholt.)
Beim Einzug von Beträgen zwischen benachbarten Kreditinstituten und in den Fällen, in denen die erste Inkassostelle gleichzeitig Zahlstelle ist, können – soweit es bisher üblich ist – weiterhin auch andere Vordrucke verwendet werden (z. B. Rechnungen von Versorgungsbetrieben).
Dieses Abkommen kann von jedem Kreditinstitut oder einem Spitzenverband mit einer Frist von 12 Monaten zum Ende eines Kalenderjahres gekündigt werden.
(Abs. 2 u. 3 enthalten Formvorschr. für d. Künd.)

2. Kennzeichnung

Im Lastschriftverfahren verfügt der Kunde über sein Girokonto nicht durch einen Überweisungsauftrag (Anm. 17 ff.), den er seiner Bank als Absender erteilt, sondern dadurch, daß er seinen *Gläubiger* als Empfänger *ermächtigt,* den ihm geschuldeten

§ 365 Anh.   *Der bankmäßige Zahlungsverkehr*

Geldbetrag zu Lasten seines Girokontos einzuziehen. Die Zahlung erfolgt nicht durch eine *vor-*, sondern eine *rücklaufende* Überweisung. Sie geht nicht vom Schuldner, sondern vom Gläubiger aus, der seiner Bank – der ersten Inkassostelle – mittels eines von ihm ausgestellten Einzugspapiers, der sog. *Lastschrift,* den *Einzugsauftrag* erteilt. Der Einzug durch Lastschrift ähnelt dem Einzug von Schecks. Während bei einer vorlaufenden Überweisung der Endpunkt die *Gutschrift* auf dem Konto des Gläubigers (Empfängers) nach vorheriger Belastung des Schuldnerkontos ist, ist bei einer rückläufigen Überweisung der Endpunkt die *Belastung* des Kontos des Schuldners nach vorheriger Gutschrift auf dem Konto des Gläubigers. Dem Überweisungsauftrag des Schuldners entspricht somit der Einzugsauftrag des Gläubigers, der Gutschrift auf dem Gläubigerkonto die Belastung des Schuldnerkontos. Der Ausdruck „Lastschrift" wird für das Einzugspapier und die Belastung des Kontos verwendet. Bei der rechtlichen Beurteilung des Lastschriftverfahrens kann teilweise auf die für das übliche Überweisungsverfahren geltenden Grundsätze zurückgegriffen werden. Besonderheiten ergeben sich auf Grund der „Rückläufigkeit" des Einzugsverfahrens.

3. Rechtliche Voraussetzungen

125 a) Der Einzug von Forderungen mittels Lastschriften setzt eine *Vereinbarung* zwischen Schuldner und Gläubiger voraus, nach der dieser berechtigt ist, seine fällig gewordenen Forderungen gegen den Schuldner im Lastschriftverfahren einzuziehen. Zur *Zulässigkeit* der Vereinbarung s. Anm. 124.

126 b) Gläubiger und Schuldner, die das Lastschriftverfahren vereinbart haben (Anm. 124), müssen bei einem Kreditinstitut ein *Girokonto* haben. Das entspricht dem Überweisungsverkehr (Anm. 1, 2).

127 c) Gläubiger und Schuldner müssen von ihrem Kreditinstitut *zur Teilnahme* am Lastschrift-Einzugsverfahren *zugelassen* sein. Die Kreditinstitute haben wegen der mit dem Einzug mittels Lastschrift verbundenen Risiken ein hohes Interesse daran, nur zuverlässigen und kreditwürdigen Personen die Teilnahme zu gestatten (Pleyer/Holschbach DB 72, 761). Die Zulassung kann ausdrücklich oder konkludent geschehen, z.B. durch Entgegennahme eines Abbuchungsauftrags seitens der Zahlstelle oder eines Einzugsauftrags seitens der ersten Inkassostelle. Für die Vereinbarung zwischen dieser und dem Zahlungsempfänger über die Einziehung von Forderungen auf Grund von Lastschriften gibt es ein besonderes *Muster* (Nr. 289 bei Schütz aaO S. 366).

128 d) Bei der Durchführung des Einzugs mittels Lastschriften sind *zwei Verfahren* mit unterschiedlichen rechtlichen Folgen und Risiken zu unterscheiden: Entweder erteilt der Schuldner seiner Bank (Zahlstelle) einen *Abbuchungsauftrag* zugunsten des Gläubigers (Zahlungsempfängers) oder er erteilt diesem eine *Einzugsermächtigung* (I, 1 a, b LSA). *Bargeldlos* erfolgt die Zahlung in beiden Fällen.

II. Abbuchungs-Auftragsverfahren

129 Bei diesem Verfahren beauftragt der Schuldner seine Bank (Zahlstelle), die von einem Gläubiger für ihn eingehenden Lastschriften zu Lasten seines Kontos einzulösen (Muster Nr. 290 bei Schütz aaO S. 366 f.). Um einen Vertrag zugunsten Dritter handelt es sich

Erster Teil. Das Girogeschäft **Anh. § 365**

nicht. Der begünstigte Gläubiger erlangt keinen unmittelbaren Anspruch gegen die Schuldnerbank. Er muß vielmehr seiner Bank (erste Inkassostelle) die Lastschrift zum Einzug einreichen (Muster Nr. 292 bei Schütz aaO S. 366f.). Die Verpflichtung der Bank zum Einzug ergibt sich aus der mit dem Gläubiger getroffenen *Vereinbarung* (Muster Nr. 289 bei Schütz aaO S. 366), nach der der Gläubiger berechtigt ist, fällige Forderungen, für deren Geltendmachung die Vorlage einer Urkunde nicht erforderlich ist, mittels Lastschriften einzuziehen. Der in der Lastschrift angegebene Betrag wird dem Gläubiger *unter Vorbehalt des Eingangs* gutgeschrieben (Nr. 41 AGB Banken).

Haben Gläubiger und Schuldner ihr Konto bei derselben Bank, so belastet diese **130** zugleich das Konto des Schuldners. Sonst übersendet sie einen Durchschlag der Lastschrift der Schuldnerbank, sei es unmittelbar, sei es, wenn keine Geschäftsverbindung mit ihr besteht, unter Einschaltung einer Zwischenbank. Die Schuldnerbank (Zahlstelle) *belastet* das Konto des Schuldners mit dem Einzugsbetrag, wenn ihr ein entsprechender *Abbuchungsauftrag* des Schuldners (Anm. 131) vorliegt und auf dessen Konto die notwendige *Deckung* vorhanden ist. Die Verpflichtung der Schuldnerbank zur *Einlösung* ergibt sich aus dem Girovertrag in Verbindung mit dem ihr vom Schuldner erteilten Abbuchungsauftrag, der die allgemeine *Weisung* (§§ 675, 665 BGB) enthält, Lastschriften des von ihm bezeichneten Gläubigers einzulösen (Hadding aaO S. 375/382; Engel aaO S. 15). Die eingehenden Lastschriften „konkretisieren" die im voraus vom Schuldner erteilte allgemeine Weisung; dazu ist der Gläubiger auf Grund der mit dem Schuldner getroffenen Vereinbarung berechtigt. Canaris (Großkomm. HGB Anh. nach § 357 Anm. 188) bejaht auf Grund einer im Abbuchungsauftrag liegenden externen Ermächtigung eine „Konkretisierungsbefugnis" des Gläubigers (kritisch Hadding aaO S. 375/383). Die Zahlstelle hat dem Schuldner die Lastschrift nach der Belastung unverzüglich auszuhändigen (I, 6 LSA).

Der Abbuchungsauftrag ist von der *Valutabeziehung* zwischen Schuldner und Gläubi- **131** ger *unabhängig*. Es liegt insoweit nicht anders als bei einem Überweisungsauftrag (Anm. 78). Zur *Abbuchung* ist die Schuldnerbank daher auch berechtigt, wenn ein Valutaverhältnis nicht besteht oder Mängel aufweist. Ist ein Betrag abgebucht worden, den der Kunde nicht schuldete, so kann dieser den zu Unrecht eingezogenen Betrag nur vom *Gläubiger* zurückverlangen (Pleyer/Holschbach DB 72, 761/762; Hadding aaO S. 375/384; Canaris in Großkomm. z. HGB Anh. nach § 357 Anm. 189). Sein Risiko kann der Schuldner dadurch begrenzen, daß er den Abbuchungsauftrag auf einen bestimmten Betrag *begrenzt*. Erkennt die Bank, daß der Abbuchung verlangende Gläubiger *zahlungsunfähig* zu werden droht, so ist sie nach Treu und Glauben (§ 242 BGB) verpflichtet, vor einer Belastung die Weisung ihres Kunden einzuholen (Liesecke WM 75, 286/300 unter Hinweis auf BGH WM 63, 829).

Eingelöst ist die Lastschrift erst, wenn die Belastung nicht am folgenden Tage storniert **132** wird (Nr. 41 II AGB Banken). Damit ist auch die *Schuld getilgt* und die vorläufige Gutschrift zugunsten des Gläubigers endgültig geworden (abw. Canaris in Großkomm. HGB Anh. nach § 357 Anm. 245, der Tilgung erst in dem Zeitpunkt annimmt, in dem die Gläubigerbank Deckung erhält). Bei einer *Rückbelastung* entfällt die Tilgungswirkung (§ 158 Abs. 2 BGB). – Versicherungsprämien, die im Lastschriftverfahren eingezogen werden, sind *rechtzeitig* geleistet (§§ 38, 39 VVG), wenn zum Fälligkeitstermin der geschuldete Betrag vom Konto des Versicherungsnehmers abgebucht werden konnte

§ 365 Anh. *Der bankmäßige Zahlungsverkehr*

und später die Lastschrift von der Schuldnerbank eingelöst wird (Liesecke WM 73, 301 f.; Prölss, VVG, 20. Aufl., § 35 Anm. 6 A; Engel aaO S. 60 ff.).

133   Lastschriften, die *nicht bezahlt* werden, weil der Bank kein Abbuchungsauftrag des Schuldners vorliegt oder sein Konto nicht die nötige Deckung aufweist, versieht die Bank mit dem Vorlagevermerk und sendet sie zurück (II, 1 LSA). Scheitert die Einlösung, so storniert die Gläubigerbank die Gutschrift. In der mit ihr getroffenen *Vereinbarung* (Nr. 9) hat sich der Gläubiger mit der *Rückbelastung* nicht eingelöster Lastschriften zu der Einreichungswertstellung einverstanden erklärt. Soweit der Kunde bereits über den ihm gutgeschriebenen Betrag verfügt hat, werden ihm Soll-Zinsen in Rechnung gestellt (Engel aaO S. 31). Zur Sicherung ihrer Gutschrift ist zudem die dem Gläubiger gegen den Schuldner zustehende *Forderung* auf die Gläubigerbank übergegangen (Nr. 44 Satz 1, 4 AGB Banken). Zahlt der Schuldner nachträglich seine Schuld, so muß er an die Gläubigerbank zahlen, ist aber nach § 407 BGB geschützt, wenn er den Forderungsübergang nicht kennt (Liesecke WM 75, 286/301).

III. Einzugs-Ermächtigungsverfahren

134   Bei diesem Verfahren *ermächtigt* der Schuldner widerruflich seinen *Gläubiger,* seine zu entrichtenden Zahlungen zu Lasten seines Kontos bei einer Bank mittels Lastschriften einzuziehen (Muster Nr. 291 bei Schütz aaO S. 367). Der Gläubiger erteilt seiner Bank (ersten Inkassostelle) einen Einzugsauftrag unter Verwendung eines Lastschrift-Vordrucks, an dessen oberem Rand zu vermerken ist: „Einzugsermächtigung des Zahlungspflichtigen liegt dem Zahlungsempfänger vor" (I, 3 LSA; Muster Nr. 292 bei Schütz aaO S. 367). Die Verpflichtung der Bank zum Einzug ergibt sich aus der mit dem Gläubiger getroffenen *Vereinbarung* (Muster Nr. 289 bei Schütz aaO S. 366), die ihn berechtigt, fällige Forderungen, für deren Geltendmachung die Vorlage einer Urkunde nicht erforderlich ist, mittels Lastschriften einzuziehen. Sie schreibt den in der Lastschrift angegebenen Betrag dem Gläubiger unter „Eingang vorbehalten" gut und belastet beim Hauseinzug das Konto des Schuldners oder übersendet beim Ketteneinzug unmittelbar oder unter Einschaltung einer Zwischenbank (Anm. 130) die Lastschrift der Schuldnerbank (Zahlstelle), die ihrerseits ohne weitere Prüfung das Konto des Schuldners belastet.

135   Die *rechtliche Natur* der Einzugsermächtigung ist *streitig.* Engel (aaO S. 20 ff.) nimmt an, die dem Gläubiger erteilte Ermächtigung zum Einzug enthalte zugleich eine Zahlungsermächtigung an die Schuldnerbank, die sie zur Einlösung berechtigterweise ausgestellter Lastschriften *befugt,* nicht aber verpflichtet. Demgegenüber hält Canaris (in Großkomm. HGB Anh. nach § 357 Anm. 188) eine *Verpflichtung* der Schuldnerbank für notwendig und nimmt an, der Schuldner habe mit der Einzugsermächtigung den Gläubiger zugleich ermächtigt, das ihm gegen seine Bank zustehende Weisungsrecht (§§ 675, 667 BGB) im eigenen Namen gemäß § 185 BGB auszuüben (kritisch Hadding aaO S. 375/384 ff.). Aber der Annahme einer *Verpflichtung* der Bank gegenüber dem *Schuldner* bedarf es im Einziehungsermächtigungs-Verfahren nicht. Die Schuldnerbank belastet das Konto vielmehr auf Grund einer Weisung der *Gläubigerbank* gemäß dem Abkommen über den Lastschriftverkehr, das nur Rechte und Pflichten zwischen den beteiligten Banken begründet (IV, 1 LSA).

Vor der Belastung des Schuldnerkontos *prüft* die Schuldnerbank (Zahlstelle) *nicht*, ob **136** die Angabe des Gläubigers auf der Lastschrift, ihm liege eine Einzugsermächtigung des Zahlungspflichtigen vor (Anm. 134), *richtig* ist. Ebenso prüft sie nicht, ob dem Gläubiger eine fällige Forderung gegen den Schuldner zusteht, die einen Einzug mittels Lastschrift rechtfertigt (Pleyer/Holschbach DB 72, 761/763; Franke DB 73, 1055/1057). Zu einer solchen Prüfung ist sie im Einzugs-Ermächtigungsverfahren nicht in der Lage. *Belastet* die Bank das Konto des Kunden auf Grund einer *unberechtigten* Lastschrift, so braucht dieser die Belastung nicht hinzunehmen, sondern kann ihre Stornierung verlangen. Pleyer/Holschbach DB 72, 761/764 nehmen an, daß in diesem Fall die Bank das Vermögen des Kunden *schuldhaft* geschädigt habe, weil sie sich des Risikos einer unberechtigten Kontobelastung bewußt gewesen sei. Aber zur Rechtfertigung der Stornierung bedarf es keines Schadenersatzanspruches gegen die Bank; es genügt, daß die Bank zu einer Belastung des Kontos nicht berechtigt war. Die Bank ist ihrerseits auf Grund des Abkommens über den Lastschriftverkehr (Anm. 123) gegenüber der *Gläubigerbank* zur *Rückbelastung* berechtigt, wenn der Kunde binnen *sechs Wochen* der Belastung widerspricht (III, 2 LSA). Im übrigen haftet die Gläubigerbank bei Lastschriften, die den Vermerk „Einzugsermächtigung des Zahlungspflichtigen liegt dem Zahlungsempfänger vor" tragen, der Schuldnerbank für *jeden Schaden*, der ihr durch unberechtigt ausgestellte Lastschriften entsteht (I, 4 LSA). Das Risiko des Einzugs von Lastschriften trägt demnach nicht die Schuldner-, sondern die Gläubigerbank, die ihrerseits die vorläufige Gutschrift zugunsten des Gläubigers stornieren und gegen ihn Rückgriff nehmen kann. Unbenommen bleibt es dem Schuldner auch, einen zu Unrecht eingezogenen Betrag vom Empfänger zurückzuverlangen (Anm. 131).

Eingelöst ist eine Lastschrift erst, wenn die Belastung nicht am *folgenden Tage* **137** storniert wird (Nr. 41 II AGB Banken). Damit ist auch die *Schuld* gegenüber dem Gläubiger *getilgt* (Anm. 132). Werden Lastschriften *nicht eingelöst*, weil sie keinen Ermächtigungsvermerk tragen oder das Konto des Schuldners keine ausreichende Deckung aufweist, so werden sie von der Bank, versehen mit dem Vorlagevermerk, zurückgesandt (II, 1 LSA). Insoweit wird auf die Ausführungen zum Abbuchungs-Auftragsverfahren (Anm. 129 ff.) verwiesen.

IV. Zusammenfassung

Das Lastschriftverfahren ist eine Variante des Überweisungsverkehrs (Anm. 1 ff.). Es **138** dient der *Rationalisierung* des Zahlungsverkehrs, wenn ein Gläubiger von einer großen Zahl von Schuldnern regelmäßig Zahlungen verlangen kann, wie dies namentlich bei Versorgungs- und Versicherungsunternehmen, Bausparkassen und Krankenkassen, der Bundespost hinsichtlich der Fernsprech-, Rundfunk- und Fernsehgebühren bei Wartungsunternehmen, aber auch teilweise im Warenverkehr bei Hersteller- und Handelsunternehmen der Fall ist. In diesen Bereichen hat sich der Lastschriftverkehr in steigendem Maße durchgesetzt. Von den beiden Verfahrensarten (Anm. 128) kommt dem Einzugs-Ermächtigungsverfahren (Anm. 134 ff.) die größere Bedeutung zu. Es bietet dem *Gläubiger* den Vorteil, daß ihm sämtliche Lastschriften auf seinem Konto mit einer festen Einreichungs-Wertstellung unabhängig vom zeitlichen Eingang der Zahlungen bei seiner Bank, einheitlich gutgeschrieben werden. Der Vorteil entfällt nur, soweit Lastschriften zurückbelastet werden. Für die Banken ist das Lastschriftverfahren wesentlich rationeller, insbesondere arbeitsersparender als das normale Überweisungsverfahren (Bittroff Bank-Betrieb 62, 16 ff.). Für die Gläubigerbank (erste Inkassostelle), die ihrem Kunden den Einzugsbetrag vorläufig gutschreibt, ergibt sich ein Risiko daraus, daß sie nicht weiß, ob alle Lastschriften unwidersprochen eingelöst werden. Sie haftet im Einzugs-Ermächtigungsverfahren für jeden Schaden, der der Schuldnerbank (Zahlstelle) durch eine unberechtigt ausgestellte Lastschrift entsteht (I, 4 LSA). In dieser Haftung liegt die Sicherheit für die Schuldnerbank bei einer nicht berechtigten Abbuchung. Die Gläubigerbank wird daher nur solche Kunden zum Lastschriftverfahren zulassen, deren Zuverlässigkeit sie genau geprüft hat. Eine weitere Sicherheit bietet ihr der Forderungsübergang nach Nr. 44 AGB (Anm. 10). Für den *Schuldner* hat das Lastschriftverfahren den Vorteil, daß er bei gleichbleibenden wiederkehrenden Zahlungen nicht jeweils seiner Bank Überweisungsaufträge zu erteilen und nicht auf die Rechtzeitigkeit der Zahlungen zu achten braucht, sofern nur sein Konto gedeckt ist. Wohl aber läuft er Gefahr, daß zu Unrecht Beträge von seinem Konto abgebucht werden. Das gilt vor allem im Abbuchungs-Auftragsverfahren (Anm. 129), in dem er die Rückerstattung eines zu Unrecht abgebuchten Betrages nur vom Gläubiger verlangen kann (Anm. 131; Pleyer/Holschbach DB 72, 761/762). Im Einzugs-Ermächtigungsverfahren ist seine Lage insoweit günstiger, als er einer Belastung seines Kontos widersprechen kann (Anm. 136). Vor allem beschränkt sich der Schuldner in seiner Disposition, wenn er sich der einseitigen Einzugs-Maßnahme des Gläubigers unterwirft. Häufig bleibt dem Schuldner jedoch nichts anderes übrig, als sich dem Verlangen des Gläubigers, fällige Forderungen mittels Lastschrift einzuziehen, zu fügen. Das macht die *Vereinbarung* eines Einzugs im Lastschriftverfahren nicht rechtlich unzulässig, auch nicht, wenn sich die betreffende Klausel in Formularverträgen befindet, z. B. in Versorgungs- oder Mietverträgen. *Grenzen* ergeben sich jedoch aus §§ 138, 242 BGB. Einseitig den Gläubiger begünstigende Klauseln, die den Schuldner stärker einengen, als es der Zweck des Lastschriftverfahrens erfordert, sind zu mißbilligen. Klauseln in Formular-Mietverträgen, nach denen der Vermieter den Mietzins im Lastschriftverfahren einziehen kann, sind nur zulässig, wenn dem Mieter ein Widerrufsrecht zusteht und der Vermieter die freie Auswahl des Kreditinstituts dem Mieter überläßt (LG Berlin WM 75, 530). Zur Gefahr des *Monopolmißbrauchs* s. Pleyer/Holschbach DB 72, 761 ff.

Zweiter Teil. Das Akkreditivgeschäft

Schrifttum: 1. **Gesamtdarstellungen:** *Jacoby,* Das Akkreditiv, BankA XX, 245 ff. und 264 ff.; *Ritter,* Vom Akkreditiv, HansRZ 1921, 609 ff.; *Stummer,* Das Bankakkreditiv nach deutschem Recht, 1924; *Capelle,* Das Akkreditivgeschäft, 1925 (Heft 4 der Überseestudien, herausgegeben von Wüstendörfer und Bruck); *Reichardt,* Das Akkreditiv, ZHR 88, 1 ff.; *Ulmer,* Akkreditiv und Anweisung, AcP 126, 129 ff. und 257 ff.; *Voigt,* Dokumententrattengeschäft, 1926 (Heft 7 der Überseestudien, herausgegeben von Wüstendörfer und Bruck); *Schubert,* Das Akkreditiv, BB 52, 128; *J. Schneider,* Akkreditive im gebundenen und freien Zahlungsverkehr mit dem Ausland, Diss. Mannheim, 1955; *Vanderhoeght,* Das Dokumentenakkreditiv, 1955; *Käser,* Das Dokumentenakkreditiv in Rechtsprechung und Gesetzgebung der Vereinigten Staaten von Amerika, RabelsZ 21, 73 ff., 1956; *Kommentare des Ausschusses für Banktechnik und Bankpraxis* der Internationalen Handelskammer zu den Einheitlichen Richtlinien und Gebräuchen für Dokumentenakkreditive (abgekürzt IHK-Kommentare), abgedruckt bei Trost/Schütz S. 385 ff.; *Wiele,* Das Dokumentenakkreditiv und der anglo-amerikanische Documentary Letter of Credit, 2. Aufl. 1957 (Heft 24 der

Zweiter Teil. Das Akkreditivgeschäft **Anh. § 365**

Überseestudien, herausgegeben von Möller und Würdinger); *Hämmerle,* Das Akkreditivgeschäft, Handelsrecht Bd. II 1959/60, S. 1009 ff.; *E. Colombo,* Das Warenakkreditiv und der internationale Zahlungsverkehr, Zürich 1960; *Käser,* Die gesetzliche Regelung des Akkreditivs und Rembourses in den USA, ZKW 61, 1089; *Eisemann, F.* Die neuen Einheitlichen Richtlinien und Gebräuche für Dokumentenakkreditive der Internationalen Handelskammer (Neufassung 1962), AWD 63, 139 ff.; *v.d. Maas,* Handbuch des Dokumentenakkreditivs, Stuttgart 1963; *Eisemann,* Recht und Praxis des Dokumenten-Akkreditivs, 1963; *Liesecke, R.,* Das Konnossement nach der Revision der Einheitlichen Richtlinien und Gebräuche für Dokumentenakkreditive (1962), WM 64, 1282 ff.; *Zahn,* Zahlung und Zahlungssicherung im Außenhandel, Berlin, 5. Aufl. 1976.

2. **Einzelfragen:** *A. Koch,* Unwiderrufliche Akkreditive und Akkreditivbestätigung, BankA XXII, 73 und 179; *Röhreke,* Marginalklauseln in Konnossementen, Recht der internationalen Wirtschaft (Abgekürzt RiW) 54, 16; *Sichtermann,* Dokumentenmängel beim Dokumentenakkreditiv, DB 54, 552; *Siebel,* Dokumente, Letters of Credit und Bankgarantie in der neueren englischen Rechtsprechung, DB 54, 924; *Eisemann,* Die „Spediteur-Übernahme-Bescheinigung" im Dokumentenakkreditivgeschäft, RiW 56, 117; *Eisemann,* Nachklänge zum Caspiana-Fall, RiW 57, 138; *Necker,* Noch einmal: Die Spediteur-Übernahme-Bescheinigung im Dokumentenakkreditivgeschäft, RiW 57, 51; *Siebel,* Außenhandelsrecht in der englischen Rechtsprechung, DB 57, 676 und 60, 256; *Ohling,* Spediteur-Übernahmebescheinigung statt Frachtbriefdoppel, AWD 58, 182; *Ottersbach,* Akkreditivanspruch und Bankvertrag, DB 58, 1384; *v. Petersdorff/Campen,* Akkreditivanspruch und Bankvertrag, DB 58, 947; *v. Caemmerer,* JZ 59, 362, Anmerkung zu BGHZ 28, 129; *Necker,* Reine Konnossemente gegen Revers, AWD 59, 114; *Liesecke,* Das Dokumentenakkreditiv in der neueren Rechtsprechung des BGH, WM 60, 210; *Liesecke,* Dokumentenakkreditiv und Seefrachtgeschäft, WM 61, 194; *Petersen,* Die Haftung der bestätigenden Bank aus einem unwiderruflichen Dokumentenakkreditiv, WM 61, 1182; *Schinnerer,* Rechtsfragen im internationalen Akkreditivgeschäft in ZfRV 61, 1 ff; *Petersen,* Die Verpflichtung der Akkreditivbanken zur Aufnahme und Honorierung bei Abweichungen in den vorgelegten Dokumenten, WM 62, 622; *Nielsen,* Dokumentenstrenge im Akkreditivgeschäft bei Abweichungen in den vorgelegten Dokumenten, WM 62, 778; *Eisemann,* Die neuen Einheitlichen Richtlinien und Gebräuche für Dokumenten-Akkreditive der Internationalen Handelskammer (Neufassung 1962), AWD 63, 139; *Schütze,* Zur Auslegung von Art. 34 der Einheitlichen Richtlinien und Gebräuche für Dokumenten-Akkreditive, RiW 63, 578 f.; *v. Caemmerer,* Bankgarantien im Außenhandel, in Festschrift für Riese, Karlsruhe 1964; *Nielsen,* Selbständige Abtretbarkeit des Zahlungsanspruchs aus einem Akkreditiv, DB 64, 1727 ff; *Schütz,* Abtretung und Pfändung im Akkreditivverkehr, BB 64, 332 ff.; *Angersbach,* Beiträge zum Institut des Dokumentenakkreditivs, Diss. Würzburg 1965; *Liesecke,* Die neuere Rechtsprechung, insbesondere des BGH, auf dem Gebiet des Überseekaufes, WM 66, 174 ff.; *Liesecke,* Die neuere Rechtsprechung, insbesondere des BGH, zum Dokumentenakkreditiv, WM 66, 459 ff.; *J. Geßler,* Pfändungen in Akkreditive, Diss. Köln 1967; *Kübler,* Feststellung und Garantie, 1967, S. 180 ff.; *Erman,* Einwirkungen des Kaufvertragsverhältnisses auf die Akkreditivverpflichtung der Bank, in Geld, Kapital und Kredit, Festschrift für Rittershausen 1968, S. 261 ff.; *J. Geßler,* Die Verwertung von Dokumentenakkreditiven, AWD 68, 293 ff.; *Liesecke,* Rechtsfragen der Bankgarantie, WM 1968, 22 ff.; *Hahn,* Die Übertragung von Dokumenten-Akkreditiven, Diss. Freiburg (Schweiz) 68; *H. Schönle,* Die Rechtsnatur der Einheitlichen Richtlinien und Gebräuche für Dokumentenakkreditive, NJW 68, 726 ff.; *Zahn,* Nationale Rechtselemente im Widerstreit mit der internationalen Praxis des Außenhandels, Festschrift für Rittershausen 1968 S. 246 ff.; *Stauder,* Die Übertragung des Dokumentenakkreditivs, AWD 68, 46 ff.; *Schlick,* Der Haftungsausschluß der Banken in Bezug auf die Echtheit der Dokumente im Akkreditivgeschäft, Diss. Frankfurt, 1968; *Baumhöfener,* Die doppelte Zustimmung der Akkreditivbank zur Übertragung von Dokumentenakkreditiven, WM 69, 1462 ff.; *Loeffler,* Der Einfluß des Käufer-Konkurses auf das Dokumenten-Akkreditiv-Geschäft, Diss. Hamburg 1969; *Stauder,* Rechtsfragen beim Unterakkreditiv, AWD 69, 385 ff.; *Borggrefe,* Akkreditiv und Grundverhältnis, 1971; *Witte-Wegmann,* Störungen im Dreiecksverhältnis – dargestellt am Dokumentenakkreditiv, JuS 75, 137 ff.; *Eberth,* Die Revision von 1974 der Einheitlichen Richtlinien für Dokumentakkreditive, RIW/AWD 75, 365 ff.; *von Westphalen,* Rechtsprobleme der Exportfinanzierung, 1975; *F. Müller,* Die neue Revision der „Einheitlichen Richtlinien und Gebräuche für Dokumenten-Akkreditive", Bank-Betrieb 75, 307 ff.; *Eisemann,* Considérations sur les règles et unsances uniformes relatives aux crédits documentaires (édition révisée 1974, Festschrift für Bärmann, 1975, S. 265 ff.; *Obermüller,* Sicherungsrechte der Bank beim Dokumenteninkasso, Festschrift für Bärmann, 1975, 709 ff.; *Wessely,* Die Unabhängigkeit der Akkreditivverpflichtung von Deckungsbeziehung und Kaufvertrag, Diss. München 1975; *Zahn,* Zahlung und Zahlungssicherung im Außenhandel, 5. Aufl., 1976; *Liesecke,* Neuere Theorien und Praxis des Dokumentenakkreditivs, WM 76, 258 ff.

§ 365 Anh. *Der bankmäßige Zahlungsverkehr*

Inhalt

	Anm.
1. Abschnitt. Grundlagen	139–154

I. Das Wesen des Akkreditivverkehrs ... 139–142
 1. Formen des Akkreditivs ... 139–141
 2. Banktechnische Abwicklung ... 142
II. Wirtschaftliche Bedeutung ... 143–145
III. Die Einheitlichen Richtlinien und Gebräuche für Dokumenten-Akkreditive (ER) – Text ... 146–147
IV. Rechtliche Einordnung ... 148–150
 1. Kennzeichnung ... 148
 2. Geltung ... 149–150
V. Anzuwendendes Recht ... 151
VI. Überblick über die Rechtsbeziehungen ... 152–154
 1. Grundgegebenheiten ... 152
 2. Elementare Grundsätze ... 153–154

2. Abschnitt. Die Rechtsbeziehungen zwischen dem Akkreditiv-Auftraggeber und der Akkreditivbank ... 155–190
I. Der Akkreditivvertrag ... 155
II. Hauptpflichten der Akkreditivbank ... 156–161
 1. Mitteilungs- und Eröffnungspflicht ... 157–158
 2. Prüfungspflicht ... 159–160
 3. Zahlungspflicht ... 161
III. Weisungen ... 162–165
IV. Dokumente ... 166–180
 1. Übersicht ... 166
 2. Seekonnossemente ... 167–175
  a) Aufnahmefähigkeit ... 167–168
  b) Aufnahme des „vollen Satzes" ... 169
  c) „Reine" Dokumente ... 170
  d) Fristgerechte Verschiffung ... 171
  e) Fristgerechte Präsentation ... 172
  f) Nachweis der Frachtzahlung ... 173
  g) Unterschrift des Ausstellers ... 174
  h) Teilverschiffung ... 175
 3. Dokumente des kombinierten Transports ... 176
 4. Andere Verladedokumente ... 177
 5. Versicherungsdokumente ... 178
 6. Handelsrechnungen ... 179
 7. Andere Dokumente ... 180
V. Prüfungspflicht der Akkreditivbank ... 181–186
 1. Dokumentenstrenge ... 181–183
 2. Fälschungsgefahr ... 184
 3. Abweichung von den Akkreditiv-Bedingungen ... 185–186
VI. Pflichten des Akkreditiv-Auftraggebers ... 187–189

VII. Haftung der Akkreditivbank ... 190

3. Abschnitt. Beteiligung mehrerer Banken ... 191–196
I. Die Rechtsbeziehungen zwischen den Banken ... 191–193
 1. Aufgaben der Zweitbank ... 191
 2. Geschäftsbesorgungsvertrag ... 192–193
II. Rechtsbeziehungen des Akkreditiv-Auftraggebers zu den Banken ... 194–195
 1. Verhältnis zur zweitbeauftragten Bank ... 194
 2. Verhältnis zur Akkreditivbank ... 195
III. Rechtsbeziehungen zwischen der zweitbeauftragten Bank und dem Akkreditierten ... 196

4. Abschnitt. Die Rechtsbeziehungen zwischen dem Akkreditierten und den Banken ... 197–238
I. Die Haftung der Akkreditivbank ... 197–209
 1. Kein Vertrag zugunsten Dritter ... 197
 2. Anspruch aus eröffnetem Akkreditiv ... 198
 3. Zustandekommen ... 199
 4. Auslegung ... 200
 5. Andienung akkreditivgerechter Dokumente ... 201
 6. Unwiderrufliches und widerrufliches Akkreditiv ... 202–206
  a) Unwiderruflichkeit ... 203
  b) Widerruflichkeit ... 204–206
 7. Verfalldatum ... 207–209
II. Die Haftung der Bestätigungsbank ... 210–212
 1. Bestätigtes und unbestätigtes Akkreditiv ... 210
 2. Anspruch aus bestätigtem Akkreditiv ... 211
 3. Auslegung ... 212
III. Der Auszahlungsanspruch ... 213–214
 1. Einreichung der Dokumente ... 213
 2. Prüfung der Dokumente ... 214
IV. Einwendungsausschluß ... 215–230
 1. Grundauffassung ... 215
 2. Unzulässige Einwendungen ... 216–219
  a) Deckungsverhältnis (Bank – Käufer) ... 216
  b) Valutaverhältnis (Verkäufer – Käufer) ... 217
  c) Doppelmangel ... 218
  d) Mängel des Akkreditiv-Auftrags ... 219
 3. Zulässige Einwendungen ... 220–224
  a) Gültigkeitseinwendungen ... 220
  b) Inhaltliche Einwendungen ... 221
  c) Unmittelbare Einwendungen ... 222–224
 4. Rechtsmißbrauch ... 225–229
  a) Trennungsprinzip ... 225

b) Unzumutbarkeit der Zahlung	226	2. Rechtsfolgen bei Nichterfüllung	242–245
c) Mängel der Ware	227	a) Verzug	243–244
d) Nichtbestehen des Kaufpreisanspruchs	228	b) Fixgeschäft	245
e) Verhinderung der Auszahlung	229	3. Undurchführbarkeit	246
5. Kein Wechselregreß gegen den Akkreditierten	230	III. Rechtslage nach Eröffnung des Akkreditivs	247–252
V. Übertragung des Akkreditivs	231–238	1. Leistung erfüllungshalber	247
1. Grundgegebenheiten	231–232	2. Aufrechnungsausschluß	248
a) Unübertragbarkeit	231	3. Rechte und Pflichten auf Grund der Akkreditiv-Vereinbarung	249–250
b) Abtretung des Zahlungsanspruchs	232	4. Einwirkungen des Valutaverhältnisses auf die Akkreditierung	251–252
2. „Übertragbares" Akkreditiv	233–235	a) Fehlen oder Unwirksamkeit des Valutageschäfts	251
a) Voraussetzungen	233	b) Mangelhafte Lieferung	252
b) Rechtsnatur	234		
c) Teilübertragung	235		
3. Unterakkreditiv	236	6. Abschnitt. Einfluß des Konkurses	253–260
4. Pfändung der Rechte des Akkreditierten	237–238	I. Konkurs des Akkreditiv-Auftraggebers	253–257
a) Akkreditivrecht	237	1. Verhältnis zur Bank	253–255
b) Zahlungsanspruch	238	2. Verhältnis zum Verkäufer	256–257
5. Abschnitt. Die Rechtsbeziehungen zwischen dem Akkreditierten und dem Akkreditiv-Auftraggeber	239–252	II. Konkurs des Akkreditierten	258–259
I. Die Akkreditivklausel	239–240	III. Konkurs der Bank	260
1. Ihre Bedeutung	239	7. Abschnitt. Remboursgeschäft	261–265
2. Vereinbarung	240	I. Wesen und Erscheinungsformen	261
II. Pflichten des Akkreditiv-Auftraggebers	241–246	II. Rembours-Akkreditiv	262–263
1. Stellung des Akkreditivs	241	1. Kennzeichnung	262
		2. Wechselmäßige Haftung	263

1. Abschnitt. Grundlagen

I. Das Wesen des Akkreditivverkehrs

1. Formen des Akkreditivs

Ein Akkreditiv kann unterschiedlichen Zwecken dienen. Um eine bargeldlose Zahlung durchzuführen, kann der Kunde seine Bank beauftragen, für seine Rechnung einem Dritten eine *Zahlung* zu leisten. Die Bank kann dies entweder selbst tun oder eine andere Bank beauftragen, für ihre Rechnung dem Dritten die Geldsumme auszuzahlen. Der Dritte kann mit dem Auftraggeber identisch sein. Solche *Barakkreditive* (einfache, freie, offene) kommen selten vor. Es sind rechtliche Zahlungsanweisungen, die dem Kreditbrief und dem Reisescheck nahestehen (RGZ 64, 109; Ulmer AcP 126, 260; Anm. 306 ff.; 310 ff.). Eine große wirtschaftliche Bedeutung für die Finanzierung des internationalen Warenhandels besitzt dagegen das *Dokumentenakkreditiv,* bei dem die Zahlung an den Begünstigten nicht nur von dessen Legitimation, sondern von der Übergabe bestimmter *Dokumente* und der Erfüllung der Akkreditivbedingungen abhängig ist. Seinem Wesen nach ist das Dokumentenakkreditiv ein *Zahlungsversprechen*

139

§ 365 Anh. *Der bankmäßige Zahlungsverkehr*

(Akkreditivverpflichtung), das eine Bank, die Akkreditiv- oder Eröffnungsbank, im Auftrage des Akkreditivstellers (Importeurs) dem akkreditierten Dritten (Exporteurs) gegenüber abgibt (Art. 3 I ER). Der Inhalt des Akkreditivauftrages geht dahin, für Rechnung des Akkreditivstellers — meist eines Käufers — an den Akkreditierten — den Verkäufer — eine bestimmte Geldsumme gegen fristgerechte Einreichung der vorgeschriebenen Dokumente zu zahlen oder eine von dem Dritten vorgelegte Tratte zu akzeptieren oder zu negoziieren (ER Fassung 1974 lit. b vor A Anm. 123). Da das Dokumentenakkreditiv vor allem zur Finanzierung des internationalen Warenhandels verwendet wird, muß in der Regel noch eine *zweite* Bank (Korrespondenzbank) mitwirken, die ihren Sitz im Lande des Akkreditierten hat. Die Aufgaben dieser Bank können sich auf die technische Durchführung beschränken, wie z. B. den Begünstigten von der Stellung des Akkreditivs zu unterrichten (Art. 3 b ER) und die Dokumente und den Akkreditivbetrag weiterzuleiten. Ihre Aufgabe kann es aber auch sein, neben der Akkreditivbank eine selbständige *Verpflichtung* gegenüber dem Akkreditierten einzugehen (Art. 3 b Satz 2 ER). In diesem Fall wird sie als *Bestätigungs-,* in jenem als *Avisbank* bezeichnet. Beteiligt sind somit gewöhnlich vier Personen: 1. der Käufer (Importeur), als Akkreditivsteller, 2. der ausländische Verkäufer (Exporteur) als Begünstigter, 3. die Bank des Käufers und 4. die Bank des ausländischen Verkäufers.

140   Meist liegt dem Dokumentenakkreditiv ein *Warengeschäft* zugrunde. Es wird deshalb auch als *Warenakkreditiv* bezeichnet. Beide Begriffe sind synonym. Die Unterscheidung, beim Dokumentenakkreditiv sei die Zahlung von der Vorlegung der Dokumente, beim Warenakkreditiv vom Eingang der Ware abhängig (so OLG München HRR 39 Nr. 366) trifft nicht zu. Die Banken pflegen Akkreditive mit der Klausel ordnungsgemäßer Lieferung der Ware *nicht* aufzunehmen (Anm. 163).

141   Außer dem eigentlichen Dokumentenakkreditiv können noch *zusätzliche Sicherungen* für die Beteiligten vorgesehen werden, z. B. um den *Käufer* gegen Schäden zu sichern, die bei Nichteinlösung des Akkreditivs durch den Verkäufer eintreten. Als Formen der Sicherung kommen neben zusätzlichen Akkreditiven (Anm. 236) vor allem Bürgschaft, Garantievertrag und Vertragsstrafe in Betracht. Zur Abgrenzung von Garantie und Vertragsstrafe s. BGH NJW 58, 1483 und § 348 Anm. 1, § 349 Anm. 10. *Muster* für Bietungs-, Lieferungs-, Anzahlungs- und Konnossementsgarantien finden sich bei Trost/Schütz (BFB S. 344 ff.; vgl. auch LG Frankfurt NJW 63, 450).

2. Banktechnische Abwicklung

142   Sie *vollzieht* sich wie folgt:

Auszugehen ist von dem zwischen dem Verkäufer (Exporteur) und dem Käufer (Importeur) geschlossenen *Warengeschäft,* in dem sich der Käufer verpflichtet hat, den Verkäufer bei einer Bank zu akkreditieren (Akkreditivklausel).

Der Käufer beauftragt daraufhin seine Bank, für den Verkäufer bei einer bestimmten ausländischen Bank ein Akkreditiv zu *eröffnen.* Die Käufer-Bank sendet ein Akkreditiv-Eröffnungsschreiben an die Verkäufer-Bank, die ihrerseits dem Verkäufer die Eröffnung des Akkreditivs *mitteilt.*

Nunmehr sendet der Verkäufer die Ware an den Käufer ab und reicht die akkreditivgerechten Dokumente seiner Bank ein, die ihm nach Prüfung der Dokumente den Kaufpreis auszahlt.

Die Verkäufer-Bank sendet sodann die Dokumente an die Käuferbank und belastet sie mit dem an den Verkäufer gezahlten Betrag. Die Käufer-Bank händigt die Dokumente dem Käufer aus und verfügt über den von ihm bereitgestellten Akkreditivbetrag.

Besteht zwischen der Käufer- und der Verkäuferbank keine Kontenverbindung, so sendet erstere einer von ihr eingeschalteten *Korrespondenzbank* eine Durchschrift des Akkreditivs und ersucht die Verkäufer-Bank, sich die an den Verkäufer gezahlten Beträge von der Korrenspondenzbank vergüten zu lassen.

II. Wirtschaftliche Bedeutung

Das Dokumenten-Akkreditiv beseitigt die Risiken für die Abwicklung von Warengeschäften im Außenhandel und schafft so die nötige *Vertrauensgrundlage.* Im Vordergrund steht die *Zahlungssicherung.* Der Verkäufer (Exporteur) wird vor dem Risiko, die Ware an den Käufer (Importeur) zu liefern, ohne von ihm Zahlung zu erhalten, durch die gewöhnlich unwiderrufliche *Akkreditivverpflichtung* der Bank geschützt. Sie stellt den vorleistenden Verkäufer so, als ob der Käufer bereits den Kaufpreis gezahlt hätte. Er kann sich darauf verlassen, daß er fristgemäß von der Bank Zahlung erhält, wenn er ihr die akkreditivgerechten Dokumente aushändigt. Aus diesem Grunde ist die Akkreditivverpflichtung der Bank *unabhängig* sowohl von dem Kaufvertrag, auf dem die Stellung des Akkreditivs beruht, als auch von den vertraglichen Beziehungen zwischen den beteiligten Banken und zwischen dem Akkreditiv-Auftraggeber und der das Akkreditiv eröffnenden Bank (lit. c und f vor Art. 1 ER). Die scharfe Trennung des Akkreditivs vom Grundgeschäft ist die unerläßliche Voraussetzung dafür, daß das Akkreditiv-Geschäft seine wirtschaftliche Funktion erfüllen kann. Der *Käufer,* der über die Bank Zahlung leistet, ohne zuvor die Ware zu sehen, wird gegen das Risiko, trotz Zahlung die Ware nicht oder nicht in vertragsmäßigem Zustand zu erhalten, dadurch weitgehend abgesichert, daß die Akkreditiv- oder Bestätigungsbank erst dann den Akkreditiv-Betrag auszahlt, wenn der Verkäufer die zur Verfügung über die Ware berechtigenden *Dokumente* der Bank einreicht und geprüft hat, ob sie den Akkreditivbedingungen genau entsprechen. Die Gewähr für Zahlung und Lieferung *beschleunigt* den Warenumsatz, da die oft sehr langen Transportzeiten überbrückt werden. Schon vor dem Eintreffen der Ware am Bestimmungsort können der Käufer mittels der Dokumente über die Ware und der Verkäufer über den Kaufpreis verfügen.

Das Akkreditiv gehört ebenso wie die Banküberweisung zu den Geschäften des bankmäßigen *Zahlungsverkehrs.* Eine *Kreditgewährung* ist mit der Ausführung eines Akkreditivauftrags nicht notwendig verbunden (ebenso Zahn S. 60). Die Bank hat gegen den Auftraggeber einen Anspruch auf *Vorschuß* (§§ 675, 669 BGB). Sie belastet ihn daher bei Eröffnung des Akkreditivs mit dem Akkreditivbetrag auf seinem Konto. Bei Akkreditiven in fremder Währung muß der Akkreditivsteller den Devisenbetrag im Zeitpunkt der Eröffnung anschaffen. Häufig werden jedoch Akkreditive auch ohne sofortige Belastung des Kontos des Auftraggebers oder Anschaffung der nötigen Devisen eröffnet. Dann besitzt das Akkreditiv neben der Zahlungs- auch *Kreditfunktion.* Die Eröffnung des Akkreditivs enthält dann zugleich die Einräumung eines Kredits an den Auftraggeber.

145 Die Verwendung von Akkreditiven im *internationalen* Zahlungsverkehr ist grundsätzlich zulässig (§ 1 AWG). Beschränkungen sind nur zum Schutze der innerdeutschen Währung möglich, wenn die Akkreditierung sich wie eine Kreditgewährung auswirkt (§§ 22 Abs. 1 Nr. 5, 23 Abs. 1 Nr. 6 AWG). Bisher sind solche Beschränkungen durch Rechtsverordnungen nicht ergangen. Für Warenexportgeschäfte nach den Ostblockstaaten bestimmt § 7 AWV (1. DVO zum AWG vom 22. 8. 61 – BGBl. I, 1381), daß sie bei Stellung eines unwiderruflichen, bei Lieferung fälligen Akkreditivs genehmigungsfrei sind.

III. Die Einheitlichen Richtlinien und Gebräuche für Dokumenten-Akkreditive (ER)

146 Eine gesetzliche Regelung des Akkreditivs besteht in Deutschland nicht. Auch die übrigen Länder regeln dieses Institut zumeist nicht gesetzlich. Im Hinblick auf die große Bedeutung des Akkreditivgeschäfts im Welthandel sind jedoch auf Grund internationaler Vereinbarungen *Einheitliche Richtlinien und Gebräuche für Dokumenten-Akkreditive* (ER) aufgestellt worden. Die Internationale Handelskammer (IHK) billigte auf ihrem 7. Kongreß in Wien 1933 diese Richtlinien und empfahl ihre praktische Anwendung. Seit dem 1. 1. 52 galt die vom 13. Kongreß der IHK in Lissabon revidierte Fassung der Einheitlichen Richtlinien von 1951 (Drucksache Nr. 151). Die Fassung 1951 wurde in der westlichen Welt von Verbänden und Banken weitgehend anerkannt (Anhang zum Dokument 470/90 der IHK – Stand vom 10. 11. 1960). Am 1. 7. 1963 trat eine *2. Revision* der Einheitlichen Richtlinien in Kraft (ER Fassung 1962). Das Ermessen der Banken bei Prüfung der Dokumente wurde stark eingeschränkt. Dadurch wurde der Beitritt Englands und der Länder des Commonwealth ermöglicht (Eisemann AWD 63, 139; Zahn S. 7f.). Nach der IHK-Publikation Nr. 290 werden die Einheitlichen Richtlinien in 175 Ländern angewendet. Am 1. Oktober 1974 ist von der IHK in Paris eine Neufassung der 1962 revidierten Einheitlichen Richtlinien (ER 1974) herausgegeben und den Banken für alle am oder nach dem 1. Oktober 1975 eröffneten Akkreditive empfohlen worden (Publikation Nr. 290 IHK Paris). Diese 3. Revision beruht auf mehrjährigen Vorarbeiten der Kommission für Banktechnik und Bankpraxis der IHK. An den Arbeiten waren außer den einzelnen Landesgruppen der IHK auch die Kommission für internationales Handelsrecht der Vereinten Nationen (UNCITRAL) und Banken der sozialistischen Länder des Ostblocks beteiligt. Kennzeichnend für die Fassung 1974 ist, daß der Ermessensspielraum der Banken bei der Prüfung der Dokumente fast völlig beseitigt worden ist. Ferner wurden die Richtlinien im Hinblick auf den Container-Verkehr und den kombinierten Transport ergänzt und eine Reihe von Auslegungsschwierigkeiten beseitigt. Auf die Änderungen und Ergänzungen im einzelnen wird in der folgenden Darstellung des Akkreditivrechts eingegangen. Nach einer Bek. der IHK, Paris, vom 10. 2. 1976 haben bis zu diesem Zeitpunkt die Banken von 79 Ländern bzw. Territorien die Annahme der ER 1974 erklärt (Länderliste: Bank-Betrieb 3/1976 S. 117).

Zweiter Teil. Das Akkreditivgeschäft **Anh. § 365**

Einheitliche Richtlinien und Gebräuche für Dokumenten-Akkreditive (Revision 1974) **147**

Allgemeine Regeln und Begriffsbestimmungen

a) Diese Regeln und Begriffsbestimmungen sowie die folgenden Artikel beziehen sich auf alle Dokumenten-Akkreditive und sind für alle Beteiligten bindend, sofern nicht ausdrücklich anderweitige Vereinbarungen getroffen worden sind.

b) Die in diesen Regeln, Begriffsbestimmungen und Artikeln verwendeten Ausdrücke „Dokumenten-Akkreditiv(e)" und „Akkreditiv(e)" bedeuten jede, wie auch immer benannte oder bezeichnete Vereinbarung, derzufolge eine auf Ersuchen und in Übereinstimmung mit den Weisungen eines Kunden (Akkreditiv-Auftraggeber) handelnde Bank (eröffnende Bank) gegen Übergabe vorgeschriebener Dokumente

(i) Zahlungen an einen Dritten (Begünstigten) oder dessen Order zu leisten oder vom Begünstigten gezogene Wechsel zu bezahlen, zu akzeptieren oder zu negoziieren hat oder

(ii) eine andere Bank zur Ausführung solcher Zahlungen oder zur Bezahlung, Akzeptierung oder Negoziierung derartiger Wechsel ermächtigt,

sofern die Akkreditiv-Bedingungen erfüllt sind.

c) Akkreditive sind ihrer Natur nach von den Kauf- oder anderen Verträgen, auf denen sie beruhen können, getrennte Geschäfte, und die Banken haben in keiner Hinsicht etwas mit solchen Verträgen zu tun und sind nicht durch sie gebunden.

d) Akkreditivaufträge und Akkreditive selbst müssen vollständig und genau sein.

Um Irrtümern und Mißverständnissen vorzubeugen, sollten die eröffnenden Banken jedem Versuch des Akkreditiv-Auftraggebers entgegentreten, zu weit gehende Einzelheiten aufzunehmen.

e) Die Entscheidungsmöglichkeit, die eine Bank auf Grund des Artikels 32 b) hat, steht an erster Stelle derjenigen Bank zu, die ermächtigt ist, unter einem Akkreditiv zu zahlen, zu akzeptieren oder zu negoziieren. Die Entscheidung dieser Bank bindet alle Beteiligten.

Eine Bank ist ermächtigt, unter einem Akkreditiv zu zahlen oder zu akzeptieren, wenn sie im Akkreditiv ausdrücklich benannt ist.

Eine Bank ist ermächtigt, unter einem Akkreditiv zu negoziieren,

(i) wenn sie im Akkreditiv ausdrücklich benannt ist, oder

(ii) wenn das Akkreditiv bei jeder Bank frei negoziierbar ist.

f) Ein Begünstigter kann sich in keinem Fall auf die vertraglichen Beziehungen berufen, die zwischen den Banken oder zwischen dem Akkreditiv-Auftraggeber und der eröffnenden Bank bestehen.

A. Form und Anzeige der Akkreditive

Artikel 1

a) Akkreditive können entweder

(i) widerruflich oder

(ii) unwiderruflich

sein.

b) Alle Akkreditive sollen daher eindeutig angeben, ob sie widerruflich oder unwiderruflich sind.

c) Fehlt eine solche Angabe, so gilt das Akkreditiv als widerruflich.

Artikel 2

Ein widerrufliches Akkreditiv kann jederzeit ohne vorherige Nachricht an den Begünstigten geändert oder annulliert werden. Die eröffnende Bank ist jedoch verpflichtet, eine Filiale oder eine andere Bank, der ein solches Akkreditiv übermittelt und bei der es zur Zahlung, Akzeptleistung oder Negoziierung benutzbar gemacht worden ist, für jede Zahlung, Akzeptleistung oder Negoziierung zu rembursieren, die den Akkreditiv-Bedingungen und allen bis zum Zeitpunkt der Zahlung,

Akzeptleistung oder Negoziierung erhaltenen Änderungen entspricht und die von dieser Filiale oder der anderen Bank vorgenommen wurde, bevor sie Nachricht über die Änderung oder Annullierung erhalten hat.

Artikel 3

a) Ein unwiderrufliches Akkreditiv begründet eine feststehende Verpflichtung der eröffnenden Bank,

　(i) zu zahlen oder zahlen zu lassen, wenn das Akkreditiv Zahlung vorsieht, ob gegen eine Tratte oder nicht,

　(ii) Tratten zu akzeptieren, wenn das Akkreditiv Akzeptleistung durch die eröffnende Bank vorsieht, oder die Verantwortung für die Akzeptierung von Tratten und deren Einlösung bei Fälligkeit zu übernehmen, wenn das Akkreditiv die Akzeptierung von Tratten vorsieht, die auf den Akkreditiv-Auftraggeber oder einen anderen im Akkreditiv benannten Bezogenen gezogen sind,

　(iii) Sicht- oder Nachsicht-Tratten, die vom Begünstigten auf den Akkreditiv-Auftraggeber oder einen anderen im Akkreditiv benannten Bezogenen gezogen sind, ohne Rückgriff auf Aussteller und/oder gutgläubige Inhaber anzukaufen/zu negoziieren oder für Ankauf/Negoziierung durch eine andere Bank zu sorgen, wenn das Akkreditiv Ankauf/Negoziierung vorsieht,

　sofern die Akkreditiv-Bedingungen erfüllt sind.

b) Ein unwiderrufliches Akkreditiv kann dem Begünstigten durch eine andere Bank (die avisierende Bank) ohne Verbindlichkeit für diese Bank avisiert werden. Wenn dagegen die eröffnende Bank eine andere Bank ermächtigt oder ersucht, ihr unwiderrufliches Akkreditiv zu bestätigen, und diese dementsprechend verfährt, begründet diese Bestätigung zusätzlich zur Verpflichtung der eröffnenden Bank eine feststehende Verpflichtung der bestätigenden Bank,

　(i) zu zahlen, wenn das Akkreditiv bei ihr zahlbar ist, ob gegen eine Tratte oder nicht, oder zahlen zu lassen, wenn das Akkreditiv Zahlung an anderer Stelle vorsieht,

　(ii) Tratten zu akzeptieren, wenn das Akkreditiv Akzeptleistung durch die bestätigende Bank bei ihr selbst vorsieht, oder die Verantwortung für die Akzeptierung von Tratten und deren Einlösung bei Fälligkeit zu übernehmen, wenn das Akkreditiv die Akzeptierung von Tratten vorsieht, die auf den Akkreditiv-Auftraggeber oder einen anderen im Akkreditiv benannten Bezogenen gezogen sind,

　(iii) Sicht- oder Nachsicht-Tratten, die vom Begünstigten auf die eröffnende Bank oder den Akkreditiv-Auftraggeber oder einen anderen im Akkreditiv benannten Bezogenen gezogen sind, ohne Rückgriff auf Aussteller und/oder gutgläubige Inhaber anzukaufen/zu negoziieren, wenn das Akkreditiv Ankauf/Negoziierung vorsieht,

　sofern die Akkreditiv-Bedingungen erfüllt sind.

c) Verpflichtungen dieser Art können ohne die Zustimmung aller Beteiligten weder geändert noch annulliert werden. Die teilweise Annahme von Änderungen ist ohne die Zustimmung aller Beteiligten unwirksam.

Artikel 4

a) Wenn eine eröffnende Bank eine Bank durch Kabel, Telegramm oder Fernschreiben beauftragt, ein Akkreditiv zu avisieren und die briefliche Bestätigung das Instrument für die Inanspruchnahme des Akkreditivs sein soll, muß das Kabel, Telegramm oder Fernschreiben angeben, daß das Akkreditiv erst bei Erhalt einer solchen brieflichen Bestätigung wirksam wird. In diesem Fall muß die eröffnende Bank das Instrument für die Inanspruchnahme des Akkreditivs (briefliche Bestätigung) und alle nachträglichen Akkreditiv-Änderungen dem Begünstigten durch die avisierende Bank übersenden lassen.

b) Die eröffnende Bank ist für alle Folgen verantwortlich, die entstehen, wenn sie dem im vorstehenden Absatz dargelegten Verfahren nicht folgt.

Zweiter Teil. Das Akkreditivgeschäft **Anh. § 365**

c) Sofern ein Kabel, Telegramm oder Fernschreiben nicht den Hinweis „Einzelheiten folgen" (oder Worte gleicher Bedeutung) enthält oder nicht angibt, daß die briefliche Bestätigung das Instrument für die Inanspruchnahme des Akkreditivs sein soll, wird das Kabel, Telegramm oder Fernschreiben als das Instrument für die Inanspruchnahme des Akkreditivs angesehen, und die eröffnende Bank braucht der avisierenden Bank die briefliche Bestätigung nicht zu übersenden.

Artikel 5

Wird eine Bank durch Kabel, Telegramm oder Fernschreiben beauftragt, ein Akkreditiv zu eröffnen, zu bestätigen oder zu avisieren, dessen Bedingungen einem früher eröffneten Akkreditiv gleichen, das später geändert worden ist, so sind die Einzelheiten des zu eröffnenden, zu bestätigenden oder zu avisierenden Akkreditivs dem Begünstigten unter Auslassung der Änderungen bekanntzugeben, es sei denn, der Auftrag bezeichnet klar die Änderungen, die zu berücksichtigen sind.

Artikel 6

Eine Bank, die unvollständige oder unklare Weisungen zur Eröffnung, Bestätigung oder Avisierung eines Akkreditivs erhält, kann dem Begünstigten hiervon nur zu seiner vorläufigen Unterrichtung unverbindlich Kenntnis geben. In diesem Fall wird das Akkreditiv erst nach Eingang der notwendigen Informationen eröffnet, bestätigt oder avisiert.

B. Haftung und Verantwortlichkeit

Artikel 7

Die Banken müssen alle Dokumente mit angemessener Sorgfalt prüfen, um sich zu vergewissern, daß sie der äußeren Aufmachung nach den Akkreditiv-Bedingungen entsprechen. Dokumente, die sich der äußeren Aufmachung nach untereinander widersprechen, werden nicht als der äußeren Aufmachung nach den Akkreditiv-Bedingungen entsprechend angesehen.

Artikel 8

a) Im Dokumenten-Akkreditiv-Geschäft befassen sich alle Beteiligten mit Dokumenten und nicht mit Waren.
b) Zahlung, Akzeptleistung oder Negoziierung durch eine hierzu ermächtigte Bank gegen Dokumente, die ihrer äußeren Aufmachung nach den Akkreditiv-Bedingungen entsprechen, verpflichten denjenigen, der die Ermächtigung erteilt hat, die Dokumente aufzunehmen und die zahlende, akzeptierende oder negoziierende Bank zu remboursieren.
c) Wenn die eröffnende Bank bei Erhalt der Dokumente der Ansicht ist, daß diese der äußeren Aufmachung nach nicht den Bedingungen des Akkreditivs entsprechen, muß sie allein auf Grund der Dokumente entscheiden, ob sie geltend machen will, daß die Zahlung, Akzeptleistung oder Negoziierung nicht in Übereinstimmung mit den Akkreditiv-Bedingungen durchgeführt worden ist.
d) Der eröffnenden Bank steht eine angemessene Zeit zu, die Dokumente zu prüfen und wie oben angegeben zu entscheiden, ob eine solche Reklamation vorzunehmen ist.
e) Wenn eine solche Reklamation vorgenommen werden soll, muß eine entsprechende Mitteilung unter Angabe der Gründe unverzüglich drahtlich oder auf anderem schnellen Wege der Bank gemacht werden, von der die Dokumente eingegangen sind (übersendende Bank). Die Mitteilung muß besagen, daß die Dokumente zur Verfügung dieser Bank gehalten oder ihr zurückgesandt werden.
f) Wenn die eröffnende Bank die Dokumente nicht zur Verfügung der übersendenden Bank hält oder die Dokumente dieser Bank nicht zurücksendet, kann die eröffnende Bank nicht geltend machen, daß die betreffende Zahlung, Akzeptleistung oder Negoziierung nicht in Übereinstimmung mit den Akkreditiv-Bedingungen durchgeführt worden ist.
g) Wenn die übersendende Bank die eröffnende Bank auf irgendwelche Unstimmigkeiten in den Dokumenten hinweist oder diese Bank davon benachrichtigt, daß sie auf Grund dieser Unstimmigkeiten unter Vorbehalt oder gegen eine Garantie gezahlt, akzeptiert oder negoziiert hat, wird die eröffnende Bank dadurch von keiner ihrer Verpflichtungen aus diesem Artikel befreit. Eine

511

§ 365 Anh. *Der bankmäßige Zahlungsverkehr*

solche Garantie oder ein solcher Vorbehalt betrifft allein das Verhältnis zwischen der übersendenden Bank und dem Begünstigten.

Artikel 9

Die Banken übernehmen keine Haftung oder Verantwortung für Form, Vollständigkeit, Genauigkeit, Echtheit, Verfälschung oder Rechtswirksamkeit irgendwelcher Dokumente, oder für die allgemeinen und/oder besonderen Bedingungen, die in den Dokumenten angegeben oder denselben hinzugefügt sind. Sie übernehmen auch keine Haftung oder Verantwortung für Bezeichnung, Menge, Gewicht, Qualität, Beschaffenheit, Verpackung, Lieferung, Wert oder Vorhandensein der durch die Dokumente vertretenen Waren, oder in bezug auf Treu und Glauben oder die Handlungen und/oder Unterlassungen sowie für Zahlungsfähigkeit, Leistungsvermögen oder Ruf des Absenders, der Frachtführer oder der Versicherer der Waren oder irgendwelcher anderer Personen.

Artikel 10

Die Banken übernehmen keine Haftung oder Verantwortung für die Folgen von Verzögerungen und/oder Verlusten bei Übermittlung von Nachrichten, Briefen oder Dokumenten, sowie für Verzögerung, Verstümmelung oder sonstige Irrtümer, die aus der Übermittlung von Kabeln, Telegrammen oder Fernschreiben resultieren. Die Banken übernehmen keine Haftung oder Verantwortung für Irrtümer bei der Übersetzung oder Auslegung von technischen Ausdrücken und behalten sich das Recht vor, Akkreditiv-Bedingungen unübersetzt weiterzugeben.

Artikel 11

Die Banken übernehmen keine Haftung oder Verantwortung für die Folgen der Unterbrechung ihrer Geschäftstätigkeit durch Fälle höherer Gewalt, Unruhen, Aufruhr, Aufstand, Kriege oder irgendwelche andere Ursachen, die außerhalb ihrer Kontrolle liegen, sowie durch irgendwelche Streiks oder Aussperrungen. Sofern sie hierzu nicht ausdrücklich ermächtigt sind, nehmen die Banken nach Ablauf der Gültigkeitsdauer von Akkreditiven, die während einer solchen Unterbrechung der Geschäftstätigkeit verfallen, keine Zahlung, Akzeptleistung oder Negoziierung vor.

Artikel 12

a) Banken, welche die Dienste anderer Banken in Anspruch nehmen, um die Weisungen des Akkreditiv-Auftraggebers auszuführen, tun dies für Rechnung und Gefahr dieses Auftraggebers.

b) Die Banken übernehmen keine Haftung oder Verantwortung, wenn die von ihnen erteilten Weisungen nicht ausgeführt werden, auch wenn sie selbst die Auswahl dieser anderen Bank von sich aus getroffen haben.

c) Der Akkreditiv-Auftraggeber muß alle Verpflichtungen und Verantwortlichkeiten übernehmen, die auf ausländischen Gesetzen und Gebräuchen beruhen, und er muß die Banken für alle hieraus resultierenden Folgen schadlos halten.

Artikel 13

Von einer Bank, die ermächtigt worden ist, für ihre Zahlungen oder Negoziierungen Rembours von einer von der eröffnenden Bank benannten dritten Bank zu verlangen, und die die Zahlung oder Negoziierung ausgeführt hat, soll nicht verlangt werden, der dritten Bank zu bestätigen, daß sie in Übereinstimmung mit den Akkreditiv-Bedingungen gezahlt oder negoziiert hat.

C. Dokumente

Artikel 14

a) Alle Aufträge zur Eröffnung, Bestätigung oder Avisierung eines Akkreditivs müssen genau angeben, gegen welche Dokumente Zahlung, Akzeptleistung oder Negoziierung vorgenommen werden soll.

b) Ausdrücke wie „erstklassig", „gut bekannt", „qualifiziert" u.ä. sollen zur Klassifizierung der Aussteller irgendwelcher Dokumente, deren Beibringung in Akkreditiven vorgeschrieben wird, nicht verwendet werden. Wenn solche Ausdrücke jedoch in den Akkreditiv-Bedingungen enthalten sind, nehmen die Banken die Dokumente so an, wie sie präsentiert werden.

C. 1. – Dokumente, welche die Verschiffung oder Versendung oder Übernahme ausweisen
(Verladedokumente)

Artikel 15
Abgesehen von den Bestimmungen des Artikels 20 wird das Datum des Konnossements oder das Datum irgendeines anderen Dokuments, welches die Verschiffung oder Versendung oder Übernahme ausweist, oder das im Empfangsstempel angegebene oder durch Vermerk angebrachte Datum auf irgendeinem derartigen Dokument in jedem Fall als Datum der Verschiffung oder Versendung oder Übernahme der Ware angesehen.

Artikel 16
a) Erscheinen Worte, die eindeutig die wie auch immer benannte oder bezeichnete Zahlung oder Vorauszahlung der Fracht anzeigen, durch Stempel oder auf andere Weise auf Dokumenten, welche die Verschiffung oder Versendung oder Übernahme ausweisen, werden sie als Nachweis der erfolgten Frachtzahlung anerkannt.

b) Sind die Worte „Fracht vorauszahlbar" oder „Fracht im voraus zu zahlen" oder Worte ähnlicher Bedeutung auf solchen Dokumenten durch Stempel oder auf andere Weise angebracht, werden sie nicht als Nachweis der erfolgten Frachtzahlung anerkannt.

c) Die Banken nehmen Dokumente an, die den Vermerk tragen, daß Fracht- oder Transportkosten bei Auslieferung zu zahlen sind, sofern im Akkreditiv nichts anderes vorgeschrieben ist oder keine Unvereinbarkeit mit irgendeinem der auf Grund des Akkreditivs präsentierten Dokumente besteht.

d) Die Banken nehmen Verladedokumente an, die durch Stempel oder auf andere Weise auf zusätzlich zur Fracht anfallende Kosten hinweisen, wie Kosten der Beladung, Entladung oder ähnlicher Vorgänge oder damit im Zusammenhang stehende Auslagen, sofern die Akkreditiv-Bedingungen solche Hinweise nicht ausdrücklich verbieten.

Artikel 17
Verladedokumente, die eine Klausel wie „shipper's load and count" oder „said by shipper to contain" oder Worte ähnlicher Bedeutung enthalten, werden angenommen, sofern im Akkreditiv nichts anderes vorgeschrieben ist.

Artikel 18
a) Reine Verladedokumente sind solche, die keine hinzugefügten Klauseln oder Angaben enthalten, die einen mangelhaften Zustand der Ware und/oder der Verpackung ausdrücklich vermerken.

b) Die Banken weisen Verladedokumente zurück, die solche Klauseln oder Vermerke enthalten, sofern im Akkreditiv nicht ausdrücklich die Klauseln oder Vermerke bezeichnet werden, die angenommen werden dürfen.

C.1.1. – Seekonnossemente

Artikel 19
a) Folgende Konnossemente werden zurückgewiesen, sofern das Akkreditiv keine ausdrückliche Ermächtigung zur Aufnahme enthält:
  (i) Konnossemente, die von Spediteuren ausgestellt sind;
  (ii) Konnossemente, die unter Charter-Partie ausgestellt und deren Bedingungen unterworfen sind;
  (iii) Konnossemente, die Verladung auf Segelschiffen ausweisen.

b) Jedoch werden, vorbehaltlich der vorstehenden Regelung und sofern im Akkreditiv nichts anderes vorgeschrieben ist, Konnossemente folgender Art angenommen:
  (i) „Durchkonnossemente" (d. h. „Through Bills of Lading"), die von Schiffahrtsgesellschaften oder deren Agenten ausgestellt sind, selbst wenn sie mehrere verschiedenartige Transportarten umfassen;

§ 365 Anh. *Der bankmäßige Zahlungsverkehr*

(ii) „Short Form Bills of Lading" (d. h. Konnossemente, die von Schiffahrtsgesellschaften oder deren Agenten ausgestellt sind und einige oder sämtliche Beförderungsbedingungen durch Hinweis auf eine andere Quelle oder ein anderes Dokument als das Konnossement aufzeigen);

(iii) Konnossemente, die von Schiffahrtsgesellschaften oder deren Agenten ausgestellt sind und unitisierte Ladungen, wie solche auf Paletten oder in Containern, ausweisen.

Artikel 20

a) Die Konnossemente müssen ausweisen, daß die Waren an Bord eines namentlich genannten Schiffes verladen oder auf einem namentlich genannten Schiff verschifft sind, sofern im Akkreditiv nichts anderes vorgeschrieben ist.

b) Die Verladung an Bord eines namentlich genannten Schiffes oder die Verschiffung auf einem namentlich genannten Schiff kann entweder durch ein Konnossement nachgewiesen werden, dessen Wortlaut die Verladung an Bord eines namentlich genannten Schiffes oder die Verschiffung auf einem namentlich genannten Schiff ausweist, oder durch einen entsprechenden Vermerk auf dem Konnossement mit Unterschrift oder Handzeichen und Datumsangabe des Frachtführers oder seines Agenten. Das Datum dieses Vermerks wird als Zeitpunkt der Verladung an Bord des namentlich genannten Schiffes oder der Verschiffung auf dem namentlich genannten Schiff angesehen.

Artikel 21

a) Sofern Umladung nach den Akkreditiv-Bedingungen nicht verboten ist, werden Konnossemente, die Umladung während der Reise vorsehen, angenommen, vorausgesetzt, daß die gesamte Reise durch ein und dasselbe Konnossement gedeckt ist.

b) Konnossemente mit eingedruckten Klauseln, die dem Frachtführer das Recht zur Umladung geben, werden angenommen ungeachtet der Tatsache, daß das Akkreditiv die Umladung verbietet.

Artikel 22

a) Die Banken weisen ein Konnossement zurück, das die Verladung der Waren an Deck ausweist, sofern das Akkreditiv diese nicht ausdrücklich erlaubt.

b) Die Banken weisen ein Konnossement nicht zurück, das eine Klausel enthält, welche die Beförderung der Waren an Deck gestattet, vorausgesetzt, daß das Konnossement nicht ausdrücklich eine Verladung an Deck ausweist.

C.1.2. – Dokumente des kombinierten Transports

Artikel 23

a) Wenn das Akkreditiv ein Dokument des kombinierten Transports vorschreibt, d. h. ein Dokument, das einen kombinierten Transport durch mindestens zwei verschiedene Beförderungsarten vorsieht, und zwar von einem Ort, an dem die Waren übernommen wurden, bis zu einem Ort, an dem die Auslieferung erfolgen soll, oder wenn das Akkreditiv einen kombinierten Transport vorsieht, jedoch in beiden Fällen die Form des geforderten Dokuments und/oder den Aussteller eines solchen Dokuments nicht bezeichnet, nehmen die Banken solche Dokumente so an, wie sie präsentiert werden.

b) Schließt der kombinierte Transport Seetransport ein, wird das Dokument angenommen, obgleich es nicht ausweist, daß sich die Waren an Bord eines namentlich genannten Schiffes befinden, und obgleich es eine Klausel enthält, welche die Beförderung der Waren, falls in einem Container verpackt, an Deck gestattet, vorausgesetzt, daß das Dokument nicht ausdrücklich eine Verladung an Deck ausweist.

C.1.3. – Andere Verladedokumente, etc.

Artikel 24

Die Banken betrachten Eisenbahnfrachtbriefe oder Flußladescheine oder entsprechende Verladebescheinigungen, Frachtbriefdoppel, Posteinlieferungsscheine, Postversand-Bescheinigungen,

Zweiter Teil. Das Akkreditivgeschäft **Anh. § 365**

Luftposteinlieferungsscheine, Luftfrachtbriefe, Lufttransportbriefe oder entsprechende Empfangsbestätigungen, Frachtbriefe von Kraftverkehrsunternehmen oder andere Dokumente ähnlicher Art als ordnungsgemäß, wenn sie den Empfangsstempel des Frachtführers oder seines Agenten oder eine Unterschrift tragen, welche die des Frachtführers oder seines Agenten zu sein scheint.

Artikel 25

Wenn bei anderen als Seetransporten das Akkreditiv einen Nachweis oder eine Beglaubigung des Gewichts vorschreibt, erkennen die Banken durch den Frachtführer auf den Verladedokumenten angebrachte Wiegestempel oder Gewichtsangaben an, sofern im Akkreditiv keine besondere oder unabhängige Gewichtsbescheinigung verlangt wird.

C.2. – Versicherungsdokumente

Artikel 26

a) Versicherungsdokumente müssen so beschaffen sein, wie im Akkreditiv vorgeschrieben, und von Versicherungsgesellschaften, ihren Agenten oder von Versicherern (underwriters) ausgestellt und/oder unterzeichnet sein.

b) Von Maklern ausgestellte Deckungsbestätigungen (cover notes) werden nicht angenommen, sofern dies im Akkreditiv nicht ausdrücklich vorgesehen ist.

Artikel 27

Sofern im Akkreditiv nichts anderes vorgeschrieben ist oder aus den vorgelegten Versicherungsdokumenten nicht hervorgeht, daß die Deckung spätestens am Tag der Verschiffung oder Versendung oder im Falle des kombinierten Transports am Tag der Übernahme der Waren wirksam wird, weisen die Banken vorgelegte Versicherungsdokumente zurück, die ein späteres Datum tragen als das Datum der Verschiffung oder Versendung oder im Falle des kombinierten Transports der Übernahme der Waren, wie es aus den Verladedokumenten hervorgeht.

Artikel 28

a) Sofern im Akkreditiv nichts anderes vorgeschrieben ist, muß das Versicherungsdokument in derselben Währung ausgestellt sein wie das Akkreditiv.

b) Der Mindestbetrag, für den die Versicherung abgeschlossen sein muß, ist der CIF-Wert der betreffenden Waren. Wenn jedoch der CIF-Wert nicht aus der äußeren Aufmachung der vorgelegten Dokumente bestimmt werden kann, nehmen die Banken als Mindestwert den Betrag der Entnahme aus dem Akkreditiv oder den Betrag der entsprechenden Handelsrechnung an, je nachdem, welcher Betrag höher ist.

Artikel 29

a) In den Akkreditiven sollte ausdrücklich bezeichnet werden, welche Art von Versicherung verlangt wird, und gegebenenfalls, welche zusätzlichen Risiken zu decken sind. Ungenaue Ausdrücke wie „übliche Risiken" oder „handelsübliche Risiken" sollten nicht verwendet werden; werden jedoch solche ungenauen Ausdrücke verwendet, nehmen die Banken die Versicherungsdokumente so an, wie sie präsentiert werden.

b) Fehlen besondere Anweisungen, nehmen die Banken die Versicherungsdeckung so an, wie sie sich aus dem präsentierten Versicherungsdokument ergibt.

Artikel 30

Wenn ein Akkreditiv „Versicherung gegen alle Risiken" vorschreibt, nehmen die Banken ein Versicherungsdokument an, das irgendeinen Vermerk oder eine Klausel über „alle Risiken" enthält, und sie übernehmen keine Verantwortung, wenn irgendein besonderes Risiko nicht gedeckt ist.

Artikel 31

Die Banken nehmen ein Versicherungsdokument an, in dem angegeben ist, daß die Deckung einer Franchise oder einer Abzugsfranchise unterworfen ist, sofern das Akkreditiv nicht ausdrücklich besagt, daß die Versicherung ohne Berücksichtigung eines Prozentsatzes für Franchise ausgestellt sein muß.

C.3. – Handelsrechnungen

Artikel 32

a) Sofern im Akkreditiv nichts anderes vorgeschrieben ist, müssen Handelsrechnungen auf den Namen des Akkreditiv-Auftraggebers ausgestellt sein.

b) Sofern im Akkreditiv nichts anders vorgeschrieben ist, können die Banken Handelsrechnungen, die auf einen die Akkreditivsumme übersteigenden Betrag lauten, ablehnen.

c) Die Beschreibung der Waren in der Handelsrechnung muß mit der Beschreibung im Akkreditiv übereinstimmen. In allen anderen Dokumenten können die Waren in allgemein gehaltenen Ausdrücken, die nicht im Widerspruch zur Warenbeschreibung im Akkreditiv stehen, beschrieben sein.

C.4. – Andere Dokumente

Artikel 33

Wenn andere Dokumente wie Lagerscheine, Lieferscheine, Konsulatsfakturen, Ursprungszeugnisse, Gewichts-, Qualitäts- oder Analysenzertifikate usw. ohne nähere Beschreibung verlangt werden, nehmen die Banken solche Dokumente so an, wie sie präsentiert werden.

D. Verschiedene Regeln
Menge und Betrag

Artikel 34

a) Die Worte „etwa", „circa" oder ähnliche Ausdrücke, die in Verbindung mit dem Akkreditivbetrag oder der Warenmenge oder dem Preis der Ware pro Einheit verwendet werden, sind dahin auszulegen, daß eine Abweichung bis zu 10 % nach oben oder bis zu 10 % nach unten statthaft ist.

b) Sofern im Akkreditiv nicht festgelegt ist, daß die angegebene Warenmenge nicht über- oder unterschritten werden darf, ist eine Abweichung bis zu 3 % nach oben oder bis zu 3 % nach unten gestattet, immer vorausgesetzt, daß der Gesamtbetrag der Inanspruchnahme nicht den Akkreditivbetrag überschreitet. Diese Abweichung ist nicht zulässig, wenn im Akkreditiv die Menge in einer bestimmten Anzahl von Verpackungseinheiten oder Stücken angegeben ist.

Teilverladungen

Artikel 35

a) Teilverladungen sind zulässig, sofern im Akkreditiv nicht ausdrücklich etwas anderes vorgeschrieben ist.

b) Verschiffungen, die auf demselben Schiff und für dieselbe Reise erfolgen, werden nicht als Teilverschiffungen angesehen, selbst wenn die Konnossemente, die „An Bord"-Verschiffung ausweisen, unterschiedliche Daten tragen und/oder unterschiedliche Verschiffungshäfen angeben.

Artikel 36

Ist Verladung in Teillieferungen innerhalb bestimmter Zeiträume vorgeschrieben und ist irgendeine Teillieferung nicht innerhalb des vorgeschriebenen Zeitraums verladen worden, so kann das Akkreditiv für diese betreffende oder jede weitere Teilverladung nicht mehr benutzt werden, sofern im Akkreditiv nichts anderes vorgeschrieben ist.

Verfalldatum

Artikel 37

Alle Akkreditive, gleichgültig, ob widerruflich oder unwiderruflich, müssen ein Verfalldatum für die Präsentation der Dokumente zwecks Zahlung, Akzeptleistung oder Negoziierung enthalten, auch wenn ein letztes Datum für die Verladung festgesetzt ist.

Artikel 38

Die Worte „bis", „bis zum" und Ausdrücke ähnlicher Bedeutung, die sich auf das festgesetzte Datum beziehen, an dem die Frist zur Präsentation der Dokumente zwecks Zahlung, Akzeptleistung oder Negoziierung endet, oder die das festgesetzte letzte Verladungsdatum betreffen, sind so zu verstehen, daß sie das angegebene Datum einschließen.

Artikel 39

a) Wenn das festgesetzte Verfalldatum auf einen Tag fällt, an dem die Banken aus anderen als den unter Artikel 11 genannten Gründen geschlossen sind, wird das Verfalldatum auf den nächstfolgenden Arbeitstag hinausgeschoben.

b) Durch das Hinausschieben des Verfalldatums auf Grund dieses Artikels wird das letzte Verladungsdatum nicht hinausgeschoben. Ist in einem Akkreditiv ein letztes Verladungsdatum festgesetzt, werden Verladedokumente, die ein späteres Datum als das festgesetzte Datum tragen, nicht angenommen. Ist in einem Akkreditiv kein letztes Verladungsdatum festgesetzt, werden Verladedokumente, die ein späteres Datum als das im Akkreditiv oder in dazu erfolgten Änderungen festgesetzte Verfalldatum tragen, nicht angenommen. Andere als die Verladedokumente können dagegen bis zum hinausgeschobenen Verfalldatum ausgestellt sein.

c) Banken, die an einem solchen hinausgeschobenen Verfalldatum zahlen, akzeptieren oder negoziieren, müssen den Dokumenten eine von ihnen ausgestellte Erklärung folgenden Wortlauts beifügen:

„Zur Zahlung (Akzeptleistung oder Negoziierung, je nach Lage des Falles) präsentiert innerhalb der gemäß Art. 39 der Einheitlichen Richtlinien verlängerten Gültigkeitsdauer."

Verschiffung, Verladung oder Versendung

Artikel 40

a) Sofern die Akkreditiv-Bedingungen nichts anderes besagen, sind Ausdrücke wie „Abgang", „Versendung", „Beladung" oder „Verschiffung", die zur Festsetzung des letzten Verladungsdatums der Waren verwendet werden, als gleichbedeutend mit „Verladung" anzusehen.

b) Ausdrücke wie „prompt", „unverzüglich", „baldmöglichst" usw. sollten nicht verwendet werden. Wenn sie verwendet werden, legen die Banken sie dahin aus, daß die Verladung innerhalb von 30 Tagen verlangt wird, und zwar gerechnet ab Datum der Akkreditiv-Eröffnungsanzeige der eröffnenden oder einer avisierenden Bank an den Begünstigten – je nachdem, wie der Fall liegt.

c) Der Ausdruck „am oder um den" und ähnliche Ausdrücke werden dahin ausgelegt, daß die Verladung innerhalb des Zeitraums von 5 Tagen vor bis 5 Tage nach dem angegebenen Datum verlangt wird, wobei der erste und letzte Tag eingeschlossen sind.

Präsentation

Artikel 41

Ungeachtet der Bestimmung des Artikels 37, wonach in jedem Akkreditiv ein Verfalldatum für die Vorlage der Dokumente festgesetzt sein muß, müssen Akkreditive auch eine genau bestimmte Frist ab Ausstellungsdatum der Konnossemente oder anderer Verladedokumente festsetzen, innerhalb welcher Dokumente zur Zahlung, Akzeptleistung oder Negoziierung vorgelegt werden müssen. Ist eine derartige Frist im Akkreditiv nicht festgesetzt, weisen die Banken Dokumente zurück, die ihnen später als 21 Tage nach dem Ausstellungsdatum der Konnossemente oder anderer Verladedokumente präsentiert werden.

Artikel 42

Die Banken sind nicht verpflichtet, Dokumente außerhalb ihrer Schalterstunden entgegenzunehmen.

§ 365 Anh. *Der bankmäßige Zahlungsverkehr*

Zeitbestimmungen

Artikel 43

Die Ausdrücke „erste Hälfte", „zweite Hälfte" eines Monats bedeuten „vom 1. bis zum 15. einschließlich" bzw. „vom 16. bis einschließlich Monats-Ultimo".

Artikel 44

Die Ausdrücke „Anfang", „Mitte" oder „Ende" eines Monats bedeuten „vom 1. bis zum 10. einschließlich", „vom 11. bis zum 20. einschließlich" und „vom 21. bis einschließlich Monats-Ultimo".

Artikel 45

Wenn die eröffnende Bank Weisung gibt, das Akkreditiv gültig „für einen Monat", „für sechs Monate" oder ähnlich zu bestätigen oder zu avisieren, aber nicht angibt, wann diese Frist beginnen soll, bestätigt oder avisiert die bestätigende oder avisierende Bank das Akkreditiv dahingehend, daß die Gültigkeit mit Ablauf des so bezeichneten Zeitraumes, gerechnet ab Datum der Bestätigung oder Avisierung, erlischt.

E. Übertragung

Artikel 46

a) Ein übertragbares Akkreditiv ist ein Akkreditiv, bei dem der Begünstigte berechtigt ist, der zur Zahlung oder Akzeptleistung aufgeforderten oder jeder zur Negoziierung berechtigten Bank Weisung zu geben, das Akkreditiv im Ganzen oder zum Teil einem Dritten oder mehreren Dritten (Zweitbegünstigten) verfügbar zu machen.

b) Die Bank, die ersucht wird, die Übertragung vorzunehmen – gleichgültig, ob sie das Akkreditiv bestätigt hat oder nicht –, ist nicht verpflichtet, die Übertragung vorzunehmen, außer in dem Umfang und in der Art, wie sie ausdrücklich zugestimmt hat und bevor die im Zusammenhang mit der Übertragung entstehenden Kosten dieser Bank bezahlt sind.

c) Bankkosten, die im Zusammenhang mit Übertragungen entstehen, sind vom Erstbegünstigten zu tragen, sofern nichts anderes bestimmt worden ist.

d) Ein Akkreditiv kann nur übertragen werden, wenn es von der eröffnenden Bank ausdrücklich als „übertragbar" bezeichnet worden ist. Ausdrücke wie „divisible", „fractionnable", „assignable" und „transmissible" fügen der Bedeutung des Ausdrucks „transferable" (übertragbar) nichts hinzu und sollen nicht benutzt werden.

e) Ein übertragbares Akkreditiv kann nur einmal übertragen werden. Teile eines übertragbaren Akkreditivs (die im Ganzen den Gesamtbetrag des Akkreditivs nicht überschreiten) können getrennt übertragen werden, sofern Teilverladungen nicht untersagt sind; die Gesamtheit derartiger Übertragungen gilt als nur eine Übertragung des Akkreditivs. Das Akkreditiv kann nur zu den im Originalakkreditiv angegebenen Bedingungen übertragen werden mit der Ausnahme, daß der Akkreditivbetrag, die im Akkreditiv etwa genannten Preise pro Einheit und die Gültigkeitsdauer oder die Verladungsfrist insgesamt oder einzeln ermäßigt oder verkürzt werden können. Außerdem kann der Name des ersten Begünstigten an die Stelle des Akkreditiv-Auftraggebers gesetzt werden. Wenn jedoch im Originalakkreditiv ausdrücklich verlangt wird, daß der Name des Akkreditiv-Auftraggebers in irgendeinem anderen Dokument als der Rechnung erscheinen, muß diese Bedingung erfüllt werden.

f) Der Erstbegünstigte hat das Recht, seine eigenen Rechnungen an die Stelle der Rechnungen des Zweitbegünstigten zu setzen, und zwar mit Beträgen, welche den im Akkreditiv angegebenen Originalbetrag nicht übersteigen, und mit den im Akkreditiv gegebenenfalls angegebenen Originalpreisen pro Einheit. Bei einem solchen Rechnungsaustausch kann der Erstbegünstigte auf Grund des Akkreditivs den Unterschiedsbetrag erheben, der gegebenenfalls zwischen seinen Rechnungen und denen des Zweitbegünstigten besteht. Wenn ein Akkreditiv übertragen worden ist und der Erstbegünstigte seine eigenen Rechnungen an die Stelle der Rechnungen des Zweitbegünstigten setzen soll, der ersten Aufforderung hierzu aber nicht nachkommt, dann hat die zahlende, akzeptierende oder negoziierende Bank das Recht, der eröffnenden Bank die auf Grund des Akkreditivs erhaltenen Dokumente auszuliefern, einschließlich der Rechnungen des Zweitbegünstigten, und zwar ohne weitere Verantwortlichkeit gegenüber dem Erstbegünstigten.

g) Der Erstbegünstigte eines übertragbaren Akkreditivs kann das Akkreditiv an einen Zweitbegünstigten in demselben Land oder in einem anderen Land übertragen, sofern im Akkreditiv nicht ausdrücklich etwas anderes vorgeschrieben ist. Der Erstbegünstigte soll berechtigt sein zu verlangen, daß die Zahlung oder Negoziierung an den Zweitbegünstigten an dem Platz vorgenommen wird, an den das Akkreditiv übertragen worden ist, und zwar bis zum Verfalldatum des Originalakkreditivs einschließlich dieses Tages und unbeschadet des Rechtes des Erstbegünstigten, nachträglich seine Rechnungen an die Stelle der Rechnungen des Zweitbegünstigten zu setzen und jeden ihm zustehenden Differenzbetrag zu fordern.

Artikel 47
Die Tatsache, daß ein Akkreditiv nicht als übertragbar bezeichnet ist, berührt nicht die Rechte des Begünstigten, den Zahlungsanspruch aus einem solchen Akkreditiv gemäß den Bestimmungen des anzuwendenden Rechts abzutreten.

IV. Rechtliche Einordnung

1. Kennzeichnung

Die Einheitlichen Richtlinien und Gebräuche für Dokumenten-Akkreditive (ER) sind **148** kein objektives Gesetzesrecht; sie stellen auch keine internationale Rechtsordnung „sui generis" dar (Canaris Großkomm. HGB Anh. nach § 357 Anm. 365; Schönle NJW 68, 726f.; Kübler, Feststellung und Garantie, 1967, S. 198; a.M. Eisemann AWD 63, 139/142). Sie sind wegen Fehlens der dafür notwendigen Voraussetzungen keine gewohnheitsrechtlich geltenden Sollensnormen und können auch nicht im ganzen als *Handelsbrauch* angesehen werden (gl. A. Canaris aaO; Bärmann, Europ. Bankrecht I Rdnr. 276; Sonnenberger, Verkehrssitten im Schuldvertrag, 1970, S. 77; Liesecke WM 66, 458; a.M. Zahn S. 8f.; von Westphalen S. 97/98). Dagegen spricht, daß sie keinesfalls nur tatsächliche Übungen wiedergeben, sondern 1933 auf einer internationalen Bankenkonferenz in Wien aufgestellt und sodann mehrfach auf Grund praktischer Erfahrungen revidiert worden sind (Anm. 146ff.). Es handelt sich demnach um eine gesetzte Ordnung. Das zeigt auch lit. a vor A ER, wonach die Regeln und Begriffsbestimmungen sowie die folgenden Artikel sich auf alle Dokumenten-Akkreditive beziehen und „für alle Beteiligten bindend" sind, sofern nicht ausdrücklich anderwerte Vereinbarungen getroffen worden sind. Als „Rechtsnormen" können aber die Einheitlichen Richtlinien nicht verbindlich sein, da es sich nicht um staatliches Recht handelt. Zum Handelsbrauch werden sie allein durch tatsächliche Übung. Sicherlich sind einige Bestimmungen der Einheitlichen Richtlinien *Handelsbräuche,* wie z.B. die strikte Trennung des Akkreditivs vom Warengeschäft oder die Unabhängigkeit der Akkreditivverpflichtung der Bank vom Deckungs- und Valutageschäft. Aber andere Bestimmungen sind Ausdruck reiner Zweckmäßigkeit. Manche, wie z.B. die Regelungen des Haftungsausschlusses (Art. 7ff. ER) begünstigen einseitig das Interesse der Bank und rechtfertigen daher nicht die Annahme eines Handelsbrauchs. Als ganzes ist deshalb den von der IHK herausgegebenen und von den Banken der Länder weitgehend akzeptierten Richtlinien der Charakter *Allgemeiner Geschäftsbedingungen* beizumessen (BGH LM § 665 BGB Nr. 3 = WM

§ 365 Anh. *Der bankmäßige Zahlungsverkehr*

60, 38/40; Canaris aaO; Liesecke WM 66, 458; Schönle NJW 68, 726/728), deren Eigenart darin liegt, daß einzelne ihrer Bestimmungen Handelsbräuche sind.

2. Geltung

149 Zum Inhalt des Akkreditivvertrages werden die Einheitlichen Richtlinien kraft *Parteivereinbarung*. Sie sind ohnehin Bestandteil der Allgemeinen Geschäftsbedingungen der privaten Kreditinstitute (Nr. 28 AGB) und der Sparkassen (Nr. 26, 32 AGB Sp.). Als „typische Vertragsbestimmungen" können die Einheitlichen Richtlinien vom Revisionsgericht *frei gewürdigt* werden (BGH LM BGB § 665 Nr. 3; BGHZ 17, 1/3; Erman/Hefermehl BGB vor § 145 Rdz 39). Wie alle zugunsten eines Vertragsteils vereinbarten Geschäftsbedingungen sind sie im Zweifel *eng* auszulegen. Gegenüber Ausländern empfiehlt es sich, die Anwendung der Einheitlichen Richtlinien ausdrücklich festzulegen.

150 Soweit einzelne Bestimmungen der Einheitlichen Richtlinien *Handelsbräuche* darstellen, gelten sie auch ohne Vereinbarung. Die Prüfung, ob ein Handelsbrauch besteht, ist jeweils auch im Hinblick darauf vorzunehmen, ob es sich um einen Brauch handelt, der auch im Ausland üblicherweise befolgt wird. So waren auf Grund der Neufassung der Einheitlichen Richtlinien von 1962, denen England beigetreten ist, abweichende Handelsbräuche, die sich dort bisher gehalten hatten, nicht mehr anzuerkennen (Liesecke WM 60, 210; Wiele S. 23 Anm. 25).

V. Anzuwendendes Recht

151 Die Einheitlichen Richtlinien enthalten keine erschöpfende Regelung aller akkreditivrechtlichen Fragen, die sich zwischen Parteien ergeben können. Daher kann bei Export- und Importgeschäften die Frage akut werden, *welchen Staates Recht* auf die Beziehungen zwischen den Parteien anzuwenden ist. Das für den zwischen dem Akkreditiv-Auftraggeber (Käufer) und dem Akkreditierten (Verkäufer) geschlossenen Grundvertrag – meist ein Kaufvertrag – maßgebliche *Schuldstatut* richtet sich in erster Linie nach dem ausdrücklich oder konkludent erklärten oder nach dem hypothetischen *Parteiwillen*. Um eine Beurteilung der Vertragsbeziehungen nach verschiedenen Rechtsordnungen zu vermeiden, werden die Parteien in der Regel die Anwendung eines *einzigen* Rechts wollen (Soergel/Kegel vor Art. 7 EG Anm. 229, 242). Die Sprache, die vereinbarte Währung, die Staatsangehörigkeit der Beteiligten und ihre gewerbliche Niederlassung sind für sich allein keine entscheidenden Anknüpfungspunkte (BGH BB 55, 462 für die Haftung der Akkreditivbank). Häufig wird sich aus dem *Schwerpunkt* der vertraglichen Beziehungen ein Hinweis auf eine bestimmte Rechtsordnung entnehmen lassen (BGH JZ 55, 702 mit Anm. Beitzke; M. Wolff, Internationales Privatrecht, S. 142 ff.). Läßt sich auch ein *hypothetischer* Parteiwille für die anzuwendende Rechtsordnung nicht ermitteln, so ist an den *Erfüllungsort* anzuknüpfen (BGHZ 17, 89; 19, 110; 43, 163/165; 52, 239; Soergel/Kegel vor Art. 7 EG Anm. 264). Andere wollen demgegenüber stets den Schwerpunkt des jeweiligen Vertrages als entscheidend ansehen (Rabel, Conflict of Laws, II, S. 472/480 ff.; von Caemmerer JZ 59, 362/363). Raape (Internationales Privatrecht, S. 486) befürwortet, auf den Wohnsitz oder die gewerbliche Niederlassung abzustellen. Knüpft man subsidiär an den *Erfüllungsort* an, so ist das Recht des *jeweili-*

gen Erfüllungsorts maßgebend. Daher kann verschiedenes Recht anzuwenden sein, je nachdem, ob über die Zahlungspflicht der Akkreditiv- oder Bestätigungsbank oder die Verpflichtung des Akkreditiv-Auftraggebers zur Leistung der Deckung zu entscheiden ist. Ist *deutsches* Recht anzuwenden, so bestimmt sich die Zahlungspflicht der das Akkreditiv eröffnenden Bank nach dem an ihrer Niederlassung geltenden inländischen (§ 269 Abs. 1 BGB), nicht nach dem am Ort der Zahlstelle geltenden ausländischen Recht (Zahn S. 19; Liesecke WM 66, 458; a. M. von Caemmerer JZ 59, 362; Käser RabelsZ 21, 118). Geht es um die Frage, ob das Akkreditiv ordnungsgemäß gestellt wurde, so ist das Recht maßgebend, das auf die Zahlungsverpflichtung des Käufers anzuwenden ist, da die Stellung des Akkreditivs der Zahlung des Kaufpreises dient. Die *internationale Zuständigkeit* bestimmt sich in Europa nach dem EG-Übereinkommen vom 27. 9. 1968 (BGBl. 1972 II, 774), das am 1. 2. 1973 in Kraft getreten ist (BGBl. 1973 I, 26).

VI. Überblick über die Rechtsbeziehungen

1. Grundgegebenheiten

Zu unterscheiden sind beim Dokumentenakkreditiv stets *drei*, gewöhnlich aber *vier* **152**
Rechtsbeziehungen:

a) Das **Grundgeschäft**, das meist ein *Kaufvertrag* sein wird, aber auch ein anderer Vertrag sein kann (Anm. 239). Zum Inhalt dieses Vertrages gehört die *Akkreditivklausel*. Der *Käufer* verpflichtet sich, zur Bezahlung der gekauften Waren dem Verkäufer bei einer im Vertrag bezeichneten Bank ein Akkreditiv zu stellen, und der *Verkäufer* verpflichtet sich, die zur Verfügung über die Ware berechtigenden Dokumente der Bank vollständig und fristgerecht einzureichen.

b) Der **Akkreditivauftrag**, den der Käufer der Bank stellt. Es handelt sich um einen Werkvertrag, der eine *Geschäftsbesorgung* zum Gegenstand hat (Anm. 155). Die Bank ist gegenüber dem Auftraggeber verpflichtet, dem begünstigten Verkäufer das Akkreditiv *mitzuteilen* und zu *eröffnen* (Anm. 157f.).

c) Die **Zahlungsverpflichtung** der Bank gegenüber dem Akkreditierten. Es handelt sich um ein selbständiges Schuldversprechen (§ 780 BGB; Anm. 198). Der Anspruch des Begünstigten ist jedoch bedingt und befristet. Er hängt von der fristgerechten Einreichung der im Akkreditiv vorgesehenen Dokumente ab (Anm. 161).

d) Im internationalen Zahlungsverkehr wird gewöhnlich von der erstbeauftragten Akkreditivbank noch ein **zweite Bank** zur Durchführung des Akkreditivs eingeschaltet. Es besteht dann zwischen den beiden Banken ebenfalls ein *Geschäftsbesorgungsvertrag* (Anm. 192), der einen verschiedenen Inhalt aufweist, je nachdem, ob die zweite Bank das Akkreditiv lediglich an den Begünstigten *weiterleiten* oder ihm *bestätigen* soll. Zwischen dem Akkreditiv-Auftraggeber (Käufer) und der von der Akkreditivbank beauftragten zweiten Bank bestehen keine unmittelbaren vertraglichen Beziehungen (Anm. 194). Wohl aber erwirbt der Akkreditierte (Verkäufer) gegen die zweite Bank, wenn sie das Akkreditiv *bestätigt,* einen selbständigen Zahlungsanspruch, der ihm neben dem Zahlungsanspruch gegen die Akkreditivbank zusteht, die ihm das Akkreditiv eröffnet hat.

2. Elementare Grundsätze

a) Grundsatz der Dokumentenstrenge

153 Die *Dokumente* sind das Kernstück des Akkreditivs. Sie sind vom Akkreditierten (Verkäufer) der bezeichneten Bank einzureichen und müssen den im Akkreditivauftrag gestellten Anforderungen *genau* entsprechen. Es gilt der Grundsatz der *Dokumentenstrenge*. Die Bank muß mit größter Sorgfalt *prüfen*, ob die ihr vom Verkäufer angedienten Dokumente mit dem Wortlaut der Akkreditivbedingungen exakt übereinstimmen (Anm. 159 f.).

b) Grundsatz der Unabhängigkeit

154 Die einzelnen Rechtsbeziehungen der Beteiligten beim Dokumentenakkreditiv sind scharf voneinander zu trennen. Die *Zahlungsverpflichtung* der Bank, die das Akkreditiv eröffnet oder bestätigt hat, ist sowohl *vom Grundgeschäft* (Anm. 152) als auch *vom Akkreditivauftrag* (Anm. 155) *unabhängig*. Das kommt in den Allgemeinen Regeln der *Einheitlichen Richtlinien* vor Art. 1 klar zum Ausdruck. So heißt es zu lit. c: „Akkreditive sind ihrer Natur nach *von den Kauf- oder anderen Verträgen, auf denen sie beruhen können, getrennte Geschäfte,* und die Banken haben in keiner Hinsicht etwas mit solchen Verträgen zu tun und sind durch sie nicht gebunden". – Weiter heißt es zu lit. f: „Ein Begünstigter kann sich in keinem Fall auf die vertraglichen Beziehungen berufen, die *zwischen den Banken* oder *zwischen dem Akkreditivauftraggeber und der eröffnenden Bank* bestehen." Die Bank kann daher dem Begünstigten keine Einwendungen aus dessen Rechtsbeziehungen zum Akkreditiv-Auftraggeber entgegensetzen. Auch kann sich die Bank auf eigene Abreden, die sie mit ihrem Auftraggeber getroffen hat, dem Begünstigten gegenüber *nicht* berufen, sofern sie nicht zugleich zum Inhalt der Akkreditivbedingungen geworden sind. Weder Mängel der Waren noch das Fehlen der vom Auftraggeber zu verschaffenden Deckung berechtigen die Bank, die Zahlung gegenüber dem Begünstigten zu verweigern (Anm. 215 ff.). Dadurch wird erreicht, daß der Verkäufer zunächst gegen Einreichung ordnungsgemäßer Dokumente von der Bank Zahlung erhält. Erst dann kann der Käufer Ansprüche aus dem Kaufvertrag wegen Nichterfüllung oder Gewährleistung geltend machen.

2. Abschnitt. Die Rechtsbeziehungen zwischen dem Akkreditiv-Auftraggeber und der Akkreditivbank

I. Der Akkreditivvertrag

155 Der zwischen dem Akkreditiv-Auftraggeber und seiner Bank bestehende Akkreditivvertrag ist ein *Werkvertrag,* der eine *Geschäftsbesorgung* zum Gegenstand hat (§§ 675, 631 ff. BGB; BGH WM 58, 1542; RGZ 107, 8; 114, 266/270; Canaris in Großkomm. HGB Anh. nach § 357 Anm. 364; von Godin in RGR-Komm. z. HGB § 365 Anh. I Anm. 41; Baumbach/Duden § 406 Anh. I Anm. 8 C; Schönle aaO § 8 VIII 2b 2a; Borggrefe S. 17; von Westphalen S. 100; Capelle S. 61; Ulmer AcP 126, 280; Wiele S. 30 ff.; Zahn S. 34; Schubert BB 52, 128; A. Koch S. 285; Reichardt ZHR 88, 21;

Zweiter Teil. Das Akkreditivgeschäft **Anh. § 365**

Schneider S. 38). Die Akkreditivbank schuldet einen *Erfolg,* nicht nur eine Dienstleistung. Sie ist verpflichtet, dem begünstigten Dritten für Rechnung des Akkreditiv-Auftraggebers eine Zahlung Zug um Zug gegen Aushändigung bestimmter Dokumente zu leisten oder einen mit den Dokumenten eingereichten *Wechsel* für Rechnung des Auftraggebers zu bezahlen, zu akzeptieren oder zu negoziieren, oder eine *andere Bank* damit zu beauftragen (ER Fassung 1974 vor A zu lit. b).

II. Hauptpflichten der Akkreditivbank

Aus dem zwischen dem Akkreditiv-Auftraggeber und der Akkreditivbank bestehenden Akkreditivvertrag ergeben sich für beide Parteien besondere Pflichten, die meist schon aus der Funktion des Akkreditivs folgen. Für die Akkreditivbank bestehen *drei* Hauptpflichten: **156**

1. Mitteilungs- und Eröffnungspflicht

a) Die Akkreditivbank ist verpflichtet, dem **Begünstigten** (Akkreditierten) von der ordnungsmäßig erfolgten Stellung des Akkreditivs unverzüglich *Mitteilung* zu machen (RGZ 103, 376/379; 105, 32/34; RG BankA XXII, 161; arg. Art. 5, 6 ER Fassung 1974). Die dem Zweck des Akkreditivs entsprechende Mitteilungspflicht würde nur dann nicht bestehen, wenn sie abbedungen wäre. Die Haftung der Akkreditivbank für die Folgen von Verzögerungen sowie für Fehler der Übermittlung ist nach Art. 10 ER (Fassung 1974) weitgehend *eingeschränkt*. Die Freizeichnung ist grundsätzlich wirksam, jedoch kann die Berufung auf sie bei Vorliegen besonderer Umstände gegen Treu und Glauben (§ 242 BGB) verstoßen. Um eine Haftung zu vermeiden, pflegen die Banken, die Akkreditivbedingungen *unübersetzt* weiterzugeben, wozu sie nach Art. 10 ER berechtigt sind. Da bei der Durchführung eines Akkreditivauftrags gewöhnlich noch eine *zweite Bank* im Land des Begünstigten eingeschaltet wird, läßt die Akkreditivbank dem Begünstigten durch diese die Akkreditivstellung avisieren. **157**

b) Zugleich ist die Akkreditivbank verpflichtet, dem Begünstigten das Akkreditiv zu *eröffnen,* wodurch eine selbständige *Verpflichtung* der eröffnenden Bank zur Zahlung, Akzeptierung oder Negoziierung von Wechseln entsteht (Anm. 197ff.). Das Akkreditiv kann *unwiderruflich* oder *widerruflich* eröffnet werden (Art. 2 ER). Will die Bank das Akkreditiv nicht eröffnen, so muß sie dies dem Auftraggeber unverzüglich mitteilen (RGZ 103, 376/379f.; Liesecke WM 66, 458/460); sonst macht sie sich ihm gegenüber schadenersatzpflichtig. **158**

2. Prüfungspflicht

a) Die Akkreditivbank ist ihrem Auftraggeber gegenüber verpflichtet, die vom Akkreditierten fristgerecht eingereichten Dokumente mit angemessener Sorgfalt zu prüfen, bevor sie den Akkreditivbetrag an ihn auszahlt (Art. 7 ER). Die Prüfung erstreckt sich darauf, daß die Dokumente *vollständig* und *ordnungsgemäß* sind, insbesondere auch inhaltlich den Akkreditivbedingungen entsprechen (Anm.182). Sie erstreckt sich jedoch nicht auf die *Waren*. Beim Dokumenten-Akkreditiv-Geschäft befassen sich alle Beteiligten, wie es in Art. 8 lit. a ER ausdrücklich heißt, mit *Dokumenten* und nicht mit Waren. **159**

160 b) Die Bank darf die Dokumente mangels abweichender Weisungen des Auftraggebers nur einlösen, wenn sie *innerhalb der Akkreditivfrist* eingereicht werden und zur freien Verfügung der Bank stehen (Art. 37–39 ER). Zur Akkreditivfrist im einzelnen s. Anm. 207. Zu prüfen hat die Bank innerhalb *angemessener Zeit* (Art. 8 lit. d ER); 1 bis 3 Tage werden in der Regel ausreichen (Zahn S. 142).

3. Zahlungspflicht

161 Die Akkreditivbank ist ihrem Auftraggeber gegenüber zur *Zahlung* des Akkreditivbetrages an den Begünstigten verpflichtet, wenn dieser fristgerecht die den Akkreditivbedingungen entsprechenden Dokumente einreicht (BGH WM 58, 456/500). Die aufgenommenen Dokumente hat die Bank an ihren Auftraggeber herauszugeben (Anm. 188).

III. Weisungen

162 Die Akkreditivbank ist verpflichtet, bei der *Ausführung* des ihr erteilten Akkreditivauftrags, insbesondere bei der Mitteilung an den Akkreditierten und der Hereinnahme der Dokumente (Anm. 181 ff.), die *Weisungen* des Akkreditiv-Auftraggebers strikt zu *befolgen*. Diese Weisungen müssen „vollständig und genau" sein (lit. d vor Art. 1 ER), damit die Bank in der Lage ist, dem Akkreditierten den Inhalt der Akkreditiveröffnung klar und eindeutig zur Kenntnis zu bringen, und für ihn kein Zweifel besteht, wie die *Dokumente* beschaffen sein müssen, gegen deren Einreichung er Zahlung von der Bank erhält. Während früher die Banken über die Aufnahme oder Zurückweisung der Dokumente weitgehend nach eigenem pflichtgemäßen Ermessen entscheiden konnten, ist heute ihr Ermessensspielraum stark eingeschränkt. Schon nach der ER Fassung 1962 war den Banken ihre Handlungsweise für die meisten Fälle eindeutig vorgeschrieben (Art. 13–21, 24 ER 1962 gegenüber Art. 15–24 ER Fassung 1951). Durch die ER Fassung 1974 ist der Ermessensspielraum der Banken noch mehr eingeengt worden (Art. 16, 27, 29, 33 ER 1974 gegenüber Art. 15, 21, 25, 29, 31, 41 ER 1962; Eberth RIW/AWD 75, 365/369). Im Einklang mit der englischen Praxis ist den Banken die eigene Entscheidung abgenommen worden, die sie ohnehin meist nicht befriedigend treffen konnten, weil ihnen die Besonderheiten des zugrundeliegenden Warengeschäfts unbekannt sind (Eisemann AWD 63, 139). Es ist Sache des Akkreditiv-Auftraggebers, genaue *Weisungen* zu erteilen, wenn abweichend von den ER verfahren werden soll.

163 Um Mißverständnissen vorzubeugen, soll die eröffnende Bank jedoch jedem Versuch des Akkreditiv-Auftraggebers entgegentreten, zu weitgehende *Einzelheiten* aufzunehmen, die für die Erfüllung des Akkreditivzwecks unnötig sind (lit. d vor Art. 1 ER). Das gilt insbesondere von näheren Angaben über den Inhalt des zwischen Käufer und Verkäufer bestehenden *Warengeschäfts*. Die Aufgabe der Bank ist es allein, sich mit der Zahlung, der Akzeptierung oder Diskontierung von Tratten gegen Einreichung bestimmter Dokumente zu befassen, *nicht dagegen mit Waren* (Art. 8 lit. a ER; Anm. 181). Die Bank wird daher den Akkreditivauftrag nicht übernehmen, wenn ihr Weisungen erteilt werden, die der Eigenart des Dokumenten-Akkreditivs widersprechen. Sie wird sich z.B. nicht auf Weisungen einlassen, die Warenbeschreibungen mit zahlreichen technischen Einzelheiten enthalten. Eine Klausel, die Einwendungen aus dem *Warenge-*

schäft gegen die Zahlungsverpflichtung der Bank zuläßt, wie z. B. der Vorbehalt „vereinbarungsgemäßer Lieferung der Ware" (BGH BB 55, 462), widerspricht der Funktion des Akkreditivs. Gleiches gilt für eine Weisung, nach der die Zahlung an den Begünstigten vom Eintreffen der Ware zu einem bestimmten Zeitpunkt an einem bestimmten Ort abhängen soll (Zahn S. 37). Der Funktion des Akkreditivgeschäfts entspricht es, den Käufer möglichst so zu behandeln, als habe er *Dokumente,* nicht die Ware gekauft (Liesecke WM 66, 459/467; Anm. 181). Die scharfe Trennung des Akkreditivs von dem zwischen Auftraggeber und Akkreditierten geschlossenen *Grundgeschäfts* ist eine notwendige Voraussetzung dafür, daß die Zahlungssicherung gewährleistet ist (Anm. 154).

Die Bank, die *unvollständige* oder *unklare Weisungen* zur Eröffnung, Bestätigung **164** oder Avisierung eines Akkreditivs erhält, kann den Begünstigten nur *unverbindlich* und vorläufig informieren. Das Akkreditiv wird dann erst nach Eingang der notwendigen Informationen eröffnet, bestätigt oder avisiert (Art. 6 ER).

Hat die Bank dem Begünstigten das Akkreditiv mit dem *Zugang* des Eröffnungsschrei- **165** bens (Anm. 199) wirksam eröffnet, so kann der Auftraggeber ihr grundsätzlich keine Weisungen mehr erteilen, die im Widerspruch zu den Akkreditivbedingungen stehen, von deren Erfüllung die Auszahlung, Akzeptierung oder Diskontierung abhängt. Das gilt auch dann, wenn der Auftraggeber der Bank *Sicherheit* leistet (Zahn S. 56). Über *Ausnahmen* bei Rechtsmißbrauch s. Anm. 225 ff.

IV. Dokumente

1. Übersicht

Als Dokumente kommen in erster Linie *Verladedokumente* in Betracht, die die Ver- **166** schiffung, Versendung oder Übernahme von Waren ausweisen (Art. 15 ff. ER). Das sind im *Seeverkehr* Konnossemente (Art. 19 ER), und zwar gewöhnlich *Bordkonnossemente* (§ 642 Abs. 1), so stets beim fob-Kauf, aber auch, falls im Akkreditiv besonders bestimmt, Übernahmekonnossemente (§ 642 Abs. 5). Diese genügen ohnehin beim fas-Kauf (BGH WM 58, 456/459; Liesecke WM 61, 194/197; Schlegelberger/Liesecke aaO § 642 Anm. 7). Ferner sind, um modernen Transportformen zu entsprechen, auch Dokumente des *kombinierten Transports* aufnahmefähig (Art. 23; s. Anm. 176). Im *Binnenverkehr* sind die wichtigsten Verladedokumente Flußladescheine und Frachtbriefdoppel (Art. 23 ER). Zu den Verladedokumenten treten meist noch gewisse *Nebenpapiere,* wie Versicherungsdokumente (Art. 26 ff. ER), Handelsrechnungen (Art. 32 ER) und *andere Dokumente,* wie Lagerscheine, Lieferscheine, Konsulatsfakturen, Ursprungszeugnisse, Gewichts-, Qualitäts- oder Analysenzertifikate, Zollbescheinigungen usw. (Art. 33 ER). Im Rahmen der Vertragsfreiheit könnten auch der Vollzug des Kaufs von *Wertpapieren* sowie die Beschaffung von *Hypotheken* in die Form der Akkreditierung gegen Auslieferung der Wertpapiere usw. gekleidet werden (Canaris in Großkomm. HGB Anh. nach § 357 Anm. 397; von Godin in RGR-Komm. z. HGB § 365 Anh. I Anm. 41). Dagegen spricht jedoch, daß dadurch die dem Akkreditiv eigene Trennung vom Grundgeschäft aufgehoben wird (Anm. 154; lit. c vor Art. 1 ER). Im folgenden werden die wichtigsten Dokumente im einzelnen behandelt.

2. Seekonnossemente

a) Aufnahmefähigkeit

167 Das wichtigste Dokument im überseeischen Akkreditivverkehr ist das *Konnossement* (Art. 19 ff.ER). Gewöhnlich wird die *Art* des Konnossements im Akkreditiv bestimmt sein, z. B. beim fob-Kauf ein Bordkonnossement, beim fas-Kauf ein Übernahmekonnossement (BGH WM 58, 460; Liesecke WM 60, 210; 61, 194). Ergibt sich die Art des Konnossements nicht aus dem Akkreditiv, so weist nach Art. 20 I ER die Bank Konnossemente zurück, aus denen sich nicht ergibt, daß die Waren *an Bord* eines bestimmten Schiffes verladen oder auf einem namentlich genannten Schiff verschifft sind. Für den Nachweis dieser Tatsache sind entweder ein *An-Bord-Konnossement* oder ein Konnossement erforderlich, das einen Vermerk des Verfrachters (Frachtführers) oder seines Agenten über die *Verladung an Bord* trägt (Art. 20 II ER). Ein Übernahmekonnossement, das nur nachweist, daß die Waren zur Beförderung übernommen, jedoch noch nicht an Bord genommen sind (§ 642 Abs. 5 HGB), genügt nicht. Ebenso nicht eine Kapitänskopie (§ 642 Abs. 3; Schlegelberger/Liesecke aaO § 642 Anm. 15). Konnossemente, die von *Spediteuren* oder unter *Charter-Partie* ausgestellt und ihren Bedingungen unterworfen sind, sowie Konnossemente, die eine Verladung auf *Segelschiffen* ausweisen, nehmen die Banken nach Art. 19 ER nicht auf, falls das Akkreditiv nicht ausdrücklich zu ihrer Aufnahme ermächtigt. Verladedokumente mit der Klausel *„Shipper's load and count"* oder *„said by shipper to contain"* werden, wenn im Akkreditiv nichts anderes vorgeschrieben ist, jetzt angenommen, um dem modernen Transport in Containern Rechnung zu tragen. Konnossemente, die statt einer Verladung unter Deck eine Verladung *an Deck* ausweisen, weisen die Banken mangels entgegenstehender Anordnung im Akkreditiv zurück (Art. 22 I ER). Diese Regelung findet ihren Grund in der größeren Transportgefahr, der Zulässigkeit des Haftungsausschlusses des Verfrachters nach § 633 Abs. 2 Nr. 1 und dem beschränkten Versicherungsschutz nach § 85 ADS (Liesecke WM 61, 194; s. auch BGHZ 6, 127). Doch wird ein Konnossement, das in einer Klausel die *Beförderung der Waren an Deck* gestattet, *nicht* zurückgewiesen, es sei denn, daß das Konnossement ausdrücklich eine Verladung an Deck ausweist (Art. 22 II ER). Mit dieser Regelung wird das Container-Geschäft berücksichtigt, bei dem größtenteils die Behälter an Deck untergebracht werden (zur Problematik nach ER 1962 s. Zahn S. 109 ff.). *Versicherungsdokumente,* in denen die Verladung an Deck erwähnt ist, berechtigen die Banken nicht zur Auszahlung des Akkreditivbetrages. Ihnen ist durch diese Regelung die eigene Ermessensentscheidung abgenommen. Wo die Deckladung unschädlich oder handelsüblich ist, muß der Akkreditiv-Auftraggeber der Bank durch klare Weisungen die Abweichung von den Einheitlichen Richtlinien vorschreiben.

168 Angenommen werden, falls im Akkreditiv nichts anderes bestimmt ist, *Durchkonnossemente* (Through Bills of Lading) über mehrere Transportabschnitte, wenn sie von Schiffahrtsgesellschaften oder deren Agenten ausgestellt sind, selbst wenn sie mehrere verschiedenartige Transportarten umfassen (Art. 19 b I ER), also die Ware nicht ausschließlich über See, sondern auch über Schiene, Straße und Binnengewässer transportiert wird. Von Landtransporteuren ausgestellte „Durchkonnossemente" darf die Bank im Überseegeschäft nicht hereinnehmen. Aufnahmefähig sind jedoch, falls im Akkreditiv nichts anderes bestimmt ist, auch Konnossemente, die von Schiffahrtsgesellschaften oder deren Agenten ausgestellt sind und einige oder sämtliche Beförderungsbedingungen durch Hinweis auf eine andere Quelle oder ein anderes Dokument als das Konnossement aufzeigen („Short Form Bills of Lading") sowie Konnossemente, die von Schiffahrtsgesellschaften oder deren Agenten ausgestellt sind und unitisierte Ladungen, wie solche auf Paletten oder in *Containern,* ausweisen (Art. 19b II ER). – Beim Durchkonnossement ist der Verfrachter für die Beförderung der Ware auf der *ganzen Reise* verantwortlich, also auch auf Teilabschnitten, auf denen er nicht selbst die Beförderung ausführt (§ 606). *Nicht* aufnahmefähig sind sog. *unechte* Durchkonnossemente mit einer Spediteurklausel, durch die der Verfrachter die Haftung auf den Transportabschnitt beschränkt, auf dem er selbst befördert (Liesecke WM 64, 1282/1286; s. dazu Zahn S. 116f.). – Durch eine Spediteurübernahmebescheinigung läßt sich ein Konnossement nicht ersetzen (§ 7c ADSp; Zahn S. 115).

b) Aufnahme des „vollen Satzes" 169

Hat der Verfrachter mehrere Konnossementsausfertigungen ausgestellt (§§ 642 Abs. 1, 2; 643 Nr. 11), so muß die Bank den vollen Satz erhalten („full set"; BGH WM 58, 456/459; Canaris in Großkomm. HGB Anh. nach § 357 Anm. 389; Zahn S. 121f.; Liesecke WM 61, 194; 64, 1282; a. M. Eisemann S. 73). Aus der ersatzlosen Streichung des Art. 15 ER 1951 folgt nicht, daß ein voller Satz Konnossemente nur noch erforderlich ist, wenn dies im Akkreditiv ausdrücklich bestimmt ist. Da jede einzelne Ausfertigung Traditionswirkung hat und der Verfrachter zur Auslieferung der Ware schon an den legitimierten Inhaber einer Ausfertigung verpflichtet ist, darf der Akkreditivbetrag nur gegen Andienung aller ausgestellten Konnossemente ausgezahlt werden (§§ 648 Abs. 2, 654 Abs. 2, 651; Schlegelberger/Liesecke, Seehandelsrecht, § 642 Anm. 14). Doch kann eine Bank nach Treu und Glauben (§ 242 BGB) verpflichtet sein, auch einen unvollständigen „full set" aufzunehmen, wenn ihr eine ausreichende *Bankgarantie* (Anm. 274ff.) gestellt wird (Zahn S. 259, Liesecke WM 76, 258, 264).

c) „Reine" Dokumente

Nur *reine* Konnossemente darf die Bank aufnehmen („clean documents"; Art. 18 170 ER). Sie dürfen keine hinzugefügten Klauseln enthalten, die den Zustand der *Ware* oder der *Verpackung* ausdrücklich als *mangelhaft* bezeichnen. Doch bewirkt nicht jeder Zusatz, daß das Konnossement *unrein* ist. Entgegen Art. 18 III ER 1951 enthalten Art. 16 ER 1962 und Art. 18 ER 1974 keinen Katalog unschädlicher Zusätze mehr. Die Banken müssen daher nach ihrem pflichtgemäßen Ermessen entscheiden, ob eine Klausel ein Konnossement unrein macht. Nach wie vor ist anzunehmen, daß *Unbekanntklauseln,* wonach der Verfrachter von der Güte der Ware keine Kenntnis hat, oder Klauseln, wonach der Verfrachter nicht für Gefahren haftet, die in der Natur der Waren oder Verpackung begründet sind, das Konnossement nicht unrein machen (Schlegelberger/Liesecke aaO § 646 Anm. 4; § 656 Anm. 21ff.). Ein Konnossement ist dagegen nicht rein, wenn aus der Beschreibung der Ware nach § 643 Nr. 8 Mängel ihres Zustands oder ihrer Verpackung ersichtlich sind (Röhreke RiW 54, 16). Ob ein Vermerk über das *Fehlen* der Verpackung *handelsüblich* ist, hat die Bank in aller Regel nicht nachzuprüfen. Sie befaßt sich nur mit Dokumenten, prüft jedoch nicht das zugrundelie-

§ 365 Anh. *Der bankmäßige Zahlungsverkehr*

gende Warengeschäft nach. Es ist Sache des Auftraggebers, durch ausdrückliche Weisung sicherzustellen, daß Dokumente mit Vermerken, die zwar handelsüblich sind, das Konnossement aber unrein machen, aufgenommen werden (glA Canaris in Großkomm. HGB Anh. nach § 357 Anm. 388). Der Vermerk über eine Verladung der Ware *an Deck* macht das Konnossement unrein (Ohlig AWD 63, 142). Nicht aber wird ein Konnossement unrein durch die „Caspiana-Klausel", die den Kapitän für den Fall, daß die Ware im bezeichneten Bestimmungshafen durch höhere Gewalt nicht gelöscht werden kann (z. B. bei Streik der Hafenarbeiter), ermächtigt, das Gut an einem anderen als dem ursprünglich vorgesehenen Bestimmungshafen zu löschen (Liesecke WM 66, 180; Zahn S. 128 f.; Eisemann AWD 57, 138; Siebel DB 57, 676; Canaris in Großkomm. HGB Anh. nach § 357 Anm. 388; a. M. von Godin in RGR-Komm. z. HGB § 365 Anh. I Anm. 73). „Unreine" Konnossemente *muß* die Bank zurückweisen, es sei denn, daß es sich um Klauseln oder Vermerke handelt, die gemäß ausdrücklicher Bezeichnung im Akkreditiv angenommen werden dürfen (Art. 18 II ER).

d) Fristgerechte Verschiffung

171   Wird auf einem „*An-Bord*"-*Konnossement* die Verschiffung auf einem namentlich genannten Schiff mit Unterschrift und Datumsangabe des Frachtführers oder seines Agenten vermerkt, so gilt das *Datum des Vermerks* als Zeitpunkt der *Verschiffung* (Art. 20 lit. b ER). Sonst gilt als Datum der Verschiffung das *Datum des Konnossements* (§ 643 Nr. 10 oder irgend eines anderen Dokuments, das die Verschiffung ausweist (Art. 15 ER). Ist nicht rechtzeitig verschifft worden, so nimmt die Bank, falls nichts anderes mit dem Akkreditiv-Auftraggeber vereinbart worden ist, *nicht* auf.

e) Fristgerechte Präsentation

172   Alle Akkreditive müssen ein *Verfalldatum* für die Präsentation der Dokumente zwecks Zahlung, Akzeptierung oder Negoziierung enthalten, auch wenn ein letztes Datum für die Verladung festgesetzt ist (Art. 37 ER; Anm. 207). Außerdem müssen Akkreditive eine genau *bestimmte Frist* ab Ausstellungsdatum der Konnossemente angeben, innerhalb deren die Dokumente zur Zahlung, Akzeptierung oder Negoziierung vorgelegt werden müssen. Fehlt eine Fristsetzung, so weisen die Banken Dokumente zurück, die ihnen später als 21 Tage nach dem Ausstellungsdatum der Konnossemente oder anderer Verladedokumente präsentiert werden (Art. 41 ER). Die frühere Regelung (Art. 41 ER 1962), die den Banken einen Ermessensspielraum durch die Begriffe „angemessene Zeit" und „übermäßige Verzögerung" einräumte und dadurch zu erheblicher Rechtsunsicherheit beitrug, ist beseitigt.

f) Nachweis der Frachtzahlung

173   Entgegen Art. 15 ER 1962 haben die Banken nach Art. 16 ER 1974 keinen Ermessensspielraum mehr. Sie müssen jetzt Dokumente mit dem Vermerk, daß Fracht- oder Transportkosten bei Auslieferung zu zahlen sind, *annehmen,* falls nicht im Akkreditiv etwas anderes vorgeschrieben ist oder sich aus einem anderen präsentierten Dokument ergibt (Art. 16 lit. c ER). Auch nehmen die Banken Verladedokumente an, die auf zusätzlich zur Fracht anfallende Kosten hinweisen, wie Kosten der Beladung, Entladung

oder ähnlicher Vorgänge, es sei denn, daß die Akkreditivbedingungen solche Hinweise ausdrücklich verbieten (Art. 16 lit. d ER). Muß der Akkreditierte nachweisen, daß er die Fracht *im voraus* bezahlt hat, z. B. beim cif-Kauf, so ist ein entsprechender Vermerk auf dem Konnosement ein ausreichender Nachweis (Art 16 lit. a ER). Nicht genügt jedoch der Vermerk „Fracht vorauszahlbar" (Art. 16 lit. b ER).

g) Unterschrift des Ausstellers

Alle Konnosemente müssen vom Aussteller *eigenhändig* unterschrieben sein (§ 126 BGB). Ein faksimiliertes Handzeichen genügt im Gegensatz zu manchen Auslandsrechten nicht (von Godin in RGR-Komm. z. HGB § 365 Anh. I Anm. 73; Zahn S. 120; a. M. Schlegelberger/Liesecke HGB § 642 Anm. 11). Zur Prüfung der *Echtheit* der Unterschrift s. Anm. **174**

h) Teilverschiffung

Nach § 266 BGB ist der Schuldner zu Teilleistungen *nicht* berechtigt. Die Bank nimmt jedoch Dokumente über Teillieferungen mangels entgegenstehender Weisung herein (Art. 35 a ER). Die Annahme ist nicht mehr wie nach Art. 36 ER 1951 in das Ermessen der Bank gestellt. Verschiffungen, die auf demselben Schiff und für dieselbe Reise erfolgen, werden jedoch nicht als Teilverschiffungen angesehen, selbst wenn die Bordkonnossemente an verschiedenen Tagen und in verschiedenen Häfen ausgestellt worden sind (Art. 35 b ER). Sind für Teillieferungen bestimmte *Termine* vorgeschrieben, z. B. bei einem Sukzessivlieferungsvertrag, so macht eine versäumte Teillieferung das *ganze* Akkreditiv hinfällig, wenn die Akkreditivbedingungen nichts anderes vorschreiben (Art. 36 ER). So kann wie früher nach Art. 37 ER 1951 bestimmt sein, daß jede Teillieferung als Einzelgeschäft zu behandeln ist, so daß die Bank zwar auf eine verspätete Teillieferung nicht zahlen darf, wohl aber auf die nachfolgenden Verschiffungen, wenn sie wieder termingerecht erfolgen. **175**

3. Dokumente des kombinierten Transports

Solche Dokumente sehen einen kombinierten Transport durch mindestens zwei *verschiedene Beförderungsarten* vor, und zwar von einem Ort, an dem die Waren übernommen wurden, bis zu einem Ort, an dem die Auslieferung erfolgen soll. Ist ein solcher kombinierter Transport im Akkreditiv vorgeschrieben oder vorgesehen, ohne daß die Form des geforderten Dokuments und der Aussteller eines solchen Dokuments bezeichnet sind, so werden solche Dokumente nach Art. 23 lit. b ER von der Bank so aufgenommen, wie sie *präsentiert* werden. Auch ein sonst nicht aufnahmefähiges Spediteurkonnossement (Art. 19 a I ER) ist danach aufnahmefähig. Ist ein *Seetransport* eingeschlossen, so werden sie auch dann angenommen, wenn sie entgegen Art. 20 ER nicht ausweisen, daß sich die Waren an Bord eines namentlich genannten Schiffes befinden (Art. 23 lit. b ER). Ein solcher Ausweis wird meist nicht möglich sein, wenn die Waren auf dem Landtransport übernommen werden. Das gilt auch dann, wenn eine Klausel die Beförderung von Waren, die in einem *Container* verpackt sind, *an Deck* gestattet (Art. 22 lit. b ER), es sei denn, daß das Dokument nicht ausdrücklich eine Verladung an Deck verlangt (Art. 23 lit. b ER). Zur Problematik der Container-Dokumente s. Liesecke WM 76, 258, 268 f. **176**

§ 365 Anh. *Der bankmäßige Zahlungsverkehr*

4. Andere Verladedokumente

177 Die für die Annahmefähigkeit von *Seekonnossementen* behandelten Grundsätze (Anm. 167) gelten, soweit sie sich nicht aus den Besonderheiten des Überseegeschäfts und des Seekonnossements ergeben, *entsprechend* auch für Verladedokumente anderer Art. So gelten insbesondere für alle Verladedokumente die Art. 15 bis 18 und Art. 34 ff. ER. Im Binnenverkehr hat der *Flußladeschein* die Funktion des Konnossements. Er gilt nach Art. 24 ER als ordnungsgemäß, wenn er statt der eigenhändigen Unterschrift des Ausstellers (§ 126 BGB; Anm. 174) einen *Empfangsstempel* des Frachtführers oder seines Agenten oder jedenfalls eine Unterschrift trägt, die von einer dieser Personen zu sein *scheint*. Gleiches gilt für andere Verladedokumente, insbesondere *Frachtbriefdoppel*, für die eine Empfangsbescheinigung der Bahn mit Annahmestempel genügt. Wird die Ware als Teil einer Waggonladung im *Sammelverkehr* versendet, so kann die Bank statt des Doppels die Empfangsbescheinigung eines Spediteurs, die den Empfänger der Ware bezeichnet, zusammen mit einem von der Bahn abgestempelten Versandzertifikat hereinnehmen (Zahn[4] S. 107 Fn. 25; Ohling AWD 58, 182; a.M. von Godin in RGR-Komm. z. HGB § 365 Anh. I Anm. 75). – Zur Aufnahme des „vollen Satzes" bei mehreren Ausfertigungen s. Anm. 169. Bei Dokumenten, die keine Traditionswirkung besitzen, z.B. Frachtbriefdoppel, kann sich die Bank mit *einer* Ausfertigung begnügen, wenn klar ist, daß dadurch keine Nachteile für den Akkreditiv-Auftraggeber entstehen. Das soll sogar dann gelten, wenn nach den Akkreditivbedingungen die Einreichung *zweier Stücke* vorgesehen ist (BGH LM § 665 BGB Nr. 3; Canaris in Großkomm. HGB Anh. nach § 357 Anm. 378/389; a.M. Zahn S. 105; Nielsen WM 62, 778). Entscheidend ist, daß der mit dem Akkreditiv verfolgte Zweck erreicht wurde.

5. Versicherungsdokumente

178 Häufig ist, vor allem bei Seefrachtgeschäften, auch die Einreichung von Versicherungsdokumenten in den Akkreditiv-Bedingungen vorgeschrieben. Bei einem *cif-Kauf* ist, ohne daß es einer diesbezüglichen Anordnung im Akkreditiv bedarf, außer dem Konnossement stets die Transportversicherungspolice oder das Versicherungszertifikat nötig (Zahn S. 138; Canaris in Großkomm. HGB Anh. nach § 357 Anm. 394; Schlegelberger/Liesecke aaO Einf § 556 Anm. 9). Versicherungsdokumente werden nur aufgenommen, wenn sie den im Akkreditiv vorgeschriebenen genau entsprechen und von Versicherungsgesellschaften, ihren Agenten oder Versicherern ausgestellt und/oder unterzeichnet sind (Art. 26 I ER). Von *Maklern* ausgestellte Deckungsbestätigungen werden, falls nichts anderes im Akkreditiv bestimmt ist, zurückgewiesen (Art. 26 II ER). Auch bei ausreichendem Nachweis der Versicherung dürfen die Banken nicht auf die Vorlage der vorgeschriebenen Versicherungsdokumente verzichten. Sie weisen ferner Versicherungsdokumente zurück, die auf Grund der Daten erst *nach* der Verschiffung, Versendung oder beim kombinierten Transport (Anm. 176) nach der Übernahme der Waren *ausgestellt* worden sind (Art. 27). Dieses Recht besteht nur dann nicht, wenn im Akkreditiv etwas anderes vorgeschrieben ist oder aus den vorgelegten Versicherungsdokumenten hervorgeht, daß die Deckung spätestens am Tag der Verschiffung oder Versendung oder bei kombiniertem Transport (Anm. 176) am Tag der Übernahme der Waren wirksam wird. In vielen Ländern, auch in der Bundesrepublik Deutschland, ist bei offenen Policen (General- oder Abschreibungspolicen) der *Beginn* des Versicherungsschutzes unabhängig von dem Ausstellungsdatum der Versicherungspolice (IHK-Kommentare zu Art. 28 ER 1951). Das Versicherungsdokument muß, falls im Akkreditiv nichts anderes vorgeschrieben ist, in *derselben Währung* wie das Akkreditiv ausgestellt sein (Art. 28 I ER). Mindestens muß der *cif-Wert* der Waren von der Versicherung gedeckt sein (Art. 28 II ER). Er errechnet sich nach dem vollen Fakturenpreis, vermindert um die Kosten, die nach dem Kaufvertrag der Verkäufer zu tragen hat, wie etwa die der Versicherung und Fracht. Läßt sich der cif-Wert der Waren aus den Dokumenten nicht ermitteln, so sehen die Banken als Mindestwert der Versicherung den Betrag der Entnahme aus dem Akkreditiv an oder den Betrag der eingereichten Rechnungen, wenn dieser höher ist. Auch eine Versicherung, die sich auf „alle Risiken" bezieht, gewährt nach den im internationalen Versicherungsgeschäft bestehenden Gebräuchen keinen umfassenden Schutz. So deckt sie in einigen Ländern z. B. nicht das Diebstahlrisiko. Die Banken haften daher nach Art. 30 ER nicht, wenn irgendein besonderes Risiko nicht gedeckt ist.

6. Handelsrechnungen

Die Rechnungen müssen auf den Namen des Akkreditiv-Auftraggebers ausgestellt **179** sein und müssen eine *Beschreibung* der Ware enthalten, die mit der Beschreibung im Akkreditiv übereinstimmt (Art. 32 ER). Die genaue Übereinstimmung ist auch dann nicht entbehrlich, wenn die übrigen angedienten Dokumente eine Beschreibung der Waren enthalten. In ihnen können die Waren in *allgemein gehaltenen* Ausdrücken, die nicht der Beschreibung im Akkreditiv widersprechen, beschrieben sein (Art. 32 lit. c ER). Rechnungen, die auf keinen höheren Betrag als den Akkreditivbetrag lauten, *können* die Banken, wenn im Akkreditiv nichts anderes bestimmt ist, zurückweisen, brauchen es jedoch nicht zu tun (Zahn S. 104).

7. Andere Dokumente

Nur bei den Verladedokumenten, Versicherungsdokumenten und Handelsrechnun- **180** gen schreiben die Einheitlichen Richtlinien genau vor, unter welchen Voraussetzungen sie annahmefähig sind oder nicht. Alle *anderen* Dokumente werden dagegen mangels näherer Beschreibung so aufgenommen, wie sie *präsentiert* werden (Art. 33 ER). Solche Dokumente sind z. B. Lagerscheine, Lieferscheine, Konsulatsfakturen, Ursprungszeugnisse, Gewichts-, Qualität- oder Analysenzertifikate. – Ist eine besondere Art der *Warenprüfung* in den Akkreditivbedingungen nicht vorgeschrieben, so liegt es nach BGH WM 58, 1542 im Rahmen zulässiger Auslegung, wenn die Bank das „Warenkontrollzertifikat einer öffentlich anerkannten Kontrollfirma" der amerikanischen Korrespondenzbank als „Good Control Certificate issued by a *legalized* controlfirm" mitteilt, weil es in den USA keine durch einen hoheitlichen Akt zur Warenprüfung bestellten oder ermächtigten Firmen gibt. – Wird die Ware in einer Spediteurübernahmebescheinigung (SÜB) als von „Ia Qualität" bezeichnet, so wird nicht die Kontrolle und Bestätigung durch den Spediteur verlangt, dem dafür die Fachkenntnisse zu fehlen pflegen; die SÜB ist ohne Qualitätsangabe aufnahmefähig (BGH WM 68, 94; 70, 158; s. auch § 7 c ADSp). Anders liegt es, wenn im Akkreditiv die Aufnahme vom Qualitätszertifikat eines Sachverständigen abhängig gemacht worden ist (Liesecke WM 76, 258, 266).

V. Prüfungspflicht der Akkreditivbank

1. Dokumentenstrenge

181 Die Akkreditivbank ist gegenüber dem Auftraggeber verpflichtet, die ihr vom Akkreditierten fristgerecht eingereichten *Dokumente* (Anm. 166 ff.) mit angemessener Sorgfalt zu *prüfen*, ob sie akkreditivgerecht sind, bevor sie den Akkreditivbetrag an ihn auszahlt. Die Dokumente müssen der *äußeren Aufmachung* nach den Akkreditiv-Bedingungen entsprechen (Art. 7 ER). Es gilt der *Grundsatz der Dokumentenstrenge*. Die Bank darf die ihr zur Aufnahme vorgelegten Dokumente nur einlösen, wenn sie den im Akkreditiv gestellten Anforderungen genau entsprechen (BGH LM BGB § 780 Nr. 1, 2; § 665 Nr. 3; RGZ 97, 144/148; 106, 26/30; 114, 168/172; Canaris in Großkomm. HGB Anh. nach § 357 Anm. 375; Zahn S. 103; Liesecke WM 66, 458/464 ff.; Schönle § 8 VIII 2b). Die *Beschreibung der Waren* in der Handelsrechnung muß mit der *Beschreibung im Akkreditiv* übereinstimmen (Art. 32 lit. c ER). *Nicht* erstreckt sich die Prüfung der Bank auf das zugrundeliegende *Warengeschäft* (Art. 8 lit. a; vor Art. I lit. c ER).

182 Die Prüfung der Bank beschränkt sich auf die formale Übereinstimmung der Dokumente mit den Akkreditivbedingungen, gleichsam, als ob nicht Waren, sondern Dokumente gekauft worden seien. Dokumente, die sich der äußeren Aufmachung nach widersprechen, werden nicht als der äußeren Aufmachung nach den Akkreditiv-Bedingungen entsprechend angesehen (Art 7 S. 2 ER). „Dokumentenstrenge" heißt jedoch nicht, daß die Bank ausschließlich dem Buchstaben nach die Dokumente mit dem Wortlaut des Akkreditivs vergleichen soll. Maßgebend ist der sich aus den Dokumenten ergebende *typische Sinn* der Erklärungen. Dieser muß sich ohne Schwierigkeiten und Zweifel aus der Fassung der Dokumente feststellen lassen (BGH LM BGB § 780 Nr. 1, 2). Gewinnt die Bank den Eindruck, daß die Dokumente der äußeren Aufmachung nach nicht den Bedingungen des Akkreditivs entsprechen, so muß sie in eigener Verantwortung allein *auf Grund der Dokumente* über die Aufnahme entscheiden (Art. 8 lit. c ER). Sie braucht gewöhnlich nicht besondere Ermittlungen über den *Sinn* der Urkunden vorzunehmen, wenn sich Zweifel ergeben. Es hängt von ihrem Ermessen ab, ob sie beim Käufer *Rückfrage* hält. Nur ausnahmsweise kann sie zur Rückfrage verpflichtet sein, so z. B. wenn der Akkreditiv-Auftraggeber ein Dokument als unzulänglich bezeichnet und auf die Bedenken gegen die Fassung hingewiesen hat (BGH LM BGB § 780 Nr. 2). Übersenden darf die Bank die Dokumente an den Akkreditiv-Auftraggeber nur im Einverständnis mit dem Akkreditierten, da dieser mit der Einreichung in der Regel die Möglichkeit verloren hat, über die Ware zu disponieren. Bezeichnet der Auftraggeber eine Abweichung als *unerheblich,* so hat die Bank die Dokumente einzulösen; durch die Rückfrage hat sie sich mit der Änderung der Akkreditiv-Bedingungen vorbehaltlich der Zustimmung des Akkreditiv-Auftraggebers einverstanden erklärt (glA Zahn S. 136). Lehnt die Bank eine Einlösung der Dokumente ab, weil sie nicht akkreditivgerecht sind, so ist der Akkreditiv-Auftraggeber nicht berechtigt, von ihr die Einlösung zu verlangen; das wäre eine Änderung des Akkreditivauftrages, die er nicht einseitig vornehmen kann. Nur eine *unwesentliche* Änderung, die die Interessen der Bank nicht berührt, muß die

Zweiter Teil. Das Akkreditivgeschäft **Anh. § 365**

Bank nach Treu und Glauben hinnehmen. Um eine solche handelt es sich nicht, wenn die Sicherheit oder Deckung der Bank gefährdet ist. Das ist z. B. der Fall, wenn ihr ein von einer anderen Bank eröffnetes Akkreditiv als Sicherheit dient. Werden dessen Bedingungen nicht entsprechend geändert, so ist die spätere Aufnahme der Dokumente durch die andere Bank und damit die Deckung der ersten Bank in Frage gestellt (BGH BB 64, 194).

Mängel der *Dokumente* lassen sich grundsätzlich nicht durch *Bankgarantien* ersetzen; dadurch entfällt nicht die Haftung der Bank. Allenfalls bei einem *Verlust* von Dokumenten, kann sich die Bank mit einer Teileinreichung begnügen, sofern für den Rest eine ausreichende Bankgarantie gestellt wird (Zahn S. 172, 257f. a. M. Eisemann S. 73). Die technische Panne, daß nicht der volle Satz der Dokumente vorgelegt werden kann, läßt sich durch eine Garantie beheben (Anm. 169), nicht aber dürfen Garantien dazu dienen, bei *inhaltlichen* Mängeln der Dokumente den Grundsatz der Dokumentenstrenge aufzuweichen (glA Zahn S. 235). Gleiches gilt, wenn Verladedokumente entgegen Art. 41 ER später als 21 Tage nach dem Ausstellungsdatum vorgelegt werden (Anm. 172). Niemals ist die Bank gezwungen, sich auf Garantien einzulassen. Sind die Dokumente in Ordnung, weist jedoch die *Ware* Mängel auf, so hat dies für die Abwicklung des Akkreditivs keine rechtliche Bedeutung. Die Banken befassen sich mit *Dokumenten,* nicht mit Waren (Art. 8 lit. a ER). Dem Akkreditiv-Auftraggeber (Käufer) stehen in solchen Fällen nur Rechte gegen den Akkreditierten (Verkäufer) zu. Beanstandet die Bank die Dokumente als nicht akkreditivgerecht, so teilt sie das dem Akkreditierten unter Rückgabe der Dokumente mit. Durch die Zurückweisung nicht akkreditivgerechter Dokumente wird die Leistungspflicht der Akkreditivbank, die das Akkreditiv eröffnet hat, *nicht* aufgehoben (Zahn S. 144f.). Solange die Akkreditivfrist nicht abgelaufen ist, kann der Akkreditierte die Beanstandung ausräumen; hierauf muß sich die Bank grundsätzlich einlassen. Zur Reklamation von einer *Zweitbank* aufgenommener Dokumente s. Anm. 93.

183

2. Fälschungsgefahr

Gefälschte Dokumente darf die Bank *nicht* einlösen. Sie trägt grundsätzlich das Fälschungsrisiko, da sich der Akkreditivauftrag des Kunden auf die Einlösung *echter* Dokumente bezieht. Es liegt insoweit nicht anders als bei gefälschten *Giroüberweisungen* (Anm. 41) oder *Schecks* (Baumbach/Hefermehl aaO SchG Art. 3 Anm. 6). Die Bank müßte daher für eine Fälschung auch dann aufkommen, wenn sie trotz bei sorgfältiger Prüfung der Dokumente nicht für sie erkennbar waren (zutr. Canaris in Großkomm. HGB Anh. nach § 357 Anm. 392; a.M. RGZ 106, 26; Ulmer AcP 126, 282). Das Fälschungsrisiko ist jedoch durch Art. 9 ER auf den Akkreditiv-Auftraggeber (Käufer) abgewälzt worden. Die Freizeichnung ist sachlich gerechtfertigt. Wenn auch der Akkreditiv-Auftraggeber die Echtheit erst prüfen kann, nachdem der Akkreditivbetrag schon an den Akkreditierten ausgezahlt worden ist, so ist doch für die Bank die Feststellung der Echtheit dadurch erschwert, daß die Dokumente nicht von ihrem Kunden ausgestellt worden sind. Durch die Freizeichnung wird aber nur die eigentliche Fälschungsgefahr auf den Auftraggeber abgewälzt. Unberührt bleibt die Haftung der Bank für eine ordnungsmäßige und sorgfältige Prüfung der vorgelegten Dokumente (Art. 7 ER; Canaris aaO; Liesecke WM 66, 463; 76, 262; Zahn S. 106). Die Prüfungspflicht erstreckt sich

184

§ 365 Anh. *Der bankmäßige Zahlungsverkehr*

auch auf die *Echtheit* der Dokumente und ist *nicht abdingbar*. Die Freizeichnung wirkt sich daher nur auf für die Bank *nicht erkennbare* Mängel aus. Sie haftet daher, wenn der mit der Prüfung befaßte Angestellte die Fälschung hätte äußerlich erkennen können oder gegen anerkannte Gewohnheiten des Bankgeschäfts verstoßen hat (KG JW 24, 2048. Auch für leichte Fahrlässigkeit bei der Erfüllung ihrer Prüfungspflichten muß die Bank einstehen. Hat der Auftraggeber gleichfalls seine Sorgfaltspflichten gegenüber der Bank schuldhaft verletzt, z. B. bei einem Fälschungsverdacht die Bank nicht benachrichtigt, so haftet er der Bank wegen positiver Vertragsverletzung, so daß die Ersatzpflicht der Bank nach § 254 BGB gemindert wird oder u. U. sogar völlig entfällt.

3. Abweichung von den Akkreditiv-Bedingungen

185 a) Die Bank darf von den Akkreditiv-Bedingungen *nicht eigenmächtig* abweichen (BGH LM BGB § 665 Nr. 3; § 780 Nr. 1, 2; RGZ 106, 26/31; 114, 268/271; Art. 7, 7 ER; Canaris in Großkomm. HGB Anh. nach § 357 Anm. 377; Zahn S. 104 ff.). Das widerspräche dem Grundsatz der *Dokumentenstrenge* (Anm. 181 f.), der die Bank verpflichtet, Dokumente nur einzulösen, wenn sie *genau* mit den Akkreditiv-Bedingungen übereinstimmen. Jede Abweichung von den Bedingungen kann die Interessen des Akkreditiv-Auftraggebers beeinträchtigen. Die Bank besitzt gewöhnlich nicht die nötigen Branchen- und Warenkenntnisse und vermag vor allem die näheren Beziehungen zwischen ihrem Auftraggeber und dem Akkreditierten nicht zu übersehen. Auch wenn ihr die Abweichungen unbedeutend erscheinen, muß sie sich sagen, daß selbst geringfügige Abweichungen von den Weisungen dem Auftraggeber beträchtlichen Schaden zufügen können (BGH LM BGB § 665 Nr. 3 und 7; RGZ 114, 268). Nur wenn die Bank den Umständen nach annehmen darf, daß der Akkreditiv-Auftraggeber bei Kenntnis der Sachlage die Abweichung billigt, kann sie zur Abweichung berechtigt sein. Sie wird jedoch auch dann zunächst dem Akkreditiv-Auftraggeber Anzeige machen und dessen Entschließungen abwarten müssen, es sei denn, daß mit dem Aufschub *Gefahr* verbunden ist (§ 665 BGB). Eine möglichst strenge Beachtung des § 665 BGB liegt im eigenen Interesse der Bank (RGZ 106, 26). Nur in besonders gelagerten Fällen können *geringfügige Abweichungen* gestattet sein, so z. B., wenn eine vernünftige Beurteilung der eingereichten Dokumente zu dem sicheren Ergebnis führt, daß der Zweck der Akkreditivbedingungen erreicht ist (BGH LM § 665 BGB Nr. 3; Canaris in Großkomm. HGB Anh. nach § 357 Anm. 377 f.; Liesecke WM 66, 458/464; enger Zahn S. 105; Nielsen WM 62, 778; von Westphalen S. 102), ferner dann, wenn für jeden Beurteiler ohne Heranziehung von Fachkenntnissen irgendwelcher Art offen zu Tage liegt, daß die Abweichung nicht ins Gewicht fällt und irgendwelche Nachteile aus ihr für den Auftraggeber nicht entstehen können. In einem solchen Fall kann die Berufung auf die Abweichung von den Akkreditivbedingungen Treu und Glauben widersprechen (BGH LM § 780 BGB Nr. 1). Grundsätzlich muß sich die Bank streng innerhalb der Grenzen des ihr erteilten *formalen und präzisen Auftrages* halten (RGZ 97, 144; 106, 26; BGH LM § 780 BGB Nr. 1 und 2). Der Akkreditiv-Auftraggeber muß sich darauf verlassen können, daß sein Auftrag weisungsgemäß ausgeführt oder, falls dies nicht möglich ist, abgelehnt wird. Je genauer und ausführlicher die Weisungen des Akkreditiv-Auftraggebers sind, desto weniger ist die Bank zu Abweichungen von den Weisungen berechtigt. Eher kann sie nach Lage des Falles zu einer Abweichung von den Akkreditivbedingungen befugt sein, wenn sie

Zweiter Teil. Das Akkreditivgeschäft Anh. § 365

weniger genau sind, so z. B. bei der Klausel „Akkreditiv gegen *handelsübliche* Dokumente". Bei Zusätzen wie „etwa" oder „circa" folgt aus Art. 32 I ER, daß eine Abweichung statthaft ist bis zu 10% nach oben oder nach unten vom Akkreditivbetrag, von der Warenmenge oder vom Preis der Ware pro Einheit, je nachdem, wo die Ausdrücke in den Weisungen verwendet werden. Ist im Akkreditiv nicht festgelegt, daß die angegebene Warenmenge nicht über-oder unterschritten werden darf, so darf bis zu 3% nach oben oder nach unten abgewichen werden, vorausgesetzt, daß der Gesamtbetrag der Inanspruchnahme nicht den Akkreditivbetrag überschreitet (Art. 32 II ER). Unbestimmte Ausdrücke, wie „erstklassig" oder „qualifiziert" sollen nach Art. 14 lit. a ER *nicht* verwendet werden; geschieht dies in den Akkreditiv-Bedingungen doch, so kann die Bank die Dokumente so aufnehmen wie sie vorgelegt werden (Art. 14 lit. b ER). Die Neufassung 1974 der Einheitlichen Richtlinien hat das Ermessen der Bank bei der Einlösung von Dokumenten in noch stärkerem Maße eingeschränkt, als dies bereits durch die Fassung 1962 geschehen ist. Wie die Bank sich in Zweifelsfällen zu verhalten hat, ist meist eindeutig bestimmt. Soweit ihr noch ausnahmsweise eine Ermessensentscheidung bei der Aufnahme der Dokumente zusteht (z. B. nach Art. 32 lit. b, 33) und sie davon Gebrauch macht, *bindet* ihre Entscheidung alle Beteiligten (vor Art. 1 lit. e ER).

Beispiele: Eine Abweichung von den Akkreditivbedingungen ist unzulässig, wenn sie sich auf die *Eigenschaften der Ware* auswirken kann. Zurückzuweisen war daher ein Qualitätsattest, das von einem anderen als dem im Akkreditiv vorgesehen Sachverständigen herrührte (RGZ 96, 246); ebenso ein Werksqualitätszertifikat, das das spezifische Gewicht von Dieselkraftstoff bei 15° C statt wie vorgesehen bei 20° C angab, mochte auch ein Ölfachmann aus den Angaben für 15° C auf eine den Akkreditivbedingungen entsprechende oder sogar bessere Qualität schließen (BGH LM § 780 BGB Nr. 1). Wird im Auftragsschreiben die Auszahlung des Betrages deutlich vom Vorliegen bestimmter Erklärungen eines Dritten abhängig gemacht, z. B. von der Bereitwilligkeit zur Freigabe der Warendokumente, so muß die Bank streng förmlich auf ihre genaue Abgabe achten (BGH LM BGB § 665 Nr. 7). Als zulässig wurde die Hereinnahme nur *einer* Aufgabebescheinigung über die Ware angesehen, obwohl in den Akkreditivbedingungen zwei Exemplare vorgesehen waren (BGH LM § 665 BGB Nr. 3; Anm. 177). Als Aufgabebescheinigung der französischen Eisenbahn (récépissé d'expédition) reichte eine bahnamtliche Bescheinigung aus, in der nur der *Empfang,* nicht aber der Versand der Ware bestätigt worden war, weil auch ein Frachtbriefduplikat, das ebenfalls nach den Akkreditivbedingungen neben der Aufgabebescheinigung als ausreichender Nachweis galt, nur die Annahme zur Beförderung bescheinigt hätte (§ 61 EVO). Ein Warenkontrollzertifikat, das vom Aussteller mit einem Haftungsausschluß versehen war, kann die Akkreditivbank hereinnehmen, wenn derartige Freizeichnungen am Verschiffungshafen handelsüblich sind (BGH DB 59, 232). Nur durch eine ausdrückliche Weisung konnte der Akkreditiv-Auftraggeber die Bräuche des Verschiffungsorts ausschließen (Liesecke WM 60, 210). Die Bank kann ein den Akkreditivbedingungen entsprechendes Qualitätszertifikat zurückweisen, wenn ihr eine urkundliche Erklärung des Ausstellers vorliegt, die die Richtigkeit des Zertifikats in wesentlichen Punkten zweifelhaft erscheinen läßt (BGH WM 64, 223). – Die Bezeichnung von Gewichtszertifikaten als „offiziell" ist nicht hinreichend bestimmt (Liesecke WM 66, 458, 466), die Bank handelt im Rahmen ihres nach Art. 33 (früher 31) bestehenden Ermessens, wenn sie die Aufnahme von Gewichts-

186

§ 365 Anh. *Der bankmäßige Zahlungsverkehr*

zertifikaten ablehnt, die weder öffentliche, noch von einem öffentlichen Wäger – oder nach dem in Düsseldorf herrschenden Handelsbrauch – von einer Kontrollgesellschaft über selbst durchgeführte Verwiegungen ausgestellte Urkunden sind (OLG Düsseldorf WM 76, 115).

VI. Pflichten des Akkreditiv-Auftraggebers

187 Der Akkreditiv-Auftraggeber ist verpflichtet, den erforderlichen *Akkreditivbetrag* der Akkreditivbank *im voraus* zur Verfügung zu stellen (§§ 675, 669 BGB; RGZ 102, 155). Ebenso wie die Giroüberweisung setzt auch das Akkreditiv grundsätzlich ein Guthaben voraus. Weiter hat er der Bank die *Akkreditivprovision* zu zahlen (§§ 675, 631 BGB) sowie die zum Zwecke der Ausführung des Auftrags gemachten *Aufwendungen* zu ersetzen, die die Bank den Umständen des Falles nach für erforderlich halten durfte (§§ 675, 670 BGB; vgl. auch Art. 8 Abs. 2 ER Fassung 1962). Für alle Verbindlichkeiten, die ihr aus der Ausführung des Akkreditivauftrags erwachsen, hat sie gegen den Auftraggeber einen Anspruch auf Bestellung oder Verstärkung bankmäßiger *Sicherheiten* (Nr. 19 Abs. 1 AGB). Soweit sie weisungsgemäß Dienste anderer Banken in Anspruch nimmt, z.B. Deckungsbeträge anschafft, handelt sie für Rechnung und Gefahr ihres Auftraggebers (Art. 12 Abs. 1 AGB).

188 Der Akkreditiv-Auftraggeber hat die von der Bank eingelösten *Dokumente* zu übernehmen (Art. 8 lit. b ER). Ersieht er aus den Dokumenten, daß sie den Akkreditivbedingungen nicht entsprochen haben, so soll dem Akkreditiv-Auftraggeber gegenüber der Bank nicht die Pflicht obliegen, diese Ordnungswidrigkeit sofort zu rügen (RGZ 114, 268; zust. Canaris in Großkomm. HGB Anh. nach § 357 Anm. 380, 400; von Godin in RGR-Komm. z. HGB § 365 Anh. I Anm. 68). Demgegenüber ist zu betonen, daß nach den Anforderungen von Treu und Glauben (§§ 157, 242 BGB) eine sofortige Bemängelung der Ordnungswidrigkeit geboten sein kann. Das Geschäftsverhältnis zwischen Kunde und Bank ist ein Vertrauensverhältnis. Der Akkreditiv-Auftraggeber muß daher die ordnungswidrige Durchführung des Akkreditivauftrags grundsätzlich unverzüglich rügen (A. Koch S. 288; Herold BankA XXVI, 75; Liesecke WM 60, 210; 66, 461; Zahn S. 184 f.). Zur Rügepflicht der Banken *untereinander* nach Art. 8 lit. c und d ER s. Anm. 193.

189 Zur *Sicherung* ihrer Ansprüche wird sich die Akkreditivbank in der Regel an die vom Akkreditierten eingereichten Dokumente halten können. Abgesehen von dem der Bank nach § 369 HGB und § 273 BGB zustehenden Zurückbehaltungsrecht kann ihr nach Nr. 19 AGB *an den Dokumenten* ein vertragliches *Pfandrecht* zustehen (Liesecke WM 60, 210; 64, 1282; Zahn S. 173; Canaris in Großkomm. HGB Anh. nach § 357 Anm. 401; a.M. Eisemann RiW 56, 117), das die Ansprüche aus dem Akkreditivvertrag sichert. Auch andere Forderungen der Bank gegen den Akkreditiv-Auftraggeber, die in keinem Zusammenhang mit der Akkreditierung stehen, werden durch dieses Pfandrecht gesichert (Zahn S. 173; Liesecke WM 69, 548; Schütz BB 64, 334; a.M. J. Geßler S. 39). Grundsätzlich wird sich die Bank weder bei der Übernahme des Akkreditivauftrages noch bei der Leistung der Deckung bereit erklären, die Dokumente dem Akkreditiv-Auftraggeber ohne Rücksicht auf bestehende Verbindlichkeiten auszuhändigen. Der Auftraggeber muß daher schon bei Erteilung des Akkreditivauftrags durch einen entsprechenden Vorbehalt verhindern, daß die Dokumente dem Pfandrecht unterliegen (BGH WM 71, 179 für Scheckinkasso; Canaris aaO). Löst die Bank die ihr eingereichten Dokumente wegen Mängel *nicht* ein, so kann sie die Rückgabe an den Einreicher wegen Forderungen gegen ihn nicht auf Grund ihres Pfandrechts nach Nr. 19 AGB oder eines Zurückbehaltungsrechts verweigern (RGZ 126, 348 für Anlehnung der Diskontierung zum Diskont eingereichter Wechsel; Zahn S. 145; Liesecke WM 69, 151). – Eine Sicherung der Bank auch *nach* der Aushändigung der Dokumente an den Akkreditiv-Auftraggeber läßt sich dadurch erreichen, daß er ihr bei der Erteilung des Akkreditivauftrages die Ware im voraus zur Sicherheit übereignet. – Zur *Pfändung* der Ansprüche des Auftraggebers nach Aufnahme der Dokumente durch die Bank s. J. Geßler, Pfändungen in Akkreditive, S. 36 ff.

VII. Haftung der Akkreditivbank

Führt die Akkreditivbank schuldhaft den Akkreditivauftrag nicht oder nicht weisungsgemäß aus, so ist sie dem Akkreditiv-Auftraggeber zum Ersatz des ihm entstandenen Schadens verpflichtet. Ein weisungswidrig ausgeführtes Geschäft braucht der Akkreditiv-Auftraggeber nicht gegen sich gelten zu lassen. Er kann *Rückgewähr* der erlangten Deckung (§§ 675, 667 BGB) und, wenn sie bereits weitergeleitet worden ist, *Schadenersatz* wegen verschuldeter Unmöglichkeit der Herausgabe des Erlangten (§§ 280, 249 BGB) oder der Verletzung von Pflichten aus dem Geschäftsbesorgungsvertrag verlangen (RGZ 105, 48; 114, 268; BGH WM 58, 1542; vgl. zum Girovertrag Anm. 21). Bei weisungswidriger Ausführung kann die Akkreditivbank auch nicht Ersatz ihrer *Aufwendungen* verlangen, so z. B. wenn sie noch nach Ablauf der für die Ausführung des Auftrages gesetzten Frist gezahlt hat (RGZ 105, 48). Durch Art. 9 ER ist die Haftung der Banken unter einseitiger Berücksichtigung ihrer Interessen in sehr weitem Umfang ausgeschlossen worden. Der Freizeichnung kann jedoch nur beschränkte Geltung zukommen. Für *vorsätzliches* Handeln des Vorstands und verfassungsmäßigen Vertreters der Bank ist ein Ausschluß der Haftung schon nach § 276 Abs. 2 BGB unzulässig. Sie sind aber mit der Ausführung von Akkreditiv-Aufträgen gewöhnlich nicht befaßt. Für *Angestellte* wäre ein Haftungsausschluß nicht nur für fahrlässige, sondern auch für vorsätzliches Handeln nach §§ 278 Satz 2, 276 Abs. 2 BGB möglich. Das gilt jedoch nicht für einen generell in den AGB vorgesehenen Haftungsausschluß (BGHZ 20, 164/167; 38, 183/186). Die Bank kann die Vertragsfreiheit nicht für sich allein in Anspruch nehmen, sondern ist nach § 242 BGB verpflichtet, auch die Interessen ihrer Vertragspartner angemessen zu berücksichtigen. Weder für Vorsatz noch für *grobe Fahrlässigkeit* ihrer Angestellten kann die Bank ihre Haftung ausschließen. Die Freizeichnungsklausel des Art. 9 ER ist insoweit *restriktiv* auszulegen. Sie bezieht sich im übrigen *nicht* auf die Verpflichtung der Bank zur *Prüfung der Dokumente* nach Art. 7 ER (ebenso Canaris in Großkomm. HGB Anh. nach § 357 Anm. 369). Schon die leicht fahrlässige Verletzung dieser Hauptpflicht begründet die Haftung der Bank (s. zur Fälschungsgefahr Anm. 184).

3. Abschnitt. Beteiligung mehrerer Banken

I. Die Rechtsbeziehungen zwischen den Banken

1. Aufgaben der Zweitbank

191 Ihre Aufgaben können *zweifacher* Art sein: Die Aufgabe der zweiten Bank beschränkt sich auf die technische Durchführung des Akkreditivs, nämlich die *Unterrichtung* des Begünstigten von der Stellung des Akkreditivs (Art. 3 lit. b Satz 1 ER). Sie fungiert dann, ohne eine eigene Verbindlichkeit gegenüber dem Akkreditierten zu übernehmen, als sog. *Avisbank*. Meist, wenn auch nicht notwendigerweise wird sie zugleich damit betraut sein, den Akkreditivbetrag nach Prüfung der angedienten Dokumente dem Akkreditierten auszuzahlen und die Dokumente an die Erstbank weiterzuleiten. Es kann aber auch die Aufgabe der zweiten Bank sein, das Akkreditiv, wenn es *unwiderruflich* ist, gegenüber dem Akkreditierten zu *bestätigen* (Art. 3 lit. b Satz 2 ER). Dann übernimmt die zweite Bank als sog. Bestätigungsbank gegenüber dem Akkreditierten neben der Verpflichtung der Akkreditivbank eine eigene selbständige Verpflichtung, und der Akkreditierte ist *doppelt gesichert*. Er hat auch eine *inländische* Bank als Schuldnerin, deren Verpflichtung inländischem Recht unterliegt. Die Transferschwierigkeiten, die sich auf Grund der Devisen- und Währungsgesetze im Lande des Akkreditiv-Auftraggebers (Käufers) ergeben können, sind ausgeräumt (Zahn S. 46).

2. Geschäftsbesorgungsvertrag

192 Zwischen der Erstbank – der Akkreditivbank – und der eingeschalteten Zweitbank besteht – ebenso wie zwischen dem Auftraggeber und der Akkreditivbank – ein *Geschäftsbesorgungsvertrag* (§ 675 BGB; Canaris in Großkomm. HGB Anh. nach § 357 Anm. 403; Zahn S. 81). Sein *Inhalt* ist je nach den Aufgaben, mit denen die Zweitbank betraut wird, verschieden (Anm. 191). Hat sie nur die Aufgabe, dem Begünstigten das Akkreditiv zu *avisieren,* so kann noch eine *dritte* Bank als Zahlstelle eingeschaltet sein, die weder die Eröffnungs- noch die Avisbank ist. Häufig soll die Avisbank nach den Vereinbarungen jedoch auch als echte *Zahlstelle* tätig sein. Dann ist sie auch ermächtigt, vor der Auszahlung selbständig darüber zu befinden, ob die vom Akkreditierten angedienten Dokumente den Akkreditivbedingungen entsprechen (BGH WM 58, 1542). Sie kann innerhalb der durch die Einheitlichen Richtlinien gezogenen Grenzen selbständig mit Wirkung für und gegen alle Beteiligten entscheiden (lit. e vor Art. 1 ER; ebenso Canaris in Großkomm. HGB Anh. nach § 357 Anm. 404). Die von ihr eingelösten Dokumente hat die zweite Bank unverzüglich an die Akkreditivbank weiterzuleiten.

193 Die Akkreditivbank ist auf Grund des Geschäftsbesorgungsvertrags verpflichtet, der zweiten Bank, die als Zahlstelle oder bestätigende Bank fungiert, den *Akkreditivbetrag* zur Verfügung zu stellen. Sie hat ihr ferner die *Aufwendungen* zu ersetzen, die diese den Umständen nach für erforderlich halten durfte (§§ 675, 670 BGB). Zu diesen Aufwendungen gehört der Akkreditivbetrag, wenn die Zweitbank ihn vorgeschossen hat. Eine Erstattungspflicht besteht grundsätzlich nur, wenn die von der zweitbeauftragten Bank eingelösten Dokumente ihrer äußeren Aufmachung nach den Akkreditivbedingungen

Zweiter Teil. Das Akkreditivgeschäft **Anh. § 365**

entsprechen (Anm. 182). Weichen die Dokumente von den Akkreditivbedingungen ab, so muß die Akkreditivbank nach dem Eintreffen der Dokumente deren Fehlerhaftigkeit unverzüglich gegenüber der Zweitbank drahtlich oder auf anderem schnellen Wege unter Angabe der Gründe rügen und ihr mitteilen, daß die Dokumente zu ihrer Verfügung gehalten oder ihr zurückgesandt werden (Art. 8 lit. e ER). Sonst kann die Akkreditivbank nicht geltend machen, daß die Auszahlung nicht den Akkreditiv-Bedingungen entspricht (Art. 8 lit. f ER). Die Zahlung, Akzeptleistung oder Negoziierung wird in Übereinstimmung mit den Akkreditiv-Bedingungen als *durchgeführt* angesehen, so daß die Akkreditivbank zum Ersatz der *Aufwendungen* verpflichtet ist. Bis zum Eintritt des Verfalldatums können Beanstandungen noch ausgeräumt werden (Anm. 183). Entsprechen die aufgenommenen Dokumente den Akkreditivbedingungen, so verliert die Zweitbank ihren Erstattungsanspruch gegen die Akkreditivbank nicht dadurch, daß die von ihr abgesandten Dokumente unterwegs verlorengehen (Art. 10 ER).

II. Rechtsbeziehungen des Akkreditiv-Auftraggebers zu den Banken

1. Zur zweitbeauftragten Bank

Zwischen dem Akkreditiv-Auftraggeber und der zweitbeauftragten Bank bestehen **194** grundsätzlich *keine* vertraglichen Rechtsbeziehungen (RGZ 105, 48/50; 106, 26/30; Canaris in Großkomm. HGB Anh. nach § 357 Anm. 407; Liesecke WM 66, 458/463; Zahn S. 82; Capelle S. 69; A. Koch S. 290). Es liegt insoweit nicht anders als bei einer Giroüberweisung über mehrere Banken (Anm. 46). Der Akkreditiv-Auftraggeber kann der Zweitbank *keine Weisungen* erteilen. Er kann den Akkreditivauftrag, sofern er überhaupt noch widerruflich ist, nur gegenüber der das Akkreditiv eröffnenden Bank widerrufen, die dann ihrerseits den Auftrag gegenüber der zweiten Bank widerruft (Anm. 205 ff.). – Wird der Akkreditiv-Auftraggeber durch eine Pflichtverletzung der zweitbeauftragten Bank geschädigt, so stehen ihm eigene Ansprüche gegen sie grundsätzlich nicht zu. Die eröffnende Bank ist dem Akkreditiv-Auftraggeber gegenüber aber verpflichtet, seinen Schaden unter dem Gesichtspunkt der Liquidation des Drittinteresses geltend zu machen oder ihm ihre Ansprüche gegen die zweitbeauftragte Bank abzutreten (§§ 675, 667 BGB; Nr. 9 I S. 2 AGB Privatbanken; zum Girovertrag Anm. 29; weitergehend unter dem Gesichtspunkt der Schutzverpflichtung Canaris in Großkomm. HGB Anh. nach § 357 Anm. 407, 196)

2. Zur Akkreditivbank

Akkreditiv-Auftraggeber haftet auch die von ihm beauftragte Akkreditivbank, soweit **195** ihr ein *eigenes Verschulden* zur Last fällt, z. B. bei der Auswahl der zweiten Bank. Im übrigen hängt ihre Haftung davon ab, ob sich die Akkreditivbank der zweiten Bank als *Erfüllungsgehilfin* (§ 278 BGB) bedient. Das läßt sich nicht allgemein bejahen, sondern hängt vom einzelnen Fall ab (ebenso Canaris in Großkomm. HGB Anh. nach § 357 Anm. 405; a. M. Zahn S. 82). Erschöpft sich der der ersten Bank erteilte Auftrag darin, daß sie eine zweite Bank mit der Durchführung des Akkreditivs beauftragt, so fungiert diese nicht als ihre Erfüllungsgehilfin (RGZ 105, 48/51). Aber auch wenn die erste Bank weitergehende Pflichten übernommen hat und daher die zweite Bank als ihre Erfüllungsgehilfin tätig wird, ist ihre Haftung für ein Verschulden dieser Bank nach Art. 12 lit. b ER grundsätzlich ausgeschlossen. Das schließt nicht aus, daß nach Lage des Falles die Berufung auf die Freizeichnung gegen Treu und Glauben verstoßen kann (BGH WM 58, 1542).

III. Rechtsbeziehungen zwischen der zweitbeauftragten Bank und dem Akkreditierten

196 Eine Pflicht der zweitbeauftragten Bank gegenüber dem Akkreditierten, die von ihm eingereichten Dokumente einzulösen, besteht grundsätzlich nur, wenn die Bank das Akkreditiv *bestätigt* hat (Anm. 128 ff). In allen übrigen Fällen obliegen der zweitbeauftragten Bank Pflichten grundsätzlich nur gegenüber der eröffnenden Bank, die sie beauftragt hat. Das gilt auch dann, wenn die zweitbeauftragte Bank zugleich als *Zahlstelle* tätig ist (Anm 191). Daß in diesem Falle der Anspruch des Akkreditierten mit der fristgerechten Einreichung der Dokumente bei der Zahlstelle fällig wird, ohne daß die Akkreditivbank von der Aufnahme der Dokumente benachrichtigt zu werden braucht (BGH LM § 665 BGB Nr. 3), beruht auf der Rechtsbeziehung des Akkreditierten zur Akkreditivbank. Der Akkreditierte hat gegen die als Zahlstelle tätige Bank keinen Anspruch auf Einlösung der Dokumente. Dadurch wird jedoch nicht ausgeschlossen, daß auch die zweitbeauftragte Bank ebenso wie andere Banken, die bei der Durchführung des Akkreditivs mit dem Akkreditierten in Verbindung treten, auch ihm gegenüber für die Sorgfalt eines ordentlichen Kreditinstituts einzustehen haben. So ist z. B. auch eine Avisbank, die den Akkreditierten lediglich von der Eröffnung des Akkreditivs *Mitteilung* macht (Anm. 191), diesem für die Richtigkeit ihrer Mitteilungen verantwortlich (ebenso Canaris in Großkomm. HGB Anh. nach § 357 Anm. 408; Schubert BB 52, 128; Käser RabelsZ 21, 89 und ZKW 61, 1089). Dieser Verantwortung kann sie sich nicht nachträglich mit dem Hinweis entziehen, sie sei für eine andere Bank tätig geworden. Sie haftet daher für enttäuschtes Vertrauen.

4. Abschnitt. Die Rechtsbeziehungen zwischen dem Akkreditierten und den Banken

I. Die Haftung der Akkreditivbank

1. Kein Vertrag zugunsten Dritter

197 Der zwischen dem Akkreditiv-Auftraggeber und der das Akkreditiv eröffnenden Bank bestehende Geschäftsbesorgungsvertrag (Anm. 155) ist *kein Vertrag zugunsten Dritter* in dem Sinne, daß schon durch den Abschluß des Akkreditivvertrages der begünstigte Dritte (Akkreditierte) einen unmittelbaren und selbständigen Anspruch gegen die Akkreditivbank auf Zahlung, Akzeptierung oder Negoziierung gegen Aushändigung der Dokumente erlangt (RG BankA XII, 193 f.; Canaris in Großkomm. HGB Anh. nach § 357 Anm. 409; von Godin in RGR-Komm. z. HGB § 365 Anh. I Anm. 41; Schönle aaO § 8 VIII 2 b, 2 a; Zahn S. 25; Ulmer AcP 126, 274; a.M. Reichardt ZHR 88, 22 ff; Wolff JW 22, 772). Ein solcher Anspruch entsteht auch nicht dadurch, daß der Akkreditivbank der Akkreditivbetrag zur Verfügung gestellt wird. Die Forderung des Akkreditierten gegen die Akkreditivbank entsteht vielmehr erst, wenn diese ihm durch besondere *Mitteilung* das Akkreditiv unwiderruflich *eröffnet* hat (Art. 3 ER). Vorher kann ihm keine Forderung gegen die Akkreditivbank zustehen. Das folgt auch aus den Einheitlichen Richtlinien (lit. f vor Art. 1 ER), wonach der Begünstigte sich in keinem Fall auf die vertraglichen Beziehungen berufen kann, die zwischen den Banken oder zwischen dem Akkreditiv-Auftraggeber und der eröffnenden Bank bestehen.

2. Anspruch aus eröffnetem Akkreditiv

Rechtlich ist die Akkreditiveröffnung ein *selbständiges Schuldversprechen* im Sinne des § 780 BGB (BGHZ 60, 262/264; BGH WM 55, 462; 60, 38/41; Canaris in Großkomm. HGB Anh. I Anm. 410; Baumbach/Duden § 406 Anh. I Anm. 8 D; Ulmer AcP 126, 286; von Caemmerer JZ 59, 362; Zahn S. 72/75; Nielsen DB 64, 1727; von Westphalen S. 104; Reichardt ZHR 88, 53). Die Besonderheit des Zahlungsversprechens besteht einmal darin, daß ein Rechtsgrundverhältnis zwischen der Bank und dem Akkreditierten *nicht vorausgesetzt* ist, so daß ein Bereicherungsanspruch wegen Nichtbestehen des Rechtsgrundes nach § 812 Abs. 2 BGB in dieser Beziehung von vornherein ausscheidet. Zum anderen ist das Zahlungsversprechen aber auch unabhängig von dem Kaufgeschäft (Valutageschäft) zwischen dem Akkreditiv-Auftraggeber (Käufer) und dem Akkreditierten (Verkäufer), sowie von dem Akkreditivvertrag (Deckungsgeschäft) zwischen dem Akkreditiv-Auftraggeber und seiner Bank, die das Akkreditiv eröffnet hat. Der im Vergleich zur Überweisungsgutschrift im Giroverkehr (Anm. 57 ff.) gesteigerte Grad der Abstrahierung entspricht dem *Zweck* des Dokumentenakkreditivs (Anm. 143). Die Zahlung soll für den Verkäufer auf jeden Fall gesichert sein (Art. 3 lit. a, 8 lit. a ER). Zum *Einwendungsausschluß* im einzelnen s. Anm. 215 ff. Ausgehend von der Grundthese, daß es einen abstrakten Schuldvertrag nicht gibt, rechnet Kübler (Feststellung und Garantie, 1967, S. 189) Akkreditiveröffnung und Akkreditivbestätigung ebenso wie die Bankgarantie zu den *kausalen – stereotypisierten – Garantiezusagen* (zust. Schönle § 8 VIII 2 b, 4). Aber die Zahlungsverpflichtung der Bank stellt nicht nur eine Zahlungsgarantie für die Verpflichtung des Käufers dar, sondern ist eine unmittelbar feststehende Verpflichtung (Art. 3 lit. a ER; zutr. Canaris in Großkomm. HGB Anh. nach § 357 Anm. 411). Dem entspricht die Rechtsfigur des abstrakten Schuldversprechens. – Ein eröffnetes Akkreditiv kann für die Bank nicht nur eine Zahlungs- oder Akzeptverpflichtung, sondern auch eine Verantwortung zur Akzeptierung einer Tratte durch den Käufer begründen. In diesem Fall haftet die Bank auch für die *Einlösung* des Akzepts (Art. 3 lit. a zu 2 ER); eine solche Haftung besteht nicht beim Dokumenten-Inkasso (Anm. 264; Zahn S. 206).

3. Zustandekommen

In der *Mitteilung* der Akkreditivbank an den Akkreditierten, gegen die Einreichung bestimmter Dokumente Zahlung zu leisten, Wechsel zu diskontieren oder zu akzeptieren, liegt konkludent der *Antrag* zum Abschluß eines abstrakten Schuldversprechensvertrages, der mit der *Annahme* seitens des Akkreditierten wirksam wird, ohne daß sie nach § 151 BGB der Bank gegenüber erklärt zu werden braucht (ebenso Canaris in Groß-

§ 365 Anh. *Der bankmäßige Zahlungsverkehr*

komm. HGB Anh. nach § 357 Anm. 410; Schönle § 8 VIII 2b, 4; Ulmer AcP 126, 286; Zahn S. 68; Borggrefe S. 24). Auch bei entsprechender Anwendung des § 784 Abs. 2 Satz 1 BGB ist die Annahme kein einseitiges, sich im Skripturakt vollziehendes Rechtsgeschäft, sondern ein Schuldversprechensvertrag. An ihre Mitteilung ist die Bank *gebunden,* sobald sie dem Begünstigten zugegangen ist (§ 130 BGB). Nach der Bankpraxis in den USA tritt die Bindung schon mit der *Absendung* ein (Käser RabelsZ 21, 84 und ZKW 61, 1089). Üblich ist in der Praxis eine *schriftliche* Akkreditiveröffnung, und zwar unter Verwendung eines dafür bestimmten Formulars. *Wirksam* ist aber auch eine formlose Mitteilung der Bank an den Akkreditierten, da die Eröffnung eines Akkreditivs für sie ein Handelsgeschäft ist (§ 350 HGB). – Häufig erfüllt die Akkreditivbank ihre Verpflichtung dadurch, daß sie das Akkreditiv vereinbarungsgemäß bei einer *anderen Bank zahlbar stellt.* Dann gilt bei Streitigkeit nicht das Recht des Landes der Akkreditiv-, sondern das der Zahlstellenbank (Zahn S. 19). Für den Akkreditierten kann die Abwicklung über eine Zahlstelle nachteilig sein, wenn er bei ihr im Debet steht oder sein Konto gepfändet ist (Zahn S. 54). Ist ein Akkreditiv bei *jeder* Bank *frei negoziierbar* (lit. e vor Art. 1 ER), so kann dies für die Akkreditivbank ungünstig sein, wenn die Zahlstellenbank die Dokumente von einer dritten Bank negoziieren läßt (Zahn S.154f.).

4. Auslegung

200 Ob die Akkreditivbank dem Akkreditierten das Akkreditiv nur *avisiert* hat, ohne eine Verpflichtung zu begründen, oder sich *selbständig verpflichtet* hat, kann im Einzelfall zweifelhaft sein. Werden die typisierten Ausdrücke „Eröffnung" oder „Bestätigung" des Akkreditivs verwendet, so ist grundsätzlich von der Übernahme einer *eigenen Verpflichtung* der Bank auszugehen. Doch kommt es auf diese Ausdrücke nicht entscheidend an. Es genügt jede Erklärung, die den Willen der Akkreditivbank, sich selbständig für die Zahlung der Akkreditivsumme zu verpflichten, zum Ausdruck bringt. Es kann daher z. B. nach Lage der Umstände auch schon die Mitteilung der Bank, daß sie die Zahlung „garantiere", als Akkreditiveröffnung zu werten sein. Ist das nicht anzunehmen, so kann die Übernahme einer Bankgarantie oder Bankbürgschaft vorliegen. In der bloßen Mitteilung, der Kunde habe ein Akkreditiv gestellt, wird jedoch nicht ohne weiteres schon eine selbständige Zahlungspflicht zu sehen sein. Nur wenn besondere Umstände vorliegen, kann im Einzelfall schon eine solche Mitteilung der Bank nach Treu und Glauben als Akkreditiveröffnung zu werten sein (HansRZ 24, 385). Da in der Praxis fast immer ein *unwiderrufliches* Akkreditiv eröffnet wird, wird im Zweifel in der Mitteilung der Bank, daß ein unwiderrufliches Akkreditiv gestellt sei, eine Eröffnung des Akkreditivs liegen. Um diese Annahme auszuschließen, ist es für die mitteilende Bank ratsam, in einem Zusatz darauf hinzuweisen, daß es sich nur um ein unverbindliches Avis handelt (Art. 3 II Satz 1; 6 ER)

5. Andienung akkreditivgerechter Dokumente

201 Auf Grund der Eröffnung eines Akkreditivs haftet die Bank dem Akkreditierten nur, wenn er die den Akkreditiv-Bedingungen entsprechenden *Dokumente* fristgerecht einreicht (BGH WM 60, 38; Anm. 207). Auch im Verhältnis der Akkreditivbank zum Akkreditierten gilt der Grundsatz der *Dokumentenstrenge* (BGH LM BGB § 665 Nr. 3;

Zweiter Teil. Das Akkreditivgeschäft **Anh. § 365**

Anm. 181 ff.). Der Anspruch des Akkreditierten aus Akkreditiveröffnung ist demnach ein *bedingter* und *befristeter* Anspruch. Bedingung ist die Einreichung der erforderlichen Dokumente (Anm. 214); die *Befristung* ergibt sich daraus, daß grundsätzlich für jedes Akkreditiv eine Gültigkeitsdauer vorgesehen ist, innerhalb deren die Dokumente einzureichen sind (Anm. 207 ff.). Bei einem *übertragbaren* und übertragenen Akkreditiv wird die Zahlungsverpflichtung der eröffnenden Bank gegenüber dem Zweitbegünstigten nur ausgelöst, wenn ihr ein urkundlicher Nachweis der Übertragung angedient wird (OLG Düsseldorf WM 76, 115, 118).

6. Unwiderrufliches und widerrufliches Akkreditiv

202 Die Akkreditivbank kann das Akkreditiv *widerruflich* oder *unwiderruflich* eröffnen (Art. 1 lit. a ER). Alle Akkreditive sollen daher nach Art. 1 lit. b ER eindeutig angeben, ob sie widerruflich oder unwiderruflich sind. Fehlt eine solche Angabe, so ist das Akkreditiv widerruflich (Art. 1 lit. c ER). *Alle* Akkreditive, widerrufliche oder unwiderrufliche, müssen ein *Verfalldatum* für die Präsentation tragen (Art. 37 ER 1974; anders Art. 35 ER 1962, der ein Verfalldatum nur für das unwiderrufliche Akkreditiv vorschrieb).

a) Unwiderruflichkeit

203 Das *unwiderrufliche* Akkreditiv begründet, sobald es dem Akkreditierten mitgeteilt worden ist (Anm. 158), eine *feststehende Verpflichtung* der eröffnenden Bank, zu zahlen oder Wechsel zu akzeptieren oder zu negoziieren (Art. 3 lit. a ER). Die Verpflichtung kann nur mit Zustimmung *aller* Beteiligten geändert oder annulliert werden; auch eine teilweise Annahme von Änderungen ist ohne die Zustimmung aller Beteiligten unwirksam (Art. 3 lit. c ER). Die Verpflichtung der Bank wird effektiv, sobald der Begünstigte innerhalb der Akkreditivfrist die in den Akkreditivbedingungen vorgesehenen Dokumente einreicht (BGH LM BGB § 665 Nr. 3). Zum *Einwendungsausschluß* s. Anm. 215 ff.

b) Widerruflichkeit

204 Auch die Eröffnung eines *widerruflichen* Akkreditivs begründet eine *Verpflichtung* der Bank aus selbständigem Schuldversprechen (§ 780 BGB). Das traf schon für die frühere mißverständliche Fassung des Art. 2 ER 1962 zu (RGZ 107, 1/9; Canaris in Großkomm. HGB Anh. nach § 369 Anm. 416; von Godin in RGR-Komm. z. HGB § 365 Anh. Anm. 43; Zahn S. 76; a. M. Schubert BB 52, 128; Wiele S. 27, 49; A. Koch S. 284). Jetzt ist durch Art. 2 ER 1974 eindeutig klargestellt worden, daß ebenso wie das unwiderrufliche auch das widerrufliche Akkreditiv eine selbständige *Verpflichtung* der Bank begründet. Der Unterschied besteht lediglich darin, daß beim unwiderruflichen Akkreditiv eine grundsätzlich unabänderlich *feststehende* Verpflichtung entstanden ist, beim widerruflichen Akkreditiv jedoch die Bank nicht endgültig gebunden ist (Anm. 205).

205 Die Akkreditivbank kann ein *widerrufliches* Akkreditiv jederzeit und ohne Benachrichtigung des Akkredititierten widerrufen (Art. 2 S. 1 ER). Sie ist daher grundsätzlich auch nicht verpflichtet, dem Akkreditierten einen aus dem Widerruf entstehenden *Schaden* zu ersetzen. Dieser kennt die Widerruflichkeit des Akkreditivs und handelt,

§ 365 Anh. *Der bankmäßige Zahlungsverkehr*

soweit er auf das Zahlungsversprechen der Bank vertraut, auf eigene Gefahr. Wohl aber kann die Bank im Einzelfall nach Treu und Glauben gehalten sein, ihm den Widerruf anzuzeigen, da sie durch Mitteilung der Akkreditiveröffnung in Rechtsbeziehungen zu dem Akkreditierten getreten ist. Die schuldhafte Nichtanzeige löst dann eine Schadenersatzpflicht der Bank aus dem Gesichtspunkt der positiven Vertragsverletzung aus (ebenso Canaris in Großkomm. HGB Anh. nach § 357 Anm. 416). Zu ersetzen ist dem Akkreditierten aber nur der Schaden, der bei Mitteilung des Widerrufs vermieden worden wäre. War das Akkreditiv einer *Filiale* oder einer *anderen Bank* übermittelt und bei ihr zur Zahlung, Akzeptleistung oder Negoziierung benutzbar gemacht worden, so wird ein Widerruf *erst wirksam,* wenn er der Filiale oder der anderen Bank *zugegangen* ist (Art. 2 S. 2 ER).

206 Das Recht zum Widerruf erlischt spätestens mit der Leistung der Bank an den Begünstigten, also in der Regel mit der Auszahlung des Akkreditivbetrages (RGZ 107, 7/9; Canaris in Großkomm. HGB Anh. nach § 357 Anm. 416; Liesecke WM 66, 459; Zahn S. 78). Das ist in Art. 2 S. 2 ER zwar nur für den Fall ausgesprochen, daß eine zweitbeauftragte Bank auf Grund des Akkreditivs Zahlung geleistet, Wechsel akzeptiert oder diskontiert hat, muß aber auch dann gelten, wenn die Akkreditivbank auf Grund der Eröffnung des Akkreditivs die Leistung an den Akkreditierten erbringt. Die Einreichung der Dokumente oder die Versendung der Ware schließt den Widerruf noch nicht aus. Wohl aber kann im Einzelfall ein Widerruf unter dem Gesichtspunkt des Rechtsmißbrauchs (§ 242 BGB) unzulässig sein, so z.B. wenn die Bank bei dem Begünstigten das Vertrauen erweckt hat, nicht zu widerrufen, dieser sich darauf eingestellt hat, und nunmehr ohne einen sachlich gerechtfertigten Grund das Akkreditiv widerrufen wird (Canaris aaO).

7. Verfalldatum

207 Weder der Akkreditiv-Auftraggeber noch die Akkreditivbank wollen auf unbestimmte Zeit gebunden sein. Nach Art. 37 müssen alle Akkreditive, und zwar unwiderrufliche und widerrufliche, ein *Verfalldatum* für die *Präsentation* der Dokumente zwecks Zahlung, Akzeptleistung oder Negoziierung enthalten, und zwar auch dann, wenn ein letztes Datum für die *Verladung* festgesetzt ist. Jedes Akkreditiv ist somit *befristet,* so daß sich aus der Befristung kein Schluß auf die Unwiderruflichkeit des Akkreditivs ziehen läßt. Enthält das Akkreditiv entgegen Art. 37 ER kein Verfalldatum, so liegt in der Mitteilung der Bank nur ein *unverbindliches Avis* nach Art. 6 lit. b ER. Eröffnet oder bestätigt die Bank ein Akkreditiv ohne Angabe eines Verfalldatums, so kann sie dem Empfänger wegen culpa in contrahendo ersatzpflichtig sein, wenn sie ihn nicht auf die Unverbindlichkeit hingewiesen hat; Art. 6 lit. b schließt eine solche Haftung nicht aus (Anm. 164; Liesecke WM 76, 258, 262; a.M. Zahn S. 45). Bei der Befristung des Akkreditivs muß beachtet werden, daß der Akkreditierte nach der Verladung der Ware noch genügend Zeit zur Einreichung der Dokumente hat. Wird das Verfalldatum hinausgeschoben, so wird das letzte Verladungsdatum nicht verlängert. Ist in einem Akkreditiv ein letztes Verladungsdatum festgesetzt, so werden Verladedokumente mit einem späteren als dem festgesetzten Datum zurückgewiesen. Ist kein letztes Verladungsdatum bestimmt, so werden Dokumente mit einem späteren als dem im Akkreditiv genannten Verfalldatum

Zweiter Teil. Das Akkreditivgeschäft **Anh. § 365**

ebenfalls zurückgewiesen. Andere als die Verladedokumente können jedoch bis zum hinausgeschobenen Verfalldatum ausgestellt sein (Art. 39 lit. b ER). – Neben dem Verfalldatum (Art. 37 ER) müssen Akkreditive auch eine genaue *Frist ab Ausstellungsdatum der Konnossemente* oder anderer Verladedokumente festsetzen, innerhalb deren die Dokumente zur Zahlung, Akzeptleistung oder Negoziierung vorgelegt werden müssen (Art. 41 S. 1 ER). Ist das nicht geschehen, so werden die Dokumente nicht mehr aufgenommen, wenn sie *später als 21 Tage* nach dem Ausstellungsdatum der Konnossemente oder anderer Verladedokumente präsentiert werden („stale documents"). Es besteht jetzt nicht mehr wie früher (Art. 41 ER 1962) ein Ermessensspielraum unter dem Gesichtspunkt übermäßiger Verzögerung.

Für die Folgen einer *Unterbrechung ihrer Geschäftstätigkeit* durch Fälle höherer **208** Gewalt, durch Unruhen, Aufstand oder irgendwelche andere Ursachen, die außerhalb ihrer Kontrolle liegen, übernimmt die Bank nach Art. 11 ER *keine Haftung*. Auf Akkreditive, die während einer solchen Unterbrechung der Geschäftstätigkeit ablaufen, nehmen die Banken nach Ablauf der Gültigkeitsdauer ohne ausdrückliche Ermächtigung *keine Zahlung, Akzeptleistung* oder *Negoziierung* vor (Art. 11 S. 2 ER). Doch gilt dies nur für den Fall, daß die Dokumente *nach* der Unterbrechung der Geschäftstätigkeit eingereicht werden. Hat die Bank die Dokumente noch *vor* dem Eintritt der Betriebsunterbrechung erhalten, so ist ihre Verpflichtung zur Auszahlung der Akkreditivsumme unbedingt entstanden. Sie bleibt daher zur Zahlung verpflichtet (BGH LM BGB § 665 Nr. 3).

Der *Verfall* eines Akkreditivs nimmt dem Verkäufer nicht das Recht, nunmehr die **209** Kaufpreisforderung geltend zu machen (Anm. 247; Liesecke WM 76, 259; a. M. Canaris Großkomm. HGB Anh. nach § 357 Anm. 457); hat der Verkäufer jedoch durch das Verfallenlassen des Akkreditivs seine Sorgfaltspflicht schuldhaft verletzt, so kann dem Käufer ein Schadenersatzanspruch zustehen, mit dem er aufrechnen kann.

II. Die Haftung der Bestätigungsbank

1. Bestätigtes und unbestätigtes Akkreditiv

Schaltet die Akkreditivbank, wie es gewöhnlich bei Exportgeschäften der Fall ist, zur **210** Durchführung des Akkreditivs eine *zweite* Bank ein, so können sich deren Aufgaben auf die technische Abwicklung beschränken, wie z. B. die Mitteilung der Akkreditiveröffnung an den Akkreditierten, die Auszahlung des Akkreditivbetrages gegen Einreichung der Dokumente und ihre Weiterleitung an die Akkreditivbank. Bei einem solchen unbestätigten Akkreditiv, das dem Akkreditierten lediglich avisiert wird, entsteht für die zweitbeauftragte Bank keine Zulassungsverpflichtung (Art. 3 lit. b S. 1 ER). Es kann aber auch die Aufgabe der zweitbeauftragten Bank sein, das Akkreditiv gegenüber dem Begünstigten zu *bestätigen*. Dann erlangt dieser durch die Bestätigung gegen die bestätigende Bank einen *selbständigen Anspruch* auf Zahlung oder Akzeptierung oder Negoziierung von Wechseln gegen Einreichung der Dokumente (Art. 3 lit. b S. 2). Die sich durch eine Bestätigung des Akkreditivs für den Begünstigten ergebenden Vorteile sind evident (Anm. 211). Die Bestätigungsbank hat gewöhnlich ihren Sitz im Land des Begünstigten, so daß dieser eine zusätzliche Sicherheit gegen eine Schuldnerin im eigenen

§ 365 Anh. *Der bankmäßige Zahlungsverkehr*

Land erlangt, deren Haftung sich nach dem Recht seines Landes richtet. Das läßt sich bei einem unbestätigtem Akkreditiv nur dadurch erreichen, daß es von der Akkreditivbank bei der avisierenden Bank *zahlbar gestellt* wird (Anm. 199).

2. Anspruch aus bestätigtem Akkreditiv

211   Die *Bestätigung* eines Akkreditivs unterscheidet sich rechtlich grundsätzlich nicht von der *Eröffnung* des Akkreditivs. Ebenso wie diese stellt auch die Bestätigung ein *selbständiges Schuldversprechen* im Sinne des § 780 BGB dar (BGHZ 28, 129 f.; Anm. 198). Der Begünstigte erwirbt eine zweite Forderung gegen die bestätigende Bank, die kumulativ neben die Forderung gegen die eröffnende tritt. Beide Banken haften als *Gesamtschuldner* (Canaris in Großkomm. HGB Anh. nach § 357 Anm. 414; Zahn S. 143). Dem Begünstigten steht es frei, an welche Bank er sich halten will. Für die Begründung der Haftung wird auf die Ausführungen zur Eröffnung des Akkreditivs verwiesen (Anm. 199). Die *Bestätigung* eines Akkreditivs ist nach Art. 3 II S. 2 ER nur beim *unwiderruflichen* Akkreditiv vorgesehen. Die Frage, ob auch ein widerrufliches Akkreditiv bestätigt werden kann, hat nur theoretische Bedeutung. Es ist in der Praxis unwahrscheinlich, daß Banken trotz der Möglichkeit des Widerrufs eine selbständige Haftung durch die Bestätigung übernehmen (von Godin in RGR-Komm. z. HGB § 365 Anh. I Anm. 49; Zahn S. 83; Wiele S. 31). Anders liegt es bei der *Eröffnung* eines widerruflichen Akkreditivs (Anm. 204).

3. Auslegung

212   Auch hier kommt der Frage, ob die Mitteilung der zweitbeauftragten Bank von der Eröffnung des Akkreditivs eine *Bestätigung* oder nur ein *Avis* ohne Verbindlichkeit für die Bank zum Inhalt hat (Anm. 210), besondere Bedeutung zu. Es hängt dies von den Umständen des *Einzelfalles* ab. Beantwortet eine Bank die Anfrage des Begünstigten, ob eine von ihr abgegebene Bankbestätigung ein unwiderrufliches bestätigtes Akkreditiv darstelle, dahingehend, daß Abänderungen ohne Einverständnis des Begünstigten nicht erfolgen, so bringt eine solche Erklärung den *Verpflichtungswillen* zum Ausdruck (BGH WM 55, 765/767); das folgt auch aus Art. 3 lit. c ER. Auch dem *Schweigen* der Bank auf eine solche Anfrage kann nach Lage des Falles diese rechtliche Bedeutung zukommen (§ 362; Liesecke WM 60, 210). Ob dies auch für die Mitteilung der Bank von der „Stellung" eines Akkreditivs gilt, ist umstritten. Aus dem Zweck, dem ein unwiderrufliches Akkreditiv verkehrsüblich dient, hat die Rechtsprechung gefolgert, daß die dem Begünstigten zugehende Mitteilung der Bank, auch wenn in ihr von einem „bestätigten" Akkreditiv nicht ausdrücklich die Rede sei, als Übernahme einer eigenen Zahlungspflicht zu verstehen sei, falls die Bank nicht deutlich zum Ausdruck bringe, sich selbst nicht verpflichten zu wollen (RGZ 106, 304; 107, 7; RG JR 26 Nr. 677; Canaris in Großkomm. HGB Anh. nach § 357 Anm. 413). Indessen geht es zu weit, schon in der bloßen Mitteilung, der Kunde habe ein unwiderrufliches Akkreditiv gestellt, die Übernahme einer selbständigen Zahlungspflicht zu sehen (A. Koch BankA XXII, 73; Wiele S. 61). Nur wenn weitere Umstände hinzutreten, kann im Einzelfall schon eine solche Mitteilung der Bank nach Treu und Glauben als eine verbindliche Bestätigung anzusehen

Zweiter Teil. Das Akkreditivgeschäft **Anh. § 365**

sein. Wird der Ausdruck „Bestätigung" verwendet, so spricht das für die Übernahme einer selbständigen Haftung. In der Rechtsprechung und im Schrifttum wurde früher, vereinzelt aber auch noch heute, die Eröffnung des Akkreditivs als „Bestätigung" bezeichnet. Zur Vermeidung von Mißverständnissen sowie im Hinblick auf den internationalen Sprachgebrauch ist es nötig, sich der Terminologie der Einheitlichen Richtlinien zu bedienen (von Caemmerer JZ 59, 362; Schubert BB 52, 128; Wiele S. 30ff./51ff.; Zahn S. 39). Sie verwenden für die Verpflichtung der erstbeauftragten Bank den Ausdruck „Eröffnung" und für die zusätzliche Verpflichtung der zweitbeauftragten Bank den Ausdruck „Bestätigung" (Art. 3 lit. b ER).

III. Der Auszahlungsanspruch

1. Einreichung der Dokumente

Der Auszahlungsanspruch des Akkreditierten gegen die Bank setzt die Einreichung **213** ordnungsmäßiger Dokumente voraus (BGH WM 60, 38). Sie sind der Bank in einer so klaren Fassung vorzulegen, daß ohne Schwierigkeiten und Zweifel ihre genaue Übereinstimmung mit den Akkreditiv-Bedingungen festgestellt werden kann (BGH LM BGB § 780 Nr. 2). Einen *Anspruch* auf Billigung und Aufnahme der Dokumente hat der Akkreditierte nicht. Wohl aber kann er gegen die Bank, die die Dokumente zu Unrecht zurückweist, auf *Zahlung* Zug um Zug gegen Aushändigung der Dokumente klagen (ebenso Liesecke WM 66, 458/466).

2. Prüfung der Dokumente

Auch im Verhältnis der Bank zum Akkreditierten gilt der Grundsatz der *Dokumenten-* **214** *strenge* (BGH LM BGB § 665 Nr. 3; Anm. 181ff.). Die Bank ist verpflichtet, die Dokumente unverzüglich zu prüfen, damit der Akkreditierte im Falle ihrer Zurückweisung wegen Mängel noch vor Ablauf der Akkreditivfrist (Anm. 207) akkreditivgerechte Dokumente einreichen kann. Zur Prüfung der Dokumente steht der Bank eine *angemessene Frist* zu (Art. 8 lit. d ER). Während dieses Zeitraums besitzt die Bank die Dokumente *treuhänderisch* für den Akkreditierten. Lehnt die Bank die Aufnahme der Dokumente ab, so hat sie diese dem Akkreditierten zurückzugeben. Hierauf muß sich der Akkreditierte verlassen können. Auf *Mängel* der Dokumente kann sich die Bank *nicht* mehr berufen, wenn sie sie behalten und irgendwie über die Ware verfügt hat; das gilt auch dann, wenn sie ausdrücklich die Aufnahme abgelehnt hat (Schweizer BG AWD 64, 395 mit Anm. Eisemann; Liesecke WM 66, 458/466). Bei nachlässigem oder treuwidrigem Verhalten kann sich die Bank auf den Fristablauf *nicht* berufen (§ 242 BGB; ebenso Canaris in Großkomm. HGB Anh. nach § 357 Anm. 419). Entsprachen die von der Bank zurückgewiesenen Dokumente den Bedingungen des Akkreditivs, so kann sie dem Akkreditierten zum *Schadenersatz* verpflichtet sein. Ferner steht dem Akkreditierten, da die Stellung eines Akkreditivs stets erfüllungshalber geschieht (Anm. 247), neben dem Anspruch gegen die Bank aus Eröffnung oder Bestätigung des Akkreditivs der Anspruch gegen den Akkreditiv-Auftraggeber aus dem mit ihm geschlossenen Vertrag zu. Hat die

§ 365 Anh. *Der bankmäßige Zahlungsverkehr*

Bank einen Dokumentenmangel übersehen, so kann sie den ausgezahlten Akkreditivbetrag vom Akkreditierten nach § 812 Abs. 1 BGB zurückfordern (RGZ 71, 316; Canaris in Großkomm. HGB Anh. nach § 357 Anm. 420; Liesecke WM 66, 458/469).

IV. Einwendungsausschluß

1. Grundauffassung

215 Auf Grund der Eröffnung und der Bestätigung eines Akkreditivs haften die eröffnende und die bestätigende Bank dem Begünstigten auf die volle Akkreditivsumme. Schon aus dem *Zweck* des Akkreditivs, die Zahlung des Kaufpreises zu sichern (Anm. 143), folgt die *Unabhängigkeit* der Zahlungsverpflichtung vom Deckungs- und Valutageschäft. Diese das Akkreditiv beherrschende Zweckbestimmung findet ihre *rechtliche* Fixierung in den Einheitlichen Richtlinien, die gewöhnlich Vertragsinhalt geworden sind (Anm. 147). Nach Art. 3 ER begründet das unwiderrufliche Akkreditiv eine *feststehende Verpflichtung* der Eröffnungs- und der Bestätigungsbank. Ferner heißt es knapp und scharf in Art. 8 lit. a ER, daß sich im Dokumenten-Akkreditiv-Geschäft alle Beteiligten mit *Dokumenten* und nicht mit Waren befassen. Die Bank kann dem Begünstigten keine Einwendungen entgegensetzen, die sich aus dem Geschäftsbesorgungsvertrag zwischen ihr und dem Käufer bzw. der Akkreditivbank und dem zwischen dem Käufer und dem akkreditierten Verkäufer bestehenden Kaufvertrag ergeben. Der Einwendungsausschluß beim Dokumenten-Akkreditiv gilt im übrigen kraft *Handelsbrauchs* (Anm. 148). Da die Leistung der Eröffnungs- oder Bestätigungsbank *Simultaneffekt* für das Deckungs- und Valutaverhältnis besitzt, läßt sich das Akkreditiv als eine *Anweisung im weiteren Sinne* auffassen (Ulmer AcP 126, 297 ff.; Canaris in Großkomm. HGB Anh. nach § 357 Anm. 361; von Caemmerer JZ 59, 362/364; a. M. Zahn S. 26; Schönle § 8 VIII 2b, 2a; Wiele S. 33 ff.). Dann stehen die Eröffnung und die Bestätigung des Akkreditivs der *Annahme* einer Anweisung gleich. Für die Frage, in welchem Umfang die Bank dem Begünstigten Einwendungen entgegenhalten kann, läßt sich daher auch eine *sinngemäße* Anwendung des § 784 Abs. 1 BGB bejahen (BGHZ 28, 129; BGH WM 55, 765/767; Canaris aaO Anm. 421; Ulmer AcP 126, 300; Baumbach/Duden § 406 Anh. I Anm. 8 D; von Caemmerer JZ 59, 362; Kübler, Feststellung und Garantie, S. 190; Liesecke WM 60, 210; Schubert BB 52, 128; a. M. Zahn S. 26; Borggrefe S. 23/35; Schönle § 8 VIII 2b, 4; Witte-Wegmann JuS 75, 137/139 f.). Dann kann die Bank dem Begünstigten nur solche Einwendungen entgegensetzen, die die Gültigkeit der Akkreditiveröffnung oder -bestätigung betreffen, sich aus dem Inhalt der Eröffnung oder Bestätigung ergeben oder der Bank unmittelbar gegen den Begünstigten zustehen (BGH WM 58, 291). Wenn § 784 Abs. 1 BGB noch Einwendungen aus dem „Inhalt der Anweisung" zuläßt, so sind das nicht etwa Einwendungen aus dem Deckungsverhältnis, sondern aus dem Inhalt der Anweisungsurkunde, auf die der Annahmevermerk gesetzt ist. Bei einer sinngemäßen Anwendung des § 784 Abs. 1 auf das Akkreditiv werden daher nicht die Einwendungen aus dem Akkreditivauftrag zugelassen, sondern dessen Inhalt nur insoweit, als er in das Eröffnungsschreiben aufgenommen worden ist (Canaris in Großkomm. HGB Anh. nach § 357 Anm. 422; Borggrefe S. 25; Witte-Wegmann JuS 75, 137/140; a. M. Zahn S. 23 f.). Der Einwendungsausschluß gilt für *unwiderrufliche* und *widerrufliche* Akkre-

ditive; sie können noch nach Einreichung der Dokumente von der Bank geändert oder aufgehoben werden (Art. 32 ER).

2. Unzulässige Einwendungen

a) Deckungsverhältnis (Bank – Käufer)

Die Bank kann dem Akkreditierten keine Einwendungen aus ihren Rechtsbeziehungen zum *Akkreditiv-Auftraggeber* (Käufer) entgegenhalten (BGH WM 58, 291/292; 60, 38/41; Canaris in Großkomm. HGB Anh. nach § 357 Anm. 426; Ulmer AcP 126, 288; von Caemmerer JZ 59, 326; Zahn S. 140f.). Sie kann insbesondere nicht einwenden, *keine Deckung* erhalten zu haben. Auch die zweitbeauftragte Bank, die das Akkreditiv *bestätigt* hat, kann keine Einwendungen aus dem zwischen ihr und der erstbeauftragten Bank bestehenden Geschäftsbesorgungsvertrag herleiten. Sie haftet ohne Rücksicht darauf, ob sie von ihrem Auftraggeber, in der Regel der Akkreditivbank, Deckung erhalten hat (BGH WM 58, 291). Das gilt auch dann, wenn ihr infolge einer *Devisensperre* im Land des Auftraggebers keine Deckung zugeflossen ist. Zu Unrecht hat das Reichsgericht nach § 242 BGB den Einwand einer Bank, die das Akkreditiv bestätigt hatte, zugelassen, der Zahlungsverkehr in der Währung, auf die das Akkreditiv laute, sei nachträglich beschränkt worden (RGZ 144, 133/137). Zur Begründung wurde angeführt, es handele sich um eine nur mittelbar mit der Deckung zusammenhängende Frage, unmittelbar sei die Art betroffen, in der die Bank ihr Zahlungsversprechen zu erfüllen habe; das Risiko einer Devisensperre habe außerhalb der „Geschäftsgrundlage" des Zahlungsversprechens gelegen und seine Übernahme außer Verhältnis zu der Betätigungsgebühr gestanden. Mit Recht ist diese Entscheidung überwiegend mißbilligt worden (Canaris aaO; Wiele S. 58f.; Borggrefe S. 44; Kübler, Feststellung und Garantie, 1967, S. 191; kritisch Liesecke WM 60, 210; a.M. Voraufl.). Der *Sicherungsfunktion* des Akkreditivs widerspricht es, die Bank von einem die Deckung betreffenden Risiko zu befreien, das außerhalb der Machtsphäre des Begünstigten liegt, über das die Bank jedoch am besten Bescheid weiß (Franz. Kassationshof – Cass. vom 23. 3. 1955, J. C. P. 1955. II. 8838 mit Anm. Gabrillac) und gegen das sie sich vor Eröffnung bzw. Bestätigung des Akkreditivs durch Verlangen eines Vorschusses (§§ 675, 669 BGB) sichern kann. Die Bank kann sich auch nicht darauf berufen, daß der Akkreditiv-Auftraggeber in *Konkurs* gefallen oder sein Guthaben gepfändet worden ist (Canaris aaO). Die Akkreditivbank kann nicht einwenden, sie habe den Akkreditvbetrag an die Bestätigungsbank weitergeleitet; das gilt auch dann, wenn keine Aussicht besteht, den Betrag von ihr zurückzuerlangen. Weicht die Akkreditiveröffnung oder -bestätigung vom *Akkreditivauftrag* ab, so bestimmt sich die Haftung der Bank allein nach den dem Akkreditierten mitgeteilten Akkreditivbedingungen (RG LZ 22, 712; BGH WM 58, 291; Canaris aaO; Ulmer AcP 126, 288; von Godin in RGR-Komm. z. HGB § 365 Anh. I Anm. 70). Auch auf *Mängel* des Deckungsverhältnisses kann sich die Bank gegenüber dem Akkreditierten *nicht* berufen. Sie hat insbesondere gegen ihn *keinen Bereicherungsanspruch* aus § 812 BGB (s. auch Anm. 217). Ansprüche stehen ihr allein gegen den Akkreditiv-Auftraggeber bzw. die erstbeauftragte Bank zu, sei es bei weisungsgemäßem Handeln aus §§ 675, 670 BGB, sei es bei Unwirksamkeit des Deckungsgeschäfts aus § 812 BGB.

b) Valutaverhältnis (Verkäufer – Käufer)

217 Die Bank kann dem Akkreditierten keine Einwendungen aus den zwischen ihm und dem *Akkreditiv-Auftraggeber* bestehenden Rechtsbeziehungen entgegenhalten (BGHZ 60, 262/264; BGH WM 55, 765/767; RGZ 106, 304/307; Canaris in Großkomm. z. HGB Anh. nach § 357 Anm. 428; Ulmer AcP 126, 300 ff.; Zahn S. 140; Liesecke WM 60, 212). Das folgt aus der für das Akkreditiv typischen scharfen *Trennung* des Deckungs- und des Valutageschäfts von dem selbständigen Zahlungsversprechen der Bank (lit. c vor Art. 1 und Art. 8 lit. a ER). Die Rechtswirksamkeit der Eröffnung und Bestätigung des Akkreditivs hängt *nicht* von der Gültigkeit des Valutageschäfts (Kaufvertrags) ab. Ist es nichtig, so kann die Bank nicht ihr Zahlungsversprechen oder den ausgezahlten Betrag vom Akkreditierten als rechtsgrundlos nach § 812 BGB kondizieren (Canaris aaO; Ulmer AcP 126, 302; Liesecke WM 60, 210; Witte-Wegmann JuS 75, 437/438; a. M. Würdinger in RGR-Komm. z. HGB, 2. Aufl., 1961, § 373 Vorb. 167; Wiele S. 58). Der Kaufvertrag ist, auch wenn in den Akkreditivbedingungen auf ihn Bezug genommen wird, nicht als Rechtsgrund der Akkreditivverpflichtung anzusehen. Ein Bereicherungsanspruch aus § 812 scheidet schon deshalb aus, weil die Zahlungsverpflichtung der Bank gegenüber dem Akkreditierten nach dem Zweck des Akkreditivs kein Rechtsgrundverhältnis voraussetzt (Anm. 215). Zur Rechtslage bei Fehlen oder Unwirksamkeit der Akkreditiv-Weisung s. Anm. 219. Auch auf *Mängel* der gelieferten Ware kann sich die Bank gegenüber dem Akkreditierten grundsätzlich *nicht* berufen. Die Bank befaßt sich im Dokumenten-Akkreditiv-Geschäft mit Dokumenten, nicht mit Waren (Art. 8 lit b ER). Das gilt selbst dann, wenn der Akkreditiv-Auftraggeber (Käufer) der Bank seine Ansprüche auf Gewährleistung (§§ 462, 463 BGB) oder bei Nichtigkeit des Kaufvertrages aus § 812 Abs. 1 BGB an den Akkreditierten (Verkäufer) *abgetreten* hat (BGHZ 28, 129/130; 60, 262/264; Canaris in Großkomm. HGB Anh. nach § 357 Anm. 428; Kübler, Feststellung und Garantie, 1967, S. 192; von Caemmerer JZ 59, 362; Zahn S. 156). Mit der Zulassung von Einwendungen aus dem Kaufvertrag auf dem Umweg der Abtretung der Ansprüche des Käufers wäre die Sicherheit, die das Akkreditiv im nationalen und internationalen Zahlungsverkehr dem Verkäufer bieten soll, nicht mehr gegeben. Die Begründung ist umstritten. Erman (Festschrift Rittershausen S. 261/268 ff.) meint, die Akkreditivklausel im Kaufvertrag sei nach § 157 BGB durch ein zeitlich und inhaltlich begrenztes pactum de non petendo zu *ergänzen,* nach dem der Käufer den Verkäufer im Gebrauch der Akkreditivberechtigung grundsätzlich nicht hindern dürfe; hierauf könne sich der Verkäufer nach § 404 BGB gegenüber der Bank als neuem Gläubiger berufen. Borggrefe (S. 65) bejaht ein pactum de non petendo für die abstrakte Akkreditivbeziehung zwischen der Bank und dem Akkreditierten. Aber schon die *Unabhängigkeit* der Zahlungsverpflichtung der Bank vom Valutageschäft, ohne die sich der Zweck des Akkreditivs nicht erreichen läßt, rechtfertigt es, die Geltendmachung von Forderungen aus dem Kaufvertrag auszuschließen, die sich die Bank hat abtreten lassen. Damit entfällt auch die Zulässigkeit einer *Aufrechnung* mit einer solchen Forderung gegenüber dem Zahlungsanspruch des Akkreditierten (Anm. 223). Über *Ausnahmen* bei *rechtsmißbräuchlicher* Ausübung des Akkreditivrechts s. Anm. 225 ff.

c) Doppelmangel

Sind sowohl das Deckungs- als auch das Valutaverhältnis ungültig, so stellt sich wie **218** bei der Giroüberweisung die Frage, ob die Bank gegenüber dem Akkreditierten einwenden kann, daß sie wegen des Doppelmangels nicht zur Zahlung verpflichtet sei, oder den bereits ausgezahlten Akkreditivbetrag unmittelbar vom Akkreditierten kondizieren kann. Eine solche Durchgriffshaftung ist früher häufig bejaht worden (Ulmer AcP 126, 295/303; Wiele S. 59). Aber der Durchgriff widerspricht einmal dem *Zweck* des Akkreditivs (Anm. 143), zum anderen nimmt er dem Akkreditierten seine Einwendungen gegenüber dem Akkreditiv-Auftraggeber (Käufer) im Valutaverhältnis. Daher wird auch bei einem Doppelmangel die Bank nicht von ihrer Zahlungsverpflichtung gegenüber dem Akkreditierten frei; sie kann den an ihn ausgezahlten Akkreditivbetrag nicht nach § 812 BGB zurückverlangen. Die Abwicklung ist vielmehr über die Kausalverhältnisse vorzunehmen, so daß doppelt kondiziert werden muß. Die Bank hat im Deckungsverhältnis gegen den Akkreditiv-Auftraggeber die Leistungskondiktion, und dieser im Valutaverhältnis die Leistungskondiktion gegen den Akkreditierten (ebenso Canaris in Großkomm. HGB Anh. nach § 357 Anm. 432; Kübler, Feststellung und Garantie, 1967, S. 192; Broggrefe S. 46ff.; ferner zur Giroüberweisung Anm. 79). Ein unmittelbarer Durchgriff ließe sich nur vertreten, wenn die Zuwendung im Valutaverhältnis unentgeltlich ist (§ 822 BGB).

d) Mängel des Akkreditiv-Auftrags

Die dem Wesen und Zweck eines Akkreditivs entsprechende *Unabhängigkeit* der **219** Zahlungsverpflichtung der Bank vom kausalen Deckungsgeschäft schließt nicht auch die Unabhängigkeit vom Vorhandensein eines wirksamen Akkreditiv-Auftrags – der „Anweisung" – ein. Eröffnet z. B. die Bank zugunsten eines Dritten ein Akkreditiv im Auftrag eines Kunden, der ihr keinen Akkreditiv-Auftrag erteilt hat, so kann sie unter dem Titel ungerechtfertigter Bereicherung die *Leistung verweigern* und vom Dritten Verzicht auf seine Forderung verlangen. Dem Fehlen eines Akkreditiv-Auftrags steht es gleich, wenn der Auftrag gefälscht oder von einem unbefugten Vertreter gezeichnet worden ist. Es liegt insoweit nicht anders als beim Fehlen eines *Überweisungsauftrags* (Anm. 82ff.). Anders als die Fälle *fehlenden* Akkreditiv-Auftrags sind die Fälle zu behandeln, bei denen der Kunde seiner Bank einen Akkreditiv-Auftrag erteilt hat, dieser aber wegen eines Mangels des kausalen Deckungsverhältnisses unwirksam ist oder später wird. Diese Folge gehört zu den Risiken des Deckungsgeschäfts und ist deshalb wie ein Mangel des kausalen Deckungsverhältnisses zu behandeln (s. zum unwirksamen Überweisungsauftrag Anm. 81).

3. Zulässige Einwendungen

a) Gültigkeitseinwendungen

Die Bank kann dem Akkreditierten alle Einwendungen engegenhalten, die die *Gültig-* **220** *keit ihrer Verpflichtung* aus eröffnetem oder bestätigtem Akkreditiv betreffen. Sie kann geltend machen, daß der Verpflichtungsvertrag nicht zustandegekommen, z.B. wegen mangelnder Vertretung, oder nichtig sei, z.B. wegen Verstoßes gegen ein gesetzliches

§ 365 Anh. *Der bankmäßige Zahlungsverkehr*

Verbot (§ 134 BGB). Sie kann ihre Verpflichtungserklärung unabhängig von der Möglichkeit eines Widerrufs gegenüber dem Akkreditierten *anfechten*, z. B. wegen Irrtums nach § 119 BGB oder wegen arglistiger Täuschung nach § 123 BGB. Eine arglistige Täuschung seitens des Akkreditiv-Auftraggebers, die der Akkreditierte weder kannte noch kennen mußte, gibt der Bank nach § 123 Abs. 2 BGB kein Anfechtungsrecht.

b) Inhaltliche Einwendungen

221   Die Bank kann gegenüber dem Akkreditierten alle Einwendungen geltend machen, die sich aus dem *Inhalt* der Akkreditiveröffnung oder -bestätigung ergeben. Sie kann stets einwenden, daß die eingereichten *Dokumente* nicht den Akkreditivbedingungen entsprechen (Anm. 181) oder erst nach Ablauf der für das Akkreditiv geltenden Gültigkeitsdauer vorgelegt wurden (Anm. 207).

c) Unmittelbare Einwendungen

222   Die Bank kann alle Einwendungen geltend machen, die ihr gegen den Akkreditierten auf Grund eigener Rechtsbeziehungen zustehen. Sie kann sich solche Einwendungen im Eröffnungs- oder Bestätigungsschreiben vorbehalten (RG JW 36, 1894). Nur die Einwendungen aus dem Deckungs- und Valutageschäft sind ihr versagt (Anm. 216 ff.).

223   Streitig ist, ob die Bank mit einer Forderung, die ihr gegen den Akkreditierten zusteht, gegen die Akkreditivforderung *aufrechnen* kann. Meist wird davon ausgegangen, daß das selbständige Zahlungsversprechen der Bank in der Regel nicht die Zusicherung, enthält, den Akkreditivbetrag effektiv auszuzahlen (Canaris in Großkomm. HGB Anh. nach § 357 Anm. 425; Liesecke WM 60, 210/212; 66, 469; Voraufl.). Besteht daher ein Geschäftsverhältnis, so kann die Bank den Akkreditivbetrag mit einem Debet des Akkreditierten kontokorrentmäßig verrechnen. Sie kann jedoch nicht aus abgetretenem Recht mit einer Gegenforderung aufrechnen, die dem Akkreditiv-Auftraggeber gegen den Akkreditierten aus dem der Akkreditivstellung zugrundeliegenden Geschäft zusteht (BGHZ 28, 129; 60, 262/264; Ulmer AcP 126, 307; Canaris aaO). Ein Käufer, der dem Verkäufer ein unwiderrufliches Akkreditiv zu stellen hat, verpflichtet sich zur *Barzahlung* und verzichtet damit auf eine Aufrechnung während der Laufzeit des Akkreditivs (Anm. 240). Die Unzulässigkeit der Aufrechnung der *Bank* leitet der BGH aus ihrer Mittlerrolle zwischen den Kaufvertragsparteien her, mit der es nicht vereinbar sei, wenn sie einseitig die Interessen des Käufers gegen den Verkäufer wahrnehme. Die Annahme einer „Mittlerrolle" der Akkreditivbank ist fragwürdig. Die für das Akkreditiv unerläßliche scharfe Trennung der Zahlungsverpflichtung der Bank von der Deckungsbeziehung und vom Kaufvertrag verbietet es ihr jedoch grundsätzlich, eigene Rechte aus dem Rechtsverhältnis des Auftraggebers zum Akkreditierten herzuleiten und daher auch mit einer Gegenforderung aus dem Valutageschäft aufzurechnen. Ein Ausschluß der Aufrechnung mit einer Gegenforderung, die der Bank aus *eigenem Recht* zusteht oder ihr von *Dritten* abgetreten ist, setzt eine entsprechende Vereinbarung zwischen der Bank und dem Akkreditierten voraus. Durch die Stellung eines Akkreditivs soll der Verkäufer die Gewähr haben, den Kaufpreis zur freien Verfügung zu erhalten. Diesem Zweck der Zahlungssicherung widerspricht eine Verrechnung oder Aufrechnung. Die Eröffnung oder Bestätigung eines Akkreditivs enthält daher im Zweifel konkludent einen Aufrechnungsausschluß (v. Godin in RGR-Komm. z. HGB § 365 Anh. I Anm. 79, der das

Schuldversprechen der Bank als Barzahlungsversprechen auffaßt; Zahn S. 156 f.; Wessely aaO S. 69 f.; J. Geßler aaO S. 10/107). Nur mit Forderungen, die die Bank im Zusammenhang mit der Eröffnung oder Bestätigung des Akkreditivs gegen den Akkreditierten erlangt hat, kann sie ihm gegenüber aufrechnen, z. B. auf Grund einer Vorschußzahlung.

Ebenso wie die *Aufrechnung* (Anm. 223) ist auch die Geltendmachung eines *Zurückbehaltungsrechts* (§ 273 BGB, 369 HGB) oder eines vertraglichen *Pfandrechts* nach § 19 II AGB unzulässig (Canaris in Großkomm. HGB Anh. nach § 357 Anm. 425). Besteht zwischen der Bank und dem Akkreditierten eine Kontokorrentbeziehung, so darf die Bank den Akkreditivbetrag kontokorrentmäßig verrechnen, wenn der Akkreditierte bei ihr im Debet steht (BGHZ 59, 970). Problematisch ist die Frage, ob die Bank dem Akkreditierten den Einwand des *Rechtsmißbrauchs* entgegenhalten kann (dazu Anm. 225 ff.).

224

4. Rechtsmißbrauch

a) Trennungsprinzip

Akkreditive sind ihrer Natur nach von den Kauf- oder anderen Verträgen, auf denen sie beruhen, *getrennte Geschäfte;* die Banken haben in keiner Hinsicht mit solchen Verträgen zu tun und sind durch sie nicht gebunden (lit. c vor Art. 1 ER). Die *Unabhängigkeit* der Zahlungsverpflichtung der Bank *vom Valutageschäft* ist das *Fundament* des Akkreditivs (Anm. 217). Die Bank befaßt sich mit *Dokumenten,* nicht mit Waren (Art. 8 lit. a ER). Die Zahlung der Bank gegen Einreichung akkreditivgerechter Dokumente gewährleistet zwar nicht, daß der Verkäufer seine Verpflichtungen aus der Grundbeziehung gegenüber dem Käufer ordnungsgemäß erfüllt. Das vom Käufer auf Grund seiner Vorleistungspflicht zu tragende Risiko entspricht jedoch dem Wesen des Akkreditivgeschäfts, das nur so seine Funktion als Zahlungsmittel im Warenverkehr erfüllen kann. Mängel des Valutageschäfts wirken sich allein im Verhältnis Verkäufer – Käufer aus und lassen sich daher auch grundsätzlich nicht unter dem Gesichtspunkt des Rechtsmißbrauchs (§ 242 BGB) zu einem *unmittelbaren* Einwand der Bank gegen den begünstigten Verkäufer machen. Indessen fragt es sich, ob die strenge Durchführung des Trennungsprinzips stets gerechtfertigt ist und sich nicht in Ausnahmefällen unter gewissen Voraussetzungen Mängel der Kaufbeziehung auf die Akkreditivverpflichtung der Bank auswirken können. Das ist nur dann möglich, wenn ein schutzwürdiges Interesse an der strikten Einhaltung des Trennungsprinzips nicht mehr anzuerkennen ist und daher der Verkäufer rechtsmißbräuchlich handelt, wenn er auf der Erfüllung der Zahlungsverpflichtung der Bank besteht. Die Frage ist, wann solche Umstände vorliegen, die bei einer Gesamtbeurteilung die verpflichtete Bank berechtigen, ihre Zahlung zu verweigern.

225

b) Unzumutbarkeit der Zahlung

Handelt es sich um die Durchführung eines *gesetzlich verbotenen* oder gegen die guten Sitten verstoßenden Geschäfts (§§ 134, 138 BGB), so ist es für die Bank *unzumutbar,* bei der finanziellen Verwirklichung eines solchen Geschäfts mitzuwirken (RGZ 106, 304/307; Canaris Großkomm. HGB Anh. nach § 357 Anm. 429; von Godin in

226

§ 365 Anh.   *Der bankmäßige Zahlungsverkehr*

RGR-Komm. z. HGB § 365 Anh. I Anm. 79; Zahn S. 141; Kübler, Feststellung und Garantie, 1973, S. 190; Erman in Festschrift Rittershausen, S. 261/262; Borggrefe S. 37; Ulmer AcP 126, 294 f.; Wiele S. 58). Ihr steht in diesem Fall der Einwand unzulässiger Rechtsausübung (§ 242 BGB) zu, der sich als eine *unmittelbare* Einwendung gegenüber der Forderung des Akkreditierten aus dem eröffneten oder bestätigten Akkreditiv darstellt. Handelt es sich um ein Verbot, das nur im Lande des *Käufers* und Akkreditiv-Auftraggebers die Leistung verbietet, z. B. eine Sperre der Devisenausfuhr, so handelt es sich um ein Risiko des *Deckungsgeschäfts,* das die Bank nicht auf den Verkäufer abwälzen darf. Aus diesem Grunde ist daher RGZ 144, 133/137 nicht zu billigen, daß in einem solchen Fall der Bank den Einwand des Rechtsmißbrauchs (§ 242 BGB) zugebilligt hat (Anm. 216).

c) Mängel der Ware

227 Von der Rechtsprechung ist der Bank der Einwand des Rechtsmißbrauchs auch zuerkannt worden, wenn der Verkäufer in außerordentlich grober Weise gegen seine Pflichten aus dem Kaufvertrag verstoßen, z. B. eine zur Vertragserfüllung offensichtlich völlig ungeeignete Ware geliefert hat, so daß sein Zahlungsverlangen als arglistig erscheint (BGH WM 55, 765/768; 64, 223; RGZ 106, 304/308; Zahn S. 163 f.; Ulmer AcP 126, 304 mit dem Hinweis, daß die Bank einem „offenbaren Wirtschaftsschädling" nicht zu leisten brauche). Aber die Mangelhaftigkeit der Ware ist ein unsicheres und zwischen den Parteien meist streitiges Faktum. Das Akkreditiv würde seine Funktionsfähigkeit einbüßen, wenn die Klärung, ob Mängel der Ware vorliegen, in der Beziehung der Bank zum akkreditierten Verkäufer auszutragen wären. (Anm. 217; Canaris Großkomm. HGB Anh. nach § 357 Anm. 430). Das gilt auch dann, wenn es sich um besonders *schwerwiegende Mängel* handelt. Nur wenn solche Mängel evident und *liquid beweisbar* sind, ist der Bank zuzumuten, einer Weisung des Käufers nachzukommen und die Zahlung des Akkreditivbetrages an den Verkäufer zu verweigern (Erman in Festschrift Rittershausen S. 262/265; Witte-Wegmann JuS 75, 137/143). Es sind ähnliche Voraussetzungen, wie sie für die Zahlung eines Wechselschuldners bei Verfall eines Wechsels gelten (Baumbach/Hefermehl, Wechsel-und Scheckgesetz, WG Art. 40 Anm. 5 ff.).

d) Nichtbestehen des Kaufpreisanspruchs

228 Ist der Verkäufer mit der Kaufpreisklage gegen den Käufer *rechtskräftig abgewiesen* worden, so hat die Akkreditiv-Stellung, die lediglich der Durchführung eines Kaufgeschäfts dienen soll, ihren Sinn verloren. Das Trennungsprinzip beansprucht in einem solchen Fall keine Geltung mehr. Der Verkäufer handelt daher rechtsmißbräuchlich (§ 242 BGB), wenn er auf Erfüllung der Zahlungsverpflichtung der Bank besteht (BGH WM 58, 696/697; Liesecke WM 66, 467 f.; Erman in Festschrift Rittershausen, S. 261/263; Borggrefe S. 38; Canaris Großkomm. HGB Anh. nach § 357 Anm. 429).

e) Verhinderung der Auszahlung

229 Mit einer *einstweiligen Verfügung* (§§ 935, 940 ZPO) gegen die Bank kann der Käufer *nicht* die Auszahlung des Akkreditivbetrages an den Verkäufer verhindern (Canaris

Großkomm. HGB Anh. nach § 357 Anm. 431; Zahn S. 163f.; Borggrefe S. 66ff.; Kübler, Feststellung und Garantie, 1967, S. 194f.). Hat der Käufer gegen den Verkäufer einen Anspruch darauf, daß er auf seine Zahlungsforderung gegen die Bank *verzichtet*, so rechtfertigt dieser Anspruch nicht den Erlaß einer einstweiligen Verfügung gegen die Bank. Ist aber die Bank gegenüber dem Käufer zur Verweigerung der Zahlung an den Verkäufer unter dem Gesichtspunkt des Rechtsmißbrauchs (§ 242 BGB) verpflichtet, so ist sie dem Käufer schadenersatzpflichtig, wenn sie den Akkreditivbetrag auszahlt. Es fehlt daher an einem Grund für den Erlaß einer einstweiligen Verfügung gegen die Bank. Diese Frage stellt sich allein für die Beziehung Käufer – Verkäufer (Anm. 251 f.).

5. Kein Wechselregreß gegen den Akkreditierten

Hat der Akkreditierte bei einem *Remboursgeschäft* (Anm. 261) zusammen mit den Dokumenten einen *Wechsel* eingereicht, der von ihm ausgestellt und auf Sicht oder eine bestimmte Zeit nach Sicht gestellt ist, so steht der Bestätigungsbank, die den Wechsel eingelöst hat, nach Art. 3 lit. b III ER *kein Rückgriffsanspruch* gegen den Akkreditierten zu. Der wechselmäßige Rückgriff würde den Zweck der Akkreditierung vereiteln, da dem Verkäufer, der schon nach Einreichung der Dokumente Zahlung erhalten soll, der Kaufpreis wieder entzogen wäre. Daher ist die bestätigende Bank nach den Einheitlichen Richtlinien verpflichtet, den Wechsel ohne Regreßrechte gegen den Aussteller anzukaufen, wenn das Akkreditiv Ankauf vorsieht (Diskontierung à forfait). Aus demselben Grunde steht auch der *Akkreditivbank* ein Recht, den Akkreditierten aus dem Wechsel in Anspruch zu nehmen, nicht zu (Zahn S. 229). Es handelt sich um eine *unmittelbare* Einwendung des Ausstellers gegenüber der Akkreditivbank und der Bestätigungsbank. Anderen Wechselinhabern steht dagegen der Regreß gegen den Aussteller grundsätzlich offen. – Als „Aussteller" im Sinne des Art. 3 lit. b III ER ist nur der Verkäufer oder eine für ihn tätige Hilfsperson anzusehen, die den Wechsel ausgestellt hat, z.B. ein Spediteur. Hat der *Käufer* den Wechsel ausgestellt, so kann er sich entgegen dem Wortlaut des Art. 3 lit. b III ER auf die Beschränkung des Rückgriffs nicht berufen, da er in jedem Fall für die Zahlung des Kaufpreises aufzukommen hat.

V. Übertragung des Akkreditivs

1. Grundgegebenheiten

a) Unübertragbarkeit

Nach Art. 46 lit. d ER ist die Übertragung eines Akkreditivs auf einen Dritten – den Zweitbegünstigten – mit der Wirkung, daß dieser *eigene* Dokumente einreicht, grundsätzlich ausgeschlossen. Damit wird den Interessen des Akkreditiv-Auftraggebers und der Akkreditivbank der Vorrang vor den Interessen des Akkreditierten eingeräumt. An einer Unübertragbarkeit kann der Akkreditiv-Auftraggeber deshalb interessiert sein, weil er nicht das Risiko eingehen will, sich vom Akkreditierten einen neuen Partner als Einreicher der Dokumente aufzwingen zu lassen, dessen Zuverlässigkeit er nicht beurteilen kann. Der *Zweck* der Unübertragbarkeit ist es somit allein zu verhindern, daß das Akkreditiv von einem Zweitbegünstigten gegen Einreichung eigener Dokumente benutzt wird (Canaris in Großkomm. HGB Anh. nach § 357 Anm. 435). Soll dies doch erreicht

§ 365 Anh. *Der bankmäßige Zahlungsverkehr*

werden, so muß das Akkreditiv von der Bank ausdrücklich als *übertragbar* bezeichnet werden (Anm. 233). Auf die Unwirksamkeit einer nicht zugelassenen Übertragung kann sich die Bank auch berufen, wenn ihr die Übertragung angezeigt wurde, sie aber die Anzeige unbeantwortet ließ (BGH WM 59, 970). Hat die Akkreditivbank ein übertragbares Akkreditiv eröffnet, so bedarf die effektive Übertragung auf den Zweitbegünstigten ihrer erneuten *Zustimmung* (Art. 46 lit. b ER; Anm. 234). Die Zuverlässigkeit der Person des Zweitbegünstigten wird dadurch gewährleistet.

b) Abtretung des Zahlungsanspruchs

232 Ob der Akkreditierte seinen Zahlungsanspruch mit der Wirkung abtreten kann, daß die Dokumente nach wie vor von ihm als dem Erstbegünstigten eingereicht werden, war nach Art. 46 ER 1962 umstritten. Es wurde teilweise angenommen, daß das Interesse des Auftraggebers es schlechthin ausschließe, daß der Akkreditierte seinen Anspruch überträgt (BGH WM 59, 970; von Godin in RGR-Komm. z. HGB § 365 Anh. I Anm. 50; Baumbach/Duden Anh. I nach § 406 Anm. 8 F; Voraufl.; a. M. Canaris Großkomm. HGB Anh. nach § 357 Anm. 436; Käser RabelsZ 21, 91 ff; Nielsen DB 64, 1727; Schütz BB 64, 335; J. Geßler, Pfändungen in Akkreditive, S. 101 ff.). Für zulässig wurde allgemein nur die Abtretung des nach Einreichung akkreditivgerechter Dokumente effektiv gewordenen Zahlungsanspruchs angesehen. Durch Art. 47 ER 1974 ist jetzt klargestellt worden, daß ein Akkreditiv, auch wenn es nicht als übertragbar bezeichnet ist, nicht den Begünstigten daran hindert, den *Zahlungsanspruch abzutreten,* wenn das nach den Bestimmungen des anzuwendenden nationalen Rechts zulässig ist (LG Frankfurt a. M. WM 76, 515, 519). Das ist nach deutschem Zessionsrecht grundsätzlich zu bejahen. § 399 BGB steht der Abtretung *nicht* entgegen, da der Inhalt der Forderung nicht dadurch geändert wird, daß der Zahlungsanspruch abgetreten wird mit der Wirkung, daß die Dokumente des *Erstbegünstigten* einzureichen sind (a. M. von Westphalen S. 186). Der Akkreditierte kann daher das Akkreditiv zur Bezahlung der Forderungen seiner Lieferanten jetzt verwenden, ohne daß das Akkreditiv ausdrücklich von der Bank für übertragbar erklärt worden ist. *Zulässig* ist ferner eine *Einziehungsermächtigung* (§ 185 Abs. 1 BGB), z. B. an einen Spediteur. Auch kann der Akkreditierte seine Forderung aus dem mit dem Akkreditiv-Auftraggeber geschlossenen *Grundgeschäft* abtreten (Liesecke WM 60, 210; a. M. Capelle, S. 80; BGH WM 59, 970 läßt die Frage offen). Der Forderung aus dem Grundgeschäft kann der Akkreditiv-Auftraggeber jedoch den Akkreditiveinwand nach § 404 BGB entgegensetzen (Anm. 217). Eine *Umdeutung* der fehlgeschlagenen Übertragung der Akkreditivrechte in eine Abtretung der Zahlungsforderung nach Art. 47 ER ist unter den Voraussetzungen des § 140 BGB möglich; nicht dagegen eine Umdeutung in eine Abtretung der Forderung aus dem Grundgeschäft wegen der Verschiedenheit der Schuldner (Liesecke WM 60, 210).

2. „Übertragbares" Akkreditiv

a) Voraussetzungen

233 Der Käufer, der ein Akkreditiv stellt und dadurch vorleistet, bevor er die Ware erhalten hat, verläßt sich auf die Vertragstreue des Verkäufers. Zum Schutz des Käufers ist daher ein Akkreditiv grundsätzlich *nicht* übertragbar (Anm. 231). Eine „Übertragung" mit der Wirkung, daß der Zweitbegünstigte *eigene Dokumente* einreichen kann, ist nur zulässig, wenn die Akkreditivbank das Akkreditiv ausdrücklich als „übertragbar" bezeichnet hat (Art. 46 lit. d ER). Das darf die Bank nur, wenn der Akkreditiv-Auftraggeber sie dazu *ermächtigt* hat. Handelt die Bank eigenmächtig, so ist sie gegenüber ihrem Kunden ersatzpflichtig, mag das Akkreditiv als solches auf Grund seiner Bezeichnung „übertragbar" geworden sein (Canaris in Großkomm. HGB Anh. I nach § 357 Anm. 439). Zum Schutz des auf die Verläßlichkeit seines Partners vertrauenden Käufers ist auch ein „übertragbares" Akkreditiv nur *einmal* übertragbar (Art. 46 lit. e ER); es soll nicht umlauffähig gemacht werden. Für das Akkreditiv gelten auch nach der „Übertragung" grundsätzlich die ursprünglichen, im Originalakkreditiv angegebenen Bedingungen. Allein die *Akkreditivsumme* und die *Stückpreise* können herabgesetzt und die *Gültigkeitsdauer* und die *Verladungsfrist* insgesamt oder einzeln ermäßigt oder verkürzt werden (Art. 46 lit. e ER). Ferner kann der *Name* des Erstbegünstigten an die Stelle des Akkreditiv-Auftraggebers gesetzt werden. Doch muß der Name des Akkreditiv-Auftraggebers in irgendeinem anderen Dokument als der Rechnung erscheinen, wenn dies im Originalakkreditiv ausdrücklich verlangt wird. – Einer Abtretung des *Zahlungsanspruchs* steht Art. 46 lit. e ER nicht entgegen (Anm. 238).

b) Rechtsnatur

Die Übertragung eines Akkreditivs stellt *keine Zession* dar. Die Regeln über die Abtretung von Forderungen (§§ 398 ff. BGB) passen nicht (a. M. Wiele S. 70), zumal Art. 46 ER die *Mitwirkung* des Schuldners, der Akkreditivbank, verlangt (ebenso Canaris Großkomm. HGB Anh. nach § 357 Anm. 440). Sie muß schon bei der *Eröffnung* des Akkreditivs den Akkreditierten zur Übertragung allgemein ermächtigt haben (Art. 46 lit. d ER); eine Ermächtigung seitens des Akkreditiv-Auftraggebers reicht *nicht* aus. Durch die Bezeichnung im Akkreditiv ist das Akkreditiv lediglich allgemein als übertragbar gestellt. Wird die Bank später vom Akkreditierten ersucht, die Übertragung auf den Zweitbegünstigten vorzunehmen, so muß außer der schon vorhandenen allgemeinen Übertragungsermächtigung noch die *Zustimmung* der Bank zu der konkreten Übertragung hinzukommen (Art. 46 lit. b ER; Zahn S. 57; Wiele S. 72; a. M. Canaris Großkomm. HGB Anh. nach § 357 Anm. 439, der dem Art. 46 lit. b ER insoweit nur deklaratorische Bedeutung beimißt). Nur so lassen sich die Interessen der Bank und die von ihr zu wahrenden Interessen des Käufers genügend sichern. Hat die Bank dem Zweitbegünstigten ihre Zustimmung mitgeteilt, so ist sie nicht nur ermächtigt (so Art. 49 I ER 1951), sondern nach Zahlung der gewöhnlich vom Erstbegünstigten zu tragenden Kosten (Art. 46 lit. c ER) auch *verpflichtet,* an den Dritten gegen Einreichung der Dokumente zu zahlen. Rechtlich ist diese Verpflichtung ein *selbständiges Schuldversprechen* der Akkreditivbank und, wenn diese noch eine zweite Bank eingeschaltet hat, zusätzlich der Bestätigungsbank. Diese ist auch berechtigt, im Namen der Akkreditivbank die Zustimmung der Übertragung gegenüber dem Zweitbegünstigten zu erklären und ihre Haftung zu begründen (Zahn S. 95 f.). In Art. 46 lit. b ER heißt es deshalb zutreffend, daß die Bank die „Übertragung" vornimmt. Die Akkreditivbank bzw. die Bestätigungsbank kann dem Zweitbegünstigten keine Einwendungen aus dem Verhältnis zum Erstbegünstigten entgegensetzen (Canaris Großkomm. HGB Anh. nach § 357 Anm. 443; Liesecke WM 76, 258, 261). Das folgt aus dem *Zweck* der Akkreditiv-Übertragung und aus einer entsprechenden Anwendung des § 784 BGB. Die Ermächtigung zur Übertragung des Akkreditivs deckt, falls nichts anderes bestimmt ist, nicht nur die Übertragung an einen Zweitbegünstigten im *Inland* (so noch Art. 46 V ER 1962), sondern auch eine Übertragung in das *Ausland*. Doch kann der Erstbegünstigte verlangen, daß die Leistung aus dem übertragenen Akkreditiv an den Zweitbegünstigten *an dem Platz* vorgenommen wird, an dem das Akkreditiv *übertragen* worden ist, und zwar bis zum Verfalldatum des Originalakkreditivs. Dadurch wird eine unangemessene Ausdehnung der Laufzeit des Akkreditivs verhindert. Auch hat der Erstbegünstigte vorbehaltlich anderer Bestimmung das Recht, nachträglich seine Rechnungen an die Stelle der Rechnungen des Zweitbegünstigten zu setzen und jeden ihm zustehenden Differenzbetrag zu fordern. – Die Zahlungspflicht der eröffnenden Bank besteht gegenüber dem Zweitbegünstigten, an den das Akkreditiv übertragen wurde, nur dann, wenn ihr ein urkundlicher Nachweis der Übertragung angedient wird (OLG Düsseldorf WM 76, 115, 118).

c) Teilübertragung

235 Ein übertragbares Akkreditiv kann auch *teilweise* übertragen werden, sofern Teilverladungen nicht untersagt sind (Art. 46 lit. e S. 2 ER). Der Akkreditierte braucht daher dem Zweitbegünstigten, meist einem Lieferanten, nicht den gesamten Akkreditivbetrag zukommen zu lassen. Der Restbetrag verbleibt bei einer teilweisen Übertragung dem Erstbegünstigten. Er erhält ihn, wenn er seine für den Akkreditiv-Auftraggeber bestimmte Rechnung einreicht (Art. 46 lit. f ER). Zugleich kann er von der Akkreditivbank die Herausgabe der Rechnungen verlangen, die der Zweitbegünstigte eingereicht hat. So kann er vermeiden, daß die Bank sie dem Akkreditiv-Auftraggeber aushändigt und dieser seine Verdienstspanne und den Namen seines Lieferanten erfährt. Doch kann die Bank, die an den Zweitbegünstigten gezahlt hat, im Anschluß an die englische Praxis den Erstbegünstigten zur Einreichung seiner Rechnung auffordern und, wenn die Aufforderung erfolglos bleibt, die erhaltenen Dokumente mit der Rechnung des Zweitbegünstigten weiterreichen, ohne sich dem Erstbegünstigten gegenüber schadenersatzpflichtig zu machen (Art. 46 lit. f S. 3 ER). Ist in den Akkreditivbedingungen die Teilverladung *nicht* ausgeschlossen, so kann der Akkreditierte das Akkreditiv *aufteilen* und die Teile auf mehrere Lieferanten übertragen (Art. 46 lit. e). Darin liegt keine unzulässige mehrmalige Übertragung, vielmehr gilt die Gesamtheit derartiger Übertragungen als nur *eine* Übertragung des Akkreditivs.

3. Unterakkreditiv

236 Der Akkreditierte kann die Akkreditiv- oder Bestätigungsbank beauftragen, einem Dritten, z. B. seinem Lieferanten, ein *weiteres Akkreditiv* zu stellen. Dann liegt ein Unterakkreditiv vor, das auch als *Gegenakkreditiv* bezeichnet wird (Zahn S. 242 ff.). Es ist von der *Übertragung* des Akkreditivs (Anm. 234) scharf zu unterscheiden. Während bei einer Übertragung der Erstbegünstigte grundsätzlich aus dem Akkreditivverband auscheidet, bleibt er beim Unterakkreditiv Akkreditierter des Ersatzakkreditivs und wird zugleich zum Akkreditiv-Auftraggeber. Es kommt auf Grund eines Geschäftsbesorgungsvertrages demnach ein selbständiges *zweites* Akkreditiv zustande, das die Bank gegenüber dem Verkäufer und Auftraggeber zur genauen Einhaltung der Bedingungen des Unterakkreditivs verpflichtet (BGH LM BGB § 780 Nr. 2; s. auch Anm. 185). Die Bank geht gegenüber dem Verkäufer durch die Eröffnung des Unterakkreditivs eine neue selbständige *Verbindlichkeit* ein, wobei ihr der Anspruch des Verkäufers aus dem Erstakkreditiv als Deckung dient. Da es sich nicht um eine Übertragung des Akkreditivs handelt, steht Art. 46 ER einer Weiterakkreditierung *nicht* entgegen (ebenso Canaris Großkomm. HGB Anh. nach § 357 Anm. 445; Liesecke WM 76, 258, 262; Wiele S. 72).

4. Pfändung der Rechte des Akkreditierten

a) Akkreditivrecht

237 Der Akkreditierte ist berechtigt, gegen Vorlage der akkreditivgerechten *Dokumente* von der Bank Zahlung zu erlangen. Ist das Akkreditiv „unübertragbar", so scheidet eine Pfändung des Rechts, das Akkreditiv zu benutzen, durch einen Gläubiger des Akkreditierten (Verkäufers) nach § 851 ZPO von vornherein aus. Bei einem „übertragbaren" Akkreditiv hat der Akkreditierte das Recht, der Bank die Weisung zu geben, das Akkreditiv ganz oder teilweise einem *Zweitbegünstigten* verfügbar zu machen (Art. 46 lit. a ER), der dann berechtigt ist, gegen Einreichung *eigener* Dokumente die Auszahlung des Akkreditivbetrages zu verlangen (Anm. 233). Aber auch bei einem „übertragbaren" Akkreditiv kann das Akkreditivbenutzungsrecht des Akkreditierten nicht mit der Wirkung gepfändet werden, daß der Pfändungsgläubiger selbst akkreditivgerechte Ware an den Akkreditiv-Auftraggeber (Käufer) liefert und gegen die Einreichung entsprechender Dokumente die Zahlung des Akkreditivbetrages an sich verlangt. Zwar kann der Akkreditierte bei einem „übertragbaren" Akkreditiv einen Zweitbegünstigten bestimmen, der die im Akkreditiv geforderte Leistung erbringen soll. Die Zustimmung der Bank und des Akkreditiv-Auftraggebers gilt aber nur für den Fall, daß der *Akkreditierte* einen Zweitbegünstigten mit der Leistung betraut. Gegen *seinen* Willen kann niemand die Verkäuferleistung übernehmen. Eine Pfändung ist ausgeschlossen, da mit dem Akkreditivrecht eine *Verpflichtung* des Akkreditierten verbunden ist. Es entspricht zudem der Interessenlage aller Beteiligten (Anm. 233 ff.), daß auch bei einem „übertragbaren" Akkreditiv nur *eine* Person die im Akkreditiv vorgeschriebene Leistung erbringen kann, die das *Vertrauen* des Verkäufers genießt. Auch wenn der Gläubiger des Akkreditierten neben dem Akkreditivrecht zusätzlich dessen Kaufpreisforderung pfändet, wäre die Rechtslage keine andere. Eine Pfändung des *Akkreditivrechts* ist daher unzulässig. Auf diesem Standpunkt steht, wenn auch mit teilweise unterschiedlicher Begründung, das Schrifttum (Canaris in Großkomm. HGB Anh. nach § 357 Anm. 447; Zahn S. 192; Schütz BB 64, 332/335). J. Geßler (Pfändung in Akkreditive, 1967 S. 77ff./99 und AWD 68, 295) hält zwar die Pfändung des Akkreditivrechts für wirksam, jedoch sei der Pfändungsbeschluß auf Erinnerung des Verkäufers nach § 766 ZPO aufzuheben, weil niemand gegen seinen Willen die Akkreditivpflichten übernehmen könne. Auch nach seiner Auffassung scheidet daher eine Pfändung des Akkreditivrechts für den Gläubiger des Verkäufers praktisch aus.

b) Zahlungsanspruch

238 Der Zahlungsanspruch des Akkreditierten ist jetzt nach Art. 47 ER *übertragbar*, gleichviel, ob das Akkreditiv als „übertragbar" bezeichnet ist oder nicht. Der Zahlungs-

§ 365 Anh. *Der bankmäßige Zahlungsverkehr*

anspruch kann daher wie eine Geldforderung gepfändet werden (zur früheren Rechtslage s. Voraufl. Anh. nach § 365 Anm. 153). Aber ohne Vorlage der Dokumente nützt dem Gläubiger die Pfändung nichts. Die Dokumente kann er nicht pfänden und der Verkäufer wird selten bereit sein, dem Gläubiger die Erlangung des Akkreditivbetrages zu ermöglichen (Schütz BB 64, 332/335). *Erzwingen* kann der Gläubiger die Vorlage der Dokumente nicht. Pfändet der Gläubiger statt des bedingten Zahlungsanspruchs die Kaufpreisforderung, so hilft ihm dies nichts, weil der Käufer während der Laufzeit des Akkreditivs nicht aus dem Kaufvertrag in Anspruch genommen werden kann (Anm. 247; Liesecke WM 60, 211). Wohl aber verhindert der Gläubiger durch eine Pfändung des bedingten Zahlungsanspruchs *und* des Kaufpreisanspruchs, daß der Kaufvertrag von den Parteien außerhalb des Akkreditivs abgewickelt und dadurch die Pfändung des Zahlungsanspruchs nutzlos wird (Zahn S. 193; J. Geßler aaO S. 107 ff.). Reicht der Verkäufer die akkreditivgerechten Dokumente nebst Rechnung ein, so kann der Gläubiger den Zahlungsanspruch gegen die Bank durchsetzen; wird der Kaufvertrag außerhalb des Akkreditivs abgewickelt, so kann sich der Gläubiger aus dem Kaufpreisanspruch befriedigen.

5. Abschnitt. Die Rechtsbeziehungen zwischen dem Akkreditierten und dem Akkreditiv-Auftraggeber

I. Die Akkreditivklausel

1. Ihre Bedeutung

239 Beim Dokumentenakkreditiv ist der zwischen dem Akkreditiv-Auftraggeber und dem Akkreditierten geschlossene Vertrag gewöhnlich ein *Kaufvertrag*. Die Vereinbarung, daß der Käufer den Verkäufer bei einer Bank zu akkreditieren hat *(Akkreditivklausel),* stellt eine besondere Bedingung dieses Kaufvertrages dar. Die Akkreditivklausel bestimmt die Art und Weise, wie der Käufer seine Grundverpflichtung, die Zahlung des Kaufpreises (§ 433 Abs. 2 BGB), zu erfüllen hat. Die Verpflichtung des Verkäufers, die Ware zu übergeben und das Eigentum an ihr zu verschaffen, ist ferner dahin modifiziert, daß er nicht nur die *Ware* ordnungsgemäß zu liefern, sondern auch akkreditivgerechte *Dokumente* über die Ware bei der Bank einzureichen hat; entsprechend trifft den Käufer die Verpflichtung, von der Bank die Dokumente entgegenzunehmen. Für sich allein kann die Akkreditivklausel nicht bestehen. Sie setzt stets einen Vertrag voraus, dessen Annex sie darstellt. Die Akkreditivklausel kommt nicht nur bei Kaufverträgen, sondern auch bei anderen Verträgen vor, z. B. bei Werklieferungs- oder Frachtverträgen. Ihre besondere praktische Bedeutung hat sie jedoch hauptsächlich bei Kaufverträgen.

2. Vereinbarung

240 Die Akkreditivklausel als Zahlungsbedingung versteht sich nicht von selbst. Sie muß stets besonders vereinbart sein; doch kann dies auch konkludent geschehen. Üblich sind folgende Klauseln: „Bankakkreditiv"; „Zahlung gegen Akkreditiv"; „Kassa gegen Akkreditiv"; „Zahlung durch Akkreditiv"; „Akkreditiv gegen Duplikatfrachtbrief"; auch „Banküberweisung gegen Duplikatfrachtbrief" (RGZ 105, 32). Es empfiehlt sich, den

Ausdruck „Akkreditiv" zur eindeutigen Klarstellung zu gebrauchen. Zwar kommt es auf diesen Wortlaut nicht zwingend an. Andere Bezeichnungen geben jedoch keine völlige Klarheit; ihre Deutung hängt von den Umständen des einzelnen Falles ab. Zur *Klausel* „Kasse gegen Dokumente bei Ankunft des Dampfers" s. BGHZ 41, 215 ff.; „netto Kasse durch Bankgarantie bei der X-Bank" vgl. HansRZ 21, 357; über die Klausel „Zahlung gegen Duplikatfrachtbrief unter Kredit bei der X-Bank" vgl. BayRpflZ 20, 326). – Aus der Akkreditivklausel müssen der Akkreditivbetrag, die Akkreditivbank, die Dokumente und die Gültigkeitsdauer hervorgehen. In der Regel legen die Parteien auch fest, ob das Akkreditiv widerruflich oder unwiderruflich, bestätigt oder unbestätigt, übertragbar oder nicht übertragbar gestellt werden soll. Die in der Akkreditivklausel vereinbarten Bedingungen müssen sich bei ordnungsmäßiger Ausführung mit den Bedingungen des Akkreditivauftrags und der Akkreditiveröffnung und -bestätigung decken.

II. Pflichten des Akkreditiv-Auftraggeber (Käufers)

1. Stellung des Akkreditivs

Ist eine Akkreditivklausel wirksam vereinbart worden, so ist der Käufer verpflichtet, das Akkreditiv *ordnungsmäßig* und *rechtzeitig* zu stellen. Hierzu gehört auch, daß die Akkreditivbank dem Akkreditierten die Eröffnung des Akkreditivs *mitteilt* (RGZ 105, 32; Canaris Großkomm. HGB Anh. nach § 357 Anm. 448; Ulmer AcP 126, 276; vgl. auch Anm. 157). Erst wenn die Bank das Akkreditiv gegenüber dem Akkreditierten eröffnet hat, z. B. durch die Nachricht, daß die Akkreditivsumme eingegangen sei und zu seiner Verfügung stehe, hat der Käufer seine Pflicht zur Stellung des Akkreditivs erfüllt. War zwischen den Parteien ein *bestätigtes* Akkreditiv vereinbart worden, so hat der Käufer seine Pflichten erfüllt, wenn die von der eröffnenden Bank beauftragte zweite Bank dem Verkäufer die Eröffnung des Akkreditivs bestätigt hat. Die Akkreditivklausel hat somit eine *Vorleistungspflicht des Käufers* zur Folge (RGZ 102, 155; RG JW 21, 1312; BGH WM 55, 765; OLG Düsseldorf DB 73, 2294; ÖOGH zit. bei Stanzl, nach § 373 Nr. 212; Reichardt ZHR 88, 5; Ulmer AcP 126, 275). Der Käufer hat zwar nicht den Kaufpreis vorzuleisten, wohl aber zunächst das Akkreditiv zu stellen. Erst die ordnungsmäßige Stellung des Akkreditivs gibt dem Käufer den Anspruch auf Lieferung der Ware (RGZ 102, 155). Wird der Akkreditivauftrag durch Vermittlung einer Bank gestellt, so genügt es nicht, daß der Auftrag von der Zwischenbank an die Akkreditivbank ordnungsmäßig weitergegeben wird. Erst mit der Eröffnung oder der Bestätigung des Akkreditivs gegenüber dem Verkäufer ist das Akkreditiv gestellt. Da die Bank dem Verkäufer schon auf Grund der *Einreichung* akkreditivgerechter Dokumente den Akkreditivbetrag *auszahlt*, bewirkt der Käufer auch insoweit eine *Vorleistung*. Er weiß nicht, ob er überhaupt die Ware erhält und ob sie ordnungsgemäß ist. Um sein Risiko zu verringern, kann er jedoch mit dem Verkäufer vereinbaren, daß dieser außer den Dokumenten auch die Bescheinigung einer Vertrauensperson über die *Qualität* und ggf. auch Herkunft der Ware der Bank einzureichen hat. Wird die Einreichung einer Spediteur-Übernahmebescheinigung verabredet, so handelt es sich, da der Spediteur keine geeignete Prüfungsperson ist, nicht um eine Qualitätsbescheinigung, selbst wenn in ihr Übernahme einer Ware mit „Ia Qualität" bestätigt wird (BGH WM 68, 94/95; Canaris

§ 365 Anh. *Der bankmäßige Zahlungsverkehr*

Großkomm. HGB nach § 357 Anm. 449). Der *Erfüllungsort* für die Leistungspflicht des Käufers wird durch die Akkreditivklausel grundsätzlich *nicht* geändert, auch wenn sich die Bank nicht am Ort der Niederlassung des Käufers oder des Verkäufers befindet (OLG Frankfurt NJW 51, 965; Capelle S. 50 ff.; a. M. Reichardt ZHR 88, 15). Verschlechtern sich nachträglich die Vermögensverhältnisse des akkreditierten Verkäufers so erheblich, daß der Lieferanspruch des Käufers gefährdet ist, so entfällt nach § 321 BGB die Pflicht des Käufers zur Stellung des Akkreditivs (Zahn S. 33).

2. Rechtsfolgen bei Nichterfüllung

242   Die *Pflicht* des Käufers, ein Akkreditiv zu stellen, ist keine bloße Nebenpflicht aus dem Kaufvertrag, sondern, ebenso wie die Zahlung des Kaufpreises, eine *Hauptverpflichtung* des Käufers (RGZ 103, 376/380; BGH WM 58, 456; 65, 103; Nürnberg NJW 66, 2272; Canaris Großkomm. HGB Anh. nach § 357 Anm. 450; Liesecke WM 66, 458/460; von Westphalen S. 99).

a) Verzug

243   Wird das Akkreditiv nicht rechtzeitig gestellt, so stehen dem Verkäufer die Rechte aus § 326 BGB zu. Er kann danach Schadensersatz wegen Nichterfüllung verlangen oder vom Vertrag zurücktreten, wenn sich der Käufer im Verzug befindet, d. h. *schuldhaft* seiner Pflicht zur ordnungsgemäßen Stellung eines Akkreditivs nicht rechtzeitig oder nur teilweise erfüllt. Ist für die Stellung des Akkreditivs keine Zeit nach dem Kalender bestimmt (§ 284 Abs. 2 BGB), so muß der Verkäufer den Käufer *mahnen,* um ihn in Verzug zu setzen, und ihm nach § 326 Abs. 1 BGB zur Stellung des Akkreditivs eine *Frist* mit der Erklärung setzen, daß er die Annahme nach dem Ablauf der Frist ablehne. Die den Verzug begründende Mahnung kann mit der Fristsetzung verbunden werden (RGZ 50, 255; 120, 193). Verfügt der Verkäufer über die Ware, ohne dem Käufer eine Nachfrist gesetzt zu haben, so kann der Käufer seinerseits berechtigt sein, Schadensersatz wegen Nichterfüllung zu verlangen (OLG München AWD 58, 190). Eine Fristsetzung ist nach § 326 Abs. 2 BGB nur dann nicht erforderlich, wenn die Erfüllung des Vertrages für den Verkäufer *kein Interesse* mehr hat. Dies ist der Fall, wenn der Verkäufer das Interesse an dem Austausch der gegenseitigen Leistungen verloren hat, so z. B. wenn er sich die Waren infolge Preisanstiegs nicht mehr unter den bisherigen Bedingungen verschaffen kann (RG BankA XX, 252 ff.). Nicht ist zu verlangen, daß der Schuldner einen solchen Erfolg voraussehen konnte (RGZ 94, 326). Eine Fristsetzung nach § 326 Abs. 2 BGB ist ferner nicht erforderlich, wenn der Käufer die Stellung des Akkreditivs ernstlich und endgültig verweigert hat. In diesem Fall wäre die Fristsetzung eine nutzlose Formalität (RGZ 51, 347; 129, 143; BGHZ 2, 310). Da die Regelung des § 326 Abs. 1 BGB nicht zwingend ist, kann der Käufer auch auf die Setzung einer Frist *verzichten.* Wurde z. B. *sofortige* Akkreditivstellung vereinbart, so wird man jedoch in der Regel annehmen können, daß eine Fristsetzung zur Wahrung der Rechte aus § 326 BGB nicht erforderlich ist (vgl. auch Reichardt ZHR 88, 11). Hiermit entfällt noch nicht die Notwendigkeit einer *Mahnung.* Sie ist nur dann nicht erforderlich, wenn eine Zeit nach dem Kalender vereinbart worden ist (§ 284 Abs. 2 BGB). Gleiches ist anzunehmen, wenn nach dem Willen der Vertragsschließenden und dem Sinn des Vertrages dem

Zeitmoment entscheidende Bedeutung zukommt (RG JW 33, 2204; BGH NJW 59, 933) oder der Käufer die Stellung des Akkreditivs ernstlich und endgültig verweigert (RGZ 67, 314; BGHZ 2, 310). Stets setzt der Verzug, selbst wenn sich eine Mahnung und Fristsetzung erübrigt, das *Verschulden* des Käufers an der Verzögerung der Stellung des Akkreditivs voraus (§ 285 BGB). Bei der Stellung des Akkreditivs bedient sich der Käufer der Bank als *Erfüllungsgehilfin*. Er haftet daher für ein Verschulden der beauftragten Bank nach § 278 BGB (RGZ 105, 32; RG JW 21, 1312; BGH WM 55, 765; Canaris Großkomm. HGB Anh. nach § 357 Anm. 452; Zahn S. 32; Reichardt ZHR 88, 7), so z. B. wenn die Bank die Akkreditierung nicht oder nicht rechtzeitig mitteilt. Nach der Eröffnung oder Bestätigung des Akkreditivs fungiert dagegen die Bank nicht mehr als Erfüllungsgehilfin des Käufers und Akkreditivauftraggebers.

Der Verkäufer kann auch durch *Verzicht* seine Rechte aus § 326 BGB verlieren, so **244** z. B. wenn er trotz eines nicht vertragsgemäß gestellten Akkreditivs Teillieferungen erbringt. In diesem Falle kann der Käufer auch die Restlieferung verlangen und bei Verweigerung des Verkäufers seinerseits nach § 326 BGB vorgehen. Dem steht das *eigene* vertragswidrige Verhalten des Käufers nicht entgegen. Der Grundsatz, daß derjenige, der selbst vertragsuntreu ist, aus der Vertragsuntreue des anderen Teils keine Rechte für sich herleiten kann (§ 242 BGB), greift nicht Platz, wenn aus dem Verhalten des Vertragsgegners zu entnehmen ist, daß dieser auf die Einhaltung der betreffenden Vertragspflichten kein Gewicht legt (BGH LM § 326 [C] BGB Nr. 1 a).

b) **Fixgeschäft**

Da ein Vorgehen des Verkäufers nach § 326 BGB den *Verzug* des Käufers mit der **245** Pflicht zur Akkreditivstellung voraussetzt, ist es vielfach üblich, dem Akkreditiv den Charakter eines *Fixgeschäfts* zu geben (§ 361 BGB, § 376 HGB). Es wird vereinbart, daß die Stellung des Akkreditivs genau zu einem festbestimmten Zeitpunkt oder innerhalb einer festbestimmten Zeit bewirkt werden soll. Um ein Fixgeschäft handelt es sich z. B., wenn „sofortige Akkreditierung" vereinbart ist. Auch läßt sich aus der besonderen Eigenart eines Akkreditivgeschäfts die Annahme eines Fixgeschäftes herleiten (RGZ 96, 255; 104, 39/373). Daher liegt bei *befristeter* Akkreditivstellung (Anm. 207) die Annahme eines Fixgeschäfts nahe, wenn auch Fristen für die Eröffnung des Akkreditivs vereinbart sind. Wird bei einem Abladegeschäft von den Parteien der vertraglich vereinbarte Abladetermin aufgehoben und das Akkreditiv *verlängert,* so hat die vereinbarte Befristung den Charakter eines Fixgeschäfts (Schiedsspruch der Hamburger freundschaftlichen Arbitrage HSG J 5 a Nr. 12, abgedruckt bei Straatmann/Ulmer, Handelsrechtliche Schiedsgerichtspraxis, 1975). Liegt ein Fixgeschäft vor, so kann der Verkäufer bei nicht rechtzeitiger Stellung des Akkreditivs nach § 376 vom Kaufvertrag *zurücktreten,* ohne daß die allgemeinen Voraussetzungen des Verzugs, insbesondere das Verschulden des Käufers, vorzuliegen brauchen (BGH WM 58, 456). Hat jedoch der Käufer seine Vorleistungspflicht – Stellen des vereinbarten unwiderruflichen Akkreditivs – schuldhaft nicht erfüllt, so kann er nicht deshalb vom Vertrag zurücktreten, weil der Verkäufer daraufhin die Ware nicht innerhalb der fest bestimmten Frist verladen hat (BGH LM BGB § 361 Nr. 1). Auch bei einem Fixgeschäft kann der Verkäufer *Schadenersatz wegen Nichterfüllung* nur verlangen, wenn der Käufer im *Verzug* ist (§ 376). – Drängt der Verkäufer trotz Fristablaufs noch auf die Stellung eines Akkreditivs, so kann der Kauf-

§ 365 Anh. *Der bankmäßige Zahlungsverkehr*

vertrag dadurch den Fixcharakter verlieren (BGH LM § 384 HGB Nr. 2). Doch braucht das nicht stets der Fall zu sein, auch nicht bei mehrmaliger Verlängerung der Frist zur Akkreditivstellung (OLG Hamburg BB 54, 613; Liesecke WM 60, 210).

3. Undurchführbarkeit

246 Ist die Stellung des Akkreditivs ohne Verschulden des Käufers nicht durchführbar, z. B. weil devisenrechtliche Hindernisse bestehen, so wird der Käufer zwar von seiner Vorleistungspflicht frei (§ 275 BGB), bleibt aber grundsätzlich nach § 433 Abs. 2 BGB zur *Zahlung des Kaufpreises* verpflichtet (RGZ 92, 225; Zahn S. 31). Auch wenn die Stellung des Akkreditivs von Anfang an objektiv unmöglich war, führt das im Zweifel *nicht* zur Nichtigkeit des ganzen Kaufvertrages (a. M. Canaris Großkomm. HGB Anh. nach § 357 Anm. 453 unter Anwendung des § 139 BGB). Doch kann es in besonders gelagerten Fällen anders liegen, so z. B. wenn der Verkäufer den Vertrag nur im Hinblick auf die Stellung eines Akkreditivs und die Aussicht auf alsbaldige Auszahlung des Akkreditivbetrages geschlossen hat und der Käufer keine gleich schnelle Art der Zahlung anbieten kann (RGZ 91, 46). Die Nichtigkeit oder die nachträgliche Auflösung des *Kaufvertrages* befreit dagegen den Käufer stets von seiner Zahlungspflicht, so daß der Verkäufer auch den Anspruch auf Stellung eines Akkreditivs verliert. Für seine *wirtschaftliche Leistungsfähigkeit* muß der Käufer einstehen (arg. § 279 BGB). Er wird daher von seiner Pflicht, ein Akkreditiv zu stellen, *nicht frei,* wenn er aus finanziellen Gründen dazu nicht in der Lage ist, z. B. ihm keine Bank Kredit gewährt (Canaris Großkomm. HGB Anh. nach § 357 Anm. 453; Zahn S. 30).

III. Rechtslage nach Eröffnung des Akkreditivs

1. Leistung erfüllungshalber

247 Die *Eröffnung* eines Akkreditivs geschieht ebenso wie die Bestätigung *nur erfüllungshalber* (analog §§ 788, 364 Abs. 2 BGB; BGH BB 56, 546; Canaris Großkomm. HGB Anh. nach § 357 Anm. 454; Ulmer AcP 126, 277/310; Zahn S. 27; Liesecke WM 76, 259; Capelle S. 49; A. Koch S. 285). Dem Verkäufer verbleibt der Anspruch auf Zahlung des Kaufpreises (§ 433 Abs. 2 BGB) bis zur Auszahlung der Akkreditivsumme. Er ist jedoch verpflichtet, zunächst seine Befriedigung aus dem Akkreditiv zu suchen (Liesecke WM 60, 210). Erst wenn er auf diese Weise keine Befriedigung erlangt, kann er auf die Kaufpreisforderung zurückgreifen. Es liegt insoweit ähnlich wie bei Hingabe eines Wechsels oder Schecks, die ebenfalls im Zweifel erfüllungshalber geschieht und den Verkäufer verpflichtet, sich zunächst aus dem Wechsel oder Scheck bezahlt zu machen (Baumbach/Hefermehl, Wechsel- und Scheckgesetz, Einl WG Anm. 34). Bei Nichteinlösung des vom Käufer gestellten Akkreditivs ändert sich nur die Zahlungsart. Anstelle der Zahlung durch Akkreditiv tritt die Zahlung Zug um Zug gegen Lieferung der Ware und offene Rechnung. Das gilt auch dann, wenn das Akkreditiv deshalb nicht eingelöst wird, weil der Verkäufer nicht ordnungsgemäße Dokumente präsentiert (Straatmann/Ulmer, Handelsrechtliche Schiedsgerichts-Praxis, 1975, E 1 c Nr. 1; a. M. Canaris aaO Anm. 457). Solange die Kaufpreisforderung nicht geltend gemacht werden kann, läuft die Verjährung nicht (BGHZ 55, 340 ff.). Wird die Kaufpreisforderung *abgetreten,* so

Zweiter Teil. Das Akkreditivgeschäft **Anh. § 365**

kann sich der Käufer nach § 404 BGB auf die Akkreditivabrede berufen. – Zur Rechtslage bei *Verfall* des Akkreditivs s. Anm. 209, 248.

2. Aufrechnungsausschluß

Die Verpflichtung des Käufers, für die Zahlung des Kaufpreises ein unwiderrufliches **248** Dokumenten-Akkreditiv zugunsten des Verkäufers zu eröffnen, enthält nach BGHZ 60, 262/264 eine *Barzahlungsabrede* und schließt damit konkludent einen Aufrechnungsausschluß ein. Es folgt dies schon daraus, daß der Zahlungsanspruch des Verkäufers gegen die Bank aus Eröffnung oder Bestätigung des Akkreditivs vom Valutaverhältnis *unabhängig* ist. Der Verkäufer kann bei ordnungsgemäßer Abwicklung des unwiderruflich gestellten Akkreditivs auf Barzahlung vertrauen. Ist das Akkrediitv *verfallen,* so besteht jedoch kein Anlaß, eine Tilgung der Kaufpreisschuld durch Aufrechnung auszuschließen, wenn die Nichteinlösung des Akkreditivs vom Verkäufer verursacht ist (zutr. Canaris Großkomm. HGB Anh. nach § 357 Anm. 458). Sein Vertrauen auf Barzahlung ist grundsätzlich nur für die Laufzeit des Akkreditivs schutzwürdig. Nur wenn die Gründe für den Verfall des Akkreditivs überwiegend in den Verantwortungsbereich des *Käufers* fallen, wäre es mit Treu und Glauben (§ 242 BGB) unvereinbar, wenn dem Käufer jetzt wieder die Aufrechnungsbefugnis zustünde (BGHZ 60, 262/264). Solange die Kaufpreisforderung nicht geltend gemacht werden kann (Anm. 247), folgt der Aufrechnungsauschluß für den *Verkäufer* aus § 390 BGB.

3. Rechte und Pflichten auf Grund der Akkreditiv-Vereinbarung

Vor der *Eröffnung* des Akkreditivs beschränken sich die Pflichten des Verkäufers **249** darauf, den Käufer durch die erforderlichen Mitteilungen und Aufklärungen in die Lage zu versetzen, das vereinbarte Akkreditiv zu stellen. Außer dieser Mitwirkungspflicht trifft ihn keine Leistungspflicht, weil die Akkreditivklausel für den Käufer eine Pflicht zur *Vorleistung* begründet (Anm. 241). Die Ansprüche des Käufers auf Lieferung der Ware und Vorlage der Dokumente werden erst fällig, wenn er das Akkreditiv vertragsgemäß gestellt hat (RGZ 102, 155). Erst nach der Eröffnung bzw. Bestätigung des Akkreditivs hat der Verkäufer die Ware an den Käufer abzusenden und die im Akkreditiv vorgesehenen *Dokumente* und sonstigen Zertifikate bei der Bank einzureichen. Diese Pflicht ist ebenso wie die Pflicht des Käufers zur Akkreditivstellung keine bloße Neben-, sondern eine *Hauptpflicht* des Verkäufers (glA Canaris Großkomm. HGB Anh. nach § 357 Anm. 450; Zahn S. 33; a.M. RGZ 96, 246/248). Reicht er die akkreditivgerechten Dokumente nicht während der Gültigkeitsdauer des Akkreditivs bei der Bank ein, so kann er in Schuldner- und Gläubigerverzug kommen. Hat der Käufer das Akkreditiv verspätet gestellt, so muß der Verkäufer bei Lieferunfähigkeit dem Käufer Schadenersatz wegen Nichterfüllung leisten, wenn er auf Grund der Vertragsverletzung nicht vom Vertrag zurückgetreten ist. (Anm. 243), sondern versucht hat, die Belieferung durchzuführen, bis sich sein Unvermögen herausgestellt hat (Straatmann/Ulmer, Handelsrechtliche Schiedsgerichtspraxis, 1975, zu E 4b Nr. 5). Bedient sich der Verkäufer seinerseits einer Bank zur Geltendmachung seines Zahlungsanspruchs gegen die Akkreditiv- oder Bestätigungsbank, so muß er die Dokumente so rechtzeitig der Inkassobank einreichen, daß die Akkreditivfrist gewahrt wird (vgl. zum Dokumenten-Inkasso Anm. 264ff.). Hat

§ 365 Anh. *Der bankmäßige Zahlungsverkehr*

der Verkäufer die erforderlichen Dokumente der Bank eingereicht, so folgt daraus nicht, daß er, wie RG JW 31, 2904 allgemein annimmt, keine Verhaltenspflichten mehr zu erfüllen hat. Es hat vielmehr alles Erforderliche zu tun, damit der Kaufvertrag gemäß der Akkreditivvereinbarung ordnungsgemäß abgewickelt wird.

250 Der *Käufer* darf nach Eröffnung bzw. Bestätigung des Akkreditivs nicht den Verkäufer hindern, sich die zur Auszahlung notwendigen Dokumente zu verschaffen. Verlangt er die Aufnahme von Qualitätsangaben in die vereinbarte Spediteur-Übernahmebescheinigung, damit aus dem von ihm gestellten Akkreditiv nur gezahlt wird, wenn die vereinbarte Qualität der Ware bezeugt ist, so liegt darin eine positive Vertragsverletzung, die dem Verkäufer einen Anspruch auf Schadenersatz wegen Nichterfüllung, insbesondere das Recht gibt, die Erfüllung des Vertrages zu verweigern (BGH WM 68, 94/96). Es widerspricht vorbehaltlich einer anderen Vertragsgestaltung dem Zweck der Akkreditivstellung, die Zahlung der Bank gegen Dokumente von einer vorherigen Untersuchung der vertragsmäßigen Beschaffenheit der Ware abhängig zu machen (vgl. auch BGHZ 41, 215 für die Klausel „Kasse gegen Dokumente").

4. Einwirkungen des Valutaverhältnisses auf die Akkreditierung

a) Fehlen oder Unwirksamkeit des Valutageschäfts

251 Ist der Kaufvertrag *nichtig* oder vom Käufer wirksam angefochten worden, so steht ihm ein Anspruch aus § 812 Abs. 1 BGB gegen den Verkäufer dahingehend zu, daß er auf seine Rechte aus dem Akkreditiv, das für den Kaufpreis gestellt worden ist, gegenüber der Bank *verzichtet*. Gleiches gilt, wenn es an einem Kaufvertrag fehlt, der Akkreditiv-Auftraggeber z.B. versehentlich einer falschen Person ein Akkreditiv gestellt hat. Durch eine *einstweilige Verfügung* (§§ 935, 940 ZPO) kann der Käufer zwar nicht den Verzicht auf die Akkreditivrechte und damit eine endgültige Befriedigung erreichen, wohl aber, daß dem Verkäufer untersagt wird, das Akkreditiv in Anspruch zu nehmen, d.h. gegenüber der Bank zu benutzen (von Godin in RGR-Komm. z. HGB Anh. I zu § 365 Anm. 49; Liesecke WM 66, 458/468; Zahn S. 161). Der Verhinderung der Auszahlung des Akkreditivbetrages steht der *Zweck* des Akkreditivs *nicht* entgegen. Dieser ist auf die reibungslose Abwicklung eines Warengeschäfts gerichtet und setzt daher den *Bestand* eines solchen Geschäfts voraus. Eine bereits erfolgte Akkreditivstellung kann wieder *aufgehoben* werden, wenn der ihm wirtschaftlich zugrundeliegende Vertrag rückgängig gemacht wird (BGH BB 56, 546). Wirksam wird das *Einziehungsverbot* mit der Zustellung der Verfügung an den Verkäufer; die Bank kann nicht mehr mit befreiender Wirkung gegenüber dem Käufer zahlen, wenn sie Kenntnis von dem Verbot erlangt (§§ 135, 136 BGB). Ist der Akkreditivbetrag schon an den Verkäufer von der Bank ausgezahlt worden, so kann der Käufer die Rückzahlung nur vom Verkäufer, nicht von der Bank verlangen (vgl. zur Gutschrift im Überweisungsverkehr Anm. 112). Der Verkäufer hat dem Käufer den Gegenwert des von diesem gestellten Akkreditivs im Zeitpunkt der Belastung zu vergüten.

b) Mangelhafte Lieferung

252 Bei Qualitäts- und Quantitätsmängeln sowie bei Falschlieferungen können dem Käufer Ansprüche auf Schadenersatz wegen Nichterfüllung (§§ 480, 463 BGB) oder auf

Rückgewähr der Leistung auf Grund Wandlung oder Rücktritts vom Kaufvertrage (§§ 480, 467, 346 ff.; §§ 325 ff. BGB) zustehen. Dann fragt es sich, ob der Käufer auf Grund einer einstweiligen Verfügung (§§ 937 ff. ZPO) oder eines Arrestes (§§ 916 ff. ZPO) dem Verkäufer die Benutzung des Akkreditivs verbieten kann, wenn die Ware trotz Vorlage akkreditivgerechter Dokumente nicht der vereinbarten Güte und Menge entspricht. Gewöhnlich wird allerdings der Verkäufer von seiner Bank bereits gegen Einreichung der Dokumente Zahlung erhalten haben, bevor der Käufer die Ware empfangen und geprüft hat. Doch kann es auf Grund einer Teillieferung BGH WM 68, 94), einer Zollnachricht oder dann anders liegen, wenn die Bank den Akkreditivbetrag erst nach dem Eintreffen der Ware beim Käufer auszuzahlen hat. In solchen Fällen widerspricht es dem Grundsatz der strikten Trennung des Akkreditivs vom Warengeschäft, wenn der Käufer auf Grund einseitiger Glaubhaftmachung seines Anspruchs dem Verkäufer die Benutzung des Akkreditivs untersagen könnte (OLG Düsseldorf JW 27, 1496 Nr. 2; LG Düsseldorf WM 75, 67/68; Canaris Großkomm. HGB Anh. nach § 357 Anm. 464; Kübler, Feststellung und Garantie, 1967, S. 194 f.; Zahn S. 159 ff.; Liesecke WM 66, 458/468). Beim Dokumenten-Akkreditiv soll durch die Einschaltung der Bank erreicht werden, daß der Verkäufer zuerst einmal für seine Warenlieferung bezahlt wird, unabhängig davon, ob er seine Lieferverpflichtung vertragsgemäß erfüllt. Erst wenn der Verkäufer von der Bank Zahlung gegen Vorlage der Dokumente erhalten hat, soll der Käufer seine Ansprüche gegen den Verkäufer durchsetzen. Mit diesem Grundgedanken des Akkreditivs ist es nicht vereinbar, wenn der Käufer den reibungslosen Ablauf der Zahlung mittels Akkreditivs durch eine einstweilige Verfügung oder einen Arrest stören könnte. Dann wäre die Verwendung des Akkreditivs als Zahlungsmittel im internationalen Wirtschaftsverkehr unbrauchbar (Liesecke WM 66, 458/468). Der Käufer hat daher bei *mangelhafter Lieferung* grundsätzlich keine Möglichkeit, die Auszahlung durch die Bank zu verhindern. Nur wenn das Bestehen des Verkäufers auf der Vorleistungspflicht des Käufers einen *Rechtsmißbrauch* darstellt, könnte dem Verkäufer die Inanspruchnahme des Akkreditivs untersagt werden. Die einseitige Glaubhaftmachung, daß die gelieferte Ware nicht vertragsmäßig sei, rechtfertigt noch nicht die Annahme eines *Rechtsmißbrauchs*. Auch reicht die Behauptung der Vorlage gefälschter oder manipulierter Dokumente allein ohne Glaubhaftmachung der weiteren Voraussetzungen der §§ 935, 940 ZPO nicht aus, da sich sonst jede Akkreditierung leicht vereiteln ließe (LG Düsseldorf WM 75, 67/68). Es müssen nicht nur *schwerwiegende Gründe* vorliegen, sondern es muß auch zu befürchten sein, daß ohne den Erlaß einer einstweiligen Verfügung der Käufer einen nicht wieder gutzumachenden *Schaden* erleidet, weil er Gefahr läuft, den ausgezahlten Akkreditivbetrag nicht wieder zurückzuerhalten. Ein solcher Ausnahmetatbestand wird gewöhnlich nur gegeben sein, wenn der Käufer glaubhaft macht, daß er durch *betrügerische Praktiken* eines fragwürdigen Gläubigers *geschädigt* wird (Liesecke WM 66, 458/468; 76, 258/267 f.; Borggrefe S. 70 ff.; Kübler, Feststellung und Garantie, 1967, S. 195). Unter solchen besonderen Umständen läßt sich ein einstweiliger Rechtsschutz mit dem Sinn und Zweck eines Akkreditivs vereinbaren.

6. Abschnitt. Einfluß des Konkurses

I. Konkurs des Akkreditiv-Auftraggebers

1. Verhältnis zur Bank

253 Wird über das Vermögen des Akkreditiv-Auftraggebers das Konkursverfahren eröffnet, so *erlischt* der Akkreditiv-Auftrag (§ 23 Abs. 2 KO; Canaris in Großkomm. HGB Anh. nach § 357 Anm. 470; v. Godin in RGR-Komm. z. HGB § 365 Anh. I Anm. 81; Mentzel/Kuhn KO § 23 Anm. 14; Zahn S. 176f.; Schubert BB 52, 128). Einen bereits erhaltenen *Vorschuß* muß die Bank zurückgewähren (§§ 675, 661 BGB; nach Zahn [S. 195] aus § 812 Abs. 1 BGB). Würde die Bank noch nach Konkurseröffnung dem Dritten das Akkreditiv eröffnen, so stünde ihr grundsätzlich kein Aufwendungs-Ersatzanspruch aus §§ 675, 670 BGB zu, es sei denn, daß sie in ihrem Vertrauen geschützt wird (Anm. 254).

254 Nach § 23 Abs. 1 Satz 2 KO, § 674 BGB *gilt* der Akkreditivauftrag zugunsten der Bank so lange *als fortbestehend,* bis sie von dem Erlöschen Kenntnis erlangt oder das Erlöschen kennen muß. Dann erlangt sie trotz des Konkurses mit der Eröffnung des Akkreditivs einen Aufwendungs-Ersatzanspruch aus §§ 675, 670 BGB, der aber nach § 27 KO nur als gewöhnliche Konkursforderung geltend gemacht werden kann. Doch kann die Bank mit diesem Anspruch gegen eine Guthabenforderung des Gemeinschuldners entsprechend § 54 Abs. 1 KO *aufrechnen,* da ihre Forderung nicht als Neuforderung zu werten ist und daher § 55 Nr. 2 KO eine Aufrechnung nicht ausschließt (Canaris Großkomm. HGB Anh. nach § 357 Anm. 470). Auch wenn ein Vertrauensschutz nicht besteht, erwirbt sie, wenn mit dem Aufschub Gefahr verbunden ist, einen Aufwendungs-Ersatzanspruch nach § 23 Abs. 1 Satz 2 KO, § 672 Satz 2 BGB; insoweit liegt eine Masseschuld vor. Hat der Konkursverwalter versäumt, der Bank die Konkurseröffnung unverzüglich mitzuteilen, so haftet er nach § 82 KO auf Schadenersatz.

255 Ist das Konkursverfahren erst *nach* der Eröffnung des Akkreditivs eröffnet worden, so steht der Bank der Aufwendungs-Ersatzanspruch aus §§ 675, 670 BGB zu, da sie auf Grund der Akkreditiv-Eröffnung bereits dem Begünstigten haftet. Die Eröffnung des Akkreditivs steht der Auszahlung des Akkreditivbetrages gleich. Einen erhaltenen Vorschuß braucht die Bank nicht zurückzugewähren. – An den Dokumenten und damit an den Waren hat die Bank das vertragliche *Pfandrecht* gemäß Nr. 19 II AGB; dem Erwerb des Pfandrechts steht § 15 KO nicht entgegen, da der Masse nicht das Eigentum zusteht. Das Eigentum kann der Konkursverwalter nur dadurch für die *Masse* erwerben, daß er einmal gegenüber dem Verkäufer auf Erfüllung besteht (Anm. 256), zum anderen von der Bank den Besitz an der Ware erlangt. Zu einer Besitzverschaffung ist die Bank jedoch nicht verpflichtet, da der Akkreditiv-Auftrag nach § 23 Abs. 2 KO *erloschen* ist (Anm. 253). Sie braucht mit dem Verwalter keinen neuen Akkreditiv-Auftrag zu schließen (Zahn S. 196). Demgegenüber wendet Canaris (Großkomm. HGB Anh. nach § 357 Anm. 471) auf Grund einer am Schutzzweck des Gesetzes ausgerichteten Interpretation § 17 KO statt § 23 KO an; dann kann die Bank nicht die Übergabe der Dokumente verweigern, wenn der Verwalter auf Erfüllung besteht. – Günstiger ist die Rechtsstellung der Bank, wenn sie zur Sicherung ihrer Ansprüche gegen den Auftraggeber (Importeur)

Zweiter Teil. Das Akkreditivgeschäft **Anh. § 365**

mit ihm bei Übernahme des Akkreditivauftrags vereinbart, daß sie mit der Aufnahme der Dokumente – Traditionspapiere – das Eigentum an der zur Verladung gelangenden Ware erwirbt. Da es fragwürdig ist, ob der Akkreditierte (Exporteur) den Willen hat, das Eigentum „an den, den es angeht" und damit an die Bank zu übertragen (J. Geßler aaO S. 36 f.), ist es ratsam, daß sich die Bank vom Auftraggeber den Anspruch auf Eigentumsverschaffung abtreten läßt und dann offen die Übereignungsofferte des Verkäufers im eigenen Namen annimmt (Canaris Großkomm. HGB Anh. nach § 357 Anm. 471; Liesecke WM 76, 258, 266 f.; Zahn S. 179 ff.).

2. Verhältnis zum Verkäufer

das Akkreditiv noch nicht eröffnet worden, so greift bei Eröffnung des Konkursverfahrens § 17 KO ein. Der Konkursverwalter kann, falls die Frist für die Stellung des Akkreditivs noch nicht abgelaufen ist, entweder auf *Erfüllung* bestehen oder die Erfüllung *ablehnen*. Wählt der Verwalter Erfüllung, so müssen beide Teile den Vertrag in vollem Umfang erfüllen. Der Verwalter muß ordnungsgemäß das Akkreditiv stellen. Lehnt er die Erfüllung des Vertrages ab, so steht dem Verkäufer nach § 26 Satz 2 KO ein Schadenersatzanspruch als gewöhnlicher Konkursgläubiger zu. **256**

Streitig ist die Anwendbarkeit des § 17 KO, wenn das Akkreditiv schon *vor* der Eröffnung des Konkursverfahrens eröffnet worden ist. Stellt man allein darauf ab, daß der Käufer alles zur Erfüllung Erforderliche getan hat, wäre eine Anwendung des § 17 KO ausgeschlossen (Capelle analog § 377 Abs. 2 HGB; Baumbach/Duden Anh. I nach § 406 Anm. 8 H; von Godin in RGR-Komm. z. HGB § 365 Anh. I Anm. 81; Voraufl. Anm. 163). Stellt man dagegen auf den *Erfolg* ab, so wäre § 17 KO auf den beiderseits noch nicht erfüllten Kaufvertrag anzuwenden (Canaris Großkomm. HGB Anh. nach § 357 Anm. 469; Zahn S. 194 Fn. 25). Die Stellung des Akkreditivs durch Eröffnung seitens der Bank ist lediglich eine Leistung erfüllungshalber (Anm. 247); der Verkäufer ist jedenfalls noch zur Einreichung der Dokumente verpflichtet. Große Bedeutung kommt der Frage, ob § 17 KO anzuwenden ist, *nicht* zu. Auch bei einer Ablehnung der Erfüllung gemäß § 17 KO würde der begünstigte Verkäufer nicht seinen Anspruch gegen die Bank aus Akkreditiv-Eröffnung einbüßen; er ist daher, soweit es sich um die akkreditivgerecht abzuwickelnden Pflichten handelt, nicht auf den Schadenersatzanspruch aus § 26 Satz 2 KO angewiesen (ebenso Böhle/Stammschräder KO § 23 Anm. 10; Canaris aaO). **257**

II. Konkurs des Akkreditierten

Wird über das Vermögen des akkreditierten *Verkäufers* das Konkursverfahren eröffnet, so findet, solange der Kaufvertrag noch von keiner Seite vollständig erfüllt worden ist, § 17 KO Anwendung. Erfüllt ist der Kaufvertrag erst, wenn die Bank dem Verkäufer den Akkreditivbetrag gegen Einreichung der ordnungsgemäßen Dokumente ausgezahlt hat. Der Verwalter kann, wenn noch keine der Vertragsparteien den Vertrag erfüllt hat, entweder die volle Erfüllung verlangen oder die Erfüllung ablehnen. In diesem Fall steht dem Käufer nur ein Schadenersatzanspruch aus § 26 Satz 2 KO als Konkursgläubiger zu. Ist das Akkreditiv ein *Fixgeschäft*, so findet § 18 KO Anwendung. **258**

§ 365 Anh. *Der bankmäßige Zahlungsverkehr*

III. Konkurs der Bank

259 Ist das Akkreditiv noch *nicht eröffnet* worden, so kann der Akkreditiv-Auftraggeber den Geschäftsbesorgungsvertrag nach §§ 675, 649 BGB *kündigen* (Canaris Großkomm. HGB Anh. nach § 357 Anm. 473). Dem Konkursverwalter steht das *Wahlrecht* nach § 17 KO jedenfalls so lange zu, bis die Bank das Akkreditiv *eröffnet* hat (Zahn S. 180; a. M. Canaris aaO, weil die Bank noch verpflichtet sei, die Dokumente hereinzunehmen und an den Auftraggeber weiterzuleiten). Die *Dokumente* kann der Akkreditiv-Auftraggeber, auch wenn sie Eigentum der Bank geworden sind, nach § 43 KO aussondern, jedoch mit der Maßgabe, daß sich die Bank aus ihnen wie ein *Pfandgläubiger* befriedigen kann. Da das Eigentum der Bank an den Dokumenten nur der Sicherung der Bank dient, gelten die Grundsätze für die Behandlung des Sicherungseigentums im Konkurs, mögen sich auch die Dokumente im Besitz der Bank und nicht des Käufers befinden (so auch Zahn S. 199; Canaris aaO).

260 Die Forderung des *Verkäufers* gegen die *Bank* aus Akkreditiv-Eröffnung ist im Konkurs der Bank eine gewöhnliche *Konkursforderung.* Da er jedoch von der Bank nicht voll befriedigt wird, kann er im Hinblick darauf, daß das Akkreditiv nur erfüllungshalber eröffnet worden ist, auf die *Kaufpreisforderung* im Valutaverhältnis zurückgreifen (ebenso Zahn S. 199; Liesecke WM 76, 259; a. M. Canaris Großkomm. HGB Anh. nach § 357 Anm. 474).

7. Abschnitt. Remboursgeschäft

I. Wesen und Erscheinungsformen

261 Das Remboursgeschäft (se rembourser = sich bezahlt machen) ist in erster Linie ein *Kreditgeschäft,* das für die Finanzierung der Ein- und Ausfuhr von größter Bedeutung ist, vor allem im Überseeverkehr. Kennzeichnend ist der *Akzeptkredit* den eine Bank gegen Sicherung durch Verladedokumente gewährt. Zur Leistung des Kaufpreises verschafft der inländische Importeur (Käufer) dem ausländischen Exporteur (Verkäufer) das Akzept einer bestimmten Bank (Remboursbank). Diese händigt das Akzept gegen Hereinnahme der Verladedokumente (Konnossemente und Begleitpapiere) dem Exporteur aus, der sich durch Diskontierung, und zwar meist bei der Remboursbank selbst, bezahlt macht. Die Bank erhält an den Dokumenten zugleich eine eigene Sicherung. In der Praxis kommt das Remboursgeschäft in den verschiedensten Abwandlungen vor. Meist wird sich der inländische Importeur (Käufer) einer Inlandsbank als Vermittler bedienen, die ihrerseits eine Bank im Land des Exporteurs (Verkäufers) beauftragt, von diesem ausgestellte Tratten gegen Aushändigung ordnungsgemäßer Dokumente zu akzeptieren und die auftraggebende Bank dafür zu belasten. Die Finanzierung kann auch in der Form geschehen, daß der Importeur selbst einen Wechsel auf die ausländische Bank zieht, der von der Inlandsbank indossiert, sodann von der ausländischen Bank akzeptiert und dem Exporteur gegen die Dokumente ausgehändigt wird. Häufig wird aber auch der Akzeptkredit unter Einschaltung eines *Akkreditivs* gewährt. Dann wird das Remboursgeschäft zu einem *Unterfall* des Dokumenten-Akkreditivs (zust. Canaris Großkomm. HGB Anh. nach § 357 Anm. 476).

II. Rembours-Akkreditiv

1. Kennzeichnung

262 Während beim gewöhnlichen Akkreditiv die Bank dem Begünstigten eine Barzahlung oder eine Gutschrift leistet, verpflichtet sie sich beim Rembours-Akkreditiv, eine von dem Begünstigten mit den Dokumenten eingereichte *Tratte zu akzeptieren oder zu negoziieren* (diskontieren). In den Einheitlichen Richtlinien und Gebräuchen für Dokumenten-Akkreditive (Revision 1974) ist auch der Rembours mit Akkreditiv berücksichtigt (lit. b vor Art. 1, ferner Art. 2, 3, 8 lit. b ER). Unter der Bezeichnung „Letter of credit" ist das Rembours-Akkreditiv die im anglo-amerikanischen Rechtskreis übliche Akkreditivform (Zahn S. 222 ff.; Wiele S. 75 ff.). Es dient der Bevorschussung schwimmender Ware und hat daher seine Bedeutung im Überseeverkehr. Wie das gewöhnliche Akkreditiv bezweckt auch das Rembours-Akkreditiv eine *Zahlungssicherung* zugunsten des Verkäufers. Dem Rembours-Akkreditiv kommt jedoch zusätzlich *Kreditfunktion* zu, während sich das gewöhnliche Akkreditiv auf die Zahlungsfunktion beschränken kann. Dadurch wird jedoch nicht ausgeschlossen, daß die Bank ihrem Kunden zusätzlich Kredit gewährt (Anm. 144). Beim Rembours-Akkreditiv gewährt die Bank dem Käufer (Importeur) oder dessen Bank wegen der langen Verschiffungszeit dadurch *Kredit*, daß sie entweder einen Wechsel gegen Hereinnahme der Dokumente bevorschußt oder ihr Akzept gibt.

2. Wechselmäßige Haftung

263 *Aussteller* der Tratte ist beim Rembours-Akkreditiv in der Regel der *Verkäufer* (Exporteur), seltener der Käufer(Importeur). Bezogener kann der Käufer sein, ist aber gewöhnlich auf Grund einer Weisung des Käufers die das Akkreditiv eröffnende oder bestätigende *Bank*. Bei ihr reicht der Verkäufer die Tratte mit den Dokumenten ein. Die Remboursbank erteilt hierauf für Rechnung des Käufers oder dessen Bank ihr Akzept, das sie dem Verkäufer aushändigt. Dieser verschafft sich durch Diskontierung des Akzepts den Kaufpreis. Damit die Remboursbank den von ihr akzeptierten Wechsel am Fälligkeitstage rechtzeitig einlösen kann, hat der Käufer bzw. seine Bank der Remboursbank rechtzeitig vor dem Eintritt der Fälligkeit Deckung zu verschaffen (vgl. Nr. 46 AGB Banken) oder den Wechsel am Fälligkeitstage für die Remboursbank einzulösen. Häufig diskontiert die Remboursbank selbst ihre eigenen Akzepte und stellt dadurch dem Verkäufer sofort den Betrag zur Verfügung. Mitunter reicht der Verkäufer die Tratte und die Dokumente nicht unmittelbar bei der Remboursbank, sondern bei seiner Bank ein, die ihm auch sofort den Akkreditivbetrag als Vorschuß auszahlen kann. In einem solchen Fall wird die Remboursbank das Akzept oder den Diskonterlös nicht dem Verkäufer, sondern der Bank, die ihm den Vorschuß geleistet hat, übermitteln. Als *Aussteller* der Tratte haftet der Verkäufer *wechselmäßig* im Rückgriff; ein Haftungsausschluß gilt nach Art. 9 Abs. 2 WG als nicht geschrieben. Das schließt indessen nicht aus, daß sich die Bank ihrerseits zivilrechtlich verpflichtet, gegen den Verkäufer keinen Rückgriff zu nehmen. Nach Art. 3 lit. b III ER sind Sicht- oder Nachsicht-Tratten, die vom begünstigten Verkäufer auf die eröffnende Bank, den Akkreditiv-Auftraggeber oder einen anderen im Akkreditiv benannten Bezogenen gezogen sind, *ohne Rückgriff auf den*

§ 365 Anh. *Der bankmäßige Zahlungsverkehr*

Aussteller und gutgläubige Inhaber zu negoziieren, wenn das Akkreditiv Negoziierung vorsieht. – Der Akzeptkredit (Rembourskredit) wird von der Bank dem Verkäufer *erfüllungshalber* gewährt; er kann daher, wenn der Wechsel bei Fälligkeit nicht eingelöst wird, die Bank aus dem eröffneten bzw. bestätigten Akkreditiv in Anspruch nehmen (ebenso Zahn S. 226).

Dritter Teil. Das Dokumenten-Inkassogeschäft

Inhalt

	Anm.		Anm.
I. Grundlagen	264–266	1. Verhältnis Auftraggeber-Bank	267–269
1. Wesen des Dokumenteninkassos	264	2. Verhältnis Einreicherbank-Inkassobank	270
2. Die Einheitlichen Richtlinien für das Inkasso von Handelspapieren 1967	265–266	3. Verhältnis Inkassobank-Schuldner	271
II. Die Rechtsbeziehungen zwischen den Beteiligten	267–272	4. Verhältnis Verkäufer-Käufer	272
		III. Verbindung mit einem Akkreditiv	273

I. Grundlagen

1. Wesen des Dokumenten-Inkassos

264 Die Bedeutung des Dokumenten-Inkassos liegt im internationalen Zahlungsverkehr. Der Verkäufer (Exporteur) reicht seiner Bank die *Dokumente* (Konnossement, Lagerschein, Eisenbahn-oder Luftfrachtbrief) über die verladenen Waren ein und beauftragt sie, vom Käufer (Importeur) Zug um Zug gegen Aushändigung der Dokumente den *Kaufpreis einzuziehen* oder ein *Akzept zu empfangen*. Die Bank führt den Inkassoauftrag meist nicht selbst aus, sondern beauftragt zu diesem Zweck eine im Land des Käufers befindliche Korrespondenzbank. Im Gegensatz zum *Akkreditiv* wird die *Inkassobank* nicht im Auftrag des Käufers, sondern des *Verkäufers* tätig, dem sie kein Zahlungsversprechen leistet, sondern für den sie gegen Übergabe bestimmter Dokumente entweder den Kaufpreis beim Schuldner einzieht (D/P-Geschäft) oder von dem sie die Akzeptierung einer Tratte verlangt (D/A-Geschäft). Auch beim Dokumenten-Inkasso trifft den Käufer eine *Vorleistungspflicht*. Er hat den Kaufpreis gegen Aushändigung der Dokumente zu zahlen, bevor er die Ware erhalten hat. Darin liegt die besondere Sicherung für den *Verkäufer*. Der Käufer ist verpflichtet, die ihm von der Inkassobank ordnungsgemäß angedienten Dokumente gegen Zahlung des vollen Kaufpreises oder Akzeptierung einer Tratte aufzunehmen, ohne berechtigt zu sein, zuvor das Eintreffen der Ware abzuwarten und sie auf ihre vertragsgemäße Beschaffenheit zu untersuchen (BGHZ 41, 215/221; BGH WM 63, 844; Anm. 272). Er hat lediglich die Gewißheit, daß die Waren verladen worden sind. Auch den Verkäufer trifft daher insoweit eine Vorlei-

Dritter Teil. Das Dokumenten-Inkassogeschäft **Anh. § 365**

stungspflicht, als er zunächst die für die Beschaffung der vertragsgerechten *Dokumente* notwendigen Leistungen erbringen muß und den Kaufpreis erst verlangen kann, wenn er dem Käufer durch die Bank die Dokumente andient. Im Vergleich zum *Akkreditiv* ist sein Risiko größer, da möglicherweise der Käufer nicht zahlungsfähig oder zahlungswillig ist und daher die Dokumente nicht einlöst. Beim Akkreditiv ist er auch von diesem Risiko befreit, da die Akkreditiv- und Bestätigungsbank ihm gegenüber selbständige Zahlungsverpflichtungen eingehen und er infolgedessen die Sicherheit hat, gegen Vorlage der akkreditivgerechten Dokumente Zahlung zu erhalten. In der Praxis wird jedoch in den letzten Jahren das Dokumenten-Inkasso häufiger als das Dokumenten-Akkreditiv verwendet. – Zur *Kombination* eines Dokumenten-Inkassos mit einem Akkreditiv s. Anm. 273.

2. Die Einheitlichen Richtlinien für das Inkasso von Handelspapieren (1967)

Für die Rechtsbeziehungen zwischen dem Auftraggeber (Verkäufer) und der Bank **265** sind die von der Internationalen Handelskammer (IHK) in Paris 1956 erstmals herausgegebenen und 1967 auf Grund der in der Praxis gemachten Erfahrungen überarbeiteten Einheitlichen Richtlinien für das Inkasso von Handelspapieren maßgebend. Sie wurden den Banken mit Wirkung vom 1. Januar 1968 zur Annahme empfohlen [IHK Dokument Nr. 470/154] und werden seitdem von den Banken praktiziert. Auch die Inkasso-Richtlinien enthalten ebenso wie die Einheitlichen Richtlinien für Dokumenten-Akkreditive (Anm. 147) eine große Zahl von Bestimmungen, die *Handelsbräuche* darstellen. Im ganzen sind die Inkasso-Richtlinien jedoch als *Allgemeine Geschäftsbedingungen* anzusehen. Ihre Geltung beruht auf *Parteivereinbarung*. Sie sind ebenso wie die Einheitlichen Richtlinien für Dokumenten-Akkreditive Bestandteil der AGB der privaten Kreditinstitute (Nr. 28 AGB) und der Sparkassen (Nr. 26, 32 AGB Sp.). Gegen die Annahme, daß die Inkasso-Richtlinien als *Handelsbrauch* ohne Vereinbarung Geltung besitzen, sprechen u. a. die weitgehenden Freizeichnungen für die Banken in Art. 16 ff. (vgl. im einzelnen auch Anm. 148).

Einheitliche Richtlinien für das Inkasso von Handelspapieren (Fassung 1967)

Allgemeine Regeln und Begriffsbestimmungen

a) Diese Regeln und Begriffsbestimmungen und die folgenden Artikel gelten für alle Inkassi von **266**
Handelspapieren und sind für alle daran Beteiligten bindend, sofern nichts anderes ausdrücklich vereinbart ist oder nationale, staatliche oder örtliche Gesetze und/oder Verordnungen nicht entgegenstehen, von denen nicht abgewichen werden darf.

b) Im Sinne dieser Regeln, Begriffsbestimmungen und Artikel.
1. umfassen „Handelspapiere" einfache Rimessen und dokumentäre Rimessen. „Einfache Rimessen" bedeuten Sendungen, die aus einem oder mehreren Wechseln, bereits akzeptiert oder noch nicht, Solawechseln, Schecks, Quittungen oder anderen ähnlichen Dokumenten bestehen, mit denen Zahlungen herbeigeführt werden sollen (soweit weder Rechnungen, Versanddokumente, Dispositionsdokumente oder ähnliche Dokumente noch irgendwelche anderen Dokumente den genannten Abschnitten beigefügt sind).
„Dokumentäre Rimessen" bedeuten alle anderen Handelspapiere mit beigefügten Dokumenten, die gegen Zahlung, Akzeptierung, Trust-receipt oder anderes Verpflichtungsschreiben, franko oder unter anderen Bedingungen ausgehändigt werden sollen.

§ 365 Anh. *Der bankmäßige Zahlungsverkehr*

2. Die „Beteiligten" sind der Auftraggeber (Kunde), der den Inkassoauftrag seiner Bank erteilt, diese Bank (Einreicher-Bank) und der Korrespondent (Inkasso-Bank), der von der Einreicher-Bank beauftragt wird, die Akzepteinholung oder das Inkasso der Handelspapiere zu besorgen.

3. Der „Bezogene" ist der im Rimessenbrief Bezeichnete, dem die Inkassopapiere vorgelegt werden sollen.

c) Alle zum Inkasso übersandten Handelspapiere müssen von einem Rimessenbrief begleitet sein, in dem vollständige und genaue Weisungen erteilt werden. Den Banken ist nur erlaubt, aufgrund der Weisungen zu verfahren, die in einem solchen Rimessenbrief erteilt worden sind.

Wenn die Inkasso-Bank aus irgendeinem Grunde den Weisungen nicht entsprechen kann, die in dem von ihr empfangenen Rimessenbrief erteilt worden sind, muß sie die Einreicher-Bank sofort entsprechend verständigen.

Vorlegung

Artikel 1

Handelspapiere müssen dem Bezogenen in der Form vorgelegt werden, in der sie vom Kunden empfangen worden sind, jedoch muß die Inkasso-Bank etwa notwendige Stempelmarken anbringen, und zwar – falls keine anderen Weisungen erteilt sind – auf Kosten des Kunden.

Einreicher-Banken und Inkasso-Banken sind nicht verpflichtet, die Handelspapiere oder etwa beigefügte Dokumente zu prüfen, und übernehmen keine Verantwortlichkeit für deren Form und/oder Richtigkeit.

Artikel 2

Handelspapiere sollen die vollständige Anschrift des Bezogenen oder der Domizilstelle enthalten, bei der die Inkasso-Bank sie vorlegen soll. Wenn die Anschrift unvollständig oder unrichtig ist, kann die Inkasso-Bank – ohne Verpflichtung und Verantwortlichkeit ihrerseits – versuchen, die richtige Anschrift ausfindig zu machen.

Artikel 3

Bei Sicht zahlbare Handelspapiere muß die Inkasso-Bank ohne Verzögerung zur Zahlung vorlegen.

Handelspapiere, die zu einem anderen Termin als bei Sicht zahlbar sind, muß die Inkasso-Bank, soweit sie zur Akzeptbesorgung beauftragt ist, ohne Verzögerung zur Akzeptierung vorlegen, und sie muß in jedem Falle die Vorlegung zur Zahlung nicht später als zum in Betracht kommenden Fälligkeitsdatum vornehmen.

Artikel 4

Bei einer dokumentären Rimesse, der ein später fälliger Wechsel beigefügt ist, soll im Rimessenbrief bestimmt werden, ob die Dokumente dem Bezogenen gegen Akzeptierung (D/A) oder gegen Zahlung (D/P) freigegeben werden dürfen.

Fehlen entsprechende Weisungen, so dürfen die Dokumente nur gegen Zahlung freigegeben werden.

Zahlung

Artikel 5

Handelspapiere, die weisungsgemäß in der Währung des Zahlungslandes (inländische Währung) zahlbar gestellt sind, darf die Inkasso-Bank dem Bezogenen nur gegen Zahlung in inländischer Währung freigeben, über die gemäß den im Rimessenbrief erteilten Weisungen unverzüglich verfügt werden kann.

Artikel 6

Handelspapiere, die weisungsgemäß in einer anderen Währung als der des Zahlungslandes (ausländische Währung) zahlbar gestellt sind, darf die Inkasso-Bank dem Bezogenen nur gegen Zahlung in der betreffenden ausländischen Währung freigeben, über die gemäß den im Rimessenbrief erteilten Weisungen unverzüglich verfügt werden kann.

Artikel 7

Bei einfachen Rimessen können Teilzahlungen angenommen werden, wenn und soweit Teilzahlungen nach dem am Zahlungsort geltenden Recht gestattet sind. Die einfache Rimesse darf dem Bezogenen erst freigegeben werden, nachdem dafür volle Zahlung erhalten worden ist.

Bei dokumentären Rimessen dürfen Teilzahlungen nur angenommen werden, wenn der Rimessenbrief eine besondere Ermächtigung hierzu enthält; in Ermangelung anderer Weisungen darf die Inkasso-Bank die Dokumente dem Bezogenen erst freigeben, nachdem sie volle Zahlung erhalten hat.

In allen Fällen, in denen Teilzahlungen entweder aufgrund einer besonderen Ermächtigung oder in Übereinstimmung mit den Bestimmungen dieses Artikels zulässig sind, werden solche Teilzahlungen gemäß den Bestimmungen der Artikel 5 oder 6 entgegengenommen und behandelt.

Akzeptierung

Artikel 8

Die Inkasso-Bank ist dafür verantwortlich, darauf zu achten, daß die Form der Akzeptierung vollständig und richtig erscheint, jedoch ist sie für die Echtheit jeder Unterschrift oder für die Zeichnungsberechtigung jedes Unterzeichners des Akzeptes nicht verantwortlich.

Protest

Artikel 9

Der Rimessenbrief soll spezielle Weisungen hinsichtlich des rechtlichen Vorgehens im Falle der Nichtakzeptierung oder Nichtzahlung enthalten.

Bei Fehlen solcher speziellen Weisungen sind die mit dem Inkasso befaßten Banken nicht verantwortlich für irgendeine Unterlassung in bezug auf eine Protesteinholung (oder ein an Stelle des Protestes in Betracht kommendes rechtliches Verfahren) wegen Nichtakzeptierung oder Nichtzahlung der Handelspapiere.

Die Inkasso-Bank ist nicht verantwortlich für die ordnungsgemäße Form des Protestes (oder eines anderen rechtlichen Verfahrens).

Notadresse (Kundenvertretung) und Warenschutz

Artikel 10

Wenn der Kunde einen Vertreter bestellt, der als Notadresse bei Nichtakzeptierung und/oder Nichtzahlung tätig werden soll, dann soll der Rimessenbrief die Befugnisse einer solchen Notadresse klar und vollständig bestimmen.

Unabhängig davon, ob eine Notadresse bekannt ist oder nicht, hat die Inkasso-Bank bei Fehlen spezieller Weisungen keine Verpflichtung, irgendetwas hinsichtlich der durch eine dokumentäre Rimesse repräsentierten Waren zu unternehmen.

Bezahltmeldung/Nichtbezahltmeldung etc.

Artikel 11

Die Inkasso-Bank hat die Einreicher-Bank unverzüglich über Zahlung oder über Akzeptierung mit allen erforderlichen Einzelheiten zu unterrichten.

Artikel 12

Die Inkasso-Bank hat die Einreicher-Bank unverzüglich über Nichtzahlung oder über Nichtakzeptierung mit allen erforderlichen Einzelheiten zu unterrichten.

Artikel 13

Bei Fehlen spezieller Weisungen hat die Inkasso-Bank der Einreicher-Bank alle Notifizierungen oder Mitteilungen mit schnellster Post zu übersenden.

Hält jedoch die Inkasso-Bank die Angelegenheit für dringlich, so kann sie auf Kosten des Kunden die Nachricht auf anderem, schnellerem Wege übermitteln.

Gebühren und Auslagen

Artikel 14

Wenn der Rimessenbrief eine Weisung enthält, wonach die Inkassogebühren und/oder Auslagen für Rechnung des Bezogenen gehen sollen, und der Bezogene sich weigert, sie zu zahlen, kann die Inkasso-Bank, sofern ihr nicht ausdrücklich gegenteilige Weisungen erteilt sind, die Handelspapiere je nach Lage des Falles entweder gegen Zahlung oder Akzeptierung aushändigen, ohne die Inkassogebühren und/oder Auslagen einzuziehen. In einem solchen Falle gehen die Inkassogebühren und/oder Auslagen für Rechnung des Kunden.

Artikel 15

In allen Fällen, in denen gemäß den ausdrücklichen Bedingungen eines Inkassos oder nach diesen Richtlinien Aufwendungen und/oder Auslagen und/oder Inkassogebühren vom Kunden zu tragen sind, ist die Inkasso-Bank berechtigt, sich bei der Einreicher-Bank für ihre Aufwendungen und Auslagen und für ihre Gebühren zu erholen, und die Einreicher-Bank hat das Recht, sich beim Kunden für jede in diesem Zusammenhang von ihr geleistete Zahlung sowie für ihre eigenen Aufwendungen, Auslagen und Gebühren zu erholen.

Verpflichtungen und Verantwortlichkeit

Artikel 16

Banken, welche die Dienste einer anderen Bank in Anspruch nehmen, um die Weisungen des Kunden auszuführen, tun dies für dessen Rechnung und Gefahr.

Die Banken können jede ihrer Korrespondenzbanken je nach Lage des Falles im Lande der Zahlung oder der Akzeptierung als Inkasso-Bank benutzen.

Wenn der Kunde die Inkasso-Bank benennt, hat die Einreicher-Bank trotzdem das Recht, die Handelspapiere dieser benannten Inkasso-Bank durch eine Korrespondenzbank ihrer eigenen Wahl zu übermitteln.

Artikel 17

Banken, die mit dem Inkasso von Handelspapieren befaßt sind, übernehmen keine Haftung oder Verantwortung für die Folgen von Verzögerungen und/oder Verlusten bei Übermittlung von Nachrichten, Briefen oder Dokumenten sowie für Verzögerungen, Verstümmelungen oder andere Irrtümer, die aus der Übermittlung von Kabeln, Telegrammen oder Fernschreiben resultieren, sowie für Irrtümer bei der Übersetzung oder Auslegung von technischen Ausdrücken.

Artikel 18

Banken, die mit dem Inkasso von Handelspapieren befaßt sind, übernehmen keine Haftung oder Verantwortung für die Folgen der Unterbrechung ihrer Geschäftstätigkeit durch Streiks, Aussperrungen, Unruhen, Aufruhr, Aufstand, Kriege, Fälle höherer Gewalt oder irgendwelche andere Ursachen, die außerhalb ihrer Kontrolle liegen.

Artikel 19

Falls Waren direkt an die Adresse einer Bank zwecks Auslieferung an einen Bezogenen gegen Zahlung oder Akzeptierung oder unter anderen Bedingungen gesandt werden, ohne daß die Bank zuvor zugestimmt hat, ist die Bank nicht verpflichtet, die Waren in Empfang zu nehmen, für welche Gefahr und Verantwortlichkeit beim Absender verbleiben.

Dritter Teil. Das Dokumenten-Inkassogeschäft **Anh. § 365**

II. Die Rechtsbeziehungen zwischen den Beteiligten

1. Verhältnis Auftraggeber – Bank

Der zwischen dem Auftraggeber (Verkäufer) und seiner Bank geschlossene Vertrag ist **267** ein *Dienstvertrag,* der eine Geschäftsbesorgung zum Gegenstand hat (§§ 675, 611 ff. BGB; BGH WM 58, 222/224; NJW 61, 169; Canaris Großkomm. HGB Anh. nach § 357 Anm. 494; Schönle, aaO. § 29 II 2; Zahn S. 203 f.). Die Tätigkeit der Bank erschöpft sich beim Dokumenteninkasso in einer *Dienstleistung.* Hauptverpflichtung ist die sorgfältige Ausführung des Inkassoauftrags. Die Bank hat die *Dokumente* dem Käufer auszuhändigen, den geschuldeten Geldbetrag entgegenzunehmen und an den Verkäufer weiterzuleiten. Sie ist *nicht* verpflichtet, den Auftraggeber zuvor über die Kreditverhältnisse des Schuldners zu unterrichten und ihn zu beraten, ihm z. B. eine Sicherung der Inkassoforderung zu empfehlen (BGH WM 58, 222).

Ebenso wie beim Dokumenten-Akkreditiv befaßt sich die Inkassobank mit *Dokumen-* **268** *ten* und den gegen ihre Aushändigung vom Schuldner hereingenommenen *Geldern* oder *Akzepten, nicht* dagegen *mit Waren* (Art. 10 Inkasso-Richtlinien). Scheitert das Inkasso, so hat die Bank ihrem Auftraggeber unverzüglich Nachricht zu geben. Sie hat bei Fehlen besonderer Weisungen keine Verpflichtung, irgendetwas hinsichtlich der Waren zu unternehmen (Art. 10 II Inkasso-Richtlinien). Für die Rücksendung oder Lagerung der Ware beraucht sie, falls nichts vereinbart wurde, *nicht* zu sorgen (Canaris Großkomm. HGB Anh. nach § 357 Anm. 494; Zahn S. 209). Der Auftraggeber kann die Bank auch *ermächtigen,* z. B. durch Übergabe des indossierten Konnossements, den Anspruch auf Auslieferung der Güter im eigenen Namen geltend zu machen (BGHZ 36, 329/336). Ein Ermächtigungsindossament berechtigt aber die Bank nicht, der Auslieferung der Waren an einen Nichtberechtigten ohne Rückgabe der Konnossemente gegen Revers mit der Wirkung zuzustimmen, daß der Auslieferungsanspruch erlischt (BGH aaO). Das gilt auch dann, wenn die Ware früher als das Konnossement am Bestimmungshafen eintrifft. Hat der Auftraggeber der Bank für diesen Fall besondere Weisungen zum Schutz der Ware erteilt, die Vertragsinhalt geworden sind, so ist die Bank verpflichtet, die zur Sicherung der Ware nötigen Maßnahmen zu treffen (Art. 10 II Inkasso-Richtlinien). Sie muß verhindern, daß die Ware ohne Rückgabe des Konnossements ausgeliefert wird, es sei denn, daß die Konnossementsgarantie (Reversgarantie) einer Bank vorliegt (Zahn S. 207 ff.; Götte WM 62, 594; Liesecke WM 64, 1287).

Mitunter gewährt die Bank dem Verkäufer auf sein Verlangen schon vor der Aufnah- **269** me der Dokumente durch den Käufer einen *Kredit,* der durch den später eingehenden Kaufpreis abgedeckt wird. Bei einer solchen Bevorschussung stellt sich für die Bank die Frage der *Sicherung* des Kredits, insbesondere für den Fall, daß der Verkäufer in Konkurs gerät (dazu Obermüller in Festschrift Bärmann 1975, S. 709 ff.). Gegen die Forderung des Verkäufers auf Herausgabe des vom Käufer eingezogenen Betrages kann die Bank auch im Konkurs des Verkäufers mit ihrer Kreditforderung *aufrechnen.* Dem steht § 55 Nr. 3 KO *nicht* entgegen; wohl aber kann der Konkursverwalter der Bank im Wege der *Anfechtung* die erlangte Befriedigung wieder entziehen, wenn ihr bei der Gutschrift bekannt war, daß der Verkäufer die Zahlungen eingestellt hatte (§ 30 Nr. 1 KO; BGHZ 58, 108; a. M. Obermüller aaO).

§ 365 Anh. *Der bankmäßige Zahlungsverkehr*

2. Verhältnis Einreicherbank – Inkassobank

270 Im Internationalen Zahlungsverkehr wird in der Regel nicht die Bank, bei der der Auftraggeber die Dokumente eingereicht hat, auch das Inkasso selbst vornehmen. Die Einreicherbank wird vielmehr mit dem Inkasso eine im Land des Schuldners befindliche Bank betrauen und an sie die Dokumente weitergeben. Es liegt dann ein zweiter, der Inkassobank von der Einreicherbank erteilter *Inkassoauftrag* vor. Auch wenn die Inkassobank nicht als Unterbeauftragte sondern als *Erfüllungsgehilfin* eingeschaltet wurde, haftet die Einreicherbank für deren Verschulden nicht nach § 278 BGB, sondern auf Grund der Freistellung (Art. 16 Inkasso-Richtlinien; Nr. 9 AGB) nur für deren sorgfältige Auswahl. Zwischen dem Auftraggeber der erstbeauftragten Bank und der von dieser eingeschalteten Inkassobank besteht grundsätzlich keine unmittelbare vertragliche Beziehung (OLG Hamburg MDR 70, 335). Der Auftraggeber hat ihr gegenüber kein Weisungs- oder Widerrufsrecht. Es wird insoweit auf die Ausführungen zum Dokumenten-Akkreditiv verwiesen (Anm. 194 f.).

3. Verhältnis Inkassobank – Schuldner

271 Die Inkassobank steht zu dem Schuldner (Käufer) in keinem Vertragsverhältnis. Sie ist zu einer *Prüfung* der Dokumente grundsätzlich *nicht* verpflichtet und übernimmt weder für die Form noch für die Richtigkeit eine Haftung (Art. 1 Inkasso-Richtlinien). Sie dient vielmehr die Dokumente in dem Zustand, wie der Verkäufer sie bei ihr eingereicht hat, dem Schuldner an und fordert ihn entweder zur sofortigen Barzahlung oder zur Akzeptleistung gegen Übergabe der Dokumente auf (Zahn S. 186). Zu einer Aushändigung der Dokumente an den Käufer vor Zahlung oder Akzeptleistung ist die Bank ohne Ermächtigung des Verkäufers nicht berechtigt. Überläßt sie dem Käufer kurzfristig die Dokumente „zu treuen Händen", so handelt sie auf eigene Gefahr, wenn die Dokumente mißbräuchlich verwendet werden (Zahn S. 186). Lehnt der Käufer die Aufnahme der Dokumente ab, so hat die Inkassobank den Verkäufer bzw. die Einreicherbank unverzüglich zu unterrichten (Art. 12 Inkasso-Richtlinien).

4. Verhältnis Verkäufer – Käufer

272 Die Vereinbarung, daß der Käufer den Kaufpreis gegen Dokumente zahlen soll, kommt durch die Aufnahme bestimmter *Klauseln* in den Kaufvertrag zum Ausdruck. Typische Klauseln dieser Art sind: „Netto Kasse gegen Dokumente bei erster Präsentation"; „Kasse gegen Dokumente bei Ankunft des Dampfers" (BGHZ 41, 215); „Kasse gegen Dokumente". Dann trifft den Käufer eine *Vorleistungspflicht* (Anm. 241). Er muß gegen Aufnahme der Dokumente den vollen Kaufpreis zahlen, bevor er die Ware untersucht hat und Beanstandungen vorbringen kann. Er ist nicht berechtigt, sich vor der Zahlung des Kaufpreises durch Untersuchung der im Bestimmungshafen angekommenen, aber noch nicht ausgehändigten Ware von ihrer vertragsmäßigen Beschaffenheit zu überzeugen (so BGHZ 41, 215/220 f.; a. M. früher RG JW 32, 586). Da der Käufer zunächst die Dokumente aufzunehmen und den vollen Kaufpreis zu zahlen hat, ist eine *Aufrechnung* oder die Geltendmachung eines Zurückbehaltungsrechts ausgeschlossen (BGHZ 14, 61; RGZ 132, 306; Canaris Großkomm. HGB Anh. nach § 357 Anm. 500;

Zahn S. 203). Welche Dokumente zur Herbeiführung der *Fälligkeit* dem Käufer vorzulegen sind, ergibt sich aus den zwischen ihm und dem Verkäufer getroffenen Abreden. Beim *fob-Kauf* muß der Verkäufer die Waren an Bord des bestimmten Seeschiffes im vereinbarten Verschiffungshafen liefern und dies dem Käufer durch Vorlage entsprechender Dokumente nachweisen (Nr. 4 Incoterms 1953 – abgedruckt § 346 Anm. 55). Vor diesem Zeitpunkt ist die Kaufpreisforderung nicht im Sinne des § 198 Satz 1 BGB entstanden (BGHZ 55, 341; Erman/Hefermehl BGB § 198 Rdn. 1) und kann die Verjährungsfrist *nicht beginnen* (BGH WM 71, 385/386; 75, 918/920.) Da die Ware nicht mittels Akkreditivs durch eine Bank, sondern unmittelbar vom Käufer bezahlt werden soll, gilt *nicht* der Grundsatz der *Dokumentenstrenge* (Anm. 181 ff.). Es genügt beim Dokumenten-Inkasso, daß der Käufer aus den Dokumenten die vertragsgemäße Lieferung erkennen kann (BGH WM 64, 476).

III. Verbindung mit einem Akkreditiv

Ein Dokumenteninkasso kann sich an ein Akkreditivgeschäft anschließen. Das ist **273** einmal der Fall, wenn sich der Akkreditierte zur Geltendmachung seiner Ansprüche gegen die Akkreditiv- oder Bestätigungsbank einer *Inkassobank* bedient. Um die Akkreditivfrist einzuhalten, muß der Akkreditierte der Inkassobank die Dokumente *rechtzeitig* übergeben; hierfür trifft ihn die Beweislast. Die Inkassobank ist nicht verpflichtet, ihren Auftraggeber an den Ablauf der Akkreditivfrist zu erinnern und über die Folgen der Versäumung zu belehren (BGH WM 58, 222; Anm. 267f.). Zum anderen kann Anlaß für ein Dokumenteninkasso bestehen, wenn ein Akkreditivgeschäft *undurchführbar* geworden ist, weil der Akkreditierte nicht oder nicht fristgemäß akkreditivgerechte Dokumente einreichen kann. Bei *geringfügigen* Mängeln der Dokumente wird zwar die Bank in der Regel die Zustimmung des Akkreditiv-Auftraggebers zu den Abweichungen zu erreichen suchen (Anm. 185). Auch kann sie sich vom Akkreditierten für den Fall, daß der Akkreditiv-Auftraggeber sie wegen Verletzung ihrer Pflichten aus dem Akkreditivvertrag in Anspruch nimmt, eine *Bankgarantie* stellen lassen (Liesecke WM 60, 210; 61, 194; Zahn S. 147). Der Akkreditierte kann jedoch auch die Akkreditiv- oder Bestätigungsbank beauftragen, vom Käufer, der das Akkreditiv gestellt hat, Zug um Zug gegen Übergabe der Dokumente Zahlung zu verlangen. Die Bank wird dann als Inkassobeauftragte für den Akkreditierten tätig, ohne daß sie dadurch ihre Pflichten aus dem mit dem Käufer geschlossenen Akkreditivvertrag verletzt (Zahn S. 149f.). Nimmt eine Bank die vom Akkreditierten eingereichten Dokumente lediglich zum *Inkasso* entgegen, so liegt darin die Erklärung, daß die Dokumente den Akkreditivbedingungen nicht entsprechen (Schubert BB 52, 128).

Vierter Teil. Die Bankgarantie

Schrifttum: *von Caemmerer,* Bankgarantien im Außenhandel, Festschrift für Otto Riese, 1964, S. 295 ff.; *Auhagen,* Die Garantie einer Bank auf „erstes Anfordern" zu zahlen, Diss. Freiburg, 1966; *Kübler,* Feststellung und Garantie, 1967; *Liesecke,* Rechtsfragen der Bankgarantie, WM 68, 22 und 69, 26 ff.; *Christopeit,* Hermes-Deckungen, 1968; *Finger,* Formen und Rechtsnatur der Bankgarantie, BB 69, 206 ff.; *Käser,* Garantieversprechen als Sicherheit im Handelsverkehr, RabelsZ 35 (1971), 601 ff.; *Schönle,* Bank- und Börsenrecht, 1971; *Schinnerer,* Neue Wege der

§ 365 Anh. *Der bankmäßige Zahlungsverkehr*

Bankgarantie, Festschrift für Hämmerle, 1972, S. 311 ff.; *Bergström/Schultsz/Käser,* Garantieverträge im Handelsverkehr, 1972; *Pleyer,* Die Bankgarantie im zwischenstaatlichen Handel, WM Sonderbeilage Nr. 2 zu Teil IV Nr. 27, 1973; *Canaris* in Großkomm. HGB Anh.§ 357 Anm. 502 ff., 1975; *von Westphalen,* Rechtsprobleme der Exportfinanzierung, 1975; *Schröder,* Rückzahlungsgarantien oder -bürgschaften ohne Anzahlungseingang beim Avalkreditgeber, DB 75, 2357 ff.; *Zahn,* Zahlung und Zahlungssicherung im Außenhandel, 5. Aufl. 1976, S. 247 ff.; *Schönle,* Bank- und Börsenrecht, 2. Aufl., 1976. Vgl. auch die Schrifttumsangaben zu § 349 V.

Inhalt

	Anm.		Anm.
I. Grundlagen	274–278	c) Vorschuß	290
1. Kennzeichnung	274	3. Einschaltung einer Zweitbank	291
2. Typische Garantien	275	4. Beendigungsgründe	292
3. Rechtsquellen	276–277		
a) Vertragliche Regelung	276	IV. Rechtsbeziehungen zwischen dem Begünstigten und der Bank	293–300
b) Hermes-Garantien	277	1. Garantievertrag	293
4. Abgrenzung von der Bankbürgschaft	278	2. Inhalt des Garantieanspruchs	294
II. Überblick über die Rechtsbeziehungen	279–282	3. Zahlungsvoraussetzungen	295–297
1. Grundgegebenheiten	279	a) Einfache Garantie	295
2. Anzuwendendes Recht	280–281	b) Garantie „auf erstes Anfordern"	296
III. Rechtsbeziehungen zwischen dem Garantieauftraggeber und der Bank	282–292	c) Bedingte Garantie	297
1. Pflichten der Bank	282–287	4. Zahlungsverweigerung	298
a) Abschluß des Garantievertrages	282	5. Rückverlangen der Garantiesumme	299
b) Einfache Garantie	283	6. Verfalldatum	300
c) Bedingungslose Garantie	284		
d) Bedingte Garantie	285	V. Rechtsbeziehungen zwischen dem Garantieauftraggeber und dem Begünstigten	301–306
e) Nachrichtspflicht	286	1. Garantieklausel	301–302
f) Rechtsfolgen	287	a) Bedeutung	301
2. Pflichten des Garantieauftraggebers	288–290	b) Inhalt	302
a) Aufwendungersatz	288	2. Hauptpflicht	303–304
b) Provision	289	3. Verhinderung der Auszahlung	305–306

I. Grundlagen

1. Kennzeichnung

274 Eine der wichtigsten selbständigen Garantieverträge (§ 349 Anm. 22) ist der *Bankgarantie-Vertrag*. Sein Hauptanwendungsgebiet liegt im *Außenhandel*. Er kommt in verschiedenen Formen vor (Anm. 275), um eine Vertragspartei gegen bestimmte Risiken abzusichern. Während bei einer Giroüberweisung (Anm. 1) und beim Akkreditiv (Anm. 139) der Kunde seine Bank beauftragt, einem Dritten eine *Zahlung* zu leisten, geht sein Auftrag bei einer Bankgarantie dahin, seinem Geschäftspartner für den Fall sicherzustellen, daß das mit ihm geschlossene Export- oder Importgeschäft nicht vertragsgemäß abgewickelt wird. Durch den Abschluß eines *Garantievertrages* mit dem Begünstigten verpflichtet sich die Bank, den *künftigen Schaden* zu decken, den er durch den Eintritt oder Nichteintritt eines bestimmten Umstandes erleidet. Tritt der Garantiefall ein, so kann sich der Begünstigte ähnlich, als ob ihm ein Bardepot oder ein Bankakzept zur Sicherung gegeben wäre, durch Anforderung der Garantiesumme bei der Garantiebank schadlos halten. Primär besitzt die Bankgarantie *Sicherungsfunktion* und wird sich meist darin erschöpfen. Zu einer Inanspruchnahme der Garantie kommt es nur, wenn künftig der gedeckte Schaden eintritt. Dann erlangt die Bankgarantie sekundär auch *Zahlungsfunktion*. Ihrem Auftraggeber räumt die Bank durch die Stellung der Garantie einen *Kredit* in Höhe der Garantiesumme ein. Wenn auch die Bankgarantie vorwiegend der *Sicherstellung* dient, so rechtfertigt doch die Zweckverwandtschaft mit dem *Akkreditiv* (Anm. 139) ihre Behandlung im Rahmen des bankmäßigen Zahlungsverkehrs.

2. Typische Garantien

Nach der *Art* des von der Garantiebank übernommenen Risikos kommen im Außenhandel bei Export- und Importgeschäften vor allem folgende Garantietypen vor:

a) *Bietungsgarantien* (tender-guarantees) sichern bei Ausschreibungen die ausschreibende Stelle für den Fall, daß ein Bieter, dem der Zuschlag erteilt wird, seinen mit dem *Angebot* verbundenen Pflichten nicht nachkommt, z.B. den Liefervertrag nicht unterschreibt oder nicht ausführt.

b) *Erfüllungsgarantien* (performance-guarantees) sichern als Lieferungs-, Gewährleistungs- oder Zahlungsgarantien eine Vertragspartei für den Fall, daß die andere Partei den Vertrag nicht oder nicht ordnungsgemäß erfüllt, z.B. der Lieferer nicht oder nicht fristgerecht leistet oder mangelhaft liefert, der Besteller den Kaufpreis nicht oder nicht fristgerecht zahlt.

c) *Anzahlungs-* oder *Rückzahlungsgarantien* (Repayment guarantees) sichern für den Fall, daß ein Lieferer, der das Geschäft nicht ausführt, eine ihm vom Besteller geleistete, gewöhnlich 1/3 oder 1/4 des Vertragspreises betragende Anzahlung nicht zurückerstattet.

d) *Konnossementsgarantien* sichern im Seeverkehr für den Fall, daß im Bestimmungshafen eingetroffene Güter dem Empfänger wegen Fehlens der Dokumente vom Verfrachter nicht ausgehändigt werden (Liesecke WM 64, 1484; 68, 22/24).

e) *Gegen-* oder *Rückgarantien* sichern die Garantiebank für den Fall, daß sie aus einer Garantie in Anspruch genommen wird.

3. Rechtsquellen

a) Vertragliche Regelung

Der Garantievertrag ist *nicht gesetzlich* geregelt. Seine Zulässigkeit folgt aus dem Grundsatz der *Vertragsfreiheit* (§ 349 Anm. 30). Auch gibt es keine Einheitlichen Richtlinien für Bankgarantien wie beim Akkreditiv (Anm. 147). Von der Arbeitsgruppe „Vertragsgarantie" der *IHK* in Paris ist ein revidierter *Entwurf* „Einheitliche Richtlinien für Vertragsgarantien" vom 26. 11. 1973 (Dokument Nr. 460/157; 470/322) erstellt worden, dessen Schicksal wegen der Interessengegensätze jedoch ungewiß ist. Er bezieht sich auf Bietungs-, Erfüllungs- und Anzahlungsgarantien (Anm. 275). Sie werden im Entwurf allgemein als „Vertragsgarantien" bezeichnet, weil als Garantiesteller außer den Banken auch Versicherungsgesellschaften und andere Stellen in Betracht kommen. Eine deutsche Übersetzung ist bei *von Westphalen* aaO (Anlage 4 S. 20ff.) abgedruckt. Hingewiesen wird ferner auf das vom *VDMA* in der Sonderveröffentlichung 1/76 herausgegebene „Muster für Bankgarantien (Vertragsgarantien)".

§ 365 Anh. *Der bankmäßige Zahlungsverkehr*

b) **Hermes-Garantien**

277 Zur Förderung der deutschen Ausfuhr gibt die Bundesrepublik Deutschland über die Hermes-Kreditversicherungs AG als Bearbeitungsstelle *Garantien,* die bei Geschäften mit *privaten* ausländischen Unternehmen als Garantien, bei Geschäften mit *staatlichen* ausländischen Stellen als Bürgschaften bezeichnet werden, jedoch ebenfalls Garantien sind, da die Geltendmachung von Einwendungen und Einreden aus dem gesicherten Geschäft ausgeschlossen ist. Zu unterscheiden sind *Ausfuhrgarantien* und *Fabrikations-Risikogarantien.* Erstere decken das wirtschaftliche Risiko der Uneinbringlichkeit der Forderung infolge Zahlungsunfähigkeit oder Zahlungsverzuges des ausländischen Schuldners und das Risiko der Uneinbringlichkeit infolge politischer Ereignisse; letztere decken das Risiko, daß dem deutschen Hersteller der Ware – wegen eines Vermögensverfalls des ausländischen Bestellers oder aus im Ausland liegenden politischen Gründen – die Fertigstellung und Versendung der Ware unmöglich ist oder nicht mehr zugemutet werden kann. Wegen der Einzelheiten wird auf Christopeit, Hermes-Deckungen, 1968, und auf von Westphalen aaO S. 145 ff. verwiesen.

4. Abgrenzung von der Bankbürgschaft

278 Als *Sicherungsmittel* ist die Verwendung der *Bankgarantie* im Außenhandel zweckdienlicher als eine Bankbürgschaft. Das beruht darauf, daß die Garantie im Gegensatz zur Bürgschaft *nicht akzessorisch* ist. Während ein Bürge gegenüber dem Gläubiger alle Einwendungen und Einreden des Hauptschuldners geltend machen kann (§§ 767, 768 BGB) und der Gläubiger daher nur vor der Zahlungsunfähigkeit des Schuldners gesichert ist, kann die Garantiebank gewöhnlich dem Begünstigten weder Einwendungen und Einreden aus dem Grundgeschäft (Anm. 296 f.) noch aus dem Rechtsverhältnis zum Garantieauftraggeber entgegensetzen (Anm. 298). Die *Bankgarantie* ist in diesem Sinne *abstrakt.* Die Abgrenzung zwischen Bürgschaft und Garantie kann jedoch im Einzelfall schwierig sein (§ 349 Anm. 29). Der bloße Ausdruck „Bürgschaft" oder „Garantie" ist nicht entscheidend, zumal vor allem im internationalen Rechtsverkehr Garantien mitunter akzessorischen Charakter besitzen oder als „Bürgschaften" verstanden werden. Es kommt daher in Zweifelsfällen darauf an, ob nach dem *Zweck* der Verpflichtungserklärung die Geltendmachung von Einwendungen und Einreden des Hauptschuldners als ausgeschlossen anzusehen ist. Hat sich eine Bank verpflichtet „auf erstes Anfordern" (on first demand) oder „ohne Einwendungen" (without any objection) zu zahlen, so ist dadurch eindeutig klargestellt, daß eine *Garantie* und keine Bürgschaft vorliegt. Der Begünstigte wird schon auf seine bloße *Behauptung,* der Garantiefall sei eingetreten, von der Bank ohne weitere Prüfung schadlos gestellt (LG Frankfurt NJW 63, 450). Die Bank kann sich aus einem möglichen Streit der Parteien heraushalten. Der Auftraggeber kann der Auszahlung der Garantiesumme grundsätzlich *nicht* widersprechen (Anm. 298). Ob die Inanspruchnahme der Garantie im Verhältnis zum Garantieauftraggeber *sachlich* berechtigt war, wird einer späteren Auseinandersetzung zwischen den Geschäftspartnern (Garantieauftraggeber und Begünstigtem) überlassen. Diese Regelung gewährleistet eine sichere und reibungslose Durchführung von Außenhandelsgeschäften. Sie dient vor allem dem Interesse des Gläubigers, der auf Anfordern sofort Zahlung erhält, ohne erst seine Ansprüche im Prozeß, womöglich noch im Ausland, durchsetzen zu müssen.

Ihr Nachteil liegt darin, daß der Begünstigte möglicherweise die ihm eingeräumte starke Rechtsstellung *mißbraucht.* Sein Vertragspartner kommt in die ungünstige Lage, einen Rückzahlungsanspruch gegen ihn geltend zu machen, für dessen Voraussetzungen er die volle Beweislast trägt. Die Rollen sind vertauscht.

II. Überblick über die Rechtsbeziehungen

1. Grundgegebenheiten

Ebenso wie beim Akkreditiv (Anm. 152) sind mindestens *drei,* meist aber vier Rechtsbeziehungen voneinander zu unterscheiden:

a) Die Rechtsbeziehungen zwischen dem Garantieauftraggeber und der Garantiebank. Sie finden ihre Grundlage in dem zwischen ihnen geschlossenen Werkvertrag, der auf eine *Geschäftsbesorgung* gerichtet ist (§§ 675, 631 BGB). Die Bank verpflichtet sich, gemäß dem ihr erteilten *Garantieauftrag* mit dem Begünstigten einen *Garantievertrag* abzuschließen (Anm. 282).

b) Die Rechtsbeziehungen zwischen der Garantiebank und dem Begünstigten. Sie finden ihre Grundlage in dem zwischen ihnen geschlossenen *Garantievertrag* (Anm. 282). Die Bank verpflichtet sich, bei Eintritt des Garantiefalls dem Begünstigten die vereinbarte Garantiesumme auszuzahlen.

c) Die Rechtsbeziehungen zwischen den Geschäftspartnern, dem Garantieauftraggeber und dem Begünstigten. Der zwischen ihnen geschlossene *Liefervertrag* wird meist ein Kauf-, Werklieferungs- oder Werkvertrag sein. Er enthält oder ihm beigefügt ist die *Garantieklausel,* durch die sich eine Vertragspartei verpflichtet, zur *Sicherung* der anderen – des Garantiebegünstigten – bei einer bestimmten Bank (Garantiebank) eine Garantie zu stellen.

d) Die Rechtsbeziehungen *zwischen den Banken.* Bei Außenhandelsgeschäften wird meist von der erstbeauftragten Bank im Lande des Auftraggebers eine *zweite Bank* im Lande des Begünstigten eingeschaltet (Anm. 281). Zwischen den Banken besteht ebenfalls ein Geschäftsbesorgungvertrag, (Anm. 290), der einen verschiedenen Inhalt hat, je nachdem, ob die zweite Bank die Stellung der Garantie dem Begünstigten nur *avisieren* oder ihm gegenüber eine selbständige *Garantieverpflichtung* eingehen soll. Nur zwischen den Banken, nicht zwischen der eingeschalteten Zweitbank und dem Garantieauftraggeber, bestehen unmittelbare Rechtsbeziehungen.

2. Anzuwendendes Recht

Bei Verwendung der Bankgarantie im *Außenhandel* gehören die Vertragsparteien gewöhnlich den Rechtsordnungen verschiedener Länder an, so daß es bei unterschiedlichen Regelungen darauf ankommt, welches Recht auf die Rechtsbeziehungen zwischen dem Garantieauftraggeber und der Garantiebank und zwischen ihr und dem Garantiebegünstigten anzuwenden ist. Da es sich um *schuldrechtliche* Beziehungen handelt, können nach deutscher Rechtsauffassung die Parteien ausdrücklich oder konkludent *vereinbaren,* welches Recht maßgebend sein soll (BGHZ 52, 239, 241; 53, 190; Anm. 151). Liegt eine solche Vereinbarung *nicht* vor, so wird man grundsätzlich anzu-

§ 365 Anh. *Der bankmäßige Zahlungsverkehr*

nehmen haben, daß sowohl für die Beziehungen der Bank zum Garantieauftraggeber als auch zum Garantiebegünstigten das am *Sitz der Bank* geltende Recht maßgebend ist, da sie die für die Garantie typische Leistung erbringt (LG Frankfurt NJW 63, 450/451; Pleyer aaO S. 15; Zahn aaO S. 21). Auch nach Nr. 26 I AGB Banken ist das am Erfüllungsort geltende Recht für alle Rechtsbeziehungen zwischen dem Kunden und der Bank maßgebend und zwar auch dann, wenn der Rechtsstreit im *Ausland* geführt wird. Vereinbarungen, nach denen die Geschäftsräume der kontoführenden Stelle der Bank für *beide Teile* Erfüllungsort sind, setzen jedoch voraus, daß es sich um Vereinbarungen unter nicht zu den Gewerbetreibenden des § 4 HGB gehörenden *Kaufleuten* oder Personen handelt, die ihren Wohnsitz *außerhalb* der Bundesrepublik Deutschland haben.

281 Wird von der erstbeauftragten Bank eine *zweite Bank* im Ausland eingeschaltet, die als Garantiebank die Garantieverpflichtung gegenüber dem Begünstigten durch Abschluß eines Garantievertrages übernimmt, so ist auf die Beziehungen der Zweitbank zum Begünstigten das Recht der Zweitbank anzuwenden. Eine Gegengarantiepflicht der Erstbank würde deutschem Recht unterliegen (Finger AWD 69, 490). Wurde die Zweitbank nur als *Avisbank* eingeschaltet, so ist für die Garantiepflicht der Erstbank das an ihrem Sitz geltende Recht maßgebend.

III. Rechtsbeziehungen zwischen dem Garantieauftraggeber und der Bank

1. Pflichten der Bank

a) Abschluß des Garantievertrages

282 Ebenso wie beim Akkreditiv (Anm. 155) besteht zwischen der Bank und ihrem Auftraggeber ein auf eine Werkleistung gerichteter Geschäftsbesorgungsvertrag (§§ 675, 631 BGB). Die Bank ist verpflichtet, mit dem begünstigten Dritten einen *Garantievertrag* nach Maßgabe des ihr erteilten Garantieauftrags abzuschließen und, wenn der Garantiefall eintritt, auf Anfordern des Begünstigten die Garantiesumme an ihn auszuzahlen. Ob der Garantiefall eingetreten ist, bestimmt sich im Verhältnis des Begünstigten zur Bank nach dem zwischen ihnen geschlossenen Garantievertrag (Anm. 292). Im Normalfall bestimmt sich der Inhalt des Garantievertrages nach dem Inhalt des der Bank erteilten Garantieauftrags und dieser nach dem Inhalt der zwischen den Geschäftspartnern vereinbarten Garantieklausel. (Anm. 300 ff.).

b) Einfache Garantie

283 Geht der Garantieauftrag auf die Stellung einer *einfachen* Garantie, so muß die Bank, wenn der Begünstigte die Garantiesumme verlangt, die Berechtigung der Inanspruchnahme der Garantie *prüfen.* Der Begünstigte muß den Eintritt des Garantiefalls nicht nur behaupten, sondern auch im einzelnen *nachweisen,* daß er auf Grund des mit dem Garantieauftraggeber bestehenden Vertragsverhältnisses das Recht hat, die Garantie in Anspruch zu nehmen. Die Bank kann alle Einwendungen und Einreden des Auftraggebers gegen den Begünstigten geltend machen. Solche einfachen Garantien kommen indessen im Außenhandel nur selten vor. Sie werden dem Interesse des Begünstigten nicht gerecht und ziehen die Bank in die Auseinandersetzung zwischen Auftraggeber und Begünstigtem hinein.

c) Bedingungslose Garantie

Bei einer Garantie „auf erstes Anfordern" oder „ohne Einwendungen" genügt die **284** bloße *Behauptung* des Begünstigten, die geschuldete Leistung nicht erhalten zu haben (Anm. 295). Die Bank kann keine Einwendungen und Einreden aus dem zwischen dem Auftraggeber und dem Begünstigten bestehenden Kausalverhältnis geltend machen, da es gerade der Sinn einer solchen Garantie ist, die Einstandsverpflichtung der Bank von dem Kausalverhältnis zu lösen. Eine Garantie „auf erstes Anfordern" dient in hohem Maße dem Interesse des *Begünstigten,* der zunächst einmal *schadlos* gestellt wird. Die Bank kann sich aus einem möglichen Streit der Parteien heraushalten. Für den Auftraggeber entsteht jedoch die Gefahr, daß die Garantie vom Begünstigten zu Unrecht in Anspruch genommen wird. Auch wenn die Bank nicht verpflichtet ist, „auf erstes Anfordern" an den Begünstigten zu zahlen, ist sie nach Nr. 13 AGB Banken gegenüber dem Auftraggeber *berechtigt,* auf einseitiges Anfordern des Begünstigten ohne gerichtliches Verfahren zu zahlen. Das gleiche Recht steht der Deutschen Bundesbank nach den AGB (DB) XI H 6 zu. Nr. 13 AGB kann indessen ausdrücklich oder konkludent *abbedungen* werden, um eine unberechtigte Inanspruchnahme der Garantie im Interesse des Auftraggebers zu verhindern.

d) Bedingte Garantie

Die Zahlungspflicht der Bank läßt sich auf verschiedene Weise einschränken, um die **285** Gefahr unberechtigter Inanspruchnahme der Garantie einzudämmen. Die Kernfrage ist dabei, ob sich der Vertragspartner eines Liefergeschäfts darauf einläßt. Wird die Auszahlung der Garantiesumme von der Vorlage bestimmter *Dokumente* oder *Zertifikate* abhängig gemacht, so bestimmt sich die Prüfung der Bank wie beim Akkreditivgeschäft nach dem Grundsatz der *Dokumentenstrenge* (Anm. 181). Auch kann die Zahlungspflicht der Bank an die Vorlage eines *Schiedsspruchs* geknüpft werden, wenn der Garantieauftraggeber noch vor dem Ablauf der Zahlungsfrist bei dem vereinbarten Schiedsgericht Klage erhoben hat (so das Vertragsmuster B des VDMA; Anm. 276). Sie könnte ferner an die schriftliche Zustimmung des Auftraggebers geknüpft oder der Bank das Recht eingeräumt werden, bei Widerspruch des Auftraggebers, die Garantiesumme zu *hinterlegen* (von Westphalen aaO S. 123). Die Problematik der Einschränkungen liegt darin, daß sie zwar weitgehend die Mißbrauchsgefahr ausschließen, jedoch der Bankgarantie ihre praktische Bedeutung für eine schnelle und sichere Abwicklung des Geschäfts ganz oder teilweise nehmen. Mit dem Zweck der Bankgarantie ist es unter dem Gesichtspunkt der Rechtsklarheit höchstens vereinbar, die Auszahlung der Garantiesumme von der Vorlage *urkundlicher* Nachweise abhängig zu machen

e) Nachrichtspflicht

Auch bei einer Garantie auf einseitiges Anfordern des Begünstigten ist die Bank nach **286** § 242 BGB grundsätzlich *verpflichtet,* den Auftraggeber von der Inanspruchnahme der Garantie zu *benachrichtigen* und ihm kurzfristig Gelegenheit zur Stellungnahme zu geben. Dem steht Nr. 13 AGB *nicht* entgegen (a. M. Liesecke WM 68, 22/28). Die sich aus Treu und Glauben für die Bank gegenüber ihrem Auftraggeber ergebenden Rechtspflichten lassen sich nicht generell ausschließen. Nr. 13 AGB Banken ist insoweit *restrik-*

§ 365 Anh. *Der bankmäßige Zahlungsverkehr*

tiv auszulegen (Canaris in Großkomm. HGB Anh. § 357 Anm. 507 und 1285; Pleyer aaO S. 12f.). Gerade wegen der hohen Gefahr mißbräuchlicher Inanspruchnahme der Garantie ist die Bank verpflichtet, ihren Auftraggeber zu unterrichten. Eine Benachrichtigungspflicht sehen auch Art. 7 und 8 des Entwurfs Einheitlicher Richtlinien für Vertragsgarantien vor (Anm. 276). *Widerspricht* der Auftraggeber der Auszahlung, so folgt daraus nicht, daß die Bank verpflichtet ist, die Auszahlung der Garantiesumme an den Begünstigten zu verweigern. Das widerspräche dem Sicherungszweck einer Garantie „auf erstes Anfordern". Erlangt die Bank Kenntnis von Einwendungen und Einreden des Auftraggebers gegenüber dem Begünstigten aus dem *Kausalverhältnis,* so ist sie weder gegenüber dem Auftraggeber verpflichtet noch gegenüber dem Begünstigten berechtigt, von der Auszahlung der Garantiesumme abzusehen. Nur wenn das „Anfordern" der Garantie einen *Rechtsmißbrauch* darstellt, kann es nach Lage des Falles anders liegen. Die Tatsache, daß die Garantie nach dem Kausalverhältnis zwischen den Geschäftspartnern zu Unrecht in Anspruch genommen wird z. B. die Gegenleistung noch nicht erbracht wurde, stellt nach dem Zweck der Garantiestellung noch keinen Rechtsmißbrauch dar. Wohl aber kann der Sicherstellungszweck der Garantie nicht *betrügerische* Praktiken des Begünstigten rechtfertigen. Auch wenn die Bank liquide Beweismittel dafür hat, daß ein Käufer seine Zahlungspflicht erfüllt hat, ist es rechtsmißbräuchlich, wenn der Begünstigte die Garantiesumme anfordert. Nur in solchen *Ausnahmefällen* kann die Bank gegenüber dem Auftraggeber verpflichtet sein, die Auszahlung zu verweigern.

f) Rechtsfolgen

287 Hat die Bank schuldhaft ihre Pflichten verletzt, hat sie z.B. den Garantievertrag mit dem Begünstigten zu spät geschlossen, so daß ein Kaufgeschäft nicht mehr zustandegekommen ist, oder entspricht der Inhalt der Garantieverpflichtung nicht dem Garantieauftrag, so ist sie dem Garantieauftraggeber zum Ersatz des ihm dadurch entstandenen *Schadens* verpflichtet. Hat sie den Garantiebetrag pflichtwidrig dem Begünstigten ausgezahlt, so hat sie keinen Anspruch auf Ersatz ihrer *Aufwendungen* und auf Zahlung der Garantieprovision (Anm. 288).

2. Pflichten des Garantieauftraggebers

a) Aufwendungsersatz

288 Hat die Bank die Garantiesumme auf Anfordern des Begünstigten ordnungsgemäß an ihn ausgezahlt, so hat sie gegen den Garantieauftraggeber einen Anspruch auf Ersatz ihrer *Aufwendungen* im Höhe des ausgezahlten Betrages (§§ 675, 670 BGB). *Streitig* ist, ob analog § 774 BGB auch der *gesicherte Anspruch* des Begünstigten gegen den Auftraggeber auf die Bank übergeht. Die Frage hat nicht nur Bedeutung für etwaige *Sicherheiten,* sondern auch für den Fall, daß der Garantieauftraggeber nicht der Schuldner aus dem Grundvertrag, sondern ein *Dritter* ist, z.B. bei einer Konzernverbindung die Muttergesellschaft für eine Schuld ihrer Tochtergesellschaft. Überwiegend wird ein *gesetzlicher* Forderungsübergang verneint (RGZ 94, 90; 96, 139; Schönle aaO § 28 II 1 am Ende). Einige bejahen einen schuldrechtlichen Anspruch auf Abtretung (so Finger BB 69, 208). Eine Bankgarantie besitzt insoweit einen bürgschaftsähnlichen Charakter, als sie im Interesse des *Auftraggebers* eingegangen ist, der ebenso wie bei der Bürgschaft der

Endverpflichtete ist. Das rechtfertigt eine *analoge* Anwendung des § 774 BGB (Canaris in Großkomm. HGB Anh. § 357 Anm. 500; Liesecke WM 68, 22/28; Pleyer aaO S. 21; von Caemmerer in Festschrift Riese, 1964, S. 295/306).

b) Provision

Bei ordnungsgemäßer Ausführung des Garantieauftrags steht der Bank gegen den Auftraggeber ein Anspruch auf Zahlung einer *Avalprovision* zu (§§ 675, 631 BGB). **289**

c) Vorschuß

Ebenso wie einem Bürgen (arg. § 775 BGB) steht auch bei einer Bankgarantie der Bank gegen den Auftraggeber nach §§ 675, 669 *kein Anspruch* auf Vorschuß in Höhe der Garantiesumme zu (ebenso Canaris in Großkomm. HGB Anh. § 357 Anm. 510). Einmal ist bei einer Bankgarantie ungewiß, ob der Garantiefall eintritt und die Garantie in Anspruch genommen wird, zum anderen widerspricht es dem Sicherungszweck einer Bankgarantie, dem Auftraggeber eine effektive Zahlungspflicht in Form einer Vorschußzahlung an die Bank aufzuerlegen. Eine Vorschußpflicht setzt eine besondere Vereinbarung bei Übernahme des Garantieauftrags voraus. Ohne entsprechende Vereinbarung ist die Bank daher auch nicht berechtigt, das Konto des Auftraggebers in Höhe des Garantiebetrages zu sperren. Wohl aber hat sie gegen ihren Auftraggeber, wenn sich seine Vermögensverhältnisse wesentlich verschlechtert haben, analog § 775 Abs. 1 Nr. 1 BGB einen *Befreiungsanspruch* (Canaris aaO). Ferner hat sie nach Nr. 19 AGB Banken einen Anspruch auf Bestellung oder *Verstärkung* bankmäßiger *Sicherheiten* auch für Verbindlichkeiten, die wie ihre Verpflichtung aus Garantievertrag *bedingt* sind. Dieser Anspruch rechtfertigt jedoch keine Vorschußzahlung. **290**

3. Einschaltung einer Zweitbank

Im Außenhandel erteilt häufig die erstbeauftragte Bank im Lande des Garantieauftraggebers einer *zweiten* Bank im Lande des Begünstigten ihrerseits den Auftrag, mit dem Begünstigten den *Garantievertrag* abzuschließen (Anm. 279). Es liegt insoweit ähnlich wie beim Akkreditiv (Anm. 191 ff.). Zwischen den Banken besteht dann ebenfalls ein auf Werkleistung gerichteter Geschäftsbesorgungsvertrag (§§ 675, 631 BGB); zum Garantieauftraggeber besteht die Zweitbank in keiner vertraglichen Rechtsbeziehung (Anm. 194). Die Sicherung des Begünstigten liegt dann gewöhnlich nur in in der Haftung der ausländischen Zweitbank auf Grund des mit ihr geschlossenen Garantievertrages. Wird die Zweitbank aus der Garantie in Anspruch genommen, so haftet ihr die inländische Erstbank aus dem Geschäftsbesorgungsvertrag (§§ 675, 670 BGB). Um die Zweitbank von jedem Risiko bei Auszahlung der Garantiesumme zu befreien, trifft die Erstbank mit ihr meist noch eine *Rückgarantie-* Vereinbarung (Pleyer aaO S. 5). Die Sicherung der Zweitbank kann so weit gehen, daß sie bei Inanspruchnahme der Garantie nicht verpflichtet ist, die Berechtigung des Begünstigten zu prüfen, sondern ohne weiteres an ihn auszahlen kann, wenn die Formalien erfüllt sind. Mitunter, wenn auch seltener, kommt es vor, daß außer der ausländischen Zweitbank auch die erstbeauftragte Bank gegenüber dem Begünstigten eine Garantieverpflichtung eingeht; dann haften ihm *beide* Banken als Gesamtschuldner. **291**

4. Beendigungsgründe

292 Der zwischen dem Garantieauftraggeber und der Bank bestehende Geschäftsbesorgungsvertrag (Anm. 282) kann von jeder Partei fristlos *gekündigt* werden, ohne daß ein wichtiger Grund vorzuliegen braucht (§§ 675, 649 BGB). Doch darf die Bank nur in der Art kündigen, daß der Auftraggeber für die Besorgung des Geschäfts anderweit Fürsorge treffen kann, es sei denn, daß ein wichtiger Grund vorliegt (§ 671 Abs. 2 BGB). Eine Kündigung ohne wichtigen Grund zur Unzeit, verpflichtet die Bank gegenüber dem Auftraggeber zum Schadenersatz. Stirbt der Auftraggeber oder wird er geschäftsunfähig, so hat dies im Zweifel nicht das Erlöschen des Auftrags zur Folge (§§ 675, 672 BGB). Hat die Bank mit dem Begünstigten bereits den Garantievertrag abgeschlossen, so wird durch die Kündigung des Garantieauftrags die entstandene Zahlungspflicht der Bank nicht beseitigt. Der Garantieauftrag erlischt, wenn Konkurs über das Vermögen des Auftraggebers eröffnet wird (§ 3 Abs. 2 KO; s. zum Akkreditivgeschäft Anm. 253 ff.).

IV. Rechtsbeziehungen zwischen dem Begünstigten und der Bank

1. Garantievertrag

293 Der einer Bank erteilte *Auftrag* zur Stellung einer Garantie (Anm. 282) ist kein Vertrag zugunsten Dritter, der dem Begünstigten bereits einen unmittelbaren Anspruch gegen die Bank auf *Abschluß* eines Garantievertrages gibt (Canaris in Großkomm. HGB Anh. nach § 357 Anm. 512). Grundlage der Haftung der Bank gegenüber dem Begünstigten ist allein der zwischen ihnen geschlossene *Garantievertrag* (§ 349 Anm. 18 ff.). Er kommt dadurch zustande, daß die Bank gegenüber dem Begünstigten – sei es unmittelbar, sei es über ihren Auftraggeber – eine Garantieerklärung abgibt, die der Begünstigte *annimmt,* ohne daß es in der Regel des Zugangs einer Annahmeerklärung gegenüber der Bank bedarf (arg. § 151 BGB). – Der Vertrag bedarf gesetzlich *keiner Form.* § 766 BGB, der für die Erklärung des *Bürgen* Schriftform vorschreibt, wäre im Hinblick auf § 350 ohnehin *nicht* anwendbar. In der Praxis werden Bank-Garantieverträge *schriftlich* geschlossen. *Muster* für Bankgarantien in ihren typischen Formen (Anm. 275) finden sich bei Schütz, BFB, 18. Aufl. S. 344 ff.; Zahn aaO S. 287; ferner in dem revidierten *Entwurf* „Einheitliche Richtlinien für Vertragsgarantien der *IHK* vom 26. 11. 1973 (Dokument Nr. 460/157; 470/322) sowie in der VDMA – Sonderveröffentlichung 1/76 (s. Anm. 276).

2. Inhalt des Garantieanspruchs

294 Der Anspruch des Begünstigten gegen die Bank auf Zahlung der Garantiesumme ist ein auf *Schadloshaltung* gerichteter vertraglicher Erfüllungsanspruch (BGH WM 61, 204/206; 68, 680/682; § 349 Anm. 19, 32). Die Bank verspricht dem Begünstigten Zahlung nicht schlechthin, sondern nur für den Garantiefall. Die Verpflichtung aus dem Garantievertrag dient ihrem Inhalt nach dem *Sicherungszweck* und ist deshalb im Verhältnis zum Begünstigten kein vom Zweck völlig unabhängiges Zahlungsversprechen (Canaris in Großkomm. HGB Anh. § 357 Anm. 515; Kübler aaO S. 188 f.; Schönle aaO § 28 II 2; a.M. von Caemmerer in Festschrift Riese, 1964, S. 295/301/303; Pleyer aaO S. 13). Die Abhängigkeit kann, da es insoweit auf den *Willen* der Geschäftspartner ankommt – dementsprechend im Normalfall der Garantieauftrag erteilt und der Garantievertrag von der Bank mit dem Begünstigten geschlossen wird –, *graduell unterschiedlich* gestaltet sein.

3. Zahlungsvoraussetzungen

a) Bei einer *einfachen* Garantie (Anm. 283) muß der Begünstigte nachweisen, daß er **295** gegenüber dem Auftraggeber berechtigt ist, die Garantie in Anspruch zu nehmen. Die Bank kann ihm grundsätzlich alle Einwendungen und Einreden aus dem gesicherten Vertragsverhältnis entgegensetzen. Häufig wird bei einer so starken Abhängigkeit das Bestehen eines Garantievertrages trotz des verwendeten Ausdrucks „Garantie" zu verneinen und eine *Bankbürgschaft* anzunehmen sein (Anm. 278). Dem Zweck, den Begünstigten schnell und sicher schadlos zu stellen, wird jedenfalls eine so stark an die materielle Berechtigung geknüpfte Garantie nicht gerecht. Sie kommt daher in der Praxis selten vor.

b) Bei der im Außenhandelsverkehr üblichen Garantie „auf erstes Anfordern" oder „auf **296** erste Nachricht" genügt die *Behauptung* des Begünstigten, der Garantiefall sei eingetreten, z.B. der Kaufpreis nicht gezahlt worden, um die Zahlungspflicht der Bank auszulösen (LG Frankfurt NJW 63, 450; Canaris in Großkomm. HGB Anh. § 357 Anm. 518; Zahn aaO S. 249; Pleyer aaO S. 9; Liesecke WM 68, 22/26). Der Begünstigte braucht nicht nachzuweisen, daß die sachlichen Voraussetzungen für die Inanspruchnahme der Garantie vorliegen. Die Prüfung der materiellen Berechtigung des Zahlungsverlangens ist der Bank entzogen. Dem Begünstigten können von der Bank keine Einwendungen oder Einreden aus dem gesicherten Kausalverhältnis entgegengesetzt werden; der Garantieauftraggeber kann der Auszahlung der Garantiesumme nicht widersprechen. Auch bei einer Anzahlungsgarantie (Anm. 275) „auf erstes Anfordern" braucht der Begünstigte der Bank nicht nachzuweisen, daß sein Vertragspartner die Gegenleistung nicht erbracht und die Anzahlung nicht zurückgezahlt hat. Streitigkeiten hierüber sind zwischen den Parteien des Liefervertrages auszutragen, nicht zwischen dem Begünstigten und der Bank. Wohl aber folgt aus dem Zweck einer Anzahlungsgarantie, daß der Garantiebank die *Anzahlung* nachzuweisen ist. In den Formularen der Banken heißt es daher meist, daß die Garantie erst nach Eingang der Anzahlung auf dem Konto des Begünstigten bei der Garantiebank in Kraft tritt (s. dazu Schröder DB 75, 2359ff. mit kritischer Würdigung der „bei uns" Klausel der Banken).

c) Die Crux der üblichen Bankgarantie „auf erstes Anfordern" liegt in der Gefahr des **297** *Mißbrauchs* durch den Begünstigten (Anm. 284). Es geht darum, wie dieser Gefahr begegnet werden kann, ohne dadurch das Institut der Bankgarantie zu entwerten. Eine Möglichkeit besteht darin, die Zahlungspflicht der Bank von *urkundlichen Nachweisen* abhängig zu machen (Anm. 295). Bei solchen *bedingten* Garantien trifft die Bank eine ähnliche Prüfungspflicht wie beim Dokumenten-Akkreditiv (Anm. 181ff.). Die Mißbrauchsgefahr ist zum Schutz des Auftraggebers eingeschränkt und der Bank die sichere Feststellung möglich, ob der Garantiefall eingetreten ist. Dagegen sind Garantien des Inhalts „Zahlung auf erstes Anfordern, wenn der Schaden eintritt" oder „Zahlung auf erstes Anfordern, wenn der Verkäufer seinen Lieferpflichten nicht nachkommt" in sich widersprüchlich und führen zur Rechtsunsicherheit. Manche lassen die Einschränkung unberücksichtigt und fassen sie lediglich als Monitum für den Begünstigten auf; andere verlangen nicht den vollen Nachweis des eingetretenen Schadens, sondern begnügen sich mit einer gewissen Wahrscheinlichkeit oder einem gewissen Anhalt für den Eintritt des Garantiefalls (Finger BB 69, 208; Auhaben aaO S. 56). Das ist eine höchst unsichere Anspruchsvoraussetzung, die den Interessen der Beteiligten nicht gerecht wird. Nach Canaris (Großkomm. HGB Anh. § 357 Anm. 518) muß der Begünstigte dem Wortlaut der Klausel entsprechend zwar in vollem Umfang den Eintritt des Garantiefalls – also das Vorliegen des Schadens – nachweisen, jedoch im übrigen „auf erstes Anfordern", d. h. unabhängig von Einwendungen aus dem gesicherten Kausalverhältnis zahlen. Die Bank kann demnach nicht vorbringen, das Kausalverhältnis sei unwirksam, der Auftraggeber habe aufgerechnet oder ihm stehe ein Zurückbehaltungsrecht zu. Eine solche Trennung zwischen Schadensnachweis sowie Einwendungen und Einreden wird sich jedoch häufig nicht durchführen lassen und schafft daher keine klare Rechtslage. Doch ist die Bank auch in diesen Fällen gegenüber ihrem Auftraggeber nach Nr. 13 AGB Banken berechtigt, auf einseitiges Anfordern des Gläubigers dem Begünstigten Zahlung zu leisten.

4. Zahlungsverweigerung

298 Bei einer Garantie „auf erstes Anfordern" ist die Bank grundsätzlich *nicht* berechtigt, die Auszahlung der Garantiesumme an den Begünstigten zu verweigern, wenn dieser ihr den Eintritt des Garantiefalls, d.h. des durch die Garantie gedeckten Schadenereignisses, mitteilt und sie zur Zahlung auffordert. Sie kann von ihm keinen Schadensnachweis verlangen. Die Garantiesumme ist nach dem Sinn der Garantie „auf erstes Anfordern" ohne Rücksicht auf die Berechtigung des Begünstigten gegenüber dem Auftraggeber nach dem zwischen ihnen bestehenden Kausalverhältnis zu leisten. In den Streit zwischen Auftraggeber und Begünstigtem soll die Bank nicht hineingezogen werden. Eine Schranke für die Inanspruchnahme der Garantie bildet allein der Gesichtspunkt des *Rechtsmißbrauchs,* der jedoch nur in Ausnahmefällen eingreifen kann. Die Berufung hierauf setzt zunächst voraus, daß die Bank die dafür nötigen Fakten kennt. Daran wird es jedoch meist fehlen. Da eine Garantie auf erstes Anfordern nicht rechtsmißbräuchlich in Anspruch genommen werden darf, widerspricht es ihr nicht, wenn die Bank vor einer Auszahlung den Auftraggeber von der Inanspruchnahme *benachrichtigt* und ihn um kurzfristige Stellungnahme ersucht (Anm. 286). Widerspricht der Auftraggeber der Auszahlung der Garantiesumme, so wird dadurch das Anfordern noch nicht rechtsmißbräuchlich. Gleiches gilt, wenn der Auftraggeber seinen Widerspruch auf das Kausalverhältnis mit dem Begünstigten stützt. Es ist gerade der Sinn einer Garantie „auf erstes Anfordern", die Zahlung auch dann zu gewährleisten, wenn sie nach dem Kausalverhältnis nicht gerechtfertigt ist. Rechtsmißbräuchlich kann die Inanspruchnahme einer Garantie nur in Fällen sein, in denen die Zahlung *offensichtlich ungerechtfertigt* ist, so z.B. wenn es sich um die Durchführung eines gesetzlich verbotenen oder gegen die guten Sitten verstoßenden Geschäfts handelt (§§ 134, 138 BGB). Weist der Auftraggeber der Bank eindeutig nach, daß er den geschuldeten Betrag dem Begünstigten überwiesen hat, so ist die Bank diesem gegenüber berechtigt und dem Auftraggeber verpflichtet, die Zahlung zu verweigern (Pleyer aaO S. 18). Gleiches gilt, wenn der Auftraggeber der Bank urkundlich nachweist, daß der Begünstigte auf die Inanspruchnahme der Garantie verzichtet hat. Es kann insoweit auf die Verweigerung der Zahlung unter dem Aspekt des

Vierter Teil. Die Bankgarantie **Anh. § 365**

Rechtsmißbrauchs bei *Akkreditivgeschäften* verwiesen werden. (Anm. 225 ff.; 251 ff.). In solchen Fällen widerspricht die Zahlungsverweigerung nicht dem Sicherungszweck der Garantie.

5. Rückverlangen der Garantiesumme

Streitig ist, ob die Bank vom Begünstigten die an ihn gezahlte Garantiesumme *zurück-* **299** *verlangen* kann, wenn sie von ihm zu Unrecht angefordert worden ist. Die Rückforderung wird von Canaris (Großkomm. HGB Anh. § 357 Anm. 525), von Caemmerer (aaO S. 302 f.), Kübler (aaO S. 88) *verneint,* von Liesecke (WM 68, 22/27), Schönle (aaO § 28 II 2), Zahn (aaO S. 251), von Godin (RGR-Komm. z. HGB Anh. I nach § 365 Anm. 62) *bejaht.* Die Frage steht in Kontakt mit der Frage, unter welchen Voraussetzungen die Bank die Zahlung der Garantiesumme gegenüber dem Begünstigten *verweigern* kann. Das ist für den seltenen Fall des *Rechtsmißbrauchs* bejaht worden (Anm. 297). Wußte daher die Bank bei einer Garantie „auf erstes Anfordern" nicht, daß sie die Zahlung wegen *rechtsmißbräuchlicher* Inanspruchnahme verweigern konnte, so steht ihr gegen den Zahlungsempfänger ein Rückzahlungsanspruch nach § 813 BGB zu. Sonst ist der Anspruch nach § 814 BGB ausgeschlossen. Die Voraussetzungen für eine Rückforderung nach § 817 BGB werden gewöhnlich nicht vorliegen, weil der Empfänger durch die *Annahme* der Zahlung nicht gegen das Gesetz oder gegen die guten Sitten verstoßen hat (Pleyer aaO S. 19). – Lag eine *einfache* Garantie vor (Anm. 283), bei der der Begünstigte den Eintritt des Garantiefalls nicht nur behaupten, sondern auch im einzelnen beweisen muß, so kann die Bank die ausgezahlte Garantiesumme nach § 812 Abs. 1 Satz 1 BGB zurückverlangen, wenn die sachlichen Voraussetzungen für die Inanspruchnahme der Garantie nicht vorgelegen haben und sie das nicht gewußt hat. *Streitig* ist, ob die Bank die an den Begünstigten auf Anfordern gezahlte Garantiesumme zurückverlangen kann, wenn der Schuldner noch *nachträglich* an ihn geleistet hat. Sicherlich hat die Auszahlung keine nur vorläufigen Charakter; die Bank leistet nicht unter Vorbehalt (Liesecke WM 68, 22/27; Zahn aaO S. 250). Wohl aber hat der BGH bei einer Forderungsgarantie den Inhalt des auf *Schadloshaltung* des Begünstigten gerichteten Garantievertrages dahin ausgelegt, daß der Bank bereits ein *vertraglicher* Rückforderungsanspruch gegen den Begünstigten zusteht, wenn der garantierte Erfolg nach geschehener Leistung doch noch eintrat. In dem besonders gelagerten Fall war für die Verpflichtung zur Zahlung der Garantiesumme ausdrücklich hervorgehoben worden, daß die Garantie zurückzugeben ist, wenn der Gegenwert der Lieferungen im Clearingweg voll eingegangen ist (BGH WM 61, 204/207; kritisch Canaris in Großkomm. HGB Anh. § 357 Anm. 527). Gewöhnlich wird sich jedoch nicht schon aus der Auslegung des Garantievertrages ein vertraglicher Rückforderungsanspruch herleiten lassen. Dann kommt allein ein Anspruch aus § 812 Abs. 1 Satz 2 BGB wegen späteren Wegfalls des Rechtsgrundes in Betracht. Canaris (aaO Anm. 525) verneint einen solchen Anspruch, weil die spätere Leistung des Hauptschuldners nicht zurückwirke und daher den eingetretenen Garantiefall nicht aus der Welt schaffen könne. Aber die condictio ob causam finitam verlangt keinen Wegfall ex tunc. Entscheidend ist, daß der mit der Leistung verfolgte Zweck der Schadloshaltung des Begünstigten nachträglich entfallen ist, wenn die garantierte Forderung nach der Garantiezahlung nachträglich doch noch befriedigt wird.

§ 365 Anh. *Der bankmäßige Zahlungsverkehr*

Da die Frage, ob der Bank bei einer unberechtigten Inanspruchnahme der Garantie ein „*Rückzahlungsanspruch*" gegen den Begünstigten zusteht, umstritten ist, kann es für die Bank ratsam sein, sich den etwaigen Rückzahlungsanspruch des Auftraggebers bei Stellung der Garantie abtreten zu lassen (Zahn aaO S. 251; Canaris in Großkomm. HGB Anh. § 357 Anm. 525).

6. Verfalldatum

300   Der Anspruch des Begünstigten gegen die Bank aus Garantievertrag *verjährt* nach § 195 BGB erst in *dreißig* Jahren. Aus diesem Grunde ist es zweckmäßig, daß die Garantieerklärung der Bank einen festen oder jedenfalls bestimmbaren Zeitpunkt für das *Erlöschen* der Garantie enthält. Das kann entweder ein bestimmter Tag oder eine *Frist* sein, innerhalb deren die Garantie vom Begünstigten in Anspruch genommen oder jedenfalls der Garantiefall eingetreten sein muß. Häufig wird für den Fall, daß die Parteien die Liefer- bzw. Zahlungsfrist verlängern, sich automatisch auch entsprechend die Garantiefrist verlängert. (Pleyer aaO S. 17). Im Entwurf Einheitlicher Richtlinien für Vertragsgarantien (Anm. 276) sind für die behandelten drei Garantieformen besondere *Verfalldaten* vorgesehen, die gelten, wenn in der Garantieurkunde kein Verfalldatum angegeben ist (Art. 5 ff. Entw.). Wenig Wert hat eine Klausel, nach der die Garantie mit der *Rückgabe* der Garantieurkunde erlischt; sie nützt nicht, wenn trotz Erfüllung die Urkunde nicht zurückgegeben wird. Auch die Vereinbarung, daß die Garantieurkunde der Bank nach Erfüllung zurückzugeben ist (Canaris Großkomm. HGB Anh. § 357 Anm. 516; Pleyer aaO S. 17) nützt nicht viel, weil bei einer Erfüllungsgarantie der Begünstigte berechtigt ist, die gelieferte Ware auf ihre Ordungsmäßigkeit hin zunächst zu prüfen, und damit zunächst alles in der Schwebe bleibt. Zumindest sollte vereinbart werden, daß nach Erfüllung die Urkunde unverzüglich, spätestens innerhalb einer angemessenen Prüfungsfrist, zurückzugeben ist. Am besten ist es, unabhängig von der Rückgabe der Garantieurkunde eine Frist für das Erlöschen der Garantie vorzusehen.

V. Rechtsbeziehungen zwischen dem Garantieauftraggeber und dem Begünstigten

1. Garantieklausel

a) Bedeutung

301   Grundlage der zwischen dem Garantieauftraggeber und dem Begünstigten bestehenden Rechtsbeziehungen ist der zwischen ihnen geschlossene *Liefervertrag* (Anm. 303). Die zusätzlich getroffene Vereinbarung, daß eine Vertragspartei der anderen eine Bankgarantie zu stellen hat, soll die begünstigte Partei gegen ein bestimmtes Risiko bei der Abwicklung des Geschäfts absichern, z. B. dagegen, daß der Verkäufer nicht vertragsgemäß liefert, eine geleistete Anzahlung nicht dem Käufer zurückerstattet oder dieser nicht oder nicht rechtzeitig zahlt oder die Ware nicht abnimmt. Meist wird die Garantieklausel zum Inhalt des einzelnen Liefervertrages gehören, kann aber auch Gegenstand einer besonderen Abrede zwischen den Parteien sein.

b) Inhalt

Zur Vermeidung von Unklarheiten und Meinungsverschiedenheiten ist der *Inhalt* der **302** von einer Vertragspartei zu stellenden Bankgarantie möglichst genau festzulegen. Es sollten nicht nur die Höhe und die Währung der Garantiesumme, sondern auch vereinbart werden, bei welcher Bank die Garantie zu stellen ist, ob es sich um eine einfache oder eine Garantie „auf erste Anforderung" handelt (Anm. 295), von welchen Nachweisen die Auszahlung abhängig sein soll, wann die Garantie verfällt und ob bzw. unter welchen Voraussetzungen eine Verlängerung eintritt und wie einem Mißbrauch begegnet werden kann.

2. Hauptpflicht

Die Erfüllung der Verpflichtung, eine Bankgarantie zu stellen, ist nach dem Willen der **303** Parteien gewöhnlich keine Bedingung für die Wirksamkeit des Liefervertrages. Wohl aber ist sie wegen ihrer Bedeutung für die Abwicklung des Vertrages eine *Hauptpflicht*, die für die verpflichtete Partei eine Vorleistungspflicht begründet. Aus ihrer Natur folgt, daß die *Unwirksamkeit* der Garantieklausel, z.B. wegen eines Devisenverbots, den ganzen Vertrag nach § 139 BGB nichtig macht (Canaris in Großkomm. HGB Anh. § 357 Anm. 529; Pleyer aaO S. 5, 23). Das ist auch dann anzunehmen, wenn die Verpflichtung zur Stellung der Garantie nicht im Liefervertrag selbst, sondern in einer besonderen Abrede getroffen ist, sofern nur die formal selbständigen Rechtsgeschäfte einen wirtschaftlich einheitlichen Vorgang darstellen (Soergel/Hefermehl BGB § 139 Anm. 9f.) oder, wie es in BGH WM 55, 690/692 heißt, „die äußerlich getrennten Geschäfte miteinander durch den Abschluß des anderen bedingt" sind.

Wird die Verpflichtung zur Stellung einer Bankgarantie nicht, nicht rechtzeitig oder **304** nicht vereinbarungsgemäß erfüllt, z.B. bei einer anderen als der benannten oder in einer anderen als der vertraglich vorgesehenen Art, so hat der Garantiebegünstigte die Rechte aus §§ 325, 326 BGB, und zwar, weil eine Hauptpflicht verletzt wurde (Anm. 303), ohne vorherige Fristsetzung (Liesecke WM 68, 22/23; Pleyer aaO S. 22/23). Es wird insoweit auf die Ausführungen zum *Akkreditivgeschäft* verwiesen (Anm. 242 ff.).

3. Verhinderung der Auszahlung

Ist der Liefervertrag *nichtig* (Anm. 303), so kann der Garantieauftraggeber vom **305** Garantiebegünstigten verlangen, daß dieser auf seine Rechte aus der ihm von der Bank gestellten Garantie *verzichtet*. Das folgt aus § 812 Abs. 1 Satz 1 BGB. Ist der Liefervertrag wirksam, nimmt aber der Begünstigte die ihm bedingungslos gestellte Garantie „auf erste Anforderung" zu Unrecht in Anspruch, so hat der Auftraggeber gegen ihn einen Anspruch auf Rückerstattung, der sich bereits aus dem Sicherungscharakter der Garantieabrede ergibt. In solchen Fällen fragt es sich, ob der Auftraggeber durch Erwirken einer *einstweiligen Verfügung* oder auch eines *Arrestes* gegen den Begünstigten die Inanspruchnahme der Garantie verhindern kann. Das ist grundsätzlich zu verneinen (OLG Frankfurt/M. BB 74, 954; Zahn aaO S. 252; Canaris Großkomm. HGB Anh. § 357 Anm. 530; ausführlich Pleyer aaO S. 23 ff.). Der Zweck einer bedingungslosen Garantie „auf erstes Anfordern" ist es, die Zahlung seitens der Garantiebank auf die bloße Behauptung des Begünstigten hin, der Garantiefall sei eingetreten (Anm. 284), zu

§ 365 Anh.   *Der bankmäßige Zahlungsverkehr*

gewährleisten. Damit wäre es grundsätzlich unvereinbar, durch einstweilige Verfügung oder Arrest die Auszahlung der Garantiesumme zu verhindern, mag auch der künftige Rückzahlungsanspruch des Auftraggebers gefährdet sein, zumal dann, wenn er im Ausland durchzusetzen ist. Die Situation ist insoweit keine andere als beim *Akkreditivgeschäft* (Anm. 251 ff.).

306   Nur bei einer *rechtsmißbräuchlichen* Inanspruchnahme der Garantie kann der Erlaß einer einstweiligen Verfügung oder eines Arrestes gerechtfertigt sein. Rechtsmißbrauch liegt aber noch nicht vor, wenn zu befürchten ist, daß eine Garantie zu Unrecht in Anspruch genommen wird. Ebensowenig wie die Garantiebank dem Zahlungsanspruch des Begünstigten Einwendungen aus dem Liefergeschäft oder dem Garantieauftrag entgegensetzen kann (Anm. 296 ff.), kann der Auftraggeber den mit einer Garantie „auf erstes Anfordern" bezweckten Erfolg durch einstweilige Verfügung oder Arrest vereiteln. Rechtsmißbrauch liegt nur vor, wenn der Begünstigte sein Recht aus der ihm bedingungslos gestellten Garantie im Widerspruch zu dem Zweck ausübt, um etwas zu erreichen, worauf er keinen Anspruch hat. Eine dem Sicherstellungszweck der Garantie nicht widersprechende *Ausnahme* ist daher zuzulassen, wenn der Auftraggeber glaubhaft machen kann, daß sich der Begünstigte *betrügerisch* verhält und ihm ohne eine sofortige Verhinderung der Auszahlung ein nicht wieder gutzumachender Schaden entstehen kann (weitergehend von Caemmerer aaO S. 304; Finger BB 69, 208). Einwendungen oder Einreden aus dem zugrundeliegenden Liefergeschäft rechtfertigen dagegen nicht den Erlaß einer die Auszahlung verhindernden einstweiligen Verfügung, weil es der Sinn einer bedingungslos erteilten Garantie „auf erstes Anfordern" gerade ist, zunächst einmal die Auszahlung der Garantiesumme an den Garantiebegünstigten zu sichern, gleichviel, ob dies im Hinblick auf das Kausalverhältnis zu Recht oder zu Unrecht geschieht (Anm. 298). Rechtsmißbräuchlich ist aber eine Inanspruchnahme der Garantie, die *offensichtlich unbegründet ist,* so z.B., wenn der Auftraggeber bei einer Zahlungsgarantie die von ihm geschuldete Summe dem Begünstigten bereits gezahlt hat. In diesem Fall kann der Gesichtspunkt des venire contra factum proprium den Erlaß einer einstweiligen Verfügung rechtfertigen, durch die verhindert wird, daß der Begünstigte nochmals Zahlung erhält. Darin liegt kein Widerspruch zum Sinn und Zweck einer Bankgarantie „auf erstes Anfordern". In einem solchen Fall kann auch die Bank gegenüber dem Auftraggeber verpflichtet sein, nicht an den Begünstigten zu zahlen (Anm. 297).

Fünfter Teil. Kreditbrief und Reisescheck

Inhalt

	Anm.		Anm.
I. Kreditbrief	307–311	2. Rechtsnatur	313–314
1. Kennzeichnung	307	3. Einlösung	315–317
2. Rechtliche Beziehungen	308–310	4. Übertragung	318–319
3. Widerruf	311	5. Rechtslage bei Verlust und Fälschung	320–322
II. Reisescheck	312–322		
1. Allgemeine Bedeutung	312		

I. Kreditbrief

1. Kennzeichnung

Der Kreditbrief stellt eine Art des *Akkreditivs* dar und ist ein Institut der Bankpraxis. **307**
Er enthält eine schriftliche *Anweisung zur Zahlung,* nicht – trotz seines Namens – zur
Gewährung eines Kredits (RGZ 64, 108; 88, 136). Eine Bank weist als *Ausstellerin* eines
Kreditbriefs eine oder mehrere andere Banken an, für ihre Rechnung einem Dritten
(Anweisungsempfänger), der im Kreditbrief genannt ist, gegen Vorlage des Briefs eine
Zahlung zu leisten. Zum Unterschied vom *Kreditauftrag* (§ 349 Anm. 46) erhält der
Dritte nicht Kredit, sondern *Zahlung,* und zwar in der Regel bis zu einem bestimmten
Höchstbetrag. Der Kreditbrief dient, vor allem im internationalen Reiseverkehr dazu,
das Mitnehmen von barem Geld zu vermeiden. Er kann an eine einzelne Bank (einfacher
Kreditbrief) oder an mehrere Banken (Zirkularkreditbrief) gerichtet sein. Mit einem
Zirkularkreditbrief können bei verschiedenen Banken und an verschiedenen Orten
Zahlungen erhoben werden. Die praktische Bedeutung des Kreditbriefs ist heute, auch
im Auslandsverkehr, sehr gering. An die Stelle des Kreditbriefs ist weitgehend der
Reisescheck (Anm. 311 ff.) getreten.

2. Rechtliche Beziehungen

a) Zwischen der Bank, die den Kreditbrief *ausstellt,* und ihrem Kunden besteht ein **308**
Geschäftsbesorgungsvertrag (§ 675 BGB). Gewöhnlich gewährt die Bank keinen Kredit,
sondern stellt einen Kreditbrief nur aus, wenn ihr der Kunde *Deckung* gewährt. Doch
kann die Bank mit ihm ein besonderes Kreditgeschäft zu diesem Zweck schließen. Der
Kreditbrief wird auf den Namen des *begünstigten Dritten* ausgestellt; seine Übertragbarkeit wird zumeist abweichend von § 792 BGB ausgeschlossen.

b) Der *Dritte* (Anweisungsempfänger) hat grundsätzlich *keinen selbständigen Anspruch* **309**
gegen die angewiesene Bank auf Zahlung; eine Annahme des Kreditbriefs gegenüber
einem Dritten nach § 784 BGB ist ungewöhnlich. Die angewiesene Bank ist in der Regel
berechtigt, Zahlung an den zu leisten, der sich durch einen Ausweis als der zur Empfangnahme der Zahlung Berechtigte legitimiert, ohne daß ihr die Pflicht obliegt, die Echtheit
des Ausweises zu prüfen. Die bei ihr abgehobenen Beträge werden auf der Rückseite des
Kreditbriefs vermerkt. Hiervon erhält die anweisende Bank Nachricht. Bei der Zahlung
kann die angewiesene Bank die *Aushändigung* des Kreditbriefs in der Regel nur verlangen, wenn es sich um die letzte Zahlung handelt. Im Hinblick auf den Zweck des
Kreditbriefs, der meist verschiedene Zahlungen ermöglichen soll, ist § 785 BGB nur mit
dieser Maßgabe anwendbar.

c) Der Dritte (Anweisungsempfänger), der *Zahlung* erhalten soll, wird durch die Auszah- **310**
lung nicht zum Schuldner der angewiesenen Bank. Diese hat *nur* Ansprüche gegen die
Bank, von der sie angewiesen wurde und für deren Rechnung sie zahlt. Die anweisende
Bank haftet als *Hauptschuldnerin,* nicht als Bürge.

3. Widerruf

311 Nach § 790 BGB kann der *Aussteller* eines Kreditbriefs, in der Regel eine Bank, die im Kreditbrief liegende Anweisung *widerrufen*, solange nicht der Angewiesene die Leistung bewirkt oder sie dem Anweisungsempfänger gegenüber angenommen hat. Ob der Aussteller im Verhältnis zum Anweisungsempfänger zum Widerruf *berechtigt* ist, läßt sich nur nach Lage des Einzelfalls entscheiden. Es kommt auf die Auslegung des zwischen dem Aussteller und dem Anweisungsempfänger bestehenden Vertragsverhältnisses an. Wer sich verpflichtet, für einen anderen einen Kreditbrief auszustellen und diesen bei einem Dritten zu „akkreditieren", hat seine Pflichten nicht schon mit der Ausstellung und Aushändigung des Briefs an den Anweisungsempfänger erfüllt. Er ist grundsätzlich auch verpflichtet, den Erfolg der Anweisung für die zugesagte Zeitdauer nicht zu vereiteln. Nach RGZ 64, 108 soll der *Aussteller* eines Kreditbriefs im Zweifel auch dann nicht zum Widerruf berechtigt sein, wenn sich die zunächst gestellte Deckung später als *unzulänglich* herausstellt. Diese Auffassung wird den Bedürfnissen nicht gerecht (Düringer/Hachenburg/Breit Anhang IV zu §§ 363–365 Anm. 10; von Godin in RGR-Komm. z. HGB § 349 Anm. 60 a. E.). Ein Widerruf wird allenfalls dann nicht zuzulassen sein, wenn die Ausstellung des Kreditbriefs nicht zwischen dem Aussteller und dem Akkreditierten, sondern zwischen dem Aussteller und einem anderen zugunsten des Akkreditierten vereinbart worden ist (RGZ 64, 108). Hat dagegen die Bank einem eigenen Kunden den Kreditbrief ausgestellt, so ist sie bei unzulänglich gewordener Deckung auch gegenüber dem Anweisungsempfänger zum Widerruf berechtigt.

II. Reisescheck

Schrifttum: *Justat/Mauer,* Rechtsfragen des Reisescheckes, ZKW 56, 155 ff.; *Käser,* Der amerikanische Travelers Check in der internationalen Rechtsprechung, ZKW 61, 196 ff.; *Käser,* Rechtliche Aspekte des einheitlichen DM-Reisescheckes, ZKW 62, 399 ff.; *Heinichen,* Die Rechtsgrundlagen des Reisescheckverkehrs, 1964; *Stückradt,* Travellers-Cheques und deutsches Scheckrecht, ZKW 66, 861 ff; *Schinnerer,* Der Reisescheck, Österreichische Landesreferate zum VII. Internationalen Kongreß für Rechtsvergleichung in Uppsala und Wien, 1966.

1. Allgemeine Bedeutung

312 Im internationalen Reiseverkehr hat der Reisescheck als *Zahlungsmittel* den Zirkularkreditbrief (Anm. 306) verdrängt. Das Vorbild ist der im amerikanischen Reiseverkehr übliche „Travelers Cheque", der auf eine feste runde Summe lautet und von der ausstellenden Bank gewöhnlich auf sich selbst, mitunter aber auch auf eine andere Bank gezogen wird. Ein echter Scheck ist diese Form des Reisescheckes nicht, wenn die Ausstellerunterschrift faksimiliert ist (RGZ 79, 324/344 für einen Reisescheck der American Express Company). Wird er von der Bank auf sich selbst oder eine eigene Zahlstelle gezogen, so ist es ein Verpflichtungsschein, sonst eine Anweisung. Der in der Bundesrepublik heute übliche Reisescheck ist der *DM–Reisescheck.* Er wird von den deutschen Kreditinstituten auf Grund einer im Jahre 1957 von den Spitzenverbänden des deutschen Kreditgewerbes getroffenen Vereinbarung nach einem einheitlichen Muster ausgegeben. Gefördert wurde der DM-Reisescheck Mitte 1973 dadurch, daß seine Gültigkeit nicht mehr befristet ist, die Einlösung vereinfacht und die Lage des Kunden bei

Verlust verbessert wurde (Bank-Betrieb 6/1973 S. 242). Seitdem hat sich der DM-Reisescheck, der nicht nur in der Bundesrepublik, sondern auch in anderen Ländern eingelöst wird, noch stärker als Zahlungsmittel durchgesetzt. Im Zuge der Automatisierung sind die Reisechecks Anfang 1976 neu gestaltet worden. Ihre Form gleicht dem eurocheque; durch Einfügung einer Lesezone am unteren Rand wird die maschinelle Abwicklung gefördert. Auf den DM-Reisescheck beziehen sich die folgenden Ausführungen.

2. Rechtsnatur

Der DM-Reisescheck enthält eine *Zahlungsanweisung:* „Zahlen Sie gegen diesen Reisescheck". Die Anweisung richtet sich an die bezogene Bank, die den Reisescheck ausgibt. Ihr Name, Domizil und Institutszeichen sind auf dem Reisescheck (links oben) eingedruckt. Ferner enthält der Reisescheck die Namens- und Gegenzeichnung des Erwerbers. Streitig ist, ob ein *Scheck* i. S. des § 1 SchG vorliegt. Im Text der Anweisung wird keine bestimmte Person als Empfänger genannt. Nach Art. 5 Abs. 3 SchG würde ein Scheck ohne Angabe des Nehmers als zahlbar an den Inhaber gelten. Das widerspräche dem Zweck des Reisechecks, der nur den Erwerber begünstigen soll. Meist wird daher angenommen, daß als Zahlungsempfänger – trotz Fehlens einer entsprechenden Bezeichnung – der Reisende anzusehen sei und somit ein an *eigene Order* lautender Scheck vorliege. Die *Eigenarten* des Reisechecks sollen seiner Qualifizierung als Scheck nicht entgegenstehen (Canaris in Großkomm. HGB Anh. nach § 357 Anm. 337; Heinichen aaO S. 67; Rehfeldt/Zöllner § 26 IV, 4; Schönle, Bank- und Börsenrecht, § 8 VI 3 e; Voraufl. § 349 Anm. 22). Demgegenüber nehmen *Trost/Schütz* (BFB[18] 1969 S. 408 f.) an, es läge weder ein Scheck im Sinne des Scheckgesetzes noch eine Anweisung im Sinne der §§ 783 ff. BGB noch ein kaufmännischer Verpflichtungsschein vor; die Rechtsbeziehungen zwischen den Beteiligten ergäben sich allein aus dem Inhalt und Zweck des Reisechecks.

313

Nach seiner Bestimmung dient der DM-Reisescheck nicht wie der normale Scheck dazu, dem Kunden eine *Zahlung* an einen Dritten zu ermöglichen. Der Reisescheck soll nur den sicheren Erhalt von Bargeld am Reiseziel gewährleisten. Rechtlich liegt ein Geschäftsbesorgungsvertrag vor (§§ 675, 631 BGB). Die Bank verpflichtet sich, dem Reisescheckerwerber einen bestimmten Geldbetrag am Reiseziel auszuzahlen, den sie von ihm als *Vorschuß* (§ 669 BGB) bereits erhalten hat. Das spielt sich in der Form eines Verkaufs von DM-Reiseschecks über 50, 100 oder 500 DM ab, zu deren *Einlösung* sich die Ausgabebank verpflichtet. Die Einlösung geschieht entweder durch eine eigene Niederlassung der bezogenen Bank, meist aber durch eine Korrespondenzbank. Da der Reisende die Reiseschecks bereits bei Erwerb bezahlt hat, wäre es sachwidrig, seine Namens- und Gegenzeichnung als Ausstellerunterschrift zu werten, die eine scheckrechtliche Haftung auslöst. Durch die beiden Unterschriften soll nur eine mißbräuchliche Verwendung von Reiseschecks verhindert werden. Der DM-Reisescheck ist daher kein Scheck i. S. des § 1 SchG, sondern eine Urkunde, die den Reisenden als Begünstigten, d. h. zur Einlösung Berechtigten, ausweist. Auch ist er kein Wertpapier (Rektapapier). Der Einlösungsanspruch gegen die bezogene Bank kann auch ohne die Urkunde geltend gemacht werden, ggf. als Anspruch auf Rückzahlung des geleisteten Vorschusses.

314

§ 365 Anh.   *Der bankmäßige Zahlungsverkehr*

3. Einlösung

315   DM-Reiseschecks werden in der Bundesrepublik und in West-Berlin *kostenlos*, in anderen Ländern zu günstigen Wechselkursen für den Vorleger eingelöst. Sie müssen bereits bei Vorlage eine *Unterschrift* oberhalb der Linie „Namenszeichnung" (rechts unten) tragen. Ferner hat der Vorleger vor den Augen der Einlösungsstelle oberhalb der Linie „Gegenzeichnung" ein *zweites* Mal zu unterschreiben; auch Ort und Datum sind von ihm einzutragen. Die *Gegenzeichnung* dient der Sicherheit und Kontrolle; weitere Formalitäten sind nicht nötig, insbesondere keine Vorlage von Dokumenten. DM-Reiseschecks sind *zeitlich unbegrenzt* gültig und können daher, wenn unbenutzt, auch für eine spätere Reise aufgehoben werden. Auch die unbegrenzte Gültigkeitsdauer spricht gegen die Annahme von Schecks i. S. des § 1 SchG (Anm. 313).

316   Der Erwerber eines Reiseschecks hat gegen die bezogene Bank, von der er den Reisescheck „gekauft" hat, auf Grund des Geschäftsbesorgungsvertrages (Anm. 313) einen Anspruch auf *Einlösung* des Schecks. Meist werden Ausgabe- und Einlösungsstelle *verschiedene Banken* sein. Dann ist die Korrespondenzbank allein der Ausgabebank gemäß den vereinbarten Einlösungsrichtlinien zur Einlösung verpflichtet. Der Reisende hat keinen Anspruch gegen die Korrespondenzbank, es sei denn, daß der zwischen Ausgabe- und Korrespondenzbank geschlossene Geschäftsbesorgungsvertrag als Vertrag zugunsten Dritter (§ 328 BGB) anzusehen ist; im Zweifel wird das nicht der Fall sein.

317   Die Reiseschecks ausgebende Bank ist der einlösenden Bank auf Grund Geschäftsbesorgungsvertrages, sonst nach dem Recht der Geschäftsführung ohne Auftrag verpflichtet, die ihr durch die Einlösung entstandenen *Aufwendungen* zu ersetzen (§§ 675, 670 BGB). Erwirbt die Einlösungsstelle den Reisescheck, so ist anzunehmen, daß ihr auch der schuldrechtliche Einlösungsanspruch des Reisenden gegen die Ausgabestelle übertragen worden ist (§ 398 BGB).

4. Übertragung

318   DM-Reiseschecks sind *frei übertragbar*. Der Reisende kann sie Hotels, Restaurants, Kaufhäusern, Reisebüros, Fluggesellschaften in Zahlung geben (Maass Bank-Betrieb 1/1976 S. 15). Um sicher zu gehen, muß der Erwerber die Unterschriften (Namens- und Gegenzeichnung) vergleichen und sich in Zweifelsfällen einen amtlichen Lichtbildausweis vorlegen lassen. Die Beachtung der Schutzfunktion der Gegenzeichnung ist für die sichere Abwicklung unerläßlich. Sodann versieht der Erwerber den Reisescheck auf der Rückseite mit seinem Namen und reicht ihn seinem Kreditinstitut zur Einlösung ein. Mit dem Erwerb des Reiseschecks wird im Zweifel zugleich der schuldrechtliche *Einlösungsanspruch* des Reisenden gegen die bezogene Bank (Ausgabestelle) erworben (§ 398 BGB; Anm. 316).

319   Der Reisende haftet nicht scheckrechtlich als „Aussteller" oder „Indossant" im Rückgriff (Art. 12, 18 SchG). Eine solche Haftung widerspräche dem Zweck des Reiseschecks (Anm. 313). Auch wenn man den DM-Reisescheck als echten Scheck ansieht (Anm. 312), wird die scheckrechtliche Haftung durch den Ablauf der Vorlegungsfrist (Art. 29) erlöschen. Wegen der unbegrenzten Gültigkeitsdauer (Anm. 314) wird die scheckrechtliche Vorlagefrist gewöhnlich nicht eingehalten (Heinichen aaO S. 72 ff.).

5. Rechtslage bei Verlust und Fälschung

Kommt dem Reisenden ein DM-Reisescheck, den er mit seiner Namensunterschrift als Aussteller versehen, jedoch noch *nicht gegengezeichnet* hat, abhanden und wird er nach Fälschung der Unterschrift an einen *Gutgläubigen* übertragen, so steht diesem nicht der bürgerlich-rechtliche Einlösungsanspruch des Reisenden gegen die bezogene Bank zu. Ein gutgläubiger Erwerb ist insoweit ausgeschlossen. Sieht man den DM-Reisescheck als Scheck an (Anm. 313), so stünde dem Erwerber kein scheckrechtlicher Rückgriffsanspruch gegen den Reisenden zu, da der *Fälschungseinwand* durchschlägt (Baumbach/Hefermehl, Wechsel- und Scheckgesetz, 11. Aufl., Art. 17 Anm. 38). Gleiches gilt, wenn der Scheck überhaupt noch keine Unterschrift des Ausstellers trug (Canaris in Großkomm. HGB Anh. nach § 357 Anm. 342). **320**

Kommt dem Reisenden ein DM-Reisescheck abhanden, den er schon *gegengezeichnet* hat, so ist ebenfalls ein gutgläubiger Erwerb des Einlösungsanspruchs ausgeschlossen. Bei Annahme eines Schecks (Anm. 213) könnte dagegen gutgläubig ein scheckrechtlicher Rückgriffsanspruch gegen den Reisenden als Scheckaussteller erworben werden. Das setzt voraus, daß dem Erwerber bei der Prüfung der Unterschriften keine *grobe Fahrlässigkeit* zur Last fällt. Da der Scheck nicht vor ihm gegengezeichnet wird (Anm. 314), muß er sich einen amtlichen Lichtbildausweis vorlegen lassen und die Unterschrift auf dem Scheck mit der Namenszeichnung im Ausweis vergleichen. Zugleich wird er die Nummer des Ausweises und die der ausstellenden Behörde auf der Rückseite des Schecks vermerken. Ferner sollte der Erwerber zur Sicherheit verlangen, daß der Veräußerer die *Unterschrift* auf der Rückseite des Schecks *wiederholt*. **321**

Gewöhnlich wird ein DM-Reisescheck außer an Banken und Sparkassen nur an Hotels, Restaurants, Autoverleiher (nicht -händler), Tankstellen, Kaufhäuser, Geschäfte des gehobenen Bedarfs, Reisebüros, Fluggesellschaften, Wechselstuben u. a. übertragen (Anm. 314; Maas Bank-Betrieb 76 S. 15). Es ist deshalb auffällig, wenn ein Reisescheck von jemand zur Einlösung vorgelegt wird, an den üblicherweise Reiseschecks nicht übertragen werden. Dann gebietet die Vorsicht, Aufklärung zu verlangen und, wenn sich die Zweifel so nicht beheben lassen, beim Scheckaussteller rückzufragen (Canaris in Großkomm. HGB Anh. nach § 357 Anm. 344). Läßt sich der Verdacht nicht restlos ausräumen, so ist vom Erwerb abzusehen. Banken sollten bei Verdacht DM-Reiseschecks nur zum *Inkasso* hereinnehmen. Löst die *bezogene* Bank einen *gefälschten* DM-Reisescheck ein, so wird sie gegenüber ihrem Kunden nur frei, wenn sie ihrer *Prüfungspflicht* nachgekommen ist (BGH WM 69, 240; 71, 474; Baumbach/Hefermehl, Wechsel- und Scheckgesetz, 11. Aufl., Art. 3 SchG Anm. 9). Sie muß mit der gebotenen Sorgfalt die Unterschriften vergleichen und die Identität des Vorlegers prüfen. Nur dann kann sie sich auf die Freizeichnung nach Nr. 11 der Bedingungen für den Scheckverkehr berufen. Bei einem *Mitverschulden* des Kunden gilt § 254 BGB. Die gleiche Prüfungspflicht trifft eine Bank, die den Reisescheck *ankauft*. Nur wenn sie den Scheck ordnungsgemäß mit der gebotenen Sorgfalt geprüft hat, kann sie von der bezogenen Bank Ersatz ihrer Aufwendungen nach §§ 675, 670 BGB verlangen (Anm. 317). Daß sie auf Grund des Abkommens über die Einlösung von Reiseschecks *alle* von der bezogenen Bank stammenden Reiseschecks einlösen soll, also auch solche mit gefälschter Ausstellerunterschrift, ist *nicht* anzunehmen (a. M. Canaris in Großkomm. HGB Anh. nach § 357 Anm. 346). **322**

366 Veräußert oder verpfändet ein Kaufmann im Betriebe seines Handelsgewerbes eine ihm nicht gehörige bewegliche Sache, so finden die Vorschriften des Bürgerlichen Gesetzbuches zugunsten derjenigen, welche Rechte von einem Nichtberechtigten herleiten, auch dann Anwendung, wenn der gute Glaube des Erwerbers die Befugnis des Veräußerers oder Verpfänders, über die Sache für den Eigentümer zu verfügen, betrifft.

Ist die Sache mit dem Rechte eines Dritten belastet, so finden die Vorschriften des Bürgerlichen Gesetzbuchs zugunsten derjenigen, welche Rechte von einem Nichtberechtigten herleiten, auch dann Anwendung, wenn der gute Glaube die Befugnis des Veräußerers oder Verpfänders, ohne Vorbehalt des Rechtes über die Sache zu verfügen, betrifft.

Das gesetzliche Pfandrecht des Kommissionärs, des Spediteurs, des Lagerhalters und des Frachtführers steht hinsichtlich des Schutzes des guten Glaubens einem gemäß Abs. 1 durch Vertrag erworbenen Pfandrechte gleich.

Schrifttum: 1. Handelsrecht: *Heymann,* Die dingliche Wirkung des Traditionspapiers, Festgabe für Felix Dahn, 1905, S. 133 ff.; *Langen,* Der gute Glaube an die Verfügungsmacht im Handelsrecht, LZ 29 Sp. 1244; *Duden,* Der Rechtserwerb vom Nichtberechtigten an beweglichen Sachen und Inhaberpapieren im deutschen internationalen Privatrecht, 1934; *Siebert,* Die besitzrechtliche Grundlage der dinglichen Wirkung der Traditionspapiere, ZHR 93, 1 ff.; *Lux,* Die Entwicklung des Gutglaubensschutzes im 19. und 20. Jahrhundert, Beiheft ZHR 16/1939; *Serick,* Zur Rechtsnatur des Orderlagerscheins, Festschrift für Walter Schmidt, 1960, S. 315 ff.; *D. Reinicke,* Guter Glaube und Orderlagerschein, BB 60, 1368 ff.; *Rittner,* Handelsrecht und Zugewinngemeinschaft I und II, FamRZ 61, 1 ff., 185 ff.; *Mormann,* Der Erwerb beweglicher Sachen auf Grund guten Glaubens in der Rechtsprechung des BGH, WM 66, 2 ff.
2. Bürgerliches Recht: *v. Lübtow,* Die Struktur der Pfandrechte und Reallasten, Festschrift für Heinrich Lehmann Bd. I 1956, S. 328 ff.; *Wolff/Raiser,* Sachenrecht, 10. Bearbeitung 1957; *Westermann,* Sachenrecht, 6. Auflage 1969; *Lent/Schwab,* Sachenrecht, 14. Auflage 1974; *Baur,* Lehrbuch des Sachenrechts, 8. Auflage 1975.

Inhalt

	Anm.
Allgemeines	1– 3
I. Gutgläubiger Eigentumserwerb nach bürgerlichem Recht	4–18
1. Im allgemeinen	4
2. Übereignung durch Einigung und Übergabe	5– 9
3. Übereignung durch Einigung und Übergabe kurzer Hand	10–11
4. Übereignung durch Einigung und Besitzvermittlung	12–13
5. Übereignung durch Einigung und Abtretung des Herausgabeanspruchs	14–17
6. Weiter- und Rückübertragung	18
II. Gutgläubiger Pfandrechtserwerb nach bürgerlichem Recht	19–25
1. Im allgemeinen	19
2. Verpfändung durch Einigung und Übergabe	20
3. Verpfändung durch Einigung und Übergabe kurzer Hand	21
4. Verpfändung durch Einigung und Übertragung des mittelbaren Besitzes	22
5. Verpfändung durch Einigung und Einräumung des Mitbesitzes	23–25
III. Voraussetzungen für den erweiterten Vertrauensschutz	26–29
1. Kaufmannseigenschaft des Veräußerers oder Verpfänders	26–27
2. Veräußerung oder Verpfändung im Betriebe des Handelsgewerbes	28–29
IV. Inhalt des erweiterten Vertrauensschutzes	30–36
1. Im allgemeinen	30
2. Verfügungsbefugnis	31–32
3. Guter Glaube	33–35
4. Beweislast	36
V. Lastenfreier Erwerb	37–40
VI. Gesetzliche Pfandrechte	41–44
VII. Einzelfragen	45–53
1. Verhältnis zum ehelichen Güterrecht	45

	Anm.		Anm.
2. Verhältnis zum Konkursrecht	46	von Pfand- oder Zurückbehaltungsrechten	51
3. Verhältnis zum Pfandverwertungsrecht	47–48	c) Eigenanzeige	52
4. Fremdvermutung des § 4 DepG	49–53	d) Fremdanzeige	53
a) Wirkung der Fremdvermutung	50	VIII. Gutgläubiger Rechtserwerb mittels Traditionspapiers	54–56
b) Beschränkte Geltendmachung			

Allgemeines

§ 366 erweitert für den gutgläubigen Eigentums- und Pfandrechtserwerb den Vertrauensschutz des bürgerlichen Rechts, der auf die Art. 306 ff. AdHGB („Hand wahre Hand") zurückgeht. Das BGB schützt bei beweglichen Sachen in den §§ 932–936, 1207, 1208 nur den guten Glauben an das *Eigentum* des Veräußerers oder Verpfänders. Es werden weder der gute Glaube des Erwerbers an die Verfügungsbefugnis des Veräußerers oder Verpfänders noch – vom Recht der Ersitzung abgesehen (§ 937 Abs. 2 BGB) – der gute Glaube des Besitzers an sein eigenes Eigentum geschützt, desgleichen nicht der gute Glaube an die Geschäftsfähigkeit des Veräußerers oder Verpfänders. In dieser engen Ausgestaltung kann der Vertrauensschutz den Bedürfnissen des Handelsverkehrs nicht gerecht werden. Die Veräußerung und Verpfändung fremder Sachen ist im Handel gang und gäbe. Es wäre untragbar, den nicht zu schützen, der von einem *Kommissionär* in gutem Glauben an dessen Verfügungsbefugnis fremde Waren oder Wertpapiere erwirbt. § 366 Abs. 1 HGB schützt daher den guten Glauben an die *Verfügungsbefugnis* eines nicht berechtigten Veräußerers oder Verpfänders, der eine bewegliche Sache *im Betriebe seines Handelsgewerbes* veräußert oder verpfändet. Entsprechendes gilt nach § 366 Abs. 2 für den *lastenfreien* Erwerb. Nach § 366 Abs. 3 steht abweichend vom bürgerlichen Recht auch das *gesetzliche Pfandrecht des Kommissionärs, Spediteurs, Lagerhalters und Frachtführers* hinsichtlich des guten Glaubens einem durch Vertrag erworbenen Pfandrecht gleich (Anm. 41 ff.). Dagegen schützt auch das Handelsgesetzbuch nicht den guten Glauben an die Geschäftsfähigkeit des Veräußerers oder Verpfänders. Ein derartig weitgehender Vertrauensschutz ist nach Art. 16 Abs. 2 WG nur für Orderpapiere anzuerkennen (§ 365 Anm. 18–28).

Ausgenommen vom gutgläubigen Erwerb sind auch im Handelsrecht die dem Eigentümer gestohlenen, verlorengegangenen oder sonst abhanden gekommenen Sachen (§ 935 Abs. 1 BGB), soweit es sich nicht um Geld, Inhaberpapiere oder Sachen handelt, die im Wege öffentlicher Versteigerung veräußert werden (§ 935 Abs. 2 BGB; vgl. aber die Einschränkung in § 367 HGB).

Die für die Übertragung beim Eigentums- und Pfandrechtserwerb maßgeblichen Vorschriften des BGB lauten:

§ 929 BGB. Zur Übertragung des Eigentums an einer beweglichen Sache ist erforderlich, daß der Eigentümer die Sache dem Erwerber übergibt und beide darüber einig sind, daß das Eigentum übergehen soll. Ist der Erwerber im Besitze der Sache, so genügt die Einigung über den Übergang des Eigentums.

§ 929 a BGB. Zur Übertragung des Eigentums an einem Seeschiff, das nicht im Schiffsregister eingetragen ist, oder an einem Anteil an einem solchen Schiff ist die Übergabe nicht erforderlich, wenn der Eigentümer und der Erwerber darüber einig sind, daß das Eigentum sofort übergehen soll.

§ 366 1. Abschn. *Drittes Buch. Handelsgeschäfte*

Jeder Teil kann verlangen, daß ihm auf seine Kosten eine öffentlich beglaubigte Urkunde über die Veräußerung erteilt wird.

§ 930 BGB. Ist der Eigentümer im Besitze der Sache, so kann die Übergabe dadurch ersetzt werden, daß zwischen ihm und dem Erwerber ein Rechtsverhältnis vereinbart wird, vermöge dessen der Erwerber den mittelbaren Besitz erlangt.

§ 931 BGB. Ist ein Dritter im Besitze der Sache, so kann die Übergabe dadurch ersetzt werden, daß der Eigentümer dem Erwerber den Anspruch auf Herausgabe der Sache abtritt.

§ 932 BGB. Durch eine nach § 929 erfolgte Veräußerung wird der Erwerber auch dann Eigentümer, wenn die Sache nicht dem Veräußerer gehört, es sei denn, daß er zu der Zeit, zu der er nach diesen Vorschriften das Eigentum erwerben würde, nicht in gutem Glauben ist. In dem Falle des § 929 Satz 2 gilt dies jedoch nur dann, wenn der Erwerber den Besitz von dem Veräußerer erlangt hatte.

Der Erwerber ist nicht in gutem Glauben, wenn ihm bekannt oder infolge grober Fahrlässigkeit unbekannt ist, daß die Sache nicht dem Veräußerer gehört.

§ 932a BGB. Gehört ein nach § 929a veräußertes Schiff nicht dem Veräußerer, so wird der Erwerber Eigentümer, wenn ihm das Schiff vom Veräußerer übergeben wird, es sei denn, daß er zu dieser Zeit nicht in gutem Glauben ist; ist ein Anteil an einem Schiff Gegenstand der Veräußerung, so tritt an die Stelle der Übergabe die Einräumung des Mitbesitzes an dem Schiff.

§ 933 BGB. Gehört eine nach § 930 veräußerte Sache nicht dem Veräußerer, so wird der Erwerber Eigentümer, wenn ihm die Sache von dem Veräußerer übergeben wird, es sei denn, daß er zu dieser Zeit nicht in gutem Glauben ist.

§ 934 BGB. Gehört eine nach § 931 veräußerte Sache nicht dem Veräußerer, so wird der Erwerber, wenn der Veräußerer mittelbarer Besitzer der Sache ist, mit der Abtretung des Anspruchs, andernfalls dann Eigentümer, wenn er den Besitz der Sache von dem Dritten erlangt, es sei denn, daß er zu der Zeit der Abtretung oder des Besitzerwerbes nicht in gutem Glauben ist.

§ 935 BGB. Der Erwerb des Eigentums auf Grund der §§ 932–934 tritt nicht ein, wenn die Sache dem Eigentümer gestohlen worden, verlorengegangen oder sonst abhanden gekommen war. Das gleiche gilt, falls der Eigentümer nur mittelbarer Besitzer war, dann, wenn die Sache dem Besitzer abhanden gekommen war.

Diese Vorschriften finden keine Anwendung auf Geld oder Inhaberpapiere sowie auf Sachen, die im Wege öffentlicher Versteigerung veräußert werden.

§ 936 BGB. Ist eine veräußerte Sache mit dem Rechte eines Dritten belastet, so erlischt das Recht mit dem Erwerbe des Eigentums. In dem Falle des § 929 Satz 2 gilt dies jedoch nur dann, wenn der Erwerber den Besitz von dem Veräußerer erlangt hatte. Erfolgt die Veräußerung nach § 929a oder § 930 oder war die nach § 931 veräußerte Sache nicht im mittelbaren Besitze des Veräußerers, so erlischt das Recht des Dritten erst dann, wenn der Erwerber auf Grund der Veräußerung den Besitz der Sache erlangt.

Das Recht des Dritten erlischt nicht, wenn der Erwerber zu der nach Abs. 1 maßgebenden Zeit in Ansehung des Rechtes nicht in gutem Glauben ist.

Steht im Falle des § 931 das Recht dem dritten Besitzer zu, so erlischt es auch dem gutgläubigen Erwerber gegenüber nicht.

§ 1207 BGB. Gehört die Sache nicht dem Verpfänder, so finden auf die Verpfändung die für den Erwerb des Eigentums geltenden Vorschriften der §§ 932, 934, 935 entsprechende Anwendung.

§ 1208 BGB. Ist die Sache mit dem Rechte eines Dritten belastet, so geht das Pfandrecht dem Rechte vor, es sei denn, daß der Pfandgläubiger zur Zeit des Erwerbes des Pfandrechts in Ansehung des Rechtes nicht in gutem Glauben ist. Die Vorschriften des § 932 Abs. 1 Satz 2, des § 935 und des § 936 Abs. 3 finden entsprechende Anwendung.

I. Gutgläubiger Eigentumserwerb nach bürgerlichem Recht

1. Im allgemeinen

Nach bürgerlichem Recht können bewegliche Sachen nur dann gutgläubig erworben werden, wenn sie nicht dem Eigentümer oder seinem Besitzmittler abhanden gekommen sind, es sei denn, daß es sich um Geld, Inhaberpapiere oder öffentlich versteigerte Sachen handelt. Nur insoweit ist der gutgläubige Erwerb vom Nichtberechtigten im bürgerlichen Recht anerkannt. Gleiches gilt für den Eigentumserwerb vom Nichtverfügungsberechtigten nach § 366 HGB. — Im übrigen richtet sich der Eigentumserwerb — abgesehen von dem *guten Glauben* des Erwerbers — danach, welche *Form der Eigentumsübertragung* gewählt worden ist. Im folgenden wird der gutgläubige Eigentumserwerb unter Berücksichtigung der verschiedenen Übertragungsformen dargestellt.

2. Übereignung durch Einigung und Übergabe

Bei einer Übereignung durch Einigung und Übergabe (§ 929 Satz 1 BGB) muß der Erwerber im Zeitpunkt der *Vollendung* des Rechtserwerbs gutgläubig sein (§ 932 Abs. 1 Satz 1 BGB). Vertrauensgrundlage bildet der *Besitz* des Veräußerers. Von einem Besitzdiener (§ 855 BGB), der über eine Sache ohne Willen des Besitzherrn verfügt, könnte daher auch gutgläubig kein Recht erworben werden. Aber eine solche weite Anwendung des § 855 BGB widerspricht dem Zweck der Vorschrift, die dem Besitzherrn das Recht des Besitzes und damit den possessorischen Rechtsschutz zuerkennen will; sie ist insbesondere für den Handelsverkehr untragbar. Soweit ein Besitzdiener zur *Vertretung* berechtigt ist (§§ 54 bis 56 HGB), ist ein gegen den Willen des Besitzherrn eintretender Besitzverlust nicht als Abhandenkommen zu werten (so auch Baur, Sachenrecht[8], § 52 V 2, a, bb). Die Vertretungsmacht überwindet das Abhandenkommen. Aber auch wenn der Besitzdiener keine Vertretungsmacht hat, muß der Besitzer den von ihm in zurechenbarer Weise veranlaßten Rechtsschein, der den Besitzdiener als „Besitzer" erscheinen läßt, gegen sich gelten lassen. Der Besitzer verhält sich zudem widersprüchlich (§ 242 BGB), wenn er dem Besitzdiener einerseits eine nach außen weitgehend selbständige Stellung einräumt, die ihn als Besitzer ausweist, andererseits aber die sich daraus ergebenden nachteiligen Folgen nicht gegen sich gelten lassen will. Der nach außen wie ein Besitzer auftretende Besitzdiener ist jedenfalls dann einem Besitzmittler im Sinne des § 935 Abs. I Satz 2 BGB gleichzustellen, wenn der Besitzer unter dem Gesichtspunkt des von ihm veranlaßten Rechtsscheins dafür verantwortlich ist (ähnlich Westermann, Sachenrecht, § 49 I 6; a. A. Baur, Sachenrecht[8], § 52 V 2, a, bb, der ein Abhandenkommen nur für den Fall verneint, daß ein Besitzdiener von Einzelweisungen des Besitzherrn abweicht; Ratz in RGR-Komm. z. HGB § 366 Anm. 47).

Unter einer *Übergabe* ist die Übertragung des *unmittelbaren Besitzes* zu verstehen. Der Veräußerer darf nicht den geringsten Rest eines Besitzes im Sinne der tatsächlichen Gewalt behalten. Nicht ist es jedoch nötig, daß der Veräußerer vor der Besitzübertragung selbst unmittelbarer Besitzer war. Es liegt eine Übergabe durch den Veräußerer auch vor, wenn ein Besitzmittler des Veräußerers, z. B. ein Lagerhalter oder ein *Dritter*, die Ware auf eine Weisung des Veräußerers dem Erwerber aushändigt. Auch für einen *gutgläubigen* Erwerb reicht es aus, daß die Ware von einem *Dritten,* der sie besitzt, dem Erwerber auf Geheiß des nicht berechtigten Veräußerers übergeben wird (BGHZ 36, 56/60). Doch setzt das voraus, daß der Dritte auf Weisung des Veräußerers, also zum Zweck der Übereignung für dessen Rechnung, handelt (von Caemmerer JZ 63, 586 ff.; a. M. BGH NJW 74, 1132 zu II 2 b, cc). Die Weisung muß ferner vom Veräußerer dem Dritten auch wirklich erteilt worden sein; es genügt nicht, daß der Erwerber dies aus seiner Sicht lediglich annimmt (a. M. BGH NJW 74, 1132; wie hier Baur, Sachenrecht[8] § 52 II 1 a; Weitnauer NJW 74, 1729/1732; Picker NJW 74, 1790). – Zur Übergabe an den *Erwerber* ist nicht nötig, daß ihm selbst der unmittelbare Besitz verschafft wird, z. B. durch Aushändigung der Ware an seinen Besitzdiener. Es genügt vielmehr, daß die Ware einem Besitzmittler des Erwerbers oder auf dessen Geheiß einem Dritten übergeben wird. Eine Besitzübertragung im Sinne des § 929 BGB liegt dagegen nicht vor, wenn der *Veräußerer* Besitzmittler des Erwerbers wird (BGHZ 27, 360/364); oder wenn er mittelbarer Besitzer ist und diesen Besitz nach § 870 BGB auf den Erwerber überträgt. Hat der Veräußerer *mittelbaren* Besitz, so muß er nach §§ 929, 931 oder §§ 929, 930 BGB übereignet werden. Wohl aber genügt zur Besitzübertragung, wie bereits erwähnt, die Übertragung des Besitzes an einen *Besitzmittler des Erwerbers* (RGZ 137, 24; BGH NJW 60, 1952). Es handelt sich in diesem Fall nicht um einen Erwerb des unmittelbaren Besitzes durch Stellvertretung, da beim Erwerb der tatsächlichen Gewalt eine Stellvertretung nach § 164 BGB nicht möglich ist. Vielmehr werden der Besitzmittler unmittelbarer Besitzer und der Erwerber mittelbarer Besitzer, weil zwischen ihnen ein Besitzmittlungsverhältnis im Sinne des § 868 BGB besteht. Auch in diesem Fall kommt es auf den guten Glauben des Erwerbers an, der sich mit dem Veräußerer über den Eigentumsübergang einigt. Auf den guten Glauben des Besitzmittlers des Erwerbers würde es nach § 166 BGB nur ankommen, wenn dieser den Erwerber bei der Einigung vertreten hat. Auf die bloße Übergabe findet § 166 BGB keine Anwendung.

7 Wird der unmittelbare Besitz an einen *Besitzdiener* des Erwerbers übertragen, so erlangt der Erwerber selbst den unmittelbaren Besitz (§ 855 BGB). Das ist auch der Fall, wenn der Veräußerer selbst der Besitzdiener des Erwerbers ist oder wird (Staudinger/Berg Anm. 18 α β zu § 929 BGB). Nicht würde für den Erwerb des Alleineigentums die Einräumung des Mitbesitzes durch den Veräußerer genügen, da hierdurch der Veräußerer seine Besitzbeziehung im Sinne der tatsächlichen Gewalt nicht restlos verloren hätte (BGH BB 62, 817). Unter Umständen kann aber hierin eine Übereignung nach § 930 BGB liegen. Weiter kann die Auslegung der Erklärungen ergeben, daß *Miteigentum* begründet werden soll.

8 Häufig wird gerade im Handel der Veräußerer (A) die Ware nicht seinem Käufer (B), sondern auf dessen Verlangen einem Dritten (C) übersenden, der weder Besitzdiener noch Besitzmittler des B ist. Ein *direkter* Eigentumserwerb des C von A würde voraussetzen, daß sich beide über den Eigentumsübergang einigen. Doch wird das gewöhnlich nicht der Fall sein, zumal dann nicht, wenn dem A unbekannt ist, aus welchem Grunde B die Übersendung der Ware an C verlangt. Dieser soll möglicherweise als Vorbehaltskäufer aufschiebend bedingtes Eigentum oder nur den Besitz als Mieter oder Verwahrer erhalten. Direkt könnte C das Eigentum auch erwerben, wenn zwischen ihm und B eine Einigung über den Eigentumsübergang stattgefunden hat und B nach § 185 Abs. 1 BGB zur Verfügung über die Ware *ermächtigt* war. War A nicht Eigentümer der Ware, so liegt

zwar eine wirksame Ermächtigung nicht vor; doch würde das einen direkten Eigentumserwerb nach § 366 nicht hindern, wenn B Kaufmann ist und C gutgläubig dessen Verfügungsmacht angenommen hat. Gegen diese Lösung spricht jedoch, daß A bzw. der wahre Eigentümer E das Eigentum behalten würde, wenn die Einigung zwischen B und C über den Eigentumsübergang aus irgendeinem Grunde nichtig oder nicht zustandegekommen wäre. Sachgerecht ist es, von *getrennten* Übereignungen auszugehen. Einmal einigen sich B und C über den Eigentumsübergang nach § 929 Satz 1 BGB. Die Einigung liegt in der Zusendung der Ware von A an C und in dessen Annahme, die Übergabe darin, daß A die Ware dem C auf Geheiß des B zusendet (BGHZ 36, 56/60; Anm. 6). Zum anderen einigen sich auch A und B über den Eigentumsübergang nach § 929 Satz 1 BGB. Die Einigung liegt darin, daß A auf Geheiß des B an C liefert; für die Übergabe genügt es, daß die Ware weisungsgemäß dem C von A übergeben wird (Anm. 6). War A Nichteigentümer, so erwirbt B kraft guten Glaubens das Eigentum an der Ware und damit auch C. Ist die Übereignung von B an C aus irgendeinem Grunde nichtig, so *bleibt* B Eigentümer. Ebenso ist er dann Eigentümer geworden, wenn C, dem A die Ware auf Geheiß des B ausgehändigt hat, nicht Eigentümer werden sollte.

War der Erwerber zur Zeit der Besitzübertragung gutgläubig, so erwirbt er zugleich nach § 936 Abs. 1 BGB *lastenfreies* Eigentum. Bei bedingter oder befristeter Übereignung kommt es auf den guten Glauben *zur Zeit der Übergabe* und nicht zur Zeit des Eintritts der Bedingung und Befristung an (BGHZ 10, 69/73). **9**

3. Übereignung durch Einigung und Übergabe kurzer Hand

Bei einer Übereignung nach § 929 Satz 2 BGB durch Einigung zwischen dem Veräußerer und dem Erwerber, der sich im Besitz der Sache befindet, genügt es nicht, daß der Erwerber zur Zeit der Einigung gutgläubig ist. Er muß außerdem den schon vor der Einigung über den Eigentumserwerb erlangten Besitz vom *Veräußerer* erlangt haben (§ 932 Abs. 1 Satz 2 BGB), weil es sonst an einer Vertrauensgrundlage für den gutgläubigen Erwerb fehlt. Veräußerer, früherer Besitzer und vermeintlicher Eigentümer müssen grundsätzlich ein- und dieselbe Person sein (BGH LM § 932 Nr. 6). Erlangt der Erwerber von dem zustimmenden Besitzer nur den *mittelbaren* Besitz, so ist für den gutgläubigen Erwerb weiter erforderlich, daß der unmittelbare Besitzer sich zugunsten des Erwerbers seines Besitzes *entäußert* oder entäußert hatte (BGHZ 56, 123/130). Von dieser Grundvoraussetzung ist der Erwerb auf Grund guten Glaubens auch in den anderen Fällen der Übereignung nach § 929 Satz 1, § 930 und § 931 BGB abhängig, wie §§ 933, 934 BGB zeigen. Der Besitzer, auf dessen Rechtsschein der Erwerber vertraut, muß sich stets seines Besitzes zugunsten des Erwerbers entäußert haben (Anm. 6). Der Besitzerlangung vom Veräußerer steht es gleich, wenn der Besitz von einem Dritten auf Weisung des Veräußerers erlangt wird (OLG München JZ 57, 444). Erwirbt z. B. A von B, den er für den Eigentümer hält, eine Sache, die ihm früher von C geliehen war, so wird A nicht Eigentümer, wobei es gleichgültig ist, ob die Sache dem C oder einem anderen gehörte. Es genügt jedoch für die Annahme eines gutgläubigen Eigentumserwerbs nach § 929 Satz 2 BGB, wenn der Veräußerer früher einmal Besitzer war. Hat z. B. A die Sache des E dem B geliehen und hat B die Sache an C weitergeliehen, so kann C von A das Eigentum erwerben, wenn er ihn für den Eigentümer hält, obwohl C den Besitz von A nicht **10** unmittelbar erlangt hat. Nötig ist es allein, daß der Erwerber auf den früheren Besitz des *Veräußerers* vertraut (Wolff/Raiser, Sachenrecht, § 69 II 2 b).

11 Hatte der Erwerber den Besitz von dem Veräußerer, wenn auch nicht unmittelbar, erlangt, so erwirbt er nach § 936 Abs. 1 Satz 1 BGB zugleich lastenfreies Eigentum. – Bei einer aufschiebend bedingten Übereignung genügt es, wenn der Erwerber der Eigentumsanwartschaft im Zeitpunkt der Einigung gutgläubig war, vorausgesetzt, daß er den Besitz vom Veräußerer erlangt hatte.

4. Übereignung durch Einigung und Besitzvermittlung

12 Bei Übereignung einer dem Veräußerer nicht gehörenden Sache durch Einigung und Vereinbarung eines Besitzmittlungsverhältnisses (§ 930 BGB) erlangt der Erwerber erst dann das Eigentum, wenn ihm die Sache *nachträglich vom Veräußerer übergeben* wird und er noch zu diesem Zeitpunkt gutgläubig ist. Zu einem früheren Zeitpunkt wäre der Eigentumserwerb nur bei einer Übereignung nach §§ 931, 934 möglich. Die nachträgliche Übergabe kann erfolgen durch Übertragung des unmittelbaren Besitzes an den Erwerber selbst oder seinen Besitzdiener, aber auch an einen Besitzmittler des Erwerbers oder an einen vom Erwerber bezeichneten Dritten (Anm. 6). Gutgläubig muß der Erwerber sein. Er muß den Besitz in Ausführung des Veräußerungsgeschäfts erlangen und der Veräußerer darf wie bei den anderen Übereignungsformen keinen irgendwie gearteten Besitz mehr behalten (RGZ 137, 23/25; Anm. 6, 10). Unter dieser Voraussetzung reicht auch die Übertragung mittelbaren Besitzes für eine Übergabe im Sinne des § 933 BGB aus. Gibt der Konkursverwalter eine vom Gemeinschuldner vor Konkurseröffnung nach § 930 BGB veräußerte Sache, die ihm nicht gehört, an den gutgläubigen Erwerber heraus, so wird dieser auch dann Eigentümer, wenn der Konkursverwalter einen vermeintlichen Aussonderungsanspruch zu erfüllen glaubte (BGH NJW 59, 2206). Die Regelung des § 933 BGB führt dazu, daß bei einer Kollision zwischen *Sicherungsübereignung* und *Eigentumsvorbehalt* dieser sich als der stärkere erweist. Die zunächst fehlgeschlagene Übereignung der dem Sicherungsgeber nicht gehörenden Sache läßt sich aber als eine Übertragung der Eigentumsanwartschaft halten, da für sie die Form der Übertragung nach §§ 929, 930 BGB ausreicht (§ 140 BGB; BGHZ 10, 69/72; 28, 16/21).

13 *Lastenfreiheit* tritt bei Übereignung nach § 930 BGB ebenfalls erst dann ein, wenn dem Erwerber nachträglich der Besitz übertragen wird.

5. Übereignung durch Einigung und Abtretung des Herausgabeanspruchs

14 Es sind *zwei* Fälle des gutgläubigen Eigentumserwerbs nach § 934 BGB möglich:

a) Ist der veräußernde Nichteigentümer *mittelbarer Besitzer* der Sache, so erlangt der Erwerber bereits mit der *Abtretung des Herausgabeanspruchs* das Eigentum, wenn er im Zeitpunkt der Abtretung *gutgläubig* war. Doch muß bei § 934 Halbs. 1 BGB ein Herausgabeanspruch des mittelbaren Besitzers objektiv bestehen. Hat V dem K Waren unter Eigentumsvorbehalt veräußert und dieser sodann die Waren einem Gläubiger G zur *Sicherheit* übereignet (§§ 929, 930 BGB), so kann G wegen § 933 BGB zwar nicht gutgläubig das Sicherungseigentum, wohl aber die Eigentumsanwartschaft, die dem K zustand, erwerben. Da die Übertragung des Anwartschaftsrechts wirksam ist, soll nach

BGHZ 50, 45/48 f. dem G als mittelbarer Besitzer ein Herausgabeanspruch gegen K auf Grund des nach § 139 BGB wirksam gebliebenen Besitzmittlungsverhältnisses zustehen, so daß G nach §§ 931, 934 Halbs. 1 BGB einem gutgläubigen Vierten D das Eigentum verschaffen kann. Aber einmal ist die Sicherungsübereignung wegen fehlender Übergabe nicht nichtig, sondern mißglückt; zum anderen kommt es auf die Wirksamkeit des Vertrages, der den Besitz vermitteln soll, nach § 868 BGB nicht an. Entscheidend ist die Kundgabe des *Besitzwillens* des K, der jedoch nicht nur für G, sondern auch für V besitzt. V und G sind beide mittelbare Nebenbesitzer; ein Nebenbesitz reicht jedoch für einen gutgläubigen Erwerb nach § 934 Halbs. 1 BGB *nicht* aus (Baur, Sachenrecht, § 52 II 4 c; Westermann, Sachenrecht § 19 II, 41 § 48 III; Medicus, Bürgerliches Recht, § 22 IV; H. Lange, JuS 69, 162/164 entgegen BGHZ 50, 45/48, wo auf das Problem des Nebenbesitzes nicht eingegangen wird). Im übrigen ist es ungereimt, daß der unmittelbare Besitz des K für den Eigentumserwerb des G nach § 933 nicht ausreicht, wohl aber für den Eigentumserwerb des D, der weiter entfernt ist von der Sache als G.

b) Ist der veräußernde Nichteigentümer *nicht mittelbarer Besitzer,* so erlangt der Erwerber auf Grund der Abtretung des *angeblichen* Herausgabeanspruchs das Eigentum erst, wenn er den *Besitz der Sache von dem Dritten erlangt* und noch in diesem Zeitpunkt *gutgläubig* ist. Der Erwerber braucht jedoch nicht den unmittelbaren Besitz von dem Dritten zu erlangen. Es genügt der mittelbare Besitz (RGZ 89, 348 ff.; 135, 75; 137, 23); nur darf der Veräußerer nicht selbst Besitzmittler sein. Es bedarf deshalb, wenn der Erwerber die Sache nicht selbst in die Hand bekommen will, nicht erst einer Hingabe der Sache an den Erwerber, dem es dann überlassen bliebe, die Sache an den Besitzmittler zu geben. Es genügt, daß der Veräußerer die Sache unmittelbar dem Besitzmittler des Erwerbers aushändigt, ja es genügt zur Übergabe allein die Vereinbarung eines Besitzmittlungsverhältnisses nach § 868 BGB zwischen dem Erwerber und dem Besitzmittler, wenn der, der als neuer Besitzmittler die Sache in die Hand bekommen soll, sie schon als Besitzmittler eines anderen in der Hand hat (RG JW 33, 216; BGH NJW 59, 1536). Nötig ist jedoch, daß der den Besitz vermittelnde Dritte die Sache nur noch für den Erwerber besitzt, die besitzrechtliche Beziehung zu dem Veräußerer demnach endgültig gelöst hat. Durch die Begründung eines neuen Besitzmittlungsverhältnisses wird das bisher bestehende nicht ohne weiteres zerstört (Baur, Sachenrecht, § 52 II, 4 c; Westermann, Sachenrecht, § 48 III; Wolff/Raiser, Sachenrecht, § 69 Anm. 22; Medicus, Bürgerliches Recht, § 22 IV; a.M. RGZ 135, 75; 138, 265). Es reicht daher für den Eigentumserwerb nicht aus, daß der unmittelbare Besitzer sich dem Erwerber auf dessen Aufforderung hin gegenüber so verhält, als übe er den Besitz nunmehr für diesen aus, jedoch tatsächlich den Besitz weiter für einen anderen ausübt (BGH LM Nr. 1 zu § 934 BGB; Westermann, Sachenrecht, § 48 III; Wolff-Raiser, Sachenrecht, § 69 A 22). Weiter darf der Erwerber den Besitz nicht eigenmächtig oder von einem Besitzdiener ohne Wissen und Wollen des Besitzherrn erlangt haben (BGH BB 60, 997). Im Gegensatz zur ersten Alternative des § 934 BGB braucht der Herausgabeanspruch des Veräußerers in Wirklichkeit nicht zu bestehen (RGZ 137, 23; RG JW 26, 800). Auch braucht der Veräußerer dies nicht gewußt zu haben. Es kommt allein darauf an, daß ein angeblicher Herausgabeanspruch abgetreten ist und der Erwerber an das Bestehen des Herausgabeanspruchs glaubte oder ohne grobe Fahrlässigkeit glauben durfte (RGZ 89, 350). Das Fehlen des mittelbaren Besitzes wird dadurch ersetzt, daß der im unmittelbaren Besitz der Sache befindliche Dritte ihn anerkennt und auf Grund der Veräußerung dem Erwerber den unmittelbaren Besitz einräumt oder sich zu dessen Besitzmittler macht. Bei Übertragung des Besitzes an den Besitzmittler des Erwerbers kommt es auch nach § 934 BGB stets auf den guten Glauben des Erwerbers und nicht des Besitzmittlers an, der an seiner Stelle die Sache in Empfang nimmt (RGZ 89, 346; 135, 75; 137, 23).

16 Der gutgläubige Erwerber erwirbt grundsätzlich die Sache *lastenfrei,* und zwar bei der ersten Alternative des § 934 BGB mit der Abtretung, bei der zweiten mit der Erlangung des unmittelbaren oder mittelbaren Besitzes. Eine wichtige Ausnahme sieht § 936 Abs. 3 BGB vor. Ist der dinglich Berechtigte, z. B. ein Pfandgläubiger, Besitzer der Sache, so erlischt sein Recht gegenüber dem gutgläubigen Erwerber nicht, und zwar auch dann nicht, wenn er nur mittelbarer Besitzer ist. So bleibt z. B. ein Nießbrauch bestehen, wenn der Besteller die Sache nach §§ 929, 931 BGB dem Erwerber übereignet, mag auch der Nießbraucher nicht selbst, sondern durch einen eigenen Besitzmittler besitzen. Der Schutz des gutgläubigen Erwerbers greift somit nicht gegenüber dinglichen Rechten durch, die mit Sachbesitz verbunden sind.

17 Für den gutgläubigen Eigentumserwerb unter Verwendung von *Traditionspapieren* s. Anm. 54–56.

6. Weiter- und Rückübertragung

18 Hat ein *gutgläubiger Eigentumserwerb* nach §§ 932 ff. BGB stattgefunden, so erwirbt derjenige, dem die Sache vom Erwerber übereignet wird, ebenfalls das Eigentum. Er erwirbt vom *Eigentümer* und kann daher nicht im Rechtssinne schlechtgläubig sein *(plus in iure quam in aestimatione).* Die Rechtslage ist jedoch anders zu beurteilen, wenn der gutgläubige Erwerber aus einem Grunde, der mit dem Erwerbsgeschäft im rechtlichen Zusammenhang steht, die Sache auf den „nichtberechtigten" Veräußerer *zurücküberträgt,* z. B. wegen Wandlung, Rücktritts, Nichtigkeit des Grundgeschäfts oder Konkursanfechtung. Dann handelt es sich um eine Wiederherstellung des früheren Rechtszustandes, so daß mit dem Besitzerwerb des Veräußerers der frühere Eigentümer das Eigentum wiedererlangt. Es wäre eine Überspannung des Verkehrsschutzgedankens, bei Rückgängigmachung des Geschäftes einen Eigentumserwerb des „nichtberechtigten" Veräußerers aus dem rein formalen Gesichtspunkt anzunehmen, daß er vom Eigentümer erwirbt. Anders liegt es, wenn es sich nicht um einen Rückabwicklungsvorgang, sondern einen neuen Kaufvertrag handelt oder ein Zwischenerwerb stattgefunden hat.

II. Gutgläubiger Pfandrechtserwerb nach bürgerlichem Recht

1. Im allgemeinen

19 Nach bürgerlichem Recht kann vom Nichteigentümer gutgläubig ein *Pfandrecht* an einer beweglichen Sache erworben werden, wenn sie nicht dem Eigentümer oder seinem Besitzmittler abhanden gekommen ist, es sei denn, daß es sich um Geld, Inhaberpapiere oder öffentlich versteigerte Sachen handelt. Nur insoweit ist der gutgläubige Pfandrechtserwerb vom Nichtberechtigten im bürgerlichen Recht anerkannt.

Im übrigen richtet sich der Pfandrechtserwerb, abgesehen von dem guten Glauben des Pfandgläubigers, danach, welche *Form* der Pfandrechtsbestellung gewählt worden ist.

Im folgenden wird der gutgläubige Pfandrechtserwerb unter Berücksichtigung der möglichen Verpfändungsformen kurz dargestellt.

2. Verpfändung durch Einigung und Übergabe

Wird das Pfandrecht an einer beweglichen Sache durch Einigung und Übergabe bestellt (§ 1205 Abs. 1 BGB), so muß der Pfandgläubiger *im Zeitpunkt der Übergabe gutgläubig* sein (§§ 1207, 932 Abs. 1 Satz 1 BGB; Anm. 5). Ist die Sache mit dem beschränkt dinglichen Recht eines Dritten belastet, so geht das neue Recht dem alten Recht vor, es sei denn, daß der Pfandgläubiger zur Zeit des Erwerbes des Pfandrechts in Ansehung des älteren Rechts nicht in gutem Glauben ist (§ 1208 BGB). 20

3. Verpfändung durch Einigung und Übergabe kurzer Hand

Bei einer Verpfändung durch bloße Einigung zwischen dem Verpfänder und dem Pfandgläubiger, der sich bereits im Besitz der Sache befindet (§ 1205 Abs. 1 Satz 2 BGB), genügt es nicht, daß der Gläubiger zur Zeit der Einigung gutgläubig ist. Er muß außerdem den *Besitz vom Verpfänder erlangt* haben (§§ 1207, 932 Abs. 1 Satz 2 BGB; Anm. 10). Das gutgläubig erworbene Pfandrecht hat nach § 1208 BGB den Vorrang vor älteren Rechten an der verpfändeten Sache. 21

4. Verpfändung durch Einigung und Übertragung des mittelbaren Besitzes

Bei einer Pfandrechtsbestellung durch Einigung, Abtretung des mittelbaren Besitzes und Anzeige der Verpfändung gegenüber dem Besitzer (§ 1205 Abs. 2 BGB) muß der Pfandgläubiger auch noch *zur Zeit der Anzeige an den Besitzmittler gutgläubig* sein (§§ 1207, 934 BGB; Anm. 14–16). Das gutgläubig erworbene Pfandrecht hat nach § 1208 BGB den Vorrang vor älteren Rechten, soweit nicht § 936 Abs. 3 BGB eingreift (Anm. 16). 22

5. Verpfändung durch Einigung und Einräumung des Mitbesitzes

Nach § 1206 BGB kann der Verpfänder dem Pfandgläubiger auch durch Einigung und Einräumung eines besonders gearteten *Mitbesitzes* ein Pfandrecht bestellen. Die Sache muß sich entweder unter dem Mitverschluß des Gläubigers und des Verpfänders befinden, so daß keiner ohne den anderen über die Sache verfügen kann, vielmehr beide mitwirken müssen, oder die Sache muß, wenn sie sich im Besitz eines Dritten befindet, nur an den Eigentümer und Pfandgläubiger gemeinschaftlich herausgegeben werden können. Nur in diesen beiden Formen genügt der Mitbesitz an Stelle der Übergabe der Pfandsache. 23

Mitverschluß liegt vor, wenn der Verpfänder nicht mehr die alleinige Verfügungsgewalt hat (RGZ 53, 218 für Verpfändung von Warenlagern). Die Überlassung eines Bank- oder Safefachs ist ein reiner Mietvertrag. Die Bank erhält in der Regel keinen Mitbesitz an dem Inhalt des Schrankfachs, auch dann nicht, wenn das Fach unter Mitverschluß liegt (RGZ 141, 99). – Der *Pfandhaltervertrag* beruht auf einer Vereinbarung zwischen Verpfänder und Pfandhalter, wonach dieser die Sache verwahren und nur an den Pfandgläubiger und an den Verpfänder gemeinschaftlich herausgeben soll (RGZ 87, 36; 24

118, 35). – Ist der Verpfänder nicht der Eigentümer, so muß der Pfandgläubiger zur Zeit der Verschaffung des qualifizierten Mitbesitzes gutgläubig sein, also entweder bei Einräumung des unmittelbaren Mitbesitzes analog § 932 BGB oder bei Abtretung des Herausgabeanspruchs an den Pfandhalter analog § 934 BGB. Hat der Verpfänder nicht den unmittelbaren Alleinbesitz, sondern steht ihm nur gemeinschaftlich mit einem Dritten ein Herausgabeanspruch gegen den Pfandhalter zu (§ 1206 Halbs. 2 BGB), so genügt dieser Anspruch noch nicht, um den nach §§ 1207, 934 BGB für den Pfandrechtserwerb notwendigen *mittelbaren* Besitz beim Verpfänder annehmen zu können (RGZ 118, 35/40 läßt die Frage offen).

25 Eine Verpfändung durch Einigung und Vereinbarung eines Besitzmittlungsverhältnisses entsprechend § 930 BGB genügt zur Verpfändung nicht. Daher kann auch diese Übertragungsform nicht die Grundlage eines gutgläubigen Erwerbs bilden.

III. Voraussetzungen für den erweiterten Vertrauensschutz

1. Kaufmannseigenschaft des Veräußerers oder Verpfänders

26 Der Veräußerer oder der Verpfänder muß *Kaufmann* sein. Die Kaufmannseigenschaft kann auf §§ 1, 2, 3 Abs. 2 oder § 6 beruhen. Auch für Kleingewerbetreibende des § 4 sowie für Gewerbetreibende, die nach § 5 kraft unzulässiger Eintragung im Handelsregister als Kaufleute gelten, findet § 366 Anwendung. Streitig ist es, ob der erweiterte Vertrauensschutz auch Anwendung findet, wenn man von Personen erwirbt, die keine Kaufmannseigenschaft besitzen, aber im Rechtsverkehr als Kaufmann aufgetreten sind und sich gutgläubigen Dritten gegenüber als solche behandeln lassen müssen. Im Interesse des Handelsverkehrs läge es, auch den guten Glauben an die Kaufmannseigenschaft zu schützen. Doch handelt es sich hier um das Verhältnis nicht zwischen dem Scheinkaufmann und dem Erwerber, sondern zwischen diesem und dem Eigentümer. Die Tatsache, daß der Veräußerer oder Verpfänder im Handelsverkehr als Kaufmann aufgetreten ist und sich Dritten gegenüber als Kaufmann behandeln lassen muß, kann nicht zu einem Verlust der Rechte dritter Personen führen, die den Rechtsschein der bestehenden Kaufmannseigenschaft nicht veranlaßt haben. Beim Erwerb vom *Scheinkaufmann* tritt daher kein erweiterter Vertrauensschutz ein (RG LZ 29, 778; Ratz in RGR-Komm. z. HGB § 366 Anm. 19; Baumbach/Duden Anm. 2 A zu § 366; Düringer/Hachenburg/Breit Anm. 3 zu § 366; Hueck ArchBürgR 43, 451; a.M. Canaris, Vertrauenshaftung, 1971, S. 181 f.). Auch unter den Voraussetzungen des § 15 kann ein Schutz des gutgläubigen Erwerbers nicht stattfinden. Die Geltendmachung nicht eingetragener und bekanntgemachter Tatsachen ist nach § 15 Abs. 1 nur für *den* ausgeschlossen, *in dessen Angelegenheit* sie einzutragen waren, d.h. für den nichtberechtigten Veräußerer oder Verpfänder. Der wahre Eigentümer braucht nach § 15 Abs. 1 die Nichteintragung des Erlöschens der Kaufmannseigenschaft nicht gegen sich gelten zu lassen (Hueck ArchBürgR 43, 451; J. v. Gierke S. 462). Er ist nicht etwa als mittelbarer Beteiligter im Sinne des § 15 Abs. 1 anzusehen. Der deutschrechtliche Grundsatz „Wo du deinen Glauben gelassen hast, da mußt du ihn suchen" würde es allerdings rechtfertigen, das Vertrauen des Erwerbers auch auf die Kaufmannseigenschaft des Veräußerers und damit nicht nur auf sein Eigentum, sondern auch auf seine Verfügungsmacht zu schützen. Aber in diesem weiten Umfang ist der Vertrauensschutz durch § 366, der die Kaufmannseigenschaft verlangt, nicht vorgesehen. Sachgerecht ist es aber, im Interesse des redlichen Verkehrs den § 366 auf Veräußerungsgeschäfte der *Deutschen Bundesbahn*, die von ihr gemäß §§ 73, 80 EVO vorgenommen werden, entsprechend anzuwenden (BGHZ 2, 50; OGHZ 3, 195; Ratz in RGR-Komm. z. HGB § 366 Anm. 19; Baumbach/Duden Anm. 2 A zu § 366; a. M. Goltermann SJZ 50, 343). Die Bundesbahn ist zwar nach § 41 Abs. 1 BundesbahnG vom 13. Dezember 1951 (BGBl I S. 955) kein Gewerbebetrieb und deshalb auch *kein Kaufmann* im Rechtssinne, aber ihre Beförderungsgeschäfte haben privatrechtliche Natur, so daß zum Schutze des redlichen Verkehrs eine entsprechende Anwendung des § 366 auf Veräußerungen durch die Bundesbahn geboten ist. Die *Bundespost* besitzt, wie § 452 ausdrücklich bestimmt, keine Kaufmannseigenschaft. Weil es an einer derart speziellen Regelung für die Deutsche Bundesbahn fehlt, bejahen Gierke/Sandrock (Handels- und Wirtschaftsrecht, 9. Aufl. 1975, § 6 II 7) entgegen BGHZ 2, 49 schon die direkte Anwendung des HGB (§ 1 II Nr. 5).

Kaufmann muß der *Veräußerer* oder der *Verpfänder* sein. Wird die Veräußerung oder **27** die Verpfändung von einem *Vertreter* (Anm. 25) vorgenommen, so kommt es grundsätzlich auf die Kaufmannseigenschaft des *Vertreters* und nicht des Vertretenen an. — Die Kaufmannseigenschaft muß zur Zeit des Eigentums- oder Pfandrechtserwerbs vorliegen. Der entscheidende Zeitpunkt ist bei § 932 Abs. 1 Satz 1 BGB die Übergabe, bei § 932 Abs. 1 Satz 2 BGB die Einigung, bei § 933 BGB die Übergabe, bei § 934 BGB die Abtretung des Herausgabeanspruchs oder, wenn der Veräußerer nicht mittelbarer Besitzer war, der Besitzerwerb. Für die Verpfändung vgl. die §§ 1207, 1208 BGB. — Die Kaufmannseigenschaft des *Erwerbers* ist nicht erforderlich.

2. Veräußerung oder Verpfändung im Betriebe des Handelsgewerbes

Die Veräußerung oder die Verpfändung muß *im Betriebe des Handelsgewerbes* des **28** Kaufmanns geschehen (§ 343 Anm. 8, 9). Die Betriebszugehörigkeit wird nach § 344 vermutet. Ein beiderseitiges Handelsgeschäft braucht nicht vorzuliegen. Es genügt, wenn die Veräußerung oder die Verpfändung auf seiten des Veräußerers oder des Verpfänders Handelsgeschäft ist. Irrt der Erwerber über die Zugehörigkeit der Veräußerung oder der Verpfändung zum Handelsgewerbe, so kann nach § 366 kein Eigentum übergehen (RG LZ 29, 778; Baumbach/Duden Anm. 2 A zu § 366).

Es muß sich um die Veräußerung oder die Verpfändung einer *beweglichen Sache* **29** handeln. Auf Grundstücke und auf Rechte findet § 366 keine Anwendung. Ist ein Wille zur Veräußerung oder Verpfändung überhaupt nicht zur Geltung gebracht worden, so fehlt es schon am Verfügungstatbestand; es ist in einem solchen Fall belanglos, was der Gegner über das Eigentum an der Sache oder über die Verfügungsbefugnis denkt. Der gute Glaube an das Vorliegen einer gültigen Einigung wird weder nach §§ 932 ff. BGB noch nach § 366 geschützt (RG HRR 33 Nr. 1649).

IV. Inhalt des erweiterten Vertrauensschutzes

1. Im allgemeinen

Auf Grund einer nach §§ 929 ff. BGB vorgenommenen Veräußerung (Anm. 5 ff.) wird **30** der Erwerber einer Sache, die dem Veräußerer nicht gehört, auch dann Eigentümer, wenn er das Nichteigentum des Veräußerers gekannt, jedoch ohne grobe Fahrlässigkeit an die Befugnis des Veräußerers, über die Sache an Stelle des Eigentümers zu verfügen, geglaubt hat (§ 366 Abs. 1). Entsprechendes gilt für den vertraglichen und den gesetzlichen *Pfandrechtserwerb.* Geschützt wird somit der gute Glaube des Erwerbers an die *Verfügungsbefugnis* des Veräußerers oder Verpfänders. Nur der gutgläubige Erwerb an abhanden gekommenen Sachen ist nach § 935 BGB grundsätzlich ausgeschlossen (§ 367 Anm. 1).

2. Verfügungsbefugnis

31 Unter der Verfügungsbefugnis im Sinne des § 366 Abs. 1 ist die *Befugnis zur Verfügung im eigenen Namen* zu verstehen (§ 185 Abs. 1 BGB). Geschützt wird daher z. B., wer den Veräußerer als Kommissionär und damit als zur Verfügung über fremdes Gut berechtigt ansieht. Der Erwerber glaubt in diesem Falle an eine Einwilligung des Eigentümers, die den Kommissionär zur Verfügung im eigenen Namen (§ 185 BGB) berechtigt. Nimmt der Erwerber nach Besitzerlangung gutgläubig an, der Eigentümer habe die Verfügung genehmigt, so genügt dieser gute Glaube für den Rechtserwerb nicht. Ein Verfügungsrecht des Veräußerers kann nicht nur auf Grund einer Einwilligung des Berechtigten, sondern auch aus anderen Gründen gutgläubig angenommen werden. Veräußert z. B. ein Elternteil, über dessen Vermögen rechtskräftig das Konkursverfahren eröffnet worden ist (§ 1670 BGB), Wertpapiere des Kindes, so kann der Erwerber Eigentümer werden, wenn er gutgläubig die Befugnis, über Kindesvermögen zu verfügen, annimmt (RG BankA XII, 250). Worauf die Verfügungsbefugnis beruht, ist demnach unerheblich. § 366 schützt den guten Glauben nicht nur an die durch Rechtsgeschäft übertragene Befugnis, sondern an die Verfügungsbefugnis schlechthin, gleichgültig worauf sie beruht.

32 Streitig ist es, ob nach § 366 der Vertrauensschutz auch die *mangelnde Vertretungsbefugnis* des Veräußerers oder Verpfänders umfaßt. Der Erwerber hält z. B. einen Vermittlungsagenten irrtümlich für einen Abschlußagenten. Legt man den § 366 Abs. 1 unter Beachtung des rechtlich scharfen Unterschiedes zwischen Handeln im eigenen Namen (§ 185 BGB) und Handeln im fremden Namen (§§ 177 ff. BGB) aus, so spricht der Wortlaut der Bestimmung gegen eine Einbeziehung der fehlenden Vertretungsbefugnis. Auch wird der Verkehr bei Mängeln der Vertretungsmacht in gewissem Umfang durch § 54 Abs. 3 und § 56 geschützt, so daß es genügt, den Geltungsbereich des § 366 auf das Handeln eines Kaufmanns im *eigenen Namen* zu beschränken. Dem steht jedoch entgegen, daß in der Praxis des Handelsverkehrs der Unterschied zwischen Verfügungs- und Vertretungsbefugnis nicht nur wenig beachtet wird, sondern auch häufig kaum feststellbar ist. Die Entscheidung hängt dann im Einzelfall von der schwer zu lösenden Beweisfrage ab, ob ein Handeln im eigenen oder im fremden Namen vorgelegen hat. In der Denkschrift zum Entwurf eines HGB (I S. 206) wird ausdrücklich bemerkt, daß die Sicherheit des Verkehrs beeinträchtigt werden würde, wenn dem entschuldbaren Irrtum über das Vorhandensein einer Befugnis, über eine fremde Sache, sei es im eigenen Namen, sei es im fremden Namen, zu verfügen, der Schutz versagt bliebe. Gegenstand des guten Glaubens im Abs. 1 können daher nicht nur die fehlende Verfügungsbefugnis, sondern auch die fehlende Vertretungsbefugnis des Veräußerers oder Verpfänders sein (Baumbach/Duden Anm. 2 B zu § 366; Capelle, Handelsrecht, S. 78; Düringer/Hachenburg/Hoeniger Anm. 7 zu § 366; H. Lehmann S. 147; Lux aaO S. 39/41; a. M. Ratz in RGR-Komm. z. HGB § 366 Anm. 18). Gegen eine entsprechende Anwendung des § 366 spricht nicht, daß sie im Hinblick auf die Unwirksamkeit des Grundgeschäfts nach § 177 BGB zwecklos sei, da der Erwerber trotz Eigentumserwerbs dem Bereicherungsanspruch des unwirksam vertretenen bisherigen Eigentümers ausgesetzt sei. Zwar läßt sich eine Heilung des Grundgeschäfts aus § 366 nicht herleiten. Es ist jedoch im Einzelfall im Hinblick auf die Risikoverteilung nach § 818 Abs. 3 BGB durchaus nicht sicher, ob ein Bereicherungsanspruch gegeben ist (Langner LZ 29, 1244). Aber selbst wenn stets ein obligatorischer Anspruch auf Rückübereignung gegeben wäre, ist dieser Grund nicht durchschlagend. Denn jedenfalls wäre die Frage des dinglichen Rechtserwerbs für die Fälle mangelnder Verfügungs- und Vertretungsbefugnis einheitlich entschieden und dadurch der Sicherheit des Handelsverkehrs gedient. *Kein Vertrauensschutz* besteht nach § 366, wenn der Erwerber an die *Geschäftsfähigkeit* des Veräußerers oder Verpfänders geglaubt hat. Auch der Irrtum über die Identität des Veräußerers oder Verpfänders wird nach § 366 nicht geschützt (vgl. aber für den Erwerb kaufmännischer Orderpapiere § 365 Anm. 22). Eine allgemeine Vereinbarung zwischen dem Auftraggeber und einem Spediteur, nach der dieser auch an *fremdem* Speditionsgut ein Pfandrecht für nicht zusammenhängende Forderungen haben soll (§ 50 ADSp), ist nach § 138 Abs. 1 BGB *nichtig* (BGHZ 17, 1 ff.; NJW 63, 2222). Die Vorschriften über den gutgläubigen Erwerb schützen den redlichen Verkehr, sanktionieren aber nicht eine wegen Verstoßes gegen die guten Sitten nichtige Vereinbarung, die Verfügungen über fremdes Eigentum schlechthin wirksam machen soll. Das Pfandrecht gilt auch nicht für Forderungen, die nicht aus eigenen Verträgen mit dem Versender stammen, sondern die der Spediteur von Dritten erworben hat (BGHZ 20, 231).

3. Guter Glaube

Der gute Glaube setzt einen *Irrtum* des Erwerbers voraus, der ein *tatsächlicher* oder ein *rechtlicher* sein kann. Der Erwerber muß entweder irrtümlich einen Sachverhalt annehmen, bei dessen Vorliegen eine Verfügungsbefugnis bestehen würde, oder er muß trotz Kenntnis des Sachverhalts, der eine Verfügungsbefugnis nicht begründet, aus Rechtsirrtum eine solche Befugnis annehmen (BGHZ 2, 52; BGH NJW 61, 777). Ein Sachverhalts- oder Rechtsirrtum genügt jedoch nicht schlechthin. Wie im bürgerlichen Recht muß der Erwerber *gutgläubig* sein. Das ist nach § 932 Abs. 2 BGB nicht der Fall, wenn dem Erwerber bekannt oder infolge grober Fahrlässigkeit unbekannt ist, daß der Veräußerer oder Verpfänder nicht zur Verfügung über die fremde Sache im eigenen oder im fremden Namen befugt ist. Hieraus folgt, daß der Erwerber die *Rechtsfolge* nicht bestehender Verfügungsmacht kennen muß oder infolge grober Fahrlässigkeit nicht kennt. Der Begriff der groben Fahrlässigkeit ist ein *Rechtsbegriff.* Man versteht darunter ein Verhalten, bei dem die erforderliche Sorgfalt nach den Gesamtumständen in ungewöhnlich hohem Maße verletzt worden ist und bei dem dasjenige unbeachtet geblieben ist, was im gegebenen Falle auch ohne besonders große Aufmerksamkeit und besonders gründliche Überlegung jedem einleuchtet (RGZ 141, 131; 171, 131; BGHZ 10, 16; BGH LM Nr. 9 zu § 932 BGB). Die Beurteilung, wann im Einzelfall eine „grobe" Fahrlässigkeit vorliegt, ist eine Frage tatrichterlicher Würdigung, die sich nicht generell beantworten läßt. Das Gericht muß im Einzelfall nach freiem, pflichtmäßigem Ermessen prüfen, welche Anforderungen an die Sorgfaltspflicht des Erwerbers einer beweglichen Sache zu stellen sind, um bei ihm das Vorliegen einer groben Fahrlässigkeit beurteilen zu können (RGZ 58, 164). Die Frage, ob „grobe" Fahrlässigkeit zu bejahen ist, ist eine Tatfrage, die nur insoweit der Nachprüfung durch das Revisionsgericht unterliegt, als Verstöße gegen § 286 ZPO, gegen die Denkgesetze oder Erfahrungssätze vorliegen, BGHZ 10, 16; BGH WM 56, 156. Ob ein grobfahrlässiges Verhalten vorliegt, läßt sich nur unter genauer Würdigung aller Umstände des einzelnen Falles feststellen. Hierbei ist zu beachten, daß im Handelsverkehr wegen des gebotenen Verkehrsschutzes eine andere Beurteilung als im Rechtsverkehr unter Privaten geboten sein kann. War dem Erwerber die *Anfechtbarkeit* des Vorerwerbs bekannt oder infolge grober Fahrlässigkeit unbekannt, so wird er nach § 142 Abs. 2 BGB so behandelt, als ob er die *Nichtigkeit* des Geschäfts gekannt hat oder hätte kennen müssen.

34 Im *Handelsverkehr* wird ein Käufer gewöhnlich davon ausgehen können, daß der an ihn im Rahmen seines Geschäftsbetriebs eine Ware veräußernde Händler die notwendige *Verfügungsmacht* besitzt (BGH LM § 366 HGB Nr. 9; WM 64, 1193/1194; Mormann WM 66, 2/5). Der gute Glaube an die Verfügungsmacht eines Kaufmanns kann nach Lage des Falles gerechtfertigt sein, auch wenn ein guter Glaube an dessen *Eigentum* durch grobe Fahrlässigkeit ausgeschlossen ist (BGH NJW 59, 1080; 75, 735/736). Ist dem Erwerber bekannt, daß derjenige, von dem der Veräußerer seine Verfügungsbefugnis herleitet, nicht verfügungsberechtigt war, so entfällt auch der gute Glaube an die Verfügungsbefugnis des Veräußerers oder Verpfänders (RG JW 31, 3079). Es genügt nicht, daß der Erwerber seinen unmittelbaren Veräußerer für verfügungsberechtigt gehalten hat; ihm obliegt in diesem Falle zumindest eine genaue Prüfungspflicht. Anders liegt es, wenn der Erwerber an das *Eigentum* des Veräußerers geglaubt hat, weil er dessen *Vormann* als verfügungsberechtigt angesehen hat; dann ist er nach § 932 Eigentümer geworden, es sei denn, daß sein Glaube an die Verfügungsbefugnis des Vormanns des Veräußerers grob fahrlässig war (BGH WM 61, 150; Mormann WM 66, 2/5). Eine allgemeine Nachforschungspflicht bei Dritten wird bei einem gutgläubigen Eigentumserwerb *nicht* vorausgesetzt (BGH NJW 66, 1959/1960; 75, 735/736). Wohl aber begründen *besondere Verdachtsmomente* eine Nachforschungspflicht. Dabei soll es sogar unerheblich sein, ob der Erwerber auf diese Weise den wahren Sachverhalt erfahren hätte (RGZ 153, 14/18; 147, 321/331; BGH WM 58, 755); dagegen spricht jedoch, daß der Erwerber nach § 932 Abs. 2 BGB nur dann bösgläubig ist, wenn ihm *infolge* grober Fahrlässigkeit nicht bekannt ist, daß die Sache dem Veräußerer nicht gehört (zutr. Mormann WM 66, 2/9; anders auch BGH NJW 75, 735/736). Ist das abgeschlossene Geschäft *ungewöhnlich* und liegen *Anhaltspunkte* dafür vor, daß der Verkauf nicht aus dem vom Verkäufer angegebenen Grund, sondern aus wirtschaftlichen Schwierigkeiten erfolgt, so handelt der Erwerber meist grob fahrlässig, wenn er keine Erkundigungen darüber einzieht, ob auf der Ware noch ein *Eigentumsvorbehalt* ruht (BGH WM 59, 117; 64, 814/817; 64, 1193/1195; WM 64, 1193). Anders als bei der Vorbehaltsware gibt es jedoch keinen Erfahrungssatz, daß gewisse Warenarten gewöhnlich als Kreditunterlage für Sicherungsübereignungen dienen; nur bei besonderen Verdachtsgründen trifft deshalb den Sicherungsnehmer eine besondere Nachforschungspflicht (BGH LM § 932 BGB Nr. 26; WM 61, 150/151; Serick, Eigentumsvorbehalt, II § 23, 2 S. 256).

Wer ein *gebrauchtes Kraftfahrzeug* erwirbt, handelt grob fahrlässig, wenn er sich **35** nicht den Kfz-Brief zur Prüfung vorlegen läßt (st. Rspr.; BGH NJW 65, 687; 67, 1022/1024; Serick, Eigentumsvorbehalt, II, S. 237). Der Besitz des Kraftfahrzeugs allein rechtfertigt noch keinen Vertrauensschutz. Die Übergabe und Prüfung des Kfz-Briefs ist nur eine *Mindestanforderung* für einen gutgläubigen Eigentumserwerb; sind Umstände vorhanden, die einen *Verdacht* erregen müssen, so besteht eine Erkundigungspflicht beim letzten eingetragenen Halter des Fahrzeugs (BGH NJW 75, 735/736). Diese Grundsätze gelten auch für ein Geschäft zwischen Gebrauchtwagen-Händlern (BGH LM § 932 Nr. 12). Anders kann es bei Übereignung eines *fabrikneuen* Kraftfahrzeugs durch einen Vertragshändler liegen (BGH LM § 366 HGB Nr. 10; ÖOGH abgedruckt bei Stanzl Bd. II Nr. 627 zu § 366 HGB). – Grobe Fahrlässigkeit liegt auch vor, wenn dem Erwerber bei der Übereignung von Frachtgut bekannt ist, daß ein Lagerschein vorhanden ist und er sich um den Verbleib der Urkunde und ihren Inhalt nicht kümmert (RGZ 119, 215). Strenge Voraussetzungen an den guten Glauben gelten für den Pfandrechtserwerb an Kundenwerten im Verhältnis von Bank zu Bank (RGZ 164, 292 ff.; Anhang VII nach § 424).

4. Beweislast

Ist es streitig, ob der Erwerber *gutgläubig* war, d. h. ohne grobe Fahrlässigkeit an das **36** Eigentum (§ 932 BGB) oder die Verfügungsbefugnis des Veräußerers (§ 366) geglaubt hat, so trägt derjenige, der den gutgläubigen Eigentumserwerb bestreitet, die Beweislast dafür, daß der Erwerber *bösgläubig* war (BGH WM 59, 533). Der gute Glaube des Erwerbers wird, wie aus der Fassung des § 932 BGB folgt, *vermutet;* das gilt auch im Rahmen des § 366 (BGH LM § 366 HGB Nr. 4; Ausnahme: § 367). Die §§ 932 ff. BGB und § 366 können daher *nebeneinander* anzuwenden sein (BGH WM 59, 533/534; 65, 196). Beruft sich der Erwerber schlechthin auf seinen guten Glauben, so müssen, da dieser vermutet wird, die Voraussetzungen des gutgläubigen Erwerbs nach *beiden* Vorschriften geprüft werden. Sache des früheren Eigentümers ist es daher, zu behaupten und zu beweisen, daß der Erwerber in gutem Glauben weder hinsichtlich des Eigentums des Veräußerers noch hinsichtlich seiner Verfügungsbefugnis gewesen ist. Beruft sich der Erwerber darauf, an das *Eigentum* des Veräußerers geglaubt zu haben, so wird das in der Regel dahin zu verstehen sein, daß er zumindest angenommen habe, der Veräußerer sei für den Eigentümer zur Verfügung befugt (BGH WM 59, 533; RG Warn 32 Nr. 150). Das Gericht kann dann, wenn der Beweis für die Bösgläubigkeit hinsichtlich der Verfügungsbefugnis *nicht* erbracht worden ist, die Bösgläubigkeit des Erwerbers hinsichtlich des Eigentums des Verkäufers unterstellen. Hält das Gericht für bewiesen, daß der Erwerber nach § 932 BGB in gutem Glauben an das Eigentum des Veräußerers Eigentümer geworden ist, so ist für eine Anwendung des § 366 kein Raum mehr; das Gericht ist nicht verpflichtet zu prüfen, ob der Erwerber in Ansehung der Verfügungsbefugnis des Veräußerers in gutem Glauben war (BGH LM § 366 HGB Nr. 4).

V. Lastenfreier Erwerb

Ist eine veräußerte bewegliche Sache *mit Rechten Dritter* belastet, so erlöschen, wenn **37** der Erwerber im guten Glauben ist, die Rechte mit dem Erwerb des Eigentums. Das gilt nicht nur, wenn die belastete Sache von einem Nichteigentümer, sondern auch, wenn sie vom Eigentümer selbst erworben wird. Abs. 2 entspricht für den Fall der Veräußerung dem § 936 BGB. Voraussetzung für den lastenfreien Erwerb ist, daß die belastete Sache von einem *Kaufmann* im Betrieb seines Handelsgewerbes veräußert wird (Anm. 21). Gutgläubig im Sinne des § 936 BGB ist der Erwerber, wenn er das Recht des Dritten, ohne grobfahrlässig zu sein, nicht kennt. Er erwirbt das lastenfreie Eigentum nach § 366 jedoch schon dann, wenn er den Veräußerer nicht grob fahrlässig für berechtigt hält, über die Sache ohne Vorbehalt des Rechts des Dritten zu verfügen. Kein gutgläubiger Erwerb, weder nach § 936 BGB noch nach § 366, tritt ein, wenn die Sache dem dinglich Berechtigten abhanden gekommen ist. § 935 BGB gilt auch im Rahmen des § 936 BGB. Nimmt der Eigentümer dem Pfandgläubiger die Sache ohne seinen Willen weg, so kann der Erwerber trotz guten Glaubens kein lastenfreies Eigentum erwerben. Eine Ausnahme gilt nach § 935 Abs. 2 BGB allein für Geld, Inhaberpapiere und Sachen, die im Wege öffentlicher Versteigerung veräußert werden (§ 367 Anm. 1) sowie für Orderpapiere nach Art. 16 Abs. 2 WG.

38 Als Rechte Dritter, die infolge des Eigentumserwerbs erlöschen, kommen das vertragliche und gesetzliche *Pfandrecht* und der *Nießbrauch* in Betracht. Beim Pfandrecht ist zu beachten, daß es nach § 1253 BGB erlischt, wenn der Pfandgläubiger das Pfand dem Verpfänder oder Eigentümer *zurückgibt*. Ein Vorbehalt der Fortdauer des Pfandrechts ist unwirksam. Abs. 2 hat daher praktische Bedeutung im wesentlichen nur für den Nießbrauch. Besonderes gilt nach § 751 Abs. 2 für das Pfandrecht der Gläubiger an der Ladung wegen Bergungs- und Hilfskosten. Auf das Pfändungspfandrecht und das Verfolgungsrecht nach § 44 KO ist § 366 Abs. 2 entsprechend anzuwenden. – Das Freiwerden der Erzeugnisse, Bestandteile und des Zubehörs eines Grundstücks von der *hypothekarischen* Haftung bestimmt sich ausschließlich nach den §§ 1120ff. BGB.

39 Der gute Glaube muß im Zeitpunkt des *Eigentumserwerbs* vorhanden sein. Weiter kommt es darauf an, in welcher Form das Eigentum nach §§ 929ff. BGB übertragen worden ist. Eine Ausnahme gilt nach § 936 Abs. 3 BGB: Bei einer Veräußerung durch Einigung und Abtretung des Herausgabeanspruchs nach § 931 BGB erlischt das dem besitzenden Dritten zustehende dingliche Recht auch nicht gegenüber dem gutgläubigen Erwerber, wenn er Eigentümer wird.

40 § 366 Abs. 2 gilt auch für die *Verpfändung* einer beweglichen Sache durch einen Kaufmann im Betriebe seines Handelsgewerbes. Ist die verpfändete Sache mit dem Recht eines Dritten belastet, so geht das Pfandrecht dem Recht des Dritten vor, wenn der Pfandgläubiger zur Zeit des Pfandrechtserwerbs nicht grobfahrlässig annimmt, daß der Eigentümer über die Sache ohne Vorbehalt des alten Rechts verfügen kann (§ 1208 BGB). An Sachen, die dem dinglich berechtigten Dritten nach § 935 BGB abhanden gekommen sind, kann auch von einem gutgläubigen Pfandrechtserwerber der Vorrang *nicht* erworben werden.

VI. Gesetzliche Pfandrechte

41 Das *gesetzliche* Besitzpfandrecht des Kommissionärs, Spediteurs, Lagerhalters und Frachtführers wird in § 366 Abs. 3 hinsichtlich des Schutzes des guten Glaubens einem durch *Vertrag* erworbenen Pfandrecht gleichgestellt. Die Ausdehnung des Vertrauensschutzes ist im Handelsverkehr nötig. Man denke an die Fälle, in denen der Frachtführer die Ware vom Spediteur oder Lagerhalter zur Beförderung übernimmt. Hier kann sich der gute Glaube nur auf das Bestehen der „Verfügungsbefugnis" beziehen. Man wird aber weiterhin annehmen müssen, daß bei gesetzlichen Besitzpfandrechten auch der gute Glaube an das *Eigentum* geschützt wird. Das folgt schon daraus, daß Abs. 3 auf Abs. 1 verweist, diese Vorschrift aber zum Ausdruck bringt („auch dann geschützt"), daß der gute Glaube an das Eigentum ebenfalls Schutz genießt. Ein anderes Ergebnis wäre sinnwidrig. § 366 Abs. 3 will den Schutz des guten Glaubens offensichtlich *verstärken;* das setzt jedoch voraus, daß auch der gute Glaube an das *Eigentum* geschützt wird (ebenso Ratz in RGR-Komm. z. HGB § 366 Anm. 62; Düringer/Hachenburg/Hoeniger Anm. 14 zu § 366; Baumbach/Duden Anm. 3 zu § 366; vgl. für den Anwendungsbereich des DepotG Anm. 49 ff.).

Problematisch ist, worauf sich der *gute Glaube* des Kommissionärs, Spediteurs, **42** Lagerhalters oder Frachtführers im Falle des § 366 Abs. 3 erstreckt. Wenn man von einem guten Glauben an die „Verfügungsmacht" spricht, so paßt das nicht für gesetzliche Besitzpfandrechte. Diese entstehen nicht durch eine Verfügung des Verpfänders, sondern durch den Abschluß eines Kommissions-, Speditions-, Lager- oder Frachtvertrages und die Verschaffung des Besitzes. Wenn § 366 Abs. 3 die gesetzlichen Besitzpfandrechte des Handelsrecht einem vertraglichen Pfandrecht *gleichstellt,* so kommt es demnach auf den Akt an, der beim gesetzlichen Pfandrecht der Verfügung beim vertraglich bestellten Pfandrecht entspricht. Nach v. Gierke (aaO S. 465) soll es der gute Glaube an den *Tatbestand* sein, der zur Entstehung des gesetzlichen Pfandrechts führt. Das präzisiert den Akt noch nicht ausreichend. Der gute Glaube muß sich auf die *schuldrechtliche Befugnis* erstrecken, den Vertrag zu schließen, der in Verbindung mit der Besitzverschaffung zur Entstehung des gesetzlichen Pfandrechts führt. Nimmt also der Kommissionär, Spediteur, Lagerhalter oder Frachtführer (Verfrachter § 623 Abs. 3 HGB; Schiffseigner § 77 Abs. 2 BinnenSchG) ohne grobe Fahrlässigkeit an, sein Vertragspartner – der Kommittent, Versender, Einlagerer oder Absender – dürfe über das Gut einen Kommissions-, Speditions-, Lager- oder Frachtvertrag schließen, so entsteht ein gesetzliches Pfandrecht, auch wenn diese Befugnis dem Vertragspartner gefehlt hat. Es handelt sich also nicht um einen Schutz des Glaubens an eine „Verfügungsbefugnis" sondern um eine Befugnis, *bestimmte Verträge abzuschließen,* die in Verbindung mit der *Besitzverschaffung* ein gesetzliches Pfandrecht entstehen lassen. Höchstens *hypothetisch* ließe sich sagen, daß nach § 366 Abs. 3 ein gesetzliches Pfandrecht auch entstehen soll, wenn ein vertragliches Pfandrecht wegen des guten Glaubens des Pfandgläubigers an die Verfügungsmacht des Verpfänders entstanden wäre.

Die Anwendung des § 366 Abs. 3 setzt nicht voraus, daß auch der *Schuldner* Kauf- **43** mann ist. Der gutgläubige Kommissionär, Spediteur, Lagerhalter oder Frachtführer erwirbt ein gesetzliches Pfandrecht an dem ihm anvertrauten Gut (Anm. 41). Unter den Voraussetzungen des Abs. 1 gehen ferner an dem Gut bestehende andere Pfandrechte, z. B. ein Vermieterpfandrecht, dem kraft guten Glaubens entstehenden gesetzlichen Pfandrecht nach (§ 1208 BGB). An abhanden gekommenen *Sachen* kann ein gesetzliches Pfandrecht gutgläubig nur erworben werden, wenn es sich um Geld, Inhaberpapiere oder im Wege öffentlicher Versteigerung veräußerte Sachen handelt (§ 935 Abs. 2 BGB). An abhanden gekommenen Inhaberpapieren sowie an blankoindossierten Anleihe-

§ 366 1. Abschn. *Drittes Buch. Handelsgeschäfte*

schuldverschreibungen an Order, Namensaktien und Zwischenscheinen, deren Verlust im Bundesanzeiger nach Maßgabe des § 367 bekanntgemacht worden ist, erwirbt ein Kaufmann, der Bankgeschäfte betreibt (§ 1 KWG vom 10. 7. 61 BGBl I, 881), auch wenn er gutgläubig ist, grundsätzlich kein Pfandrecht (vgl. aber § 367 Abs. 2).

44 Streitig ist, ob auch das gesetzliche Besitzpfandrecht des *Werkunternehmers* an den von ihm hergestellten oder ausgebesserten beweglichen Sachen (§ 647 BGB) in gleicher Weise wie ein vertragliches Pfandrecht kraft guten Glaubens erworben werden kann. Wenn § 1257 BGB bestimmt, daß die Vorschriften über das durch Rechtsgeschäft bestellte Pfandrecht auf ein kraft Gesetzes „entstandenes" Pfandrecht entsprechende Anwendung finden, so bedeutet dies, daß die Vorschriften über die „Entstehung" des rechtsgeschäftlichen Pfandrechts grundsätzlich *nicht* anwendbar sind. Eine entsprechende Anwendung des § 1207 BGB wird dadurch indessen nicht ausgeschlossen, wenn die Sachgründe, die einen gutgläubigen Erwerb bei vertraglicher Verpfändung rechtfertigen, auch bei einem *gesetzlichen* Pfandrecht vorliegen. Das ist aber der Fall, wenn zur Entstehung des gesetzlichen Pfandrechts eine *Besitzverschaffung* erforderlich ist. Sie bietet den Ansatz für einen Vertrauensschutz, dem gegenüber das Moment der rechtsgeschäftlichen Einigung sekundäre Bedeutung hat. § 366 Abs. 3 HGB, der hinsichtlich der Entstehung des gesetzlichen Pfandrechts den guten Glauben des Kommissionärs, Spediteurs, Lagerhalters und Frachtführers auch dann schützt, wenn er sich nicht auf das Eigentum, sondern auf die Verfügungsmacht bezieht, setzt den gutgläubigen Erwerb eines gesetzlichen Pfandrechts voraus. Die Interessen eines Werkunternehmers, dessen gesetzliches Pfandrecht ebenfalls auf einer Besitzverschaffung beruht, sind in gleicher Weise schutzbedürftig. Es ist deshalb geboten, den Werkunternehmer in bezug auf die *Entstehung* des gesetzlichen Pfandrechts (§ 647 BGB) in gleicher Weise wie bei einer vertraglichen Verpfändung zu schützen. Die neuere Rechtsprechung lehnt jedoch einen gutgläubigen Erwerb ab (BGHZ 34, 153; folgend Ratz in RGR-Komm. z. HGB § 366 Anm. 60; Flume AllgT II § 42, 4c; Henke AcP 161, 1/12; Münzel NJW 61, 1236; a. M. OLG Celle NJW 53, 1470; Raiser JZ 61, 285; Kraft NJW 63, 741; Frohn AcP 161, 31 ff.; Baumbach/Duden Anm. 3; Westermann, Sachenrecht § 133 I; Baur, Sachenrecht, § 55 C II, 2 a; Soergel/Erdsiek BGB § 647 Anm. 4). Das in § 50 ADSp für den *Spediteur* vorgesehene Pfandrecht ist rechtsgeschäftlicher Natur; § 366 Abs. 3 ist daher nicht anwendbar (BGHZ 17, 1).

VII. Einzelfragen

1. Verhältnis zum ehelichen Güterrecht

45 Durch das Gleichberechtigungsgesetz vom 18. 7. 57 (BGBl I S. 609) wurde ab 1. 7. 58 der Güterstand der *Zugewinngemeinschaft* als ordentlicher gesetzlicher Güterstand (§§ 1363–1390 BGB) eingeführt. Danach verwaltet jeder Ehegatte grundsätzlich sein Vermögen selbständig (§ 1364 BGB). Beschränkt sind jedoch die Verpflichtungs- und Verfügungsbefugnis eines Ehegatten über sein *Vermögen als Ganzes* (§ 1365 BGB) sowie über ihm gehörende *Gegenstände des ehelichen Haushalts* (§ 1369 BGB). Diese Geschäfte erfordern zu ihrer Wirksamkeit die *Zustimmung* des anderen Ehegatten. § 1365 BGB gewinnt im Rahmen des § 366 keine Bedeutung, da diese Vorschrift sich auf

Verfügungen über einzelne Sachen bezieht. Von Bedeutung kann jedoch die sich aus § 1369 BGB ergebende Verfügungsbeschränkung werden, wenn ein Ehegatte, der die Kaufmannseigenschaft besitzt, über einen ihm gehörenden Haushaltungsgegenstand ohne Einwilligung des anderen Ehegatten verfügt. Dann kann jedoch § 366 nicht den gutgläubigen Erwerber schützen, und zwar gleichgültig, ob der Erwerber irrtümlich annimmt, der veräußernde Kaufmann sei nicht verheiratet, der andere Ehegatte habe zugestimmt, der Veräußerer lebe nicht im gesetzlichen Güterstand oder es handele sich nicht um einen zum ehelichen Haushalt gehörenden Gegenstand. § 366 setzt voraus, daß dem Veräußerer die Sache *nicht gehört*. Im Falle des § 1369 BGB ist der Verfügende aber gerade Eigentümer, wenn auch in seiner Verfügungsmacht beschränkt. Auf die Frage, ob der Erwerber auch geschützt wird, wenn er von einem berechtigten, aber nicht verfügungsberechtigten Kaufmann erwirbt, gibt § 366 keine Antwort. Damit gewinnt aber der Schutz des anderen Ehegatten den Vorrang vor den Interessen des Verkehrs (ebenso Rittner FamRZ 61, 194; Lorenz JZ 59, 109; Beitzke, Familienrecht § 13 III 1; Lutter AcP 164, 122/127 ff.; a. M. Ratz in RGR-Komm. z. HGB § 366 Anm. 36; Bärmann AcP 157, 161; vgl. auch Boehmer FamRZ 59, 84). Ein Schutz des *gutgläubigen* Erwerbers nach § 135 Abs. 2 BGB scheidet aus, weil es sich bei § 1369 nicht um eine relative, sondern eine *absolute* Verfügungsbeschränkung handelt, die das rechtliche Können der Ehegatten im Güterstand der Zugewinngemeinschaft beschränkt. Um ein absolutes Veräußerungsverbot (so BGHZ 40, 218 ff.) handelt es sich nicht. Zwar dient § 1369 nicht nur dem Schutz des anderen Ehegatten, sondern auch der Erhaltung der wirtschaftlichen Grundlage der Familie; aber auch eine Verfügung über Haushaltsgegenstände ist mit Zustimmung des anderen Ehegatten wirksam. Es handelt sich demnach um eine Verfügungsbeschränkung mit *absoluter* Wirkung. – Unbenommen bleibt es den Ehegatten, ihre güterrechtlichen Verhältnisse durch Vertrag besonders zu regeln (§ 1408 BGB). Eine vertraglich vereinbarte Verfügungsbeschränkung würde jedoch keine Außenwirkung gegenüber Dritten besitzen (§ 137 BGB).

2. Verhältnis zum Konkursrecht

Die Rechtsstellung des Gemeinschuldners ergibt sich ausschließlich aus den §§ 6, 7 KO. Danach wird der gute Glaube beim Erwerb beweglicher Sachen nicht geschützt. Diese Beschränkung geht der Regelung des § 366 vor (Ratz in RGR-Komm. z. HGB § 366 Anm. 81, 83; Jäger-Lent, § 7 KO Anm. 31). Gleiches gilt für die Beschränkungen des Erben bei Anordnung einer *Nachlaßverwaltung* (§ 1984 BGB). **46**

3. Verhältnis zum Pfandverwertungsrecht

Beim privaten Pfandverkauf ist nach § 1243 BGB die Veräußerung des Pfandes nicht rechtmäßig, wenn gegen die Vorschriften der §§ 1228 Abs. 2, 1230 Satz 2, 1235, 1237 Satz 1, § 1240 BGB verstoßen wird. Doch kann nach § 1244 BGB in gewissem Umfang das Fehlen dieser Voraussetzungen durch den guten Glauben des Erwerbers ersetzt werden. Unersetzbar sind die in § 1233 Abs. 2, § 1235 (öffentliche Versteigerung) oder § 1240 Abs. 2 BGB enthaltenen Rechtmäßigkeitsvoraussetzungen. Sie sind auch dann nicht durch den guten Glauben des Ersteigerers heilbar, wenn der Pfandveräußerer Kaufmann ist und die Veräußerung zum Betriebe seines Handelsgewerbes gehört. Auf die Einhaltung der für eine Pfandverwertung bestehenden Rechtmäßigkeitsvorausset- **47**

§ 366 1. Abschn.   *Drittes Buch. Handelsgeschäfte*

zungen bezieht sich der gute Glaube des § 366 nicht (Düringer/Hachenburg/Hoeniger Anm. 8 zu § 366; Baumbach/Duden, Anm. 1 C zu § 366).

48 Zu beachten ist, daß § 1244 BGB nur für den *privaten* Pfandverkauf gilt. Bei der Versteigerung gepfändeter Sachen erwirbt der Ersteher stets das Eigentum in dem Zeitpunkt, in dem ihm die Sache vom Gerichtsvollzieher übergeben wird, ohne daß es auf das Eigentum des Schuldners oder auf den guten Glauben des Erstehers ankommt. Der Gerichtsvollzieher überträgt auf Grund des Zuschlags (§ 817 Abs. 1 ZPO, § 156 BGB) das Eigentum auf den Ersteher Zug um Zug gegen Barzahlung (§ 817 Abs. 2 ZPO). Der Ersteher wird Eigentümer kraft hoheitlicher Gewalt. Die §§ 1242ff. BGB finden keine Anwendung (RGZ 156, 395).

4. Fremdvermutung des § 4 DepG

49 § 4 DepG lautet:

(1.) Vertraut der Verwahrer die Wertpapiere einem Dritten an, so gilt als dem Dritten bekannt, daß die Wertpapiere dem Verwahrer nicht gehören. Der Dritte kann an den Wertpapieren ein Pfandrecht oder ein Zurückbehaltungsrecht nur wegen solcher Forderungen geltend machen, die mit Bezug auf diese Wertpapiere entstanden sind oder für die diese Wertpapiere nach dem einzelnen über sie zwischen dem Verwahrer und dem Dritten vorgenommenen Geschäft haften sollen.

(2.) Abs. 1 gilt nicht, wenn der Verwahrer dem Dritten für das einzelne Geschäft ausdrücklich und schriftlich mitteilt, daß er Eigentümer der Wertpapiere sei.

(3.) Vertraut ein Verwahrer, der nicht Bank- oder Sparkassengeschäfte betreibt, Wertpapiere einem Dritten an, so gilt Abs. 1 nicht. Ist er nicht Eigentümer der Wertpapiere, so hat er dies dem Dritten mitzuteilen; in diesem Falle gilt Abs. 1 Satz 2.

Diese Regelung soll den Hinterleger vor ungerechtfertigter Inanspruchnahme seiner Wertpapiere schützen. Hierbei ist zu unterscheiden zwischen Verwahrern, die Bank- und Sparkassengeschäfte betreiben, und Verwahrern, die solche Geschäfte nicht gewerbsmäßig oder geschäftsmäßig im Betriebe ihres Handelsgewerbes vornehmen. Bankgeschäfte, deren Betrieb ein Unternehmen nach § 1 KWG zum *Kreditinstitut* machen, sind:

1. die Annahme fremder Gelder als Einlagen ohne Rücksicht darauf, ob Zinsen vergütet werden (Einlagegeschäft);
2. die Gewährung von Gelddarlehen und Akzeptkrediten (Kreditgeschäft);
3. der Ankauf von Wechseln und Schecks (Diskontgeschäft);
4. die Anschaffung und die Veräußerung von Wertpapieren für andere (Effektengeschäft);
5. die Verwahrung und Verwaltung von Wertpapieren für andere (Depotgeschäft);
6. die in § 1 des Gesetzes über Kapitalanlagegesellschaften in der Fassung der Bekanntmachung vom 14. Januar 1970 (BGBl I S. 127), zuletzt geändert durch das Zweite Gesetz zur Änderung des Gesetzes über das Kreditwesen vom 24. März 1976 (BGBl I S. 725), bezeichneten Geschäfte (Investmentgeschäft);
7. die Eingehung der Verpflichtung, Darlehensforderungen vor Fälligkeit zu erwerben;
8. die Übernahme von Bürgschaften, Garantien und sonstigen Gewährleistungen für andere (Garantiegeschäft);
9. die Durchführung des bargeldlosen Zahlungsverkehrs und des Abrechnungsverkehrs (Girogeschäft).

a) Wirkung der Fremdvermutung

50 Vertraut ein *Verwahrer, der Bank- oder Sparkassengeschäfte betreibt,* fremde Wertpapiere einem *Dritten* an, so greift die *Fremdvermutung* des § 4 Abs. 1 DepG ein. Dem Dritten, der kein Kaufmann zu sein braucht, gilt als bekannt, daß der Verwahrer nicht der *Eigentümer* der Wertpapiere ist. Der gute Glaube an das Eigentum des Veräußerers oder Verpfänders wird nicht geschützt. *Ein gutgläubiger Eigentums- oder Pfandrechtserwerb ist daher nach §§ 932, 1207 BGB nicht möglich.* Dagegen gilt § 366 auch im Bereich der Fremdvermutung (glA Canaris Großkomm. HGB Anh. nach § 357 Anm. 999). Veräußert oder verpfändet ein Verwahrer, der Bank- oder Sparkassengeschäfte betreibt, im Betriebe seines Handelsgewerbes fremde, ihm anvertraute Wertpapiere einem Dritten, so kann dieser das Eigentum oder ein Pfandrecht an den Wertpapieren erwerben, wenn ihm unbekannt ist, daß der Verwahrer nicht verfügungsberechtigt ist und diese Unkenntnis nicht auf grober Fahrlässigkeit beruht.

b) Beschränkte Geltendmachung von Pfand- oder Zurückbehaltungsrechten

Der Drittverwahrer kann ein an den Wertpapieren erworbenes Pfand- oder Zurückbehaltungsrecht nach § 4 Abs. 1 Satz 2 DepG nur in *zwei* Fällen geltend machen. Zulässig ist die Geltendmachung nur wegen solcher Forderungen, die mit Bezug auf diese Wertpapiere entstanden sind oder für die diese Wertpapiere nach dem einzelnen über sie zwischen dem Verwahrer und dem Dritten vorgenommenen Geschäft haften sollen. Forderungen, die „mit Bezug auf Wertpapiere" entstanden sind, sind nur die Forderungen des Dritten gegen den Verwahrer aus dem unmittelbar über diese Wertpapiere geschlossenen und diese Wertpapiere betreffenden Geschäft (Quassowski/Schröder DepG Anm. 7 zu § 4). Danach kann z. B. ein Pfandrecht oder ein Zurückbehaltungsrecht wegen der Kosten und Auslagen des Drittverwahrers bei der Verwahrung dieser Wertpapiere geltend gemacht werden. Forderungen des Dritten gegen den Verwahrer, die bereits vor der Anvertrauung der Wertpapiere entstanden sind, sind nicht mit Bezug auf diese entstanden. Das Pfandrecht oder Zurückbehaltungsrecht kann ferner für alle Forderungen geltend gemacht werden, für die der Verwahrer dem Dritten die Wertpapiere rechtsgeschäftlich verpfändet oder an ihnen ein Zurückbehaltungsrecht eingeräumt hat. Die Zulässigkeit einer Verpfändung bestimmt sich nach § 12 DepG. Bei der *regelmäßigen* Verpfändung handelt es sich um die Forderungen aus dem Rückkredit für die Krediteinräumungen an alle Hinterleger, die zur regelmäßigen Verpfändung ermächtigt haben und denen ein Kredit eingeräumt worden ist; bei der *beschränkten* Verpfändung handelt es sich um die Forderungen aus dem einzelnen Rückkredit für die Krediteinräumung an diesen einzelnen Hinterleger; bei der *unbeschränkten* Verpfändung handelt es sich um alle Verbindlichkeiten des Verwahrers bei dem Dritten. Überschreitet der Verwahrer die Ermächtigung zur Verpfändung, so erwirbt der Dritte nur dann nach § 366 *gutgläubig* ein Pfandrecht, wenn ihm unbekannt ist, daß der Verwahrer nicht verfügungsberechtigt ist, und diese Unkenntnis auch nicht auf grober Fahrlässigkeit beruht. Nach allgemeinen Grundsätzen wird der gute Glaube des Dritten vermutet. Welche Anforderungen an den guten Glauben des Dritten zu stellen sind, hängt entscheidend von den Umständen des einzelnen Falles ab. Ist der Dritte eine *Bank,* so obliegt ihr eine erhöhte Prüfungspflicht, da ihr die Verfügungsbeschränkungen des § 12 DepG bekannt sind (RGZ 164, 292; Anhang nach § 424 HGB Anm. 63).

c) Eigenanzeige

Teilt der Verwahrer dem Dritten *für das einzelne Geschäft* ausdrücklich und schriftlich mit, daß er *Eigentümer* der Wertpapiere sei, so greift weder die Fremdvermutung des

§ 366 1. Abschn. *Drittes Buch. Handelsgeschäfte*

Abs. 1 ein, noch ist die Geltendmachung von Pfand- und Zurückbehaltungsrechten beschränkt. Der Dritte kann gutgläubig das Eigentum oder ein Pfandrecht an den fremden Wertpapieren nach §§ 932, 1207 BGB erwerben, vorausgesetzt, daß er das Nichteigentum des Verwahrers weder kennt noch grob fahrlässig nicht kennt. Wird die Eigenanzeige nicht formgerecht nach Abs. 2 erstattet, so gelten die Fremdvermutung und die Beschränkungen für die Geltendmachung von Pfand- und Zurückbehaltungsrechten nach Abs. 1.

d) Fremdanzeige

53   Vertraut ein *Verwahrer, der Bank- oder Sparkassengeschäfte nicht* betreibt, fremde Wertpapiere einem Dritten an, so gilt Abs. 1 nicht. Der Dritte kann das Eigentum oder ein Pfandrecht an den Wertpapieren erwerben, wenn er hinsichtlich des Eigentums des Verwahrers im guten Glauben ist. Der Verwahrer ist jedoch nach § 4 Abs. 3 Satz 2 DepG zur *Fremdanzeige* verpflichtet. Er hat dem Dritten mitzuteilen, daß er nicht Eigentümer der ihm anvertrauten Wertpapiere ist. Mit Zugang der Fremdanzeige gelten die Beschränkungen des Abs. 1 Satz 2. Der Dritte kann an den Wertpapieren ein Pfandrecht oder ein Zurückbehaltungsrecht nur wegen solcher Forderungen geltend machen, die mit Bezug auf diese Wertpapiere entstanden sind oder für die diese Wertpapiere nach dem einzelnen über sie zwischen dem Verwahrer und dem Dritten vorgenommenen Geschäft haften sollen. § 366 gilt jedoch auch in diesem Falle (Quassowski/Schröder DepG Anm. 4–6 zu § 4).

VIII. Gutgläubiger Rechtserwerb mittels Traditionspapiers

Schrifttum: § 363 zu IV

54   Da die Übergabe eines Traditionspapiers an den zur Empfangnahme des Gutes Legitimierten nach §§ 424, 450, 650 für den Erwerb von *Rechten* an den Gütern *dieselben Wirkungen wie die Übergabe der Ware* selbst hat (§ 363 Anm. 47ff.), ist auch bei der Veräußerung einer Ware mittels Traditionspapiers die Grundlage für einen gutgläubigen Erwerb des Eigentums oder eines Pfandrechts vom Nichtberechtigten gegeben. Veräußert z. B. ein Nichteigentümer die eingelagerte Ware durch Einigung und Übergabe des indossierten Orderlagerscheins (§ 929 BGB), so erwirbt der Empfänger mit dem Eigentum am Schein auch das Eigentum an der Ware, vorausgesetzt, daß der Lagerhalter die Sache noch im Besitz hat. Entsprechendes gilt, wenn der Veräußerer zwar nicht Eigentümer ist, der Empfänger aber ohne grobe Fahrlässigkeit an die Verfügungsbefugnis des Veräußerers glaubt (§ 366). Auch wer ein *gesetzliches* Pfandrecht an einem Orderlagerschein nach § 366 Abs. 3 HGB erwirbt, erlangt damit ein gesetzliches Pfandrecht an der im Besitz des Lagerhalters befindlichen Ware.

55   Der Erwerb des Eigentums oder eines beschränkten dinglichen Rechts am *Traditionspapier* hat jedoch nicht stets den Erwerb des Eigentums oder des beschränkten dinglichen Rechts an der im Besitz des Schuldners (Lagerhalters, Frachtführers, Verfrachters) befindlichen Ware zur Folge. So folgt zwar bei einem indossablen Traditionspapier das Recht aus dem Papier gewöhnlich dem Recht am Papier, nicht aber diesem notwendig auch das Recht an der Ware. Es besteht *kein Parallelismus* zwischen dem Erwerb

dinglicher Rechte am Papier und am Gut (so auch BGH NJW 58, 1485; Schlegelberger/Liesecke § 650 HGB Anm. 2; Schaps/Abraham, Das deutsche Seerecht, 3. Aufl., § 650 HGB Anm. 19; Heymann/Kötter HGB § 424 Anm. 3; Reinicke BB 60, 1368; a.M. Serick, Festschrift für W. Schmidt, 1960, S. 315ff./327ff.; Baumbach/Duden § 424 Anm. 3 B; früher auch Staub HGB 11. Aufl. § 365 Anm. 10). Die abweichende Auffassung mag rechtspolitisch erwünscht sein (Heymann, Festgabe für Dahn, 1905, S. 230ff.); sie widerspricht jedoch der klaren Fassung der §§ 424, 454, 650. Nicht ist in diesen Vorschriften bestimmt, daß die gleichen Wirkungen, die die Übergabe des Papiers hat, auch für das Gut eintreten. Vielmehr sollen lediglich die Wirkungen, die die *Übergabe* des Gutes sonst hätte, auch eintreten, wenn nicht das Gut, sondern das Papier übergeben wird. Kann die Übergabe des Gutes nicht den Rechtsübergang bewirken, so kann diese Wirkung auch nicht dadurch eintreten, daß mittels Traditionspapiers verfügt wird.

56 Die Voraussetzungen die für den gutgläubigen Erwerb der *Ware* gelten, sind *verschieden* von denen, die für den gutgläubigen Erwerb von *Traditionspapieren* gelten. So kann z.B. der gutgläubige Erwerber eines *abhandengekommenen* Orderlagerscheins nach § 365 HGB, Art. 16 Abs. 2 WG das Eigentum am Schein und damit auch an den Gütern erwerben, sofern diese nicht abhanden gekommen sind (§§ 932, 935 BGB; § 366 HGB). Dagegen kann der gutgläubige Erwerber eines Orderlagerscheins mit dem Eigentum am Schein nicht das Eigentum an Waren erwerben, die dem Eigentümer oder dessen Besitzmittler gestohlen worden sind. Es ist kein Grund ersichtlich, warum die zwingende Vorschrift des § 935 BGB gerade dann ausgeschaltet werden soll, wenn die Übergabe der Ware durch die Übergabe des Traditionspapiers ersetzt wird (BGH NJW 58, 1485; Gadow in RGR-Komm. z. HGB, 1. Aufl., § 366 Anm. 59, und v. Godin, 2. Aufl., § 365 Anm. 10; a.M. Serick aaO S. 328; Ritter Anm. 7 zu § 365). Da die Übergabe des Papiers nur dieselbe Wirkung hat wie die *Übergabe* der Ware, kann der Nehmer des Papiers mit dem Eigentumserwerb an diesem nicht auch das Eigentum an einer Ware erwerben, wenn diese gestohlen wurde oder der Nehmer bezüglich des Eigentums an der Ware grob fahrlässig gewesen ist. Ein etwa entgegenstehender Handelsbrauch wäre im Hinblick auf den zwingenden Charakter der §§ 424, 450, 650 rechtlich unbeachtlich (BGH aaO). Der gutgläubige Nehmer eines nicht gestohlenen indossierten Traditionspapiers kann nicht das Eigentum an gestohlenen Waren erwerben, wohl aber der gutgläubige Nehmer eines gestohlenen Traditionspapiers das Eigentum an nicht gestohlener Ware. Entsprechend liegt es bei *Geschäftsunfähigkeit* oder beschränkter Geschäftsfähigkeit des Veräußerers. Art. 16 Abs. 2 WG schützt im Gegensatz zu § 932 BGB und § 366 HGB auch den guten Glauben an die Geschäftsfähigkeit des Veräußerers (§ 365 Anm. 22f). Würde man den umfassenderen Vertrauensschutz des Art. 16 Abs. 2 WG auch auf die *Ware* selbst erstrecken, so würde ein Geschäftsunfähiger entgegen den Vorschriften des BGB dem Nehmer des Traditionspapiers das Eigentum an der Ware verschaffen können, wenn er das Papier und nicht die Ware übergibt. Zu dieser Durchbrechung zivilrechtlicher Grundsätze besteht kein Anlaß. Die Übergabe des Papiers soll dieselbe Wirkung haben wie die *Übergabe* des Gutes, nicht aber bestimmen §§ 424, 450, 650, daß das Recht am Gut dem Recht am Papier folgt. Für das geltende Recht kann ein Parallelismus nicht anerkannt werden.

§ 367 1. Abschn.   *Drittes Buch. Handelsgeschäfte*

367 Wird ein Inhaberpapier, das dem Eigentümer gestohlen worden, verloren gegangen oder sonst abhanden gekommen ist, an einen Kaufmann, der Bankier- oder Geldwechslergeschäfte betreibt, veräußert oder verpfändet, so gilt dessen guter Glaube als ausgeschlossen, wenn zur Zeit der Veräußerung oder Verpfändung der Verlust des Papiers im Bundesanzeiger bekanntgemacht und seit dem Ablauf des Jahres, in dem die Veröffentlichung erfolgt ist, nicht mehr als ein Jahr verstrichen war. Inhaberpapieren stehen an Order lautende Anleiheschuldverschreibungen sowie Namensaktien, Zwischenscheine und Reichsbankanteilscheine gleich, falls sie mit einem Blankoindossament versehen sind.

Der gute Glaube des Erwerbers wird durch die Veröffentlichung im Bundesanzeiger nicht ausgeschlossen, wenn der Erwerber die Veröffentlichung infolge besonderer Umstände nicht kannte und seine Unkenntnis nicht auf grober Fahrlässigkeit beruht.

Auf Zins-, Renten- und Gewinnanteilscheine, die nicht später als in dem nächsten auf die Veräußerung oder Verpfändung folgenden Einlösungstermin fällig werden, auf unverzinsliche Inhaberpapiere, die auf Sicht zahlbar sind, und auf Banknoten sind diese Vorschriften nicht anzuwenden.

Inhalt

	Anm.		Anm.
Allgemeines	1– 2	3. Bekanntmachung des Verlustes im Bundesanzeiger	6– 7
I. Voraussetzungen der Rechtsvermutung	3– 8	4. Frist	8
1. Abhanden gekommenes Inhaberpapier	3– 4	II. Inhalt der Rechtsvermutung	9–10
2. Veräußerung oder Verpfändung an einen Bankier	5	III. Ausnahmen	11–13

Allgemeines

1 Nach § 935 Abs. 2, § 1207 BGB ist bei *Inhaberpapieren* ein gutgläubiger Eigentums- oder Pfandrechtserwerb vom Nichtberechtigten auch dann möglich, wenn die Papiere dem Eigentümer gestohlen worden, verlorengegangen oder sonst abhanden gekommen sind. Das gilt auch im Handelsrecht, das in § 366 auch den guten Glauben an die Verfügungsmacht des Kaufmanns schützt. Während aber nach § 932 BGB und § 366 HGB der gute Glaube stets vermutet wird und infolgedessen der schlechte Glaube dem Erwerber nachgewiesen werden muß, stellt § 367 eine *Rechtsvermutung für den schlechten Glauben* eines berufsmäßigen Wertpapierhändlers, der ein abhanden gekommenes Inhaberpapier erwirbt oder zum Pfande nimmt, auf. Den Inhaberpapieren sind durch § 6 der VO vom 22. 1. 1944 (RGBl I, 42) blankoindossierte Anleiheschuldverschreibungen, Namensaktien, Zwischenscheine und ehemalige Reichsbankanteilscheine gleichgestellt worden (§ 367 Abs. 1 Satz 2). *Zur Liquidation* der Deutschen Reichsbank und Abfindung der Anteilseigner vgl. Gesetz vom 2. 8. 61 (BGBl I S. 1165) nebst DVO vom 6. 10. 61 (BGBl I S. 1861), ferner Knapp WM Sonderbeilage 8/61. Zum Handel an den deutschen Börsen sind die Reichsbankanteilscheine nicht mehr zugelassen, wohl aber die an ihrer Stelle ausgelieferten Bundesbankgenußscheine (§§ 9, 5 Abs. 5 LiquidationsG). Verschiedene europäische Staaten mit umfangreichem Wertpapierhandel sind an einer vertraglichen Regelung der *internationalen Opposition* bei international gehandelten Inhaber-Wertpapieren interessiert. Ein entsprechendes Übereinkommen, das von einem Sachverständigenausschuß des Europarates ausgearbeitet wurde, ist von Österreich, Belgien, Frankreich, Großbritannien, den Niederlanden und Luxemburg unterzeichnet worden. Die Bundesrepublik Deutschland hat das Europarat-Übereinkommen über eine internationale Opposition bei international gehandelten Inhaber-Wertpapieren am 28. Mai 1970 unterzeichnet, jedoch bisher nicht ratifiziert. Ob und wann eine Ratifizierung erfolgt, ist zur Zeit ungewiß. Zum Text und Inhalt des Übereinkommens s. Herber WM Sonderbeilage 3/71 zu Nr. 16 vom 17. 4. 1971.

Durch § 6 der VO zur Vereinfachung der Bekanntmachung über Wertpapiere vom 22. 1. 1944 (RGBl I, 42) wurde § 367 neu gefaßt und an Stelle des Deutschen Reichsanzeigers die „Sammelliste der aufgerufenen Wertpapiere der deutschen Reichsbank" als Bekanntmachungsorgan benannt. § 2 Abs. 2 des Gesetzes betreffend Bekanntmachungen über Wertpapiere in Handelssachen vom 22. 6. 1948 (WiGBl S. 53) behielt diese Fassung bei, knüpfte aber die Rechtswirkungen des § 367 an die Veröffentlichung im „Öffentlichen Anzeiger für das Vereinigte Wirtschaftsgebiet". Die jetzige Fassung des § 367 beruht auf § 3 des Gesetzes über Bekanntmachungen vom 17. 5. 1950 (BGBl S. 183). Hiernach ist Bekanntmachungsorgan für das Bundesgebiet der *Bundesanzeiger*. **2**

I. Voraussetzungen der Rechtsvermutung

1. Abhanden gekommenes Inhaberpapier

Dem Eigentümer muß ein Inhaberpapier gestohlen worden, verlorengegangen oder **3** sonst abhanden gekommen sein. Unter einem Inhaberpapier ist ein Wertpapier zu verstehen, das auf den Inhaber lautet, dem allein der Aussteller die Leistung verspricht. Sachlich berechtigt ist der Eigentümer des Papiers; aber für den Inhaber spricht die Vermutung der sachlichen Berechtigung. Inhaberpapiere sind die Inhaberschuldverschreibung, in der mit Ausnahme von Versicherungsforderungen (§ 4 VVG) Forderungen jeder Art verbrieft werden können (§§ 793 ff. BGB), der Inhaberscheck (Art. 5 ScheckG), die Inhaberaktie (§ 10 AktG) und der Inhabergrund- und Inhaberrentengrundschuldbrief (§§ 1195, 1199 BGB). Das Inhaberpapier kann ein inländisches oder ausländisches Wertpapier sein. Über Ausnahmen vgl. § 367 Abs. 3 (Anm. 10). In § 367 Abs. 1 Satz 2 ist der Anwendungsbereich der Rechtsvermutung auf *Anleiheschuldverschreibungen,* die an Order lauten, sowie auf Namensaktien, Zwischenscheine und Reichsbankanteilscheine ausgedehnt worden. Doch müssen die Papiere dieser vier Gruppen blankoindossiert sein. Keine sinngemäße Anwendung findet § 367 auf andere blankoindossierte Orderpapiere, auf Inhabermarken des § 807 BGB, wie z.B. Eisenbahnfahrkarten, Theaterkarten usw., sowie auf die Legitimationspapiere (einfache oder qualifizierte Papiere des § 808 BGB), wie z.B. Gepäckscheine, Depotscheine, Sparkassenbücher.

Nach dem Wortlaut des Abs. 1 muß das Inhaberpapier oder das ihm gleichgestellte **4** Papier dem Eigentümer *abhanden* gekommen sein, d.h. dem Eigentümer ohne seinen Willen aus dem unmittelbaren Besitz gelangt sein. Die Fassung ist jedoch offensichtlich zu eng. Entsprechend § 935 Abs. 1 Satz 2 BGB ist ein Abhandenkommen auch anzunehmen, wenn das Papier dem *Besitzmittler* des Eigentümers abhanden gekommen ist. Eine sinngemäße Anwendung des § 367 ist weiter auf Inhaberpapiere anzunehmen, die nicht im technischen Sinne abhanden gekommen sind. Dem Zweck des § 367 entspricht es, die Vorschrift auch auf *unterschlagene* Inhaberpapiere anzuwenden (Ratz in RGR Komm. z. HGB § 367 Anm. 2a; Baumbach/Duden Anm. 1 C zu § 367; Düringer/Hachenburg/Hoeniger Anm. 3 zu § 367).

2. Veräußerung oder Verpfändung an einen Bankier

5   Das abhanden gekommene Inhaberpapier muß an einen Kaufmann, der „Bankier- und Geldwechslergeschäfte" betreibt, also ein berufsmäßiger Wertpapierhändler ist, veräußert oder verpfändet werden. Der Erwerber muß Kaufmann nach § 1 Abs. 2 Nr. 4 HGB sein ((§ 1 Anm. 45 bis 49). Er muß das Papier ferner im Betriebe seines Handelsgewerbes erworben haben (Ratz in RGR-Komm. z. HGB § 367 Anm. 3; Baumbach/Duden § 367 Anm. 1 D; Heymann/Kötter § 345 Anm. 3). Für eine Bank, die z. B. Inhaberpapiere auf Grund eines Vermächtnisses erwirbt, gilt daher § 367 nicht (a. M. Düringer/Hachenburg/Hoeniger HGB § 367 Anm. 4). – Der Veräußerer oder der Verpfänder braucht kein Kaufmann zu sein.

3. Bekanntmachung des Verlustes im Bundesanzeiger

6   Der Verlust des Inhaberpapiers oder eines ihm nach § 367 Abs. 1 Satz 2 gleichgestellten Papiers muß im *Bundesanzeiger* bekanntgemacht sein. Aus § 367 geht nicht hervor, wer berechtigt ist, die Bekanntmachung des Verlustes beim Bundesanzeiger zu beantragen. Es ist anzunehmen, daß nicht nur *öffentliche Behörden* (z. B. Gerichte, Staatsanwaltschaften, Polizeibehörden, vgl. Art. 6 preuß. AG HGB) und *der aus der Urkunde Verpflichtete,* sondern auch *andere Stellen* die Bekanntmachung veranlassen können, wie z. B. Kreditinstitute oder der Bundesverband des Privaten Bankgewerbes. Aus dem Zweck der Bekanntmachung ließe sich folgern, daß nur solche Stellen antragsberechtigt sind, die eine Gewähr für die Richtigkeit der Bekanntmachung bieten. Aber § 367 trifft keine Regelung darüber, ob der Bundesanzeiger zur Veröffentlichung einer Bekanntmachung verpflichtet ist und zuvor die Antragsberechtigung zu *prüfen* hat. Keinesfalls ist jedermann antragsberechtigt mit der Folge, daß die Wirkungen des § 367 eintreten. Zumindest setzt die Antragsberechtigung voraus, daß ein *berechtigtes Interesse* an der Bekanntmachung besteht (so Ratz in RGR-Komm. z. HGB § 367 Anm. 4). Die Frage, ob auch materiellrechtlich der Erwerb eines abhandengekommen Papiers durch § 367 ausgeschlossen ist, bleibt offen. Soweit man eine Antragsberechtigung bejaht, wird man den Bundesanzeiger auch zur Aufnahme der Bekanntmachung als *verpflichtet* anzusehen haben. Die gesetzliche Verfahrensregelung ist unzureichend (Herber WM Sonderbeilage 3/71 S. 7f.).

7   Für die Anwendung des § 367 ist die Bekanntmachung im *Bundesanzeiger* nötig. Sie muß zu dem Zweck erfolgt sein, den *Verlust* des Papiers kundzutun. Wird der Verlust in einem *anderen Blatt* veröffentlicht oder wird dem Bankier der Verlust des Papiers mündlich mitgeteilt, so greift § 367 nicht ein. Es gelten dann für den gutgläubigen Erwerb die allgemeinen Grundsätze; in diesem Rahmen wird auch eine anderweitige Veröffentlichung oder eine mündliche Mitteilung erheblich. Gewöhnlich wird heute eine

Verlustanzeige nicht im Bundesanzeiger, sondern in der „Oppositionsliste" der „Wertpapier-Mitteilungen" veröffentlicht, und zwar in Teil I neben den Verlautbarungen über Aufgebotsverfahren in systematisch nach Papieren geordneter Form (Herber WM Sonderbeilage 3/71 S. 7f.). Die Oppositionsliste schließt den guten Glauben auf Grund der gesetzlichen Vermutung des § 367 nicht aus. Wohl aber sind die Banken nach Nr. 38 AGB verpflichtet, die Liste bei Hereinnahme eines Stückes zu beachten (Anm. 9). Auch die im Bundesanzeiger veröffentlichten Oppositionen werden in die Liste der „Wertpapier-Mitteilungen" übernommen und können dann über die Jahresfrist des § 367 hinaus den nach §§ 932 BGB, 366 HGB notwendigen guten Glauben des Erwerbers ausschließen. – Über das *Aufgebotsverfahren* zur Kraftloserklärung von Urkunden vgl. §§ 1003–1023 ZPO.

4. Frist

Der Verlust des Inhaberpapiers muß zur Zeit der Veräußerung oder der Verpfändung **8** bekanntgemacht sein, jedoch darf seit dem Ablauf des Jahres, in dem die Veröffentlichung erfolgt ist, nicht mehr als *ein* Jahr verstrichen sein. Die Bank genügt daher ihrer Sorgfaltspflicht, wenn sie den laufenden und den vorhergehenden Jahrgang des Bundesanzeigers durchsieht.

II. Inhalt der Rechtsvermutung

Liegen die Voraussetzungen des Abs. 1 vor, so *gilt der gute Glaube der Bank als* **9** *ausgeschlossen*. Sie wird in ihrem guten Glauben weder an das Eigentum (§ 932 BGB) noch an die Verfügungsbefugnis des Veräußerers oder Verpfänders (§ 366) geschützt. Die nachteilige Rechtsvermutung kann die Bank nur dadurch widerlegen, daß sie nachweist, sie habe die Veröffentlichung im Bundesanzeiger nicht gekannt und ihre Unkenntnis beruhe nicht auf grober Fahrlässigkeit. Dieser Nachweis wird für eine Bank nicht leicht zu führen sein. Nicht genügen kann z. B. der Nachweis, von einer achtbaren Firma gekauft zu haben (RGZ 37, 73). Gegenstand der nicht grob fahrlässigen Unkenntnis ist ausschließlich die *Bekanntmachung im Bundesanzeiger*. Die Bank kann sich z. B. unter Umständen darauf berufen, daß der Bundesanzeiger verspätet eingetroffen und ihr infolgedessen seine Durchsicht nicht möglich war. Nicht kann sie sich darauf berufen, daß sie den Bundesanzeiger nicht hält. In der Praxis verfolgt die Bank gewöhnlich nicht den Bundesanzeiger, sondern die *Sammelliste mit Opposition belegter Papiere,* die in den „Wertpapier-Mitteilungen" erscheint. Zu unterscheiden sind eine Oppositionsliste A für Aktien, Anteile und Kuxe, eine Liste B für festverzinsliche Wertpapiere und eine Liste C für Ostwerte. Auf die Richtigkeit der Oppositionslisten kann sich die Bank jedoch nicht berufen; für § 367 ist allein die Bekanntmachung im Bundesanzeiger maßgebend. Sind allerdings die abhanden gekommenen Wertpapiere in der „Oppositionsliste" der Wertpapier-Mitteilungen aufgeführt, zu deren Beachtung die Kreditinstitute nach Nr. 38 AGB verpflichtet sind, so spricht eine tatsächliche Vermutung für die Schlechtgläubigkeit der Bank, die sie durch Gegenbeweis entkräften muß (Anm. 7).

Gelingt der Bank der Nachweis, daß das Nichtkennen der Bekanntmachung nicht auf **10** grober Fahrlässigkeit beruht, so hat dies nicht zur Folge, daß die Bank als gutgläubig anzusehen ist. Nur die Vermutung des Abs. 1 ist widerlegt. Der gute Glaube gilt nicht als ausgeschlossen. Es kommt jetzt darauf an, ob die Bank das fehlende Eigentum und die fehlende Verfügungsbefugnis des Veräußerers weder gekannt noch infolge grober Fahrlässigkeit nicht gekannt hatte (§ 932 BGB, § 366). Nach allgemeinen Grundsätzen wird insoweit Gutgläubigkeit der Bank vermutet. Der Bestohlene müßte der Bank die grobe Fahrlässigkeit nachweisen. Es liegt ebenso, als ob die Voraussetzungen des Abs. 1 fehlen, z. B. eine Bekanntmachung im Bundesanzeiger nicht erfolgt ist. Auch dann wird der gute Glaube widerlegbar vermutet. Zu beachten ist jedoch, daß dieser Fall nur theoretische Bedeutung besitzt, wenn das Wertpapier in der „Oppositionsliste" der Wertpapier-Mitteilungen aufgeführt ist; denn dann scheidet praktisch ein Erwerb solcher Papiere durch eine Bank aus.

Auf den guten Glauben der Bank kommt es überhaupt nicht an, wenn sie von jemand erwirbt, der bereits das Eigentum gutgläubig erworben hat. In diesem Fall wird die Bank selbst dann Eigentümerin oder Pfandgläubigerin, wenn sie „schlechtgläubig" wäre.

III. Ausnahmen

11 Von der Vermutung des Abs. 1 nimmt Abs. 3 Kupons (Zins-, Renten-, Gewinnanteilscheine) sowie Banknoten und andere auf Sicht zahlbare unverzinsliche Inhaberpapiere aus. Bei Kupons, die sich in großen Mengen im Verkehr befinden, ist eine Berücksichtigung der Bekanntmachungen im Bundesanzeiger nicht durchführbar. Bei Banknoten und anderen auf Sicht zahlbaren unverzinslichen Inhaberpapieren steht die Geldnatur einer Vermutung der Bösgläubigkeit bei Bekanntmachung des Verlustes im Bundesanzeiger entgegen. Aus denselben Gründen schließt auch § 799 Satz 2 BGB eine Kraftloserklärung aus.

12 Die Zins-, Renten- und Gewinnanteilscheine müssen zur Zeit der Veräußerung oder der Verpfändung entweder bereits fällig sein oder zum nächsten Einlösungstermin fällig werden. Handelt es sich um Kupons, die später fällig werden, so gilt § 367 Abs. 1. – Erneuerungsscheine (Talons) sind keine Inhaberpapiere, sondern bloße Legitimationspapiere (§ 808 BGB; RGZ 74, 341). Auf sie findet § 367 Abs. 1 keine Anwendung. Bei den genannten Urkunden wird demnach stets guter Glaube vermutet. Immerhin ist eine Bekanntmachung im Bundesanzeiger nicht ohne jede Bedeutung. Sie kommt als Beweismittel für den schlechten Glauben der Bank nach allgemeinen Grundsätzen in Frage.

13 Für effektiv vorhandene Wertpapiere sind in den Westzonen von März 1947 an bis zum 30. September 1950 von den dazu besonders ermächtigten Banken *Lieferbarkeitsbescheinigungen* (Affidavits) ausgestellt worden. Sie enthielten die Bestätigung, daß der ordnungsmäßige Besitz des Berechtigten nachgeprüft worden war (vgl. Richtlinien für die Bescheinigung der Lieferbarkeit von Wertpapieren im Öfftl. Anz. f. d. Vereinigte Wirtschaftsgebiet vom 5. März 1949). Über die Bedeutung der Lieferbarkeitsbescheinigungen für den gutgläubigen Erwerb von Wertpapieren und das Wertpapierbereinigungsverfahren vgl. Anhang nach § 424 HGB (Wertpapierverwahrung).

368 Bei dem Verkauf eines Pfandes tritt, wenn die Verpfändung auf der Seite des Pfandgläubigers und des Verpfänders ein Handelsgeschäft ist, an die Stelle der im § 1234 des Bürgerlichen Gesetzbuchs bestimmten Frist von einem Monat eine solche von einer Woche.

Diese Vorschrift findet auf das gesetzliche Pfandrecht des Kommissionärs, des Spediteurs, des Lagerhalters und des Frachtführers entsprechende Anwendung, auf das Pfandrecht des Spediteurs und des Frachtführers auch dann, wenn nur auf ihrer Seite der Speditions- oder Frachtvertrag ein Handelsgeschäft ist.

Inhalt

	Anm.		Anm.
Allgemeines	1–3	2. Gesetzliches Pfand des Kommissionärs und Lagerhalters	5
I. Voraussetzungen für die Verkürzung der Wartefrist	4–6	3. Gesetzliches Pfand des Spediteurs und Frachtführers	6
1. Vertragspfand	4	II. Rechtsfolgen	7–9

Allgemeines

Bei der Durchführung des *Pfandverkaufs* nach §§ 1233 ff. BGB muß der Pfandgläubiger bestimmte Vorschriften einhalten. Sie lassen sich in zwei Gruppen einteilen: Einmal werden geregelt die Voraussetzungen, von denen die *Rechtmäßigkeit* der Pfandveräußerung abhängt, zum anderen die Voraussetzungen, die die Pfandveräußerung zwar als rechtmäßig, jedoch als *ordnungswidrig* erscheinen lassen.

Voraussetzungen für die *Rechtmäßigkeit* sind nach § 1243 Abs. 1 BGB:

1. Die *Pfandreife*. Die Forderung muß ganz oder teilweise fällig geworden und erforderlichenfalls in eine Geldforderung übergegangen sein (§ 1228 Abs. 2 BGB).
2. Der Pfandverkauf darf *nicht übermäßig* sein (§ 1230 Satz 2 BGB). Der Gläubiger kann nur so viele Pfänder zum Verkauf bringen, als zu seiner Befriedigung erforderlich sind.
3. Der Pfandverkauf ist im Wege *öffentlicher Versteigerung* zu bewirken (§ 1235 BGB). Es gilt § 383 BGB. Der Pfandgläubiger, der Eigentümer und der Schuldner können bei der Versteigerung mitbieten (§ 1239 BGB). – Sachen, die einen Börsen- oder Marktpreis haben, werden durch eine zu öffentlichen Versteigerungen befugte Person zum laufenden Preis aus freier Hand verkauft (§ 1221 BGB).
4. Öffentliche Bekanntmachung des Ortes und der Zeit der Versteigerung unter allgemeiner Bezeichnung des Pfandes (§ 1237 Satz 1 BGB).
5. Gold- und Silbersachen dürfen nicht unter dem Gold- oder Silberwert zugeschlagen werden. Erst wenn die Versteigerung vergeblich ist, können diese Sachen freihändig verkauft werden (§ 1240 BGB).
6. Der Pfandgläubiger muß zur Zeit der Verwertung ein gültiges Pfandrecht haben. Eine selbstverständliche Voraussetzung, von der das Gesetz nicht ausdrücklich spricht (vgl. aber § 1242 BGB).

§ 368 1. Abschn.   *Drittes Buch. Handelsgeschäfte*

Werden diese Voraussetzungen nicht eingehalten, so ist die *Pfandveräußerung unrechtmäßig* (§§ 1242, 1243 BGB). Der Erlös gebührt nicht dem Pfandgläubiger; er tritt an die Stelle des Pfandes (§ 1247 BGB). Die Verletzung der Rechtmäßigkeitsvoraussetzungen hat jedoch nicht stets zur Folge, daß der Ersteher kein Eigentum erwirbt. Das hängt vielmehr davon ab, welche Vorschriften verletzt worden sind und ob der Ersteher gutgläubig war. Sind die Rechtmäßigkeitsvoraussetzungen zu 3 und 5 verletzt, so erwirbt der Ersteher trotz guten Glaubens kein Eigentum (§ 1244 BGB). Sind die Rechtmäßigkeitsvoraussetzungen zu 1, 2, 4 und 6 verletzt, so kann ihr Fehlen durch den *guten Glauben* des Erstehers geheilt werden (§ 1244 BGB).

2 Voraussetzungen für die Ordnungsmäßigkeit des Pfandverkaufs ergeben sich vor allem aus § 1234 Abs. 1 und 2, §§ 1236, 1237 Satz 2 und §§ 1238, 1242 BGB. Der Pfandgläubiger hat nach § 1234 BGB dem Eigentümer (§ 1248 BGB) nach Eintritt der Verkaufsberechtigung, d. h. wenn seine Forderung eine fällige Geldforderung ist (§ 1228 BGB), den *Verkauf des Pfandes* unter Angabe des Geldbetrages, zu dem verkauft werden soll, *anzudrohen*. Dadurch erhält der Eigentümer die Gelegenheit, den Verkauf des Pfandes abzuwenden oder eine unberechtigte Pfandverletzung zu verhindern (z. B. durch Erwirken einer einstweiligen Verfügung nach §§ 935, 940 ZPO). Die Androhung kann unterbleiben, wenn sie *untunlich* ist, z. B. wenn der Pfandverkauf für den Gläubiger unbillig erschwert würde. Zwischen der Androhung des Pfandverkaufs und dem Verkauf oder – bei Untunlichkeit der Androhung – zwischen dem Eintritt der Verkaufsberechtigung und dem Verkauf soll der Pfandgläubiger nach § 1234 Abs. 2 BGB eine *Frist von einem Monat* einhalten. Abweichende Vereinbarungen zwischen Eigentümer und Pfandgläubiger sind nach § 1245 BGB zulässig.

Werden Ordnungsmäßigkeitsvoraussetzungen verletzt, so erlangt der Ersteher, auch wenn er den Verstoß kennt, stets das Eigentum. Aber der Pfandgläubiger ist nach § 1243 Abs. 2 BGB dem Eigentümer zum *Schadenersatz* verpflichtet, wenn ihm ein Verschulden zur Last fällt.

3 § 368 erleichtert die Pfandverwertung durch eine *Verkürzung der Wartefrist* des § 1234 Abs. 2 BGB. Im Handelsverkehr würde die Einhaltung einer einmonatigen Wartefrist für den Gläubiger untragbar sein. § 368 kürzt daher die Wartefrist des § 1234 Abs. 2 BGB für das vertragliche Pfandrecht und die gesetzlichen Pfandrechte des Handelsrechts auf *eine Woche*. Im übrigen bleiben die Vorschriften des BGB über das Pfandrecht unberührt. – § 368 bezieht sich ebenso wie § 1234 BGB nur auf den *privaten Pfandverkauf* nach §§ 1233 ff. BGB.

I. Voraussetzungen für die Verkürzung der Wartefrist

1. Vertragspfand

4 Beim Vertragspfand genügt die *Einhaltung einer einwöchigen Wartefrist,* wenn die Verpfändung sowohl auf der Seite des Pfandgläubigers als auch auf der Seite des Verpfänders Handelsgeschäft ist (Abs. 1). Die Verpfändung muß beiderseitiges Handelsgeschäft sein (vgl. die Erläuterungen zu §§ 343, 344 HGB). Es steht nicht entgegen, daß Pfandgläubiger und Verpfänder Minderkaufleute des § 4 HGB sind. Ferner braucht die Pfandforderung nicht auf einem Handelsgeschäft zu beruhen. Dagegen muß stets ein *beiderseitiges* Handelsgeschäft zwischen Pfandgläubiger und Verpfänder vorliegen, auch wenn dieser nicht zugleich Pfandeigentümer ist.

2. Gesetzliches Pfand des Kommissionärs und Lagerhalters

Beim gesetzlichen Pfandrecht des Kommissionärs und Lagerhalters (§§ 397, 421 HGB) genügt die Einhaltung einer einwöchigen Wartefrist, wenn das Kommissions- oder Lagergeschäft sowohl auf seiten des Kommissionärs oder Lagerhalters als auch auf seiten des Kommittenten oder Einlagerers Handelsgeschäft ist (Abs. 2). Ein Kreditinstitut, das für einen Nichtkaufmann kommissionsweise Wertpapiere gekauft hat, muß bei der Verwertung seines gesetzlichen Pfandrechts die einmonatige Frist des § 1234 Abs. 2 BGB einhalten, falls diese nach § 1245 BGB nicht abbedungen ist (Nr. 20 AGB Privatbanken). 5

3. Gesetzliches Pfand des Spediteurs und Frachtführers

Beim gesetzlichen Pfandrecht des Spediteurs und Frachtführers (§§ 410, 440) genügt die Einhaltung einer einwöchigen Wartefrist schon dann, wenn das Speditions- oder Frachtgeschäft auf seiten des Spediteurs oder Frachtführers Handelsgeschäft ist (Abs. 2). Ein Handelsgeschäft auf seiten des Absenders oder Versenders braucht nicht vorzuliegen. Diese Ausnahme wird in der Denkschrift zum Entwurf eines HGB (II S. 227) damit begründet, daß die Natur des Betriebes der Beförderungsunternehmen und die Art, wie sie vom Publikum benutzt werden, es untunlich mache, eine Verschiedenheit für die Geltendmachung des Pfandrechts eintreten zu lassen, je nachdem, ob der Absender oder Versender Kaufmann ist oder nicht. – Die gleiche Ausnahme gilt nach § 623 Abs. 3 und BinnenschG §§ 26, 27 für das gesetzliche Pfandrecht des Verfrachters und Frachtführers. 6

II. Rechtsfolgen

Liegen die Voraussetzungen für die Verkürzung der Wartefrist (Anm. 4ff.) vor, so darf der Pfandgläubiger die Pfandsachen nach § 368 HGB, § 1234 Abs. 2 BGB bereits *eine Woche* nach der Androhung des Pfandverkaufs oder – bei Untunlichkeit der Androhung – eine Woche nach Eintritt der Verkaufsberechtigung im Wege des privaten Pfandverkaufs verkaufen (§§ 1234 ff. BGB). Auch die Einhaltung der einwöchigen Frist des § 368 HGB ist abdingbar. 7

Anzudrohen ist der Pfandverkauf beim vertraglichen und beim gesetzlichen Pfandrecht des Kommissionärs, des Spediteurs und Lagerhalters *dem Eigentümer*. Es gilt jedoch zugunsten gutgläubiger Pfandgläubiger der Verpfänder (Kommittent, Versender, Einlagerer) als Eigentümer (vgl. §§ 1234, 1248, 1257 BGB). Frachtführer (Verfrachter) haben die Androhung an den Empfänger zu richten und nur bei dessen Nichtermittlung oder bei Annahmeverweigerung des Gutes an den Absender (§ 440 Abs. 4; § 623 Abs. 4 HGB). 8

Hält der Pfandgläubiger die einwöchige Wartefrist des § 368 schuldhaft (§§ 276, 278 BGB) nicht ein, so ist er nach § 1243 Abs. 2 BGB dem Eigentümer zum Schadenersatz verpflichtet (RGZ 109, 327). Die Pfandveräußerung selbst ist rechtmäßig und wirksam. Sie verhindert nicht den Eigentumserwerb des Erstehers (§ 1243, 1244 BGB; Anm. 2). 9

§ 369 1. Abschn. *Drittes Buch. Handelsgeschäfte*

369 Ein Kaufmann hat wegen der fälligen Forderungen, welche ihm gegen einen anderen Kaufmann aus den zwischen ihnen geschlossenen beiderseitigen Handelsgeschäften zustehen, ein Zurückbehaltungsrecht an den beweglichen Sachen und Wertpapieren des Schuldners, welche mit dessen Willen auf Grund von Handelsgeschäften in seinen Besitz gelangt sind, sofern er sie noch im Besitze hat, insbesondere mittels Konnossements, Ladescheins oder Lagerscheins darüber verfügen kann. Das Zurückbehaltungsrecht ist auch dann begründet, wenn das Eigentum an dem Gegenstande von dem Schuldner auf den Gläubiger übergegangen oder von einem Dritten für den Schuldner auf den Gläubiger übertragen, aber auf den Schuldner zurückzuübertragen ist.

Einem Dritten gegenüber besteht das Zurückbehaltungsrecht insoweit, als dem Dritten die Einwendungen gegen den Anspruch des Schuldners auf Herausgabe des Gegenstandes entgegengesetzt werden können.

Das Zurückbehaltungsrecht ist ausgeschlossen, wenn die Zurückbehaltung des Gegenstandes der von dem Schuldner vor oder bei der Übergabe erteilten Anweisung oder der von dem Gläubiger übernommenen Verpflichtung, in einer bestimmten Weise mit dem Gegenstande zu verfahren, widerstreitet.

Der Schuldner kann die Ausübung des Zurückbehaltungsrechts durch Sicherheitsleistung abwenden. Die Sicherheitsleistung durch Bürgen ist ausgeschlossen.

Schrifttum: *H. Goeppert,* Zurückbehaltungsrecht an eigener Sache, ZHR 95, 52 ff.; *Planitz,* Wesen des kaufmännischen Zurückbehaltungsrechts, 1906; *Schlegelberger,* Zurückbehaltungsrecht, 1904; *Pikart,* Die Rechtsprechung des BGH zum Zurückbehaltungsrecht, WM 63, 654 ff.

Inhalt

	Anm.		Anm.
Allgemeines	1–10	2. Zurückbehaltungsrecht an eigenen Sachen	32–34
I. Voraussetzungen des kaufmännischen Zurückbehaltungsrechts	11–24	3. Besitzerlangung mit Willen des Schuldners	35–41
1. Kaufmannseigenschaft von Gläubiger und Schuldner	12–15	III. Ausschluß des kaufmännischen Zurückbehaltungsrechts	42–48
2. Zwischen Gläubiger und Schuldner geschlossenes beiderseitiges Handelsgeschäft	16–19	IV. Wirkungen des kaufmännischen Zurückbehaltungsrechts	49–65
3. Fällige Geldforderung	20–22	1. Wirkungen gegenüber dem Schuldner	49–51
4. Depotrechtliche Sonderregelung	23–24	2. Wirkungen gegenüber dem Gläubiger	52–63
II. Gegenstand der Zurückbehaltung	25–41	3. Konkurs	64–65
1. Bewegliche Sachen des Schuldners	25–31	V. Erlöschen des kaufmännischen Zurückbehaltungsrechts	66–69

Allgemeines

1 In einem entwickelten Handelsverkehr bildet der Kredit die Grundlage aller Geschäftsbeziehungen. Die gegenseitige Kreditgewährung ist vor allem unter Kaufleuten, die miteinander in Geschäftsverbindung stehen, eine Notwendigkeit, um Geschäfte in wirtschaftlich produktiver Weise durchzuführen. Bei jedem Kredit, dessen Gewährung vorwiegend auf Vertrauen beruht, besteht ein großes Interesse an Sicherheit. Die Bestellung eines Pfandrechts ist nicht immer ein geeignetes Mittel, da das Verlangen eines Pfandes als Mißtrauen aufgefaßt werden kann, wodurch die Anbahnung und Entwicklung der geschäftlichen Beziehungen erschwert wird. Auch ergeben sich bei der strengen

Erster Abschnitt. Allgemeine Vorschriften **1. Abschn. § 369**

Verbindung von Forderung und Pfandrecht praktische Schwierigkeiten für den Ausbau dieses Sicherungsmittels auf umfassende Geschäftsbeziehungen. Das Handelsrecht hat daher dem Kaufmann in dem kaufmännischen Zurückbehaltungsrecht eine *Sicherung besonderer Art* zur Verfügung gestellt. Sie beruht auf der natürlichen Auffassung, daß der Gläubiger die in seinem Besitz befindlichen Sachen des Schuldners auch ohne besondere Vereinbarung als Deckung des von ihm gewährten Kredits zurückbehalten und sich aus ihnen wie aus einem Pfande befriedigen kann.

Durch diese Gestaltung unterscheidet sich das *kaufmännische* Zurückbehaltungsrecht von den Zurückbehaltungsrechten des Bürgerlichen Rechts. Dieses kennt *vier* verschiedene Arten von gesetzlichen Zurückbehaltungsrechten:

1. Nach § 320 BGB kann bei *gegenseitigen Verträgen* der Schuldner, falls er nicht **2** vorleistungspflichtig ist, die ihm obliegende Leistung bis zur Bewirkung der Gegenleistung verweigern. Dieses „Zurückbehaltungsrecht", das durch Sicherheitsleistung nicht abgewandt werden kann (§ 320 Abs. 1 Satz 3 BGB), verfolgt den Zweck, die Durchführung und Reihenfolge der beiderseitigen Leistungen und damit die Erfüllung des Vertrages zu sichern. Es ist mit dem kaufmännischen Zurückbehaltungsrecht nicht vergleichbar.

2. Nach § 273 Abs. 1 BGB kann der Schuldner, wenn ihm *aus demselben rechtlichen* **3** *Verhältnis,* auf dem seine Verpflichtung beruht, ein *fälliger* Anspruch gegen seinen Gläubiger zusteht, die geschuldete Leistung verweigern, bis die ihm gebührende Leistung bewirkt wird, sofern sich nicht aus dem Schuldverhältnis etwas anderes ergibt.

Im Vergleich zum kaufmännischen Zurückbehaltungsrecht sind die Voraussetzungen **4** des bürgerlichen Zurückbehaltungsrechts teils enger, teils weiter. Das Zurückbehaltungsrecht des § 273 Abs. 1 BGB erstreckt sich nicht nur auf bewegliche Sachen und Wertpapiere, sondern auch auf *Leistungen jeder Art;* es verlangt jedoch stets die *Fälligkeit* der zu sichernden Forderung und ihre sog. *Konnexität* (vgl. aber § 4 DepG; Anm. 16). Für sie ist jedoch nicht erforderlich, daß die Ansprüche aus einem einheitlichen Rechtsgeschäft entspringen oder sich gegenseitig bedingen; vielmehr genügt es, wenn die beiderseitigen Ansprüche aus einem innerlich zusammenhängenden, einheitlichen *Lebensverhältnis* hervorgegangen sind, so daß es gegen Treu und Glauben verstößt, wenn der eine Anspruch ohne Rücksicht auf den anderen Anspruch geltend gemacht wird (RGZ 134, 144/147; 158, 6/14; BGH LM § 273 BGB Nr. 16). Das Zurückbehaltungsrecht des § 273 Abs. 1 BGB beruht auf dem Grundgedanken des § 242 BGB. Es greift daher auch ein, wenn ein Vertrag nicht zustande gekommen oder nichtig ist und die in Erwartung oder zur Erfüllung erfolgten Leistungen zurückverlangt werden (RGZ 108, 336). Das Zurückbehaltungsrecht ist ferner auch gegenüber dinglichen Ansprüchen gegeben. – Eine dauernde Geschäftsverbindung wird meist ein Anzeichen dafür sein, daß ein innerlich zusammengehöriges Lebensverhältnis vorliegt, jedoch braucht dies nicht notwendig der Fall zu sein; es kommt immer auf die besonderen Umstände des einzelnen Falles an (RGZ 78, 336; 128, 301).

In seinen *Wirkungen* geht das kaufmännische Zurückbehaltungsrecht weiter. Wäh- **5** rend sich das Zurückbehaltungsrecht des § 273 Abs. 1 BGB in der Zurückbehaltungseinrede erschöpft (BGH LM § 794 Abs. 1 Nr. 5 ZPO Nr. 3; vgl. auch Anm. 49f.), gewährt das kaufmännische Zurückbehaltungsrecht ein *pfandähnliches Befriedigungs-*

§ 369 1. Abschn. *Drittes Buch. Handelsgeschäfte*

recht (§ 371). Gemeinsam ist beiden Zurückbehaltungsrechten, daß sie durch Sicherheitsleistung abgewandt werden können (§ 369 Abs. 4 BGB, § 273 Abs. 3). – Macht der Schuldner ein ihm nach § 273 Abs. 1 BGB zustehendes Zurückbehaltungsrecht erst *nach* Eintritt des Leistungsverzuges geltend, so wird dadurch der Verzug *nicht* beseitigt; der Schuldner muß zumindest seine eigene Leistung Zug um Zug gegen Bewirkung der Leistung des anderen Teils anbieten (BGH NJW 71, 421). Bei gegenseitigen Verträgen tritt das Zurückbehaltungsrecht des § 273 Abs. 1 BGB gegenüber dem Leistungsverweigerungsrecht des § 320 BGB zurück (RG JW 06, 338; RGZ 68, 22).

6 3. Nach § 273 Abs. 2 BGB steht ein selbständiges Zurückbehaltungsrecht dem zur *Herausgabe eines Gegenstandes* Verpflichteten zu, wenn ihm ein *fälliger* Anspruch wegen Verwendungen auf den Gegenstand oder wegen eines ihm durch diesen verursachten Schadens zusteht, es sei denn, daß er den Gegenstand durch eine vorsätzlich begangene unerlaubte Handlung erlangt hat. Dieses Zurückbehaltungsrecht unterscheidet sich von dem kaufmännischen vor allem durch die besondere Eigenschaft der Forderung, die stets *fällig* sein muß. Es bezieht sich nicht nur auf bewegliche Sachen und Wertpapiere, sondern auch auf Rechte und Forderungen, so z. B. auf das Recht auf Auflassung (BGH LM § 273 BGB Nr. 6; RG WarnRspr 1912 Nr. 417), auf den Berichtigungsanspruch des § 894 BGB (RG WarnRspr 1911 Nr. 391; vgl. auch RGZ 114, 268). Konnexität wird nicht gefordert, weil sich die beiderseitigen Ansprüche auf denselben Gegenstand beziehen, so z. B. bei der Auflassung. Das Zurückbehaltungsrecht des § 273 Abs. 2 BGB ist stets ausgeschlossen, wenn der Besitz durch eine vorsätzlich begangene unerlaubte Handlung erlangt war, auch wenn sie von einem Vertreter begangen worden ist (BGH LM § 273 BGB Nr. 6). Besteht zwischen dem Verwendungs- oder Schadenersatzanspruch und dem Herausgabeanspruch Konnexität, so kann jedoch das Zurückbehaltungsrecht aus § 273 BGB bestehen (RGZ 72, 66). In seinen Wirkungen gleicht das Zurückbehaltungsrecht des § 273 Abs. 2 dem des § 273 Abs. 1 BGB; pfandähnliche Befriedigung ist demnach nicht möglich.

7 4. Nach § 1000 BGB hat der zur Herausgabe einer Sache verpflichtete *unrechtmäßige Besitzer* ein Zurückbehaltungsrecht gegenüber dem Eigentumsherausgabeanspruch, bis er wegen der ihm zu ersetzenden *Verwendungen* befriedigt worden ist. Das Zurückbehaltungsrecht des Besitzers geht über das des § 273 Abs. 1 und 2 BGB insoweit hinaus, als es *keinen fälligen Anspruch* voraussetzt (vgl. Erman/Hefermehl, BGB § 1000 Anm. 1). Gegenüber dem kaufmännischen Zurückbehaltungsrecht unterscheidet es sich durch die *Art* der zu sichernden Forderung. Das Zurückbehaltungsrecht des § 1000 BGB ist ebenso wie das des § 273 Abs. 2 BGB ausgeschlossen, wenn der Besitzer die Sache durch eine vorsätzlich begangene unerlaubte Handlung erlangt hat.

8 In seinen *Wirkungen* gleicht das Zurückbehaltungsrecht des § 1000 BGB dem kaufmännischen, da dem Besitzer außer der Zurückbehaltungseinrede unter bestimmten Voraussetzungen nach § 1003 BGB ein pfandähnliches Befriedigungsrecht zusteht (Anm. 49). Auch das Zurückbehaltungsrecht des § 1000 BGB kann durch Sicherheitsleistung abgewendet werden.

9 Das Bestehen eines kaufmännischen Zurückbehaltungsrechts schließt das Bestehen eines bürgerlich-rechtlichen Zurückbehaltungsrechts *nicht* aus. Beide Zurückbehaltungsrechte können vielmehr *nebeneinander* bestehen (RG JW 34, 2971, das dem

Frachtführer neben seinem gesetzlichen Pfandrecht aus § 440 ein gesetzliches Zurückbehaltungsrecht sowohl aus § 273 BGB als aus § 369 zuerkennt). – Zum Zurückbehaltungsrecht des *Versicherungsnehmers* am Versicherungsschein bei Versicherung für fremde Rechnung vgl. § 77 VVG.

Die *Bedeutung* des kaufmännischen Zurückbehaltungsrechts ist trotz seines pfandähnlichen Charakters nicht sehr groß. Grund hierfür ist vor allem die äußerst komplizierte Regelung dieses Sicherungsrechts, die es ratsamer erscheinen läßt, sich möglichst auf das bürgerliche Zurückbehaltungsrecht des § 273 BGB zu stützen, dessen Voraussetzungen angesichts der weiten Auslegung des Konnexitätsbegriffes (Anm. 4) bedeutend einfacher sind, mag auch ein Recht auf Befriedigung aus dem zurückbehaltenen Gegenstand nicht gegeben sein. Bei einer Erneuerung des Handelsrechts wird es daher, falls man das kaufmännische Zurückbehaltungsrecht beibehalten will, nötig sein, seine Voraussetzungen klarer und einfacher zu gestalten, damit es neben den bürgerlichen Zurückbehaltungsrechten seine volle Daseinsberechtigung erhält.

I. Voraussetzungen des kaufmännischen Zurückbehaltungsrechts

Das kaufmännische Zurückbehaltungsrecht entsteht nur, wenn bestimmte Voraussetzungen vorliegen, die sowohl die *Art der zu sichernden Forderung* als auch die *Art des zurückbehaltenen Gegenstandes* betreffen. Das Gesetz bezeichnet den zur Zurückbehaltung Berechtigten als *Gläubiger,* den zur Duldung der Zurückbehaltung Verpflichteten als *Schuldner.*

1. Kaufmannseigenschaft von Gläubiger und Schuldner

Die zu sichernde *Forderung* muß einem *Kaufmann* gegen einen *Kaufmann* zustehen. Gläubiger und Schuldner müssen demnach beide *Kaufleute* sein. Hierbei ist es gleichgültig, ob sie Kaufleute nach §§ 1, 2, 3 Abs. 2 oder § 6 sind, ob sie nur als Kaufleute nach § 5 gelten, weil sie zwar kein Handelsgewerbe, aber ein Gewerbe betreiben und unter ihrer Firma im Handelsregister eingetragen sind, oder ob sie trotz Kaufmannseigenschaft nach § 1 Abs. 2 Handwerker oder Kleingewerbebetreibende im Sinne des § 4 sind. Unter Umständen greift zugunsten des nichtwissenden Gläubigers der Schutz des § 15 ein, so z.B. wenn der Schuldner sein Handelsgewerbe aufgibt, jedoch seine Firma im Handelsregister nicht gelöscht wird.

Streitig ist, ob ein kaufmännisches Zurückbehaltungsrecht auch entsteht, wenn eine der Parteien keine Kaufmannseigenschaft besitzt, aber im Rechtsverkehr als Kaufmann aufgetreten ist und sich redlichen Dritten gegenüber als solcher behandeln lassen muß. Man wird unterscheiden müssen, ob ein Zurückbehaltungsrecht für oder gegen den Scheinkaufmann entstehen soll. Im Interesse des Handelsverkehrs wird man die Anwendung des § 369 zuungunsten des als Kaufmann Auftretenden bejahen müssen, und zwar nicht nur für den Fall, daß sich der Scheinkaufmann bewußt wahrheitswidrig dem Geschäftsgegner gegenüber als Kaufmann ausgegeben hat, sondern auch, wenn der Scheinkaufmann an seine Kaufmannseigenschaft entschuldbar geglaubt und sein Geschäftsgegner hierauf vertraut hat (glA Canaris, Vertrauenshaftung, § 16 I, 2; Baumbach/Duden § 369 Anm. 2 A; a.M. Brüggemann in RGR-Komm. z. HGB Anh. zu § 5

§ 369 1. Abschn. *Drittes Buch. Handelsgeschäfte*

Anm. 6f). Dagegen kann für jemand, der im Verkehr als Kaufmann auftritt, jedoch kein Kaufmann ist, kein Zurückbehaltungsrecht entstehen. Doch kann der Geschäftsgegner mit der Entstehung eines Zurückbehaltungsrechts für den Nichtkaufmann einverstanden sein. Das Einverständnis braucht nicht ausdrücklich erklärt werden, sondern kann sich im Einzelfall aus dem Verhalten des Geschäftsgegners nach Treu und Glauben ergeben.

14 Der einzelne Gesellschafter einer OHG ist in seiner Eigenschaft als Gesellschafter (§ 343 Anm. 8) Kaufmann. Wegen einer Gesellschaftsschuld kann daher ein Zurückbehaltungsrecht auch an Sachen des Gesellschafters entstehen, wenn sie auf Grund eines Handelsgeschäfts in den Besitz des Gläubigers gelangt sind (Anm. 16).

15 Da die zu sichernde Forderung aus einem *beiderseitigen Handelsgeschäft* herrühren muß (Anm. 16), müssen *Gläubiger und Schuldner* nicht nur zur Zeit der Entstehung des Zurückbehaltungsrechts, sondern schon zur Zeit der *Entstehung der Forderung* Kaufleute sein. – Ein entstandenes Zurückbehaltungsrecht wird durch späteren Wegfall der Kaufmannseigenschaft des Gläubigers oder des Schuldners *nicht* berührt (Düringer/Hachenburg/Hoeniger Anm. 3 zu § 369; Ratz in RGR-Komm. z. HGB § 369 Anm. 6; Koenige Anm. 1a zu § 369).

2. Zwischen Gläubiger und Schuldner geschlossenes beiderseitiges Handelsgeschäft

16 Die Forderung muß aus einem *beiderseitigen Handelsgeschäft* stammen, das *zwischen den beiden Kaufleuten geschlossen* ist. Ein *beiderseitiges* Handelsgeschäft liegt nur vor, wenn das Geschäft auf seiten des Gläubigers und des Schuldners zum Betrieb des Handelsgewerbes gehört (§§ 343, 344). Um einen Vertrag braucht es sich nicht zu handeln. Das Zurückbehaltungsrecht kann auch für Ansprüche aus ungerechtfertigter *Bereicherung* gegeben sein, jedenfalls dann, wenn eine Leistung zurückgefordert wird, deren Rechtsgrund ein beiderseitiges Handelsgeschäft war, das angefochten worden ist (BGH BB 56, 833). Weiter kann ein einseitiges Rechtsgeschäft (z. B. Abgabe und Zugang einer Kündigung oder einer Mängelanzeige) ein beiderseitiges Handelsgeschäft sein. Das Geschäft muß jedoch ferner auch *zwischen den beiden Kaufleuten* geschlossen sein (Erfordernis der Unmittelbarkeit). Das mit einer Personenhandelsgesellschaft geschlossene Geschäft ist auf Grund des § 128 HGB wie ein mit den Gesellschaftern geschlossenes Geschäft anzusehen. Das folgt weniger aus dem rechtsdogmatischen Gesichtspunkt, daß die Personenhandelsgesellschaft keine juristische Person, sondern eine Rechtssubjektivität (§ 124) besitzende Gesamthandgemeinschaft ist. Entscheidend ist der Gesichtspunkt des Gläubigerschutzes, dem gegenüber bei *Geldforderungen* ein schutzwürdiges Interesse des Gesellschafters an einer Freihaltung von Einzelwerten nicht anzuerkennen ist. Das Erfordernis der Unmittelbarkeit ist insoweit gewahrt, da es den Schuldner nur gegen die willkürliche Begründung eines Zurückbehaltungsrechts schützen soll.

17 Bei formaler Auslegung des Erfordernisses der Unmittelbarkeit, nach dem das Geschäft zwischen den beiden Kaufleuten geschlossen sein muß, würde ein *Gläubiger- oder Schuldnerwechsel* nie ein Zurückbehaltungsrecht begründen können. Für eine solche allgemeine Beschränkung ist jedoch kein Grund ersichtlich. Zweck der Bestimmung ist nur der *Schutz des Schuldners*. Es sollen nicht künstlich Zurückbehaltungsrechte zum Nachteil des Schuldners und gegen seinen Willen dadurch geschaffen werden, daß nicht gesicherte Gläubiger ihre Forderungen an Sachbesitzer abtreten. Soweit die Gefahr der willkürlichen Schaffung eines Zurückbehaltungsrechts nicht vorhanden ist, steht auch ein Gläubiger- oder Schuldnerwechsel nicht der Begründung eines Zurückbehaltungsrechts entgegen. Diese dem Grundgedanken des Gesetzes entsprechende Auslegung wird der wirtschaftlichen Bedeutung des kaufmännischen Zurückbehaltungsrechts am ehesten gerecht (J. v. Gierke S. 468, Neufeld/Schwarz Anm. 8 zu § 369; enger Düringer/Hachenburg/Breit Anm. 4 zu 369; Ratz in RGR Komm. z. HGB § 369 Anm. 8).

Für den *Gläubigerwechsel* folgt hieraus, daß eine *abgetretene Forderung* in der Regel *kein Zurückbehaltungsrecht begründen kann* (RGZ 18, 214; RG Recht 1927 Nr. 14, 39). Hierbei ist es gleichgültig, ob es sich um eine rechtsgeschäftliche Abtretung (§ 398 BGB) oder um einen gesetzlichen Forderungsübergang nach vorausgegangener Befriedigung, wie z.B. in den Fällen der §§ 426, 774 BGB, handelt. Für einen Schutz des Schuldners besteht jedoch kein Grund, wenn der *Schuldner* mit der Entstehung eines Zurückbehaltungsrechts *einverstanden* ist oder die Sachen des Schuldners in den Besitz des Zessionars gelangen, nachdem der Schuldner bereits von dem Gläubigerwechsel Kenntnis erhalten hat (§ 407 Abs. 1 BGB). In diesen Fällen kann auch die *abgetretene* Forderung Grundlage eines Zurückbehaltungsrechts werden. Anders liegt es ferner bei Ansprüchen aus *Inhaberpapieren und Orderpapieren* (RGZ 9, 45). Das Wesen dieser Papiere liegt in ihrer leichten Umlauffähigkeit. Der Aussteller eines solchen Papiers muß von vornherein damit rechnen, daß das Papier auch in die Hände einer Person gelangen kann, die Sachen des Schuldners besitzt. Es ist daher gerechtfertigt, daß aus Inhaber- und Orderpapieren zugunsten jedes Gläubigers gegen jeden Schuldner ein Zurückbehaltungsrecht entsteht, sofern nur ein beiderseitiges Handelsgeschäft vorliegt. Hierfür genügt es, wenn die Eingehung der Verpflichtung auf seiten des letzten Schuldners und der Erwerb der Forderung auf seiten des letzten Gläubigers Handelsgeschäft ist (RGZ 9, 49; Ritter Anm. 7 zu § 369). – Auch eine *ererbte* Forderung kann, da der Erbe die Rechtspersönlichkeit des Erblassers fortsetzt, ein Zurückbehaltungsrecht begründen, und zwar an Sachen des Schuldners, die sowohl *vor* dem Erbfall, als auch *nach dem Erbfall* in den Besitz des Erben gelangt sind (Baumbach/Duden Anm. 2 D zu §§ 369, 370; Düringer/Hachenburg/Breit Anm. 4 zu § 369; Ratz in RGR-Komm. z. HGB Anm. 8 zu § 369; J. v. Gierke S. 468). – Ein Schuldanerkenntnis im Sinne des § 781 BGB begründet stets ein Zurückbehaltungsrecht, da in diesem Falle ein unmittelbares Geschäft vorliegt. 18

Über die Frage des Erwerbs eines schon *bestehenden* Zurückbehaltungsrechts vgl. Anm. 67.

Ein *Schuldnerwechsel* steht der Entstehung eines kaufmännischen Zurückbehaltungsrechts nie entgegen (Erbfall, Schuldübernahme, Schuldmitübernahme, Übernahme eines Handelsgeschäfts nach § 25, Verschmelzung nach §§ 346 Abs. 3 AktG). Bei Schuldübernahme nach §§ 414, 415 BGB sowie bei Schuldmitübernahme liegt im übrigen auch stets ein *unmittelbar* geschlossenes Geschäft vor. 19

3. Fällige Geldforderung

Die Forderung muß eine *Geldforderung* sein, da sonst eine Befriedigung des Gläubigers aus dem Erlös nach § 371 unmöglich ist. Dagegen braucht die Forderung nicht von vornherein eine Geldforderung zu sein. Es genügt eine nicht auf Geld gerichtete Forde- 20 rung, wenn sie *in eine Geldforderung übergehen* kann, wie z. B. bei Verzug, §§ 286, 326 BGB, oder schuldhaftem Unmöglichwerden der Leistung, §§ 280, 325 BGB (Düringer/Hachenburg/Hoeniger Anm. 4 b zu § 369; Ratz in RGR-Komm. z. HGB Anm. 10 zu § 369; Koenige Anm. 1 a zu § 369; Neufeld/Schwarz Anm. 10 zu § 369; weitergehend Baumbach/Duden Anm. 2 B zu §§ 369, 370, der auch andere vormögensrechtliche Forderungen, wie z. B. einen Herausgabeanspruch nach § 985 BGB, genügen läßt).

21 Die Geldforderung muß ferner grundsätzlich *fällig* sein (§ 271 BGB). Eine Ausnahme gilt nur für das Notzurückbehaltungsrecht des § 370; ferner kann *vertraglich* auch ein Zurückbehaltungsrecht für *nicht fällige* Forderungen vereinbart werden (RGZ 106, 248; vgl. Anm. 41). Auch in AGB kann das Zurückbehaltungsrecht auf nichtfällige Forderungen erstreckt werden. Zur Zeit der Fälligkeit der zu sichernden Forderung müssen Gläubiger und Schuldner *Kaufleute* sein, wenn ein Zurückbehaltungsrecht bestehen soll. Dagegen braucht beim Besitzerwerb die Forderung noch nicht fällig zu sein (RGZ 106, 249). Verzug des Schuldners ist nicht nötig (RG JW 28, 1579).

22 Die Geldforderung muß ferner *rechtswirksam* sein. Für eine *nicht klagbare* oder *verjährte* Forderung kann kein Zurückbehaltungsrecht entstehen. Wohl aber erlischt ein schon bestehendes Zurückbehaltungsrecht entsprechend dem Grundgedanken des § 223 BGB nicht dadurch, daß die Forderung verjährt (Baumbach/Duden HGB Anm. 2 C zu §§ 369, 370; Koenige Anm. 1 a zu § 369; a. M. Düringer/Hachenburg/Hoeniger Anm. 4 a zu § 369; Ratz in RGR-Komm. z. HGB Anm. 9 a zu § 369).

4. Depotrechtliche Sonderregelung

23 Im Gegensatz zu § 273 Abs. 1 BGB verlangt das kaufmännische Zurückbehaltungsrecht *keine* Konnexität (Anm. 3).

Eine wichtige Ausnahme enthält § 4 DepG. Hat ein Verwahrer (Provinzialbankier), der Bank- und Sparkassengeschäfte betreibt, *ihm nicht gehörende* Wertpapiere einem Dritten (Zentralbankier) im Bereich der Geltung der Fremdvermutung anvertraut, so kann er an den Wertpapieren ein Zurückbehaltungsrecht nur wegen solcher Forderungen geltend machen, *die mit Bezug auf diese Wertpapiere entstanden sind* oder für die diese Wertpapiere nach dem einzelnen über sie zwischen dem Provinzialbankier und dem Zentralbankier vorgenommenen Geschäft haften sollen (Quassowski/Schröder, Kommentar zum Depotgesetz, Erläuterungen zu § 4). Die Konnexität hat jedoch *keine Bedeutung* für das kaufmännische Zurückbehaltungsrecht des § 369, da an Wertpapieren, die dem Schuldner nicht gehören, ein Zurückbehaltungsrecht ohnehin nicht entstehen kann (Anm. 29). § 4 DepG wird daher nur für das bürgerliche Zurückbehaltungsrecht erheblich. Er verlangt eine strengere Konnexität als § 273 Abs. 1 BGB, da es nicht genügt, daß die Forderung des Zentralbankiers aus demselben rechtlichen Verhältnis entstanden ist, auf dem seine Pflicht zur Herausgabe beruht.

24 Die Sonderregelung des § 4 DepG gilt sinngemäß auch für die Zurückbehaltung beim *Kommissionsgeschäft* (§ 30 Abs. 2 DepG). Insoweit hat sie auch Bedeutung für das kaufmännische Zurückbehaltungsrecht des § 369. Gibt z. B. ein Kommissionär (Provinzialbankier) einen ihm erteilten Auftrag zur Anschaffung von Wertpapieren an einen Dritten (Zentralbankier) weiter, so kann dieser an den angeschafften Stücken, mögen sie dem Provinzialbankier bereits übereignet sein oder nicht, ein Zurückbehaltungsrecht nur geltend machen wegen der mit Bezug auf diese Wertpapiere entstandenen Forderun-

gen gegen den Provinzialbankier und wegen solcher Forderungen, zu deren Sicherung der Provinzialbankier die Wertpapiere in einem besonders über sie vorgenommenen Geschäft dem Zurückbehaltungsrecht unterworfen hat (Quassowski/Schröder, Kommentar zum Depotgesetz, Erläuterungen zu § 30).

II. Gegenstand der Zurückbehaltung

1. Bewegliche Sachen des Schuldners

25 Gegenstand der Zurückbehaltung sind nur *bewegliche Sachen oder Wertpapiere des Schuldners*, die verwertbar sind. Über bewegliche Sachen vgl. § 1 Anm. 31ff; über Wertpapiere vgl. § 1 Anm. 37. An Grundstücken, an einem Sach- oder Rechtsinbegriff (Warenlager, Inventar, Handelsgeschäft) sowie an Forderungen, Leistungen und anderen nicht in einem Wertpapier verbrieften Rechten (z.B. Patentrechten) kann *kein* Zurückbehaltungsrecht entstehen. Werden bestimmte Geldstücke als bewegliche Sachen geschuldet, so können diese zurückbehalten werden; nicht aber Geldsummenschulden (z.B. Guthaben auf Girokonten, RGZ 12, 90). Bei einer Geldschuld liegt vielmehr „in der Zurückbehaltung der Geldsumme" zur Sicherung einer Geldforderung in der Regel eine Aufrechnungserklärung (RGZ 85, 114; 116, 288).

26 Zurückbehaltungsfähig sind nicht nur solche Wertpapiere, die wegen ihrer leichten Umlauffähigkeit für den Handelsverkehr bestimmt sind. Diese Einschränkung gilt lediglich für Waren und Wertpapiere, die nach § 1 Abs. 2 die Kaufmannseigenschaft begründen sollen (§ 1 Anm. 37; Düringer/Hachenburg/Hoeniger Anm. 5 zu § 369; Ratz in RGR-Komm. z. HGB § 369 Anm. 15; J. v. Gierke S. 469, anders 4. Aufl. S. 596). Es kommt allein darauf an, ob die Wertpapiere *selbständig verwertbar* sind. Daher können zurückbehalten werden: Aktien (Inhaber- und Namensaktien, auch vinkulierte Namensaktien, da ihre Verwertung möglich ist, RGZ 36, 39), Kuxe neueren Rechts (RGZ 54, 351), Wechsel, Schecks und die Urkunden des § 363, wenn sie an Order lauten. Dagegen können bloße Beweis- und Legitimationsurkunden nicht zurückbehalten werden, wie z.B. Sparbücher (RGZ 68, 282), Schuldscheine, Pfandscheine, Depotscheine (RGZ 118, 38), Erneuerungsscheine (RGZ 3, 154), Versicherungsscheine nach §§ 3, 4 VVG (RGZ 51, 86; anders bei Versicherung für fremde Rechnung, § 77 VVG, und bei an Order gestellten Transportversicherungsscheinen, § 363), Anteilscheine an einer bürgerlich-rechtlichen Gesellschaft oder einer Gesellschaft mit beschränkter Haftung. Die genannten Papiere können auch nicht etwa als bewegliche Sachen zurückbehalten werden (RGZ 29, 302). Aus dem gleichen Grunde sind auch nicht zurückbehaltungsfähig Hypothekenbriefe und Grundschuldbriefe, die nicht auf den Inhaber lauten (RGZ 39, 285; RG SeuffA 87 Nr. 168; RGZ 149, 95; Schlegelberger S. 11/197). Wohl kann aber unter Umständen ein Zurückbehaltungsrecht nach § 273 BGB gegeben sein (RGZ 68, 282 für Sparbücher); auch die Begründung eines vertragsmäßigen Zurückbehaltungsrechts ist zulässig (RGZ 6, 27 für Hypothekenbriefe; RGZ 68, 389 für Grundschuldbriefe).

27 Streitig ist es, ob ein *eigenes Akzept* des Schuldners zurückbehaltungsfähig ist. Nach RG JW 28, 232 stellt ein Wechsel, auch wenn er von einem Dritten giriert wird, in der Hand des Akzeptanten kein Wertpapier dar und kann auch nicht vom Gläubiger nach § 371 verwertet werden. Die mangelnde Wertpapiereigenschaft und die Unmöglichkeit

der Verwertung sollen einer Zurückbehaltung entgegenstehen (Koenige Anm. 1 b zu § 369; Schwabe in JherJB 58, 308 ff.; a. M. Düringer/Hachenburg/Hoeniger Anm. 5 zu § 369). Indessen ist eine Verwertung nicht völlig ausgeschlossen. Nach § 371 HGB, §§ 1295, 1221, 1273 Abs. 2, § 1246 BGB ist unter Umständen eine Verwertung durch Verkauf möglich. Das eigene Akzept des Schuldners wird daher jedenfalls als bewegliche Sache zurückbehalten werden können. Eine andere Frage ist es, ob nicht in der Anbietung eines eigenen Akzepts eine die Zurückbehaltung nach § 369 Abs. 3 ausschließende besondere Anweisung zur Rückgabe für den Fall der Nichtannahme liegt. Eine besondere Anweisung zur Rückgabe ist zwar rechtlich möglich (vgl. auch Anm. 46), sie kann jedoch nicht ohne weiteres in der Anbietung des eigenen Akzepts als Erfüllung gesehen werden (OLG Stuttgart JW 31, 3144; 32, 756; Schwabe aaO S. 305; a.M. Ratz in RGR-Komm. z. HGB).

28 Nicht zurückbehalten werden können Sachen, die einem absoluten *Veräußerungsverbot* (§ 134 BGB) unterliegen. Handelt es sich um ein vom Gericht oder einer anderen Behörde erlassenes relatives Verfügungsverbot (§§ 935, 938 ZPO; §§ 106, 113 KO), so ist eine Zurückbehaltung zwar zulässig, eine Veräußerung jedoch den geschützten Personen gegenüber unwirksam. Besteht das Verfügungsverbot gerade zugunsten des Schuldners, so kann auch der Gläubiger die Sache nicht zurückbehalten.

29 Die beweglichen Sachen oder Wertpapiere müssen grundsätzlich im *Eigentum des Schuldners* stehen. Sonst kann ein Zurückbehaltungsrecht, auch wenn die übrigen Voraussetzungen für seine Entstehung vorliegen, nicht bestehen. An fremden Sachen entsteht ein Zurückbehaltungsrecht auch *nicht kraft guten Glaubens*. Die §§ 932 ff. BGB, § 366 HGB sind nicht anwendbar (RGZ 69, 16). Hierin liegt ein wesentlicher Unterschied zum Pfandrechtserwerb (§ 366 Anm. 19). Ein Gläubiger des Ehemannes kann daher Sachen, die der Ehefrau gehören, nicht zurückbehalten. *Miteigentum* des Schuldners genügt insofern, als das Zurückbehaltungsrecht dann an dem Anteil des Schuldners besteht. Dagegen genügt *Gesamthandeigentum* nur, wenn die in Gesamthandgemeinschaft stehenden Personen aus einem mit ihnen geschlossenen beiderseitigen Handelsgeschäft schulden. Der Privatgläubiger eines offenen Handelsgesellschafters kann daher z. B. keine der Gesellschaft gehörende Sache zurückbehalten. Anders liegt es bei Gesamtgutsachen, auch wenn die in Gütergemeinschaft lebenden Ehegatten nicht beide Kaufleute sind und das Geschäft nicht mit beiden Ehegatten geschlossen ist. Das Gesamtgut haftet nach § 1459 BGB grundsätzlich für alle Schulden des Mannes und der Frau.

30 Ist der Eigentümer nicht der Vertragsgegner, der Vertrag aber von einem Dritten *für Rechnung des Eigentümers* geschlossen worden, so kann sich dieser nach Treu und Glauben (§ 242 BGB) *nicht* darauf berufen, daß der Vertrag zwar „wirtschaftlich", nicht aber „rechtlich" sein Geschäft gewesen sei (RGZ 152, 121 für den Fall, daß eine herrschende Gesellschaft die Verzwirnung von Garnen, die einer von ihr abhängigen Gesellschaft gehören und von dieser geliefert werden, in Auftrag gibt).

31 Ist das kaufmännische Zurückbehaltungsrecht *entstanden,* so wird es, wie aus § 369 Abs. 2 folgt, durch einen *späteren* Eigentumswechsel grundsätzlich nicht berührt.

2. Zurückbehaltungsrecht an eigenen Sachen

32 § 369 Abs. 1 Satz 2 gibt dem Gläubiger in *zwei* Fällen ein Zurückbehaltungsrecht an *eigener* Sache:

Erster Abschnitt. Allgemeine Vorschriften 1. Abschn. § 369

1. wenn das Eigentum vom Schuldner auf den Gläubiger übergegangen, aber auf den Schuldner zurückzuübertragen ist;
2. wenn das Eigentum von einem Dritten für den Schuldner auf den Gläubiger übertragen, aber auf den Schuldner zurückzuübertragen ist.

Der Fall 1 liegt z.B. vor, wenn ein Käufer die gekaufte Sache wegen Mängel zur Verfügung stellt, nachdem er Eigentümer der Sache geworden ist (sonst hat er das Zurückbehaltungsrecht schon nach Satz 1), oder wenn ein Gläubiger Sachen nach § 812 BGB zurückzugewähren oder einen ihm als Rimesse übersandten, jedoch von ihm selbst eingelösten Wechsel herauszugeben hat, oder wenn ein Gläubiger als Sicherungseigentümer zur Rückübertragung verpflichtet ist (RGZ 57, 175). – Der Fall 2 liegt z.B. vor, wenn der Verkäufer eine Sache, die er selbst nicht vorrätig hat, durch einen Dritten (Großhändler) dem Käufer übertragen läßt und dieser gegenüber dem Verkäufer wandel

Die beiden Fälle unterscheiden sich dadurch, daß Eigentumsvorgänger des Gläubigers im ersten Fall der *Schuldner,* im zweiten Fall ein *Dritter* gewesen ist; das Gemeinsame liegt darin, daß die Sachen auf den Schuldner *zurückzuübertragen* sind.

Streitig ist es, ob die im Gesetz bezeichneten Fälle die einzigen sind, in denen der **33** Gläubiger das Zurückbehaltungsrecht an eigenen Sachen ausüben kann. Auf der einen Seite will man das Zurückbehaltungsrecht ohne Einschränkung an eigenen Sachen des Gläubigers zulassen, die dem Schuldner zu übertragen sind. Die Fassung des Gesetzes läßt aber klar erkennen, daß man dem Gläubiger *kein allgemeines* Zurückbehaltungsrecht an eigener Sache gewähren wollte, sonst wäre dieser einfache Gedanke nicht durch Ausnahmetatbestände ausgedrückt worden. Auf der anderen Seite wird jeder Versuch einer Ausdehnung des kaufmännischen Zurückbehaltungsrechts abgelehnt. Eine *entsprechende Anwendung* auf andere Fälle ist jedoch, wie Göppert in ZHR 95, 55 eingehend dargelegt hat, *nicht ausgeschlossen* (Ratz in RGR-Komm. z. HGB § 369 Anm. 25; Baumbach/Duden §§ 369, 370 HGB Anm. 3 D; J. v. Gierke S. 470). So ist § 369 Abs. 1 Satz 2 entsprechend anzuwenden, wenn es sich um *individuell bestimmte Sachen* handelt, *die der Gläubiger dem Schuldner zu leisten hat und die mit Willen des Schuldners durch Handelsgeschäfte vom Gläubiger erworben werden* (Göppert ZHR 95, 68). Für die Ausdehnung des Zurückbehaltungsrechts spricht auch, daß im zweiten Fall des § 369 Abs. 1 Satz 2 (Anm. 22) der Ausdruck „zurückzuübertragen" nur paßt, wenn der Schuldner selbst Eigentumsvorgänger des Gläubigers gewesen ist. Satz 2 enthält ferner nicht sämtliche Voraussetzungen des Zurückbehaltungsrechts an eigener Sache, vielmehr muß nach Satz 1 die Sache mit Willen des Schuldners auf Grund von Handelsgeschäften in den Besitz des Gläubigers gelangt sein (Anm. 35 bis 37). Satz 2 verlangt nun weiter, daß auch die Übertragung des Eigentums an den Gläubiger „für den Schuldner" geschehen sein muß. Es kann daher, wie Göppert ausführt (ZHR 95, 68), *kein* Zurückbehaltungsrecht entstehen, wenn die Pflicht zur Übertragung an den Schuldner durch ein neues selbständiges Rechtsgeschäft begründet wird. Nötig ist stets ein *rechtlicher Zusammenhang* zwischen dem Erwerb des Eigentums durch den Gläubiger und seiner Pflicht zur Weiterübertragung an den Schuldner. Wegen Fehlens eines solchen Zusammenhangs hat z.B. der Verkäufer kein kaufmännisches Zurückbehaltungsrecht an der dem Käufer noch nicht übereigneten Ware (ROHG 19, 57); in diesem Falle kann nur ein Zurückbehaltungsrecht aus § 273 Abs. 1 BGB gegeben sein. Anders liegt es bei der Einkaufskommission (vgl. J. v. Gierke S. 470; Ritter Anm. 12 zu § 369). Ein Zu-

§ 369 1. Abschn. *Drittes Buch. Handelsgeschäfte*

rückbehaltungsrecht des *Kommissionärs* an dem ihm gehörenden Kommissionsgut ist vor allem deshalb bedeutsam, weil das Pfandrecht des Kommissionärs nur die Ansprüche des § 397 sichert. Auch beim Selbsteintritt eines Einkaufskommissionärs nach § 400 ist die Entstehung eines Zurückbehaltungsrechts aus § 369 anzunehmen (J. v. Gierke S. 470; a. M. Göppert ZHR 95, 68).

34 Außer dem Erfordernis des rechtlichen Zusammenhangs ist zur Entstehung des kaufmännischen Zurückbehaltungsrechts an eigener Sache stets nötig, daß auch die Voraussetzungen des § 369 Abs. 1 Satz 1 HGB gegeben sind. In der Regel wird der Zusammenhang zwischen dem Erwerb durch den Gläubiger und seiner Pflicht zur Weiterübertragung vorliegen, wenn die Sache mit Willen des Schuldners in den Besitz des Gläubigers gelangt ist.

3. Besitzerlangung mit Willen des Schuldners

35 Die beweglichen Sachen oder Wertpapiere müssen mit Willen des Schuldners auf Grund von Handelsgeschäften in den *Besitz* des Gläubigers gelangt sein.

Das kaufmännische Zurückbehaltungsrecht besteht nur, wenn der *Gläubiger die Sachen im Besitz* hat. Mittelbarer Besitz genügt (RG BankA XXXIV, 192), auch wenn der unmittelbare Besitzer für sich selbst ein Zurückbehaltungsrecht öder ein Pfandrecht geltend macht. Nur der Schuldner darf nicht der unmittelbare Besitzer sein (Düringer/Hachenburg/Hoeniger Anm. 8 zu § 369; Ratz in RGR-Komm. z. HGB § 369 Anm. 28; Schlegelberger aaO S. 202). Auch Mitbesitz in der Form des § 1206 BGB reicht aus (Recht 07 Nr. 462). Ein Kreditinstitut kann daher Wertpapiere seines Kunden zurückbehalten, wenn die Papiere sich derartig unter Mitverschluß befinden, daß der Schuldner nicht nur rechtlich, sondern auch tatsächlich daran gehindert ist, die Herrschaft über die Papiere auszuüben. Besitzen Gläubiger und Schuldner als Gesellschafter (Gesamthänder) gemeinschaftlich Sachen, die der Gesellschaft zur Benutzung überlassen worden sind, so ist ein Zurückbehaltungsrecht nicht entstanden, wenn *jeder* Gesellschafter in der Lage ist, sich ohne Mitwirkung des anderen den Alleinbesitz zu verschaffen. Der Umstand, daß beide Gesellschafter rechtlich nur zusammen über die Sachen verfügen dürfen, ist unerheblich (BGH WM 63, 561).

36 Als *Besitzer der Sache* ist der Gläubiger auch anzusehen, wenn er über sie durch *Konnossement, Ladeschein oder Lagerschein* verfügen kann. Das ist nach §§ 424, 450, 647 nur der Fall, wenn die Ware vom Schiffer, Frachtführer oder Lagerhalter übernommen, das Papier dem Gläubiger übergeben wurde und entweder auf den Namen des Gläubigers lautet oder auf ihn oder blanko indossiert ist (RGZ 13, 120; 32, 30; Düringer/Hachenburg/Hoeniger Anm. 9 zu § 369; Ratz in RGR-Komm. z. HGB § 369 Anm. 29; Schlegelberger aaO S. 202). Meist wird in diesen Fällen der Gläubiger ohnehin schon mittelbarer Besitzer der Ware sein, nötig ist dies jedoch nicht. Fehlen die genannten Voraussetzungen, ist z. B. der Gläubiger nicht legitimiert, so kann nur ein Zurückbehaltungsrecht am Schein, nicht aber an der Ware entstehen.

37 Der Gläubiger muß mit *Willen des Schuldners oder seines Vertreters* Besitzer der Sache geworden sein. Eigenmächtig erlangter Besitz berechtigt nicht zur Zurückbehaltung, selbst wenn die Besitzentziehung gestattet war (ROHG 19, 372; Düringer/Hachenburg/Hoeniger Anm. 8 zu § 369; J. v. Gierke S. 470; Baumbach/Duden, §§ 369, 370 HGB Anm. 3 C). Der Wille des Schuldners kann dadurch zum Ausdruck kommen, daß

ein Dritter dem Gläubiger mit Zustimmung des Schuldners den Besitz verschafft. Ist ein Käufer wegen Nichterfüllung des Vertrages zurückgetreten und übersendet ihm der Verkäufer trotzdem die Ware, so ist sie mit Willen des Schuldners in den Besitz des Gläubigers gelangt, auch wenn der Gläubiger die „versuchte" nachträgliche Erfüllung zurückweist (RGZ 26, 58). − Der Wille des Schuldners kann auch konkludent erklärt werden, z. B. dadurch, daß der Schuldner trotz Kenntnis der Besitzerlangung des Gläubigers schweigt, obwohl Widerspruch nach Handelsbrauch erwartet werden mußte. Auch *nachträgliche* Zustimmung des Schuldners genügt.

Vielfach wird verlangt, daß im Zeitpunkt der Entstehung des Zurückbehaltungsrechtes das Einverständnis des Schuldners mit dem Gläubigerbesitz vorliegen muß (Düringer/Hachenburg/Hoeniger Anm. 8 zu § 369; Ratz in RGR-Komm. z. HGB Anm. 26). Für diese Einschränkung besteht jedoch kein Grund. Nach dem klaren Wortlaut des Gesetzes genügt das Einverständnis des Schuldners bei *Besitzerlangung*. Hat z. B. der Gläubiger eine Sache des Schuldners als Pfand für ein Darlehen oder als Verwalter im Besitz und zahlt der Schuldner oder fordert er die Sache zurück (§ 695 BGB), bevor der Gläubiger eine andere fällige Forderung gegen ihn erworben hat, so schließt dieser Umstand die Entstehung eines Zurückbehaltungsrechts grundsätzlich *nicht* aus. **38**

Ist das Zurückbehaltungsrecht entstanden, so kann der Schuldner sein Einverständnis nur zurückziehen, wenn die Besitzübertragung als Rechtsgeschäft in den Fällen der § 854 Abs. 2, § 870 BGB anfechtbar ist. **39**

Der Gläubiger muß den Besitz *auf Grund von Handelsgeschäften* erlangt haben. Das bedeutet, daß der Besitzerwerb ein Handelsgeschäft im Sinne der §§ 343, 344 sein muß, und zwar auf seiten des Gläubigers (RG BankA XXXIV, 192; Düringer/Hachenburg/Hoeniger Anm. 8a zu § 369; Ratz in RGR-Komm. z. HGB § 369 Anm. 27; J. v. Gierke S. 470; Koenige Anm. 1d zu § 369; Göppert aaO S. 57 Anm. 1). Es braucht weder ein beiderseitiges Handelsgeschäft oder ein Vertrag zwischen Gläubiger und Schuldner vorzuliegen, noch genügt es, daß die Besitzübergabe auf seiten des Schuldners Handelsgeschäft ist (a. M. früher RGZ 19, 123; 26, 60). Das Zurückbehaltungsrecht des § 369 ist eine rein kaufmännische Einrichtung. Es besteht nur zur Sicherung handelsgeschäftlicher Forderungen und kann sich daher auch nur auf Sachen erstrecken, deren Besitz der Gläubiger im Betriebe seines Handelsgewerbes erlangt hat. Bei Zusendung unbestellter Ware kann ein Zurückbehaltungsrecht entstehen, wenn die Annahme der Ware ein Handelsgeschäft des Gläubigers ist (§ 344 Abs. 1). **40**

Sobald die Voraussetzungen für die *Entstehung* des kaufmännischen Zurückbehaltungsrechts vorliegen, entsteht es *kraft Gesetzes*. Diese Voraussetzungen sind jedoch nicht zwingend. Das folgt schon aus der persönlichen Natur des Zurückbehaltungsrechts (§ 371 Anm. 1). *Vertraglich* kann ein kaufmännisches Zurückbehaltungsrecht geschaffen werden, auch wenn die Voraussetzungen des § 369 nicht gegeben sind (RGZ 66, 27; 68, 389; 118, 252). So kann z. B. auch ein *Nichtkaufmann* einem Kaufmann ein Zurückbehaltungsrecht vertraglich einräumen. Ein vertraglich vereinbartes kaufmännisches Zurückbehaltungsrecht hat jedoch gegenüber einem kraft Gesetzes entstandenen nur beschränkte Wirkungen. Es gewährt kein pfandartiges Befriedigungsrecht gemäß §§ 371, 372, weil es sich insoweit um eine Ausnahmeregelung handelt, die nur bei Vorliegen der gesetzlichen Voraussetzungen Anwendung finden kann. Andernfalls könnten die Vorschriften über die Pfandbestellung leicht umgangen werden, indem ein **41** kaufmännisches Zurückbehaltungsrecht vereinbart oder eine gescheiterte Pfandrechtsbegründung in die Verabredung eines kaufmännischen Zurückbehaltungsrechts umgedeutet wird (a.M. Baumbach/Duden §§ 369, 370 Anm. 1 A; Düringer/Hachenburg/Hoeniger § 369 Anm. 21). Auch ein Absonderungsrecht nach § 49 Abs. 1 Ziff. 4 KO gewährt das vertraglich vereinbarte kaufmännische Zurückbehaltungsrecht nicht, weil der Katalog der Absonderungsrechte im Konkurs ausschließlich ist und durch Parteiabsprachen nicht erweitert werden kann (a.M. Beeser AcP 159, 71). Dagegen greift § 370 ein. – Zur Entstehung des Zurückbehaltungsrechts ist nicht die Geltendmachung nötig. Eine andere Frage ist es, ob die Ausübung des Zurückbehaltungsrechts auch bei späterem Wegfall seiner Voraussetzungen zulässig ist.

III. Ausschluß des kaufmännischen Zurückbehaltungsrechts

42 Das kaufmännische Zurückbehaltungsrecht ist ein *persönliches* Recht (§ 371 Anm. 1). Seine Entstehung kann daher *durch Vertrag* ausdrücklich oder konkludent ausgeschlossen werden (RG SeuffA 84 Nr. 93; Baumbach/Duden §§ 369, 370 Anm. 1 A; Ratz in RGR-Komm. z. HGB § 369 Anm. 40; Koenige Anm. 1e zu § 369; Schlegelberger aaO S. 216).

43 Eine Zurückbehaltung ist nach § 369 Abs. 3 auch ohne besonderen Ausschlußvertrag unzulässig, wenn sie der *Weisung* oder der Verpflichtung, *in bestimmter Weise mit dem Gegenstand zu verfahren,* widerspricht. Das Recht des Gläubigers zur Zurückbehaltung ist aus den Grundsätzen von Treu und Glauben erwachsen; es darf daher auch gegen diese Grundsätze nicht verstoßen. Hat der Gläubiger in bestimmter Weise mit der Sache zu verfahren, so darf er nicht treuwidrig die geschäftlichen Erwartungen seines Schuldners umstoßen und die Sache zur eigenen Sicherung verwenden.

44 Da jede Zurückbehaltung ihrem Wesen nach das Bestehen einer Herausgabepflicht voraussetzt, genügt es für die Annahme einer treuwidrigen Zurückbehaltung nicht, daß der Gläubiger dem Schuldner nach dem Rechtsverhältnis, das dem Besitzerwerb zugrunde liegt, zur Rückgabe verpflichtet ist. Sonst wäre § 369 Abs. 1 bedeutungslos. Es muß vielmehr außer der für das Zurückbehaltungsrecht wesensnotwendigen Rückgabepflicht noch eine *besondere Weisung des Schuldners* oder eine *Verpflichtung des Gläubigers* vorliegen (RG Gruchot 45, 1056). Die Weisung des Schuldners muß *vor* oder *bei der Übergabe* erteilt werden, später ist eine einseitige Weisung des Schuldners wirkungslos. Die Verpflichtung des Gläubigers ist auch nach der Übergabe zulässig. Auf Grund der Weisung oder der Verpflichtung muß der Gläubiger in bestimmter Weise mit der Sache verfahren. Mit dieser Verpflichtung kann eine Zurückbehaltung nach Treu und Glauben unvereinbar sein. Wann dies im Einzelfall zutrifft, ist in der Regel *Tatfrage* (J. v. Gierke S. 470).

45 Hat der Gläubiger den Gegenstand *an Dritte* zu übertragen oder jederzeit zur Verfügung eines Dritten zu halten, so wird fast stets die Entstehung eines kaufmännischen Zurückbehaltungsrechts ausgeschlossen sein. Ein Kommissionär, Handelsvertreter, Spediteur oder Frachtführer darf daher Waren, die er zum Verkauf, zur Versendung oder zur Beförderung erhalten hat, *nicht* zurückbehalten. Gleiches gilt für Wechsel, die der Gläubiger für Rechnung des Schuldners diskontieren soll. Ist der Auftrag des Schuldners *nicht ausführbar* (der Dritte verweigert z.B. die Annahme) oder *widerruft der Schuldner*

den Auftrag, so kann eine Zurückbehaltung zulässig sein, falls nicht auch für diesen Fall eine besondere Weisung oder Verpflichtung vorliegt, die eine Zurückbehaltung treuwidrig erscheinen läßt. Über das Zurückbehaltungsrecht des *Handelsvertreters* an ihm überlassenen Unterlagen nach Beendigung des Vertragsverhältnisses vgl. § 88 a Abs. 2.

46 Hat der Gläubiger die Sache *an den Schuldner herauszugeben,* so kommt es darauf an, ob die Pflicht allein auf dem Rechtsverhältnis beruht, das dem Besitzerwerb zugrunde liegt, oder ob sie auf einer die Zurückbehaltung ausschließenden Weisung oder Verpflichtung beruht. Eine Zurückbehaltung kann daher unzulässig sein, wenn der Gläubiger die Sache *zur jederzeitigen Verfügung* des Schuldners halten muß (OLG Hamburg SeuffA 50 Nr. 191; vgl. RGZ 160, 59 für § 273 BGB). – Die Weisung oder Verpflichtung kann sich auch ohne ausdrückliche Erklärung aus der *besonderen Art* eines Rechtsgeschäfts ergeben. In RGZ 146, 59 wird es für unzulässig angesehen, daß eine Bank, die als Zeichnungsstelle für die Reichsbahn tätig war und nach dem Zweck der Anleihezeichnung den Zeichnern die Anleihestücke auszuliefern hatte, die Auslieferung von der Zahlung geschäftsfremder Schulden abhängig machte. Hat der Gläubiger Sachen „zu treuen Händen" erhalten, so kann hierin konkludent eine Weisung oder Verpflichtung der jederzeitigen Rückgabe liegen (RG Warn 35 Nr. 101). Dagegen liegt in der Verpfändung von Sachen nicht zugleich die Weisung zur sofortigen Rückgabe nach Tilgung der Pfandschuld. Auch dem Verwahrer einer Sache wird das Zurückbehaltungsrecht nur zu versagen sein, wenn die Verpflichtung zur jederzeitigen Rückgabe auf Grund besonderer Weisung oder Verpflichtung besteht. Ebenso liegt es bei Sachen, die zur Bearbeitung in den Besitz des Gläubigers gelangt sind oder die der Gläubiger gekauft hat, jedoch wegen Mängel zur Verfügung stellt (RGZ 43, 39; 95, 334). Auch wenn einem Gläubiger Waren verspätet übersandt werden, obwohl er bereits nach § 326 BGB wegen Nichterfüllung des Vertrages vom Vertrag zurückgetreten ist, ist eine Zurückbehaltung zulässig. In dem Versuch nachträglicher Erfüllung liegt allein noch keine besondere Weisung zur Rücksendung, wenn der Gläubiger die verspätete Erfüllung zurückweist (RGZ 26, 60; vgl. auch Anm. 30). Eine Zurückbehaltung ist auch zulässig bei Waren und Wertpapieren, die der Schuldner zahlungshalber übersandt hat (OLG Stuttgart JW 31, 3143), jedoch regelmäßig nicht an eigenen Akzepten des Schuldners (Anm. 27).

47 Trotz besonderer Weisung oder Verpflichtung ist eine Zurückbehaltung nach § 370 Abs. 2 zulässig, wenn dem Gläubiger erst *nach* der Übergabe der Sache oder nach der Verpflichtungsübernahme bekannt wird, daß der Schuldner in *Konkurs* gefallen ist oder seine *Zahlungen eingestellt* hat oder eine *Zwangsvollstreckung* in sein Vermögen *ohne Erfolg* versucht wurde (§ 370 Anm. 2–4).

48 Das kaufmännische Zurückbehaltungsrecht wird grundsätzlich *nicht* dadurch ausgeschlossen, daß der *Gläubiger,* bevor seine Forderung fällig wird oder die Voraussetzungen des § 370 vorliegen, *mit der Rückgabe* der in seinem Besitz befindlichen beweglichen Sachen oder Wertpapiere in *Verzug* geraten war. Zwar kann der in Verzug geratene Schuldner wegen einer später fällig werdenden Gegenforderung ein Zurückbehaltungsrecht nach § 273 BGB nur geltend machen, wenn er Handlungen vornimmt, die zur Heilung des Verzugs geeignet sind, insbesondere die ihm obliegende Leistung Zug um Zug gegen die Gegenleistung anbietet. Das gilt jedoch *nur,* wenn beide Ansprüche „aus demselben rechtlichen Verhältnis" entsprungen sind (Anm. 3). Nur wenn diese Voraussetzung vorliegt, entfällt auch ein kaufmännisches Zurückbehaltungsrecht (a. M. Ratz in

§ 369 1. Abschn. *Drittes Buch. Handelsgeschäfte*

RGR-Komm. z. HGB § 369 Anm. 52 a; Koenige Anm. 1 a zu § 369, die auch beim kaufmännischen Zurückbehaltungsrecht stets verlangen, daß der Gläubiger zunächst den Verzug heilt).

IV. Wirkungen des kaufmännischen Zurückbehaltungsrechts

Zu unterscheiden sind die Wirkungen gegenüber dem *Schuldner* und gegenüber *Dritten* sowie die Wirkungen im Konkurs und gegenüber anderen Pfandrechten.

1. Wirkungen gegenüber dem Schuldner

49 Das Zurückbehaltungsrecht berechtigt den Gläubiger,

a) die Herausgabe des zurückbehaltenen Gegenstandes zu verweigern *(Zurückbehaltungseinrede);*

b) sich aus dem zurückbehaltenen Gegenstand zu befriedigen *(Verwertungsrecht).*

50 Die Zurückbehaltungseinrede wird im Rechtsstreit *nicht von Amts wegen* beachtet (Ratz in RGR-Komm. z. HGB § 369 Anm. 68; Schlegelberger aaO S. 168). Die Einrede muß vom Gläubiger erhoben werden. Wird sie vorgebracht, so führt sie nicht wie ein Pfandrecht zur Klageabweisung, sondern zur Verurteilung des Gläubigers zur Herausgabe Zug um Zug gegen Empfang der ihm gebührenden Leistung (§ 274 BGB; Art. 2 EG HGB; OLG Hamburg MDR 57, 169). Ein neues Schuldverhältnis wird durch die Zurückbehaltung nicht begründet.

51 Über das *Verwertungsrecht* vgl. §§ 371, 372.

2. Wirkungen gegenüber dem Gläubiger

52 Nach § 369 Abs. 2 bestehen die Zurückbehaltungseinrede und das Verwertungsrecht *nur gegenüber Dritten, denen die Einwendungen gegen den Herausgabeanspruch des Schuldners entgegengesetzt werden können.* Das ist nach § 986 Abs. 2, § 404 BGB der Fall, wenn der Dritte das Eigentum vom Schuldner entweder durch Einigung und Abtretung des Herausgabeanspruchs (§§ 929, 931 BGB) oder, wie sinngemäß anzunehmen ist, durch Besitzkonstitut (§§ 929, 930 BGB) erworben hat (RG SeuffA 55 Nr. 22; RG JW 26, 799; Düringer/Hachenburg/Hoeniger Anm. 12 zu § 369; Koenige Anm. 3 b zu § 369; Ritter Anm. 11 b zu § 369). Der Gläubiger muß jedoch *im Besitz* der zurückbehaltenen Sache geblieben sein (Anm. 35). Auch einem *Dritten,* der durch Abtretung des Herausgabeanspruchs einen Nießbrauch (§§ 1032 Satz 2, 931 BGB) oder ein Pfandrecht unter Anzeige der Verpfändung an den Gläubiger (§ 1205 Abs. 2 BGB) erworben hat, kann nach §§ 1065, 1227 BGB das Zurückbehaltungsrecht entgegengehalten werden. Ein Pfandgläubiger, der an der Pfandsache zugleich ein Zurückbehaltungsrecht hat, ist durch § 1249 Satz 2, § 268 Abs. 2 BGB dagegen geschützt, daß sein Recht durch Einlösung des Pfandes von einem Rechtsnachfolger des Schuldners beeinträchtigt wird. – § 371 Abs. 1 Satz 2 bestimmt noch ausdrücklich, daß das Zurückbehaltungsrecht, soweit es überhaupt gegenüber den Rechten Dritter nach § 369 Abs. 2 wirkt, den *Vorrang* hat.

53 Streitig ist es, *ob das Zurückbehaltungsrecht gegenüber dem Schuldner schon entstanden sein muß,* um gegen Dritte zu wirken. Nach §§ 986, 404 BGB muß die Einwendung

646

zur Zeit der Abtretung begründet gewesen sein. Hierfür genügt es, wenn der Rechtsgrund, auf dem die Einwendung beruht, bereits zur Zeit der Abtretung bestanden hat (RGZ 77, 157; 83, 282). Die Grundlage für das Zurückbehaltungsrecht ist aber, namentlich auch im Hinblick auf § 370, schon gegeben, wenn die Forderung des Gläubigers, der eine Sache des Schuldners besitzt, noch *nicht fällig* ist. In dieser Situation, die ein weiteres Zutun der Parteien nicht fordert, kann der Gläubiger mit der Entstehung des Zurückbehaltungsrechts rechnen, das ihm der Schuldner nicht durch Abtretung des Herausgabeanspruchs vereiteln darf. Das Zurückbehaltungsrecht kann daher auch dann einem Dritten entgegengesetzt werden, wenn es gegenüber dem Schuldner mangels Fälligkeit noch nicht bestanden hat (Ratz in RGR-Komm. z. HGB § 369 Anm. 33; Ritter Anm. 11 a zu § 369; a. M. Düringer/Hachenburg/Hoeniger Anm. 13 zu § 369).

Mitunter hat der Gläubiger *ein Zurückbehaltungsrecht gegenüber Dritten sogar* **54** *dann, wenn ihm vor der Abtretung noch keine Forderung gegen den Schuldner zugestanden hat.* Kennt nämlich der Gläubiger die Abtretung des Herausgabeanspruchs nicht, so ist unter sinngemäßer Anwendung der §§ 986, 407 BGB anzunehmen, daß er auch zurückbehalten kann, wenn seine Forderung erst durch ein nach der Abtretung zwischen ihm und dem Schuldner geschlossenes Rechtsgeschäft entstanden ist. Ein Gläubiger wird zur Kreditgewährung oftmals nur dadurch veranlaßt, daß er sich durch eine in seinem Besitz befindliche Sache gedeckt glaubt. Die Anwendung der §§ 404, 407 BGB kann also in Ausnahmefällen zur Entstehung eines Zurückbehaltungsrechts an *fremder* Sache führen.

Soweit § 369 Abs. 2 nicht eingreift, wirkt das Zurückbehaltungsrecht *nicht gegen* **55** *Dritte*. Es erlischt insbesondere in folgenden Fällen:

1. wenn der Dritte das Eigentum an der Sache nicht durch Abtretung des Herausgabeanspruchs (§§ 929, 931 BGB), sondern durch *Übergabe eines Traditionspapiers* (Lagerschein, Ladeschein, Konnossement) erworben hat. Hierbei kommt es nicht darauf an, ob der Dritte das Zurückbehaltungsrecht des Gläubigers gekannt hat oder nicht. Die Papierübergabe hat jedoch nur dann die Wirkung der Warenübergabe, wenn der Dritte durch das Papier zum Empfang der Ware legitimiert wird (§§ 424, 450, 647 HGB). Ist der Dritte nicht legitimiert, so kann in der Übergabe des Papiers eine Übereignung nach §§ 929, 931 BGB liegen, die eine Geltendmachung des Zurückbehaltungsrechts nicht ausschließt (RGZ 119, 217); **56**

2. wenn der Dritte Besitzmittler des Gläubigers ist und das Eigentum an der Sache vom **57** Schuldner durch Einigung nach § 929 Satz 2 BGB erwirbt.

Erwirbt ein Dritter ein *Pfandrecht* an der zurückbehaltenen Sache durch Übergabe **58** eines Warenpapiers, so geht das Pfandrecht dem Zurückbehaltungsrecht vor.

Auch ein späteres *gesetzliches Pfandrecht* (z.B. nach §§ 397, 410, 421, 444) hat *den* **59** *Vorrang*, falls nicht das gesetzliche Pfandrecht durch Abtretung des mittelbaren Besitzes (§ 870 BGB) entstanden ist.

Gegenüber dem *Verfolgungsrecht des* § 44 KO greift ein kaufmännisches Zurückbe- **60** haltungsrecht, mag es auch früher entstanden sein, niemals durch. Dies folgt bereits unmittelbar aus § 369 Abs. 2 (RGZ 8, 81).

Gegenüber dem *Pfändungsrecht* geht ein früher entstandenes kaufmännisches Zu- **61** rückbehaltungsrecht vor (§ 804 Abs. 2 ZPO i. Verb. mit § 49 Ziffer 4 KO). Pfändet ein

§ 369 1. Abschn.   *Drittes Buch. Handelsgeschäfte*

anderer Gläubiger des Schuldners die zurückbehaltene Sache, so kann der Zurückbehaltungsgläubiger entweder Erinnerung nach § 766 ZPO einlegen oder sein Recht durch Widerspruchsklage nach § 771 ZPO oder gegebenenfalls durch Klage auf vorzugsweise Befriedigung nach § 805 ZPO geltend machen. In diesem Falle braucht sich der Gläubiger *nicht* zunächst einen vollstreckbaren Schuldtitel für sein Recht auf Befriedigung aus der zurückbehaltenen Sache zu verschaffen (§ 371 Anm. 6).

62   Betreibt der zurückhaltende Gläubiger selbst die Zwangsvollstreckung in das übrige Vermögen des Schuldners, so kann der Schuldner nach § 777 ZPO widersprechen und den Gläubiger auf die zurückbehaltene Sache verweisen, soweit die Forderung durch den Wert der Sache gedeckt ist.

63   Da mittelbarer Besitz und Mitbesitz für die Entstehung des kaufmännischen Zurückbehaltungsrechts genügen (Anm. 35), ist das Bestehen *mehrerer* Zurückbehaltungsrechte an einer Sache möglich. In diesem Falle ist nach § 371 Abs. 1 Satz 2, § 369 Abs. 2 entscheidend, welcher der Gläubiger gegenüber dem anderen Gläubiger die Zurückbehaltungseinrede geltend machen kann (Ritter Anm. 16 zu § 369).

3. Konkurs

64   Ein vor Konkurseröffnung entstandenes kaufmännisches Zurückbehaltungsrecht gibt dem Gläubiger nach §§ 48, 49 Nr. 4 KO ein *Absonderungsrecht,* und zwar zunächst wegen der Kosten, dann wegen der Zinsen und zuletzt wegen des Kapitals. Der Gläubiger kann die Herausgabe der Sache gegenüber dem Konkursverwalter verweigern. Die Verwertung erfolgt *außerhalb* des Konkurses (§ 127 Abs. 2 KO). Zu diesem Zweck muß der Gläubiger einen Vollstreckungstitel gegen den Konkursverwalter auf Gestattung der Befriedigung aus der zurückbehaltenen Sache erwirken (Vgl. Erläuterungen zu § 371). Hatte der Gläubiger bereits vor Konkurseröffnung einen Vollstreckungstitel gegen den Schuldner erwirkt, so muß er diesen zuvor gegen den Konkursverwalter umschreiben lassen (§ 727 ZPO; a. M. Ratz in RGR-Komm. z. HGB § 369 Anm. 59). – Auf Antrag des Konkursverwalters kann das Konkursgericht dem Gläubiger nach dessen Anhörung eine Frist zur Selbstverwaltung bestimmen. Nach fruchtlosem Ablauf der Frist ist der Konkursverwalter nach § 127 Abs. 1 KO berechtigt, die Verwertung nach Maßgabe der Vorschriften über die Zwangsvollstreckung oder über den Pfandverkauf zu betreiben. Der Gläubiger kann einer solchen Verwertung nicht widersprechen; vielmehr kann er seine Rechte nur am Erlös geltend machen.

65   Nach der Eröffnung des Konkursverfahrens kann nach § 15 KO *kein* Zurückbehaltungsrecht an Massegegenständen mit Wirkung gegenüber den Konkursgläubigern erworben werden.

V. Erlöschen des kaufmännischen Zurückbehaltungsrechts

66   Das kaufmännische Zurückbehaltungsrecht *erlischt* durch Untergang der zurückbehaltenen Sache, durch Erlöschen oder durch Stundung der zu sichernden Forderung, Verzichtsvertrag zwischen Gläubiger und Schuldner (RGZ 72, 168; 110, 418), Verlust des Eigentums des Schuldners, falls nicht das Zurückbehaltungsrecht unter den Voraussetzungen des § 369 Abs. 2 auch gegenüber dem neuen Eigentümer wirkt, sowie durch

Verlust des Besitzes. Erlangt allerdings der Gläubiger eine *gegen seinen Willen* aus seinem Besitz gelangte Sache wieder, so ist anzunehmen, daß das Zurückbehaltungsrecht wiederauflebt (Ratz in RGR-Komm. z. HGB § 369 Anm. 63; a. M. Baumbach/Duden §§ 369, 370 HGB Anm. 1 B). Gleiches wird bei Aufhebung der Zwangsvollstreckung im Falle des § 717 ZPO zu gelten haben (Koenige § 369 Anm. 4). Dagegen erlischt das Zurückbehaltungsrecht endgültig bei freiwilliger Besitzaufgabe, insbesondere bei Rückgabe der Sache an den Schuldner (§ 1253 BGB).

Dadurch, daß der Gläubiger seine Forderung auf einen anderen überträgt, braucht ein **67** schon entstandenes Zurückbehaltungsrecht *nicht* zu erlöschen. Zwar geht nach § 401 BGB das Zurückbehaltungsrecht nicht ohne weiteres über, wohl aber durch Forderungsübergang nebst *Besitzübertragung* an der zurückbehaltenen Sache. Dem Übergang des Zurückbehaltungsrechts steht nicht entgegen, daß § 369 Abs. 1 ein „zwischen Gläubiger und Schuldner geschlossenes beiderseitiges Handelsgeschäft" verlangt. Der Schutzgedanke dieser Bestimmung greift aus den zu Anm. 17 erörterten Gründen nicht durch.

Da für jedes Zurückbehaltungsrecht die Schranken von Treu und Glauben gelten **68** (§ 242 BGB), kann auch ein kaufmännisches Zurückbehaltungsrecht nicht für ganz geringfügige Forderungen ausgeübt werden, wenn durch die Ausübung ein unverhältnismäßiger Schaden entstehen würde (RGZ 61, 128; 109, 171; Koenige § 369 Anm. 1 a). – Auch kann das kaufmännische Zurückbehaltungsrecht als Sicherungsmittel nur insoweit ausgeübt werden, wie es zur *Sicherung* des Gläubigers nötig ist. Daraus folgt jedoch noch nicht, daß der Überschuß ohne Sicherheitsleistung stets herausverlangt werden kann, wenn der Wert der zurückbehaltenen Sache den Wert der Forderung übersteigt.

Der Schuldner kann die Ausübung des Zurückbehaltungsrechts durch *Sicherheitsleistung* **69** abwenden (§ 369 Abs. 4). Durch die Leistung der Sicherheit *erlischt* das Zurückbehaltungsrecht und der Gläubiger erwirbt statt dessen nach § 233 BGB ein *Pfandrecht* an der Sicherheit. Die *Art* der Sicherheitsleistung bestimmt sich nach §§ 232ff. BGB. Entgegen § 232 Abs. 2 BGB genügt nicht die Stellung eines tauglichen Bürgen. Angemessen ist die Sicherheit stets, wenn sie in Höhe der Forderung geleistet wird, mag auch der Wert der zurückbehaltenen Sache ein höherer sein. Ist dieser geringer als der Betrag der Forderung, so braucht nur in Höhe des Wertes der zurückbehaltenen Sache Sicherheit geleistet zu werden (RGZ 137, 355).

370 Das Zurückbehaltungsrecht kann auch wegen nicht fälliger Forderungen geltend gemacht werden:
1. wenn über das Vermögen des Schuldners der Konkurs eröffnet ist oder der Schuldner seine Zahlungen eingestellt hat;
2. wenn eine Zwangsvollstreckung in das Vermögen des Schuldners ohne Erfolg versucht ist.

Der Geltendmachung des Zurückbehaltungsrechts steht die Anweisung des Schuldners oder die Übernahme der Verpflichtung, in einer bestimmten Weise mit dem Gegenstande zu verfahren, nicht entgegen, sofern die im Abs. 1 Nr. 1, 2 bezeichneten Tatsachen erst nach der Übergabe des Gegenstandes oder nach der Übernahme der Verpflichtung dem Gläubiger bekannt werden.

Inhalt

	Anm.		Anm.
Allgemeines	1–2	2. Zahlungseinstellung	5
I. Voraussetzungen des Notzurückbehaltungsrechts	3–6	3. Erfolglose Zwangsvollstreckung	6
1. Konkurs	4	II. Wirkungen des Notzurückbehaltungsrechts	7

Allgemeines

1 § 370 HGB gibt dem Gläubiger im Falle der Unsicherheit des Schuldners unter bestimmten Voraussetzungen ein *erweitertes* Zurückbehaltungsrecht *(Notzurückbehaltungsrecht)*. Es erstreckt sich auf dieselben Gegenstände, auf die sich auch das Zurückbehaltungsrecht des § 369 erstreckt (BGH WM 57, 98). Es würde mit Treu und Glauben, der Grundlage des kaufmännischen Zurückbehaltungsrechts, nicht vereinbar sein, wenn ein Gläubiger, dessen Forderung durch die schlechte Vermögenslage des Schuldners gefährdet ist, sämtliche Voraussetzungen, die für die Entstehung des Zurückbehaltungsrechts nach § 369 nötig sind, erfüllen müßte.

2 Das Notzurückbehaltungsrecht kann daher auch entstehen:

1. wenn die *Forderung des Gläubigers nicht fällig* ist (Abs. 1);

2. wenn eine *Weisung des Schuldners oder die Übernahme einer Verpflichtung des Gläubigers, in bestimmter Weise mit dem Gegenstande zu verfahren,* vorliegt (Abs. 2). In diesem Falle muß jedoch die Unsicherheit des Schuldners entweder nach der Übergabe der Sache oder nach der Verpflichtungsübernahme eintreten oder, wenn sie schon vorher eingetreten war, erst nach der Übergabe oder nach der Verpflichtungsübernahme dem Gläubiger bekannt geworden sein. Sonst entsteht kein Notzurückbehaltungsrecht. Entsprechend dem Grundgedanken des § 370 wird aber eine Zurückbehaltung auch zu versagen sein, wenn der Gläubiger seine Forderung in Kenntnis der Unsicherheit des Schuldners erworben hat (vgl. Düringer/Hachenburg/Hoeniger Anm. 2 zu § 370; Schlegelberger aaO S. 231; a. M. Ratz in RGR-Komm. z. HGB § 370 Anm. 4).

I. Voraussetzungen des Notzurückbehaltungsrechts

3 Eine *Unsicherheit* des Schuldners, die zur vorzeitigen Entstehung eines Zurückbehaltungsrechts führt, ist gesetzlich nur in *drei* Fällen anerkannt.

1. Konkurs

4 Ist über das Vermögen des Schuldners das Konkursverfahren eröffnet worden, so hat der Gläubiger die Zurückbehaltungseinrede gegenüber dem Herausgabeanspruch des Konkursverwalters und ein Recht auf abgesonderte Befriedigung nach § 49 Ziffer 4 KO. Kein Notzurückbehaltungsrecht entsteht, wenn das Konkursverfahren bereits *beendet* war, bevor die übrigen für die Entstehung des Notzurückbehaltungsrechts notwendigen Voraussetzungen vorgelegen haben. Ein durch die Konkurseröffnung entstandenes Zurückbehaltungsrecht erlischt, wenn der Eröffnungsbeschluß (§ 108 KO) auf Beschwerde wieder aufgehoben wird, jedoch nicht durch die Einstellung oder Aufhebung des Konkursverfahrens (§§ 163, 190, 202 ff. KO).

2. Zahlungseinstellung

Zahlungseinstellung des Schuldners liegt noch nicht bei Zahlungsunfähigkeit vor, also **5** einem auf Mangel von Zahlungsmitteln beruhenden, nicht bloß vorübergehenden Unvermögen des Schuldners, seine fälligen Geldschulden im allgemeinen zu berichtigen. Zahlungseinstellung (§§ 30, 102, Abs. 2 KO) ist erst gegeben, wenn die Zahlungsunfähigkeit auch *nach außen* durch das Verhalten des Schuldners *in Erscheinung getreten ist* (RGZ 50, 41; 51, 413; 100, 65). Arrest allein genügt noch nicht. Kein Notzurückbehaltungsrecht entsteht, wenn die Zahlungseinstellung bereits aufgehört hat, bevor die übrigen für die Entstehung des Notzurückbehaltungsrechts notwendigen Voraussetzungen vorgelegen haben. Ein durch Zahlungseinstellung entstandenes Notzurückbehaltungsrecht erlischt nicht, wenn der Schuldner seine Zahlungen wieder aufnimmt; jedoch kann die Geltendmachung nach Treu und Glauben unzulässig sein.

3. Erfolglose Zwangsvollstreckung

Die Zwangsvollstreckung ist erfolglos versucht, wenn sie nicht zur vollständigen **6** Befriedigung geführt hat, wobei gleichgültig ist, von wem die Vollstreckung versucht wurde. Der Nachweis geschieht durch das Pfändungsprotokoll des Gerichtsvollziehers. In Betracht kommt nur die erfolglose Zwangsvollstreckung wegen einer Geldforderung; ferner genügt unter sinngemäßer Anwendung des § 772 BGB eine Vollstreckung in die beweglichen Sachen des Schuldners, die sich an seinem Wohnsitz befinden oder, wenn er an einem anderen Ort eine gewerbliche Niederlassung hat, am Niederlassungsort oder bei Fehlen eines Wohnsitzes und einer gewerblichen Niederlassung am Aufenthaltsort. Die Vollstreckung muß auch dann versucht werden, wenn sich der Wohnsitz, Niederlassungs- oder Aufenthaltsort im Ausland befindet, falls nicht die Rechtsverfolgung hierdurch wesentlich erschwert ist (§ 773 Abs. 1 Nr. 2 BGB). Trotz erfolgloser Zwangsvollstreckung entsteht kein Notzurückbehaltungsrecht, wenn eine spätere Zwangsvollstreckung wieder mit Erfolg durchgeführt werden konnte oder wenn die erfolglose Zwangsvollstreckung soweit zurückliegt, daß sie im Verkehr nicht mehr beachtet wird (Düringer/Hachenburg/Hoeniger Anm. 4 zu § 370; Ratz in RGR-Komm. z. HGB § 370 Anm. 1). Dagegen ist es unerheblich, ob trotz erfolglos gebliebener Zwangsvollstreckung der Schuldner zahlungsfähig geblieben ist, z.B. weil er Vermögensgegenstände beiseite geschafft hat. Die Geltendmachung eines entstandenen Notzurückbehaltungsrechts wird ferner nach Treu und Glauben unzulässig sein, wenn der Schuldner nachweist, daß er nach erfolgloser Zwangsvollstreckung wieder zahlungsfähig geworden ist.

II. Wirkungen des Notzurückbehaltungsrechts

Das kaufmännische Notzurückbehaltungsrecht entsteht kraft Gesetzes, sobald die **7** Voraussetzungen der §§ 369, 370 vorliegen. Einer Geltendmachung bedarf es trotz des von § 369 abweichenden Wortlauts des § 370 zur Entstehung des Rechts nicht. Auch im Falle des § 370 Abs. 2 entsteht das Notzurückbehaltungsrecht nicht erst, wenn der Gläubiger nach der Übergabe der Sache oder der Übernahme der Verpflichtung von einer die Unsicherheit des Schuldners begründenden Tatsache Kenntnis erhält. Die Wirkung des Notzurückbehaltungsrechts ist die gleiche wie die des gewöhnlichen Zurückbehal-

§ 371 1. Abschn. *Drittes Buch. Handelsgeschäfte*

tungsrechts des § 369 (Anm. 49–65). Der Gläubiger hat die Zurückbehaltungseinrede gegenüber dem Herausgabeanspruch des Schuldners sowie das Verwertungsrecht des § 371.

371 Der Gläubiger ist kraft des Zurückbehaltungsrechts befugt, sich aus dem zurückbehaltenen Gegenstande für seine Forderung zu befriedigen. Steht einem Dritten ein Recht an dem Gegenstande zu, gegen welches das Zurückbehaltungsrecht nach § 369 Abs. 2 geltend gemacht werden kann, so hat der Gläubiger in Ansehung der Befriedigung aus dem Gegenstande den Vorrang.

Die Befriedigung erfolgt nach den für das Pfandrecht geltenden Vorschriften des Bürgerlichen Gesetzbuches. An die Stelle der im § 1234 des Bürgerlichen Gesetzbuchs bestimmten Frist von einem Monate tritt eine solche von einer Woche.

Sofern die Befriedigung nicht im Wege der Zwangsvollstreckung stattfindet, ist sie erst zulässig, nachdem der Gläubiger einen vollstreckbaren Titel für sein Recht auf Befriedigung gegen den Eigentümer oder, wenn der Gegenstand ihm selbst gehört, gegen den Schuldner erlangt hat; in dem letzteren Falle finden die den Eigentümer betreffenden Vorschriften des Bürgerlichen Gesetzbuchs über die Befriedigung auf den Schuldner entsprechende Anwendung. In Ermangelung des vollstreckbaren Titels ist der Verkauf des Gegenstandes nicht rechtmäßig.

Die Klage auf Gestattung der Befriedigung kann bei dem Gericht, in dessen Bezirke der Gläubiger seinen allgemeinen Gerichtsstand oder den Gerichtsstand der Niederlassung hat, erhoben werden.

Inhalt

	Anm.		Anm.
Allgemeines	1– 2	a) Verkauf nach BGB	13–18
I. Befriedigung aus der zurückbehaltenen Sache	3– 4	b) Verkauf nach ZPO	19
II. Vollstreckungsbefriedigung	5	IV. Befriedigung aus zurückbehaltenen Wertpapieren	20–27
III. Verkaufsbefriedigung	6–19	1. Inhaberpapiere	21–23
1. Voraussetzungen	6–11	2. Orderpapiere	24–25
2. Verwertungsformen	12–19	3. Rektapapiere	26
		4. Traditionspapiere	27

Allgemeines

1 Die Befriedigung des Gläubigers geschieht durch *Verwertung der zurückbehaltenen Sache* nach den für das Pfandrecht geltenden Vorschriften des BGB (Abs. 2) oder im Wege der Zwangsvollstreckung nach den Grundsätzen der ZPO (Abs. 3). In dem Verwertungsrecht liegt die Besonderheit des kaufmännischen im Verleich zu dem bürgerlich-rechtlichen Zurückbehaltungsrecht des § 273 BGB. Der Gläubiger kann sich aus der Sache selbst bezahlt machen. In dem Verwertungsrecht zeigt sich ferner die pfandähnliche Wirkung des kaufmännischen Zurückbehaltungsrechts, ohne daß dieses hierdurch selbst zu einem dinglichen Recht wird (§ 369 Anm. 29). Das Befriedigungsrecht des § 371 ist vielmehr von derselben persönlichen Natur wie das des unrechtmäßigen Besitzers aus § 1003 BGB wegen nicht genehmigter Verwendungen.

Erster Abschnitt. Allgemeine Vorschriften 1. Abschn. § 371

Der Gläubiger muß sich *nicht* aus der zurückbehaltenen Sache befriedigen. Er kann **2** sich auf die *Zurückbehaltung* beschränken oder auf Grund eines für seine Forderung erzielten Schuldtitels in das übrige Vermögen des Schuldners vollstrecken. In diesem Falle ist aber der Schuldner, wenn er Eigentümer ist, berechtigt, der Vollstreckung nach §§ 766, 777 ZPO zu widersprechen, soweit die Forderung durch den Wert der zurückbehaltenen Sache gedeckt ist.

I. Befriedigung aus der zurückbehaltenen Sache

Der Gläubiger hat *zwei* Möglichkeiten: Er kann seine gesicherte Forderung gegen den **3** Schuldner einklagen und auf Grund des auf Zahlung lautenden Schuldtitels die zurückbehaltene Sache nach den Grundsätzen der ZPO pfänden und verwerten lassen *(Vollstreckungsbefriedigung)*. Er kann aber auch einen Schuldtitel für sein Recht auf Befriedigung aus der zurückbehaltenen Sache erwirken und die Sache sodann ohne Zwangsvollstreckung nach den Vorschriften des BGB über das Pfandrecht verwerten *(Verkaufsbefriedigung)*. Die Form der Verkaufsbefriedigung ist in §§ 371, 372 eingehend geregelt; die Zulässigkeit der Vollstreckungsbefriedigung ist selbstverständlich und in § 371 Abs. 3 nur zur Klarstellung erwähnt worden.

Beide Formen der Verwertung setzen den Eintritt der *Befriedigungsreife* voraus. Die **4** gesicherte Forderung des Gläubigers muß in eine *Geldforderung* übergegangen sein (§ 1228 Abs. 2 BGB).

II. Vollstreckungsbefriedigung

Auf Grund eines für die *persönliche* Forderung erzielten Vollstreckungstitels läßt der **5** Gläubiger die zurückbehaltene Sache pfänden (§ 809 ZPO) und nach §§ 814 ff. ZPO verwerten. Für die Befriedigung durch Zwangsvollstreckung muß die Forderung des Gläubigers *fällig* sein; beim Notzurückbehaltungsrecht des § 370 ist nur die Verkaufsbefriedigung möglich. Dagegen wird eine Zwangsvollstreckung nicht dadurch ausgeschlossen, daß der Gläubiger im Falle des § 369 Abs. 1 Satz 2 selbst Eigentümer der zurückbehaltenen Sache ist (Düringer/Hachenburg/Hoeniger Anm. 10 zu § 371; Ratz in RGR-Komm. z. HGB § 371 Anm. 4). An *eigener* Sache kann zwar für den Gläubiger ein Pfändungspfandrecht nicht entstehen, wenn man entgegen der öffentlich-rechtlichen Theorie annimmt, daß hierfür die Vorschriften des BGB über das Pfandrecht maßgebend sind; jedoch ist Grundlage der auf staatlicher Hoheitsgewalt beruhenden Verwertung nicht das Bestehen eines Pfändungspfandrechts, sondern allein die wirksame *Verstrickung* (RGZ 156, 398; Baur, Sachenrecht, § 55 D II; Säcker JZ 71, 156; eingehend Lent/Jauernig, Zwangsvollstreckungs- und Konkursrecht, 13. Aufl. 1975, § 16 S. 54 ff.).

III. Verkaufsbefriedigung

1. Voraussetzungen

Sie geschieht nach den Vorschriften des BGB über den Pfandverkauf (§ 371 Abs. 2; **6** §§ 1233 ff. BGB) mit einer grundsätzlichen Ausnahme. Während beim vertraglichen oder gesetzlichen Pfandrecht die Verwertung auch ohne Vollstreckungstitel zulässig ist (§ 1233 Abs. 1 BGB), ist beim kaufmännischen Zurückbehaltungsrecht stets ein *vollstreckbarer Schuldtitel* für das Recht auf Befriedigung aus der zurückbehaltenen Sache *gegen den Eigentümer* nötig (Abs. 3). Der Grund dieses Unterschieds beruht im wesentlichen darauf, daß die Voraussetzungen des kaufmännischen Zurückbehaltungsrechts meist schwerer als die eines Pfandrechts festzustellen sind. Einen Schuldtitel kann der Gläubiger entweder durch *besondere Klage* oder dadurch erwirken, daß sich der Schuldner unter sinngemäßer Anwendung des § 794 Ziffer 5 Satz 2 ZPO in einer *vollstreckbaren Urkunde* der Zwangsvollstreckung unterwirft.

7   Ein dinglicher Schuldtitel ist nicht zwingend vorgeschrieben. Zulässig ist eine *Vereinbarung* unter den Parteien (vgl. § 1245 BGB), daß die Verwertung wie beim Pfandrecht ohne Vollstreckungstitel geschehen darf; eine solche Vereinbarung kann auch *vor* Eintritt der Befriedigungsreife getroffen werden. Ferner bedarf es keines Titels für die Befriedigung aus dem Zurückbehaltungsrecht, wenn ein anderer Gläubiger die Zwangsvollstreckung betreibt und dabei eine Sache pfänden läßt, an der bereits ein Zurückbehaltungsrecht entstanden ist. Der Gläubiger des Zurückbehaltungsrechts, der nach § 804 Abs. 2 ZPO den Vorrang vor dem Pfändungsgläubiger hat, kann dann Widerspruchsklage nach § 771 ZPO oder gegebenenfalls Klage auf vorzugsweise Befriedigung aus dem Erlös nach § 805 ZPO erheben und dadurch Befriedigung aus dem Zurückbehaltungsrecht erlangen. Anders liegt es beim Zurückbehaltungsrecht des BGB.

8   Im Gegensatz zur Vollstreckungsbefriedigung stützt sich die Klage des § 371 auf das *Zurückbehaltungsrecht* selbst, für dessen Entstehung der Gläubiger beweispflichtig ist. Dabei kann er sich zwar nicht auf die allgemeine Pfandrechtsvermutung der §§ 1227, 1006 BGB, wohl aber auf § 344 berufen, um nachzuweisen, daß seine Forderung aus einem beiderseitigen Handelsgeschäft stammt, und er den Besitz auf Grund von Handelsgeschäften erlangt hat. Passiv legitimiert für die auf das Zurückbehaltungsrecht gestützte Klage ist der *Eigentümer* der zurückbehaltenen Sache, mag er im Fall des § 369 Abs. 2 auch nicht mehr der Schuldner sein (§ 371 Abs. 3). Zugunsten des Gläubigers greift jedoch die Vermutung des § 372 Abs. 1 ein, nach der der Schuldner, wenn er beim Besitzerwerb des Gläubigers Eigentümer war, auch weiterhin als Eigentümer gilt, sofern der Gläubiger die Rechtsnachfolge nicht kennt. Das gegen den früheren Eigentümer erzielte Urteil muß dann der neue Eigentümer gegen sich gelten lassen (§ 372 Abs. 2). Hat der Gläubiger ein Zurückbehaltungsrecht an *eigener Sache* (§ 369 Abs. 1 Satz 2), so ist die Klage gegen den *Schuldner* zu richten (Abs. 3). Dabei ist Voraussetzung, daß dem Schuldner auch die *Forderung* auf Rückübertragung der zurückbehaltenen Sache zusteht. Der Gläubiger einer OHG, der auf Grund kaufmännischen Zurückbehaltungsrechts aus einer ihm zur Sicherheit übereigneten Sache wegen einer anderen als der durch das Sicherungsgut zu sichernden Forderung Befriedigung sucht, kann daher nur gegen die Gesellschaft, nicht gegen die für die Forderung nach § 128 mithaftenden Gesellschafter auf Duldung der Befriedigung klagen (LG Hamburg NJW 52, 826 mit Anm. von Duden). Hat der Schuldner seinen Rückübertragungsanspruch an einen Dritten abgetreten, so muß der Gläubiger, wenn er die Rechtsnachfolge kennt, den für die Verwertung notwendigen Schuldtitel gegen den Dritten erwirken (Göppert ZHR 95, 52 ff.). Kennt der Gläubiger die Rechtsnachfolge nicht, so gilt zu seinen Gunsten § 372 sinngemäß; bei

einem Rechtsstreit über die Forderung des Schuldners auf Rückübertragung muß der Dritte das Urteil nach § 407 Abs. 2 BGB gegen sich gelten lassen.

Die Klage aus dem Zurückbehaltungsrecht ist keine Leistungs- oder Feststellungsklage; sie ist auf die Erlangung eines vollstreckbaren Titels zur Verwertung der zurückbehaltenen Sache gerichtet (vgl. RGZ 95, 336). Der Vollstreckungstitel soll das Recht zur Verwertung erst schaffen. Es handelt sich daher um eine *Gestaltungsklage* (OLG Hamburg MDR 58, 343; Göppert ZHR 95, 52; Baumbach/Duden §§ 371, 372 HGB Anm. 2 B). Der *Klageantrag* ist zu richten auf Verurteilung des Beklagten, dem Kläger zu gestatten, sich wegen seiner Forderung aus der zurückbehaltenen Sache zu befriedigen (RGZ 95, 334; Düringer/Hachenburg/Hoeniger Anm. 11 zu § 371; Ratz in RGR-Komm. z. HGB § 371 Anm. 5). Eine *Bezifferung der Forderung* ist für die Klage *nicht nötig* (so auch OLG Hamburg MDR 60, 315), da zur Verwertung des Zurückbehaltungsrechts ein Titel für die gesicherte Forderung nicht erlangt zu werden braucht. Es genügt die Feststellung, daß dem Kläger eine Forderung zusteht, für die er ein Zurückbehaltungsrecht hat. Die Gestattungsklage nach § 371 Abs. 3 ist auch gegeben, wenn sich das Zurückbehaltungsrecht an der Ware nach deren Versteigerung und Hinterlegung des Erlöses in ein Pfandrecht an der Surrogationsforderung des ursprünglichen Wareneigentümers gegen die Hinterlegungsstelle verwandelt hat (RGZ 95, 337). Dagegen ist Bezifferung nötig bei Geltendmachung im Urkundenprozeß oder Mahnverfahren sowie bei Aufnahme einer vollstreckbaren Urkunde (vgl. §§ 592, 688 Abs. 1, 794 Abs. 1 Ziff. 5 ZPO).

Die Kosten des Rechtsstreits fallen nach § 91 ZPO dem Beklagten zur Last, wenn er zur Gestattung der Befriedigung verurteilt wird. Dies gilt auch im Falle des § 369 Abs. 2, wenn der Beklagte nicht Schuldner ist. § 93 ZPO ist in der Regel nicht anwendbar, da der Kläger den Vollstreckungstitel nach Abs. 3 braucht und somit Klageveranlassung vorliegt (Baumbach/Duden Anm. 2 C zu §§ 371, 372). Anders nur, wenn der Beklagte vor Klageerhebung mit einer Verwertung ohne Vollstreckungstitel einverstanden war (Anm. 7) oder dem Gläubiger eine vollstreckbare Urkunde nach § 794 Abs. 1 Ziff. 5 ZPO anbietet (Ratz in RGR-Komm. z. HGB § 371 Anm. 8; z. T. a. M. Düringer/Hachenburg/Hoeniger Anm. 12 zu § 371). Will sich der Gläubiger auch wegen der Kosten befriedigen, für die unter sinngemäßer Anwendung des § 1210 Abs. 2 BGB die zurückbehaltene Sache ebenfalls haftet, so müssen die Kosten im Klageantrag und im Schuldtitel erwähnt werden.

Nach § 371 Abs. 4 kann die Klage auf Befriedigung aus dem Zurückbehaltungsrecht im Interesse des Gläubigers nicht nur bei dem Gericht erhoben werden, in dessen Bezirk der Schuldner seinen allgemeinen Gerichtsstand hat (§§ 12 ff. ZPO), sondern auch bei dem Gericht, in dessen Bezirk für den *Gläubiger* der allgemeine Gerichtsstand oder der Gerichtsstand der Niederlassung begründet ist. Hat der Gläubiger mehrere Niederlassungen, so hat er nicht die Auswahl, an welchem Niederlassungsort er klagen will. Vielmehr muß das Zurückbehaltungsrecht aus Handelsgeschäften entstanden sein, die sich auf den Geschäftsbetrieb der Niederlassung unmittelbar beziehen (§ 21 Abs. 1 ZPO; RGZ 103, 431; Düringer/Hachenburg/Hoeniger Anm. 15 zu § 371; Ratz in RGR-Komm. z. HGB § 371 Anm. 7; Schlegelberger aaO S. 234), in deren Gerichtsstand geklagt wird. Der Gerichtsstand des § 371 Abs. 4 besteht auch, wenn sich das Zurückbehaltungsrecht an der Ware in ein *Pfandrecht* an der *Surrogationsforderung* verwandelt hat, z.B. weil die zunächst zurückbehaltene Ware infolge drohenden Verderbs versteigert und der Erlös hinterlegt (RGZ 95, 337) oder nach Sicherheitsleistung zurückgegeben worden war (OLG Hamburg DB 62, 1503).

2. Verwertungsformen

12 Hat der Gläubiger einen Vollstreckungstitel für sein Recht auf Befriedigung erwirkt, so kann er die zurückbehaltene Sache wie ein *Pfandgläubiger* verkaufen (Abs. 2). Nach § 1223 BGB hat der Gläubiger die *Wahl*, ob er den Verkauf nach den Vorschriften des BGB über den Pfandverkauf (§§ 1234 ff. BGB) oder nach den Vorschriften der ZPO über den Verkauf einer gepfändeten Sache vornehmen lassen will (§ 1233 Abs. 2 BGB).

a) Verkauf nach BGB.

13 Der Verkauf ist im Wege *öffentlicher Versteigerung* oder, wenn die Sache einen Börsen- oder Marktpreis hat, aus freier Hand durch einen hierzu öffentlich ermächtigten Handelsmakler oder durch eine zur öffentlichen Versteigerung befugte Person zum laufenden Preis vorzunehmen (§§ 1235, 1221 BGB). Eine andere Art der Verwertung kann zwischen dem Gläubiger und dem Eigentümer der zurückbehaltenen Sache vereinbart oder unter Umständen, wenn eine Einigung nicht zustande kommt, durch gerichtliche Entscheidung bestimmt werden (§§ 1245, 1246 BGB). Auf die Beobachtung einzelner Vorschriften (§§ 1235, 1237 Satz 1, 1240 BGB) kann jedoch nicht vor Eintritt der Verkaufsberechtigung, d.h. vor Erlangung des Vollstreckungstitels, verzichtet werden.

14 Der Gläubiger ist verpflichtet, dem Eigentümer der zurückbehaltenen Sache den *Verkauf* anzudrohen (§ 1234 BGB) sowie ihm die *Zeit* und den *Ort der Versteigerung* und *das Ergebnis der Pfandverwertung* mitzuteilen (§§ 1236, 1241 BGB). Bei einem Eigentumswechsel nach Besitzerwerb des Gläubigers gilt zugunsten des gutgläubigen Gläubigers der frühere Eigentümer weiter als Eigentümer (§ 372 Abs. 1). Ist der Gläubiger im Falle des § 369 Abs. 1 Satz 2 selbst Eigentümer der zurückbehaltenen Sache, so finden die den Eigentümer betreffenden Vorschriften des BGB über die Befriedigung auf den *Schuldner* entsprechende Anwendung (Abs. 3 Satz 1).

15 Abweichend von § 1234 Abs. 2 BGB darf der Verkauf schon *eine Woche nach der Androhung* des Verkaufs oder, wenn die Androhung untunlich war, eine Woche nach Eintritt der Verkaufsberechtigung stattfinden (§ 371 Abs. 2 Satz 2; entsprechend § 368).

16 Die Veräußerung der zurückbehaltenen Sache ist nach § 1243 BGB nicht nur *unrechtmäßig*, wenn gegen § 1218 Abs. 2, § 1230 Satz 2, §§ 1235, 1237 Satz 1, § 1240 BGB verstoßen, sondern auch dann, wenn *ohne Vollstreckungstitel* veräußert worden ist (§ 371 Abs. 3 Satz 2). Eine Ausnahme gilt nur, wenn der Gläubiger auf Grund einer Vereinbarung zur Verwertung ohne Titel befugt war (Anm. 7). Trotz unrechtmäßiger Veräußerung kann aber der Erwerber das Eigentum erwerben. Hat der Gläubiger im Falle des § 369 Abs. 1 Satz 2 eine eigene Sache veräußert, so erlangt der Erwerber stets das Eigentum. Gehört die zurückbehaltene Sache nicht dem Gläubiger, so kommt es auf den guten Glauben des Erwerbers an das Vorliegen der Rechtmäßigkeitsvoraussetzungen an (§ 1244 BGB). § 366 findet auf die Pfandverwertung keine Anwendung (§ 366 Anm. 47). Trotz guten Glaubens erwirbt der Erwerber nach § 1244 BGB kein Eigentum, wenn eine öffentliche Versteigerung nicht stattgefunden hat (§ 1235 Abs. 1 BGB), wenn Sachen mit Börsen- oder Marktpreis durch eine ungeeignete Person oder Gold- oder Silbersachen unter ihrem Metallwert aus freier Hand verkauft worden sind (§ 1235 Abs. 2, §§ 1221, 1240 Abs. 2 BGB). Dagegen kann bei Verletzung anderer Rechtmäßigkeitsvoraussetzungen – der Gläubiger hatte z.B. kein Zurückbehaltungsrecht oder keinen Titel – oder bei Verletzung der §§ 1228 Abs. 2, 1230 Satz 2, 1237 Satz 1, 1240 Abs. 1 BGB der Erwerber kraft guten Glaubens Eigentum erlangen (Ratz in RGR-Komm. z. HGB § 371 Anm. 11; Baumbach/Duden §§ 371, 372 HGB Anm. 2 D).

Bei *rechtmäßiger* Veräußerung wird der Gläubiger aus dem Erlös befriedigt. Soweit ihm der Erlös gebührt, gilt seine Forderung als vom Eigentümer berichtigt; im übrigen tritt der Erlös an die Stelle der Sache (§ 1247 BGB). Bei *unrechtmäßiger,* jedoch wirksamer Veräußerung gebührt dem Gläubiger nicht der Erlös. Der frühere Sacheigentümer wird Eigentümer des Erlöses; ein für den Gläubiger an der Sache entstandenes Zurückbehaltungsrecht besteht am Erlös fort. Gleiches gilt auch, wenn der Gläubiger im Falle des § 369 Abs. 1 Satz 2 seine eigene Sache „unrechtmäßig" veräußert hat. Der Gläubiger ist verpflichtet, den Erlös dem Schuldner zu übereignen. **17**

Ist dem Schuldner durch die unrechtmäßige Veräußerung ein Schaden entstanden, so ist der Gläubiger ersatzpflichtig (§ 1243 Abs. 2 BGB). **18**

b) Verkauf nach ZPO.

Der Verkauf nach ZPO geschieht durch den Gerichtsvollzieher und richtet sich nach § 806, §§ 814 ff. ZPO. Während aber bei der Vollstreckungsbefriedigung (Anm. 5) der Gläubiger auf Grund eines für die Forderung erwirkten Schuldtitels die zurückbehaltenen Sachen pfänden läßt, geschieht hier die Verwertung auf Grund des für das Befriedigungsrecht erwirkten Titels *ohne besondere Pfändung* (§ 1233 Abs. 2; anders § 1277 BGB). Die Sache wird dem Gerichtsvollzieher übergeben und sodann öffentlich versteigert (§ 814 ZPO). Bei Gold- und Silbersachen ist ein Verkauf aus freier Hand gestattet (§ 820 ZPO). Auch kann das Vollstreckungsgericht eine andere Art der Verwertung anordnen (§ 825 ZPO). Die Frist des § 816 ZPO läuft, da eine Pfändung nicht stattfindet, vom Tage der Erlangung des Vollstreckungstitels, nicht erst vom Tage der Übergabe an den Gerichtsvollzieher an (vgl. Anm. 5). **19**

IV. Befriedigung aus zurückbehaltenen Wertpapieren

Zu unterscheiden ist die Verwertung von Inhaberpapieren, Orderpapieren, Rektapapieren und den sogenannten Dispositionspapieren. **20**

1. Inhaberpapiere

Inhaberpapiere können *wie bewegliche Sachen* verwertet werden. **21**

a) Vollstreckungsbefriedigung

Der Gläubiger verschafft sich einen Leistungstitel für seine Forderung gegen den Schuldner und läßt die Papiere nach Zwangsvollstreckungsrecht pfänden und verwerten (§§ 808, 821 ZPO; vgl. Anm. 5). **22**

b) Verkaufsbefriedigung

23 Der Gläubiger verschafft sich einen Titel für sein Recht zur Befriedigung gegen den Eigentümer und verwertet die Inhaberpapiere entweder nach §§ 1233 ff. BGB oder ohne Pfändung nach §§ 808, 821 ZPO. Verbrieft das Inhaberpapier eine Forderung (z. B. eine Schuldverschreibung), so kann der Gläubiger nach § 1294 BGB auch *die verbriefte Forderung einziehen*. Rechtmäßig ist die Einziehung nach § 1294 BGB nur, wenn der Gläubiger sich nach § 371 Abs. 3 Satz 2 einen Titel verschafft hat (Düringer/Hachenburg/Hoeniger Anm. 6a zu § 371; Ratz in RGR-Komm. z. HGB § 371 Anm. 19; a. M. OLG Stuttgart JW 31, 3143). Vor Fälligkeit der gesicherten Forderung besteht ein Einziehungsrecht nur im Falle des § 370.

2. Orderpapiere

a) Vollstreckungsbefriedigung

24 Der Gläubiger verschafft sich auch hier für seine Forderung einen Leistungstitel gegen den Schuldner. Verbrieft das Orderpapier eine Forderung (wie z. B. der Wechsel oder ein Orderlagerschein), so geschieht die Verwertung nicht nach § 821 ZPO, sondern nach §§ 831, 835 ZPO. Der Gläubiger muß sich die Forderung aus dem gepfändeten Papier nach § 835 zur Einziehung oder an Zahlungs Statt zum Nennwert überweisen lassen.

b) Verkaufsbefriedigung

25 Vorliegen muß stets (Anm. 5) ein *Vollstreckungstitel* nach § 371 Abs. 3 Satz 2. Verbrieft das Orderpapier eine Forderung, so kann der Gläubiger nach § 1294 BGB die Forderung einziehen. Hat das Orderpapier einen Börsen- oder Marktpreis (z. B. Auslandswechsel), so kann der Gläubiger es nach §§ 1295, 1221 BGB freihändig durch eine hierzu befugte Person verkaufen lassen. Der Gläubiger kann ein Orderpapier ferner nach Zwangsvollstreckungsrecht verwerten lassen. In diesem Falle ist jedoch abweichend von § 1233 Abs. 2 BGB eine Pfändung nötig (§ 1277 BGB; RGZ 103, 139). Verbrieft das Orderpapier keine Forderung (z. B. Namensaktie § 62 AktG) und hat es auch keinen Börsen- oder Marktpreis, so ist nur die Vollstreckungsbefriedigung oder bei einer Verkaufsbefriedigung die Verwertung nach Zwangsvollstreckungsrecht (§ 1277 BGB) zulässig.

3. Rektapapiere

26 Hinsichtlich der Vollstreckungsbefriedigung wird auf die Ausführungen zu Anm. 5 verwiesen. Für die Verkaufsbefriedigung muß stets ein Vollstreckungstitel nach § 371 Abs. 3 Satz 1 für das Recht zur Befriedigung aus dem Rektapapier vorliegen. Der Gläubiger kann dann entweder die Forderung nach § 1282 BGB einziehen oder das Rektapapier nach Zwangsvollstreckungsrecht verwerten lassen (§ 1277 BGB).

4. Traditionspapiere

27 Zu unterscheiden ist, ob der Gläubiger aus dem Traditionspapier legitimiert ist oder nicht. Ist er *legitimiert,* lautet also das Papier auf seinen Namen oder ist es auf ihn oder blanko indossiert, so hat er ein Zurückbehaltungsrecht *an der Sache selbst* (§§ 424, 450, 647). Der Gläubiger kann sich dann nach den Vorschriften befriedigen, die für die Verwertung des Zurückbehaltungsrechts an Sachen gelten (Anm. 3–18).

Ist der Gläubiger *nicht legitimiert,* so hat er kein Zurückbehaltungsrecht an der Sache, sondern allein *am Traditionspapier.* Dieses kann er nach wertpapierrechtlichen Grundsätzen verwerten (Anm. 20ff.).

372 In Ansehung der Befriedigung aus dem zurückbehaltenen Gegenstande gilt zugunsten des Gläubigers der Schuldner, sofern er bei dem Besitzerwerbe des Gläubigers der Eigentümer des Gegenstandes war, auch weiter als Eigentümer, sofern nicht der Gläubiger weiß, daß der Schuldner nicht mehr Eigentümer ist.

Erwirbt ein Dritter nach dem Besitzerwerbe des Gläubigers von dem Schuldner das Eigentum, so muß er ein rechtskräftiges Urteil, das in einem zwischen dem Gläubiger und dem Schuldner wegen Gestattung der Befriedigung geführten Rechtsstreit ergangen ist, gegen sich gelten lassen, sofern nicht der Gläubiger bei dem Eintritte der Rechtshängigkeit gewußt hat, daß der Schuldner nicht mehr Eigentümer war.

Inhalt

	Anm.
Allgemeines	1
I. Eigentumsfiktion	2
II. Rechtskraftwirkung	3

Allgemeines

Nach § 371 Abs. 3 Satz 1 muß sich der Gläubiger zur Befriedigung einen Vollstreckungstitel *gegen den Eigentümer* verschaffen, falls er nicht selbst Eigentümer der zurückbehaltenen Sache ist. Da das Eigentum des Schuldners wechseln kann, müßte der Gläubiger vor einer Verwertung die Eigentumsfrage stets genau prüfen. Seine Stellung wäre hierdurch sehr erschwert und die praktische Bedeutung des Zurückbehaltungsrechts gemindert. § 372 schafft daher eine Erleichterung für den Fall, daß nach Besitzerwerb des Gläubigers ohne dessen Kenntnis ein Eigentumswechsel eintritt. **1**

I. Eigentumsfiktion

Ist der Schuldner *beim Besitzerwerb des Gläubigers Eigentümer* der zurückbehaltenen Sache, *so gilt der Schuldner weiter als Eigentümer* zugunsten des Gläubigers, wenn dieser den Eigentumswechsel nicht kennt (entsprechend § 1248 BGB). Der Gläubiger kann die im Verwertungsverfahren notwendigen Benachrichtigungen (§§ 1234, 1247, 1241 BGB) an den früheren Eigentümer richten, ohne dadurch dem neuen Eigentümer ersatzpflichtig zu werden. Die Fiktion gilt nur *„in Ansehung der Befriedigung";* bei Unkenntnis des Gläubigers von dem Eigentumswechsel nach Besitzerwerb kann nicht etwa ein Zurückbehaltungsrecht an fremden Sachen entstehen (§ 369 Anm. 20). **2**

II. Rechtskraftwirkung

3 Auch für die Befriedigungsklage des § 371 Abs. 3 Satz 1 gilt der Schuldner, wenn er beim Besitzerwerb des Gläubigers Eigentümer war, weiter als Eigentümer, wenn der Gläubiger bei *Rechtshängigkeit* den Eigentumswechsel nicht kennt. Dies folgt bereits aus § 372 Abs. 1. Aber auch der *neue Eigentümer* muß das rechtskräftige Urteil gegen sich gelten lassen. Hierbei ist Voraussetzung, daß das Zurückbehaltungsrecht des Gläubigers nach § 369 Abs. 2 auch gegenüber dem neuen Eigentümer besteht (Düringer/Hachenburg/Hoeniger Anm. 3 zu § 372; Ratz in RGR-Komm. z. HGB § 372 Anm. 3; Ritter Anm. 2 zu § 371). § 372 Abs. 2 ergänzt somit den § 325 ZPO, der eine Rechtskraftwirkung nur bei Rechtsnachfolge nach Eintritt der Rechtshängigkeit zuläßt. Eine Umschreibung der Vollstreckungsklausel gegen den neuen Eigentümer ist nach §§ 727, 325 ZPO nur bei Eigentumswechsel *nach* Rechtshängigkeit möglich (RGZ 88, 267). § 372 erweitert nur die Wirkungen der Rechtskraft, nicht die der Vollstreckbarkeit. Bei Eigentumswechsel vor Rechtshängigkeit muß der Gläubiger einen Titel gegen den *neuen Eigentümer* erwirken, der das gegen den früheren Eigentümer erwirkte rechtskräftige Urteil gegen sich gelten lassen muß.